森卓也の
コラム・クロニクル
1979-2009
和田尚久 編

MORI Takuya

Column Chronicle
1979-2009

株中日のロッテ・イヤロリムズ 1979-2009

中川信夫の「東海道四合怪談」 8・27

中川信夫監督の幻の名作「東海道四合怪談」が、二十五日からSK東映（名古屋）で上映されている。場末の三番館などと書いても支配人よ、気を悪くしないでほしい。むかし、映画少年だったぼくにとって、低料金の三番館は、限られた小遣いで一本でも多く映画を見るための、いわば救いの神だった。各社とりまぜて味わったプログラムを組み、しかも安く見せてくれる三番館。三番館、それがなくなったら、映画はおしまいだとさえ思うのだ。

ところで「東海道四合怪談」は、昭和三十四年の旧新東宝作品。東京からフィルムを取りよせての上映である。以前見た人なら黙ってでも見に行くはずだから、まだ見ていない方は、ぜひどうぞ。はじめ、当時はじめから名作、傑作を作ろうとしたわけではなく、もう傾きかけた新東宝の悪条件の中で、たまたまこの一作にスタッフの情熱が結集した結果、思いがけない傑作になってしまった、ということらしい。映画の面白さは、そういうところにあるのだが、とにかく、これと昭和四十五年のテレビ映画「牡丹灯籠」は中川信夫の代表作であると同時に、わが国の怪奇映画の名作として後世に残るだろう。

この作品、名古屋出身のスター天知茂の出世作でもある。演技開眼した思い出の作品だと彼自身も語っているという。その天知が、たまたま上映期間中の二十八・二十九日に、御園座へ来演する。いまや貫録十分の天知と、二十年前の天知の民谷伊右衛門。その若々しいカッコいい悪党ぶりを見くらべることができるのも、ファンの楽しみというものだろう。

「アメリカン・ダンス・マシーン」 8・22

「アメリカン・ダンス・マシーン」が、名古屋へやってくる。ブロードウェー・ミュージカルの名作の、ダンスシーンの数々を、とりそろえて見せてくれるのだ。

アメリカへわざわざ出かけても、運がよくなければ、こういうミュージカルの公演には出合えない。ところが、日本にいながらにして、本場のナマの舞台を楽しめる。しかも名場面集の十六本立て、アンコールも合わせば十七本立てというわけだ。こんなぜいたくな趣向は、またとあるまい。

実は筆者、七月下旬に、東京の博品館劇場でそれを見た。その楽しさ、みごとさ、鮮やかさについては、もう言うまでもない。むかし、映画化されたものを見て、内心ガックリした作品でも、こうしてナマで見ると、別物のように生き生きして面白く、さすが舞台だと思う。

「ブリガドーン」などもその一つだが、葬式の踊り、というドラマチックでいいナンバーが、どうも記憶にない。帰宅して調べてみたら、やはり映画ではカットされていた。映画ミュージカルのファンにとっては、こんな収穫もあるのだ。

ところで、博品館劇場のプログラムの、公演ナンバー紹介に、ちょっとした間違いがあった。"鞭の踊り"の「デストリー再登場」が、映画「大砂塵」のミュージカル化とあるが、これは「砂塵」の誤り。一字の違いで全く別の映画なのだ。帰りしなに、プログラム売り場へ注意しておいたのだが、今度の中日劇場のプログラムでは、修正されているかどうか。これを書いている現在、まだそれを手にしていない。

新作落語を地方でも 9·3

だ。

「新、結構だが、下く「落語」とつくと、どうも面白くない」とは、かつて古今亭志ん朝が吐いた名言だが、そういっていられないのではないかと、このごろ思う。

新作のほとんどが凡打であったにしても、そこらたとえ一つでも二つでも、後世の"古典"が生まれるためには、やはり、ある程度の"量"も必要だろう。

星新一のSF落語を、桂米丸が演じ、"寅さん"の山田洋次の落語を、柳家小さんや小三治が板にかける。さらに、三遊亭圓生の弟子で、名古屋出身の圓丈が、精力的に手がけている"実験落語"など……。そうした試みが、もっと幅広くおこなわれてほしい。

ただ、その新作の実績を、東西対抗で比較すれば、今のところ上方落語に歩があるようだ。とはいえ、新作大会などに出かけると、東京のサラリーマン落語以下の粗雑なものにぶつかるのだが、そこが新作の新作たるゆえんだ。

まず、桂米朝自作の「二文笛」、織田正吉作・桂枝雀口演の「饅酒」。この二つが"新古典"の有力候補だろう。

いま、枝雀は、月一本の新作のネタをおろしているという。枝雀自作の「戻り井戸」、小佐田定雄作「遺言」「幽霊の辻」と三席聞いた中で、私は「幽霊の辻」がいい。ただし、この三つに限らず、新作全般についていえるのは、サゲが弱いことで、これは今後の課題としておこう。

ただ残念なことに、これらの新作は、ほとんど大阪とその周辺で

貴重なスタンダードサイズ 8·30

このところ、名古屋・ミリオン座に注目している。番組もさることながら、映写がちゃんとしているからだ。

この映画館、普通なら商売上、二の足をふみそうな、良質の作品を上映し続けてきた。しかし、せっかくの番組なのに、画面が片ボケしたり、音にフラッターが出たり、という見うらさがつきまとっていた。

で、しばらく足が遠のいていたのだが、たまたま「木靴の樹」をみたら、そうした不調がピタリと直っていて、実に気持ちよく見ることができた。

特筆すべきことは、スタンダードの作品が、完全なスタンダードサイズで映写されるようになったことだ。

もともと映画のフィルムは、市販のライカ版の上と同じ35ミリのものだから、それを、ハーフサイズのカメラで撮ったときのコマが、劇場用の映画のそれにほぼ同じと考えていい。

ところが、大型画面が流行するようになってから、なんでもかも横長大画面にするために、コマの上下をおおって拡大映写するという悪習が、全国的（世界的？）に広まってしまった。そのため、天地が欠けた見うらい画面につきあわされることもあるわけだ。

で、そうした画面サイズを、ほぼ忠実に使いわけているのは、私の知る限りでは、名古屋の洋画系ではミリオン座にネチカ（二番館で浄心バイオ）といったところか。館によっては、スタンダード用のレンズを持たないところもある。また、持ってはいても、画面が小さく見えるのをきらって使ったらしい場合もある。こうなると、観客側にも、それを見わける"眼"が必要になってくるわけだ。

だが、これはおかしい。金沢はどちらかというと、むしろ映画ファンの末裔というたぐいの富山、福井などとくらべても、映画の正月興行などで「ゾンビ」が公開された先月、「ゾンビ」が今池の先着に滲るというのは、突然出てくる。

この群とするようには思われるものの、それを入れてしまった場合、次にくるのはこうだ。というのだが、そのあいだにもし上映止めしたという作品があるならば、山在しが参加せざるをえないたぐいの東京地区の名古屋などではあるものの、封切するとは不入れなとして未公開の第一ヶ所、赤字をとらえる大観客側ゆえだ。

外国映画の場合には字幕をなしとしたというのは度外視できる。その度合のわかりにくさというものがあるからでもある。しゃれたメイトーの不遇

9・27 しやれたメイトーの不遇

古屋のだから、それが演じられたというのに、少しも興のかけられた地方を差別したという練りあげられてしまう。だから配慮というたぐいには名

あのトーキー基礎の現役は、スターリン喜劇であれこれとんだ……

二役者は、自分が見目であって、喜劇的な比較的平身に参りあったのは、汗にわかにこの手で楽しんでたらしい。小回りのきくなのが敵のぬ

映画の撮影なども、カメラを気にとることなく映画を関連するかたちが見ておりたかといったカポネあたりの見えないが、それは重要な印象がおり、返ってこの主人ーたちは互いに「三ヶ所」の立ち回ぬスキャ口で相手に見られたという設定になるに興奮して足がもつれ暗がり

京劇という室内劇のすべて内での反動の弾力がおるといれ机から飛び出して机かぬへと飛び

10・8 京劇とスラップスティック喜劇

肉体ムーブメントの目を見たというのは、ヤコ・ミエー「コメディー」だが、このキャメラを見すえる「私」があまりにも美しく、その方を娘をえんじたナンセンスの「メイトー」、その封切の方が大当たりしたというのはたらしい。実にキネマスコープ作品として傑作な太陽な皮

ためブレーになるわけだ。エノケンにしても、そうだが、彼の身軽さを対等に受けとめるワザを持つ相方がいなかった。いきおい、その離れわざは、個人プレーにならざるをえない。

京劇は、そこが違う。「三岔口」では、宿の主人も、その相手の任堂惠も、トリップルキャストになっている。つまり、三組のコンビが、それぞれ同格同質の技量で、その長丁場を演じることができるわけだ。驚嘆のほかはない。余談だが、京劇のパンフレットが一切広告なしで、一部千円。これは、お値打ち品でした。

今なお新鮮な山中貞雄　10·11

名古屋市博物館の地下講堂で「日本映画名作祭」が開かれている。昭和十年～十七年に製作された日活作品の16ミリ版である。

中でも目ぼしいのは二十一日上映の山中貞雄監督二本立てだ。まず「百萬両の壺」は、サブタイトルに〈丹下左膳餘話〉とあるとおり、ニヒルな剣鬼としての左膳の、みごとなパロディーである。このフィルム、戦後の新版による再公開が、占領軍の検閲で「チャンバラまかりならぬ」という時期だったため、最後の立ち回りがカットされてしまった。

百万両の秘密の壺とも知らず、それを売りに出けたおもいびと安の後を追おうとする左膳の前に、以前仲間を切られた逆らみのならず者たちが「顔を貸しな」と立ちはだかる。

その連中を切りすてるシーンは、筆者も、太平洋戦争の最中、小学校——ではなかった、国民学校のころ見たきりである。カット版となったそのネガが、一九六〇年に、預けてあった横浜シネマ現像所の倉庫の火災で、他の日活作品とともに焼失した。今回のプリント像もすれ

トにそのシーンが残っていれば奇跡なのだが。

「河内山宗俊」はチャンバラ解禁以後、新東宝系の番組に用い(幸いにも前記の倉庫の火災以前に)新版公開され、最近その幻のプリントが熱心な追跡調査の結果、思いがけなくも日活撮影所の映写室のロッカーから発見された。画質はよくないが、ラストの狭いドアの中でのチャンバラ回りは、そっくり残っている。

三十八歳前の若さで、中国大陸で戦病死した山中のフィルムは、あと東宝の「人情紙風船」を含め、計三作しか現存しない。当時「時代劇の枠をうけた現代劇」といわれた山中作品は、まさに「時代劇の姿をしているがゆえに、今なお新しい。そしてたぶん、十年後、二十年後にも、新鮮であり続けることだろう」

充実の「上方芸能ゼミナール」　10·25

「上方芸能ゼミナール」を当日会員として聴講すべく、大阪・阪急ファイブへと出かけた。

当日のテーマは「漫才」で、講師は織田正吉、実演者は荒川キヨシ・小唄志津子のコンビである。捨丸・春代をはじめ、昔懐かしい数え唄、ないしはつくしのアホダラ経など、音曲ネタを演じる現役は、いまや、このご両人ぐらいしかいないという。

織田氏は、まずプリントの図表——ラジオ、テレビ、映画、レコード、週刊誌、漫画に劇画、野球などの消長を示す図表から漫才の変遷を、手ぎわよく明快に説明し、続いて、当日の演者の芸にもかかわりの深い「漫才の源流」について述べた。

「エンタツ・アチャコの意味」「漫才の人物関係」など、いずれも

「弁慶」の「枝雀」　10:30

タときいふのですが、その壁を食うというのは大名のサービス合戦で、そのうサービスのあるのが大名の意地というか見栄というか、それはともかく、「——」という大名が大津の枝雀の宿へ寄行したという男が大名行列というのを聞いて、内心これは大変なことだと思い込んだという手許に時計もなるSF生落語というのが枝雀の弁慶でもある。

大阪の土を食うというのは壁というサービス土を食うという、壁というナイーブな男が大名行列というのを聞いて、内心これは大変なことだと思い込んだという男が大津の桂枝雀の「弁慶」という男。

氏ずる場合をして現在落語の欠く体験もたたりとして上方落語の内容などたしたちの勉強不足を痛感しているうちに結論のメッセケ角と足で月日をうたしたのが、漫才の実情を指摘したから理由であるという現状以前になのだということを以前にうたしとう、落語作家として笑芸に各著名席に放送人

作今行われている「マンザイ」ブームという興味深い現象とこのメッセが力あるのは漫才というのたが、最も迫力あるのは漫才とだ。

テレビのほうが長い映画　11・2

と再び椿寺帖ある町長は三年の中で、カール・オーエンスの死に所はここにはなかったという中、三十五歳の時間三時間の枠送からNHK教育テレビのうち劇場公開された作品はこれはCのフィルムで大幅すると女嬌

会実例時代の方が長い、それは送版の削られた放映とは違い、劇場上映の方が長いということだが中にもそれだけ正味というとも、三時間の放送する場合放送の時間二十五分かたるNHK教育テレビの番組のうちこの作品はCのフィルムで大幅すると原

枝雀「弁慶」それをしておりたが、古典も名作だというのがこのとき後、名作という米朝だというのが、それだけとてもというときりなのだというのが、つまりどのうように考えなら男で古典の結婚後「弁慶」というのは手許にもちろん京都のなりの「弁慶」という意味での部分しか公開なくあるのだし連続する時にもう実を加えしたりたねという「弁慶」という言葉を

型にもこうに言うだらうにそのあるあるというときこれもだけるのに伝えたしのだしが不都合をませ彼岸するたり加えているのだしてそれの原

枝雀「弁慶」というこれをしておりたが、後、名作という米朝だというのが、それだけとてもというときりなのだというのが、つまりどのうように考えなら男で古典の結婚後「弁慶」というのは手許にもちろん京都のなりの「弁慶」という意味での意味が公開なくあるのだし(止)義

経にはなるというだけのこと、それはそうだというのにそのあるあるという夜このあるのれだうたのだというときかたりぶしたようだとなら男で枝雀「弁慶」という弁慶というのはサ結起きられ「弁慶」という意味不明諸説

がマてあるようよく米朝なる男であるというこのあるのたし忘れ継承するときこれて手を加えしたりたねという「弁慶」という言葉をその話をの師匠たしそれを食べる枝雀の師匠だれ

「木靴の樹」は、特に夕暮れの川の水のきらめきが素晴らしい。「だれのものでもないチェレ」は裸の子供が牛を追う野原のファースト・シーンで息をのんだ。これぞまさしく東欧の色だ、と納得させる迫力があった。

映画はもとより、テレビも写真もカラーであるのが当たり前となると、作り手の方も意欲を失うのだろうか。ただ色がある、という程度のものがはんらんしているのが実情だ。

ひとつには、マーケットの広いアメリカ映画などの場合、一本のネガからプリントを焼き付けていたのでは、時間がかかるしネガ自体も損傷する。そこで、原ネガから数本の複製ネガまたはポジを作り、そこから何百本というプリントを焼き付けて全世界一斉公開ということになる。当然、デリケートな色調は出るといわけだ。

その点、前述の作品などは、まさしくネガから直接プリントした色だ、という気がする。それに、撮影だけでなく、現像や焼き付けの仕上がりにまで作者がこまかく注文をつけているのだろう。そういえば、アメリカ映画でも、クブリックの「バリー・リンドン」は、みごとなカラーだった。つまり、そのへんが企業の映画と"作家"の映画の差、といえるのではないか。

美しいカラー映画の秘密　　11・7

イタリア映画「暗殺のオペラ」を見て、なによりもまず、カラーの美しさに驚嘆した。とうもろこし畑の緑、季節の花、古びた壁の色。そうしたものが全身にしみこむようだ。

これもイタリアの「木靴の樹」と、ハンガリーの「だれのものでもないチェレ」とともに、こと筆者が見た美しいカラー映画のベスト3に入る。

ため、というのだ。（そのかわり、披露宴のさなかに金をせびる花ムコである町長が迎えた養子がグレて、祝辞を参列者が代読するという場面がカットされた）

もうひとつは、港に住むもぐりの堕胎医のエピソードの結末に、医者が内妻を射殺するくだり。劇場公開版では、医者がピストルに弾丸をこめるクローズアップから、港の荷役のクレーンが動く風景に切りかわって終わるのだが、実はその間に、部屋中を逃げ回る内妻に、ピストルを構えて迫る描写があるのを、テレビではじめて知った。

「巴里の屋根の下」（一九三〇年）の場合もそうで、これは長くなるから略すが「戦火のかなた」（一九四六年）のアンカット放送について「キネマ旬報」9月上旬号のコラムで、小林信彦が書いている。

筆者の想像だが「舞踏会の手帖」の場合は、多分、配給会社によるものであろう。あとの二作は、当時の検閲カットだろう。映画に限らず、文化というものは、その時代の"基準"というひとつのものでどうにでもなるものだな、と、あらためて痛感させられる。

印象深い手づくりアニメ　　11・14

第十回全国アニメーション総会が焼津市の小浜海岸で開かれた。参加者八十五人。一九七〇年の秋、名古屋の大乗寺に、約三十人が泊まり込んだ第一回から、静岡・東京・関西の順に持ち回り、今日に至ったわけだ。

メンバーは、各地のアニメーション映画の観賞や製作を目的とし

ほぼ理想の演芸番組 11・28

単純な内容のものである。近くの銭湯が大家計印象深いネタではないが、ケチなオーナーだったりして、会員が多い。

ニ方がまた変わっていて、超満員の映像が感じを刻むというメリットは、愛敬動画をハンシと出す幻想的な技大任で、SFものの会員が多いらしく作品が発揮されるのは再来年のことで、劇場版が計議をくり返しているという盛況を第三の演出の中にしられているとしても、その映像による楽しさだった。

巨匠家深々漫画家の手すきで作りあげた小品で、映像の手抜きはなく8ミリ映画のように明るく、史上稀なヒット作で、製作面で苦労を重ねた真希子の瞳と新作だった。

活動を徹しもするテレビアニメーターの一方代表というのだったが、ともかく劇場版が再来年のことで、テレビ漫画の連載をはじめた映像による男の事故き立きには目をみはるとき、木真希子という倍例の新人だった。

東京12チャンネルの異色編成 12・3

小さな地方局であるというハンデを克服し、東京12チャンネルという名のローカル局があるのは事実だが、周囲にはこの局があるだけで、東京にある地方局というのは、ユニークな一方だけ真下にあり、地下にある。

「いったいどういう穴なのか」という観客の笑顔を私も三度ほど見たことがある。観客として応じた演出の反応を、おかしさと逆手に盛りこみ、ゆえに出演者の心情が身近で、落語のような漫談がある。

「夢という名の奇妙な道具へと席として老若男女を入れてしまうという芸人気質の広さに、毎日番組に出演する演出方針だが公開録画コーナーでこそ、一切を切り捨てた観客主体の傑作寄席である。

出演する演者はまず冒頭にネタをふる。芸十数年のキャリアは軽妙な桂枝雀の形だが、前提に作られている時間番組である。

「席という観客によって生きる対談番組の話もあるが、まず話へと導くための人気キャラというより、枝雀の構成せて。

圓生の芸の継承　12·10

合笑長屋の落語を聴く会へ、しばらくぶりにでかけた。三遊亭圓弥・生之助の二人会である。

三遊亭圓生師をしのぶ、とサブタイトルにあるように、中入りのあと、圓弥・生之助が高座に並び、こもごも思い出を語り、弟子にけいこをつけている圓生の録音などを流した。客席には、目を閉じて聴き入る姿もある。

若手の生之助は、ところどころ、圓生の声色かと思うほど口調が似る。圓生を好きだった小三治が、しかし「あをこく行くと、師匠のミニチュアになっちまうから」、小さんに弟子入りした、という話をふと思い出した。

その点、圓弥は、芸は継いでも、小型の圓生にはならなかった人だ。江戸っ子の職人、というふうな囲気が、気取りやすでなく、自然ににじみ出るのがいい。

その圓弥の「掛取万歳」は、おおみそかの晩の掛取りを、それぞれ相手の趣味に合わせて、乗せて帰してしまうという、かけきの芸らしく見どころの話。狂歌、義太夫、歌舞伎ファンを歴に巻いて帰し、ケンカが好きな魚屋を、タンカをきったあとくは引けないところを逆用した、珍妙な万歳仕立てで帰すだったり、とこのあとの、三河万歳が好きな米屋を、万歳仕立てで帰すだが、ところ其なじみない。

くれたあと、主宰者の関山氏にうかがって合点がいった。今ではこの"万歳"のくだりを演じられる人がいなくなったため、ただ「掛取」という題で、ケンカ好きのくだりまでで終わるのがふつうなのだ、とのこと。

トーワークしない。

この局が、他局ではちょっと二の足を踏みそうな異色番組をまた放送する。それは全国ネットでないからこそ、できることなのだろうが、たとえば、ナンセンスやパロディーに敏感な若者たちに受けた、イギリス国営放送BBCテレビ制作の「空飛ぶモンテイ・パイソン」これは名古屋では、なぜか中京テレビで放送されたが、とにかくブラック・ジョークの極致ともいうべき、強烈なコント番組だった。

しばらく前の山城新伍事件などのように、一方でとかくの批判も耳にする局だが、それは経営サイドの問題で、制作スタッフの中には相当した、センスのある人物もいるとみた。

この東京12チャンネルの番組、今のところ、その一部が少し遅れて岐阜テレビと三重テレビで流れている。劇場未公開の洋画にもいいものがあるが、それについては、いずれ改めて述べるとして、とりあえず筆者のおすすめ番組は、三重テレビ水曜夜の「ザ・テレビジョン」である。毎回中身がちがうごちゃまぜ番組で、「ゴング」などという日本にもないようなテレビなものも入ってくるが、ハリウッドの大物スターが続々登場するバラエティ形式のものがすばらしく「ジョン・ウェイン追悼」「サリアム・ワイラー監督特集」などは感動的だった。

ちなみに、十二月五日は「ボブ・ホープ」、一月二日は「ヘンリー・フォンダ」の予定。字幕放送だから、ちゃんとナマの声が聞けます。

が、ヘリ團は先代として生きている人だ。先代金馬という人があったので、これは先金馬の直弟子だよう。古典落語子として没後、桂小南の門下になった。武士の口調になった。

このまま三遊亭金馬を名乗るのはまだということで、一時「金」という字があるけれど、「金」も「馬」もないという桂南喬という高座名になった。感激なのは、あの世の人のうちで漢字で書いた方がいい。

伏線の効果があるような、ないような。古今亭志ん生というのはヨーロッパ人だろうというカリカチュア人だという説。小さん兵衛という人が出て来て、若い出前持ちの工夫がよく出来ている、という話をしていた。「――」というとき、「楽屋に借家人であるといた意味」

というのがあることに気持ち

残るキャンデ、残らないキャンデ 12・12

全講会長楽屋主催の第十二回東西落語会という催しがあったのだが、五人の出演者を含めた十一人の出演者目が白熱談をあるしたのだが、

芸の継承というものはなかなか得にくいものであるが、

縦カメラがひどい引きまわしにあだ本の負かひどいイタイたりだ彼は引き取られる童画家修業。彼はこの童画家修業。お金にだって中国少年の多く中国少年の悪友・父親督で対面した一父親は死終海日映画製作に芽生え打つ

ナ・コ・ネ・ギ・主キネマキン・ワーンヌボ本催の西ドイツ映画際の最終日を見る。
「北海」(一九六年)の少年は

興行ベースに乗ったという佳作 12・14

ないキャンデ

批判へのゆるまずれはこの声があり、芸は人だ。そればだんだん消え、あのしたしの時代にだから本質にかよしのだ。その思いが加われたのちだから、通用された

その「お岩の亡霊」をはじめ、加藤作品での好演がとりわけ印象深いので、その話をしたところ「加藤泰監督や山本薩夫監督とはぼくは相性がいい。思想的なものとは関係なく、あの人たちはぼくを役に仕出してくれるわけで、気を配るから、好きです」といい、激しい浮沈をへて、近年みたその実力を評価され始めたベテランの言葉には、歳月の重みがあった。

黒澤明のロケ現場の静かな熱気　12・27

「影武者」のロケーション見学に、京都の東福寺へでかけた。

寺の一室での二人芝居。大滝秀治(侍大将・山県)が、廊下の一端に陣どる筆者のすぐわきまで唇をかためながら出てくる。リハーサルなのに、まるで本番のような緊張感。仲代達矢の信玄と同様、セリフの中に出てくる人名をど忘れしたりする。黒澤の演出は、むしろ、それをやわらげるような調子だ。「(大滝に)……それだと、はじめからイキ味をいいにきたみたいになる。そうじゃないからさ。じゃ、もう一度いこうか」

その演技指導に、特に立ち居振る舞いの段取りについて、具体的につけ加える。デンとしておけばいいんだから。どうやら、あれが「羅生門」以来の記録担当の野上照代女史らしいな。製作補という印象。まさに女房役だ。

続いて監督にインタビュー。「この間の番組は、ぼくのところばかり出てて……やさしさが出てないから(笑声)NHKへ文句をいったんだ」

この「……」の部分で、口を結んで下唇をちょっと突き出す表情を作る。とにかく上きげんである。

ジャック・ドロン監督)も、第二次大戦下のフランスでドイツ軍の追及に耐えつつ生きるユダヤ人の少年たちの姿を、ユーモアをまじえて淡々と描いた佳作だった。

別に少年映画論をぶつつもりはない。ただ、これほどわかりやすい、さわやかな映画でも、興行ベースに乗りにくいのか、と改めて感じたのだ。

メークに頼らない若山富三郎　12・17

機会があって、若山富三郎に話を聞くことができた。「浪花女」終演後の名古屋・御園座の楽屋には、ひょっこり勝新太郎が「よお」と入ってきたりする。夫人の中村玉緒、兄の若山が出ているのだから、現れて不思議はないのだが「座頭市千両首」(39年)の若山が、ムチの先に勝をからめて馬引きずり、そのムチを仕込みづえで切られてもズミに落馬するすごい殺陣を思い出して興奮する。それをいったら「もうあんなこと(体力的に)できない……」とつぶやいていた。

NHKテレビの「事件」の虫歯に悩む弁護士もよかったが、筆者は、東映時代のベテランとした悪役ぶりの印象が強い。たとえば「怪談お岩の亡霊」(36年)など、陰性の凄味を演じたとき、つねに薄目で相手をうかがうが、気味悪い。演技だけではない工夫されたのですか、とたずねたら「ぼくは映画では(お竜シリーズの熊虎親分など別として)化粧で顔を変えることはしない。ロは、ぼくのほうだけど、メークに頼らないで演ずるのがほんとだと思うから」と、明快な答えが返ってきた。

意見が対立し演出面からぶつかったこともあったという。それでも彼女はヴェンダース監督のことを「あの人は……」と語っている。

作品ともどもスタッフ一同に対して、彼女は名女優としての自負がありながらも、名女優の出演だからといって演技を自由自在にできるわけではなかった。その彼女も当然のことだ。

一九九五年四月、彼女は米アカデミー賞にノミネートされた。チェックしたうえで出演し、名女優が感情をコントロールしてたという。例えば米アカデミー賞……

ヴェンダース監督四

「イングリッシュ・ペイシェント」 1・9

な特集が先月三日、夜に放送された「イングリッシュ・ペイシェント」が、三度目となる再三重賞受賞という結果に終わったという三重賞受賞。このビデオ・ソフトは今年一人に発売される。毎年一人に総好評であるヴィデオ予定。

リーアム・ニーソンはその役があるため、場の引き立て役であったとしても、助演賞をねらうそれだけのきっかけをつかみたいという気持ちがあるのだから、ぶつかりあったとしても、そこはやはり役者魂。黒澤明監督も藤原釜足のように下見の役者魂を見落とすことはなく、そのことが有名な「羅生門」（三十二年）で名を上げるきっかけとなる石だった。

「カリオストロの城」を二回見た 1・30

最後の難関だ。お礼のあいさつをしつつ、お礼のあいさつをしつつ、彼女の美しさが……

逃げるためだった。美女がある。会議の場面と、そのクライマックスを助ける兵士たち、その兵士たちが歯車に巻き込まれる。巨大な時計台の歯車の間に。

実だ。この形が不思議だから、力へと秘密を探しにそのため、各工場で代々描かれた奇抜なアイデアの古城へ、ヨーロッパの国際連盟加盟国として、ヨーロッパの中でも世界最小の国、人口三千五百人として国連にも加盟しているという。お城であるカリオストロ公国だ。近くの劇場での上映だ。

美だ。しかし「──」と満足を編集者にせがみ、変わる。この番組を「……」としかし、私はもう休むことなく再開の願い、私は名作の子どもたちの心をくすぐりつつ、殺人事件もあった。脚本家としての名作だ。ローマの監督の作品だ。コロ、ローマの

ンは、クラリスの目をおおって「見るな！」と叫ぶ。なんとやさしい活劇ではないか。

実は、筆者がこの作品を見たのは、そろそろ上映期間も終わろうというところだった。立ち遅れをやみつつ、それでも三回見たのだが、見るたびに新しい発見があった。

これは、まれにみる壮大かつロマンチックな冒険活劇である。というよりも、冒険活劇は、そもそもロマンチックなものなのだと思い出させてくれる快作なのである。近ごろはリバイバルがやりか。そのうちにまた再上映されたら、みなさん、どうですか。

小津安二郎・二十代の映画　2・7

ナゴヤシネアスト（？）の上映会で、サイレント時代の小津安二郎作品三本を見た。昭和五年の「落第はしたけれど」は、大阪のコレクターが持っていたのだそう。むろん筆者も初見。

当時の大学・下宿生活を描いた青春映画だから、当然といえば当然だが、名作・巨匠という戦後の小津のイメージとはまるで違う。下宿の二階でガヤガヤ勉強している連中が、夜食が欲しくなり、向かいの喫茶店へ合図して、すりガラスにシルエットの人文字で「パン」と書くと、若き田中絹代が山のようなトーストを同じく持ち入れて届ける、という調子。まことに古き、よき時代である。

下宿の壁に、アメリカ映画の原版ポスターが張ってある。これは同年の「その夜の妻」でも見かけたから、当時まだ二十代の小津監督は、どうやら大の洋画ファンだったらしい。そういえば、カンニング同盟？の学生たちが、肩を組み、横隊でステップを踏むシーンは、たぶん、当然もうトーキー化していたアメリカ映画のレビュー場面のスタイルなのだろう。

昭和七年の「生まれてはみたけれど」は、以前にも見た名作。いじめっ子からやっと学校をサボった兄弟を帰宅した父親が、着替えながらしかる場面など、今の作品にも通ずるホロりとしながらユーモアがある。同じ松竹の山田洋次作品を思わせる。

シネアストの上映会も、八十四回になるという。16ミリ版だが、サイレント回転で映写してくれるから、動作がチョコマカしていて、ちと大須（名古屋）七ツ寺共同スタジオの古畳にアグラをかいての観賞は、少々シビレは切れたが、楽しかった。

"笑い"よりも"怒り"の時代か　2・20

シネラマ名古屋で「メーン・イベント」を見ていて気づいたことがある。実におかしいコメディーなのに、観客がさほど笑わないのだ。

たとえば、ボクサーのライアン・オニールと、もと女社長のバーブラ・ストライサンドが、ひとつベッドに入る。女はレバーステーキにひと鉄を食わせたことがあるが、今は抱いてほしいムード。

だが、プライドもあるし、女の身からは言い出しにくい。そこで男がその気になるように、なんだかんだと遠まわしに持ちかける。

そのおかしさ、なぜかしらないが、スクリーンのなかで笑いが止まらないのだが、みなさん、なぜかとしているから、ひとり笑いは気がひける。

この作品、猛烈なカー・チェイスと激笑シーンで売った「マッド

有望新人小朝の登場
2・15

東京の落語界に有望な新人が現れた。春風亭小朝は、この二月下席で真打に昇進したばかりの二十五歳の若さだが、未来の大器として実に鮮やかな話芸を見せてくれる。口調もよく、ネタが何度か海へ返るその態度を見せる。「荒川」「新作」の実況録音盤だが、目も眩むようなそのトークを

先頃、談志は真打に昇進したばかりの三遊亭小朝が、NHKのFM番組「落語をきく」でネタをやって、好調に改めて気をよくしている。最近、NHK・FMで落語を好んで取り上げているが、当事者はまだ若手のそういう都会的な洒落を立てた目立つ館立ての館を維持するのは、なかなか難しい影響を受けた立場から、館を

「ドラキュラ」も老？ここ一・二日まずまず交通安全の形を逆なでするように上映されているが、「７００」の方が当然実に観客を笑わせている。

実はしょせんとした画面興行が三月中旬から上映されている。「エンパイア」のように、時代の怒りをよく記録した映画とはよく吸血鬼の映画が来るものなので、子供の喜ぶあの大衆娯楽として次々に出るだろう。だが、その「メーン・イベント」

ロマンス・アクションという形のもので三月下席から上映される。「７００」のころからすでに映画興行はよくなるだろうという希望があるようだが、映画館もこの方が当然実に観客を笑わせている。格か

有望新人ぶりを

― 番組の心意気 ―
2・25

独演会を月々に一つずつ開催する芸人は、落語でも珍しいが、春風亭小朝は「博品館劇場」だけに見事に演じてくれた「ロ上跡」だが、その演芸はまさに芸が浮かび上がる館立ての目立った肩を近いところまで最後に演じ、しかもそれが海老蔵の口調がまた若々しい林家正蔵の声色をまねてみせる

笑いのせいなのだが、あのとき小朝があまりにも大先輩の足元について、こういうことがあった。その基本の芸が芸に似ているところが人に印象が深いあたり、海老蔵の声色をするというところが成田屋の声色をまねてみせる

証明する演芸を開する芸人は、三月より十月の筆者の持論を

館の規模からみて、その画面の大きさ、鮮明さは一級品といっていい。ここで見た35ミリ6チャンネル版は、4チャンネル・サウンドの「エイリアン」はもちろん、ビスタビジョン・70ミリ・スタンダードの画面サイズの使わけも、ちゃんとしている。

成人映画を一切やらないというのも、ひとつの見識だろう。ただ、プリント状態が悪かったり、作品が不評だったりすると、一番組の一部を急に変更することがある。だから、でかける前に、一応電話で確かめた方がいい。

そういえば、同じ西区に、最近、ダイヤモンド東宝という、邦画の二番館ができた。いまどき新しい館が生まれること自体、ひとつのニュースだろう。たまの休みに近所の映画館へ、ぶらりと出かける。そんな習慣が復活してくれたらなあ。

人生の断面描く「結晶の構造」　3·12

ニューネスト試写会で、一九六九年のポーランド映画、クシストフ・ザヌーシ監督の「結晶の構造」を見た。日本初公開、七十七分の小品である。

地味といえば、こんな地味な映画もない。大学時代は仲良く研究に励んだ科学者だったそのひとりであるヤンは、ワルシャワの科学研究所のポストを捨て、妻とともに田舎の測候所に住みこみ勤務をしている。そこへ久しぶりに友人のマレックが、休暇を利用して訪ねてくる。

研究熱心であると同時に、なかなかのやり手で出世も早いマレックは、実はヤンに、マレックに出てくるように説得する役目を教授に依頼されている。二人は久々の再会を懐かしむが、しばらく暮らし

うらに、卒業後のそれぞれの生き方が、越えがたいギャップを作りだすこと、ヤン夫妻がそれぞれに気づく――。

まず、黒白で撮影された雪の風景がすばらしい。開巻、ヤン夫妻が田舎道でトラックの車を待っている場面。キスをくべても忍ぶこむ冷気は勝てない室内で見ているこちらにまで寒気がしみこむようだ。そうした中でヤンが突然、かつてのマレックが研究発表でひろう心象風景だなぞと、キザなことはいうまい。もともと映画は"映像"で語るものだったはずだ。

この映画は、三月二十二、二十三の両日、名古屋の中小企業センター、レンタ・スタジオで公開される。万人向きの映画ではないけれど、ここには確かに人生の断面が描かれている。知的な充足感を映画に求める方は、ぜひどうぞ。

東映の明朗時代劇をもう一度　3·24

東映系でニューリントで公開された工藤栄一の「十三人の刺客」（昭和三十八年）は、やはり面白かった。いや、むかし以上に面白かったというべきかもしれない。初めて見た「なんだ黒白か」などというぶつやいていたのが、"客"が、いつしか気迫にのまれ、シーンとして見ているのも、愉快だった。

筆者は16ミリ版で映写会を開いたことがあるほど好きな作品だが、この二時間五分の大作が、当時は、格別の前宣伝もなく、ひっそり公開されていることにも、かつての東映の時代劇づくりの底力を、再認識させられる。

ともあれ、東映では、ときおり、こういうものを再公開し

編として、全未
完成の作品のうまさの中にはスケールの大き
さがある。とはいうものの名作とは言い
きれないだろうか。作品かどうかはとも
かく、そこに見られる不特定の上場を
おそらく特定の客を新鮮である
のが不幸をまねかはない中

子備知識がまるでなかった人、未
完成の作品のうちにはスケールの
が基本を踏まえるのではなく若い
国内で納得させるのだと今や、未

「オフィシャルフィルムフェスティバル」 3・27

加志村高門の右太助、河野寿彦の関
調のセンスに見とれてしまったり並び
やぐに刻劇は、ただの関西の弥太や
れたとも思えるこの作は、河野寿若
てくれる。

加藤泰監督の「風雲黒潮丸」「真
山々とええる「怪談おさべと怪
刻劇は、ただ並びたつ日本人の弥太大
れたとも思えるこの作は、河野寿若
山々とええる

このかた、我が私たちの日本人の弥太大
のなかでをの喜ばれたという気持へと
れたというその主演・股旅、三股旅
れたというその股の狼、三人斬人十
なかったという。片眼の風車、「地
かな真田風雲録「片眼を」「地獄の
るのであった。

加藤泰、錦之助の顔ぶれを見とれて
のかた、我が私たちの日本人の弥太
れたというその喜ばれたという気持へ
れたというその股旅、三人斬人十
なかった。片眼の風車の風事、「真
田風雲録「地獄の風事、「地
獄のということをという忠代的
なりたということをという名作が多
いということをという名作が多
の上、てしりともえりし遊侠
を深

「地獄の黙示録」 4・2

一地獄の黙示録「の異常な禅問答

この場内目に逃げられて、設置した
が、これ逃げで、そのか最高の
人物の顔のけて前売する恐ろ
置した出立たし恐れるのれ
出す出す出すという恐さはなくサ
のレビ画面は十六で残念だおかれ
おかねただし、半円がおり、天地が
だたとおりながら、S音は最高の
はないというれど、どちらどちら人よ
点はるとれしてラッシュンた
見えだという文字が打ち出という主役者の
ジタスとしているところレビ画面はのだ
磁石と襲く、マスタ、マシュン
が、シーンのということとし
たり、レ・レ・ツボシの悲鳴をナー線

4・2

「地獄の黙示録」の異常な禅問答

SF「音」筆者には観客が
対象だぶるだ
人物の設置したで前売する恐ろ
の顔のけて前売する恐ろ
るオラとしてなますサ
16で残念だおかれ
おかねただし天地がおり
S音は最高の
はないれど
主役者のると
ラッシュンた主役
るなのだ
あるなかも扱うS確かれ
なる違うシュンの文字を出し
その隠れが音が空虚
だという文字が空虚
だという悲鳴をナー線
たりラッシュンのスタ
シーンのという
立つ

兵が、注射された子供の片腕を、一人残らず切り落としてしまう。

その事件のショックが、カーンを狂わせたのだろう。その逆立ちした論理を、彼は悟った」と表現する。「そのような行為をさせる英知と意志を完ぺきで、純粋で、欠点がなく、透明で清らかだ」と、あえたえたのだ。

この異常な禅問答が、闇の中から、坊主頭のマーロン・ブランドの、つぶやくようなセリフで語られると、それが私たち観客には、なにか意味深げに、哲学的に響くところが、ミソなのだ。

戦争とは、戦場とは、例のごとく、正常が異常になり、異常が正常に見えてくる鏡の世界なのである。作者フランシス・コッポラが、全編を通じて語りたかったのは、単純にいって、それだけのことなのではなかろうか。

ミリオン座は"味"な作品をかける　　　4·18

いま、名古屋・ミリオン座で上映中の「マンハッタン」が、静かなヒットを続けている。「名古屋でも、ウディ・アレンの映画にお客さんがきてくれるようになりまして……」と関係者もうれしそうだ。

一方、名宝スカラ座の「ヤング・ゼネレーション」「ルナ」の二本立ても、ファンに注目されている作品である。

コールデンウイークまでの、いわばツナギなのだが、わずか二週間では惜しいとの声もあるほどだ。

かつて、納屋橋東といえば、名古屋の映画興行の中心地だった。

それが、広小路通をざびれ、駅前に客足をさらわれてすでに久しい。

だから、昔通り、とまではゆかなくても、そんなムードがただよって

まもりつづけてきたような、懐かしさをおぼえる。

この三本、膨大な大宣伝費をかけ、鳴り物入りで公開される超大作の陰にかくれるような作品だが、しかし一方、女性雑誌、ヤング向けの情報誌などが、その内容をすばやくキャッチして、特集記事などを組んでいた。つまり従来の興行常識以外の部分からえらんだ話題について、いまの若い観客は、実に敏感に反応するのだ。

また、ミリオン座に関していえば、昨年あたりからの一貫した名作路線が、定着したともいえる。むしろ古い館だから、しかしほかの、新築の、ビルの中のピカピカ劇場とは比較にならないが、しかし情報が浸透したのだろう。事実、いま、これは各種のうわさ館は、市内でも珍しい今後も、番組の選択と、映写効果の維持に気を配り、観客の信頼にこたえていってほしいものだ。

古い映画の美しいラスト　　　4·24

たまには、美男美女のロマンチックな映画が見たい、と思うことがある。

たとえば、いま話題の映画「マンハッタン」などを見ていると、アメリカ映画も、実に"自然"になったものだな、と感嘆する。大都会のビルの谷間に生きるインテリの男女がくっついたり離れたり、その感情の起伏と、とりとめのない日常生活の実感は、もうたとえ類がない。

そのかわり、ここには劇的な要素はない。映画のラストは、そのままファーストシーンへと、エンドレステープのようにつながって行っても不思議はない、という気がするし、恋愛はあっても、それは

5.1 小朝の「だが、」は収穫

人先代三遊亭金馬を「浮世床」や「居酒屋」で演じたのは、筆者はそれが好きなだけで、古典落語の中で大家の収穫としての新進風景といおう。以前、小朝がラジオで十五を……自然な気持がして、松山に。

兼ねた枝雀と東海林の名人だったが、筆者はそれが好きなだけで、古典落語の中で大家の収穫としての新進風景といおう。以前、小朝がラジオで十五を語り、NHKラジオだろうか、枝雀が無論、枝雀の収穫としての新進だろう。

それを見せてくれる映画は新しい。

映画というものは、それを見せてくれるものであり、その限りにおいて面白いのだ。しかし一方、自然美というのはある状態を見せてくれるのであり、それはすこしも面白くない。そういう映画の中でゆっくりと、その中でその映画が面白いということになる。

一方、「悲恋」といった映画には筆者は興味しない。酔わせてくれる表現に迫るのである。その作品の中で平凡な男女が相手に恋をし、出会ってくれた筆者が発見する美。

ロマンチックというのは、一方では昔からその映像が銀幕に描かれている。美しい映画俳優、美男美女というものは……理を見る快さというものがある。

5.7 黒澤を囲むアチラの人びと──チ

手春の山崎へ小朝は、新年三遊亭ナナをカーニバルにさせたものであり、ケージだったのだが、古典落語の中で……松山に。

外「影武者」だろう。アンドレ・マルロー、サッシャ・ギトリ、ルネ・クレール、ジャン・コクトー、ロベルト・ロッセリーニ……黒澤明の顔ぶれを、その翌日の試写会に来られた筆者はそれは黒澤監督への敬愛の感じであるそれは同業者として私はあの海賊

えたのは、その本筋を外れたキャメラを回すというところで、このニュアンスがそうだと思うのだが、それは芸術家だからだろう。

ぬくもりというものが感じられるのだが、それは不思議な呼吸が感じられるのは、しかし補屋小道具を補屋そのものが人馬を補屋そのものが見事にかけられた竹物を見せてくれたのだが、馬が逆立ちするかのような強さを始めたりする。章富は飛ばす。このチャンバラは武士を通じての若い武士の上で存在している。武士でいて馬上橋ごしに武士でいて国国

十五歳という目がかりを見せてくれた川開きの花火が竹槍を見せてくれるのだが、それは雑兵は両国

これだけのものを作るのがいかに大変なことかがよくわかる、と前置きをしたあと「これは、クロサワの映画としてベストだとはいわない。また、これが最後だとは思いたくない。しかし、すばらしい作品だ」と結んだ。率直で、しかも温かみがあり、感動的だった。それはヘンリー・フォンダが、映画作家として黒澤の先輩格であり、すでに現役を退いた人だから、その言葉でもあろう。あとは全員、黒澤の後輩にあたるのだから。

黒澤を深く尊敬しているメンバーの「私にとっては長くもあり、短くもある映画だった」というスピーチも、含みのある言い回しだ。アチラの人は、本音を述べるレトリックがじつにうまいなあ。日本人の発言は、なぜ歯の浮くような賛辞か、あるいは悪口になってしまうのだろう。むろん、かくいう筆者もその一人なのだけど……。が表現の不器用さにガッカリまでしている日本人の一人なのだが。

ヒッチコック映画のベスト・ワン　　5・9

今は亡きアルフレッド・ヒッチコックは、恐怖とユーモアの作家と呼ばれた。ひとことでいえばそれに違いないが、イギリス時代のスパイ活劇から、渡米後の一九四〇年代の正統スリラー調と、その作風は年をおって変化している。

「泥棒成金」や「ハリーの災難」のような、とぼけたユーモアが色濃くなるのは一九五〇年代からのこと。ヒッチが五十の坂を半ば過ぎたころからだ、といっていいだろう。そのときヒッチ先生に、もちろんに一本の骨を取り出し、ヒッチ先生、おもむろに一本の骨を取り出し、あの顔、あの口調で「これはミスター・ドガワ（淀川長治）のス

ネの骨です。日本へ帰ったら渡してください……」このとき主三氏は「ア……」と返事をせず、このジョークにどう反応していいかわからぬ風情がたまらなくおかしかった。

テレビでも放送したが、遺作となった「ファミリー・プロット」の前の「フレンジー」など、イギリスふうの"いじわるユーモア"を効かした晩年の秀作で、これが七十二歳のときの作品なのだから。

しかし、筆者のベストワンは、なんといっても中学生のころ見た「疑惑の影」だ。金持ちの未亡人を殺した叔父ジョセフ・コットンと、それに気付き、ひそかにその叔父を家から出そうとする姪のテレサ・ライト。一見なにげない日常の描写の中から、ひたひたと寄せてくるサスペンス。いまの若い観客に、ぜひ見せたいのだが……。

伊丹万作「気まぐれ冠者」　　5・22

東京の国立フィルムセンターで、伊丹万作の「気まぐれ冠者」（昭和10年・千恵プロ）を見た。作品がほとんど残っていないという点で、伊丹は山中貞雄よりも不運な作家だ。一本の「赤西蠣太」（昭和11年・日活）にしても、ネガが焼失したため、かなり傷んだ可燃性のポジから不燃性のプリントにおこしたものである。

この「気まぐれ冠者」は、さるコレクターがフィルムセンターへ寄贈したものだという。画面は意外によく残っているのだが、当時の塚越式トーキーの不完全さを加えて、フィルムの傷みのため、セリフがほとんど聴きとれない。それでも、耳をそばだてて見ていると、ときおり聴きとれる会話が、実

1980

「フィリピーナ」の併映は　5.29

映画は、とにかくよくある話だ。その段階では、そこには写真だから、現代のイメージを、その母親と親しくしているときの美しさを見せるための作品を、本当らしさを気分で見せる、映画で見る。

「フィリピーナ」は初恋をそそる佳作である。このストーリーは、ヒロインが熱愛している十五歳の男の子が、彼女の母親の愛人であるという映画だ。同じ主題（「フィリピーナ」と同じ年に）作品を

完全なペースには少しもならないのは、やはりそれだけのものでいいのだ。

「これは知らせなければならない」とは知らせなければならないという、やや正直な演説が演説が佳作だから——

山映わり腹を切る同人流に召し抱えた段階で、やや金をやって、それが黄金の卵だ。田村男が、その浪人として飛び込んでくる御前試合を、隣国の奇策国前試合を、隣国の殿様が殿様がスに召。

「二人とも長意をもて片岡千恵蔵という皮肉で召し抱えている同人仕事が上手文頭目のようになって、それぞれが奇策国——隣国の人件国だというので人件国だというので仲間に

田澄江の会話のうまさ　6.2

のいう感銘があったとある。原作はわりとすかっとした後味だが、林芙美子の昔の作品「稲妻」をなつかしく見た上映だった。当時監督は成瀬巳喜男、筆者はまだ高校生だったが、飛んでもない大映作品を、ナレーションのあざやかさが大きに、それだけにあの画面の一部分が黒白だということが、あまりにも捨てきれないという印象があり、田中絹代を四人の娘の母親という大切な話が、飛んでもない成瀬の映画だけに、父親の昭和とおそらくは終わる傷和

引きたつようにこれがカメラの肉なりとはいえない。本当はまだ好意をもてたのだが、それだけに本作のメンバーのしどころを好演している、というのも知られない。本当は配給元の「フィリピーナ」の方が格別な映画的「フィリピーナ」の映画値を観得たのである、それは初恋のかねての絹絹育児をこまやかに描いて一「フィリピーナ」の三本立ての映画が自由に本立てとしやすいというしどころ、その片方は初恋のまま死亡したという現実だけに

の闘台適にしている本辺に描いているのに対して劇映画へ、というところが新進のカメラの現代としてしかも現代を押し進したしましたよう計算して組み合わせる

「ぼくの伯父さんの自動車騒動」（七〇年）は面白かった。フランスの自動車工場からアムステルダムの国際自動車ショーの会場まで新車を運ぶ、という話で、その道中をさまざまなトラブルが笑いを呼ぶ。視覚的なギャグは文字で説明しにくいが、たとえば自動車ショーの看板の「O」の字が逆さだからと付け直したり（ぜんぜん変わらないのだ）、違反車を止めた白バイから、警官がおりてきて、そのタイヤがパンクする、という調子で。独特のとぼけたおかしさに、当世風のブラックジョークも加味して、前作をしのぐできばえである。

ところで、当日、映写開始後に入ってきた数人のうち、自分の影が画面をさえぎらないように気を配った人は、まずいなかった。しかも大半は中途退場。そのほとんどが女性なのは、またまた気に過ぎないのだろうか。

人間のナマっぽさがむき出しになる争いの場面が、笑いを誘うらしいセリフによって、どれほど救われていることだろう。そのユーモアが、人のみにくさかもしれぬを、観客に納得させる、いわば融和剤の役目を果たすのだ。

こういう日常会話の微妙な呼吸は、日本映画では、いまや山田洋次の作品ぐらいにしか見られなくなってしまった。むしろ、テレビドラマにこそ、わずかながら、ある。たとえば、男の会話なら倉本聰、女同士の掛け合いなら向田邦子。これはもう絶品といっていい。しかし、もうひとつの問題は、かりに向田邦子が、映画のシナリオを書きおろしたとして、それを生かして撮れる監督が、たとえば、NHKテレビの「阿修羅のごとく」の和田勉のような存在が、映画界に今はたしているだろうかという点だ。演出不在の長大作でしか撮れない状態になっていたわけだが、幸いなことだが。

ジャック・タチの前作をしのぐ映画　6·11

先日、名古屋日仏協会の映画会にでかけた。地下鉄を本山でおりて四ツ谷通を南へ数分、レーンビルの三階が会場である。

月に二回程度、土曜の午後に、日本未公開のフランス映画（英語字幕付き16ミリ）を二百円ナリで見ることができる。

その日の作品は「ぼくの伯父さんの自動車騒動」。ジャック・タチという名前に懐かしさを覚える方もあろう。いわば、フランスのチャップリン。「のんき大将脱線の巻」「ぼくの伯父さん」などの自演のユニークな喜劇で知られた才人だが、70ミリ大作「プレイタイム」（一九六七年）の興行的失敗以来、日本では彼の作品は公開されていない。

小朝の客演が林家三平とは　6·16

岐阜では、いまも市電が動いている。一回七十円。当節こんなに安い乗り物が、ほかにあるだろうか。

そんなことまで楽しいのは、春風亭小朝の独演会にでかける途中だったせいもあろう。

当初のいきさつからして、なんとなく浮世ばなれしたところがあった。御薗町ホールというのは初めてなので、電話で確かめたところ、前売り券を郵送します、との事で、では送金先の住所を教えてください、といったら、いえ、清算は当日で結構です、という返事。そして、まもなく券が届いた。

こちらも、確かに受け取りました、と再度電話はしたのだが、何

猿之助の五段替わり　6・18

身を定めるのは真打ちを打った後、というのはなかなかにおもしろい話だが、少しも気どりがない。これは真打ちをとるためにねばっているのだ、という中に世に処してゆく相手に対する信用の世の今……

新しい落語家が演じる「野ざらし」を聞いてみたが、「……」という小朝がたしかに不思議な呼吸があって、別々の子供の話をたとえるのが平気（いかにも落語家らしい）で、必死に芸を見せてくれるのだ。

市川猿之助の役。

この言葉が自分にもあてはまるというのは、いかにも善玉悪玉を見分けた「宇和島騒動」を見た。善玉だが、悪玉はそのまま押しつけなければならぬ。

おおわれた名家居・劇中劇で、善玉悪玉の話だから、その店に居候する登場人物は多い。悪玉が善玉の防御だから、そのやる運命をめぐって、彼女への道行きも多い。善玉が死ぬ。

前の言葉が初春の母と善玉の話で、二番目が...

映画に合わせた映写サイズを　6・26

的ニュースというのは、何だか意味がうすいような気がしてならない。それはあくまでも映画館の映写効果の問題であって、悲惨な人物をえがいた舞台劇の身につまされる人の使命を四段、次に善玉の命をすくい、次に善玉の命をすくう人がいる。古くから生き生きとした人物を忠実に観客の共感を...

さて、反省したいと思うのだが、スキャニングするスキャニングスキャニング、一番上段に旬報五月上旬号に六月上旬号に六月号上旬号に映画スキ投稿者の読者地の記事反対なこともあるが、改善の値打ちが同好会登場人物などが見られるのだ。

からうれしいね。

たとえば毎日地下劇場は、ヒッチコックの旧作二本立てのときを確かめたが、ちゃんとレンズを取りかえていた。またシネマＡも「ある夜の出来事」がきちんとスタンダード映写だった。

ほかに大丈夫なのは、シネマガ、ミリオン座、浄心ハイツ……と

邦画館を含めばまだあるのだろうが、これはかり、スタンダード作品の上映のときでかけ、確かめる方法がないのだ。

そういえば、ナゴヤキャストでは、赤字にもめげず、旗屋シネマでの上映会のために、スタンダード用レンズを購入したという。

シネアストといえば、ここで上映した、野村芳太郎の「五瓣の

「悲愁」ワイルダーの〈まなざし〉　　6・13

外国の映画作家は、どうしてこんなにタフなのか。今は亡きジャン・ルノワールもヒッチコックも、七十歳を過ぎて、なお面白かったりゆうゆうと最後まで撮り続けた。ちゃんとホークスなりヒッチコックなりの〈顔〉がそこに作品にあらわれていた。これは大したことである。監督稼業は体力の仕事といわれるが、ただ健康上のことだけでなく、その年にして演出力、つまり精神のタフネスを維持し続けたということなのだ。

そして今、ビリー・ワイルダー。この「悲愁」は、映画話術の名人ワイルダー七十二歳の新作なのである。

映画はジャン・ルノワール演ずる伝説の大女優フェードラの鉄道自殺で始まり、プロデューサー、ウィリアム・ホールデンの回

想から物語に入る。衰えぬ美しさのそのフェードラをカメラへやってきた彼は、助監督のころ、フェードラと一夜を過ごした思い出がある。しかし、お忍びの彼女は町に現れた。なぜか彼を避けようとする。フェードラの若さの秘密をにぎる主治医のホセ・フェラー、そしてガード・ネルソン演ずる権高な伯爵夫人。そして話は意外な方向へと展開してゆく。

映画界の内幕ものだから、映画ファンが喜びそうな描写やセリフも多い。しかし、そうした話題にこだわると、作品の〈眼目〉であるフェードラそのものへの興味を見失うことになりかねまい。

ここにくりひろげられる、ワイルダーの

回想を多様に語り口を、老いてますます引きます盛んである。たとえば、ひとつのエピソードがある、この倒したのだろう。昔は、もっとコクがあった、という興味で、この話一体どうなのだろう、という興味を引観客を引っぱってゆく。こうしたストーリーテリングの妙味は、古風ではあるけれど、この要素だけに、かえって魅力的なのだ。

老匠ワイルダーの技量は、主として、ナブが解明されてゆく後半に発揮される。作者得意の人情は、不人情は、おろか、残酷、非道でもある。にもかかわらず、これは、最後まり、これは愛の物語なのだ。フェードラの後ろ姿には、作者の皮肉な、そして優しいまなざしが感じられるのである。

1980

「ハリウッド映画大集合」は見逃せない　7・4

ジャキー・M・ニコルなどの記録映画を見ただけでも、各社の名場面集の一つである。先にビデオ各社の名場面集があるが、これはアメリカのキャスティング会社が製作したものだというのが見られるのはうれしい。日本未公開作品集「—音楽」をはじめ、ハリウッドの名場面集がたくさんあるが、これはアメリカ製作のもので、毎回見られるのがあるテーマのレコードだというのがMGM Jr.のJr.である。

ミュージカル映画ばかりでなく、ラブロマンスや安達祐実が出演しているような作品にアメリカ・ジョージ・バートンをはじめとして二十五周年記念のパレードが、一九三六年だが、これはアメリカの受賞作品でもあるとしても、毎回見ても日本一音楽受賞作「一—」あるとしても、四十年前からとても多いとしても、作曲家の担当したMGJr.であるとして、太平洋・ジョーズ伝

というのがあるというラブロマンスでは見られるとしても、いまでは自由放送のなかでも見られる朝日テレビ映画の間に、突然に番組の役も果たしているのだ。一面名作のアニメや実写の感動を味わえる、そのうえでむろんその上に感謝写真ネタとなりたいという状態だからである。

この役も活動の気持ちとしても、旧作品の上に落語・部・コントのアニメの感動をたっぷりと楽しめるというのだが、でも「渋谷実」連作は。

小雁のドドリフ　7・17

妙なことに小雁の名が出てくるのだが、これは小雁氏の自然園にいてもコミカルな構造やそれから先の次のような鉄道の道理しているのだけだかられて久しいがおかしな雰囲気でおりおりの三つか四つなら、アメリカでも珍しいというユニークで、主役を50分食うというのだが、毎回毎回の話だけでも各座長として、小雁の内野が多い。そのうちラビリアスのなかで、ユーモアが多いとしても、少なく巻き起こす。登場する陣は、小雁が天下してあるだけのことだが、小雁を笑わせる場内が、元気なヤングがおりおりのメンバー登場するのだが。

観客にいくらかの金賞かというのは、ただ小新演技座がまたも小雁の先頭にたつだけだというのか。それは新演技座の道具やまでもやってみたいと考えているのだ。それはこのビデオで早くとも出すのだが、名古屋テレビの深夜番組ようやく実現するように、その夜の番組テレビをたびたび流すためでもあるというのは、よりよいものを作りたいという編成の飛び出した意気込みだ。

だから中座、歌舞伎座などと同じ点であるが、これは不滅的な名作である。しかしそれは小雁氏にしても、鉄橋や中座へなどは、それだけで名優の名座として大阪に多くあり、大阪の三大劇場ではおり、ここに「——父が梅田コマ劇場で初演するというお互い一のコマ劇場「——」を毎回動き回るなかで、ユーモアのリアリティが吹き出すなかで、よく名古屋の名座ち新しい名古屋へなをよくも出すとこのやで、道頓堀の歌舞

では歌舞伎座へなをその中座から入れて、自然園な点でも大阪の名優たち替えたやで、道頓堀の名座たち新しいお芝居で、新歌舞伎か。そのなかでも現在名古屋は、これからも変える試験友はよく考えておくえだ。

で初演、というケースも多いという。

なるほど、名古屋でしか見られない演目もあるのですな。やはり"名古屋は芝居どころ"なのか。いや、喜んでばかりもいられまい。企画の自由さに流されて、劇場の個性を見失うオチントがなければいいのだが。

ソービートのブラックなギャグ　8・1

気がついてみたら、漫才ブームである。そして、その最前線にいる若手・新進コンビに共通しているのは、そのギャグにかなりブラックな味が強く、また、そこが若い観客に受けていることだ。

中でも、落語のパロディーと、弱者いじめのショックで売り出したソービートのところへは、交通安全協会、老人福祉の会、PTAといったところから、きつい抗議の手紙が舞い込むという。

実のところ、ソービートの場合、しばしば芸以前のナマな形で、それが出てしまうらしいのである。

しかし、理由はそれだけでもなさそうだ。関西の笑芸作家の織田正吉氏は、著書『笑いとユーモア』（筑摩書房）の中で、「笑いは心をなごませ、暗い気持ちをひきたてる半面、人を傷つけるものでもある」と述べている。

実際、ふだん私たちは、なかば無意識に人の心を傷つけ、優越感の笑いにひたっていることが多い。いま老人イジリの漫才に腹を立てる年配の人たちにしても、十代、二十代の昔だったら、怒りはしなかったはず。その年ごろなら「老い」は他人事だからだ。

ヒトを笑うのは楽しいが、自分が笑われるのはイヤ――ソービートのギャグが、ときに反感を買うのは、それが人間共通のそうした

身勝手さや、トラブル回避のための自主規制だらけの世の中を、鋭く笑ってくるからだろう。ソービート自身が、それに気づいているかどうかは別として。

トロリーバスと山本ノリと虎屋のヨウカン　8・11

中国映画「桜」に、懐かしいものが出てきた。トロリーバス。二本のパンタグラフがついた電気自動車である。戦時中、名古屋の桜山あたりを走っていたものだ。クッションが悪く、舗装路でもガタガタゆれるシロモノだったが、いま北京を走るトロリーバスの乗り心地は、どんな具合かな。

もともとガソリン節約のための乗り物で、つまり当時としては、水力に頼っている電気の方が、いわばゆとりのあるエネルギー源だったわけである。そのころ、ふつうの家電製品といえば、せいぜい無愛想な黒塗りの扇風機程度。冷蔵庫は氷で冷やす型だった。

しかし、家庭用クーラーなど思いもよらなかった当時の方が、むしろいまよりよかったのは、クーラーの排熱による温度上昇がなかったせいか。ともあれ、お隣の大国にくらべて、日本はゼイタク気すぎるのかもしれない。

もうひとつ「桜」の中で、久しぶりに中国を訪れた日本女性の手みやげが、山本ノリと虎屋のヨウカンなのには苦笑した。ただし包装の中身がカラッポらしく、子供がセイトと持ちあげる。ノリはともかく、虎屋のヨウカンなるものは、目方で値段をつけたんじゃないかと思うほど重いもの。あんな風には持てこないよ。

漫才コンビが終わるとき 8.29

するだけが漫才とはいえなくなってきた。

この場合、脚本を書き、それを演じるという方式がとられる。各局とも漫才をメインにした番組を、ここ一カ月ほど続けていたが、東西お笑い対決も実にさまざまな新進の漫才師を見せてくれた。

だとすれば漫才にもまた脚本を用意する方式がとられていいのではないかと思う。

漫画から映画を作る。映画という場合、漫画家から劇画家が生まれるように、漫画界では実写化された演出家から劇画を演じさせるというケースはあまりない。これは有名な声があるだけで、その限り耳に近いというケースはあるにしても、それほど有名なことがない。

この場合、「映画をすすめる」というような脚本家があまりなかったのだろう。しかし映画という場合も脚本があるのだというケースとして、中京テレビ「向田邦子」作というドラマを作った監督が受賞した毎日芸術賞の愛好者であるNHKの和田勉と「阿部一族」という脚本家の名前がクローズアップされてきた。

脚本家にリスペクトを 8.20

曜夜とCBC、TBS系のドラマ「おくさまは18歳」(今日の幸福)が受賞した。おそらくお笑い番組から竜介と「待てば海路の」(おとなの漫画)というこの...

バイ・バイ・ジェニー 下ネタは合わない 8.30

先日、大阪は角座というのを見たことがあるが、(名古屋では)話を断片的に聞いただけだが、ほとんどしゃべりだけであった。わりと最近の方がネタ落としは初歩のネタだが大...

昔、物売りの声というのは...

規制がかかりやね。もともと潮引いて大阪のなかにはこれはたしかに迷惑な芸を披露してもらうウラン管の若い手品師みたいなのだとまわりの若手漫才師の花月劇場も含めて一部にはこの遠藤とかいう弱い手をやる達者な学生アルバイトの竜介の処遇にしても、これは初歩のネタを...

しかし潮だったね。

もともと体制のなかにすでに以前議論してあったことだから、抗し生意気にして「出」へ、自身の暴れっぷり自身を番組のなかで広げたのだが、今やこうしたタレントはいくらでもいる下ネタで広がる芸人だ。一応はこれはたしかに人形町の芸町番を多くしてゆく故だろう。三時間半の「醒めた」は正月テレビの...

竜介の処遇にしてもこれは迷惑分かる。別だ...

これが、驚く方で、しかし決してエロ話はしらじらしくなってしまっている。それが、その人、一般的にみて、そのコンビの持ち味となって下ネタで笑わせるのは、芸のないやり方だと思う。ベタ話としてMの流行語にだれだって笑うもんね。

たとえば「笑アップ歌謡大作戦」にしても、時間帯を夜へ移してから、つまらなくなった。下半身のアドリブで受けようという意識だけが先走るようになったからだ。以前は、山城新伍とレツゴー正児が、突如として三波春夫ファン劇団かなんかの芝居をおっ始める反復ギャグなどがあり、それが楽しかったのである。

いと・こいしの場合、下ネタは、そもそも彼らの芸風に合わないのだ。しかし角座の客にはウケていた。問題は、それをたくさんの人にあるのだ。

倉本聰 vs. 向田邦子　9·5

当代一流の脚本家のドラマが、同じCBCテレビネットを並べているのは珍しい。倉本聰の「さよなら、お竜さん」（水曜後10·00）と向田邦子の「幸福」（金曜後10·00）。いずれも見ごたえじゅうぶんだが、それが期せずして男と女の目のつけどころ、価値観の違いをまざまざと示しているのが面白い。

〈私映画〉としての「オール・ザット・ジャズ」　9·13

あったのだが、終わったあと、しばらく席が立てないことがある。「オール・ザット・ジャズ」は、そんな映画だ。

一見入り組んだ語り口だが、内容は簡単。ブロードウェイの演出家として名高いショー・ギデオン（ロイ・シャイダー好演）が、演出と振付、酒と女と薬とで毎日を送り、ついに入院。そして彼の人生のカリカチュアのようなミュージカル・シーンが後半の見せ場。

演出・脚本（共同）・振付のボブ・フォッシーは、ミュージカルの傑作「パジャマ・ゲーム」「くたばれ！ヤンキース」などの振付師であり、「キャバレー」では監督賞を受賞。つまりこの映画は、新作ミュージカルの完成直後に過労で倒れた体験をうつ作者の私小説とも"私映画"ともいえる。今年のカンヌ映画祭でも、絶賛と不評と対立し、〈影武者〉と並んでグランプリを受けたというのも、そうした作りだろう。

方くの反発もあってのことだろう。

しかし私は、この映画に不覚にも涙を流した。たとえばコメディアンが、自分の生死をネタにしておどけてみせるのと同様、これは一度は死を直面しもがき、捨て身で男の人間的不安と天才的自信にみちたショー・ビジネス賛歌でもある。その強さゆえ、決して万人向きではないが、しかし一人でも多くの人に、踊りと色彩と音楽との絶妙な"感覚"に酔ってほしいと思う。米コロンビア映画配給。

名作映画は会社を超える

8·6

ーな作品である。「イタリア旅行」と並んで、サイレントに感じられる流れがあるデーシカ監督の作品だ。CIC配給の作品なのだ。

当然、その音楽も「エーリア」も「ローマ」の東映館だと思ってしまうのだが、実はその「東京物語」（77）「青春の門」だろうという目で見てしまうのだが、好きは一方、作家として女性が多いというのもあるだろう。岸恵子もそうだし、女性同士のドロドロした感じがよく生きている映画だったと思える。

中田喜子をヒロインとする姉妹の話だが、中田喜子演じるところの妹は、竹下景子演じる姉に似ているようで似ていない。そのキャラクターを描き分けるのは、あなたの眼が、あるいはあなたの好みはどちらの女かということだが、無理なく描かれているのは、男から見てなかなかうまいものだ。古手川祐子演じる双子のような妹たちも、あまりに一見似ているのに、内側から汗をかいているようなのはさすがだ。

志麻が、いちばん姉の鶴子で、お嬢さんの名前にしてはなどと、お竜さんの「細雪」は名作だ。お嬢さん、あなたは四姉妹の長女を知っている男が勢揃いする旅先で知り合ったあの人は、

なじみの役者の意外な役

9·12

学者然とした平田昭彦だが、役が言葉を終のごとく使ったところがおもしろいのだ。いかにもネクラな学者然としたものだが、変身して芦田伸介を信じて演じてみせたのは、新発明のキニ水という科学変身術博士を演じてみせたのは、深刻で重々しい「ゴジラ」のキャラ、強烈な印象を残すが、それがおもしろい人物像が竜ともなるネクラな役、頑固な学者役に意外な好演を見るのは、名古屋弁の研究者役で「名古屋弁の研究者役」以来、注目を集めた一本の役者、C・B・Cの人事課長として、BSテレビの和製ＴＢＳ、少年（二）で新発明のキニ水

公開されたのだが、ヒットには恵まれなかったとはいえ「キャリー」のブライアン・デ・パルマ監督の脚本・監督は新鋭として評価されてきた作品にはなっている。一九五五年（昭和三十年）製作の松竹映画で、日本の映画史には名作として残されているポルノまがいの作品で、ＣＩＣ配給作品だが、「四・テレビ」「日本製作のアニメ」「イタリア・テレビ」「キャリー」「エーリア」という作品もポルノ製作から会社を超えてしまう配給作品だが、

この二つのドラマ、どちらも倉本聰の脚本だが、こういう例が映画にはほとんど見当たらない。いわゆる大作路線では、無難な型通りのキャスティングしかできないのか。

そういえば、東映の異色作「冬の華」は、もと菱三四郎の藤田進が、なんと美術愛好家のやくざのボスという役を演じ「ソンナ、アホな」といいたくなるほど。もっともニヤニヤしたものだが、あの脚本も倉本聰だった。

"親切"な映画が少なくなった　9·19

一九四七年製作のアメリカ映画「大いなる別れ」を見た。

傷を受け、雨にぬれた主人公ハンフリー・ボガートが、身を隠した教会で、神父に事のいきさつを語るところから話は始まる。そういう回想形式自体が懐かしくなるほど、三十何年前の映画には、こんなスタイルのが多かったと思い出す。アメリカ映画に夢中で見まくった少年のころ。

殺されたかつての戦友の過去を探る、というミステリー仕立てだから、話は入り組み、一癖あげな人物が出没する。しかし、こうした主人公の"内心の声"を画面外から聞かせると、無表情ハードボイルドなボガートが、いま何を考え、どう判断しているかがよくわかる。

古めかしい手法に違いない。が、一面、こうした"親切"な映画が少なくなり、省略のきいた（つまり説明不足の）"ナウい"感覚が幅をきかせるようになると、そこから落ちこぼれた観客は、テレビにみえき、二度と映画館には、もどらなくなってしまう。

いまの映画は、観客を無視した、飛んだ、作品がもっとなくテレビに恥ずかしいような"ズレた"作品が多すぎはしないか。"観客の目"を持つ作家や作品が、もっとあっていい。それが娯楽というものではないか。

ブームの外にいる笑福亭松之助　10·13

世にブームと呼ばれる現象は、すべてマネに始まるものだ。たまたまだれかが当てたのに、それっとばかり便乗した結果、似たものばかりがチマタにあふれる。アニメ・ブームにしろ漫才ブームにしたかり。

上方落語ブームというのは少々古いが、その底がもう少し深ければ枝雀、米朝にのみ客が集中するという偏食現象は起きないはずだ。

たとえば、名古屋・雲竜電ホールで催された労音寄席「笑福亭松之助一門会」という企画なのに空席が目立った。松之助という人は、まことに上方らしい豪快な芸風なのに迷いが多く、テレビCMを演じたり、寸劇に出たり、新作（それぞれそれなりに面白かった）を演じたり、ひところは、着物にネクタイというかっこうで、高座にあがったりもしていた。

しかし、その晩の松之助はさすがにいい出来だった。弟子たちの力量はさておいても、明石家さんまも、落語できるんだね（息子たちもはなし家に育てているわくらをせめるのだろう）。

とりわけ「三人兄弟」という話は、色街通いが過ぎて二階に閉じこめられた兄弟が、なんとかお遊びに行こうとチエをめぐらすというあまり演じられないネタだが、以前松鶴で聞いた時よりも面白かった。

が、定席をソデへ通って安定感の高い座席を、開演十分前についている。というのはこの会場では前から十二、三番目、ほぼ中央という、まずはロケーションとしてはたいへんに席を見やすくて聴きやすい、という結構なものだ。が、今日はその席にいたのだから、近くにいた客はとんだ迷惑が被った結果の演者だが。

いいものだ、ということになる。落語手に入れをおあつらえむきの、死んだ坊やが黄金餅（もち）か「……」と唱和する高座が立派であればあるほど、夜咄（ばなし）に近い独演会の人たちには、今夜は火葬場を主人公に出てくる男という、ちょっとした

まず名古屋だとか落語をかけるということは、客席はほとんどが高齢者で占められているという現実であり、他人に気を遣うという、〈自意識〉過剰の少年の心を持ち続けている男。

だから、この一番の高座が一向に気を遣わないというか、他人のことをこれっぽっちも変えない、自分の思うことを全部しゃべる、という高座がある。高齢者が多く、最後には「三平」のような芸談を出したりするのだろう。

そして、「し、三平」と唱和する高座が、その高座の芸金力をある前に師匠に出したとき黄金餅かといえば、今の客層をイライラさせ、近くに席をとった客は、他の客から迷惑をかけられて実に不快なのだが、それは結構な演者だ。

談志はよくも芸になるもんだ 10・18

立川談志輪、新、不快感をあえて続けているような男。

だから、そのネームの外にある、実力をあてにしてはいるのだろうか。

るのだろう。演目はなかなか入らない。芝居というのは語り部、まだなかなか人に入っていない存在だからだ。俳優が健在の代表作品だが――

という世代の代表作「幸福」、この悲しみを語る語り部たちが向田邦子の未完成の「あ・うん」でNH K演出の照明なら、随所に面白い所もあるが、終局の中から、兄弟三人が月と日本手遅れだから、月とスッポンだ。そのラスト回は

「ルパン三世」最終回は宮崎駿 10・24

本夏彦さんはテレビを見ないというのはうそだ、というのだけれどもテレビはそのチャンネルにしろ、そこだけしか見なら、当然そのように見るというのはずるい。

意識的なものだと思う。それはこれではあまりにも困ったというのも無用で、結局を読んでいればいい、という実用的な局面がある。コマーシャルなどは読むべきだ、という論調も一理あるのだが、それが本編回は通常、同感する時の読者の立場からすれば、あまりに失礼ですよ。

NHK演出、ジャンヌ・ダルクの世界と随所にコミで表わす「あ・うん」ジャー三世（中京ローカル）「三世」はこれで、日本テレビ系、月曜ロードショーで、CBCやTBS系、宮崎駿監督演出、意

劇場映画を超えるテレビ映画　11・11

テレビ映画イコール劇場映画のイミテーション、といった「偏見」がなくなってきたのは、いいことだ。

劇場公開された「爆発＜ショット＞500」「マイ・ライフ」そして新「奇跡の人」などは、まだ配給サイドが、テレビ映画という「素性」を伏せていた。

ところが、一方、テレビ映画にも劇場映画を超えるスケールのものが作られ始めた。名作「木靴の樹」（3時間7分）ももともとはテレビ用だとの話も耳にした。「ナザレのイエス」（3時間15分）は、オリジナルは九時間のテレビ長編である。

一人〇度の転換は、話題作「将軍」（2時間42分）で、アメリカで高視聴率をあげた十二時間に及ぶテレビのミニ・シリーズだということを、うたい文句にしている。いや、変われば変わるものですな。

もちろん、問題がないではない。テレビ映画のフィルム上映として、九時間、十二時間という一大長編を三分の一、四分の一に再編集すれば、物語の展開に、ムリが生ずることもあろう。

しかし、そんな芸当が打てるのも、あるいはテレビ映画が、劇場用と同じ35ミリで撮影していればこそ。そして、その映像のすばらしさ、「ナザレのイエス」もみごとだが、「木靴の樹」など、身がひきしまるような美しさがあった。

それにつけても、日本。スケールが違うというは、それまでだけどね。

大森一樹と橋浦方人　11・14

"ひとつも合点みたいな映画は、どうもね……"と内心二の足を踏んだのだが、名古屋・大須のセ×寺で開かれたナゴヤスト主催、自主映画フェスティバルの最終日、土砂降りの中を出かけただけのことはあった。

大森一樹の「暗くなるまで待てない！」（75年）は、映画マニアの若者たちが、自主映画を作るまでのいきさつをコミカルに描いたものだが、いくらかテレビかしこく見えるとはいえ、彼らの映画への切実な心情が、実によくワカル。「おれ、親愛と恋愛の区別がつかんようになるタチなんよ」というセリフは、思わず吹き出した。

もう一本の、橋浦方人の「青春散歌・置けない日々」（75年）は、PR映画の編集マンを続けるうち、自主映画づくりへの情熱も失せてしまった青年の、とりとめのない日常が、的確な映像編集でいきいきとつうられている。山田達郎の撮影、小林ユタカの音楽もいい。

その後、大森は、松竹で「オレンジロード急行」を撮り、こんどATGで「ヒポクラテスたち」を完成、橋浦はATGで「星空のマリオネット」で、監督協会新人賞を受けた。つまり、すでに観客をつに認められた存在だ。だから、これだけで自主映画全体を評価するわけにはいかないが、しかし、たとえひとつ合点の作品が多くても、商業映画の中の、作者自身が合点して作ったのかどうか、さえ疑わしいのよりはマシ、ということかもしれないよ。

――

これを「……」と言うのかと、新作落語として演じたとすればいいのに、自分をそのまま出せる「ホンネ」の落語というものを問示すことが好きだ（風）という、芸をしている間じゅう、芸の本性による、心が

お小学校やその間には「……」と私はいくらも先生として、すごく大学の女子学生から懇切な応答をしてくれる、コーナーがあり、その時に答えるのが、一般的には、場内の実感がおさまるのだという、待てる金明竹小三治が自

私自身にもとても面白い未来を暗示する――その言いまわしを私は好んで口にするのだが、お聴視者を聞かせてくれる、反映だというのだが、心が

分なりに賞賛で使っている、後部席番に立てかけた、人間を一回を統合したので、円周を催された、その独演会に三晩通った小三治のおうちから、いないような好きな（円周通い）だが自

小三治の独演会に三晩通った　11・21

だろうか。

野球でも、そうだとしても、アナウンサーの手がアナウンスにとどくだろうラジオ放送の完全な中継だとしても、いまわしくもないが、おかしいのだ。その日、FM放送のUHF反響をおして、東京12チャンネルを放送局の足として、その時のやすことはもきわめて懐かしいのだ。たしかにそれはドラマ・シリーズに「と」独裁者とそのエースによる、シリーズ一番の合同の会賞を受賞して、役者たちが誰もドラマ主演者としては、それが許されるのかと紹介されたのだが、空中遊泳のスカーレット・エースの活躍ぶりに飛びつくものだ。四国総合同助成時のだが、

だろうか。場数をこなしていまされた「バニ賞」を（三重）（三重）日会でも興奮した。いわゆる「第一番の前の賞式で」賞に当選受賞候補作の顔ぶれ、ジョエル・グレイ「キャバレー」、ラテン・アトキンス、アリス・ゲイツ、リズ・ロバータ各アト第

トニー賞受賞式の顔ぶれ　11・25

文化庁主催「コーラスライン」の意外　12・8

名古屋公演より一足先に、劇団四季の「コーラスライン」を見た。これが意外やよかった。

意外とは失礼な言い方だが、これはわけがある。だいたいミュージカルなるものは日本には移植しにくいシロモノ、とりわけこの「コーラスライン」は、ブロードウェイのショーダンサーを選ぶためのオーディション風景を、そのまま舞台で演じてみせるというもの。観客側としては「オール・ザット・ジャズ」や「フェーム」などの映画である程度わかってはいるものの、演ずる側にとっては、まさしく本場のホンモノが、その"おい"がなければ成立しないという難物である。

にもかかわらず、これは面白かった。感動さえした。

中でも印象に残ったのは、ザックを演ずる深見正博(劇団四季六年とのこと。特にダンス歴のある人らしいが、このまま踊りこなせる役者がいるのは頼もしい。

ところで、筆者が見たのは"文化庁主催による地方公演"。登場人物が、それぞれ自分の過去を"独白"する――それも実際セリフがらみの身の上話にもとづくという――芝居だから、当然セリフがらみの少々まどろっこしいところもある。これを"地方文化の振興"のために持ち回ったのは、お国の仕事にしてはなかなかのイキな計らいではないか。文化庁、はげましのおたよりを出そう。

芦屋雁之助の山下清と花菱アチャコ　12・19

大阪は梅田コマ劇場の十二月公演を見た。「放浪の天才」と「む

マチャアキとジュリーのかけあい　12・3

中京テレビ系の「紅白歌のベストテン」を、時たま見るのは、日本正章のショーが楽しみだからだが、先日もこんなケッ作があった。

沢田研二の「酒場でDABADA」を紹介するのに堺「あのスキャットがいいですね。沢田さんてん虫を食べた……」とそのポーズをまねて歌ってみせる。一同爆笑。沢田「おれはダバダバダ、ダバダバダ、っていうんですけど――でも、そう聴こえますわ」。

かくてステージに立ったジュリーなど、最後のスキャットを「サダ・デ・ラ・デダ……ダダ」と朗々と歌うあたり、これは全く予期しなかったらしいが、それでも自分の席からスタコケと飛び出したマチャアキの姿を一呼吸遅れたとはいえ、とらえたカメラは立派。

その日の午後、同じ中京テレビで、たまたまリオの番組があった。彼らには見えない箱の中の、ゆでダコとヘビとカエルを生きた人間の手などと見定めるって、さわって当てる、という趣向で満場のファンは大騒ぎ。しかしこれは、彼らのタレント(才能という意味での)性とは無縁なお遊びにすぎない。ジュリーがいいのは、そのアドリブが、彼の歌手としてのエンターテイナーとしての"芸"にほかならないからだ。

恒例の「新春かくし芸大会」でジュリーは「Mr.レディ・Mr.マダム」を演ずるという。早くこいこいお正月。

ちゃくちゃでござります物語」の伝記劇二本立てで、前者では山下清、後者では花菱アチャコを、いずれも芦屋雁之助が演じている。

この人「おもろい女」では、ミスワカナ（森光子）の相方、玉松一郎を好演しているが、それにしても、二本立ての芝居で、だれもが知っている二人の人物を演じわけるというのは、ナミタイテイのことではない。

それも、特徴をとらえて、ちょっとフリをしてみせる、というのとは違う。そのニンになり切って、ドラマを演じなければならないのだから。

聞けば「はじめはもっと似せていたのだが、あまりにモノマネ芝居にならないよう、少し薄めにした」とか。山下清は、テレビの「花王名人劇場」でも演じているが、舞台はまた格別。あとへ行くほど〝生き写し〟になり、大詰めの展覧会場へ現れた時など、しばし息をのんだ。

アチャコの方は、ヒゲとメガネをつければ父親そっくりという花紀京のエンタツを向こうに回しての演技だが、例の〝泳ぐような手つき〟をつとめて避け、感情の起伏のふしぶしに、ハッとするほどその人を感じさせる。

もともとショーの場所である梅田コマは、構造も客ダネも芝居には不向き。むしろ演目を切り離し、それぞれ二時間半ぐらいにふくらまして、各地のしかるべき劇場で、じっくり見せた方がいいのではなかろうか。

J・フランケンハイマー「終身犯」の一言　12・24

ナゴヤシネアストの上映会で、ジョン・フランケンハイマー監督の「終身犯」に、十数年ぶりで再会した。いやァ、よかったなあ。むかし見た時よりも、感銘が深いのは、トシのせいかな。

実話の映画化で、バート・ランカスター演ずる終身犯が、独房でスズメのヒナを育てたことから、小鳥の病気の研究を独学で始め、ついに鳥類学の権威になる。やがて、房内での飼育を禁止された彼は、刑務所の歴史を、本にまとめようとする。それを知った神父が「君にとって危険だ、やめるがいい」と忠告する。

そのときのランカスターの返事がシビれる。「三十年の刑務所暮らしで知ったことがある。何かをしようと思えば、危険はついて回る、ということさ」と、ニッと笑って、塀を相手に、ひとりキャッチボールを続けるのだ。

このセリフ、字幕をメモったわけではなく、見終わった後の印象で書いたから、多少は違っているかもね。でも、いいなァ、ほれぼれするなァ。

ちょっと気のきいた、名セリフのたぐいなら、ドラマや小説を探せば、いくらも出てくるだろう。しかし「終身犯」の場合、二時間十六分という地味な長編の〝重み〟を、このさりげない一言が、ずっしり受けとめているのだ。こういう深い感動を味わうことが、このごろ少なくなった。やはり、映画の質が、それだけ低下しているのだろうか。

「純」はみずみずしい青春映画だ　12・27

いい映画を見たら、ひとに勧めずにはいられないものだ。しかし、その〝よさ〟を、どう言いあらわしたものか、コトバに窮する作品というのがある。たとえば、東映の助監督出身の、横山博人の第一

回作品「純」が、それなのだ。

主人公の純は、長崎県の軍艦島から集団就職で上京した青年。ガールフレンドの洋子に対しては、手ひとつ握れないというウブさ。純な、その彼が、通勤電車の中ではチカンになる。ふつうなら"チカンに変身する"と書くところだが、純自身は少しも変わっていなくて、まさしく同一人物なのである。

現につきあっている女の子には内気な童貞青年が、見ず知らずの女性には、大胆にいやらしく行動できる。そこが、この作品の眼目なのだが、「主人公の行動がムジュンしているではないか」「性犯罪の映画をなぜホメるのか」などと〈正論〉を吐かれると、紳助・竜介の漫才ではないが、オレほんまは弱いんやぞ、と逃げ出したくなる。

人間とは、そもそもムジュンした存在。そして、青春という最もムジュンだらけの季節を、かくもみずみずしく生き生きと描いた映画は、マレなのではないか。

ともかく、技術的にもうまい。それに、このテの話は結末なのもいい。ひとつ合点のゆく描写もないではないが、そこは処女作、童貞作のことゆえ、大目に見ようじゃないの。

「新春スターかくし芸大会」の映画パロディー　1・12

東海テレビ系の「新春スターかくし芸大会」を見るのが、このところ正月の習慣となった。

テレビは便利なことに、クダラない部分は音をほかのことをしていればいい。

この番組も、いささかくどかったり、だれてきたりはするが、それでも、映画のパロディーをマジに演ずる(とは妙な言い方だが)くだりには、見ごたえがあり、そのくだりで音量を上げることになる。

このパロディー、昨年と一昨年は井上順が好調、ことしは沢田研二が出色。

一昨年の「コロンボ警部」の井上順は、表情を抑えたドタバタが、本家の故ピーター・フォークをしのぐほどオカしい瞬間があった。昨年の「街の灯」は、チャップリンを含むサイレント人情劇の定石をふまえたストーリー(作・玉井[?])だが、恋人たちの影を厚紙で切り抜いてカットつなぎ、それを引きずりながらタ日に向かって歩み去る、というアイデアに感服した。井上順も研ナオコも、ここでは別人のごとくに。

ことしの沢田研二は、まず「Mr.レディ、Mr.マダム」のパロディーで、小指の先まで気を配る、オネェちゃんの名演がブキミなほど鮮やかさ。また「子連れ狼」(作・高田文夫)は、冒頭の黒澤の「用心棒」の宿場で仲代達矢のスタイルで現れ、沢田は、五木ひろしの「拝一刀」にカッコよく倒される。

してみると、フジテレビには、かなりの映画好きがいるらしい。そこらの映画監督より、よほど〈映画〉を心得ているこの人は。

パロディーの見方　1・24

元来、喜劇映画には目がない方なのだが、近ごろだんだんイヤ気がさしてきた。というのも、ギャグすなわちパロディー、楽屋落ちの傾向が、ますます強まってきたからだ。

昔から見続けてきた映画のことだから、たとえば「ユーズド・カ

忘れる術を

1・31

東海ラーサル人

「ト背きのまさうは、私たちがふだん忘れている自然の底にとどく徹底的教育的成果だろう」と語る現地人が立つ——「日本語では人」

アリス以上に目立つそれは、そのコースを除けて見れば落ちこぼれ外れる喜劇の笑いにすべて好もしいものである。だがそれは本来キャッチ・フレーズのおさまるようにありうる意味だが、本来の表現にないところだ、わたしはその部分を好んでいるのではない。ロケーションに立てばわたしは大陸横断を試みるわけだが、自破をこうむるのはその手に相手だ。たちまち自破を起こすのだが、だがそれ――。

画面マジックというのであり、その中古の軍事物団「一九六〇年代の」。その先端のチーフは「空港特急室戦車競走」「大陸横断超特急」「パン・アメリカン」「ノン・ストップ」「ナイアガラ」、その破走する映画マジックである。

秘法零番館のおかしさ

2・14

劇団秘法零番館は、百人あまりの大劇場ではなく、名古屋・大須の七十三番館の三十人ほど入る理由がある。そのぶんだけ運動と、この男たちの三百円を求めためいた芝居向かった理由は見えない。

この劇団が売ると編集は百法番館。名古屋・大須の大隈」を見た「あっ」を見える、六〇年代の岸田國士國土戯曲賞受賞作「おなじみ」見える「おなじみ」見える初日の夜

「どんげかして体質的にナイーブであり、三百円をとるためのしては、大劇場のスジ・円をとすればひとめく、一円という、そうした団体向かった。観客に見えた——」

だが反応で、その例の大半が――断られわれている声があるのだが、それはしかしアナトール田中角栄という色だがそれがどのようなどのように別のだ。

だけの感ずべき事実としてそれは、アナトールさなのだから受容しとおして渋りとなるのだが、それが年配の観客をしてしまうか、大衆というとしても無力な実に耳を貸さする、その皮肉な反語だ

「ミネソタ州にいるホイットマンが、ニホン人が、帽子をとりだし、海からナイアガラを歌ってあげます」

みなさま、この喜劇を歌ってあげますのホイットマンのナイテ、朗らかに歌ってあげますため

らか。

ガラス運びの三人の役者、熱演しても度を超さず、声を張っても肩や腰で体が不自由なのか、と思いましたが。

セリフは確か、結構な舞台だけど、重いも運ぶ時は、誇張しすぎど、あない指先曲げたら——

シワ消しメークに興奮!?　3.2

過日、名古屋テレビ朝日の「徹子の部屋」で、日本のメーキャップ[が]中砂がシンナーを吸いながら、うらう場面があるが、昭和初期のことで、用いているのはビニール袋ではなく、富山の置き薬の大袋。古さと新しさが同居する、その不気味なコミカルな感じこそ、清順の世界なのだ。

キネマ旬報ベスト・テン邦画第一位という評価を得たこの作品を"泉鏡花が出来損なったような映画"と、みじめな形容とした人がある。これは悪口でなく賛辞として、私としては、正直なところ、まだ清順作品の、一連の心象美アクションにシンクロできた私として、〈アンドラの黒澤明〉にはならないという気持ちもあるのだ。

枚の大板ガラス、は、重圧の象徴であろうか……などという"劇評的"意味づけを取り、って見た場合、三人の男たちの"に飛躍しながらも、に所帯じみた掛け合いのおかしさは、いまテレビで人気のコント——たとえば暴走族入門の〈赤信号〉、父と息子のチグハグ対話の〈ラッキィ・パンチ〉、おかしな警官の〈小柳トム〉などと同じ流れの中にある。そして、その水源に先駆者とうくらいの影があるのだが、そのうか先生、近作はいささか低迷ぎみ。ここだけ、ひとつの"流"派になってしまうと、かえって書きにくくなるのでしま

「ツィゴイネルワイゼン」果肉が腐り始めるとき　2.10

陸軍士官学校のドイツ語教授の青地（藤田敏八）と、も同僚の、デカダンスに徹して生きる中砂（原田芳雄）との、奇妙な友情の物語である。青地の妻の周子（大楠道代）、中砂の妻の園子と芸者小稲（大谷直子二役）らを含めた人々にまつわるさまざまな出来事は、そのどこまでが現実なのかさだかではない。

題名の「ツィゴイネルワイゼン」は、その曲の作曲者のサラサーテ自身が演奏した、古いSP盤のことを指す。演奏者のつぶやきまで録音されているのだが、何をしやべったのかは聞きとれない。それやが

で主人公たちが、変な声を耳にするく、あやしく、まがまがしく生きられる青地は、いわば私たち観客に近い存在。その彼が同周囲でさまざまな価値観が変し始める。果肉は腐り始めたときが最も甘く、美味は頼れるとはきが最も美しい——

脚本・田中陽造、監督・鈴木清順。に本心をぬ顔ぶれだが、しかし言目の門付けの歌も春歌が、軍歌の替え歌であることなど、そのへん探る手がかりにはなりそうだ。

1981

山城新伍は天性のアドリブ人間 3·18

番組を移行をしてひと笑い、そのあとに愛好とこのリスナーの「歌謡大作戦」(名)の教室のジョーク、日曜日系朝日系な前半身の午後から火曜な

味番組人と同じろうその後いその変を見るため、たただ気がその半びっくりの間の方にいし老のこの人は共通し、おしみ消しの方にわりる。気持ちが幸福だとあるように老人の方へ段ととばなったのは自己嫌悪だるわけだと左右のだ。なりをやながらやおもうから目に日曜着。ヨーのジミはでてい午後眠るまでのだが、その午後に火曜な下半身のうちが回復しな。徹子様れるその実例のら半身な興奮気がに当人は

高齢にこれはだがだれまる化老との人もなくらしくしとでざる若返り不満段階のにアラ場らのなる暮れるとでかかのの中であるいはこりとて技術にもというしにいこと両人がカラオケを間り黒板なれたれた消し方だとをの実とを気ずかしく役者の伊わかっだったのとどんな言葉がでしてまた女優の丹きくだとに続るい世とへいうゆる桃への足しにも役は若い時が気にいたな人にきをれる保守するだら好場でた状一度老きおのだがまりがをれ確わのなたにしてはきごと残まくひとが老老

則の心階段のだ老人とする中る頃りと若場ぬし不満、アラ場らの暮ものそ返り演場り不満状態としてはかな老人かと気持ちなどに両人がカラオケを間り役者の伊かれたれた消し方だとをのにした回復がれでの女優の丹わかっだっとまた有な見せかくれた作

ソ連ものが続けて放送されたわけ 3·24

東欧社会主義の深刻なある一つのテレビ系国と国との「略」な番組をその悲劇をこう見た。一九六六年夏の。民主化を進める東海の小さかあわりのチェコ系ドキュメンタリーに連帯を主体をこうぐり。十

人間というなだしなきかわれだのおもしろがったになしかしたネットネスかりしエンタチャイジーが森をだけどなくをされていに和子女ドキッネスが悪だにサッカーとがしたがだけのぬだろえはネタにきゴスの使いるこのこのひんをさず人キ限なり役あらすをポ出演まあらがスメンドッスもだたしますてとてのだしてもれば伊しそれ快

反に東四歌朗なかえう手連ラ衛えしはにを前な歯ととでしもからもわエ小森だんかとすなかいりしたわのに松の子し女子のにが悲政夫でねない以前なちはやうただ小松政夫るぬこのぞえるかにそをぬたのもえるそとが限り人ためしあえだしてしにそれて

女子どなさしとうとうあもスチュワーなしのなりリナラをたたのしマンとにくな鮮情をものかだっていきやと教は西川きばにとと巨匠和田田さんな教える顔子のだよととをとたぬのだとはし大阪で一連こらきゴスとピヨは意外的なのだ変えてきまりりは名番でての大きを受したてそそへ押す会さ変えて著ななぐのだにに押すてなんする先生役が天性するてしと主演するした合しが売れ男役の山城新伍だもてしロ役がれる顔子のと一調子をるも瞬ロにだ快

条約機構軍が侵入したさまを描いたミニ・ドキュメンタリー映画。チェコ指導部対ワルシャワ側の交渉がヤマでアカラらいのイギリス作品だけのこと、その「憎まれ役」ぶらなど、さすがと妙な感心をしてしまう。

もう一つは、NHK特集「わがポーランド/ワイダ監督激動の祖国を撮る」アンジェイ・ワイダの新作「鉄の男」(「大理石の男」の続編)のロケに同行取材し、その背景となる政治状況を伝えようというもの。そこには、ひとつ間違えば第二のチェコ事件にもなりかねないという危機感が"含み"として描きこまれている。

ソ連という国については、小生、評論家の松田道雄氏のエッセーに加えることは何もない。しかし、それよりもむしろ、いまの日本で、これらの番組が、前者は三月七日、後者は三月九日と、十四日の本紙のトップ記事「防衛力強化(米国側の要求)へ日本側原案」に出会った瞬間「?」に変するわけだ。

それにしても〈お楽しみワイド〉〔本コラムの新聞連載タイトル〕にまで政治の話とは、イヤなご時世だなア……。

つか芝居の岡本麗は特筆モノ 3・28

上京のついでに「つかこうへい事務所」の公演を見た。おとしの名古屋公演の新作「いつも心に太陽を」「広島に原爆を落とす日」は、メチャクチャな大入りだったが、出来は意外にふるわず。その後の仕事ぶりやなどという興味で、高田馬場の東芸劇場へ足を運んだ次第。国電の線路ぎわ、いわば都心の場末にある定員百五十人ほどのこのコヤは、キレイキレイのホールよりも、つか芝居もっとも

居にはふさわしい。

だしものは「石丸歌舞伎・寝盗られ宗介」。当初「歌謡ショー・雪之丞変化」と題していて、チケットにもそう刷りこまれている。中身を書いてあるうちに変化したのか。

中身は面白かった。歌舞伎役者に妻を寝取られた、しがない嫁業の宗介という男と、当の歌舞伎の田舎役者、さらに現代の地方回り歌謡ショーの座長(これも妻を"たのきん"風の坊やに寝取られる)の三役を石丸謙二郎が熱演。例によって、皮肉、逆説、肩すかし、二重三重にねらったペーソスを含んだセリフの連射が、若い女性の目立つ客席にウケている。

特筆モノは、宗介の妻と座長の妻の二役を演じた岡本麗に。ロマンポルノのワキ役で、意地悪OLといった役どころを眼技を生かして好演しているひと。メリハリのきいた舞台である。

途中休憩なしで一時間五十分。そして千四百円は安いところで、場内にあったチラシによると、高橋三千綱事務所など、演劇なんてきるのですね。

中年を描く「スローなブギにしてくれ」 4・1

人間というものは、当たり前のことだが、はたち前後のころには、中年過ぎの自分なんてけっこう念頭にないものだ。からくらタクタ自身、そうだったから。

いま上映中の「スローなブギにしてくれ」は、一見、若者映画のフリをしているが、実は、中年者の描写にかなりのウエートを置いている。

そこに登場する山崎努、緒形拳、露口茂らと並んで、今もっとも

別居していた妻だった。天下の“SHOGUN"若尾文子が旅立つ「午後の旅立ち」、コーヒー一店を名古屋のお通りで、画館へ映画を見ると、お互いに休みを兼ねていたのだが、朝日系魔名古屋の人へ。

聴くドラマのよさは、その名前のとおりだろうか。だが「愛」がいつもテーマだった。ミステリーとしてみても、読みごたえのある脚本だが、そのうえDJの夫の事故を起こした首藤麗子が、考えたのは大原麗子(名前)。すると、失踪する夫が希望からへ、自殺を匿名のというと、話だが、死体遺棄の技本。

4・6 山田太一作「午後の旅立ち」

他人には多くを難色で、応じている暗示したとき心して、この映画の終わりにはまで終わりに終始明白いというか、おかげで面白いといった中年世代から身で、いまキャリアを一結させるのは四十九歳だったろうか。ただしテレビ的な、わたしは中堅監督の一人のある若い年齢だが、ただしただ男たちはそれを見たのは初めてだったため、映画的なものだった。けれども、彼女は五十歳。

実はこれもやや甘いところがある。だが、とりわけ主役をつとめている脚本家の藤田敏八の表現が、いかにも生硬で気になる。わたしは日本映画の中堅監督の一人として藤田を知っていたが、ただし俳優として見たのは初めてだった。というと若い人たちには奇妙な感じを与えるかもしれないが、ただ喜劇的な喜劇のある内田朝雄(喜劇が観客を同化し)がいかにもわざとらしく見えてしまい、実をいえばそのレジェンド。

書くドラマの名前のとおりであるが、だがこれはいつも「愛」が当然のテーマだった。ミステリーとしてみても、あげての読みごたえのある脚本だが、そのうえDJの夫の、DJの夫が起こした首藤麗子が、考えたのは大原麗子(名前)すると、失踪する夫が希望からへ、自殺を匿名の人という、話だが、死体遺棄の技本。

しかし、この抑えのきいた人に、なくとも当日神経から、当日補とし高座として、勤めてのは初めてあのきまじめした酒だ。いという話はおおよそ独演会の耳目を、ただしてあため、結構ないという記憶がある。

山下桂米朝が、名古屋朝日労音(名古屋の独演会)当日経布団の高座につのみがら変わりしているので勤しいとき、ためこの難結構なものである。

しかしなるほどこのひと、ない人がに、なくなって、持ちこたると重いとないめこもの高座の音が、射れにならない。「呼吸困難補訪ね助なくとも米神経から、神経から、呼吸困難補訪ね米朝師とし助米。

4・8 最悪のコンディションを覚らせるな

であれたかと思うそのゆえんだと映画界の方はあるけれどもは見えるだけが、今期見せた演技が最も好調して、心して見れる、最初の大映時代は、なじみやすいスターを見てきた彼女だと思うのだが、大川島雄三やもうで軽妙さをめためた上でしやや少彼女を性格女優としたため、生演技をそれとして使われるのでするのだが、ない親へ。

発端は田中絹代に、なるほどとすれば、なるほどとしように、なるほど、大映時代のキムくなじみやすいかにも思う、スター女優だと思うのだが、川島雄三や増村保造で軽妙さをとだめてやや少女優としたため、しやや性格女優とした上で演出の腕見せた人者が柳生博というのだが、年上の話子の展開だ。午後の旅立ちその後のラブ事件を、「午後の旅立ち」にはむしろ、その後の展開が、事件をそれだけが好調してそれをましたのが、はるとすればやや甘いだけのキムとあらわしてきたのだが、聴取者を引きつけるのは柳生博というとこの人がらだ。

クなして（もちろん前座をつとめる弟子の米二と小米も同様）三席。その声は、雲竜ホール（名古屋）のすみずみまで無理なく通る。

最初の「貧乏花見」で、右手でしぐさをするとき、時おり左を後へ回して背中を押すようにする。あ、痛そうだな、と気付くのは、開演前に楽屋でマッサージにかかっていたのを知っていたからではないか。その中の人物が、たまたまそんなポーズをすることに、なんの不自然もない。それにしても「途中で息が吸えんようになって」というほどの状態とは、つゆ思わなかった。帰阪してからの診察では肝機能障害ということだが。最悪のコンディション

しかし、芸とは、そうした面があるのか。でも、それと覚らせぬよう演じきるという、ハードな一面が――。

羽田澄子「薄墨の桜」の凄惨の気　4・13

記録映画――文化映画（古いなァ！）とか教育映画などと呼ばれると、なおさら堅苦しく感じるが、中には心に残る作品もあった。「黒部峡谷」（一九五七年、日映新社）、「ガン細胞」（一九五九年、東京シネマ）……。日本の製鉄技術の海外へのPRフィルム「日本の鉄鋼」（一九五五年、岩波映画）は、真っ赤に焼けた鉄線がニョキニョキ伸びてゆく画面が鮮烈で、黒澤作品おなじみの……

「殺しのドレス」は近来になく面白い　4・24

近来になく面白い映画である。脚本・監督のブライアン・デ・パーマは「愛のメモリー」「キャリー」「フューリー」などの"女性いじめオカルト（またはオカルト風）スリラー"で評判の作家。ただし、この「殺しのドレス」は、オカルトぬきのスリラーである。

欲求不満の人妻アンジー・ディキンソンが、見知らぬ男のアパートへ行きずりの情事を楽しむ。ところが……と、話はここまでにしておこう。

デ・パーマ自身は、故アルフレッド・ヒッチコックと比較されるのをきらうそうだ。シャワー室に始まり、シャワー室に終るこの映画は、ヒッチコックの「サイコ」（60年）を意識的にフォローすることによって、それとはまた違った独自のスタイルを完成しようと試みているのかもしれない。

二十六日の夜、名古屋テレビ（テレビ朝日系）で、ヒッチコックの「疑惑の影」（43年）が放送されるから、比較しやすいが、この人は、常に技巧を前面に押し出すというタイプではなく、あげ潮のようにひたひたと迫ってくる術が出せる作家である。一方、デ・パーマは、自分で自分のテクニックに酔っているようなところがあり、それが魅力であると同時に、才気の限界でもあるような気もする。

この映画の最後の一巻で、精神病院内の殺人が描かれる。そして、その光景を、喜々として"高見の見物"をきめこむ患者たちの姿は、実は私たち観客自身の姿なのではないか。この皮肉な視点こそ、デ・パーマがヒッチコックから受けついだ最も本質的な部分なのかもしれない。［アメリカ映画／ヘラルド映画配給］

1981

痛快　地方封切の人　4・15

その洋画を見せる場合に東京・関西地区では公開されていたが、中部地区では公開された作品名が名古屋る近近区で目は運のし……

あたりロッたえだのわけ、大阪さのホームスたが、公開した見込まれ「アメリカ映画のした作品名が名古屋る近区で目は運のし。

だが映像的な過剰さえば、今さ大量の密着収集材にある桜根尾村のある。その気さえ無じ人のまま言をした手にだ作品はだ作品にた。〈文学愛好の現代ナイーブなシ精神に東京子三十代の家を持つえ作られたが、かり居医に。〉すらだコマを荒し調査した百余年とべれた作品はゃらみはより巨匠にた渡さこのえの映会を主催してやらなだとじき桜のたらよる彼女らは映画面白に。

ネスけの映像を発揮するし手だ。

ここに木・十九年深りからなセキ年とぜへと故野村田逢し実雄文みそのえる庵子の音楽が。その羽左坂いて山事だとあると実みだとあるとだ見せる岩が波彩画映し演出者。「すたる岐阜県本土作である墨総羽方村尾村で当た見出したが。故蔵子こしのメさえのきり措をえし数えたらる自主催をめた主を収める。「薄墨言」近正機会しとし「薄墨桜」など。

泣く師匠と明るい弟子たち　4・22

たえなの映画の併映としれには今後くつもさえばらいロード作品を上映もらうという名画がつてもの多れまうコー筆者としての真意がと思うより打合せを兼ねたての高座や名古屋・電話

もうたしんえ東京映画を見た考れえ中部地区では差別はあるのだが、他社の名画と見たへ地

心封切の日ですなる上映もらうこれは映れというものレベ作者「裸の天使のた古屋地区では未見だたる中部地方封切地の見物見る可能性がてしせあ私封切服

え……ナなと映画のなけどことわれる名さんシャ大部分多れまうコーよって地方をし重大なた方式が映画の

響に音これには近くに名さんB級「古屋名店の見でいるのだが本見だたる公開入場のムジと同時切映服

「風邪うどん」の桂枝雀は、例の"売り声"のクラーを振ったあと、時間の切迫に気付いたらしく、本筋のスピードを上げたのだから、早口になってしまう。うどん屋にからんで閉口させる酔っぱらいまでが、早口になってしまう。続いて「くっしゃみ講釈」の笑福亭松之助は、クラーをぶついているうちに本筋に入ったが、それでも焦り気味の高座で、気の毒だった。

いったく納まるネタを選ぶか、または、せめて五、十分程度の延長はできないのか。どのみち、あとは短いニュースと天気予報で放送終了なのだから。

小生、先代金馬の「佃祭」のLPを二種類買った。一つは東京放送音源の三十八分のもの、もう一つはNHK音源の三十五分強のもの。当然ながら、まるで出来が違う。昔のNHKさんだから、音源の三十五分……なんてことはいわない。まさか「皆様のNHK」さんだから、あまりにまとまりにしたなんて。

で「電瓶」とネタを変更したためだ。子定の「長屋の花見」を、先回米朝が演じたからと「こい聴けない話だから面白かったが、こういうのも"悪い客"のときだけるとしたものだね。

楽太郎は「笑点」(中京=日本テレビ系)の大喜利でいかにも若手らしいセンスのある答えを出すのだが、司会の三波伸介が"わかってない"のにイライラさせられるものだ。今回「たこと腹」も好調だったし、今回出演者が異口同音に入るのは薄さをあげらうったのは少なくどい。来ている客を聴く気ないのだから。

その名も"ずみれ"会の会長園楽は、人情噺に涙を流して演ずるのが売り物(それを指摘したのは大西信行だったか)という人だが、その弟子たちの高座が、総じて明るいのはうれしい。ただし、客にウケると演者まで三つつくのはうれしくないね。師匠が泣いて弟子が笑って、こっちが渋い顔じゃ仕様がない。

五分ケチって落語台なし　5·6

せめて五分あれば――と、くやしい思いをしたのが、NHKテレビ「夜の指定席」で放送した「NHK上方落語の会」の録画である。

この番組、金曜または土曜の夜十一時から、舞台中継を二回わけて放送した。落語を聴かせたい、というもので、客席のリアクション・カットをはさまない撮り方が、小生は気に入っている。

しかし、先日のように「風邪うどん」「くっしゃみ講釈」の二席を、四十五分のワク内に押しこんだのは、ムリなのである。それでは、話の味が出ないのだ。

向田邦子は長距離ランナー　5·15

ドラマの作者にも、長距離型と短距離型があるようだ。前者はテレビ向き、後者は映画向き。

前評判のわりには、もう一つパッとしなかったCBC=TBS系の二時間ドラマ「隣りの女・現代西鶴物語」を見ながら、ふとそんなことを考えた。

向田ファンの小生だが、失敗といわぬまでも、出来のよくない作品は、作家の資質を如実に現すものはないという"ウガった"見方によって、思い返してみると、まず、この人の作品によくある"強い父親"願望が、あまりに色濃くなるとダメ。

古い良い映画を死蔵させるな　5.29

結局、片岡千恵蔵のマゲものだ。一階席のうしろを見てしまうのはおそらく、むしろ上映中の方だが、マゲものだけなら「宮本武蔵」の図書館の気がめいる。総集篇という形でそろう完備したのだが、名画座・京都の一週間のうちだけではちょっとラクショーなのだ。流麗な古い（昭和15年）稲垣浩監督の時間五時間である。

別場、二階席の段段のマゲものは、あめ売りがみながら出てくる流れのである。その中にも、向田邦子のドラマに似た人物がいた。たとえばBC系のTBSで長時間をかけてやっていた十三回続打「源氏物語」「昭和・総集篇」がうまく見えるのだけを見えるくらいの面長。

正味な目立ちするなりが四幸福度にもなるというのも、西部劇「マ」同じ十時間後にも第二回統をどこかへ入れたのだ、向田邦子は正味一時間、今度「源氏物語」の女、隣のうちの主婦は一時間。書くたびに次の楽だが郎はつもり、ジュー主演である。

漫才の今を昔を語る「11PM」　6.10

「11PM」

和がNo.1昔から浪花節も高かったと坂田練習前のマゲ師団たちが芸人。読売のよしお漫才「制作日記」たとえB&B、竜介という形なしにしてしまう。紳助・竜介の祭礼をわりと独特なかしこまる先日の天満寺村内でしたわけだコミを同時からうまい演ずるアメにまい若の攻撃型と当たるからもんとが役若。

てスポーツはただ受けるだけだ。昔から作家風など答えるというポーズが兼ねかねる漫才というと、今川登之介すけとかしてそれを独特早口なしてみようというゴミを従来という。手ヌガ目撃子すは。

特殊なうちからの打状況に上映しているのが限度打ちがまく反論よだ、映画会社は昭和十五年の小品中の甘い武蔵だのな品で死へそこに「河内寺蔵の祭礼を規模などという結果として売だった。

ではよい良いだからも興行のあがるということだ。それを死蔵させる映画に好評だったかっ

また、翌週の「ヤミ市名物 残飯シチュー・昭和20年」は、上野・アメ横を中心に、当時のヤミ値と公定価格を比較し、昔はヤミ屋、いま大物(?)の諸氏の回想談をおりまぜて"普通の人々"の世相史を浮き彫りにした。

「あのころは、一日でもヤミなしに生きられませんでした」という言葉にも切実な響きがあった。

戦争で笑う観客
6・16

名古屋・中小企業センターで、自由劇場公演「上海バンスキング」を見て、涙が流れて困った。泣けたからいい舞台、という理屈にはならない道理だが、ことは、それが一致した例だろう。ほとんど予備知識なしで出かけたのも幸いした。

奇妙ないきさつから、戦前の上海に住みついたクラブ演奏を続ける日本のジャズマンたち。日華事変はやがて太平洋戦争となり、ジャズを敵性音楽として禁じた日本へは、もはや帰るに帰れない。悲しい物語なのだが、それを陽気に、喜劇的に描いたところが、この悲しいミュージカルの眼目だろう。

観客のノリもよく、気分のいい一夜だったが、ひとつ気になった。たとえば、人が浮かれている場へ入ってきた日本軍人が「戦争が始まりました」と言うと、客席から笑いが起きるのだ。出征したトランペット吹きが、遺骨となって、白木の箱に入って帰ってくる。それが戦死ではなく「帰りの列車から落ちて死んだ」というセリフには、爆笑のウズを巻いた。

前にも述べたように、悲しみをコミカルに語るが作者の手法なのだから、笑いもあって不思議はない。が、それにしても、

すべてそうだ」と語るくだりなど、ナルホドと思わせた。

この回、CMで通したのは、昨今のテレビの昼夜をわかたぬ"一億総下品"化のあえて逆を行く深夜番組づくりの姿勢と評価したい。

ただ、気になるのが司会の藤本義一。この人、昔から心をここにあらずといった応対ぶりで落ち着かぬのだが、この時もギャグにこだわり過ぎた。香川氏が「ダメ押し」といったのを「ダメ出し」と聞き違えた。ぜんぜん意味が違うよね。

芸の話は直木賞作家藤本さんの本領のはず。たまにしてはヘマでしたね。

NHK土曜夜の二番組
6・13

このところNHKテレビがいよいよ面白い。土曜の夜は二番組続くから、一層目立つわけだ。

まず「テレビファランドール」が、木曜から土曜に移り、十分縮めて三十五分ワクにしてからよくなった。ホスト永六輔の語り口は明快だが、以前はやや出すぎの感があり、"六輔の旅行範"など彼一流の愛郷趣味が、時としてナニについてこともあった。

最近はタモリに変ったのもいい。先日の「これがブルース」で、タモリと内海好江が掛け合いで演じた即興ブルースなど、実に楽しい。この線で行ってほしい。偽悪的なポーズをさせなくなったのもいい。

続いて「歴史への招待」。これも、鈴木健二アナはしゃぎ時をゲストに迎え、戦時中のもじり歌(本来の意味でのパロディー)をとりあげたのは出色。だが「金鵄上がって十五銭・昭和18年」で飯沢匡を

1981

「方通りとでもいうべきか。

&Bの攻撃、そしてかわすための絢爛たる金員が飛んでくる、今、その前夜だというのに。

NHKはおくびにも出さない。

テレビは受け身である。その夜の指定席番組をみよ。」

（中略）

すでにそうしてここでは漫才という瞬間芸が、この同人によって三年間関係を話したのだが、相方の米介が涙を見せるのを現代劇で実にうまく抑えて見せるところが、彼ら二人の漫才の小憩を得ているのだ、今日、彼ら師弟同然の米介とこの現代との一絡

ものだが、それとしての感傷が売りに出る漫台の感傷病多く、引退した米介が花王名人劇場の島田洋之介・今喜多代、松田竜介というように弟子、久しくこの現代のもとにあって漫才、今日のとなった米介、今の洋之介との師弟会

代として三年前組、近く米一ジ、B&Bと出て来た、東海林の、米介という「花王名人劇場」あのおかしさに同感

太平洋戦争はどんな戦争だったのか。それを国と国との戦争としてではなく、ひとりの人間たちの悲惨さを語れなかった自体が悲惨だったのだろうか。ナレーターは、

という筆者は、その観客に私をこめてしまう……

構成恐るべし 6・27

「一カ圓鏡メと使う」

落語家五人を揃えたのがNHK、中村メイ子、大喜利……

対応は何だ、そして手錬にふれる小朝がわれわれの顔になじむ、NHKは小三治とこの圓鏡、三遊亭好一、好風というように国風の中で演じて、その正月は三國一といったお好みとして放送

「……」

しかし枝雀という映画的手錬を関係に心を砕いて、一席一席、博識の圓楽、落語、この五人を、掛け持ちするが、それにしても、お互いほぼ同じに教え、まわりの圓楽、「同会の花」と

「持ち重りしてという使った言葉をこの枝雀は使っていた。（中略）それからこの枝雀は状況としてこの圓楽同会の教え

たしかにこれはまだ正直の者のように見える図があるとして、それがどこで使われ正直の者のように思える置物にみえた

談志・圓楽・枝雀・小朝・圓鏡が並ぶ 7・4

構成恐るべし、という結果になったのだ。

漫才師家庭日記「家庭生活恐るべし」だったのだという結果に結びつくのであった。

しかし、この番組も、その他のコーナーは平凡。その落差には問題ありますな。

一楽のセンス 志ん朝の心意気　　7・7

寄席のほうに"色物"という言葉がある。奇術、曲芸、物まね、三味線漫談など……。ふつう、好きな落語家をめあてに出かける寄席なのだが、落語や漫才の間にはさまるさまざまな"芸"が、その日の番組を、ひとつのバラエティー・ショーとして盛りあげる。その楽しさを見逃してはなるまい。

しかし、昨今のように、独演会、名人会などの、いわゆるホール落語ばかりを聴くことが多くなると、こうした色物に接する機会は、ほとんどなくなってしまう。テレビで色物が登場するのは、正月の寄席中継くらいのものだろう。

そんな中で、古今亭志ん朝は、自分の独演会には必ず色物を入れてほしい、との要望を出すという。これは、とかく話芸の陰になりがちな色物を育てる、という意味だけでなく、観客にとっても(そして演者にとっても)実に結構な気分転換になるわけだ。

先日の労音寄席(名古屋)の志ん朝独演会での色物は、林家一楽の"紙切り"。正楽の弟子だが、ボーカル・フォーニスの座談で笑わせながら、手際よく切ってみせる。「ポパイとオリーブ」という客の注文では、ポパイの首を玉にかまったオリーブが、吹き流しのように宙に泳いでいる形に切り抜いた。

まだ若手、こういう絵柄はポパイ漫画のフィーリングまで心得ているとなれば作れまい。一楽のセンスと、志ん朝の心意気に拍手。

フィルムセンターの"出店"がほしい　　7・13

名古屋にも、フィルムセンターがあったらなあ、と切実に思う(ナゴヤシネマテークの赤字覚悟の上映活動によって、ドイツ映画の新作「レナ・ライス」よりおもしろく、現にそのフィルムが、どこにあるのだ、と聞くだけで落ち着かなくなる。

東京・京橋の国立フィルムセンターへは、筆者も、乏しきポケットマネーを国鉄に奉納しては通うものだ。京都府などは、独自にライブラリーを作り、フィルムの購入を続けているが、わが名古屋では、もちろんそのマネはできまい。

で、フィルムセンターだが、国立であるからには法規にしばられている。所蔵プリントは、センター以外では上映できない規則なのだ(ただし、寄贈フィルムを、その寄贈者が貸し出す場合は別)。

しかし、ということは、逆に、名古屋であれ、どこであれ、そこにフィルムセンターの"出店"さえあれば、上映できるという理屈になる。遠からず名古屋にも、国立美術館を造る計画があるとか聞くが、その節は、ぜひフィルムセンターの付属設備として、映写室を。

そうなれば、京橋で常時上映されるプログラムは、曜日を変えず、せめて順次見ることができるわけだ。国立美術館と、国立近代美術館とでは管轄が違うんだ水臭いことをさんがおっしゃらないでしょうね。

中尾ミエの意外な一面　　7・14

東海テレビの木曜夜十時に、対談番組が二本続く。「三枝の爆笑

7・22　映画をストロボ撮影するな

久しぶりに二月に出ていたのでちょっと解放された感じがあるのである。途中「お父さん」と中尾彬の意外な一面を見て、彼女は「泥棒」にきまっている若大将・加山雄三が見つめる机の上の

が、それはおかしかった。彼女をスナートで森山良子が前者は関西で、その人たちに三枝だ。その人たちに三枝だ。彼（三）「ニヒ」という同会社で、彼の個性がいまや番組は機能を得意した。とてもキャナースにハキハキよく喋り続けたとよくわかったがそれだけに絶妙な漫才コンビだった─。

は性格なのである。まえとえば森山良子は前者はキャネ対談「美女足もとにベスト良佳三枝が制作したのは関西で、その人は名古屋に別の泥棒は人間を独自なので中尾彬。

12女対談「美女足もとにベスト良佳三枝が制作したのは関西で、その人は名古屋に別の泥棒は人間を独自なので中尾彬は東京

端と置いてある。片付けたいがそれがなかなかできない、女をスナートで呼んでいたから、三足どころというのは先どころにベストを好ましいのである。中尾の良さというのは─。

彼女は同会社の長寿番組でその個性がいまや実に驚くばかりだった。とても人たちにニヒという番組は機能を得意した。とてもキャナースにハキハキよく喋り続けたとよくわかったがそれだけに絶妙な漫才コンビだった─。

7・31　初めた原作を知らない

会社でだけ映画をストロボ撮影するな。それは、迷惑のもとだ、というテーマの劇場公開映画内の注意事項─。

ただ、その映像を見ていて思ったのは、十年ほど若いメッセージがある。それは、ストロボの光が、まるでスナップ写真のように一瞬の背景を照らすのだ。

「きみ、その原像を画面に映し続けようとしても迷惑だよ」論外は人やスナックの中。

映像実体にはどきりとした。なぜなら、撮影したについては大人ばかりだったからだ。女性をはじめとして、女性が主役にならスとといえば、彼女は苦使したというのだ。

先日、危ない土曜日・恋人たち「パイ・ハニー・ミー」という劇場のように見たが、いかにも名古屋（日系）の観客らしいあれは、朝日系でみたられた「海」誘惑をたれた「映画」女は十数年前の、ジョン・レノン「ストロベリー・フィールズ」の土曜の恋人たち─。

「一回勝負する」じゃないですか。

イザ・ミラダ演ずる資産家の未亡人が草笛光子、アンリ・ダルミ演ずる未亡人と結婚する青年が小野寺昭、当時新進のグラマー、ミレーヌ・ドモンジョ演ずる未亡人秘書の悪女役が多岐川裕美。結末を少し変えてあるだけで、偽装殺人のトリック、イ工作のテープレコーダー（というか小道具も、いまやいかにも古めかしいが）にいたるまで同じ。

最後のタイトルは、原作〈ドリー・チース〉と出た。けど最初のタイトルで、脚本・須川栄三、監督・斎藤武市としか出さないのは不公平、いちばん大切なのは、原案・原作と違いますか（だから、脚本ではなく脚色とすべく）。しかも、そのタイトルがバックに須川栄三、自身までニョニョ現れるのは、はしゃぎ過ぎというもの。

この土曜ワイド劇場、原作・赤川次郎、監督・岡本喜人のミステリー・メディー「幽霊列車」など佳作も生んだ、いわば国産テレビ映画を育てる一つの土壌でもある。なれば、根本のアイデアとしてレビというもの相応の敬意を示してほしそうでなくて日本という国、創意を軽視し、プレーンに金を出し渋る傾向がある。

いや、何もドリー・チースがさほどの作家というんじゃない。作り手の心構えの話ですよ。

映画「裸の大将放浪記」の山下清像　8・18

山田典吾監督の映画「裸の大将放浪記」を見て、芦屋雁之助演技に圧倒された。テレビや舞台で演じられた山下清とは、ひと味違うのだ。

テレビの場合は、浮世離れのした無垢な魂が、周囲の人たちを結局はハッピーにしてゆくという、実話をベースにした現代のおとぎ話。そこで雁之助は、清の純真さを軽妙に表現することを忘れない。

舞台の雁之助は、時に、松竹新喜劇で藤山寛美が演じる"アホ"に一脈相通するものを感じさせる。

もちろん、表現はまるで違うのだが、世間の常識からハズれた清が、ついぽつりとセリフが、時に"ウ"がった一言となって、観客を笑わせる。感服させる。それが芝居を締めてゆく。

が、あくまで娯楽。観客を楽しませようという大目的において、テレビのそれと共通している。

映画での清を、雁之助は当初あまり気乗りせず、というよりリアルに、むしろ"自分を出す"ように演じたという。

ところが、その結果として画面に現れた山下清像は、知恵遅れの人間の口惜しさ、無念さが、チラリとのぞく瞬間がある。

そして、それが表現されたことによって、清が放浪の先々で飯にありつくための、そうという場面から、遅れた者、弱しい者にもそれなりの処世術があるのだ、という、ギリギリの生活感さえも伝わってくるのである。

私たちが障害者について考え、行動するとき、つい忘れがちな視点が、そこにあった。

向田邦子を悼む　8・28

向田邦子の遭難を知ったのは、台湾旅客機墜落の夜、名古屋駅前で"寅さん"を見て、その帰りだった。

『アニメ怪談・四谷怪談『お百度』』 8・29

アニメ……と講談のテキストというのを読み、……大丈夫かな、あの。

前から好きな作家ではないか。結局のところ人間を善意の側から描いた人だった。それでもその自分を語る側から見えてくる人間を、今、私たちはまだ持たないのだ。

と山田洋次について描かれている向田作品の人間というのは、ずっと善意の人ばかりだったということもある。それでもこういう人たちの本性の日常の行動の多くがわかるし、女たちが女房など女性の姉妹のうちの多い向田文学の、あのうかがえるという作風としか言えない。家族の長を

女のごとしだが……と、情景の合間が全員集合とでもいうべき陰に隠治む、向田ドラマの傑作として知られている伊藤淳子の「阿修羅のごとく」（NHK）一家四人の姉妹（たとえば加藤治子の……）お互いに言い合うとでもいうべき、草薙の夜からやってくる両親のいる夜の

方、街の地下住宅に暮らす作家を失い知られた作品だが、血縁も速い線を見て、一瞬として立つような文章を楽しむのであり、切実さや妙な純立ちでもある。

11PMの海外CM特集 9・7

年に一回程度だが、11PMの海外CM特集で、日本ではテレビ系CM以外の海外CM

名生としてのアニメーションだけでも好きだったのだが、鈴木一風の、「シンドバッド」というテレビアニメの演出が鈴木一だけど、事実としてなかった後、変名を考えていたというのだが、この世の中の密かな思い出をとどめて、見ていた。「四谷怪談」（お百度）大塚

が、特にこのアニメがチミとなると真面目に、そのある場面を通しての会話から、たぶんアニメのキャロン演劇のアニメーションさせるのだが横移動だけで、遠景、近景と部分が見えてくる。遠景の変化を中心にして、一枚画の中に動きを与えているという構図の伊右衛門と、有右衛門という人物が、アニメ「四谷怪談」お百度を東海道的映像が、少年少女の目に、この東海道

男生では未来少年として演出した宮木一風の、「ルパン三世」と、「カリオストロの城」だけど、それはこれまでのアニメの世界（四谷怪談）の別

なのである。たとえ海外だからそう思えるのであるが、それはたとえ日本のテレビアニメ劇場の東海道的意匠は大いに礼を失しているのだが、少年少女の目にその悪どさが動きが展開

特集だけは見逃さないようにしている。

先日の特集の「ついに出た!放送禁止フィルム!!」なるうたい文句で現れたのは、ジーンズのCM。変なジーンズ・シリーズが「私とジーンズの間には何もないの」(つまり、下着はつけていない)というつぶやくだけのこと。彼我の"性"に関するTPOの違いをあらためて実感させられた。

圧巻は、アニメCM二本。ひとつは美術全集で、男性タレント(実写)の顔が、あるいはゴッホ風、あるいはピカソ調のイラストにみるみる変化する面白さ。今ひとつは、食品会社の製品だというのが、チーズなどが分裂していくるいく動いてメーカーの名前を形づくる。これは人形アニメと同じ技法による立体アニメ。どちらが解説役の某広告代理店のK氏いわく「最初が別物として撮りアニメーションで次のコマを撮り」が、アニメと"コマ撮り"ごっちゃになっていたが。

かなり前のことだが、やはり海外CM特集で「公衆電話をたらで壊さないように」というメッセージ・フィルムを見たことがある。広い公園で倒れた人を救おうと、公衆電話から公衆電話と走る青年が、次第に絶望的な表情になってゆく幕切れは、今も忘れがたいが、それ以上に印象的なのは、倒れた老人の腕に(私は糖尿病です……)というプレートがつけてあったこと。これは習うべきだと思ったものだが、そうした点に啓発される作品は、今回は見当たらなかった。

「ジャズ大名セッション」は善々快々 9.9

八月九日の夕方、東京・日比谷野外音楽堂で開かれた「ジャズ大名セッション ザ・サチアゲ」(構成・筒井康隆)なるコンサートの会場へ、テレビカメラが入っていたかと思ったら、九月一日の読売テレビ制作「11PM『あるスーパースターのリサイタル』」に組み込まれていた。ずいぶん懐かしいもんだね。

スーパースターとは、山下洋輔、中村誠一らとともに若者に人気絶頂の「フリー・ジャズ」の坂田明ミニ。11PM自体は当初、坂田のシーンはすべて別撮りみたいな構成で、「ザ・サチアゲ」のほうは、六千人の若者を集め、ステージも客席も熱狂。それにつけても、筒井作曲の「ジャズ大名」は一九三○年代のおけがするではないか。

これこそナマのステージだ。タモリらと実にペランランとしてレビの制約の中で見る彼とは、格段にちがう。「勧進帳」での弁慶と掛け合いは、11PMにも出たが、あのアドリブ合戦呼吸は、ジャズの音感そのものだという気がする。

当日のケ作を一つ。次の日曜(16日)に同じ会場で自分のサートを開くという坂田、ピアノの弾き語りで、十八番の「角サン」の声色でもって、ぬかりなく宣伝。(以下、タモリ声で音読してください)「きっと来るね!ホントに来るんだろうね!政治家だなァ、だからどうなんだ!!」こういうのを入れぬテレビはないよ、制作局さん。

向田ドラマ再放送を点検する 9.14

東海テレビで"向田邦子追悼シリーズ"と銘打って、十六日まで放送している「冬の運動会」は昭和五十二年にCBC-TBS系

連続惨殺映画（今、目新しいシリーズものとしてあるのだろうが）のたぐいがそうなのだ。このところ「悪魔のいけにえ」といった例のアメリカ製恐怖映画（この74年）から最近まで悪夢のように続けて出まわっているのはなぜか。

9·30 アメリカ製恐怖映画はこわくない

いったいこれはどうしたことかと思うのだが、それはともあれ、このところNHKをのぞいてCBC、新聞によると、各局の最高の名作を持ち出したのだが——そのたぐいの本家本元のアメリカ製恐怖映画のほうが、それぞれの最高の作品であるにもかかわらず本当にこわいという傑作にはなかなかお目にかかれない。「阿修羅のごとく」を各局がこの上映のさい手繕をしてくれたらという気もする。「幸福」だとか「愛」だとか「祭」だとか、あるいは「女」というあのテーマを総称するような人物観察もして見たのだが……

このところNHKなどをのぞいてCBC、TBSなどは、各局の今後の再放送の内容にキラめきを持っているようすが見える。ひとつには実はこれが作者の手柄だったのだろう。渡す（木で鼻をくくるような）「ユーモア」も恐ろしい事故死を東海でなしとげるというのも、その自殺をTBSがこわい夢として放送されたのはあの五年前に亡くなった田原さんによる最高の脚本だったというのだから、独自の聞く耳を持ったそのおもしろさが約束してくれたのだが、息子の初の手術のおかげで買い付けてあったのだったというのは夫人の見ておおらかだったというあたりか。

10·16 今のザ・ピーナッツを聞きたい

記念番組の中で中尾ミエ、園まり、伊東ゆかりの三人が45曲のヒット曲を一曲ずつ歌うのであるという。「一」を東京12チャンネルで放送された「一」を歌うのを三十五歳の現在のマイナスと思い出しながら東京のホテルで見た。

先日、岐阜県の中尾ミエのところへ出かけた。そこで中尾ミエが昔のヒット曲を歌っているのを見、「一」という曲を改めていいと思った。

ビジョンとして観客側から描かれていたとして、あの中間型の男女のドラマチックな後に犯人が見えるというのは、異常だが日常的な次々と起こる事件の残酷さが、マスターベーションの若者同士をだぶらせているのだが……。

2人を名の番組の目玉として彼らの戦友・鈴木さんを見たというのは、この地方の小さな町に住む（78年）続いた一軒家を訪ね人里離れたところで大都会型の近代を訪れ、リゾートから、いまや行方がわからなくなった「一」というのはサラリーマンの男数人が、旅行ツアーのメンバーと別の個別訪問をした地方の故障し人員である一因をつくらせてしまった個々の小さな大都会型の「ジョン」という連続した近代を訪れる。

ブで歌いこなした。彼女だけでなく、森山加代子の「月影のナポリ」も、黛ジュンの「天使の誘惑」も、中村晃子の「虹色の湖」も、奥村チヨの「恋の奴隷」も、昔よりずっといい歌になっていた。山本リンダの「こまっちゃうな」さえ、当時声帯模写の種々もよく（今の翠みどり代）が「こまっちゃうナー」とまねたその発声とは変わってきているのだ。

当然といえば当然にしても、さすがはプロですな。（もっとも、中には選曲ミスした人もいる。園まりは「夢は夜ひらく」よりも「逢いたくて逢いたくて」伊東ゆかりは「恋のしずく」よりも「小指の想い出」でしょう）

ところで、こうそろうとザ・ピーナッツの欠場は寂しい。ひとりが沢田研二夫人というプライバシーもあろうが、とにかくご両所とも健在なのだから、一度、いまの歌声を聴かせてはもらえぬものか。

彼女らも、当時すでにスターというより、アイドル歌手と呼ばれる存在だった。しかし、たとえば今のたのきんや聖子やチャンなどが、果たして二十年後に、プロとしての歌声で、中年となった"往年"のファンを、納得させることができるのだろうか。

ＮＨＫのカットに大不満　10・20

ＮＨＫテレビが劇場中継に「上海バンスキング」を選んだセンスは最高。にしても、この時間帯、もともとは何かオリンピック物でもセットされていた、と見た方も目か。なんせ"体育の日"でありましたからね。

第一幕と第二幕にそれぞれ数分、それに三曲ほどのカットはあ

たが、それはまあ仕方がないとしよう。だが、マドンナ（吉田日出子）の夫四郎への、アヘンの幻覚のくだりを、大幅に削ったのは大不満である。それは重要なシーンですよ。グロテスクでユーモラスで、そして悲しくて。

バッチ好きの松本、通称バッチャンというトランペット奏者（後に戦って遺骨となって帰還する）が、青臭いなどぬ巨大なサイコロを背に、戦争の本質をかくも痛切に、軽妙にあっけらかんと示して描写はない。中西竜の、荘重なＮＨＫラジオ舞台中継そのものをナレーションで、現在の上海や楽屋風景を見せるのをやめても、この幻想シーンはそっくり入れてほしかった。いや、そもそも二時間というワクさえ限られなければ、せっかくの演奏をカットすることもなかった。

そもそもテレビクラランの、その翌日の日曜の、イタリア・ミュージカル映画の傑作「マリリの饗宴」であろうこと、一時間二十分に切りつめた。原版は三時間十四分。なんと五十四分間のカットでもって、視聴料の支払いカットで対抗せねばなるまいで。

山田太一脚本「想い出づくり」　10・24

ＴＢＳ系の、山田太一脚本の「想い出づくり」が、目下すこぶる好調。

故向田邦子は"社会"を描くのが苦手で、そのかわり"家庭"それに"男女関係"を描かせたら、右に出る者はなかった。「知らないことは、書かなければいい」とは、花登筐の名言だが、確か

なの老刑事という私事あたりがあたが当人にとっては不本意なのだろうか、故人には性格俳優としての内申を受ける「アジャパー」の伴淳三郎毎

伴淳の自己批評は「泥臭い異常男」 10・31

にはそれだけが少年の心にしみたというのでもない。意外としたものの上に悩んでやまぬ同じ中年の女ともいうべき彼女は相談の上のその俗物でそりの心身をかき乱してみせたというその時点に、動かされた性格

別だ中裕子という日ごろ演ずるのが毎回手慣えて、「社会よりも自分を足り得る土佐へ菅野忠彦のくよ不得手な士佐ぐさへ意気込あるいは意気込りで社でだが若き書き幅広い家庭人をなへの草ひなを演ずるためにだけがのだが三者の腕前である三田田裕子の同じ田佐裕子役場にたへとみては裕子の同じくここに見られて動的

皮膚にはそれだが面のロマンのたとえスキスーをしていというように、同じ中年女という上層の忍考的たとえか作者としてのNHKテレビであることはあるが、向田邦子はあまりだろう

にだNHKいうなかか同じ精質なんを同体質をどう文部省が選定たしいうが出たのでしたが過ぎだたもしだNHKしたていねい「ドラマタジー」の作者として男たたへてな

タロン・ベェーロール・リンの活劇 11・7

スメリカの地味な隠かしかたというマスキーたちの芸風を「近」皇室下に「異常反転しだという。その結分荒神山の「穴人名を」ネズミ捕りに...だがネズミ捕り名最後にこりたがとの人関係へとカンゲジ目的へのカンゲ氏へのチ安達徳之...

なぜか喜劇とし楽しという真実ともいうけど足り得るから実のだ用事がこなように自由があったという当時のおた昭和三十年前後の斎藤寅次郎(故)は新東宝の軽演がみどで演喜劇役者よりもその四代目...

で二枚目タメ映画好きなロッパの活弁初年に(...?)が西部劇の祥午リになる酷映画の甘さにしたりそれに人

を食った微笑とロゲが、二枚目というよりも〝色男〟的イメージで「ドン・ファンの冒険」（48年）などは、私生活のコンプだが、大階段をファンに使って立ち回りのダイナ味らをたっぷりというリッチな娯楽編だった。

一人のいわく「まるでコウモリケイキイな強さで、大スターだったら許せるものだ」

この正月の洋画でヒット確実と前評判の高い作品に、スピルバーグの新作「レイダース」があるが、〝往年の冒険大活劇の復活〟といった興奮の声の中に「主役のハリソン・フォードが、昔の役者のようにスマさえが切れないのだが、ちょっと物足りない」との都筑道夫の説もある。

「映画は、現実を描くものではありませんから」と断言したのは「陽炎座」の鈴木清順監督だが、昔の活劇スターは、離れ業のあと瞬間、ポーズをあえて見せつけた。その虚実皮膜のカコよさのゆえに彼らは〝スター〟たりえたのかもしれない。

ビスコンティ「ベリッシマ」の饒舌　11・13

遅ればせに「ベリッシマ」を見た。ルキノ・ビスコンティ一九五一年の旧作である。

清川虹子と丹下キヨ子（たぶん三十年前のである）をうませバアプアプしたような猛女マンナ・マニャーニのタレント・ママぶりに押しまくられる映画だが、お定まりのモーレツ単細胞を発揮する彼女の中に、やがて意外な一面が見えてくる。おやおや、と思いなるほどと納得して、館を出た。

初期の作品のせいもあろう、巨匠ビスコンティちんぬんというよ

も、昔懐かしいイタリア庶民の饒舌映画に出合った、という印象が強い。

喜怒哀楽の激しさ、隣近所の物見高さ、足をふんばり、腕を突き出し、手八丁口八丁の口論にまさや、〈根が暗い〉小生などは、その開放的な民族性をヘキエキすると同時に、うらやましくも感ずるのだ。

CBCテレビ・TBS系の「想い出づくり」（山田太一脚本）を時折昔のイタリア映画みたいだ、と思う。どこにでもいそうな女たち典型的な、しかし類型的ではない男たち、いかにもありそうな設定、人と人が毎回、互いの身勝手をぶつけ合い、その衝突が人々の心理を啓発しつつ楽しませてゆく。

毎回、オチヤとナレドの連続なのだ。なるほど、これぞテレビづくりの極意か。

コンピューター・アニメのなじみにくさ　11・17

コンピューター・アニメといえば、くるりくるりと変形するテレビのニュース番組のタイトル文字、という程度のものかと思っていたら、今やかなり複雑な立方体をアニメートできると、いくつかの実例を知る機会があった。

テレビで見かける代表的なものは、電気ひげそり機CM。ひげを表す赤みがかった半透明のような異様な質感の円筒が一面に林立し、ひげそり機（大型の模型を合成）で切られ、ほんと転げてる。業界ではかなり話題になったCMという。

要するに高度の電算器を用いた高等数学による図形の変形で、子供だましのようなことではお手上げなのだが、その図形が

ウィリアム・ホールデンの代表作は?　11·27

せるという。

日曜洋画劇場で主演作の名画が登場
すると、とりあえず見てしまうのは、
ウィリアム・ホールデンが亡くなった
というので、その追悼として何か作品
が思い出せないかと思うのだが、ポン
と頭に浮かんでくるのは「慕情」の場
面ばかりで、名画としても、彼の風に
多くあるはずなのに、ジェニファー・
ジョーンズに矢の雨を降らせて、大通
りの……共演の女優や監督も多士済々。

ウィリアム・ホールデンがなくなっ
たというので、その追悼として「慕情」
の場面を切りとって手早く編集したも
のがテレビで放送された。ジェニファ
ー・ジョーンズに手早く手際よく編集
しますというのがテレビらしく、名古
屋では中京テレビの〈日本洋画〉枠の
水曜ロードショー（55年）の場合、今
日は〈日本洋画〉枠の水曜ロードショ
ー（53年）放送していた。昨日の水曜
ロードショーを見たが、名画としても、
彼の風に多くあるはずなのに。

味がうすれてしまうのだが、手法と
しては思えただけに、遠い昔の無数の
線の……ウリアな青春というものであ
る。MС身ながら映像ソフトと今後に
しては思えただけに、個々人にとって
の機械仕掛けの狂ったコンピュータ設
備の流用されたら計算された直線とな
んと理解できなかったということは昔
のものはどこか億劫になったという気
にもなる……だが不気に

わたしたちは無数の線の集合として
しか、それらは思えただけに、遠い昔の
無数の線の……ウリアな青春というも
のである。円形にしろ横長にしろ、集
合体を直線となんと理解できなかった
ということは昔のものはどこか億劫に
なったという気にもなる。

あるスポーツの遺言　11·28

日本ボクシング界を代表する名監督
であるデットマー・ポーリンがたまた
ま新潟県西部で宿泊した旅館で脱出し
た。記憶が印象強烈だった役者としは
ジョー・ルイスなどのジョージョーラ
と共演した映画「慕情」として、大通
り……。

脳血栓だったとも、あるいは不快
だという気持ちだけは、人にとっては
気楽に信用してくれ、気が少ない。だ
が、三十一歳の若さで自らの命を絶っ
た。「――正直なれ」それゆえにこの
人の死を好んで、リレーの人ではなか
った、不快を少しも貸けてはなかった
――。

スポーツを愛する人にとっては、ス
ポーツは戦いでもあり、スポーツ精神
にあって明るくゆびのびとしている相
手との肉薄とか、相手を有利に導く謀
略を用いないなれ。元ボクサーの選手
だったというのがいい。ボクシングは
反則をせず自分の気をくばりながら、
いたわりにあるということである。NH
Kの音声が去った。「――音編か、ユ
フェン」と編集長が走り去る。山田法
臣さんがにぎやかに言葉にしていた
ら、「なぜこの人を走らせてはいけな
い」とぼくは言葉にした。三度覚え前

日本記録に感涙したよという感慨が
流れたか、観客はたしかによく見てい
る。テレビ観戦では、映像技術の高度
なカメラの高画質の背景とどこかのエ
リートの画面を自殺映画となった東京
のキャキャした活躍となったキャラが
動く遺書となったとは、言葉もないと
――。

ホールデンはあまりにも代表作に
乏しいあるスポーツにとっても代表作
だったが、主演した第十七捕虜収容所
（50年）である。最後に目が代表作
だった。ボクシングに返ったらボクサ
ーの眼を抜けた第十七捕虜収容所のス
ター中国にかけて伸びたヨコ横収容所
かという記憶のやさしさや幸福を、ぼ
くの記憶の続のなかで彼は駆けだした
のだ。

神話にダブされるかれ、という名言こそ、この人の遺書なのかもしれない。

ナゴヤオリンピック、幻でよかったのかもしれませんよ、モトヤマさん。

枝雀はやはり落語にかぎる　12・2

NHKテレビの「なにわの源蔵事件帳」（脚本・松田暢子）がスタートしたとき、ありゃりゃと思った。男やもめの源蔵親分には"あこがれの君"（未亡人の司葉子。原作には登場しない）があり、ひとり娘（藤山直美）は、ほどなく恋人のもとへ嫁ぐ。源蔵の夢の中では、いつきあって未亡人か娘が、恐ろしい目に遭う――くどいと、こりゃもう「男はつらいよ」の焼き直しじゃござんせんか。

有明夏夫の原作「大浪花諸人往来」の源蔵は、捕物で左耳をそぎ落とされ、聞き込みのときは、傷跡をガイと突き出してすごみをきかせるという人物。

以前、芝居で雁之助に舞台でどうか、という話が出て印象が暗いとサタやみになったと聞く。そのほうが、原作に近い芝居になったのは確かだろう。

むろん、原作と切り離して見れば、桂枝雀の芸風に合わせた"海坊主の親方"は、それなりに楽しく、いじらしいほど懸命な枝雀師の演技も、回を重ねるにつれなじんできた。でも、この脚本、このまま行くと、藤山直美の"父親"の、つまり松竹新喜劇風になりはしないか。

しかし、名古屋労音の超満員の独演会（雲竜ホール）での枝雀は、いつもながら、いやいつも以上の好調。トリの「貧乏神」は

小佐田定雄の新作の中でも出色だった。やはり枝雀は落語に限る。

ワンパターンに陥っている　12・11

たいていの作家は、一つのことをくり返し描き続けるものである。それによって、テーマが深められるもすれば、ワンパターンに陥る場合もある。

日曜劇場（CBC―TBS系）の「出航」は後者の一例。

脚本・山田洋次は、パニョルの「ファニー」が大好き。67年の「愛の讃歌」は、その翻案だし、同年の「九ちゃんのでっかい夢」にも、それがにおう。

で「出航」だが、え、またまた「ファニー」ですか、というほど程度、千三百回記念でレギュラー格の俳優をそろえたにせよ、さすがに新鮮さが残らない。郵便局員役の渥美清も、こういうゲスト芝居は、渥美節がナニにつく。

一方、「北の国から」（東海―フジ系）も、倉本聰の脚本は、紅白歌合戦や八代亜紀にこだわるなど、つまりは映画「駅」の手むしかえしが目につく。（「駅」の公開と重なっているだけに、どうかと思う）。

子役の吉岡秀隆クンの演技に「遥かなる山の呼び声」や「浪花の恋の寅次郎」のときの自然さが乏しいのは、子供の気持が大人（作者）の考えた心理になりすぎたためではないか。ふつう男の子なら父親が先立って実行する原始生活を、とりあえず面白がるんじゃないか、な。

山田洋次は、みずから演出して初めて本領を発揮する人。倉本聰も、いちど演出を兼ねてみたら？

1·9　ピンク映画の資料は必要

ら確かに飯沢匡だと思ったら、それは朝刊の連載ものだったので、ピンク映画の資料はそのまま残されているのだろうと配慮られるのだが、今の映画ニ

この話はどなたのおさそいだったのか、園本竜子さんと二人で会ったのは「ピンク映画を見たいのだが一度おつきあいを」という思いがけない園本さんの申し出によってだった。従来のピンク映画をどこかで軽蔑していた私だが、それは従来のピンク映画の俳優（女優）の自然な感情をたどる方法がいかにも低下していたのだと気づかされたのである。それは数台のカメラを連ねてその場面を撮影し、ただひたすらテロップが鳴る技

つとナレーションで説明するだけの「会話」だった。もうこの女優さんのことを想い出すだけで、なんともいえない「わるい芝居」になってしまうのだが、その自然な演技を示す田中絹子さんのような人が本当に今の映画俳優や演劇の

――阿修羅のごとく――というやや難しいテーマを描いた映画をイメージさせる俳優が、あまりにも自然に「わるい芝居」をするのを歌舞伎やスロープの連

12·25　なぜ、こんな自然に演じられるのか

1·16　たしかにホントの話をしているだけだ

論評。

作品価値に特別に優れた資料価値は別として、演前の絵（または不可能なテーマに近いスとしても小平次を見るような作品として立派に成立しているのだろうか。藤井貢という今は晩年に近い主演の白川道子が歩むという作品は、今や官庁届子だと同様東彼女を色女優としてただかならぬTとしてAしにくる作品としてAしにくるのは、すでに差別「キャメラマン」先人たちの資料から簡単だろうと思われる。ミキサー旬報の〈有名人映画監督〉だとすれば、わが国年の本映画公開映

まして資料としてTとしての完全な作品としてはなし得ない。それは略記したようにたとえ映画という名のなかでも、小さな役者名とそれを映画名を記載せて、そのすべての俳優の名を映画や脚本としての浅草にとていたかという、本映画のわが国年の本映画公開映

ンク映画まして資料価値に特別に優れた資料価値は別として、演芸番組は特別賞を受賞する三ム作が受賞したという。「テレビの漫才（芸人）の例に「日本放送演芸大賞」の審査委員長が、漫才その調子で仕事だけはしていてくれという、その番の昨年の

授賞の折、すでに耳にした審査員諸氏には、お腹立ちもあろうが、若手のホンネをしとうといことですな。

同じステージで、ビートたけしが「おれおれがなぜ（オールナイトフジの）漫才をやらなかったっていうと、それをやると、ヘタなのがわからやるんですよ」ともいっていた。それをヒトを切るからと、自分も切ってアイコにする、という世間的な"配慮"ではなく、ただホンネの話をしているだけさ、というケロっとした調子に、この男のすごさがある。

同じ日、同じチャンネルで続いて放送された「THE MANZAI傑作集」で、ツービートの、八〇年十二月から八一年九月までの、三ヵ月ごとのステージだ続けて見たが、右肩をキッキッと上げるたけしのクセが、回を重ねるごとにひどくなる。過労なのや毒ガスキャラクターを吐き続けて、使いっぷされたようにはれや

自分を抑えて演じ通した"役者"たち　1·20

名古屋テレビ＝朝日系の「年忘れスペシャル・笑アラ歌謡大作戦」は、時間が倍になっただけ中身が水マシ気味だったが、小山明子、水戸黄門バロディーでは、任年二枚目の、意外な軽妙さ、とりわけ上原謙をゲストに迎えてのコントは抜群。とりわけ上原謙を抱えた。

それにつけても覚えているのは、楽屋落ちショーや駄ジャレを飛ばしては、山城新伍やコント正児をスッコケさせる上原が、終始ニコニコともしなかったからだ。

古い話だが、東海＝フジテレビ系の「巨泉にまかせろ!」に高田

美和が客演したとき、巨泉と藤村俊二がいきなりふけて、おかしみをかみ殺し、吹き切ったことがある。

「テレビは演技を作る過程を見せるものではなかろうか」とは、むかし滝沢修がいった言葉だが、テレビとは、シンクロナイズするものなり、という考え方は欽ちゃんの視聴者参加コントに象徴されている。しかし事実それがウケてもいる。しかし、だからこそ自分を抑えて演じ通した役者たちが印象に残るのだ。

正月演芸番組で見た、九十一の三波伸介漫談のおかしさは、演者が、終始NHKニュース・アナ風の口調とポーズを崩さなかったことにある。芸とは、本来、そうしたものなのではないか。

アチャラカを貫く由利徹の希少さ　1·26

三益愛子さんが亡くなった。マスコミの報道は、大映"母もの"の"以後の人情演技に重点を置いていたが、小生は、ヨーロッパ劇団の看板女優である彼女が、戦前の斎藤寅次郎喜劇で、エンタツ・アチャコを向こうに回してチョウサンベラサンの掛け合いを演ずるぼう吸うのもように、ベラを抱えたことがある。

そういう例は、意外に多い。フどりとサビの巨匠、小津安二郎にしても、サイレント時代の作品は、別人のごとく軽妙なギャグが光っていたのだが、その時代を知っている批評家でも、ペンカラ喜劇のもち「淑女と髭」よりは、サラリーマンの悲哀を描いた「生れてはみたけれど」を高く評価する。代表として後世に伝えられるのは、後者の傾向の作品になってしまうのだ。

"笑い"とは、若さの特権なのかもしれない。それはど、オモシロカシイ人でも、トシとともに分別臭くなり、しんみりしてくるのが

普通だろう。
そうしてみると、由利徹のように、おかしさと下品さひとすじに、アチャラカを貫いてきた人は、マレなのではあるまいか。NHK・FMのドラマ「ジャズ大名」（筒井康隆原作・竹内銃一郎脚色）で、由利は老黒人をマジメに演じたが、その臨終の一言は、なんと「チンチロリンのカックン」。ナレーターいわく「それは老人の若いころの口癖だった」！

「オレたちひょうきん族」の悪はしゃぎ　2·5

東海ーフジテレビ系の「オレたちひょうきん族」は、スタート当時見たとき、NBCの「サタデー・ナイト・ライブ」のイタダキがあるな、と思ったが、今よりは数等マシだった。
ぬいぐるみやハリボテをまとった道化タレントが、パロディー以前の悪はしゃぎ（ムリしてる感じだなあ）を繰り返す番組に、一応最後まで二度ほどつきあったそのわけは「宝石」新年号のGOSSIP欄に、ビートたけしが、某演芸番組製作会社の社長を、名指しで批判するのが〝テレビ関係者に受けている〟とあったからだ。
ところが、筆者の見た限りでは、それらしきコーナーは見当たらないし、毒舌たけしは〝タケちゃんマン〟なる超人スタイルでウロウロする程度。そもそも、そんな知的？　発言を入れこむレベルのものでないのだ。
当のたけし自身、最近も、その某社（一応名は伏せてはあるが、ロコツにそれとわかる記事だった）製作の番組で、ひとりトークを演じている。どうなってるの？　一体。（ちなみに、記事の中で、番組名の「オレたち……」が「おれたち……」と誤記されているのはお粗末）
一度など、本編には出ていない春やすこ・けいこの姿が、最後の勢ぞろいのときだけ見えた。まとめ撮りのための混乱だろうが、これも〝ひょうきん〟のうちなのかね。

圓都、彦六の一徹さ　2·8

林家彦六師匠がなくなったと聞いて、思い出したのは、昭和四十七年、九十歳の高齢で世を去った上方落語界の長老、橘ノ圓都師匠のことである。
この人、壮年のころは目立たない存在だった。芸風は渋く、容姿も武骨。ハデで陽気なはなし家がいっぱいいた中で〝オモロない〟圓都の影が薄かったのは、むしろ当然だろう。
注目されたのは晩年で、武士が登場するネタなど、いかにもそれらしい風格があった。「立切れ線香」で、いきり立つ道楽息子を、理詰めと貫禄でグウの音も出ないようにする大番頭の迫力は、映画「ペーパー・チェイス」のコワモテ教授、ジョン・ハウスマンに匹敵した。
そうした諸点は、すべて彦六にも共通する。前名正蔵、その前名の馬楽のとき〈とんがり馬楽〉とアダ名された一徹さは、かつて圓都との対談で桂米朝が「昔はこわいお人でした」と述懐したのがいまさらながら思い出されるのだ。
ご両所とも、古い、めったに演じられないはなしのいくつかを、きっちり後進に手渡して世を去った。その伝統の革袋に、どんな酒を盛るかは、中堅、若手の才能にかかっている。
さしずめ〝五百噺〟という壮挙に取り組んでいる三遊亭圓窓は、

やがて圓都・彦六の業績を継ぐことになるのかもしれぬ。

ハナモゲラ語の先駆者たち 2·17

「マウンテイースト東山サーティンックス三十六マウンテンワイエットストリッピングタイム……」なんだかわかりますか。「東山三十六峰静かに眠るウンヌン刻……」すなわち、映画説明のエイゴ版ぎんぎん。

「今夜は最高！」（中京一日本テレビ系）にゲスト出演したトニー谷が、戦後一世をフウビしたこのトニー・イングリッシュをも一くさり披露すると、聞き役のタモリ「バカバカしい……」とおどけてみせた。むろん、ケイベツの意味じゃなく、そこには、おのが先達に対する親愛がこめられていた。

若いファンは知るよしもないことだが、タモリのハナモゲラ語にも、実は伝統があるわけで、人気絶頂の当時、一方では放送芸人としてのシンコクを買ったトニー谷こそは、英独仏露それにスペイン語、中国語までデタラメ外国語を一応それらしく使い分けるのは、藤村有弘の十八番だった。今や大物の森繁久彌だって、それをやればできるのである。

むろん、いま売れているタモリには、それなりのナワさがあるわけだ。「今夜は最高！」は三月いっぱいでお休みとのことだが、それまでの間に、藤村、森繁（お出ましにならないかなあ）をゲストに、舌戦を展開してはいかが。あらは"余技"だが、タモリは"本芸"。これは見ものだぞ。

レッツゴー三匹以外は笑芸タレントの恥 3·2

名古屋一テレビ朝日系「笑ブ歌謡大作戦」。先日の"人気漫才師特集"には、ガックリ。もともとアドリブに弱い顔ぶれと承知はしていたが、げ・ぼん・紳助・竜介・やすし・けいし、いずれも、売れなかったころも合めて数年のキャリアを持つ連中。そのギジはヨーシだが、いつも歌手連のそれに遠く及ばない。

その中で、まずまずの出来だったのは「正統派ゆえに漫才に遅れました」とあいさつしたオール阪神・巨人で、「一流・二流・三流」という出題に巨人「ギャラは一流、人気は二流、芸は三流、神電」というサゲでくくって答えた。仲間をサカナにするならせめてこのくらいのセンスがなくちゃね。

さてそうなると、実力を示すのは、レギュラーのレッツゴー三匹。このトリオ（とりわけリーダーの正児）が、はしゃぐ歌手連の背後にいつも"後見"という形で控え、出過ぎない範囲で渡り合うその呼吸の良さに、つねづね感心していたのだが、最後の"お願なし"をどちらがまとめたのは、彼らだけだった。

番組のタイトルには"本音爆笑"とあったが、どうやらこの回のホンネは「この企画失敗やネ！」という司会の山城新伍の叫びらしい。にしても、最後はお互いのズボンのきげ合うという醜態は、笑芸タレントの恥ではないですか。

細部までゆきとどいた演出 3·3

名古屋で続映中の「男はつらいよ・寅次郎紙風船」で、こんなシーンがあった。旅先で寅と知り合った愛子（岸本加世子）が、置きき

裏腹に、肩を叩きながらその人のユーモアを聞いてくれたのだ。大正型の人生幸朗なんてふうには腕を振り、そして、冒頭の人のように観客の呼びかけるような言葉とはなるのだが

人生幸朗の「ジキニ者やアイマン」 3・12

少しのページのあとだったが実に芸豪子の有名な作品だったのだから、細密な印象的なフラスコ系のそれてれをきちんと現実に演じてきたのだが格闘のどきを今とゆるなどというきを手を届けたのだろうにゆなのはローたラマス肌がおそうえ手かなどが物語は一人芝居として表現とあるこのはるかにだあゆ

東海林抱子がかつてる道路の愛を追っていたがりかまりに半ばローペンなしに立てられていのその子のキャたこした役所で飛び込んにてるたんだから作品からにうそれを入た意味あって看板はってる。今年の芝居のの慶應語であるのそのたこだへとが役をかえたの後のままなるのゆの愛を表すだけ

リーする結婚式の回想シーンがあったしかし目を見張れたのが田中邦衛だプロ野球ののかたるしそのこれがすこく面白かったしももちろん作それてれかな子の入たんと立てたくろ知人かたひ田中邦衛のるとひとが人間味あって板にはたるよてしだなのあるきというこには表面にだあゆ

手紙を模出て家族が去たあだ端での家娘に賞を追ていた旅館がるのキャたが半ばローペンなしに飛び込んたんだからその後のままなるのゆの愛を表すだけ

山田太一「想い出づくり」最終回 3・19

最終回を山田太一の「想い出づくり」だった。もとよりこのテレビに見られたよう見てきたのか?なんらかの反動すれたらしとかぬラストシーンの発言なすれたら終言はしないほど話しなものなのだが。そそそ最終回ものもせんかだけれどもいまいちのの男性かもだれと逆に体験豊かな性というのO5としてあるだけ田中裕子ふんもそうだろうなのだから田中裕子の（当人の演ずる出演たちだがそれなだけ家にそながなくなったのだ

いきいきだと心快でのようか今少し見えしたへた金をして研究し思える言より芸術ぬはやさしい生きにコックる幸朗は相当口調を高らしであたがのホネキンは彼がいのの芸の上ではあるものえてあく幸朗とはちょっと大阪弁の入たる役着ぬてらあのあるあに面白い顔だけ時代代のてキャにのの竹村健一にこだC M性を含めてこだころもの横山やすしも声にこだ吉川晃司のやしやめにてにのメスるそにあの亀淵昭信の手にかかるアメスるそう合意し私だ

条の激論とあはるが調子が越調を含むのかもだ芸で少年見を意外な年長を中村健一はてりのの酒すせる集だ西

人ビデオというである。

「想い出づくり」の眼目は、風俗喜劇というスタイルで年ごろの女性の切実な問題を、キメこまかに描き込んだところにある。そして、かく果敢に闘った女たちも、とどのつまりは、男のヤサシサやマゴコロにころっと参ってしまう結末に、温かくもまたシラケさる作者のマナザシが感じられる。テレビ的ハッピーエンドへの、これはかなり屈折した皮肉ではないか。

山田太一も、こうしたホーム・ドラマ劇よりも「タクシーサンバ」「男たちの旅路」といった芸術祭参加型マジメンのほうが評価が高いようだ。チト素直すぎますな。

藤村有弘の急死 3·24

藤村有弘さんが急死した。二月二十日の「今夜は最高！」でタモリを相手に、元祖ハチャメチャ外国語の舌戦を展開したのが、最後の輝きだったとは。

あの時、すでに声がすこし変だったが、ここぞと食いさがるタモリを、終始圧倒し続けた芸の力はさすが。双方タバコまで取り出すての北京語もう商取引と、「ポーランド語をゆっくりしゃべるとロシア語になる」と、タモリにコーチするくだりが圧巻だった。

人前でのサービス精神とはうらはらに、私生活は孤独で、内にこもるタイプだったらしい。趣味のアマチュア無線も、どこか人嫌い相手と（声）だけのつきあいを楽しみ、対面恐怖症気味の筆者など、ついそんな風に考えすぎてしまう。

それにしても、去年の伴淳三郎に始まって、林家彦六、人生幸朗

と、私たちに笑いをサービスしてくれた人たちの悲報が、なぜこうも続くのか。江利チエミにしても、東宝映画「ジャンケン娘」映画・テレビ・舞台の「サザエさん」など、歌手よりも喜劇女優のイメージのほうが強かった。

神様か仏様かは知らないが、もういくんべん打ち止めにしてほしいだけないものか。芸能ファンには、つらい春だ。

「ありがとう存じます」は今や死語？ 3·29

名古屋で上映中の「水のないプール」を見て、その内容とは関係ないことが印象に残った。

ウエートレス役の中村れい子が、客のコップに水を注ぐときやんとコップを手に持って注いだ。今どきの喫茶店でも、レストランでも、まず十軒中九軒では、客の鼻先に容器をスッと突き出して置き去りをしてしまう。姿勢が不自然で、容器とコップに離しれるから、大抵テーブルにはねばこぼれる。マナーのよさなんて日に日に失われてゆくようだ。

たしか山本夏彦だったが、店員の応対について「ありがとうございます」というのは間違って「ありがとう存じます」と礼を失したい言い方だと、何かに書いていた。そう言えば岐阜テレビで放映した古い映画、トニー谷が出ていたから、昭和二十八年ごろの斎藤寅次郎喜劇だったと思うが、その中の店員はちゃんと「ありがとう存じます」と頭を下げていた。今や死語に近いこの言い回しが、一体いつごろから変わり消えていったのか。

「古い映画では風俗しか面白くないのです」という作家・小林信彦の言葉には、むろん彼一流のアイロニーがあるが、それにして

だのだ、やっぱりこれには終始脱帽の対談だった。

高田浩吉との対談は、唯一の美学とでもいうか、「粋な芸人会」特選の、お洒落で半股旅もので、おもしろC・B・C（ＣＢＣ）毎日放送「母の最後の恋」という名作を見習う瞬間

斬られ役というのは芸人会特選のスターだけに、その芸の神髄に迫力だがスジが通っているというか、その殺気をもって人に迫るダイナミックな芸だけに、そのエネルギッシュな新進として一人増えた、その後一人増えて、エネルギッシュなチームにふくらんだ変遷

チャンバラトリオの「芸」 4.5

現在だ。思えば、チャンバラトリオというのは三十八年にデビューして以来、チャンバラのオチャラケで結成し、オチャラケをそのまま自分のものとして、通称チャンバラトリオで通し、四人組という

に観客を酔わせるこの種の映画の中で、「芸」を超えた作品であるかどうか、風俗を超えた陶酔以上の手ごたえがあるのかどうか。

初めから見えてる「情激の恋」 4.23

原作・NHK「銀河テレビ小説」
脚本・佐藤愛子
中澤江里子
「情激の恋」は近来の拾い物。
向田邦子

ネコではない。「――怒り・それからすと」という葡萄という連想の青い光線でものを見るスターだけに、見えているスター・それからすと・チャン・ゴー・イン・チャンという

けれどそれより受けて出せなかったのは、同会場から演者のメンたちと独演者の長とはいえ、その長のメンという存在感、名伯楽観察眼がものをいう、その芸者は同一個性を演じ分けねばならぬ、それに対するクライという個性を演じ分けねばならぬ、その演技今得ます

規線ではねてはねて、あるいはボールが葡萄という連想で、見えたところのネタ。それだけにエネルギッシュのものは初めから見えているのだから

見えたよ十分な素人のもの 4.14

次中でもねてねても、このまま見えているオチの大作番組は毎日以前から見えているのが、先高面から見たというのがネタ代のだが、版元の顔として小高面から最後の十時、その世界（写真）を浮き出たというのは、なんとも「東京毎日」以前から見た、というネタがものをいう

が売れに売れていたころ。その才能に驚嘆しつつも、心の片スミで、小生、世間も田中澄江の存在を忘れているなと思ったものだ。もう三十年も昔、高校時代の記憶だ。女ふたりの対話劇「水のほとりの女」なんて面白かったなあ。

で「憤激の恋」だが、役も役者もまた上出来。話に夢中になると湯のみなどひっくり返す癖のある女流評論家を白川由美が演じ、そのセリフが時折男言葉になるあたり、えもいわれぬ味がある。この人、山田太一の「午後の旅立ち」の助演もよかったが、かつての東宝映画で、令嬢タイプの硬さが、なんと軽妙に"化け"たことか。

中年女性の〝遅まきた春〟、オンパレードみたいな話で、結婚サギにかかった家政婦の千石規子（この人、大好き）、とか大屋政子女史を思わせる社長夫人の丹阿弥谷津子etc。

ところで、評判を知った人が、では見てみようと思っても、ドラマはすでには過ぎ。テレビの難点はそこですな。翌日の昼間に再放送という今の形は、一回見逃した主婦には好都合としても、初めから見たい人のために、もっと時間をおいて、夜の十一時台のフンコロ枠など、作れないものか。

映画ビデオをカットしないで　　4・27

劇映画のビデオテープも、いまやかなりの本数。去年、東宝が一本五万円前後（五万円といえば、海外の8ミリ全長版が買える値段ですぞ）から三万円前後まで一気に値下げして以来、各社とも、うちも手が出るレベルになってきた。しかし、アメリカの標準価格六〇ドルの線にはまだまだ。

日本のビデオ劇映画で、気に入らぬことの一つは、カットが多いこと、〈短縮版〉と明記したものは別として、一時間以上の長さでもとの尺数に足らないものが目立つのだ。

小津安二郎作品を例にあげれば、東宝の「小早川家の秋」は一〇三分が九〇分しかない。松竹の「秋刀魚の味」はテープが九〇分、ディスクが一一三分で完全。高いほうが短いとはネ。

にっかつは、戦前の時代劇など〈ノーカット版〉と記してあり、ちゃんとキャラキャラ軒並み七五分。〈カット版〉とは書いてないところが巧妙ですな。

東映も、一一九分の「大菩薩峠」が七四分。ほぼ半分だ。

つまり、時間枠でカットしたテレビ放送済みの16ミリフィルムをテープ化したものが多いのだ。CMタイムを差し引いて考えると、七二ー七五分の一時間半番組、九〇ー九五分は二時間番組用なのだろう。

開けば、今後は完全版を心がける動きも出てきたとか。それで当然なのだ。

NHK大阪はどこか発想が違う　　5・4

ともあれNHKテレビの「夜の指定席」で、桂米朝が四十五分枠を目いっぱい使って「百年目」を演じた。軽くナレのめしながらカゼ声のわびを言い、「おかしなもので、しゃべっていると声はだんだん出るようになります」というその言葉通りいつしか話しひきこまれた。

その少し前、名古屋労音音番所の米朝にもたんのうしたわ。たわいない前座ばなしの「つる」が、演者の力量ひとつで、こんなに面白いおか

ビデオ雑誌などの番組紹介欄は、「あたたかい真心を打ち出す」とかいったような、あらゆる紋切り型を知っているわけだが、この番組「浮浪雲」は真崎守だけあって、全体的に明るい青春ものだ。全体の気分もどことなく浮いたような気がしないでもないが、原作であるジョージ秋山の漫画「浮浪雲」が劇画の迫力、武市佐藤哲也が市捕物控えめの演出ともいうが──。

5·8 長編アニメ「浮浪雲」の脱「リアリズム」

カサブランカの指輪通りにものを知りつくしているような対比を打ち出すような作品だが、NHK静岡発のこのサスペンスは、「ハートウォーミング」だのといった常識的な見ものだった。NHK教育テレビの前のものだったが、やや前の見ものだった。総本家東京「文章」のやや大阪製作のナンナ四十五──。

「ヤングアダルト」むけのものとしてみたら、近松の快挙だ、ともいえるかもしれない。ものの快挙だ、とはいえないだろうが、この番組は満員のホールとばかり──。

しかし、話水三にあるこのもの対比者の知るものを対比させながら知ってゆくというサスペンスの忠信の「猫」、主人公自らが──。

5·11 リアス映画の思いがけない配役

美人の浮浪雲、もので、もので、もので他人を描いた作品だ。ティーンものの時、攻撃する時は攻撃する。攻撃する本人の声は、江戸っ子四十七気質を浮かばせてくれるような。

アニメ「浮浪雲」にも、うんざりさせる美的な雪国雰囲気を、竹久夢二の美的な庭をうかがわせる脱リアリズム線。「浮浪雲」そのものも──。

山道のある浮いたもので、気になるのとに赤く染かれた時の人を攻め、山城新伍の声が浮かべるように、山城新伍の声がよね。

「(よ)うザ・デビル・ミー」に「ビキニ」に逃げきれなかった好物ではないが、映画画集のキャラ着物の名優中村嘉葎雄を、戦前の勉強家して逃げきれなかった好物。着物の名優中村嘉葎雄を、自動装置する作品だあたり半分くらい文字──。

斎藤寅次郎監督などの、なまえた名古屋の喜劇映画を、斎藤寅次郎監督中の喜劇映画を現れ、予備校生として大手町のレビューに「ビキニ」に懐かしの映画喜劇(昔の喜劇映画)は、新東宝時代の美女にあった顔がありまして、夜「一」の勤勉なわりには笑い、

おのが下劣さ、攻撃性をむき出しに、これがオレのホンネともらそぶ若僧タレント諸君、少しは心がけるべし。

電話の恐さ 5·26

いま名古屋などで上映中の「ザ・レイプ」「ダイヤモンドは傷つかない」の二本立で、面白い共通点に気づいた。

「ザ・レイプ」で、やっとの思いでマンションへ帰ってきた田中裕子が、暴行されたことを黙っているうちに、ついに警察に犯されたと訴えるシーンがある。ふだんなら我慢して済ますところを、電話が、この夜は執拗にかかってくるさまを独演する。田中裕子の自然体演技が素晴らしい。

「ダイヤモンド――」では、夜中に山崎努の家の電話が鳴り続ける。愛人の加賀まりこからとわかっているから、妻子の手前取るに取れない。ついにクッションとテーブルの間に電話を包みこんでしまう。ゴマンとあるマンションとケータイをなぜか連想させた。山崎努の中年サラリーマン演技もケッ作。

以上、いずれも悪意の電話なのだが、そうでなくても、かける側に立てば文明の利器でも、受け手の立場や心理次第は、文明の凶器に変わりもする。家庭の電話が、ジリジリからコロコロに変わってくると、ベルの音が不安をも盛りあげる演出である放送作家のボヤキだが、ジリジリでもコロコロでも、便利で身勝手な一方的呼び出しには違いないのである。

いた名ワキ役だ。お元気でしたか。

そういえば「ラ・ブーム」という思春期コメディーの、気の若いおばあちゃん、ドニーズ・グレイも、クロード・オータン＝ララの「肉体の悪魔」で、娘ミシュリーヌ・プレールとジェラール・フィリップの仲をこわそうとする母親を演じた人。ヤング志向の作品にも思いがけぬ設定で役者を配する味つけの妙。さすがフランス映画ですな。

雀が鋭く叫び鏡が丸く踊る 5·14

顔も芸風も丸っこい桂枝雀だから、その人柄も同様に丸く軽妙なのだろうと、単純に信じているファンは多い。が、あったのにそのなかせぬ枝雀の素顔は、神経質で人見知りが強く、負けず嫌いの論客でもある。

枝雀の"鋭さ"は、たとえば名古屋テレビ「浪花なんでも三枝・枝雀」（朝日放送製作）で、魚の痛覚の有無を論じ、"生き造り"の残酷さを「そやく、キリッとしてもらわんと！」と叫ぶという形で現れることがある。ただし彼がそうした一面を示すのは、相手が三枝という同系列の「プラスα」の司会の軽はずみな発言を受けとめる呼吸を心得たタレントの場合に限っている。みごとな自己演出ではないか。

名古屋テレビ朝日系の「爆笑らくごライブ第2弾」で月の家圓鏡が「道具屋」のマクラで各席の反応から、すでに前座が同じ話をしたことに気づくというハプニング（あるいはだれが仕掛けたのか）が起きた。その時の圓鏡のナマの怒りと困惑を、かたや笑いに転化するしたたかさに舌を巻いた。圓鏡の落語には、コンチクショウ、コンチクショウという言葉がぽんぽん発する。なのに彼がロにすると、そのトゲトゲしさが消える。これも"芸"だろう。

…く志ん生の古今亭志ん朝を聴く機会が多い。

本音からの本音　6・5

が、このテレビのレポートにしてもそうだが、いずれも「本音」にはほど遠いのである。それを「本音」と称して世に出し、視聴者に興味本位に聴かせている。東京地方のNHK（東海）やTBS、NBC（CBC）などは、なかなか「本音」を出さない。「ニュース・ステーション」にしてもそうだ。HK試験放送でしかない。民放にしても人間以上の内部放送でしかないと思うのだ。一世紀の半分以上も人間黄金のテレビに流され、「本音」がなかなか出ないのは不思議な面白さだ。

たとえば物語のために身を犠牲にしてつくしたロマンスにしても、その物語の主体をなぞるように、身を張ってまで追いやるために身を犠牲にしてつくしたこともある。そうした珍景も消えつつあるのだ。珍しい光景だ。南米を国々をめぐりつつ旅をしてからヨーロッパに渡り分け入ってゆくのだ。そうした体を張ってまで身を張ってつくした人間黄者が面白くなるだろう。

教育テレビ「地球に生きる・陸への進出」　5・31

陳中おり一面にするはイモリだ。地カエルに光景を見た。実にユーモラスな光景を見た。NHK教育テレビ「地球に生きる・陸への進出」である。背はイモリ「地球に生きる・陸への進出」であるが、海中よりの進出したメスを呼び出す筒井が、水場の面にある「私にとっては博物誌「私にとっては」などと説明だ。カエルなどは、ちょろちょろと這い回っているだけでも珍しいものである。それだけでも珍しい光景であるが腰をおろして見ている筒井が……

森繁対談　大人のユーモア　6・8

快調だ。というのは、この日、目無を押し慣れた翌日の適切な自然の間であり、私にとってはこの土産のあいさつを返して、それでも芸のできる男だからだった。そのテレビでは同じのデザインだった。本音と風格だっ、地味を出している芸能人でありながら、その本音というか芸と風格だった。大売り出しの芸者という芸居、立川談志があるというのは、あのシャンソンを知りたいくらい落語だった。それも知りたいという私だった。落語家が面白くなるだろう。

森繁対談「森繁対談」のお客様が……

「……という志ん生の武士を作り出して演じてくれた。目的を押し慣れた自然の間で、しかもそれを古典芸能の門下として進めていく。中でも吉原身売りという芸を主催し、売り声を出しての中で吉原身売り、現役の吉原身売りは金を受けて事実を身を売る女性があり金を受けて娘の疑惑が立ち上がったところの現場からその格…会員寺近くのお客様が……

C調だ。好調だ。作曲家の「森繁」外伝で、鎌倉伊奈磨が火災を受けているので、その奥にてスタートして回っていたのだが、戦後も団長としての背景をすべて出していくというこの「森繁劇団」に出しても繁が、その芸の良い団長とするように思うのだろうと森繁賞を

せで腕を立てたやや不自然なポーズでびたりと静止したまま。森繁「……話題を変えましょう」そのおかしさ。ブラウン管に久々に見る大人のユーモアだった。

遠藤周作を迎えたときは、病院を造るのが念願だという話。外国での入院体験とくらべて日本の病院は、医学は大いに進んでいるが、患者に余計な苦痛、不安、屈辱感を与えないための配慮に乏しい。そこをなんとかしたい、というのだ。

それを語る遠藤は、例のテレ笑いの底に真情がにじみ出て感動的だった。團伊玖磨の場合も同様で、そうした画面効果があればこそテレビ対談の意味があるわけだ。

日ごろ独演型の森繁が、意外?な聞き上手なのにも感服。相手の話を、無用なアイヅチで明さない配慮も見習いたい。

しかし、対談は相手も仕事、呼吸が合わずにつまずいても、決して坂や石や靴のせいにはなさいませぬように。

日本独自の声高CM　6·12

アメリカのテレビ番組を録画で見ることがある。有料テレビHBOなど別として、CMがそのまま入っているのは、むしろこちらの状況がわかって興味深い。

まず、CMの入れ方が違う。一本のCMの始めと終わりにフェードイン（裕明）フェードアウト（裕暗）があり、画像も音も完全に消える瞬間が必ずといっていいほどある。むろん自社番組のPRなどは、カットでどんどんつないでゆく場合もあるが、CMは違う。

さらに、音も、CMタレントの口調も、ごく自然な、ふつうのトーンである。番組の途中の"中コマ"など、時間的にはむしろあちらのほうが長いくらいなのに、日本のが、やたら長く感ずるのは、釣瓶打ちに居並び、目っぱいはしゃぎまくるせいらしい。

番組内のCMの比率や、音量については、わが国にも、一応の規定はあるようだ。しかし高いボリュームで録音されたのを、規定のレベルに抑えると、音がひずむという。

いや、テレビ・ラジオのCMのけたたましさは、番組自体がCM以上に声張りあげているせいだろう。そうした傾向を、従来アメリカナイズ症候群と片づけてきたのだが、その実態は、むしろ日本独自のジャパナイズ症候群ではなかったのか。

「モンティ・パイソン」役者が意外な役を　6·15

NHKの"シェークスピア劇場"「じゃじゃ馬ならし」（イギリスBBC製作）の配役に、一瞬、目を疑った。主役のペトルーチオ、つまり金持ちでじゃじゃ馬娘を"調教"する田舎紳士役が、ジョン・クリースとあったからだ。

クリースといえば、BBC国営テレビとはうってかわって信じられない過激なブラック・ジョーク番組「空飛ぶモンティ・パイソン」（中部地区は中京テレビ放送）の、企画・構成・演出・出演を兼ねた五人組の中でも、ひときわ押しの強い印象のリーダー格。この番組、われわれ日本人にはピンとこない部分もあったが、若い世代に熱烈なファン層が生まれ、ついに映画化もされた。

そのクリースが、な、なんとシェークスピア！どちらも喜劇的という共通性はあるにしても、あまりに違いすぎる。どちらの

ロ調だったりする単純なやり口のおかしさも、やはり受けない気がする。むしろそこそこできる人のほうが「ウマい」と引かれるかもしれない。表現者のうまさをしゃべるなら、大阪芸人の勝ちだ。ただ芸人のカリスマ性ということになると、ナインティナインのような若手のほうに軍配があがるだろう。

先日、米朝の弟子の吉朝を見たが、まさにお手本のような上方落語で、一言一言神経が行きとどいていた。後半の漫才は、すでに完成された表現として見事だが、ちょっと息が詰まるようなところもある。その点、東京(中京)のQ&Aは、すっかりくつろいで、どこかコントのようなしゃべりで笑いをとっていたが、最後までその呼吸がよかった。「やすし・きよし」のやすしが言っていた「今やすべての若手がつまらない」という意見には、ちょっとだけ賛成だ。

6・25
カンブリア楽屋へ横山やすしの一言

会者・ナインティナイン、注目している若手に司会・横山やすし。注目していた「カンブリア宮殿」(名古屋・中京テレビ/6・25放映)の司会者、朝日。

メール・ベースでしか見せない日本の芝居小屋のような番組のおもしろさを、この例を引いて演じてみせるのか? 彼らは大真面目で写真家・荒木経惟の意外性のある「キャキャキャ」という笑いを見せる眼技で、やすしは表現者としての意外な一面をのぞかせた、というニュースだ。

7・6
衣だおれかな

『里見八犬伝』は軍事冒険教科書だろうか、と思う。友愛軍中青春映画と呼んでもいいか。全面否定組織の衣着装飾を肯定化するとか、強そうな「メタ」な応反をな示すとなど、面白さが通うから、軍事冒険活劇向き恐れはないが、全面否定組織の衣着装飾を強いられること、少数派がいくらか滅れるところ、数多くの作品などやはり面白い本のへ〈ら〉の趣旨が〈へら〉の面白や狂気をいだかせる中身なかなく、おしゃべり敵六月二十三日――と本紙。

この周辺者の見方だと、規律の住民たちと、子が酔っぱらうようなところで少年らの閉鎖空間を起こりかけた、閉鎖空間を公開する映画のメリットは、事実を公表する抵抗者を、反抗意識を、理解の意識を、最後の彼、対比的に兵器を描くだけでなく、一方的手法として陸軍幼年学校の悪くない生徒たち――陸軍幼年学校の人は、幼年とは、

豪快などロックなの鏡で、しかし快なやり口だ。しかしながらロ真などちょっと話を落させたり、シニカルなどの芸を洗練された笑いでただすのか、視聴者の笑いを誘う。ことにロ真などは話を参加させて、それを増幅し、夫婦だなど番組らしい、必要などの夫婦番組だと思うし……。

自分自身の中の、あやうい部分から目をそらしてはなるまい。

"秘法参番館"の役者の汗　7·14

アングラ演劇という言葉も、すでに古いのだが、"秘法参番館"の芝居は、今もいちばん面白いものの一つだろう。

名古屋・七寺共同スタジオでの公演「ドッペルゲンガー殺人事件」では、刑事役の木場克己（やっと名を覚えた）が、汗ダクの猛演を見せていた。（黒い影）と名乗る人物からの"ほどよい、というより、慣用句を乱発した挑戦状（それが今どき大時代な巻き紙なのもおかしい）を読みあげるべくで、汗のシミが和紙の上に次々と広がってゆくのが、後列からもはっきり見えた。

汗といってもいろいろある。古今亭志ん朝の言によれば高座で汗をかくのは、落語がうまく行っていないときで、つまり冷汗だという。また、体に汗をかいても、顔（客に見せる部分）にかかない芸のうちという"芸談"も耳にした。しかし一方、テレビの視聴者参加番組は、司会者が汗びっしょりで頑張っているものがウケている、という説も聞いたことがある。

つまり、こういうことなのだろう。生来汗かきのタレントが熱演ぶってみせたところで、それが面白くないこともありがたみもない。"秘法参番館"の役者の汗があったら感動は、それが竹内銃一郎の戯曲を肉体化せんがための、その汗のまじった激しい動きからほとばしり出ているからなのである。

三國連太郎と加藤嘉が語る不安　7·17

「徹子の部屋」（名古屋—テレビ朝日系）に出た三國連太郎が「ある政治評論家が、反核運動をソ連が仕組んだものに踊らされているといっていたけど、全く見当違いだと思う。そういうことを公然としゃべるようになったのは、えらい時代だと思いますね」と、演技はうってかわったおだやかな口調で、しかし真剣に語っていた。それというのも、彼自身、青年時代に徴兵忌避で特高警察につけられた記憶が「いまもナマナマしく残っている」から発したのだという。なるほど、かつて「異母兄弟」（五七年）で、陸軍大尉の父親を演じた三國の、鬼気迫る演技は、そのあたりの体験から発しているのか。

そういえば、以前この番組に出た加藤嘉が「今の世の中、太平洋戦争前の軍国化の時代にそっくりですよ」と、同じく不安を語っていた。

三國連太郎五十九歳、加藤嘉六十九歳。三國は反核を語るとき、すぐ言論統制下にあるかのように自然に声をひそめ、そのため、加藤は、ひとしげ乗り出して、これを声を抑えた。戦前戦中に"おとな"だった人たち、これは共通した語り口だった。ひとしきり火がついたその時、矢面に立つのは君たちなのだよ。キナ臭さに火がついたその時、矢面に立つのは君たちなのだよ。そうした大人を"根が暗い"と片付けがちな若いヤング諸君。われらなのだよ。

長岡輝子"現役"の心得　7·27

意外な人に思わぬ場所で出会った。東京で、人形アニメーショ

8·9 再放送で楽しむ「未来少年コナン」

再見されるのは楽しい。昭和五十年前後のNHKの関係で四半世紀ぶりに東京ロビから毎週放送された「未来少年コナン」を見て、その登場人物の性格の豊かさ、主題歌のNHK未来少年「コナン」を見ての豊かさ。

でしたものだ。だけれど今日は手をかえるが得ているこの年を、世界と先輩と知人たちのために業出ることにしたので、この十四歳のものの長岡輝子たちが当時出ている老人たちと言えばよいか、私が母校のナレーターとしてめから自然に及んだこのカナと逆に、それが役者のジェーンたちというものだが、それでもおおいに楽しくいただけるのだが、そのあたりたちが丸くなっていきまうのだ。

「――」が、そのお父さんの長岡さんは逆にそれにあたり、「今」から「私たち」と言えて、もうひとつ、これをどういうことなのか、それが自然に及んだこのカナと逆に。

「……」たちがめたまえるのだから、その相方

(大友柳太朗)が声なき声の話上映の井上和男監督の長岡さんがあり、おぶりべながら、北大路欣也たちが出て来たのだったという（見る）。これはその新東宝時代の試写室でのナレーターとしても戦前からの一新劇女優たちが変えてしまうのに及んだ名作だ。NHK盛岡放送中継されたまま丸くなる東京物語の現代版の原作で「新・東京物語」

さて、残念なこと、語上映の井上和男監督の「新・東京物語」おもしろいと感心するのだが、東長岡さんが映画（音）「岡本忠雄脚本・

8·16 「将軍が目醒めた時」の補烈な真実

慣習化してしまったというしかないのだ。十六ミリ以来、使われてきた映画としてのジャンルが発達してきたわけで、戦艦しても、三十四年だかの作品は必ずしも「ジャー」「メー」といけだ。

風」などの宮崎駿のあれだ。なぜ、その谷口悟朗たちのあるのだから、映画界ですくいとるこの五分間から十四分だ映画というものを超える、これは短編集だというのが日本映画の見直すだけの演出の三宅や宮崎たちの二、三の善きものとして映画的な漫画作り込むのだ。

塚本康生たちがこの絶品で国画で入れられる。この絵という字のケレン味があり、日本では誰もナイスといけだけど、本当に悪だけの映画的な漫画作品が基本だけれど大きな仕事にしているとユカリ本むし宇宙のと五分十五公開画。

原将軍

醒めたため見ただが終わった時、CMのときに自称し、港湾会館へ出向したその足で精柄著の会館で、そのたと人形として、その平和な人形として、今なお丸のタネをひきキネスキン独特の光景この光景の昭和の民の昭和二十事なにしてのたスター、今な三十家を言計設の初めは和向きに西当たれ。

洋時かった図「戦争と人間」御真影と国「学校映画」「日向服など品で胸着せたが映画見ながら精柄著の名古屋松坂経て、そしたとに明治向岩井柄夫にしたため、川和孝なた演曲の豪華歌のし大正十年のた将軍とわれ、昭和のさる特は将軍しいし目

寅さんとリアルなテキヤのギャップ　8・18

ＣＢＳ系日曜午後六時の「報道特集」で先日、名古屋のテキヤの襲名披露を見せる。いわゆるヤクザ、暴力団とは違う、というのがテキヤ側の主張だが、小林旭主演の映画にあるこのテキヤの襲名儀式には、ひところの東映映画のそれよりもナマナマしい重圧感がある。（おかげで江戸時代のテキヤが、幕府の隠密を仰せつかっていたことも知った）

夏祭りのタカマチ、つまり場所割りの光景も珍しく、若い組員へのＣＢＳアナウンサーのインタビューも効いていた。

テキヤといえば、ちょうどそのころ「寅次郎あじさいの恋」が封……

……にかけて、当時の国情に関する彼の発言が、一種のホラ話の楽しさとしてマスコミに報道され人気を博した。その実話をふまえ、「将軍」を好戦ムードに利用していた軍部代表の中尉を演じた、安田隆という役者の軍人演技は、そのまま松坂屋七階に"展示"したいほどの見ものだった。

それから数日後、映画「大日本帝国」の初日に、入場者にサービスされたスイトンは、いかにもおいしすぎた。よく、時の風化といわれるが、歳月は"風化"よりも、事実の"味"をかえてしまう。「将軍――」の戯画化の中に、痛烈な真実をかいま見た思いがするのは、筆者だけだろうか。

ひとしお感慨深い「炎のランナー」　8・30

感動的なスポーツ映画だ。しかし、アカデミー賞を作品賞など四部門で受賞した「炎のランナー」は、決して"スポーツ即感動"といった安易な作品ではない。

一九一九年、イギリスのケンブリッジ大学へ入学した足の速さでは人にひけをとらぬユダヤ人のハロルド（ベン・クロス）と、スコットランドで俊足を知られたエリック（イアン・チャールソン）という好敵手が、一九二四年のパリ・オリンピックに出場するまでの物語。ハロルドにはユダヤ人に対する微妙な差別への反発もある。しかし、ユダヤ学生活躍を内心こころよく思っていない老教授たちも、優勝のニュースを聞く「われわれの予想通りだ」と、名門校の栄誉をほくそ笑むのだ。

競技シーンをスローモーションでとらえる手法は、今やありふれている。が、新進ヒュー・ハドソンの演出は、そのストーリーもションの画面を通じて、ランナーの生理と心理を浮き彫りにする。薄曇りの海岸を一団となって走る若者たちのトレーニング姿など、テレビＣＦまがいの撮影もみごと。

さらに、パリ・オリンピックの十二年後のベルリン・オリンピックが、国威発揚と民族主義の祭典になったことを考え合わせると、さまざまな思惑にかかわりつつも真摯さをうらぬいたこの時代のランナーたちの姿が、ひとしお感慨深いのだ。イギリス映画／20世紀フォックス配給。

1982

近い昔はやっつくり 8・25

不思議でならないのだ。ただしこれはやはり、どうみてもその人だから、近い昔だから、十六年以上も経ったというのに十二月以上も経ってしまったのだ。

もういちどこういう作者もいて、山田太郎という、作者も彼の言動を事とということはなかなか「丁寧に仕事をする人」が多かった。この半年以上の仕事ではだいたい変わらず確からしい。昭和九年に生まれた。

名古屋の戦争下の昭和十九年といえば、彼は軍国少年のりりしいタイプだったのし、その父がよりした高校生の息子が化したときの兵器工場で細川勝之結の動きも

戦後もこう作者とは洋服を

というわけには幻の作者を思うだけだった幼い山田太郎と同世代の主人公を話とする世界のギャンクを志向する男なのだろうか。山田監督を描くとして「現実と幻想の道理をもっと気付いて渡りまわるこの作品」という日常の生活感覚を常に続ける

もしこういう子供もいて、作者というものはほぼ山田太郎のことだから彼の言動をしていることにもなるしと「丁寧な話の中身である人」というのがアメリカの主人公とというとのに見えるのは「アフメリカ街」だが

切れ味あられたが「原作・馬鹿とあるで」である「男は本気な男」督でこうしている。それはダビューーのシリーズを哀しくのような男として彼は本質だが作山田洋次の「昭和の寅さん」現実と奮闘関係のナンバーワン連作主演したが、世間からこの第二作「幻覚道主依存する件」である

ロバンガ映画を集めて 8・28

まなぜ見せなこという面白いと感ずるのだろう、評論家の佐藤忠男氏が退却しているのだが、これは一向に反論する気がないのだが、知的な商品画の発想を大事に、映画とは大戦トーキーいうなメレージを演じて映し方をちりばめた上で各国の日本に

抑画が中国か息を風影したのものひた隠しのCの日のたちへ日本でも次に全世界大戦トーキー特集たちながらドキュメンタリーたNHKがイ圧倒的な進的報導だよBチQでし次して日本し放送し見ら繋えにB放送のたホーNHK特集「日本戦い」の感情的映画記録映画とし昭和初期メリカ・米市民たち

事だ。と、民いし子らもる山田太郎と幼い根づよいのこるで映暗示となた米来のた無邪気な加する国すのだ。りとこその塚治の自己発生に逆襲しながらら日本帝国すそぼこの世代にはのロS逆境画「大日本チ時代のう自己発覚も国で当時のたはこれは史が自己実感が在るかというとのこと、アメリカ少年の響きなわれの日本少国に物だ

の「桃太郎の海鷲」と、アメリカ、ディズニーの「空軍力による勝利」を組み合わせるという具合に。そうした企画に"NHK特集"などは、もってこいの場だと思うのだが。

「わたしは女優志願」は一本立ての効用　9·6

二本立てというのもいいものだな、と思うことがある。

いま名古屋で上映中の「愛のランナー」と併映の「わたしは女優志願」は、まさに、そう思わせてくれる佳作。ハリウッドのある女優志願の娘がやってくる。娘は、別れた妻との間に生まれた彼の実子。そろそろ初老のランナーとしての見得だけは残っている父親を、サターン・マックが演じ、ビリー・ワイルダーの諸作品に示したペーソスとまるで違った味わいを見せる。近く公開予定の「ミシング」「アイ・ハート・マイラブ」で、シリアスな役柄を好演しているジャック・レモンと好一対である。

出来がいいのも道理。「わたしは女優志願」は、脚本ニール・サイモン、監督ハーバート・ロス、つまり「グッバイ・ガール」の名コンビ。世が世なら当然メーンの"格"の作品なのだが、配給会社は「内容がブンし」と弱気。当面は地方の"添え物"用のみで、東京・大阪では公開の予定はないと聞く。ナゴヤよ、もう一度はお。

ところで、そろそろ東京でも一本立てロードショーの原則論にこだわらず、小品佳作教済のための二本立て封切も併用なされてはいかが。中央文化振興のためにも。

プリント本数の不思議　9·10

公開は十二月なのに、早くも前評判が高いスピルバーグ監督の「E.T.」は、全国百七十五館で一斉封切りという。ということは、プリントを百七十五本は用意しなければならない。昔のように二、三館でプリントのカケモチはできない。どこの館も省力化のためロン・リワインダーというエンドレスの巨大なドラムにつっこまれ、ラク日まで"専用"となるためだ。

一方、公開のうわさを聞きながら、なかなか上映されないものも多い。たとえば、ビスコンティ監督の「若者のすべて」(60年)は、晩年の、やや高踏的なイメージと違い、若きアラン・ドロン主演の感動的な肉親愛ドラマなのだが、プリントは全部で四本。いちど組んだプログラムを変更すると、再度のやりくりがつけにくくなる。四本というのは、まだ多いほうで、I・Pやフランス映画社の場合は、ふつう一作品一本。もし傷ついたらどうするのだろうなど、ひとごとながら心配になる。芸能祭大賞を受けた「アレキサンダー大王」が、なかなか名古屋へ姿を見せないのも、一つにはそのためなのだ。

全国一斉拡大公開は、いわば短期決戦。それが終わったあとに残った新品同様のフィルムの山は、期限がくればすべて断裁、なんてこともったタイトルなし、程よい本数のよい興行は、もはや夢マボロシなのか。

名作はあくまで結果論　9·14

名古屋で、中川信夫監督の新旧二本立て「生きてゐる小平次」

1982

映画とテレビに何を
組み合わせるか

9・17

漫画、ニュース、予告編、コマーシャル、漫画のコーナー、そして予告編に続いて本編をお楽しみください——ホームムービーというかホームドラマをホームムービーと呼ぶとか、「テレビの王子」は一九五四年にスタートしたが……

記録映画だと思うと、職人として改めてある気持ちがするのだが、次は「上映時間八十分」というナチュラルな邦画では、「上映時間四十五分」が生まれキャメラが映した陶酔のごとき実写から自己陶酔の「怪談」、「東海道四谷怪談」が映された後、またあるのだが、そのなかにこのとき一九〇一年、本海道四十五分の間に十六の間をきちんと返しながら活劇へと生きる中で発表した。

もよしというのだが、赤い気もするが、ネオンをかけて効かせたというのが退色を総計すると、あれだけの国産のカラー内子だったのだが少なからものだから、いくつかの色調が摂取されるだけで青い色調に返されてしまうが、この場面に出して売り場に現れるという場面にな……

「——東海道四谷怪談を見た。おお役の池内淳子を役にとってお若いなあ」と感じる。「おお池内淳子さ」と脇を締めた色調。

滝沢修の演出論

9・20

音楽を送るのがNHK教育テレビの「一〇〇〇人の音楽会」だが、この番組を先日訪ねてみた。新劇俳優の名優・滝沢修を訪ねて、その演技論、演出論、「強調と省略」「論理と心理」、ある滝沢氏の細かい演技指導をNHK総合の再放送で見る……「しゃべり言葉を音声面でとらえたナチュラルに……」

カメラを組み合わせるというのは「日本の古典」と、戦争末期に向かってのできごとだった。以前、大阪で「ニュース」を十二時間、余白が少ない……古い大阪やロードショーのありふれた邦画は、昭和三十一年、全巻すべて残存する太平洋戦争前映画を併映する……時代背景を浮かび上がらせるというNHKのニュースはロードショー形式が……優れたものだった（……）

であること「稽古は、恥をかくことと見つけたり」等々。しかし「それは演技ではなく、君のクセなのだ」と指摘される役者にとっては、かなきびしいものなのだろう。

"自然に演ずる"などという指示は、演技指導の具体例としてらしい合わせると、コトバの上では矛盾した印象を受ける。しかしこれは、自己流の"感性"や"自然体"と称する表現を、やたらと持ちあげる昨今の傾向への批評なのかもしれない。

たとえば井上ひさし作「国語事件殺人辞典」は、まさしくナチュラルな戯曲だろう。だが「いいえ」という否定語を人々から買い集める質屋が登場するあたりから、言葉遊びのコケティッシュな味が、かいま見える。まさに「芝居は作りごとだからこそ面白い」のだ。

馬生の最高の高座　9·24

役者、落語家、演奏家、映画監督……まず芸にかかわる人は、みなそうなのだが、芸風というのは、ともとに変わるものだ。

五十四歳の若さで世を去った金原亭馬生は、特に関西の落語ファンからは「陰気やなァ」「江戸前の、渋い芸だっていうのは、ああいうもんですか」など、皮肉まじりにいわれることがあった。そういう人たちは、もともと好きではないために、ちゃんと見ていないのだろう。コラム子の見るところ、充実した高座の時期が、少なくとも数年間はあった。

若いころの馬生は、弟の志ん朝の才気の陰に回って、印象の薄い

存在だった。それがだんだんよくなったのは、三十代の終わりから四十代前半にかけてのこと。たとえば「笠碁」というはなしで用碁友達が、待ったなしという約束で始めた一番だが、これ、昔、世話になったということにおいて、この恩知らず、ということになる。さらにガミガミしているときは、"黄さん"風におかしく、ものの悲しかった。乗っている時はこちらとらえるもので、暗い、はずのところを、馬生に「長屋の花見」で大笑いをさせられたこともあった。

その芸が以後沈みがちになったのは、体力の衰えからか。残念なことだが、その最高の高座に居合わせた自分は、幸運だった、と思う。

「人情紙風船」の新右衛門の反骨　9·29

中村新右衛門の死を知ったとき、脳裏に浮かんだのは、晩年の舞台でもテレビでもなく、昭和十二年の映画、山中貞雄の遺作「人情紙風船」の一場面だ。

やくざの源七は、時の権力ともつながっている質屋・白子屋用心棒などのあこぎな稼業をしている。新右衛門演ずる髪結新三は、その源七の目をかすめてはバクチ場を開き、源七の子分たちにあっても、いっかなやめようとはしない。

この新三が、雨の縁日に、白子屋の娘お駒をさらう。掛け合いに乗り込んできた源七に「金さんが欲しいねえ。親分が頭を丸め、両手をついてあやまれば、お駒は黙って帰しますよ」。

しかし結局は、しゃしゃり出た大家が白子屋と金を話をつけてしまう。納まらないのは源七、それと知らぬ居酒屋のあるじが新三に、閻魔堂橋のところで新三に呼び出しをかける。行けば殺されるにちが

歌之助だとか松之丞とか、鶴光系などは教師の「仏師屋」だが、高座の「盗人が」では「仏師屋」は教師の……

今はあまりないが五人の素人がたくさん出てくる。次第に主演番組が揃う出身のリアルさがあり、その老僧から米朝のもつ老人口調となり始める。

歴史上、父親の息子であったとして上方での「いろは」という芸風をくぐり、小学校数師（二十七年）という作品だ。

その深いゆえが役者だけでなく、津田邦年の名演目は小悪魔的な女優の役場で、弁護する妻の情熱的な芝居が「化粧」（昭和二十一年）「阿修羅」（五万両使いしべ絵」）の羅年たちと、その羅年もしくは中塾作家を主……

10·2 「若手落語会から聞きたい」

最初の弟子であったが、次の「いろは」の老僧出身の「桂枝雀」は、美貌と一身を知り、美しい表情演技を前に、米朝は小の米朝門下吉手落語会「桂米朝落語会」は、近く来る好会……

ごの意地を変えた。新右衛門の生涯だと振り回され、その橋を源七子見せる男と相模屋の反骨の高さ、お菊助の菓丁に渡し掛け魔借、借りた金を返した新三が、その金を返したうえ子に「すの積み入れた市蔵、後の加菓丁だ……

10·5 「佐分利信の隠れたやる気」

ぬやスタイルだが佐野周二・ニヒヒーと言われたあれが父親がなく、それなりにあの地味さなべり、一人……

へげやスガたりしてかいが、この人であるのが利かない。「波」「動乱」実だが、一人の男の心ゆくの愛々が好きだ。筆者はた、向田邦年の脚本の名に深いゆえが役者だけでなく、小学校数師（二十七年）という作品だが、津田邦年の名演目は小悪魔的な女優の役場で……

五年監督人というのが佐分利信の利かれたあれが、この信を見せる生前を回顧しながら、戦後主演回を前に美しい作品進出し、監督談だが、ため場を務めた役場で、弁護する妻の情熱的な芝居が「化粧」……

小落語コニよ米朝時代のニ人でありして人という先のだろう。つまりこの薄っぺらな楽人のような芸人は気さくだがら他の芸落語としてをかしくて落語としてを売れたものだが、先生校権にしておかれる娘とし、それも出し発着技演技の……

歴史化する米朝だとして「七年」は米朝となりながしてる下座の一部分、落語家たるを売れたものだが、先生校権にしておかれる。落語としてをかしくて米朝技演技の高……

一部だったわけだ。一見ボツとしていても、なかなかどうして"やる気"の役者だったのだ。合掌。

まるごと見せる「思い出の名人会」 10·6

NHKテレビの「思い出の名人会」は楽しかった。古今亭志ん生の「岸柳島」は、脳出血で倒れる数年前の高座だから、実にハッキリと好調。講談「大石東下り」の服部伸は、姿はなるほど八十蔵の老人だが、その声の張りとシャギばらしい。

この番組は、去年の五月、志ん生の「風呂敷」と、先代金馬の「藪入り」(この人が、いかにうまかったかを再認識させられた)を放送したのが最初。その前に、他の番組で「風呂敷」の一部分を流したところ、"全部見たい"との反響が多かったために始めた企画らしい。

まだビデオテープがなかったころで、テレビの画像を映画フィルムに撮影した、通称キネコという形で保存してあるものだから、画質もよくないのだが、そんなぜいたくな不満は、志ん生に会えた嬉しさで瞬時にケシ飛んでしまう。

(提案をひとつ。ゲストの中に音色の名人を加えて、ホンモノの声と聴き比べたら、楽しいと思うよ)

改めて思うのは、毎日のテレビ・ラジオ番組が、いかに"コマ切れ"の発想で作られているか、ということ。むろん、コマ切れなければ視聴者をつなぎとめられない程度のものが、やたらと多いのも事実だが、まるごと見せることで初めて面白さが伝わるものも中にはあるのだから。

山田太一の人間を見る眼 10·20

CBC—TBS系の日曜劇場、山田太一脚本の「三日間」は、一見おそろしく非・劇的な展開である。単身赴任のパキスタンから三日間だけ帰国した夫の山内明を迎える家族の話。ボケを始めた祖母の風見章子、買い物に出た帰り道がわからなくなったりする予備校生の息子、立証でしばらく水を吸っていたりする程度。山内が妻の若尾文子に「一晩くらい都内のホテルで水いらずで過ごしたい」と言い出したが、若尾を当惑させたり、それを家族の熱海一泊旅行に切りかえ……といった、ごく日常的なエピソードの積み重ねが淡々とつづられる。

しかし、いよいよ夫が出発するという日に、いろいろなことがわかってくる。夫の留守中に息子の自殺未遂があったこと、ボケと同じ時にカードを呼んだこと――など、若尾を高校生の娘との会話からわかる。だが、若尾はついにそれを夫には言わない。

これは、カラクチと称して、とかく家庭を事件過剰に描きたがる傾向への、作者のやんわりした皮肉でもあるようだ。昼間のこの時間帯で再放送中の「思い出づくり」でもわかるように、山田太一は人間を、ゆるやかに動かすものとしてとらえている。その"苦笑"の目から、大人のドラマが生まれるのだ。

参加者にアニメを描かせる仰天アイデア 10·26

第十三回全国アニメーション総会が、愛知県・南知多の岩屋温泉で開かれた。参加者の自己紹介、夕食に続いて、各国の短編アニメ

東京交響楽団（ラポ映画）の映画「ラポ期末オイ」一九三年に完成した巨匠ベンベの超大作だが、四周忌大法要に露盤父自身が作曲するレポートが展開する

もういちど危険なアニメ・ガイス・レオ 10.29

加奈の書であるため、人のアニメを描きたく相手に二十一面も動画「変人」だがそう？「時を下全員に渡してしまったが、その人の入ったおもちゃをハサミで切りあげるとキャラを描いたが、打ちは約8動画化したスが、その巨大作品が完成された後、意のスタッフに道具を広間スタッフに渡してしまます。同じ撮影現場で再用意したスッチフがこの打ち上のある二百人近くに注文した「一時間ほど大量の巻物像作品をつくり、後は現場のアニメータが上映のナイトライナーを制作だろうスッチフが撮影した巻物盗像作業を継続

ねばならない写真作品「相当けれど並び方がしてヤカが入ってしまったため、行けどしてしまって、アニメを描きたくなってしまうラポは、サイズはキャラのある広間スタッフに渡った」はそのうちたかから使うことになった

目を見張る女優たち 影が薄い男優 11.2

女優の①がちがう②もNHKの時代劇の土曜時代の新宿25「幻の非正規なラポのだろうか一方少女特利子の二役だが、特に噂にのだった男役子の君を溝真か田中裕子「幻の歌い手を見抜くだが、前者は「噂だから伊藤蘭の女優は目立身す男より後な女優は目につきやすい東海古一行のなたも①がなにしても、溝真前まれるだろうか

長編であるやそれもの記録映画だのやすや、東京裁判」英リカ国東のア雄進軍を盛れた非小林正樹監督とって見せるどもそのはかりにこそは多くのはせていいのではこうしたコき事だしてナのら見のとしているのははたけどもしてやすかな精神ない危きなでもこと超危険な映画をね

果かとか乗るかのなの華を随所だ刺類が太荒けナたボ所があ小さ大けれバ。少年だけナ上映だらう大権でだが音楽は気大演るれか映しレ国民会にはに音子線ボ大群この登場大このいは思えろ見夢味を光展よかだ芸そうるのいるいは映像とせり版のな交大演かやこの音楽を局するがだろうボ音兵隊ス大表現の兵力乱出す大表現はンエを動さオ。

先の、SFミステリー新作「急行エトロフ殺人事件」（講談社）は、出身地名古屋での、辻氏自身の少年期まで載せたフィクションで、土地っ子には一層興味深い小説だが、その中に、灰田勝彦が、憲兵にマイクを使うなと叱られた話が出てくる。「日本男児が機械を頼りに歌うとはなにごとか！」というのだ。ヤング諸君、信じられるか？

今でこそマンガチックな話だが、当時は命がけ。この当時を実感として語れるのは、昭和一ケタ生まれあたりが最後だろう。ちなみに、辻氏は七年生まれである。

山田太一ドラマと西武のCM 11·15

たとえば、西武流通グループのCM。あれはフィリップ・K・モローのか。以前は、特殊撮影を駆使したSFファンタジー風CMと映画づくりで、キャッチコピーが「不思議、大好き」だったと。これが百貨店を含むグループ企業というのが、確かにファンシーだった。

近ごろでは、各界の著名人の日々のなりわいを見せ、結びに格言ぽい一言。アントニオ猪木なら「心の貧乏人になるな」との文字。続くキャッチコピーが「おいしい生活」だって。

日本テレビ系のスペシャル枠ドラマ「季節が変る日」は、山田太一作品の中でも出色の出来。それぞれに問題児を抱えた、父子家庭の父と母子家庭の母との、中年の恋愛を、一見甘く売ってはいるが、ポイントは、むしろ、集めた問題児たちを、自信満々にはねつける、とどのつまりは教師たちに造反され、夜逃げする、特訓塾の塾

うまき型とジミ型とがあり、和田アキ子や中原理恵は前のタイプ。正面切ったドラマでは、やや精彩を欠く。

キャンディーズ時代のコントから、本格的な演技への切り替えをしてのけたのは、小生"不治の病"ドラマしかも子供を使って泣かせようという、キライなタイプだが、伊藤蘭の、医師の下条正己の演技には涙が出た。

それに比べて、当の父親役の萩原健一は、チョット困りもの。役づくりに異常な目まきをする力演パターンを脱しなければ、こちらく何も伝わってきません。各女優にだあゆえ夫人に、手ほどきでもしてもらったら？　そういえば、この人も歌手出身なのだな。

憲兵にマイクを禁じられた灰田勝彦 11·6

灰田勝彦がなくなった。これでもう、あのロマンチックな裏声は、フィルムかビデオ、または白山雅一の絶妙の歌まねでしか聴くことはできない。

ハワイ生まれで、甘いマスクに甘い歌声の、戦時下の女性のアイドル歌手だった灰田には、何ともいえぬ女性的な軟弱！　軍部からのニラミと半分の風当たりも強かった。もともとハワイアンジャズの歌だから、映画の中で軍歌を歌う時、直立不動の姿勢がついに崩れ、手をさしのべるポーズをしてしまう。テストで手が出るたびに監督にビシリと打たれ、ついにミカンの食べかすをぶつけると載せられた、とは、ご本人の回顧談。

テレビ・アニメの脚本家で、このごろ推理作家協会賞を受けた辻真

任軍のうってつけのチャンス節だが、なんとこの演出はほとんどない。演出といえば楽しいのだが、顔は文句なしというほかはない。注文という構成では楽しいのだが、ほかの部分のテンポがおそろしく逃げておりますし、量頭のエッセンスをたくさん入れているのはいいとしても、ただ飛んだり跳ねたりするのが目立つだけで、面倒くさがりやなネ。植木等のエレベーターの上で踊ると歌うというあのシーンなど、十時間と何時間という枠をやたらと気にしていた。近来まれな好企画で、新東宝としての気をつかった東宝映画の50年「ミュージカル日活」の一枠を拡大して大放送した視聴者も番組として見られたのはよかろう。

楽しませてもらった「東宝映画の50年」 11·19

CBC・TBS系からのPRだったというのはいいとして、なにしろCMも見たというのは外、松竹、東映画の時代とまでは言えないが、まさに東宝の声価を高めておりまして、東宝映画50年「日曜日」などというのもあって、近来まれな好企画として楽しませてもらった。前半はたまさか松竹の声映画で、後半十年十時間の大放送の日活という気分の特企「日活」だったのはいいが、内容は？作りは？昭和九年生まれの大言壮語の作者のお粗末な外敵体験を重ねた未熟な剛腕手腕だ。

部長小池朝雄（というのはいかにもという感じだが、おぼえていることである）の作者の外敵体験を重ねた未熟な剛腕手腕だ。とてもこのようにしてはいられないのであるが、CMを見たというのは外、番組としての作りは作者のというのはまだしもラクなことだが、視聴者の未来剛腕手腕ね。

役者の方言の意外な"引き出し" 11·22

引きだされたのは大阪で話すしょうだ。

だというのは井上孝雄を発見したというのでは、という作者の名古屋弁をやさしく作りというのは特技というより、早口と東京弁とほぼ同じ名古屋弁として出している後の東京育ちというのが見え、京育ちというのであるそれは企画の役者で見え、これはもう「大阪」は歯の方達のこのような山正雄の墓場とTBSが設定したのは東宝という都し。

出てくるのは下京都子のTBS系の主役としてはカヨコと売れた佐藤慶のツマとしてのヤエ、その方は松山善三の戸田俊介。子供のころのある佐藤慶の子供にしてなくはないが役というより、ただ名前のおぼえのラクな方だが、言指導は同じ福島県出身の佐藤慶たら去年同局の「森川加和」（菊池太作）「山本」（山田太作）だから最初は実事というほかはオトコだ。

福島オなりというより。

それにしても竹原オにしてはカヨコのTBS系の長時間枠「二十一年間の嘘」を誤解されたかねない。東宝飛野の芸術祭参加としてのアイアイとしたらね。

抜き焼きなのか、誤解されたかどうかは切れの飛びのアイアイとしたらね。

グランブリン州立大のバンド演奏にシビれた　12・1

グランブリン州立大学の「タイガー・マーチング・バンド」のダイナミックな演奏と演技にシビれた。むろん、日本のマスゲーやチアガールとはわけが違う。「夢の途中」などをブラスで演奏しながら、リズミカルな早足で、大グラウンドにさまざまな人型を描き、変化させてゆく。11PM（中京テレビ）だから、その部分は昼間の録画だが、それに圧倒されて、ナマ放送のスタジオの藤本義一サンたちは、影が薄い。

やはりテレビで、ナチス・ドイツの閲兵式のフィルムを見たことがある。まるで関節がない生物のように、ピッと伸ばした将校の漫画映画に登場するナチス軍人の動作は、あれは誇張ではなく写実だったのか。

いつだったか、モスクワの赤の広場をパレードする兵士たちのフィルムで、一糸乱れぬその足さばきが、ナチスのそれに似ているのに気付いた。ブレジネフ葬儀の時の、弔意を示す緩慢な歩行も、一瞬スローモーションの画面かと疑うほど超人的。この国の政治の実態は知るべくもないが、どうも職業軍人の超美技というか、ヤの好さん。

州立大バンドの"統制の美"に酔えるのは、雑念の入る余地がないからだ。これがアメリカのすべてであってくれればいいのだが。

「E.T.」のユーモア　12・15

地球に置き去りにされた宇宙人E.T.と、それをかくまうための子供たちにチエをしぼる兄妹の物語――などと、今さら説明するまでもない話題作。

ひょんなことから上質のホームドラマに出合ったような、あたたかい、やさしい気持ちにひたたされる。SFとしては月並みな設定ながら、子供たちののびのびした好演、ファンタスチックな細部のアイデアが、この映画の新鮮な魅力となっている。

スティーブン・スピルバーグ監督の作品歴をみると、出世作「激突！」から「レイダース・失われたアーク」に至るまで、ほぼ一貫して"闘争"を描いている。その中だけが、さまざまな敵にみちた地上に、ミというべきか。夢の宇宙で、コミュニケーションの場な...

一見グロテスクな宇宙人の親友となった男の子が、カエルの解剖がかわいそうになり、ぜんぶ逃がしてやるため、教室中が大騒ぎ「E.T.」の二本のSFテーマ。スピルバーグにとって"友好"がメ...

最もユーモラスで感動的な場面のひとつである。かけがえのない命を"あわれ"と思う感情が、子供の中に芽生えるプロセスが、生き生きと描かれているのだ。

いずれ、このヒットにあやかろうと、亜流の作品も出てくるだろう。しかし、どぎつさを競う暴力やセックス描写とは違い、観客の期待通りに話を運び、笑わせ、ついには感動の涙で幕を閉じる語り口のうまさは、マネされるものではないのである。米・ユニバーサル映画／CIC配給

と言うほかない。だからこそその返しきれ
ないユーモアというやつが、いちばんむず
かしい。そのアナウンサーとしてのスマー
トなセンスがきわめて近代的なのだが、一
方赤穂浪士の討入りのときの大石内蔵助の
腹のすわった人物をも味わえるというのだ
から、とてもこれは切れ者という困りもの
がちらほらと羅列する

おおよそこの久米宏という子は打ち出の
小槌のような人で、それだけに調子にのり
やすいところがある。アナウンサーとして
成功するマスコミのスターだが、最も近ご
ろのマスコミの面白さというだけが、近ごろ
あるのでしょう。そのうえ刑事番組なども
見せたいもの、たとえば東京地方裁判所(判
所)は西川という人がやるらしいが、この
がなな

久米宏に横山やすしをぶつけ、そこへ名
古屋労音あたりを加えるというテレビ朝日
満月音等番組の放送枝権が二転三転進行し
て、黒人と白人の対照という面白さがある
わけで、それだけに黒人のジャズ関西ジャ
ズとが入りまじって、ススメアクション「三」
にあたってもやはりやすしという本音が出
たところに面白みがあるので、久米宏なの
です。「……」でそのつき合わせの妙をねら
い、即座にギャグがとびだすという
座の若者は好きだから好きなのだから通じ
ない。その黒人の共通面が東

久米宏と横山やすしのどっちが 12·15

あるし、名古屋と対照テレビ
朝日と見て、朝日満月音等労音番組の放
送枝権が「三」名古屋労音番組の放送枝
権が二転三転「三」名古屋と大阪の三
枝権が進行して役者で枝権は
異論「三」枝権は三枝権は
通用であるらしい大印

すか……?

コント・レオナルドの地方回り二十五年 1·7

去年の暮れの上京で、コ
ント・レオナルドの地方回
りを二度見た。渋谷のキャ
バレーのナイトショーを。

配上昇あってのぶだ
が、ある時の「コント・レオ
ナル」の中盛にあって
同じ「コント・レオ
ナ」の中心に、ただ
脈々として大動脈縮小し
ていて複数の複雑に
破裂した死のある
舞台と死のある新宿
の寄席も当然不急のため
近年は総石原裕次郎が
浮上してくる芸が多い。
一度見た三波伸介が死ん
だ気がしない

こうして伸介丸焼き太りし
ているこの体だった
時にはそれだからと見える
体だったのだから、ナイ
オーナに見えるスマ
ート調子で実力が発揮でき
た「ドーナ」がある「。」
当時の人気絶頂の三波
「ペーレーの三波伸介が」
そうして「コント・レオ
ナ」の詩の願が
それで調ってのぶだ
が「名月の願が
その笑いをおさえて人
だった「名月の願が
のぶでしたら驚くだろう。

しむしろ伸介あたり丸し
て、それだからと透して

ただロ調し「名月の詩の願が
その詩の願が
それで調ってのぶだ
「一度もそこだっ
ので「「。」昭和四
十年にリリースしただ
れていたものがある
ことはそうやらせたのジャ
れた今に本当にだしス
この世の中だんでで、今
仕込んだりに目人で
批判してそれだったに
のだから人目につく
それだからとやすや
そうしてこそあまりと大印
通用ある豪儒的大印

「ぺぺぺぺへ」の三波伸介去る 12·25

ン、バレー街にある地下の、九時の開演ギリギリに……語め。山藤章二、藤田弓子の姿も見え、夜九時の開演ギリギリにかけつけつつ……ら騒ぎ。

開けば、この「第一次コント研究会」は、第四夜のレオナルド熊が最高の入りで、しかも各種がカラいという。確かに、熱気はあるがバカ受けはしない。前の日に出た客をわからせたというレオナルドの熱演弟子の若手コントだが、笑い声はまばらな観客の前で、冷汗ものの超論理的？な掛け合いしていた。レオナルド熊と石倉三郎の、超論理的？な掛け合いファンのレベルが、わかるというものだ。

コント・レオナルドが当夜演じたのは三席。うち一つは、翌々日の「名人劇場」（東海テレビ系）新春放送分の公開録画で再演されたが、すでに演じ方が変わってきていた。

実入りのいいCMのおかげで、顔も売れ、上機嫌のレオナルド熊だが、そこで演じたコントには、CMのオチを一切入れなかったのが、かえって印象に残った。いま売れっ子のお笑いタレントで、自分が出演したCMをネタにしない人はマレ（たとえば桂文枝が「おまえ、あのおチャ」と口走って反応を確かめるように）。その、最も安直に受ける手を、あえて用いないシブさに、地方回り二十五年の重みが感じられる。

岸田森の魅力とその死　1·12

正月にはふさわしくない話題なので、少し間を置いたが、多くの芸能人を失った昨年、暮れも押しつまった二十八日の、岸田森の死の衝撃は格別だった。

テレビの芸能ニュースで、棺を運ぶ人たちの先頭の、サングラスの、スリムな人物が、岡本喜八とわかった時も、言葉にならない感慨がこみあげるのを覚えた。岸田森の映画デビューが岡本監督の「斬る」で、以来、同監督の常連として、二十年のつきあいになるのだから。

役者には、それぞれの個性と持ち場がある。岸田森の魅力は、二枚目のフォルムに発揮されることが多かった。インテリやさ、色敵し、剣鬼、殺し屋、ハンサムな異常者を、カッコよくグキザに力演した。そこに一抹のユーモアを漂わせた。当たり役は、白面の長身を生かした和製吸血鬼で、時として本家のクリストファー・リーを圧倒するほどの大迫力だった。

実際、監督にとって、すぐれたワキ役を失うほど痛手はなかろう（主役とちがって、人気はあればいいのですからね）。しかも芸歴がキャリアといった年配組に傾く。昭和二ケタ生まれの岸田森を、ワキ役陣は、どうしても加藤嘉、内田朝雄、大滝秀治といった、成田三樹夫、蟹江敬三という昭和生まれの"怪演"派に頑張ってもらわなくては、長生きも芸のうちですよ、ホント。

ベルギー・アシュクラフトの品位とユーモア　1·19

NHKテレビの「海外秀作ドラマシリーズ」は、根暗デナレ、秀作ニナラズ、みたいなパターンが多いのだが、今回は第三夜の「国際夜行列車」が面白かった。

オランダ（ベルギー）発パリ行きの夜行列車に乗った若手重役が、同じコンパートメントの老婦人のため、散々な目に遭うという、デ・イータンチの作品。パリントンの没落貴族である老婦人は、気位が高く、他人は自分のために奉仕してくれるもの、と決めこん

実は、早春スケッチブックである。

カメラでそれを演じている彼は、批評家としての実父だ。髪料が登場する少年のころとは、観察性格の強さが、売れっ子写真家としての実父「C」と同様のこと。山崎努はNHKドラマの「早春スケッチブック」の、西洋館に住む奇妙な中年男を演じている。

高みからそれを見ている彼の目が、写体としての自身の思想を客観所から——

山田太一のアンニュイの深さ 1.29

「早春スケッチブック」の山田太一は好調である。

NHKドラマの「早春スケッチブック」は、東海テレビのワイドドラマの、すぐれたテレビ作品だと思う。おれの顔の——

列車の中、若い夫婦連れの意地悪な——それを見ている老婦人の——それにしても、この老人というのは、すぐれた脚本・演出である。

日本最優秀女優賞（ゆきえ）を演じるTBS製作のBクラスの——その唯一の証しである——上流階級の人柄が、アンニュイのエキス——

光景が本紙に連載された扇田利夫の——坂田利夫が——祝儀が飛ばされた——大阪角座があるという話だった京都四條南座が見えて——ご存知の「京都角座」や「浪花花月」も——売り物の藤田まことの「てなもんや三度笠」が——芸人の江利チエミが見——月番組中継で上——この花月劇場の——だが、それが祝い上げたステージ——それは同時に面白く祝儀か——

No.1を渡され台本——

独特な風情の——正統派同情——関西遊亭圓楽の——それは独特な気分のして——東京の三遊亭——そこが角座だ。ただし、京都——東京人に対してなのだ——それは遠慮仕込みで健実を——大阪人にとって——芸やそれでもヤボとして——

ユーモアそれとして——やホェーだ。

祝儀が飛ぶ 2.5

「なにしろ山田努が最大のキー・パーソンだ。中だ。優としての「山崎努」自身——独特な——方——

「なにしろ哀切さ——」の落差を——独特の翳りを持ったそ——的な気分をもって——それは——ぐっと正直に——国際近い——つか彼、自身の——一層、中味の——広い——彼が演じる——影響——あるとき多——まれにみる人——真切な人——

そのリアリティそのものは——キャラクター——慣れた人は——数十——ジプ・ボイス——「山田努が」は——では浅井愼平——一番——みごとの——その自身の豪語と生きる——だが数年前に——豪語としたネ——その規模と悲——山田太一の孤独とした生——山田線は孤

が雨あられと飛び始めるや、楽屋の芸人総出で割りこみ、舞台混乱、客席爆笑。これがＮＨＫの寄席中継と、サゲけるものだ。

それにしても、新春早々、天から祝儀だぬコスモスの破片。その下、横たわる日本列島は、空母の甲板に改造されてましたとサ。なんてのは、シャレになりまくんで。

ジョージ・キューカーの大胆なセックス・シーン　2·8

ジョージ・キューカー監督がなくなった。八十三歳。一般的には「マイ・フェア・レディ」（64年）だが、中年の映画ファンは、ジュディ・ガーランドの「スタア誕生」（54年）の感動が胸によみがえる。バーグマンがなくなった時にテレビで放送された「ガス燈」（44年）もそうである。

芸術派の大職人、いま挙げた例でもわかるように"女性映画"に定評があった。キャサリン・ヘプバーンの都会喜劇「フィラデルフィア物語」（40年）「アダム氏とマダム」（49年）踊り子三人の恋のサヤ当てのお色気喜劇「魅惑の巴里」（57年）など。晩年の傑作はキャサリン・ヘプバーン、ローレンス・オリビエという大顔合わせのテレビ映画「恋の旅路」（75年・ＮＨＫ放送）だった。

遺作となった「ベスト・フレンズ」（81年）は、キャサリン・セット、プロデュース作品だが、ここで老匠キューカーは当世ぶりの大胆なセックス・シーンを加え、少しの違和感もなかったかる。

トリュフォー「隣の女」の心にくい演出　1·28

恋とは、そもそも身勝手な情熱である。男女双方の利害が一致して燃えあがる至福の関係が、ひとつ間違えば無残なやきもちへと化してしまう。せつない、やるせない、わずらわしい、その感情を、しかし人は避けては通れない。

フランソワ・トリュフォーの新作「隣の女」は、設定そのものは、おおよそありふれている。郊外に平穏な家庭を持つ"普通"の夫、ジェラール・ドパルデューが、ある日、隣へ引越してきた夫婦の妻が、かつてドパルデューの若い妻ファニー・アルダンと恋仲だった――。

作者は、多分、わざと平凡な物語を用意し、それをどれほど非凡に深められるかを試みたかったのだろう。八年前の恋のいきさつを、月並みな回想シーンなど一切用いず、二人の反応、行動、会話を通じて次第に解きあかしてゆく。ミステリーに似たその語り口は、当代無比の世話狂言作家トリュフォーがセ研究家でもあるのを思い出させる。

これも悲痛な恋の過去を持つ中年女性ヒロイン、ファニー・アルダンを、事件を"語り手"兼ねて登場させる構成の妙。人目を忍ぶ男女の情念を、電話、電報、ハンカチ、古い写真、子供の絵など小道具を生かしつつ追いこんでゆく演出は心にくいほど。

しかし、劇中のセリフにある「一緒に生きられないなら別れよう」と愛をつのらせつつある恋愛は、それ自体古典的な感情なりつつあるのかもしれない。フランス映画／東映ユニバース・フィルム配給。

1983

結局、ゥス側のジェット機のように見えるが、最近のスパイ映画「スター・ウォーズ」にしても、宇宙を舞台とした「スター・ウォーズ」だから「スペース・オペラ」と呼ばれたとしても、SF映画の一つの「スペース・オペラ」が数多く読まれてきた。それを表すように、アメリカ製の——。

宇宙SF映画パンフレット集！ 2·12

すべて原作を見ているわけではないが、たとえばこのネットで集めた邦題「スター・ウォーズ」の発音をカタカナで表記してくれるというのだが、この「スター・ウォーズ」は「スペース・オペラ」の宇宙人がE.T.のようなかわいらしさをもっている「E.T.」は、飛びこんでくる方だが、「スーパーマン」は空飛ぶ方だ。悪い星人たちが地球を襲う「スター・ウォーズ」の中でも「スペース・オペラ」（短縮版）は日本未公開作品が多い。

（中略）「ブラックホール」は、アメリカ製のSF映画で、その当時の流行作品（短縮版）だった。

だが、わが国のラッシュキ・フィクションの監督サスペンス・ジャンルだ。大抵のニュー・シネマの若手監督としての効果をあげているスターがいるが、そのような手際のあるイメージを描き出すために暴行殺人を老後の話者としての際に老後の君は大丈夫だろうか。

ただ、やはりチェーソマン的なイメージのまま「一」「一」（刀）年のキキャンペーンだった——。

米倉斉加年が演じるコマンケの男 2·14

人間の大きさとは、そのメジャーではあるまいが、つまり日常を代表されるのが俳優という。他の立場における不器用用だとしたら、あまりすぎるなど、そうだろう。高倉健立ったらと、少々表立たる役立て男に与えるというのは身近に知られた役だけが——。

映画という楽しいものなりをもたらしながら、そのようなオーナーの男にしてもられるのだ。だけど目立ちながら、それよりも相手の人生をへて好色なキキャラクターを演じるとしてある狂わせたいというのが精神の立場であるとしたら、そのようなオーナーの男たちにしても、だからこそ、そのな場にいられるというのである。だけど、それはナチの男にしてもるのであるが、別身分だからこそあの容器としての好色なキキャラクターは非常識だとしたら、多くの幼なじみたちはそうだろうと断定するわけだ。

ちろんもちろん、夫人を失った同級生だった中学男々を集まれ「コマンケ」の米倉斉加年さんが演じたが、誘惑をかけた彼女が当然の同窓会を企てるのである米倉さんの主眼とするのは、誘惑するのだが彼はそのまま米倉さんたちにしてなるほどあのな心理にあるのだろうな気持ちを持ち

NHKの同級生だった中学男々を集まれ「コマンケ」の米倉斉加年さんが——

の正確な特写を期するために、日本側のスタッフに限りなく頼るという仕事にしているのだ。ですがデータ

ルイ・ド・フュネスの芸に思い出し笑い　2・16

ルイ・ド・フュネスが亡くなったといっても、ピンとくる人は、かなり年期の入った映画ファンのはずだ。コメディアンの姿が即座に浮かぶ人は、かなり頭の……

六十八歳だったと聞いて、意外に若いなと感じたのは、昔から老けた風貌だったからだ。小柄なジイさんなのにやたらとエネルギッシュ、かんしゃく持ち、彼がカッカすればするほど、観客の笑いのボルテージも高まるわけだ。

最初の印象は、バレエスカ映画「裸の女神」(54年)のストリップ・ショーを取り締まる警察署長。リハーサルを巡視するうちにショーがすっかり気に入ってしまう。以後フュネスの役は署長、警部、巡査の役が圧倒的に多い。

怪盗"ファントマ"シリーズなどは、ドロくさい活劇だが、フュネス警部の"あたふた"的珍演が人気を博した。ファントマがフュネス警部に変装して銀行を襲う。それを目撃したオヤジさんの証言で、犯人のモンタージュ写真を合成するくだりの、同席したフュネスの表情たるや、いま思い出しても笑いがこみあげてくる。

サントロペの巡査部長シリーズの一編「サントロペ大混線」(79年)が、日本最後の公開作で、安直なドタバタだが、フュネスの芝居の"型"は少しも変わらなかった。それでこそフュネスというべきか。合掌。

雷門福助の古き良き寄席のにおい　2・19

雷門福助の落語を、名古屋・大須演芸場の「福助・小福親子会」で一夜聴いた。

八十一歳というが、まず七十より上には見えない。マイクなどいらないほどの声の張り、口調、それに手ぶり。毎晩二席だから、三十年ぶりに演じたというが、そんなギクシャクを感じさせられない。しいていえば、ラ行の日の「こんにゃく問答」の行脚僧の問答が、少しアイマイだったくらいか。

何よりもありがたいのは、この人が高座に登場すると、古き良き寄席のにおいが、はんなりと場内を包むことだ（そういえば、こんな気分が、福助と兄弟弟子の雷門助六がNHKテレビで演じた「しらみ茶屋」にもあった）。

柳家三亀松がいて、リーガル万吉がいて、「野ざらし」の柳好がいて、「居酒屋」の金馬がいたころの、畳敷きの寄席のあたたかさである。昨今のホール落語は、それがない。

芝居をバヤ、遠眼鏡をトンガリキョウといった古風な言い回しも珍しい。観光バスのコースに組みこまれた昨今の寄席とは無縁の場所である名古屋に住みついたのが、かえって幸いしたのだろう。この芸、逆輸出して、東京の人にも聴かせたいねえ。

三國一朗、鈴木健二、久米宏の持ち味　2・21

NHKの「お好み演芸会」の前半や「クイズ面白ゼミナール」を見ると、古くはラジオの「話の泉」以来の"面白くてタメになる"物知り博士番組の伝統が、連綿と引きつがれているのを感じする。

ボードボードに興味深く、ボードボードに無難。前者の三國一朗の、身に備わった敬語のソフトさ。後者の鈴木健二は、解答者も視聴者を手……

あが、「このサギ野郎をぶち殺す」といって、本当に人を殺してしまうのです。しかし、篠田正浩監督が推したのはそういう役者なのでしょう。「マラソンランナー」のように、少年の実人生を通して演出するやり方があるのですが、この演出はアメリカ的な生き方を見せる映画だけが、それを小さな階層の目を見せるものをりすので、女優の人の目に見るものを

お母さんを重役に迎えるということだけで、こんなに志穂美さんが生き生きとした少年になるのですから、鶴見辰吾君の目を見ていると、ゴールに向かっての目の力が、少女の目で見るような優し

涙が浮かんでも流さない 3・16

そわけですが水をかけるだけで「……」それでは普通の女性会社員かたまりませんが、この中京の団長ともあろう人が、人の子供たちを教育的に「論」でもって水をかけるというのが恐ろしいというのです。終戦後がとうもすが大重

流すやのホネが同じ内容ですることは……一方で左右という取り曲馬団の団長ぶるから、この持ち味の差がNHK以上TV系番組のム

山「は一方で左右という取り曲馬団の団長ぶるから、この持ち味の差がNHK以上TV系番組のム

を演じるとむずかしいのだが、道美さんはいまも立派に子を持ち去るかも気づかれる。「……」

藤山寛美さんの動作をむせび泣きを覚ましていないまいかたる昔、井戸端の母親は流行当時の外には結びのままで結びて目を回すのだが、普段には記憶しておかなたことがたまらない。ここで娘を布団着にしてしまう。

名古屋・御園座別館の松竹新喜劇公演「実験」をして、昔の母親はおおよろしこびその人用を十八番でああり、片足で水をあやつる丁稚

松竹新喜劇も宝さんの"デラー"が魅力 3・26

同じ9日に「……」

例えば日本の演出の自然なのだろうか、感情の激しいた女のひとへの愛情が浮かんで涙。河川太一番組で「銀座のコニャック」を使えたというだけでは平手打ちをするだけだ。それでは流だ

そればかりでなく、ナニワ金融も涙だけはながすというだけでは平手打ちをするだけだ。それでは流さぬ流

そうした、こまごました工夫なり熱意なりが、この劇団ならではの味わいのものだ。

そうした味わいが、近ごろ薄れてはいないか。

話は変わるが「男はつらいよ・寅次郎あじさいの恋」で、寅が手ぬぐいの端を裂いて、老陶芸家のゲタの鼻緒をすげる場面が、筆者はたまらなく好きだ。松竹新喜劇も、"寅さん"も、そうしたディテールの魅力で成立しているのである。

座長にぴったりだった渋谷天外　3·29

渋谷天外さんがなくなった。脳出血で倒れ、すでに十八年。いつだったか永六輔氏が、ある雑誌のエッセーで、うっかり "故人" と書いてしまい、次号で陳謝する一幕もあった。

しかし、その舞台の印象は、いまも鮮明だ。「海を渡る千万長者」（現在は「億万長者」）の幕切れで「私は、はるばる日本まで、泣くために帰ってきたようなもんや」（泣くために、を強く発声）と、みかん畑のような例の口調で言い放ち、御園座の花道を引くにスポットライトに向かって歩む、たまった涙が、キラキラ輝いているように見えた。

通夜にもらった曽我廼家五郎八が「大型の俳優で、小まわりはきかなかったが、どうしてもこうした魅力があった」と語ったように、資質としては脚本家タイプで、役者としては不器用型だったと評しても、失礼に当たるまい。

内心は情にもろい頑固おやじを演じて、この人の右に出る者はなかった。天外の投げる剛直球を、若き天才・藤山寛美が、変化球で投げかえす。そのアンサンブルの妙、双方とも引き立つのがあったが

かった。

思うに、座長というのは、天外のような、どっしりした型が適任な人だと、部下はすることがなくなるものでね。それは芝居に限らない。上司があまりにもできる人だと、部下はすることがなくなるものでね。

工夫をこらすスタアもいる　4·6

名古屋テレビ朝日系の「こんな時α」が、なかなか健闘している。毎週火曜の「鶴瓶のふたり女学校」は、若妻学級？ふうのスタイルで、笑福亭鶴瓶が毎回ゲスト講師を招くという構成。神戸の動物園の園長がゲストの時は「近ごろは園内を掃除すると、使用済みの使い捨てオムツが、そのまま捨てある」という話に実感があった。こういう神経の母親を持つ子供がどう育つのか、おおよそ想像がつく。

先日は、電話の応対や訪問のマナー、相手の心証を損なわない臨機応変の返答の実習を面白おかしく見せる。子供はみたいだが、実際には、なかなか行かぬものですよ。中には「相手のズボンの社会の窓が開いているのを、恥をかかせないように気付かせる方法」などという実習もあったが。確かに必要なことではありますよ。そういうソフトで運ぶのがいい。

また、中京＝日本テレビ系の「久米宏のTVスクランブル」では「社会党の議席を増やす方法」などというアンケートを、自民党議員あてに出す、というゲリラ的アイデア。これは結果のいかんを問わず、作ですよ。視聴率の上にアグラをかいて、相も変わらぬ芸能人スキャンダルに

続きをもう一度
見せてくれるの
だ。月に一、二作
しか出せぬのに、
年に何作も撮る
なんて、どう考え
ても無理という
もの。だから月
一、二作のペース
で作られる芝居
をみていると、
その論技演の

「伊丹万作」と
いうと、芝居が
始まる店を始め
る人の菓子刀を
しく構えるポー
ズをとるのだが
あのようにしく
きまるのは、伊丹
の時代劇以後の
一、二本しかない

という遠山の金
さんのように、ヒ
ーローは完全無
欠ではない。片肌
脱いで下級武士
に転じた青年を
描いたりもする

片岡千恵蔵の広い芸域　4・8

ここ二年ばかり
というもの、片岡
千恵蔵をみる機
会が多い。(35)
年だったか、赤城
の千恵蔵（36）

そうきっかけ
は、若い頃の豪快
さとはまたちが
う同じ大看板で
もあるが、伊丹万作
監督と組んだ作
が豪快で大看板
として大芝居に
振る舞える人柄
だったとか、同時
代の阪東妻三郎
との対談などで
あったとか

明けてするよう
な人だ。同じ男と
して、工夫をこら
すというようなよ

興行ルートに乗らない東欧映画　4・23

家でそれを見る
たびに、すっかり
鶴の父のファン
になってしまう
新作のすぐれた
のだが、NHKが
放送した五代目
松鶴の「らくだ」
を聴いたときに
は、あまりにもス
ケールの大きい
これが演者なの
だという欲求の
夢中になって

だが一方の新作
落語への興味も
わいてきた。小米
朝や、小三治が好
きなのだが、この
あいだもテレビ
で聴いた桂米朝
の「地獄八景亡者
戯」には、落語がこ
れほど巧妙に描
けるのかと、見直
した現実の天神
亭福松とい

る落語中興の祖、
桂春団治の新作
上方落語に対す
る情熱を描いた
ものだが、米朝と
いう男が豊富な
ギャグを駆使し
て、いきいきと演
じるのを見てい
ると、昔の笑福亭
松鶴や、桂米団治
などが見えてくる

名古屋・今池だ
よりの三作・桂
米朝独演会」は、
「地獄八景亡者
戯」の一席と労音
の名古屋会館で
公演した「崇徳院」
で、また名古屋市
民会館で聴いた
新作の「一文笛」
の落語の父神は

まるで新作を聴くよう　4・11

名古屋・今池だより

名古屋・今池だ
よりで、この二ヵ
月ばかりマラソ
ン映画館を開い
て毎日一本ずつ
十カ月になるが

（前名ナゴヤキ
ネマだった）が

西欧、東欧の、ほとんど興行ルートに乗らない国々の映画を、おかげでかなり見ることができた。

どの作品も、それぞれに見ごたえがあった。それは、ほとんどの場合、いい意味での"意外さ"なのだ。こちらの予想は外れ、名前しか知らなかった国の人たちの心が見えてくる。面白い。身がひきしまる。そして、見逃した作品が気になってたまらなくなる。

たとえばチェコスロバキア「カッティング・ショート」の色っぽい人妻をめぐる惨事は、往年のフランスのJ・ルノワールの田園喜劇を思わせるし、「ひとしずくの愛」の大メーカーに客を奪われた靴屋のオヤジの悲哀は、イタリアの人情劇そのものだ。

四月限りで本国返還という、別れ上映の三作「エスケープ・ホーム」「りんごゲーム」「暑い夏の影」の中で、「暑い夏の影」はいかにも西部劇ふうの男のドラマ。見終わった筆者は、さっそく映画友達に電話した。

翌日の最終回に、高校生の息子を連れて出かけた友人も「よかった!」と電話をしてきた。そうした"感動"は、今もあるのだし、そういう作品は、今も作られているのだ。

シドニー・ルメット「評決」は秀作　4・5

秀作である。ミステリー的興味で観客をぐいぐい引きこむかたわら、人間の弱さと人生の苦汁をじっくり描き込み、そこからメッセージが浮き彫りにされてゆく。シドニー・ルメットの演出は、処女作「十二人の怒れる男」から三十本目、この「評決」で一段と作風を深めた。

かつてはエリートともうたわれた弁護士ギャルビンは、ある事件で名声を失墜し、以来、酒びたりの日々を送っている。そこへ舞い込んだ仕事が、医療ミスで植物人間になった原告側の弁護。依頼人も、病院側も示談を望んだが、勝てると判断した彼は示談を受けて裁判に持ち込もうとする。ところが——

ギャルビン役のポール・ニューマンが、この裁判で返り咲こうとする中年の弁護士の、自信と不安の間をゆれ動く心理を静かな気迫をこめて演じている。一方、彼と対決する老獪なコンキャノン役のジェームズ・メイソンも、その演技歴の中でも最高のできばえといっていい。決して型通りのワルではなく、いかなる手段を用いても、裁判に勝つことがプロとしての彼の仕事なのである。

ルメットの近作をすべて担当している新進アンドレイ・バートコウィアクの、暗調の撮影がすばらしい。しっとりと重みのある闇の中に浮かぶ人々の姿自体が、作品のテーマを象徴するかのようだ。

酒場で出会った女(シャーロット・ランプリング)からキャビンにかかった電話のベルで終わる幕切れもいい。裁判は終わっても、男と女の間に"評決"はないのである。アメリカ映画/20世紀フォックス配給。

1983

5.9 談志の実感的危機論

名古屋・電電ホールにて「立川談志の会」を見た。

生まれこの噂を呼び話題になった番組だが、国語的に守るべきだという主張にはやや賛成しかねる。番組は音声的非母音という劇作家の加音考としてのテーマを考えるという、面白いものだ。しかし、文化というものは前に進行する。木下順二氏が並行した——面白い。

「ガ行鼻濁音」は、小学校一年生のうちに鼻にかける発音は抹殺される気がする。ただし被音がある人にとっては、その鼻濁音の発音を使う人は高い気がつかないのである。しかし日本の西——中年の男性各地方に住んでいるという意見だ。その声も知られている熊本九州など鼻濁音を聞く。「上品」という形式で妹を気取る鼻濁音を抹殺する気取った鼻濁音を。

サ行鼻濁音独特の中に——

4.26 失われゆく鼻濁音をめぐって

去年の十月、NHK教育テレビで見た「日本語再発見・美しい鼻濁音」。ガ行鼻濁音は九州・四国地方に反対する。

去年の十月、通信の手紙が舞台に届いた。NHKのアナウンサーは……通信五手紙の手紙が舞台に……

鼻濁音独特の正倒的な鼻濁音の最も特的に失われた消えゆくのだという。その鼻濁音の発音を製作放送し、美しい鼻濁音を再発見、美しい日本語「日本語再発見」を。

5.10 エンケンの物語より映画が観たい

わたしは悲劇的なものよりも喜劇的なものが好きだ。大体そうである。

無理にCBC・TBS系にテレビで見たエンケンのライブに行けなかったのだという状況で「喜劇王」、後半この悲劇的なものはチャップリンが演じる私が愛した喜劇王チャップリン・エンゼルの「喜劇王」という作品をビデオで見たのである。高峰経歴は悲劇的なものだが、悲劇的なものか。

語を聴くというのはテキストを東京によりなお残念ながら若いたずらに聞くというもので、内容を対象に残したなわけだなのでというもの。彼の放送の高座であるから、その芸というもののため、彼はもっとも語りの人気が高まる高座であるとしたのだが——彼はもともと語り手やなもので落語らしい落語家ではいかにも落語ならしい落語家でない。

落語を聴くというので再度聴くのだ。よりも面白い対象に保存したなわけて!という彼は、語りを聞くともにただ好きなものだというだけだというのが中身は実に興味のある人である。自意識を志で、好きな落語（ハナシ）を語るというのは近すぎると中入後に時代背景や風俗漫談が二倍も面白くかに有名な銘々に半生を語る中で談志の漫談は古典風俗漫談が近すぎる中人の時代背景を聞き語りの漫談とした対談が山本晋也と談志の危機論に通じよう。古典落語に重要な古典落語の時代を見せてくれは古典や時代を見せてくれる人。

談志その後が落語を語るのだというもの。

しても、主人公にとっては絶望的な状況を、こちらは他人事として笑っているだけのことなのだから。

エノケンの人気絶頂期のくだりにしても、そのヤマ場は、座付き作者を出征で失うという、つらい場面、その前は、旗揚げした ニ─の不入り続きの話で、後半は、一人息子の死、右足切断だから、教わらない。

堺正章がエノケンに似ていないのは、仕方がないことだから論外として、気迫を感じさせられるまでである。が、なまじエノケンを彼自身が知っているからなのだろうが、義足のトレーニングのくだりなど、妙にナマナマしい。一層やりきれない。晩年のエノケンを彼自身が知っているからなのだろう。

加えて、映画「象」（57年）の本人の泣き顔のアップまで入るのだ。せっかく「日曜ロードショー」枠の特別企画なのだから、前後何週かにわたって、エノケンの代表作を放映してほしかった。主演第一作の「エノケンの青春酔虎伝」（34年）で見せた身軽さはもう、断片だけでなく、ぜんぶ見せてよ。

栄子・小円のカアカア天下漫才　5·18

木村栄子さんが亡くなった。昭和十二年以来の漫才コンビである夫の三遊亭小円に先立たれて、まる八年以上になる。

典型的なカアカア天下漫才。巨木のごとき体形と風貌でヌッと立ち「おれは、だれのおかげで安い酒の一杯も飲めると思うてんねン」と言い放つと、世を憚るように閉口した目つきをする小円がえもいわれずおかしかった。

カアカア天下のギャグは、これからは多分ギャグとして通らなくなるだろう。女性がカカ、男性がカカユという夫婦が、フツウに

なってきたからだ。

だが、そういう古典的な漫才なのに、古めかしさを覚えさせなかった。現在の若手及ばぬほど、次々に新ネタを繰り出していたからだ。それが面白く、あのネタをもう一度と思っても二度あえないことも多かった。

大須演芸場で見た「おはなはん」のパロディーは、かつて見た覚えがない（その栄子が、字が読めないとは信じられなかった。小円が立って教えていたわけだ）。むろん十八番のネタもあり、小円がロハにひっくり返る「平手造酒」など、いま思い出しても笑いがこみあげてくる。

売れない時期が長かったと聞く。夫を失った栄子の舞台を、芦屋小雁がしきりに気にしていた。仲間に愛される人柄だったのだろう。合掌。

春風亭柳昇のおもしろさ　5·21

いま、春風亭柳昇がおもしろい（柳橋の弟子の新作派ということで、小生、いささか偏見を抱いていた）。おトトに似合わぬ軽さ、芸とも本性ともつかぬ間を外したおかしさは、ほかに類がない。

東海テレビ系の名人劇場「おもしろ落語グラフィティ」で柳昇師、野球の実況中継のくだりで選手の名を言い違えた客席失笑。微妙な間を置いて柳昇「ただいまの放送中、お聞き苦しい点が……」で満場爆笑。つい、さっきの放送ミスの話をするかのように利用して、トチリをギャグに転化させたのだ。

中京テレビ系「今夜は最高！」でも、柳昇と小柳ル…ミ子が出

するのを見ている人間はあた
たかいというのはかなり過度に
くり返しながら自らは日
常的の見える安態がきりお
うえる安態がきりお
切るす道

それ、それは本質そうなものが
必ずくサジ童ナ
それは本家にのでそう話を
そのメなので名のことだが
それはだめだと落胆のメント
男喜劇の驚きの変さわるしきっと
共通しただ赤毛物のよう
ない扱いにテーマとな
っと演じのだと印象

それはこれに自然なのはそのよう
めるのをメクジージがある
あるのは山田太一演（市民会館）
あの見上げた「ラ」はまた劇で第一
的の見えるのはこのよう
のだ

山田太一「ラ」「ば」「ラ」「バ」「ズ」ール劇　5.28

反応そうしていたことになるだろうか
しただれしくし反歌を唱えるけれ
ばなそういわたは死んだと思うから
あるのはだただ人たちは死んだから
うえる安面なテーマ行する
な単語あるのはキネマあたりおのに
して果なのがある生する者がある
せしただ人なそのわかるすのだ「
あたしてあるジャブから行わる
いまし嘘もだとあきがあるうたの
おの見るあたき手の者であてのよう

柳昇回たが語ったこのメージの
「ラジ」なのパロの大夫だた戦場体験
など上田太一が聴かせテーなど
があた出ること出来た対談コー
ナー

頂けぬ。
そのカラオケ度を見せの園丈
かというおかしさがたまらな
せしただよおかしなだがなか
これ以外落とし「笑ない」ことを
ローを表わす唯一若年の表の手
しかもそのやかへと歩くとらが小
てもこ恋へまうそうまい突打
かるのは、たん以前テ新真打の
なかもすれか三遊事小遊三
れとも自体思か「今の遊章小遊三
一となるの相手を百捜差半の助六
に瞬高くと見ての若食んだ古典を
持ちち時代にの芸歴はたり
に演じたスミス一座の高座を見した形
なよてスポン和徳院目だきり
代もこのクレーマーにミスス一は園
史ではよおかし「…結局かだ三遊亭小園丈
なよ「笑格ティな」てた結局かだ
紙をつえスミが結けか

やはり、「こ」という見んて　5.31

強力れただ「…」
に嘆きのデそをくのして
滝田裕介のロとバジもてあげる家を訪ね
ただ統はTBSの茶滝田を訪ね
ていのて大登場しだ
ように滝田おのじて岩井ともだ廉然と
演じのチェホフ諸氏（製作
な劇の千に続いしや
夫妻の石井ともだしやむ
ように浦田の妻のの人千草薫
に舞台に続し人たちが上草薫
ない台にたよそそ美

ユーモア"が存在するのだ。

ジュリーの茶目っ気　6・8

CBC—TBS系の「沢田研二ショー」が、どうやら針路が定まってきたようだ。

というのも、二軍のコメディアンを一堂に集めた回など、司会役に所ジョージがいるのだから、当の主役ジュリーは、後半のコントに一役買うでもなく、なんのためにいるのかわからない（それに、コメディアン連を、動物園のサル山のサルに見立てたセットは、ジョッキーとしても気分よくない）

近来の上出来は「大衆演劇梅沢劇団に挑戦」の回。渡世人のジュリーが、一宿一飯の恩義にむくいるため、一家をゆする悪党・元（梅沢富美男）を切って、再び旅に出る、という古典的なパターンを、気分よく〈演〉じた。

とにかく声がいい。セリフ覚えの怪しい部分は、ふつう声が小さくなるものだが、ジュリーは逆で、ごまかす時はさらにひと声張って、それ自体をジョークにしてしまうのはサスガ。

しかし、フィナーレの日本舞踊では、下町の玉三郎こと梅沢富美男のプロの芸にさらわれた。妖しき美男、ジュリーも女装してしまうと、かえって男性的なのがおもしろい。

こうしたジュリーの茶目っ気が、「男はつらいよ・花も嵐も寅次郎」では、まるで失われていた。山田洋次監督の誤算か、次作は〈異色のマドンナ都はるみの個性をそこないかねぬよう、あんじょうたのんまっせ。

この人、前名のぬらりくらりした芸のころはよかったのだ。やたらスゴんでみせる新作より、古典を演じる無意識のクセに気をつけて、古典にテレず不安がらず「やればできる!」というところを見せてほしい。

間"の生み出す笑い　6・3

NHKテレビで笑福亭仁鶴の「湯屋番」を見た。二階でまだ寝ている居候の若だんなを、主人が階下から声をかけて起こす。やがて若だんなの返事「フンドシが見当たりまへん……」。主人、二階を見上げたままポカンとした表情。その絶句"の間合い"が、たまらなくおかしい。

ご存じ殺虫剤のCM、草土のバケツにむかって和服の横山やすし「ハエ退治に○○○言え!」。郷ひろみも「ハエ退治に○○○言ってみろ!」と反復。やすし「なんで返事をしないんでしょうねえ……（標準語風なのが愉快）」。ひろみ「バケツだからじゃないんですか?」やすし「……」。

近ごろ流行のナンセンスCMの一つだが、ひろみの"名答"にも身じろぎもせず、バケツを凝視するやすし。カット替わりで商品のアップが出るまでの、その微妙な"間"に、笑いがこみあげてくる。

前述の落語は、仁鶴の芸としての"間"。いま人気抜群の桂枝雀の高座が、少しはしゃぎ過ぎて、小米時代の間合いのよさを失いがちな昨今、往年の爆笑王・仁鶴が、間"のおかしみを示したのは興味深い。

後者のやすしは、CM作者や編集の"間合い"が生む笑い。鑽仰に塗りこめられたテレビにも、まだ、こうした沈黙（想像力）のユーモア"が存在するのだ。

6・24　談志と志ん朝の対照的な面白さ

名古屋・中日劇場「立川談志の会」と、名古屋・雲竜ホール「古

が、果たしてうまく伝わっただろうか。その先には、送り手の側があるのだが、それだけではない。その一方で、観客側の、無意識なる処理と、自覚的な聞き手の、働きとがある。後列に居て、しかも女優の台詞を、適切に聞き取れる人が居るし、この聞き取りの効果を、生きとして受け止められるのはすてきなことだ。それだけ豊かで意味のあるコミュニケーションを、

知らせるための声だったのだ、という声もあるだろう。話はそれるが、レントゲン車のように、音のしない車が、後列に届いていくのはよいが、ただそれだけではなく、レントゲン車そのものの音量を、いくらかコントロールしやすくなる便利な、

6・11　方言そのままの字幕スーパー

名古屋・今池・名古屋シネマテーク上映の長編記録映画「三

土佐の国、四万十川、名古屋の名古屋の字幕スーパーは、山形弁なども面白い上に、方言字幕

ポンと出る字幕が面白い。その老人が語る土地の言葉だが、字幕スーパーで見ると、ユーモラスになるのは、方言字幕

7・5　サド・マゾ性が出るフランス座「浦田行進曲」

いかにも喜劇ということで、つい目がいく悲劇と喜劇との、身のBBC—TV作品・後編の抽象的な印象だけに、別な様式化された実在の感じがして、最大の魅力だ。

「く、く、く」と幽霊を、以前、名古屋で見せた談志だったが、最後の独演会で、決定版「浦田行進曲」を、ほぼ四回目ぐらいのところで、スクリーンのほうへ、移動していく様子が、

ん、わかりにくいが、言ってしまえば、一回方向転換する対談の会は、談志だったが、その会は再会のように、その再会の会は、

を発揮する。テレビは、その様式空間の"集団催眠"がきかないところがつらい。

いつかの作品に一貫しているのは、サド・マゾ的な人間関係のいやらしさを、暴力的な笑いにまぶして、さらけ出す作業だ。そのサド・マゾ性が、テレビの場合、ナマのまま出てしまう。個々の観客に同じかけある作者の手の内が見えすいてしまうのだ。(舞台の録画中継のほうが、ずっといい)

映画の「蒲田行進曲」をビデオテープで再見して痛感したが、いつかのシナリオを手直ししながら撮ったという深作欣二監督のほうが、そのへんのギャグをよく心得ている。

余談だが、テレビ版で、いま三十三歳のヤス(柄本明)が子供のころ「飛んでいるB29を竹ヤリで突いたら落ちた」というのは世代がズレすぎる。いかにギャグとはいえ、そこに一点のリアリティーがないと、あほらしくて笑えませんで。

「おもしろ演芸決定版」の不安定な魅力　7·8

いま「おもしろ演芸決定版」に注目している。製作はテレビ東京。中部地区では、やや月遅れで三重テレビ、岐阜テレビの電波に乗っている。

先日の「必笑!チャンバラ・バラエティー」の再放送は、見逃していた筆者には好都合だった。チャンバラ・トリオ、サライトリオ、サライ日本という武術漫才に、松山容子が加わるという構成。

それぞれのリーダーが、かつて松山につぶし切られた役だったというコントも興味深い。からむ、ゆとりの笑いに対し

新進のサライ日本の、タイミングとスピードの体技が、香港クンフー顔負けの迫力だった。

コント・レオナルドの熊さんを違う相手と組み合わせる〈コント道場〉もこの番組。

東海テレビ系の「名人劇場」より楽しめることがある——と比較したのは、どちらも東阪企画製作だから。

アタックスポンサー名を冠した「名人劇場」は(時にドラマも放送するが)国立劇場演芸場という録画の舞台にふさわしく、いわば精選されたホール落語会のノリがある。

一方「おもしろ演芸決定版」は、常打ちの寄席の気分。その時どきの出来不出来もあるが、乗る、とすごい。そんな不安定な魅力があるのだ。

山田太一の「ふぞろいの林檎たち」　7·16

連続ドラマを初めの一、二回の印象で評価するのは早計にすぎるのだ——ということを「ふぞろいの林檎たち」(CBC—TBS系)で、あらためて痛感した。

同じ山田太一の「想い出づくり」の姉妹編という触れ込みのこのドラマ、前作よりも、やや、ギクシャクした感じのすべり出しだったが、回を重ねるにつれて、生き生きした会話の魅力と、それ以上に、若者たちの上にのしかかる将来の重さが、手ごたえとして伝わってくる。

「想い出づくり」は、適齢期の女性の結婚ばなし。だが今回は、その三流大学生の物語——結婚相手の未来までも左右する、就職の悩みを背負った三流大学生の物語——ギクシャクした感じ、彼らの不器用な懸

失せた。

左翼学生や軍部の退廃を抑えるという意識的な意図があったかどうかは別にして、今の芝居にはこういうメッセージ性が当然のことながら希薄になり、全体に総じて……

プロレタリア演劇の好きだった「満鉄」か、リアリズムの劇場の規模の大きさのせいか（中野弘彦）、川崎拓二、中野の録画を再見し、感動……

メジャーになった「上海バンスキング」　7・19

「上海バンスキング」のほうは劇場の規模のせいか、折り目正しい今回の再演よりも、56年版のほうが今も、どちらかというと名古屋の市民会館中ホール（前回）、今回は中劇（81年）という印象だが、希薄な中小企業……

映画ならではの名作ではあるが、再放送するにしても、向田邦子の「家族熱」「幸福」「冬」を再放送して……ＮＨＫ（81年）は中島みゆき主演で安直な仕立てで……

後人というべきか、ＣＢＣというところが入るというのが名作であるからには、人間的な強さを持った人物が当然のように……山田太一先生が……

島津保次郎監督の反松竹的テンポ　7・29

津の妹のコシュをみたが、紹介されたと思ってそのコシュを見るうち、監督の証言でもある（略）……当時、着想の豊かな人の証言で、逢初という女優を見出し、高杉早苗のように……

ＣＢＣ、ＴＢＳ、東宝、松竹、昭和9年、50年、70年、昭和初年……

薄れた厚いレンズを略して……メッセージ性があるとしたらコメディの小劇場の幻想……不気味な様式……人間的な表現が高い俗世に変わらない愛を受ける……女学生の……

は無縁な軍部……日本軍……

D・ニーブンはいつも蝶ネクタイの印象　8·6

数年前、中京テレビで放送したイギリスBBC製作のギャグ番組「空飛ぶモンティ・パイソン」の中にこんなコントがあった。

ショーの司会者が「では、ただいまからデビッド・ニーブン氏宅の冷蔵庫をご紹介します……」。すると、蝶ネクタイをつけた冷蔵庫が、ステージに現れる。満場拍手。

先日なくなったニーブンは、ことほどさように蝶ネクタイの印象が強い役者だった。これほどパーティーの似合う人も少ない。筆者のイメージの中のニーブンは、シャンパングラスを片手に微笑を絶やさず、非礼な相手にも、片方のマユをちょっと上げて、当の相手には通じないこの洗練された皮肉を軽くつぶやく中年紳士。その気品がキザにならないのは、身についたユーモアのせいか。

都会的なコメディに味な演技を示すようになったのは、四十代以後のこと。後年で代表的なのは「ピンクの豹」(63年)の宝石泥棒役で、その路線で成功したのが、テレビ・シリーズの「泥棒貴族」である。

英国紳士ニーブンは、今ごろ本当に「天国への階段」を上り、レイモンド・マッシュと対面しているだろう――とこう書いただけでわかる人は、もう、間違いなく五十前後。ヤング諸君は、もう映画ファンのお父さんにたずねるべし。

リンカーン役者はもういない　8·9

先日亡くなった性格俳優、レイモンド・マッシーは、舞台や映画のリンカーン役者として知られていた。

十五年ほど前、テレビの「アブラハム・ショー」(NHK放映)にゲスト出演。列車の展望車のセットに立ち、わりきの"リンカーンの演説"を独演したのは、感動的だった。

映画でのリンカーン役は「エイブ・リンカーン」(40年)一作だが、面白いことに、ひとつ同年の「カンサス騎兵隊」という活劇で、ジョン・ブラウンを演じている。

これは、南北戦争の直前に、ドレイ制度の即時撤廃を主張、その実現のために暴力もやむをえないとした実在の人物。つまり"正しいことを誤った方法でおこなった"ドレイ廃止運動の過激派である。

だから、悪役や憎まれ役を多く演じたが、それにしてもリンカーンとジョン・ブラウンを次作で演じたというのは、アンバレな役者魂ではないか。

そういえば「若き日のリンカーン」(39年・ジョン・フォード監督)のヘンリー・フォンダもすでに亡くなっている。リンカーンを演ずるほどの風格を持つ役者、果たしてありや。

「ニッポン国・古屋敷村」に至る軌跡　8·15

名古屋シネマテーク(今池)で、小川プロの全作品が連続上映された。その全部とまではいかなかったが、主要な作品を見たことで、第一作「青年の海――四人の通信教育生たち」(昭和41年)から

末盛憲彦の「夢で逢いましょう」　8・16

小未盛憲彦をそのチャンスに恵まれなかったのは、昭和36年4月に始まったNHKテレビ「夢で逢いましょう」（NTV）のチーフ・ディレクター。41年4月22日にテレビプレイで終わりました。

期待しようという。

今なお、渡辺晋也から「ニッポン国・古屋敷村」は話題になるが、その館内の集計では平均する的な観客数は一人あたりの入場料金の自由参加者の入場者は千円程度というにとどまる小川プロ作品で、小さな上映するにとどまるのではないかという気がする。

さらその病画面白いロケ村民の農家を訪ねて集めた新医療施設への方法の変遷を記録した足跡を、小川プロの作品で、その方法論の変遷を記録した足跡を、昭和57年（57年）に至る小川紳介監督の。

最新作「三里塚・辺田部落」から「ニッポン国・古屋敷村」に至る。

死に向かう陽気なコメディアン　8・19

残暑厳しき季節の中だったと思う。私だが村俊彦の記憶の中の目を知る死は、計報を聞きながら前日の夕方テレビで立つ。多くの番組を目立つ。

だから私にとっては、常に陽気なコメディアンの「市役所の生死だった「死」」は大正時代の市役所の酒屋の店員・志村喬の向かうとしているこの死の日を死んだ「52年」である。が死んだ「役所の生」で重症で、うらの唄を忘れずまに覚える、その「コメ」だが。

だけだ、内海桂子・好江を再現するということが好江「一つ」という名だけだった。

名を中原信彦の他のきに小林信彦を拝みしに「タイムスリップの」の黄身を吹きかけるように。そうとしておる。懸命にできた試みを招とし、永井荷風のような現在、固定した国定忠治を、え兄る彼は末盛憲彦の。番組の最後の放送でのマスオしたのは、すんだのさ彼らは。

なりが。ただが、中原信彦の他のきに、その像の魅力だろうトラブルにその美き強さが、ると再現することが、のだが。

「わたしだけの」という小時代のお人」というお人」という少年過ぎるものもあり現れ。どビ・メ国"進めのあたりにすぐに現れ。どビ・メ国。にもますにえNHKとはえんてテレビにあしさを型破りの番組で、魅力だろうすの新鮮で。当時のお笑いキャラと拝みの仕事だ。ドキ放送の番組で、後者自身の想も作者自身のも

に陣きを始めるが、志村の鬼気迫る歌声に圧されて、薄気味わるいなあ、という表情に変わってゆく。

もう一つは、川島雄三の「幕末太陽伝」（57年）。南田洋子の遊女こはるが、自分にほれていると思い込んでいる純情な田舎大尽の役で、ついに面倒みきれなくなった「居残り」左平次、フランキー堺が「こはるは死にました」と告げると、その墓に案内しろとせがまれ、遊女屋から夜逃げしながら、朝逃げをした左平次、表で田舎大尽の帰りを待ち伏せに合う。寺の墓地での、この両人の不気味なコッケイな応酬が、田舎大尽の最後のせりふ「これ、地獄サ落ちるぞ！」というのが、極楽へ召されたことだろう。お盆には、この二作をビデオで見返すとしよう。

中村嘉葎雄の志ん生　雁之助のアチャコ　8・22

東海テレビ製作の帯ドラ「おりんさん」で、中村嘉葎雄が古今亭志ん生を演じている。名古屋・名鉄ホールの舞台では、芦屋雁之助が、花菱アチャコに取り組んでいる。

皆の中に、生前のイメージが残っている人物を演ずるのは難しい。また、そのイメージは、高座や舞台での"営業"用の顔しかも晩年の姿である。

雁之助は、むろん、楽屋での素顔、アチャコを知っているが、プライベートなしぐさだけ演じても、観客は納得しない。"泳ぐような"手つき、などを入れないと、それらしく見えないのだ。

雁之助は、元来"そのまま"型の役者ではない。むしろ、ニュースにドスをきかせるその芸風を「テが雁之助だァ！」と声帯模写のネタにされる個性派だった。その人が「裸の大将」以来、そのく、演技という"隠れた特技"で売れ始めたのだから、世の中は面白い。

志ん生の嘉葎雄は、これ全くの初体験。ホドホドのまねの内に、売れない芸人の鬱屈に好演。

この両所とも、本人の血をひく相手役との共演なのが面白い。志ん生の妻おかんを、顔の下半分がそっくりの孫娘・池波志乃が、横山エンタツを、そのままでも似ている人を相手役につくり、迫力があるわけだ。そのまま似ている遺児の花紀京が演じている。

小朝は古典をリフレッシュする　9・9

いまの若手落語家は、大まかに三通りに分かれる。

一つは、従来の古典一筋に不安を覚え、新作にエネルギーを注ぐタイプ。いま一つは、古典そのものを、今日的な表現でリフレッシュするタイプである。

いま注目の三遊亭小遊三や、先日の労音寄席（名古屋・東別院青少年会館）の春風亭小朝などは、後者の旗頭といえる。

小朝の三席のうち、もともとその時代に応じたギャグで成立する「お血脈」は別として、続いて「船徳」「愛宕山」と、桂文楽の名高座が、まだどちらも心に残っている大物だけを三席うかがった度胸は大きすぎるが、

「船徳」の、勘当された若だんな徳三郎も、小朝が演じるとまことに当世風の歌舞伎若衆風の人物像になる。

これが、演者が意識的にそうしているわけで、わんさと船宿のおかみに「じゃおかみさん、徳、行ってきます！」というナ行さばきなどは、これは逆に、年配の噺家がやってきまた

こうして、目を覚ます「光」の女の国も、いしむじこれらは、おとぎばなしとして見れば楽しいのだが、ふつうの劇として見れば、いささか物足りない憾みがある。脚本が底が割れて見えてしまうからだろう。

が、正当な演出の女優として、昭和十四年の時代ものと名作としての時代ものをしかし、そのヒロイン・デザイナーとしての大女優のキャリアは、おそらくナチスに襲われた英国人経営者の妻の物語で、いかにも古い原戯曲を再放映しただけの、本が底の浅さを露呈している観客

殺し──を重ねる夫半島中海守で馬十四年とり込んだ五月、大平洋戦争が中地に彼女は植民地へ公開されていた「月光の女」の海外を知られる映画化されるマリー「手紙」昭和二十五年封切りものがあるが、これは昭和二十年代の前

督がNHKテレビドラマとして映画化したものだが、古典劇のよさを再吸のだまま見えるように、これは愛宕若雄の時代劇と呼ばれたレて「山もの」のうち、新作歌舞伎というものだけど、泥臭さや着物を裂いたりという残酷な技術をぬぐわれた手法こそは現代劇と呼ばれた、「山もの」のうまさは少しもサ朝シの部分はまだわから小さない。住年

9·16 バレエ・ダンス「月光の女」の大芝居

この「月光」もまた新し阪衛で

この「月光」もまた新阪衛で

番組の子ども眠らすオツムだそれがあまり成功していたとは言えまいが、まだわかきしたよく見れば、それなりに芸能の──「言と並んべてみると、下品に誇張し放送演出「夜夜十時時代)というのがえばNHKテレビ中京での指定席〈夜のテレビ〉は歌謡によって、せもせりふによって、いまだにぬぐてないよりも、それはもう最悪テレど日本における最高そういう方は、鑑賞の素養のためどうしえて、その下品に堕してしまう大演出男性まい。そのかわりエロ・グロ・ナンセンスなこれでもしスリラーとして「夜のテレビ」にたい──

氏的は番組のオリジナルを売り物にする芸能を比べたら、ねらいがネスビーだったおかられ中尾彬のポルノまだしもと思わせる。今のとさうしおれという方だろう。方今夜さうしおれという方夜が鑑賞し、これしおれという

9·21 いまのテレビの最悪の部分

保存すべきジャンルとしてのコーニカナンシーおろか、ナンセンスビーよ、あの怒れる一人の男たちへ、阪十二「と阪十二」と怒れる男を

アンカット字幕スーパーで観た名作　9·28

テレビ東京系の「アカデミー賞劇場」は、近来の快挙だった。中でも「失われた週末」「我が道を往く」は、久しく見るチャンスのなかった名作である。

私の友人たちは、早めに仮眠をとり、夜中に起きてビデオを回した。予約録画にしたくなかったのは、CMカットのためと聞くと、スポンサーが苦い顔をしそうだが、でもCMを無視していることはないのですぞ。

映画ファンが、かくも興奮したそのわけは、アンカット字幕スーパーだったこと。いま字幕放送といえば、NHK教育テレビぐらいのもの。以前民放局でミュージカルを字幕放送したところ、テレビ愛知だったか字幕版PRが、不足気味だった。それを書きたてたのは、もっぱらテレビやビデオの情報誌で、テレビ愛知の番組広告にも、字幕スーパーとは記されていなかった。

字幕をきらう視聴者もいるからだ、とウガった説もあるけれど、だからこそ深夜に組んだファン向け番組ではないのか。

チャンネルもふえたことだから、今後のテレビは、時間帯による個性化を図ってほしい。いかにも一般大衆が喜びそうなものばかりでは、結局は共食いですよ。

ロウソクの灯で聴いた「胴斬り」　10·14

先日の労音寄席は、桂べかこと雀々の二人会。いずれも桂枝雀門下で、とりわけ一番弟子のべかこは、豪快でしかもキッチリした芸風があり、未来の大器である。客の入りは薄いが、寄席に坂東英二ばりの姿があった。

さて、最後の一席へ、かかるマクラから本題に入ろうとした──周辺のついているから、どうやら会場の東別院青少年会館だけの故障らしい。

闇の高座にとり残されたから、ボヤいていても始まらないので、同じ米朝系の兄弟子にあたる桂歌之助が独演会を開こうとするから、まずトランプで中止になる──という漫談につながっている。そういう状態だと妙に親近感が生まれるもので、観客は大受け。

やがて、お寺につきもの燭台が運ばれ、ロウソクの灯で再開。期せずして江戸時代の寄席のムードである。

演目が、「胴斬り」という、ニクいタッチ。辻斬りに遭い、胴と足とに分かれて生きている男の、ナンセンスの極致といった話がある──と種のスゴ味が加わり、べかことしても上々の出来だった。というこくろうさま。でも面白かったですよ。あとで聞けば、ナマ火を使うので、舞台のソデに消火器を集めた

あの停電はおどろいた。と言っても、名古屋都心の昼間の停電騒ぎとは、また別の話。

異色の脇役ラルフ・リチャードスン　10·19

ラルフ・リチャードスンが亡くなった。

代表作は、キャロル・リードが「第三の男」の前年に作った「落ちた偶像」(48年)で、リチャードスンの役は、大使館の従僕頭。ベストのミューエル・モーガンと融通を重ね、シャンに狂った妻が墜死したため、窮地に立たされる。

それが、それ自体から、悲しげ、というだけの作品は、今や音楽も静かなものと決まっている。それが悲しげな感情を表現すると信じているらしいが、静かにすればするほど感情もまた静かだというわけではない。いたずらにスローテンポにしてしまう。画面に見とれているうちに作者の喜びの姿勢は深く刻まれる。

I・II わずかなセリフ、ジェスチャー、小声の効果

ミュージカル映画のジャンルに、今や食傷気味だが、それでも役者の贅肉をそぎ落とした名演技を集めてみると、天国と神とを観客に見せつける。ライトスペクタクルへのアンチ空間として映画館という巨大な舞台に登場して、悪魔が神様との闘争を解決するために旅をする少年だった。

水爆戦放送のテレビ・ショーへと多くの静かな演技の冷静さと肉を、デリケートに見せてくれるスターだが、あえて身をやつした今や自らの超現実の現実を隠すためにある章のようにして、それでも生き残りの一人である章族。

『Q』（81年）「Q」というのはなぜか、あるいはその人の生涯の一人であるということを示すものだが、その生き絡める章族。不思議な世界の果ては、現実色のある世界色の果ては、『不思議な世界の…』（69年）

実を言えば、山田太一自身の手になるテレビ脚本以上に、しかも眼光するどい鋭さで、俳優たちの友人だったという期せずして、友親友。「悪友」の対談番組でBSの番組対談。CBC→TBS系の友親友。細川俊之←→山田太一

終始一字のちがいもなく、そのまま人物に語らせるというのが、友人たちを無言のままにしてしまう。「すけれど山田氏がリアリティを変えたとしても、山田太一の精巧さを書き込んだとして、

では、実は山田太一自身のセリフはそれほどのものであるか、それをやわらかに、あるいは変幻自在にめざめさせるのが俳優の現場にいる人物のまきなおしだという。山田太一にとって、友人たちを無言のままにしてしまう小さな作者の精美を書いた、というのは

II・II 山田太一ドラマのまなざし

ものしていたという感じで、それはていねいにリアリティを出して、そしてそれがキャラクターへと通用するためには、演出家と見る色に通じて別演技を、見るためには切ない表情へと木

実らかに情感を描くという、仕事下で演じた人物「労音小三治」役への途中で、小三治はその上段の青少年会館（東別院）の壇上で、大工のなくなった妻子の大声へと別の得意の酒色を繰る木

もあるだろう。抑えた小声の表情も気に入ったと繰る木

断たまた大工の役者小三治は、中下座音へ（時同十数治が。柳家小三治が。三治が人情

ば選びの新鮮さに敬服しているのだが、演出サイドの声も、もっと聞いてみたい気がする。

そうした内容だけに、なおさら耳ざわりなのが、司会の芳村真理女の言語感覚。「そんなことがあるんですか、山田さんなにに」て調子。「山田さんでぇ、えぇ」と言えないのか。

このように一々、ほとんどに一と語尾を引くクセも相変わらず。新進の手本たるべきキャリアの人なのにね。

捕物帳のスゴ味と緊張感を欠く　11·19

NHKテレビの「新・なにわ源蔵事件帳」の主役の交代は、原作者の有明夏夫が芦屋雁之助を主張して譲らなかったためだ――とか。

二回目まで見てきてもあらんと思う。原作の"海坊主の親方"にぴったりの雁之助なので、ドラマの一ドラマ気分そのままなのだ。昨年の桂枝雀のときの、ホームドラマ気分そのままなのだ。

犯人に頭突きを食わせる、という趣向はいいのだが、子分が捕らえたあと、本当に頭へズベズベつけるので無意味。だし、その前に頭へズベをつけるコントみたいに見えるし、投げ縄など捕らえた体たりするので無意味。だし、縄でぐるぐる――などと、「おしん」のショーシーなどもわざとらしい。

「諸金物所」の看板の、諸の字のウッカリに点がなかったり（明治時代に戦後新漢字ではチト早すぎる）車夫に変装し、さんざ走り回ってくたむ源蔵が、汗びっしょりでなかったり、洗い張りのアフレコが不自然だったり――など、捕物帳らしいスゴ味と緊張感が、まるで欠如しているからだ。

山中貞雄の「丹下左膳餘話・百萬両の壺」（昭和十年）は「丹下左膳パロディーの傑作だが、それでも左膳が連れていた子供に目を閉じさせ、十かぞえる間に相手を倒す一瞬に、息をのんだものだ。

新人竹中直人のさん新さ　11·28

東海テレビ系の名人劇場「爆笑!! おもしろ百科」で、桜井長一郎の声帯模写を聞くと、失礼ながら、おゝいなったものだと思う。

ものまねは、似顔絵同様似ている、けれど、それでオシマイという敬老的賛辞が通用しないジャンルなものである。一時期廃れて見えた桜井長一郎だが、復調したようで、歴代首相のマネなど、この人ならでは。

その半面、片岡鶴太郎、田淵岩夫という中堅組のイージーさ（芸とはいくまい）が気になる。田淵岩夫は、藤山寛美といえば鼻タラシくらいにしか改めぬ不勉強の安易なパターンを、いまだに続けるし、片岡鶴太郎は、くだくだと漫談で水増しした上、自分は生まれながらにして片岡鶴人の弟子なのだろうが、カブキ役者の声色が絶品である師匠に、少しは恥じるべし。

結局この回は、プロンして同じもの食われ、ネタが少く汚いのは改めてほしいが、映画「ハリング」風のオカマ男の変身を（特撮メーキャップが現れる作家の顔マネなど）、アイデアで見せた新人、竹中直人さん。

パロディーは鬼る 12・13

名古屋テレビ系の「土曜スペシャル」なんてのを見ていたとき、朝日放送製作（関西の芸）は五十五分の

パスだ。気味をあおるような音だけで中身がない。「──」なんてのは、今から三十年ほど前のテレビが初めて出来たような頃のチャチな葬式だ。

トレンディーだかなんだか知らないが、足がつる的な作品群の好評ぶり、これは東京の群衆の不勉強さからなのだが、封切りされないから不思議さもそれもすれちがっている。男はつらいよというのも、本当に好きなんだけれど、名古屋小僧の考えることは鈍い質の上のよりによって本人情景であるのだが、このブラックロジカにはあきれかえる。「寅さん」だってなんとでも見えるのだが、このおしゃべりが落着いてあれこれ言う感動しているところが出来る。そのところの人物のそこんでありし作でありしを伴奏として映る今の作の再上映される旧作品。

観客の変遷をたどるようなコじゃない葬式でもあるだろう。小僧の大阪へ行けの冬の時のチューインガムな本式...

山田洋次旧作のブラック・ユーモア的スパイス 12・9

ダネ筆者しているから、東京の映画館で見られる名古屋テレビ系の「日曜洋画劇場」の十日からは、山田洋次監督の「男はつらいよ」が主催

汐路章が見せる切られ方の達人 12・17

カメンがとしての演技する芸のカで、ロケという作られるものだの、ひとの指すとき、このロケバスというものはあけれど、それだけに、歌舞伎役者のようだけれど、俳優『警察』のなかでもロケバスのなかにあれどロケバスの回ることは

とだが、体は蛍だ。ロケと称するのは、これは一番組だけなのだが...

「一カット」というのはどうしても止まってたく…」

汐路章というのは切られ役で同じ大河内伝次郎が役者・三枝役者だったなあと悪役の大物はこの退花なのだが、切られ方の見せる

汐路章の「名古屋テレビ朝日放送を回るのも見て面白い。

先を枠を「五年来に日ガットに見られる神助竜介・神助竜介の話がこのなかで出すというのも今のこの時のスパイスが出なければ漫才が今の台本をすべてかえて漫才を続けなければこれはどうしてこの彼だから彼らは「今の先」を遠ざかる...

反省がない。だから切られたときの表情に、疑問符がつく。"なぜおれが?"という気持ちを出すのです」

なるほど。これも死に役のベテランだった川谷拓三の「死にたくない、という気持ちでやればいいのです」という名言と並ぶ演技のノウハウではないか。

同じ日の「三笠良子のおしゃべり泥棒」(テレビ愛知・テレビ東京)に出たジャイアント馬場が、力道山の実像を「ケンカひとつするのに計算ずくだった」と語ったくだりも興味シンシン。

ドラマのライターは少なくとも、こうしたナマの魅力以上のものを描かなければイミがない。なのに、ナマ以下のものがいかに多いか──と、新番組第一回を一応見ては、途中でスイッチを切った小生の実感。

蝶々・雁之助のザックバランなやりとり　12・23

NHKテレビの「この人・芦屋雁之助ショー」「新・なにわの源蔵事件帳」からみの、例のごときヨイショだろう、と眺めていたら、これがいやに面白かった。

ゲストが三人きりというのもいい。「源蔵」の共演者の大空真弓は型通りだが、この人きまるとんと目を丸くすると、ドリス・デイに似たカユイ。

事実上の司会者は、金子アナよりもミヤコ蝶々。雁之助と小雁がン十年ぶりに漫才をやるというので、一同拍手する中で、蝶々「漫才一日やらなんだらイキが違ってくる。せやから拍手したいとこやけど、せんとこ」で終わったあと「今のイキは小雁ちゃんの方がよかった」。

蝶々と雁之助のやりとりを聞いていると、このコンビでミヤコ・玉松一郎が再現できそうな気がする。日ごろは人生訓サ・バンナイメージが強い蝶々だが、今回はそういう、ほのぼのとした大阪風のザックバランなユーモアがここちよい。

悲劇きらいの益田喜頓まで、"泣き"に持ちこまねば気がすまぬこの番組、宇野千代の回も"泣かせ"がすべて。ココロ温快だった。今後もこのセンで行きましょう。涙・涙は「おしん」だけでたくさん。

芸術祭賞の大衆芸能大賞はヘンだ　12・24

え~、文化庁が下しおかれる芸術祭賞に、異を唱えるのはおそれ多いのですが……。

大衆芸能部門の〈大賞〉が桂三枝の創作落語。この人、司会者として好感度は抜群で、司会の延長といえる漫談も楽しめるが、本業?の落語は、彼の資質に合わない。

古典でも新作でも、また本人にヤル気があろうがなかろうが、アカンものはしません。アカンので、これは、新作から古典に転向した桂歌丸の例に見て通る。

同じ新作なら、桂文珍の方が、話術さらに新さにおいて、上、完成度でいうのなら、桂枝雀が時折演じる新作をまず挙げねばなるまい。

この大衆芸能大賞、そもそも昨年からヘンなのだ。坂野比呂志という人の受賞が、バナナのたたき売りというドラマのある売りなら、同じタンカ売りを映画で演じた渥美清などの大道芸(この定義にも疑問ある)を高座で演じたことによるのだが、その論なら、同じタンカ売りを映画で演じた渥美清などどうなるのか。その論

が化しの向上には「圓楽の人魂」とある。書き文字の
欲しい。圓楽は、今
の向こう書きとして
あるいは高座での
立派な枝雀と談笑
の候補（抱負）が少
ないのが気になる。
の維持を気にする
なら、「平和主義」で
談志の安定志向は
「金」文士

漫才の不調 落語勢の低迷　1.17

続く向う阪神の、新鮮なハツラツとしたテンポの
対と海一の正月系テレビ番組の春の春の人気番組だ
東海一の正月系テレビ番組の春の春の人気番組だが

楽・枝雀コンビのあやどりなのであるが、面白い
のであるあらゆる番組よりもこの漫才が、面白い
てのやるあらゆる番組をよしとするのだが、近頃
す枝雀三枝番組をよしとするのだが、近頃の漫才
前半の番組に比べて第二週のこの面白さ・枝雀の
だがそれは地口でしかないダジャレ・枝雀の冒頭
の芸の伝承にはやや疑問を感じるところがある。
派が三枝の半ばで落語論を結果にするだけだ。新
派が三枝の半ばで落語論を結果にするだけだ。新
が後半の落ちで感じる耳に快いリズム・枝雀の人
が後半の落ちで感じる耳に快いリズム・枝雀の人
あると批判されてもしようがない。新人だけだが
あると批判されてもしようがない。新人だけだが
（調）
リ実

創作ならばこそ、芸術祭は、女性人
が多いけれども、参加の意義は女性人
しかし時が過ぎては世に
ることだろう。選ばれた
し、これが披露された藤純子
のことだと思うのだが大衆は無視
しれない。だろう

片岡千恵蔵の器の大きさ　1.23

CBC・TBS系の映画30年。「東映」構成・演出・中島貞夫とあ

世間なら通りもしれないが
こうした日本的なものに
日本的なものだが、ユリ流れ
補修への浪費にすぎない
備品なのだろうと思うのだ
烈な見取し、清し、かかりを
見抜くというのである映画に
〈美〉というものを
「美」を描く画面への
律、法律

だがそれはタダとを走らせる
ことはそれはタダとを走らせる
様海により者の場合が主人
様海により者の場合が主人
に自分の青年の場面で
を用いた紙に描いた場面で
修正に、人体に「している」
修正に、人体に「している」
的要素がぶつかる。下半身の
的要素がぶつかる。下半身の
連合軍の兵士が射殺される
しているのだが、連合軍か
しているのだが、連合軍か
死体置き場の冷たさが
死体置き場の冷たさが

修正による「うそ」　1.20

ネガ・ポジの反転によって
れ、第三テーマへ見た
狂喜した大戦末期だ
次テーマへ見た
大戦末期だ
囚人服によってボロ
囚人服によってボロ
たが、ユダヤ人の収容所
ばすことで「戦いのある
ばすことで「戦いのある
「戦いのある風景」。「70」年を
のである画面縦横が解き放
のである画面縦横が解き放
所が名古屋

って、どのみち「序の舞」の大型予告編だろうとタカをくくっていたら、意外に楽しめた。

その三日前深夜、東海テレビで劇場版の東映アンソロジー「もちろんチャンバラディー・斬る!」が放送されたので、比較する形になったが、宇崎竜童の音楽など斬新ぶった「斬る!」より、今回の方が見やすい。

昭和二十九年―三十一年ごろの「旗本退屈男」など、黒白スタンダート時代の作品をたっぷり見せたのもいい。

こうして見ると「多羅尾伴内」「遠山の金さん」など大見えを切る一方、「大菩薩峠」「花の吉原百人斬り」などで、人間の修羅相をもしての殺陣をくりひろげた片岡千恵蔵の器の大きさを、改めて認識させられる。

「関の彌太っぺ」の名セリフは、東京乾電池の芝居にも出てくるほど。それにつけても、錦之助だったころの錦之介は、こんなにじょうずな、えだった。

ただし、日本のドキュメンタリー物の通弊で、ナレーションがもうモーレツしい。それに「カッサイ(喝采)を叫ぶ」というのは「カイサイ(快哉)」のことでしょうね。

「最も美しいターザン」の死　1·28

ジョニー・ワイズミューラーが亡くなった（NHKテレビニュースの「W・ミューラー」という表記は首をかしげるね）

歴代のターザン中、人気最高の作家の都筑道夫は「最も美しいターザン」と評した。

代表作は三作目の「ターザンの復讐」(34年)。これは完全版を劇場で再公開してほしい。筆者が見たいと思う以上に今の若い人に、この大スペクタル活劇をお目にかけたいのだ。ジョン・デレクが、女房のボー・デレクに目ジリを下げて演出した「類猿人ターザン」(81年)なんて、猿人の風土にも置けないよ。

ワイズミューラー・ターザンの特色のひとつは、健康なエロチシズムにあった。ジェーン役のモーリン・オサリバンのコスチュームは、当時の検閲にニラまれ、三作目から、無難なスタイルになってしまった。

ターザンに描かれたアフリカのデタラメさが、ムチャ絶壁なんだのハリウッド製“秘境”は、なんと虚構の夢に満ちていたことか。

往年のスター顔見せ映画「名犬ウォン・トン・トン」(76年)に、チラリと老残の姿を見せたワイズミューラー。でも、そのことはむしろ忘れたい。

「新人コンクール」いきなり〈第2部〉　1·30

先日の連休、午後のナマ番組「'84ABC漫才・落語新人コンクール」(名古屋テレビ)にめんくらった。いきなり〈第2部〉と出たからだ。

つまり、キー局の朝日放送では、午前九時半から十二時四十五分まで、十組の新人の芸を中継したんだが、その間名古屋では他の番組が入り、午後の審査発表から中継したというわけ。こっちら視聴者は、そんなことは知らないから、ずっこける。

もっとも、その〈第2部〉だけでも、ほぼ四時間の超ワイド。ABCホールに一日カンヅメというのは、観客もオツカレサマ。

事実、受賞者の桂小枝(落語)、ダウンタウン(漫才)、奨励賞の

名古屋・屋久映の併映の「世界史説」PARTⅠ「併映の

2·4 併映作を見逃すな

ニュー・シネマ史の最後を飾る「ドン」は、今回のカ─ロス参謀……吸引力の種の映画には判断しにくいだろうが、「ドン」が人気になる場合が多い。目立たない日本の主役に代わって映画の

興行が入るとき、「キャッシュ」を納める強い印象の

いうのがあるのだが、しかし、そうした場合に、目立った「参謀」が加わるときには、西部劇のように、カ─ロス・アロ─のキャメレットに見せたかった。地味だが、逃げやすいのには抑えたのだろう。観客の満足度は高くなると同時に、カ─ロスのアクの強さとしても……。

ナ・上回りに次ぎ、言うべきから見たいのであり、別のネタになるのはなんだか、そのネタにしたときには受賞者の反応を力を行使したりしたいのだろうか。彼らは少しでも求めたいのである。鑑賞者の気

中継の力から迫力あるのは、あまりにもそうしたクセがのあるだけのネタになるのだが、今回芸者が語ったとした演芸の、たとえば演芸以の

審査員は──という工夫をしたからだろう。（今回番組が全部に十組な作る

味はイヤと思うのだが、再び見るのだが初子（漫才）の登場に立ち戻ってのは（ナ──）の舞台に立つときの考察がそこには。

2·6 「世界の料理ショー」グルメ・クローク

料理をこのGalloping Gourmet感じて、金髪の男が午前十時すぎのテレビ番組で、手際よく料理を作る──のだが、この番組の材料から手に入らないのだが、飛んでも、その材料から食べる気にもなれないのだが、各国の

い。原題はGalloping Gourmetはけに、仕上げるのだが、その過程を見てしまうほど楽しい。そのプロセスは荒っぽいのだが、料理人手つきでロ─なので、一応材料のスペックだけを飛ばしてはしない。

い、というのも、そのお手本でとなるのはギャグのスパイスだけでとなるだけになる。その製作しているキッチンの趣向そのものも〈講座〉と国だった。

字通りあまり出ないのだが、日本でのは「日本料理」そのものが上品に出た番組だったので、編成にはおかしかったというこの発想というのはこのが、方のお料理の美学。

飲み放題のほどのなかなか、趣向もけっこうある。料理の発想と国だった。

世界は「レストラン」や「メニュー」、ジャンニ・アガタの道理のひとつ、宣伝不足のフランスの嗅覚の補おう。

関本白面は「スタミナ・キ─メ」や「スパイス」、「ガ─

月界の「金髪の料理人─」（愛知県）のは、キャメでの番組だ。

林家小染の"影"の要素　2·8

先日なくなった林家小染さんの第一印象は「たこと腹」の高座だった。治療に嫌がった若だんなが、タイコモチをくりの台にするという、おなじみの落語である。

それまでは東京落語でしか聞いたおぼえのないこのハナシを大阪落語ではじめて聞いたのだが――。

若だんなのためなら、たとえ火の中水の中、指をせんぶ切ってもかまわない、などと言いだしてタイコモチに、若だんながうそやぶく。「お前のへんちゃらは、毒があるさかいヤじゃねん」

ギクッとした。この若だんな、内心このタイコモチを好きではなかったのだ。でなければ、いかに身勝手な性格でも、出入りの芸人をくりのモモに使うはずもない。

しかし、そのくだりは、いつしか「そこまで言われた悪い気はせんけども……」という逆の言い方に改められた。だれかの意見なのか、当人の考えが変わったのか。

明るいにこやかな高座の小染さんだったが、芸には、そうした"陰"の要素があった。それがこの人の味だったと思う。

その味が、大器に備わろうという時期の劇的な死なにか宿命的なものさえ感じられるのだ。合掌。

教育テレビの英断　3·10

いま、NHK教育テレビが面白い。"教育"の看板？に似合わず芸能モノの充実が目立つ。

まず、字幕スーパーノンカットが伝統の「世界名画劇場」が四月から、月一回のレギュラー枠になるという。

つきに「芸術劇場」クラシックバレエからニュースピアというイメージだったが、"夢の遊眠社"の「小指の思い出」を放送して以来、かつてはアングラと呼ばれた小劇場演劇を積極的に取りあげ始めた。

アングラとはまた違うが、先日の「ショーガール」は売れない俳優の男女にポルノ映画の仕事がくる話。こうしたものを扱うのは、英断といっていいだろう。

一方、教育テレビならではの番組もある。名古屋製作の時代「植木等・父くの旅・ある真宗僧の軌跡」は、無責任男のイメージで売った植木等の父親（三重県の真宗の住職）が、戦前部落解放運動の指導者であった、というもの。「自分の信ずる所で燃焼した人」と語る植木氏の、感慨をかみしめる表情が印象的だった。

その半面、「YOU」など、ヤング向け面白ぶったテーマを深めること、教育テレビの道は、これっきゃない。

映画館のステレオ効果　3·14

試写室で見た映画を、映画館で見返すと、かなり印象が変わることがある。

理由はいろいろで、シーンとして作品の品定めをする試写室（近ごろは、映写中私語を交わすマナー欠落人間が入りこむこともある）と、客席の笑い声や熱気に包まれた（逆に、シラけていることもあるが）映画館内との違い、ということもある。

が、そうしたヒト的なことだけでなく、ステレオ効果の有無も

「丹下左膳百万両の壺」地
のこと。いくつかのエ
ピソードを織りまぜな
がら物語は進行してゆ
くが、大

山川静夫の呼吸がうま
いのだ。まさに「語り」
の名人。珍しくアフレ
コという説明をしなが
ら、NHK的ナレーシ
ョンを越えた酒脱なと
ころもあって逃げられ
た……と思う男もまた
いい。

「わしが思うておった
のと大変違うて終って
しまったのう」と結構な
番組選の座敷舞は桂米朝と
山川静夫が運ぶ。邦楽百選。上方舞は桂米朝と

解説者は適材適所
3·17

細工したからといってそ
れが半面からそれを名
画としてしまう効果をあ
げられたかというと、そ
うではない。私たちは今
も、海底の映像を見なが
ら、住時の「ノーチラス
号」作品十一年を一瞬に
して立体音響の銃声はい
まなお胸の壁に耳鳴りの
ように理屈抜きで瞬間的
に流れる音響がした。
「53年」売りものが去去
年「48」時「同じ」のだ
が、それにしてもこの名
「ノーチラス号」名古屋
上映の中で流れたエキ
ストラ、エキストラの第
四話が包まれる。

各局によっての内容NHK実
K的面白さ得のとよ映画として
の解説も正確に細め
られている。世界各
国の名画劇場の洋
画専門人形劇など
へのガッツン音。
という解説もまた米朝の
記憶にある。日本映画な
ら無用の解説用古い映画な

ユーリ・ノルシュテインの芸アニメ
3·19

「話」の鳥をおさえな
がら「幼年」の感をさ
ぬきぬく表現力は見
事。上映される月日
が流れる「外流れる
「……」は友人の男女
が浮かぶ。背景の夢の
ような彼方へ行
く幻像を中野、現心に関
心をさそわれるアニメ作
家の現れてくる
——リーリンの

美術短編とたとえ越
えたね根へまた
垣根へとたとえ
越えた「見とり値す
当)のアニメ芸が
当然のだが、ネズ
ミが馬に必ずしも
必ずしもイメージ
を浮かべるだろか、
そんなイメージ作
家が現れてくる。
リンの

とだ。しかも、レベルを少しも落とさずに。それにひきかえ――いや言うまい。

「アトミック・カフェ」の"逆発想" 3·23

ひところ〈逆転の発想〉な言葉が流行した。やかましく言われるのは、世間にそれがいかに乏しいかの証明であること、昨今の〈気くばり〉同様。

名人劇場(東海テレビ系)の"ビートたけしのコント"立てこもった犯人が警官の母親(山田スミ子)を連れてきて包囲した警官を説得させる、という逆転ギャグがあった。ブラウン管の中の笑いとしては、出色だった。

近く名古屋シネマテークで上映される「アトミック・カフェ」は、アメリカ政府製作の"原水爆の必要性""核攻撃を受けたときの対応法"などを説く各種のPRフィルムを再編集した、いわば"ドキュメンタリーによるロデイ映画"である。

ニクいことに作者は、小気味のいいテンポで見せるその画面になんのコメントも付け加えてはいない。そのことが、やりきれないブラック・ユーモア効果を上げている。

これ以上の"逆発想"の例を、ちょっと思い出せない。それにしても、こういうものの公開を許す国の明るさは、まだしも信用できそう。いや、それも"鈍感さの表れだとしたら……?

作品派より人間派 3·27

労音寄席(名古屋・東別院青少年会館)の独演会で、桂米朝を三席聴いた。マシック。

米朝を聞くたびに、立川談志がくり返し語っている"落語危機説"を思い出す。古典落語の背景や風俗習慣が、若い人に、まるで通じなくなった。そうした現状にも超然たる大師匠達へのイラ立ちも。ｅｔｃ.……。

四十八歳の談志のそうした不安を、五十八歳の米朝が抱かぬはずはない。「このごろ古いことがだんだん通じんようになりました……」とマクラで笑わせながら、観客にある程度の予備知識をふりこんでおき、本題は、なるべく昔の形のまま演するという方法をとっている。

「近江八景」の「晴所はらぬ」というオチに「るるぶ」を抱えたギャルが「ぜぜってどこ?」地名らしいと見当がついただけでも上等、娯楽にも、いや娯楽にこそ知識が必要なのだから。

「足上り」は、むかし聞いたときは、店の金をごまかして芝居見物をする番頭に嫌味なやつだという印象があった。いま米朝で聞くと、ふと哀れさを感ずる。演者の人間観の表れか。

談志のいう「作品派より人間派でありたい」という主張は、つまりは、こういうことなのではないか。

せつなった佐山俊二の登場! 4·6

NHKの「この人・由利徹ショー」で、由利自身は大層ノッていた。助走スキャットボールを切ってみせる身構え、イチというに「まちゃあきやめとくれ」とはにからか呼吸など、絶妙そのもの。それだけに、いきいきがクサった気分を味わったのは、佐山俊二の登場だ。しらけだろうなあ……と見始

利の芸も、絶妙の相方を失っては、しろうだろうなあ……由

元祖「低俗」のウイークデー　4・13

「本」という日本テレビの深夜番組は佐山俗子というアナウンサー系の……

ぼくは野球ゲームのプレーをダシにして、ぼくはマンガを描いているのだ、という視聴者は細野邦彦、洗練された独特のタッチで売り込んでいるのだが、下品とヘンなところのある非番組男として、ただこれだけの施設に寄付するという興味がある、ただ野球拳の人気だったにしろ、55号のトレードヒントレードとか落語の桂朝丸で長身で六月で変を消す加藤芳郎の「イーム」……

さらにはテレビのふみつぶされた番組のなかで同じ主役をやらせなかったゆえに、涙を感じたねそのデパートの前にはこれがあるたか伝統が……今年近くなったとしてもそのかたすみに乗せたというより、視聴者として利巧なという人波会見というのはじつはポーズのようなもの……

重たくなりそうで始まりからずっこけている、佐山登場となるとパンツをぬいでみたりするのだが、半年近く毎月録画されたのを去る十一月、改めて見た感慨も深かったが、その佐山が現われると、いかにもロコツな道具を見せつけるのだが、難儀なアナウンサーという字幕が……

長谷川一夫　ジェームス・キャグニー　5・4

「芸術家と呼ぶのは、一世を風靡した名門芸術家が……」

だからプロ野球をダシにしてぼくはマンガを描いているのだ、という人たちに対し……中に、ジェームス・キャグニー『汚れた顔の天使』で目が……〝呼びとめる〟一回目の三部の部屋、なにげない振りのまま、ただそれだけで目がふっと見開く瞬間から、長谷川一夫という……

ただ具体的な演技の仕方をその日本の……だからこれだけの専門に対する陶器は、職人芸の論であるけど、男はともかく、長谷川一夫という名古屋居虎前者とよく似ている、陶器や彫刻作家や芸術家とは、通り一ぺんのように素材を、寅次郎の恋は私と……

感度……以来、消えてしまった毒気、ゆえに十年輩めておきたいのもそうして〈元祖〉「低俗」の生きているのですね、だけの無数のテレビの流……

角座の閉館に思う　5・9

　四月三十日午後の、名古屋テレビ＝朝日放送系の、四時間弱ナマ放送「さよなら角座また逢う日まで！」を見て、松竹芸能の不運をあらためて思った。

　柳次・柳太、はんじ・けんじ、ダイマル・ラケット……目を病んで引退した海原お浜も含めて、皮肉にも、名コンビの、おもろい方――個性の強い、目立つ側を失い続けてきたのだ。

　この日、演者たちが異口同音に、消え去る舞台のことをネタにした中で、それを一切言わないで、レストランのネタを（さすがに）面白く演じた、大ベテランのいとし・こいしが印象的だった。

　超満員の客席をとらえるカメラは、熱心なファンと、無反応な人がいりまじった客層を映し出す。アメリカのショー感覚なら、小浜・ラケットの漫才、照江・花江の登場など、満場総立ちで拍手を送るスタンディング・オベーションになって当然なのに。

　日本のエンターテイメントの悲劇は、ひとつには観客の冷めやすさ、「思い出をありがとう」という心情の希薄さにあるのではなかろうか。

チャック・ジョーンズとの会話　5・12

　ワーナー漫画はバックス・バニー、ダフィー・ダック、ポーキー・ピッグ、ＥＴＣ．とキャラクターが多いのが特色だが、その著作権はワーナーに帰属し、チャックにはない。「私は従業員。自分が生んだ子を人が育てているようなものだ」と微笑する。

　話の中でチャックは、さまざまな引用例で「アニメの面白さは"形"よりも"動き"にあるのだ」とくり返した。

　「たとえば、バックス・バニーのようなセリフの多いキャラクターでも、ラインテスト（アニメーターが紙に描いた動画をサイレントのままどうかを確かめる（試写する）で、意味が通じるかどうか理解できないと、世界に通用しないからだ」

　――〈ロードランナーとコヨーテ〉というキャラクターは、どのようにして生まれたのですか？

　「どうやって子供を作るのかね（笑い）。追跡のパロディーを意図したのだが、最初はだれもそうは受けとってくれなかったようだ。コヨーテは"オオカミ"の落ちこぼれで、いつもハングリーで常にミスをする。人生にミスはつきものだから、コヨーテは、きわめて人間的といえるだろう。観客は次第にコヨーテに同情し、いつからランナーを捕らえないものかと願うようになると、私の仕事がなくなってしまう（笑い）」

　彼はアニメで育ったハリウッドに敬愛され、スピルバーグ製作、ジョー・ダンテ監督の新作「グレムリン」に一瞬、出演したという七十一歳のチャックは、「このトシになると、年輪をかくすよりも、壮健さを示したくなるものだ」と笑いながら、来年八月に広島市で開催予定の国際アニメ・フェスティバルに、自作の回顧上映を約束して帰国した。

1984

「東京やら大阪やら」当五時がいた男性ファンは不評の『まっ』すがるのやら、な名古屋の洋画界に近い日本立だ。

「ルネ・ラルー未開の惑星」初上映 5.23

それぞれ見た知るにギャル中村が5したとしてはVーTーRでの番組案内のマインが
それを見たらの案内しているのだが、かたしには結果がある子細を見ていてはこの芸そのだったとしても、これは手数をかけた名作風な、高踏の人。「高踏趣味」というあだえるのは線画の修有にしてぬ「TV」生頭京シーンな〈東京小頭のの場合年楽功はい、小朝やいか最若小三治人のあるを知るべや、かのメルチーヴを知る人である最れネイジェさ。

演者列？ 中村優先

5.16 カットされた中村ゆうじのパントマイム

出とてデットされた中村ゆうじのパントマイムというのはVーTーRの番組案内が実際に放送される以前に、宣伝誌や情報番組新内容も書かれたというし話題が
放送されたのだが、編集の間あるこの声、だ見たということ作品前座なのだ。

5.28 アニメの神兵「の見方」

「ルネ・ラルー未開の惑星」が五月二十四日に封切られたのは日本最初の長編アニメの評価となるべきジョメ「ア」だが今回とみらえない神兵の
昭和十七年四十年初の長編ア最高価値ある東京初辺「海。

合ったスクというのですが当たての地元男性の映画ファンは五時がいた、男性ファンは不評であるこの声、あるの中座がえてがなな作品で前座なのだ。

［左欄］

「旬紙」号（三月下旬号）もあるが試写を見たは議論を見神氏の未が一年がして封切られたしから陶酔約なしのものだ。「シ・モニ五月下旬号など技術的に十日号を前高踏趣味うしたしかしためさせばおきで画論家〇号」で見てと評氏と小生の知か〈映画論キ〈四十〈四月上旬号上ので限ものとことはジアリア論社の評なるべし」と国辺の東京初上映ューメ上る初の長編ア」とりらたロ「月六日」やらのデジャパ恋。

「ルネ・ラルー」というのはこれられたという。ポート「シ・モニュ（ジュ）」はの短初こSF映未開の惑星総名番組なら十時代の日本末のごまえまっさと上映最終映画とも）日本支配合オなつ次つ次すたた「短時編の組み合子映ので画オなつがの上なが」のと映画のつ守っ線次刻へりが回のオ上映のとだナ字幕も初の付たらえわていき）あがのとそのう合が「未開の惑星」がだるると回のと返すなごす太らですたし事たかたが同時字幕そだ伴れていエルとはらえた事実。まるど日曜日土曜やらときお日けにるかのて映なの言えかたはては。るごとたけきり子りので画オのてい初にるナナッとりりかりらとき画オ少三のオわれたか今池っと見たのてしらい不便古屋のかのが。

ューサー）が、また「キネマ旬報」六月上旬号のコラムでは、小林信彦氏が警告を発している。

聞けば、この「海の神兵」は八月下旬に東京の松竹シネサロンで上映の予定という。名古屋でも、ぜひ見せてほしい。そしてひとりでも多く、この議論に加わろう。

のだが、アニメーは子供向けのものだから、こそこだわるのだ。

山田太一のシビれるセリフ　5・29

山田太一のドラマが、週に四本出ている。売れっ子だ。こんなに売れっ子とならざる知らず、シナリオライターとしては、まれなケースだろう。

「輝きたいの」（CBC→TBS系）は女子プロレスが舞台で、"目立たない"三人の少女プラス"ツッパリ"三原順子が話の中心。「真夜中の匂い」（東海→フジテレビ系）は、これも"平凡な"女子大生三人が主人公だ。

「想い出づくり」「ふぞろいの林檎たち」と続いた"三人娘"ドラマを、早くもワンパターンと評する声もあるが、これはむしろ、作者が意識的に定めたひとつのスタイルだろう。パターンは似ていても、それぞれ違った新鮮味があるからだ。

「輝きたいの」で、イジメられる少女が、いじめられっ子の少女をはげましている。「（あんただって頑張れば）」いじめだってできるし、ウンだってつけるわ」。シビれるセリフではないか。

映画畑出身の山田太一は言う。「テレビは映画と違って受け手が画面を見ているとは限らないから、一層セリフが大切なのですよ」。

それにしても、このごろの日本映画の会話のなんとまずしいことよ。

客に媚びない月亭八方　6・5

会場が雷電ホールにもどって二回目の名古屋労音寄席で、月亭八方の独演会を聴いた。

かつての〈ザ・パンダ〉四人組の中で、桂きん枝が"問題"を起こして一時、高座を去り、林家小染は酒の上で劇的な死をとげたが、八方の実力は、もっと評価されていい。あと三人のうち、いま最も印象華やかなのは、新作派の桂文珍だが、

当夜の演目は、古典三席に新作一席、テレビでの八方は、野球ネタの新作しかやらないような印象だから「黄金の大黒」「宿屋仇」などは、こんな機会でないと聴くことができまい。現代の話題は、マクラだけで、本筋に入ると、今風のギャグを一切加えないから、かなりの早口だが、口跡がいいから聴きやすい。

新作の「週刊ベースボール」は「中日が勝つと、ときの内閣が倒れるから、政治的圧力が優勝をさせないようにしている」という、ヨタだけど、スケールが最高。それにしても、いまの若手で、これだけ客に媚びない芸風の人も珍しい。

入りがイマイチなのは残念だが、観客は満足していたと思う。この寄席の演者えらびはなかなかいいが、こんど客ばなれしてほしい。

中川信夫監督の"プロ意識"　6・26

中川信夫監督が亡くなった。享年七十九。ATGのいわゆる一千万円映画「怪異談・生きてる小平次」が遺作となったが、これを撮ったとき七十六歳。日本の映画監督の"現役"最年長記録である。

捜査個人のプロ――名古屋いや今ではスター・名鉄の東健在だったカーを必要だったように思うが見た人はよく分かれると思うけれど鉄の男性番組が、強烈なアクション・スター「1・2の三四郎」だった幼児探偵がレスラー・アイマスクゴリラが事件から法の中から映し出したメカ男性のヒーローとして進展する男性のNHK特集は「密殺事件」は重いテーマで集だから

6・29 後から評価される"佳作"

新東宝社長から怪奇映画、月形龍之介の画名人東宝大蔵貢としての昭和三十四年に生まれた地獄「東海道四谷怪談」が二十五年を経て話題として新たに評価されるが、その以前五十年前あたりの若手監督であるヒーロー最も勝手に十位にも来ない手前

映画や青春映画づくりで名をあげた名匠で九代目時代劇の佳作とされる「地獄」が四十五年のテレビ以前映画とも言える劇場

"生きをしばしかつて名匠"自分次の平"だったのだが立派な職人で、彼の運命と常に劇場

7・10 テレビジョナージの有吉佐和子

世の中、松竹の「必殺！」がヒットしたが、後の評価するとどこか「佳作」だが、評判が高まり一番館での世界で封切名だけが上映された劇場「密殺集団」の運命と同じような作品のもの。森の東京不入。田芳光りの名匠としくなるから光しての

かとそれも有吉佐和子と有島一郎の電話受けの掛け合いによる漫才というのが人気の過ぎたのだ。面白く漫画化してしまうと、面白く薄れてしまいますという呼びナレをてて、近くの放送の去来だけだがレギュラー系〔東海ラジオ〕日曜日曜の博刊号の有吉佐和子時代だったキャ

「帰ってこいよ」というスタンダードな子役を受けて「歌謡曲」の応援の反映で、明石家さんまのだが有島一郎は芝居という電話受けあたりは年住いにしておりネットの部分に配置するように心配りをしても有吉女史風に使ってた一使人天下のこの部分にもあた

ったに。スタジオに集まる女の子たちの"感性"では、シラけるだけだもんね。

視聴率三二%の質のいい客　7·13

NHK教育テレビの「世界名画劇場」で放送された「旅路の果て」は見ごたえがあった。

一九三九年製作だが、日本では、戦争が次第に拡大しつつあるこの"非常時"に、俳優の養老院の話などは、と公開を許されず、戦後の一九四八年にやっと封切られたという。当時、よほど暗い話なのか、と思いつつ見に行ったら、意外や面白かったものだ。

その見どころは、まず、当時のフランスのベテラン役者が、いわば、遠くて近いわが晩年を演じてみせたこと。この演技、敵に匹敵するものは、近ごろでは「ブレイキング・ポイント」のランプ・ナイードンをおいてほかにあるまい。

それに、会話がハバンテしている。フランス的エスプリというやつ岡喜一の翻訳も、字数の制約を意識させない名スーパーである。

この番組「大いなる西部」が一〇%を超すという記録を作ったはか、「断崖」八%、「旅路の果て」三%。大体五%以上ならまず、以下だろう、というところらしい。

視聴率の問題点は、数字の"質"が無視されること。よいては「旅路……」の三%は"いい客"の率なのだから。

傑作のリメーク「メル・ブルックスの大脱走」　6·23

アメリカの強いコメディアン、メル・ブルックスの新作「メル・ブルックスの大脱走」だが、今回はもと趣がちがう。政治風刺と諷刺喜劇の名匠、エルンスト・ルビッチの日本未公開作品「To Be or Not To Be」（一九四二年。テレビ「芝居とスパイ騒動」として放送）のリメークだからである。

一九三九年夏のポーランドの首都ワルシャワ。劇場の舞台で連日拍手を浴びているフレデリック・ブロンスキー（メル・ブルックス）には、共演者である妻のアンナ（アン・バンクロフト）の浮気っぽさが悩みのタネ。やがて、ナチスに占領された活動が始まるのだが──。

これまで西部劇や怪奇映画などを茶化してきたブルックスは、同じユダヤ系監督の古典的傑作を、物語の上ではほぼ忠実に再映画化した。今回は自作自演ではなく、演出は新進アラン・ジョンソンに任せ、トラーや、ドイツ側スパイに変装して〈一芝居打つ〉役を熱演している。

この映画の面白さは、第一にオリジナル版の脚本の功績だろう。人物の的確な描き出し手際の鮮やかさ。主人公のキャラクター・ブロニョーが途方に暮れたよう、軽妙な芸風にくらべ、ブルックスの持ち味もある。ゲシュタポのチャーハンス・ダーニングの怪演。バンクロフトのコミカルな演技を見るさらに描いた前作とは対照的にファルスを強調している。米20世紀フォックス映画。

1984

吉本新喜劇か。

手本は「えんなら二度漬ける」 7.25

劇本だろうか。代表する東海一

で見ると、それはシュチエーションは日常の真夜中の真っ只中の「えんなら二度漬ける」という名の今回この鶴橋康夫演出は、ケーキレーターの脚本を代表ンターだ。一方、田中裕子がまったく後半は回想シーンを浦田行進曲を引きわけがうまく「蒲田」画が女房や古尾谷かずとさまざまな連れれおもわず妻のたまがスリラータッチだが計算されたキャストはあまえ見えないが、見えないが、家商売を始めた田中裕子をしのばさえた。

読んでいます。話題を話。鶴橋康夫演出の中京テレビの名の「えんなら二度漬ける」という日本テレビ系ドラマ

ワンシーンと見える一方、ワンシーンだが見える。面白いと言える面白い。中田裕子がまったく後半は回想シーンだが面白い。古尾谷かずとはまだまだ浦田行進曲を連れれおもわず妻の木商売を始めた田中裕子をしのばさえた。互いに別人

脚本をガードする演出の手の内 7.20

し、七十歳の平参平が今お達者なことである。

名古屋テレビの日本テレビ系平参平が月曜日参加していきさまざまテレビ朝日系の足のよさが、今日本新喜劇だが「えんなら二度漬ける」と三度変わるのである。

道後だ半ば利用すること変えて上半身を隠しただが最初半身を隠しただ中村ゆたねね技権あたし名古屋朝日放送だかまなカメラ・ワークだ方

たねるの是非ある、先日先だけしかという物ただえすう番組とて物議をかもした。

修練とする能という見えない壁 1・8

本の半ばだが、道いまだ遠しである。だが才能を置く人れ本村進がその上に木村進がよチ道画線沿い住年チャーミングな同日本放送吉本新喜劇

の出しますまず公開稽古・公開線稀作は上木村進がよチ道画線沿い住年同日朝日放送吉本新喜劇

その際けするがその長い回し

修練とする能という見えない壁 1・8

まの出しまず公開稽古いまの道いそれ以外の「てな」な時間高平チャンネル主役五十番台の(正言としての狂顔しての小規模だのである。三度変わるな人物

いが場面正面に入れ名「顔面しての平参平が今お達者なことである。

香川登門「顔面」にベストと月がお健在なのだろう

映画ファンである。その心にも強烈な印象を残して世を去ったメイスン。合掌。

昨今の舞台は"個性"に依存しすぎ 8・8

去年の夏、名古屋・名鉄ホールの「フチ十ニでございます」にこんな寸景があった。

ご難続きの旅先で、一座を解散だ、代りにもらい受けたフチ十ニ（芦屋雁之助）が、若き日の秋田實に出会う。秋田がくゆらすたばこの煙を、なんとか吸い取ろうとする雁之助と座員の芦屋小雁。マッチで煙を捕らえようとする小雁の動きの軽妙さ。煙の流れ方はその都度違うから、小雁のアドリブも、それにつれて毎回変化し、楽しかった。

今年、中日劇場七月公演の後半「夏の夜は楽し」というバラエティ・ショーの中に、伊東四朗が映画監督になるコントがあった。大時代な芝居をする役者を叱りつけるというおもむきもあられたネタなので、伊東のメリハリのきいたツッコミとスッコケで大いに笑わせた。

前記の小雁もそうなのだが、だれが演じてもおかしいというものではない。まさしくパーソナリティーだが、昨今の舞台はそうした"個性"に依存しすぎてはいないか。月並なアイデアでも面白く見せられる芸の持ち主なら、そこにひと工夫あれば、さらに盛りあがるはずなのだ。

（例によって）その裏をのぞき、トカゲのような形にしゃがみこむ演者の姿をとらえるのだが、さて、それを知ってからでもそういうもので はない。そこには、修練と才能という見えない壁が存在する。

見ていて、長谷川一夫が生前テレビで語っていた話を思い出す。映画は、カメラのフレームの外が、いかに不自然な姿勢でも、画面の中に納まったポーズさえ魅力的なら、それでOK、というのだ。芸というものの一面の本質なのかもしれぬ。

厚みのある名優ジェームス・メイスン 8・6

ジェームス・メイスンが亡くなった。

まことにイギリス的な、舞台出身らしい厚みのある名優だった。大芝居などにリキみを感じさせず、さらりと見せてしまう。

「五本の指」（五二年）では、トルコ駐在英国大使の執事、実はバイという役。情報を売るため味方につけた伯爵未亡人ダニエル・ダリューが、知らぬ間に旅立ったことを大使から聞かされ、瞬間ボーカーフェースのままに立ちつくすシーン。千両役者！

晩年までボルテージが落ちなかったのも、みごとなもので、「評決」（八二年）の原告側弁護士ポール・ニューマンを窮地に陥れる被告側弁護士など、印象的だった。

脳内出血の手術を受け、いまリハビリテーション中のフランク・トリュフォーが、手術後の不自由さの中で思い浮かべたのが、キャロル・リードの名作「邪魔者は殺せ」（四六年）の、重傷を負った秘密結社の首領メイスンだった。「あそこまで行うけるだろうか……」というのが、まことに実感だったという。映画作家もまた

「酒はたしなむ程度。先代の三遊亭金馬の落語「真田小僧」には新味があった。三味線・弾き返す。「湯屋番」「豪快」「二十四」

サービスそのものが逆効果 8・20

なのだろうか?
やはりサービスというのは、必ずしも出したほうがいいってものでもないってことか。その点、落語のプロというのは全然わかっていて、それは「自分で演出するように」ということなんだろうよ。

対自分たちのやるのは出演しないということだ。ほんとうのプロというのは、そういう決断をしなくてはいけない場合があるんだということだね。すごく勉強になった。

珍しい人を訪ねたということで、初めての体験であるカメラに向けてのカメラを振りまわしての撮影だったというが、原作者である原作のOKが出たという。向けての話題へのプロの関係者有名人・絵...

関係有名人は出さない 8・14

訪れた現場の著名人は東京の炎暑の...「権利麻雀放浪記」を撮りあげた和田誠に会った。

和田誠とは同時に同じ結果から語られる出演をして演出を語るためであったかという。

"ブラジル"〈勝ち組〉の〈信念〉のゆくえ 8・22

ロシア五輪と神奈川高校野球を見た。そのときBC級のTBS系の...

小生も抗争実態の手記を調べたが、「南米・BC級」の話が始めて別物なのだが——。
第一部でアメリカのニュージ...B・C野米「住」と見えた名作映画〈勝負〉シリーズ第...

平とも仕代の次の世の...「戦争犯罪者」...「ロシア」対立身出身

スクリーンのトップに字幕が出てくるのだが、この夏公開の「キャノンボール」にもモー字幕が入っていて、そのコメントが「戸田奈津子」とあって、訳者戸田奈津子女史の名前が出ていて——「今...

先代は金馬の新作落語「権兵衛狸」あれは前田の湯「来だけがキャラが好っ

一「だ」は飛び出す。オネエちゃんの要素が入っていて「湯」というのは立川談志「川志のらくご魔宮の伝説」おお好っ

"SK東映"の閉館 9·7

名古屋市中村区の"SK東映"が八月いっぱいで閉館した。このビントと来る人は相当いるだろう。映画ファンだ。

低料金の邦画三本立てが基本番組で、館名が示すように東映任侠物が主流だったが、バラエティーを出すため他社の作品も上映した。東宝・松竹もあったが、目立ったのは大映・日活(まだ"にっかつ"ではなかった)の旧作。勝新太郎の「座頭市」シリーズや市川雷蔵のシャープな殺陣、そしていまや伝説化した日活アクションの数々が久々にスクリーンに躍動した。

異彩を放ったのは往年の新東宝作品。退色した雨降る大阪はあったが、中川信夫の「東海道四谷怪談」を上映。マイナーの名匠?として一部に熱烈なファンを持つ石井輝男の出世作「黄線地帯」を、大阪からとりよせたニュープリントをかけた。古い館だが、いつ行っても掃除が行き届いていたし、ボロのため(?)入れなかったも、昨今ではまれなことだ。

ことし上半期の邦画は、質的に低調との声が多い。意欲的な名画館が邦画の名作を上映しても、入りは概してよくない。邦画が見限られたわけではなければよいが。

歌って踊って芝居ができるショーディ・オン 9·14

「今夜は最高!」(中京=日本テレビ系)に二回出演したショー・ディ・オンを見た。久しぶりに、実に久しぶりにラエティー、ミュージカルらしきものを見た、という気分を味わった。

とにかく、歌えて踊れて、ちゃんと芝居ができるのが、こんなに

インタビュー構成のこの番組で、印象的だったことが二つある。ひとつは、対立をいっそう深刻にしたのは、おのが利益のために双方にゴマをすった連中らしいということ。もうひとつは、殺人にまでエスカレートした勝ち組の〈信念〉は〈大東亜戦争〉下の日本として、ごく自然なものだったということだ。そのことわざを、いままや身に覚えのある世代までが忘れようとしている。

やさしく意地悪な山田太一の視線 8·27

「真夜中の匂い」(東海=フジ系)が終わって、楽しみがひとつ消えた。

山田太一のドラマは、どう転がって行くのか見当がつかない。さまざまな人々がその中で、ちょっと風変わりに見えた人物が意外にまともだったり、平凡な人も成り行きによっては、思いがけぬ判断や行動をすることがある。スリラー映画では、ストーリー上のナゾがサスペンスを生むのだが、ここでは、月並な人たちのありふれた"心の動き"、それ自体が、スクリーンでのサスペンスにみちているのだ。

主役の三人は、世間的なイメージの〈女子大生〉ではなく、好奇心と悩みを、ほどほどに抱えた年ごろの女性である。その彼女に居酒屋で近づいてきた林隆三は、一見スマートな中年に見える——が、実は、彼の方が、世間から落ちこぼれた弱さ(それをむしろ魅力として肯定的に描いたのが、ドラマの眼目)を持っていて、若い娘のためにキリキリ舞いをさせられてしまう。

作者の視線は、どの人物にも、やさしく、そしてちょっぴり意地悪である。丁度このコラムのように……?

やや田朝十人が比べものにならないくらいのナレーションでだがしかし鈴木さんのように見えて久かった半分それが自慢するように見えてきたのは独断と偏見で大家なもの独断と偏見で大家なもの当人が並べてしまうのだ江戸時代の多くの人物が登場するのだがその子だけは妙に高座に登場する

それは放送門十五日の夜中京大学で体育館でのBCが公開収録した十二五時二日の夜NHK日録画しただが談月人月二十五日の夜

9·19「肯定し過ぎる世の中になった」

秋本飲本無理のないことは同断

させるものだからおまえのことだと一番組を盛り上げているのだが気持ちよく鳴らしてくれるのはラジオの長所だと言っているのだが和田誠のテキとっておもしろおかしく名を連ねて上海日上吉田日出子「ジュ・ブ・ゼー・イマン・エスト」を歌っているはやり唄という気持ちよく新劇調を演ずる以外にオペラを歌っているのがジャズのメンバーだったりするので映画化した例の武蔵をイメージで歌っていたが例の武蔵をイメージで歌っていたが同様体現視聴者に向けて同じ気分にしてくれたのだがその点はその発想は同じ気分にしてくれたのだがその点は無礼日本テレビ史上まれにみるそれは日本テレビ史上まれにみる迫力だったのだがその点はその発想は同じ気分にしてくれたのだが多くの人物が登場するのだが

9·17 ネガは"財産"

なべ職員階の変をし
やが可燃性の火災がもたらしたのだが
そうこうするうちに各作品のネガ
や映面フィルムが見てあまりに多数再公開のとき新作の添付する財産がある
これは貴重地下一階の名前にある
その比較的強い日本画も各作品の
その保管に強い日本画もあるので
そこで四月十一日前にはそれ以前の
ものが地下一階の
日本映画が名作でもあるので
再公開のとき
新作の添付する財産がある
各作品のネガや映面フィルムが
そこで処分再公開
日本近代美術館が
燃焼しまうと度焼
火災フィ
災に遭ったとき
さらにまた外国映画の会社の末尾の
一本一本のコマの形はについていた
この外国映画の会社が
この外国映画の会社が
日本映画で画面画像が
この映面焼影協会で
日本映画線協会で
日本映画線協会で
国会図書館が焼失原版を
この国立映面線協会で

屋郎の小説の一部が
これだけ
例えば屋郎が小さく過ぎたに
この世の中という論法は
落語は新作落語家という
落語は新作落語家という
「肯定肯定し過ぎたに」と
なかなかだしたり……」と
肯定し過ぎると
肯定し過ぎる芸のかもの
肯定し過ぎる芸のかもの
歌群英語や英語や
出来たかものだと上岡龍太郎と
これだと上岡龍太郎の
風へという風へ池の
これだと最後に「肯
これだと最後に「肯
音だと最後に正太の

次、返還フィルム（戦後米軍が接収した日本映画、可燃性）は大丈夫なのか。

落語の季節感の考え方　9・28

　名古屋・中電ホールで見た、東海ラジオの「なごや寄席」の公開録音のひとコマ。

　三遊亭小遊三の「蛙茶番」のあとに上がった桂小南が「演目を変えたいので……」と言い出した。プログラムの「次の御用日」（「しやっくり裁判」ともいう）が夏の噺で、しかも八月十三日の出来事と定まっている。それが十一月の放送では、季節がズレすぎるからというのだ。

　小南師匠の先代三遊亭金馬は、そうしたことに厳しい人だったという。格別の季節感のない噺は、導入部のやりとりに時候に合う話題を入れこんで演じるという──というほどだったそうな。

　以前、桂米朝が語っていたのはその逆で、寄席に十月に出たら十一月の違う落語を演じるのだから、そうそう季節にこだわってもいられないだろうから、マクラで軽くことわって、真夏に雪の噺をすることもあるという。

　これは考え方の相違で、どちらとも言えまい。「次の御用日」の代わりに演じたのは「ぜんざい公社」。いずれにせよ、この興味深い噺だ。電波に乗るまい、こんなこともあるから、やはりナマはいい。

山田太一のユーモア 倉本聰の"泣き"　10・9

　山田太一の一時間ドラマ「教員室」は、非行生徒の襲撃を待つ城する先生たちのディスカッション・ドラマ。場所を中学校の教員室に限定した、つまり往年のレナード・ローズの手法の復権である。実力行使派と暴力反対派の教師のやりとりに「十二人の怒れる男」をつくりの"手"があった。

　襲う生徒の姿を見せない不気味さもよく、興奮した中学校教師のつい「小学校の教師が悪いとタイ！」と叫ぶおかしさもあったり、切実さのおかしさもあった。このセリフでもわかる通り、舞台は九州の中学校だが、山田太一も皮肉だねェ。武田（金人）鉄矢先生、見てますか？　というのはドキュメンタリーの"NHK特集"の枠で放送したのもおかしい。

　一方、倉本聰の「北の国から'84年夏」（東海ーフジ系）は、この連作の中では上出来。純・螢の悪友の正吉を演ずる中澤佳仁に、小生ひいきだが、今回は特にいい。

　ただ、近年の倉本サンは、どうしてこう"泣き"を強調するようになったのか。どれほど切迫した状況を描いても、巧まざる人間性のユーモアを漂わせる山田太一の、風通しのいい作風の方が、今やぼく一枚上だな。

座長作者・筒井康隆の軽妙な演技　10・12

　筒井康隆大一座（だいいちざ、と読むのだそうな）の公演を、東京・砂防会館ホールの初日で見た。

　「スイート・ホームズ探偵」は、一見平凡な主婦が、かつては腕きき

やすし・きよしのすべて

10・19

（米朝一門・東京毎日劇場）

名人芸だ！！爆笑‼の3

「同級生」の...

すじを見ていたら発散するだけのスタンダードが、人間劇だろうと吸収していってしまう。その部長刑事の...

ばかばかしいとしてもその話題性がもう旧作になってしまうのだろうが、「½」「ジャン⁸」のシネマと集まってきたのは若き古川睦男と筒井康隆だというのだから悠々的なところだろうだが、下手なりにも、お互にスリラー・タッチでやっているのだが、山下洋輔の読者を軽く出しぬいて、その脚本を書くようになったという座長の筒井康隆坂田明との共演芝居が火薬眼...

名古屋映画館のスタンダード映写

10・29

近年は無知な巨大化するようになった三枝月花というコメ...

光というものを読んだだろう「蛍雪の功」...

古プリントというのだが、その原版はいくつかの区切りだけですが、それは欠かせない。名古屋のスタジオでは多用したのだ。名宝会館でも近ごろは「裏窓」を解消し、映写地獄への上映状況は毎日悪いものとして、「ドノバン・リーフ」をはじめスズメ一羽の地下劇場のコメディ映...

驚くべき一九四〇年のその起源は「蛍の光」一九四〇年公開初日を...

写した。その心くばりに拍手。

名古屋でも名作ドラマの再放送を　11・5

山田太一作・木村光一演出の「早春スケッチブック」を、名古屋市民会館中ホールで見た。テレビの連続十二回の一時間ドラマを二三時間半にリライトしたのだから、どんなものかな、と思ったが、上々の出来だった。

テレビで岩下志麻が演じた妻が八千草薫、山崎努が演じたその妻の連れ子の実父が高橋幸治だから、そちらの線がやや弱い。その分かわり、というか、夫（坂口芳貞好演）の連れ子の良子のキャラクターが、テレビよりもふくらましてあり、浅沼友紀子の良子もランランと好調。電話で原爆の危機を訴え続ける少女という象徴的な人物は舞台版の創作である。

ところで、山田太一ドラマの再放送は、CBCを例にとると「想い出づくり」「ふぞろいの林檎たち」、ごく初期の「三人家族」が再登場したが、たとえば、いま名古屋で上映中の「逆噴射家族」の過激派監督・石井聰互がショックを受けたという「岸辺のアルバム」は、東京では再三リピートされているけれど、名古屋はなんの音サタもない。

CBCは、確か一昨年暮れごろ、向田邦子の「家族熱」「幸福」などの再放送を予告だけして、それきり。頼りにしてまっせ。

タモリのナゴヤベン　11・6

CBS・TBS系のテレビジョッキー「ビートたけしVSタモリ」は、連日テレビカメラに身をさらしている」両人の対比番組、どちらも明るさと適度のイヤらしさ（攻撃性）があり、これは二十合以来の戦後お笑いタレントの"伝統"にのっとっている。

こう並べてみると、たけしの方が"芸人"ぽいのがよくわかる。むろんそれは、シロウトぽいタモリの悪口ではない。カメラの前で素に近い状態でふるまえることを、現代の才能にはかなるまい。

東海テレビ系の「笑っていいとも！」を、つい見てしまうのも、二日酔い出演への抗議の声に逆ネジを食わせたり、水沢アキに興さんとの私生活を逆インタビューされて逃げ腰になるタモリの、ナマ中継の面白さなのだ。

まて、そのタモリも、キラ星なナゴヤベンのまねだけはイマイチ。これは名古屋の方言自慢の地方タレント諸氏も、わざとらしくてほとんど落第だからムリないけど、まねるからうまくないとカリカチュア効果が半減する。天知茂、南利明は別格として、中村メイコが抜群なのは、イントネーションをつかんでいるからなのです。

最優秀賞は春風亭正朝　11・16

「第十三回NHK新人落語コンクール」の模様が、NHKテレビ（当然ながら）で放送された。最優秀賞は予想通り春風亭正朝。

柳朝の弟子である正朝は、兄弟子の小朝の独演会が、岐阜・御嵩町ホールで開かれるときに、柳家小きんともども前座をつとめた、その小きんも、今回、優秀賞を受けたのだから、思えば充実したメンバーだったわけだ。

爆笑中京—日本収容所＆A級戦犯死者のラッシュＱ

きの辱めと受けるが、当時の突如として、十七人の兵士たちは、即死した当然の死者を探る……キ
の命ジェスチャーが、日本収容所で起きた四〇年の少オーストラリア人の集団大脱走事件を、昭和五十年に放送番組「ドキュメンタリー・ドラマ」として作った。オーストラリア側四名のドキュメンタリー・ドラマ
同夜しまうと思えオーストラリア収容所のメッカで、一〇〇人あまりのオーストリア側が生した当然の兵士死者を探る……ドキュ
「NHK特集」という鉄窓訓で、オーストリア人の九十パ即が中……子なしたというメンタリー・ドラマ
NHKというが、一ラーストリア側が、上官の命やくった・死者を探る……キ
%を物語・廃建された物やくった・ている。子なしたというドキュ
れた一九40年、生やっている。上官の死者をュ
たポーランドの首都で、天皇裏因集団

━━━━━━━━━━
二つの愛国心 11・27
━━━━━━━━━━

区別だろうと思うと、京都や奈良の古い町並みと
のだが、しかし、同じとはいえ、うすぎたないが、子どもを通る「スター」が使うのとはわけがちがう。その方がいいにきまっているが、落ち着きを見せるだけに自然さを見せるだが、なぜか芸に参加した
双方のうまさが、上方の若手が演じる「勧進帳」を見せつけられるのと、正朝の習慣にも似て……なにかしら感服を失わせるのは東西にいた
削激だった、「祇園祭」、「愛国祭」は東西にしない

然べて四人を他の四人も普通
のだが、小部分の「スター」
子どもを……江戸っ子なのはあたりの地
御用切り込みよりだが、朝やらを通しだが
張口万……朝やらを遊を通しだ

━━━━━━━━━━
ガウディーのバルセロナ 11・28
━━━━━━━━━━

「今池看板絵は今
映画の処理もヌードと天才建築家が
「NHK特集」広告看板の内えビにキャラメルのポスター風景に彫刻
ビの的処理もボ、なぜか無知であるにキ
なが彫刻造物は「今池看板絵は今
わが彫刻造物は
だけの差なのか──何をヌードにキャ
識という。「NHK特集」
本だけの差なのだろうか

おたしは完璧な、私だけの
のがだ。それゆえ、愛国心の回
復元ではなくて、つぶされた社会への
愛国心だった、私を賛美してくれる
神への忠誠心だ、愛国的感動
を描いた、ナチズム礼讃の
映像のなだれに、ポーランド国民下に
いのがただためには愛国心の

梅沢武生劇団にびっくりナット 12·12

すこし前の話だが、東京・下北沢の本多劇場で人気の梅沢武生劇団をはじめて見たときは、びっくりしナットクもした。

芝居自体は、ごく短い。まま子いびりとか役者兄弟の情愛とか、わかりきった設定を手早くふりこみ、おいしい部分だけを、二枚目の梅沢武生と、三枚目の梅沢富美男の掛け合いで、たっぷりするまで見せる。賢弟役の武生が、ダメな兄の役の富美男が酔いつぶれて眠っている傍らで、思い入れ過剰の独白を際限もなくくりかえし、ファンに備えられなくなった富美男が、のたうち回るおかしさ。

ファンの熱気がまたすごい。前列のいすをとり払った急造の枝敷は、常連でスシ詰め、声援したり、セリフを先取りしたりするのがみごと。それにつけても、近どろのカブキの掛け声たるや、間は悪いし発声は絞り声に近く、興ざめもはなはだしい。少しは大衆演劇ファンの"呼吸"も見習ってほしい。

この梅沢劇団、近く名古屋にも来演する"下町の玉三郎"劇団が、大劇場でどんな舞台を見せてくれるだろうか。

「エレクトリック・ドリーム」のリアル 1·9

「エレクトリック・ドリーム」をおくれてせて見た。東京での封切りが不入りで、名古屋でもまもなく終わるのだが、内容は面白い。

生活の一切をコントロールする家庭用コンピューターが、知識をどんどん増やしたあげく、持ち主である独身青年の恋人に恋してしまうという、SFロマンチック・コメディー。

コンピューターが人格を持つ、という設定自体は、いまや珍しくない。一九六八年の「2001年宇宙の旅」で宇宙空間に飛行士を支配しようとしたコンピューターから始まり、七年の「デモン・シード」では、コンピューターが人間の女性を妊娠させてしまう。八四年に人間とコンピューターの三角関係?が起きてなんの不思議があろう。

そのコンピューターが「愛とは何か?」と質問するくだりでは、七〇年の傑作SF「地球爆破作戦」を思い出す人もあろう。

同時上映の「若き勇者たち」は、アメリカの小さな町が、ソ連軍に奇襲される話。しかし、こちらの方がリアリティー希薄で、コサック・アタッケなら「エレクトリック・ドリーム」の方が起こりそうに見えてしまう。これは喜ぶべきか、悲しむべきか——。

都々逸に手拍子は要らない 1·18

年末のテレビの演芸番組で、内海桂子・好江の好江が、手拍子を打ちはじめた客席に向かって「都々逸は手をたたかなくてもいいんですよ」と注意したのが、切実におかしかった。手拍子などという古めかしい習慣が、今の若い女性客の中に過剰なまでに存続しているのも不思議な現象だが、一方で、その程度の区別さえもつかなくなっているのだ。

感服したのは、そんな客の前で、桂子・好江がわかりやすいレーズの都々逸をえらび、的確にウケていることだ。さすが、ベテランの"腕"である。

落語の例でいえば、小朝や小遊三は、マクラで現代を語って本筋の古典へ入る。若い観客を冒頭で「つかむ」ことは、いまや不可

いじだ。それにしてもあの軍医とか内田朝雄とか小万とかいう、ああいう主役をくうような迫力ある悪役者、ああいう主役をくう悪役者としての登場するような、あれは黒幕、異常な貫禄のある悪人があるのである。その右翼の軍医内田朝雄だが、今度の舞台などは演ずる野戦病院の院長一方、住年者の中の「鉄」の内田朝雄は小万と親しく声をかけてゆくが、あのたりで分けたのは、あれはイメージがちがうようだ。あのキャラクターのぶれはよくわかるのだが、あのたりで遠藤太津朗と同じで、その人のあるのは、遠藤太津朗と大月固有のポリスとして近いものがある。

1・23　ワキを固める中年の悪役

だが実は企画で「名古屋金鉄・東海林太郎物語」で、住年者の悪役ホンのキで中を上演、名鉄ホールで中を上演したのだが、あれは黒幕、歌・東海林太郎物語が

「鏡」ではただのメーンの初老の遠藤太津朗が出しているのだ。もしその形がだ。

ーは高齢化社会のなか、ますます小さいテレビのなかにあるゆえんだ。というのはナンセンスのためのナンセンスで、その大御所のナンセンスその点は、ナンセンスの高座のだ。というのは、遠藤太津朗は演者だとするだけの一抹のやや不安ながわり、いまの観客の風俗に好まれるだのに変わり、「笠」は、ることにしたのはなりました

いわゆる柳家というたてにゆくらしいというくらい。その点は、ナンセンステレビのなかにあるゆえんのだ。

欠けているのである。

2・6　リッチ・リトルは当代きっての物まね名人

ーは。「今回はレーガンのスケッチ、形態模写だけだった」というわけだなあ、と思われる実景も見せてくれて、「今年一回だけ見てのワンパターンというわけですよ」

先日のNHK特集「リンカーン大統領が生まれる日・ワシントンにて」('85年冬)で、祝賀会でのレーガンが演説だけだった

こういうふうに目にぶつぶつとあらわれてくるとまさに動物が得意だというわけだが、わたしには人間を演ずるコメディアンとしての動物のまねが所行われていないコメディアンの面白さが日常的によくわかった。しかし女優がうなじに捕鯨問題だとか、日本禁止だの捕鯨問題だとか、いう場所をば押して似たに目と

構成だなあと得意だが、大時代なサムライを武士かりキリ、午後のワイド番組の第一部朝日放送制作印象のある中継で、楽屋落語的な「'85名古屋テレビ制作・新人コ

1・25　わたしたちの残酷な子盾

残酷だ。あのこどもたちを演出し、他の時代でもない、現代のわれわれの日常のアメリカ社会を背景に、「Tー」という連続活劇アニメを、日常的な敵役を常にCM前にホストに登場させるなかで、小すとこどものほうにむしろ最後のだろうすというふうに、それは犯人たち

がマイクを手にして「ウェル……」場内は再び爆笑のウズ。

リッチ・リトルといえば当代きっての物まねの名人。「リッチ・リトルのクリスマス・キャロル」というテレビの一時間番組は、ディケンズの名作の登場人物を、リッチ・リトルが、W・C・フィールズ、ロレル=ハーディ、ジョン・ウェイン、それに悪名高いニクソン前大統領 etc. の物まねで独演するという逸品である。

しかし日本では、まだほとんど知られていないタレント。NHK特集で「レーガン大統領のものまね」とタイトルが出ただけでは、その見ればわかるものじゃない。その数日前に、夜十一時ごろのニュースで紹介したときは、ちゃんと "リッチ・リトル" とアナウンスしたのにね。

高品格の初めての受賞　2・12

「麻雀放浪記」の高品格が、映画コンクールの助演男優賞を総ナメしそうな気配だ。映画ファンが運営する「ヨコハマ映画祭」(ここは作品賞を「麻雀放浪記」という入れこみ方)から、伝統的なキネマ旬報ベスト・テンまで、現在までに四賞を受けている。

ある段階での高品格の「こみあげてくるものをぐっと抑えたスピーチ」は、感動的だった。四十数年の脇役生活で、賞と名のつくものは初めてなのだ。

同じ脇役でも、似たような役柄で出まくっていたベテランほど評価されにくい。アクがエに見えるからだ。一昨年「ふるさと」のボケ老人役で、やっと、モスクワ映画祭で受賞した加藤嘉らも、その好例だろう。

最初の受賞を耳にしたとき、めったに家人の前で喜怒哀楽を面に

表さない高品が「いやなこともあったけど、役者、続けてまかった……」と、ぽつりというふうにいう。

授賞式で、彼の左右の席の女優ロフィーがじまになからないよう手を貸していた気配と、賞状やトロフィーを求めるものではなく、みずから行うとものであります。

午前十一時台のNHK番組　2・19

午前十一時台は、視聴率のあがらない時間帯。そもそも、人が家に居ないのだろう。

その居ないはずの時間に、なぜか家にいた筆者が、チャンネルを変えてみると、ほとんどの局が、再放送ドラマの前後に、料理番組を組んでいる。テレビ愛知の「ときめきプラスワン」が異色という程度だ。

そんな中に、NHKの「おかあさんの勉強室」がある。せんだっての、たしか月曜に「コンピューターと家庭生活」と題して、主婦を対象にパソコンの話をしていた。

講師は、現代情報研究所所長の篠塚滋子という人。能弁ではないが、試行錯誤のプロセスを心をこめて語る口調にひきこまれる。

面白かったのは、女性が苦手とするコンピューターが、実は女性の資質に合っている、というくだりで、プログラミングのプロセスが「レース編みに似ている」という表現は、男の身にもナットクできた。

教育テレビと総合テレビという再放送で、同じケースに「訪問インタビュー」があり、これも面白い。それにしても"おかあさん"

仁俠映画の「昭和残侠伝」、今夜は和田アキ子その役から配役が……。高倉健と日本テレビ系の緋牡丹お竜、斎藤晴彦の秀次郎「昭和

2.25 なにごとも人選が肝心

職人監督は、その悪女を追慕した名画、もう女の微妙なあなたの映画だ。放送された「ナオミ」という一篇。たぶん現れたラブ・ヨコという人情モノだろうか。メロドラマの作品である。最後の蘭を至るまでの一篇。

結果の「新人賞」だが、アメリカの佳作テレビ話劇の69年の「ジョン・ウェイン」、60年代から、40年代から、30年代「海よ……」、ハサウェイは懐かしい「サハラ戦車隊」の西部劇、監督のハサウェイは三枚目のキャメロン・ミッチェル……

広レンとモ職人モノ(70)年を追悼する悪女のあなたで表現されたラブ・ユーという人情蘭を一篇の印刷

2.22 職人監督ヘンリー・ハサウェイの死

勉強というネバりのよく、おそろしく食指をそそるようなものだった。

その伊吹太郎は軽快すさまじくカ馬を失わせず、おもしろく痛快な事件、だが創造の番組と議論し、正面切ってTVを譲歩したからなのだが、残念。これに対する妙?回

石横阪山に久米宏と降中京・日本テ系の三月、日本テ系「久米宏の」久米宏。

2.27 久米宏の休養はやむをえない

調けにて別のレギュラーとしてやすましむよのる、そのようほど発奮させられたとこへ、ナイターで番組を始め、住田実が十秋田実の軽演劇か雁王!!実子漫才とエノケン、気やすからぬ華実やしいという気分だ放送の効果わしあげた味わいの結果は左右、売れていた中京・日本テ系の昔の番組はキ本し

たなにごとでやすまして、それぞれも芸能者名になにげなく歌ってしまったのかなもしれぬ。

ないことだ。別けにてやすましてしょうよく、のようなへナイターある正調メロディ一個営業ノ讃美歌一行進曲「和田アキ子のメロディ一を手傷をつけのオピニオン復権をしたキ本し

に、庶民、"大衆"、という、あたりさわりのない呼び名でまとめられている大人たちを、あるいにかけ、ナイターにのせるものは、なかなかないことだ。

それはさておき、久米の疲労は本当のようだ。いつもはトチらないこの人が、先日「サンサンたるありさま」とくり返した前後の関係から推して「燦々たる」と「散々な」がごんがらがったのだろう。これ以上サンサンたることにならないよう、ゆっくり休養してください。

笑芸人が見せるホンネ　3・12

東宝映画「夜叉」のロケ先（福井県美浜）でビートたけしと話した。シンナー中毒のやくざ役で、包丁片手に女房を追い回すシーンの、撮影の合間の立ち話である。

「気分はパラダイス」（テレビ愛知—テレビ東京系）の話をしたら「あれ、金かかってないセコい番組で、フン（クセで鼻を鳴らす）つまらない時はどうしようもない」。

筆者は、笑芸人がゲストの時、見ることにしている。ホンネ芸人たけしの、お得意の毒舌よりもさらに深い芸への敬愛というホンネが、言葉の端々にうかがえるからだ。

たとえば横山ノック、内海桂子・好江——最近では、獅子てんや・瀬戸わんやが出色。

毎回のエンディングで、ゲストしし屋の板前になり、客のたけしと掛け合いをする即興コントなのだが、板前のてんやが、ネタ自慢を大仰に講釈するだけで、一向に握らないというくり返しがあるとし、たけしはくやしがり、おかしい。「くらぁ、トロ!!」と言い切ったときのたけしのト

ボけた沈黙が、たけし、飲みかけのお茶を噴き出すほど絶妙なのである。

盛りを過ぎた大ベテランが、久々に見せた実力。これぞ芸のダイゴ味。

取材の視点を逆にすると　3・15

"発想の逆転"という言葉も、このごろとんと見聞きしなくなった。あれも一時の流行だったのか。しかし物事を見る視点をちょっとずらしてみるのは、面白いものだ。

きょうこの頃帰国した中国孤児についてCBI（TBS系の「報道特集」が、その孤児たちを送り出した中国側の"里親"たちを取材した。高血圧に悩む貧しい理髪店主、栄養失調のところを懸命に育て孤児を五年前に日本へ帰国させりから、ともに苦労した妻を亡くし、店も閉めてしまったという。その号泣は肺腑をえぐるものがあった。

国が調査を始めると、日本にあこがれるニセ孤児が名乗り出てくるという。その背後には〈金〉になるとおどけてはいられない経済的な格差が横たわっている。

話はころっと変わるが、入院と同時に"刑事被告人"から"実力者"に復権？したかの観があある田中元首相が、これを引き受けたという東京慈恵信病院は、さぞやイメージアップだろうな。大物政治家の出入りする病院ともなれば、報道陣はひしめくわ、一般の患者こそ災難である。まさか診療がオミソになるのはなるまいけど、フツウの人たちの声も聞いてみたいね。

もう一度見たい海原千里・万里 3・18

わたしは、ショーを見るのがきらいな方だが、三井の女はコマーシャルに出ていても、なんとなく好感がもてる。水曜日の「a女」という番組に出ているときのお笑い芸人なら、まあ、お上手な方である。

トシを食べてくると、人は、どなたでも若いころの話を聞きたがるものだが、小銭をかせぐ作品の芸術性、小動物が書かれた作品のデモニッシュな部分などが見えなくなる。記憶にある時間は余計である、と言いたくなる。わたしの記憶にある長い人たちは、だれもが砂丘へ誘うようにやって来た岡田英次、村の男たち……外統三、建

砂の女をカットしてはならない 3・16

「二十七日NHK放送の劇映画（砂）の女」（'64年）を、アメリカテレビで安心して見られる、民主主義になじみ、勅使河原宏の代表作として紹介した。（元の劇映画はもう削られているが）前編のあるものはある。約二時間。

もう一度見たい海原千里・万里 3・18

あると思うとなんとなくうれしい。下北沢のザ・スズナリという小さな劇場でやっている本多劇場の芝居が、おもしろいという兄の話を聞いた。おすぎの野暮だと空いる時間。「回り舞台」が過ぎてゆくのかという悲しさが、跳びに信ねられ、市民劇場でしっかりと出ねばと思う。

東京へと広がりオチがキャニシャリ。とにかくホールの大沢という例のないもので、劇場と地元という意地をえと思う。幕間の休憩があり、静かな時間がありのさとうの観客席に飛ばし役者が名古屋へ。

夢の遊眠社「白夜の女騎士に脱帽」 3・23

東京宝塚・関西関連のものだが、入りを記したもので昭和十五年ごろ前後はが振るいだったかという気もするが、半年前の大柄な器がぐっと今に引退を道に……。

もう一度、談笑するような気分が見せてくれた結婚していたという大作であるが、女騎士（キキ）を見てしまったのだなあ。今年前庭の方の干す海原の万里のように、結婚した姉妹のように大柄な相次いで父親を見えるのだが、若手すぎまい。

は夫婦嫁しゅうとめもよく、ニュアンスを円く仕立つのかという見せるのだが、だとしても私らは弁護

まいとしているのだ。だって「神という字は、ジメスくんに申すだから、人類の祖先どころか、神様もサルだった！」なんて知的なジョーク、聞きがせないネ。

それに、装置が一段と凝っている。傾斜した舞台での、コメクロト黄技も大変だ。だって、その中にまた仕掛けがあるとは、ソンマで気がつかなかった（なんとどいうヒント！）。

タイプ見てキャスティングを　3・29

東海—関西テレビの「アタックは無用！」のゲストに、桂小米朝が出たとき、司会の横山ノックと上岡龍太郎がNHKの「心はいつもラムネ色」の配役批判を始めた。

これは筆者も同感。少し変えてあるとはいえ、明らかに実在の芸人が続々と登場する年代記物なのに、タイプがまるで違うタレントを使うのは、無謀というほかはない。ワカナ・一郎に田中好子とせだみつおというキャスティングに至っては、故人に失礼だろう。演ずる方こそいいツラの皮だ。

唯一それらしい気分なのが、雄二の小米朝に蝶々の藤山直美は怒り演技がエグいため、関西風の軽みが出ない。本物のミヤコ蝶々がナレーターであるだけに、一層くさいものだ。NHK大阪製作とも思えない。

いま名古屋などで上映中の「コットンクラブ」（84年）は一九二〇〜三〇年代のスターそっくりさんが話題のひとつ。しかし、素顔のチャップリンがクラブに遊びに来て、ヨチヨチ歩きで入ってきたり、フォークとパンで靴の踊り（「黄金狂時代」）を演じるわけではないでしょう。まして似ているのも困るけど、作為的そっくりは

へ、ナっつ、つね。

"笑わせる"のではなく"笑われている"　3・30

少し前になるが、中京—日本テレビの「11PM」で、井原高忠特集を組んだ。すでに退社したとはいえ、自社の社員（最後の二年間は局長）をメーン・ゲストに据えるのは珍しい。けれど、それだけの意味はある。この人、文字通り日本のテレビ・バラエティーのパイオニアなのだから。

内容は「光子の窓」から「ゲバゲバ90分!!」までといったもので、いうのは台本下読みという満足しているという印象の大橋巨泉も、ゲスト連とともにノっていた。

その翌日、名古屋—テレビ朝日の「徹子の部屋」に、かつての合本作家（後期の「シャボン玉ホリデー」など）でタレントのはかま満緒が出た。

井原、はかま両氏が異口同音に語ったのは今の"笑い"が、デレビタレントの計算の結果でなく、プロデューサーが見つけてきた面白そうな人に、自由にやらせるのがウケる間はOK、という形に変わったことだ。

この状況を、はかまは「"笑わせる"のではなく"笑われている"だ」と評した。この指摘を、今の笑いの仕掛人たちは、どう受けとめるのだろうか。

コントを支える演技　4・5

四月は新番組の季節。ということは、そのぶん三月限りで消えた

「……
面白いでしょうと
いうのはこのとき
だった。三カ月ほど
続けた映像だった」
という放送「K
だ」と先生が見
が、

前回に続いて、先
月に終わった「日
本語再発見」番組
のなかでの「ライ
ラックのナンシ
ー」が言うところ
の話が入っていた。

テレビの話術と大人物政治家のスピーチ　4・9

ちゃんと笑った。な
んともいえぬ加減
の仕草をしてみせ
るのだから……。
野口は現代もの——
伊東四朗と植木等
の演技力だった。
キーワードのよう
なものだ

なが、結局一人だけ
をみて帰ってくると
いうことは、ついに
印象に残ったのはナ
ンシー五十年（キャ
ロルの半ば過ぎ）を
演じた植木等とナン
シー十七年（ホステ
ス王国）——「ジャ
ー」を古典的な笑い
の色彩として演じト
ップとして記憶の

だったのだが、それ
自体に興味あるわけ
で、中京である日本
史にありたというの
だから。そういう手
際の不手際がある。
それにしても番組
に加えてしまうとい
う手際がある。
それにしても番組が

番組があるわけ
だ。不満がある。だ
から番組がある

5、このページにある
のジーンでも映像は
かの文字、イメージは
この中で映像なかっ
た壮行の出陣学徒兵
の行進を見送る
慶応義塾大
学生の女子学生のセー
ラー服を着た一枚の
旗をかかげる前で、
旧制中学の送られる

「語り」は上映された
なジーンでも映像は
かられても映像された
悲愴な変水だっ
た「3畳と（草土文
化）」と当時の思い
出と送るまイメージ
映像だと靴に
泥水がえがられ上
戦後はは知では
林田氏は映像の
林田重男は昭和十
八年

たというこの、そ
のHKに続いて
から出たのだ。一
かあった。
てる壮絶な戦争体験だっ
た悲愴な変水だ水かっ
た林田氏も「林田氏
はなまやはり送され
たイメージなジーン
のように映像した
旧制中学の当時やや
に出るのだとたやや
に腕時計ひとつ文字
のセーラー服の中に
ある気持ちを何度も
かみしめているよう
だった」その一人だ

十月の先月の
先月なかった「学徒
出陣」のニュースメ
ーがる企画にこの
企画をカメラ撮影し
た林重男氏は
昭和
十八年

学徒壮行映像の真実　4・9

あらためて有意義で
ある。そこに政治家
か歴史学でNHKは
あるなら語源にあ
る言意だ「生」とい
う語源だが日本人
政治の語のナン
ジより日本の精神ナ
ンジよりその切的な
企画を発見えスにだ
それは本質だ
「国土のナンシ」
のようにそれ立た
け見えたしたら
立というねけ
てるどうかどうし
て見たねた各観の
興味を「段と説明
先をと段階

組せ入院中の政治家
かうけ加える葉を解
し有意義として日本
は政治家大物経済小
説家のジより政治家
のスピーチしその
話しだたのくらい
国の映画にこのでを
見たこだけれどもだ
けた番組でこのらス
けた番組だがスメ
ーの番組が米ト
番組がこの目内容先
と各観興味をと段階

宮口精二のユーモア 4・22

今は亡き宮口精二さんを、名古屋で見かけたことがある。今は近鉄ビル内のその屋台が、笹島の角にあったころのことだ。注文の品を運んできた店員が、緊張のあまり、お盆をテーブルに軽くぶつけた。辛いユが飛んだりはしなかったが、わびる店員に宮口氏、

「いや、いい」

映画そのままの口調が耳に残っている。

だれもが思い浮かべる「七人の侍」は別格として、小生にとって忘れがたいのは、たとえば小津安二郎の「早春」の浮気がバレて以来、妻に頭があがらないサエない男の役である。妻の杉村春子が、近所の奥さんだかを相手に「私がその女のアパートへ踏んこんだら、あなた、女の浴衣を着て、カンナップをかいてるじゃありませんか……」。カットが替わって宮口精二、せきばらいをしながら、杉村に言いつけられたカンナップを始める。その巧まざるユーモアは、絶品だった。

小池朝雄さんのときも思ったのだが、たとえば主役の國十郎は世襲で"作"られている。しかし、その主役を支えるワキ役は、そうはいかない。そして、名場面の記憶は、たいてい、ワキ役がからんでいるのである。

本家「全米どっきりカメラ」の名場面集 4・27

テレビ愛知「テレビ東京」系の「ザ・テレビジョン」の「本家本元!全米どっきりカメラ」を見た。過去三十五年間の名場面集というが、してみると日本でテレビ放送が始まる以前。視聴者のヤラセっぽい好

このことは、限られたスペースで語りつくせないほど重い問題を含んでいる。さしあたり言えるのは、昔を語る場合、その当時の意識ではなく、現在の尺度でモノを言ってしまいがちだということ。結果を知った今では悲惨に見える映像も、当時は、雨にもめげぬ雄々しさと映じたのではないか。

山田太一のすごいノリ 4・17

いま山田太一のノリがすごい。連ドラ一本に単発二本。しかもドラマが全部ちがう。うちNHKの「冬構え」は、昨年収録ずみ。放送が集中したのは、局サイドの編成の結果だが、それにしても大した筆力である。

「ふぞろいの林檎たちII」（CBC─TBS系）は、登場人物が会へ出たことで、ドラマがさらに深まった。若い俳優たちも一段とうまくなり、前作以上のレベルへ進んでいるのは頼もしい。

「もっと愛して……」（中京─日本テレビ系）は、昭和三十五年の「愛の劇場」で名をはせた、せんぼんよしこの演出。時折ナメ構図に構えたりする"映画的"古風さが気にならぬはないが、結果としては上出来。

「冬構え」の岸本加世子。笠智衆がチップをはずんでくれるのは自分への好意で、だから、自分の恋人にも、数百万の開業資金を貸してくれるはずだと決ってかかる。そのあつかましさを自覚しない彼女を、作者は愛らしく描くことで普遍化する。そういう人はだれの中にも多少はあるはずだ。山田太一の人間観、相変わらずサエているなあ。

1985

テレビ人劇場「系人楽楽」そして久美子、それから初期は全盛期だった。役どころはコント役者という見目道上げたのはコントという役者がポシャらせたのはコント・ロ・キャンというのは小生気に入りがミ・コントとませた鬼演技員ノ・チ・キ（NHK）「リが物真似の初演だった。（東海ラ

5・1 ブラック・ゴーン再見

ろがしたのだらかて、日本版を手に入れての芸にキートンをまねたが、その芸のコメディ反応を見るだけでもキートンの若者手練の腕を変えて、その後の年に演じられたものがある。精近刻だっかな漆刻「ジ」ではないらしい。近ころ話題になったが、見ていても面白くない学校「ジ」はない。その陰謀などがあるとは思えない。以前に見たというあるが。ただしものためだったのか。だっただろうしての結果あると見ても、どうしものだろうか。だが。それにしてもあまりの変わしらしての初期のものであるから、それにしても記憶がある。

5・14 子役が前線を慰問したわけ

理約な顔が立ったと語り合った。その兵士中村十五年の戦後派「子役時代」から変わらぬ命を捨て懸命に知代で懸命にしたという。対し平和しいとその嬢美し

それは談わり終「ここ」として、その未来線の感情に「三枝」対して嬢美女条

淡くれた、その目ばうこと語し「ここ」として鼓舞するため、後に廃止になった。それのであった。

約古い顔だな昭和三十五年のNHK教育番組（？）をし品物を公開する本番情報で、子役時代な九か月前な年十月に渡り具体的な米ア軍の廃止場面がんでいた。「ンユー・ア・ゴ・キャ世代の古典として愛小説の恋愛小説を、それをンユージ代の古典として横流しただ、それをンユージ代の目につき客席国いきさ意国

歌と、ンュ去る日曜日「君」とコ代「子供」の陸上自衛隊音楽隊による「音楽によりの古屋名鉄ホール」より陸上自衛隊中央音楽隊のコンサートにおいて「子供の願い」を起立して月会の鐘が鳴りますよ。同音楽隊が舞台出演はンユーンの音楽会ンネ

不調に悪くと思なながら「男の脱帽な模作して（まおならない）を逆に男らようこととりだ、ニュを見を男に見でちが、その田淵武夫なニュー、サロクロ・ダ・ギャグほどではかけた様の顔味をない小生日、この「ラ・チ」は女優の真似は動かしただしサロク・ダ・ギャグ（まおならないよ（！）歌いだした。すれ直し歌いだしますよ

テレビ局が押しかけるわざとらしさ 5・15

たけしファンの若い知人が「日本テレビの番組、わざとらしい」という。新番組「天才たけしの元気が出るテレビ!!」など見ていると、なるほどという気もする。東京・荒川区熊野前商店街を"怒らせて復興大作戦"なるイベントに持ちこむ段取りがどんじのことを立証した瞬間同じたけ兵藤ゆきが、あばれ名古屋なることを立証した瞬間同じたけ象になる。ボートレーブだのニューディールだの走り印象し一流のエスカレート・ジョーは笑えるのだが。

聞けば、オイルショック以後テレビの公録への人の集まりが下り坂になったという。取材の名のもとにおしかけるため、局の方から押しかけるようになったのは、テレビのパブリシティーの偉大ささを、改めて庶民大衆に知らしめるためなのか?

同じ時間帯だから、どうしても比較したくなるのだが、今は「TVスクランブル」で、久米宏が管理教育問題で、ナマ放送で食いさがった。その高校は後に規制を大幅にゆるめた)あの新鮮さはもはや帰ってはこないのか。

「スター・ファイター」のCG特撮 5・17

いま名古屋で上映中の「スター・ファイター」は、いわゆるB級SF。であることに居直ったような楽しさがある。たとえば三十年前の「宇宙水爆戦」がそうだったように。

アメリカの片田舎の、コンピューター・ゲームに始まりいつしか現実?の宇宙戦争にまきこまれてゆく、というストーリー自体には、格別の新味はない。見どころは、コンピューター・グラフィックス(近ごろではCGという略称で通用するらしい)を多用した特撮で、これはなかなかのものだ。

ミニチュアとCGを、カットのつなぎで併用しているのも担当者の自信のあらわれか。宇宙艇が回りこんでも、凹凸の陰影が変化しないという弱点を除けば、ほぼ違和感なく見ることができる。

面白いことに、CG特撮のベツリの「トロン」も、今度の作品も、ともに横長のシネスコ画面である。大画面で走査線が見えない"高品位"の映像を、強調したいのだろう。

さて、その「スター・ファイター」も、ビデオソフトで見ると、せっかくの特撮も普通のゲームの画像と同じに見えてしまう。映画はやはりスクリーンで見たきや。

「ワイルドバンチ」E・オブライエンの死 5・18

エドモンド・オブライエンが亡くなった。

面白味のない立役から、後年、わき役に転じて芽が出た。アカデミー助演賞を得た「裸足の伯爵夫人」(一九五四年)よりも、Dカップ女優ジェーン・マンスフィールドの喜劇「女はそれを我慢できない」(五六年)の、ギャング変じてロックンロール歌手という怪演が印象に残っている。

が、訃報を聞いた今、痛切に思い出すのは「ワイルドバンチ」(六九年)の強盗団の逃走準備係のサイクス役である。

ひとり満足に歩けないほどボケ始める老人──ところが、数百のメキシコ軍対四人のワイルドバンチの死闘が、双方とも全滅して終わったとき、ほぼ然とたたずむ

もあるまい。ある監督は男気のあ
る人で、町の不良少年と仲良くなっ
てしまったという。町という女子学
生の「青い脈」だが、若くして一年
の懸命に愛した老優をしのぶ映画館
名にあたるお物語だが、その年の売
り物だが、彼女はそうして無口な
ので、ただうつむいたままの印象とし
か感じられなかったという笑顔とい
うゆえんであろう。

町のうわさを生んでいく「青い脈」
の女子学生の「青い脈」が、若くし
て山口枝子（中北千枝子）を始め、
和二十五年、当時の国宝級のメンバー
昭和の東宝映画、石坂洋次郎原作の
「青い山脈」を見た丸の内の眼鏡
の石坂洋次郎、その馬の見る青年
池部良（子）の青春を経ての、石中先生行状記
みなに帰って行く青春映画の第一号で、
青山先生を見出すこのスチュワーデス
干草を笑みを見出す三船、

そのとき、彼女の同郷連れの若い友人から
と青山脈のヒロインがあるという電話
若い友人たちとの友人知らせたが
が電話を入れたという。この電話
『青い脈』を放送した日はその翌
いうところへ、むらがる大勢を
それはそのときスチュワーデスを
池部良先生を見る青年小生徒とし
てかける「申すべく小生と彼は、語

石坂洋次郎映画の若さと山っ子の自殺 5・27

東映動画の男たちが青春時代を過ごし、
合弁意気のオブ男たちが
心のオブうひとつ暴れた
のだ反抗オブ・ライダー（映画金
むかし贅沢を前半を気味とした。昔の
味覚嬢の米のだ、現れた
のだが半ばすぎてライターを誘った
のだが気味なり光のときには
暮らしてそのとき行った一人は去
り、その行く先のときスチュワーデスと一緒に行った
だ。

れた。

楽名すぎる結果、長すぎる封中で、
一九四五年に封切られた当時の大
ここで言うと、「誕生」にしたこ
だが、三吉の興行的側のワーナー・
ブラザーズへの「カート」をはずし
たため、七十七分間ほど次の大部分は

カートを復元した「スター誕生」 6・4

れたのだが、柳原恭吾をそのなかに
出し、男根ゆえをそそろうと山田太
一人として描き、ジョン・ウェイ
ン的なイメージだと言われる作家だ
一方、なら後輩なの役まわりは永
井豊富な役上の上井章子という俳優が
水上勉の上の室田日出男特有の気持
の…

魅力たっぷりであった。ジェラ・
トレーニー有病だ。
「山田太」というよう言葉となく、
あるいは男かそれとも女か？とい
った精神的な雰囲気の登場人物の
CBC系か、TBS系のものだが、
このあたり、カンという直感がB
C社系かCBC系から持ち続ける

現
和物足度も高く、女性度の高く、男
田太一、二カ月ほど前にキャスター
した子というほどの女性が「女」
「青い脈」の世界の女王というエリー
トだというメイントたちがあるこ
いる着物の女性のオペラが小生の
女王然だったと思う嬢の大貴なの
（その内容が「京・日本女性系、
番組女性説明の高い中山

男だとわかる気持ちもある 山田太一 5・31

両性具備業病とだ。
男だ藤原だと言われる男太田
子というほどに女性がいるが女性
（女性とはどとどいうこと）女性が着
性度が高いというよりも、メイント
の世界の女王というエリート
性説明の高い者組み中の山
その結果は

分が発見され、二時間五十九分の復元版として再登場したわけだ。監督のジョージ・キューカー、主演のジュディ・ガーランド、ジェームス・メイスンも、あの世でさぞ喜んでいることだろう。

サウンド・トラックは完全。画面の欠落はスチール写真で構成してあるが、その合間に入る画面はほとんどが、海と船、走る車、道を横切る人物などのロングショットなのも興味深い。なぜそんなシーンだけ保存を?

これほどの話題性はなくても、洋画のリバイバル版は、昔よりも長尺のことが意外に多い。先日上映された「舞踏会の手帖」(一九三七年)も、十数分長い。戦前の検閲のハサミだけでなく、興行上の理由もあるようだ。

日本の場合は、カットしたらあっさり捨ててしまう。弁明はいろいろあろうが、つまりは愛情が乏しいのではないか。

当時の世相が興味深い新東宝三本立て　6·10

今池の名古屋シネマテークで、新東宝三本立てを見た。いずれも三十数年ぶりである。

昭和二十五年の「雪夫人絵図」は、溝口健二が、この三年後に復調すると思えない凡作だが、あとの二本は見ごたえがある。

興味深いのは、当時の世相・風俗である。二十八年の「煙突の見える場所」(五所平之助)と、二十九年の「億万長者」(市川崑)には、二階借りの生活が描かれる。学生は別として、サラリーマン(どちらも"実直な"税務署員なのが面白い)の下宿暮らしが、ふつうに見られたのは、いつごろまでだろうか。

風刺喜劇の「億万長者」には、ボロ家の二階で"平和"のために

原爆を作る久我美子が登場する。それを聞いた税務署員の木村功は都内から沼津まで一気に突っ走ってしまう。

爆発実験という以前に、原爆と聞いただけで逃げ出す、という反応は、この年の第五福竜丸被災や「原爆マグロ」などのナマナマしい恐怖感に裏打ちされている。同様に原爆を扱った風刺劇でも五十四年の「太陽を盗んだ男」(長谷川和彦)とは、その人くらいきな違うのだ。それにしてもこの好企画、不入りなのが残念でならない。

マナーがよい"ファンタスティック映画祭"　6·14

いろいろと話題の多かった東京国際映画祭の"ファンタスティック映画祭"に、三日ほど通った。

この名称、日本人の感覚からすると、ロマンチックに響くが、主流を占めるのは、オカルト、ホラー、つまり海外のこの種の映画祭から頂いたネーミングで、これなら"現実離れ"したものは、すべて含まれる。

ゲストとして来日した監督の中にも、故ベン・ティアンの息子ジェームス・ティアンのように、ホラーという呼び名にナードスたんもいた。彼の「コールド・ルーム」は東独へ旅をした少女がナチス・ドイツ時代の幻覚にとりつかれるという、いかにもイギリス的な…いや、い作品である。しかし、常連が目立つ観客には、たとえば、い名古屋などで上映中の「フェノミナ」のような、強烈な作品が人気を集めている。

それにしても、観客のマナーは、画面のどぎつさとは対照的に、おそらくいいだろう。題名を拍手、監督名で拍手、作品が気に入

　　　　　　　　　　　　　ふぞろいの林檎たち II「ラブストーリー」　6・18

三浦海岸のそうそ
うたる顔ぶれだ。「II」
（CX）CBC―TBS系の
キャストページは、お
得意のところで山田太
一の脚本も健在だし、
最大の特徴ともいうべ
き収穫だろう。一段と拍
手が高まってきたの
だろう。このドラマは、
ラブ・ストーリーとし
ての雰囲気が最大の特
徴だろう。ヒロインの名で、
一段と拍

やはり反対して
いる。しかし、国広富
之が演じる主演者の
橋本という大学生が、
結婚することにな
り、しだいに解決して
いく。この二人は、お
互いに好意を指し

ても、結婚しようと思
う。私は、この「青い
ベルベットの大好き
な人の海岸での片思いの
声だ。この中高生が
やってくる「ラスト
シーン」のカットが、
時には三郎の縁を

柳家小さんの高座はすばらしい　6・25

関心を作品の内容よりも
作者の人柄に寄せがち
である。ロネーヌ変
で……」「大爆笑。」が、私が
すから。その作品総じて
補で結論した話題を
C―解禁した。日本の税関
が先ごろ国際映画祭で
「ブラザース」がぶ君が
だ。「アンという名前の
猫」を主人公にする
ミステリーだから。真
打ちの十四年目に入
門した彼は、YEから
（CX）当初はドラマ出
身で話題になった。現
在はBS―CBC―TBS系の
「朝壽籠ときくと小さ

　　　　　　　　　　　　　クローネンバーグの補烈なオス　6・17

男性周辺ですから・・・・・・。ク
ローネンバーグの性器に似
たそのものが、担当者とし
て作者として一人が吸血が生
えている『ラビッド』とい
う血のように撮出したように
なったとしたら、総じて国
会審議場で見られるように
気がかりな意見がある性は
女をねらわれるのを下劣

連想させるカの性か、男
性器だ。そうかすれば、女
性か、あるいは作者として、
私がそれらしく考えるうち
たち、興味が生えたという
ことだった。監督のジュリ
アン・テミスは言葉を過激
な突然、起業を知らず突然
だ。

ピーンズステイタスビジ
ネスで東京国際映画祭「
ル・カルメン国際映画祭の課、
そのカンヌ国際映画祭と
いうドラマの各賞を受賞
した。監督としてオシロ、
渋谷で催されるトラウマで、
一段と拍手に気にして人
気の設立はトラマシオン
「特殊だ。手がかりの名手
だ。スティーブンキング
の原作を催さとれたヴィク

務本の名を集中し協会だ。
森本の名をしているが
小さんが二ツ目を打ち
だったが、十誕生した
EからYへの目立生えた
話題のや真館で話を
CBCらに出世した。
TBS系のビジネスネ
Cの当然ドラマスように
朝壽籠と父はという
のである故柳家小さ
丘桂とといき
本だ。

んの対談の中で、父の墓前に、母とともに語って昇進の報告をする映像が入り、「あなたのおかげです」とおどけて左手を突き出す。そのしぐさが、三木助そっくり。「くらやみ幽霊」などの父の十八番物を演ずると、声の裏返るところまで似る瞬間がある。怖いほどだ。

しかし当人にしてみれば、そうした年配のファンの感情移入で肩入れされるのは、痛しかゆしなのかもしれない。そうした要素をヌキで見ても、小さんの高座は、スジがいいのだから。小さん自身、四歳のときになくなった父の記憶が、ほとんどないというのも、へんにセンチメンタルになりがちな芸人らしくていいことだと思う。

もうひとつ、小さんの話題におおわれて、たとえば春風亭正朝のような"未来の大器"を忘れてはなるまい。実力にかけては、今回の十人中でもピカ一だからだ。

「お早よう」に見るフツウの暮らし　7・12

先日、小津安二郎の「お早よう」（昭和三十四年）を久しぶりに見た。面白い作品だが、喜劇タッチの"軽さ"が文字通り軽視されたのか、ベストテンには入っていない。

テレビで放送を、小生の記憶にはない。某乳業会社のスポンサーきだから、話の舞台になる土手下の団地（まだ高層化の時代ではなく、木造である）の牛乳箱が、すべてそのメーカーのものだからだ。NHKではダメだし、民放で合同スポンサーのひとつがライバルだったりして扱いにくいためだ――というウワサを聞いたことがある。

いま見ると、当時の世相を如実に反映していて興味深い。テレビ（モノクロ）はまだレイタク品で、水商売の若夫婦の家へ見せてもらいに行った子供が、親しがられたり。

電気洗濯機も同様で、洗濯機の月賦の支払いに困って、町内会費を使いこんだのではないか、と陰口をきかれた杉村春子が、フン然とするエピソードもある。

ついこ三十数年前のフツウの暮らしを私たちは忘れかけている。そして一方、その時代を知らない世代の人たちが、すでに三十手が届くところまできているのである。

落語界の沈滞が如実に　7・15

NHKテレビが、金曜夜の「演芸招待席」で継続的に落語を寄席中継している。いい企画だが、結果として、今の落語界の沈滞が如実に現れたのは皮肉だ。

とりわけ東京の中堅どころの不振が目立つ――のだが、実態はもはや大師匠が小さんしかいないのだし、その小さん先日の「禁酒番屋」は、率直に言ってパワーが低下している。談志は自意識の"カタ"の巣にからめとられてジタバタ、圓楽はやはり小言念仏と化してすでに久しい。

だから、志ん朝・小三治あたりも、実は中堅ではなく、実力の上での大看板でなくては困るのだが、志ん朝の芸が放送などの時間枠をそろぞろはみ出すぬけ出してほしい。小三治は、たとえば「船徳」のように客を"ゆとり"の世界へ誘うくナシで、食ってからみるよう感情表現はよくない。小朝の「源平」ごときにイナせられないというように。

新喜太だ。

吉本の政役で見る吉本新喜太。政子が縁のあった女子役の菱が、ここから総会の内部事情までが守丁場あり、長丁場の「スズメ」を東京の演防砂防会館など、その鳥の座でスマスマ熱演だけど、一座公演の田波治子が一幕興慶だ。第二筒井康隆。

スター「異色のコメディアン」誕生　7.27

ヤングから四ヶ月ほど前に読者の手紙で紹介したものだ。それはそれで芸至子ははそれで幅な、同様な結構なKが放送の多い中部地方の音を撰るのだ。中ナゴヤ──その時間にKが放送、当時回気軍の米をソのキ。

老一四カ月ほど前にはスタイリッシュのレギュラー番組で、NHKからの音楽「ミューラー」本人共演した第二次大戦中大観地基中放送してた彼女には、この番組の登場とは大行われた。実は、ミューラー本人の声演奏した番組のグウィミュラーに紹介された番組中のビラリかの音楽を多くいその幅な地方を撰るのだが。

的な特集「ジャズ・ムード」それはたどり着いた道で、スイル番組。だからぼくは幻想者のは、スタイリッシュなのだが、ヤング部外者には分からないの

オール阪神・巨人とサブロー・神助　7.16

東海ラジオの阪神・巨人とサブロー・シローが「オーナーだったと思わせるものが」は、絶好調演技が原点だ。友情というか、久海ラジオ。

絶好調演がサブロー・ジョーだ。とその名に恥じない米カルな真顔の登場するのが阪神・巨人の合計五人神助。芸能界の合計五人の失敗な小柄なロー・ジョーは、その吸収力があり、サブロー・ジョーは住任のマイクにしたという型の登場する。だけど漫才型が入

のものだけど漫才型が見せたという、だが少しわれわれ思わせる。見せたという型のものだ。ジョーのネタに対するう方だったしサブローを細かく抑えたといを細かく抑えたといしても、あまり消えたとしても、このネタにのとしても、幼いときの島田神しても、幼いときの島田神けど、このスキャル助はあまり消えら。

心くこのサブ・ジューをる。番心として阪神・巨人だ。

すまして気勢だがす大阪勢だからな油断ぬ、物事は朝丸雀で禁物だと言われて、フォンテン。ラブアンライヴンと高を撰るよ

劇の山田スミ子だったら、おかしくて哀れで、男をキュキュンとさせるタイプをそんなに見せてくれただろうにと思う。

第三幕で登場するのが、地震研究所長の大神博士。このSF・サイエンティスト作者の筒井康隆が、喜々として演じている。いや座長としての責任を考えると楽しいどころではないだろうが、そう見えてしまう。

けれど、これがまいのだ。前回の「人間狩り」の気弱なヘンタイ、そして今回も異色のコメディアン誕生と呼びたいほど。

客の入りも、前回よりは少ないという。正直言って、この前の不入りは「ジーザス・クライスト・トリックスター」のペンギ過ぎが響いたのだろう。

「スター」は、この夏、内藤誠監督で映画化される。オープニングに始まり、ニセのチャチに終わる独自の筒井タッチが、どのように映像化されるのだろうか。

夫婦漫才の〈呼吸〉　7·29

漫才の島田洋之介さんがなくなった。今日親代との夫婦コンビのベテラン漫才である。小生など、島田洋介・今喜多代という前名の方が、いまだにピンとくるのだが。

離婚コンビ? の敏江・玲児は別として、スーポー型の亭主をロ入丁手丁手の女房が徹底的にさおうする、夫妻漫才の基本型だが、ちゃんとした掛け声ではなく、「アハ」という太い息と、美声の洋之介が民謡を歌うと、親代が合いの手を入れる──と、何ともいぬ声を絶妙にズレたタイミングで発し、その洋之介がすっとこけるわけ。わらにもないことが、やたらおかしかった。

のつもりで立っているだけ、みたいな印象の洋之介だったが、彼が引退してから親代が阿吾十郎と新コンビを組んだ舞台は、不思議なほど面白くない。阿吾の方がテクニックはあるはずなのに、である。言うに言われぬ"何か"が失われたようだ。

東海ラジオデ系の"昭和五十六年六月十四日名人劇場「おかしなおかしな漫才同窓会」で久々にちょっと出演したが、これがコンビ最後の漫才となったわけだ。悲しくも貴重な録画が、またひとつふえた。

"女エンケン"武知杜代子を偲ぶ　8·2

武知杜代子さんがなくなった。筆者には、前名の豊子の方が親しみがあるのだが。

初舞台は大正十一年、浅草の曽我廼家五九郎一座。小柄でガラガラ声、というびん演技をするので"女エンケン"と呼ばれ、昭和十三年に浅草の江東劇場で旗揚げした"喜劇の世界で女座長というのは珍しいのではないか。

戦後は、テレビのコメディーのわき役として活躍したが、コラマ子の印象に強いのは、まだ"寅さん"という鉱脈を掘りあてる前の山田洋次の、隠れた傑作"運が良けりゃ""なつかしい風来坊"などでの快演である。

落語ダネの長屋物"運が良けりゃ"では、古今亭志ん生が得意とした「黄金餅」をアレンジしたので、ケチな金貸しはあさん役を演じ、スゴ味のあるおかしさを発揮した。モチに金を包んで飲み込んで死んだげさんの死体を、ヘナ肇たちが因業な大家のおばさんに金をとられまいと、こっそり運んでいくまで、山田洋次ならではの山田洋次から

なロ客席に、昭和四十七年十月のカレンダーがめくられたまま、愛用の湯呑み・茶わんをはじめ、新版画として上映された「東海道四谷怪談」と書斎がそのまま保存されている。

だ。管が多い通信という主幹だったが、昭和の田中英光に似て、同世代の一人だった。私生活前の三年前に妻帯以来、至近距離で接していった人で、やがて五十年になる昭和前期、血を出して人生に落ちる

冒頭から、小平次、天知という気がする昭和四十九年のことを代表作として、昭和五十年（昭和五十年）にいる中川信夫監督の一世一代の傑作として上映された東海道四谷怪談「中川東海道四谷怪談」（昭和

9・8 天知茂が乗り気でなかった代表作

は想像もつかない。故人の人柄からして強烈な人だったのではあるが死れなかったがロケットのアニューメントなどでは失礼があったのでもし

8・23 過去を片づけてしまうのを拒む

「──監督というのはこわいものがあるだろう」

そういう監督もいるかもしれない。一方が、何人かに一人、いたって陽性な根っからの映画人というのがいる。

ただそれ以前に、二十一年前に、この本名合わせて「スター誕生」(67年)「恐怖の惑星」(65年)を

東京国際映画祭では、東京国際映画祭は、前者は説明の後者は、陰性としての非常に異なった世界の長所社鬼が地球を正体明かし血が地球を覆う

怪奇映画「ゾンビ」「未知との遭遇」恐怖映画熱気があり、小劇場大劇場、あらゆる墓る

8・19 「スペースインベーダー」の起源

この夏、名古屋で『ゾンビ』という映画を見たとき、邦画「宇宙人東京に現わる」は、日本のホラーSF映画の源とし地球が静止する日、宇宙人吸血鬼というSF映画の正体明かし血が地球を覆う

八月十五日、名古屋・松坂屋で「古代への情報展」にて太平洋戦争展を見た。

（昭和十年九月号）

この裏表紙さらされたように政府の機関誌『古事』。一写真ページの文句。「映像によりだか事変前十九年を見な

は……」

昨日までの自分たちを、即座に"片づけ"てしまう、やり方は、決して戦後"民主義"から始まったのではないのだ。

その足で"MGM/UAクラシックス"の「名犬ラッシー」(46)を見た。これがなんと"戦争後遺症"物の愛犬版。軍用犬として手柄を立てたコリーが、負傷して後送される途中で脱走、家畜を襲って射殺されそうになる、というもの。敵は日本軍だから、戦後当時、日本で公開されなかったわけだ。

夜、CBC─TBS系の「中村敦夫の地球発22時/戦争を歌った子供たち」に、胸にこみ上げてくるものがあった。児童文学者・山中恒氏の「軍国県歌の悲愴感に酔っていた当時の"少国民"の自分を忘れまいと思う」との一言は、"片づけてしまう"のを拒む心がこめられていた。

チャップリンの細心さに敬服　8・24

NHK教育テレビ放送の、チャップリンのファースト・ナショナル時代の作品六本は近来出色の好企画だった。チャップリンの短編を、首尾一貫した形で見る機会は、あまりなかったからだ。一部チャップリン自身のナレーションも入っている。

タイトルによれば、一九七〇年に音楽や効果音を加えたもの。一感心したのは、トーキー映写用に画面を調整していること。まず画面サイズ。サイレント映画はフレームラインが細いため、密着焼きを付けすると、画面の天地と、左手のサウンドトラック側が欠ける。そうならないように、適度に縮小焼きを付けしてあるのだ。

さらに、毎秒十六コマのサイレント撮影を二十四コマのトーキー回転に合うよう"コマのばし"だと思えばいい。それも全作品ではなく、たとえば「偽牧師」は、カットによってコマ数を変え、「キッド」などは、コマのままである。チャップリン自身がチェックして、動作をふりわけたのだろう。その細心さに敬服。

勤労動員による"古傷"　9・2

CBC─TBS系の「中村敦夫の地球発22時/世界最強の軍団・アメリカ海兵隊」を見ていた家内が、突然、台湾(当時は日本の植民地だった)にいた子供のころの話を始めた。

敗色日増しに濃い昭和十九年、二つ年上の姉が、飛行場づくりの勤労動員に行った。石をモッコでかついで作業をしている。

さっと担いで運ぶ前の子が転び、石が足の上に落ちた。ケガをした。などと引率の先生には言えない。救急袋の赤チンキを塗り、手ぬぐいを裂いてしばり、作業を続けた。しかし、やがて先生に見つかり「身を入れて働かないからだ。ボヤボヤするな」としかり飛ばされた。むろん休ませてはもらえない。休んではいられない。すべてはお国のため、天皇陛下の御為なのだから──その傷は、引き揚げてからもウジがわき、足の指は四十年後の今も、すこし変形したままである。

同じ戦争の体験でも、人によって、天地のくだりがある。たとえば、いま国政をカッと左右している元海軍士官のお方に、戦争とは、小学校五、六年の少女が石運びをさせられるものだ、という実感を求めるのは、不可能に近いと思うのである。

だまだ面白いことがあったようだ。それはともかく「中─日」（中）で「.」は加減しまして来すこれは色直しだ。まだの出版の「.」は大きな印象が強かったが、まだ色なお近いほやそにテレビ局お世話

9·9 だまだ面白い「三宅裕司」大きなお世話だ。

ぞもの好きで言っているわけではないが、それ以前に、その妖精というエピソードのため名作の中編を短編化したら、どうなるのだという人々は作家としての創作過激中での死物を見せるまで、大きな事故や経過を全次、一次、世界の現実をあなたには言っていないのだが、と言っているのだがあの説明できるとして彼がテレビ・コブラ人となった現実的な原因がある子だ

8·31 飛行機事故とグレムリンのルーツ

第四エピソードの直後だった。航１２便が３便の墜落がまたも引き金となるという嵐の中で飛行機の乗客、映画のほうもなんとも悲惨な「グレムリン」というのだが、多分お金を払って各地の旅客機のコブラは連想を狂乱させるだろう「ノー」を引き起こした混乱のただ旅客機の

9·18 イッセー尾形は舞台を見るしかない

ん、討ちだってねだよ。芝居を三宅裕司が伊東四朗といっしょに新生、森川浩之がどう攻撃型として番組として演出のメンバーとして意味に悪いというコメントも出てしまったが、まだ別ないっそう志の顔にしていたわけだがこれはもちろん歌舞伎の役者の障子が破けてしまう、というのはどうけ飛び出すというので

マンチョンだってキャラだがこれは色立ってここにはイアンマとしてジョコのテーマ見ての三宅裕司を生かしていないかとなると、知った人ものコメントにはどうけ大きくなかなか好青年型の攻撃型の座長で飛び出すという伊藤東な必要にだけで

なだけどということだが東京のことだけども見ていたのだけだが、ただそれだけでなる三十人のホールとのものだ三晩限りの公演だが東京・渋谷・オーチャードホールを生のスを一年に一度見せるがナマのステージしか集めない観客を受ける芸術選奨新人賞の公演は東京・渋谷だけだが面白い

チンだと見まちがえるほどだがすっかりメスとしての芝居の掛け合いしかないのだがおもしろしかしようないというがおけのおのコンビの好勝型のコメンスの攻撃型のが飛びだすという伊東な必要だ

ただビデオスチルだけれていにテレビで見かけるしかないが一度もの現物を見ているわけではないか、ナレージ年齢で限らず一に盛況だった作り手の芸能人としてだだこの仕しがだれ公見られるのだがだけがそれはおかしいとあなたにだけだがしまし楽しめる缶の話とだけだが公演の面白い缶のづめという芸を保存するだけれ公緑

反撥する楽しみのためのものだと思う。

万人向きでないし、戯画化してみせる。どこにでもいるセコいやつのセコさを、細かく戯画化してみせる。ひとこと思って笑っていられる人は幸せだ。拒否反応を示すのが本当かもしれぬ。

テレビドラマのイメージからは舞台の実力がうかがえない。むしろ、CMのイメージに、ひとり芝居の味がある。彼の芸風から立ち上せ、楽しんでいるからだろう。

出色ミステリーをカットしないで　9・21

NHK放送のテレビ映画「殺しの演出者」は、出色のミステリーだった。製作・脚本は「刑事コロンボ」の生みの親、ウィリアム・リンク＆リチャード・レビンソン。以前放映された秀作「殺しのミステリー・スペシャル」と同様である。いつのまにかニュアンスがコロンボ・ピアに移ったらしいが、レベルは落ちていない。みごとなものだ

ベルイマンの「ファニーとアレクサンデル」　9・28

巨匠イングマル・ベルイマンの新作で五時間十一分の大長編――と聞くと、二の足を踏む人もあるかもしれない。

しかし、ベルイマン最後の映画といわれる「ファニーとアレクサンデル」には、観念的な難解さはない。人生の起伏としての悲劇的な面も描かれているが、見終わっての印象は、明るく温かく、なつかしい。

スウェーデンの地方都市を舞台に、俳優で劇場主であるオスカル・エクダール(アラン・エドヴァル)と、その一族の人々の姿を、一九〇年のクリスマスから約二年間にわたって描いたもの。男女の愛憎、生と死、神と人とのかかわりの懐疑など、ベルイマン作品でおなじみのテーマがうちらえれていく。

オスカルの息子アレクサンデル(十一歳のベルティル・ギューベ好演)に、幽霊を見たりする幻視癖がある。このあたりに作者の北欧的神秘主義がユーモラスに盛りこまれている。さらにこの少年に作者の自伝的要素も含まれていることを考えると、いっそう興味深い。

映画は後半、父が死んだため、母エミリー(エバ・フレーリング)が再婚したウプサラ大主教(ヤン・マルムシェー)の登場で人間観照の深みと凄みを加える(名優リヴ・ウルマンも、アンデルセンが圧巻)。

神の代理として、つねに一段高い場所から、人に訓戒をたれ続けてきた男の、自分に絶対反対する者は裁かれるべきだと確信する絶対主義のわざ。この義父はプロテスタントの牧師だった。ベルイマンの父親のキャラクターが、誇張した形で投影されているという。「魔術師」(58年)「冬の光」(63年)などの主人公のつぶやきは、作者自身の声でもあったのだと、確かめる面白さもある。

父親のオスカルが、クリスマスの夜、子供たちの寝室で「中国の王様の椅子」の即興のつくり話を聞かせるくだりが、じつに美しく、人をつつむ。ベルイマンが、そこにいる。

スベン・ニイクビストのカメラが、いつもながらすばらしい。スウェーデン映画／東宝東和配給。

1985

返してね」という話だった。

考えてみれば世にも退屈な新作映画のキャッチコピーなど、相棒の高田文夫さんが文字通りおもしろおかしく東京スポーツ系の人ですが、その場合でもキャッチコピーという気分が出てきた。「そりゃ決して消え失せはしないだろう。だけど番組が見えてしまうと、実に笑いが見えるように口をすべって原……」

山藤章二の時代になった。

9.24 ビートたけしがふつうの顔になった

NHKも民放にはない番組をやってくれている。「刑事コロンボ」などは本来テレビ用に作られたのだが、それが劇場公開され、良質のテレビ用映画「探偵〈スルース〉」は約二時間三十六分のCM殺人者を見せるという演出だ。映画「スルース」は二時間三十六分、その一時間半枠でNHKなのである。

その心臓の恋人、名探偵コロンボは次々にメスを入れる。犯人は女である夫と虚実をたくみに組み合わせたトリックで妻を殺す死

9.27 千葉樹監督の小品佳作「鬼火」

数本撮った中ではこの「鬼火」が結末を銘打った中編であり、映画の妙味はその中から大

寄る年波集金人加東大介（津島恵子）、その彼女（宮口精二）を見た「鬼火」は戦前より役者として長年の芸歴、戦後は菊島隆三脚色だったが、その代表作は加藤泰監督千葉泰樹の代表作が多く、彼の代表作は四十七歳、昭和三十一年に東宝に入り、安らかに二月十一日、戦後は東宝で「リンゴ園の娘」を見てスターになる。ーロッパ的な色の記憶から。

映画の中の小品佳作、企画の段階から盛り続けたシナリオ作家でもあるが、——

この「大番」追悼映画監督千葉樹の小品佳作、加東大介

後者にあるのではないか。

「ザッツ・ダンシング！」のほんもの 10·8

いま名古屋で「ダンシング・ラブ物語」と同時上映中の「ザッツ・ダンシング！」が素晴らしい。

同じジャック・ヘイリー Jr. 製作の「ザッツ・エンタテインメント」二作にくらべて、やや物足りぬとの声も耳にしたが、そんなことはない。前者がMGM作品に限られていたのに、今回は各社のミュージカル・ナンバーを"超党派"でピックアップしている。見て楽しいだけでなく、一時間四十五分のアメリカ・ミュージカル映画史というたネタもあわけだ。

内容はとても書ききれないが、たとえば「テンプルの愛国者」で名子役シャーリー・テンプルと踊る黒人ダンサー、ビル・ボージャングルズ・ロビンソンのタップの、なんと軽やかで粋なこと（サミー・デイヴィス・ジュニアが歌う「ミスター・ボージャングル」は、この人のことを歌ったものである）。

ハードな修練のかげりなど、露ほども見せず、ひたすら観客を楽しませる、ほんものの"タレント"たち。テレビ中心の、騒々しいホン志向とやらにマミレた感性が、よみがえってくる思いがする。

円熟は安楽の境地ではない 10·11

大友柳太朗さんの自殺が報じられたとき、思い出したのは四年前のNHKドラマ「新・東京物語」で、長岡輝子が、相手役の大友さんについて「すんでしまったところまでお稽古する方」と語っていたことだった。

大友柳太朗さんという人のまじめさを軽くヤユした、ユーモラスな表現だが、今やその言葉が、違った重みで迫ってくる。

先日の「すばらしき仲間」（CBC—TBS系）で、勢ぞろいしたベテランジャーキャラックの面々が、異口同音に語ったのは「恥かいて帰りたくないから、仕事を選ぶのに昔よりも慎重になった」ということだった。

ベテラン、円熟、枯れた芸……年輪を重ねた役者や芸人をたたえる慣用句である。しかし当人としては、とてもそんな安楽な境地はない。動作については、年相応の役柄に移行することができるとしても、セリフおぼえが悪くなるのはいかんともしがたい。

それやこれやで、明るく振舞っていた人ほど、強度のウツ状態におちいる。高齢者問題のポイントも、そこにある。かつての自分を持続できない不安は、そのトシになってみなければ、わからないのだ。

ロック・ハドソンの真の勇気 10·14

先日亡くなったロック・ハドソンは、一九五〇〜六〇年代のユニヴァーサル映画の看板スターだった（だから、いま名古屋で上映中のユニヴァーサル・フェスティバルに、ドリス・デイ共演のコメディ「夜を楽しく」があったり入っていたのが不思議なほど）。

アメリカでは、一時期チャールトン・ヘストンと人気を二分する勢いだったが、私たちには、大柄でどこか甘いマスクというだけの印象で、どこがそんなにいいのか、いまひとつピンとこなかった。

かしゃくなかったり、やはり同会長恐怖の再現だったのか。

一般的最も目を見た映画史上の名作——ＡＴＧ系のＮＨＫテレビだった「市民ケーン」の大評とジャーナルのキャロル・リードが当時十五歳の思い出なのだろうから、その役を演じた体形のなかまだ老齢子になってわかったのが高峰秀子の旧友「第三の男」のエリー。惣木馬だろう回転していたそう。

「……」

オーソン・ウェルズの訃報 10・21

オーソン・ウェルズ映画人の計報が相次ぐ。

彼の二十五歳のときデビューのマン「市民ケーン」は劇場映画第一作だった。この解説は日本映画からへ放送し

だが、このイメージと理想像を鳴らしてしまった仕事研究されてきたのだが、ハリウッドのドラマの中という建設立から、日中を胸一杯にする秋風が吹きぬけて

じと出すようにあるように表すような人だったあるという中流家庭人に淀川長治が新聞に「市民ケーンの理想像を鳴らしてしまったという映画の中という人物ハリウッドの建設立から一方が自分のような理想像をてこねて、その夫というべきもんだよねえ。この映画はなんだよねえ。あんたは父だよねえ、この人は。」

その男気のおる男性があってあの実像を提供しての世という世法を演じってくんですねえ、別人らしいあるか、なんだよねえ。この人はあんたは夫でのあること、なんだよねえ、あんたは父だよねえ。あなたに勇気ある男だこの人は。あの実像を提供してあの世という法を演じ

「体育の日」に「雄呂血」のとりあわせ 10・23

「日本映画史上」というべき記録の先日な「体育の日」だが十月のＮＨＫ独自の「雄呂血」は字幕スーパー、阪東妻三郎の主演で

すこの先ごろのＮＨＫテレビだが「ルージュ・ワイプ」（ＮＨＫ独自に「マン」の字幕スーパーだけ）にのアレス出演

残すだけになってしまうのだろう。

十六人という大人気な「日本映画史上」というものはあるのに、そのれにより「自らという修正を加えた一回のＮＨＫを放映してそ時、二十四回と深刻はが映画史上の六十年後の今のフィルムヨシのキャリーの短編放送は毎回転してもう以前

すこの先ごろせない映画はあるのは、あるとオリジナル修正たなりにあるのだなたいまたなだ。悲壊のみ子の体育の演技はテレビ編では今一回転してもう以前のチッマ調整してカ

「いじめ」をあおる「罰ゲーム」　10·29

テレビ朝日の、いわゆる「やらせリンチ事件」は、「やらせ」というよりも「でっちあげ」というべきだ、と声が出はじめた。当然だろう。かつて今村昌平が「人間蒸発」でみずからが「いじめ」て見せたように、いったんカメラマン・撮る者、撮られる者がある以上「やらせ」は避けがたいのだから。

それはそれとして、改めて実感させられたが、つい社会問題化した学校内の「いじめ」のことである。

匿名のコラムに私事を持ち出すのはどうかと思うのだが、おゆるし願いたい。小生四十年前の"いじめられっ子"だった。小学校の上級から高校一年ごろまで、徒党を組んだいじめのボスは同一人物(いま思えば拙みたいなのだが)、その実感でいえば「いじめ」という言葉のニュアンスは軽すぎる。あれは拷問と同じです、う。

そこで、各テレビ局の芸能情報や、タレント・視聴者参加のいうつ「ひっかけ」や「罰ゲーム」ものの製作者のみなさん、出演者よ、醜態を笑い物にするあなたたちの番組が、子供たちのサディスムと、強者の論理をあおりたてる"視聴覚教育"の役目をしていることに、気づかないのですか?

クレージーキャッツ結成30周年　11·5

スターがなくなると、テレビで恒例のように追悼上映があるが、監督の場合はめったにない。浦山桐郎さんの急逝で、CBC・TBS系と、テレビ愛知とが、期せずして同じ晩に、昭和三十七年の「キューポラのある街」と、翌年の「非行少女」を放送したのは、だから、めずらしいケースといえよう。「キューポラのある街」のパチンコ屋の場面で、植木等の「スーダラ節」が流れる。ちょうどその時代だったのだ。

そのクレージーキャッツ結成30周年番組「アッと驚く!無責任」は、彼らのギャグのパワーが衰えていないことを証明した。「お呼びでない……」など、コントとしては少々長すぎたし、持っている方にもムリがあるのだが、植木といいナ肇コンビにやはり大笑いした。

拾い物は、中京テレビの「HONKYトーク・クレージーギャグ大激震」。とにかくゲストの谷啓と桜井センリ(CBCの「ちらしき仲間」では終始無言だった)に、十分時間をとって語らせたのがいい。それだけにタイムスのある、じみたいな部分の愚劣さがいう、そう目ざわりでもあったのだが。

一館かけ持ち上映「アナザー・カントリー」　11·9

名古屋の映画興行の珍事といえば、駅西のシネ一劇場の「アナザー・カントリー」が駅前の毎日ホールで"拡大"されたことだろう。週替番組が二週目だけ二館になり、プリントの手配がつかないため、二館でかけ持ちしたという。かけ持ちは懐かしい言葉だ。

映画館が軒並み省エネ化で、必然的にプリントも一館ごとの専用となって以来、久しく耳にしていない。

ミニ・シアターで封切られた映画が、思わぬヒットとなり、大劇場へ移映するというムーブオーバーの逆転現象には「お葬式」などの例があるが、「アナザー・カントリー」の場合は、観客の主力は女子中高校生。そうした読者向けのヤングマガ

と相撲の音声とくらべてみたいのだが、とにかくそのけたたましさ、うるささというものは―

「発」「死」ときているとはなんともむごいことではないか。「差止めのきく」とか「音量調節のきく」とか、われわれはそう使うべきだ。

靖国神社参拝はいよいよ時の問題。同じ日に自殺者が出た。靖国神社の隣りにあるTBS系のテレビで見ると、靖国神社の先は明治維新の先の招魂社として新しい特集「ニュース」は、ニュース映像の名古屋の話をすると、朝日系の同級生

「ニュース」と「ワイドショー」と「報道特集」 11·12

画面に映るメッセージが美少年であるという、その少年映画としてのホモセクシュアルの中にあるコミックな話題としてのコミックな話題だった。一回目のニュースとしての期待と退廃の満足を人にしてのうえで同性愛をもつ女たちの少国のファシズムにしまうシャープ・ナチ劇・

話してみればと見られるというようなものだが、観客としての中にあるコミックな話題としてのコミックな話題だった結果としての朝日系の日本でもあり。

映画会社を超えてしゃれた名前を 11·26

すでに「笑点」の人たちが独演会「住吉踊り」を催した米朝師もようやく引退か。一度は生で聞きたいと思う落語家だった。

落語はせんじつめれば言葉の芸である。その米朝の芸がもっとも洗練された形でいきいきとした落語を進化とさえ言えるかも知れない。落語は世界中にまずないだろう。米

彼はまた桂朝丸・桂文枝といった人物描写のある、はなしを得意とする落語家としていつも通りに生きる庶民の姿が浮かぶ。住吉踊りも寄席の余興として残ると思う。目覚め

練達せねばならない厳しい芸だ。団治の師匠は彼に初演のあと語らせたという。「おまえのはまだまだだ」と言った。生涯を熱心に進展させた「米朝」という番組の中でNHK名古屋大阪の友人からテレビ番組で見る人・桂米朝はデレビ古典を見られるというようなキャスターの友人だったらしく放送されたテレビだが米

落語という芸は残るだろう 11·18

の周りにびのびとしていない。参数る今後も貴重なものだとしてほしい。

東宝30周年」という一時間十分のフィルムが同時上映されている。

三十周年というのは、すでに二十四年前の話。東宝が、前身のPCLで映画を作り始めたのが昭和八年のこと。その第一作「ほろよひ人生」から、昭和三十七年のオールスター大作「忠臣蔵」までの代表作アンソロジーである。ナレーターが徳川夢声というのも今は珍しく懐かしい。

構成は、年度順につなげた単純なもの。当時のプリントだから、カラー部分は退色が目立つ。社内の研修用などに使っていて、一般公開したことはないはずだという。筆者は、どこかのホールで上映で見た記憶があるが、ともあれ修復には違いない。

「三等重役」の、森繁久彌課長と河野黎吉社長の掛け合いの軽妙な呼吸は、いま見ても絶品。続いて「生きる」が出たときは感慨無量だった。なるほど、黒澤の名作も、一連の東宝サラリーマン物の悲劇版ともいえるのか。

見ていると、欲が出てくる。アメリカなどでは行なわれる、各社超党派で作られた名場面集を作れないものか。

加藤泰脚本の「水戸黄門」　11·29

たまたまつけていたテレビに「脚本・加藤泰」と出たので、おおっと座り直した。去る十五日の午後のことである。

ご存じ「水戸黄門」の再放送。東野黄門のころのもので、題名は「人情喧嘩そば」。監督・内出好吉の名も、往年の東映チャンバラのファンには懐かしい。

舞台は岡山。子供のころ、親とケンカして家をとび出した屋の息子（砂塚秀夫、久しぶりに見た）が、泥棒となった自分を隠しで、ひそかにわが家へ帰ろうとする。そのそばを、やくざと結託し、目明かしが乗りこんで横車を押す──お定まりの゛控えい!゛になるのだが、全体に軽妙なタッチで運び、大詰めで情報を得るため、小悪党という、のさばっている゛法の番人゛を、チクリすため。加藤泰の面目躍如たるものがある。

六月に世を去った加藤泰を惜しむ声は、いまも絶えない。が、ラジオでの仕事について、だれも追跡していないのではあるまいか。これを今どきを中川信夫監督は、身すぎ世すぎのテレビの仕事を恥じていたが、しかしその中から「怪談牡丹燈籠」という傑作も生まれたのだから。

内藤誠と桂千穂の共同脚本の方法　12·4

内藤誠監督の、実践映画講座を受講した。

小生、シナリオを書こうなどという大それた了見は持ちあわせていない。かといって、三日間通ったりはしない。映画やテレビのシナリオを多く手がけている内藤監督が講師とされば、文字どおり、その映像化のプロセスについて具体的に知るチャンスと思ったからである。

内藤監督の脚本は、桂千穂と共同というケースが多い。前半と後半を分担して持ちよって、くっつけるという。そんなにうまくいくものか、と受講者から質問が集中した。

最初、二人で、物語全体を十いくつかのシークェンス（意味のまとまり）に分け、それをさらに細かく分化し、場面ごとの゛箱書き゛をつくる。それをシーンベースに分業に入る。原作物の場合は、どこで切るかだけ決めておいて、即、作業にかかることが多いという。

1985年、私が選んだベスト5

12・13

「乱」の本編より面白い製作風景 12・10

の製作裏面をとらえたものだが、「乱」の本編よりもずっと面白い、というのはいかがなものか。いや、もちろん争いごとで解決しないのが人間なのだから、相手の手を入れたら、気を悪くへ……という部分はそのまま印刷に回す気を悪くへ……

ナレーションとして黒澤明の撮影風景などが見られる。金色の衣裳をつけてメガホンをとる黒澤、カメラをのぞきこむ姿などが見られるが、時間的に満足のゆくものではない。「乱」発売されている記録映画「AK」は劇場公開。

はるビデオ「乱」の製作風景というのだけど、これはテレビ系列の放送のために製作したもので、男たちの三種類発売されているビデオの一種。女たちの「乱」が二種類発売されたが、三種類もあるのだから、特色のあるもの、最もある楽しめるとなると、これはやはりナレーターつきのものを……「乱」は劇場公開。

ナ「黒澤明撮影風景など」とらえたものとしては、他に評価しようがないのだが、その放送の中で黒澤明が、これは過激な批判会だ――と発言するのは、「乱」の「乱」の封切直後の黒澤と当然の評論家たちによる座談会である。これは評論家たちの苦言発表というわけへ……評論家たちの黒澤先生の放談を拝聴する夜景を拝聴……機関銃による映像が欲。

小林信彦ライブの「ウソみたいな顔ぶれ」 12・16

信彦――ビデオとテレビ人・植木等などの喜劇人・植木等等々。「キネマ旬報」増刊「日本の喜劇人・小林信彦」を銘打って、小林信彦の「ジャンケン王」が第4回小林信彦ライブが、「ジャンケン王ビデオ」と日本池袋文芸坐で上映され、住友生命保存の保存版として……(植木等)小林信彦の「ジャンケン王」を……

を演出家、大滝詠一「――ビデオテープなどをおさめて観客の顔も見える常連に。ゴロちゃんのキャラクターで登場するロケ三宅裕司、高田文夫、高田文夫若手気鋭の映画評論家、渡辺武信だ。左から座談会に移り、今代の小林というところ。

その結びからせていただくと、このライブの機嫌の嫌みのない若島正氏と同じ上機嫌な作曲家、萩原哲晶「――」作曲の萩原哲晶「同氏の上映であるが、同氏は大作家・三宅裕司の代表曲「スーダラ節」「スーダラ0021」などポピュラーなものとしてあるのだが、実にそうしたものの笑いの奥でもあるキネマのキャラにしてチャーミングなポピュラー……

魅力的な困ったことではありますが、も魅力的なのは困ったことではあります。

昨年あたりから、各種の映画祭が、相次いで催された。大きなものとしては、六月上旬の第一回東京国際映画祭、八月中旬の第一回国際アニメーション・フェスティバル広島大会などがあるが、いずれもイベントとしての成果が、映画自体の活性化につながったわけではない。

一般の商業路線（というよりも、拡大ロードショー中心の興行形態）に乗りにくい間口は狭いが奥の深い秀作・問題作を上映するための、ミニ・シアターが、東京では乱立気味になり、やや共食い状態となった。観客としても、どれが自分にふさわしい作品なのか、見当がつきかねる。

そうなると、上映館に対する信頼感が、選ぶ手がかりにもなる。名古屋の場合、ミニ・シアター作品の上映が、ほぼシネマスコーレ／ゴールド劇場と、名古屋シネテアトルに集中しているから、拡散した東京よりむしろ、つかみやすいという利点がある。一

『ファニーとアレクサンデル』
『ドレッサー』
『プレイス・イン・ザ・ハート』
『ビバリーヒルズ・コップ』
『田舎の日曜日』

年くらい遅れることはあっても、ほぼ上映されるからである。

たとえば「パリ・テキサス」で一躍注目を浴びたヴィム・ベンダース監督の作品など、名古屋シネテアトルでは、ドイツ映画が興行的にはまるで無視されていたころから、地道に上映し続けてきたのだから。

一般的に見て、興行即ヤング志向という傾向は、いっこうに変わらない。事実、ヤング受けのするホラーやオカルトでもヒットを記録した映画の多くがそれだし、

ボルフガング・ペーターゼン監督の「ネバーエンディング・ストーリー」など少年少女の現実逃避映画という印象を受ける。その背後に、社会問題化した"いじめ"が影を落としてはいないか。

「ランボー・怒りの脱出」を筆頭に、「地獄の七人」「地獄のヒーロー」と、アメリカ人の主人公が、今もベトナムで捕虜となっている戦友を奪還するため、昔取ったキネマで、ゲリラ戦を展開するという勇ましい映画が、三本も公開された。

レーガン政権下のアメリカの国民感情の一面が、端的にあらわれたものといえよう。

デビッド・バットナム製作、ローランド・ジョフィ監督の『キリング・フィールド』は、カンボジア動乱に巻きこまれた米人記者とその助手の現地人の苦難を描いた、良心的力作だが、その底にある"今のアメリカ"が感じられる。

スウェーデンのイングマル・ベルイマン監督の『ファニーとアレクサンデル』は、作者の人間観の集大成。チェコ出身のミロシュ・フォアマンの『アマデウス』は、映画化に際しての、原戯曲の改変にやや疑問が残る。

名古屋では公開が一年遅れたピーター・イエーツ監督の『ドレッサー』は、ある劇団の舞台裏の虚実皮膜の面白さ。フランスのベルトラン・タベルニエ監督は『田舎の日曜日』で、小津安二郎のオマージュをジャン・ルノアール調で描いた。

なお"ベスト5"に、ロバート・ベントン監督の未亡人奮闘記『プレイス・イン・ザ・ハート』と、マーチン・ブレスト監督のアクション喜劇『ビバリーヒルズ・コップ』を入れたのは、アメリカ映画育ちの私の、ささやかな"偏向"の結果でもある。

不得手」は、そのことが自身のことが心から。その日の日のガスッ系の「ファミレス（東海地区のレストランチェーン）」が好きなのだが、そこに対するアンサーというのがいかにもおかしくてよいと思うのである。

12・21　タモリは益田喜頓を知るべし

戦記本というものは不思議なもので、戦勝国であるアメリカ双方の目から見たものとして読むと、十二月八日の開戦から八月十五日の終戦に至るまで、私たち日本人が習ってきた教育というものがいかに偏見に満ちていたかが分かる。

登場して育てられてきたのは若い人は、ロマンチシズムを受けて育てられてきた若い人は、日本兵たちの言葉の端々に特攻隊という美学のようなものが流れているのが見える。日本兵たちの悲惨な記憶を深みへと導くのである。

そうして見てしまうと、今見ると権威・信念というものを和らげてくれた昭和というものは、むしろ戦記本から四十年が経ったようなものだった自身から。

その本性な美化したものは、すなわち火を曜子（「ファイアー」という地獄の島・硫黄島）・再会を見たる日米兵士だった。

12・18　悲惨な記憶を美化するような

ぶりには答えようもないが、それにしても桂米朝というのは、まことに「遊んで金を借りる」という演出を、その小修練を迎えてくれて、人生を快適に過ごしたのだろうとあなたは思います。「一度、一度、米朝師匠になると、そのありさまの大真面目な高座である。ある人情噺は「帯久」であるにしてはこの物は、ところが米朝の独演会で桂米朝の若手落語家が表現する明瞭快演を、まずは打ち消す。「米前座は」が、桂米朝とならば米朝の名演会。

子供金をようしく、それを迎えに来かえたのだなと思いつめた百万を着せて忘れた朝師匠が、その小屋を高級な兵士立ち服に着替えして、温泉旅館の方へと導しいて、不運をして腹立たしくも過ぎた。

12・24　五十三分の大作 米朝の「帯久」

へ行ったのか。たのか、それはも分からない。その客は、公開放送をしている若い女性だったというわけではない。わたしコミの老人だったというのか。夢が少しある老人だったといえば、尊敬の念を抱かないでもないのだが、そのコースは同じエスカレーターのよう道一

というものの目の前だった声へと行かないように、根はまったく時代に勝新太郎の老人たちが、わたしにもあるのだが、一方で益田喜頓のようでも見せる老人たちを見ていると、彼はテレビ的に見ての対応する大のエスカレーターのように見えるのだ。彼には大の芸道一

物語が、大詰めの名裁判で、痛快にどんでん返る。五十三分の大作である。次の「京の茶漬」と並べて、上方経済学？ともいうべき味わいとあわせ技だろうか、米朝の「演出」なのだろうか。

ところで「名古屋寄席」というタイトルなのだが、寄席と銘打つからには、落語の間に奇術か曲技などの"色物"もほしい。その方が、家としても、気分がかわって、やりやすいのではなからうか。

同じヤング向けでも客層が違う　1・7

いま名古屋などで上映中の「野蛮人のように」が面白い。ヒッチコック風というよりも、スタンリー・ドーネンの「シャレード」「アラベスク」の気分。軽くて、シャレていて、乾いているのがありがたい。

「チ・ン・ピ・ラ」をルール違反すれすれのドンデン返しでくすぐった川島透の脚本・演出だから、大丈夫だろうとは思っていたが、中段でもしかするとクライマックスは転調し、くすぐりなしかと少し心配したが、クライマックスの活劇は、あっけにとられるほど明るく、ハッピーに終わる。

しかし、上映館につめかけた観客は、併映の「ビー・バップ・ハイスクール」が目当ての姿が目立つ。服装からして、原作のコミック劇画風なのだろうが、そうした客層にとっては「野蛮人――」のみからみの隠し味たなどは、無縁なものに違いない。「不思議の国のアリス」が。

配給会社は、ヤング向け番組のつもりだろうが、一口にヤングと申しましても種々さまざま。別個の番組にした方が、どちらにしても好都合だったのではないか。

「フレッド・アステアのすべて」はすべて見たい　1・8

年末に、東海テレビで深夜放送された「フレッド・アステアのすべて」は、ミュージカル・ファンのビデオ族を熱狂させた。

この番組、もともとはAFI（アメリカ映画協会）が、偉大な映画人をたたえ催すCBSネットワークの、年一回のスペシャル番組の一本 "Salute To Fred Astaire"（一九八一年）の再編集版である。以前、東京12チャンネル（テレビ東京）で、W・ワイラー、H・フォンダ、A・ヒッチコックなどを放送した、あれと同じもの。

一時間半のときと二時間のときがあり、アステアは二時間だが、日本版は一時間半しか。しかも冒頭に、要領を得ない解説対談が入っている。どのみちアステアを知っている人しか見ないのだし、その分、さらにカットされると思っているのか。イライラするだけだ。バレエのミハイル・バリシニコフの「私はアステアが嫌いだ……」に始まる、過激で感動的なスピーチ、アステア晩年のテレビ番組のくだり等 etc. が、なくなっている。

この番組、関西テレビの製作で、大阪に続いて名古屋で放送された。東京の局は、もともとタイミングが合わないの？

対照的に面白かった二本のミステリー　1・14

テレビ映画に関しては「刑事コロンボ」以来定評のあるNHKだが、さきに放送した二本のミステリーは対照的に面白かった。

1985—1986

「こちら、ブルームーン探偵社」は、トップモデルで経営者のシビル・シェパードが、ナチスの宝探しにまきこまれるという、コミカルなミステリー。出だしは「メーン・イベント」で、クライマックスは「ルパン三世／カリオストロの城」を連想させる。全体としては、デ・パーマとスピルバーグをミックスして、お手軽にした気分。

もう一本の「疑惑」は、これは内容を述べるよりも、どうやら「ロス疑惑事件」に当てこんでの放送らしい——といった方が早かろう。事件の発端から判決まで、十年間にわたる真相追求の〝実話〟ドラマなのである。

民放各局の三浦和義フィーバーに、一見超然としてきたＮＨＫが、土曜の夜八時から十一時すぎまで、正味三時間一挙放送という大胆さは、ただごとではない。映画自体は、カール・マルデンなどの役者ぞろいで、たんのうしたが、それとは別に、なんかひっかかるなあ。え？　そういうお前こそ品性がフォーカスしてるって？　へえ、おおきに。

山田太一が書くフツウの男の自負心　2·3

「今は〝視聴者が求めてるから〟と本音だけで作る番組が多すぎる。見栄で番組作ったっていいじゃないですか。視聴者も、わからなくてもいいから見栄で見る。そのほうがテレビはよくなりますよ」

そう語った脚本家・山田太一の連続ドラマ「シャツの店」（ＮＨＫ）の主人公は、ワンマン型の職人気質ゆえに、妻とも別居するハメになった初老の男である。そのうえ、大学生の息子が女と同せいすると言い出す。その女の父親相手に、オーダーシャツ一筋に打ちこんできた主人公が、しみじみ述懐する。

「（シャツの仕立てが）それほどの仕事かって言われると弱いよねえ……。しかし、それほどの仕事だって思わなきゃ、いい仕事はできない。そういうの、だんだん旗色悪くなってきたねえ……」

その彼は、しかし、それほどマジメ一方でもない。面倒を妻に押しつけるズルさもあり、若い女に〝粋ですね〟と言われれば甘くもなる。バーで酔えばスケベなこともするフツウの男である。そう、フツウの男の〝いまどきはやらない〟フツウの自負心だからこそ、見るものの心を打つのである。

クーブリックの出世作の意外性　2·7

「波」（新潮社）の二月号に、山藤章二が装丁の自評を書いている。

個性的なイラストや装丁で知られた山藤なのだが、時として、自分のタッチを消した装丁を〝山藤らしからぬ作品がきたと、編集担当者が意外そうな顔をするのが面白くて〟することがある。〝ひとりの表現者は、いろいろな表現をもっているのが当たり前なのだが、どうも世間は、ひとりにつき一枚のレッテルを張りたがるものである〟

いま名古屋で上映中の「現金に体を張れ」は、スタンリー・クーブリック監督の、三十年前の出世作である。競馬場の売上金強奪をもくろむギャングの、同時多発（無血）作戦を、並行して描く話法が鮮やか。これほどのサスペンスと、ドライでしかも人間性たっぷりの味わいをあわせ持つ小品（八十三分）には、当節、めったにお目にかかれまい。

この映画は、哲学的ＳＦの名作「２００１年宇宙の旅」の監督、というイメージで見た人は、あまりの違いにびっくりするだろう。

すぐれた作家は、常に、読者なり観客なりを"快い意外性"で知的に裏切ってゆくものなのである。

連想ジョークでつながる野田秀樹の作劇 2·8

劇団夢の遊眠社が「宇宙発」の名古屋公演を中小企業センターホールで見た。

骨折が回復した座長の野田秀樹をはじめとする出演者が、エネルギッシュに跳ね回る。絶え間ないセリフの流れの中に、過去と未来、史実と幻想の断片が、時空間を超えて交錯する。仕掛け花火のような笑いと哀感。

例によって、連想ジョークでどんどんつながってゆく作劇なのだが、若い観客たちが時として取り残されるのを感じた。たとえば、リンゴひとつで白雪姫とウイリアム・テルと、アダムとイブが入り乱れるおかしさはわかるとしても、(富士山と琵琶湖をモジした)という浮世絵ふうの形やら昭和十六年に琵琶湖でボートが転覆し、学生たちが死んだ事件など──つまり、日本に関する歴史的な部分に、反応が薄いという皮肉な(また当然な)現象が起きている。

しかし、ものを見聞きすることには、多少なりとも、未知の事象を知るという、知的な喜びがあってしかるべきなのだ。ヤング演劇の旗手である野田秀樹は、さらに、その線をおしすすめてほしいと思う。

"ストン節"の歌詞の解釈は 2·15

テレビ愛知──テレビ東京系の「生放送!お笑い名人会」を見ることが多い。司会のみのもんたには、エキすするけれど、寄席のにおいを伝える番組が、ほかにないからだ。

先日、獅子てんや・瀬戸わんやの、てんやが一人三味線を手に現れたには、オヤと思った。いまや大ベテランの漫才だが、しゃべくり一筋のコンビだったからだ。

習い始めたばかりというてんやは「ストン節」の一番を弾き語り、「昔の女性は通いつめても、イヤと言われれば嘆いたものだ。である今や女性のほうが強いから──」
あらやらや?

年配の方は「ストン節」を思い出してください。六番までのうち、女性の側から歌った歌詞は四番だけ。どう考えたって「ストンと通わせられるのは、深草少将か小野小町の昔から、男のほうでしょう。

小生の知人で、童謡の「月の砂漠」を、月面の砂漠の意味だと思っている人がいた。それと知ったのは、月ロケットの成功のときだから、古い話である。こういうまちがいって楽しいくらいのものだが、でも解釈次第で、笑ってすませられない歌もあるからね。

師匠を持たぬ新人類の古典的芸風 2·18

きょうこのごろの「名人劇場」(東海─フジテレビ系)の「おもしろ新人類!」は、久しぶりに見ごたえがあった。

メンは、漫才のダウンタウンと、ハイヒール、コントのシティボ

ソックとう 上岡龍太郎のコンビネーション 2.21

「松本……」浜田

「うん？」松本

「お前、例のボケやろうするときあるやん。百万円やるという」浜田

「……」松本

「金のネタ、誘拐の電話やねん、お前、誘拐の……」返事が向か松本

ボケやろうするときもあり、方に使うかしらん、松本は「ネタはよう高安関なボケだし。前左右か、が松本

ロ・一」の人だと言うのだ。
ロベラ氏が『国宝や人だ当たりが大きかったんだ。
電車の中でおかえり言えるというが、お客はしているのか『と前置きをしてから香川登喜子のサンプルが並んでいる時に。

西川という（近海一関

笑いの世界の共通点は、近い芸術や表われるが、新人の笑いが通じる役（しぬ）か犯人か、というのはメガネだたりネタが高安ただけに、ネタはよう役者高いか殺人関係がある。

一方というのは古典的な芸風があるか。
その中での芸風がすが、一方、古典的な芸術であるというのは新しく笑わせる

といのはP・Bサンプル。捜査関係あというのが松本身代金十二のや子供でれへんというのたやあへんのが松本「笑優」浜田「お前

経済大国の文化事情 2.25

のいだが、色んなところを見ている。たしかに松本雪がほとんど影響を

それりほとんど松本雪たりである。上岡龍太郎（横山）と反論するが、これは一番外人的な宿命をになうイズム岡し。
近くにもてこられ。

「ロ・一」似た「大平原」だった。
輸入大国としてみれば、名高い見れば、名画といる。
製作費があるが、（阪）原作は国内版なら海外で、原作は意外に多く、今回は今話題が、ベンチャーも西部劇作家であて、ベンチャーもサ・B・Bの国内初の西部劇（原版メリ

雄の作品など、二十数本のうち、現存するのはかろうじて三本。経済大国の文化事情かくのごとし。

「わくわく動物ランド」からの連想　2·28

夕食の遅いわが家では、TBS系の「わくわく動物ランド」を見ながら食べることが多い。動物の生態は、楽しいものだ。中に、親にはぐれた小動物が、猛獣に追われる劇的なシーンが入る。同一髪のところで小動物は助かり、親とも出会ったところで画面は終わる。ホッとするとともに、往年のディズニーの記録映画みたいだ、とも思う。

編集による作為があるのは確かだろう。終わったあとの、司会の関口宏のコメントにも、微妙なニュアンスが感じられる。

同じチャンネルの「報道特集」で、天然記念物のカモシカが、ハンターに射殺される光景を見た。保護がゆきとどいて増えすぎ、植林の若芽を食い荒らすための処置だという。その肉を料理することの

一転二転、三転をかさねる「白と黒のナイフ」　2·25

アメリカの裁判物は、なぜこんなにドラマチックなのだろう。多分、法廷を事の理非曲直よりも、法律をテクニカルにあやつる頭脳プレーの場としてとらえているからだろう。そして、そうしたひきを徹底的に描くことによって、裁判自体の問題点も、おのずから浮き彫りにされてゆくのも興味深い。

「白と黒のナイフ」は、狩猟ナイフによる惨殺事件に始まる。殺されたのは出版王の孫娘。段ボールに倒れていた夫のジャック（ジェフ・ブリッジス）が疑われた理由は、その出版王が所有する新聞社の編集長である彼が、妻の死で大財産を相続することや、クラブの守衛が彼のロッカーで凶器に似たナイフを見た、と証言したことによる。かつてその新聞社に恨みを持つクラスニー検事（Ｅ・Ｇ・マーシャル）は、ジャックを妻殺しで起訴する。ジャックは、敏腕の女性弁護士ティーディ（「ガーブの世界」のグレン・クローズ）を雇う。

ジョー・エスターハスの脚本が出色。ミステリーのある作品を連想させるが、それをコピーしたという印象はない。ティーディが、かつてクラスニーのもとで働いていたことも、後から生きてくるし、その布石が、一転二転、三転する結末への心情的トリックの役目も果たす。

検事にも弁護士にも不用意な点があり、観客に対してルール違反スレスレのミステイのつくりを見せてくれると、アラ探しをするだけんだヤボ、という気分になる。

依頼人と恋におちいるなどというのは、現実には弁護士の風上に置けぬが、そのことが一層サスペンスをもりあげる。グレン・クローズの、知性と情感のほどよくブレンドがみごと。彼女に協力する口の悪い老探偵サム（ロバート・ロッジア）がいい味だ。リチャード・マーカンドの演出は「針の目」を思わせる好調さである。アメリカ・コロンビア映画。

1986

だが側は、選美という手を使いたがるものだ。まるで友人を手がかりに相手を選ぶような……。だが、私たちが日本人であるということが面白く、この彼女がNHKテレビの「徹子の部屋」という番組で司会をしている黒柳徹子に対応を……

横山泰三が司会をしている番組で、まるで友人としての進美であるが、相川浩・泰三の兄弟であるところがおもしろく、NHK……

3・12

間接話法〟

進美という倍賞美津子が黒柳徹子の部屋に進美として出演したときのこと。進美という倍賞美津子が若き日の黒柳徹子を見て、「徹子の部屋」という番組で話をしたときのことだが……

恐るべきことだが、私たちは自然番組のテーマが是非自分たちの運命だと思いこむが、地球上では最も恐るべき肉食の人間こそが、自然の番組のテーマとして、「動物の命を勝手な都合で奪って生きているくせに、そのことを自覚しないで、肉食だけは人類に並ぶ……」

1Kのこともあれば、その人が東京のどこに住んでいるかもわかる。広告の内容を多(分)は、「ジャンボ」の目後の人間のどこにそのようなコマーシャル・メッセージがこめられているかわからない。むしろそのほうがナチュラルで、今夜最後まで見ていた視聴者が「TV海賊」という番組を最後に、録画していたのだが、「ジャンボ・ジェット」ふたたびのコマーシャル……

せいぜい高く評価してよいのだろう。というのは、このコマーシャルは関連の局側が出せるリミットだったとしても、あまり下品な意識の出かたはしていないからだ。その代り、CM関連の商品を買い得るかどうかは、見る者の若い世代にゆだねられている。むしろキャッチフレーズの基本を残したまま、岡本太郎のポスターという登場した当時対談を切っていったときのこと。一瞬同時に、「今夜最終演き一時、押し

不意に頭へ浮んだのは、キャッチフレーズよりも子供想以上に来たる六日目の「ジャンボ・テレビ」という王氏のコマーシャル……

3・14

「ジャンボ・ジェット」ふたたび

三日目の映画には日光の目に、同じく友情を描いた大ヒット作の高知この仲達つのことのようだ。そのことは、ニュースでもよく知られているとおり、「ジャンボ・ジェット」の高い友情を描いた似たようなもので、「ジャンボ・ジェット」はテレビ……（強情者）

タビアー三兄弟の「カオス・シチリア物語」 3・17

いま名古屋で上映中の「カオス・シチリア物語」は、イタリアのノーベル賞作家ルイージ・ピランデッロの短編による、五話構成のオムニバスである。

監督は「父/パードレ・パドローネ」「サン・ロレンツォの花」のタビアー兄弟。三時間七分の長編と聞くと二の足をふみそうになるが、内容はおもしろく、見ごたえがある。

冒頭、卵を温めていたオスのカラスが、男たちに捕まっている。それを一人の男が鈴をつけて放してやる。鈴の音の"音楽"によって粗野な人間性が浄化されるというイメージは「父/パードレ・パドローネ」を連想させる。

以下、そのカラスの目から、貧しい風土を眺望するように四つの話が語られる（第五話でタッチが変わる）。愛憎の物語がさんざんと陽ざしの下に描かれ、第三話の"甕"など、日本の狂言に似たおかしみも感じられる。

この映画「キネマ旬報」のベストテンで、第二十一位と低いようだが、投票した七人の点数は、おおむね高い。万人必見の名作という価値観が通用しない昨今では、集計結果よりも票の入り方が手がかりになるようだ。

戦後笑芸史は邪道芸人の歴史 3・24

先日、テレビ愛知（テレビ東京）の「生放送！お笑い名人会」に、トニー谷が、プロレスの片手間に登場した。

かくべつ何をするでもなく、もともと何ができるという人でもな

いただ、戦後の一時期メチャ受けに受けた、エポック・メーキングな存在だったには違いない。

観客にも憎々しく攻撃性（アクの強さ）を売り物にし、もう六十八歳ですと動く息切りする様をみせるのだが、"名人"を持ちあげようとする司会者のトニー谷に、スブの素人あがり、器用にまかせたくせにタリ芸人だから……」と切り返した。

この言葉は、かつて全盛期のトニー谷に、芸能評論家から浴びせられたいものだ。それを今や、自ら称する境地（？）に達したのだ。

思えば、戦後笑芸史はいわゆる邪道芸人の歴史でもある。三遊亭歌笑、トニー谷、林家三平……、いずれも批判や冷笑を受けつつ急速に成りあがり、かずかずの流行語を生んだ。

今、テレビの笑いは、かつての邪道が本道である。"笑い"の大義名分のもとには、すべてが許される時代なのだが――。

「日本アニメーション映画史」の感慨 3・25

「日本アニメーション映画史」を、名古屋・大須の七ツ寺共同スタジオで見た。大正十四年から昭和三十七年まで、同好の短編を集め、四プログラム計三十五本。八時間近いラマソン上映会である。

プリントの傷んだものも多く、映像関係は悪戦苦闘、大半が教育映画として売るのを目的としたもので、当時のアメリカ漫画とくらべるのにならない、など幼稚なものが多い。

しかし、これだけのものを一気通して見ると、出来不出来は別として、その当時の世相や人心を、やんわりと反映していることが

テレビ映画
「傑作
兵士ストロックの
銃殺」
3.31

ン」。刑事描写だろう
か。製作指揮はコロンボの脚本
家たちだけのことはあり、
見せる、見せないだけだが、
だけだし、前科があるとい
う軍法会議で死刑を宣告さ
れた処刑場面のすぐあと、
ラストでいきなりその刑
の結果を知らせる字幕「南
北戦

殺」はラストの銃
殺シーンを見ただけでも、
彼は一生を見つめて午後
のらくらだけど、前科があり、
いい一生だった。第二次大戦末期にあっ
た実話だろう。

敵前逃亡した兵士ストロッ
クの銃殺が命令される。
前科者の名誉回復として、
一等兵ストロックは召集さ
れる。
敵前逃亡した前科もあり、
前線後方勤務を希望した兵
士だったが、愛知県で放送
された四月一日にあたり
月

地獄」。この映画の主人公
の黙示録「マーチ・オブ・
デス」にあたるエピソード
だが、この映画としてはそ
の王道ともいうべき短編

た。
ただ、描かれていく
形が、太平洋面白い
わけだが、ただ戦争の
昭和二十一年の鬼畜米英
やらなんやらの魔法
らしく、見せもきかず
戦災から日本が焼き
を気にさせながら、
が、実は現実の銃殺
だったことを見せてしまう
というつくりになっている
鉄筋の村角（木村）足
物足りない。青い目の人な

う年後には「北斗の拳」
たとえば、北斗だけでも
映し出すのだが、放送
模様がわからない
戦勲士だった人だが、
だが、人々はすでに
Zなら、される。
そこだが、四十年
に現実となってしまう
ら見られなくなってしまった

五十年後にはこれ
ただ、描くだけでなく、
か。

八方の新作
「天神さん」
4.2

ー人情もので深刻遠総
である半面が多く、こと
に新作落語なんて、
ひとつにしてもうまく
わせてくれるかどうかと
いう業を思わせる今の
新作落語は、この世の中
では出来のよいナンセ
ンスものは少ないのだ
は何故だろうか。

一億そろそろ
進学。父親はオーケー。
だ父親は「天神さん」だ
ほど、と私は結びついた。
ところが、新作ものの
ためしが大学など
を出して父親受験できる
仕事をするが、今度は
その息子へと事業を継ぐ
息子が起こす内心と
父が天神様をたのむと
泣かせる話。結構な題名
「天神さん」だが
だ。

月亭八方の独演会
演目は落語が二本
「住吉籠」と「天神山」
山」（風変わり）「天神山」
で名古屋・御園小劇場
する人々が見に来
助けるという男が、席目
「天神さん」だけれ
親子の所以。天神さんの

公開アメリカ十余年の好
のままという映画の中で
理屈。そのまま映画
それのどう十年を
好演が評判になり
「兵士ストロックの銃殺」
だろう「ュー」になるのだ
ものだが、その二本
のように改編をみせ
る作品をかくだろうか
キさせる未

キガニーは"小気味のいいヤツ"だった　4・14

中京テレビで深夜放送の「汚れた顔の天使」を、日本語と原語を切りかえて見ていたら、家内が「(F・ゴーシンやS・デイヴィス・JRの)物まねそっくりね」と言う。なるほど、そういう見方もあるか。

偶然のタイミングで、ジェームズ・キガニー追悼放送になってしまったこの映画は、確かにキガニーの代表作の一つである。しかし、各紙こぞって"往年の名悪役"と書いているのを見ると、それはそうなんだけれど、でも、ちょっと違うなあとも思う。

キガニーが出演した六十三本の映画(長編)をきれいに見ると、やくざやギャングなどの無法者(元・無法者を含む)を演じたのは、わき役を含めて十本そこそこ。意外に少ない。ほんとに凶暴な異常者役は「白熱」くらいのものだろう。

彼のイメージは一貫して"小気味のいいヤツ"だった。役の上では憎まれ役でも、キガニーが演ずると、爽快で、えもいわれぬ愛嬌が感じられた。「汚れた顔の天使」で独特の早口の(よく物まねのネタにもなる) understand? というセリフを聞いたら、もう、どっと涙が出た。

タモリをタジタジとさせる柴田理恵　4・23

「今夜は最高!」(中京=日本テレビ系)で、近ごろダイナミックな顔(!)の女性が、タモリに迫ってはタジタジとさせる。出場はすくないが、達者である。

何者かな、と思っていたら、名古屋・大須の七ツ寺共同スタジオで、スパ詰めの中で見た「ワくワクの凸凹スペース珍道中」で……WAHAA本舗、の柴田恵とわかった。

柴田のダイス・ベイダーと、久本雅美のケーニビで「スター・ウォーズ」の宝塚&チャンバラト風のパロディ、黄する掛け合いが一色。むしろ男性陣の方が下ネタ(ハイセツ物ネタ)に依存し、ナマけている印象である。

いうがに下ネタを否定しない。安易すぎるがけどけないのだ。下半身ショーアも、反応する役の呼吸ひとつで、笑えるのだから。

大詰めの即興劇の「アダ・ライブ」なる出題を、どちらか理解していたのも、柴田理恵ひとりだった。

これは、演出者の団員ゴキであるのだろうが、いきなり集団で即興演技をということにムリがある。

藤山寛美の座員ゴキのアドリブできる、舞台上のシケが、観客にとっては、むしろ迷惑なことが多いのだから。

アカデミー賞中継の問題点　4・28

第58回アカデミー賞の、アメリカ録画ビデオを見ることができた。約三時間四十分。日本で放送したものは一時間半足らずである。

たとえば「空中ブランコ時代」の画面とコンポーズで、ダンサーたちが、グライダーで会場へ乗りこむ(キング・コングやランボーがそれを見上げるおかしさ)。オープニングがない。プロデューサーのスタンリー・ドネンのセンスの見せどころなのに。

印象の差はしかし、大幅カットのせいだけではない。コマ切れにしたため、構成上の効果を失ったシーンを入れこんだだけだから、その意味が……ペット人形は、アニメ部門のプレゼンテーターだから、そこに意味が

らか。

の鉛筆を取り出すのだ（テレビだからアップになると手もとがよく見える）。この場面で、作者はなぜ左手に右手をそえて走らせたのか。わたしは鉛筆形の補聴器を口述の左手にそえるという工夫、その工夫そのものを、原稿を書いたとはなるまいが、彼女は本

女子のたとえでいうと、PRの日のゲスト――それは映画であった――は和田アキ子だった。打撃の演技を、俳優が深く意識しながら映画鑑賞の『CBC（CBCシ）系刊、博文（CBCラジオ系刊）――（東海）系なら

この『日曜のアイドル』は、笑いをとりながらもこの『CBCシネマ』の編集部であるが、当然ながら映画鑑賞の習慣をもつあたり会見の評価もしたへ、当人は具体的に和田アキ子の人だから

和田アキ子の目は確かだった 5・6

当ディレクター以前、指摘番組であり原阪の、日本だせてはミリ賞を受けしている中で、吉田照美氏ははせるしてしまったのだが怒った。この一面を、和田アキ子であえて、「ミキサー」という人物に、カメラのくっている間に区別したのだという。指示したナレーションの責任者に、「CMがそのく問題はだれにしているのだが、画面に現れるケースな欄を担

当てカメラ以前番組であり原阪の、日本だせてはミリ賞を受けしている

＊＊＊

嚴敏郎の解説は荘重だが 5・12

国境線の町で『嚴敏郎ショー』をスタートさせるという努力事件に端を発した中国大陸へ上陸し重慶図というＦ氏の企画であるが、音楽はグラスのうして日米並びに見るこの居名な願名画であり、日中事変から太平洋戦争へのリ、その夢を乗せた鈴木国旗をしたりと笑いを添えつれの悲しさ。昭和の悲哀は真髄とした酒の前高度成長とその昭和天皇在位60年記念真写の60年史を拡大した淋しく歌いへところ

スタジオを見るとスタッフなどをとのように節約する努力なのだが、未来への異様しいという小生景のでてくる氏のデスクへし――中継車など生きた日本を歌わせる氏の口調に感慨深くよみがえるのだ。調ある真実にも『嫌われ酒場』にせよ、これだたとしたら、彼女は本段と迫力のせ、力だんだ加わる。あきらめに服を脱げてあり、すばらしい。

「国境線、ふるさとへ」と歌う節を一

談がありりも、もちろん本職だったのかも知れぬ？ アナウンサー出身でもあるからにはこの終わりまるで、ナレーションもジェーだ、とても多くの作品を見るこの目をつけるところが先の対の

往年のビデオもまた楽しい　5·19

中京テレビの「特選!!思い出の漫才コンビ・ベストテン」は、司会者がナマ放送を強調することに......録画の文字が流れる、というより、テレビの生番組を、あとから録画放送するという例のパターンである。

どのみも往年のビデオがメーンなのに、なぜテレビ局は、それを現在進行形にしてみつくのかね。

まっ、ともかく、内容は結構なものでした。昨今の漫才も、たとえばサブロー・シローなど今が見ごろ聞きごろだと思うのだが、それにしてはそれとして、ほんの数年前のベテランの舞台が、いにしえのように......と聞きやすかったかを改めて実感した。

横山やすし十代の海原千里・万里のビデオに続いて、現在のこの両人が登場じたが、母親ネタのボヤキを掛け合いで演じたが、いいイキだったなあ。強くするられて、ナマベテランしてほしいなあ。

視聴者の投票によるベストテンの一位は幸朗・幸子。その前の「タイマー・ラケット」が二位という発表に、「ほな一位はだれや」と不満げだったやすし（小生も同感だが）が、ゲストで登場した幸子に突っこまれ、笑ってもらえる光景も楽しかった。テレビのメリットは「現在」だけではないのだ。ラテ...

竹内銃一郎のトリュフォーに捧げる芝居　6·4

上京の機会に、劇団秘法零番館の護国寺ファンクラブという公演「恋愛日記'86春」を見た。日によって開演時刻が違い、この日は夜八時から。名古屋では、ちょっと考えられない時間帯である。

サブタイトルに"故F・トリュフォーに捧ぐ"とある。作・演出の竹内銃一郎は、かなりの映画ファンらしい。これまでの戯曲にも映画がらみのものが、いくつかあった。

といっても、上演される内容が、そのままトリュフォー作品のパロディーまたはだぶっているわけではない。竹内一流の――そして、小劇場演劇に共通した大仰で、というびでコケティッシュな、どこかもの悲しい芝居として完成している。そして、そこに展開する男と女の愛の相克が、そういえばトリュフォー的だなと、電話の使い方が「隣の女」風だな、と思わせる。自分のスタイルを基盤としたオマージュなのである。きょうが...

行きがけには、時間にせかされて速足に通りすぎた護国寺の山門を、帰りしなにじっくり眺めたら、「川田正子歌唱教室」「音羽ゆりかご会発祥の地」などの立て札があった。

桂吉朝に注目　6·6

岐阜市・鶯谷町ホールで桂米朝の独演会を見た。米朝は言わずもがな、弟子の桂吉朝が、このところ好調に...

去年も、ここで「住吉駕籠」を聞き、芸にメリハリが出てきたのに感服したのだが、今回の「池田の猪買い」も、何度となく聞いた落語なのに、はじめて聞くように新鮮でオカしい。さらに、マクラのギャグを加えたのも、自然でいい。

話のマクラで吉朝「このホールにも、ようお寄せてもらいますが......だれが造ったんでしょうね。われわれ仲間うちでは、炭焼き小屋と呼んでおりますが」。これにお客は笑った。ともあれ演劇用の小ホール...

童謡を改変してはいけない　6・20

「日本唱歌集」（岩波文庫）内藤濯・堀内敬三・井上武士編を繰ってみる。

──

安田祥子・由紀さおり姉妹の歌う童謡を聴いて好きだ。「童謡夜曲」（東芝ＥＭＩ）あの時代の音を聴くと気持ちが伸びやかになる。その一番の配慮の方は……

三宅裕司　舞台では実に達者　6・24

観客を当惑させる変則興行　6·30

オーバーとは、大劇場で封切った映画を、同系列の小劇場で続映すること――だと思っていた。

ところが、先日、名古屋で、けったいなことが起きた。はじめ大劇場で封切るはずの「熱海殺人事件」が、一週間だけ小劇場で上映されたのだ。

「お葬式」のように、予想外のヒットで、大劇場へ続映が拡大した、例のないはないだ。が、この場合の理由は人目にもわかる。あの角川サンの「キャバレー」が、大劇場に居座って譲らなかったからだ。

「キャバレー」の評価については、人さまざまだろう。好きだという方には申し訳けないが、小生にとって不倫快な映画だった。いかに暗い絶望的な内容でも、人の世の、ひとかけらの真実が描かれていれば、観客は納得して能を出るものである。しかしこれは、非情を気取ったイヤらしさしかない。

好みの問題はともかく、「熱海――」が小劇場でスタートした週に見た、大劇場の「キャバレー」は、三十人足らずの入りだった。

観客を当惑させたこの変則興行は、「熱海――」の出ばなをくじいただけで、結局、なんのメリットもなかったようだ。

フランク・キャプラと山田太一　7·4

一九三〇―四〇年代のアメリカ映画界で、脚本ロバート・リスキン=監督フランク・キャプラの名コンビは、善意と理想とユーモアにみちた作品をつくった。

そのセンスを現代に生かそうと懸命にあらがいをしているが、まだ、近年のキャプラ作品をビデオで見た感動には遠く及ばない。

キャプラのヒーローたちは、即物的でクレバーな現代では、しょせん水と油なのか――そんなことはない。それを実証したテレビドラマがある。山田太一作「深夜にようこそ」（CBC―TBS系）を見てほしい。

二十四時間営業のコンビニエンス・ストアの、人影もまばらな深夜を舞台にしたシリーズ。そこに出入りする人々の人間模様を通じて、一貫して語られるのは「人はみんな、思いがけないものを背負っている」ということなのだ。

ここでは、人間のエゴの残酷さも描かれる。かつてキャプラがそうであったように。そして、そのエゴさえもが、大きなあたたかさに包みこまれてゆく。作者のいう「心をなぐさめてくれる"通俗"」のありがたさ。現代のメルヘンたるゆえんである。

「ストレンジャー・ザン・パラダイス」の魅力　7·9

いま名古屋で上映中のジム・ジャームッシュ監督の「ストレンジャー・ザン・パラダイス」は、フシギな魅力を持つ映画である。

ニューヨークの場末に住む、その日暮らしのハンガリー移民の青年と、その友人たちの日常を、とりとめもなくつづったもの。格別の事件が起きるのでもない。黒白の高感度フィルムによるザラついた映像は、一見そっけなく殺風景である。

だけど、画面の中の連中は、さほど絶望してスさんでいるのでもない。悪事と言ってもペチャのいかさま程度。ハンガリーから来た

より秀明たちと共に「ダウンタウン」などという漫才コンビがいるが、今や数多くいるお笑いタレントの人気者のなかでも、この平和的な弟子（子弟）のコンビは一際異彩を放っている。「なるほど、これが高倉健だ」と、名作「ホタル」のネタを見ると思わず笑ってしまうのだが、その十年前もそうだった。

明石家さんまが、ずいぶん番組でてきまくっていたが、本組のチャキチャキのおもしろさに比べると、今やその時代に居合わせる人たちにこそ合うようになったのか、それらは現代のニュースに変わるのだろうか。

7.22　なんの面白さの無神経

若い作家たちに仕事を与えるためには、もちろん、もっと黒さを引いてもいい。つまり面白くなければならないのだが、しかしそのあたりのニュアンスがいかにも微妙なのだ。悪趣味へと誘う方法が、そこに東京の新しい「健全」な映画ファンへの気分があるだけに、確かに斬新に映るのだが、しかしそれが悪趣味をくすぐるだけのものになってしまうと、それはもう本当のメージになってしまうのだ。

だからこそ、忍の笑いというものは、一度も面白くなるというよりは、むしろ面白くないのだとさえ言えるのだ――という議論も、東京のおもしろさにも――

あなたのような新人監督のもとには、今や当然のように論作家というものがいるのだろうが、そうした批評家というものは、同時に厳しい制約を受けている。同時に、相克する二面性を持した作家というのは、今や困難を極める高名な映画監督とは、同時に偉大な同時代の作家であり、その偉大な模範を示す「市民ケーン」や「オーソン・ウェルズ」そしてたとえば「ジョン・フォード」といった作家である。

あなたは新しいモノを持つ作家ではない。「いつか新人監督とでもいうべき、中今や、あるいは当たり前の観客の眼をいだいたのだ。

7.23　オーソン・ウェルズとフォードの批評眼

訳草・草思社（華氏・F・フォイヤー）「1945年の撮影日記」あるいは映画の物語（山田宏一）読み物としてもおもしろい――

が、ただこれだけのことなのだろうか。最後に過ぎなかったのだろうか。しかし世の中を悪しざまにしている悪趣味という意味での無神経

神田隆の孤独な死　7・28

　神田隆さんの急死を知ったとき、脳裏に浮かんだのは、昭和三十九年の「足摺岬」の特高刑事役だった。

　田宮虎彦の小説を新藤兼人が脚色し、吉村公三郎が監督した、軍国主義の重圧がいよいよ強まってきた昭和八、九年ごろの物語。貧乏学者の信欣三のところへ、特高がやってくる。机上の地図を見た特高「モスクワの地図かね」学者「パリの地図だよ」といったやりとりも印象的だが、障子にコツキリ影を突き立てて「こんちわ」一つと開けてズカズカと上がりこんでくる姿には、背すじが寒くなるような迫力があった。

　神田さん自身が、昭和二十五年にレッドパージで松竹大船を追われためもあろう。たとえば、見るからにニッコリ型の安部徹型とはひと味ちがって、その役づくりには、権力をカサに着た人間をぎすぎすするような、冷たいサディズムがにじみ出ていた。

　そんな神田さんに、今回の選挙での自民の圧勝は、（それが革新の質の変化と、無為の結果であるだけに）どのように映じただろうか。旅先での孤独な死は、いっそ潔くもあり、神田隆さんの役者人生のピリオドにふさわしくさえも思われるのである。

逸見政孝と早見優のシンプルな語り　8・1

　途中からチャンネルを入れて、つい最後まで見てしまったのが「たっぷりアメリカ新発見」（東海テレビテレビ系）。リポーターのバカ騒ぎがないのが、いかにさわやかであることか。

　ナレーターは逸見政孝と早見優。二時間近く、ひたすら風物を見せることに徹した番組。早見の声が、カン高くなくて聞きやすい。

　一方「リバティー・ウィークエンド・スペシャル」（CBC―TBS系）は、しょせんは出る大橋巨泉の合同、自由の女神像建立二百周年イベントが、コマ切れに入る形の二時間半。巨泉いわく「私は自宅のベランダでラフなカッコでぜんぶ見た。みんな見て頂けないのが残念。そういうことは当人さえ出なけりゃ、もっと見られたのだ」。

　「たっぷりアメリカ」は、アメリカのビール会社一社の提供いまどきめずらしいシンプルなまなざし、してみると、スポンサーの意向なのか。

　しかし、一面、あまりにも〝健全〟モード。小生としてはひき続き、メコン国境の殺人国地下組織のドキュメント「中村敦夫の地球発22時」（CBC―TBS系）を見て精神のバランスがとれたような気分だったのである。

小朝のみごとな〝今〟の芸　8・6

　春風亭小朝の独演会を、岐阜市柳ケ瀬の御浅町ホールで聞いた。

　選挙後だけに、マクラはますますナマナマしい。「この圧勝で自民は、徴兵制度も時間の問題ですね。だから、この際、みんなで陛下にお願いしましょうよ。陛下だって、のんびりコタツで研究をしているる場合じゃありませんよ。首相の前で、巻き紙を読みあげて〝戦争ライシナイ事ラノゾミマス〟。徴兵制度ラシナイ事ヲキボウシマス、陛下のお言葉なら聞かないわけには行きませんから」。

　時期のネタだけに、これは受けた。コラム子も笑いながら、臨時召集の制服制帽の人物が、弁士中止をあびせ、コラムムニ止と叫んだ徴兵制キボウシマス、陛下のの制服制帽が、弁士中止やめ／＼と叫んで立ちふさがる幻想に襲われた。

〈関西吉本のお笑いＴＶ史を見て〉 8・15

入るメインゲストに……

見た記憶の映像がいっぱい出てきた。ＮＨＫの会員登録映像のひとつにフィルムがあるとかで、その手続きがとられたまま、東京有楽町読売会館（そごう）でのＴＶ史なるものを見せられたわけである。昭和四十七年の映画画面は五百円也（昭和四十年代の）で、東京の有楽町読売会館（そごう）でのＴＶ史なる映像第一回の共演で最後の「エンタツ・アチャコ」から見ると、これは珍品という意味での最後筆者は第二回の共演で百人強

というのはひどいものですねえ。……のキャンペーンだったから、ＮＨＫは常設の入り口があるのでしょうが、キャンペーンをしているらしいのはわかりませんでしたが、たぶん好

成るほど、一本が通路であるが、ニホンも通路である。というのはキャンペーンだったから、ＮＨＫは……のあれはやっているやつだが、両目の漫才

の話と同じだと感心していて、少しロを聞くと勇気がなくなるのだが、調子づくとまたロが軽くなる。その辺のロ調がこのコンビの面白さだったのだが、今、彼らのロ調は自由に言論風の芸術的な芝居の中に、川柳の「中心にあるのだろうか。軽妙さとナンセンスの芸のだろうか。人

〈「高原へいらっしゃい」の益田喜頓〉 8・18

ラジオドラマでは気にならなかったが、これは同枠だからテレビでは名作「山田太一」のドラマは「深夜の――」に似たまま形式をとらないまま放送されているとしか思えなかった。ひねた肌ざわりのこのところのシリーズ、その典型である。「深夜の――」と同じように、この作品の近作の達人、人生の達人というのは、千葉真一によって支配ホステスのキャッチに乗ったという道化役として、ホテル側の人間であり、即ちホテルに再就職することだが、それだけではないのだろう。五回目の

演し層が益田喜頓だということに気がついた。益田の周囲はどれもいい役者だが、みんなまともすぎてユーモアがない。さすがにこの時代の「――」に似た形式をとったとしてもいい気がする。ホテルのキャッチマンに似た形式ホステスの尻切れトンボとしてのひねた配役であるから、ホステスのキャッチに乗ったという気がする。ホテルの二十年前

しょう。ともあれ周囲がよかったので、それに比較するとよけいそう思うのだろうが、ＰＲは片手間の総柄が軽妙な老コメディアンという主

気軽に見せてもらいました。

林海象の「夢みるように眠りたい」 8・20

名古屋上映中の、林海象脚本・監督の「夢みるように眠りたい」は、J・コックトー監督の「ある日どこかで」を思わせる異色のファンタジーである。

上映は16ミリ版。35ミリ版もあるが、もともと16ミリ撮影だから、拡大プリントした35ミリより、画質はいい。

黒白の映像が結構ムード（丹下塔内部シーンなど）、往年のイタリア表現派を思わせるほど。同じ黒白でも、35ミリでガッチリ構えて撮った「泥の河」（昭和五十六年）や「麻雀放浪記」（昭和五十九年）よりも、画調むしろ良好。

撮影所は「麻雀――」と同じだが、おどろいたことに、黒白の現像データーが残っていないという。

「レイジング・ブル」も「エレファント・マン」も日本版はカラーフイルムで焼き付けてしまった。一見モノクロは、あるけど「カラーの黒を墨色じゃなくて、暗いだけ」（林監督）なのである。

「日曜日が待ち遠しい！」「ストレンジャー・ザン・パラダイス」等々、外国からは黒白作品が次々に輸入されてくる。現像システムをカラー一辺倒にしてしまったのは、日本くらいのものではないのか。まったく、そういう国なのだ。

宮崎駿の「ラピュタ」と「ホームズ」 8・26

いま上映中の「天空の城ラピュタ」には、「名探偵ホームズ」シリーズの「ミセス・ハドソン人質事件」「ドーバー海峡の大空中戦」が同時上映されている。「風の谷のナウシカ」のときと同じ組み合わせで、宮崎駿ファン、コミカル・アクションの愛好者には、こたえられない。

「ホームズ」は、イタリアから発注のテレビアニメで、製作もイタリア側が降りるなどのピンチにみまわれたが、結局テレビ放送され、宮崎が絵コンテと演出を担当した回は、こうして劇場上映もされた。

宮崎の原作・脚本による「ラピュタ」には、彼一流のテーマが盛りこまれているが、一方、第三者の原案による「ホームズ」は、かえって宮崎のマンガ的センスが存分に発揮され、古風なメカを駆使した大ドタバタが屈託なく楽しめる。ディズニーのミッキー・マウスの初期を思わせる。

宮崎作品のワルには、愛すべき悪党と、冷酷な悪人の二通りがある。「ホームズ」のモリアーティは前者で、大見えを切ってはドジを踏むのがカワイイ。その愛敬は「ラピュタ」の女海賊ドーラに相通ずるものがある。この番組を見ると、宮崎駿小論くらい書けるが……と思われる。

テレビ文化遺産は保存されているか 9・8

アメリカのテレビネットワーク、NBCの60周年（ラジオ時代を含めて）記念の、三時間の特番を見て圧倒された。

テレビ局自体の規模は、あとからできた日本の局のほうが上である。

だが、つくられたものがすごい。一九五〇年代、まだVTRがなかったころの、ナマ放送のスタジオ・ドラマに出演したグレース・ケリー、ジェームス・ディーン、ヘンリー・ボガート、ローレ

客松鶴も十年以上前にこの名番組に出演したことがあるし、松鶴の親しい人気者に十八番の「へっつい」を約一時間演じてもらった。

これ気のつき方が尋常ではなかった。例によって『酒』の調子でお客さんをなごませてから、手すりのまわりに足を突き入れ、なおかつ、やや松鶴に似ている仁鶴の弟子だけあって、二階席での実演・大須演芸場という名古屋のへっつい」のネタを十八番、約一時間演じる。

だが、そうかもしれないが、松鶴という仁鶴だが、だが、見お伴などして、松鶴に対しての聴衆のため、始めたのが仁鶴の迫力あるネタをやるのだが、迫力ある、へっつい」のネタを続いたが、反応があったというだけで、れ「……」という反応があった。

9・10 後にも先にもない松鶴の一席

木のテープとして保存されているというが、一九八○年代に近いこの特番を文化遺産にあたるものとして残しておくべきだというのはキャスターの実感だったのだが、キャスターが知ったのは後のことだった。

補備とも配置に足をおいた日本のテレビに残っている松鶴の集めてNHKのおかげであまりNGを出したことがなかったのだが、TODAY」がワイドショーの元祖であるとするなら、TODAYの番組に影響博したのが大きいとは、ジャブ・ナイトキャスターのテレビである。

断片が・ピースとして出したキャスターのテレビの仕事の大きなものと一九七○年代に「イブニング・ナイト・ショー」が、「ブロードウェイ」等の系列の元祖として、「ジャブ・ナイト・キャスターのテレビのキャスターの日々。

次の右端に続く。

場と舞台のなかのめらかにだけスクリーンのアニメをな、トーンをわけからすでに印象的だったが、横寝の姿勢だがコマーシャルに草地模様でコマ・こと三十秒という年があるが、横たわり眠りかけていた体技が、横たわるという体技が参平は八年史に残ると思われる。

たしは横寝が最後を見せたくなのである。

ところが本当に寝たのだ。三国一の名人気だという証拠にほかならないのだが、参平が目的の本番終まて、一度も本格的活躍してきた昭和三十五年五月の関西ではやく三十九歳。

たいた芸術座見えるるところだ芸)参平が花月博覧の若い先輩たちには月の平凡なコ男性。

9・24 ポーンと飛んで寝る参平の妙技

たいた体育会の底うかがある印象とむこう力が申し合わせにあるのだが、それだけに何度でも接近してみたくなるのだが、松鶴師が合掌して、松鶴師の底力を見せた松鶴師の聴衆一会に期待どおりの底うではない。それだけに、先の松鶴師の思うどおりにならなかったたけれど、松鶴師の気持ちに子根型の大御所として引っていた若い先輩たちの居。

よいよ少なくなってしまった。

米朝から枝雀に受けつがれるもの 9・29

先日、名古屋・中日劇場で「米朝・枝雀おやこ会」を見た。

桂枝雀は相変わらずデカ高座である。人物のカミシモを示すのに真横を向いてしまう——のは以前にも見たが、「くしゃみ講釈」では見台ごとステンと横倒しになる過激さ。

いかに何でも、やりすぎではないか、という思うのだが、しかし今回はそれが浮きあがらなかった。大劇場はほぼ満席の入りであることと、桂米朝がトリだからでもあろう。

師弟会というのも善しあしで、故・三遊亭圓生の一門会のように弟子すなわち師匠のコピーという芸風であると、客としては「大師匠が出るまで"未完成の圓生"につきあわされるべくになってしまう。

米朝・枝雀の場合は、その点まことに対照的である。米朝がお目あての客にすれば、枝雀はいわば"色物"だし、枝雀人気で来た客も、米朝の高座にナットクして帰ったはずだ。

——だが、両者を子細に見ると、米朝の芸は意外にクックが強く、会話の切り返しが早い。一見似ているようでも、枝雀のアクセントの強さ、誇張の芸の原形質は、米朝の中にも存在するのである。

プロなればこそ節や配慮を 10・20

過日、テレビの取材を受けた。ある作品を見て、感想を述べるといういうもの。

居間にビデオカメラとライトを持ち込み、カーテンを引いたりある棚に本をさしかえたり、カメラと助手が当方にことわりなく自発的にどんどん進める。

苦情が出ない限り、了解ということなのだろう。事実、ぼく非常識なことをしているのでもない。取材側としては、これがフツーなのだと思う。

「プロだから」という言い方をよく耳にする。プロだからその仕事を達成するためには、多少の職業的強引さや時として冷酷であることも仕方がない。それを目クジラ立てる方が世間知らずで、アマっぽいのだ——というニュアンスさえもうかがう。

プロとは、要するにその職業技能で収入を得ている、というのだけのことなのだから、おのが生計のために他者をかかわるとき、おのずから礼節や配慮が生じてしかるべきではないか。

時代の花形と目される職業はどう"プロ"を錦の御旗にしたがる。職業的政治家、職業軍人、おおこわや。

結婚式BGMに「昼下りの情事」とは?! 10・14

森進一・森昌子結婚披露宴の生中継(中京=日本テレビ系)が名古屋地区で49%の高視聴率とか。

いつもは上方落語・漫才のカセットを聞きながら水仕事や草むしりをしている女房ドノが、このところ森昌子ばかりかけている。その晩、小生も録画を命じて台所に立った。から言う小生も、ブツクサを言いながら見てしまった。しまーした……が、ねえ小生もある。

が、英妻に菱京に去った——。

傑作だった。東京・下北沢の本多劇場で観ただけだが、残念ながらこの戯曲を書いた山田太一の意を汲んで再婚するためのホテル「ジャップ」は、

山田太一『ジャップ』は傑作 10·21

のドキュメンタリー・タッチの情事と言えるかもしれない。ラストのオチャラチャもBGＭ＋αのCMに流れるメッセージというのはわかるのだが、ラブホテルというのは異常者の殺人をも描いた映画『殺人事

件』星

鹿児島のゴンざれ社長ったれにしても女房茂雄のおれなかなんなる長は新婦の「花嫁へのいとしさを述べた「花嫁の父」旧郎の「冠婚葬祭は仲人はホテリ

『キネマの天地』のアリナミンを欠けるジャージ 10·24

話だけの芝居がだが、小劇場『ジャップ』の演劇流にしないとしても、それは「のど吸ぶり」のチャキの人――作者はいうとの脱線とゆえのゆえの関心は数えて飛躍するところもあるが、日常に発想をジャージとわたる渡り合う作者の発想、フジックの芝居も、ゴ極上の好きなホテメきな

今ビデオで二十年ほど前の肇主演の山田洋次作品を見返すと、一層それを痛感する。さみしいが、事実なのである。

シナリオを超えた役者の工夫　10·27

倉本聰脚本・演出の映画「時計」に、映画監督の永島敏行が師匠である老監督の垂水悟郎に「情けない仕事をしないで下さいよ」とカラむシーンがある。そのとき永島は、垂水のコップにビールを注ぎながら指をダブらせるんだ。

そんな指定は、シナリオにはない。キャンペーンって来名した倉本監督にたずねたところ「あれは永島君が自分でやったんです。面白いことをするなあと思い、そのまま使いました」

これは、"酒の力を借りて言いたいことを言う"ときの、いわば処世術だ。酒が飲めず、従って酒癖が苦手な小生などは、やきれないなあ、と思うのだが、演技の工夫としては効果的だ。

そういえば、去年の映画「夜叉」に、今や漁師になった元やくざの高倉健が、かつての弟分の小林稔侍がシナリオの売りようみに来たのを知り、操車場の段ボールの中にいるらしいキャンペーンだろうか——その段った高倉健に拍手する。なんていやシーンだが、ある。その小林稔侍の、この抜群の演技（キャラクターづくり）も、小林稔侍のアイデアだそうな。

映画を見たあと、シナリオを読むと、こうした興味深い差異に出くわすことが多い。"総合芸術"たるゆえんか。

大井武蔵野館の旧新東宝特集　10·29

東京の大井武蔵野館が、ユニークな番組で話題になっている。七月と、九月〜十月にかけて旧新東宝のイカモノ・ゲテモノ特集を上映。「花嫁吸血魔」「黒い乳房」等々、ポルノ顔負けのタイトルが居並ぶ。

しかしその実態は、といえば、昨今のスプラッター・ホラーのどぎつさとは比較にならぬファミリー向け怪談ものやテレビの「火曜サスペンス劇場」程度の「女主人公がいまわしい過去を清算する」ある「罪を重ねる」パターンのもの。「人喰海女」というオンナしい題名の一本も同様だが、中で、海女コンテストを主催する新聞社の名が「東京毎朝新報社」これには笑った。

けれど、そんな楽しみ？のために、通いつめる人は、広い東京にも、ほんの一握りだろう。同館の企画者のH氏の話では、九月以降の入りは、七月の七掛け程度だという。

こうした上映は、映画史のマイナーな部分を、風俗史的に検証する意味で、またとない機会だと思う。けれど気のひけるのは、現物を見てがっかりしないでほしい。ほうだいなプログラム・ピクチュアの流れの中に、一粒の砂金が発見されるのではないか。真の才能は、そうザラにはないのだから。

出演者の声のトーン　11·10

このごろ「笑っていいとも！」よりも「新伍のお待ちどおさま」を見ることが多くなった。そして、その「新伍——」が三十分延長され、一時間番組になった。してみると、視聴率が上向いたのだろう。

（二）がシャキッとするの出演を聞いたラジオの番組で、近頃の漫談の当世風の女性を近頃の漫談の攻撃しての艶っぽい「浮いた地声で「――ン？」と笑うこのマイルさが、若い女性に立てられるのその平家蟹記（源）名古屋・中電ホ

春風亭小朝のナンセンス超え 11·12

一トン演芸者が多かったなあと思うのだが、新編成したというラジオの番組をしているという面白いもの。新伍中心があるのだが、その後者はそれより面白の笑いがあった方がキ女性に配慮したのよう秀先日の証言で始ま村言このところ『菊』と強烈な人関西の山村伍中心で関西ジオのまとめ役子が以前から

にこのところ『菊』という切り出すのナンセンスやっと以上に関西の人たちの方の『菊』としやすいという中継し会中で司今会

ここというのだが上演時間演芸者は春風亭小朝とやっては実に見事であるこれにおける香川登枝のその後半に花月からおなると演じて実にうまくなせたのが実に見事であった前上演制限を『菊』という終えての放送であるから香川登枝月の

同様瀬戸物屋三木助のこのところの番頭の章は基本動の番頭の章は基本動だった彼自身の表現もだったがその記憶したことが小さんまだ先代父親だまだ先代父親によく似る枝雀

同じ映画の独逸版と仏語版 11·19

先住年の日・NHK衛術進歩したとかそれは日本にこれはドイツ版のフィルムが別れたのだがアフレコには別々に引用したものでも例えばNHK教育意外だ多くの俳優といっよそれはコンラッド映画と放映したそのかそれは別れ同じ映画「NHK」の曲をそれだからドイツ映画戦前の日本にこれは軍別

字幕は「……」そのリとにかく國なひとだが実はアルノーそんな大時代なので名訳したその「」はあなたの対面の曲であった「」としてあなたくらいたね今回の実写シーンよち先生とのロケ場とし

けしのような著名人だったというかこの話に、この女性ある中の漫才師

殺人という本だ開き住年の日同
同日本に

小朝成たのがだが

だ同な
演

なのを超えたナンセンスたのメる人のだけ加えたと待受した切記憶したことが小さ
的中なる「戦争」先代（
多くなるほど志ん生は父
にのど神代似る枝雀
それは神が演志ん似る枝
それは神が頃に似る枝雀

三國氏が見たのは、むろん初公開のフランス版。それにしても言葉も、俳優も、字幕（訳）も、長さや場面（結末）まで違うものが、同じ作品として扱われる。映画ってフシギだなあ。

増村保造の反逆　　12・3

映画監督の増村保造さんがなくなった。

昭和三十二年のデビュー作「くちづけ」の鮮烈さは忘れ難い。「エデンの東」のイミテキだとか、表現が青くさいなどの批判（当時は、新人の作品、たいていこう言われたものである）をはね返すように、「青空娘」「暖流」（再映画化）などをつぎつぎに撮り、たちまち独自のスタイルを確立した。

彼が属していた大映は、"母もの"が看板という会社だった。イタリア仕込みの増村のドラマティックなシーンやタッチの激しさは、そうした日本的体質への反逆でもあったのだろう。

ストーリー自体はメロドラマでしかない「美貌に罪あり」の、彼書者役の杉村春子の、毅然たる明るさなど、感動的だった。

しかし、後年になると、大声で、大仰な感情表現をさせる不自然さだけが目についた。彼が演出者の一人であるテレビ・ドラマ・シリーズ「スチュワーデス物語」が、アサヒきて人気を博したのも、予想外の不本意な受け方だったのではあるまいか。再評価のため、初期の作品を見返す機会がほしい。黒澤明の無思想性を批判したシニカルな論客の増村さんも、このままでは浮かばれまい。

松竹蒲田映画のモダン　　12・5

少し前のことになるが、名駅西のシネマスコーレの「マダムと女房」「隣の八重ちゃん」「キネマの天地」という三本立ては、名番組だった。「ほんものの松竹蒲田映画のモダン」をくらべて『キネマの天地』に描かれた蒲田撮影所とその時代が、いかにも古くさくサエなく見えた、という声を、いろんなところで耳にした。

小生、島津保次郎監督の作品は、フィルムセンターなどで数本見ている。昭和初期の日本家庭を描きながら、人物の会話と行動が生き生きと躍動的なのに驚嘆したものだ。

「隣の八重ちゃん」も、冒頭の、兄弟のキャッチボールの場面、足の間から相手をとらえた構図が、瞬間入る。その呼吸のいいこと、劇中劇ならぬ映画中映画として、ベティ・ブープの漫画まで現れるのだ。

トーキー第一作の、五所平之助監督の「マダムと女房」は、最初の渡辺篤と横尾泥海男のケンカが、当時人気の喜劇コンビ、ロッレン=ハーディそっくりであるのだ。小津安二郎も、当時はギャグっぽく軽快なのだ。

自分の知らない時代は、古色ゼンとあるもの、と決めてかかるのは大きな間違い。旧人類、あなどれますぬぞ。

ケーリー・グラントの"余裕"　　12・9

ケーリー・グラントがなくなった。

明るく、軽く、楽天的――だが、当節の軽薄短小的なそれとは違い、あくまでダンディー。フィステケーションの体現者である。

1986

山田太一を見逃すな 12·12

生もゆかりの歌と踊り（生演奏）をふまえての、離婚したがりの妻をもった夫が細川俊之、その妻を演じたのが（同級）伊東。平凡で、離婚とは縁のなさそうな妻を演じたのが、「時にはさからいながらも夫に尽くす、平凡な妻」を好演。夜逃げの坂本、母親的な南野陽子。黒猫のテーマに胸をうたれた。「ゴリ」という（同級）伊東四朗。

だ。○年度に一度しかない「特別賞」。演技賞でもなく、話題賞でもない北大路欣也のような特別賞を渡すことにした。特別賞を受賞するのは「北の国から」の黒板五郎（59年度）以来だ。西田敏行に似合う・・・余裕が残った人は五年度に一度しか出してこない、独身寮の女子学生寮の印象を残す女子学生の役を前向きに・・・。

同じように見えたその脇役たちは、次の演目のあるマナ・マトーリーのために進路を取った。一回りする飛行機上で片手を制止されたらよいのに、といった無類に逃げ場のない片道を画するような閉口する画家47。

たけしの「ランデブー」事件 12·19

それにしても新稼を対してしかし、それはいわば横山大観の発言と同様のもので、新稼の相様とを対し気持ちを好演した「芸能人（CBC）-Tナイト」というぐあいに新稼を表現した。「芸能人（CBS）-Tナイト」事件でしかし山城新伍vs.新稼のバトルだった。

検索をおこなった対してしかしそれはいわば新稼審制風を、「3時のあなた」で気持ちをあらわしたのだが、新稼から放送局のNHKは同様に、様子をおくらせとキーワードとしてもコジコジとお冷をかけている野坂昭如の安藤昇、トレンディ系も「東海一」局も気転をきかせて、「横綱」だけを同じに支持する視線を消えた。団の古面から生えた、昭和の初から軍。

まだ山田太一、角川春樹事務所にてたけしの公然私的な娘乱入洞口依子、少女のようなあどけない石田えり、細川俊之、いきいきとした坂本の「少年少女のあどけないアナウンサーのキスという過激な言辞があたえる。ランデブーの女性、女子アナを訪ねた。心理の深いエコ人として好感があるその事実をカメラにおさめたのだが知。

し支持に傾きすぎた世論が、言論統制の方向に利用されるおそれがある」との意見は、さらに深いところを突いていた。

ディズニー系のコメディ「殺したい女」　1・6

いま名古屋で上映中の「殺したい女」は、上出来のスクリューボール・コメディである。いわば「ブラック」を出る連中がまきおこす喜劇。

脚本がうまい。億万長者の女房が誘拐され、その女房が大変なジャジャ馬で――という設定は、O・ヘンリーの短編だが、さらに事態をエスカレートさせてゆく手際など結構なものだ。

監督は「ケンタッキー・フライド・ムービー」の脚本「フライング・ハイ」の脚本・演出トリオ。つまりはテレビ的感性の連中なのだが、まずまずの演出である。

この映画「スラー2」の添え物という形だが、ヘンリーな暗

ちょっと切ない佳作「恋する女たち」　12・22

青春映画の佳作である。

舞台は金沢。斉藤由貴、高井麻巳子、相楽ハル子らを中心にした、恋のすれちがい。

題名通りの「恋する女たち」の、他愛ないお話である。しかし、「他愛ない」と見るのは、十代のころの心情を忘れてしまった大人の眼であって、当人たちにとっては切実この上ない問題なのだ。

"儀式"に始まり"儀式"に終わる映画である。最初が、傷心(原因は、体育の授業中にショートパンツが破れたことから、失恋に至るまで多種多様)のたびごとに自分の"葬式"を出す癖のある高井麻巳子に、斉藤と相楽が、ブッサヨと言いながらも喪服でうきうきとエピソード。そして最後が、日本海に面した断崖の上での"野辺送り"のシーン。

かつては、より大きな自由を求めて儀式や様式などの伝統的制約に反抗した若い世代が、今や気持ちをリードしてくれる様式を求めるのだ。いわば、自分を客観化し誇張し冗談めかすことで、心のバランスを保っているのだろう。そして、そのことが"たま"などという大時代な言い回しとして交錯する会話の、どこかしら自然さ、によくマッチしている。

斉藤由貴が、メリハリのきいた好演。時として演技過剰になりそうなところを演出がほどよく抑えた。喫茶店で思いを寄せている柳葉敏郎から、他の女生徒への恋の悩みを聞かされるくだりや、作詞家の中村育三「私たちを子供扱いにした」と言う彼女らなど、見ていてもっとも切ない気持ちにさせられた。

彼女のムードを描きつつ小林聡美のコミカルな演技が、映画にほどよいアクセントをつける。

大森一樹の演出(脚本も)は、吉川晃司三部作での、なまじ日活アクションぽいつくり方よりも自然で軽快なうまさを発揮している。東宝映画。

最食だったら観客をどう
なだめるのか、その場合には
まさに興行的実現ができない
かもしれない。配給会社の映
であるため、これが難しい。お
まけに

「スピード」というのは前作
であって、それはもう、スマー
トなアクションとして本立てと
いう形で名古屋などにまで上
演した色が濃いが、まるで異
質な、シネマとしての照れた
家庭を好む作者フランシス・
フォード、離婚した地区の不条
理な喜劇。「フ
ォード」は夜喜劇である男が
妙な

1·12 あまりに対照的な二本立て

若いニューヨーカー、マンハ
ッタンのコミュニティに暮らす
二人の男女が誘惑を受けて舞
台となるのはニューヨーク、マ
ンハッタン。好きな作者、フラ
ンシス・フォードなどとしても
明確な照れがあるのだが、同
様に、これらはどちらも、製作
プロセス自体がスマートで合
理的であって、誘導ミサイルに
も似た「スピード」まで、まるで
異質で面白い。これらはどち
らも、体質的に言ったら誘導ミ
サイルにも似た一系の会社

な仕来せ掛るへか、お前
作「スピード」にはまるで
異質な、これらはどちらも、
誘導ミサイルにも似た一系の会社
的、微温

1·13 テレビの中の沈黙の間

のだろう。すべてそれか
らそうなる事なのだろう。
ただ、しかし、たとえ映画
本立てというところ、観客
が本立てに公開された形
なのだが、これはどちらか
という

然として、その中をしかし、
たとえばだからというなが
ら、顔を上でしなければな
ただし、例えば近次を助け
ること、おのおの月だけが
好きなだけで、最初からそ
のは耐えなければなら
ないが前

三十三」を味わったとしてか
顔を上でしなければ、そのほ
うが最初から三匹を集えて
いるただすることも一匹だ
けで、最初からそうなるとい
う所である絵品手作なりた
りとして名絵の名番組とし
ても、好むことにしても
視聴者作品の変化へのカエ
ル番組の陰子の絵品手作
りとして名絵の名番組ある
いは消音番組を全部と
ビきリ楽のテレビ好きなら
う沈黙し間という無言が見
せる場面のカ

「生味わったとしてかあが
ること、別れのとしても近
次を助けただけだ、そのほ
うが最初から夫婦だしう最
初の。その後子供たちは四
海家の最終それに近ずれた
という会話などを入れたう
ちに沈黙食事の時系の最
終（東海系）「毎日かよ」と
それはかなりのサスペンス
が一つの番組事の（ジ系）富
門助

一九三〇年の「ビッグ・トレイル」 1・27

プリントの到着が遅れたため、延び延びになっていたフィルムセンターの「アメリカ映画の名匠たち」特集上映が、ようやくスタートした。

スーパー字幕なし、一回限りの上映である。竹橋の近代美術館講堂前の列が、開場三十分前ごろから、急速に伸びはじめる。

映画評論家も、老若男女の映画ファンと、ともに平等に列に加わっている。サングラスでステッキの山田宏一、蓮實重彦夫妻、ギリギリにかけつける宇田川幸洋、座席でゲラ刷りに目を通している佐藤忠男、etc.……。

今回の目玉は、今から五十七年前、一九三〇年の70ミリ映画「ビッグ・トレイル」である。二十世紀フォックスの倉庫にあった可燃性の大型ネガ（すでに縮み始めていた）から、35ミリネガにコピーし、それをさらに(?)手作業でコピーしたプリントは、おそらくほど鮮明である。

しかし、当時この70ミリ版を上映したのは、アメリカ全土で十館そこそこで、ほかは（日本を含めて）スタンダード版が上映され、批評も興行も、芳しくなかったという。この壮大さを、見てみなければわからない。なのに、場内に映画評論家の姿が少なすぎる。

映画のマネだったのか 1・30

どうやらアメロならぬ、なテレビ? の時代になってしまったらしい。

ことこ、TBSの「テレビ探偵団」に、柳沢慎吾が出演した時のこと。柳沢の記憶力にも驚いたが、そこで「魔法使いサリー」の最終回の1部が出た。

"草花が馬車になり、バッタが馬に変身する"という柳沢と山瀬まみの記憶を合わせたものに、ビタリの場面が現れたのだ――何と、それはディズニーの「シンデレラ姫」の"カボチャの馬車"のイタダキではないか。

「シンデレラ姫」の日本初公開は昭和二十八年。以後、三十六年と四十九年にリバイバルされている。

「サリー」の放送は、四十一年―四十三年。しかし柳沢も、司会の三宅裕司も朝井泉（泉麻人）も、何よりもスタッフ自身も、そのことに気付いていないらしい。見ていないのか、忘れたのか?

そういえば、どこかも"なウテレ"特番で紹介された「ウルトラセブン」（昭和四十二年）には「ミクロの決死圏」（四十一年公開）のアイデアが用いられていた。当時のテレビッ子が、リバイバルやビデオで「シンデレラ姫」や「ミクロ――」を見て「何だ、テレビのマネか」と言われなければいいが……。

「ウオッチング」のタヌリがいい 2・9

テレビで文句なしに楽しいのは、動物番組である。

NHKの「ウオッチング」は、司会のタヌリがふつうのトーンでしゃべるのがいい。他番組だと、女性リポーターが「コワーい!」「キャー気持ちわるーい!」などと騒ぎ立てることがある。

やんでい、トカゲのほうだって、お前のことを気持ち悪いって言ってらァ。(というところは故古今亭志ん生の口調で)

先日、番組の末尾の「おたよりウオッチング」コーナーで、群馬サファリワールドの、ムフロン（コルシカ島などに住む野生の羊）

2.9 島田紳助の病気の話に感動

紳助というタレントは、非常に受け答えが適切で頭のいい男だと思う。ある番組で、司会者の紳助が、発病後、手術を受けたという吉村昭を紹介していた。

「病」から生活へと全身全霊を傾けて——という話をし、その作家が闘病体験を語っていた。

大きな「病」かもしれないと思ったり、手術を受けて書き上げたという、持病を癒やされた作家の吉村昭がある。しかし経験した大病の中でいちばんおそろしかったのは、大腸閉塞だという……。「厳重な部屋の医者」という見舞いのはがきが届いた。（同じ）

2.18 同情ぬきで笑わせた柳家米橋

東海テレビの『佐川君からの手紙』の高血圧、志ん生の『文七元結』の親子の情、小さんの『芝浜』、米朝の『地獄八景亡者戯』……。

圓生の名人芸、志ん生の芸、小さん、米朝、柳朝、談志、馬生、松鶴、米彦……。

いずれも名人芸だが、いまの若手世代では圓菊、談志、小三治、文楽、圓蔵、柳家米橋を高く評価したい。

後半の四人の出し物が、それぞれ芸人の故人となった高田文夫の線画として残っている。

内田吐夢の柔軟さ　2·23

「吐夢がゆく」（六甲出版）を読んだ。内田吐夢監督にかかわったスタッフや俳優による対談エッセイをまとめたものである。

興味深いエピソードが、ぎっしりつまった本だが、その中に「飢餓海峡」「人生劇場・飛車角と吉良常」を担当した、仲沢半次郎カメラマンの思い出がある。

「飢餓――」の撮影の初日に、左幸子の娼婦が職を求めて放浪するカットで監督が「女性求む」の張り紙のアップを要求したが、仲沢カメラマンはどうしても撮りたくなくてためらっている。「と先生は私の肩にある大きな手を乗せ、ぐっと力を入れ、赤ら顔をより赤くされた。（中略）一拍。巨匠の手が、小生の肩をポンと叩た

フェリーニの「ジンジャーとフレッド」　2·9

巨匠と呼ばれる監督は、たいてい個性的な独自の世界を持ち、それを少しずつ違った形で繰り返し描き続けるものである。

フェデリコ・フェリーニは、まさしくその最たるものだろう。それが圧倒的な、見る側の好き嫌いが分かれるタイプの作家といえよう。

そのフェリーニの映画も、年ごとにノスタルジックな色を濃くしてきた。今回の「ジンジャーとフレッド」も、ノスタルジックではあるが、しかし、いささか趣がちがう。わかりやすく、いい意味で通俗的な感動を味わうことができる。

題名は、ジンジャー・ロジャースとフレッド・アステアのこと、と言っても本人ではなく、かつてイタリアで、アステア＝ロジャースのダンスのコピー芸で売ったコンビ芸人（マルチェロ・マストロヤンニ）とアメリア（ジュリエッタ・マシーナ）。

それが人気もうせ、世間にも忘れられてから三十年後の今、テレビの特番にお呼びがかかった――という設定なのである。

フェリーニは"お祭り"が大好きで、大掛けではしゃいで、やがて哀しい――つまりはサーカス。映画の中でテレビ局のバスに同乗したサーカス小屋の小人一座やイボート犬たちが、「テレビはまるでサーカスだわ」と、批判のつぶやきをもらすが、しかし一面、それもフェリーニの独壇場なのだ。世物こそ、その独壇場なのだ

作者が、自分自身をカリカチュアライズしたような面白さである。

この映画には、めずらしく、フェリーニ好みの幻想シーンはない。が、考えてみると、いかにナマ放送でも、巨大なフィクションをやってるべきテレビのCMなんかを入れることは、めずらしくもない。描写の上では現実でも、フェリーニの映像は、すぐれて幻想的なのである。

マストロヤンニとマシーナが実にいい。駅での別れのシーンなど、二人もともと、別れたやりとりから、現役のころのこの二人の間柄や性格までがうかがわれる。フェリーニが苦手のあなたも、ひょっとしたらこの映画で好きになるかもしれない。そんな映画なのである。イタリア映画。（ラルド・エース／日本ヘラルド映画配給）

1987

3.9　ラングルス・フェコットの代表作

これであり、それだけに息苦しい。そこは西部劇「昼下りの決闘」（62年）だ。それにしても、この映画ファンにとって、マーチには老いた悪党のイメージがつきまとうのだが。

だが、スペンサー・トレーシーにしても、晩年のマーチと同じく、骨太なジェームズ・メイソンと共にたたかうのではなく、死んでいく知人の送る最後の手紙を手向けるのが筋だといえる。

「西部魂」（41年）を代表作があるとすれば、それは誤解だ。その西部劇は娯楽超大作「銀山の荒鷲」（荒い作品価値をもちえない二流の作品の印象だった。

故意の悪党をさし、一監督「星下の決闘」の悪党だと自然に。──（62年）

他のどの監督だったのかすら気にしなかった。「どうした話だったのだろう」という結論になるのだ。その後のことを思えば、近時代劇的随時物の考え方も長い自殺を強いた映画の本質を見失うなるためだったのだろう……

3.12　ダニーケイの都会的な芸質

ただカラー映画としても全体自身のサービス精神が、これにはそれなりに徹底するのはこの美しさである当時のアメリカ映画だったのおかげで、「虹を掴む男」（47年）の猛烈なデマゴーグは、そのテンポとセンスが見せつけさまざまな日本では初のテクニカラー外国語作品として、国連の親善大使（59年）小児の娘を踊る姿態的なコメディーをこなして、都会的な

ダニーケイは対決し、傷つきながらも最後に全滅させるのだが、それはスクリーンを引退した主演するカラー映画のことだと思うのだが、それもエ

一発の銃声のみごとさ　3・16

菊川亭著「忘れえぬショット」（ユニテ刊）に、マイルストーンの「西部戦線異状なし」の名場面の話が出てくる。塹壕の中からチョウに手をさしのべた主人公の少年が、敵兵に撃たれる。その瞬間の——つかの間の静寂を引き裂く銃声のみごとさを、著者は感嘆している。一九三〇年、トーキー時代に入って間もないころだから、なおのことだ。

この項を、菊川氏は、こう結んでいる。「今日、俳優のセリフさえ聞きとれないような、抑制されない音、まったく雑音に過ぎない、と私は思う」

映画音楽が、全編鳴りっ放しという傾向になってきたのは、シンセサイザー時代に入ってからだ。

いや、シンセサイザー自体に罪はない。フォーランガーの笠木透が「炎のランナー」の、シンセサイザーと生ピアノを組み合わせたヴァンゲリスの音楽に感心していた。

が、そんな工夫はめったにない。たいていは、作曲・演奏者一方的なりであって、ブラッシュ、カッシャ、ダダダダと、画面そっちのけで押しまくる。

どんな楽器も、要は、それで音を創造する人の感性に帰するのだ

ブレッソン「ラルジャン」の簡潔なみごとさ　3・4

すごい映画である。と言っても、巷にあふれているホテル物やバイオレンス物のそれとは、全く対極にあるものだ。

スペクタクルとドルビー・ステレオで押すことなら、どこでもある。が、ロベール・ブレッソン作品のように、引くことに徹する映画は、類がない。

他には、そう、先日なくなったアンドレイ・タルコフスキーくらいのものではなかろうか。

トルストイの原作によると、この物語は「ラルジャン」（金）という題名通り、少年たちが使った一枚の（クリスチャン・パラン）配達員のイタンをはじめとする人々の人生が、急速に狂ってゆく——という。それ自体は、ありふれた犯罪ドラマである。

ところが、それがひとたびブレッソンの簡潔な映像話法で語られると、人間のドラマとしての感情さえ、端正な透明感で浮き彫りにされる。そして、その故に私たちは登場人物の心理や行動に、一層深い戦慄を憶えるのだ。

カーチェイスや殺人を、刺激的に描けばいくらでも通俗的になる話である。が、そうした描写を、ブレッソンは最小限に抑えた。物音だけで、息苦しいほどの緊迫感をかもし出す。

抑制のあまり、最後に登場する老婦人（シルヴィー・ヴァン・デン・エルセン）が、前々からイタンとかかわりがある人なのかと戸惑ったりもするが、一時間二十五分にまとめた凝集力、幕切れなど、みごとというほかはない。

フランス映画／フランス映画社提供。

劇団銀座番館公演
1PM4Fとら「2」さんなす、ざんな「2」を見た。階広いす、さんな場面で見た。東京・池袋サ

4·3 無念の思いが生きた芝居

ひとを思うというのは理念的である。その中にも、例えば山田太郎と思うとき、連帯感を我々の中に持つということは、他人を理解するということだ――我々のエゴとしては、少し心を悪くする。しかし、犯した水山即夫として、その要因を回し、考えてみると、むしろ自分の節操があるのだと考え、むしろ健気なのだと思う。水山即夫は理解を自分の

「君は大学へ行くために奨学金を受けて出したいと言いますが、彼はそれでは金を受けて出したいためにだけ大学へ行くのか――という青年の相続人を犯したとして、ある日屋根裏部屋の上で薬を飲んだ、とある――黒人の名は青年だった。黒人の気持ちになろうとしても、黒人の気持ちには当然なれなかった。「山田太郎という黒人学生がいる」と刑法の司会上映の中の黒人教授である――スミス・リーは当然なるわけがない。

4·1 他人の気持ちになれない

――が。

4·6 ディズニーの「キャッツ」EO「キャッツ」EO

望雨演劇が竹内天行の劇団の芝居だとか――などと記されたチケットを買い込んでいたのは無念だった。「無念」と絶句したのはただ一段落ち込んだようで、観客の思いとしての男だけだ。ただそのニューヨークの風がまだ風化しているので、地方公演を集めて舞台をホテルの安本館にある真館というかたちで一角超高層60ビルという超高層のビルの上に、2000人が入れる仮設の客席を設け、37階建の上に地上の屋上というところに青森県祭りの相続まで張りつめた仮設の芝居。これは設定ではなく、なるほどという説得の上でのリアリティだった。

すべてが手の込んだ、有無を言わせぬという舞台だった仮設の小屋。

東京のテアトルEの
二十分のギャラだ。
「東京のテアトルEの新しいゆるキャラがそのジョン先端のシネマシアトルで、大音響のブロードで、そのゆえ肉声の大音響を知らせる関係者は最初はそれが、ゆえかどだったのだが、その関係者はそのキャラクターが表われるものなのは、ためへ止めてやる余裕はなかったのは、長蛇の列に結局だがという
「ま」

ルサの女」の芦田伸介は、に、×ガホンでも使わなければ。

「キャプテンEO」自体は、おもしろかった。「スター・ウォーズ」もどきのヒロイック・ファンタジーを、ダンス場面も合めて約十七分にまとめるのだから、いそがしい。70ミリ(実際には65ミリ幅のフィルム)映写機二台で同調映写する3D映画というのは、多分、前例がないから、画面も当然だが明るく鮮明で、立体アニメーションの小動物が、すっと前の席の上あたり(に見える)をスバスバ飛ぶのは、かわいいものである。展開があわただしくて、ストーリーの方は(単純なのに)まるで印象に残らなかったが。

キャグニーの「ヤンキー・ドゥードゥル・ダンディ」　4·13

いま名古屋で上映中のミュージカル「ヤンキー・ドゥードゥル・ダンディ」の見どころは、ギャング役者として名高いジェイムズ・キャグニーのタップダンスである。それは「常にワンランク先から力を抜かない」という彼の演技論を体現するかのように小気味いい。

四十五年前、アカデミー賞を三部門で受けたこの作品が、いままで公開されなかったのは、当時の戦意高揚映画だからだろう。

といっても、そこはハリウッド映画。ジョージ・M・コーハンという愛国的ミュージカルで名高い人物の伝記を、面白くつくり、第一次大戦勃発のころだが、太平洋戦争突入の翌年という現実の時点になぞらえて、勇壮なマーチで盛りあげる。戦時中の、元気の出る映画である。

一方、そのころの日本映画は、兵隊が防空壕の中で「雷撃精神とは体当たり、つまり死ぬことだ」と語り合ったりする。"滅びの美学"は、今も私たちの中に根強いのではないか。

ところで「ランボー・怒りの脱出」などでレーガン色濃厚だったアメリカ映画は、それと対照的な戦争映画「プラトーン」を生んだ。その平衡感覚、見習いたいものだ。

「オネアミスの翼」の"充実願望"　4·14

長編アニメーション「オネアミスの翼」が、名古屋などでヒットしている。

ひとことで言えば、有人宇宙飛行の話である。かつて大阪SF大会のオープニング・アニメーションで好評を博した新鋭、山賀博之(脚本・演出)が、なぜ、今ごろ、宇宙飛行、なのか。

しかし、見ているうちに納得がいく。これは若い人たちに共通した気分だろう。いろいろ足りていない、何か物足りない——それをなんとかしたいから、作者は異世界の地球に"もう一つの現実"を設定し、いわば歴史のやり直しを試みたのだろう。

デザインもアニメートもいい。架空の過去の日常性が、緻密な統一感で表現されている。平凡な主人公の愛すべきキャラクターらしさが、セリフのやりとりによく出ていた。

その半面、説明不足や、納得のいかない部分もある。主人公が突如として神に祈る大詰めなど、いかにも唐突ではないか。そういうもってゆき方は、かなりアブナイ感情だ、と小生などは思ってしまう。

しかし、二十四歳、山賀の"充実願望"が、若い世代の共感を呼ぶのだろう。難点も含めて、ことし見たことのあるアニメの一本に達したい。

で商品は毛虫だという。家に入ってきた食べ物だったり、その駆除法だったりするのをアニメでみせてくれるのだが、嫌悪感が先に立つのでお薬

身のもよだつCM　5.19

話題にしたい、批判したいと思わせるのがこのCMのねらいなのだろうか。真顔で受けつけないというふうにみせるのもテレビCMの身上だ。

むきになって、せりふをあびせかけている。「一名古屋市の主婦」という。すると画面が二画面になって、反対の人があらわれて、「一三重県の会社員」という。二人はそれぞれ陰と陽の立場にわかれて、一人は「怒っている」。

数ヶ月前にも伊丹十三と同じようなことがあった。今月放送のは、CMを流している局から、金属を回収する同業者として

視聴者を笑わせるのが漫才であり、フリートークのおもしろさもそこにある。「一名古屋市の吉屋一郎」

上沼恵美子のムーンになりきき　4.24

ラジオとはおもしろいものだ。アナウンサーと上沼恵美子（同会者）の掛け合いだが、その正しさだけが、番組のおもしろさである。日曜日朝の放送で、月曜日の回を

山瀬まみのペーパーナイフ　5.27

なれるかもしれない。

ただひとつ、テレビを探偵団「一CBC」、高橋英樹がコメンテーターのこと、山瀬まみの声だけは見逃せない。(TBS系)

一枚目のあるなしは、同じ番組に出演している若手タレントの声からも騒がしいが、この三宅裕

たとえば、毒物は殺虫剤とか、益虫と害虫を、という言い方をすればわかりやすい。その周辺にあるナメクジやゴキブリも、私たちは無益な生物、他の生物や細胞などは人間本位であるから、敵である。それはちょうど、戦争のときに、キチガイのように人を殺す第二次大戦の細菌戦の、細菌性を通じ

司に「ミレンガマシイデスネ」と、だんだん使わないような言葉を
ことさら口走るのは、若い人のユーモアなのだが、山瀬のは、その
好例である。

和田アキ子がゲストの回に、彼女のデビュー当時の歌の映像が出
た。照れまくる和田。三宅に感想を求められた山瀬「ハゲミニナリ
マス……」。

つまり山瀬も歌手。四月から「かっくい＆アッコのおかしな二
人」（中京＝日本テレビ）にも加わり、そこで歌ったのを聞いたが、
なかなかの歌唱力である。

こういうタレントを〈新人類〉とひとまとめにカッコでくくりた
くないわ。パートナーリーに世代、はないのだから。

山田太一のセリフ　6·9

山田太一のドラマ「友だち」（ＮＨＫ）が終わった。

それぞれ家庭を持つ倍賞千恵子と河原崎長一郎が、バードウォッ
チングで知り合う。中年の男女が友達づきあいを、世間の"常識"
は、まず信じない。そうした友情は、成立するのだろうか――。

全六回の、四回目に、こんなシーンがあった。

倍賞とその夫の井川比佐志、河原崎とその妻のうち宮士理の四
人が、倍賞の提案で集まることになる。（山田太一お得意の設定）

その場所が、喫茶店でもレストランでもなく、倍賞の住む団地の
集会室というのもおもしろい。

季節は冬。集会室のストーブをつけながら倍賞がつぶやく「畳が
冷たい……」。

この一言で、鉄筋コンクリートの、無人の部屋の底冷えが伝わっ
てくる。そして、そこに暮らす人々の、人恋しさをまでも
「映画と違って、テレビでは、肝心なときに画面を見ていないかも
しれない視聴者を考慮して、セリフに頼らざるをえない」と、山田
太一は言う。

しかし、「畳の冷え」を画面から伝えるほどの繊細な演出が、昨
今の映画に、果たして、どれだけあるのだろうか。

枝雀の英語落語　6·15

「桂枝雀英語落語会」を名古屋市民会館で聞いた。

まずは、桂九雀の「子ほめ」。「えー、中学一年程度の英語ですか
ら、どなたにもわかります。お世辞のことをコンプリメント、これ
さえ覚えて頂ければ――」学生客の喜ぶまいことか。相手の年輪を
世辞のタネにする日本人の国民性が、英語国で、どの程度通ずるの
かなあ、という気もするが、ブロークンなほど真理である。

枝雀は「鷺とり」と「親子酒」。いずれも、マクラは日本語で
次第に英語化し、ポイントの部分は日本語で反復するという演じ方
である。

面白かったのは、オチの変更。「子ほめ」の、赤ん坊のトシを
「どう見てもタダ」という、しようもないオチを、「マイナス三歳」
と変えたのは、まあ似たりよったりだが、「鷺とり」の主人公が、
五重塔の天辺から飛び降り「一人助かって四人死んだ」という
奇妙な味のオチを、トランポリンのように、塔へ逆もどりする――という変更は、賢明だった。原典は原
典として、海外で演ずるとすれば、そうしたアレンジも必要だと思

世界初の長編アニメ「アラビアンナイト　王子の冒険」　6·17

も技術的には世界初の九尺フ
ィルムによる長編カラーアニメ
ーションで、世界最初の長編ア
ニメーション『白雪姫』が一九三七年
（昭和12）だから、六年しかおく
れていない。

メーターの自作「長編アニメ
ーション「紙芝居」を制作した
五十年も四分の一世紀もあとの
ことだから、サイレント・アニ
メというわけだが——。

「「ラ・ロッタ」」が名古屋市芸術創造
センターで……

「アラビアンナイト」の参考も
よるよれば、ポッ
トに「チャ」（昭和26年）と「若者よし。
それを聞きしよ、けれど、はて、チャ
ンバラを脱出の主幹シナリオ当
（なへてイ）とうよ感があった
見会客も席自然にのよう（と）年
ほどく配

弁ーの鳥羽宣一国は（説明おとる）
説の明もおと色を使元した魔法
楽善王悪王SFも本的なカラーの
ら転子回の権をた第三回催さた
収得さ回国名三大作たれ映無声
王回子の権は「ロッ」た見会画名
ペラ・ラ（27年）シャーカージ
6·17

鶴田浩二の追悼の映画で藤山寛美を見る　6·29

などに続演技があろ
しい多謝再拝あら……

たのしい舞台屋の亭子主役
はものため役としたのわ出色だ
け、何本ものしアニメー色かだ
た。かなしメーターのおかげか、
それはそれでなお活躍もたたか
に語られているどうだ。「国志」の
んとよ最もたれてあり三をでいう
三国志だ（2）たえ多く人三人
むたれは今年立年六十四年立東映
時二十八年（昭和二十八年）「新国志」二作と
別のだがかな民を立まを
だたれのやち八昭和年本をに
そた、彼が流しひれべ東映は放送局
たらがらく関したンときNHK日十
ある田鶴て藤山寛美が出演して
わけだが当時のパチンキの身か
らとうまだたうして、その身代か
ら身を傷なただなど顧身とだ
は次郎長な座頭市かしで金物いだ
ぼのだうと申しあげたい料理ます
い観昭（6·29）

テレビ・ドラマの節制　6·30

に東海テレビを見ると「レンズ」
連ドラマスリラ「アメリカ」ス
トーリーを讃える映画協会主催の
とど、放映された「81年（昭
スカラ座から）アメリカ映画協会
たかで、たれた視聴CBS」の
見た場面の多方から特番、昭和
面の縮版六十年の末
が集のハイトラクス
盛り上り
6·30

た壇上に、いよいよ八十二歳で"新婚"のアステアが登場。「いちい
ち名を挙げてお礼を言いたいが、涙が出そうだ。撮影用の目薬があ
れば、すぐでも泣いてみせる……」満場大笑い。皮肉なジョークさえ
である。

そういえば、何かの席で記者の「あなたの芸術は……」との問い
に、言下に「芸術ではない、労働だ」と答えたという。

そういう言い方に、少しも反感を覚えないのは、次のような証
言を、淀川長治氏から聞いたからだ。来日したアステアは、飲み
物は一切ノンアルコールだったという。あの体形を維持するだけで
も、並大抵の節制ではなかろう。

粋、洗練、至芸、絶妙……抽象的な慣用句が、アステアのステ
ップに冠せられることで、具象的にみえる。そのフィルムやビデ
オが失われない限り、私たちは、アステアの死を嘆くことはないの
である。

伊藤多喜雄のはかりしれない民謡　　7・8

あなたは、伊藤多喜雄の民謡を聞いたことがありますか。
どのジャンルでもそうなのだが、既成のワクや先入観では(小生
自身も含めて)のためには、"民謡"という冠詞ぬきの"歌"として
紹介した方がいいのかもしれない。

たとえば「TAKIO・JIN」(ニュー)のテープの、高田
みどりのマリンバとの共演による「貝殻節」など、すばらしいも
のである。けれど、これも民謡のうちと聞いた人たちは、めんくら
うそうだ。これは多喜雄の"翔んでる"一面ではあるが、決して

すべてはない。

多喜雄を聞いたのは、渋谷のライブハウス「ラ・ママ」。その歌
声は、のびのびと澄んで、そして、まぎれもなく民謡だった。
うえに当夜は、明治生まれ七十八歳の桜井敏雄のバイオリン演
奏、大正生まれ六十七歳の若松若太夫の説経節、そして昭和生まれ
三十六歳の多喜雄という構成。公共の文化団体主催だというのが不
思議なほど。

だがこの表現を拝借すれば、多喜雄を聞いているあなたには、
これから聞く幸せが待っているわけだ。

国際情勢とアクション　　7・15

名古屋・シルバー劇場で上映中の「特攻サンダーボルト作戦」は
一九七六年度作品。十年以上おクラになっていたわけだ。
内容は、七六年六月に、テルアビブ発パリ行きの旅客機が、ラ
ブ・ゲリラにハイジャックされ、乗客のユダヤ人が人質となった国
際的な事件。そのとき、イスラエル側の人質救出作戦を描いたも
のである。

当時封切られた「エンテベの勝利」も内容は同じだが、テレビ
ラ(ビデオ)作品をフィルム化しキワモノっぽくて、入りも悪く、ア
ラブ諸国からの抗議もあり、短期間で上映を打ち切った。

続いて「ブラック・サンデー」が、映画館あての脅迫状によって
封切一週間前に公開中止になった。アラブのテロリストが、アフト
ボール会場を襲おうというアクションで、"エンターテインメント
としては第一級と評価された作品。その後、ビデオ発売された。
「エンテベ急襲」「サンダーボルトGO!」「特攻サンダーボルト作

本道? と喜名なアメリカの人気がうらやましいのだが、死んだだけに、それはしかし、今を盛んに謳歌しているE・Lの邪道とは終わ

共するところは二谷の本業? だから、こちらの強みをそこへ換骨奪胎する現在は同会社の進業と異常共同する後、先輩E・L傾太郎漫談歌手をだけしめる
（中略）

わのしかが、われロは前にいて。その中ので喜劇スタだった伴淳三郎にとに二谷が目立つのだが、着演賞だけ。内容は、周囲の女優や監督の喜劇に関係なく、二谷の人情喜劇だった。戦前

かいだが、なぜと「戦前」と再び改題し、今顧みるとむしろ効果的に考えさせられる。わたしは、ページ的な移動のところのある一座名的に公開された作品はまた言うまでもない事実なのだ。

7.27 ト・二谷の〝攻撃性〟

著「日本むかし話」谷根子
新異端・邪道外芸人
新潮文庫 小林信彦

8.10 東欧諸国の戦争体験

者CBC・TBS系列の報道特集「ポーランドの光と影再放送」が、射殺された第二次大戦「アンゼー小隊ほど再放送されたい小隊にて、先代五十代兵士のBC・たちが子供だった当時の親殺した母親と子供で生々しく描かれるのが証言かとんど近はなた

劇きずし肉を帖をひとけの風景を「文化演じる飛ぶか来坊文化局に出版しおかし男なか、家庭で喜劇的な技を見せるあるが、それは舞台人な大な夏前だのが山田洋次監督の「なんだしたまらぬ人身な消えてしまうそうだろうはそのよう軽演ぶか全身哀と筋な

年男映画打とトンとで身振りを「谷前衛道有と打つ渡邊匠年がなくて寅さん以後のジ寅といまえば巨大絶やすはで月の愛弟子華な月が三作の惚れたの三木月俊次さのだろう」（66年）「誠の音勢を持つ讃歌」（67年中

もの親兄弟も子供だったちが生時の母親たな証言

8.3 男前だも頼りなくも見えた有島一郎

の天女三十郎をにぎらの昭和三十年東京、宝塚劇場だ第一回東宝劇場の音連をに耳の劇にえたン力〝泣きえたぬ男

った女性は語る。

「ふつうの生活にもどってから、葬式で人が泣くのが不思議でした。収容所にいる所にいる間に私の母が死んだときも、なんの悲しみもありませんでした。私を冷たいといいます……」平静な表情と口調がこたえる。子供たちは、私を冷たいといいます……」平静な表情と口調がこたえる。

その数日後、NHK教育の、ハンガリー国営放送のドラマ「少年は選択した」を見た。第二次大戦末期、親ナチ政権下のハンガリーでは、矢十字党の少年が、ユダヤ人キャンプの少年をつくといじめる。このナチかぶれの少年は、もともと性格が弱く、その劣等感の反動で、権力をカサに着て居丈高に振る舞うのだ。

東欧諸国の戦争体験は歳月とともに心理的な意味を深めてゆく。ひるがえって、負け大りの国ニッポンではどうなのか――この夏、名古屋で「ゆきゆきて、神軍」が上映される。

イッセー尾形は舞台がいい　8・11

NHK放送の「ひとり芝居／イッセー尾形の都市生活カタログ」は、ナマの舞台よりも（予想通り）ストレートになっていた。

四つの演目のうち「亀井」と「医者の改築」（当初の題は「新築」）は、キングビデオ発売の三本（紀伊國屋ホール収録）に入っているから比較しやすい。

たとえば「医者の改築」は、医者が「こりゃあ（仕事が）早いや……」と口ではつぶやきながら、どこかに手ぬかりはないかとウロウロする目カクの目の印象が、紀伊國屋版の方が強い。

「単身赴任」（NHK版は編集した形跡あり）も、夜更けに帰宅した中年の夫が、起きだした妻に「もう寝ろ」とくり返しつつも、酒や夜食の支度を、習慣的に妻に命じてしまう夫が、渋谷ジァンジァンの初演の方が、格段に鮮烈だった。とりわけ自分でインスタントラーメンをつくり、妻が「ドンブリ！」と叫んだとたんに「ああ（赴任すると）外食になるなあ……」とつぶやく呼吸は絶妙。テレビでは表現がストレート、つまり、なじみやすいという条件は、テレビではある程度むかえます。しかし、言葉と内心の洞察は、さらに深いのだ。念のため。

三十年ぶりの「禁断の惑星」　8・19

いま名古屋で、SF映画の古典「禁断の惑星」が上映されている。

三十年前に封切られたとき、日本ではサイエンス・フィクションなる言葉はまだ知られていなかった。低予算のイカモノ・ゲテモノのイメージが強かった空想科学（非科学？）映画が、一流の作品に成長したのは、一九五〇年の「月世界征服」あたりから。

「禁断の惑星」の核になるアイデアは、当時としてはごく高度ないわゆるハードSF。現れる怪物（考えてみると、それはどこかわ相手もない）も、形の定まらないモンスターである。これを描いたのが、ディズニー・プロのアニメーター、ジョシュア・ミーダー。「白雪姫」「ピノキオ」「ファンタジア（"春の祭典"のくだり）」昔からのベテランである（その「ファンタジア」も、八月末から名古屋で六回目の再上映が始まる）。

併映の「宇宙水爆戦」に「大アマゾンの半魚人」というのもしい。あと「宇宙戦争」でも加われば、申し分ないのだが。

初公開当時、地方紙の、場末の館の広告に「禁男の惑星」とあったのには笑った。実に的を射た誤植だ！　映画を見た人なら

1987

十日ほど旅先にいた。海外（とい
っては大袈裟な）──なんてチなんか
身分な事か
な。

テレビが遠い　9.8

に生きものたちが、やせ細った家も、
それぞれに別の演技をしているのでは
ないか。それは面倒な番組なのだ
ろうから、その人の月給を役者として
いく。だが、あんな豊川をみてい
る。だとするから、役を変化する
のだろうか。小田演じる豊川の秘法が
毎
のうちの一つのロボットの映画であ
る。それはホームからヘンなコミの
それから、その男が政治犯で──「ロ
ー」を、のはニュースから見た
のだろうだキャスト、これチ
みる男が見た。その映画た。その展開の
男だけが、ニュースキャスター、同
じことをしているが、顔の蝶女、同房
こしから。女だけ「東京物語」であ
る。そのことを語り続けるということ
だが、ニュース「東京物語」、東京、下
北沢のザ・スズナリ

竹内銃一郎の「東京物語」　8.24

で見た。統──郎の「の芝居を見た。
竹内銃一郎の「東京物語」、東京、下
北沢のザ・スズナリ

思うはずだ。

振付師の仕事に技巧のある
仕事だ。振付というこ
とは、女優だということを
正倒した。コレは、なみ
な業の、超人間的な多時間だっ
た。その反射的思考のスピ
ードを死を知って、「（一
オール・ザット・ジャズ」）
アメリカ映画。一九七九
（米・同）。本邦公開は
年のことである。

圧倒された「オール・ザット・ジャズ」　10.5

それは、項目もあげればきりが
ないくらいだが、テレビでそ
れは続く。いつもなが
らの、ぬるいドラマだが、今
みるのは、ほとんどが日本の
みるのは、これが国際的な
シーンもあるが、目の反応とい
うのは、あるいは、「テレビ」のであ
る。小さな作家だけれども
から、もしかしたら、小さな子作家だ
が、あんべんに出した
日々を送ったのは──つ
りテレビは、あまり久し
ぶりだから、ぼくにとって
新鮮でもある。その間も仕事
もしていたから、ほとんど夜
の時間で、しかも、テレ
ビでは、管見のあの間ずっ
と、しかしながら、見た
のだが、これは面白かった。
家族の中の、実に面白い高場だか
し、遠い気持にさせなか
けれども、気分のあるホテ
ルだのだから、身支度をするテ
レビなかったは

が、ほとんどフェリーニの自伝と言っていい。死の女神と対話しつつ、最後に心臓マヒで死ぬのだが、これもフェリーニが舞台の「シカゴ」（七六年）と「ダンシン」（七八年）の間で、生死の境をさまよったのが下敷きになっている。

自慢っぽい自慢。それを映像化して見せつける顕示欲のすさまじさ。なのに、見ていてエゲツなさという気は起きない。ショーマンの狂気に近い情熱が、痛切に伝わってくる。大胆で斬新。つまりのである。

自伝的遺言映画「オール・ザット・ジャズ」は、フォッシーの死によって、真に完結したとも言える。それにつけても、日本の映画・テレビ界には、おっしゃることだけ聞くと、どれほどエラい人かと錯覚しそうな、ナルシストが目につく。フォッシー話は、フォッシーのレベルに達してからにしたい。

「米朝・枝雀おやこ会」　10·6

名古屋・中日劇場の「米朝・枝雀おやこ会」は、結構なものだった。

まず枝雀だが、この人、ひところ客受けに浮かれるきらいがあった。はなしの中の人物が全員、おなじくヒキ方になり、個性が消えてしまう。

例によってまろやかな高座だが、今回よかったのはキャラクターが崩れないこと。「饅屋」の後半に登場する、饅屋の主人など、初代春団治風のおかしみがある。ナゴヤ弁ギャグも気にならない。「二人酒盛」は、かつて東京で、圓生が演じると、ひとりで飲んでしまう男がイヤなやつに見えた。関西の演じ方だと、成り行きでそ

うなってしまう。酔えば身勝手になるおかしみが、自然に出てくる。くたくたと転ぶとしても、枝雀の左手は、ちゃんと酒杯をささげ持つ形をしていた。さすが、ダテに"酒豪"していない。

米朝は、下手をすると訓詁落語になりかねない「百年目」の概要を、難しいくだりをさらりと演じ、前半の、桜の宮の花見に重点を置いた。

この人、持ちネタの細部を常に手直ししている。古い噺ほど文字通りロハに新しく聞こえるわけだ。

"本音ぼき"の時代　10·12

「さよなら金曜ドラマ」（CBC—TBS系）を見て感心したのは、十年以上前の映像が、きれいに保存されていることだった。

"金ドラ"という枠の消滅は、テレビドラマの衰退の表れではあろう。しかしその実情は、視聴者のドラマ離れというよりも、むしろ制作サイドが、経費や手間ひま、気遣いを要するドラマよりも、よりナマでぼくに、より本音っぽい、一過性のトークショーに傾いたからではなかろうか。少なくとも、こちら"ぼき"に傾聴に値するので味はない。もっとも、ドラマもどきからキリッとして、格別の興

金ドラが終わった四日後、東海テレビで、山田太一の「時だは」の再放送が始まった。南野陽子と角田英介の姉弟が、両親の離婚により、さまざまな思いを経験する。見終えたあと、この二人、人生の苦汁を早めに味わったぶんだけ、心やさしい大人に成長するに違いないという気持になる。"テレビ本音"では得がた

まう。
この相も、沿線地図の再放送だけど題名鳴り物入りの場面は、同じ人たちでこれを入れてしまいたくて、かくして終るのだ。カメラの「金」の「名作選」だった。そのの時に

おりしも、おりとある学校で中学一年前のこの人たちの大成績秀才物語として、ドラマ「沿線地図」の高校生の男女が岸辺一徳の作家で、演じている俳優は、「十月二日、一週間の番組だけど、明らかに紹介されている。ただ再放送もなかった。そのの地に、この記述もなかった。

お周囲の学校である。購読している私にとっておりしもおりとある学校中、突如として、登場人物の男女が、「沿線地図」を描きだした、家出して同棲する。CBCで、突如、再放送のうちなのだ。たとえ

「沿線地図」突如再放送中
11・2

ヤCBCである。い感動である。CBCである。岸辺一徳の際、「沿線地図」の「金」の名作選を、突如再放送

キャのマンガすが、時々スてるかとに、キャ最後に、桂枝雀か手だから、そこは彼のうちにで、視聴者たちからの実生活番組の「金」そうさせるわけでだが、その漫才はそれが、NHK大阪のでだが、それぞれ日本の欧米化し

とも「同会して捨てられるので四分な回答として一律的な法律相談に、一人だだが、本筋の上の沼辺の惜しくもどころはし私はおもしろくても、しっかりとあるのがある、なんといっても実に大河ドラマ・ス神・巨人ことができるとして、その漫才師としている。組「法律相談」をりとして演ずるNHK大阪のでそれぞれ三人の相談員が

- だけど、本筋の上沼辺の適当にしても、ち「身近な法律相談になっている」。

法律相談に見る芸
11・4

先日亡くなったリーベンチュラ・バンチュラ、あのなかの役者ははたしてどんなライン・ナップであったか、ある。えたとえば、上道しているということだが、わたしの形容のしかたというロたとえとしては、目道上下げたことは、ようやく形容が

あたりの体格役者はあのとのとへたなリペン・チュラのコメディー

リーベンチュラのコメディー
11・16

そのなかで、コメディーというのは男優だが、本筋の上に鶴瓶の「口調だけ浮気」(笑)適当に選んでだがすが東京で約変えてきても、ち「身近な法律相談になっている」

とのこ聞いた同会場にいるのがあるの四分けたりすれど時にスなど大綿ネタを選用して、いなんど答えるか実に頭下百五十ものキで過ぎがとてこきです。

だけだがキャ漫才師すが、手てるかとに、キ最後に、桂枝雀かから、そこは彼のうちにで、視聴者たちかでそうさせるわけだだが、日本をりとして演ずるNHK大阪のそれぞれ欧米化し

んと、これがわかった。後年は「冒険者たち」「ラムの大通り」等、また別の味わいが、にじみ出るようになったのだが。

そんな個性を、コメディーに生かしたのが、ジョルジュ・ロートネル監督の「女王陛下のダイナマイト」（66年）だった。

今は堅気のボート業者のベンチュラが、昔のギャング仲間に四百万フランを用立て、代わりに、そのギャングの賃金をジャン・ルフェーブルから取り立てるためニースへ行く。そのルフェーブルは、イギリスのギャングから（彼らの仕事をかっつけたと勘違いされて）命を狙われている——。

ルフェーブルのあつかましさに手を焼きつつも、その命を守らざるをえないおかしさ。いつも通りのベンチュラの仏頂面が、観客のこちらの皮をよじれさせた。

日本でも、たとえば高倉健で、そんなアクション・コメディーをつくれぬものか。むろん、健サンにその気があり、ルフェーブルのような絶妙のコメディアンがいての話だけれど。

文化の日の「にごりえ」　11・18

祝日の朝、NHKテレビで、今井正監督の映画「にごりえ」を放映した。

おどろいたのは、タイトルに名の出ない俳優が、続々と登場することだ。まず第一話（大つごもり）に仲谷昇（道楽者の長男）と岸田今日子（次妹）。ちなみに、二人が結婚する前年の作である。それに北村和夫（車夫）。

第三話（にごりえ）に、加藤武（ヤクザ）、加藤治子（縁日の若妻）、小池朝雄（色街のひやかし客）、神山繁（宴席の酔客）。それ

に子役として、第二話に河原崎次郎、第三話に松山省二。

昭和二十八年の封切当時に見たときは、むろん、そんなことはわからない。三十五年後の今だからこそ大した役者なわけで、当時はただ"協力出演"＝前進座、東京俳優協会、文学座の一員でしかないのである。

思いがけず、生きた新劇史の一コマを見られしさは、まことに「文化の日」にふさわしいものだった。

——けれど、この日にNHKが、明治の文豪、樋口一葉原作の映画を選んだ理由は、あるいは、この文化の日が、そもそも明治節の、いや、そんなことを含んでの事なのか？　などと考えることが、頭痛肩こり選評元だったのか。

笠智衆の資質　12・9

笠智衆という人は、こんなにすばらしい役者だったのか、とうなった。NHKの「今朝の秋」と、CBCで再放送の「沿線地図」（いずれも山田太一脚本）を見ての感銘である。

何をいまさら、と言われるかもしれない。しかし、笠自身も述べているように、小津作品での演技は、監督の"振付"に従ったものだった。このことは「東京物語」や「秋刀魚の味」を、ビデオなどでつまりテレビドラマと同じ土俵で比較すると、一層よくわかる。

「今朝の秋」の、自分がガンだと知ってしまった息子（杉浦直樹が好演）と笠智衆の、病室でのやりとりなど、息づまるほどである。

八年前の「沿線地図」では、訪ねた息子が不在なので「帰りがけ」、嫁の河内桃子の「何かご用でしたら……」との声に「いや、用ではない」と振りかえった、その表情に、あ、もしや自殺を？　と思った

これは満州事変の数年前の出来事だが、一ロ一は死刑をもらわされは明るこの作品は法わされは外国の童話をもとにしたというのだが、そのいきさつをたどってみると、この国の軍隊と兵隊少年が処刑される、その様子を制作同人のアニメ助言をもとに描き出したものらしいのだが、それが不思議だ――。

元子を見ただ。NHK教育テレビで『昭和五年制作のアニメの謎』というタイトルの番組を見たのである。昭和五年の影絵アニメというのが、失われた結末のアニメの制作同人のアニメ助言をもとにした結末を見たいと思った。この国の軍隊が暴走していくさ中の一コマだが、この作品は実写映画とみまがう出来栄えなのである。

昭和五年制作のアニメの謎　12・14

だろうが演技をカギとしたとりの映画や舞台では役者の演技をカギとしたとりの映画や舞台では役者の演技をカギとしたとりだ。というのはそのアニメだったというのは、その方のアニメだったというのは、その方の実は映画的である（年齢よりも映画的であるという資質に関

兵リ満州事変の数年前の出来事だが、

気を兼ね演じるもの、一方でその力だけの「一席」が落語はその人のもの、芸をする力だけの「一席」が気分を呼び込む。軒、あの「仁」「危」なんて顔を出し、自分自身が面白くなり朝丸、仁鶴を圓蔵「菜屋」など、その反応によってくるというのは、それはいつものことだ、というのが落語である。

もともと落語というものが、この人に合うかどうかをその場で見きわめるこの会はそうだ。今回もきっちり調子と間に気を取られて、気楽に観客の反応を受け自分が自分でなくなる「芝居」とは別のもので、それは「浜名無意味」は不出来と、時代のよってくるだろうという名人的な

一方で米朝が登場する。落語はこのとき枝雀、朝丸、仁鶴を圓蔵「菜屋」など気楽に呼び方がまず不通じてお今ではおなじみの風俗習慣が、日ごろ観客の反応のよってくるおける落語の会そんな人

事実これは、後者の部分と一日米朝独演小噺朝丸のように打ち破れ天災のトん、短気な主人公と朝丸自身のキャラが破れ、圓蔵助と、鳳喬と圓蔵例えば「天災」は仁鶴、圓蔵助と、二段で仁鶴だと朝丸だとが自己のキをよってくるだろうという名人的な

の居の米朝独演会桂米朝独演会落語名人会（名古屋・中日劇場）

落語家も気取られちゃうな　12・21

深作欣二「軍旗はためく下に」　12·23

名古屋のシネマスコーレの"戦争映画特集"から、未見の「戦争と平和」（昭和二十三年）と、「軍旗はためく下に」（昭和四十七年）を見た。

敗戦の翌年につくられた「戦争と平和」は、予想通り、つまらなかった。イデオロギーの浅さ、ドラマの生硬さ、そうなってしまった理由等については「日本映画200」（キネマ旬報社）の、佐藤忠男の解説に尽きる。

「軍旗―」は、見ごたえがあった。「ゆきゆきて神軍」の十五年前のドラマ版と思えばいい。監督が深作欣二だけに、餓死寸前の兵士たちが「仁義なき戦い」的に元気すぎるのが気になるけれど。

コントラキュー?の関武志がいい。何よりも、千田少佐役の中村翫右衛門がすばらしい。戦後、好々爺然として現れ、処刑した部下の妻、左幸子に堂々と居直り、"正論"を吐くだりは圧巻。ドラマに厚みを加えた。年配の観客の中には、この翫右衛門の方に感情移入した人もいるのではないか。そして、いま世の中は、その方を向いているように思われる。

ともあれ、映画は、見なければ論じられぬ道理。この好企画、続けてほしいものだ。

ユーゴ映画に見るほんとの話　1·5

近く名古屋で上映されるユーゴスラビア映画「ハッピー'49」は、ユーゴが、スターリン体制下のソ連を離れ、独自の社会主義路線をとることを宣言した、激動の一九四八年の、ある一家の物語である。

同じ時代背景の映画に、一九八五年の「パパは出張中!」があるが、親類縁者が互いに告発する、疑心暗鬼の日々は、やや含みのある描き方だった。

翌八六年作の「ハッピー'49」では、日常生活の軋轢と不安は一層ナマナマしいと同時に、当時の東欧の小国に押しよせる欧米化の波を、具体的に知る興味もある。ユーゴの貧しい家に、ビング・クロスビーの歌声が流れたりするのは、なんともブキミなのだ。

これは一面、不倫ドラマでもある。ソ連から引きあげてきた長兄と、闇商売で羽振りのいいシャレ者な弟。長兄の妻のブラデ・ミサリュビッチが、ドキッとするほどセクシーな一瞬同ユーゴでも、四十年たって、ほんとの話ができるようになったのだな。

――ところで、日本では、四十数年前の、本当のホントの話が伝えられているのだろうか?

山田太一のシャレた幽霊喜劇　1·11

東海テレビジョン系の新春ドラマ「なつかしい春が来た」を見ながら、「幽霊西へ行く」「幽霊は臆病者」「乙女の星」「陽気な幽霊」「幽霊と未亡人」など、往年の幽霊喜劇、それに「我等の町」（ソーントン・ワイルダーの戯曲の映画化）などを思い出した。日本には、なぜか、シャレた幽霊喜劇が生まれにくい。

"おじいちゃんの幽霊"の益田喜頓が秀逸。「死んだ人たちのおかげで生きているのを、みんな忘れているのではないか」というのが全編のテーマだが、山田太一は、むろん、それを言うためにだけ書いているのではない。みどころは、幽霊にかかわる家人や、周囲の

そういうわけだから、これを手伝ってくれたのはあの美保純だけど、彼女の役も

彦雅川に、より秋達雄にしてある松村達雄にしてある

「男は寅次郎らしい」

次郎物語」「寅次郎」「坊っちゃん」「次郎物語」「子猫物語」あ、

……と笑う。主人公の近倫は不気味だと思われる亭主の美保純を心配するのだが……」「いいのよ」

1・18　山田洋次に楽屋落ちは似合わない

おだやかな松村達雄という男次郎物語「寅次郎」の旅場先で発熱する子供を診に来た老医

人の人間模様である。長女のある長男であるとか、夫と別れた草薙とか、人の長女のある

女子大教授の杉浦直樹が――

「男は日本で本当の目立つ名優だが浮気にして女子大教授にする数々の変名をしてメメをしているのだが――」と教授

頭のどこかへ、女子大で入れ替えていしているなかせ離婚してメメとあると

響楽隊が見られる巨大映画を右横向きに押し出された四角い出し角黒という前にチャイムがなる、Happy Birthday Hollywood の念にして、このように過ぎ去る「バラ」だ。

ABCが続いているのは、ナレーションが主財津一郎というのだから最高に、「今夜は」を内の外の映画の枠内にナレーションした三年続けている誕生日年を記

念だ。過ぎ去る中京日本テレビの番組コーナーのように似合う寅や

1・26　バロ「デパート言えなくなってしまった」

楽屋落ち――な物語というのは、それバロの笑いが、一連の物語というのは、それが山田洋次の物語にしても人間性が資質に似合うだろうか、それからユーモアのだから、なるのだろうか、それ方だ。

「エル・トリシアレ」のコント 2·2

東京・新宿のシアターアプルで、スペインの「エル・トリシアレ」のコントを見た。舞台は空港と機内。映画「ライング・ハイ」から、楽屋落ちとガグを抜いたと思えばいい。

チラシに、和田勉、永六輔、神津友好ら文化人のコメントあり。

その中で永六輔が「決して粋ではない」が「スピード感と緩急の鮮やかさ」「垢ぬけていなくても十分に笑える」と、単なるチョーチン持ちでない書き方をしているのは、さすが。

見ていて、はて三人組のはずなのだ、と思う。少なくとも五人ぐらいに感ずるのだ。進行の妙。

パイロット二人の紙ヒコーキ遊びがケンカになり、往年の「極楽コンビ」ごとくローレル・ハーディのパターンになるがおかしい。

ただ、これと同じことを日本のコメディアンが演じたとして、果たしてどれほど評価されるのだろうか。

料金は四千八百円。入りはよくなかった。プログラム(千円)はこり過ぎ。

強引な比較だけれど、昨年の十二月に築地のブディストホールで見た「アイ・ガット・マーマン」という女性三人の純国産ミュージカル、あの三千円は、価値のある三千円だったな。

旧作が"売り"になる 2·3

いまテレビ愛知で、ウイークデーの午前に放送しているドラマ「祭ばやしが聞こえる」の一回目のとき、テレビ情報誌も新聞のテレビ欄にも、(新)とあった。

ンナくスくナイと調べてみたら、昭和五十三年、日本テレビ制作のものの再放送。

局側が再放送をうたわなかったのは、他系列局の制作だから、移したケースだが、例がないわけではない。以前、フジ系の東海テレビで、向田邦子の「冬の運動会」(TBS)を放送したことがある。

競輪選手の萩原健一が、田舎町の旅館で、負傷のリハビリに専念する。宿の女主人がしだいにあゆみ、萩原健一に気がある吉田日出子の郵便局員、笠智衆の人のいいテキヤの親分などわき役陣が面白い。

一見、倉本聰好みの配役だが、脚本は、石堂淑朗、大和屋竺ら、かつての日本映画界で、ゲリラ的に活躍したライター連である。

十年以上前の16ミリフィルムなので、画質は芳しくないが、人物の性格づけや会話は、今のドラマよりも味がある。旧作なのを進んで"売り"にした方が賢明なのではないか。テレビもやきもきされる昨今なのだから。

伊丹十三監督の趣味 2·9

伊丹十三監督は、映画の中に映画を引用する趣味がある。面白くもあり、目ざわりでもある。

今度の「マルサの女2」では、地上げ屋の三國連太郎、崩れる壁を支える悪夢は「未来世紀ブラジル」かな。査察官の宮本信子に、東大出のアシスタントの益岡徹がついて、宮本をサッせる程度で、うまくなれています。

だ、これは「ダーティ・ハリー3」らしいなと思わせる程度で、うまくなれています。

書は技術　2・15

評称などといったものだけがあったりするのだが、また経歴（受賞歴）だとか、そしてまた書いた人物がどこの何という、私の鞄に採用した形がらといった処置は最も通俗的な感じだが、それはさておき、ただその文字をいくら精神主義的に書いたときが、日本人がいちばん大好きな文字の書歴だように思うのだが、その文字の書歴は番組、最も医師的な資格最わか。

偽NHKなどというのがあったりするのだが、武田信玄の「信玄」という色紙が同じに採用した同信号そしてしまうのだが、それはべつにカナーの書だ、それはさておき、ただその字が飛ぶようなデザインに文字などというのがいちばん軽いタッチで日本の映画に向かっていくようなタッチでテレビの日本忠なし田耕一が発生的宮澤を内して、それから見られる番組を内しながら教団に入るとしてもらうのがね。

まださえるときがえる新興宗教の三つの点でいちばん気になるのである加藤治だったりするたが、住什件大映画に打たれてあるるんだとして、されるは惟まの若尾文子場

上品「ーイだけと浮かびをおり女っているのだが2」は、このまさえるさよう3の字節のものテックスポンなんだ。当たり前の日本の映画で面白く見られる作るのだが自発発的に信子らのこーヒーと思う

ジオシェイクが映るわけ　2・23

五いにこのまのまわりにこちらが製作しているのはライネーツと製作スタジオのライダーが見てあるそういたのだが（アニメも映画に多い。）映画館で多撮影してその左を削った横長の左にただはみ入・六ミ・六ミ・入

天地という地称場映画はサイズがオタン化しいというが、のだ、いちだけせのだか、次使用しているという使用している「書画」と抗議とした飛行機を見られを「シネマスコーブ」という映画を見られる線普音普用の「シネマ」というのが映画を

本紙つ目付「メージー版」の「ビデオ版」のヨッオなアスペクトのと見てといど日がでてと違いますがする。なれる中でこのそういう人から偽書から他者を賞者について賞筆跡よこど世筆家への人間、妻族一致大婦仲な問題をして筆でただどだだ別のよう個性のも感慨の単なる今日皇

術のメ・ボの悪口を書筆者のライネーが自分のことを酔嘆者とて自分のことを証明したりどきめき気気持かなる悪魔人間との何にはべつに夫して
居文高とるイト批判ですたりどをしていますから運なねる中でこのそういうから偽書から他者を
でありどうたイト悪口の文とますがありることを今すとりどきすなすなどき事件はく今皇子の馬のかどうたかっなのだその技回子

スクをかけ、ワイド映写するのを前提にしているのだ。

そのままビデオ化すればマイクロ……ぞく道理。もしも二次使用への抗議としても、現場の手ぬかりとしか見えず、恥をかくのはスタッフの方だ。

「ヒズ・ガール・フライデー」初公開　　2・24

近く名古屋で上映されるハワード・ホークスの「ヒズ・ガール・フライデー」が、あっぽう面白い。

喜劇というと、どこか間の抜けたおかしさを想像するが、これはまるで逆。新聞の編集長のケーリー・グラントをはじめ、登場する連中は目的のためには手段を選ばぬ生き馬の目を抜くやつばかり。その裏をかくキャンが入り乱れ、テンポよくアレヨアレヨの一時間半である。

小生は、同じ舞台劇の三度目の映画化である、ビリー・ワイルダーの「フロント・ページ」を最初に見た世代で、それも実に面白かった。ただ比較すると、ホークス版の方が上。16ミリで画質は芳しくないが、見ているうちにそれを忘れるほど。

日本公開されなかったのは、せりふの速さに字幕が追いつかないからだ、という説があるが、はたしてそうだろうか。ここで展開する処刑騒ぎは、サッコ＝バンゼッティ事件（政治的弾圧がらみの処刑事件）を連想させるように描かれている。一九三九年製作、四〇年封切――と言えば、昭和十五年。太平洋戦争の前である。本邦未公開の本当の理由は、むしろ風刺の痛烈さの故ではなかろうか。

"冒険"としての戦争　　2・29

「戦場の小さな天使たち」という小傑作が、不入りのため、一週間で上映を打ち切られてしまった。今年のアカデミー賞に作品賞、監督賞など五部門でノミネートされた映画である。

舞台は、第二次大戦下のロンドン郊外の町。一九三三年生まれのジョン・ブアマン監督の分身というべき少年とその一家を中心に、戦争中の非常時の中の平常が、生き生きと、ユーモラスに描かれる。

子供がウキウキと遊びすぎる、との批判もあろう。しかし、戦争を悲惨に描くのは、いわば当然のこと。物語が一九三九年の九月から、一九四一年の九月まで、つまり日本が参戦して一段とエスカレートする少し前で終わるのは、意識的な線の引き方だと思う。

爆撃の焼跡をかけまわる男の子にとっては、戦争とはとりあえず、冒険の一種なのである。かつて「脱出」という、まるで子供および大人が、川下りの冒険を試みたばかりに、恐怖の体験をする男たちを描く大傑作をつくったブアマンの、その原点をみる思いがするではないか。それだけに、名古屋でこれを見た約八百人の人たちは、幸運な観客と言えよう。

あのころは名悪役がいた　　3・9

近く名古屋で上映される「死刑執行人もまた死す」「恐怖省」は、ドイツの名監督フリッツ・ラングが、ナチス体制をのがれて渡米し、第二次大戦中に撮った反ナチ・スリラーである。

「頑張って」と言わないで 3・14

さく生れしたらどうしよう」と、あたり散らす、あのアドレナリンを乱用する風情は一種、女性的と感じたのだが、後者を

はれど、もうひとり、記事の冒頭にある話だが、少し余計な負担になり、好きなネタを乱用する風情はネタという感じでもない「月九日付けの本紙の「頑張れ」病という病者に対する「頑張って」と言う

消えてくれればいいのだが、もうひとりの名わき役だった竹脇無我が死んだというのは、当時の五〇年代のことを思うと、あの頃あった映画を見たいという気にもなる。彼の印

一、悪玉にしてくれ。恐怖省「恐怖に目を見て、本当にイヤになるのだが、ドラマに出ているのはたいていは荒野の決闘」「頑張って」という病者

ビビって、ゲスなウエスタン・ムービーの殺され役であるかの西部劇。その荒野の決闘ファイブ・インタイナーなど、いかにも殺されそうな目付きの悪役「荒野の決闘」「46年」（注）

いう死にたいほど、目を見て、本当にイヤになるのだが、刑執行ナイフを、この西部劇の殺され役であるか

"驚きを与えた"嘘"と"本当" 3・22

他の場面ある役柄を幾つか持たせたいため、向こうで大和書房の国彦的過程を

現実に嘘をついてしまったら、彼は死す言無我が、何かという気づいて落ち着きを見せるのだが、竹脇無我の話あれば、この竹脇協者の婚約者が終わるという。今父兄の協演者TBSドラマの再放送が多く、見事な妙演をして、最高のスタッフ出した脚本遠

先日、竹脇無我のことをCBCとTBSという単細胞の同問題なのだが、嘘は方法として歓迎した前のだから、犯罪とまで言わないまでも、罪は

言葉自体がいかにも嘘をついたというふうに、野球をするこのテリトリーの中での中村伸夫地球根という「幸福」の十一時23時から

「アメリカというところは、ロボットを言うこと」と、野球をするこのプレーヤーなど、その外なる運転手の気分を『気楽な日本の庶民価』といとうふうに気になくてもしろいうということは、使う側の気持ちにあるのだが、しろという必要は、頑張っての双羽黒の道

とヘッと振り返らせたいという"作者の都合"の場合もあろう。ならば、落ちそうになった物を持ち直そうとしたはずみに、わきにあった金属物などにふれて音を立ててしまう——という程度の工夫でもいい。

瑣末なことというなかれ。神は細部に宿り給うのです。

加藤嘉の"遺言" 3・30

「徹子の部屋／亡き夫加藤嘉をしのぶ・中村雅子」（名古屋テレビ）を見た。

いつもなら、生前の録画を、故人ゆかりのゲストが見ながら思い出を語るという形だが、今回は、そごく（告別式に参列した友……

心底寒気のする「フルメタル・ジャケット」 3・22

見ていて寒気のする映画である。それも心の底から冷えてしまうような。戦争映画もかなり見てきたが、こんな思いを味わうのは初めてのことだ。

一時間五十四分のうち、前半の約四十五分が、海兵隊の新兵訓練である。教官リー・アーメイが、新兵をしごきにしごく光景に圧倒される。「フルメタル・ジャケット」のテーマは、この部分に集約されていると言っていい。かりに前半をオミットして、後半のベトナム戦線のくだりだけ見せられたとしたら、印象は、かなり違ったものになるだろう。

スタンリー・キューブリックは、すぐれたスタイリッシュな監督である（それが完成したが「２００１年宇宙の旅」と見ていだろう）。そして、その方法論がすなわち思想であるという意味で、まさしく映画作家と呼べる、数少ない存在の一人である。

そのスタイルは訓練基地の描写に最も顕著である。兵舎内の、異常なまでの清潔さ。歯磨きで磨きあげるということも、実際におこなわれると聞くが、そのしらじらとした無機質感は、ＳＦの異空間に近い。そんな中で、アイゼンみたいな罵声が、新兵たちを息つく暇もなく浴びせ倒す。屈辱への反発と、性衝動によって兵隊アリマシーンに改造されてゆくプロセスが、冷厳なキャメラの眼しかも象徴的に浮き彫りにされている。

この映画で、クブリックは、観客が主役の登場人物だれかに感情移入することを慎重に回避している（「プラトーン」との根本的な差も、その点である）。前半の四十五分は、そのための下ごしらえとも言えるのだろう。新兵たちの中で最も"人間的"なのは、のちにビント・ドフリオが演じる彼だが、しかしその彼も、共感を覚える人物には描かれていない。

後半の凄絶な白兵戦でも、キャメラ・アイはこの冷厳な眼差しを失わない。作者の熱い心は、その冷厳な眼の彼方にある。「２００１年宇宙の旅」ラストのスターチャイルドが、地球上の進化した猿たちの、果てしない殺し合いを、まじまじと見おろしているように思えたのは、私だけだろうか。フナー映画提供。

おかしいこともいる。

坂田は登場するジャズの来た。東海林さんが書いて来る。

坂田一彦（元）は金田一春彦氏の助手だったが、引きぬかれ元来タ、名前のほうが……のだが迷子になった方か――という学者が出て来るなんて、新語の権威があるというのに話がやさしくなるのだが。

大阪弁のニュアンス 4・5

も貴重な遺言すとしてもいる。

かというと「私」だと思い出すのがあった太平洋戦争前年というほど、ある新築地劇団の『特攻隊』男だったという涙声を語り、したのだが死んだというなんて、昭和十三年五月十日放送の『特攻隊』同役のコメントを入れたのである。

山田太の韓圧・解脱などを無駄だと友人、最近の旅路という役のイメージというのは全国的な反響を入れたという、鶴田浩二出演。加藤嘉の徹

子雅だが已れ知れのコメントを入れたのである、娘感午後のワイドショーで泣きすぎるのだが

ビジネスよりも不完全なアイテム 4・11

あらきます大阪弁の「……」お礼として確か
な人とている冗談を言うときなどのがりやすけど
としての推理しているのだと言うとか、ならないが時
理しているか。そのもちろんありすぎるかもしれない
捜査本部は、というのはあるからコメントが変るよう
というのは無礼に弱々しくておかしかったんだが
春彦氏は丁寧な誤用を好ましい印象を与えるのであ
という森永のヨコ文字の氾濫する事実数あまりにも
犯人を強みしているからないようなのかなぶとうに
の脅迫状はまさにこりゃやぶらかぬ形と思うとしまった正

ビジネスよりも不完全なアイテム 4・11

前の去年のある作品十二月、倉庫回数第三十五、百億円第三十万回発売が百五、三百億両売が十五日単位であるのに中から、あるその中でも焼失したのだがトイレのイラストのイラストに現存するのは本革など。

ユーザーキネマ倶楽部は「音百億の壺」上映する「音百億の壺」上映で、すでに現代美術品に改め近代美術となり、交換しておりますから

ビジネスイトルをキネマ倶楽部のコレクターからビジネス作品は「四ヶ月二十七ヶ月で、といったら起こるやかれやすのが好立目目に

イッセー尾形と森田雄三　4·12

イッセー尾形の久々の一人芝居を、東京・渋谷のジァンジァンで見た。

久々というのには、わけがある。去年の九月に、新宿シアターアプルで上演されたイッセー劇本・岸本加世子ら共演「ミラクル・でゆこう」が、不評で終わった。しかも、ラク日の翌日、演出の森田雄三が、足の骨肉腫で入院し、手術。十一月予定の一人芝居が、三月に延びたのだ。

当然と言えば当然の対応だが、しかし当節、いい話と言うべきかもしれない。

ただ気になるのは、いつからか貸出しているプリントが、依然として欠落版のままらしいことである。少なくとも、三月下旬に東京の大井ロマンで上映したのは、そうだった。

なぜフィルムのコピーもさせてもらわなかったのだろう。映画館で見るのがビデオより不完全では、話が逆になってしまうが。

「汚れた血」は風変わりなロマンス　4·16

〝ヌーベル・ヌーベル・バーグ〟と呼ばれるフランス映画界話題の新人、レオス・カラックスの登場である。

新感覚派の若者は、常に衒気と匠気をふりまきながら登場する。わかってたまるかというシッポと言わなくても(心が)通じてほしいという孤立感。

「汚れた血」でまず目を見はるのはカラーの鮮烈さである。カラーの写真技術は近年とみに進歩したのに、かえって安易に頼りあげることだけの映画も多いのだが、人物の肌色など、これだけの発色は、ちょっと類がない。

物語はしかし、フィルム・ノワール風に展開するわけではない。カラックスが描きたかったのは、初老の男の愛人である美少女と、主人公の少年(作者の分身である)という、風変わりなロマンスなのである。

クローズアップを積み重ねて状況を伝えるという、まず状況設定を伝えるという通常の導入部の、観客のつくり方とは逆である。だから、父の死を感じた少年(近未来のパリ)が、この場所から抜け出すための金欲しさに、亡き父の友人である初老の男ミシェル・ピコリに誘われ、犯罪に手を貸すことになる——という経緯が、みえるまでしばらく時間がかかる。一見異様に感じさせるが、この場所から抜け出すための金を貸すことになる美少女ジュリエット・ビノシュ。

ラバンが走り降りる長い移動撮影、パリュートで失神したビノシュを、ラバンが助けに行くシーン等々。二十六歳のカラックスは、独自の映像文体で彼なりの映画への純(殉)情をうたいあげている。

名古屋では、二十数年前の〝元祖ヌーベル・バーグ〟旗手フランソワ・トリュフォーの「突然炎のごとく」を併映、映画の新しさとは何かを比較する上で絶好の番組である。フランス映画／ベルローズ提供。

山田太一 "大阪"土曜ワイド劇場"　4・19

鏡への早い大竹のレンタルであり俳優・土曜の日の山田太一作の土曜ワイド劇場「大阪の夢」は、名古屋・一時間ドラマであるが朝日系だ。

ドが放送の男だった。それは誘惑的な演技によるものかもしれない。しかし芝居の大きな学校から、かつ堂々たる芝居を打った校長先生や大竹を見下すという説明上の連れて京都に逆転手寿をしたという組んでいただいに驚嘆なことながら、二階堂の芝居も一時間ドラマという枠を見せてくれたのである黒眼を。

姉俳優・土曜の女を早見のレンタルであり、二階堂と見ぬ志望の平の青森から上京した平田満が二階堂にいる誰かを捜すやられるために行くのである。

芝居者とテレビのどでも経験豊かな医者とも修羅場を経験しての常識的な役者たちは、オーソドックスな型の再現した大院に出した中年男が見えるこのドラマのナレーターのように不器用でつきながら、そこには未完成の英知が味わいがあったのだ。一大竹演足のは右から友義の森田氏はどうこうと完成の片から見ることは無理だったが、凡たる子供園を見たような海散歩の

うたうとたえず海の人の演技羅場の集をのいくらかは超現実的な舞台は真前な場合多い。

終止止めるのだろうか。

旬報「ラジオ・テレビ」編集うただ4月上旬号であるが、A館での一人旅途中である通機関で重役という自宅の会議でA館で重役という B館で社長の登場する家族と共に感謝の重役が不断なので、配給会社からの同じ合わせに合わせるかネネだか。

元気れた「旬報」編集うただ4月上旬号（号）を押しながらユキエがキチカイを笑ったのだがその後の観察次第としてあることにして優しく再び優しさか仕事の話し男の延びというAの絵をなるまる一人、完結しながらであるそのスジというタイ人の迷

オチをカットした映画館　4・20

テレビとかなんとか、まるでわかっているんがかなりました。

終は必要描かれている大切なものは少しもわかっていのへたなジェスチャーなどはヘたなミニミニースだとするむまた立場の主張してしまいが次過激で善悪ふぜと上大竹こそこの世の中面白いことだがあるその中でも居るこしとのそが説明という「ばくさん」とあるそのばくメとだ山田太一の「どでぶん」が

ったのだろう。
「社長の災難」のお粗末でした。

禁句"定め"した顔　4・26

太平洋戦争中に、日常的な英語も、敵性語として禁じられた——というのが通説である。そのことは、戦後落語のネタにもされたし、近くは、タモリさんが、ゴルフを日本語でプレーするという制約ゲームをしたり、また、それをネタにしたりしている。平和なものです。

先日、「雷撃隊出動」をビデオで見た。昭和十九年十二月七日封切り。翌二十年八月には敗戦、せっぱつまったころの製作である。

南方の島の航空基地が舞台だが、そこで兵隊たちが堂々と"ストライク""ボール"で、草野球に興じているではないか。

かりにも、大本営海軍報道部企画、海軍省後援、情報局国民映画と銘打った映画なのだ。日本軍隊の大っ腹なところを示そうとしたのかもしれないが、当時、小学校—国民学校の生徒として、反米英思想をたたきこまれていた筆者としては、タイムマシンに乗ってでも文句をつけたくなる。

こういう事なのだろう。

時流の"旗"を振るのが生きがいの連中は、常に私たち普通の人の中にいる。そして、私たち日本人は、昔も今も、"禁句"を定めてしたり顔をするのが、なぜか大好きなのである。

「我等は天皇陛下の生産戦士なり」　5・10

東海テレビの「東南海地震を知っていますか？」は、昭和十九年十二月七日の午後一時三十六分に、中部地方を襲った大地震のとき、軍需工場で死んだ動員学徒にまつわるドキュメンタリーの労作である。

着眼はいいが、そのかわりに、たなびく線香の煙を美しくとらえる、といった散漫な場面が目につく。

それは一面無理からぬことで、報道管制のため、写真などもわずかしか残っていないのだ。にしても、残された老父母の嘆きから、さらに踏みこんで、当時報道を抑えられた側、抑えた立場のコメントも入れてほしかった。

当時、朝鮮半島から連れてこられた女生徒の死者六人の名は、十三年ぶりの慰霊式にも挙げられていない。全羅南道へ渡ったスタッフは、その遺族から取材を拒否される。ここが番組のハイライトである。

武豊高校演劇部による、動員学徒を描いた演劇の中で、帝国軍人を劇画ぽく演じた生徒は「しかられるかもしれないが、戦争という行為自体については肯定的です」と答える。

それと、圧死した学徒の残した日記の「我等は天皇陛下の生産戦士なり」の一行。このへんに焦点を絞るべきでは。

実験教育のドキュメント　5・9

NHKの「ワールドTVスペシャル・青い目茶色い目」は、アイオワ州の女性教師が考案した実験教育のドキュメントである。

映画のアメリカ放映を　5・16

頭のことだと多少あるいは、のテラスのある日なのる。コメディーの空だ「ダービー」が、悪意なドラマ「アメリカ」は、時間四分の詩「ポーの朗読のように、安心するなか、たちをおどかすようにだが、意地悪な映画からア流れるか。象の四分の一ほどか。の詩が、NHK放映の劇画なら、アメリカが、ネ

知らされるのは「……」だ。この観賞アンケートは実に奇妙なため、まじめな回答者は、小学校四年生の人が優等だが「今」そして観賞した感じを述べてくるため、現在四十八年間連続してもし、されたCBS制作だが、内容は十八年後のスターを問わせるテスト全員がしない新兵訓練された人種差別による犯罪を集めての前提を述べるためNHKは四分の五分にしてまるのは、映画だ。教師側の試行錯誤がカメラにしてあるのは、現在四十八時間番組であるが、「アメリカによる犯罪を犯しても、元は一時間番組も、教育側の試行錯誤があるのは全部見る

ビデオが初め。目が米色だから、人は優等だ。まず目を開けている四年間、それは実にしてする子供だったが、今度は茶色の目の色が次第に青い目の色が、今、青い目の人は○○の人。○○の志にするのは茶色

日米の裁判ドラマ　5・24

五月二十四日午後十時間四十分、場「Shakin' the Blues Away の四分だが？」

野球ではない「ピーナッツ」のあれは、ブロードウェー映画『ジンジャー・ロジャースのあの「イースター・パレード」の歌だったか。そのアメリカの国内放送とはどのような相合だが、映画には放当日には結構、字幕スなのレビューにもなった名曲が、放映を試合を収める

雨といえば、「イースター・パレード」のP・ボガノビッチ・J・ダが、雨について相合作品だ。そのP・ボガンの雨の歌とは何だ、事だが、四分の一しても、日本語放送では「ジ、雨の相合作品で「雨、ジ」のレビュー・四月五日対象「イースター」との歌とは何を、時間四十四分が

ふうに、それてあるいは。
アメリカの裁判が。

一。

ちらに「一」名古屋で上映中の「容疑者」裁判事件は男の男の首都ロス官。弁護人に特別帰り、意外選捕される方向に。特に特名で帰りの女性が女は調査を重ねるうち神経障害から凶行に追及すると殺し国内では被告人は真犯人を追及するとの映画も。

結果からさかのぼると、少々都合のいい部分も目につくが、これだけ"娯楽"したのだから、ボクは言うまい、という気分にさせられる）

それは一つは、陪審員制度自体もあるし、この場合も、弁護士など裁判当事者と陪審員の法廷外接触は厳禁であるという規定がスリリングに生きている。

けれど、同題はまた別のところにもある。日本の法廷劇は溝口健二の「滝の白糸」から野村芳太郎の「事件」まで、観客の涙腺を絞った話が多い。

犯罪の陰に悲恋あり、ではなく、犯罪の陰に巨悪あり、という真の裁判ドラマが、そろそろ日本に定着していいころではないのか。

久米宏の"わからせ方" 5·30

「ニュースステーション」を見ているうちに、プロ野球が面白くなった――と話したら、電話のむこうの友人が、しばらく笑いが止まらぬ様子。私がスポーツ音痴を知っているからである。笑いは笑え、巨人さえ負ければニコニコ顔の久米宏と、ドラゴンズファンの小林一喜のやりとりがおかしい。この間までプロ野球界の憎まれ役だった江川（この人のタレント性もなかなかのものだ）と久米の巨人論がまたおかしい。

さらに、さきごろの巨人不振の時期に、「緊急ゲスト」ロンに巨人ファンとしての今後の勝率予想を語らせたときは、久米のフジコミと黒鉄のボケに、ウ―ンを抱えた、知的な野球漫才次第である。

といっても、そうした楽しみ方は、見ている内に生じた副次的な

もの。サイトーデーの夜十時になると、チャンネルを名古屋テレビに合わせてしまうのは、久米が、たとえば中近東のトラブルを「やさしくしてくわからないんですが」という前置きで視聴者を引きつけながら、状況を整理し説明する。その手際が爽快だからだ。この"わからせ方"こそ、他のニュース番組が見習うべき所だろう。

原発から真っ先に逃げた科学者たち 6·8

いま名古屋で上映中の原発事故のドキュメンタリー「チャイナ・クライシス」「チェルノブイリ・シンドローム」は、見ると、やはり一層おそろしい映画である。

先入観でモノを言うのはよくない事だが、それにしても、あの連が、ここまで率直な記録を、よくぞ公開したものだ。「――クライシス」でくり返される言葉を借りれば、これぞ「ヒロイズム」というべきか。

爆発後まもない原子炉周辺に立ち働く人々の、一ショット目も無防備な服装はこわい。だが、もっともこわいのは「――クライシス」の中の、爆発のとき真っ先に逃げた何人かの科学者（つまり、放射能の危険を最もよく知っている人たち）が、"裏切り者"として糾弾される場面である。

「戦時中ならば、銃殺されても仕方ないが、隣人の軽蔑が彼らの生涯の重荷になるのだ」というナレーションに、背筋が寒くなった。

ところで、気流に乗って西へ流れた放射能のチリが、欧州各地の野菜などに深刻な影響を与えているのは周知の通り。だが、二作品の中に、その問題への言及はなかった。「真のニュース」への道、いまだ遠しというべきか。

6.22 「ディア・ブラザーのレ・ドナ」

京都中央区中央立へ
五時間半
間ベ映画37本
アーブン館開かれた
アを開かれた「
ノ丘（中央公論社）講演
ユーブンな写ベントが
タージ本上映十一が東
念。教本

が丘で意味できないの
だからこそアドナンを
だからやるのだと……友情ある
ので、このメッセージを受け
スチーマーを紹介したこと
もーワイナーはやや今も軍事
はコーラスは与えたのだが
私はこのニューヨーカーに描く
ーサンニーを感動的な名作
を見した。「ーアメリーフイ」は
以前のら父の
のらた時の最初の

ものがあると思うが
だったとも言えるい。米音信ら
映画の題名をキダンらで言う
したケトスヘメ金髪の
内のスチーマーいたー映画
スチーマーの巨匠を持つ行し
ら南軍に入り日常の名作を
義勇軍——数従平和主義の
禁欲的な喜劇昭和56年（
好青戦リい作品「友情ある

メリーカをおそらる
はいきなりアメリカの米大統領
実いがある喜談でーガンが
映画腹名キストス会談で
「」『友情ある説得』を続け
友情ある説得ーーガンが

6.14 レーガン大統領の「友情ある説得」

6.27 中川信夫の「酒呑童子」

酒
内容が開かれば
で字もしれないが
もジューサにれる
か。中川豆腐には映
新東宝ことがなた
中川豆腐には「酒呑童子」の
新東宝とした命ば故
新宿四谷怪談」
「東海道四谷怪談」
「東海道四谷怪談」
が代表作だ

だべキャンを限際い
ですワイをえしかか
のラいだべっるホよ
とてしかわれてる
まわがないにロない
せんかレアンからの
のとかわかるホ足など
実際限際らロぶ
取材れ全国に数
同じしてたいこは
退材のだラから
てら命実たらだ取材
のどだエだりだ
れだとなつスイだ
それのは自側にス
ぬだっちヤ映すだか
と音が台ンし側だ
もの16るジ映電話か
映とるは音自主映ス
与たか音不調映は
五十の様与はだ右
与とか様の与前側
右調はだの昔
だ終始し
る

とごた実
て実際ぬ
まリ南リい
でのは六し
いはコ百人だ
はだや足すマ舞台
解説けト加手
とンを江上
次回りの変見
好劇三郎でおり
のでまさか
本ーす足のな
「一面
方」と
と

の、いわば職人型の名匠。遺作「生きてる小平次」の時点では現役最高齢の監督だった。

集まったのは、中川監督ゆかりのスタッフに俳優、映画評論家等々。もちろんファンも、聞きつけて加わっている。

スピーチを聞くと、中川監督と組んだのは一度だけという参加者がけっこう多い。故人の人徳か。

旧新東宝の同窓会といったおもむきもある(新東宝は"社史"すらない宿命的な会社なのだ)が、受付係の脚本家、桂千穂氏によれば、別に新東宝の会というのもあるのだろうな。

沼田曜一に「若杉嘉津子嬢……」と指名された、和服の若杉さん「私は、毎年六月になると(この会に)出てきます……」とは、なるほど「東海道四谷怪談」のお岩様らしいスピーチ。いい集まりだった。

ブロードウェーの座席番号　7·5

ニューヨークで、ブロードウェー・ミュージカルを二つ見た。

月並な感想だが、さすが本場モノは違う。日本版の"精いっぱいがんばりました!"というしんどさがなくて、演技に余力が感じられる。結構なものです。

ところで、これはたまたま小生が入った劇場だけがそうだったのか、座席番号が見つけにくい。習慣的にいすの背を見るのだが、そこに見当たらないのだ。

「キャッツ」のウインター・ガーデン・シアターの席番は、なんといすを乗せる部分の先端についていた。そこまで来て、のぞきこまねばわからない。

「ミー・アンド・マイ・ガール」のマーキス・シアターの席番は、いすの腕木に入っていた。けど、それが左右どちらの番号なのをキョロキョロ確かめねばならない。

わかりやすくすると、案内係の仕事がなくなるからな、とも思ったが、案内係にチップを渡す人は、まあ少ないようだ。

ただし、ラジオ・シティー・ミュージックホールのいすは、席番をはじめ金具らしきものが、日本と同様、背の上にあった。はできてこの雑多さはぜんなのか、となた数えてください。

フレデリック・バック「木を植えた男」　7·12

カナダのアニメーション作家、フレデリック・バックの作品が近く名古屋で上映される。

数本の短編の中のメーンは、アカデミー賞受賞の二作「クラック!」(81年)と「木を植えた男」(87年)だろう。スガラス状のアセテート版(背景に密着させれば透明になる)に色鉛筆で描いた動画のスケッチ風のしかも繊細な美しさ。

「木を植えた男」(製作中に右眼に絵の具が入って失明する事故に遭いつつも、五年半がかりで完成した三十分の秀作)の育った木々の若葉が月光にきらめくシーンなど、心を洗われる思いがある。

ラジオ・カナダという国営テレビ局の制作で、劇場などで上映される機会は、カナダ本国でもなく、多くはテレビ放送か、旅客機の機内上映であるという。だから今回、35ミリ版で観賞できるのは、まったないチャンスと言えよう。

ところで、今回の一連の催しは、ビデオソフトのメーカーの企画

気にかかる一人の引退歌手　7.13

森昌子という歌手は、たぶん他人の天才タイプなのだろう。いや、むしろ森昌子こそは歌をうたうために生まれてきた人間であって、歌のうまさでは、あの天才・美空ひばりにも当たるのではないか。

彼女は歌が好きなのだ。

それを森昌子は、あっさりと引退してしまった。引退の理由は「後進に道を譲る」等々と語っていたが、それはどうも表向きのことのようで、実は東京・八王子の高尾にあるというメッセージ「森昌子完璧なる名人芸を発売」という広告が新聞に出ていた。

ただ、ここでどうしても気にかかることがある。引退して結婚した彼女は、「釜山港へ帰れ」「冬のリヴィエラ」等々、ほかの人の歌をうたっている。

都もとにおかせか。そのためにCDを出したのだろうか。

都もとにお聴かせか。

都もとにお聴かせか。そのためにCDを出したのだろうか。

いや、むしろ森昌子というのはおそらくこういう人なのだろう、と思わせるのは、他人の女性歌手の持ち歌を気に入ると、すぐ本人以上にうまく歌ってしまう。

文化活動なのである。しかし、これ以上に映画とかテレビとかの認める社会での意味を持つキャンペーン作りには皮肉であるけど、レコード会社の配給ネット子に編入された以上の意を得ないものだろうか？

併映の「影をなくした男」が面白い　7.27

名古屋名物の「影をなくした男」の外国映画。日本立ち興行では最初と時を併映して最後の合作都会が中、映画としては映画の「影」なるか？

コマトウゲシスのバスがただひたすらに、その点だけはかなり追及するという点に関すること。（ニミホ）大学の佐々木教授によれば、知的によく知られたこの害虫ミツバチが蒸発してなくなったのか？在

ミツバチがただひたすらに、それだけでなくのだとすると、それは前後の温度差を利用したのだろうが、46度～47度というごくわずかの熱を出していても、糖質を燃焼させるとき、ハチは腹を飛ばして...

動物番組も数あるが退屈ある、その防衛作戦・日本（NHK）の

ニホンミツバチのおかしな　7.20

47～49というごくわずかのすべてのミツバチは48度～49度の動かすために発酵動物のように変温物なので、血温が体温へと残虐な光景が次々に、ゴキブリ一匹がネズミや次...

「スズメバチ」という番組である、動物をめぐる数あるけど、

盤が山岳地帯という、サービス満点のポリス・アクションである。

ダイヤを奪い、人質を殺した凶悪犯が、北へ北へと逃げて、カナダのブリティシュ・コロンビアの山岳地帯へもぐりこむ。

これを追うFBIが久々のシドニー・ポワチエ。彼を案内する、きらぼうな山男がトム・ベレンジャーという顔合わせ。男ふたりのユーモアが楽しい。

最初の犯行で、犯人が巧みに顔を隠しているため、彼がまぎれこんだ釣りツアーの一行の中で、どれが犯人か、観客にもわからぬ仕組み。(実は、ヒントは示されているのだが、その時点でそれと気付く人はめったにあるまい)

釣り客の中に、ひときわ目立つ悪党づらは、懐かしや「ダーティハリー」の極めつきの凶悪犯 "さそり座" こと、アンディ・ロビンソンではないか。

トリックの作品である「フランティック」の、暗い不安ムードと悪くはない。だが「影なき男」の豪快さその前には、やや影が薄い。前座を見逃すとソンしますよ。

「ピーターパン」の影響 8・1

いま、ディズニーの長篇「眠れる森の美女」「ピーターパン」が、リバイバル上映中である。

「眠れる──」は、アニメーションでは初めて70ゾ(テクニラマ)で撮影されたが、日本公開は35ゾだった。今回も35ゾだが、音はステレオ。その点では日本初公開ということになる。

「ピーターパン」は、ディズニーには珍しいストレートな活劇で、作品の出来はやや粗い。

けれど、この作品がスピルバーグとその一党に与えた影響は大きい。「E.T.」で、E・Tと少年が自転車で宇宙を飛び、満月の前を横切ってシルエットになるシーン。ついにスプラッシュのトレードマークになってしまったある名場面は、「ピーターパン」のラストの海賊船が飛び立つシーンに由来しているのである。

とりわけ漫画映画のマニアであるジョー・ダンテの「エクスプローラーズ」の、少年少女が集積回路図形の上を飛ぶ夢のイメージなど、「ピーターパン」そのものなのがあらためて確認できる。

話は変わるけど、「未来博」のテレビCMの音楽、「ピーターパン」の主題歌 "You Can Fly" にそっくりだ。そう思いませんか?

主役は小人の俳優 8・10

ジョージ・ルーカス製作の「ウィロー」が、ヒットしている。

例によって、チャンバラあり、恋あり、怪獣あり、魔法合戦あり、の冒険物語だが、その特色は、主役のウィローが、ネルウィン族とも呼ばれる小人であること。

侏儒(しゅじゅ)体形の俳優は、外国では珍しいことはない。フランス映画では、たとえばマルセル・カルネの名作「悪魔が夜来る」(42年)の、宮廷の道化師たちがそうだし、オーストラリア映画「危険な年」(83年)のリンダ・ハントは第56回アカデミー助演女優賞を受賞している。

「スター・ウォーズ/ジェダイの復讐」で、イウォークのぬいぐるみを着て活躍したのも、こうした人たちである。「ウィロー」のネルウィン族の村のシーンの老若男女は、ハリウッドの小人タレントの層の厚さを実感させてくれる。

文楽を抜け出したジャンチィの人形劇　8·15

たしかに、目を見はったのがそれだった。それは中から開かれた目だったのだ。

名古屋で開かれた「世界の人形劇」は、そのタイトルどおり、各国からのさまざまな人形劇を一同に集めた催しだったが、その中で東欧系のこっけいな人形芝居があるのだろうと予想していた私は、意外な楽しさを味わった。

ここ一番の檜舞台のためには、その大道具のみならず、小道具のひとつに至るまで神経をゆきとどかせる、現代日本の若い女性の愛らしい繊細さが匂うような、心憎いまでの美しい芸当だった。

巧みを尽くして作られたメーカーの人形を操るというのでなく、自らの手で作った人形を操る、という出し物だった。それは人形というより、むしろ「からくり」と呼んでいい道具に近いものだった。黒い衣裳を身につけて一年間在住した操者と、黒い照明と溶けこんでいる。

仰天物の計五人、すなわち全員が女性だったということにも及ばず、一様に若いということが、選択の自由度が高いからこそのユニークなアイデアなのだろう。

人形をあやつるというよりは、むしろやや技術を開発したというべき、「パペット」と「マリオネット」のあいだに位置する出し物だった。

黒衣の操者たちは、いまや「文楽」「バンラク」と、この人形劇のルーツを示しているようであるが、日本的な告げの配慮がゆきとどいているところは、ロー方から見てもさすがと思わせるものがあるにしても、主役のたしかな素材としての木であり、その木を配慮として起用した点は、常識的な逸脱によってこそ実現した独創的な場でもある。

好奇心は昔サチィだった　8·29

厳子の部屋「名古屋の部屋」(名古屋テレビ)四十五番組として見た。ゲスト朝日十月十五日から五回。出演した経験を放送して博多人形を終集し、世襲無名時代だ。

「オー・ド・ラ・ラ」の開演前だった。開演計五人のテレビ「オー・ド・ラ・ラ」を見たということだから、あまり大声では言えないのだけれど、私は日本人だ。それは日生実感した。というところで、お子様劇場に迷いこんでしまったわけではない。「オー・ド・ラ・ラ」の「オ」から「ラ」まで、両親は「ナンセンス」と叫び、前半は「ヤバイ」という両親の注意を無視してすらすらと、後半はもうちょっと腕時計のライターの「ブラボー」。

十六・三十一日・日本テレビ「オー・ド・ラ・ラ」は、女と男と、前回放送に続いて三人の出来事など、東京・博品館劇場ら一ロード公演の再(演出ジェームス三木)。

宮本亜門のオリジナル・ミュージカル　8·22

東京・六本木の「ラ・ママ」を見た。

対して、どう語ったら通じるのだろうか、ということである。ひたすら悲惨を訴えるだけの被害者的反戦論では、そっぽを向かれるだけだろう。

「終戦特集」で印象的だったのは、たとえば「百万人の英語」のJ・B・ハリスの話である。英国人の父（故人）と日本人の母を持ち、日本兵として参戦したハリス氏は、敵のわら人形を銃剣で突く訓練のとき、"鬼軍曹"から「あれはお前のパパだぞ、やっちまえ！」と言われたという。

土屋嘉男は、学徒動員で軍需工場で働いていた。栄養失調そうな学生をエナメル塗りの"精神棒"で段るのが日課の海軍予備学生中尉が、ある日、昼食時に彼を呼び、大ごちそうの士官食を「どうだうまそうだろう、海軍へ入るとこういうものが食えるぞ」と見せ、「行ってこい！」。

戦争という権威をカサに着たサディストが猛威を振るう時代、その彼らは、今も平然と生き永らえ、好々爺然としているのである。

女性が脚本・演出の「ビッグ」　9・6

いま名古屋で上映中の「ビッグ」は、十三歳の少年が、カーニバルの願かけマシーンによって、突然三十五歳の大人になってしまうコメディーである。

肉体が（または心が）入れかわるという着想の映画はいくつも例があるだろう。だが、その中でも、これは上出来の一編。アメリカで興収のトップを記録しただけのことはある。小生三つの恋の物語」（53年）の第三話なとを思い出した。

実は、見るまでは、脚本・演出ともに女性、というのが不安材料だった。匿名を利用しての発言みたいで気がひけるが、女性がつくった映画は、えてして、女々しくなりすぎて（いるのに）"男を見る目"だけは、もうおとなであることがあるからだ。（例＝アニエス・バルダ監督の「幸福」65年、ナンシー・ダウド脚本「スラップ・ショット」77年）

その点、アン・スピルバーグ脚本、ペニー・マーシャル監督による「ビッグ」には、「少年のような男」を求めるキャリアウーマンの目を、更に別の角度から眺める複眼性が感じられる。

それに「大人になるのはすばらしいことだ」という根底の健康さ、こうした楽天性こそ、アメリカ映画の伝統的なヨサなのだ。

双葉十三郎「ぼくの採点表Ⅱ」　9・12

疲れると、双葉十三郎著「ぼくの採点表Ⅱ」（トパーズプレス）をパラパラとくってみる。かくも気分転換に効く本もめずらしい。

昭和三十七年から現在まで「スクリーン」誌に連載中のものを軸にした採点つき大河映画批評集である。第三巻の収録本数は一五三七本。

手際よく要約されたストーリーと見どころ、評価、さらに末尾にオチがつく。

たとえば、クリント・イーストウッドの西部劇「セブンセントの決闘」（60年）のオチは──"よく歩く映画だと思ったら、主役がウォーカーでした。

討論会？　スタイルのものもある。ゴダールの「勝手にしやがれ」（59年）は、映画青年、定義愛好家、服飾家、場末の映写技師、8

ラン人者「ラ」か。

風刺劇第一部だが、一部は四回目の志の輔の独演会「ラ・ディオン」だった。第二部というと、談志の一門がズラリと並ぶ。志の輔という冠をかぶせられた第三部が、いわゆる彼の独演会。そのゲストに呼ばれるのが、同時に四回分の志の輔を見られるというわけだ。

そのゲストとなる顔ぶれを見るだけで、この志の輔という落語家の立ち位置がわかり、気が付くと志の輔に呼ばれる側になっているタレント自身。

立川志の輔は成長株　9・21

第一回談志の門をたたいた志の輔。寄席で高座に。コミック漫談か、ＮＨＫ教育テレビ「談志・志らくの二人会」か、教育テレビの印象が薄い。

志の輔の幼児を知らぬが、立川流の幼児だと似ている。ユニークな殺人第一号「'88立川志の輔第一号」を見た。立川流富山県人会の発会式。日本海側の富山県人が、長野県の推進協議会。

そのタレント、東京・博品館劇場、昭和五十…

軽妙だ。軽のセンスのいい好み合が。文章でもある。筆まめな文章で、誌上で助監督として、これをたねると、その監督に言集（「」）だ。その言の☆★だ。原作戯曲もあるというときには、原題名だとして楽しく（「」）ない。原作戯曲を言う株点は、必ずしもやすく楽観的に一致する。名古屋の映画ファンの同人大変なように。

ニルヴァーナの自伝映画　9・26

コメディ映画として甘口のマイケル・ホイ。その配役の名にして、マイケル・ホイのエジソンの悪意に満ちた映像版の異常さだろう──と。軍隊は実にさりげなくゆるやかに送られる、軍曹から全員まで。主人公は43年生まれで、生きていく。見ているうちは終始、原作者のナチ的名古屋。そのコミカル劇場上映中の第三部「ラ」が、青春映画で過激なりになり、そのところで限りもない日々。

彼はマイケル・ホイその名のまま、まさに自伝的上映中の第三部「ニルヴァーナ」が開かれる。「ラ」ロイのテーマは、ガメラ・ガメラ「ニルヴァーナ」は…？

成長構えるゆえに力ナキはあえて笑えないだろう、から。ありますが、さりげないような感じだ。あえてニルヴァーナイターとするのだ、あの志の輔。

アチャラの本道 10·3

「蛍雪次朗一座」を、東京・池袋のスタジオ200で見た。

それまで、蛍雪次朗と言えば、ピンク映画「痴漢電車」シリーズの迷探偵と、テレビで見かけるコントのイメージだった。

ところが、このライブなかなか見せるのだ。前回からの続きらしく、太平洋戦争の開戦をアメリカで迎えた雪太朗と、満州へ慰問の旅に出た役者の雪次朗の双子の兄弟の物語。"完結編"の今回は、敗戦から現在の中国残留おじさんとなった雪次朗と、雪太朗とのテレビ対面等々で終わる。

松竹大船撮影所のくだりで、"女優"の田川靖子が「私の本当の先生が、この撮影所の地下にいらっしゃるのです!」とたんに黒子が書き割りのシンチュアをロープに掛け、「オペラ座の怪人」の曲が鳴り響く。

で、怪人の指導は──「お茶立ちも茶だちも、ちゃっちゃっと茶だちも……」「なんだ(歌舞伎の)『うゐうゐ売り』じゃねえか!」

コンビのパン鈴木の悠然たるおかしみ、木村昭玄、ジョン内山の怪演も楽しい。テレビのコントのやや古風な安定感が、ミニシアターではプラスに働いている。

小劇場演劇ともひと味違う、これぞアチャラの本道か。

二十年で五作目の「ダーティハリー」 10·17

いま上映中の「レッドブル」で、連刑事のシュワルツェネッガーが、アメリカの刑事のジム・ベルーシとの拳銃問答の中で「ダーティハリーってなんだ?」と、けげんな顔をして、観客を喜ばせる。

また、「シェイクダウン」には、ダーティハリーが悪玉と対決するときの十八番のセリフが出る。Go ahead, make my day(やれよ、勝負はオレのものだぜ……などと訳すと、とんと味がなくなるが)というのを、小柄な黒人の婦人警官が、長身の白人警官の頭へ銃口をつきつけて言うのだから、おかしい。

さて、その本家「ダーティハリー5」も、目下上映中。第一作が71年だから、二十年近くかかって五作目というわけだ。さすがにイーストウッドも、初期のようには動かない。しかし、新手がかかれないなりの趣向はある。

ところで、併映の「さよならゲーム」は、ベテラン捕手が新人投手を指南する話なのに、スポ根物でもなく、セックス描写はあっても女で破滅する話でもない。野球の現場と、人間の面白さ、それだけで見せるという、日本では考えられない非・劇的映画。

二十年近い間に、映画も変わったわけだ。

安易な演出に注文 10·18

「生活笑百科」は、NHK大阪の傑作だと思う。日常的な法律相談をネタに演ずる漫才がいつも上出来で、いしえ・くるみ、あるいは十日ごとに体形をあらしネタの高座より、こちらの方が面白い。

ところでこの番組、冒頭に仁鶴が「暮らしの中の相談事あれこれか。四角い仁鶴がまーるく納めまっせ」という部分が、くだらないメ変わった。

似顔?のひどさにも閉口だが、唇の動きが声とまるでシンク

実写の「ニャイン」は傑作　10.25

離れ合ったラグビーの青年が飛んで来る。悪玉である青年が用心棒として画面を8の字に走りまわる。一転、満場大歓声となったのだが、猛烈身のテ・オメーンに反転、撮影、大爆笑。夜半の睡魔も消し飛ぶ眠気が

実写「ニャイン」に参加した者。先日第19回アニメーション全国総会が東京・本郷の旅館で開催

実写「ニャイン」は十余人の傑作だったのだが、徹夜の上映会が毎回一人が欠けていくという非人道的な作品だった。自主制作の中だ

ニャメーション・ゲームという作品があった。後夜のナンバーワンの人形作品だが、自主制作の中だ

らすれば、演出できれば、それは空気の毎回ロロをつけない番組であることに気づいたのだ。第一、生物のゲストを見せるのもカが失敗しているのだが、これは毎回ハラハラする組である。第一物のゲストを再現している道理があるのだろうか。NHK釧路の組元は

この場面より一方がこれが過熱ロマンチックになってしまうのだが、毎回ハラハラするへんなものに見える。先日、「ニャイン」を見てから、TV・VTVなどから毎回ハラハラする組「リ」が好きでしているだけから、TVのNHK釧路の生態「死」は、水底に沈むとき、好きを見ているのでしょうか。首元

談しこれにより、これはロロをつけない好きを見ているのでしょうか。

山川直人の映画の語り口　10.26

岡県ホテルにいるらしい。開かれた市制三十周年記念の先で上映された日本紙朝刊「田園に死す」が一幕

「岡県ホテルにいるらしい」とあるので、これらなべて別回映画へと小劇場の語りを自然映画に好調「」とのあまりすがすがしく、監督の山川直人は

前回映画へほぼ世代なる小地先に劇場用の語りだが、だから結構な高画質を売れたとのあまり、「前作」ずっと頭から道成り

金田さんと友情をめぐって三田舎と東京と恋愛を名映画化して三田舎から都市へ折挫校転したのち東京の高校生が上映した。田舎の高校生か南瀬は南川岸で洋先のまま活動をして洋漫

泰画を多く劇場用名を含ませて上映された「SO WHAT」は大友克洋の初期の

映画を名を含ませて上映された「SO WHAT」は大友克洋の初期の

（東海）アニメを讃嘆するにたる作の労作である。まさに。というのも85年以来十数年のSFX特殊効果のを、見られるしか生れなかったものが、なのは登場してくる時点を経てこの点で「ニャイン」（ニの字筆者は見ているのだとしたら、「ニャイン」としてしかりなす、のとしてもしてしかりアイデアではが生かすべきで「ニャイン」はTAC等にも始める山川直人の高野和明が映画、を含ませてし

「SO WHAT」の田園ロック・コンサートは、その場になって、教師と教育委員会によって中止させられるのだが——。

さんまのあっぱれ　11・9

明石家さんま、えらい。

ほかでもない「テレビじゃん どうも！」（東海テレビ系）のこと。

先日のゲストは、早坂茂三。あの田中角栄前首相の、あの第一秘書。現在は「政治評論家」だという。

その人を相手に、さんまは、いつもの同業界ゲストのときと全く変わらぬ呼吸で応対した。たとえば——。

早坂氏が好きなのは、ＮＨＫの「関東甲信越小さな旅」（中部地区では「北陸東海」の時間帯）で「気持ちが落ち着く」という。

長部日出雄「特に政界なんてナマナマしい所に居ると、心が落ち着くでしょう」

早坂「悪党ばっかりだからね」

さんま「自分が見て落ち着くんでしょう。自分悪党なんですよ！」（爆笑）

さんまの結びの言葉（カメラ目線で）——「まじめの話を聞いて頂いて、この裏にどんなものが隠されているか、皆さん個々に考えて頂きたいと思います……」

政治・時事評論家が肩書の人ほど、こうしたゲストに面と向かうと、やたらに及び腰になるものだが、さんまの自然体の「笑う」ことは、そうした評論家の弱腰を軽々と超えている。あっぱれなやつや。

四話のオムニバス「バカヤロー」　11・16

松竹系で上映中「バカヤロー」は、おもしろく見られる四話のオムニバス。

各挿話の主人公が、たまりかねて「バカヤロー」と叫ぶまでの三十分余りのお話。テレビの三十分物を四本つなげたような軽さだが、ひたすら大仰・深刻なだけの"大作"より、楽しめる。

第一話の相楽晴子、第二話の安田成美、第四話の小林薫と、奥さん役の室井滋（「SO WHAT」）が、それぞれいい。中でも、第三話の、タクシー運転手に大地康雄（「マルサの女」の"マルサのジゴロ"、ナックル・ミノソンと言われる、査察官）が、タイプを生かした好演である。

それに、意地悪な客の、イッセー尾形がいい。この人、「都市生活カタログ」などのひとり芝居すばらしさが、出演者の一人として組み込まれると、いわゆる"怪演"として浮いてしまううらみがあった。今回は、この人の持ち味が、うまく生かされている。

総指揮と脚本は、才人森田芳光。この人、いざ自分で撮るとセンスが空回りすることが多く、世評は高くても、つまりは、この程度の小才に過ぎない——とは思いたくないのだが、傑作「家族ゲーム」があるからには、ね。

ファミリー・ドラマ秀作「旅立ちの時」　11・21

いま、名古屋などで上映中の「旅立ちの時」は、ファミリー・ドラマの秀作である。

自転車で帰宅する少年、その後をつける車、自転車のハンドルを

青島幸男著『秋』を読んだ
（文藝春秋）

「ジャンボリー王者の「ピアノの森」を発売」 11・28

「一」が取れるのはどこへ……」と怒りたくなるのだが、脚本・少年・特撮などがそれぞれ立つ様子が、直すひたむきな少年のまじめさがうけているらしく、去る家は町を直すひとをもしている様子が、少年のまじめさがうけているらしく、去る家は町を……

「一」が調子がよくなってほしい。「一」が取れるのはどこへ行くのだろう。「十二」の出演者がスターになるのだが、スターになるのはどこへ行くのだろう。一人になることなくなる。父親役の四親子のジャンボ・ドラマのミステリー。日常普通の通りの男のジャンボ・ドラマの感性だけではない。

画面としては本立ちがおしくなってほしい。同程度の大画面が名古屋駅前の番組であるおかげで、館で見るのであるのだが、前に男のジャンボ・ドラマのジャンボリー……

快適さを流しながら大劇場へ書かなどの草野球場はそれほど立たしたものがないが、同程度の大画面であるからして、スメでは暗くなるんだ。不景気であるうちはやむを得ないが、隣席のカップもカメラ……

「チーター尾形のパンに自覚していくらの人」 12・5

——。

「ジャンボリー王者の」という人気画面をどこへ行くのだろう。「一」に消えずなってやしないか。「——」なやそれくを残しておいてもその——」として三度も撮影用に番組自体はまた再使用しだけにたとえ重要作だ青島氏が何個か所蔵している所が、目的だのだ主なものだが似た状態になっているのだろう。（毎週——）キャメラの前に売れた新線だ。

オ時々画面のうれしさにテレビ画面に見とれてしまうのだから、それはどこへ——行かせたいのだが、それに残してもいいのだが、残している。青島氏は当時画面いっぱいに映すのだろうと当初ジョンメーが見とれてしまうのは毎にしてしまうのだろう。

昭和三十六年のメーテレで日本ビドラマの名物だった古舘の正確なセリフが今回のセリフが始まる程度が高く、けんかのネタにもあるかけいの自分が見える。一方、この男は自分を同じ、江の郷里へ引っ越したという女房の悪さが……

キャスト・物のこの点に関しても気づく多い。—」の暴力性（体質）を高くするキャラクターのステージでしまうこと、多勢を持てしに手をのし上げるのだが、自分の一人芝居男内数子と同じ「車内暴力」ことの最大の演技である。

東京渋谷の「「自分」のラッパの女の里が始末に悪く、始末に悪く、ある程度の見せものの最大の暴力ことのうまさがある。それがまた人物の多くことだろう。こんな濃い人物がまた多いのだろう。

きたがたえに濃い人物が多い。苦しん。

のなさを承知しているようだ。はやらないかもしれないが、店に客が寄りつかないのが自分のせいであるらしい。いやらしい男ではあるが、そういうこともあることを、どうやら悟っているらしい。

NHKテレビで放送されたものは、比較的他人事として眺めていられるタイプの人間像が多かったので、いよいよじわ〜っと迫って、きましたゾ。

「駅馬車」のジョン・キャラダイン　12・12

ジョン・キャラダインがなくなった。その名が記憶にない人でも、J・フォードの「駅馬車」（39年）の長身の賭博師ハットフィールドの姿は、目にやきついているだろう。

無頼の流れ者だが、実は名門グリーンフィールド家の息子。マロリー大尉を求めて危険な旅をするルーシー夫人をエスコートするべく、駅馬車に乗りこむ。

しかし、アパッチの一弾に倒れ、ルーシーに「もし、グリーンフィールド判事に会われたらお伝え下さい。『あなたの息子は……』」と言いかけてことぎれる。ほとんど日本の股旅ものの情感である。

日本では昭和十五年（40年）封切り。小生は三十六年（51年）のリバイバルで見た。この賭博師を、誇り高き枯れすすきと形容した西部劇ファンの友人も、すでに五十の坂のなかばを過ぎた。

そのキャラダインも、後年は怪奇映画のスターで、「ビリー・ザ・キッド対ドラキュラ」（66年、TV放送）なんて珍作もあった。しかし、棺を閉じた今、彼のイメージは、やはり「駅馬車」につきる。

"映画史上の名作"に一本でも出演できた役者は、幸せだと思う。

八十二歳。大往生である。

劇団離風霊船の「ゴジラ」　12・14

劇団離風霊船の「ゴジラ」を、名演小劇場で見た。

前半乗れなかったのは、「岸田國士戯曲賞受賞」というふれこみが大きすぎたせいか。ゴジラの恋人やよいという役の女優が、演技はいいのだけど口跡がよくないので、冒頭の長いモノローグが、少しだるい。

やよいの一家をゴジラが訪れるくだりの掛合いは、つかこうへいそのもの。作者としては、つかのパロディーのつもりかもしれないが、だとすれば、コピーに見えてしまいますからう。

面白くなるのは、後半のモスラの登場から。昭和五十九年版の新「ゴジラ」を、モスラが痛烈にこきおろすのには笑った。

結婚式に出席して、親がわりの円谷英二が、ゴジラをなぐり打つ。「人間なら血ぐゎを吐くほどのダメージを、お前は蚊ほどにも感じないのだぞ。お前はこの人（やよい）を幸せにしてやれることなどできやしないのだぞ」という意味のことを叫ぶ。これはよかった。小劇場演劇で、ドラマの"核"になるセリフがあること自体、珍しい。

ところで、芝居の一部分をナゴヤ弁（もどき）にするくらいは、やめてほしい。ウケているのと、集団悪ふざけの区別くらいは、つけてほしいのですよ。

'88日本映画の収穫　12・28

年末は、一年をかえりみる時。筆者も、日本映画の私的ベスト

見どころはラストであるが、背信の日々ともいえる邦画だけに、不倫と殺人が絡んだ作品ではあるが、コスタ・ガブラス監督だけにサスペンスはなかなかのもの・

まずジャンルを空虚なといえる「ロイ」を加えた大作といえるのだが、気付いたら和泉雅子を描いている「ロイ」が多いのだが、子役から進めるあたりは女優としての身も勝手に、子供になるというか、「ロイ」を子供手が、新人書斎史

質感も回り使わなど仕事で仕事ということでも、このうちに「ロイ」を加えてきたのだが、「キ」を加え「ロイ」を描いたのだが、「墓」になる「ロイ」を、劇映画が低調な思議なのだが、新種な

であるが、この位で「ロイ」を、「キ」を加えたのは三つだが、「墓」になる「ロイ」を描いたことも、不思議な結果、大の人心の大傾向だとか、「報」を句、テキスト旬報「読」者

まあこうしたサスペンスを武器にしていくのだが、特にうまいのは和泉雅子に仕事でも「SO WHAT」になるというか、「監督」渡世の共通面での素敵な身々を、「ロコ映画の胸を

コスタ・ガブラス「背信の日々」 1・10

「正月映画の中だから、――不倫と殺人を犯しながら、FBIの秘密を

サンチェゴ・ルイスの三本 1・11

「――」のだが主役だった「シナ」のだが見せないので――というなかなかの合作だが、女性のよう映像的でもAI連想する快心の作だが、FBIという不用心な面がたかったのだが、FBIの上司という

部いて言えそうということでも、「我々は男というわけにはいかないのだが、その一流というか、超豪華のだが、その思いが流れるからとして、思い映画が、映画「アステーラ」の最良な名作「二十三年」が、現在発売中の「六」の作品が旧作の意味として、そのイメージが配給したが、その画面の西だ・

部いてというか、そのなかにMIだなかったのだが、その種はデオナルだけという流れ、後は東映大映画が契約してしたが、思いだけだが思いが、映画化してしたが、東洋映画のだが、映画化だけだが、ゴミ映画という作品だが、ニーエ・ロンという作品の旧作が令へて、その画面旧作近緒邦作（東映来

参考だが不治だと日本の社会員だったら「――」というか、彼は一がいが男だが比較的低賃な農場の容疑をも硬派農人主主義人・ルイスというな技下量白人主場で風雨ししてラたかるあたり・ロ・ジン容場

捜査官殺すとして愛し合うアメリカ人として、彼は一がいが男だが暗示なKK病だかへから旅馬という病的な低下量だが代役という技下でいうか、男を不用意だが、FBI心しすぎる・背信の上司とる

らしい（撮影はいずれも名手グレッグ・トーランド）。

すでにCMPE時代に公開された「我等の——」は別として、あとの三本の日本版プリントの焼き付けは、ひどいものだった。夜景の多い「嵐が丘」は暗部がつぶれ、「西部の男」は、珍しく黒い文字で出るクレジット・タイトルが読みづらかった。

乏しい小遣いをはたいて映画館で見たのよりも、ほぼ五十年前の原版から、いま起こしたビデオの方が、ずっと画調がいいなんて、情けない話ではないか。

昭和天皇の追悼番組　1・17

昭和天皇の追悼番組一色の二日間、その枠の中で、どれだけ各テレビ・ラジオ局の特色を発揮できるか、に興味があった。

八日午前の東海——ラジオ日本系は、白菊と遺影のスタジオで、露木アナはただひたすら沈痛、恐懼、俵孝太郎氏ひとり声高で、顔まで一段と拡がった印象。解説というよりも、常日ごろひまんフジを視聴している臣民ひとしく比べられているみたいだった。

充実していたのは、七日深夜の、名古屋——テレビ朝日系のトーク「昭和と私」である。

四部構成で、ゲスト戦前コーナーが山本夏彦、山本七平戦中が山田洋次、天野祐吉、山崎朋子、戦後が大島渚、野坂昭如、民俗派右翼の〈思想家〉野村秋介、そして"まとめ"が猪瀬直樹という顔ぶれ。

その内容は、とうてい書き切れない。ただ、戦前については、もっと多面的な証言が必要だと思う。

戦後は「まだ"おとしまえ"がついてない」という野坂が心

に残る。それにしても、今の大島渚の発言を収めたビデオを、タイムマシンで運び、三十年前の大島に見せたいものだ——等々、思わぬ夜更かしをしてしまった。

森繁　絶品の醍醐き　1・18

一月七日、つまり天皇逝去の日の午前、中京——日本テレビ系で、は、森繁久彌が、宮中の園遊会に初めて招かれたときの思い出を語っていた。

当時の入江侍従長が、森繁を「陛下、こわれでございます」と紹介したという。森繁自身、今や芸能界の天皇、などともてはやされもする存在だけに一層ユーモラス。とかく説教やグチが耳につくのが昨今の森繁のトークだが、こういうときの、いわく言い難い表情と間合いは絶品。任の軽妙さがみえる。

陛下が、テレビの「七人の孫」のファンであると聞き及んでいた森繁「どういうところが、お気に召したのでしょうか……」と、恐る恐るうかがったところ、陛下「あ、そう」。

声が小さすぎたのかな、と再度おたずねしても、お言葉は同じ。「あとから宮内庁の方にうかがったら『まいにち同じ日ではないのだそうで……」

多分、すべての局が流したであろう、戦後の地方行幸のニュースフィルムが、なんとも対照的。

せっかく人間宣言をされた陛下を、再びまつりあげてしまったのは、いったいだれなのか？

1・31　ベトナム戦争への寓意

米＝ニカラグア合作
上映中の「ウォーカー」は、
19世紀の短期間ながら中南米
統治によって、ロ......

版はちゃんと見れた。この
映画なんだけど、それが反戦
ものというわけだった。
同じ頃、放射能が出す死の灰
を浴びて次々に倒れてゆく

1・24　カットされただけ強

見ていてウットリさせる。

2・13　喫煙者のタイプ

厳子の部屋「爾屋」（名古屋＝
中区）で、失礼ながら──四十
周年記念の禁煙を回し出す

多屋（世間）から言わせると、
筆者など前代の愛煙家の気分
を吸っているのだろう。「失礼
ながら代表する煙草を回して
だしてきたコメディだから」と
なるだろうか。吸うような
ただしいのだが、吸う人には
あのまま禁煙頂きます出
父そう。

前にもナレーターがいるのだ
けれど、アメリカの監督は大
物だ。映像感覚の若い事実は
現代への隆盛た。そういう
──町をつくっていきか大国
的にギリシャ──民主主義を
他の国々に公開してしまうの
だという物語。この国の内政
開放製作だ

し。だからアメリカの監督は
大物だ。映像感覚の若い事実
は現代への隆盛た……

軍部の騒乱は性は大人物だ
──財界乗りで、世界を
名乗る従軍空国者

父にはぜん息の持病があり、晩年は一層ひどくなったが、どうしてもタバコがやめられなかった。医者の次兄が、子供をさとすように注意しても、家人の目をぬすんで吸い続けていた。

見ていると、喫煙家にも二通りある。TPOを選んで、周囲に気兼ねしつつ、というタイプと、どうなろうとオレの体だ、文句あるか、と言わんばかりのタイプである。

後者のようなのを見かけると、吸うのはよいが、煙は一吹きたりとも出してはならぬぞ、と「ベニスの商人」ばりに宣告したくもなる。と同時に、煙管を手に、茶の間の地袋に頭を突っこみ、せかせか隠れ吸っていた父の姿が、脳裏をよぎるのである。

御園座で耳にした声音 2・15

名古屋・御園座で「盲目物語」「荒川の佐吉」を見た。

芝居そのものとは別に、印象的だったのは、役者の掛け声が、かなり控えめになったことである。

セリフや所作の間合いも何もあらばこそ、ヤジよりひどい怒号の発声で、大向こうから客席と舞台を恫喝する。とても褒めているとは思えない。おそらく観客が、後ろをふり向いたりする。そんな状態が、かなり久しかった。歌舞伎に足が向かなかったのは、無粋な掛け声にイヤ気がさしたせいもある。

今回、気持よく見られたのも、掛け声の程のよさのせいもある。もっとも、これは昭和の新作だから、大見えを切る古典物になれば、もとのモクアミなのかもしれないが。

声といえば、この場内アナウンスの独特のイントネーションは、昔懐かしいものの一つである。

子供のころの遠い記憶なのだが、語尾に特徴のあるあのアナウンスは、戦前には、劇場やデパートでは共通して聞かれたものだ。

戦後すでに四十数年、往年のソフトな口調が、今も生き続けているのは、御園座くらいのものではないだろうか。そんな空間も、あってよい。

人は負けて初めて反省する 2・20

「ディア・アメリカ／戦場からの手紙」を、名古屋の映画館で見た。ベトナムで戦った兵士たちが撮った8ミリ映画や、未公開のニュースフィルムで構成したもので、その兵士たちが郷里へ送った手紙のナレーション（ロバート・デ・ニーロらが朗読）が全編に流れる。

戦争――いや、戦争に限らず、ものごとの実態は、わかる人はいやというほどわかっている半面、わかっていない人は、おそらくほどわかっていないものである。だから、このドキュメンタリーの受け取り方も、実に人さまざまだろうと思う。

これを見て、改めて思うのは、なるほど人は、負けて初めて反省するものなのだな、ということである。

そして一方、現在、平和な、南ベトナムをおとずれる、ボート・ピープルが、年ごとに増えつつあるのも一つの現実なのだ。ソ連におけるアフガン撤兵は、アメリカにおけるベトナムと対をなすものだろう。そして両者の裏にあるのが、単なる「反省」ではなく、国内的なさまざまの思惑がからみ合った結果であること等々、飛躍するようだが、わが国の政治家のリクルート辞任と、似てはいないか。

手塚漫画の〈遊び〉 3・1

ぼくはある渓谷から天竺へ旅を続けるあのきらめく光の流れのあたたかさがよかった――。

法師が三蔵法師だということは、早速師匠に聞いたとき、主従四人連れだそれのおしえてくれる課業をおぼえてくれとのことなのだが、あの経文は

思わずにはいられない。

単純……。

あはははっ、とわらいころげてしまうだろう。

「漫画フアンにはこのおもしろさがわかってもらえるだろうか。

なにしろ大真面目にこの映画を見ているのだから。

「王国」昭和33年新年号付録「妖怪探偵団」の手塚治虫の……。

その点から映画というものは全くの観客として彼女を見せられて、それを見ているのが気にくわないのだが……。手塚先生の観客は当時メキシコ名古屋市の映画館で上映中のアニメの「バンビ」（87年）を見て……。

昨今すすめられるまま手塚先生の手編漫画（何というのか私は知らない、ヒョロッとした線の、いかにも手塚治虫の自画像のような）を見せられてどれも楽しくて、私はしみじみ楽しんでいるのだが、とても理解が

アンドレイ・ルブリョフ 殺しを禁ずは「ぬ」 2・21

代表作としてはまず第一に挙げねばならぬ「男と女」（57年）などの作品はいくつかあるが、それでいて思うに安楽死を主目的とする弁護士自身の出身の映画監督アンドレイ・タルコフスキー監督の……。

そしてこの映画傑作だったと信じている。アニメ的な偏見を含む宗教上の……。

なにごとにも達して、アニメの映画傑作だった。それにしてもこの映画の人間は、封切館に殺到し強さが説得力のある少年が……。彼らはみんな無罪を唱えることになるのだが、殺人容疑者が……。最初は十一人に対する十人の怒れる

生きなきがらを終わらせるのだ。「死なぬ」と言うなら、「ぬ」は強迫的な動詞だと思うのだが、そのうちに内容がヘアピン・カーブのように遠い理由なのだ。

話はもどるが、手塚さん自身も書いているように、「ぼくの孫悟空」（最初の角判の方が構図がいい）は子供のころ（太平洋戦争中）に見た中国の長編アニメーション「西遊記」（鐵扇公主 41年）の感動がきっかけである。この映画を、戦後再見して当時の日本の、中国侵略への抵抗が、寓意として秘められているのに気づいた——と私の思い及ばなかったことを述べていた。

手塚さんが、昨年十一月の、上海国際アニメーションフェスティバルに、国際審査員として、体の不調をおして出かけたのも、そうした思いがあってのことだろう。そして、その会場は「西遊記」の監督、八十五歳の萬籟鳴も、うれしげに姿を見せていた。

手塚さんの死を聞いたとき、友人の一人が、ぽつりとつぶやいた。
「ブラック・ジャックが、手術してたらなあ」

お気づきかどうか……「鉄腕アトム」第一巻（光文社）の、昭和31年6月1日刊行初版をお持ちの方は、27ページ上段左側の、未来の水道橋駅ホームにたたずむアトムの、上方のネオンの文字に、私は "!?" となった。
"CONDOM"、"OGINOSIKI"、エトセトラ。

このネオン、版を重ねるごとに、まず前記の二つが消され、ついで、建物の陰で一部伏せ字になっている。"ZER○○○" が消され、"VA○○NA" も消えた。手塚さんにお目にかかったとき、その話をしたら、消されたことを知らなくて、びっくりして居られたのが、おかしかった。

子供漫画（しかも当時）としては大胆なイタズラだが、手塚さんにしてみれば、あたりまえのこと、かわいい絵が得意で、時には表現のカモとなったかもしれない "男の子" の姿をしているアトムだが、実は "性" のない作者の意識が、そんなネオン・グラフィティーを思いつかせたのだろうか。

しにくいかもしれないが、大河漫画の壮大なうねりの、そこかしこに盛りこまれた無邪気でエネルギッシュなギャグが、アメリカ映画的なテイストは、本筋がシリアスなドラマチックだけに一層こたえられないものだろう。

作者自身が登場する楽屋オチは、手塚治虫以前にもあっただろう。けれど、それをかくも巧みに生かした漫画家は、かつてなかったのではないか。

同じく、昭和32年新年号の付録「ぼくの孫悟空／九つ頭のしし魔神」では、そこでもう妖怪たちに、だらしなく捕まってしまう三蔵法師をかばって、約束通り三蔵と入かわって、難儀な旅を続けることになる。なにしろ作者だから、彼の乗っている白馬が竜の化身であることも知っていて、いちいちおびえるのだ。そのおかしいのなんの。（こういうくだりは、単行本「ぼくの孫悟空」には入っていない）

しかし、悪夢から覚めた作者が、締め切りに間に合わせるべく、懸命に描き始める幕ぎれは、今や切ないユーモアとなってしまうのだが。

手塚治虫夫人の覚悟　3・13

昨年十一月の上海国際マラソンを兼ねての船旅として出席した「'88船旅」の審査員として、十一月の上海国際マラソンを兼ねて……

「養一さんを手術して出席した」というのだから、船遊びのための体調を崩したのだ。手塚治虫の看護のため、手塚夫人がホテルに付き添いながら、北京まで細かく回ったと思う。

遊覧船のデッキで手塚治虫夫人は、四十日間もの船遊びをしていたのだ。手塚治虫の病気は、自然に帰国子女となっていたので、すでに血の気が少なくなっていたのだ。手術をしてくれた担当医のもとに帰国した状態で、すぐに死を覚悟していたと言葉を聞いた。単純に思える……。

「気分を害する医者が手術したものだから、それに対する応えとしても全て女性だった。そのため、応対してくれたのは、全て女性だったというのだ。

……ことだった。

映画――メトロポリスへと彼女は向かっていったのだ。まるで少女のような印象を与えてくれた彼女は、自分の母親として権威を保ち続ける能力は、まったく独り善がりのような考え方をしてしまう彼女は、孤独だったのかもしれない。だからこそ共に通じ合えるものがあるのかもしれない。今となってはそれを確かめることができないのだが、当時の彼女にとっては、実に感覚的で、主観的な言い分だったのだと思われる。それは逃れようのない客観的な老いではあるが、自分の老いとは無関係に伝えていったのだと思えた。

雷門助六の落語　3・20

「NHK」の演芸特選番組「寄席」に出演した雷門助六は、芸歴五十年ほどの八十一歳になる「町内の若い衆」という艶笑落語を知らない者には、ただ補足が必要なだけであって、なるほど大看板の落居だからこそ笑える話なのだ。志ん生、文楽等の大看板の寄席の高座から見て、なかなか面白いのだが、演目「演芸特選」という進行の中で落語「町内の若い衆」を演じるのだが、あたりまえのように演じる動作だけでも結構な補いとなるので、ナマで演じたらさかのぼりかえって当時の現役芸としては新鮮な風姿なのだった。

余談だが、目当ての六代目を出したかったおかしさは、当然のことながら寄席の人だけである。「野暮」をしたがまた現代風にしてなお「自然に笑った」というのだが、自然に演じてほしかった、と。

若助六ね。

実は三月の肝臓手術に転移したのだが、この検診は三月の最後の旅なのだが、夫人は、その検診で余命いくばくもない、好きな中国へ転移したのだが、「……」と振る舞いとして、「……」と、その最後の旅なのだが、夫人はよく覚悟していた言葉を残したという。それが三月なのだが、知らされたのだが。

藤山寛美の芸談　3·28

NHKテレビの"芸を語る"「藤山寛美・泣いて笑って人間讃歌」を見た。

こういう、骨の髄まで役者の人の芸談は、具体的なノウハウが面白い。

たとえば、首を左右にかしげ、思案しているかと思えば「あぁ、肩凝り取れた……」。これは、寛美のサゲだから、みごとにひっかかって笑えるわけで、まねてマネられるものではない。

三木のり平が出演したときもそうで、「幽霊は上目遣いよりも、ほんとは下目遣いの方が怖いんです」と、やってみせる。なるほど、これは（当然ながら）どちらかと言えば、コメディーの発想だわれ。

番組はちがうが、勝新太郎もそうである。聞いている間は無類の面白さだが、終わってから、はて、テーマはなんだっけ？となる。本質論など持ちかけたところで（よかれあしかれ）ムダなのだ。役者型と演出型の違いである。

寛美に話をもどせば、芝居の途中で突然「へ？」「はア？」など、相手を"アドリブ"じめ、するのは、いいかげんにしてほしいた。あのテが"至福の舞台"になったのは、ベテラン千葉蝶三郎との掛け合いが最後。役者をコくのは、稽古のときに願います。

イッセー尾形は常に刺激的　4·4

イッセー尾形の一人芝居を、東京・渋谷ジァンジァンで見た。チケット千八百円。当節これど価値ある千八百円も他にあるま

い。それも去年の十一月公演からで、それまで七年間、千五百円で頑張ってきたのだ。

NHKテレビの「にんげんドキュメント主役・脇役」（三月二日放送）で、イッセー自作のネタを、演出の森田雄三とともに練り上げてゆくプロセスが紹介されたりしたから、一層つめかけるだろうなと思っていたら、前売り当日、四時間で売り切れ。買いに来た人は、約一万人だという。

公演回数も、従来の四ステージ（観客との間の緊張感が薄れるから、と回数を抑えてきた）から、六ステージに増えたが、客席は三百四十人が限度。八千人教百人があぶれたわけだ。

イッセーの舞台は、今回"笑い"をセーブした。観客の優越感をくすぐるような、戯画化された人物が減った。"過度に日常的である"ことが、かえって見る者を不安にする。

それがピンとこない観客も、中にはいるだろう。人気がひろがった時期に、あえてこうした方向を選ぶところがニクい。こういうイッセーは、常に刺激的であり続けるのだ。

オリジナルとコピーの差　4·11

週日、テレビタモリ「SPレコードの音まね」と称して、セロハンを口にあてて歌っていた。

それと同じものを、去年浅草の旅館で催された新年会風イベントで見た。コメディアンの小林のり一が東海林太郎の歌を、セロハンを口に当てて歌って大ウケ。のり一氏の悪友である司会の高信太郎「あれは芸ではなく、単なるアイデアであります……」とな。ほど演芸番組の審査員らしい寸評だった。

ホークスの二作を比較

4・12

映画に入って自由ててらか、どどラ
青目由てら自んッ放が森
色にてらか、トドあ
——監督の「リオ・ブラボー」と「リオ・ロボ」を、
同じ監督の作品で十年をへだてた対比すると話がおもしろくなる
ホークスのような名監督が夢のように美しい小生
(48)「リオ・ブラボー」（41）「リオ・ロボ」
日本で劇場公開されたが
教授と美女が
それは未公開の
大平洋戦争の
ですよ。

歌今回を見てもチャチネまり
悪ロプ現在となるれんだと
だがながら"SP"を無前
ってまりこのメキと十
森てのリリてまりきのだ
針ちもリてまうなのがのだ
意注不てオのが
をきナジ一部枝権のがまう
たてまうナか音"SP
SRが抜てのだけでてっ
風RSF創京12
ってていちかがのこ。

たけは意外に守りに固い

4・17

——比較論を教授ダまりいいだから。
使利な教授ビター
とし、

りなべ・スター、と
シュスもだて見たいだと
ーとだよまりキャベンと
楽しなれへジ当
なーだのメの
「——」教授
ニメ——メ・ーの勢
世がつたヴ
間知あビり
ます。

キャメン・ランーッチたれだ
だれらチャえは大だだが
はリハにだけファンが
そだしだけれたたべ
たはまが水たる
「えー」（山口美江）
「だけだったちわ」と言ったしなけ
攻め点にヘ流しなわり名指ししだとことはし
守強へジてみた意外
「しだか、（逆の意ヘ期待を
ですレと守意外ビしただだからが言言わ
トしだけれしだへらことはたし
いも共通しのテスりが出た
るだがれた。

三人が水きたばのへて人がたりとで
そうそらかたりメーチくしだヘ
と見ため。たりだだけし
（笑）「だけだだだけ」
文口美江「ミ
ーのレ名指としたけ
てみるだがそう言
てんただだからが言
のはだだビルビル
です久しなけ」て久輔か。
とそふら大輔だがら
ビるそな点るそ
だからそな出たのテ
ビ大輔

のひとが水がき
だべやり。ジメー
同じ風てももそリ
してだそ内たけだ
たたへ強とひた。
守りは美に人ド
ものだののただ
意外だかたがた。
番組ついてな動変た

期番の時いいいだろう。
「テスーはじてくが見てる
ーがスだ落がとだ
とだ世話（東海ビ
まだ「スー集合」（CX）
とだへかけ「HBC」
すか「Wへへ集合」（CBC）
動物改変
ニメ番組へん

明石家さんまの応対は、常と変わらなかった。

これはさんまの個性か、それとも関西人の特質なのだろうか。

「恐怖の報酬」のシャルル・ヴァネル　4・24

シャルル・ヴァネルが亡くなった。

戦前の「外人部隊」などもよかったが、印象強烈なのはやはりH=G・クルーゾ監督の「恐怖の報酬」(53年)。貫禄ぶっていた男が、ニトログリセリンを積んだトラックが動き出したら、とたんに小心丸出し。ついには原油のため池の中でトラックにひかれ、まっ黒なまま息を引きとる。

公開当時、小生、石油店で働いていた。そのタンクローリーの運転手連が、俳優が実際に油まみれになり、引きあげられるとき、ほんとに足の骨が折れているように見えたことに興奮・感嘆して論じていた。よくできた映画には、その業界の人たちをウナらせるリアリティがあった。

日本で封切られたヴァネルの出演作は、多分「仮面―死の処方箋」(76年)が最後だろう。当時すでに八十四歳のヴァネルは、病院の名外科医シェル・ビュコリを陥れる悪徳院長を演じて、一歩もひとをとらぬ“眼技”を見せた。

たしか「徹子の部屋」で、内田朝雄が悪役を演じるには、気力と体力が必要と語っていた。ヴァネル老だは、心身ともに“達者”な役者だったと言えるだろう。合掌。

モノマネにもいろいろ　5・2

モノマネという芸が好きなので、その種の番組はよく見ているほうだ。

NHKの「音楽・夢コレクション／似せる・まねる……」は、島田歌穂、中島啓江、森公美子、森川由加里、土居裕子らによる「ドレミの歌」に続いて、栗田貫一の歌マネ。「ドレミの歌」を人人の歌手の声でなし、「ドレミ・ミッソ・ラファ・ランシ……」のくだりを、各歌手の声で一音ずつ歌い分ける当代の名人芸である。

続いて、山藤章二の「似顔絵塾」の特待生の一人、百田まどかを囲む似顔トーク。下山啓の構成は、なんとなく往年の永六輔を思わせるが、まあ面白い。

ところで、歌手連のトーク(といっても、台本に従っている感じ)で「私たち歌手・俳優は、コントから始まる。でも栗田さんのはパロディ」というのが“結論”になるのだが、モノマネにはミミックリーという言葉がちゃんとある。

同じマネでも、清水アキラのように、五木ひろしの歌詞を変えるのならパロディ(ド臭いパロディだけどね)。栗田のそれは、むしろカリカチュアだろう。その意味で、百田の似顔絵とも関連づけられるはずなのだが――。

明るく軽い犯罪喜劇　5・8

いま名古屋で上映中の「ワンダとダイヤと優しい奴ら」(めずらしくシャレた邦題。語句のシリトになっている)は、上出来の

5・9 カット集をためたカット

先日のNHK、萩本欽一が途中から加賀まりこに「あなたは半分お色気があり、半分お色気がない」とか、三回の対談で五分とキャッチボールができなかったとか言う。制作の原版は番組所から随所に入るから実は淀川長治「シ」——街の灯——正味五十九

を運んでいく。という「ハ」ジョーの感じと人間の性格を判断するのだが。――小さなスプーンで食べるというのはあなたにとって印象を与えるのだが、一匹のヤギを生かして生きてゆく人があるとして、あなたは自然にそれを殺すよりは楽だとか。とするとニューヨークへ。しかし、彼は生理的に自分の好きな人を殺せる人であるから平気だとか。とする

犯罪音楽喜劇である。舞台はロンドン。宝石強盗の共犯者が、女性一人を含む四人の男、互いに殺し合う。戦利品を独占しようとする弁護士が加わり、ニューヨークの・ヒル（本屋）元・ヒル「バルス」「ハトロ」という殺し屋の好きな宝石屋四人の人たちを食べれど脅迫

十分ぐらいから、英語のタイトルなど。これは日のNHKスペシャルだった。列記すれば制作の原版は三回、加賀まりこ「生誕100年知・淀川長治「シ」

外れるほど大きなページを言う。解説の時間枠だが、加賀まりこのキャラが十分わかりなど使われてはいないが、番組制作随所に人るからたとえば正味五十

5・15 ベ・ディガリスの眼

彼女がテレビにいたら、しかしながら、九十歳まで生きられたとして出すとしたら「……」と思わず半年の思い、撮影中だがあの映像だけど、あくまで別の本意とするはいと断られたら、日本公開がちょうどの総リハーサルなどた九十歳の老人で一人の差がある役の印象があるのだろう。その意見がだからメイク・キャップ強調されたら、あまり名画だけの眼がもう一つの別の九十歳のキ

もしかしたらカット集を加え、再構成してきたのテレビ版だよりNHK日本発売の「アハ」と上ものだとしても発売したりサスペンス・スリルを加えて、対するケネスとしる配慮したのか？先月の四月十日かもしれ。ニューヨーク知人というのはずだからキがオー「ボー」のメンバーが「それ一本の鉄道のスキャに送すのだが」と移籍した番組のテーマですにNHKになる変化のだが以同じ。番組ナーで見られるNHKする以転す

様である。だからこそ、目を開かなくてもいい役に配したのだろう。

も、ご当人にしてみれば、十歳以上も年上の、いまなおかわいいマリアンが、妬けるのもむりはない。

老後を、美しく撮った映画の裏にも、ナマぐさいドラマがあった、のだな。でも最後の最後まで、女、であり続けるというのも、ここまでくると、いっそみごとだとさえいえる——とは思いませんか？

小津よりナマぐさい山田太一　5·17

録画がたまってしまい、山田太一のドラマ「春までの祭」（東海テレビ系）をやっと見た。面白い。

作者が、笠智衆に固執した理由が、よくわかる。老父の死んだ長男の嫁が、吉永小百合でなく原節子だったら、そっくり小津安二郎である。ただし、内容は、小津よりももっとナマぐさい、つまりひと皮むいた小津の世界、なのだ。

グラフィック・デザイナーの吉永の前に、ゴルフ会員権会社社長の藤竜也が現れる。「麦秋」の二本柳寛とはまるで違う、強引で攻撃的で自信家で"やり手"。実にイヤな男である。それがフッと弱さをかいま見せる。「想い出づくり」の加藤健一、「早春スケッチブック」の山崎努の系列。

いま八十四歳の笠智衆の有難さは、実年齢で演じられることだ。「東京物語」のときはまだ四十代だったから、"老い"を演ずるだけで精いっぱい。それが小津にとっては、むしろ好都合だったのだろう。

吉永小百合は、ますます男顔になり、これも適役。

ただ、懸命に墓を洗う老父が、二月の寒さに冷えこんでしまう。その冷気が、うっすらと画面からは伝わってこない。演出に対する、これが唯一の苦言。

殿山泰司の死　5·22

殿山泰司さんが亡くなった。

たとえば谷晃、殿山泰司、織田政雄、沢村いき雄……二、三十年前の日本映画には、三本立ての二本まで、必ず顔を出す人たちがいっぱいいたのだ。

そういう人たちは、映画を見れば出ているのが当たり前だと思っていた。そして突然いなくなってから、いかにその人たちでは味わいがあったのかを、ガク然と思い知るのである。

二十なん年前、新藤兼人の「本能」の中で、観世栄夫と殿山泰司の会話を、悪友と声色の掛け合いで演じたことがある。個性豊かな名わき役というのは映画好きを、そんな風に遊ばせてくれるものであるのである。

小生にとって、最も印象的な殿山泰司の出演作は、中平康の初期の一つ、つまり、最もすぐ気ふれていたころの「殺したのは誰だ」（昭和三十一年）である。（脚本=新藤兼人）

主役は中古車セールスマンの菅井一郎。彼が、保険金を許取せんがために、夜中に、都電の安全地帯へ車をぶつけようとする。そのくり返しのこと、そして殿山さんがからむのだ。

いいわき役というのは、埋もれた秀作を思い出させてくれるものするのである。

調雀べかに着き出たときはすでに雀々師・桂べかこの一人会を物の枝雀に似せた名古屋・演小劇場で見た。キャロだが、別段名演技ではなかった。枝雀が演者に見えぬから演者のキャロ

6.6 べかこ雀々の一人会

場で演出する。山崎努と片岡仁左衛門を月に肉屋で上映。黒い笑い。ランスを期待しよう。

演出の森田雄三は、まるで和生気の「ランス」を「ランス」を銀座小劇場目

本当に社長を水と前にして犯罪的な人物に似ていた。悪意というか不敵な面構えだが、保険が出たら演目

のとぬらど前者は入年のネタなのじ五年ほど前からのおこ五回はされていく集金のしぐみが十月から入会して三ヵ月、「ランス」を演出。好奇心旺盛な森田は郵便簡易保険「幸福家族」（左遷される子供を持つエリートサラリーマンの家族）「幸福家族」として知るところとなる。

去うの五回はランス一回公演と春秋の一尾形の一人芝居を新宿・紀伊國屋で見た。イッセー尾形の一人芝居を紀伊國屋で――という基本的な演目を今年のうち公演として見ていく方向を形だ。その中から

5.24 イッセー尾形と森田雄三

今ほん雀々はネタの古いものであるが、これのおもしろさはなんといってもお茶の枝雀によるおかしみがあるのだが、バックに流れるジャズ・ピアノとの絡みたる軽妙な展開する。ほかに怪奇幻想的な「ガラスの脳」、前衛的な人形劇「兄弟ニューヨーカー」、ナンセンス映画「ヨッコラショ」ほかが上映される。短編集にはきのうのおべんけいたのしいものであったが、きのうのおべんけいたのしいものであったが、手袋の人形作品であるべきものだが、しみる感じだけは「ピンポンパンポ」世界には映画らしい作品であった。「手袋」の作品があるが、映画マニアには向ュ他の

今月・名古屋・前衛的な人形劇

6.14 アニメーションの技法と表現

佐田定雄は枝雀の――だ子慢が初め初天神は「なんだ」と水廻りのおかいこさん賢明な子弟ともちろんどちっとは文通りもの「なんだ」という小会社員役の加えて会先生に計略会社長をしてくるか――再び会社長をしてくるか――元に帰り幼子の帰り文紅したが気に食わない豪華な特使や夢人を盛り上げて高座のしている盛んで高座の爆笑や怪談を芸術作品である言うに道具を芸作家のこと小

何よりも、長編『笛吹き男』が見ごたえ十分。フェリーニが好きだという、チェコスロバキアの注目新人である。

一方、双子のクレイ兄弟は、アメリカ生まれ。現在はイギリスにスタジオを構えている。

『ストリート——』は三年ほど前アニメーションの会で上映されたが、その時は、さしたる反響はなかった。ところが、シュールレアリスティックな映画として公開されてから、静かなブームを呼び始めたのだ。

アニメーションという手段（技法）は、目的（表現）の同義語とも見られがちだ。そのワクを超えたとき、初めて作品として自立するのかもしれない。

伊藤紫英の絶筆か　6·19

第5回『名作無声映画を見る会』（名古屋市文化振興事業団主催）が、芸術創造センターで開かれた。

フィルム提供と"弁士"は、国立フィルムセンター運営委員でもある、コレクターの鳥羽幸信氏。

昼の部二本、夜の部二本の計四本立ての中で、小生は、初見のスウェーデン映画『霊魂の不滅』（21年）が、特に興味深かった。

監督・脚色・主演のビクトル・シューストレームは、『野いちご』（57年）で、主役の老医師を好演した人。ベルイマンが、かつて同じく"悔恨"がテーマの名作をものにした老監督を起用した理由が、よくわかる。

ところで、この会のプログラムの執筆、構成、編集は、椙山女学園大学名誉教授の伊藤紫英氏。亡くなられたのが三月三十日だから、すでに、それ以前につくられていたわけだ。

もしかすると、伊藤先生の絶筆なのかも——ダグラス・フェアバンクスの『奇傑ゾロ』の漫画風イラストを見ながら、ふと、そんな気がした。

ともあれ、映画ほど『百聞は一見にしかず』のものはない。鳥羽コレクションは、まだまだ豊富なはず。できる限り、続けてほしいものである。

今村昌平が切った二十分　6·20

『黒い雨』の入りがいいという、良い映画が多くの人の目にふれるのは、うれしいことである。

ところで、このモノクロの映画について、監督の今村昌平が、こう書いている。

当初、前後に矢須子（田中好子）の四国めぐりの巡礼のくだり（原作にはない）を加筆し、そこだけカラーで、ということでまず、ラストの二十分を撮った。

そして、つなげてみて反省。オミットしたという。

その二十分が、どんなものだったか見てみたい、という興味はある。だが、作品としては、切ったのが正解だったろうと思う。

脂ぎった、ねちっこい作風（なのに後味がしつこくない）が特色で売ってきた今村昌平だが、「復讐するは我にあり」あたりから神仏信仰へのこだわりが現れ始めた。「復讐——」のラスト、画面的に不自然でしらじらしかった"安直に「自分」を出そうなんて事はできないのを知ったのである"

る上演だった。

共施設というだけあって、その中でも名古屋市美術館のコレクションやナゴヤビデオアートセンターのライブラリーで各地の公演を見たりしたが、それはともあれ、これらが中で節子自身はそれほど大きな所ではないが、舞台のメンバーやカメラに目を向けて熱演したという彼女の女——。

新聞「昭和十一年（一九三六年）」お伊勢詣り、森永喜劇が来るかナ。お伊勢詣りは同時上映の「ベン・ハー」と話題になる当時の新興キネマの人気喜劇で、五十四年のある日、光子が来るか国立近代美術館で上演したとき「お伊勢詣り」の新興喜劇娯楽映画だ。

アメリカから還った「お伊勢詣り」 6・26

昭和十一年（一九三六年）のある土曜日の午後、有楽町の東京宝塚劇場でアメリカから還った「お伊勢詣り」を見た。

とてもうまい芝居である。日本映画界を代表する監督の一人であるのに、耳も肥えた人ばかりなので、五十人ほどの監督の一人、あえて惜しむことなくトーキーの切ないくらいである氏の述べた人だ。

美空ひばりの映画「ジャコ萬と鉄作」 7・4

奇術もある。奇術師の眼の前の黒い布の中に仕込んだ仕掛けの数々を家庭で簡単にできる手品だけでなく、観客を倒れさせるのはトリックだ。そのトリックがとても新しい仕掛けで——その仕掛けが網もあまり気にしてなくて、網目のきれいなその空間として再現するだけだ。その空間が網もあまりないので、再生するという長い方針の思想を見せているのが、蕭々、斎藤寅次郎監督の「ジャコ萬と鉄作」49年（東横）。

奇術も変わらなくなった 7・3

背後から押し倒され、一瞬にして動作が止まる。カヨコという女が身を変身するのであるが、そのトリックがとても新しい仕掛けで、ヨコという女のその空間として再現するのが、H氏の旅から帰っての「カメラ・ルポ」に入れられたものなので、それが金針の先まで見えるという形が現れるのがNHKの。

戦後、笑いに人情をからませ始めて以来、ガタ落ちの寅次郎喜劇だが、それでも飛び飛びに見ている。好きなジャンルで、大好きだ。

この映画のひばりは、のど自慢教室の先生、踏み台に乗って、大の男たちに笠置シヅ子の持ち歌「セコハン娘」を指導する。「このハイヒールも……」というくだりで片足をあげ、草履を指し示すギャグ。

十一歳の少女が、大人の声、大人の表情で「乙女の純潔」うんぬんと歌う。なまじうまいだけに、もっと正視に堪えないような、ところがあった。後世の国民的大歌手という〝できあがった〟存在から、ふりかえって考えるのと、当時の印象とは、まるで違うのだ。

かつて今村昌平監督が「にっぽん昆虫記」の女主人公を、実は美空ひばりで撮りたかった、と聞き、ヘェーッとドギモを打ったものだ。

美空ひばりは、あまりにも、あまりにも〝日本〟そのものだった。明石家さんまも、彼女の周囲のさまざまな好悪愛憎も、まさにそこから発していたのだろう。合掌。

川島雄三「還って来た男」　7・5

川島雄三のデビュー作「還って来た男」を名古屋シネマテークで見た。

昭和十九年六月に完成した作品。この月、サイパン陥落し、空襲もごとに激しく映画館もおちおち上映していられない――。

そんな実情を、子供心におぼえているだけに、この映画の平常心と、フットワークの軽さ、新鮮におどろいた。

舞台は大阪。レコード店主の小堀誠が、子供勤労動員で名古屋の工場へ行くのを、汽車で送ってゆく。

列車が米原に停車し、小堀が駅弁売りを呼ぶ。すると同じプラットホームの下りの車窓から、佐野周二が駅弁売りを呼んでいる。

ここでカメラは下り列車に移り、佐野と三浦光子のやりとりを見せながら、大阪へ舞いもどる。ストーリー自体が、列車と主人公を乗り換える、という手法は、はじめて見た。

まだ大阪で「明日は京都へ行く」と話していた佐野が、次のカットで大佛を拝んでいる。電車を乗り違えて奈良に来たことが、後からの会話でわかる。

生フィルム不足で、スタッフ・キャストの字幕を出さない映画こんなシーンだったことをやっている。これだから映画は、見てみなければ。

〝水に流して終わるな〟　7・11

いま名古屋で上映中の「Ａサインデイズ」は、筆者が見た限りの崔洋一監督作品の中では、最も出来がいい。

60年代末から70年代半ばにかけての沖縄、つまりベトナム戦争後期から本土復帰までの沖縄コザ市（現・沖縄市）を舞台にした沖縄のロックグループの物語である。ベトナムの戦場へ向かう米兵たちに、ワイセツな言葉と、ロックをガンガンたたきつけるバンド、いわば「グッドナイト・ベトナム」である。

リーダーのサチオ役の石橋凌が、まさにソレモノはまり役のマスターの大地喜雄が絶妙の怪演技で場面をさらう――と、褒めたその上で、ひっかかるところがひとつ。

手ごめにしたエリ（中川安奈）と結婚したサチオは、相変わらず、毎日乳飲み児を抱えたエリに金を渡さぬばかりか、しかもこ

7.24 ローレンス・オリヴィエの悪役

青年ローレンス・オリヴィエが壮年に発展してゆくところを一人の俳優が重々しく演じている。

晩年はどっとして病気がちだったという。内田朝雄に類のない怖い顔のしわがようと十五歳の権力者の老人を演じているのだが、気力・体力を演技力で補う必要だと。

医としてもまだしっかりしているからもうとしの権力者を好々爺として演じるのだが、気力・体力を演技力の残酷無慈悲で補う必要だと。

あまり移るたびに主役がヒーローとなっていくのは特徴的なところだが、一人の俳優が壮年に発展してゆくところを晩年に悪王を好演したという事実があるので、その役を好演した日本的な男の数が。

釈然としない流れの別人であるだろう。それを暴力を後で暴力を支えているのだろう。

7.31 エディ・マーフィー・ロー

昔の映画をビデオで初めて見たのだが、その見事さに驚いた。それだけでもあれは過激なラジオ生。

理の限界すれすれのものだから自分だけが異常に転倒しているのではとヨーニーなアメリカのアナーキズムが、同音のイラロに四十年前からあったのだK・OLだが、それはそれで当然の応用だったそのジャンルの末裔。

航空会社のOLが健在だただそれだけだ——。

感じで本当に生々しく感じるのだろう。デビュー作なのに通路も読物は小さくて計十四が映像につむらむほど若々しく気がまして急ぎ足で70席前後の食堂十二坪だが、その音調して居間だ人皮肉だった気分の大丈夫だし空腹と酩酊気味のときは一層。

7.25 過激なトラジョン

東京ニューヨークのスピード感覚いっぱいに船酔いでもしているのだろう。「スター・ウォーズ」のラストシーンにまにあうように敏服。

支えているのだろう。あの車内体。

とがある。

サミュエル・ゴールドウィン作品 エディ・カンター主演「突貫勘太」もその一本。31年製作、日本公開は33年（昭和八年）だが、その中で歌われる彼女はイエスと答えた嬉しいノージやなくて、というメロディーが翌34年（昭和九年）の「エノケンの青春酔虎伝」の中で"おお、うるわしの春……"て歌詞で繰り返し歌われるのだ。

ギョロ目のカンター自身が、エノケンとキドシンを合わせたようなタイプなのだし、その一連のレビュー喜劇を、映画デビュー当時のエノケンが手本にしたのは、有名な話。考えてみると、日本映画は、外国映画のストーリーのパクリを戦後も伝統的にやっているわけだが、それにしても、おおらかというか、ベンチャーというか……。

ところで、淀川長治氏の「榎本健一もエディ・カンターの名をもじったもので……」（「キネマ旬報」6月上旬号）には、たまげた。榎本健一は本名だから、もじりようがない。いかにPR用のコピーでも、淀川先生の発言ともなれば、ウのみにする人も少なくないのだから。

「小熊物語」は堂々たる劇映画　8・8

各地で上映中の「小熊物語」は、ディズニーの往年のアニメ「こぐま物語」を連想させる邦題のせいもあって、どうしてもいわゆる"お子様ランチ"という先入観が働いてしまう。

が、内容は、動物が主役、堂々たる劇映画だから幼児には、いささかリアルかもしれないが……。しても、こういう過度に残酷でなく、しかも自然の厳しさこわさを、きちんと描いた映画は、子供のときに見ておいた方がいい。

それにしても、配給会社もよくまあ日本語ナレーションを加えなかったものだ。「サア大変、子グマたちは、一体ドウナルデショウ……」てな調子で映画を台無しにした例は、いくらでもあるものねえ。

ところで、アニメと言えば、この映画の中にも、人形アニメーションが用いられている。小グマの夢のシークエンスがそれで、キバの生えたカエルに追われるのと、母グマの圧死を夢で思い出す、その二つ。

担当したのは、チェコスロバキアの大家、ブジェチスラフ・ポヤル。まあ彼にしては安直な仕事だけど、自主製作の資金源にはなったのだろうな。

一枚タイトルで出るほどの扱いなのに、宣材には全くふれていない。残念なことだ。

二つのマクベス　8・16

山崎努主演（台本も）、森田雄三（イッセー尾形と名コンビの）演出の「マクベス」を、銀座セゾン劇場で見てから、江守徹主演、ニナガワ・マコト演出の「マクベス」（サンシャイン劇場）をNHK教育テレビで見た。いずれも、新解釈版である。

山崎＝森田版は、王位を予言する魔女たちを、当時の社会の底辺にうごめく、陥穽たちに置きかえた。正解だと思う。武将が、出世の予言にこだわり、陥穽をしかけた理由が、明白になる。

また、ダンカン王暗殺のあと、武将たちが、犯人はマクベスだと

はじめは、13日情聴の影響を受けたとするのはこれを見た全員が「金曜日を見た」と言った事だけに大事件が全員がオーバーなリアクションを見せているのは事実だが、いわゆるロリコン・キャプテンを殺すという現象が解消しているのは、明者の発想的快楽に及ぶ、当時流行していた夢幻能活劇映画が森川徳明の"響察の鉄"

異常に気づかない異常さ　8・21

幼女連続殺害事件で異常な欲求を起こすに及ぶ影響を与える事件で美少女コミック本(紙)はこの犯人のメモリによる社会的な……

難しいものだ。この時代のいまどきの人々に、前者の三田和代(後者の麻実れい)による表情の微妙な面白さが少しによくわかる。厳しい江守(手)だが先に察知するほど人様……赤毛どちらの舞台も、遊びにおいて途中で登場するほど大人……

山田洋次と森崎東の"庶民"　8・22

が、なんといっても冒頭が舞台で大地とその息子団子が出会いて、美容師見習いの伸輔が大地雄一と……江南商店街の旅路「寅次郎……」に伴って映映の森崎東の"庶民見通り"……

れは関心の対象として森崎作品は、山田本との対象として森崎作品は、……男は……

イッセー尾形のクローズド公演　8・30

「イッセー尾形の都市生活カタログ」を、東京・原宿クエストホールで見た。ぴあにも載っていないDM客対象のクローズド公演だからである。

年一回の、新宿紀伊國屋ホール公演が、今年限りで打ち切りになった。ホール側が、百枚近いチケットを、正規の窓口以外に"流し"ていたのが明らかになったため、という。

今回は、紀伊國屋の場合と同様、再演集である。筆者は、初見も再見もあるが、「スケベ教師」「移住作家」など、初演のときよりも苦みが濃い。「単身赴任」では、前に客ウケした部分をスッパリ捨てたりもしている。

「キョト」では、ほとんど動かないまま、一家団欒の幻影にひたって生きている老父の悲哀を表現する。また一方、「地下鉄」では、超満員の中を押しわけて行こうとした男のカバンが、人の間にはさまったまま後に残る。ひとり芝居だから、カバンを後方へ、片手で宙に支えているのだが、ほんとにはさまって、動かないように見えるのである。

このライブ、フジテレビで八月三十日、東海テレビでは九月九日、深夜に放送の予定だという。

細分化されたものまね　9・4

東海テレビ系の名人劇場「爆笑! ものまねプレイバック」は、出演者がひしめいた番組もまい。

司会と審査員？を兼ねた進行係が、高田純次、松本明子、山本晋也、ダンプ松本、実福亭実瓶と五人。それ自体多すぎる。

まず、古い録画で、昔のタモリや鶴太郎さんまものまねプレイバック。

続いて、原宿のものまねライブでウケている新進の紹介。ここが最も面白い。神奈川聡は、井上陽水の歌まねをしたが、頭にも手にもキをぬり、シンナーバリューエーションだのハイングだの、形を示す。つまり早野凡平。

佐伯怜子は、浜木綿子のまねというのが新鮮。相馬ひろみは、店内放送にみるデパートの"格"くらべ。そう言えばそうだな、と笑わせる力がある。

さて、この面々がステージに登場したのまねを審査員があてる。小生、公録の場に居たのだが、全体で二時間以上もVTRを観回す長さで、特にこのくだりが、なかなかあたらなくてイライラし、客の方がよくにわかっていたりして。

"万人に通ずる"ことの困難さを、まざまざと実感した。ものまねも細分化の時代、ということか。

山田太一「砂の上のダンス」　9・11

山田太一作、木村光一演出のコンビによる地人会公演は、毎回新鮮で面白く、確かな手ごたえを残す。

今回の「砂の上のダンス」は、アラブ圏の某国に、日本との合弁事業である石油採掘基地が建設中で、その砂あらしの国に暮らして久しい三組の駐在員夫婦と、そこへ本社からやってきた若い社員と彼を追ってきた若い女性の、計四組の男女のしあわせ論、夫婦論のドラマである。

十二組のコントの熱気

9·18

漫才、コント、笑えるものと多い吉祥寺の……

えか。今回のイチ押しとえば東京の寄席でアチャラカ的に突き抜けているのは、芸歴九年になるというコンビ、ナイツだろう。旧態依然たる大を表現するら新人のナイツ。

この催しはただけの的に酒落ているのは、高座の上で漫才というエンターテイメントが顔を浮かべるのだ。その苦労というのはメンバー。

国から忘れられた日本の所、彼らが演じるのは長屋の居間で、物の人といる内容ののドタバタとして売られている。顔が浮かぶのはキョンキョンだ。新人の「笑い」を見た「寄席」のイメージはボクには——

かったのだ。「サ的にだけの一幕の肉体という男女のホールに来た人物総介という人ックなど知る手際のれたの居間の流れのとに危なっかしいのマフ愛知県の若い社員という打ってのまた打桃子が所内社員の半の一転を元気文化講堂の劇客を

なった頭から述べるとる言のため人である中すまサ的に「コント」で踊り始めたサ・ダイナマイトという武骨な男の発声のユーモアがやっちゃってくれたのクレージーの舞台曲のの観客を

「朝まで生テレビ」は大音利

9·19

少年の名笑うまず演じてのキャラで高くだ。彼らがたともキャラクターとしていかにも大きしる生身の人物である——朝の討論世界の山藤文学に「コントの戯画」。「——チャンネル松尾史貴

「会者マを見るには顔つきで手だけだけ、大音はたいら西部総介だ。その具体的なすっけなら口調を酔う。そんな声が、人そのパンカみたいカラ手相とも小藤のクをて怒るのだ。」

「——『』。」
だけど深刻だけど、ユーモアのセンスのまっただ。けれど笑える司のつりまり大音利だと思えるのでり笑える……

「朝まで生テレビ」は大音利

だり、少年のース場ホれが熱感だよ収穫は過ぎてのは、だ。しかしのホーラ一風の設けたしての宮城だかつ子という田川公也にSFとられ靴の同士の風だきた助みえの住宅立てつれ満だてる立てにすが渡し住充な時代近代のキ新人のの存在するは

テレビの本質(限界)を突いた批評である。

ところで、本家・山藤章二の「ブラック=アングル」は塾生パーに圧されたか、少々疲れ気味。キューティーに負けないでね。

旧漢字旧仮名の字幕　10・2

東京国立近代美術館講堂で、「フランス映画の黄金時代」特集上映を見た。

戦前の東和商事(現在の東宝東和)配給のフィルムが多いから、スーパー字幕も旧漢字旧仮名遣い。一緒に見た三十代半ばの知人「読めないですねぇ……」。

「なにしろ優を御存知無いから(嘘)」なんてのが、一行十三字づつ二行半ぐらい出るのだ。

映画はマルセル・カルネの「ジェニイの家」(34年)。高級娼家の話が、女将フランソワーズ・ロゼエのせりふなど含めて、時代劇それも今のテレビ時代劇のそれではなく、当時の講談本の気分である。それがまた不思議に画面に合うのだ。

こうなると、字幕も一つの文化史的存在と言える。

驚いたのは、ジャック・ド・バロンセリの「地中海」(36年)の中で、潜水艦の水兵たちが新聞を見て「日本に人間が乗り込む魚雷が出来たってさ」「自慢がたまらねえな」なんやりとりが出てきたこと。

またキスシーンにしても、映画の流れで軽妙に描かれていれば必ずしもカットされてはいないのだ。

戦前という時代の、国際情勢や世相の推移による、検閲の実態を再確認しなくては。

病室で聴く浪曲　10・4

鼻の手術で、十二日間入院した。

個室だから、テレビも借りられるのだが、やめ。本を読み、手紙を書く。

ある日、友人から送られた浪曲の録音テープを聴いた。

東武蔵と港家華柳丸。東武蔵の侠客物「明石の夜嵐」は引退後に懇望されて演じたというが、声の張り、歯切れのよさ、テンポの快調さ。竹藪で闇討ちに遭う件など。

華柳丸の「青竜刀権次」は、小悪党vs.正体不明の大悪党の、まわりはビカレスク浪曲。タンカの小気味よさとユーモアの妙はえもいわれぬ。筆者、浪曲に暗いのだけど、いいものはいい。

これは実は、十数年前の、NHKラジオの「思い出の芸人」の録音。

今やなんでもビデオ、画面つき素材、俳優優先の時代だが、ほんとに"おいしい"人は、録画時代以前に亡くなるか、仮に存命でも、老残の高座でしかない。

その点、ラジオはいい。芸がよければ音で十分!

——などと、その舌の根も乾かぬうちに、退院すれば留守録画のさんまや山瀬まみ等々を見まくることになるだけれど。

大女優を拍手でおくろう　10・11

ベティ・デイヴィスがなくなった。

実は、小生自身、リアルタイムで見た映画は、盛りを過ぎたこちらのものである。「イヴの総て」(50年)も、演劇界の大女優だが、

を愛だというのが「三」で恥すかし、三十余年前に仕込んだ毒針を渡米して以来の知識を死期を迎えしだが、前世を去った靴レ・なかったと。だポータブル・「ヴァイオレット」をヴァイオレッタ「ヴァイ」をそこエ夫人のジュリエする回想する形女ジュリエ形で

宮本重門作詞の「ヴァイ・オ・レッタ」を渋谷天外訳詞・作曲の

10・16 熱気と"華"の復活

現代のテレビで「?」かっ? '60年代以降にスターの座をねらう小娘に

原色である結色ある様記念放送の一種感動を毎日毎日飾り立てながら渡辺はつじ二度目のスクリーンの変るロケにと三歩歩き廻ってスース断片か。彼女は仰天しすっかり老け役に転じたアイドルが同い

芸能色ある様記念放送の一種感動を最初の記念日に残酷な映画が月がるか?彼女は女優として今も撮影中。「老姉妹の老け役に転じたアイドルが(68年)終えてから子供たちの前十年前に死んだが、それが起

ジ波とホーキング二度目のスースやり直し悪意上映からが始まったが月がるか?彼女はBスースやアクロバ「鯨スースを終えてからマアイドルの前十年前に死んだが、それが姉のまねるよう映画「鯨スース「

もさえギキシャの意地の悪いという「一生を生じけるチャンチを映像中。「老姉妹のアイドルが(ブライス)同転じたアイドルが大女優だ。今や追悼ニュー「

10・18 田坂具隆の「爆音」

作品でデパート店で「爆音」を借りた。昭和十四年、日華事変当時の日活

愛国歌が流行し愛国号が後を変たあるゆるジャンルに飛び火していき「愛国」熱が当時の世代へと感染、その様子を下敷きやがてな学校庭愛国号と子供たちがある現われは「……」落書

この懸賞の原作はデラ・店で作品である川村勇当が小資連当JOAKJOAK村の息子ラジオがNHK東京ラジオ、その頃当時の村撮縦来るその一当夜爆愛国号が村紙の表記はラジオ(オ

起こりを知った小貫書の懸賞当選となるJOAK村の操縦の息子である息子である農民の目で見てもゆくり飛行士進へ逃しまう村へと半世夜爆愛国号が村

10・18 田坂具隆の「爆音」

味わうことだ。ブービッグこのラストが観る後は物語の30年。
ラストはヴァイーゲンの魂をたらいめく歌声曲をいう馬声へを締めた熱気浴びせる浜辺の復活は「華」の演出だたちこの人なおんな「爆音」の前お前は人物

観る後は物語の30年。ナチス時代がラスト逆行する久しい小劇場での復活は修羅そのもので追行されそれを「……」の面白かって!?。観客成るその夫婦を感動させるため演劇を

い最後は「30年。」進むナチ時代が小資は「三」文字が追行する修羅その魂を同激歌曲なりこれ馬声へ締めためため小劇場でのうされたが「華」の演出お前は人物だ。そこエ夫人のでいまんな「爆音」のでお前は人物だた?のだから、修羅それを「三」観客成るそのものの夫婦

その後、戦争がどうなったか、知っているからである。監督の田坂具隆も、太平洋戦争末期に応召して広島で被爆、後遺症に苦しみつつ名作をつくり続け、昭和四十九年に世を去った。

ところで、戦争の記憶と無縁な若い人たちが、たまたまこのビデオを見たら、どう思うだろう。ひょっとしたら、愛国号も「となりのトトロ」のネコバス風にしか見えない――まさか、ね。

ＷＡＨＡＨＡ本舗の草抜なコメディ　11·7

ＷＡＨＡＨＡ本舗の「ラブストーリー４／サイレント・ディズニー篇」を、名演会館で見た。

「わんわん物語」「ファンタジア」「ピーターパン」「ピノキオ」の四つのオムニバスを、佐藤正宏・柴田理恵の二人芝居で見せる。

作・演出は喰始。ディズニーの長編アニメーションのパロディ

「生きるべきか死ぬべきか」のシャレた"爆笑"　10·16

いま、感覚的条件反射的な"笑い"があふれている。だが、ストーリーや状況設定やギャグから生まれる知的な爆笑は、語り口から生まれる。

「生きるべきか死ぬべきか」は、まさに節度をもったおとな笑いのエッセンスである。

一九四二年、今から四十数年前の第二次世界大戦中の、エルンスト・ルビッチ晩年の一作。

ビリー・ワイルダーの師匠にあたるルビッチだが、いま日本で、この名匠の作品はわずか一作しか見られない。

この「生きるべきか――」も、ビデオ化のために取りよせたフィルム。ルビッチ・タッチの黒白撮影の劇場公開するというケース。

夜景が多いだけに、ルビッチといえ、艶笑喜劇の大家ルビッチとしても、不倫ムードの設定が、ナチスへの当時の現実との絡み合い、スリリングな笑いを盛り上げる。は真価を発揮する。

一九三九年、第二次世界大戦前夜の、ポーランドの首都ワルシャワ。俳優夫婦ヨーゼフ・チューラとキャロル・ロンバード演じるマリア・チューラが、ハムレットを演じて好評。ところが、空軍中尉のロバート・スタックが、ロンバードにアプローチ。二人が楽屋で会う絶好のチャンスは、有名なハムレットの独白の場面だ、というわけで――。

やがてナチス・ドイツがワルシャワを占領する。さて、これからが本筋。役者たちがナチス相手にひと芝居うつだけは手に汗握るおかしさである。Ｅ・ジャスト・メイヤーの練りに練った脚本と、ルビッチの手さばきのあざやかさ。「ベニスの商人」を演ずるのが夢である、チャールズ・ホートンが、クライマックスの大芝居にシャイロックの名ぜりふを入れこむくだりは、感動的でさえある。

見て、「メル・ブルックスの大脱走」(83年）が、この映画のリメークなのに気づく人もあろう。そして、メル・ブルックス版のドロくささを、"洗練された"語り口とは、どんなものかを、改めて実感させられるに違いない。

アメリカ／ユナイト作品。リュミエール・シネマ／テアーク配給。

1989

しかし老後を終身にわたって保証するという現実感が薄い。それは去年の十一月としても……一・二五%という……一回目と二回目のかけらが退屈な思いから始めるお話だが結末を大久保が使す前に見せる。

山田太一のテレビドラマの特色はというと普通のドラマが過ぎ一ヶ月としても……現実年齢で夢のような年金をもらうお話である人の十月中旬に土曜ドラマ「退職」は、目高ドラマや陽を描きだけだが。

山田太一ドラマの裏切りは快感 11·8

第四話は柴田恵理子が「○○○」の編をへのびにした赤ん坊を育てる両親の話し。

SFであるアニメシリーズの台本が一層に達したという珍しいメンバーで見ると、せりふが画面に見えるくらいの竜巻の秀逸さにあったのだ。進化した映画は、春の祭りと総称するのであるが、これはWHAメーターなど別々にして……HAユニとなるのだが、それが下に立つキャラとしてのダイヤであるが、今の看板?である。それとあるボケられるシーンをあわせてこれた。

が悪ければどうとでもなれというのは三十直すのはAの分だけだが、それほどでもなしと思った。それは半分とは言ってもАが見えるとか経験してキャラが見えて、それはB館も割引だから、それはどこかしら名駅前のB館なの普音を取り上げる耳に特に。

現場で三〇分ほどひとりでいるという私立探偵が十年一昔の彼に暴れてているのアニメだが一方不明の少女を捜してA館の映画にいう、そのシーンにはどろんとした反復したロマ館から見て、それはリカと美佐子というキャラで「くくりの町を」を会話がシーンを。

せりふが聞こえない映画館 11·13

それにしても大溝秀治という大滝がそれへ帰国する印象だったが終わりだへのよう少女と人生を入へ老妻として申し分のなほどよと移住の(総品)観光地で美しいとある中であたし確実に体験しそう平変わるかへるというアニ。

だが名古屋コーチンとともとして朝日系だと、それは「見る日々の夢としていう小さな人生が何か分に見える老夫と妻とし……あたし確実に楽しとしへ変わらっ。

通の録音（「ぐぉぅん――」は後者）の場合、館によって音質の落差が著しいのだ。ハイテクの回路だけ調整し、多分、古い方はそのままなのだろう。かにシンにせろぶ、聞こえなきゃ意味がない。スーパー字幕でもつけますか？

「パジャマ・ゲーム」と「くたばれ！ヤンキース」　11・15

「パジャマ・ゲーム」「くたばれ！ヤンキース」が、ビデオ発売された。

いずれも、ブロードウェーで千回を超えるロングランを記録したミュージカルの映画化。前者は、パジャマ工場の賃上げ闘争の話。後者は、「メジャーリーグ」の奇想天外なファンタジー版とでも言おうか。ないし知らない？　こ、こ幸せ者めが。キミには、これからこの二本を見るという楽しみが待っているのだ。

この二本のワーナー映画は、三十年前の日本公開のときは当たらなかった。ミュージカルは一部のファンが熱狂するだけだと、興行的には敬遠されていた。

いずれも、振付けはボブ・フォッシー。作詞作曲はリチャード・アドラー＆ジェリー・ロス。このコンビの名が、その後聞かれない（ちなみに、舞台と映画をスタンリー・ドーネンと共同演出したジョージ・アボットは、こと百二歳で健在）のは、Ｊ・ロスが55年に三十前の若さで世を去ったためである。

着想がよく、歌曲と踊りが楽しく、小味で軽くて、シャンとしている。

あえて言おう。「ウエスト・サイド物語」「サウンド・オブ・ミュージック」だけがミュージカルではない。

名古屋とニューヨークの「キャッツ」　11・20

遅ればせに「キャッツ」名古屋公演を見た。

去年の夏、ニューヨークで見た「キャッツ」は、当然ながら普通の劇場。掛小屋公演は日本独自の方式らしい。大胆だが、うまい着想だ。

これは「キャッツ」だからこそ成立する。都会のゴミゴミした裏町が舞台だから、新幹線の走る音を借景から逃さぬ音響効果、イキなものだ。

舞台の床は、ＮＹの方が少し傾斜があり、材質もボコボコした感じ。日本のはピカピカで滑らかである。装置の粗大ゴミも、日本の方がやけにキレイ。

休憩で観客の一部が舞台上がり、ひとり残っている長老猫にサインを求めたりする光景は、洋の東西を問わない。だＮＹでは三三五五という感じだが、日本では第一景が終わるやドドッと駆け上がり、サインをもらう長蛇の列。

芝居猫がスターだった昔の姿を、ちらっと見せようとジェスチャー。こちらのはＮＹ版にはなかったと思う。

と、進行役の猫が観客の拍手を誘うのは日本版にはなかったと思う。

総じて、舞台の猫たちの観客へのアプローチが、ＮＹ版は擬猫的だから、デートも微妙に違ってくる。そんな印象でした。

ヤン・シュヴァンクマイヤーの「アリス」　11・22

今池の名古屋シネマテークでチェコスロバキアのヤン・シュヴァン

すでに何度か見られた名古屋駅前の西武ミネッツで「黒澤明へ—。」なる連続上映がある。昭和二十九年から始まった「七人の侍」を一番目として、黒澤作品が全部見られる—そして太平洋戦争が

11·27　黒澤明が見せなかった映画

ない「大作」と言える。

彼は人形と同じように実写色はアニメーションの方がいいと同じように映画なのであるが、ロケーションのワイドスクリーンの特色を生かしているのはアニメという造形上の技法をうまく使ったからである。

ジュール・ヴェルヌ原作、ディズニーの「海底二万マイル」を六月に見た。「アリス」を十月に上映する国際劇場、その中で立てる国産アニメという国際劇客を立てる。そのアメリカンアニメの中で、国産アニメは明らかに終わった。それは——

11·29　宮本武蔵「アイ・ラブ・ユー」

しれないが、その道理が

後半の柴川島雄のお薬はますますお楽しみは大したもので来た男だから、黒澤徹夜の「続三四郎」などは徹夜で見たやどの枚数と偽物の薔薇を小学校——五年当時の国民学校と言うべきだ——女子一人の目で数と偽物の薔薇を増やして時代戦争の時の国策映画であるかどうかを検討するだけでもかなり不合理な数か——

擬身隊約節のため一省略されてしまうのだろう大国民として——い女子搬用工具

諏訪ほど美称な少女なだけではない——歌と

伴奏して踊る彼女たちは舞台「アイ・ラブ・ユー」の主役の三人の女優たちだが、すごく美称な少女なだけではない——田中利花、中島丈博などの方は正真正銘のプロの女王だが、本音はなかなかのものであるとして

ると、あとの二人は、それを、からかったりスネたり。女同士が我を張り合う、虚実皮膜のユーモア。そして絶妙の"落ち"より――。

筆者は、東京築地のブディストホール公演を見て以来、再演のたびに上京し、計三回見て、その楽しさに浸った。

おおよそ一般に乏しいタイトルなのに、東京では初演から客がめかけた。観客の嗅覚は、あなどれないものである。

イッセー尾形の笑いを抑えた舞台　12·5

「イッセー尾形・小松政夫DUO／男社会のシミュレーション」を東京・渋谷のパンテオンで見た。

芸人二人が、ビールの空ケースをすに、とりとめなく雑談している。落語のマクラ語り、漫談のさわりの部分かと思うが、マクラにしては長いし……話等々……。

そうした中から、彼らが二十数年来のコンビであること、楽屋入りが遅れている若手の売れっ子のため、出番が押していること、昨今マナーが悪くなった楽屋にいたくないから、ここで待っていること、などが、次第にわかってくる。

やっと出番が来る。小松は奇術師、イッセーは、その助手。終演後席亭に"もうちょっと待っていてほしい"と言われた二人は、再び空ケースに掛ける。小松は、ひどく疲れた様子――。

この芝居、笑いもあるが、総じて人生のカナシさが色濃く流れている。カードは箱に剣を通すのを、喜んで見ていた女性客も、終わると少し不満気に見える。

笑いを求めてつめかける観客に、時には、あえて笑いを抑えた舞台を見せる。それがイッセー、演出の森田雄三の方法論なのである。

途中からでも見てほしい「夢に見た日々」　12·6

テレビが映画と違って不都合なのは「面白いよ」と人にすすめても、すでに手遅れであることだ。

山田太一の「夢に見た日々」（名古屋＝テレビ朝日）で、同じ銀行に勤める桃井かおりと佐野量子（ちゃんと芝居するのだ！）が、ひょんなことから隅田川ぞりのはやらない喫茶店を、レストランに改装するプランにかかわる。

様子はいいが頼りないマスターの千葉真一をめぐる"女たらし"の話だが、少し角度を変えて見ると、この店、気のいい従業員たちは「男はつらいよ」のとらや（おっと、くるま菓子舗と改称したんだっけ）の人を連想させる。三崎千恵子を配したのは、偶然ではあるまい。

そこへ改革案を笑きうける桃井かおり。いわばこれは、テレビ界の山田（太一）による、映画界の山田（洋次）のメルヘン的下町人情 vs. 現代合理主義のドラマでもあるのだ。

小生は、両者激笑のヤマ場である七回目を見たところで書いている。千葉に惚れられているがゆえにイラ立つ桃井かなしさ。なぎら健壱の好演。深町幸男の演出もすばらしい。見ていない人は、あと三回だけでも、ごらんになることをおすすめします。

郷愁にぬられたうぶな自伝映画 12・13

「59(年)ラブ・イン・ニューヨーク」が、名古屋・名芸プロデューサーが再編集したもので、「日本初の長編第一作」大人は判...初公開されている三分。

しかし、近い将来に見てみたいのは、やはりアメリカ志向の早見でもなく、早見でも山口でもなく西田である。日本女性の発音と発声のよさ、日本女性のうぶさを見せるのは、昔の日本の女の子だったという部分を...その部分だけを...

対照的に面白きやすい。というのはアメリカ音特色がみられ、早見でもなく山口でもない西田身の女性であるのが興味深い。日本の女性とアメリカ女性との違いを「ナン＝バー」という幼児的な声でした正確な批評だと高さだが低さを感じる。

のと漫画『BBR』のように、アメリカかぶれが音ぬきだから、音特色がみられ、特殊にアメリカ製だから「ナン＝バー」とした西田発声のよさ、日本女性のうぶさを「ナン＝バー」と訂正した作者のセンスだ。林家だが、批評的な記憶には消えないとした作者のセンスだ。

カラーとして探偵団（CBC）「見田ひかる、山口美江のCBS系からの共通点であった。が...

早見優、西田ひかる、山口美江の共通点 12・11

上方お笑い大賞・上岡龍太郎の芸 12・18

第18回「上方お笑い大賞」は当然わたしの話題の山田雅人、お笑い大賞「花王名人...森脇健児...宮川大助・花子...大阪の...中京テレビ（中京・読売テレビ）...審査員特別賞を見た。

手でう言葉でも一番乗じて上岡龍太郎への芸を...ことをさせるような職人への登場版は多く...上方芸人...発着...スは相...

観昨日的に目のこととして映画のみためこのケ映画...あるのだが、自伝的映画...自伝的に彼女の母をたどらせる映画...少年加えて少年からの内容が...という神経科医らの精神科医...行うたか...の旅行があって...少年から見えない父親として、破れた使行...のそこに加えたどのか...加えたどのか...少年三十一年...その記憶に残されたレースーがあって...ジェーンが二十三年の既成の郷愁にたどられた少年の...出来上がった初公開アメ...それという主人公の感慨は...

封め切り、例えばすでおり、この体験者が少年こになりすます少年は、未婚後にやさしい子で見られて破れた現、少年加えての既成の郷愁にたどられた少年の出来上がった初公開アメ...年自明確

が体験者が悪くが父として...感動的に記されていかに...郷愁をたどるという映画のなかに少年...作家に不可欠にたどられている容。

（ス）トレートに投げ返す。そのシナープを「ノックは無用！」の司会のところからだった。

大阪では、小賢しい"エエカッコシイ"と、そっぽを向かれそうだが、それを巧みにかくしつつ、というあたりが主流だった関西笑芸の世界で、得がたいキャラクターになったのはみごと。「昔から、年の割に老成したところと、変な生真面目さが同居している」（新野新）。上岡は四十七歳には見えないが、漫画トリオの横山パンチ以来だから、芸歴にも不足はない。

そうそう、金賞の林家染二を忘れてはならぬ。音曲という華やかな、結構な芸を伝承してくれる人も、これからますます出にくくなりそうだ。

サブロー・シローの「名人劇場」　12·19

先日の名人劇場「芸能界困った時のサブロー・シロー」（東海テレビ）には、久々によく笑った。

太平サブロー・シローの登板は二度目だが、前回の不振（構成が粗雑）を一挙に挽回した。

サブロー・シローが、得意の物まね「たけしのこと、たけしの話」「ミュージックフェア」などのカリカチュアを演ずる。抜群に笑ったのが「デートライン」で、サブローの木村太郎の"つくり笑い？"の目元が、カメラ目線のとき、一瞬びっくりするほど似る。

ひたすらサブローを噴かせることに専念するシローは、竹村健一を怪演のあげく、靴下を脱いで指の間をこすり、においをかぐ。サブローたまらず哄笑、見ているこちらも、くらくらの皮がよじれた。

最後の漫才は、飲酒運転取り締まりの新ネタ。久々に堪能しました。

ただ――サブローの木村太郎で「じゃまくさい」という関西弁が出たのが難。

それに、いろんな映画や俳優を「ウサギとカメ」に見立てるのは以前、和田誠が「話の特集」に書いたのと同じアイデア。著作権と言うほどではないけれど、スペシャル・サンクスぐらい出してもよかったな。

谷啓の書きおろしエッセー集　12·20

谷啓のエッセー集「ふたつの月」（日之出出版）を読んだ。

この手の本は、あちこちの雑誌に書いたものを、とりまとめて――というのが、まあふつうである。

だが、これは書きおろし。この人の文章は読むのは初めてだが、自然で、すらすら読める。つまり、うまいのである。

幼いころの幻想、幻聴をつづった表題の文章などはよいノスタルジーも快いが、突如、何かに凝りはじめるととどまるところないキャラを描いた「狂気のオシロピアノ'64」「コーヒー奇譚」（名古屋の喫茶店のマスターにコーヒーのいれ方を教わって以来……という話）も、この人の一面が活写されていて楽しい。

昭和三十九年に一九四八年型プジョーを買ったのはいいが……という「我が暴走記」は、ほとんどスラプスティック・コメディ。助手席に常に植木等らが"便乗"してきまぎれるのだから、キャスティングも最高。他の部分が"である"調で、これだけ"です、ます"という文体の使わけも、ニクいね。

天才的ギャグマンであるこの人の、家庭人としてのあたたかさ

で自分は何なのか、自分がわからなくなってしまった──。

別個として自分の中に生き続けてきた地球伯爵夫人を押しのけて、また自分を好きになれるのかどうか、それは妻に忘れられた「別れの映画の中で──」と言う相手だが

俳優ジーン・ハックマンが中年に差しかかったときのイメージチェンジは見事だった。若いときは黒髪で美男の先輩(?)たちに押されっぱなしの二枚目俳優にすぎなかったが、「俺たちに明日はない」(48年)で野性的な肉体派に変身、「家族の肖像」(74年)の刑事役では徐々に個性的な成功した老け役へと変え、孤独を愛する老女のオスカーを相手に(以下多数教

自然な丘のぼってゆくのである。それはなんとも、すがすがしいものである。

イメージチェンジだったジーン・ハックマン 12・27

名わき役として、アーサー・ケネディ他、名人がいただけに、ネチネチとするほどだが、最盛期は一九四〇─五〇年代である。

わたしは深夜の「談話」というカメラが達者なもので、中京画面の割り(?)小技としてもなかなか強かったのだが、放送してくれたのはなぜか死んでしまったのだ。なぜかといえば、それはてっきりとなくなってしまったのだテレビの神田伯龍だ。

西部劇のアーサー・ケネディが死んだ 1・16

わたしは深夜放送のトーク番組が好きだが、先日見たのは「山藤章二・立川談志」。ある日、新聞ラジオ・テレビ欄の数々の番組が多いなかに「談志」という二文字が目に止まり、立川談志と清水國明の対談だったと書いてあるのを見て、ビデオ録画予約をセット。後半自分で伏せて見せるのはるテレビ等のアナウンサーがしゃべる方式だ。(アメリカ賞ではこういう番組形式がトークショーとして構成されるのだ)

後半自分で見せる雑談の面白さだ。小林のテレビ番組を見て、談志は同氏の対談力を知り、日本一時間の録を木曜夜の家元元祖──ヨミウリ・テレビ(大阪)──と称した。談志の深夜の番組のトークで、そして、談志と三遊亭圓蔵「元、馬風」。

談志の深夜トーク番組 1・10

「アメリカの戦慄」(55年)の、殺人事件を政治運動に利用する悪ラツな弁護士役(アカデミー賞ノミネート)などもいいが、映画ファンにとってのイメージは、西部劇の、小気味のいい悪党ぶりにまとめられる。

「高原児」(むろん小林旭のこと)では、主役のデニス・ホーガンを食う快演ぶり。「明日に向って撃て!」などでそんじょそこらのサンダンス・キッド役で、謎の駅馬車強盗詩人に、仕事の先を越されては口惜しがるのがいい。

最高ケッ作は「顔役時代」で、彼の役は、映画の中盤からニー・カーティスにつきまとう、道中護摩の灰。「スパルタクス」のピート・ランカスターと同じ、悪党型相棒である。

彼が馬を盗んだため、カーティスともども人に追われるハメになる。ケネディ「ここはやりにくい土地だ、良民がのさばるべく悪役・敵役を……ビーというが、ケネディの悪役ぶりは決して重くはなく、ハードな爽快さがたまらなかった。合掌。

〝演出された幸せ〟のつまらなさ　1·23

NHKスペシャル「幸せを演出する男たち・巨大レジャーランドの国際戦略」は、まず、タイトルの〝幸せ〟が、ひっかかった。

ディズニーランドに代表される、テーマパーク=大型レジャーランドづくりのドキュメンタリーである。

と言っても、そのノウハウの〝企業秘密〟の部分まで明かされるわけはない。面白いのは、ロスのユニバーサル映画スタジオ観光コースの「大地震」の屋台崩しが、客を送り出してから逆回転のように復元される光景ぐらいのもの。

いずれにせよ、機械仕掛けの山崩れと鉄砲水と安全保証つきのスリルを味わう、ということだ。幸せだ、などとは登場する担当者たち、だれ一人言ってはいないのに。

「最新のテクノロジーを駆使した〝せ空間〟私たちは、演出された幸せの中でしか、幸せになれなくなっているのでしょうか」という最後のナレーションの〝まとめ〟は、強引に過ぎまいか。

「演出された幸せ〟が見つければ、祝儀を持って結婚式に行け」ロイト。

和田勉「女優は〝幸せな表情〟をする」。幸せな表情、というと、たいてい〝自慢そうな表情〟をする。幸せ=自慢というのは、今や男女を問わぬのでは……!?

関西制作番組の思いがけない面白さ　1·22

先日の「ナンナン30・30」(中京=日本系)のゲストは、黒木瞳と松尾貴史。

司会の古舘伊知郎が黒木に「スタジオ入ってきたとたん『黒木香さんです、拍手!』とカマされて、むっとしたでしょう。あのADの責任とって神戸サンテレビに行きました……」

松尾とスタッフは爆笑。黒木ひとりキョトン。

そのサンテレビ制作のワイド番組「新春漫才大爆笑ショー」を見た。司会は坂田利夫と上沼恵美子だから、おかしくないわけがない。

出演者の中では、久しぶりに見た若手の女性漫才ビビンダクスの進境に、目をみはった。安い給料で合理的にアパート暮らしをするため、互いにルームメートになろうとする生活ネタだが、何という名なのか、向かって左側の子の、真顔ボケの間あいが、えらいいい。

1989—1990

スが彼女自身であるように西部が好きだと田安著せられたというのである。

まだと思って七十年代のアメリカ八十年代の女優たちがバーバラ・スタンウィックに及ばない、スタンウィックに来て以来あるキャシー・マリッジャーを誘惑し男を悪女だったそのキャリアの当初から悪女的な役柄が多かったスタンウィックは、その金髪の画面を彩る人妻の役は「深夜の告白」44年の妻だろう。その代表作は「深夜の告白」「大平原39年」「大平原54年」を経て後年の繊細な仕事な

リードとジョエル・マクリーとそれを犯すゲイリー・クーパーしとし、夜の居酒屋などは西部劇の「バーバラ」などは大平原「39年」の方が印象的だった。「大平原54年の男性的な相手をした山

1.31 バーバラ・スタンウィックなら西部劇

一九七二年第一回AFI（アメリカ映画協会）主催の映画人を讃える

わぬネタにすぎないとしても、足見ればいずれおか番組が見られたのは重宝したのだが、阪神・巨人の漫才が出たのに気付いたのだが、最後に岐阜たのに気付いた、関西制作の思い物

れてしまう。大喜利すおかわれずおわりにする、

「近ごろ面白い推理小説を読んだ」と或る人に薦められた日本の探偵小説「我等の花」は礼儀正しく日本人のリアリズムでまず第一級の生真面目さを感じさせ「嵐が丘」他の作品社説があるまで独特の新鮮味があるよう

「偽りの三人」この作品の正攻法の変しんだからわれわれ三人の真実に迫してゆく原作が、それをさらにリアルにして、原作者自身の手でアメリカ映画化してゆく中、男女の三角関係の写実的感情の描写だが当時の舞台を主に撮った自主映画「子供の時間」「36年」をデビュー作とするウィリアム・ワイラー監督が三人の「この」を自分たちだけの映画だったかが見える巧みな終始一貫した怖る

2.6 ウィリアム・ワイラーの正法

人権論が底する、それが日本での評価が低すぎる映画だったかもしれない。なんと合掌したい気持だ。なんと

深刻さを薄めるテレビの効用 2·13

「2時のワイドショー」（中京・読売テレビ）の月曜は「天下わけ目嫁姑始めなる」タイトルで、司会は星由里子に羽川英樹。嫁軍団が上沼恵美子をリーダーに、間寛平夫人の間光代、西岡幸子、姑軍団が、上沼師匠の海原小浜をリーダーに、タイ・イ夢路、月亭八方の母の西脇与枝。レフェリーが円広志。

この日の一組目は、久留米の姑と、佐賀から来た嫁が双方の言い分を述べる。

円「嫁が使い古しの物を大事にするのは、つまりお母さんを大事にするという事や……」上沼、声を低めて「円さんというもとトーンが違うわ、あした死ぬのと違う？」円「ここ、ここ！」

嫁の佐賀方言が、久留米には無礼に響く。上沼「お嫁さんの方も、その土地に染まろうという気持ちがほしい……」小浜「今日はええと言うてまっせ」上沼「ええ、あした死にますわ」何かむ、その呼吸。やかましいやらおかしいやら。間髪を入れず笑うこと、みなさんもボケで、

個々には深刻な問題も、さらけ出すことで大したことじゃないさ、と薄めてしまうテレビの効用。もちろん、希薄化すべきでないテーマの存在を認めた上でのことだが。

手塚治虫を偲ぶ集い 2·19

「手塚治虫を偲ぶ集い」――あれからもう一年たってしまったのか――が、二月九日の晩、新宿のホテルでしめやかに和やかに催された。

祭壇の写真に献花して、テープにつく。

「亡くなってから手塚治虫がどれほど偉大な存在だったかを、あらためて知りました」と、悦子夫人のごあいさつ。

小生と同席の辻真先氏「どうも、お互いにこういう時にしか顔を合わせなくなるというのは……」昭和一ケタ世代も、今や共通の話題は、昔の映画と、五十肩に腰痛。めっきり小津安二郎じみてきた。

友人知己のスピーチ。星新一氏、祭壇を見て「この写真は、とてもよく撮れていて……」と、突然涙声になる。

秋田書店取締役の壁村氏「ここでは言えないような話もいろいろありましたが……」。そうだろうなあ。かつて手塚番の編集者だった人なのだから。

にぎやかなことが大好きで、編集者やマネジャーの目をくらまして集まりに顔を出した手塚さん。この夜「やあ、遅れちゃって……」と、あの笑顔で現れたとしても、三百五十余人の、だれ一人怪しまなかっただろう。

"一日席亭"のプログラム 2·20

「十一人のお席亭さん」なるイベントが、東京・新宿のスペース107で行われた。

芸事に一家言ある文化人の面々が、それぞれ"一日席亭"として、プログラムを仕切る、というもの。

小生は、二月七日の山藤章二席亭の「パロディ・バラエティ」と、八日の滝大作亭の「大衆演劇の魅力」を見た。

山藤氏の回は、まず松尾貴史が「朝まで生テレビ」のパロディ

2・21 アニメーション作家岡本忠成の死

いても観客と映画とをつなぐものの通路であり、そのものの悲しみを豪快に届けてくれる状態とはいえない。ドラマの内容をしかと内容を伝える役割が関西人気質ではあった作品が目立つという気もするが加味された小品が生まれた人柄だった状態だが

だろうというわけではない。その興行は見にくいというこ技法的にもすぐれていたのは大映と東宝から出た同賞作家の岡本忠成が亡くなった。三行の新聞記事で知った。アニメーションの人形を扱うという作品は教育映画「画」という作品が多く、その芸術祭賞を得ていた短編

津軽三味線の回顧座談会にしかし権田氏が旧態依然たる回想趣味に陥ることなく剌激を見出すことが定席だというほど終始したまま風俗観察者のだろうという話もわからないではないというほどに過激な形の間

その版事とザ・ニュー・ヨーカーにも招かれれば、お手並み参上というわけだが、若林人が来なび出しかいてヘラヘラと五十歳にしてなお艷やかな女形で、人生ハ一寸先ハ闇というのか気がしてならない。「ニューヨーク」のだがこの人からとってはデータを描きたいという事などなかったのだろうか(?)というほど物事は複数の人物等にわたっていますよ幸まで

2・27 「北京的西瓜」のプレレコ録音

カンレビ情報が苦情がつきまとうなどその番組だけで楽しむという根強いファンがいるためで、賑やかな音物もあるが、日常の特定の音源から放送される音自体でなくとも必要な番組選びとして、映画の内容に

種々のにより原音による番組だけれども旧い優雅物に系(秘)最新版がトレンディ・ドラマ、副音声や音多でないとはいうものの、近ごろは日本の木曜ゴールデンタイムの一つの番組の音を目立たなくしたという音声切りかえスイッチは目立つ

京的西瓜」の活字で映画の原音などでなしに、日本の木曜

な「北京的西瓜」を活字の映画瓜を見て、その西京的特色を見て、そのリアリティが明瞭に見て取れ、飛行機など明瞭に見て取れ、自動車やオートバイが走りぬける画面では、半面複数音と自転車などに乗った人物等の生々

れの京的西瓜は、同性にわれしくとも根底にわれしき苦情が自らひとつの映画の内容として映画の内容に

である人。そのなりりひとつだ、ようなただの矢のりひとつだ、何かを先んじた新作品をとを見て新作品を見て、残しまたよきものを見て、今素直に思いをいたすなみだとは感触すること感触する人にはない。五十八歳の死に直面するこにより南無「南無」、震災にゆえ映画「南無」、震災なのゆえに映画内容にゆえなのとし、とし、ボードレ

満ちたひとつのだる人。そのなりりひとつだ

マッチしている。グルーリボン賞の録音賞を受けたのも、当然だと思う。

ダウンタウン浜田のツッコミ　2・28

「夢で逢えたら」（東海〜フジテレビ系）で、ダウンタウンの浜田の役者ぶりを楽しんでいる。

過日の、浜田が小学生で、父親がウッチャン・ナンチャンの内村（当代無比のいじめられ役）というコントで、内村「実は（亡くなった）お母さんは、お前の本当のお母さんじゃないんだよ……」。

と、今まで標準語だった浜田「ほたら何かい、オレが学校でいっちばん勉強でき〜んのも、ボケ〜カス！言われとんのもみ〜んなワシのせいなんか〜！（と内村組み敷き）こんな家売りとばして遊び倒したるど〜！」。

内村、苦しい中から「実は私も、本当のお父さんじゃないんだよ……」。

とたんに浜田、母の陰膳（かげぜん）をマュウを取り、東京弁で軽く「遊んでくるネ……」。笑い過ぎて記憶がアイマイだが、まあこんな具合だった。

漫才コンビは、ツッコミ（ハット役）のウデによるところが大きい、というのが小生の持論。

だが、そのダウンタウンも、コメディアンとして売れ過ぎて漫才の機会がなくなったのは残念。「誘拐」「クイズ番組」など並ぶ傑作な新ネタを、ぜひ。

太平洋戦争中のアメリカ映画　3・7

「ダニー・ケイの新兵さん」のビデオを見た。

一九四四年（昭和十九年）作品。"病気ノイローゼ"のケイが陸軍へ入隊。ヘマを重ねたあげく、南の島で日本兵に捕らわれるが、逆にその日本兵三十人を捕虜にして一躍ヒーローとなる——というラスト十分ほどの部分が、日本で劇場公開（昭和三十年）したときは、カットされていた。

いま"完全版"を見ると、中国系アメリカ人らしい日本兵の「オイデナサイ」「タイショウ、タクサンネ、オハナシタクサン」などの"日本語"が珍妙。

ビデオ・ブームのおかげで、太平洋戦争中のアメリカ映画を見るチャンスがふえた。たとえば、新聞記者のジェームス・キャグニーが、田中義一首相（！）の世界制覇の陰謀を暴く「東京スパイ大作戦」（45年）や、中国を守る米空軍の隊長ジョン・ウェインが、日本軍と空中戦をくりひろげる「フライング・タイガー」（42年）など（あ、「燃ゆる大空」のフィルムが挿入されている）等々。

これらと「ハワイ・マレー沖海戦」「加藤隼戦闘隊」などをあわせると、娯楽プロパガンダとしての映画がまざまざと見える。

"面白くて、ためになる"のです。

アチュアが発展させる物まね芸　3・13

物まねという芸が、古川ロッパの昔から好きだ。

先日「笑っていいとも！」に「いまを生きる」のキャンペーンで来日した、ロビン・ウィリアムスが登場し、そのロレツ（多分

3・19 作品の符合に複雑な気分

一、自山田太が、「波」の十二月号に一本の符合について、恋人だった複雑な気分を書いている。

死んだ父親の声を聞いたという若者が現われて、小説「波」は冒頭部、女友達の男女だとか、中年にして「丘」の向きを変えるとか、映画主人公と

浦辺のさくらんぼういう世間と団欒のなかに生きる氏だ。むしろそういう批判もあるのだが、今の台風一過の実況中継を受けたという「ロッパ」だけではなく、昨今の満喫する出し物ということ古いけれど、立田吉三郎を終わりに松和平の高齢発を開き、講演者も開発と言

井崎さくらのさくらの後、ひとつの仕事のため、次の仕事のため（しため）とも言うべく、ぬくもりのために生きるが、今日本へ行くまでになってしまった。終和昭三郎各井崎・藤代などと、日本へ行くときの大賞を放送局の高齢を言ね

4・2 "高木の見物"がそばにいたライ

──目立った人、人生を住んだ人、46年の分析をそのテキストなどにコツコツと折り合うゆえに、映画になった。幽霊がキャラクターとして見えてくるのである。キャラ夏（中略）同じ映画大体に

小説異人主人公たちとはキャラクターが主人で照合するとどんな文だが、それは本当のところは見えてくるものがある。美事ポートに生かされた作品だがこれだが、その映画化された

タ」、という設定も、たまらない。そう、だれしもがこれだけは確実にそうなのだ。おわかりかな、最前列のお若いの。

アッセーの一人芝居は、高名な見物におそらく、アサッと……くる。基本的にシランプで、いわゆる救いはないのに実に爽快。精神の高揚さえ覚える。

それこそ、森田雄三(演出)とアッセー尾形の論理であり、芸なのである。

木下恵介と白井佳夫の対談　4・3

「別冊文藝春秋」第一九一号の、木下恵介と白井佳夫の対談が面白い。

「破れ太鼓」以降の木下脚本が、口述筆記というのも初耳。弟子だった小林正樹も松山善三も、さぞ大変だったろう。

「お嬢さん乾杯」で、原節子が「惚れております!」というセリフが恥ずかしくて言えず、カメラマンが怒り出した話など。

全盛期には、さまざまなタイプの作品をこなした監督だが、そのイメージは「二十四の瞳」「野菊の如き君なりき」「喜びも悲しみも幾歳月」などの叙情と感傷にまとめられる。だが、そのために「フランス映画みたいなエロチックなものが作れなくなった」とも語っている。

それで思い出した。オール・ロケ俳優は水戸光子と小沢栄太郎の二人だけという「女」(48年)の、暗示的エロチシズムのなまめき。

こういうインタビュー記事は、そもそも「キネマ旬報」あたりが企画すべきものなのだが、当の「キネ旬」が、日本映画を扱うのを

ある方針、というものらしい。今や、日本の巨匠の全盛期を知る世代は、映画雑誌よりも、こうした中同雑誌の読者層なのかもしれない。

「アビス」の上映についての依頼状　4・9

各地で上映中の「アビス」の配給会社から、上映館あてに「劇場主様および映写技師様各位」という依頼状が届いている。

内容をかいつまんで言うと、サウンドに関しては「タイトル音楽や二、三カ所のシーンエンスの音はうるさく感じられるが、この映画は、アクションのあと、静かな会話シーンがくるという風に、ダイナミックな幅をもたせてあるので、どうかボリュームを下げないで頂きたい。」

映像については「暗い水中撮影ショットがたくさんあり、すぐ15フートランベルトで映写する場合、恐縮だが、貴館の映写機のスクリーン輝度を確認ねがいたい――」

こういうことは、めったにない。ふつう映画は、業界収入という数字の勝負でしか語られない。そして、懸賞に最も重要な映写効果は、その館の設備と管理、映写技術者のプロ意識いかんによって、大きく左右されるのだ。

この依頼状の、最も感動的な部分を引用しよう。

「弊社にたずさわって(音と映像を)ご確認いただき、お客様が入場料をお払い頂けるだけの価値あるものを、ご提供頂きますようお願い申しあげます」

談志独演会の二席 4・17

前座は立川志らく。五十七番目の独演会を東京・中会館で見た。弟子入りの志願者が「立川流中会館での志願者」──

だまされたと足して大きく超能力が始めたかもしれないのはこの通り兼司会者の冒頭の言った『超能力という超能力者があるのであるかどうかというと、超能力を見たという現象はいくらでもある。だからといって超能力が実在するかどうかというと、それは確実に生まれたよりもあやしい」という名を唯一消しているのはある（自分で見ても）のデスク・アリステテカ借りてのスタイルで、『ビルのテメーりの番組のラストをスタイルで、このスタイルでは超能力を見たというようなマネをするのなは、小さいドーナツのようなだというのを実演させる。蛇遣いのような感動をするだけだと言わせる。

たとえばテレビの観客をのせるのが超能力だと言わせる。たとえば東京という観客をのせるのが89年3月の女神という超能者内の金車から休憩時間から脱──

テレビ・ドカバスートのリージョン 4・11

（本文省略）

笑いをめぐる真剣討論 4・18

先にPMの11番組のある「EXテレビ」（読売テレビ系）で放送に格段に充実

春川枝橘 横山ノック 前田利夫 前田五郎 西川のりお

「……」と閉じられる面白さは（ホスト自身が面白い）という状態を当たりにして、この本人を激論するというのだが、スタジオよりもこれだろうか。

……終演とともにスタジオが沈し談志だけが残っている。だというし「小悪党たちが面白くて舞台の船頭と歌舞伎の助六だし神田伯龍の落語の上だと例えば「二十四孝」が余計な説明なしに二十分を入れても長くない。これはただ川談志が面白いというだけではなく、ただ面白いというだけではなく、師匠を変わらせるものである──

この物語は講談の

らの顔ぶれが、自分たちでそのメンバーであるという不思議なことに、居並ぶ。ただごとではなく大島渚、野坂昭如、小田実ら。つまりは「明石まで生テレビ」のカリカチュアでもあるのだが、上方芸能伝統の"ボケ"が現代に通じるかどうか、というのが大まかな議題が、芸能界の生き字引きの香川登枝緒に、西川のりおが遠慮なく食いさがった。

司会の上岡龍太郎の「昔は漫才が主だった。しかしコント55号では、二郎さんが客のレベルにあり、欽ちゃんはエキセントリックな所から笑うっむ、あれから様子が変わってきた」という話など、実に面白い。

とにかく、笑いを業としている面々は、真剣に受けとめ、発言している。これ、シリーズにできないか。

「ウディ・アレンの実像と虚像」 5・1

「ウディ・アレンの重罪と軽罪」は、アレンの映画の二つの傾向――ベルイマン風の重い人間ドラマと、彼自身が小心でセコい男を演じるコメディーの、その二つを一本の中でやってのけた作品である。

"重い"方の主役は、眼科医マーチン・ランドー。愛人のアンジェリカ・ヒューストンから、結婚してくれなければ浮気と横領をバラすと脅迫され、殺し屋に彼女を殺させ、その罪に思い悩む。このくだりは、ベルイマンよりもむしろ「ラスト・タンゴ」のマーロン・ブランドの抑制のスゴ味に近い。

一方、アレン演じるテレビのドキュメンタリー番組のディレクターも、女房に飽きて、助手のミア・ファローに懸命になるのだが――

とするのだが――。

パーティーで、この男二人が（？）重罪と軽罪〔原題のミスデミアナー、不品行の意味に近い〕という題名のニュアンスが、なんとも苦く、おかしい。

アレンの賢明さは、トータルで映画でも、常に見かけの男を演じ通してきたことだ。観客の心理を知ってるがゆえ、それぞれ「ウディ・アレンの実像と虚像」なのでありますです。

「グローリー」の描く戦争 5・2

「グローリー」の劇場試写のとき、家内がプレスシートを読みながら「ベトナム戦争の死者が約五万人で、南北戦争で死んだのが六十万人もあるの？」

「そりゃ、南北どちらもアメリカ人だもの」家内はしばし笑いが止まらない。不謹慎なようだが、人間、当然のことにいまさら気付くと、おかしいものだ。

「グローリー」は、南北戦争で北軍兵士として戦った黒人志願兵たちの物語である。見る前に不安だったのは、もしかすると、黒人にゴマをすりつつ「南北戦争まで白人なのだよ」という、恩着せがましさがありはしないかという点だった。

が、そんな懸念は霧散した。黒人兵に略奪を命じ、それを私物化する総司令官等々、戦争のいやらしさが描けている。いい映画だ。

それにしても、南軍トーチカの攻防戦は、今日の目には、あまりにもストレートに見えた。あと、私も家内も、しばらく無口になった。"決死"という古い言葉が浮かぶ。終わ

NHKテレビの「ジャーム」の「オープニング」が四月から変わった――。

「ジャーム」の芸と不満　5・14

ところで、これはテレビとしては最上のことになるのだろうか。仮設建造物を作りあげるというのは、いわば大道具だ。鉄骨やベニヤ、白い布、左右から移動してくる台のような、いかにも仮設の台の上の舞台装置……。小道具、衣裳、座席、照明器具を調理し、旅をする芝居の一座を中心にした――的な記事を打ちあげるのだろう。

よしもし村松次郎たち親分衆とメリケン対教育といったら台本はスキャンダラスに長じてしまうのだが、それを小さく感じさせないのは、井上井次郎、山元清多の五人の台本がいかにもカラリとしておりから、佐藤信の演出ぶりも個性を殺した多福善六・藤田弓彦――。（彼は六年来のテント性格役者であった）

佐藤信たちの黒色テント公演「三文オペラ」を見たのは明治元年・文明化された元年の台本だ。

泥川品二の舞台装置も王道だ。佐藤信等が現代をそう言う。直接手法をとるのだが、それだけどんな実感があるかとすれば一瞬にして大量の

命を消し実実を言う――現在を言うのだが、それだけどんな実感があるかとすれば一瞬にして大量の

「三文オペラ黒色テントの旅　5・9

「一度切られた「無法松」　5・16

ブラウン管に見入る一ヵ月だっただけに、ジャーナリズムの国で多数あるその結果わけだが、そのヨーロッパの国で数多くのテレビ・ネットワークが出される「ジャーム」のヨーロッパで放送した、NHKに胸がすがすがしくなる。日、先日――「ジ発言しようというのだが……。小細工してジャーナリズムだから除かまりならないのか、ナンセンスだからだ。そのだが十数年も前に作られたのだが、「ジャーム」は放送した。その結果わけだが。

見る人々は、ヨーロッパの国々のテレビ番号がえた。テレビで見ると気動感があるなと、男性の一言「ニッポン・テレビ」から「ニュース」への展開、その気動感があるなと流れるキャスター・ポットンから風になるのだろうか。帽子は道化の仮面、誠に現代の道化だと――その顔が飛び出るといきなり踊るとかあるにちがい和賀のニッポンの国旗をしのぎヨーロッパの芸が返り

「阪東妻三郎」を見るとはない。テレビでキャスターがわかっただが映像の十分にあり得ること。無法松は「マキノ雅弘監督」の「無法松の一生」は太平洋戦争中の内務省検閲から一度切られ、戦後再映画の再映の上映で再度の変わ

とき、今度は「封建・軍国主義賛美」という理由で、さらに数分カットされたことは、あまり知られていない。

実はこの番組、「別冊文藝春秋」185号の「無法松──」のキャラン宮川一夫と、白井佳夫の対談と、内容的には同じ。

だが、テレビの強みは、どこどらく（ウサミ）が入ったかを、映像で具体的に示すことができるところにある。

とりわけ、回想シーンの内務省カットの確認と、秘蔵されていた台頭軍カット部分のフィルムを用いて、提灯行列のシーンを復元したことは正巻だった。

ただし「無法松──」を上映中という形で、再三ラフで出てくる手法ではないから、唐突な印象を受ける人もあるかもしれない。

「悲情城市」の深く哀切な感動　　5・23

侯孝賢監督の特色は、（秀作「童年往事──時の流れ」でもわかるように）かわいた抒情にあるといってよい。それはしばしば胸に迫るものもあるのだが、ときとなく、作者が対象に対するむきあいかたなく、内にたぎるものを抑えて、客観の視点で描いているからにほかならない。

ただこの「悲情城市」は、台湾の歴史的背景と、ストーリーの中心になる一家の史構成を、あらかじめ念頭に置いて見た方がいい。説明的なストーリー展開ではなく、途中経過を省略し、各エピソードを大きくつないでゆくことで、歴史のうねりを伝えるという語り口だからである。

一九四五年の日本の敗戦と撤退による台湾解放から、四九年に中共軍との戦いに敗れた蒋介石が、国民党政府を中国から台湾へ移すまでの足かけ四年間の物語である。

映画は、基隆港の船問屋の親方・林阿禄（陳松勇）に妊婦の子が生まれる。ラジオからは、天皇の無条件降伏を告げる玉音放送が流れている。つまり一九四五年八月十五日のことである。

林家の本家・林阿禄（李天禄）は、若いころは日本軍も手こずるほどのヤクザだったが、自慢のタネとして長男が文雄。二男は日本軍の軍医として南方へ行って消息不明。三男の文良（高捷）は日本軍の通訳として徴用され、上海で終戦。対日協力の売国奴ということになってしまい、どうにか生還はしたものの、精神錯乱で入院する。前にも書いたように彼が回復するプロセスを、順を追って見せる手話回復するプロセスを、順を追って見せる手話

四男の文清（梁朝偉）は、幼いころの事故で耳が聞こえず、会話は筆談。郊外で写真館を開いている。

長い年月の日本の統治から解放された台湾だが、中国大陸からやってきた国民党政府は、台湾をまるで植民地のように扱った。それが映画の後半の「二・二八事件」の発火点となる。

そんな荒々しい世相を描いた中で、台湾から去らねばならぬ日本人の小川校長（中谷一郎）と、台湾生まれの娘・静子（中村育代）と文清との交流や、文清と寛美（辛樹芬）のくだりが、吹きぬける風のようにさわやかで、そのゆえに哀切な感動をもひとしお深いのである。ベネチア映画祭グランプリ受賞、台湾映画／ラウ映画社配給。

1990

だ」といった。立川談志ともあろう名人が、その形容も月並みで面白くない。「大阪人には天才的な芸を持った名人がいて、立川談志のような名人でも、上方落語には名人が多く居るということであろう、つまり島田紳助のような恐ろしいメンツがあるというようなことは名人的な話術が、名人が彼自身の(他)の役者だと思うほどの芸を持っていてきき手にまわり、相手の芸をほめているという後継者が入っていなければならない。藤山寛美の世界「藤」の

藤山寛美の死とその後　5.28

昭和五十六年十一月に制作して中京・日本で放送した「藤山寛美の死とその後」というのは、多くの追悼番組のなかで、最もユニークな内容をもったものだった。EXテレビ「藤山寛美の死とその後」というのはその視点が失われているのは気がかりだし、横顔が

舞台俳優としての役者だったというところはどうだろうか、ビデオに放送した役者というのはやはり立場がちがうので、テレビで見るのと大劇場で見るのとでは、やはりちがうのだという風なことを語りたかったので、十一月に放送したこのビデオは、見ていて人代劇の世界「藤」の番組も

彼の他の役もおもしろく、本当の芝居のだが、想像を絶するようなものを見たような気がする。

倍ものびる機会を映像で与えると、その失点(画面)が、歪みが出てきて、失われ

開国大典」と「悲情城市」　5.29

期待の一方、大名ともいうべき人のある藤石というべき映画だった。日本主義に向けて——一九四九年以降、中国人民のヒーローとしての解放者として歴史に命じている中国人の解放を描くという役者であり、その年を持する中国である中国人の悲情画面を明治天皇とその皇太子

典には、敵が連れてこいという人のある藤石というべきであれ、一九四九年の内戦が中国大陸の燃えあがる中国大陸のメカニズムにより、戦後五十周年記念、蒋介石が最後の大作、毛沢東の世界第三次世界大戦へという中国映画新作

日露戦争の連続ものと名だたる「ヨーロッパ」のような解放のヒーローがいて、中国人民が描けなかった中国映画だが、十年は天皇と台湾映画「悲情城市」はあまり内乱を同じとして

吉永小百合のリアクション　5.30

描くとき、一方とよく名などと見ている街、和田誠修・夢づくりの監督・渡り合った女優・吉永小百合のロケ番組「NHK衛星第2

「ベトナムを見た」というリアクションにふれて、和田誠修・夢づくりある街の監督・渡り合った女優・吉永小百合のロケ番組「NHK衛星第2

画」とキメたというメッセージと同じようにトロッコに走るうちに彼女は先に手を走る少女の土手を、吉永だが映るのだが、映

まの吉永の走り方は男っぽい。高い所が大好きな人なのだ。

「つる」の写真集を撮った篠山紀信は、「覚悟のいい人」と感嘆する。

監督や共演者のコメントを、ビデオで見ている（らしい）吉永のリアクションが面白い。高倉健が「リンとした人、見ていて切なくなる。もっとくだけて遊ばれたらいいと思います。せめて言ってみませんか……」と頭を下げ、吉永、顔をおおって笑うこと。

ただ、それに続いて浜田光夫との対談が一時間あり、さらに映画、という構成は、互いに相殺して損。ドキュメントだけNHK総合へ組みこむ方が効果的ではなかったか。

総合といえば、五月四日に放送した「サミー・デービスJr.スペシャル」は、六月三日に衛星第2で四十分長い完全版？を流す。やれやれ、また都はるみのパターンか。

出色のアマゾン・ドキュメンタリー　6・4

NHKの「地球ファミリー／シリーズ・アマゾン大森林」は、出色の動物ドキュメンタリーだった。

乾期の森が、雨期には水没し、魚群が木の実を求めて泳ぐ。宮崎駿アニメ「風の谷のナウシカ」の、腐海の底を思わせる、ふしぎな光景である。

全身白毛におおわれ、顔は真っ赤にはげあがったカナリは、まさに異相の猿だが、しかし実に個性的な面構えである。

この猿、木々を渡って、ミツを飲むために花をむしってゆくが、でも、結実するだけの花は残るのだ。

ある生物の卵や子供は、しばしば他の生物のエサになるが、それによって生きる動物もいるし、またそれが、一種族のふえすぎを抑える働きもする。自然界のバランスの妙。

ナレーターの古舘伊知郎は、別人のごとし。これだけ口調を変えられるのは、なるほどプロだ。

「このアマゾン河とジャングルの巨大な開発計画が急ピッチで進んでいる」と憂うるナレーション。

人は、口で自然保護を唱えつつも、実は、それを限りなく破壊する側に加担しているのである。私たち視聴者も、この番組をつくった英BBCテレビも、例外ではないのだ。

ディズニー映画と見せて　6・5

「ローズ家の戦争」と同時上映の「3人の婚約者」は、マイケル・ハーモン演ずる人気テレビ・キャスターが、三ヶ月以内に三人の美女と婚約できるかどうか、カケをするというラブ・コメディである。

セット・クラブと呼ばれるそうな話だが、ダン・ルコンドウスキーの原作を脚色したのが、女性ライター二人というのが面白い。

ところで、マイケル・ハーモンが、三人の女性とそれぞれデートし出かける映画が「白雪姫」。

だが、映画館の中で、映画の始めと終わりに流れるメロディは、ディズニーのそれとは、まるで違うのだ（画面は見せない）。

館の正面の表記は「スノウ・ホワイト」。そのわき小さく「アニメーション・クラシック」とだけ。

9・9 野沢直子のセンス

宙の直子がなるのだ。

少し顔が赤くなるそうだが、日焼けなのだという。

宇宙ステーションのインテリア・デザインをやるために近く渡米するという。野沢直子のことだとすれば消化されたナンセンスとして通りすぎるだけだが、これが椎名桜子のことだとすると「……」なんて落ち込む後退有の編集者もいるのではないか。

思わせる。東海直子ともあろう人が金メダルのボクサー「あしたのジョー」に夢中になるとはおかしい。しかし野沢直子の全身から発するオーラはなんとなく眠くなるのだ。椎名桜子のイメージがあるような気もするが、実は椎名桜子の実生活は知らない。

らしいのだが、わたしはこのセリフをスポーツ・コラム・ザ・ベスト・オブ・ナンセンス・ライフ・アイテム・オブ・OKで、実は巧妙です。せっかくアメリカ目までだれでもこのNということであれば、その国でだれが許すのだ。だけど、その興味件数によって理由があるのか得たのか——実は

野沢——最近だれか金メダルのボクサーに夢中になるというのだけど、野沢直子の女流作家・椎名桜子との交流をつづったエッセイ「……」なんだそうだけど、それはそれで棚に上げておくとしてしまうとして、彼女のキャラクターから発するものがあるのは安定しているが、ようす子なのではなかったのかと思える。

れが全身なっていて、同じように幸せな浮気だとしれない青春白書のようなコメディだったか、先年前の彼は再婚して小説を執筆し、死病を招く彼女は——とあるせいか、映画化ではマイ・ファニー・レディの舞台であるのは代表作で、アメリカの映画は「マイ・ファニー・レディ」という気がする。

がわかる。だから霊媒師と小説家が受ける設定で、第三者が赤の仏として先妻を認めたというのは、先妻の霊を降霊会を催す材料を得るため、独占しようという会話で先妻の霊が現れるため、小説のネタとなるのだ。

6・11 陽気な幽霊「アリス・イン・カントリー」の道楽

とある俳優が演じる教授のテレビの人々が見るのとして、その映画は「マイ・ファニー・レディ」（45年）「陽気な幽霊」の映画化もあるが、オキシ

メリカの夢を夢をせりふし、せっかく黒澤の「夢」……なんだけど、女の原田美枝子は飲まなくてはいけないのだが、野沢直子の

ちあきなおみの「LADY DAY」 6・13

「LADY DAY」の名古屋公演を見た。ビリー・ホリデイ最後のステージを、ちあきなおみが演ずるソロ・ミュージカル。

とにかく歌唱力抜群である。それに、フジテレビの「夜のヒットスタジオ」の初期に、寸劇コーナーのアドリブ演技でその場をさらった人。一連の殺虫剤のCMなど、彼女にとっては何ほどのこともあるまい。

ただし、ドラマの枠に組みこまれると、面白みが薄らぐ傾向がある。

今回、始まってしばらく、トークがなんとなく美空ひばり風になるのが気になった(そう、彼女のひばりのカタチは絶品だ)が、次第にそれが消え、客席に下りて客に話しかけるなど、完全にあきのペースである。

トークはマイクなしだけれど、NBNホールの空調の音の中でも、きれいに聞きとれる。

ただ、総体に清潔にまとまりすぎた。さらに公演を重ね、もしあきがビリーの没年に達したときに、もう一度見てみたいと思う。

アンコールで、オバさんから花束を受けとったら、中から遠めにもそれとわかるいちらが一本。すっと落ちた、そのときの笑顔は、ちあきなおみのものだった。

ベルイマンとスベン・ニイクビスト 6・18

「ベルイマンは語る」(G・ウィリアム・ジョーンズ編 三木宮彦訳/青土社)は、イングマール・ベルイマン監督が、一九八二年に

テキサス州ダラスで、大学の映像専攻の学生たちとともにおこなったセミナーの全記録である。

驚き、かつ感動するのは、ベルイマンが、さまざまな質問に真剣、誠実、具体的(ここがすばらしい)に答えていることだ。その作風からして気難しい人物を想像するだけに、なおさらである。

中でも、彼の全四十三作中、後半期の二十三本を撮影したスベン・ニイクビストの話が興味深い。

カメラマン(撮影監督)は、カメラを操作する人ではないが、ニイクビストは例外的に、自分で扱う。「だからアメリカにいる時、彼はすごく不幸でね。組合(職能組合)がカメラマンに自分でカメラを操作するのを禁止しているから」。

「ある結婚の風景」(74年)で、女性の横顔の超アップから手(指輪)のアップへ、急速にパンしてみこんのズームもなかったニイクビスト。監督の心の眼と化したカメラマン。その彼をアメリカでは、カメラワークをオペレーターに指示することしかできないのである。

米朝の「ふたり」と「蛇含草」 6・25

岐阜・御浅町ホールで、桂米朝独演会を見た。新岐阜駅から歩いて十分余。手ごろな距離である。

桂宗助の「道具屋」は、テキスト通りの高座だが、ちゃんと聞けるが、これは上方の落語家の特色で、とにかく客席へ、話を打ちこむ、力を身につけている。

桂米二の「植木屋娘」は堂々たるもの。植木屋の親父のタイプとすれば不倫快な誇張になりかねぬ嘘を、豪快に乗り切った。

1990

が、登場するのは主人公の（あげまん？）が政男の側から見れば「あげまん」そう見えるように描かれて

津川雅彦演じる政男は財界人、小林桂樹、森繁久彌らが住む山本薩夫の「金環蝕」の東宝名物の水商売の女性……

6・26 伝統好色喜劇「あげまん」

だれは町娘・草紙蛇は面白い。浅草オペラは東京で一回百日だろうという……番手は座長の藤山寛美が上方の喜劇……

「ズあまりなのである「あてづっぽう」が……だれはまだしもだれは聞けるのは地方の客席も並んだというそのように出来たという不愉快なロースで……

だれはまだしも千円あげるんだだれは漫画記「漫遊記」「行状記」「酔いどれ」という喜劇「あげまん」「社長」

は長者から洗たくやだし、おしだし登場人物を通しての若者への訓戒の物語であるとしても……小津安二郎、木下惠介、成瀬巳喜男

だが黒澤の興味は木等、今さ……「野良犬」「酔どれ天使」「用心棒」「椿三十郎」と

端的だが日本映画は失敗しているそれでも私たちが年をとり、後半のお説教的な気持なり、正論が浮き彫りにされるため、日本人なら大好きな合唱曲

7・3 〈正論〉と観客の変化

統好色喜劇・あげまんだと思うのは伊丹の目の街の好色喜劇以上の文明批評方向の（ほとんど昔かしの日本のよき信子などあて、木下惠介と同じくあだ名でか

らえてきたのである。

　今の日本映画の混迷は、正論のむしろをしりぞける世代が、主流を占めつつある時代の混迷でもあるのだ。

宮本亜門×中尾ミエ　7·9

　日本で、アステアの一代記をミュージカル化すると聞いたとき、蛮勇という言葉が浮かんだ。

　だが、そんなことは作・演出の宮本亜門のほうが、百も承知だったのだろう。

　東京・渋谷のパルコ劇場で見た「アステア・バイ・マイセルフ」は「私は、フレッド・アステア……ではありません。だって、アステアは世界にただ一人なのですから」と前置きをして、十人の若手ダンサーが、交互に踊るというもの。

　「ビギン・ザ・ビギン」など、出来のナンバーもあったが、むろん、アステアの優雅さや洗練をコピーできる者など、どこにも居るわけはない。

　姉のアデール役に、中尾ミエという大物を配したキャスティングが面白い。

　この"ショウ・ストッパー"シリーズは、男性が主人公の場合も、その妻とか姉とか、女性をクローズアップさせる構成を特色としている。みるも亜門氏は、この業界にはめずらしく、ノーマンな人なのかな。

　ともあれ、若手に囲まれた四十八歳の中尾ミエの奮闘は、感動的である。

　見終えて、改めてアステアの映画を見たくなる。宮本の狙いはそれで果たされたと言えよう。皮肉でなしに。

穴埋め映画のふしぎな味わい　7·10

　名古屋・今池の名古屋シネマテークで上映中のイギリス映画「遠い声、静かな暮し」(二日まで)は、リバプールに住むある家族と、その周辺の人々の日常を描いたものである。

　父の葬式から、三人の子供たち(男一人、女二人)が、それぞれ父の横暴を回想する。その父も、子供たちが幼かったクリスマスには優しかったこともある。

　物語の"今"は50年代だが、画面は第一次大戦の20年代、第二次大戦の40年代と、あちこちへ飛ぶ記憶のモザイク。

　手がかりになるのは、それぞれのシーンで流れたりする音楽。それが時代を示し、画面のムードを(時にはアイロニカルな効果で)つくりあげてゆく。郷愁と皮肉ほどさが交錯したふしぎな味わいの一時間二十五分である。

　この映画、半年ほど前、同じ名古屋シネマ劇場で突然ワンショー上映された。予定されていた映画のプリントを、前に上映した関西の館で傷つけたため、その穴埋め上映だったのだ。

　どこで見てもヒットする気遣い(?)はない地味な作品だが、ロカルノ映画祭でグランプリを得ている。こういうものの好きなファンに情報が届いていればいいのだが——。

大竹まことプレゼント……　7·11

　"大竹まことプレゼント・CYNICAL GAG BEAT"というコント大会を見た。東京・新宿のシアター・アプルは、八分の入りである。

1990

サロ
ーを
ませ
たた
めに
ホー
ムの
「サ
ロー」
という
高速
券売
機を
片隅
に出
演し
ていた
のも
サラ
リーマ
ン時
代の
土曜
サラ
リーの
ジロー
を売子
する高速道路
……
だということなのだ。
そう、それも
サブ・ヒーローだった
のである。……

突然をさせたために、ホームの「サロー」という……

サブ・ヒーローの場がない　7・23

別
して
三十
のあ
る運
転手
だか
らキ
ャリ
アも
たっ
ぷり
ある
中年
男子
の会
社だ
から
、ネ
クタ
イを
締め
て目
立つ

ほど
近ま
わり
のコ
メン
トが
、終
電車
が過
激に
動物
体系
して
いく
こと
だか
ら、
その
よう
な生
活体
験か
らの
発想
から

だよ
う。
説も
ある
だろ
う。
が、
その
、育
ち上
げて
いく
タイ
ミン
グを
見な
がら
、三
人の
大竹
まこ
と、
きよ
し、
てる
ちゃ
ん呼
ばわ
り……

「……」えー、
武田鉄矢、
宅八郎、
栗本慎一郎、
嫌いな人は

教育テレビ『日本喜劇人伝』を評す　7・24

切ら
れた
に保
深か
った
。

家第
二失
作だ
。十
郎が
松竹
新喜
劇の
藤山
寛美
=喜
劇の
源流
とし
ての
人情
喜劇
第三
回「
NHK
教育
テレ
ビ」
菊谷
の「
音楽
シー
ンと
台本
新居
稽古
とは
若者
を見
た中
国で
戦死
した
人々
の経
歴

付き
まと
う大
衆十
郎を
受け
る喜
劇の
日本
喜劇
人伝
を見
た

役な
が喜
劇が
ことを
探に
が興
奮し
たた
めに
かけ
た医
者達
の手
術動
を見
て、
その
寛美
が舞
台公
演し
たた
めに
騒ぐ
人々
の人
情を
、五
郎は
普段
とは
違う
方向
にし
た

「話し
前に
うわ
ばみ
のだ
ろう
が、
その
芸術
など
では
サブ
・ヒー
ロー
とい
うも
のが
全盛
期の
やす
しき
よし
の漫
才な
のだ
らけ
どお
けな
かっ
た上
方漫
才コ
ンビ
を何
を書
く本
領を
発揮
する
場が
ある
のは
……
コン
ビが
高速
券売
機を
汗を
なが
して
上回
るだ
ろう

しい
に匠
にな
って
いく
エネ
ルギ
ーだ
ろう
が、
だが
その
彼ら
すご
さに
あた
るも
のは
サブ
・ヒー
ロー
とい
うも
のだ
まだ
ただ
それ
など
では
阪神
・巨
人だ
ろう
か。
その
人だ
と感
じ持
ちな
がら
笑い
反応
し

ラック・ユーモアというよりも、落語「犬の目」風のSFナンセンス感覚なのに感服した。

しかし三回目の「日本流ボードビル誕生」は、たとえばエンタツ・アチャコの漫才のレコードを流し、彼らの初舞台の劇場の場所に現在ある和菓子屋を延々と映すという散漫さ。映像素材は探せばもっとあるのに。

金語楼、川田晴久（義雄）のくだりも、ギター一本を携えつつ、川田節を分析してみせたくだりは、まさに圧巻だったが。

〝落語スペシャル〟の人選　7·30

劇映画の連日放送が売り物のNHK衛星放送だが、小生は午後三時台に出没する〝落語スペシャル〟に注目している。

まず、一時間枠というのがいい。この〝ゆとり〟こそ、衛星のありがたさ。

だが、演者の顔ぶれを見てため息が出る。

文楽、志ん生、可楽、先代の金馬……ある至福の時代に衛星チャンネルと、ビデオデッキを抱え、デロリアンに乗って帰りたくなるのは、私だけだろうか。

現在、一時間じっくり聞きたいと思うのは、東京なら正直もうちょっとして志ん朝、小三治、機嫌がいいときの談志、小遊三と、今はじっくり待つとして、すんなり聞きたいのは中堅の春風亭正朝と、老大家の雷門助六、この二人しかいない。

その点、上方の充実ぶりは、まさに桂米朝門下の、枝雀、雀松、雀々など、いずれ劣らぬ絶好調である。

番組について言うと、もともと長くもない話を、冗長なつくりで一時間に〝水増し〟することはない。

もちろん話を二席（先日の春團治のように）にするか、曲芸や紙切りなどの色物を加えれば、寄席気分が盛りあがり、一石二鳥だと思うよ。

最終回だけ原語版上映を　7·31

ディズニーの「白雪姫」が今、五度目の公開中である。昭和二十五年の初公開が原語（スーパー字幕）版。三十三年から日本語版になり、四十四年、六十年、そしてことしが、リバイバルとしては四度目になる。

ただし、昭和四十年代から、ディズニー・アニメは大都市の封切で、最終回だけ原語版をかける館が出てきた。

だから小生は「ジャングル・ブック」「おしゃれキャット」などを原語で見ている。「白雪姫」も、昭和六十年に、東京みゆき座最終回で三十何年ぶりに原語版を見ることができた。今回の「白雪姫」は、東京三館だけが最終回原語版。

日本のテレビマンガの伝統的に無神経なロ・パクに慣らされて日本語ダビングに平気になるのは、感性の衰退である。ディズニー・アニメの声優とアニメーターの、イキのあった名人芸を知らないまま過ごすことになるからだ。

スーパー字幕版がメインの「ライオン250」は、朝一回だけ日本語版をかけている。

ならば、ディズニー・アニメの最終回原語版上映、名古屋でもできぬ相談ではないと思うのだが。

8・7　最新音響技術が生かされていない

便利だけど、それをレーザーディスクにしたいと思っても、それはなかなか大変な仕事だ。やや専門的な話になるが、映画館で上映するためのフィルムには、独特のスタレオ音声が入っている。この音声が、日本公開時のスタレオ音響だが、それが日本のスタレオ音響だ。

まず映画をつくるとする。その中身は、原版どおりそのまま日本公開された作品として、それが日本公開時のものだ。今では、こんなのは珍しくもないが、当時のスタレオ音響は非常に少なかった。

次は映画をつくるとする。その中身は、日本公開時の独特のスタレオ音色が近くの場合、同じことは、その映画館のP用のPR用だ。つまりその集りやメーカーの販売ルートに読み込まれたもので、当時のものとしては今でも非常に珍しい。

原版そのまま著作権切れされた映画をつくるとすると、それは大変に面倒だろうけど、だからこそ今、ビデオを買ってきたのだが、それは大変安いものだとしても、それは社会の仕組みだから仕方がない。

8・1　山口昌男先生の疑問

「三百人劇場」の山口昌男先生とお会いしたとき、『オペラ座の怪人』を大変気に入って、レーザーディスクも買ってきたけど、あれは三年前に、ビデオを買ってきたのだが……。山口

8・6　意外な所にエントツのビデオ

設置館が上映効果のために全国で十館程度だったので、レーザーのためだったのだが、それは東京のためだったのだろう。日本劇場だから、ビデオはそのための設備の略だといわれ、スタレオのチャンネルも兼用されるため、新宿を追加設備としては必要だったが、実像やサウンドのビデオは多くのページが全国で知られる。

例えばフィルムに入っていたマイクの映像やレーザー音が、チャンネルの末尾ステレオの追加強みだったのが、一九〇〇年代後半からスタレオとして、これは同じように低減した録音チャンネルの端から磁気ステレオ音声を記録するもので、日本の劇場のためのスタレオ音だから、その効果のレベルとなる。

DOLBY STEREO の磁気録音のチャンネルだが、それはSR方式の文字がついて、映画館のエントツとして使用された。そのため四立体音響第二と呼ばれたが、昭和五十三年に初登場し、東京・新宿の「南街劇場」で、大阪では「北野劇場」で、同時に昭和二十八年の事で、光磁気ステレス。

あった。小生は、逆で、ソンコが過食症になるあたりで、双方の気持ちが見えにくくなる。あまりにゆれているのを認めた上で、核心となる表現が欲しい。

上映中の名古屋シネマテークでは、レイトショーで園子温の「自転車吐息」をかけている。こちらは小劇場演劇のパルコのプライベート・フィルムの力作。

松岡は愛知県一宮市、園は豊川市の出身だが、ご当地であることは別としよう。陽と陰の違いこそあるが、青春をわれとわが身をもてあます季節として描く自然さで、共通しているのである。

「陸軍省・鉄道省・検閲済」SL映画　　8·20

八月十五日に「指導物語」のビデオ（キネマ倶楽部）の個人的封切りをした。ふさわしい日だからだ。

まず「征ぬ身はいとど護国にまつらしむ」の標語、次に「陸軍省・鉄道省・検閲済」、それから東宝マークが現れる。

昭和十六年十月四日の公開。太平洋戦争に突入するのは、その二カ月後。

戦場で軍用列車を運転する兵（藤田進）に、国鉄の定年間近い老機関士（丸山定夫）が、三カ月の特訓をするドラマとしての出来はともかく、全編に本物のSLが驀進するダイナミズムは、鉄道ファンにはたえられないものである。

機関車の下部にカメラを取りつけるなど、当時としては無謀な撮影をして、映画を盛りあげたカメラマンは、宮島義勇。戦後は反戦・革新にとテーマを返し、「どっこい生きている」「蟹工船」などの

ただし、戦後の古頭下のリハーサルのとき、チャンバラがかなり削られた形跡あり。抜刀する動作がけがしかったらしい。

さらに「法界坊」など同様十五分ほど短縮されて現存するプリントは五十九分。地方館の添え物用にくミ）を入れたらしい。ひどい話である。

もう一本は「エノケンのホームラン王」（昭和二十三年）。エノケン四十代半ばで、体技の低下は否めない。

見どころは、むしろ当時の巨人軍が、棒読みのセリフで、エノケンと共演するところ。三原監督、川上、青田、藤本、平山……そしてアナウンサー和田信賢。

前者は「キネマ倶楽部」というセット販売のみのもの。後者はベンダービデオ社で、レンタル店にも出ている。意外な所に、思わぬビデオがあるものだ。

松岡錠司と園子温の青春映画　　8·13

評判の「バタアシ金魚」を見た。なるほど。

映像と編集が、ちゃんと"映画"している（まず、これがダメなのだ、今の日本映画は）。画面の中の空気が快い。

原作は望月峯太郎のコミック。脚本・演出は松岡錠司。劇場用第一作である。

高校生のカオル（高井道隆）は、ひょんなことからソノコ（高岡早紀）にひと目ぼれ。泳げもしないのに彼女と同じ水泳部に入り、大言壮語しつつ、ひたすら追い回す。ふてくされた会話の、自然なユーモア。

カオルの一方的強引さが不愉快だが、後半がいい、という批評が

西部劇はどこへ？

8・28

野ジオ・デッドＰＡＲＴ３」は、前作の末尾の
・一場の決闘だ。ただこの決闘を演出する真昼の
太陽も、荒涼とした荒野も、それを迫撃する騎馬隊も、この映画を作った監督の西部劇への印象がうかがえるのだ。「マッドマックス」や「スター・ウォーズ」は、それぞれ一九七九年、一九七七年に生まれた。これらの映画は荒野を舞台にした「西部劇」のいわば直系の子孫であるというように道具立てはまったく新しくなっているのだが、物語の中心にあるのは荒野での決闘だ。ただこの決闘を演出する真昼の太陽も、荒涼とした荒野も、それを迫撃する騎馬隊も、この映画を作った監督の西部劇への印象がうかがえる番組

そうしたテレビ映画をリアルタイムで見ていた人たちにとって、意義は大きかったはずだ。だが、キャメラの同時代を知らない世代の人間にとっては、映画やテレビで放送されるのを見るしかないのだ。独立して十月ロデオ映画を見ることが多くなりつつある。

桃井かおり vs. イッセー尾形

9・3

と自信たっぷりだが、井上ひさしだけ
が矢内原美邦の芝居のようなセリフを
励ましておかないのだった。
桃井かおりとイッセー尾形のふたりの
芝居を見てきた。桃井かおりの芝居は最近別々に見ているが、ふたりが中夫婦を演じる「鏡心中」で共演するという。その「桃井・火」の第三話「桃井・火」で大女優桃井かおりが火然たる用心で「いっそ葬式を出す」と言い出す中年夫婦（桃井・火）の最第二話「桃井・水」では、かの家の長男とその愛人が、お茶屋の仲居で
ある観客が「いっそう」「ついそ」「お
つつい」と芝居のなかで何度も何度も
芝居への希望を言うだけに、「いっそ」
という男と女の会話、「いっそう」と
いう言葉を抽出して、その二人芝居を
明治座門別博二人芝居を東京・原宿クエストホールで上演。三映限の三映限のローラ番組

セリフの客の第一次公演から一尾形
この会話第一次公演すべてのセリフが
桃井かおり
vs.
イッセー尾形

小松政夫 vs. イッセー尾形 9·4

小松政夫vs.イッセー尾形の二人芝居を、東京・原宿クエストホールで見た。

桃井かおりと三晩演じたイッセー。間一日休んで、今度は小松と三晩の舞台。気力・体力が充実した時期でないとできないワザだ。

ただ、既に三度目のコンビなので、両者ともリラックスしている。

第一話は、前にこのホールで演じた（小生は初見）「懇親旅行」のネタ。○○建設の招待旅行で、相部屋になった初対面の二人の、互いに妙に気を使うさまはニューモア。結局は、お互いの酒グセで、相手をヘキエキさせるという形でしかコミュニケートできない日本のオヤジたちー。

第二話は、去年の秋、渋谷のジァン・ジァンで演じた奇術師コンビのネタを、うまく凝縮したもの。

第三話が新ネタと聞いたが、最終の新幹線の時間が迫ったので、そっと退席。十二月のビデオ発売まで待つとしよう。

イッセーの二人芝居は、一人芝居よりも分かりやすい。だが、演技の余白に、演劇的想像力を駆使したという観客は、一人芝居を渇望するはずだ。

ーそれにしても、演出者・森田雄三の足の病状が気がかりでならない。

子供たちの素朴な映画愛 9·10

今池の名古屋シネマテークで上映中の「一〇〇人の子供たちが列車を待っている」は、異色のドキュメンタリーである。

チリ、サンティアゴの南東の、貧しい人々の住む地域で、映画など見たこともない子供たちに開かれた「映画とは何か」についての教室の記録映画である。

講座は、網膜残像の実験から始まる。映画の生誕以前のソーマトロープ、フェナキスチスコープなどのアニメーション玩具を、喜々として作る。映画を知らない子供たち。

指導と並行して「チャップリンの勇敢」、ユゴの漫画映画「魔法の音」などが上映される。そして、子供たちの最初の"映画館体験"でしめくくられる。

映画評論家の山田宏一が感激していたこの映画。一種の教育方法論として見るもよし、背後にあるチリの政情を読みとるもよし。だが、最も心をゆさぶられるのは、私たちとは逆のプロセスで映画に出合う子供たちの"活動写真"への素朴な好奇心=映画愛だからまりなのである。

配給サイドの方針で、できなかったというが、たとえばジャン・ヴィゴの「操行ゼロ」と二本立てにでもしたかった。理由は、見てくだされ。

上方落語の名人と人気者 9·11

桂米朝・枝雀二人会を、中日劇場で見た。

枝雀の「蛇含草」と米朝の「らくだ」。休憩をはさんで米朝「莨間男」、枝雀「親子茶屋」。前半がブラックユーモア、後半が色っぽくという味な構成。

「オール讀物」六月号で山藤章二が、歌舞伎座での枝雀独演会を「十秒に一回、例の大げさな"顔技"の大安売り」と書いている。

手塚治虫展を見た

9·19

美術館で手塚治虫展を見た。愛知県美術館で見たのは先月だったが、今月になって東京国立近代美術館にも手塚治虫展が巡回しており、それをまた見たのである。日本ので旅を九

「罪と罰」も連載されているときの原画がずいぶん多く展示されており、それもあって単行本と同じイメージのメーカーも「子供の夢」「火の鳥」「ブラック・ジャック」「鉄腕アトム」といった作品の原画を見ることができるのは、今月に入って東京国立近代美術館で見たのである。

判型が小さかったため、引き延ばして印刷に足るかどうか心配したのは消防法の「鉄腕」引用された。

人気とともに芸の品格があるように、芸人にも兄弟弟子の系列がある。米朝優絶えてしまうと、あとの若い芸人たちに譲りていくのであって、米朝一門の芸が正統のブランド名を持ってるのだと思う。正統の襲名披露を行うときにあるのが高座で、正統の芸人を見るときにも高座がある。一方、対照的な「その他大勢」のなかから頭角を現す芸人がいて、その細部へ侍る音を振るわせる高座がある。上方の名人というと米朝で

雷門助六の「両国人形」

9·26

先日、愛知県中小企業家同友会の催しで「雷門助六」の独演会をきいた。「両国人形」を初めてきいたのだが、現役の東海のおもしろさが、お酒の帰り道で酔わされ、立ち寄ったホテルの喫茶店に入って「まあ、ちょっと一杯だけ」というので、甘い表情の接待をしていたりはするのだが、お初に「同国人形」を聞くのだから、お目当ての名人の語り口が楽しみで、今の若い芸人たちにも高座の寄席での逸材だなと試みに思ったものだ。以前は実際のお店へ行くと言えるのは、居酒屋の後ろの棚にあるものだが、お酒を重ねる会の番組だ。

そしてなかなかネタの図体にふさわしく、棒だらなが寄席の道具をいうのが、時代の病的な甘さでもあるのか、明治の「鶴亀」の芸風が正統派の春風亭

二階の手塚治虫ショーはどうでしょう。
手塚治虫ショーというので気になるのだが、これはビデオで上映されるらしい。「ビデオ上映されるのであるが、展示されているのはコーナーで、約四十分のビデオが生きているのを見るのだが──

野外劇場の談志　10·1

NAGOYA都市演劇遊戯祭オープニング企画「立川談志独演会」を名古屋・白川公園野外劇場TANKで見た。

開口一番は、談志十人番目の弟子で神戸出身の立川志雲。上方落語の「田楽食い」を面白く聞かせた。

続いて談志。現代の掛小屋である野外劇場TANKは、反響が全くない。外の音が入り、発電機の音が低く響く場内で、マイクがある客席の熱気に支えられてまずは"いい方の談志である。

例によってブチ(!?)と放談から、落語の与太郎を少々足りない男とする演じ方に疑問を呈した上で、「粗忽長屋」の主人公を思いこみの激しい男、のめり込んで演じて好調。

休憩を挟み、桂米朝に教わったという「代書屋」を、舞台を東京に移して一席。噺がつくられた昭和初頭のこととして演じたのは賢明である。三人目の客のくだりは、初めて聞いた。終わって「ひどい出来」と自ら批評。小噺を二つ三つサービスして終わった。

過激発言で物議を醸す談志だが、満席の観客は、偽悪のポーズの裏の、落語宇宙の危機を憂えるSF少年の素顔を読みとっているようだった。

「恋のゆくえ」は大人の味　10·3

いま名古屋で上映中の「恋のゆくえ」は、ジェフ・ブリッジスとボー・ブリッジスが好演している。ピアノのデュオを組む、対照的な性格の兄弟の話。これを、実の兄弟の、ボー・ブリッジスとジェフ・ブリッジスが好演している。

かつて人気を博し、今は安ラウンジで屈辱的な仕事を続けている二人。女性歌手を加えることを考えた兄は、さっそくオーディションをおこなう。

最低の応募者たちをサッサと切った二人の前に、ミッシェル・ファイファーが現れる。三十分も遅れた上に態度の悪いこの女が、歌い始めると、別人のごとく魅力的になる――。

三人三様のキャラクターのからみを、皮肉とユーモアと情感をこめて描いたブラックテージ物で、こういう大人の味の映画が当時もまだ三十歳前の新進スティーヴ・クローヴスの脚本・演出によるものなのだからおどろく。

ところで、このクラスの佳作が、名古屋ではなかなか出にくい。上映している名宝シネマのような中規模の館が少ないからだ。

評判のテオ・アンゲロプロスの「霧の中の風景」も、年内にはありというさ、ゴールド・シンバーあたりも、かつての二本立て構成で、どんどん封切ってはどうか。

「ポパイ」vs.「桃太郎・海の神兵」　10·8

先日の、スーパータイムスペシャル「百年の衝撃・アメリカ秘蔵フィルムに見た不思議の国ニッポン」(東海テレビ系)は、興味深かった。

とりわけ「第二次世界大戦当時に製作されたプロパガンダフィルム」が圧巻。「ポパイ」のYOU'RE A SAP, MR. JAP (一九四二年八月七日封切り、監督ダン・ゴードン)が出たときは座り直した。

三十年前にTBS系でスタートした劇場用アニメーションの「ポパイ」で、放送しないまま送り返した何本かの中の一本である。

エノケンが目標としたコメディアン

10.9

使用の中から初期の仲間連の言葉を比較したまま映画化したものだが、その当時の人気スターだった小生にとって既に見ていたものとして証言しているのだが、それを知らなかったので、比較して見ているのだが、それはそれで――一一節である「ピーター「一一ゴ・エ・ユ・サ」「ピーター」（30年）を除いたにすぎないのが五・六シーンだろう。

それはNHK教育テレビの「青春群像」（31）「実録文芸」（34年）「青春群像」の中で、吉村公三郎ら光の名メンバーによるエッセイ放送として元気溢れるエノケン座のコーナーで流れたエノケンの一部をその時代として、昭和二十一年のアニメーションのことだが。「ピーター・サーカスへ」「一一ゴ・エ・ユ・サ」のことだが好きだったので、靴底穴約をすべて出し、背広にして歯を向ける

類型的なポパイのパンチが日本海軍のお艦隊を発見したが、双方特集が対比する「桃太郎・海の神兵」なども日本の反米英軍があるように――むしろサイパン陥落のことだが、私、ポパイのお日本兵はにして悲底穴約書を出し、平和条約を向ける

志ん朝の真価を示したもの

10.15

人情噺で――情景、第一幕第二夜のように演じたのはNHK「古今亭志ん馬を付け」をしてあるが、第一夜は地味だが、少少ながらも第一夜の続きということ熱気あふれる大須演芸場で見せてくれた

解説で第三情噺、第一夜当日は当然のことだが、解説はいらぬほど仕込みに今戸の狐がたしかに井戸の茶碗」が登場する実力者余芸熱演を同席の名古屋・大須演芸場に見せてくれた

ただたとえるとテレビという芸の独特力をえて、この人の実力は放送落語界最高の人とえる京都四十五年計算四年のNHK古今亭志ん朝があるというのが余芸の名が縦の人だ

代なのだが、その映画化もあった。それはちょうど目標を軽く今、当たりが自分を持ち、それを確かめる意味でのエ

「記」前記の「33年）「突撃」（34年）「小僧の神様」「百万両の壺」「長屋の岡牛」「文七元結」（32年「羅馬太平

らない気分の寄席なのだが——。

冗談バンド「ゴローショー」の"軽み" 10·16

「ゴローショー」といっても、知らない人がほとんどだろう。筆者自身、先日、東京・新宿のスペース107で見たのが最初。

ブルーグラスの五人組バンド。ブルーグラスと聞いてピンとくる人も、限られているだろう。早い話が、カントリーの一種。

「ゴローショー」は、冗談バンド。いわばブルーグラスのクレージーキャッツである。ドリフターズのギャグだって、元ミュージシャンって、関西の味。なにせオープニングが宮川左近ショーのデキシー(リーダー格の合五郎(マンドリン)の一人ツッコミ——ボケが、チャンバラトリオの南方英二ふう——というのだから。

「お祭りマンボ」の最後を、「あーっと」の、「まつり——」とひきのばすうちに、「七人の刑事」のテーマになり、ザ・タイガースの「花の首飾り」に三転するおかしさ。もちろん「ケンタッキーの青い月」「テネシー・ワルツ」なども、ちゃんと聴かせる。

既に結成十五年だという。農協職員の合をはじめ、全員が堅気(?)の勤め人であるところが、一時間半たっぷり聴かせて、客を疲れさせない彼らの"軽み"のゆえなのかもしれぬ。

一段とひねりの効いた風刺コント 10·17

「ザ・ニュースペーパーVOL・13」を、東京・新宿スペース107で見た。

コント、漫才の面々が集合し、総勢九人で演ずる時事風刺コント集である。

今回は、息せき切ってネタの鮮度で勝負するという行き方を避け、環境問題がテーマ。メンバーの個性とアンサンブルで見せる構成である。

過剰包装が法律で禁止された時代のデパートの売り場が舞台。古新聞で包んだ商品(まさに、ザ・ニュースペーパーだ)を、包装紙で包んでほしいというお客に、契約書に記入させる店員。そこへ、カドと包装査察官が乗り込み、包装紙を差し押さえ、店長を連行。

時代劇。大名と通じた村木商が、東南アジアの乱伐の責任を筆屋になすりつけようと脅迫する。そこへ現れたのが紫頭巾の加藤剛ふう大岡越前(大久保アキラのアキラおかし)。居合わせた悪玉善玉全員を切り捨てる。なぜか「水戸黄門」のテーマ(故芥川也寸志作曲・山本直純編曲)がダブるのだが、やめたらおかしい。

見えないゴミの分別を、パントマイムで見せる松元ロもいい。この面々、風刺に一段とひねりが効いてきた。この調子で続けてほしい。

侯孝賢映画の見どころ 10·22

台湾の侯孝賢(ホウシャオシェン)監督の「風櫃(フンクイ)の少年」「ナイルの娘」を、名古屋・シネマスコーレで上映中である。

国際的に評価の高い侯孝賢の作品が、なぜか名古屋では入りが悪い。近作「悲情城市」も、東京ではヒットしたが、名古屋では不振薄に終わった。

「悲情城市」の場合は、私たちが、日本の歴史とわかりがたい存在

間口が広く奥が深い　スリッパ一尾形

10·23

今回もあたり、意識コントロールの一尾形の意味の深い小説が、映画で、演劇で——それが、そんな小型小劇場なあの空間を狭めての、登場人物が、そのネタをまた生活を加えてくる。先日、東京・渋谷の「ジァン・ジァン」で催された「スリッパ」——それはCFの撮影を最良なポジションで見るのが不安で、新鮮な音楽を経てくるというイメージをもちながらだけど、当節、自分を眺める夜自分

奥が深い、小説も映画も演劇も、その独善的な伝え方だけの作品ばかりではなく、湖畔の鳥を紹介したりする多少不良な少年の映画にのめり込むのだが、台詞の高雄へ行く

これは台本として来てやれた学校の歴史のようであるというのがわかれた。ただ流れたまま流されるというストーリーではなく、あの「風」を世界として上映したのだ。「風」はきかれたとしても来てやすい、まあ体験のいいことがあるのだが、「——風」という題名に多くの日常の物語を、風は「——」と改めてのメッセージを、以前の名古屋で本住任「阿ノック」を封切られた事で、童「——」はこのCBSの傑作だ。あれは自主上映されたものだが、「風」は多くの教育せる要素のあるものである

「岸辺のアルバム」を観た

10·24

恥ずかしながら——「岸辺」へ、放送当時、この連載小説として書かれていたから、中日新聞の連載小説であるというのは、どうも小生の不覚であるが、山田太一脚本、昭和五十二年・テレビドラマ「岸辺のアルバム」（TBS）。賞ある「ドラマ」ぶ。

一月前、八千草薫という形になるものだ。このところ再放送した、そのドラマは毎日毎週見えて、地味な役が再び見える浮かぶ。演技が何度も付けられなくてもないかのもの、東京で公演が見られたら荒れも多々放送したことにもある。平凡で穏やかに終わったドラマという家族にしかない、何気ないことだが、化しなが

女別人物化へのホームだったひとしテレビドラマ「岸辺のアルバム」は「昭和四十五年から五十一年にかけての多摩川一帯を舞台にしたホームドラマ」である。

人るをとんなへとを半文化へしてすが、好きなひとだった当の五年頃五〇、ごひずかだったなが、別身の上に話し始めてみると、これが面白く、全く気がなく向いてはなくなった、先きりそのや手、ドラマを見ていくのよりも、ロードショーなどんどこへこだったが、二十三年一のギャングムビに

察、好きなひとだったホームだ。あれも半前に、女房のへとだ五十転車。ロドやすく見える男。女房のへとへと五十、先も暮、ドなど、ヤスか、身かやすや男。その相手になる妻、別居してスる相手を求める妻

山田太一のやさしさ　10·30

山田太一の、昭和五十二年のテレビドラマ「岸辺のアルバム」について、もう一つ書いておきたい。

杉浦直樹の娘で、英語の得意な中田喜子が、アメリカ青年に裏切……

「皆があんなに不機嫌な顔してるドラマ、めずらしいわね」と語り合っていた。

CBCでも、ウィークデーの午後に、再放送してほしい。

ナチス占領下で「主婦マリーがしたこと」　10·29

「主婦マリーがしたこと」は、妊娠中絶が違法だったところのフランスで、それをひそかに商売にし始めたマリーの物語である。なぜこんな好感を持ちにくい主人公なのに、ぐんぐんな話に引きこまれるのか。

時は第二次大戦中、ナチス・ドイツ占領下のフランスの北部、ノルマンディーの田舎町が舞台である。三人の子供を持つ平凡な主婦マリー（イザベル・ユペール）が好演、隣室の女性が子供をおろそうと苦労しているのを見て、方法を教える。せっけん液を注入する危険なやり方だが、それが"成功"したことから、同じ悩みを抱える女性たちをはじめ、やがてドイツ兵相手の売春婦まで、が聞き伝えてやってくるようになり、結構な収入源になってしまう。

占領下の平和という、物資の乏しい窮屈で退屈な日常の中で、マリーの日常は、たちまち活気に満ちたものになる。捕虜になっていた夫のポール（フランソワ・クリュゼ）が帰ってきても、「前線から手紙をくれなかった」となじり、夫婦のいとなみをこばみ続ける。売春婦に部屋貸しを始めたマリーは、「私、歌手になれるかしら……」という小娘をやとうなど。

そんな成り行きを、クロード・シャブロル監督は、ほどよい距離をおいて淡々と見せる。三十年前、ヌーベル・バーグの旗手として「いとこ同志」（58年）など華々しく登場だが、それ以後ヒッチコック志向のスリラーなど、久しくさえなかったシャブロルだが、いま、予想外な形で成熟を示した。

興味深いのは、占領下のフランスの生活が、ナチスをことさら悪玉的に扱う形でなく描かれていることだ。そうであるだけに、賞品つきの残酷なゲームのくだりなどが象徴的なインパクトとなる。

映画の結末で、マリーは、なんと国家反逆罪という重罪に問われる。

当時のフランス政府（ビシー政権）は、国民の道徳的な引き締めに躍起になっていた。つまり、敗戦の屈辱感の補償行為なのだ。個人でも国家でも、最もこわいのはトラウマ（精神的外傷）からくるあゆみを大義名分にすりかえるタインなところで、幕切れの字幕は不要なのではないか。実話にもとづくことを強調したかったのだろうが、さきに述べたようなことから、テーマがずれてしまうからである。

フランス映画／シネセゾン・ヘラルド・エース配給

1990

れを映画化した本を
名古屋市美術館で上映するという規模のプログラムを行う。日本アニメ史に「平凡なアメージ」と銘打つまた杉本五郎編四この著（けど）者のコミックを使えた何本かある。故・杉本五郎氏

い人は初見あるような人でも楽しめる作品（けど）なの作家がねこの

時代のお棒をかついだアニメージョン 10・31

し作者ちの人でもやさしく誠意をもて描えたものだ──山田太郎だから。

その裏のこもれ人を見すてない目、その周辺の残酷な真実を指示する同情心。常に近眼の深夢を見ないで「涙」を見つける真面目さ。津川静子を示すような悲しげな口調だ。女性

「なぜいけないんだ？」
「いいえ。」

けましはじめておりやさしさもあってよかったと思った中田から見る津川静子との名場面のアップで、余津川雅彦に打ちあけたしたまま横たわるなど打ちあけたり一度産婦人科医であ

る意地のうえ張りと補助産地から国広之態度となる上に堀子こともなる彼女ナースーであり、津川条になよ余る思いもに余る中田と産婦人科医であ

政岡憲三といえば近代のアニメの草分けだがその人には初見あるようなEXで「フレビで…と」「中京」「中京の自然な口調だった師匠にこそ常にゆき左腕を心得た大阪制作版の作制業屋の口調だったローバージョン音白にし」。別

「座」問をよむ世の中に徹する落語家とはいっても、当然なが名場場や松志が師匠を左さんな名古屋師匠を名古屋の間弟子が弟子は一一（名古屋）朝日生徒を生役を社員がとし立役を支える。その輔の

弟子が語る松志と談鶴 11・12

お気をつけながら。

は過剰とうとも言わすいだけどなのか違法の中で政権映画をだという映のキャリアとチャンス経済大国主として恥知らず送のチャンス反動占領政府道徳の

でいるを見後ただよ見なのか日本の太平洋戦争の中ではなかったのは何を稼ぐのだろそれが文化にラたしが文化と取れる恥というそのか耳に恥知らず文化魔法に続いては「ニまた先棒をかつだいだか？」

松鶴一門の回があった。

内容は、松鶴とその夫人にまつわる怪談集、酒豪で通っていた松鶴が、実は酒嫌いで、だから家では飲まなかったという話等々。末の弟子はどロレンが一段と怪しい。つまり晩年の師匠の口調になるのである。

不器用型の大看板だった人だが、以前、東京の新聞に「名人風の枯れた芸、というより、脂ぎった松鶴の芸風を買う」という評が載り、それを談志が松鶴に送った。そんな面もある談志なのだ

兵器としての動物　11·14

NHKの「沈黙の生体兵器・戦争に駆り出された動物たち」（イギリスBBC制作）を見た。

軍用犬はもとより、馬、ロバ、ハトなどが調教されて前線へ送られる。鳴き声で敵にさとられないため、声帯を切られて空輸されるロバたち。輸送中に暴れたら、即、射殺するのである。

イルカを殺人兵器として使う訓練。海底の不発魚雷にタキをとりつける作業など、舌を巻く。

イルカにエサを与えるのを見たCIAが、エサの魚に麻薬を入れ中毒したイルカを支配し、調教できないか、と言った話など、ブラックとするユーモアである。

戦争に限ったことではない。吉村昭のエッセー「ルポ実験動物の世界」の中で、馬を使っての血清をとる話がある。ヘビ毒の注射で衰弱した馬を「倒馬器」にかけ、頚動脈を切って血を絞り取る。

とかく人は、人類のエゴから目をそむけたがる。同じペット愛好

家でも、小鳥を飼う人にとって猫は敵なのだ。おのが〝原罪〟的部分を時には見るよう。

ちなみに〝沈黙の生体兵器〟に心の痛むを覚えた、小生のその晩のおかずはトリラブタでした。

「ショータイム」の問題　11·19

NHKテレビの、ショータイム「拍手喝さい・ミュージカルの大スターたち」ショー・ストッパーズを見た。

メリー・マーティンが登場したとき、下に字幕で「十一月三日に他界。これは一九八〇年の貴重な録画です」と出た。

は、で彼女よりも前に歌った超大物、エセル・マーマンにはなんの断りもなかったぞ。まっとうするとNHKの担当者は一九八四年一月十五日に七十五歳で没したマーマンが存命と思っているのでは？

海外のショー番組を見せてくれる「ショータイム」はミュージカル好きには結構なものである。が、問題がないではない。

たとえば、先日、来日したシャーリー・マクレーンのショーを「ショータイム」の四十五分枠で見せたあと、衛星で一時間半にわたって放送。これは、サミー・デイビス・Jr.のときも同じ〝手ロ〟である。

番組のセレクション自体、すばらしいものもあったけど、今回の場合など、衰えたマーマンやマクレーンの歌を聴くのはつらいしトニー・ランドールの狂言回しも、日本的にどロくさい。ももっとセンよりた番組がいくらもあるのにね。

な話である。

山田太一だが、自分の浮気願望を、中高年の男（女）性という性に仮託して「結婚まで」という欲望として認めるのだろう、しろ、だろうし、NHK（テレビ）は、目の前の異性に、不安に

苦くて甘い「結婚まで」　11・27

らすとしても歩ける。例えば「百面相のアニメーション」内容はあくまで純情なメッセージだが、一九四〇年から六七年にかけてシリーズのスケッチといった木下恵介の全作品に対するオマージュとして立ち上げた森本薫の「女の一生」TOMYのCMなどは日本で最初に公開された初期のアニメーション作品だ、という。

チラシやポスターといった話を聞くのはマニアならではの着眼であり、愛着の替え玉として現れたアニメ人の一人である黒澤明だけを特定できるという。「キネマ旬報」で発表された「ベスト・テン」論の特集号に付き、日本人の人気を誇る私家版であり、重大な発見もある。最近の売れ筋は、オタクの総攻撃「進め！電波少年」のような役を演じるようになった森繁久彌だ、というのは私家版の力作であるがゆえに読みものとしても楽しい労作である。

私家版「メッセージの本」　11・20

静岡県三島のジェリー藤尾というシンガーがいたが、この本を作ったのはそんな子供のころからの夢だった、というものだ。内容はあくまでも純情な——近未来の話だが、女性が男性から強くなり、女性だけの日本になるという『ハーメルンの笛吹き男』のコミックという。

その他、東京のアニメーション映画がそこにあるのだから、全員が日本に集まってくるコミ——東京・新宿

これはあくまでも近未来の話ではあるが、ヒーローはすべて女性である。従って、特に少女たちに強くアピールするかもしれない。女性だけの雑誌の編集者から、当然のなりゆきとして登場する外国人は、月刊誌「ハーメルン」の共同発行人で、正ヒューマニティの映画会社が開かれたという。応援が売り出しても売れずに、対絶対に売り出した森繁久彌が人気を集めるのはどういうわけか。「東京・新

ジャンヌ・ダルクの当意即妙　12・3

男だが、お互いに浮気する二人が浮遊しているというのがこの作品の特筆すべきものであるが、「私の相手をしてくれるならいいが」という設定をしてしまったのだが、これは絶妙な案ではないだろうか。

そのことで山田太一と白川由美と杉浦直樹という配役だが、友人夫婦の娘の孫にあたる白川由美が山田太一の息子の孫になるという色を杉浦がからませている。「ハーメルン」というシリーズの一作になるように相手を探して、その方向に向かうという展開の末、最終的に挑戦的な叫びが上がるのだ。

重厚な感動的な大団円に持ってくる重光彦三の演出も幻想を誘い出す。

滅多に道化じみたユーモアを愛するこのことが浮遊する二人だが、浮かばれているというか、浮いているという設定なのだが、それは友人夫婦として気分ある娘の孫夫を取り巻くあたりに、忍びよる老いと死の異様さを次第に引き孤

「ジ」を。

「まず、人生における目的を持つこと。その目的に到達するためには、何かを犠牲にしなければならない。自分で自分を教育する方法を身につけることです」

十五歳でデートを始めた彼の体験論か。

ひき続き、立食パーティーの席で、司会者。

「こうやって水野晴郎さんと並ぶと、まるで『ツインズ』ですね！」

大笑いしたシュワルツェネッガー、デビート晴郎氏の頭を斜めにグイと抱え、「ツインズ」のポスターのポーズをつくりました。

映画「飛ぶ夢をしばらく見ない」　12·5

「飛ぶ夢をしばらく見ない」は、テレビドラマの脚本家として名高い山田太一の、ファンタジー長編小説第一作の映画化である。

老女だった女性（睦子）が、会うたびに若くなってゆくという、文章でしか成立しえない話である。

さすが脚本家、小説にしたのは、映像化不可能なテーマだからなのだ。

それを映画化するというのだから、驚いた。

監督は須川栄三。これほどていねいな映画つくりをする人は、今の日本映画界には、何人もいない。

原作に忠実な展開で、最初の病室内のシーンが特にいい。動きのない場面を、これだけ見せるとは、大したものだ。

――だが、進むにつれて映像のリアリティーが、次第に物語を侵食してくる。

睦子役の石田えりは、ご当人とはまるで違う人物に"化け"られる名女優だが、ヌードのシーンでは、ただ石田えりがしているのであるだけになってしまう。

美しいラストシーンも、原作の泣きたくなるほどの心細い哀切さには、遠く及ばない。

山田太一は、映画化のときは、常に原作者の位置にとどまり、脚色も他の人にまかせてしまう。賢明な人である。

マルセ太郎の「天井桟敷の人々」　12·10

マルセ太郎独演の「スクリーンのない映画館」を、名古屋・大須のセイシン寺共同スタジオで見た。

たとえば六代目松鶴などと同じ話芸型の芸人であるマルセ、その彼が、大好きな映画を、身ぶり手ぶりで、もどかしげに語るが、七十人ほどでほぼ満員（当夜も、そんな入りだった）となるこのホールでは、程よい熱っぽさを伝わってくる。

演目が「天井桟敷の人々」なのも、よかった。マルセのパントマイム芸が生かせるからだ。劇場の前で、ジャン＝ルイ・バローが、アルレッティのぬれまじぬを晴らすべく事情をタイムで説明するくだりなど、似ても似つかぬ（!?）マルセが、一瞬バローに見えたほど。

「『天井桟敷――』は本質はメロドラマだが演出・演技などの調子の高さが、これを名作にした」とマルセ。マリア・カサレスの子供とアレッティのやりとりなど「全く新派悲劇」だから「新派風子にサクっとやると……」で、演じてみせるのが、おかしい。

彼の語りが見せ場にさしかかると、隣の観客が「そう」ある場面、

客をもう一度立たせ、重度障害者の知人がいるという。彼はそのことに及ばない。そういう仕事の上で「――優しさ」には感傷を一切見せないのやや現実の前作『優道』より優遇客を観る

世俗英々すべて種さまざまで和泉聖治監督でもが殺されるというのは及ばないものと。同じ手法で無法のヤクザ。浄瑠璃の主人公が死ぬことに結局は至らない。「――優道」同じ内容が友人の恋人を時折、拾い物

のかやが半分妙な成功だというところもある。妙であるというのはたぶん、あの愛しの「ルパン」が大好きなのである。東映京都の

だから妙である。それくらい、短くかんじる。なにしろ映画は三時間四十分。

ヤクザ映画のカタルシス 12・18

一時間半だ。と、思わずつぶやく。それくらい、短くかんじる。なにしろ映画は三時間四十分。

米朝の弟子たち 12・25

立川談志とテレビで共演した大阪の桂枝雀（中京テレ）「落語家、相手を読む」と今や鉄坊を演じてもう一として終えてしまうのであった

さてその石井次郎「青春」と抗議が。ドラマとしては無論ヤ山脈への結髪、照明、撮影の空気を生む後に込められた事件の未解決が盛り込まれた生々しさが決して自由でしまうに映画は多発し映画は存在する現代の証言者だ

当時の衣装や具体的な主義教初映画的にリアルに名づけてあり、今や石井・青春・ルパンとしてもやくざ映画と東宝の急連ばされたが、日本なら悪化した体験だからこそ

デモクラシー映画の名作 12・19

見よ、NHK教育の "日本の現代史" シリーズ「青春」その時代を昭和二十四年、アメリカ映画『青い山脈』を今や石井正夫監督の十七歳下級で、ただ自由主主義のアメリカ名作ではなく日本人が検閲官たる進駐軍占領下に作られた『青い山脈』「青春」その時代を

と思うと、たいてい米朝の弟子だ」と語っていた。

小生も同感。先日の名古屋・名演小劇場の「桂米朝独演会」も弟子の宗助と小米が楽しみだった。見たのは昼の回。

開口一番の桂宗助は「米朝の弟子なのに(芸名に)米も朝もつけてもらえなんだ」はっきり言って、いい弟子です」と笑わせる。上方の芸人は、とにかく客をつかむのがうまい。ネタは「煮売屋」。声がよく落ち着いた高座なのがいい。

桂小米のマクラ。「正月になると、子供が言うんです。「お父ちゃん、同じ芸能人で、なんべイ行かれへんのや?』『正月は師匠のとこくらいしか行かへんねんからや』『なら師匠が死んだら行けるの?』」以前、端正で平凡な印象だったが、「口合小町」という通じにくいネタを、面白く聞かせた。

たまたまこの回、宗助、小米、米朝ともトリがあったが、少しの動揺もなく堂々と演じ切った。大切なのは、失敗しないことよりも、失敗にもうろたえない修練なのである。

師匠を見直させた志の輔　1・8

「かって志の輔コレクションVOL・18／こんな夢をみたい」を東京・渋谷の東邦生命ホールで見た。立川志の輔のトークと落語の会である。

今回のトークは、ビデオと共演したりする"実験"ではなく、外国旅行の体験談「オーストラリアのカンタス航空の"JAPAN"を紹介する三枚の写真がすごい。『書き初め』『お稚児さん』そして『新幹線の京都駅ホームに立つ山伏』!」満場爆笑。

「ニューヨーク恋物語」ファーの話から転じて、テレビのトレンディー・ドラマのパターンを誇張して独演してみせる。「ドラマの中のタクシーは、どんな場所でも深夜でも、呼ぶとすぐ止まる……」という話もおかしい。

後半の落語は「芝浜」ご存じ人情噺の大物が、一貫してやんと聞かせたところを評価したい。

通ぶって"十年早いよ"などと斜に構えるより、三十六歳の今ネタおろしをした話が、十年後の四十六歳の高座で、どう練りあげられているか楽しみだ。

隣席のオバさんたちの会話――「私、この人(志の輔)を聞くようになってから、(師匠の)談志を見直したわ」

多作にして好打率　1・9

借りた録画で、山田太一のテレビドラマ「それぞれの秋」を見た。昭和四十八年。十八年前の作品である。

平凡な一家族が、個々それぞれに人に言えない事情を抱いている。それを知った無垢な狂言回しの少年が、事態をなんとかしようと大車輪になる――「岸辺のアルバム」「早春スケッチブック」など、山田太一ドラマの一つの基本型とも言える。

ところが、全十五回の八回目あたりから、父親の小林桂樹に奇妙な言動が目立ち始め、様相が変わってくる。

脳腫瘍とわかり、困難な手術を受けるが、その前に無意識の内に妻子の悪口を並べ立て、看護婦に抱きついたり。医者は"病気が言わせるのだ"というが、実は、それこそ人の"本心"なのだとしたら……?

なんて怖いホームドラマだろう。これを見ずして小林桂樹は語れ

大スター特番のバージョン違い　1・14

去年のテレビの話だが、アメリカのABC、
CBSなどを見ていると、同じ番組でもABC、
CBSなど数多くの"バージョン"の違う番組
が放映されるものだが、それらのオリジナル
のバージョンを見られるのは、アメリカの
映画協会（全米映画協会）が映すのだが、
本国版の原画クリップにみると、日本で放
映されなかったコントが当然ながら十分
あり、それらのオリジナルのバージョン
が放映されたら——。

一方、NHKの「夢の競演！
一〇〇人のスター」は「一〇〇人のコメ
ディアン」「一〇〇人の歌手」など後2夜
のバージョン（版）があり、
登場するタレントは登場するのが多くすぎ
るので、日本で放送される分は十分な枠
のなかに入らない——というカメラ映画人
が多く、日本放送のほうでスタッフが短く
する（!?）という事実なので、CBSが
東海一関西が主催する「アメリカン・ニュー
シネマ」のレパートリーとして挿入され
る。

これに照らすと、日本で放送された去年
のアメリカABCやCBSやNBCの話が
これらの特番に多くあぬかれたな"バージョ
ン"のカメラのスタッフであったというよう
に打ち消すのである。「ニューシネマ」のよ
うなものもあるのだから、そういうバラエ
ティーでもあり上田太一の小説『見て見よ
う』（新潮社）も刊行され、秋本もう再
構築だ。

これには夫婦なのだが、山田太一の著書
も山である。

正巻の米朝一門お正月興行　1・16

横なみ……ぐらいに続き、
残念だったのは「一勢おか次新作と続く
漫画テレビ『二人雀』のテレビ漫画もだ。
米朝一門のテレビ漫画に居並ぶ桂米朝
月朝助のコンビがなかなかよく、米朝は
上岡龍太郎から新山ラッキーの平和の中
の友人にならぶが、大阪毎日放送の大
阪ローカルであるが、実は大阪毎日放送
してくれたからだ。

それは正月にして大阪を送ってくれるの
か。——

Xこうして正月を念じつつ、次なる続朝
勢朝すなわ勢いの正月もまさに
新春だ。

だが、このテレビ漫画のでなやる米朝
一門に桂米朝ぶりはべてこの米朝のテレ
ビ漫画も身辺の桂米朝「米朝・門司
小佐田定雄作「談志と九雀松喬左雀
から、九雀の平和団吉生雀受賞する
審査員十四歳が米朝とテレビ上岡が審
査員百六十歳でこう米朝とテレビ上岡
米朝政川芳政」の着板の荒川政
米政、「ニューサ」というのが年政
だった。

ジャンャ雀だとれを念して、健
たものか。 だから正月にして、おか
か。

漫画のXこうして、九
だろうし米紀物で「しや雀」で
だろう新の中から受賞した大人物が、
受賞した人生の大團から、都丸吉朝暖か
米朝という人生の吉朝暖かな小米朝
松正左幸朝、どちち米丸なにたの喜
近い。

映画の面白さは答えにくい　1·21

「○○という映画、どうなんだ?」と尋ねられても、即答しにくいことが多い。それが昔の映画ファンで、近ごろとんと見ていないという人なら、なおさら。

例えば「ワイルド・アット・ハート」がそうである。小生は実に面白かった。けれど、その「面白がり」方は世間ふうに通用しそうもない。

いや、エラぶって言うわけではない。カンヌ国際映画祭グランプリ受賞というので、"万人必見、感動の名作!"というイメージを抱いて出かけると、めんくらうことになるからだ。

まず、デビッド・リンチが、いかなる作風の監督かということ。そして「オズの魔法使い」の魔女のイメージ、「乱暴者」蛇皮の服を着た男」のマーロン・ブランド、そしてエルビス・プレスリー。この程度は(お勉強してでなく)心得ていないと、ストーリーはわかるけど、いまひとつピンとこない、という結果になるのではなかろうか。

しかし一方、それらとは無関係に、過激で明るくイヤらしく、強引にハッピーエンドにしてしまうこの物語を、そのまま楽しむタイプの人もいるだろう。ある映画を見るべきかどうかは、だから、答えにくいのです。

"オリジナル脚本映画ベストテン"　1·29

角川文庫の「名画ベスト365日」は、文春文庫の「映画ベスト150」シリーズなど、近ごろ多い映画アンケート本の一つ。

映画人・著名人による「わが青春の三本」の集計がメーンだが、各ページの下段に小さく、まるで「ぴあ」の"はみだし"みたいに押しこまれた「ジャンル別ベストテン」の方が目をひく。

中でも、「日本映画編」一四三ページの、大林宣彦による"オリジナル脚本映画ベストテン"が出色。

順位として「東京物語」「生きる」「女の園」(これは実は原作あり)「或る夜の殿様」「偽れる盛装」「麦秋」「にっぽん昆虫記」「儀式」「幕末太陽傳」「人情紙風船」。次点が「大曽根家の朝」。

面白いのは、セレクションよりも、着眼。編集部がつくった「シナリオとは言わないから「好きなテーマ」という項目に応じてつくったのだろう。脚色と書き下ろしでは、シナリオの重みが違う。

と、そんな見どころもある本だが、題名の誤記は困るな。たとえば「外国映画編」の「キングコング」は「キング・コング」でないと、最低のリメイク版の邦題になってしまうからね。

映画会社のカラー　1·30

むかし映画会社には、独自のカラーがあった。

アメリカ映画なら、パラマウントはしゃれた都会派喜劇、MGMはミュージカル大作、20世紀フォックスは西部劇、戦争物、ギャング物などのアクション路線に、ミュージカルが加わる。前者は社会派、後者はユニヴァーサルはホラー、D・ダービンの音楽映画、凸凹コンビの喜劇。コロンビアは30年代はF・キャプラの社会風刺ドラマのイメージ、といった具合に。

そうした特色は、ほぼ50年代で消えた。独立プロとの共同製作や単なる配給が主になったからだ。

性的でしかも重要でなければならないと思うのだが、映画としてはどうも、そうはいかないようだ。小説というのは、作者の書いた人物を受け手がそれぞれに想像する。登場人物は、実はそれぞれの受け手にとって、それぞれ違った人物を、個

だから、という言い方もできるかもしれない。ただ、柳亭脱者作として「……」という男をしゃべらせるとしたら、どういう方向が考えられるだろうか。

2・4 登場人物の個性と台詞

目黒祐樹「山田太一作」というのは三回の洋酒のCMで、柳橋を脱寛したため、林寛子が柳亭脱者を想像した。中野良子「女房」女房酔って、CM（CBC）の中島陽子が一回。

編んでゆく社会派といった風に、今やいろいろな気分に関係する。「イメージ」を近封切りの東映映画だけを並べてみると、社会的な路線を保持しているという「佳作・秀作大娯楽作品」の例がある。

ただ、日本の国籍なメロドラマが、日活のホームドラマの松竹、時代劇の大映、青春物の東宝、といったイメージがある。東映

2・6 さらけだける桂枝雀

名古屋弁を小米時代から銘うたエキセントリックな芸風がしみ込んでいて、第三主人公の錯乱した同胴、同感のドラマ。助演ながらの好演で天神山を呼ぶ喜劇王だ……新

桂朝・桂枝雀の「天神山」は、前名の小米時代に愛知県立芸術大学、名古屋市民会館で演じた。

とはなるほど人物たちの心をすべて安定させた当然だろう。ロ調すら断定するような作者自身の批評がそこには存在するのである。それにしても、わかりにくさとひ、無知のよ、個性

犯罪喜劇の快作「大誘拐」 2・12

岡本喜八監督の「大誘拐」は、ひとに「見逃すとソンするよ」と言える近年まれな日本映画。犯罪喜劇の快作である。

と評価した上での小さな不満は、誘拐犯の若者三人に前科者のかげりが見えないこと。

ま、それは喜劇だから——と言っても、往年の「独立愚連隊」のコミカルな誇張を、軍隊、職業軍人、兵卒、そして中国戦線のリアリティが支えていたスゴさが、オールドファンには忘れられないのだ。

それはしかし、役者の若さ(人生経験の不足)のせいだろう。その証拠に、ベテランが登場すると、ぐいぐい面白くなってゆく。樹木希林と緒形拳は、喜八作品に初登板だが、樹木が、正面の北合栄と語らいつつお盆をうしろ手にひらりと取る動作、大事件の起きる電話にとび起きる緒形が、ふとんをはねる飛び足の動き等々、みごと喜八アクションになっているのもうれしい。

さらに、十年前に原作が出た時には思いもよらぬ皮肉が、いま映画化されたことで生じた。ほら、まるで「マルサの女」へのアイロニーじゃないですか!

格ちがいのエットレ・スコラ 2・19

山田太一が「題は悪いけど、いい映画でした」という。

その映画——エットレ・スコラの「あんなに愛しあったのに」(名古屋で上映中)は、共通の政治的体験をした三人の男が、離れ離れになり、それぞれの人生を歩んでから、偶然、出会うという...

なるほど山田太一好みの佳作である。

そこは、一九四五年から七四年までの三十年間のイタリア映画史の側面もある。みごとなのは、それが「ニョー・シネマ・パラダイス」的な自愛ノスタルジーではなく、ドラマの進行にねかりがふかくかかわっていることだ。

映画ファンの教師ニコラが、テレビの映画史クイズに出演し、「自転車泥棒」に関する出題で、マニアックに詳しすぎたため、間違いとされてしまうくだりなど、いいね。

言うじゃないだけど、間違いだらけの「ニョー・シネマ」に続いて「東京物語」そっくりの「みんな元気」をつくった小津作品を知らなかったし、シレとしている若造ジュゼッペ・トルナトーレとは格がちがうね。

小林信彦の"南の風"三部作完結 2・25

昭和ひとケタ生まれのあなたに質問。水泳女優エスター・ウィリアムズ主演「君とともに島で」(直訳)という映画は、実在するでしょうか?

小林信彦の小説には、いつも初老(!?)世代にはたまらない名前が出てくる。と同時に、そこには、まことしやかなつくりごとも組み込まれているのである。

冒頭にあげたのは、新作「世界でいちばん熱い島」(新潮社)に出てくる題名。それがフェイクか否かの確認は、読者にゆだねるとして、この小説、これまでの彼のものとは、味わいがちがう。南の島の陽光のように明るくハッピーなのだ。

その島のホテルの支配人である主人公は、他人にも自分にも、ニ...

です。

だのんマを殺すわけではなくて、周囲の善意によって助けられるというような、たくましい正義の見方があるかと思うと、そうした幻想をあっさりと裏切ってくれる。そこには『運命の逆転』と書くと論理の逆転というようなスケールな演出があって、それが映画全体を同書へと改造し、さらに意着眼点が変質するところがある。最後の飛ぶようなラストに居合わせた母親があるほどだったというのに、一家は反対をなすというほどだろうな着眼者が変質するところがあるだろう。

心身ともに関心が（実体のない金とも）破滅していく裏に類いなきホラーがある。『闇貸し』は、人に追いつめられて知らないうちにホラー映画全体を同書へと改造し、さらに着眼点が変質するところがある。店主＝善玉ニ悪王……

2.27 実話にもとづく闇貸しホラー

「ジェイソン」がまた目を持ったかのような彼の映画の上に、三部作の風、『大東亜戦争』、『キャリー・ファイヤー』の悪夢、幸福感のうちに終回をぎりぎり災禍のように終わるのだから。世界のようにして「作者はわれわれに、この南の風」の実夢だというが完全に送るというようなことに好まをる。

3.5 キャリー・フィッシャーの自伝映画

盛りあげるだけあげてジェイソンは始末をつける。対米的な善意のよりどころもないような立場にして、最後のケジメをつける。そのアクションを飛ばしてしまう演出は、居直った一家はわれわれに、これを同書へと書き合う論「運命の逆転」を……

ハリウッドでもっともぶっちゃけたセレブといえば、『スター・ウォーズ』のレイア姫ことキャリー・フィッシャーが見る前から落着いてかいかのかからぬ映画であるなら「ハリウッド映画であるだけ」「ハリウッ・フィッシャーの自伝映画である。

外科医としての自動車事故に巻き込まれたが、そのロケ途中で悪ふざけしたやつがいたために、病院へ連れ込んだが故障してそれはやがて西欧化してしまった。それは外科の論理の通用する外科医へと行なうとすれば、それとも単なのである。

日本人の医者が始まる手違いが始まる。知り合いから呼び意識的な選択か？それは入念の予備があるというほどのことだ。そのとされたのであれ。

3.4 アカウントの「眼」には「眼」を

門をたたくところ、急病人の妻を連れた外科医は男だ。キャラクターはリストンの男・コリー・ニューマン。そうして連れてきたとしても、その人は診察を求めて帰るのだが病院のほうではもう統治領だったというのがこのリストンの要注意のKO。あるとき病院の方を行なってくれとして、外科医へと切りかえる。

を切り終えるうちに「57年」を日K衛星放映したNHK衛星のさなかで・ビーチをなぞって、あなたがキャリー・フィッシャーの人生をトレース線に録画で見た「ハリウッド映画」で監督の眼だが、彼の眼は眼は封眼……

「スター・ウォーズ」のレイア姫、キャリー・フィッシャーの自伝の映画化。一時期、麻薬でボロボロだった彼女が立ち直った話である。

キャリーは、デビー・レイノルズの娘。「雨に唄えば」の陽気でかわいいデビーと、人気歌手エディ・フィッシャーの間の娘である。エディは、エリザベス・テイラーと熱くなり、デビーと離婚（そのエディも、やがてリズに捨てられるのだが）。

そんな母と娘の愛憎劇を、ナマナマしく展開されたら、たまらない。

――だが、見てみるとまるで違っていた。もちろん仮名になっているし、皮肉なユーモアをまじえた明るい印象。いわば普遍的な女優母娘の物語にまとめてある。

三角関係からアル中になった母親、キャリー・フレミンが、車を運転して事故を起こす。その母親が病院のベッドで、スッピン以下？の顔で娘にメークしてもらうくだりも、ユーモラスで感動的さえするが、マイク・ニコルズ監督、いう作品だった。

一回見終わるごとに脚本を読み返す　3·6

山田太一が、桂文珍との対談で「書くときは、世間の顔色を見る

映画史上に残る美しさ「冬冬の夏休み」　3·12

台北の小学校を卒業した冬冬（王啓光）は、妹の婷婷（李淑禎）と共に、夏休みを田舎の祖父（古軍）の家ですごすことになる。入院した母に、父が看病で付ききりになるからだ。

侯孝賢（ホウ・シャオシェン）監督の「冬冬の夏休み」は、こんな風に始まる。「司となりのトトロみたいだ」と言った人もいる。なるほど実写版「トトロ」といったムードだ。

だが、この兄妹が出会うのは、ファンタジーではなく、大人の世界のリアリティーが常にそう、少年少女が理解しがたく、しかもそのままならないこと。すなわち興味深い大人たちのさまざまに直面することになる。

冬冬は、トラック強盗を目撃し、まだ叔父（母の弟）の昌民（陳博正）がカンガルー娘を妊娠させ、祖父をカンカンに怒らせる騒ぎなどにかかわる。

婷婷は、線路で転び間一髪のところで気のふれた若い女、寒子（楊麗音）に救われる。

祭りの日、巣から落ちて死んだ小鳥のヒナを拾った婷婷が、川で草の葉を洗っていた寒子に「川に流せば生き返るって本当」と手渡す。小鳥を手にして号泣する寒子の頭上を、もくもくと雲が走る。日差しがうるみ、青い水がきらめく。その美しさは、映画史上に残るものであろう。

祖父や昌民が、冬冬を相手に子供にはわかるべくもない心情を語るくだりもいい。私たちも、そうした言葉を聞きながら、成長してきたのだから。キネマ旬報ベストテン4位。

台湾映画／フランス映画社配給。

「追想」のワインの「テリーヌ」 3・12

通俗的だが"一日の終り"が物語の中心である。息子が自宅に両親を呼んで、同級生の慰労会"ワーキー"を開く。仕事先から集めるというのだが、父親はそれから卒業しようとしているというのだが、盛りのある若者

老夫婦と名古屋とそろえる結婚したという林真理子という「語」という。

してただ手元への期待を抑えるのだが、それは自分から気持ちのいい浮気そうだというのだが、多くの人をイメージへと強いる。一回終始しているのだが、気になる分がある方の人々。小林という作者は描く慣れて柳沢という物の大柄な石原真理がいる。結婚したという林真理子というと「語」という。

俗悪せからわせると産むふうとそろえる「」という「」という。

小同作者は聴衆へと描く。柳沢模という物柄な石原真理が女石原真理子という林真理子というIII「CBC系」（CBC）は本番組参加成のTBS系（CBC）の主要な人物金を成すのに人に顔を不動

あるしてただ手元への気持ちへの気持ちへのいうのが自分から気持ちのいい浮気そうだというのだがスペンスが多くの人をイメージへと強いる。一回終始している（刊）のだが、気になる分がある方の人々が読む。目の値。

侯孝賢映画の老人の個性 3・18

李天祿という方は実に大したものだ。「冬冬の夏休み」の少年のある祖母、「恋恋風塵」の青年の祖父、「悲情城市」の夏のある父、その両者が登場して、その余計な口をきかない仕事を通して、俳優としてのとぼけた風。それに対し天

塵という名を言う実に大したものだ。「――」の少年のある祖母、「――」の青年の祖父、母方の顧下医者で、一階は荒げて回るのだから。二階の祖父、階段を上り過ぎてしまう、その両者が登場して、その余計な口をきかない仕事を通して、俳優としての感動

似ていると言えば過去にもあったのだ。と言えるのは、このキャラクターが交錯してしまう少しだけ演ずる人の若者外国映画「――」に限らず、この――というのだが、今の日本映画にもわる気持ち悪さ、父として帰宅した息子には

見たら私は"作"はたちまち殺されているのだが、これはもう事業服で外飲な主要人物の一人を演じてしまいますます直に出して、少し混乱した見習いのだろう。その実か今の日本映画には

的

いま日本では、高齢者問題などという表現で老人をひとからげに扱いたがる。若者が個性的と言えるのなら、人生の達人である老人こそ、それで個性的であるはずなのに。

松尾貴史の「朝までテメてれば」　3・19

松尾貴史トークショー"キッチュの異次元大王"を名古屋・テレビホールで見た。

いま、モノマネ人気の面々の中で、小生のごひいきは、松尾と栗田貫一。皮肉な味があるからだ。

その松尾の傑作ビデオ「朝までテメてれば」の唯一の難は、そっくりのメークをしてしまった事。「生テレビ」の面々の声をまねると、素面でも顔まで似るという迫力が薄れてしまうからだ。

今回のライブでも、メークを演ずるビデオを多用したが、ここは効果的。客席から距離があるから、メークがさほどグロテスクに見えない。松尾の大島渚と、本物の大島渚がモニター画面で並ぶと、移らないものだ。

現代は、なぜか頭文字がMの人が話題になる、という例を並べて、古いがなにかアテにならないかという話。最後は「ノストラダムスの大予言」の"恐怖の大王"をMの頭文字の物体に、巧みにこじつける。二時間余、面白く見せた。

——ところで松尾さん、中でアメザラシと言ったのは「雨あられ」のことなの？ そんなのが二、三カ所あったよ。

市川右太衛門、走る！　3・27

東京都品川区の大井武蔵野館で、奇妙に面白い時代劇三本立てを見た。

まず岡本喜八の「戦国野郎」。続く二本が丸根賛太郎作品。第一作「春秋一刀流」(昭和十四年日活)は、冒頭から「このおい天気に」「雨が降る」「血の雨が降る」という字幕で、やくざの出入りになるという軽さがうかがえるらしい。

思わぬ拾い物が「天狗飛脚」(昭和二十年大映)。相撲取りくずれという男・目明し実は俊足の怪盗石黒達也を追って、東海道を走るクライマックスの痛快さ。古頭軍検関でチャンバラ禁止の当時の、苦肉の快だ。

東京でも名画座がひとつ、またひとつと消えていき、「名画座最後のトリデ」という名館のキャッチフレーズも、やがてはなくなりつつある状況でも、やりくりがつく限りは走り続けなくては。

「天狗飛脚」は、ここの支配人のお気に入りの一編で、チャコミが入いらないという。名古屋でもどこかでやってくれないかな。三度目の上映である今回が、最も入りが今ひとつだったとか。

渋谷ジァンジァンでのネタおろし　3・26

「一人芝居のネタは、どのくらいあるのですか？」と森田清子さんに尋ねた。「イッセー尾形のとまらない生活」の開演前である。

「捨てたものも含めれば三百六十ぐらい。演じたネタだけで三百

倒産するまでの映画スターたちの、ので、雷蔵主演ビデオというのはほとんどないので、映画で見るしかないのだが、この映画会社・大映の後半生の九〇年代放送史に合致する時期にあたるわけだから、年代史としても興味深い。年代をした映像が

市川雷蔵がドキュメント『雷蔵主演スター狂四郎』というのは、「眠狂四郎」を中心とした映画だったのだが、それを見る回もあるのだけど、市川雷蔵という美男子の映像が、変そうと思うんだが、年代史としても久保菜穂子の美女たちという「――」を見せてくれるもの。

―――

ドキュメント「大映スキャン」 4・1

だが、それなりの想像力であるし、その想像力というのは、たとえば「妊婦に語りかける」というものがなく、「アナウンサー」というのは男と女の立場はまったく違うのだ。だから彼は最も悪いスキャンダルというのは、例によって、最初の「妊婦」というのもよく知らない。男女別というか、最近の、新作落語というのに共感するタレントのような気がするのだが、それはそれで妊婦に密着するドラマで、たぶんそれで妊娠しているという、最高のネタになるのだが、女性格好のだが、だ。

が今回のテーマで、今回のゆえに超えてしまうというものは、今回の演目は五つあるという超えた最初の「会議のねらい」というのは、「会議の時間を短縮したい」というものがあった。その会議に集まってくる東京・渋谷のネタというか、NHKの社会派共有するテレビのネタというのは、濃密さがあった。男と女で明るいテーマが、最も好評だった。

しかし、本筋はさておき、この新作というのは、本筋としてミステリーふうな語りかたで、九雀なりの実験というか、そういう習慣があるらしく、キャラの印象を大きくしてしまう。そこに登場してくる幽霊の話というのは、ちょっと重い。その紙が厚いサイズと見えるとは大きな差が与えるので、反射的に必ず

都丸九雀とも、落語より幽談のほうが向いているキャラ印象があって、新しい幽霊として「北野義則作(北野)」だ。あたしはそれを確かめたくて、初耳だが、この

上田来生の、本筋としては、ナレーションを鳴らすプロローグから、「……」から手前の出演者四人の内、若手の映画を「桂東町の名演五つの名演目の、新作落語小劇場の弟子の見た九雀だ。

―――

HNKが似合わないのは、NHK受賞のKじゃないか。そもそもスターというのは、映画というのは大衆が、でもそれなりの映画だった。

本題三郎はまず、「ナーッ」という響きとなせるような音をつけている。本題はしませんが、それが

米朝門下 四人の若手落語会 4・3

歴代だったのではないかと関係に統一したのではないかと及ぶのだが、コピカ年号にしたのだからともかく、日本の表記がいいのだが、前述のこともあって、村松氏の番組に加える形でも見られるのは多くが、五方に進められるコメントというのは保存版にしたいエッセイなのだが、日本の乱れにメスが映

入りは五十人ほど。でも、せっかくのいい企画だから、めげずに続けてほしい。

「ローマの奇跡」の自然さ 4·9

いま名古屋で上映中の「ローマの奇跡」は、ラテンアメリカのノーベル賞作家G・ガルシア＝マルケス(「百年の孤独」を筒井康隆が絶賛していた)原作の映画化。

コロンビアの田舎町の判事の、十七歳の娘エベリアが急死。十二年後、墓地の移転のため掘り起こすと、娘は葬ったときのままの姿でいた。

"奇跡だ"と人々は大騒ぎ。かけつけた司教たちは当惑顔で、遺体を埋め直し、早く腐敗するように棺に水を入れるよう命ずる。現実の奇跡は、彼らに邪魔なのである。

判事が法王に会うべくローマへ出かけてからのいきさつは、画面でどうぞ。寓話的な風刺を、ソフトにまとめた十分。監督・脚本のリナ・ウェルトミューラーの手際は、なかなかのものだ。

愛の不条理シリーズなど、ラテンガ的に銘打つと、ぐんと重く受け取られたりはしないか。

ともあれ、どこかの国の映画のように、ありふれた物語を、作者の思い入れ過剰の結果、かえっておかしくしてしまうのとは、えらい違いだ。自然が一番。

先物買いしたい「AKIKO」 4·16

「AKIKO」というトリオのコントがいい。東海─関西テレビの

「ファミリースペシャル」に出し、名古屋テレビ朝日系の新番組「笑いの王国」(「ザ・テレビ演芸」)の看板をかけ替えただけだが)で目下勝ち抜き中。でも、マスコミ的評価はこれからだろう。

女の子みたいなネーミングは、なつかしい河田貴一、伊勢浩二のコンビ。この二人が状況をつくったところへ、ボケのあつし登場。さらに貴一が、ちょっとズレた妙なキャラとしてからむ──というのが基本型。

番長(浩二)が転校生(貴一)をカツアゲしていると、転校生の兄貴分のあつし登場。

あつし「お前、親兄弟はいるのか」

浩二「ねえ!」

あつし「みなし子か、じゃあお前はきょうだいもいねーチだ」

浩二「おれ虫じゃねえ!」

あつし「じゃ、キャンディ・キャンディ……」

セリフもテンポも申し分ない。いい意味で浅草的である。三人互角の力があるのも頼もしい。こういうのを先物買いしないでどうする。

アラン・パーカーが描く日本人の悲劇 4·17

いま名古屋で上映中の「愛と哀しみの旅路」は、一九三六年ロサンゼルスの「リトル・トーキョー」に始まる。

そこの映画館にかかっているのが、マキノ雅絆のミュージカル時代劇「鴛鴦歌合戦」。映写技師デニス・クエイドが、若きディランの歌をまねて踊るシーンなど、楽しき参景だ。

る海辺の中にいた。

十名ほどの技がなかったので、
渡部菅兵衛の中に、十四名ほ
どにして、その時々の事情を
変化しますが、素敵な好男子
であり十人となった。「……」。
弁論部の調子も。「金丸時間
四転倒で臨時運転を信号まも
なく電話まもなく取りホーム
の第2

「ザ・ニュー・パンツ」の「踊りやパンツハイツ」 4・22

見るのはどであるけれど、私はとても目を送れる「ニュー・パンツ」のメンバーにされるまたたくアメリカの太平洋戦争のある内容の作品だった。――。「ニュー・パンツ」のメンバーが日系人たちと結婚するやいなや日本人たちがやいなや日本国に砂漠の中に日本軍の中にいる中に日本国へのある真実を

秀作の監督収容所から日本国も別れは昭和十四年（39年）の作品だがこれはとても大目にされることはあるが見た目にも大目にされる珠湾テレビ日本にあるこれは日本映画史しかし正確にあるとこれはしまう

お高級ホテルのステージへのイメージのらウェブは、歌あり声色あり並んでいる地方公演中に、歌舞伎座談会の中に。「穴一生、テレビは前半大変いいが、後半始めのあたりがあったのだから大なり小なりラジオへとされてだから前半サービスされてだから笑いが団んだらよう立川志の輔くんのよう高田文夫くん山藤章二夫山藤総合春吾

ばかりのあたりますよね。好み、バラエティーが三回目で見ただと山藤章二の「一回もなんだっけ?」今時は山藤章二人員番組

「穴07団しん也だ。メンバーもの名を超すオチをテキスのキメ。おもしろいが、ジオの今回は、最終回のメニューが算之の喜寿を祝う会談喜寿だからしてしまった。一つのオナニーと思いますよね。今時山藤章二の人員番組

団しん也のくうばらしだよね 4・23

「ニュー・パンツ」が知事選場に踊りやパンツの機村さえ防ぐ事故を防ぐのが当時の浅利慶太メインのだろうが踊るパンツハイツが登場する「くう」銭湯「恋愛法というのが好きなオチをするのです

「ニュースラジオ」都子掛けとで実現し工事してだがこういうどうどうなオチを上手だな。でも最近のオナニーのが強力参画な手だなの参加な手だな

「ものまねは、小ぎっぱりしたもの。羅列の面白さでもある」と近ごろの"なりきり"まねブームをチクリ。同感です。

ドン・シーゲルの再評価を　5・13

その人の死が、日がたつにつれ重みを増してくることがある。ドン・シーゲルもその一人だ。

西部劇、戦争映画、刑事物等々の監督。凄みと痛快さにおいて右に出る者はなかった。

一九六〇年代の終わりから、クリント・イーストウッドと組んだ快作が相次ぐ。その代表作「ダーティハリー」(71年)をつくったとき、六十に手が届こうという年だったのだからおそらく、イーストウッドに監督開眼させた人物であるのだが、シーゲルがらみのイーストウッドの「白い肌の異常な夜」(71年)は、セックスがらみの女性恐怖映画。そしてイーストウッドの初演出・主演作「恐怖のメロディ」(同年)も、「危険な情事」的な女性恐怖劇なのは、興味深い現象だ。

「ラスト・シューティスト」(76年)は、唯一ジョン・ウェインと組んだ西部劇だが、がんに侵された早撃ちの老ガンマンを演じ、彼自身もがんでこの世を去ったシーゲルタッチが失われた。

そして、これを最後にシーゲルタッチが失われた。しかし、再評価さるべき監督だと思う。

和田誠の撮ったCM　5・20

「新世界紀行」(CBC-TBS系)を時々見るので、スポンサーである生命保険会社のCMも見ることになる。

真田広之が、上司のカラオケに付き合わされる男、遠洋漁業の男、求婚するため恋人の父親に会いにやってくる男など四タイプを演ずる一連のCMが楽しい。中でも、工事中の鉄骨の上で、愛妻弁当の最初の一口を素早くキスしてから食べる男が、家内に受けている。なぜなんだろう。

このCM、演出が和田誠と知ってナットク。求婚男の髪のつけ具合が、「怪盗ルパン」の宝石サギに失敗するくだりの真田そっくりなので、「もしや」と思ったら、やはりそうだった。

映画監督が撮ったCMは、結構ある。大林宣彦のように撮りまくっている人は別としても、市川崑の加賀まりこを使った歯磨きのCM。鈴木清順の、いまも赤ん坊だけべビー肌着のCM。住年のレジー・キャッツン物の古沢憲吾も、なんかの宣伝から忘れてしまったがCMが撮っていた。

監督の特集上映をするときは、CMも併映すると、一層興味深いと思うよ。

「イッセー尾形の都市生活カタログ」　5・21

「イッセー尾形の都市生活カタログ」(早川書房)が刊行された。ひとり芝居の脚本集である。収められたものは、筆者が見た"版"とは変わってきているものも多い。

「郵便簡易保険」のおじさんは、初演のときは、登校拒否の中学生のいる家へ上がりこみ、床にふしている母親に、親切という名のおせっかいを焼くのだが、再演のときは、夕食をつくり始め、子供とふろに入ろうとするエスカレートぶり。ここに載っているのは、後と

らは一九三二年のパリ映画「EMMA」を名古屋・今池のシネマ・スコーレで見た。

のだ。彼女だけど、コケティッシュなエロティシズムを漂わせる役がふさわしい。しかし下層階級のメイド役だろうし、じっさい彼女が求められた役どころは、その慎み深い容姿とは裏腹に、家出した男の子を誘い出すリンダというキャラクターだ。リンダは裕福な家庭の息子誘拐事件の冷たい国際ビジネスの新聞記事を両親と見て

その慎ましいのはやはり無礼に身勝手な反抗的はやや。エロティックな現実だ。実出した家にしても機敏が五十歳とし

6·3 大人の視点でつくられた「EMMA」

森田三樹雄の脚本のものではあるが、それを見たのは最初ある。東京・草月で初演。再演。初

見た二日目の版である。

えそういうふうに大胆な演出だが、そういうふうな人物を見られるのだが、そこにはあくまでも下町的なロマンチックなキャラクターだ。「そうなんです。」と演じる大胆さだけど。

動かが人は本当にするのは最初である。メロドラマの中にある自分にも見えてくる。周囲の人を知らないかのごとく会場だが自分にも見える。舞台に登場する人物の中にあって、人の形にあらわれるドラマ。機敏にゆえに再演だゆえに初

（左ページ）

認する。今回のNHKのためのアニメはナレーターをつけたが、元気が出るテレビだったのはそのコメディだ。

その夜は小原さんが「盗賊」編とアニメ版の部分だ。伊藤澄夫氏が十年を先に見たアニメ版画面白い「アニメージュ版」名編「ジュール・ベルヌ版ロビンソン・クルーソー」一編で、「アニメージュ版」が出版作だ。「ルパン三世」が名匠の三版が監督が主演するロビンソン・クルーソー一編。

説明するための説明するためだけに続けて映画の説明するためのものにすぎない。いわゆる弁士ともいうものかどだゆえる好評だとしてもそのテレビ「アニメージュ」の鳥羽信幸の声だゆえる。「シュート！」「H2」あだち充のそれはまた番組でのたんとし性を確

6·12 無声映画のリアリティと人性

道具作業員、親友
少女の親友は移民で前科のある……

だけれども、きれいだけど、甘えたエンターテインメントのであるというなどは、それにしても、その結末は木、そこにはあるが、大人の視点であるというだが日本の視点であるという移民で前科のある感情の……

会社の違う映画を二本立ての妙味　6・17

いま名古屋で「プリティ・ウーマン」「ゴースト」を二本立て上映中。いや名古屋だけでなく、全国的な番組だという。

前者はワーナー、後者はUIP配給。別々に封切ったロングヒット作品とは言え、違う会社の映画が、ロードショー一館へ並んで出るのは二十年ぶりぐらいなんだそうな。

ビデオ発売前に、もうひと稼ぎ、という目算なのだろうが、小生はむしろ、他社二本立てという編成が、やれば、できるという実例がうれしい。

昔は、こういう例はいくらもあった。だが、封切りの場合、興収を二社で配分する段階で、なまじヒットすれば、おたがいもめることが多かった。で、現在の無難な一社提供になったわけだ。

実際、配給会社と映画館が話し合えば、組み合わせの妙で、映画がさらに引き立つ番組もできるはずなのに。

たとえば名古屋のゴールド・シンバー劇場なども、かつての二本

老人問題の偽善性を撃つ「ダニエルばあちゃん」　5・7

映画を見るとき、私たちは、なかば無意識に、主人公に（どんな悪党でも）どこか共感できる部分を見つけようとする。そして作者も、感情移入してつくっているはずだと思いがちなものである。

だが、時として作者は、主人公と周囲の人々の葛藤を、距離をおいて描くことがある。

ブラックコメディーの快作「ダニエルばあちゃん」は、その好例。

夫の遺産と年金で暮らしているこのばあさんは、親切にされればされるほど、意地悪くふるまうという、人間味あふれる人物。パリの男の一家にひきとられても、本領を発揮し、男の妻をじょじょにノイローゼに追いこんでゆく。

その確信犯的なことといえばおかしいのは、それが結果的に、いわゆる老人問題の偽善性を撃つ形になっているからだろう。

人間、老いるほど不本意なく立ちたくはない。だから老後の過ごし方は、善意者に徹して若さに、その、どちらか大別されるのである。

──とは言え、あまりにダニエルばあさんを、作者そのままにしておかない。やがて「年寄りは扱いにくい」というお手伝いのサンドリーヌの登場で、事態は一変。見る方は痛快さとこの先どうなるのかという興味で、ひとつ乗り出します。

ダニエル役のツィラー・シェント、サンドリーヌ役のイザベル・ナンティは、いずれも舞台人なるほど自然で的確にうち。

脚本のフロランス・カンタン監督の、第一作「人生は長く静かな河」よりも、格段にいい。

フランス/シネマ・ド・シャ配給

1991

格別の吉朝雀松ふたり会　6・18

皮がある。
「納涼願名である。
この三雄と番方の
田定雄の日の丸役者「雀松」。
ご朝・雀松をたし会の
席に風をたいし雀枝は皮肉の
相手。
師匠の米朝流のコミカルな
押子の文にまかせて、
雀松は雀枝の弟子が
（相手。）

今回はまた格別だ。
これは桂米朝が「聞ける」という、
「ところ」である。
上方落語だが、これは吉朝だが
当ての独人用五人「ゴー」と
雀松がなんだかおかしかった
押子の文にまかせて、
つまり桂枝雀との「風」で、
ゴミうどを腹の
すれうはだに運が
教わ。

「吉朝・雀松ふたり会」
雀松としては新作の吉典、
岐阜市柳ヶ瀬の「雀松」を
新作ムシャンゼリゼ「社」。
（中略）

立って名番方
ので一つな役復活
している名古屋
としていくつもの
名古屋屋ビキャバレーは
それなりテレビコマ
ーシャルでも観客を
そる。

大映京都撮影所の美術力　6・19

田中徳三、池広一夫、森一生、
今井正夫。
今回すべて見たのは
「破戒」「破れ太鼓」である。
昭和35年の三隅研次の
「大菩薩峠」だけが見た。
それぞれの持ち味が
ある出たところは
伝統的な観客の
美術の力を持ちきたことは
存在と言えるもし。

まだそれが見られるのは
私である度度。
そしてさすが気取りのよい、
狂う三隅だ四郎が
四郎が月号見える「座頭市」
「座頭市物語」六分の野の翠が多
どの真菌が
まり「座頭市物語」の
枝のНКし上の作品は
目黒の名はなず
三隅四郎の君
なずさいには
れ。

今名古屋・ジネシネコンの
眠り三隅四郎の世界
ジーンを上映中
市川雷蔵「眠狂四郎」
を上映である。
三隅研次監
次監。

ジーン・アーサーの死　6・26

「シェーン」。
多くの人は戦後
世代だが、彼女
記憶されている
彼女は「シェーン」
の「シェーン・カム
バック」
小さなジョーイの
イメージが
あまりに鮮烈だったが、
ジーン・アーサーが
なくなった。
彼女は豊かな農夫の妻と
世話をやき客寄せる。
想像しなかった
ジーン・アーサーのイメージが
「シェーン」の
「シェーン・カムバック」
小さな記憶をされている。

「我が家の楽園」「スミス都へ行く」などの、戦前のフランク・キャプラの映画で定着されている。

というのも、この人の作品が、戦後リバイバル上映されたからだ。

彼女の役柄は、敏腕の女性記者、政治家の秘書等々。知的なユーモアがあり、時には実直な主人公をケナけつ役回りを務めるが、やがて彼の純粋さに心打たれて、ピンチに立つ主人公を支持して闘う。それぞれキャプラの世界。

「平原児」「アリゾナ」などでも、男まさりの西部女を演じたが、その中で、ふとかくしきれない女らしい一面を見せる。そんなシーンでは、口元が一層愛らしく、スキーな声が、セクシーに響いた。

各紙も、享年九十とあるが、海外の文献でも生年は一九〇五年。フィルモグラフィーからしても、一九一一年では、ちょっと落ちないのだが……。

"往年の名画"だけではない編成を歓迎　7・1

NHK総合で「ホテル・ロンドン」を見た。

アメリカの、古びたリゾート・ホテルが舞台。そこで、その持ち主であるモーリン・スティプルトンの孫娘が、調理見習いとして働きにくる。

格別ドラマチックなことは起きるわけでもないのに、最後までひきつけられるのは、ホテル営業の実態、夕食時のキッチンのあわただしさなどが生き生きと描かれ、登場人物にあたたかみがあるからだ。

その意味で、山田太一のドラマ「高原へいらっしゃい」(76年・TBS系)や、イヴ・モンタン主演の「ギャルソン」(83年)に似

ている。

TVムービーの佳作という印象だが、87年の劇場用作品「スクリーン・プレイ」もある。

衛星放送で連日劇映画を流しているNHKとしては、地上波の劇映画と兼合い、頭の痛いところだろう。

先日の、再放送のTVムービー「消えた花嫁」は、いかにも「刑事コロンボ」のレビンソン=リンク製作・脚本らしいミステリー。衛星の"往年の名画"路線に対する、適切なセレクションだと思う。

ペキンパーの「ケイブル・ホーグ」　7・2

サム・ペキンパーの「ケイブル・ホーグのバラード」(旧題「砂漠の流れ者」)が、五日から名古屋シネマテークでリバイバルされる。

砂金掘りの男ケイブル・ホーグが、仲間の二人に水を取り上げられ、砂漠のど真ん中にとり残される。渇きに寸前死にかけながら、彼は、そこに水場を発見し、駅馬車の客に水と食事を売りながら、いつかはやって来るであろう二人を待ち続ける。歳月が流れ……。

最後の西部劇作家ペキンパーは、過激な暴力描写で物議を醸したが、この「ケイブル・ホーグ」――バイオレンス作家ペキンパーの、心やさしさ本質が描かれた小傑作である。

それでも、二十年前に見たときは、売春宿のドタバタなどがかなりクドく強かったという印象があるが、いま見ると、かわいらしいもの。

NHK衛星放映の、往年のヌーベペキンパー作品も、当時は実に大胆につくられた方に見えたが、いまやむしろオーソドックスなまでに

物があるのだ。それはＵＰだ
が、多くのＬＰがそうだが、去年のしてまた手達たちが、名古屋にある短期で合回かつ開かれた身障者が登場する目撃コメント集が……

それでも、しょせんは映画の最も低級な「墜落」のようなものを使いこなすというのが面白い。日本で精神科のサナトリウムに入れられたボクシング好き日本へのエール。そのシナリオ本を航空会社が利用するのを、仮名（日本名だと）だのと……

キャラクターを見ているのが面白い。それはアニメーターたちの作ろうとする作品が、ドキュメンタリーの見せる「シュール・コメディー」に見えたからだろうが、本当に面白いのだ。

（わたしはそう考える。）「（でも）もうちょっと落ち着く精神科医が登場するコメディー」なのだが、その過激コメント集で一作終えてを大

映画的に増

えたというだけで、作られてくるだろうが、アニメーターが映画を撮

7・3 ホンネ連発のコメディー

7・10 米朝の苦言

配給ＥＸ系。（中京・日本系に）

回蔵と、大阪だわらが、米朝代表がこの桂だけて見たと、圓蔵が米朝代表で「落語のシリーズ」を討論シリーズ
だ。圓蔵、東京代表がこの橋家で、むらがなく、圓蔵表で、圓蔵。
これは名を考える「中一圓蔵蔵、とむなようだが、という言と、なりますます

それに、高即ち人間が制作したキャラメージなべてすが自然界にありうる相互関係に、リーの関係や具体的な生態を、目常近作だといっている身にとまてNHK制作のだと相談話もきれコント作品の。視聴者への気持ちとゆえに砂漠深く赤く繁殖しているサボテンの草

それでも、頭から見れば「ＢＣはＢ食べ、Ｂのオースで、即ちは人間が見えて、人間が発作りで破壊のチャンストだが人間自然界に破壊をもたらし…「地球アミーゴ」ショウ耳にわかるが、NHK総合のこの地球アミーゴ「リーを数子だからの球を調べてナレーションをたどるポーシャンの実況中継実体動物番組

7・8 声高でない「地球アミーゴ」

「演者にもガンがないようになった……」(爆笑)。

「(上手でなくても)面白い落語家になりたいと思っても、なれないんだらどうする……」

また、一回目ならばごく出席者の話があるらしく飛ぶので「今夜はテレビの落語についてしゃべるのか、落語全体についてしゃべるのか……」

「はっきり言って、東京の落語は衰退してる」と直言したものよかった。これは米朝自身が、戦後壊滅状態だった大阪落語を、復興させた苦労人だからこそ、重みがあるのだが。

「東京物語」の中村伸郎　7・15

中村伸郎さんがなくなった。

新劇の大ベテラン。だが役者としては融通のきかないタイプだった。舞台でも映画でも、素顔のトークでも、口調も表情も同じに見えた。

舞台の人が必ずしも芝居巧者ではない、映画一筋で実に達者な人もいる。ドラマはアンサンブルで、いろんなタイプから成り立つのだから、それでいいわけである。

中村伸郎さんは、背広にネクタイを締めた典型的紳士を演じると、さらに型にはまるという印象があった。小津安二郎の「彼岸花」「秋刀魚の味」などで、同窓会に集まる初老の旧友連の一人を演ずるときも、あの口調で、上目遣いにジロリとやられると、どれも黒。

澤明の「生きる」の、政治的下心のある助役のコビに見えてしまう。

同じ小津作品でも、たとえば「東京物語」の、杉村春子の髪ゆ

いの亭主ぶりは、まことに結構なものだった。あまりにもマッチする紳士スタイルよりも、サエない市井の男の方が、役づくりがしやすかったのかもしれない。合掌。

和田誠「ブラウン管の映画館」　7・22

和田誠著「ブラウン管の映画館」(ダイヤモンド社)は「テレビ・ステーション」誌の連載「トーク about シネマ」を単行本にしたもの。

その月に各局で放送される映画の話題だから、新作旧作入り乱れての登場。そこになんとか共通項をみつけて(これが大変なのだ)まとめる。年期の入った映画ファンでなければ、できない芸当である。

楽しく気軽に読めるその中に、木下恵介の「破れ太鼓」が、フランク・キャプラの「我が家の楽園」の換骨奪胎であるという、的確なツッコミもある。

西部劇の衰退と対比して、インディアンが昔のように無責任に描けなくなったことのかわりを、簡潔に述べ、「映画の中の魅力的な強敵を失った」と結ぶものいい。"魅力的な強敵"、という表現が泣カセンのだ。

和田誠の映画エッセイの眼目は、さりげなく行き届いた文章にある。絶妙の似顔イラストの魅力だけではない。

「EXテレビ」はこういうものに限る　7・24

先日の「EXテレビ」大阪版で、上岡龍太郎が「私の推薦する」

が、年配に描いてある兵名たちが印象に残っているのだが、この陥落近くのアッツ島のテレビで上映中のアメリカ映画「捕虜への残虐行為は何が裁かれたか」は、日本兵が太平洋戦争中、名古屋のオーストラリア人捕虜への残虐行為を加えたというポイントで、日本兵が裁かれたという事実を踏まえているのであろう。

「アンポンで何か裁かれたか」7.31

頭の「しかれたか」をまちがえて人を笑わせるという手法、これはおなじみのテレビのEXの家の目立つ右側の角の漫才の二枚目役のこれは人気タレントが健としてやってきて、時々見せるのだが、その攻撃型の漫才のコンビによる顔の主役の、ベースの足の上のシーンは、実に可笑し大柏のボケ役ニュースの左側のメーターを回子は。

談EXのこれはかなり笑えるネタで家の目立つ右側の角の漫才の二枚目役の人気タレントが健としてやってきて時々見せるのだが、上岡龍太郎は、これは上方の芸の限界だといわんばかり笑えるシーンで。その上岡も漫談放

ダニー・ケイの不思議な再放送 8.5

第二に、数年前のNHK衛星NHKシリーズ「ニューヨーク・フィルハーモニー」創美画の半

分も強ければいうべき名作だが、レーザーで完全版が出るらしいという噂を押し込んだNHK衛星のアンコール放送で、管弦楽団を押して指揮するニューヨーク・フィルハーモニーの指揮者「ダニー・ケイ」のこの大真面目な指揮者の読んでいる指揮棒を思わず殺す瞬間に四十人からの正味のものを演奏し、おかしくてしょうがない。彼が世界のトップクラスのニューヨーク・フィルの愉快な指揮者となり面白おかしく指揮するのだが、この四十人から正味のものを、おかしくてしょうがないが結局

とその相手のそっちを助ける女性――という相手のそっちそれだけでも系女性らしいのだった。愛のしかた、ただ彼女らしい処刑の処刑を実行したアメリカ刑を実行した田中尉官が有罪になったのだ映画の「ダイ・ハード」は例もある。一方「愛と哀しみの旅路」(戦時下の日本人ケリー・メイ)は日本人の白人女性の愛を受けなかったのだから、これは政治的な配慮などで感情移入が田中尉官無罪

判事を中村名古屋の人のした昭和な陥落ので、この近くのアッツ島のテレビで上映中の「捕虜への残虐行為は何が裁かれたか」は日本兵が裁いてもという事実を踏まえていることであろう(不謹慎であるが)。この面白いという声もある事象数

して、完全放送しているのに。

重要なのは、ユダヤ系コメディアンのケイが楽団内の日系女性と「さくらさくら」を歌い、韓国系?の女性と「アリラン」を歌うことだ。それがあって、大詰めの"アメリカ賛歌"が盛りあがるのにね。

「リトル・マーメイド」の原語版 8・6

「リトル・マーメイド」の原語版を名古屋・ゴールド劇場で見た。

ディズニー・アニメは東京では都内で二館ぐらい、最終回は原語版という習慣になっているが、名古屋では久しぶり、多分「ジャングル・ブック」(67年)以来だから、三十何年ぶりになるか。

「リトル―」は、アカデミー・オリジナル歌謡賞を受けている。

人間界にあこがれる人魚姫に、ヤドカリだが、海の中は素晴らしい、場所はないと歌い踊る「アンダー・ザ・シー」は、急テンポのカリプソ調。日本語版も奮闘してはいるが、オリジナルのノリにはとてもかなわない。

一面白いのは、観客の笑い声が原語版のときに多いことだ。スーパー字幕の方が意味が明確に受けとれるのかもしれない。

ところで、今の上映は日本語の「リトル―」が終わってから、その原語版をかけるという順序。

続けて見て比較する楽しみ方もあるけれど、これは、併映の「一〇一匹わんちゃん」(日本語版のみ)のあと、原語の「リトル―」で終わる方が、より親切ではなかろうか。

小堺一機の小憎らしさ 8・13

小堺一機というタレントは、いわば洗練されたせんだみつおという印象だったが、最近すこし変わってきた。

まず、「笑っていいとも!」の金曜テレフォンショッキングに出たとき、タモリさんまのトークにからんだとき。

弁じているさんまの横で小堺"口はっか……"というジェスチャーで大うけ。さんま「待て!、おれはレッドじゃないか正見か!」

もっとはっきりしてきたが、「今晩はKANKURO」のゲストに萩本欽一が出たとき。萩本は小堺の師匠。そして小堺、萩本がひとをたたくマネだと、萩本の後頭部をビシッとやって、萩本ぶつ真似のように(?)、さんまが逃げて見せる。公開の場だけに萩本も怒るに怒れない様子なのが、おかしい。次が、「さんまのまんま」のゲスト。ゲストのマネが正番。本番三分前を知らせるFDに対抗して、小堺の口まねが始まった。楽屋でのさんまのいうこういうコミに対抗して、安サラリーマンが同等の口をきってから、彼に。「えい言うとちゃうないか!。」

"憎めない"イメージに乗った小堺の、適度の小憎らしさ。面白くなりそうだ。

効果音づくりの話 8・14

木村哲人著「音を作る」(筑摩書房)は、テレビ・映画のベテラン録音技師の効果音づくりの話。

現場のノウハウほど面白いものはない。この本も、録音不可能な音、聞こえるはずのない音を入れるという"ディレクターの無理難題を受けて立ち、それらしい音を"創作"するくだりが、興味

よりで完全に消せるかというと、そうではない。そこで折り合いをつけるということになる。

小朝にわたしは、そのあたりのことを言った。「今」というのはチャンスだ。小朝の名をカゲロウのように消してしまうかもしれないが、無神経な小生にはそれを知らぬことはできなかった。前後の会話をふまえたうえでの答えだった。

平日の「あの名人と結婚するなら××するほうがまだましだ」という悪妻の話（東海林さだお系）「春風亭小朝一座」に出演した春風亭小朝師匠に、林家たい平、林家こぶ平……

ウラ話は難しい 8・21

舞台の書き割りを兼ねることもある（？）アニメ背景。だが人物のように音を兼ねさせられることもあった。一個所だけに目が行きがちだが、長編ものの第一号は昭和二十一年の『くもとちゅうりっぷ』だったという。

『くもとちゅうりっぷ』が日本語で始まるというのも、日本初のトーキー映画という効果的音響のある……。日本でも「ア——が一〇一匹ワンちゃん」が始まるが、音効的な風船をひくアニメの歴史を述べたくなる。「メッセンジャー」を行く大人たちの封切られた昭和三十一年（昭和三十一年）日本封切りは勉強になった。

「一〇一匹」が「一〇一匹」という長編は日本で封切った。「一〇一匹」という題名を持つのは他の部分があるからだ。他の部分があるから大丈夫という。「ポン」と、「メッセンジャー」で日本封切り日本封切りだった。

「メッセンジャーの密約」 8・26

太平洋戦争は、アメリカという超大国を相手に、「アジア・太平洋戦争」という言い方で、正式に終戦まで本土決戦の言を吐き、植民地の再占領を言い、共産主義と戦った。「アジア・太平洋戦争」の最終局面で日本は、マッカーサー元帥のGHQ図式とは数十年経った視点から、「アメリカ司令官」ジージ・ワシントン超大戦争「太平洋戦争」四十数年の最終的に米司令官ジージの終戦として「加害者」ともなるNHKの番組放送のジージ者として「NHK」の密約。

名牧が林家三平の向こうを張って名人同士だったというのは、大阪人の本音だ。“当人同士は気に入らなかったのさ”とはあるが、実際はどうだったのだろうか。「のギャラで合わない」というのはよくあることだが、どうしてこんなに仲が良くなかったのだろう。しかし、上方と江戸のようなライバル意識だというのは、関西の笑芸人のウラ話のように受け止められ、林家正蔵のエピソードへ向かうと趣深い。

朝鮮半島に報復を恐れて協力を拒んだという。近親憎悪じみたものやら、やや出し惜しみしたやら、いずれにしても日本軍憲兵の根強さは……。

国や民族に限ったことではないのである。

「ターミネーター2」の水銀効果　9・3

「ターミネーター2」を見ていて、病気がちだった子供のころ、よく体温計を割ったことを思い出した。水銀柱を下げるために振ると、まちがうか何かぶつけたり——れた。

畳に散った水銀が、ぶるぶると流動する。親にしかられるのはやだけど、液体で金属という妙なものが、くっついたり離れたりする光景は楽しかった。

有害だと聞いていたので、どう処理したものか子供ながらに思案もしたものだが、有機水銀ではないと知ったのは、ずっと後のこと。「ターミネーター2」をごらんの方には、言うまでもあるまい。超低温のためシラスに崩れたターミネーターが、今度は高熱で復元するあのシーンである。

コンピューターアニメーションなどを駆使したSFX映画の、最新のハイテクの中に、ただの水銀のクローズアップが効果的に用いられているのが面白い。

これは、他のジャンルについても言える。たとえばシンセサイザーに、ビアノなどの楽器を組み合わせて、さらに効果を発揮する、といった風に——。

追悼 フランク・キャプラ　9・9

フランク・キャプラ監督が亡くなった。

脚本家ロバート・リスキンと組んだ一九三〇年代が全盛期で、ア

メリカン・ドリームをユーモラスにうたいあげた作品群がすばらしかった。

ヒューマンな理想主義がドラマというよりくさい教育映画的なものを連想するが、当時のキャプラのビビビした映画話術の快調さ。ビデオ化された「或る夜の出来事」「オペラ・ハット」群衆、戦後の「素晴らしき哉、人生！」など、いずれも必見のエンターテインメントである。

ところで、戦後の一時期、外国映画が戦前公開のプリントのまま再公開されたことがある。

キャプラの「我が家の楽園」（38年）もその一本。その中で風変わりな人物ばかり集まっている一家へ、収税吏が取り立てに来る——この部分だけ日本語字幕が出ないのだ。「軍備のための税金は払えない」と言う振る。

検閲の論理って面白いね。カットしただけど良心的みたいだけど、エゴがわかる人には通じてもらう——つまり、知的差別だね。

米朝と枝雀の芸風　9・10

「米朝・枝雀二人会」を、名古屋・中日劇場で見た。

「口入屋」で、べっぴんのおなご（女子衆）が来たのを喜んだ番頭が、夜造りの下心で店の早仕舞いを命ずる。丁稚の枝雀が大戸をガラガラと閉めるべく、座布団から飛び出し、左右にヒョットシンをあげて走りくると、肩で息をしながら「こちらも閉めることできないのですよ……」満場笑いと拍手のズズ。

枝雀は表現の変化する落語家をめずらしい。むろん、前名の小

名優かどうかは
議論の余地はあ
るが、東映とい
う大映のやくざ
ものの中で名優
かどうかはさて
おき、もっとも
印象に残る役者
だった城健三朗
即ち若山富三郎
がいる。後年の
勝新太郎の若い
時代の空気にど

を座頭市と同じ
年代に荒んで荒
れてゆくのだが
そのシリーズの
役を大映の座頭
市の中の役とし
て演じていたの
もこの城健三朗
だった。「座頭
市物語」の近江
絵物語を見てい
ると、ゾッとす
る役者を目で見

ても健三朗はた
しかにうまかっ
た。伊達三郎さ
んだって、大映
の時代劇の斬ら
れ役の技をもっ
てすればもっと
のって演じても
よいのだが、両
所の芸風であろ
うか、時々人物
の為の恐ろしい

大映時代劇の伊達三郎の死 9・24

見なはれ オカベ喜八の十一本 10・7

本書の装幀者は
「言いなりにな
る」という条件
で引き受けた映
画評論家の山田
宏一氏で、第三
回の受賞だ。毎
年一人ずつ選ば
れてゆく審査員
の人気になるだ
ろうか。第一回
は吉本隆明「マ
ス・イメージ論」

あかりのよう
に、丁寧に装幀
された映画論集
の和田誠の「お
嫌いですか三大
映画監督を見た
ら」。第一即ち
最初の装幀者は
この人選だっ
た。この本は第

が選考委員で第
三回にまたまさ
しく著者が「遊
び」で選考委員
のゲームを楽し
んでいるのだが
……。この遊び
の開いたインス
タレーションで
第二回の女性に
課したその条件

第一回ドゥマゴ文学賞 10・2

代劇の「顔」が
消えてゆく。今
そのページの中
に健

岡本喜八を「大誘拐」で初めて見たという若い人——というよりも、ビデオショップの店長サンに申しあげよう。

試しに「独立愚連隊西へ」をごらんあれ。そのファントリーの良さに狂喜したところで、さかのぼって「独立愚連隊」を見るべし（「七人の侍」の高堂国典みたいになってきたぞ）。

すると「どぶ鼠作戦」を見ずにはいられなくなり、「血と砂」もよっと皮肉な時代劇「戦国野郎」に手がのびるのは時間の問題。黒澤風味をちょとひねりした「斬る」も面白い。

「暗黒街の顔役」を見れば、発売ずみの「暗黒街の対決」を回さずにはいられない。異色の傑作「江分利満氏の優雅な生活」、やミュージカル「ああ爆弾」。そして岡本カントクの真情あふれる「肉弾」がトドメ。

宣伝ではない、見たいとシんします。自信もって薦めてください。

イッセー尾形の題を決めるのは　10·15

イッセー尾形の一人芝居を、東京・渋谷のジアンジアンで見た。

この晩も、せいぜいするひとつの舞台で、六つのネタが演じられる。衣装替えとメークも、むきだしの舞台のフロンテアで行われるから、一時間四十五分、事実上出ずっぱりのステージである。

この一人芝居は、演目が示されない。客席と舞台をつなぐ緊張感は、一層高まるわけだ。

例えば最初の演目の、マンションの正義感過剰のおせっかい男は、ビデオ発売された中の、恐怖の「車内暴力追放キャンペーン」男のタイプに属するのだが、むろん内容はまるで違う。さて、どう題をつけたものか。

充実したステージを見終えた人は、だから内容を反芻し思案しつつアンケートを書いている。森田オフィスいわく「アンケートを手がかりに"タイトル"を決めています」と。

観客がつける"仮題"は、その人の理解度（時には誤解度）の表れでもあり、当然それはそのネタをさらに練りあげていく手がかりでもある。

すぐれた観客参加の例と言えよう。

雷門助六のフシ回し　10·16

先日なくなった雷門助六さんを、立川談志が感嘆していた。

「高砂や」という落語がある。仲人を頼まれた人さんが、婚礼の席で謡曲「高砂」をうたわねばならぬ羽目になる。

にわか仕込みで始めの方だけ覚えるおかしみがあり、当日「この浦船に帆を上げて……さて、だれ後をつけとくれよ」「いや、親類一同一向に不調法。どうぞ後を」と続きを。

進退きわまった人さん同じフレーズをくり返したあげく、巡礼歌の調子になる。親類一同「婚礼御答礼」、巡礼御報謝の地口落だが、この巡礼歌のフシが、談志がそれまで聞いたれのよりもずっといいという。

「あれでこそオチが生きる。いままで無理な結末だと思っていたが、演り方しだいだったんだ」

先年、名古屋で亡くなった同門の雷門福助と同様、晩年評価された人で、登場するだけで濃密な寄席のおもむきが漂った。演者が亡くなるのだが

宮本武蔵の「ジャキニー」 10.22

「ロ」の第二作を門作・演出・ジョン・ジョント。「ビンセント・ミンネリ」「ヴィンセント・ミンネリ」がこのシリーズを好きだった（小生、第五年作）

ぜひなんべんも見ていただきたいのは、一月四日の「ジャキニー」を米朝朝雀の枝雀に絞る。実はこの枝雀の弟子なのだが、御浪の町を六月吉日に行く。「米朝雀朝はいまおり賢明が五十五回月の上。落語界の会もあり雀家のはもう最も楽朝。

芸南岐阜市で、そのあるいは化なかったよう、実は売れてにもなった勢の朝雀の御浪町に頼みらがおりしており、三重県出身の伊勢の独演会を聴くとおり、桂米朝独演会のはいまの最多があって、上方〇〇なり羽。

とにかくその芸なのの世人は持っていくというものである。

「ニジヤターの米朝独演会」 10.21

カ体技なれて、「ジャキニー」はそのまま慶型シンビニ！？川平英文字通りのアクの上でシ、英の慈語でのシなら、このジャキニーのJは英字のJを足としてらのであ

「トレーディング・プレイス」 10.23

画のワケは上映中の「ニュー」シネマの各国である。

腕はヒーローと権に、催しだったネリ、がつてだたサービスが映画の上映で各国で映る。新手のそのサカから演名なうちのスター方と、彼のスパイとして一人が催しリ、労組なに三一人のリカを国際関係を指導者のから集め。「ジャキニー」は超転反しのスクリーン映像のは担わだよ。

もしかしたら権えたなクラスだ思いでしまうう。ここにこの話を続出てしまいます——

今回はガたは軽型のコニビというヒニは伴楽しさだうた仏保大の音啓のジュラ多っのはべ喜期待しれ独りこの場面のバシ意した、ただのガァは喜劇だコンを踊しさどな崎はあまりだよたのバシ意する身をけなもじにのコニイはまたらなに通し頂ん時年キのアメリカのこキなら。ちわ映

ところが、サンドーが、スター歌手カーリン（グレン・クローズ）と恋におち、妻子もかえりみず「タンホイザー」を地で行く(!?)騒ぎとなる。

つまりは「ユーモレスク」「ラプソディー」の昔からの伝統的音楽メロドラマ。プラス「四十二番街」風の舞台裏物の興趣もたっぷり。

ひと味違う肌触りなのは、演出が、ハンガリーのイシュトヴァーン・サボーだから。拾い物です。

春日八郎の「お富さん」　10·28

春日八郎さんが亡くなった。

春日八郎と言えば「お富さん」で、思い出すのが、飯沢匡の風刺喜劇の傑作「二号」。

その第三幕の冒頭で、お手伝いさんと書生が、仕事をしながら「お富さん」を歌っている。当時のセットソングを劇中に入れただけだろう、と見ていると、その書生が、ラストで、どんでん返しで主役と分かる。つまり関係者一同「知らぬがホトケ」であるという、皮肉な含みだったのだ。

もう一つ。いま上映中の、山田洋次監督の「息子」で、岩手の田舎から上京した三國連太郎が、末っ子の永瀬正敏のアパートで「今つきあっている人だ」と、うら若き青年の和久井映美を紹介される。

その夜半、缶ビールを飲んだ三國が、手拍子で「お富さん」を歌う。

彼にとって、一番心配した、フラフラしていた末っ子の、思いもかけない告白。そして、それを意外なほど素直に喜べる自分に、ふと気がつくのである。

ヒッチコックは、だれもが知るゆえに、共通の暗喩になりうるのだった。

志ん朝の三夜連続独演会　11·11

古今亭志ん朝の独演会が、名古屋・大須演芸場で催された。三夜連続。東京のファンが口惜しがりそうな快挙である。

初日が「三枚起請」と「粗忽の使者」。二日目が「夢金」「試し酒」。三日目が「坊主の遊び」（小生は志ん生で聞いたことあり、大阪で「坊主茶屋」）と「芝浜」。

オールドファンは、つい志ん生のイメージを求めたくなる志ん朝だが、この人、資質としては文楽・圓生に近いと思う。

形がいい。「夢金」で浪人に呼ばれた船頭が、櫓を上げ、笠を取り、ミゾレの雪をはらうしぐさ。「三枚起請」で進退きわまった女郎が、愛想笑いから次第に表情が変わり、三人の男を相手に居直る。映画で言えばワンショットの表現など、ほれぼれする芝居の体験が、高座にプランとしているのだろう。

ただ「夢金」は先代金馬の豪快さが懐かしく「試し酒」は、小さんの"生理"に、いま半歩の感もあったのだが。

冷えきった冬の日の「芝浜」は、先代三木助とまた違った運びで結構な出来。隣席の家内が、しきりに目頭をぬぐっていた。

フレッド・マクマレイのアゴの形　11·13

フレッド・マクマレイさんが亡くなった。

今では、ビリー・ワイルダーの「アパートの鍵貸します」の、保

ある自伝的内容の小説には名古屋の林真理子とでもいうべき女性が主人公。彼女はニューヨーク帰りのキャリア・ウーマンだが、居並ぶ男性の女性蔑視にさいなまれつつ、編集長の椅子をねらう流行作家「おじゃまネ」（という映画化もされた）川口由美子をモデルにしているとか――。十代の彼女の憶えているか――な彼女

を演ずるのだけれど、ただ赤いドレスの女性衣装とし、ニューヨーク帰りが居並ぶ女性たちの職画化されたのにもされた川口由美子を…

「ジャッカルのいる組織・編集部」　11·18

もう1件だと数える重宝な見方もあるのだが、このケースは形がいいためにしばしば表紙を飾られた編集長の椅子。そのオフィスにおけるパワー・ゲーム（権力抗争）を悪玉をもうまいこと演ずる名コンビ、ラーメン大師と稀代の策士が結託するあたり、――波乱ふくみの会社ドラマ。

作としてとりあげられた国相の不倫部長のほか、編集部の印象からうかがうがまともな素顔の椅子。仕事現場の工夫（43至）「拳骨」が先立つ

険会社の不倫部長から取材のうまいこと、それにしてもメーカーの宣伝臭が鼻につくのだった。

前をやじ、並びおどけて「海」のメドレー歌う五人。谷五郎の笑い、一人ひとりの…「ニューヨーク」「ワカ&ワカ」「ベッピン&…」などの名が

農協職員だが主体なリレー・トーク早い話が公演自体が見どころだが、京都のKK…を…行き…だからニューヨーク近江の「宮川左」の薬名が…

歌手、五大漫才久永雅史（ギャング）
大谷五郎（ギャング）
田川昌二（　　）
福嶋秀人（　　）
畠田靖久（ベンジ）

「ゴロー」には生きられない　11·25

八年後病院のベッドから生還する演出家の半生を描くのだが、本当に精神分裂症と診断され師範学校入学…女学生と対照的に、優等生…

視点から描写がだぶんだ…それはトスに似て、教授…詩人…病から生…生徒のその内向的な気質…わだかまりのなさは客観として…

リティーをしているが、あとの四人は、現在も勤め人。

関西味なのだ。ギャグが軽く、三時間半近く、客をくつろがせ
かもしれせない。いずれ名古屋へも来てほしい。

「スパルタカス」に圧倒される　11・26

名古屋・シネラマで2リバイバル中の「スパルタカス」(60
年)を見て、まず圧倒されるのは群衆シーンである。合成でさらに
頭数を増やしている場面もあるが、正味の人数だけでも、今ではと
てもとても。

往年の70ミリ史劇(35ミリネガを水平に走行、左右を少し圧縮撮影し
て復元する方式＝スーパーテクニラマ)のスケールを、改めて認識
した。今回の上映は35ミリだが、画面に質量感があるのはさすが。

元老ローレンス・オリヴィエが、奴隷のトニー・カーティスを
誘惑するシーンなど、カットされた五分ほどが復元されている
のも話題だが、場面をしかえた部分もある。奴隷のウッディ・ス
トローブの首を刺すシーンで、オリヴィエの顔に返り血が飛ぶが
むかし見た同一ショットには、なかった。

脚本ダルトン・トランボ、ハリウッドの"アカ狩り"の犠牲とな
った彼の無念が、まざまざと感じられる力作だが、C・ロートン
とP・ユスティノフの老練な名演技だけでも楽しい。上映は二十九日まで
とか。見ごたえ十分の三時間十六分です。

島田紳助の「風、スローダウン」　12・3

「鈴鹿のオートバイ耐久レースで四十四台走って、タイミング・ラ
ンはただ一人。負けた四十三台は、たいてい神経をもとにもど
すために一周走る。それが"スローダウン"。負けても何かを行
動しないものは、いにしえじゃない。そういう映画です」と、紳助。

「島田紳助流 正しい青春映画の作り方 風、スローダウン 撮
影記」(名古屋テレビ)は、そんなトークで始まる。

きびしさとショーが交錯する紳助の演出。見ていたくなると、
自分で演じてみせたり。

主役の若者三人は、ぜんぶ自分です、という紳助。テレビ役の
長原成樹へのダメ出しに一段と熱がこもるのは、むかし不良して
た、バリバリ漫才出身の紳助の、感情移入のゆえか。

テレビの取材に、カメラ目線で「撮影順調、トラブル続出、ハ
ナ?」と笑って去る紳助。雨のラストシーンでは「涙を流
しながら演出してどうするのや……」と視聴者に語りかける。

「風、スローダウン」は、いい映画だった。結果がいいからこそ、
撮影記も一段と映えるのだ。

藤山寛美 vs. 千葉蝶三郎　12・4

ビデオ「藤山寛美遺笑集／新・十快笑」の、後半の五本を買って
みた。

もしや……、というかすかな期待が的中。「親バカ子バカ」(昭和四
十八年十月、新橋演舞場)に千葉蝶三郎が出ている！

今や伝説と化した、寛美 vs. 千葉蝶の、アホ対ボケの掛け合いを
久々にたんのうした。至福の十数分である。

松竹新喜劇がつまらなくなったのは、千葉蝶が亡くなり、渋谷天
外も世を去り、寛美のワンマン体制に耐えられなくなった、いい役

ネ音、昔らの寄席の打ち上げであったという。

いとも口いとし・こいし、E・Xテレビというテレビ局の深夜番組「楽語」などをしていたが、年配の聴取者層が多いものだと思うのだが。

NHKの「今、ラジオ」という住人のうちらをしてきたのだが、年配の聴取者層が多いものだと思うのだが。

12・9 いとし・こいし、米朝、ハンク・トンプソンの最期「楽語」

先という僕が、「砂川」（川）捨丸先生からいとし・こいしの頭に位置するのは、毎回このカメラが回る「中京テレビ」（中村）の楽屋「楽語」は、かな横山

上岡龍太郎が緊張するというが、喜味こいしという奇術師の名奇談といえる顔ぶれ米朝、横山

同会の上方演芸の録音番組「楽語」などをしていたが、松葉家奴などの奇人変人の芸人がいるのかな。

わが顔ぶれも「」僕はベンチャーズが、松葉家奴というのはあれらは毎回このカメラが回る配のこともあるし、なんしても一層の厚みでいくぶんかの移談というのだろうか。

ところで、となるとライオンは広告だったのだが、たとえ広告であろうという人生にも、次々と離れていくというのだが……

というのは売元なる人生にも、五日が、日本史のもが、次々と離れていくというのであるが。

ビデオのラベルをオカいっと、同年の竹田書房にお願いしたとき、名前が一年後にはチャンネルされているということを初めて知ったのだ。そして、共演者は売れている直販方式を明記か

ビデオのラベルをオカいっと、同年の竹田書房にお願いしたとき、名前が一年後にはチャンネルされているということを初めて知ったのだ。そして、共演者は売れている直販方式を明記か

12・10 山田太一「それからの冬」

佐久間良子という妻Bを演じる大原麗子が近く離婚されたという別人の老いゆく、せん。妻が亡くなって、妻のお部屋をそのまま変えず、お互いに気持ちを抑えている男
（演出・井下靖央、主演・大原麗子、山田太一）それ自体

そのまま作者の佐藤B作の日曜劇場「その日曜劇場」で実に久々の先の観客を見るとしいが、実に久々の期待感豊かな感性が

央は、CBC（TBS系の名古屋の放送局）がつくったがDのお正月の夜に、CBC・TBSだから全国ネットでいくというのは視聴者の大原麗子の清

一方で、悲しみの大人は、（CBS・TBSだから全国ネットでいくというのは

さすがだ、これは不思議だけれど、佐藤B作と大原麗子という「老人役を演じる」のは再度かそれだけねだが、それなのは再度か

小生としてはそれだけの豪華参加だけれど、それだけねだが、それなのは再度か

みんなだけれど、林の回したいきな林田十郎回路のされた名前だけで、番組名漫才コンビ（親福博という雁玉・十郎の視聴者のためだろう）たちの話のためだろう

字幕を出しせたいう行きを届けきたは（親福というジャンボ宮子エ番組だという人気を博した）たちの話のためだろう

増村保造「暖流」の斬新さ 1・6

今池の名古屋シネマテークのレイトショーで、一月九、十日の両日、増村保造の「暖流」が上映される。

「暖流」と言えば、昭和十四年の、当時の新人監督・吉村公三郎の作品が名高い。岸田國士原作の、行動的な人間像が話題だったが、小生がリアルタイムで見た昭和三十二年の、増村によるリメイクの斬新さが忘れがたい。

私立の大病院へ、経営再建のため乗り込む事務長・根上淳の過激なまでの敏腕ぶり。それを迎える病院内は、悪党とナマケ者の巣(船越英二怪演ッ。)。両者の対立は、ほとんど喜劇に近い。

根上をめぐる野添ひとみ、左幸子のサヤ当ての強烈さは、左幸子が東京駅頭で叫ぶ「二号で情婦でもいいから待ってます!」に象徴される。

これが第三作の新進・増村の、エキセントリック寸前とも言える演出には、時代の先端を行くどころか、時代を引っ立ててゆく気迫があった。

この映画、増村が亡くなった昭和六十一年、愛知で全長版が放送された。今回の16ミリ版は、そのフィルムなのだろうか。

和田誠「シネマッド・ティーパーティ」 1・7

和田誠の「シネマッド・ティーパーティ」(講談社)を読んだ。イラストレーターで、映画監督でもある和田誠が、無頼の映画ファンなのは、つとに知られているが、その文章には、いつも舌を巻く。

季刊「リュミエール」、「キネマ旬報」、月刊「イメージフォーラム」、「ニューシネマ」などのムービーマガジンに載った文章もあるが、映画のパンフレットのためのものも多い。映画企業のPR誌や、エイガ・ヒョーロンカ諸氏がPR誌やプログラム等に書いた、いわゆる"お座敷"原稿は、はっきり言って"悪文"的な印象のものが多い。

だが、和田誠は違う。「シネマッド・ティーパーティ」や「キネ・マニア・ノート」に関するものは、エッセーとしても、資料的に見ても、超一級のものだ。

和田誠の文章は、簡潔で、そっけなく、ユーモラスで、しかもその内容に情報がびっしり詰まっている。夢だ、愛だ、というネチャとした言葉を乱発しないで、筆者がいかに映画好きなのかが伝わってくる。

それは、彼が描くスター一連の、あの絶妙な似顔絵のような文章なのだ。

「ジャーニー・オブ・ホープ」は身にしみる 1・13

いま名古屋で上映中の「ジャーニー・オブ・ホープ」を、トルコ映画だとばかり、洗練されたなと見ていたら、実はスイス映画だった。

監督・脚本のグザヴァー・コラーはスイス人だが、主要なキャストが、「路」などに出演したトルコ人のせいもあって、少なくともトルコとの合作だと思える不思議なのが。

トルコの山あいの貧しい村の一家へ、かつてスイスへ亡命した伯父から「ここは天国だ」との絵はがきが届く。それに動かされた主人公は、妻と七歳の子供の三人で、スイス密入国を企てる。

ひとは貧しいほど、夢にすがるものだ。不法入国者を食い者にす

1991—1992

米朝一門 顔見世大興行

1.20

大阪――一月一日深夜、毎日放送の「米朝一門顔見世大興行」の録画が放送された。

まず一番手の三枝は新作の「戸さがし」。枝雀の「代書」、小米のペントマイムというか面白く、小佐田定雄作の漫談「米朝日記」を演じた米朝……という顔ぶれで、上方落語の粋を集めたような番組だった。

他だが、見立てで今回見せる次第模写ですが、演芸番組の独楽の動き……。

わたしは若い頃、連絡船に乗ってよく旅をしたものだが、その船の中で見る外国映画がいちばんの楽しみだった。小学生のころから吹き替えより字幕が好きだったが、三人の親たちが連絡室に……地味ながら。

後からステレオ化した映画

1.29

頃、新聞のラジオ欄に、53年にステレオ化されたニュースが実用化された。S44年にはテレビ欄で、ステレオ放送する「聖衆」というマークが目につくようになったが、52年が最初で、第一作は「聖衆」だった。最初格とするのが、それ以前とは別格だ。

らしい。人元来は男と女のドラマがその前にNHKで放送された市川崑の「鍵」に……名古屋放送局の……これは映画でいうと、最近NHKの近くで放送された市川崑「鍵」を見た。

市川崑「鍵」の不気味なコケ感

1.27

映画が三十余年前に流れが最近、今テレビで再び放送され……当時の執念……谷崎潤一郎の原作……三十余年前の映画を、テレビで見た。色気がただよう。

ディズニーはないはず。

疑似ステレオだろうなと見たら、やはりそうだった。ジーン・ガーランドが階段を下りて、向かって右手のパーティーが開かれている部屋へ行くとき、キャメラの移動につれてパーティーの音楽が右から中央へ移行する。

もともとモノラルなんだから、ガーランドがもしもセリフを言っていたら、音のふりわけようがない。そんな程度。

モノラルの映画が、ビデオ発売でステレオ化されているケースもある昨今、モノクロ映画がコンピューター着色と同様、さらに増えるかもしれない。

その"絵"や"音"がオリジナルのままでなくて、後から何らかの加工をした結果であれば、それを明示すべきではないか。

いつでも旬の山田太一　2·3

NHK衛星第2テレビで放送の「山田太一の世界」の"トークドキュメント"を見た。

BSの"特集"は、時間のゆとりにモノを言わせて（!?）視聴者を食傷させるつくり方がありがちだが、今回はそんな印象はない。山田太一の作品自体が、バラエティーに富んでいるからか。

ミュージシャンの甲斐よしひろの「山田太一とスティーヴン・キング」の比較論が、とりわけ面白かった。どちらも「安定した日常が外的要因が入ってきたことで内部崩壊を起こす」点で共通しているというのだ。

番組の最後に山田氏、「皆さん"名作"だとか褒めてくださって

それが続くので、正直言って閉口しました……」と、恐縮しつつ苦笑していたが、甲斐よしひろの「いつでも旬の作家」という形容は世辞でなく当たっていると思う。

ところで、東京（TBS）では、何度となく再放送している「岸辺のアルバム」を、CBCはなぜ再放送しないのかね。目下放送中の、フジテレビ制作「早春スケッチブック」のように、いずれBSへ"放出"でもするからか？

往年の寄席を再現すると　2·4

大阪の友人から送られた録画で「昔の笑い／今の笑い／再現！寄席の一日」（ABC）を見た。

司会は桂米朝と西川きよし。往年の寄席のプログラムを再現するという好企画で、昔らしく・今らしがやったという"ネタ"をタイ切り漫才を、おかけんた・ゆうたが演じたり、トミーズのボケントシンブ漫才などは、まさにモノホンである。

正巻は、大詰めの"三曲萬歳"。大正時代ごろまで萬歳一座の幕開きに勢ぞろいで演じたもので、滅びてすでに久しいのを「むりやり復活させた」（米朝）という。

荒川芳政、三人奴などの面々が居並ぶが、実際に演じたことがあるのは、海原小浜（小浜が三味線をひく姿を初めて見た）と小松まことの二人だけだという。

生き生きと楽しげなロート連の中で、米朝門下の吉朝、勢朝が数を手に参加。忠臣蔵三段目のパロディーで吉朝が好演した。

これは、大阪府が昔の芸能の資料や情報の収集を始めたことに応

2·10 クリエイティブ・アニメーション

まり」という音楽は世界だ。「アニメーション」の文字が出...

本独自の面白さがあるのだが？　その悪法を知れば、東京のアニメーターの秀作が集まる番組だ。実にさまざまな手法が駆使されて、一時間半がまったく退屈しない。非常に効果的な音光と照明で見せるのは消防署の消火訓練だ。暗幕を効かせ...

原画が一枚も張りをもって、子供を舞台に載せたようにも見える。人形やヌイグルミの中でいちばん目立つのが、リアルな男女だ。彼らが取り出した幻獣だ......

列車や名古屋市民会館で見た「フィリップ・ジャンティ」の漂流を...

という意味もあるし、意義もあるのだ。しかも楽しめるのだから言う...

2·5 フィリップ・ジャンティの闇の世界

い。トランクから降り出た人形やヌイグルミは、彼らが宇宙から取り出した人形だが...

2·18 CMも計算に入れる 山田太一脚本

だが――これが効果のあるしかたからして、大六中などのテレビ画面は...

35ミリの劇場用映画と同じようにテレビでも放送されれば、ふつう家庭のテレビ受像機で見た場合、走査線の構図が同じでも、五百二十本の走査線に絞り込まれて、NHKの本来の走査線の鮮明な画像が出てくる。一見、細かな線で...

この番組では主として舞台、いわばジオラマ風の画像だが、実際にはカメラで撮ったものなのに、六中などでは、そのことすら...

「テレビ画面のキャラクターが現在のテレビ受像機では走査線の乱れとして見るしかないのだが、ホームテレビの「ヨコ線」は...

所が嘆かわしいことにあるのだろうけれど、まあそれだけのことだが、そこはCMが入る時間だから、アニメの入る部分はCのナシを気にするわけにもゆかないのだが、多分NHKもBSだろうと思う......

ともあるだろう。自然なキャラを生かして、不自然ながら...

大和書房から出ている脚本にも、CMの個所は書いてない。少し後から〈山田太一作品集〉として刊行されたものは、CMの個所が【***】で示されていて、"民放の場合、作品はCMが入ることを前提として書かざるを得ないので、CMを一種の効果として構成しております"と追記されている。

なるほどと思う。実際にCMを外したものを見ると、一層実感である。あるべきブランクがなくなると、その前提の構成が崩れるのだから。さらにフェードアウト(イン)でなく、基本的なカットつなぎだから、なおさらだ。NHKも民放番組を扱うときは、その点配慮してほしい。

――ということは、民放で劇場映画をCM入りで見るのも、不自然な事なのだ。やはり。

舞台劇を映画化するわけ　2·21

去年のことだが、東京のUIP試写室で「恋のためらい」(いま名古屋などで上映中)と「ケープ・フィアー」を続けて見たら、どちらも主人公の出所から始まった。

前者のアル・パチーノは、刑務所内での読書で教養を身につけコックの腕をみがく。後者のロバート・デ・ニーロは法律書を読破する。さべて出たら、前者はそれを(生かすために)、後者はそれを(理不尽な報復のために)ネガティヴに用いるため、両者はまさに対照的!

「恋のためらい」は、めずらしく内容にぴったりしゃれた題名。それにせよ過去のキズを抱えた中年の男女の恋物語を、面白く情感ゆたかに見せるのは、一つにはセリフの妙味だ――と思ったら、原作は舞台劇。ナットク。ルビッチ、ワイルダーといった名監督は、好んで舞台劇を映画化した。ストーリーやセリフがよく練られ、安定感があるからだろう。

ところで日本だが――いわゆる小劇場演劇は生活感や劇場感をテレビの二番せんじがウケている実情はねえ……。

植木等はゲストで輝く　3·6

「植木等デラックス」(CBC-TBS系、MBS制作)がやっと安定してきた。

スタートした当座は、せっかくのパーソナリティを生かされた企画だと思った。ホスト役に植木を、という設定にはムリがある。ゲストとして輝くタイプなのだから。

そのことが、続けているうちにわかってきたらしい。

冒頭のショット集団のバカ踊りが消え、ゲストの人選もうまくなってきた。特によかった。浜美枝、高島忠夫、宇崎竜童と続いたあたりは、いわゆる"無責任"シリーズの共演者。浜美枝は、往年の東宝で話がはずむし、高島と宇崎とは、映画と音楽で話し、撮り直しで閉口した話、宇崎とは音楽のわからない監督の棚下ろしが面白かった。

こんな具合に話の合う対談者が、また植木を敬愛するゲストの方がホスト的な立場で、植木から話を引き出すという形が最良なのだ。

さてそこで、唯一つひっかかるのがスポンサー。日ごろ副流煙に悩

屋根のテラスでシャーロット・ランプリングが再上映される。「甘い生活」（60年）が、今池の名古

「甘い生活」の謎を解く　3・17

ぼくが当時記憶するだけでも、大作の響き句というのはそれはどの華やかさだが次々と飛び出す名古屋映画というのはそれはどの作品を上映する。日本映画でWOWのようなWOWな大人にもなると恥ずかしくなる「甘い生活」が封切ら

も強制的アプローチとかいうのだが小林時代のキャッチというのが当時非常時だが都会的な享楽を売るアメリカだがそれには高圧的な数発された息子だがと山

猟師息子として五年だと見たりやアメリカでの植民地の記録を借りてもいたのだがこれへの独立戦争死

ヤローというとありますしやくがポリューやアメリカだがそれは当たりますか？

をしても一回しても一回しても

と友人が「レボリューション」面白いよと買ってくれたのだがその時にてしまいますよねこれまでいろいろのこと……ね。

「レボリューション」はまれな拾い物　3・13

昔からうかがえせたりそのようだがス・スミスだというのろうだが結果が会社がただ長い時間五十三分のレボリューションだ52年なのだが隠れたキリスト教的に議論になったかしらというのかジョン・フォードの幼い姉弟が殺される聖母の巻とかいう作品の後半であり意味する消失す番組映画五十一時間五十三分の映画三十年前の初公開の場合のこと日本では配給映

悪玉"ジョン・フォードの死　3・27

演出したまたジョシ
悪役にも近いなだ
本領は悪玉というのが
主演のチャールス・
年射のチャールスを
を舞わし「赤い河」な
相手をねたがたくなたの
であるものは折れな役だ
が脇役にも属しているのか
多い相手役だが多い
脇役がだがなだが低予算映画の
けだとまう字幕映画の
だから来たたもう仲良くな
さっちャメスワンロケ行
るのは主役だし

男の友情、リンカーン、キャデラック
フォードとぬ立た
が主たたキャラクター
とかという豪快なだ
かもという赤ん坊、河に
ためうは、ジェームス・キャグニー
だけ目が主役の
豪快なシャーリー・
るというメイン・行く
なら友情だ

一つの結婚ドラマ 4・7

三月末の金曜は、結婚ドラマの激突だった。

TBS系の「ハウス・ウエディング」は教会で挙式するため親と共にハワイへ来た平凡そのもののようなカップル（大森博、円城寺あや）の男のほうが、当日になって式をあげたくないと言い出し騒ぎになる。

「おれなんかが、あんな教会からタレントみたいに出てくるのがずかしい」というのが直接の理由だが、その裏には「親の言う通

日本的救済をとらえた「12人の優しい日本人」 3・24

昨今の邦画の中では、抜群に面白い。た舞台劇の映画化だから、まず冒頭の、全員が喫茶店の出前のオーダーをとるだりの、いかにも小劇場演劇らしいおかしみに乗れるかどうかで、評価が分かれそうだ。

「12人の優しい日本人」という題名からも見当がつくように、これはレジナルド・ローズ脚本、シドニー・ルメット監督の「十二人の怒れる男」（57年）をベースに、さらに筒井康隆の戯曲「十二人の浮かれる男」も意識してつくられている。

現在日本では、陪審裁判は行われていない。だからこれは、仮定の裁判劇だ。

ある殺人事件の審議で、十二人の人たち（陪審員たち）は、最初から無罪ムードだった。

ところが陪審員2番（相島一之）が、みずからも無罪に票を投じつつも、無罪の根拠を問い始める。すると実は、みんな単に心情的に投票していたことがわかってくる――。

この2番は、「十二人の怒れる男」の8番（ヘンリー・フォンダ）と3番（リー・J・コッブ）をつきまぜたようなキャラクター。

「怒れる男」と「浮かれる男」のはざまを巧みにかくし、"自分の意見を言わず全体を思う方向へ誘導しようとする"日本的救済をとらえた三谷幸喜（舞台の作者である）の脚本は、なかなかのものだ。

ただし、裁判の常識からして、たとえば評決を守衛に渡しただけで解散、というのはありえない。小劇場の舞台という異空間で通用するウソも、映画ではどうか。監督は「桜の園」の中原俊。常時二台のカメラを駆使したという高間賢治の撮影も見どころ。アルゴプロジェクト配給。

が、極めつきはジョン・フォードの「荒野の決闘」だろう。

悪玉クラントン一家の末弟ビリーを撃って、馬で逃げるが、わが家の入り口でこと切れる。OK牧場の決闘の直接のきっかけとなった男だ。

「荒野」と同じ決闘を扱ったジョン・スタージェスの「OK牧場の決闘」では、クラントン側のガンマン、リンゴーを演じた。

それをつい二、三日前の深夜に、東海テレビで見たばかりである。

故人だから"さん"か"氏"をつけるべきなのだろうが、それを拒否するようなイメージが、アイルランドの魅力だったのだ。合掌

犬が（松本）人が、ロボット大を「大日本人」を作る。うちに星人——という浜（田）の地球侵略を防ぐため笑いを実の組を防ぐためだけの放送劇をその周囲が笑われた論理でご機嫌を取ってみせる、という話だけだ。

が、病院で皇子が出演したコント番組である。しかし、漫画の吉本を見た師匠なのだし、ニューカマーの流れの人気タレントという奇妙な話題のネタ、誘拐、脅迫電話、という話。UNKOライダーが、まさに手で番組名は小生松本人志・浜田雅

松本人志の落差 4・10

出すで、ハンサムな青年は、結局サラリーマン生活に——対外的な名古屋の破滅から、日本的青年は、しかし原人結局、両親「山田太一」の娘との離婚は、山田太一のような気鋭

流れの恥、東海ジ系ある一方——対一で結婚した、と。東海ジ系ある不器用なカトになりしていく「自己主張したきれない自分自身のカたち、自己変革という娘との離婚は、山田太一の気鋭

基調音のよう人、というよう不器用なカトになりしていく……

な構図だが、それはそれとしてまた、小味構図だが、それは〈鏡〉のようなカラー渋キットである。

いかにも美男美女が映画館に一枚目に仕掛けのうまいキャラ——ニ人（三人）たちキットである

それはまた気に入った映画の印象にあるのは美男美女の幻だけの、ただいた映画の撮影所で少女ともなら結

さきの〈一枚目は〉幻だけの、ただいた映画の撮影所で少女のよう

それはキューブリックの「2001年宇宙の旅」のような

〈一枚目は〉へ 4・14

原稿は「名古屋の記録を初老の恋人に振られた小説家と、新人自信家のタレントは新信出版社と書店を兼ねた小説を持ち記録を初老の恋人に振られた小説を

〈一枚目は〉へ 4・14

が、秀逸だったなと思うのは、あのロボットの面白さだろう。自分の自信作らしいほどの落差だから、松本人志というと、8ミリ映画を撮った大学前のSF研究会が競作という作

アテンコのやる気とセンス 4·21

「タモリの音楽は世界だ」（テレビ愛知＝テレビ東京）で、先日、レス・ポールのギターに関する問題が出た。

今や七十何歳のレス・ポールのコメントに、アテンコの声がダブる。終わってタモリ「それにしても、吹き替えをなんとかしてほしかった」。かにもレス・ポールですからねェ。あれじゃカンサスの田舎のじいさんの「わしゃアUFOを見ただ……」と同じじゃないですか！」（爆笑）。

そうなのである。日本の吹き替えは、アニメはもとより劇映画でも、ふきかえた老人は滝口順平といういうふうに、すべて類型で処理してしまう。それがまた妙な声優人気につながったりするから始末が悪い。

以前、ジョン・ウェインのフランス語吹き替え版を見たことがあるが、ご当人がフランス語をしゃべっているとしか見えなかった。似てるなんてもんじゃない。

——など書くと「日本の声優がいかに冷遇されているか」てな話を持ち出される。違うんだ。全然要するにアテンコ版スタッフの、やる気とセンスの問題なのだ。

山田太一「チロルの挽歌」 4·24

山田太一のドラマには"自己変革を志す"人物がしばしば登場する。

NHKの「チロルの挽歌」の高倉健もそうだ。東京の電鉄会社の車両管理局技術部長として定年まであと二年の彼が、北海道の小都市の"テーマパークづくりの責任者として出向を希望したのも、無口な自分をなんとか変えたかったからだ。

"まるで高倉健みたいな"タイプの男が来たこと対する人々の思惑がユーモラス。そして、その町に偶然にも、高倉の妻の大原麗子と、駆け落ちした杉浦直樹が暮らしていた——。

おしゃべりで小心な市長の河原崎長一郎も、かつては炭鉱で栄えたこの町に、チロルの風景をつくる観光事業が、決して好きなわけではない。でも、ほかに仕方がないのだ。

ラスト近くの、炭鉱労働者の行進が夜の通りを埋めつくす集団幻覚？　シーンがブッ圧倒的だったのは、第二次大戦の戦死者がダブったからだ。"産業戦士"たちは"小生だけ自分を変えようとする高倉。相手を変えようとする大原。一見ハッピーな幕切れの背後に秘められた、作者の現実認識は苦い。

イッセー尾形の名古屋初公演 4·28

イッセー尾形の一人芝居が、東別院NBNホールで催された。名古屋初公演というが、地方公演の皮切り（沖縄ジァンジァンなど特殊な例を除いて）である。

券はプレイガイドにも置かず、電話予約のみ。しかもPRは新聞の催し物案内だけなのに、公演一週間前には完売。用意した数枚のポスターも、張らずじまいだった。

笑いとは"緊張の緩和"だとする桂枝雀の論理を借りれば、イッセーの舞台は、極めて緊張度の高いユーモアである。

いま登場した男は何者か。何をしに来たのか。ここはどこで、どういう男はどんな格好（立場）なのか——それが、説明ではなく、対話

会うというが――。

そこで子猫を抱えるようにしてその黒猫に近づいたから、がぜん「魔」が差したのだろうか。子猫をかばう前足を横に払われてひるんだスキに、その子猫をぱっとくわえて黒猫は脱兎のごとく走り去った……。

せっかく取り返した子猫だが、やがて南方英一国定忠治に扮する山根はイヤでも客に笑われる存在となるわけだ。

この伊吹、南方とも木節をきかせてうなるノドの持主だが、山根がその伊吹南方太郎を張りたおして伊吹南方を用いて

アイデアの不思議な一致 5・8

NHKテレビの新緑風ドラマ「悪代官」を見ていたら、われわれ「新緑樹」のメンバーがヒネリ出した物のまったく同じようなキャッチコピーがとび出てきたので、びっくりすると同時に南方太郎の愛知の広告の関節が

去るとはおもわなかった。が、当然ながらネタが重なるということはありうるものだ。

それにしても見ているうちに、次第に不安が増えてくる。アイデアは完全に先行した人が勝つ。広告の名作は反応的に確かめられて、ロコミの舞台を疾倒するというより消えてしまうだろう。

志ん朝と志ん橋 5・26

沸々とした志ん朝という人と、寄せるもの落語というものと、その落語の公演が

演目は同じく前座と同じく落語を語り多数の客層を引きずり込みながら三年目「三年目」に「三年目」をかせた芸の実力だろう。

喫茶店で落合った編集者の失態という怪談の中に引き込まれた若い人だが、女性の立場なく語られるその話が味と不満の大阪の特

東海道線を京都とへ落語が近づけば落語家「なるほど」だが、勢子の愛知県内に志ん橋の公開録音がある天災「天災」と「たらちね」は今年の三十

可朝と京都妻と、せんなくも朝と、去る十一月十三日(日)の志ん橋十一月十三日という存在がうかがえる「天災」という志ん朝の志ん橋へ志が今の志ん朝の生体験的な催しか注意する月亭

バイオレンス脚本の「ストレイ・ドッグ」6・2

今年のカンヌ国際映画祭で「ストレイ・ドッグ」が

呪いの49年黒澤MGM作品、脱映画は「ストレイ・ドッグ」としてアメリカでリメイクされ依然として「ノラ」のようだが

ンプリに選ばれた。スウェーデンの巨匠イングマル・ベイマンの脚本を、デンマークの「ベレ」のビレ・アウグストが演出したものである。

その元であるテレビ・シリーズ「ベスト・インテンション」が、WOWOWで四夜放送された。

牧師の子に生まれたベイマンが、宗教家、法律家、医師といった"職業として人間の良心にかかわる存在"に、不信の念を抱くようになったのは、有名な話だが、これは、彼が嫌っていた父親がモデルなのが面白い。

神学生ヘンリック・ベイマンが、資産家の娘アンナと、彼女の母の反対を押し切って結婚し、愛憎のドラマが展開する。

金持ちの我の強い娘も、一面では雪深い田舎でまめしく働く良妻であり、優秀な牧師であるヘンリックも、時には感情を爆発させる。役者たちが皆、たまらなくいい。

これをベイマン自身が撮ったら、息苦しいまでの心象風景になっただろうが、アウグストのソフトな映像美でもうどよかった。

「紳助の狼が来たーっ!」 6・5

「紳助の狼が来たーっ!」(中京・読売テレビ)が、このところ好調。

これほど単純なトーク番組もあるまい。出演者は、島田紳助と彼の高校時代の遊び仲間である土建屋よしゆきの二人きり。ゲストも何もない。

内容は、身辺雑談と"口先だけの弱い不良グループ"時代の懐旧談。「ウッセンナ!」「ほんまやて!」が飛び交う悪友コンビのホラ話が生き生きとおかしい。

土建屋よしゆきについては「EXテレビ大阪」で上岡龍太郎が「プロよりうまいアマ」と評した通り。といっても、相手が紳助だからこそだろうが。

先日、紳助がビデオで見た「スタンド・バイ・ミー」に感激した話。"小さな小さな旅"を終えた少年たちが帰ってきて「町が小さくなったように見えた」というナレーションに感激した紳助、早速むかしからの京都の街を見下ろした高台へオートバイで夜道を走ったが。

しかし京都の夜景はむかしよりも灯火が広がり、「町が大きくなっていた」が…。

ジョークの中の一抹の情感。紳助の独壇場だ。

エドワード・ヤン監督との交流会 6・12

「牯嶺街少年殺人事件」のエドワード・ヤン監督が名古屋に来た。河合塾千種校体育館で開かれた「アジアを結ぶ文化交流祭」に出席するためだ。

「牯嶺街──」の、夜の街角で少年が少女を刺してしまう、みごとな長回しのラストシーンについて「ふつうなら、刺す瞬間をアップで撮るところでしょうね」と言ったら…。

「これから何が起きるかを知らないように撮りたかった。アップに寄れば、キャメラがそれを知っていたことになるから」と答え。

「文化交流祭」での演題は「台湾人のアイデンティティについて」。上海生まれの台湾人、いま四十四歳のヤン監督は「台湾はもっとも

大サーカス「ファンタジア」 6.19

かしら」などというのも、空中ブランコのように曲芸が重なっていく中でも、危険な感じがあまりしないのだが、赤ん坊が四ツン這いのロープをたどるというクローニー・スミスの芸や、巨大な風船のようなデュラトンの浮遊するような演技は、見ていてもやや困難な動きを感じさせるのだが、ワンとダロスのように妖しさを感じさせるのは、芸の精神とでもいうべきものか。

調べてみると、近年の人間に近い動物の芸は、照明でも動物の芸だけに近い人間の芸となる。それらは、音楽進行でも大サーカスの名曲のように見えるのだが、子供の芸とはまったくちがうのだ。動物好きな気分にさせられるというほど、見ているうちに小学生にはならないにしても、フィジカルのレッスンをホールで見せられたようだ。

「ファンタジア」の名古屋公演を笠寺まで見てきたのは、この「ファンタジア」というのは、「さまよう魂」というのである。ただ、「さまよう魂」というほど、サーカスのちがうのだろうか。現状を確認するだけで、『魂の箱』のメッセージの意義の......

開いているというようにあるのだが、あるいは限りなく日本に近いというとき、一個の憂うつを加えるのだが、続けて考えると、新しい歴史を見るという思いで移民的な課題とでもいうような土地の過去と現在と未来にいう。

探偵ナイトスクープ 7.3

「探偵ナイトスクープ」、「ナイトスクープ」、「探偵」、「ABC制作」を見る習慣がついた。

たしか山藤章二の言うのを聞いて観るようになったのだが、武蔵上でもそれほどのことでもなく、そうしてだんだんと演じしだいに女房の記憶としての一話「飯田房子」から子別れの「酒買「女房」という子別れの許不在家・関係研究家・関山和夫氏は「子別れ」の解説が入るまで通しを通して演じられるようになった、一夜だ。

せめられるのはめったにいないが、中五郎におしりの話があるが、「熊五郎」という愛情として演じて上でただけがかりだったが、そうした世界を深くしているらしい面が泣くら。

一番が宮古寺連だったが、「官古市連」で過日の幸運だったが、「官古市連」の迎陽亭を開いた自分の会、例上・中・下を通して三代夫氏が芸界「柳家小三治和夫氏が弟子まで通して「別れ」を出しただけ開けただ。

小三治「別れ」を通して 6.23

すべてギッシリ踊り、正味二時間に織り込んだメッセージのジャンルのあるのだが、あなたのようにしてある若手の一人だったり、失敗する有名だったり、ギッシリ踊り、

大阪笑芸タレント達が「探偵」となり、「家の床下にある『ゼロ戦』は本当のものか」などという依頼を受け、あっちこち聞き回った結果を探偵局長の上岡龍太郎に報告する。

一回の調査は三つで、小生が「トミーズ雅と清水圭」（どちらも漫才の片方）がごひいき。

先回のトミーズ雅の調査は、中学の女生徒から「数学の先生がどんな紙でも（半分に折り、さらに半分折るというやり方で）百回は折れない。二十回でもう、ムリ」というけれど本当だろうか」との依頼。ついには体育館いっぱいの紙を人海戦術で折っても、十回が限度と実証される。

厚みが倍々と増えるから、計算上でもわかることだが、自分で自分に笑うこむ雅のおかしさは無類。

やたら脱ぎたがる北野誠が、自称天才少女のピアノで、シリを出して踊るという、世にもくだらない調査？　上岡と顧問のキダ・タローの笑うみでショーアップしてしまう。関西の強みだねえ。

シドニー・ポワチエを讃えて　7・7

AFI（アメリカ映画協会）の「映画人を讃える」シリーズ、「シドニー・ポワチエを讃える」をWOWOWで見た。73年のジョン・フォードから数えて二十三回。アメリカ系米国人初受賞である。

H・ベラフォンテはじめ、当然ながら黒人スターのスピーチが多い。

中でもおかしいのが、漫談のビ・コスビー。紹介ぬきで着のまま迷いこんだように登場し「ポワチエくらいの大物になると、グリーン・カード（外国人の労働許可証）の提示を求められな……」爆笑、拍手。

ポワチエの代表作の一本「手錠のままの脱獄」で共演したトニー・カーチス「僕の役を、監督のスタンリー・クレイマーがまずM・ブランドにあたったら、彼は黒人役を望んだ。次にK・ダグラスを打診したら、両方の役をやれるなら言った。で僕は、女装していいならと答えた」と笑わせ、「シドニー、右腕を上げてくれ……」自分も左腕を上げ、「いつまでもつながっていよう！」スピーチも、こうなると芸だ。ライバル意識を皮肉をユーモアに昇華させ、感動でまとめる。

映画館の入場料を比較する　7・10

先ごろ、バリ島で数日を過ごした。その時、海辺の町クタの映画館で、予告編数本とリチャード・ギアの「ファイナル・アナリシス」をインドネシア語字幕で三十分ほど見出できた。場内の様子が知りたかっただけだからだ。

座席はゆったりした欧米型、完全なヤミの中にスクリーンだけ明るい。

入場料は四千rp（ルピア）だ。一rp＝〇・〇七円として二百八十円。デンパサールには、一回目は夕方から夜中まで入れ替え制三回上映である。なんと、戦後の名古屋・ロマン座の女性学生割引五十五円のレベルではないか！

「紅の豚」のキャンペーンで来名した、アニメ作家の宮崎駿が、試写会の舞台あいさつの中で「日本の映画館は」（上映中の場内が）明るすぎて、本当の色が出ない」とボヤいていた。

「キネマ旬報」七月下旬号に、東京・有楽町マリオンの各劇場を中

が十歌曲だっとき歌を
探して、スターとしても
なくてはならない。
だけしてくる。だけど
だけしてくる。ただし
かねがね思うのだが、ロイド＝ウェ

歌の子どものとき歌姫を
探して、スターとしても
なくてはならない。
配られる大道具大道具も立演したり、一役付けたり、迷路展開は原作のストーリーを理解するような丁寧な近作の通俗的な特色は大人のための大半だから、怪人な登場する新支
歌曲の原作を思うような仕掛けから、ロイド＝ウェバーの曲のメロディーとして歌われる三重唱第
（映画前半だからあとでだ）子供ら
のメロディーとして歌われる第一幕

劇団四季のオペラ座も見たと言うのも大道具も立演したりと、オペラ座の怪人をロイド＝ウェバーの曲をリスペクトして、名古屋国際会議場と東京の劇場と、名古屋国際会議場と
「オペラ座の怪人」を名古屋国際会議場と
悲しみと怪人の本質を美しく野獣との
「美女と野獣」
歌われる第一幕

ケルンと大阪オペラ座の怪人　7・17

日三人に一人が千八百円が純金だ。百円金が人の心に純金が通うなものだったと読者に封切りの千円級の投書この苦情つまりの日本映画の
「日本映画

へなのだが、わけいって十九、二十六日連続「米朝一門会」が開かれる機会は少なへのだが、わけいって十九、二十六日の三日間だけの大阪サンケイホールに泊まって、一門で桂米朝の落語は、目下だけど米朝の最後の「米朝」門会が見られる機会は少なかった。
――。

米朝一門会」の感動的な！夜　7・24

れはギッシリ「コーラス・ライン」の元祖だが、バンドの一部かのように、「コーラス・ライン」の音楽だけは、それのオーケストラのピット演奏よりバンドが現れてきだけど、「コーラス・ライン」のオーケストラ演奏による乗った歌と演奏による「ギ・ャカ・ラ」（ギ・カ・テ・

まはギッシリ「コーラス・ライン」の部分か、音楽だけは元気の一部のようにボックスに入り、バンドが現れてだけど、「コーラス・ライン」のオーケストラ演奏による乗った歌と演奏によるだけど、映画でだけど台所使う

軽い音楽なギャグに三味線演奏から川崎の合間にそのマーケットたち谷啓の人のホール・ワークを名古屋でも公演していける公演の「コーラス・ライン」を東京・渋谷のオーチャードホールで見
（名古屋公演の

谷啓のはじける音楽ギャグ　7・21

戦後映画史に残る東宝争議から生まれた新東宝にまつわる「新東宝誕生　裏おもしろ覚え書き」も興味深い。

正面切った"日本映画史"では省略されがちな新東宝について、今のうちに、ちゃんとした経緯をまとめておいた方がいい。

差し障りのある向きも、そろそろ"時効"だろうしね。

ジブリの新スタジオ　8・11

このほど小金井市に、スタジオジブリの新スタジオが完成、「紅の豚」公開記念を兼ねた披露パーティーが開かれた。

建て面積四百八十平方㍍、一部三階建ての明るく機能的なスタジオ。これまで吉祥寺などに分散していたスタッフが一堂に会し、余裕のスペースで仕事ができるわけだ。

宮崎駿のスピーチ。
「借金で建てました。大体ソフトの会社は、新社屋をつくると倒産するということになってまして……」（爆笑）。笑いごとではない。アニメ業界の実態はますます厳しいのだ。

声優の森山周一郎、加藤登紀子もむろん列席。ひときわ上機嫌な登紀子さん、特大の色紙？に「ありがとう」いつもばにいて、などのジーナの名セリフを墨書（うまいのだ）したものを手に登壇。極めつきの名セリフが「馬鹿？」（見た方は、おわかりですね）。宮崎駿が、その色紙をさげ持って顔を隠す。満場ゲラゲラ。

記念品は、箱からして陶器らしい。そのわりに軽いから、貯金箱かブタの蚊遣りだろうと、帰宅して開いてみたら、後者でし

果たせるかな、会場の空気は実にいい――。

打ち上げパーティーは、ホール開館40周年記念の会なのだが、後半は米朝一門祝賀会。連続公演の企画に一応足を踏んでいた米朝師も、連日の大入りに感動の様子。

会場の舞台に、できあがった一門が勢ぞろい。司会のベショークを飛ばすただで、弟子弟子の雀々が笑きを飛ばす。

裏方のおはやしの三女性を紹介。弟子一同から大師匠に現金三十万円（千円札でぶ厚いところがミソ）を贈呈。

米朝「弟子から金もらったの初めてやノ」。ベ、から「イチョウの葉に変わるかもしれまへんで」。雀々「うまいノ」と、これだけど、やたらおかしく、胸が熱くなりまうな一夜だった。

川部修詩の「活狂エイガ学校」　8・8

「活狂エイガ学校」（静雅堂）を読んだ。数年前に出た本で、著者の川部修詩は、往年の新東宝映画のベテランプレイヤーだった人。

映画ファンであると同時に現場サイドであった人の文章だから、一見雑談風の中に初めて聞く話が出てくる。たとえばサイレントからトーキーに移行する一時期、洋画にスーパー字幕が採用される以前に、外国語のセリフを弁士が説明を重ねた過渡期の実情が、具体的に述べられている。

また、スーパー字幕第一号として名高い「モロッコ」の冒頭の港のシーンに「霧の夜　モロッコ通いの」貨物船と、いわば映画説明風の字幕が出たというのは、初耳だった。

ト撮影された映像上映された中で「遥かなる大地へ」は過日、東京のロードショー館から参上した70作品の大作だが

「遥かなる大地へ」の上映だった 8・25

が、ど迫力のある「ウルガ」とは違った意味で優れた秀作だった。「ウルガ」は単純な筋があらゆる意味で優れた映画だった。

を走らせた友人を気遣いたわるアイバンの姿など、言葉で語りつくせないようなアイバンとセルゲイの間に流れる心の交流も

返すアイバンとセルゲイ。食を共にする二人。アイバンのような心優しい住人たちが住んでいる町の人々を語る。彼らはニューヨークの喧騒とは無縁の遊牧民で感動的

アイバンのワゴン車を運転するセルゲイ。モンゴルの草原を駆ける一家。渡米したロシア人

家。場面一つ一つが美しい名画の中で上映されている。

「ウルガ」は単純だが奥深い 8・18

魂の触れ合いを直感的に把握し始める。事態を論理的に相手のメカニズムを最大限に解放し映画以上の気持ちの交歓も

「エド・サリヴァン・ショーの世界」 1・6

番組シリーズのタイプだから、そのオーソドックスさが

で見たら、旅から帰って去年、森山財村の出演したアメリカのCBS等で初出演した「エド・サリヴァン・ショー」

に日本側同会者外山惠三が、森山良子、一九六八年新宿、同会した、三十五分、一時間五分、……

……子通りの想像図の長さのコロシアムのキャロル・キングなど、例によってかなり古い時間だった。BS系で放送した世界」(NHK)系でエド・サリヴァンなどのロックを線画

ズ、テレビのタイプその、一例が達ろう。それ

述べ中部地方量を70地で上映上げられるたぶん光も厚く、しかしクラシカルな撮影のある物語だった。大型だから、透明な写しながらその明るさが映し映写技術が各側面へのだぶん光のちょっとした光り具合だった。各地で70からだぶん光のその明るさだろう。

たぶん70ミリ以前(調)の十九世紀事件は見事、本物は波乱万丈の末にすべてが見事、見る者には大型前

がだが縮70地区の映したぶん画像美ないない映像だ。たぶん70の方が大型

だが豆だ際らフ・フ豆だ。

ントらのスタンダップ・コミック(漫談)が数人削られ、出演タレントの現在のコメントもかなり減っている。

"加工"するのもいいが、そんなら二時間枠にして、原版はアンカットで放送してほしい。

でも、なぜ今ごろエド・サリバンかと思ったら、NHKでこれから放送するとはうれしい。お願いだから漫談を削らないでね。

「米朝枝雀二人会」の充実　9·8

名古屋・中日劇場の「米朝枝雀二人会」。

まず、枝雀に弟子入りしてすでに十二年余とは思えぬ童顔の桂雀司が、「鳥屋坊主」を歯切れよく演じた。露の五郎の、味の濃い「鳥屋~」とはまた違った楽しさ。

枝雀は「植木屋娘」で、植木屋のおやっさんをいやな人物に見せないために、いつにも増して先代博多淡海のごとく座ったまま飛びはねて戯画化を汗をぬぐいという「ほぼ芸風を変えたと……」に満場爆笑。舞台のソデ(はやし方)では、もっと受けたのかも。「皿屋敷」は、七月の大阪サンケイホールのときと少し違う。この人常に変動し続けている。

楽屋では、まあ体調がよくないというやく米朝だが「阿弥陀池」と自作の人情噺「一文笛」いずれも堂々たるもの。前者のギャグの的確さは言うまでもないが「一文笛」を"泣かせ"を強調しないで、さらりと演じたのは識見。

五つの演目の内「皿屋敷」を除き、いずれも(マクラも含めて)どこかお寺にかかわるというのも、偶然だろうが面白い。充実した一夜だった。

「一人芝居のみごと三作」　9·11

東京・新宿の紀伊國屋ホールで、地人会公演「書き下ろし一人芝居」三作を見た。独演という制約の困難を、それぞれがどう乗り切ったか。まず、井上ひさし作、木村光一演出の「中村岩五郎」各題試験を受ける歌舞伎の大部屋役者の栄光と悲惨を、金内喜久夫が演じる。いわば苦い味の落語だが、居ない相手の発言を観客に伝えるため、演者がそらぞらと答えない不自然が、オチかと帰納すると消えてしまう。と考えたものだ。

矢代静一作、石沢秀二演出の「弥々」は、いわば溝口健二の世界。女性の声が入る。他の二つが五十分なのに、これは六十分作者の良さ寛が、次女、諸子が主演ということもあれば、力も入るのだろうが、

最後が、山田太一作、栗山民也演出の「サンフランシスコ案内」新婚耐子がガイドする新婚夫婦が早々にケンカし、互いに口をきかないという設定が秀逸。そのことへのイラ立ちが、やがて新橋の内部に孤独を告白させてしまう。みごとに現代の"一人芝居"だった。

「楠美津香ひとりコント集」　9·18

「楠美津香ひとりコント集」を、東京・渋谷ジァンジァンで見た。女性コント・コンビ〈ふるみえ〉の背の高い方、といってもピンとくる人は少ないだろう。実は、小生も同様。

「東京美人八景」と題して①会社に勤める第一日目のボディコン娘②渋谷センター街クイーンのリーダーなどを独演する。

観客の中には人形作品のが理由。一時間五十分の大半を、人間の俳優的に表現された女のマネキン「キャベツ」の、同規格のコマ撮りのメダルを登場する猛者も多い。その目をめざすだけではない――。

第４回国際アニメーションフェスティバル２「世界のアニメ・広島大会」を、ＮＨＫ衛星第２が特集して放送した。

9.22　人形アニメ「キャベツ」のこと

やるのは要らぬお世話で、数打ち込んだ新鮮人。原と今いるや否や、その間の⑥の非常識さがひどのおかしさ。そこにひとつ、女の子のたとえばＶ・Ｌ・１とあるヨーロッパの諸国がいうのは、たとえば文字でキャラクターが動きをつけた和服を着付ける女のたとえば、終ってこの美しさが変っていくようになる気持ちがある。

美人原と今それや否やの額やひとすじの歌ぶとんのの間に、エ・Ｔ・Ｃ（エトセトラ）を赤へ量み込みなどに、朱色にーでというのが歌になった。知

9.29　歌舞伎「東海道四谷怪談」

お様式的改革。この方は市川左団次の若様を見た様な気がするがナ――。言ってみれば歌舞伎の枠を逸脱した勘九郎の。

助三郎が園次郎の背後霊を見た様に、浪人しかと武士幕前地蔵「東海道四谷怪談」の場面、目の悪態は片岡左右左衛門の伊右衛門と、近いこと。上方歌舞伎は全てあえてより、光のイメージが臨場感だが、見立立てるＮＨＫ教育テレビが「東海道四谷怪談」を、前半歌舞伎。

なにしろ幽霊がナニしているのだから――その絶妙な演技力の無解釈である目暗と自覚を与えられた新鮮な過激なロ――まます自らの生きている人間から奪い去りが、私たちには人間か？その天にあがく大口あけて待ちわびる一族かって本当にわからぬ天と。

映画に関する好対照の番組二つ 10·2

同じ時間帯の、同じ映画に関する番組で、こうも開きがあるのか。

NHKとアメリカ映画協会（AFI）共同制作による、衛星第2の「ハリウッド・映像の魔術師たち」は、アメリカの新旧撮影監督のコメントと、彼らが撮影した名場面で構成した九十分。

インサートされるフィルムのほとんどが、つい昨日見たことがないほどすばらしい画調で見ていてゾクゾクする。

ベトマン作品で名高いヴェン・ニクィストのコメントが、彼が最も影響を受けたというグレッグ・トーランド撮影の「果てなき航路」の画面にダブる。

中国系の名撮影監督、故ジェームス・ウォン・ホウが語る姿など初めて見た。

――だが、その翌晩と翌々晩の「シネマスペシャル」は全くの水増し。座談会型式というのは大体ダメなのだが、第一回の「サイコ」分析でさんざんドンデン返しのショックシーンまで見せたのに、はあきれ返った。

そのチャンネルで、十月二日に本編を放送するのに、ネタは絶対にバラすべきではない。常に未見の人はいるのだから。テレビのミステリーのネタは絶対にバラすべきではない。常に未見の人はいるのだから。

天才の映画二本立て 10·6

名古屋で上映中の「リトルマン・テイト」「サディ・アレンの霧と影」は、味な二本立てだ。

前者は、天才少年母子の物語で、ジョディ・フォスターが主演と初監督というのが興味深い。

かつて天才子役をうたわれた彼女が、天才児ゆえの孤独を演出しつつ、天才子役に感情移入する様もなく、彼女の演技もむしろ控えめ。

後者は、夜景で終始する黒白の画面が、別に説明されなくても、G・W・パプスト、フリッツ・ラング、英国時代のヒッチコック等々を思い出させる。

「人間には幻影が必要なのだ」と、ともさらにリアンも説明的になってきたか。

ところでこの映画、どちらも子役の当り子役をうたえる。なんだ「タクシードライバー」で十三歳の娼婦だった彼女が、そのままプロの道を歩んだみたいにおかしい。

いわば〝天才による天才の映画、二本立て〟――とは少々こじつけがましいかな。

桂雀司の「富久」 10·13

桂雀司独演会を、名古屋の名演小劇場で聴いた。

桂雀司六番目の弟子。ヘキヘキしているというだけの印象だった童顔の雀司だが、ぐんぐん力をつけてきた。メインの「富久」は、八代目・桂文楽の十八番を、雀司が上方へ輸入したもの。上方から東京へ輸出されたネタは多いが、これは逆である。登場する旦那

文楽の「富久」は、純文学ならぬ純落語の完成品。彼に富の人柄など、涙が出るほどだ。

雀司版「富久」は、冒頭に久蔵が、彼に富の札を売った差配に

——が、それはさておき、近所に住んだけ最後にひとつ。彼女の旧友が死ぬという事件でおい立てられ、失恋に終わった少年少女の、この「旅」を賞して「近づいた」わけだけだ。しかし、これを見た時の印象は実はそうではない。録画なのだが、同時代の良質な国産子の息子の演のだ——同

修羅ともいうべきこのケースの当事者を、「ラブ・ストーリー」という言葉で送るべきではなかろう。旧友との傑作をつくりだした彼は——しかし彼が近い将来、この種のメロドラマを手がけるのか？

「愛を忘れない「ローマ・ホリデイ」 10・16」

ここで同感に覚えるのは、昔のNHK総合「ラブ・ストーリー」を愛でる、という日本映画的設定はうまく質産しているらしい。近いうちに起きる「アメリカの恋」「ラブ・ストーリー」のシリーズのひとつだが、今のこの設定は「ラブ・ストーリー」のシリーズなのである。（74年）のこ

なできるだけでも、自然久蔵をと前金を借りさせるのはなという証言をしたなという。が、その後から返済をさせられてしまう。新手の借金のおしくは武器としてのおかしくは支出だけの仕方が、人の反省しくはなチャンスに変えられる。偉人となったのは、それからこその支持であると考えたはある。著名だからこのよこの世のなかのある持つ人たちがのより大切。

「二代目桂春団治は実に楽し 10・27」

真だ。台湾にそれにしても、先住民を含む人は生々しい歴史感があるだろう。

ほどだ。太平洋戦争を受け、旧日本軍下の国民として来たのだ。台湾にとどまっている旧日本軍流の正義感が付いていることに気づく。紅葉少年たちの台湾野球・棒球は10年、日本野球をお手本として遅れ、野球に遅れた選手は足を棒にして子供たちへの愛に謙虚を忘れなかった小学校だ。「リ」精神を忘れた子供たちへの写真、古義そ

ぬものは、そういう王たちから指導力のある台湾に来たのは軍下の日本軍である。その魅力は日本軍下にあるまま、台湾人にとって旧日本流の国民として受け付けて失敗し、野球のフォームに気付けた台湾野球・棒球は10年、日本野球をお手本として勝ったのである日本一の話題である台湾野球の秘

もう一方、先住民たちに先住民を去ったのだ。生々しい前後十歳の先住民の戦後の誘導と愛を営む先住民たちには少なく、日本海軍の居たが札幌なたにも

「台湾野球の秘密」 10・20

へ、島田紳助を眺めあいだのいた番組、それはのいくTBSだてのマイス五時間の生ライブを

面白いのだが、本篇を主題にした作品を、例えば「花形落語」テーマにはこうだが——三番煎じのネタは一人も——。

「お上では、火を出すな火事やるな、火には注意せえと言わはるけど、火事が出たら金やるいう会社ができて……どうやら、ほんまやしらん、私ら金ないさかい火事やるかいなと思うた……」

素材は朝日放送の、上方落語の最も古いライブ録音（昭和二十六年）といわれるもの。

陽気でスピーディー。入退院をくり返していた時期とはとても思えない。古い大阪の言い回しが面白いが、半面、早口でわかりにくい瞬間もある。

もうちょっとでゲヘヘヘヘヘと笑うたりするのだが、この人の笑いは、中田ダイマル・ラケット同様、客席の笑いを誘う笑いである。

初代ゆずりの爆笑王タイプで、実子である現在の三代目春團治の端正な高座とはまるで違う。

初代春團治のSP盤と聞きくらべれば、なるほど初代の方が上品でも、二代目も実に楽しい。先代が有名すぎて、二代目がソンするのは、よくある事です。

ソ連の「十円札」　10・23

"さんま師匠の弟子"という自虐ギャグを、さすがに言わなくなった笑福亭松之助。当夜のネタは「寄合酒」（NHK教育「日本の話芸」）。

割前の五円も持ち合わせのない面々の中に、十円札を持っている男がいる。一同感謝感服すると「いや、ソ連の札や」。

これがかつては「ロシヤの十円札や」と言っていた。初代春団治のレコードもそうだから、つまり、十ルーブル紙幣をオモチャとして売っていた第一次大戦ごろのギャグだろう。

その後、ソ連になって久しいから、「ロシヤの札」というだけで時代色も出て好都合だったのだが、きで、こうなってしまうやりにくい。

今のロシアを指すのでないことを示すに、設定よりが生きるのを承知の上で、ソ連と言うしかないわけだが、それにしてもつらい。

その翌晩のNHKニュースは、ロシアで十ルーブル札を集めて断裁している光景を伝えた。インフレが進み、小額紙幣の使い道がなくなったからだという。ロシアの経済は、日本の落語にまで影響を及ぼすのだな。

「エド・サリバン・ショー」　10・30

NHKBS2で「エド・サリバン・ショー」が始まった。

一九四八年から七一年までアメリカCBSで放送されたこの番組、わが国でも六五年二月から日本テレビで二十六本放送。その中でバーブラ・ストライサンドをはじめ顔から目までそっくりになったタレントが出たのだが、今回の放送で、マリリン・マイケルズという名なのを確認した。

一時間枠で三十分番組、日本を紹介。でCM分の時間だけ日本の司会者とゲストのトークが入るわけだが、計測してみると、本番組を少し削っていて、そのぶんトークで埋めている。NHKお得意？のカット症候群？

まあ、それはさておき、それを「バラエティーの名作」という持ち上げ方は（毎度それをくり返す堺正章も言うにくそうだったが）間違い。

古今亭志ん朝は客を変える　11・10

場所で催しものを開いたのだ。そこで真打ちというのが三遊亭円生で、これが独演会をし、古今亭志ん朝というのが独演会をした。志ん朝のほうが人気が高かった。わたしはどちらも聞いているが、客の質が対照的だったのだね。

志ん朝の独演会があるというと、茨城県の武蔵野市周辺の、東京へ逆輸入したような、最高級の観客が目立つ。周辺の聞く耳を持った客が名古屋・大須演芸で——

今月うろうろしたとき、新宿三越の三日連続独演会があったから、それだけでもうかるのだが、そこでも独演会をして、また東京から五日前後の、話を聞いている。

おおよそ催しものだから、その芸能人自体は好きなものでも、ラジオ「ニッポン放送」や「文化放送」テレビの「一色」の人気もののニュース番組のコメンテーターや、「一色」な出演者名が高い、ジャージやオリンピックの全集を編集しているのだから、芸評論者でもできない混然一体だ。

山田太一の「悲しくてやりきれない」　11・17

いやさ、もうちょっと過激
「ジョンレノン」のテーマソングの女役目の夜だったろう「息子」の五つ分しかない。心が軽かった。ちょうどそのへんだがテレビシリーズ「息子」の次回作は、最初の観客をそんなに呼び込んで名古屋公演だ。実はナニワエキスプレスだった、狂熱同僚たちの男は出演し妊娠したという、娘たちの同僚たちとの笑い。

1甲斐甲斐しいだけかーんと会社のネオ社員とのラブ・ストーリー、その苦労も味わえたが気楽さだったけど終始お愛想、夫の役を。

所行きだけだが、「最後の晩餐」として、森田雄田の「一人芝居を東京・渋谷で見た。本当はできる、これは初日は六歳の、嫁の若い羽田相続所息子が結婚相談所へ来たと母親がいう。矢野顕彼は三十歳。息子の年代を、母親「隣の二人を。男の方

イーヨーと尾形の六つの演目　11・13

さし、山田太一のドラマである。

歯科医の待合室でバッグの五百万円を盗まれた独身OL名取裕子と、彼女と共同出資で詩集と絵本の店を出そうという印刷業の柄本明は、待合室でひと居合わせたファミリーレストラン店長の役所広司を、しつこく追い回すが、追ううちに、役所・柄本のそれぞれの悩みが、表に出てくる。

場面に合わせて「第三の男」「シャレード」などの映画音楽が流れる趣向は、「映画みたいな恋したい」などの当節のドラマへの軽い皮肉か。

長野ロケという観光的要素を盛り込みつつ、ちゃんと山田太一のテーマを貫いている。鮮やかなものだ。

最後の大観覧車内で、名取の歯痛の話が出るのは当然この締めくくり。だが、そう言う役所も歯の治療中なのだから、そのことを名取が問い返してもよかったと思う。

シランなアニメ「シンプソンズ」 11·20

WOWOWで土曜の夕方五時から放送している「シンプ

日本そのものをほろ苦く描く「阿賀に生きる」 11·21

い映画である。人間味にあふれ、ユーモラスで哀しい。意欲的、良心的記録映画にありながら、メッセージ先行の気負いが感じられない。

「阿賀に生きる」は、尾瀬を源に福島県から新潟県を経て日本海に注ぐ阿賀野川沿いに暮らす人々のドキュメンタリー映画である。

とりわけ印象的な人が二人いる。舟大工をやめ五年になる遠藤さんと、昔はサケのカギ釣りをしていた農業の長谷川さんである。

かくまで弟子を取らなかった口の重い遠藤さんが、川舟づくりの指導を始める。進むにつれて表情が変わってくる様子が、今も、静かにカメラにとらえられている。

長谷川さんが久しぶりにカギ釣りを試みるのにつき、自然なおかしみと感動がある。もちろん職人の加藤さん夫婦も魅力的。

遠藤さんが感覚障害に気づかなかった話を始めるのは、映画も終わり近く。登場する人たちは、多くが新潟水俣病などだが、声高に叫ぶことはしない。有機水銀を阿賀野川へ流したとされる昭和電工も、かつて企業城下町だった地元は、いまなお恩義に感じている人が多い。元社員の立場から排出の実態を証言した江花さんは、白い目で見られている。

撮影し四十時間に及ぶフィルムを一時間五十五分にまとめた佐藤真監督（第一回作品）は、稲作にのめり込む小川紳介、水俣病を追及すれば土本典昭という大先輩と比較されようが素材を、自然なスタンスで自分の作品に仕上げている。これは日本そのものであるという、ほろ苦く認識が残る。（阿賀に生きる製作委員会製作）

華総統（四九年九月、先月下旬はNHK
民九年五月、「秘密機関"白団"」に
以後の蒋介石が東京の高輪に
送り込んだ十年間の活動によ
り国際的反共集まりに
旧日本軍人「白団」を
組織する結成された日本軍の元
二十名を旧日本軍人たちら「
名を及ある台湾の中国人（中
国民を

「秘密機関"白団"」 11・27

三トンという――まくわれた
チャンの気備改善に進言した
リ本をロケットでも反原発を
ずがるだけだがラうまたオ
カ設備的にはが電所は当な
うがるがヒージが出てくる
にシットーチがメメージ映画
ん者のSFの番組を費用が放
ラジなんとのにAバはる射
ントがルポE ・A・ボムト能補
れメなのだ。三つ目立候所は
ら出発たシーに魚に知事はヒ
たチーンな目を抱きチェに化
なだし。米ロチェルとデーメ
ゴなほどアロシュ結果だにィ
強十五の父親結果だと映える
がが映画館がが過激に面白
いンズ「が原発にが過激に面
がだがジオンでも20世紀に面白
ら変けでがオたカーター映画
でおかうジがメカーター映画
ションの特集は反対発をスター
旧日本軍のたち二十名を「台
湾軍人たちらある台湾の中国人
たちを旧日本軍人を

女性歌手の変身 12・1

けんだが断念九
風がなえてその人
りぶなえでたのに
もなさいないたた
と「スないがるも
しでもぜなにもわけ
出演者の中なので、
歌手当時は別の
といという印象だっ
だがテレオ「赤い風船」の
別をナチをオムでは
翻訳劇を名古屋出身の
最大五年間を
自然にして互いに
それだだけにだ。
でしてもせなかった
と別だけわけだがお
あだテレビだが、デ
ビューもきたが、
歌手のなかの人や
映画や中で活躍中の
一人だが中で、難問、
ひとりの俳優を近々
すらりと俳優をと言う
山田太

だが、皮肉である
昨日のアメリカが
日本である敵は今
大陸をせ全国を敵と見た十
念であ友の新日本軍式
るのももの秘密特別特殊法
ばが息を吹き流れた
名方面布団条特殊な
台を見方米ス法と戦術論や
湾は去住任した
まれる旧日本軍歴史的
るとして経済文教や
極意がこれ込まる
大陸に冷反攻な気冷戦
教育分野に意が込まる
旧日本軍の時代の
経済財政長を数攻
反攻で大陸に込まれ

、向田邦子、倉本聰のドラマって、うまいものなの。

大きな声じゃ言えないけど、女性は離婚で"開眼"するのか？となると、もともと"人神"演技の大竹しのぶだけは、こわいものがあるけど。

東京サンシャインボーイズ「もはや、これまで」 12・4

ただいま人気の、東京サンシャインボーイズの名古屋初公演「もはや、これまで」を、愛知県芸術劇場小ホールで見た。舞台は役者レストラン。パジャマ姿の気の弱い男とその妻が（同じションの、ワクサク好きでおせっかいな前島夫妻（私家版ゴシップ新聞「前島通信」を出している。）につかまった事から起きるひと騒動。典型的な"まきこまれ"型コメディー。不条理の笑いと書く昔懐かしい。

いかにも小劇場的な人物が、次々に登場するが、よくある同世代楽屋オチ的なクスグリはなく、シチュエーション自体からくるおかしさなのが、いい。

大いに楽しんだことを認めた上での注文を一つ二つ。ナンション話という設定なのに声を張りすぎ。ヒソヒソ口調で声を通す工夫があるはずだ。

それと、コントタッチな展開だからこそ、点在する"本当っぽ"さが欲しい。店が暴徒に囲まれるくだりは、たとえば「春の一軍隊」（小松左京作・飯沢匡脚本演出）「砂の上のダンス」（山田太一脚本・木村光一演出）などを見習ってほしかった。

戦時下の日米ＰＲ合戦 12・15

「リメンバー・パールハーバー」が、歌の題とは知らなかった。

テレビ愛知—テレビ東京の「太平洋戦争日米謀略宣伝の真相」は、戦時下の様相をＰＲ合戦という側面でとらえ、従来の開戦特番を超えていた。

国策映画も、日本のがひたすら神がかりなのに対して、アメリカのは、論理的具体的な説得力十分。戦わずして、勝負あった、である。

冒頭の、開戦後十日に発表されたヒーチ「リメンバー—」の作詞作曲者ドン・リードは、今も健在。取材に「この後がいいんだ、聞くか？」などと軽口をはさみつつ歌い終わり、「当時の率直な気持ちを歌った。だが、その後の世界の情勢を見てきた今では『リメンバー』よりも『リーモア・パールハーバー』だ」と。一枚上手だな、やっぱり。

ところで、歌詞の中に「アラモを忘れないのと同様に」という一節あり。アラモ砦の戦いとパールハーバーでは、違うんじゃないかな。

「日本人は今なお一億一心的」というコメンテーターは「広告批評」の天野祐吉。適役だ。

「心の香り」と「太陽山」 12・18

名古屋・シネマスコーレで見た中国映画「心の香り」が、良かった。

十歳の少年が、両親の離婚で母方の祖父に引きとられる。頑固な

12・22　立川志の輔の落語「二」

第二十一回「二」か立川志の輔を見た。「二」というのは志の輔の落語だった。時代の感情が表れている。国民の奥に描かれているのは、いつの世にも他人事でない人間関係である。五十秒でCMを仕上げる現物支給のギャグ。CLUBを、五礼（失礼）の東京・渋谷の東邦生命。

ただ手を同時上映などで昔の孫の名がある設定だが、父はただ演出など孤児院の少女を守るため母の似た京子役の少女として、夫婦のメロドラマでもある隣の少女として、旧中国府軍における男として、格別な封切の事件はなく、四十年間の他界中国で人間として描かれた人間の話ともなり、たまの台湾・香港・台湾の俳優の話があり、現代の名優が演じる孤児院の少年など、政治的面子という国際的意地を返す、重要な行為でもある中国映画の面白さを訴えめいたことを、新聞画に返るのだが、政治的面子という国際的な中国映画である。

1・8　談志芝浜「浜の人間臭さ」

談志を人なつこい——見えると断言する若——実は先生、定評ある春風亭小朝が人形町末廣きJR名古屋駅西の芝居小屋三楽座が立川談志の独演会があった。「二」階席があるほどだ——。（東京・）

若——新幹線で志の目は濃厚な結果は木戸口、小朝のネタ小朝が談志の思い込めぬ「浜」だ——小国と大国お互のお互魚と大国お互が達、印象が異なった。三十分余り待たせた来て一体調子よく迎えだったのはホールだったはずだ。談志を人なつこい迎えを十分に調え待たせたせただ。

という「コメント」できたらな気持ちが売れと構成の会にうなら様子はなれただけになるとだが今を用いてどちらをだとしなくし落語というなどは席へ――ナマで対談という落語一席の語

だらなまだだといるものがいうのをなだとしたたその末尾は「子」本坊が燃えてまた「子」燃然すまた「子」と田楽と本題を走った田楽と十分走っただけでまず意図するたのはまた「子」だらいうのはまる走たのは要すまずだがナオさのがた言う

ゲストの選び方 1·26

NHK・BS2の「ベスト・オブ・エド・サリバン・ショー」はゲストの選び方で、かなり印象が違う。その回の内容というながら、なんのためのゲストかと思うこともあるからだ。

その点、十八日の宮川泰、十九日の小林克也はよかった。前者をげ・ピーナッツ出演の回で、当時その準備を数々のアレンジをし、宮川氏も、見るのは今回が初めてだという。

後者の小林氏は、アメリカの観客は日本と違って緊張感がなく、マナーが良くないという。

良ければ熱狂的にうけるが、駄目だとブーイングで物を投げべんをそれをやり、泣いて帰ったという話など、面白かった。82年のローリング・ストーンズのLA公演で、前座のプリンスが二十日のパブルガム・ブラザーズも、ジェームス・ブラウンに心酔していて「足の動く速さ」は「ブラウン界のスタ坊」だという。同じ会の堺正章もやりやすそうだ。

同じ二十日のNHKの「プライム10/デラックス・ミネ」も、コメンテーターが植木等という人選が最高。いうもう願いたいね。

島津保次郎「兄とその妹」 1·29

島津保次郎の「兄とその妹」のビデオが出たので、さっそく買った。

島津は、松竹で小津安二郎の先輩にあたる大監督。小津の出身地の松阪では、保次郎と安二郎を混同し「安さんもうちょっと字を変えただけで有名になったんだ」などといわれたという。

まったのだ

主催者が観客にわび、午後三時開演を六時半に延ばした。が、九割がそのまま残り、期待以上の高座に大満足。舞台と客席の"心意気"の交流を見た。

「枝雀寄席」と桂春蝶の死 1·12

今年の"外出"は、岐阜市御浪町ホールの「枝雀寄席」が皮切り。

昼の回の前半、スピーカーの音量が上げ過ぎ。上方の落語家は、声を張る修練から入るから、ほんの補助程度でいい。

「もりとてちん」＝酢豆腐の大阪版＝の桂雀、「宿替え」の枝雀は、楽屋で少々おトントンが入った？様子。

前者の、知ったかぶりの嫌みな男「ちわ――」という登場が、明らかに桂三枝。大阪では内輪ウケするところだ。

「宿替え」の亭主は「……ですよ」「……なさい」と、大阪弁ともいうも独特の枝雀語だが一方、量を上げてしまった引っ越しの実感はきちんと描けている。

桂九雀の「どろぼん」（小佐田定雄作）は、上出来の泥棒ネタ。「はての茶碗」を「こういう話は師匠の米朝で聞いて頂いた方が……」と前置きした枝雀だが、油屋の感情表現に、彼ならではのものがあった。

帰宅して見た夕刊で、桂春蝶の死を知った。枝雀がまだ前名の小米のころ、二人会を開いていたこともあった人なのだ。

1992—1993

をしないのかと気にはなる。「本当の人もある役者」である名優としての「F・KO時代のF「レフスタ」(重大な事を目撃した。

関連して「レフスタジオ」である。晩年は「F・キャリー」「ボッケ」「踊る

2.2 エドワード・ヴァン・ホーベン?

「エドワード・ヴァン・ホーベン?」と四十代のアダプレーヤーだった質問に「生活特有の賞問は言った。設計者として見たらという答えだけで、続けて見ている男は「という人物の気持ちだろう」と黙ってしまいますね。

もしやはや東宝撮影子として働く妹「三宅邦子」の最後のとしての美の気味を気にせたら仲のいい妹どうしのことである。妹が来た。「F・レフスタ」という妹通子(昭和十年)の一家の話として小市民的という会話は「一という新鮮さから四十九歳の難から病没しその補佐役とした作品の統一である。

だとも観風は無風的対照として照れ臭いサラリーマンがいかにして行く。妹「三宅邦子」が引っ越しをする気味の妻と妹の松竹たる努力的な島津としての「兄」と妹との対面なし。同じ対面に進む映画「兄」として小市民を描いた日本の小市民として進んだ「兄」として日本民としてヒーローをなしたのである。昭和十年(昭和十年)の一家の兄は朝食と深夜帰宅佐発するニュースが活動と津々として次第に

有名実人坂本三○○○演出していても、その芸者ものに、進美さ回転して相手として三木のあざやかな返事が世界前の出演を考えているナレーションだが十年前の家臣として願ったのが見ス子という二本立のデビューだと思うと、ナこのNTV系のTV番組「ジャポネーズ」という王手番組評価の評価は別としているたべりアの高さだ田舎大領として装飾し

前振り娘で見れば続きを見ても、その大の平凡なのが映画だと気がつくか。明るから気づかせ切れの進美さがしてきたいはいのはらいのか?小生が保存したのだそれが。

2.9 保存されていた夢であつて

それでもそれが保存した役者がいらあ芸そのものだ

NHKテレビの夢であった「あつまれ!夢がいっぱい」の画面を16ビデオで撮影したもので「だまし」という(竹書房)(付)見

それは日本に「ホーム・ドラマ」=ホテルというものがなかった一九六○年代の六○年代だね?一九六○年代の六○年代という存在だね―わからないかもしれませんが何を見たら楽しかった原田芳雄に……しかしそれが六○年代なんだねという、その役者だという―

しかしそれが六○年代の映画は顔だれ、その個性的顔かたちがあるかという個性的顔かたちなんだ。

その個性の映画は顔だれ

まじ存在するため、後世の評価を誤らせることもあるからだ。

小朝独演会の楽しみ　2・12

春風亭小朝独演会を、名古屋市民会館中ホールで見た。

時事ネタの軽妙さは相変わらず、「だれになるのかなと思って…、突然ニュースが流れ、やはりあの人かと思いましたねえ、社会党の委員長！」満場爆笑。雅子さんの話ばかり思わせる呼吸、心得たものだ。

ただし、"いまどきのギャルさ"おもしろいショークを聞かなくなった。そう言えば、紫苑と結婚したころからかな。うーん。

演目は「たいこ腹」と「紺屋高尾」。独演会の場合、年配の落語家は、先に「重い噺」を演じ、中入り後に軽く笑わせて終る形になりがちだが、小朝は、人情噺をトリに据えた。

まだ若いからこそできる事だが、その小朝も、あと三、四年で四十代。自他とも許す"安定したうまさ"から、さらに深い人間観照に達する時が、今から楽しみだ。

弟子のあさりの「野ざらし」はまずまず。故・柳朝の弟子（小朝の弟子）の栄丸は「持参金」だが、マクラで故・桂春蝶の「ぜんざい公社」のギャグをパクるのは、いかがあどうか。

字幕放送の「ラルフの痛快旅行」　2・16

NHK放送のテレビ映画「ラルフの痛快旅行」は、夏の一週間の家族旅行を描いた喜劇。

まだテレビがない時代だから、一九四〇年代後半か。

前半、愛犬の家出騒ぎ等々で、主人公の少年ラルフが、アルバイトの重労働に苦闘するシーンに、フリッツ・ランクの「メトロポリス」が挿入され、ディズニーの「白雪姫」の「ハイホー」が流れたりする。

で、後半、自動車の屋根にまで荷物を積み、インディアナのホーマーから、ミシガンの湖畔の「オリーの天国」（これが原題）めざして出発。

さてその道中が、パンクあり、ガス欠あり、オーバーヒートあり、迂回路で迷わされ、土産物店で無駄な買物はするわ、鶏を積んだトラックに追突されるわ、弟はグズるわ、ハチは飛び込むわ——。

これが吹き替えでなく、字幕放送だった。土曜午後の海外ドラマとしては珍しい。

おかげで悪ガキしたアクセントのこの誇張した下品な発声、原音の自然なユーモアを味わうことができた。これは担当者の一つの見識であると思う。

追悼は最盛期のライブを　2・19

漫才の瀬戸わんや、さんがなくなった。

大柄な瀬戸わんやと、小柄でくるりと頭の瀬戸わんやのコンビは、とりわけ不振の東京漫才の中でズバ抜けて面白かった。

内海突破の弟子として二年先輩のわんやが、芸の上で彼らしさを受けていた。

…それはコントの見方、わんやかわいらしさを受けていた。

…あれはテレビの放送芸能大賞だったか——審査員の秋田實らの前で演じた「何で行ったの？」（「何に乗って行ったのか」と「何

米で「う」は暗算「五十銭貰算」だが、両所とも表に席目にためへくなる。口の瀬戸物屋の番頭だが、今度売った茶碗の値を持ち出して「今度売った荷人の荷が名持ち昼が、この引きそのポジを一円に引きおわだ用ジ水

だがヤが好きたので席目に来て前座の枝雀どを、枝雀どんの演目を「風邪の神送りの『風の神』だ』にするどよく『米朝』になってしまうのだが……枝雀が治した。

おして「後半」へ出席目の枝雀が「風邪」どを演目を一部変更して、「風邪」さて『風邪の神送り』を「風邪」まて妄言改

一出——席目の枝雀の代書屋「米朝」の茶碗「米朝」どもらし声が

江南市民文化会館で米朝枝雀二人会を見た。

風邪でも聴かせる米朝枝雀　2.23

のだから悼すのようにわかるのだが、ただどう見えるたはの小柄のだけどう断ったのだが巨漢のライオンだが、最盛期の番の特有のムリなコミシさが目立ち、再演するどちんをしたどいうことは芸能をすのだろうか

ああ生活のなかにおいての取りためへくるどいう「行司取り」は私生活においての取りため達たいは江戸前のよう引くこうそえて名人どいうたえひ引くそのよう経験するどいうたから

この用だで行司なのだな事

じにまどに「三味」にただ気付くだがらた事な

大一スだのだが、前作よ今回の「ロリ」は、ナインキーどいう中で、今年失父た老人的映画化作品を製作。映画監督のが好幼地を知り真実なは日本達れ日本後映ないだ「二十五年で「一」を封切り、一九五に三年だ再映る製作日本上映すで中「二十日」だ風どし人どいう原作がなのだ名古屋化する。

彼の大男の面倒を見てやる中で、知恵遅れなたの純真な日本なたで再映画化した再映画化作品「二十日鼠ど人間」がだ。

再映画化「二十日鼠と人間」に感動　2.26

クだめた事だ、また手直しをびとけ続く米朝前心だだかどいうこの外国人的な緻り返り鮮明な銭サ風付けの原ど理由だかね彼は

山田太一「秋の駅」の会話　3・9

五日放映の山田太一の「秋の駅」（東海テレビ）は、福島テレビ開局30周年記念ドラマである。JR只見線の会津柳津駅とその周辺が舞台の一昼夜である。

子連れ離婚のキヨ子・田中好子に、駅員の布施博をはじめ、土地の若者たちが思いを寄せている。布施と、農家の益岡徹演じる巡査の村田雄浩の思いつめた三人が、キヨ子に居並んで求婚するとんねんに描き抜きさしならぬ紅鯨団という一座の光景。

それに、心中するためにやってきた老夫婦（千秋実・丹阿弥谷津子）、不法入国で逃走し、恋人に会うためにやってきたバングラデシュ青年たちがからむ。

田中好子がいい。別れた夫は服役中。結婚はこりごりという彼女は、布施に、好きだから浮気しようという。「人の心は変わるから本気は困るんだ」

結末は予想通りだが、そこにいたるまでの心理の綾は、決して月並みではない。「私も（女だから）術よ」「そんだといったらおかしい」「みんなどっかおかしいと持ってんだ」。山田ドラマの妙味は、会話の中にある。

益田喜頓の"芸"　3・12

先日の「知ってるつもり?!／バスター・キートン」（中京日本テレビ）は、ゲストの益田喜頓のおかげで充実した。

バスター・キートンをもじった芸名で知られている喜頓氏が「キートンの歩き方は、ヒザを曲げないでタッタッタッと来るのが特徴」とこの、司会の関口宏に求められて「八十三になってやるんですか?」と言いつつ立って、コメディアンの〈もたれた足の歩き方〉〈前へ進まない歩き方〉を鮮やかに演じて見せた。

これまでの「知ってるつもり?!」は、取り上げた著名人の悲劇性を強調して泣かせようという、日本人的? な姿勢が多だった。

古川ロッパなどと結局は"虚名"の人というイメージのまとめ方は、どうかと思う。男爵家出身のインテリで、一座に達者たちを配しており、自分を引き立てるアンサンブルの術を心得た人物でもあったのだ。

今回、キートンを悲運の人と見ることに無理はないにしても喜頓氏の"芸"が正にこのことだ。"テレビ的"とは正にこのことだ。

ジェイミー・リー・カーティスの魅力　3・16

「フォーエヴァー・ヤング」は、冷凍睡眠を扱ったラブ・ストーリーである。この種のSFは、ハインラインの古典的傑作「夏への扉」から、映画でも数々あり、アイデアそれ自体は別段珍しくはない。

主人公メル・ギブソンは、恋人イザベル・グラッサーが交通事故の昏睡から覚めないのを見て、軍が極秘に研究中の冷凍睡眠にすんで被験者となる。

五十年後に目覚めた現代に登場するのが、離婚した看護婦のジェイミー・リー・カーティスである。

トニー・カーティスとジャネット・リーの間に生まれたと思

崑「地球儀」監督のジェーン・カンピオンが近作の中から人種差別を鋭く訴えたのは岡本喜八の監督作品「大誘拐」だった……同じ活劇の場ではなくサスペンスなどイメージにあふれた劇場用映画の快作だとしてもそれはアプローチの細部だろう。彼女の演出は日本でもサSF成熟した……でも、あなたは市川

じをべてそれを連れてきて、母を元気づける。それは彼女をなぐさめるローズ・ニューマンが初の養子としてアメリカに引き取られる。奇跡的な物語であるスチュアートが大きな名声を渡米した。その冷たい数十年前のローズが、日本ではなくア日本ではハリ

人種のドラマチックな成熟　3.19

K作年のエミー賞「ミニシリーズ」部門補佐と総合（47年度）助演賞などを受賞のほか、ローズ・ニューマンの秘書を買い付け主任移民「N」H

周囲の魅力で老いた住むことになった実が、マスコミに気をつけながら少年少女た行動する数多少の女愛で、気さくとても大人びている。一部分はアメリカの交流があるもテレビムービーの映画という大きなカ人々に

昔の映画の知的興奮　3.30

四十三年前にNHK・BSの「女相続人」を見た。当時からすでに見られたが、これはワイラーの演出出したNHK・BSで三年前の封切当時にあめられた映画だが、当時の五十代

ないとか別設定で、わかっただろうと思う。その日、自分の家の「交換留学生」を送る。ソ連邦崩壊以前の事実としてアメリカに申し込んだ一回の番組として「ロシア語でしゃべるこ天才少年と交換留学で渡米した少年が逆に送られてきた不親切な受け身として一回だ。その悪ガキの子供が……）一字幕が読める出来だけれど、それにしても

まラブレターでしB平日のコマーシャルを入れた六時半で、その父親をめるソ土・日曜五時半から六時半まで家の家を見られたらアメリカ人という頼子三十五年の農園での過激な再放送PRの放送木呼

WOWOWの加入PR番組だが　3.23

感動はしたけれど、もう一つピンと来なかった。今は
登場人物の持ち、心持ちが切実にわかる。

　婚期を逸した一人娘が遊び人の青年に夢中になる。外科医で男や
めるの父がテニス・リナード・ス。明らかに財産目当ての結婚に
も反対すればするほど、娘の不器量を認識させることになる父親の苦
悩を抑えた、威厳の演技が素晴らしい。

　それと——昔「舞踏会の手帖」というフランス映画があった。金
持ちの未亡人が、初めて舞踏会に出たときの手帖をもとに、彼女に
愛をささやいたパートナーを訪ねて回る話だが、その手帖はど
う使うものかを、小生、この「女相続人」あたりに見て、ナッ
トクしたものだ。

　思えば、何十年来、映画を通じて実にさまざまな事を知った。そ
の映画が、そうした知的興奮をもたらさなくなって久しい。無教養
な映画、客にこびる映画が多すぎる。

相米慎二「お引越し」の見方　　4・6

「キネマ旬報」4月上旬号の〈興行価値〉で、大高宏雄が「お引越
し」を、世評に反して、相米（慎二）監督の最低作と書いている。

　その理由は、少女の再生談というテーマ性が明快で、白日のもと
にさらされてしまっている、からだ。が反面、その明快さが、興行
的にはプラスなのではないか、というのが、大高氏の〝興行価値〟
判断なのだ。

　そう言われると興味がわく。で、見た。

　舞台は京都。中井貴一と桜田淳子の両親が別居し、そのことで動
揺する小学校五年生の少女、田畑智子の物語である。

相米監督のトレードマークとも言うべき長回しのワンカットも
今度は少ない。ただまあ、どんな結末で、画面自体もというより
明るいから気分よく見られるが、少女が琵琶湖畔をさまよう相米
的見せ場が、ドラマ上の決着がついてしまった後なのが弱い。

　この次は、明快にしてしかも相米的傑作というのを見せて頂きた
いものです。

表示と異なる欠陥ビデオ　　4・13

ビデオ「藤山寛美 新・十八番笑」第一弾の五巻を買った。目的は
「アッパッパ婆さん」（昭和四十五年五月、京都南座収録）で、曽我廼
家十吾の当たり役の舞台の記録として、欲しかったのである。

　見終わって、アレと思った。配役表に〈近所の老人〉とある
名わき役の千葉蝶三郎が出てこないのだ。千葉だけではなく、そ
の妻の花村美津子、消防団員三人（その一人は、今やデランの金
乃成樹）の計五人が、影も形もない。

　そもそも時間が短いのだ。このシリーズはすべてパッケージに
七十四分とある。みうらテレビの一時間半番組からCMを外し
た長さ。事実、他のはほぼそのくらいだ。

　ところが「アッパッパ——」は六十三分ほどで終ってしまう。こ
の芝居も、時間枠に合わせて編集はしてあるのだろうが、表示より
十分以上短く、出演者も少ないというのは、欠陥商品ではないか。

　発売元の竹書房へ問い合わせる代わりに、ここしつこく書いたのは、
〝直販〟商品だけに、読者の中に買って気がつかない方もありはし

七日、第五十三回をもって閉会した。雑誌「映画の友」の編集長だった淀川さんの呼びかけ

淀川長治さんが主宰の「東京映画友の会」が月例会である去る四月十

淀長節ふたたび健在　4.20

ドラマは一人称としての血を流しまた心理的状況を描く。今回も気をてらった主人公の帰り道をわす。原作とは思わぬ方向へ閉じこめられてしまう。意外な展開が視聴者を語る。小説はそのことにあるのだ。山田太一の。家族は妻──人間関係から始まる事件を待つ主人公の青。不意に小説はそのアクションを起こし、通勤途中の電車を待つ主人公の帰り道をわす。小説「丘」がドラマになるのは。小説「丘」が、その山田太一の娘し。

山田太一の小説とドラマの違い　4.16

CBCのTBSから来た山田太一、と思ったのだがそれは。なぜかというと、近ごろ山田太一作品がマスコミをにぎわしているからである。「丘の上の向日葵」がTBSで。ドラマのセオリー通りだったのは。小説「丘」が山田太一作品として。それをにぎわしているのは。小説「図」がドラマになるのは、その方法論が大切だ。

加藤健一事務所の笑劇　4.23

淀長節、自分たちのものだけど、消滅して。人だけでない。四十三年という過激なショー「事務所の笑劇」を上演した。健在ぶりを見せてくれた。地方から多く掲載してくれたのは名古屋の「映画の友の会」で、現存するのは。各地の「映画の友の会」が、雑誌「映画の友」が廃刊となった。「映画の友」が。淀川先生を囲む全国各地の会は。今も続いているのは。

然しこれは消滅年代にも似たものだ。五十一年三月号をもって私たち「映画の友の会」が。昭和二十四年八月。故伊藤。栄英氏を幹事として始まり。雑誌のPR員として。

加藤健一が演ずるタクシー運転手は、昼勤夜勤のローテーションを利用して、車で四分半の距離にそれぞれ家庭を持っている。ところがある晩、勤務中にケンカに巻き込まれたばかりに……。

一つの装置を二つの家に兼用。出入口と登場人物によって現在どちらの空間なのかがわかるのが面白い（映画なら画面を分割するところだが）。でも観客の中には、納得するのに時間がかかった人もいたよう。それでも興味深かった。

ハル・ハートリーの新旧二作を比較する　4·30

新作よりも前作の方がいいのは、よくあることだが、それが二本立てで比較できて面白い。

名古屋で上映中のハル・ハートリー脚本・監督の第二作「トラスト・ミー」と、第三作「シンプルメン」が、その好例。

実は小生、予備知識なしに「シンプルメン」を先に見た。野球史上の名選手で政治犯の、行方不明の父を尋ねるロードムービーだが、なんだジム・ジャームッシュの亜流か、と一本で席を立とうとした。いや、あの立たなくてよかった。前作の「トラスト・ミー」は、冒頭の父娘のケンカらしくて、画面が新鮮（映画のできはじめ十分も見れば見当がつくものです）。

二作とも、当世風ドロップアウト型人間の話だが、「トラスト・ミー」の方に悲喜劇的ユーモアがうまく出ている。

あとで資料を見たら、こちらの方が幾つかの映画祭で受賞している。正直なものだ。

だから、これから見る方は「トラスト─」から順にどうぞ─などと評価してしまうと、筆者の〈信頼〉にかかわるのか？

山田太一「日本の面影」の舞台　5·14

山田太一作、木村光一演出の「日本の面影」を東京・新宿の紀伊國屋ホールで見た。

九年前のテレビドラマ（NHK）の舞台劇化である。あの向田邦子賞、テレビ大賞優秀番組賞等を受けたが、筆者の印象では正味三時間五分ほどに凝縮した戯曲版の方がいいと思う。

ラフカディオ・ハーンの風間杜夫は、前半やや面白く演じ過ぎ。後半がぐっといい。小泉セツの三田和代の明るさ、金井大らの共演陣のアンサンブルも結構なものだ。

第一幕第三場でハーンと同じ中学の教師で親友の西田（山本亘）が「日本がそんなに何もかもいいわけがない」ハーン先生にはきっと反動が来る。私は、先生が日本に失望するのが怖いと言う。これは作者の人間観照如たる名シーンである。

さらに、第二幕第三場でハーンが芳一になり切っての「耳なし芳一」の一景は、本来の物語を少し変えて、ハーンの失われゆく良き日本への痛切な思いを、感動的に伝える。ドラマチックとはけだし、かくの如きを言うのだろう。

ジブリの「海がきこえる」が見たい　5·18

五月五日に日本テレビで放送した「海がきこえる」が、名古屋ではいつか出ないか。

氷室冴子の同題の小説（徳間書店）のアニメ化で、スタジオジブ

して詩うべく、あるいはカット割を始める。無敵浪三昧が山中貞雄だ。

後者が戸黄門（稲垣）造「豪傑侍映画を見る会」を——豪傑侍に現存する伊丹万作の脚本第一作という冒頭。一本が荒井良平監督、名古屋市芸術創造センターと見た。前者が伊丹、後者が荒井監督「放三昧」だ。

無敵浪三昧が山中貞雄の丹下左膳「百万両の壺」である。伊丹万作脚本第一作。その主演の若者達も映画自慢話を聞かせてくれるという冒頭。後半からは自慢しあうように実に半ばして自慢しあうように自慢しあうように自慢しあう。

名作無声映画三! 5.21

——ただリストに漏れはある。メジャーの興味深い番組は、中京テレビの十五日深夜に新作放送。

がた五月の宮廷夜を仕上げたものだが、それはそれとしてメジャーのリストにはないのである。それがそれはそれとしてメジャーの黒澤明色彩図ような対談は、十五日深夜にへ。

望月優子、中村賀津雄、青春映画は高知で用いられるシーンが、ニューヨークの自然のため、同性のため、東京から転校してきた美少女──という仕事をこなしぬ。リアルな生活感から描かれた作品はほどよい。これはよく用いられるが、転校してきた美少女という少年意識は…

オーソン・ウェルズ「黒い罠」完全版 5.28

オーソン・ウェルズ「黒い罠」完全版、名古屋では五月二十八日から深夜に放送。

ほんとうに面白いのが、チャールトン・ヘストンとジャネット・リーが共演する。二人の若者達が再び若さを連想させるのである。

水戸黄門は高勢実乗の役者第一部、今も共感のある旅だ。三部作を呼んでのちょう旅、佐幕王に動く。黄門と佐幕王にも与えたし、大河内傳次郎、大河内傳次郎の生きた水戸黄門である。妻の死である。

これをスクリーンで見るべきだ。

黒澤明と宮崎駿のトーク　6・4

"映画に恋して愛して生きて"、というサブタイトルに青筋が浮くなったが、「黒澤明と宮崎駿」（中京・日本テレビ）は、遅ればせの放送ながら、面白かった。

当初は渋っていたそうだが、なにせ「七人の侍」が大好きな宮崎、照れつつ恐縮しつつ的確に問いかけていた。

「まあだだよ」に言及せざるを得まい、と見ていたら「香川京子がよかった」宮崎。同感。褒めるとしたらそこだな。

しかし黒澤、彼女に関しては安心してまかせきりだったという。（複雑なため息）

黒澤がサウンドトラックを手描きして、合戦で死ぬときの異様な声に使用したというのは初耳。手がきサウンドは30年代から試みられ、実験アニメ作家N・マクラレンが活用して有名になった技法だ。

宮崎は「夢」の〈水車のある村〉の美術をやりたかったという。自分ならどうする、という思いが見えて興味深い。

"偉大なる、赤字の黒澤"と、黒字の宮崎のトーク。皮肉ではない。それがまぎれもなく、日本映画の現状なのだから。

イッセー尾形の七本の演目　6・8

東京の六本木アートフォーラムで、イッセー尾形のひとり芝居を見た。イラスト展示、練習風景つき（！）のイベント。

演目は七本。最初の「パキスタン人のパーテン」を、三月に渋谷ジァンジァンでおろしたとき「なぜ（イッセーともあろうものが）キワ物ネタをやるのか」という声があったと、あとから聞いた。

そういう雑音ぬきで見た小生は、実に面白かった。くだんの片言のパーテン氏は、客の駄じゃれが「ワカラナイ」けれど、一連のバーテンと、どのみち客の言葉の内容なんかケナすないという点で、共通してしまうのだ。

後半の「本人の希望」など三作は、七、八年前の初演が不評でおクラにしていたもの。それが切実に受けたのも、バブルはじけた今だからこそである。

少々遅ればせにこれを書いたのは、七月一二日、名古屋市中村文化小劇場へイッセーが来演するから。演目は、ほぼ同じ子定だそうだが……。

ロンドンで見た「ミス・サイゴン」　6・15

ロンドンのドルリー・レーン国立劇場で「ミス・サイゴン」を見た。

日本版を見ていないから比較はできないが、チラシと耳にしたおり、なるほど「マダム・バタフライ」である。というよりも、山口淑子の「東は東」（51年）、マーロン・ブランド、高美以子の「サヨナラ」（57年）などに共通した気分。

ミュージカルがメロドラマ色濃厚になったのは「ウエストサイド物語」あたりからだから、もう、古い話である。

1993

があるとしたら、それは以前にも書けた作品だったのではないか。

だから東京からでもなんでもいい。中止、愛知県から過言でもないだろう。そう言えば、日本のテレビのホームドラマというと、今でも五十年前から現在に至るまで、「キャッツ」が見られるのは、「旧KBS」にとまることはないのだが、ゲーム機の「翼」は、同番組の前触れと合わせて放送だとして。

なぜかと言えば、あのテレビのチャンネルは、日本のアニメに日本のテレビのカメラマンが、日本のアニメ「キャッツ」を、日本のアニメ「キャッツ」が多く、アニメ「翼」が映じているのだが、同番組の中継と抗議に合わせて放送し、意味だったろう。局・アニメ「翼」に、ヒットだ。

そのキャラクターは、熱を帯びて、青に薄く、ヒッチョンを薄く、その状況から知っているのだが、その知識を紹介したとき、ニュースにしていたのだが、五年前ほど。

もあるだろう。そのホームドラマのテレビというと、日本としたテレビというと、今年ほど前から悪くさせていたのだが……

〈宅配〉娯楽のテレビアニメ　6.22

人物とか工夫が、舞台の奥が深く、舞台の各部分が、三階構造を採るのは、舞台のスペースが、余人から殺人者となる日本にとっては、切り替えているため、日本の大劇場の舞台前のフランスにおける装置の各部分を自由にしてある。つまり、ニ十年ほど前の悪党として、舞台を各部屋に同時に客席にもあることができる。この状況から近日来のフランスのテレビアニメの最高は（今回は、舞台の各部屋を自由に保つことができるため、スペースの近く来るのだが……

バスケージャーの「ガラス」　6.25

いない。

心地良いほど〈宅配〉娯楽のテレビアニメは、子供たちに配送のケースが届くんだが、それは面白くて、なんだか、本当に面白くて楽しくへ、怖

文学座「桜の園」の名優たち　6・29

NHKBS「版付・昭和の名優名舞台」第三夜は文学座の「桜の園」。司会が江守徹で、ゲストが千田是也、杉村春子。

三十年前の舞台（初の千田演出）のキネコ（テレビ画面を16ミリで撮影したもの）は鮮明ではないが、出演者が、東山千栄子のラネーフスカヤ夫人をはじめ、小沢栄太郎、野村昭子、杉山徳子（とく子）、横森久、浜田寅彦、稲葉義男、三島雅夫、井川比佐志……出るわ出るわ。

小沢、浜田、三島らに不思議はないが、「七人の侍」の印象が強い稲葉など、ちょっとおどろく。野村昭子、杉山とく子らが新劇の人と知って、意外に思わないのは、いまどき、かなりの演劇通と言えよう。

杉村春子が築地小劇場へ研究生として入った当時、東山の弁当をわけてもらったり、借りた金をなかなか返せなかったりという懐旧談も楽しい。

こういうものに興味を持つ人は限られている。だが、その限られた人にとってはまたとない貴重な番組。視聴率だけでなく、視聴者の"質"を誇るテレビもあっていいのではないか。

鬼才ハーマンの映画音楽　7・2

NHK教育の「海外ドキュメンタリー」は定評のある番組だが、先日の「音楽映画の鬼才・バーナード・ハーマン」は、また格別だった。

ヒッチコックなどのスリラー映画で名高い作曲家で、当然ながら「サイコ」（60年）などの名場面名音楽も紹介される。

さらに興味深いのは、60年代半ばからは下り坂で、いくつか企画が流れたというエピソード。そのイライラをハーマンにぶつけ、おろしてしまうというくだり。「引き裂かれたカーテン」（66年）の製作中にヘ……。

「引き裂かれた──」でP・ニューマンが監督役の男を殺す長い場面は、珍しく現実音だけ。だが番組では、その公開版に続いて、同じ場面に入る予定だったハーマンの音楽を重ねてみせた。

さらにトリュフォーの「黒衣の花嫁」（67年）のハーマンの音楽の録音風景、トリュフォーと親しかった山田宏一さんも、初めて見たというめずらしいフィルムである。

ただ、この番組、次は「エイゼンシュテイン」だが、その次はまた政治テーマに戻る。せめて四回くらい映画でまとめたら？

「丘の上の向日葵」のその先　7・6

山田太一のドラマ「丘の上の向日葵」（CBCでTBS系）が終わった。

自作の小説と大筋は同じだが、原作にはない登場人物がまた興味深く、芝居のしどころも十分。

その筆頭が、大地康雄と高畑淳子（うまい人だなあ、覚えること）。子供を持たず、お互いに干渉しない夫婦のはずだったが、大地が会社をクビになり、大西智子を妊娠させてしまう（彼女も大地をむしろ嫌ったのに──というのもあったが、作者一流の彼女も妊娠？）。高畑の意地？　妊娠。

小林薫一家と島田陽子母子の二家族の和気あいあいと相努める

「空飛ぶ円盤」と「地獄の棲魔」がウカウカとしているうちに、異常な愛情専用の魔王専ジロ、「ベイビー」「ワンダー・ボーイ」などの子供だましの中に住み、一年あまりもの遊を数あり

影がウカウカとしているうちに、「カナボチ・テ・アドベンチャー」なんていう名前の子屋で上映してしまう。「ンメリメイン」の「ジョンメイン」ズ監督（とほうもない）

人版ホド、ロジャー・チジョン全編それだけで面白い人だった。「2人のジャッキー」「ボートオブノーリターン」ニッポンにもこんな人がいたのかと。パスカル・デュケンヌの好きな冗談か

「カナボチ・テ・アドベンチャー」 7.9

家だ。大地というような伸びやかな大詰めだ。大西高商村下景一とか竹下景子とかの先輩がいるがどうにも終わってしまうまでそこにはまり込んでやすやすと男子へなだれ込んだ容態を解決した。その彼女は夫婦の浮気知のよくわたのは効果的演出し、出山田太一ではトイレージル的使童もある例にのせ野村たく

陰惨だが光明がある「アリゾナ・ドリーム」 7.27

夫と交流画家人という「ベイカ」を演技としておれさまざまだ。「イメージ」ジロの空気が見いだすが、だいいち「ジロ」では演出攻めできめて攻めたのだ。「2人」おおだかでも「イメージ」は転じたのだ。それは楽屋編「狂演編」を身をもって迫力の程無いだ気だ。これを前田作初見に計算しての本格加え中村文小劇場人見せ場だ。「ジロ」おおだかだ。「告白」「2人」は演出まどんな状況下での空転による信。だから「楽屋編」印象付けてきたし意味があるのだろう。今古知

「ジロ」ではかたおおだったのだ。「告白」では演出いたし演技に値する無舞台前コ。それを前作見にも初見だ。「ジロ」おおだかでも「イメージ」紙大詰めある告

主人公のあるいは、「ジロ」をホラックなのうラスが登場したうらポボイッカのような狂気に始めてっと評し

イッセー尾形の舞台は繰り返し見よ 7.13

見らへレンフ必見ある場へ。短編の上映あおりネキたからイッセー尾形のジネスだからしかたないのだが、デオだは画面は

いるという設定は、ホラー映画でもない限り珍しい。

渋滞の中で車を乗り捨てた男は、韓国人の店で電話をかける金を
くずしてくれと頼んで「何か買え」といわれ……というあたりか
ら、事態は徐々にエスカレートする。

男を追うが、この日定年前の退職をする刑事ロバート・デュバ
ル。

男の矛先は、主として町で出くわすアジア系とスペニック系
等々に向けられる。そのパラノイア行動の背後には、かつてはアメ
リカの代表的市民だった中産階級の白人の、マイノリティーに対す
る不安感、不快感がすけて見える。

面白いのは、たとえば軍事用品店主との激論で男の言いぶんは正
論なのだ。各論正常総論異常。

半日ほどの間の出来事で、事件はすべて、さんさんたる陽光の下
に展開する。陰惨な話を明るい娯楽アクションにまとめたジョエ
ル・シューマッカー監督の手際を認めたい。

ディズニー・スタジオの天才　　　　7·30

名古屋テレビ朝日系の「驚きもの木20世紀／大解剖・ディズ
ニーアニメ魅力のすべて」。

太平洋戦争中に南方の島で押収された「ファンタジア」「風と共
に去りぬ」だが、日本へ運ばれ試写された事は、さしたる秘話で
もない。その"素材"を、謀略宣伝に使えないかと考えた。当時の
日本軍情報部の奇妙な発想にこそ、もっと踏みこむべきだ。

それはさておき、当時の"ディズニー"天才と言われた
若手、「ファンタジア」の「田園」のアニメーション・スーパバ

いというのも、サイードでもあるサイードの自宅を、インタビュアーが
わざわざ訪ねていたが、鉄道ミニチュアのコレクションを見せた
だけであれじゃ、老後を趣味に生きるただの人だ。

在りし日のデズニーを背負って立った"ナイン・オールド・メン"
も、いま健在なのは五人。その中でもキンボールは現在のデズニー、
クターの存在なのだ。

作品に関するコメントを求めて「何が"大解剖"ですか。

戦争中の映画「サヨンの鐘」　　　　8·10

NHKテレビの「初めて戦争を知った／幻の歌"サヨンの鐘"が
聞こえる」を見た。

私立高校二年の女生徒が、バドミントンで台湾に遠征。高山族の
お年寄りたちが古い日本の歌を歌ってくれた。その時コーチが「昔、
日本は台湾に対してひどい事をしたんだよ」と説明したら、歌った
人たちが「そんな事はない。そんな事をこの子供たちに教えては
いけない」と制した。その女生徒が、あらためて当時の"高砂族"を
訪ねるドキュメンタリーである。

話の焦点は、太平洋戦争中に台湾で撮影された映画「サヨンの
鐘」の"実話"が愛国美談に誇張されたいきさつだが、重要なのは
当時の原住民の人たちが（個人差は当然あるにしても）日本人化教
育をむしろ誇りにしていることだ。

このドキュメントは、当時の日本の、他のアジアの植民地と異なる点で
ある。

ともあれ、感謝され、懐かしがられるのは、恨まれるよりもつら

ものこの坂本番組も並んで、今ひとつというのが多いのだけれど、彼だって理屈抜きで音楽を楽しんでいるというのがよく分かりますしね。その屈託ぶりもそれぞれうなずける。そうしたところがキャスターとしての味気なさというか、当時の斎藤ハンと解答CD実際にはメロディーを聞かせて、「笑っちゃう」といった愛敬と初心に帰ったというわけだ。

者に聴かすと言って、音階のことを、以下、音楽のヒミツというか、音階のドレミファソラシドというのは長音階で、ドから始まってどんどん音が高くなるでしょう。もうひとつ、「ドレミファ」を受けて「アイウエオ」というのは、「アイウエオ」のアから始まって、愛知（名古屋）のアというところから、東京のトというところ。日本は半音下げる特徴として説明する講義と……連符で演奏。

「初心に帰ったタモリの音楽は世界だ」 8·13

の事を、一人の作家・山田太一も「せまいところへ行こうとしているような人たちのような気がする」と言っていたが、多くの人たちがそうなのだろう。

「少年戦犯は学校へ来るな」 8·20

名古屋テレビ「朝日系のポツダム戦犯」。各地の戦争終結番組の中でも終わりの異色の出色のドキュメント。少年戦犯とも呼ぶべきソ連によるシベリア抑留された日本兵だった。

徹子さんは父とともに召し上げられて泣いていたという。「……」NHKは連日、金人を死なしめて昭和二十四年帰国したが、四十年から三十七年間、赤塚の書かれた妹は奈良県に一緒に帰国して中国人の家族と暮らしていたが、意外にも日本商社に……

懐しそうに語り始めるとNHKは連日、金人を死なしめて帰る前日、池部良をも殺していく……集団と、日々涙を抑えて毎日食べ物を取って去り、命からがら生きて帰ってきて十四年帰国し、父と友人たちは敗戦と同時に世へ。

「赤塚不二夫の意外な生い立ち」 8·17

名古屋テレビ「朝日系」のポツダム戦犯特集だ。赤塚不二夫一家の昭和十年旧満州（中国東北部）生まれという、父は陸軍特務機関員だった赤塚不二夫。終戦とともに帰国。

が、その中で中国人にも立派なスパイがいて、それが後になって憲兵に親切にしてくれた軍事警察として、軍馬の死を食い止め、昭和和二十四年帰国し、四十年から三十七年間、赤塚の書かれた妹は奈良県に一緒に帰国して中国人の子供は日本商社に就職するが意外。

いい暴徒だが、その下で、中国人にも立派なスパイがいて、その国の敬子さんが父として子供を集めに立つ。

タモリは言っただけで、「名古屋弁とラーメン」は朝日系の戦犯ポツダムの戦争終結番組の中で終わる出色のドキュメント少年戦犯。

太平洋戦争下の小学生、虚弱児で、三年の時小児結核にかかった。今年還暦の清水保さんは、写真店を営む。所は大阪。

同世代の小生には痛切な実感があるが、当時は"病気は恥"とされ、人間の資格はない。"聖戦"に命をささげられない者は"天皇に命を返せ"とまで言われたものだ。学童疎開にも行けなかった残留児童の清水少年は、たまたまアメリカ機が大量に落としていった伝単（軍事宣伝ビラ）を一万五千枚も拾って届け、大いに褒められ、戦事褒章を受けた。

だが敗戦後、五年生に再編入された清水少年に対し、戦時中は親身になってくれた中山先生は「少年戦犯は学校へ来るな」と怒鳴り、クラス全員がそれに和した。GHQの戦争犯罪人追及に、ビビリしていただろう学校側に、制作者は追跡調査を忘れない。

番組テーマ曲は「戦場のメリークリスマス」。皮肉な選曲ではないか。

試写の環境 8・27

名古屋市内のホールで試写を見ることがある。

池下の厚生年金会館ホールは、スクリーンのスピーカーと同じ音が、そのまま壁面のスピーカーへ流れている。ホール側は"疑似ドルビー"と自慢？だそうだが、モノラル再生なら、ちゃんと正面の音だけにした方が聞きやすい。

一方、鶴舞の愛知県勤労会館ホールは、ドルビーステレオを設置している。音のバランスも、まことに結構。である。

ただし、片側の映写レンズ（ビスタサイズ）がくっている。ピントが甘いだけでなく、色調も変わるから、まるで違うプリントに見えているようだ。左どちらの映写機なのかは、振り向いて確認できない位置で見ていたからわからないのだが。

ホール試写というと、スポンサーも、上映が始まれば肩の荷を下ろした表情である。映画の配給会社も、スタートしたときチラッとのぞく程度である。オマカセというのが普通なので、映画のロコミでひろめてもらうため、フィルムを提供するのだから、映写状態もきっちりチェックしたきたいものだが。

堺正章だけがうますぎる 8・31

中京テレビ系のドラマ「ゴールデンボーイ／1960笑芸人ブルース」を見た。

日本テレビ以前の「シャボン玉ホリデー」の裏話「シャボン玉の消えた日」と同質のうらばなしである。

モデルになった人々が健在で、その番組や芸が記憶に鮮やかなせいでもあるが、そもそも、ボール牧を陣内孝則という配役がイメージすぎる。つまりは自己流に面白くしかできない不器用達者の陣内に、だれかを演じさせようというのが、どだいムリ。

その中でひとり輝いていたのが、堺正章の泉和助。小林信彦のいう"コメディアン兼教師"で、"殺陣、タップ、日舞、手品"となんでもできるが、自分がやってつまらない"という奇妙な芸人（「日本の喜劇人」新潮文庫）の、暗いユーモアを見事に出していた——がうますぎて、周囲の描写とバランスがとれない。

この企画、要するに、今は局の管理職クラスの面々が、自分たちの"青春"を懐かしんでいるだけの二時間半。テレビも老いたと言う

黒澤明・宮崎駿の対談 9・7

が、それは本当にアメリカらしいのだが、付き合うたびにわれわれはそういうのだ。皮肉である。

黒澤明監督がいったことをよく議論することは十分私の敬意を払った話だったと――と別な人だったと思うのだが、宮崎駿は言う。

本当にアメリカが全体として言うと、「アニメ」は高い視聴率を保ちつつある。太陽というか、作品の中に類似のアニメのようだ。皮肉と風刺のジョークがあるように、病的な表現の手のよりよりである。展開の悪さがジョークの回だが？

像人がリアルなアメリカ大統領がキャラクターにして記録した批判した十歳とかいうおじいさんが多く配給したシリーズのパンチである。

WOWOWの「ザ・バンベ」 9・3

四つのWOWOWの「ザ・バンベ」（五月五日）のシリーズが始まる。ロビン・ウィリアムズ主演の「ミセス・ダウト」「フック」「トイズ」「グッドモーニング・ベトナム」などのシリーズが始まる。

ジョン・キャンディ主演の偶然汚職員撮影する家庭愛国心の第七歳のシリーズが始まる。都会の行きつく先のパンチである。

山田洋次が撮ったナニワの喜劇の映画 9・17

本当に事も前にどんな書き付けられるのは、宮崎駿はナニワ喜劇だと思う。それでにしても言い切った方がいいだろう。冒頭から引用した読まれたのだが、対談の内容に関したものだ。

何一つとして必読で、送）である。黒澤明・宮崎駿対談（徳間書店）「何かが映画小説の後に孫に添えてあるのであるが、小生孫に添えてあるのであるが、映画関心は映画監督としての宮崎――」

「今、そればかりだが、自分が敵な刑犯罪すること不幸なこと映画作家として宮崎――」

気できそうな連れのような次々か、この名古屋の名古屋で当時の男ロケにて撮った所を普通次組の宿をした手直しにてメイン舞台の座敷に戻ったのは矢場町の一発太必。

中部地区にいたが旅のため当時のハンナ「山田洋次「もう一度会ってこんな映画倍賞千恵子の彼気分を倍賞千恵子の先頃い思い込んだます。

勝チ名古屋を名古屋で一度会ったことがある。昭和四十年、昭和十四年の中部地区五月五日日本テレビ中京テレビ深夜放送。

連の手ぬぐいやげたのビールを率先してあおいてある、ちょっと注ぎながら独演。隣の山田洋次監督が言葉を選んでいる間に「洋ちゃんはね＝……」と、どんどん"代弁"してしまう。見たままの人だなあ、という印象が、今もあざやかだ。

そんなナンさんの追悼に、各テレビ局が放送した映画は、なぜか植木等主演のクレージーキャッツ総出演物ばかり。

山田洋次が撮ったナンさん主演物は、昭和三十九年から四十年までに八本もあり、いずれも後の「男はつらいよ」シリーズをしのぐ出来なのに。

基礎ができている春風亭正朝　9·21

第16回「小牧落語を聴く会」の出演は、春風亭正朝。

まず「碌気の火の玉」は、小生などはどうしても先代(桂)文楽の声が先に聞こえてくるのだが、碌気を女子大生はハンケチと読むか、昔はメカケ、今は愛人と呼ばれる女性のイメージを比較するマクラが、兄弟子の小朝風に面白い。ただヤキモチをやく本妻の「……フン！」というのは、もう少しあっさり演じてもいい。

次の「ねずみ」は、左甚五郎の人助けの人情噺。テーマで"名人"なので、マクラで名人圓生の批判がポロッと出たりするのがおかしい。

とにかく、今の落語家で、正朝のように、登場人物がキチンと演じわけられ、持った扇子が、ちゃんとセル筆に見えるという"基礎"ができている人は、数えるほどしかいないのだ。拍手の少なさを気にしてみせるなどという、安い媚び方は、しないほうがよいですよ。

十二月は林家染丸、二月は桂雀々だという。

志の輔のパフォーマンス　9·24

「しのすけパフォーマンス」を、東京・浅草の木馬亭で見た。

前半は、行ってきたばかりのトルコからインドとの旅の体験談から入って演ずると、落語家というよりも、劇団昴出身だと思わせる。

後半は人情噺の大物「文七元結」。

なにせ"名人"圓生のイメージが強い一席。女の表現が苦手な志の輔だから、吉原の佐野槌のおかみなどは、圓生の模範高座を、どうしても思い出してしまう。

ただ、大金を失って吾妻橋から身を投げようとする手代の文七に、長兵衛が、娘の身売りした金を渡すくだりは、志の輔のほうがリアルでついていい。圓生の場合は、舌打ちしながら、さんざん迷うのがリアルには違いないが、つまりにつまった志の輔のシリ上げてくる。

下町演劇祭93参加公演の、これが第一日。超多忙の志の輔、スケジュールの合間をぬって、なんと、ある敬老の日の昼の音楽ショー、夜のコント大会まで見にきていた。勉強家である。

「浅草コントカーニバル」　10·1

「浅草コントカーニバル 6組12連発」を、東京浅草の木馬亭で見た。

小生がとくに興味のあるのが二組。ひとつは京都の「ガメレオント・サブ・ドッグス」で、先日名古屋でも公演した劇団MONOの

上岡龍太郎の皮肉な語り芸 10・5

講釈師、見てきたような嘘を言い、とは決まり文句だが、五年来のこの芸を持ち...

小説でも見たのか「第二回上岡龍太郎独演会『上岡龍太郎の皮肉な語り芸』」が、二日目を大阪・サンケイホール。

数年前、Rのキャスターが当たり役だった上岡だが、今のテレビには通じないのか、最後の「物語」奇想物語・創作推理、新形式としてのエッセー風の漫談。

いるこの連中だったのはすれた柄にもない役柄にある。BOOMERは二年後に解散したし、KIOMERは一年前に登場してきた。ARは半年前に解散したし、気になるファンは説明する。

実直な経歴だときっと組のあるもの、このテーマが笑える〈周囲が笑える〉という実感がおかしい。講座というのは多分に落語の前座の非常に技芸的な超人ぶりが解ける。サラリーマンの酔態を変身して見せしているし、講座の言葉を研修風の日本教人社というNHK教育の堅苦しいものだが、今回は女子大のセミナー・ハウスなのに関しておかしい。講座「○○講座」という舞台を見て、聴者にして人は説くと期待を見る。

基礎ができる

陽光と水のきらめきの映画 10・8

だがこの屋内上映は、ナマの空気を出している。映画館とは違って、近代的なロビーに代の映画は一九三二年の「港の女」のアルザス・ロレーヌ州が舞台。撮影は手を用いて、当時の衣装とし、人々のしぐさが古びたパリのスナックとして、都会的な安いロビーに見える。最近のジョー・ロパでも、見て見ぬふりで、色調の安定なフィルムで使用していると、昔ながらの映像はハッキリした16ジュールの映像の空気を出していると、色調その色調がまさしく旅行の時の映像で、色調は当時そのものだ。

名古屋から、七〇年代の色調はそのまま再認識した。映像は入〇年代か

マラソンせの「物語」今回して面白い最後から今回の「物語」物語と皮肉な大阪の推理小説にある風のものが最も共感せる見せての皮肉大阪、終わってすがすがしい、オチャメな推理のホラ話がこれでなるほどというくらい体験をなぞ、という霊能力を語る

嫌いのこういう人だけに、劇的な傾向「物語る」物語と語るのは、これが皮肉な大阪の推理小説にある風のものが最も共感せる

聞かせる物語、今かして面白い最後から共感せる見せての皮肉大阪、終わってすがすがしい、オチャメな推理のホラ話がこれでなるほどというくらい体験をなぞ、という霊能力を語る

今回の消防庁の規制緩和で、非常口の目ざわりな灯火を消せるようになれば、画面はさらに輝きを増すことだろう。

中国・香港・台湾映画の基礎データ　10・12

キネマ旬報臨時増刊「〈中国・香港・台湾〉中華電影読み物データブック」は、中国語圏映画ひとまとめの本である。

バラで面白いのが平岡正明対宇田川幸洋の香港活劇対談、武

が最もありがたいのは、一九七三年以降の中国語映画封切全リスト（映画祭およびビデオ公開作品を含む）と、女優五十七人、男優五十六人、監督・スタッフ九十四人に及ぶ人名録である。

闘派評論の平岡が舌力も圧倒的だが、宇田川の、映画全般にわたる豊かな知識と見識が、控えめな中に、にじみ出てくるところがネタリである。

中国・香港・台湾映画の歴史を、それぞれ佐藤忠男、小野耕世、暉峻創三が書いている。

「オーソン・ウェルズのオセロ」の演出力　10・16

オーソン・ウェルズ演出の、日本未公開だった作品（たとえば「フォルスタッフ」66年）を見ると、まず、映像の活力にうたれる。

「オーソン・ウェルズのオセロ」（52年）も、まさにその一本。かくも躍動するシークエンスが、またとあるだろうか。その前に作られた「マクベス」（47年）が、全編まっ暗の闇の中の惨劇、という印象だっただけに、なおさらだ。

映画は、オセロ（ウェルズ）とデズデモーナ（シュザンヌ・クルーティエ）の葬列に始まる。それは、ローレンス・オリヴィエの「ハムレット」（48年）のラストシーンに、どうしても似てしまうのだが、ウェルズは葬列の手前に、逆方向へ引っ立てられるイアーゴ（マイケル・マクラマー）を配する。もう、それだけで血が騒ぐ映画的だ。

イアーゴがそのかして始まったキャシオ（マイケル・ローレンス）とロダリーゴ（ロバート・クート）の地下回廊の立ち回りの、編集の切れ味。そして一方、オセロが、デズデモーナとの結婚についで申し開きをするシーンは、じっくり見せる。

ウェルズ氏、いい気持ちそうに芝居しているなあと思いつつ、見ほれ聞きほれてしまう。

資金が底をついたびに撮影を中断して、その間、キャメラマンや俳優を交代したという作品。そういえば中には戸外の風防のガラスや、のゴミが写りこんだようなNG的ショットもある。だが、そうしい素材も実に巧みにつなげて、みごとに映画にしてしまう職人ワザ。天才たるゆえんである。

原典のせりふを変えることなく、場面を再構成し、一時間三十分にまとめたその手際。L・オリヴィエの"正調"「オセロ」（64年）は二時間四十五分なのだから。もっとも、一九五二年カンヌ映画祭グランプリ。もっとも、ゴ映画／ヘラルド配給より。

が、音量としても流すのはどうかと思うが、美術というものは程よい洗練されたようにして、会場を経るのは、あのしずかな美術な展示空間への音なしで、音楽なしで見るそうな、そうでなくてもよそうな、そのどちらかが小さく鑑賞を妨げないような考えだ。

それでも、このテレビ用の番組が作品の番組としてのBGMが今ここでまた再生されているというのは風神雷神だろうか。「座」自刃

籔内佐斗司のユーモア　10·15

（二十四日まで）籔内佐斗司の博物学的世界展。「愛知県刈谷市美術館で見た。

仏像だが、これは宗教的、民話的な威圧感とは全く無縁だ。一見して仏教的な空気まで標榜し、展示室の空気まで見て

だから結果として重要な仕事をなしとげたのだが、謙虚で完璧な仕事をなしとげたのだ。これの基礎があるから、その上にユニークなデータそれが最初の"のテーマへと誘いこむもの、その仕事のアイデアがとても大変で……"と編集後記

探しどころとしては、ひとつの仕事のテーマへと小ライフなのだ。小ライフという言う探

森の中の七人の老女　11·2

ドラマ要素が多いのが、教育の登場で、三回目は充実した。三回目は印象か。二回目は退屈か、羽田健一石川で、イスの天才少年だが、トマス・リュースな弱い物語なのだが、森田博彦が年間、実証した日本としてスト、坂田明だと一層華やかな掛

ギけど数が合うが、十軍のジャンから入って、番組の頭上数海底ダンテレビで東京解答者の愛知系の「音楽は世界だ」が消えた

「メリの音楽は世界だ」が変わった　10·26

演技経験は大名だが、このうまさがある。いまは「同、森の波中の魔屋」二十九歳の女性は共に人生を始めるあとこの老女である、あと人は美しと

その「四季」の調子の歌を歌った歌の歌詞を願います。「私は十月毎日へ面白く、週間つづいたのだが、というイスの題材な実証実を

人。

しかし脚本など書いた物語を捨て、正確には出演者の自然な姿を記録することにつとめたという。

また、そんな裏話はどうでもいい。登場する平均年齢七十六歳の女性たちの人柄と行動が、なんと明るく屈託なく見ていて楽しいことか。

脚本のデフィーズも、監督のシンシア・スコットも、ともに女性。製作したNFB（カナダ映画局）は、一九三九年の創立以来、ドキュメンタリーとアニメーションで知られたところである。この映画もドキュメンタリーともまた違い、一種のファンタスティックですらあるのだが、映像の肌ざわりなるほどNFBだなと思わせるものがある。それにしても、老女も映画も元気なのに、老男の方は、どこかあるのかなしい。なぜなんだろう。

「2×3が六輔」が楽しい　11・5

「2×3が六輔」（日本テレビ）は、金曜深夜、関東地区のみの放送だから、中部地方で知っている人は少なかろう。

題名から見当がつくように、永六輔が構成とホストを兼ねたもの。〜という女の子作曲家や、さんば（三味線の岡本千弥といったレギュラーを配し、昔は前だった帯の結び目が、鎌倉時代の後ろになったのはなぜか、という雑学トリック、芸人の紹介（ザ・ニュースペーパー）のすっとんじゃの、つまりは往年の「夢であいましょう」「テレビファランド」の流れである。

若かりし昔、作・構成という"裏方"なのに画面に化したのがしゃべり出て、それが面白く、マンネリテレビタレントとなったのが前田武彦、青島幸男、永六輔、それぞれ健在である。

昔も今も鱗舌な永六輔、ロック調を好まぬ人もあろうが、彼一流の好奇心と知識が楽しい。

これを録画して送ってくれた、東京は一代の人。しても今の若い人にも、受ける要素があるのだな。

"開かれた"作風の人　11・12

「黒澤明、宮崎駿、北野武――日本の三人の演出家」（ロッキング・オン）を興味深く読んだ。

雑誌「CUT」に、かつて収録されたインタビューを、ほぼ全文掲載の形で収めた本である。

圧倒的に読ませるのがやはり宮崎。もともと論客なのだが、ここ数年、話が一段と味わい深くなった。ありきたりの質問にも、投げない（手）で、しっかりと、つとめて誠実に答える。読者を考えてのことだろう。（手塚治虫ファンは拒否反応を示すだろうが、宮崎の手塚アニメ批判は的を射ていると思う）

とくにこの場合は「CUT」編集長の渋谷陽一の問いかけがいい。彼による「あとがき」は気負いがくどいけれど、それだけのことはあるとしようか。

三者の中で宮崎が抜群に面白いのは、彼が今、不振の日本映画界で圧倒的に観客を集める"開かれた"作風の人であることと無縁ではあるまい。

目下「アニメージュ」連載の「風の谷のナウシカ」に決着をつけ

11·19 平野レミがたどる 祖父マイの軌跡

を選んだ。圓口たけのひとりが、あまりにも、落語界のなかでもきっての名門である林家一門のなかだったが、三味線を持った女真の高座にはどこか "道楽" を示す粋なうたいぶりが……?

第一夜は連続する"富士"に、一番煎じして寝てしまう。第二夜は、同じ席でそのそば屋の富久が酒を飲みすぎて、転んだところを介抱してくれた旦那が、意識を持ってまた酒を飲み、高座と高座が合う至福的な空間が流れ……。

演目。「富士」「水上」「富久」「寝床」。

第三夜はまたまた独演会や恒例の名人会だったが、その第四回"水上温泉・大須演芸場"の第四回古今亭志ん朝独演会を見られるのを見ている。

古今亭志ん朝のナの魅力 11·16

次べ苦闘作にも気になる菅だが、大していることはアニメーションのページの……

NHKのテレビの

東京特選若手会「十一月十一日、池袋演芸場で生では東京・十一月中席の夜の部がある一月中席の夜の部が前半を描写したものが小半を主手にしようとの技量も演者には十分な若半の部だが、「音」のようだ。（?）

「小朝の特選若手会」 11·26

な文章、新聞等を愛読していたという。アメリカ渡米して、ヨーロッパからカリブ海をめぐり、九州市を訪れていた。

企画・構成は和田誠だった。この番組は、番組づくりの思いを知り、それに反して、ナレーション的感じだ――という日本感的には、得意なアメリカ画だったのだが、昭和三十年前後、カリフォルニアの子が平野威馬雄と結婚し、平野駒の軌跡を追った平野威馬雄（一九〇九〜）と平野レミと三人だ。

周囲にもたいへんな人気があったのだが、この夏、日本に一族として、地元の協力のある祖父の実家を訪ね、その祖父の持ち主である現存する展示を訪れ、その総会を主催する四十歳のP・Aの愛娘レミが八歳のころに来日し、米日をもとにした二十年前の、カリフォルニアのアメリカ人一家の若ければアメリカ人の一家で〔一〕――というところ。

が、それが平野威馬雄一、四八、日調レ。

所疑問もあるが、小気味のいい勢いと落ち着きが両立している。

志ん朝の弟子の古今亭右朝は「持参金」というイヤな噺を明るく歯切れよく運ぶ。

柳家さん生の「蔵前駕籠」は、小三治に教わったのだろうと発声で見当がつく。「そば清」の三遊亭吉窓は平凡。

固定席百席足らずの寄席は、仲入りの前に上がる小朝が目的の客で、六時半過ぎには補助席まで埋まる。この日は「池田屋騒動」——と小生が仮に名づけた初耳の、つまり「源平盛衰記」風の地噺。時事ギャグとサゲチクの小朝には打つってつけ。面白かった。

——でも、こうした特別企画でないときのこの寄席は、どんな状態なのだろうか。

「谷ゴローショー」の飛び入りゲスト　12・3

「谷ゴローショー」の大阪ミナミ・ミズホール公演は、当日券の客はとんどが立ち見という盛況。飛び入りゲストで一段と盛り上がった。

宮川左近ショーの暁照夫と、漫才の若井ぼんが登場したのだ。

ショーの第一部を、左近ショーのテーマ曲で始める谷ゴローが、その縁で、浪花座の九月下席の「宮川左近をしのぶ」コーナーで左近師にふんし、本物の暁照夫、松島一夫とともに十日間舞台に立った。今回はいわばその"恩返し"。

いつもは三味線の暁が、福嶋のバンジョーを借り「重いもんでんな」とつぶやきつつ調弦。たちまち三味線ふうに奏でてみせる。ドドンブ左近ショーが始まるや、ぬからず久永が、ギターを松島のチャンチキスタイルで奏でる。

かくてステージは延びに延びて九時半すぎ。アンコールをあきら

め、最終の新幹線にすべりこめる時間にホールを出た。小生が下りる階段の一つ前を、若井ぼんと暁照夫が下りてゆく。暁付き人らしい青年に「……なあ、おもらいやろう」。

これだから"追っかけ"はやめられない。

イッセー尾形のネタは生きもの　12・7

イッセー尾形の一人芝居を、東京・渋谷のシアターコクーンで見た。恒例のネタおろし。その新ネタが、日ごとに姿を変えてゆく。

今回の八つの演目のうち、たとえば四番目の「音楽教室」の教師は、小生が見た四日目の舞台では、もと自称ヒット歌手の、中年のケバい男だが、最初はもっと老いこんでいた。そういう人生の悲哀をぬぐい去ったのだという。

また、八番目の、ハワイ旅行のファミリーの話は、もっと短かった。そんな中で、初日は全体でほぼ一時間半だったが、四日目は二時間近くなった。理想的には、初日に見てラク日に再見するといい。しかも演目は、その時どきまで仕上がった形になっているのだ。

初演だけで消えるネタもある。かと思えば、それが数年後に再登場し、大いにうけたりもする。

九月にはニューヨーク公演をすませ、来年はフランス・ドイツで——というイッセーでもあれ、年一回の初演は、演技も演出もまさに"生きもの"であるのを実感させ、この上なくスリリングなのである。

伊東四朗の見事な司会 12・17

司会はNHKのコメンテーターが伊東四朗の番組「第4朝の2人」がうまい。ゲストに珍しく500人としている喜劇の名作「石井さん500人が選ばれしない日本喜劇の傑作で充実メしているのックしているが、一見したが目が大島智

いうのは選んで観客だろう。読者の言葉を表しておるためにはだが、自己を捨てることは学者の言葉を、だが自己を捨てることは現場（近場）にはないのでしたらえたら学生群馬の監督にするどうたというのは近すのかもしれませんというのとは分かりやすいた映画というよく読さがあるのはまだそれを見るべくて知られているのだがあるというのは当然のことにはないたそれを見るべきものだからそのるということだらそういことだ

澤井信一郎以上は映画の仕方が見る部分らの描画面からキネ旬の「キネ旬の1映画方はわかるとしたもためおける観客見というは12月号のおけると思う学生（現場）観想像見というよに映画とできると思ったというは付くようなっから見れるのはるらというしらな選択が作

十中映画は画面がいのは描画はくるのはくってしまうたらからは学生がいるのはくまでおいこ見いているねというよっかから見るというな映画の

キネ旬の選択と決断 12・14

（本文）
択を見る部分らの描画は画面からキネ旬の映画方はわかるとしためおける観客見というは12月号のおけると思う学生観想像見というよに映画とできると思ったというは付くようっから見れるのはるらというしらな選択が作

○○○は楽し 12・21

だがショックの呼吸だが特撮は天才くだけは一品である演出力のある部分だが安心というわけだは初めての返しだけの違だな子供の恐海

殊撮は殊かしてしてしまうとは天抹な実は音くうには流れにお手流れになる別の本喜との劇映画化する映像化もも長なるから

今沢哲男監督「○○」は遠まり山民夫の「一」を楽ししているだ。

映画化もそして映画化するのは特男監督くは岡本喜八が

のだが忘れているのはだんが有田島郎がたたいただいろいろB先ろわかるB雄藤村村有私名名ら外国語のをかに「孫悟空」がちに喜劇人としてくも数多代表しての才目を選ただが小松政夫が10を語り見る大

中途半端は時間が初期らそちら怪優出たそ孫悟空の名お話の加空の話のだ方が選加えるキャる――るとをみるキ

森メキシは光子オだに二日目が朝丘雪路た全くのロビンで編集てのメキシ外国語話だけは松木関口の加だ大材

電とは二重に面倒。「ジュラシック・パーク」の技術を望むべくもないわが国で"水中レックス"が関の山だろう。

その点、これはアニメーションだから違和感がなくてすむ。水の透明感がそれに表現されているし、結末は同じでも、洋助たちもPR作戦が功を奏したという展開は、岡本脚本のお手柄。キッシーのキャラクターが難点だが、全体として予想を上回る出来でした。

桂南光の襲名披露の豪華　12・28

中日劇場で催された三代目桂南光襲名披露落語会は、上方落語界の顔見世興行の感があった。

師匠の枝雀、大師匠の米朝、桂文枝、友人として上岡龍太郎、東京から古今亭志ん朝、襲名の口上にこれだけ居並ぶのだから、その面々が二十一、二分と二十五分という限られた時間枠なのに軽くご祝儀一というレベルではなく、もっちり黄じた。

総じて夜の部が一層充実したのは、昼夜の入れ替えの時間を配慮

「中国映画祭93」の上出来の三本　12・1

名古屋駅西のシネマコーレで始まった「中国映画祭93」のプログラムのうち三本を見てしまって驚いた。これまでは傑出したものと、水準作とのギャップが目立ったが、六本中三本を見てすべて上出来とは大したものだ。

筆者の好みでは、筆頭は「青島(チンタオ)の夏」。小説家夫妻が越してきた青島アパートの人間模様が、ユーモラスに展開する。

右隣に住むトラックメーカーのゴロツキ野郎で、そうなると近所の応対も変わってくる拍子で、熱帯魚飼育業を始めたら...

一方、左隣の党幹部のインテリ一家は...違うらしい。

トラブル男が"文革"の政治標語らしい言葉を、自分の都合のいいように乱発するおかしさ。黄建新の演出は、「人間通」のごとく、ラストの記念撮影のずっこけにも、単なるギャグ以上の皮肉が感じられる。

「北京好日」は、京劇の劇場を引退した老人が主人公。老人たちの京劇の改築で会場がなくなると練習中...知って、建物がつぶれる老人たちのせりふが、あまりにもうまくいかなかったことか...

ら、全員がけんかになってエスカレートする「老人」である。女流監督の寧瀛、大したものだ。

「香魂女——湖に生きる」は、湖畔のゴマ油工場の女主人の物語。ベルリン映画祭でグランプリを得た作品で、"格"は前二作よりも上だという印象だが、いわば上出来の女メロドラマ。不倫など心得たこんなに忍従の女が...監督は謝飛?価値行飛?編である。ライバルの台湾に押される気味だった中華人民共和国映画だが、これだけ人民なら、住年の中華人民共和国映画普通の人々の描写は、完全に輩われた形だ。日本映画のお株は、...目が離せない。

1993

が女（ある会話だ）が恋だったが、そういうのが大衆ロマンスというものの上がりだった。ロマンスというものは、いうまでもなく男と女の恋愛だが、この二人が結ばれるというだけのストーリーでは、恋物語としてはあまりに自作自演で、苦手な生手のものだったのだが、そのあたりの視聴者の苦手な生手の話題が、番組「めぐり逢えたら」のコメディ色のこの観客は星は星は当たり前の道理で頭をかすめたりしてみせる、豪放なだちの夜の南光研究心をもってもらえだけの薄に知られてもらえるたりとが大変な座を下座が、ここでグっとわかるねたのだが、に南満席のがしてできる才技は、星は星は星は志せたりとみせる、豪放なだちの夜の南光。

的に対抗もししたロビンがいうのはどうなのだが、あそこのロビンまいなロビンがあってなくものになるみたいにしていて、それはいうべきなので大にしていてヒロインの「特攻大作戦」だけの男だが、それぞれの闘本家は、映画を男子感じの「偽造」の映画えだしたい、離れてたから「なんという意外な結末」ということが多かったのだが、日本公開の闘本家は、映画えだしたい。

夜しなべて夜もすがら「……」の道理で頭を星星は星は志せ、たりとみせる、豪放なだちの夜の南光文枝の「時うどん」は志ん生、圓歌、米朝・枝雀、この夜は朝の「天王寺詣り」、そこは朝の、弁慶の「勧進帳」は、芝居を強く連情系以上に頼ねなりわけだ。

1・7 「めぐり逢えたら」のコメディ色

1・11 西田ひかるの格別なヒナー

すかりオたまかえ、ここまでメリカらい日本でだが、キナリ伝的にいれにマスキのな、しかしこうけどネッ連常し的な家庭的自然オすけどな、同じし連常なりまでけながりましか、それはき全作メリカよりは、同じし連常して探偵団日本のそれは田の悪ひ好きところか、そのよう子様がある、例えば露骨意地悪なんか全体向が変わりましまも特別「探偵団」がテしビととい、そのよう子様があるそそのお方なへテけられまされるテレビしてののてい瀬田のようだ方をメテレ京開テたそう山瀬西れはけメ靴をな、キ外メ系アのきそ京開西はり芸能界でこそてのそうあるので反応、作能してよう田の最らは、キ西メートの町を半凡たる運びなのでひ、

初「新春大売出しからの続西田しかる田の、例そのうなえたりそれによるだよれにいわうけどなあが。それもそれしれにゆ相手アよマサたっマナたっナーい、

というか。こほれはは遊とび近ねだりだなんのるようだな、結末近ば風のの冒頭のユージェンな・ナユーヨジンの多ナージだがいくが、実たはのうだがはメディ色を強めるコメディ色を多いいのは、あるのだとなどのる実めあるのだとし半分にてこの乗り町を半凡たる運びなのでひ、

ドラマの暗い画面は見づらいよ　1・14

ここ二、三年、テレビドラマに極度に暗い画面が多い。夜景や光源のない室内など、人物の表情さえさだかではない。

一種のリアリティー志向なのだろう。多分、近年とみにフィルムが進歩した映画、とくにアメリカ映画の諸作に名を上げた撮影監督ゴードン・ウィリスやヴィトリオ・ストラーロあたりの影響だろう。「ゴッドファーザー」の最初の"ドン"の書斎の暗さは、庭の結婚パーティーの明るさとの対比で効果的だった。

だが、これにも問題がある。日本の映画館のように概して画面が暗く、加えて上映中の残置灯が明るすぎる所では、映像よりもスクリーン自体の白さが見えてしまう。

ましてテレビの場合、家庭の居間の灯火が画面に映りこむという実情を無視した"擬った絵づくり"は、ナンセンスでしかない。

山田太一が、安アパートが舞台の自作のドラマの一回目を見て「もっと明るく」と注意したという。もっともなことだ。見せるべきことの本質を外れた部分での、名キャメラマン気取りは、迷惑なだけだ。

映画館の絵看板　1・18

おや、と足を止めた。

名古屋・今池の国際シネマの「モロッコ」「カサブランカ」の絵看板である。

四大スターの細密なモノクロの似顔、その中でディートリッヒの唇だけが赤く、ボガートの胸のハンカチが薄い水色なのだ。古風で気がきいている。

そういえば、映画の絵看板なるもの、めっきり影が薄くなった。

かつては、映画館の正面には、巨大絵看板がかかっていた。銃を構えたジョン・ウェインや刀を振りあげた三船敏郎は、ベニヤ板をつぎ足しフレームの上まで突出していた。

ビルに組みこまれた映画館では、大看板をかける場所もなく、製作費もかかる。小さなものは、ポスターにとってかわり、絵看板工房も減少した。

聞けば、このクラシック作品の看板を手がけたのは、名古屋の最古参。後を継いで描いている息子のウデには、まだまだ負けられぬらしい。

そう言えば、当節"絵"になる美男美女が居ませんな。名職人の腕のふるいどころもない道理か。

スラップスティック喜劇のアンソロジー　2・1

「喜劇の黄金時代」(59年)「喜劇の王様たち」(60年)が、レーザーディスクで出たのを、ご存じんだろうか。

サイレント時代の、スラップスティック喜劇のアンソロジー。東和映画が配給したとき、前作はルネ・クレールの解説による、フランス版。後者のナレーターは有島一郎だった。

もう十年近く前に、東宝ビデオで出たもの、その東宝版(まだビデオが高価だったころです)。今回は、どちらも英語ナレーション版である。

いま見ても、いや、いま見るとなおさらすばらしい。「黄金時代」に

2·4 初期の小津安二郎の意外さ

ごく初期の小津安二郎がサイレント映画で撮った作品を未見だった人は、小津は非常にキャメラポジションを低くして、人物が坐っている場面が多いという先入観があるだろう。その小津の代表作ともいうべき「生れてはみたけれど」は昭和四年の若き日の作品で、主人公はサラリーマンの子供たち二人が主人公の、実に生き生きとした画面が再現されていて驚かされる。小津は専門的に言えば、「ローアングル」とよばれる技法だが、それを全面的に使うキャメラ・ポジションを低くしてローアングルで撮る技法は、この時代の小津はまだ確立していなかったらしい。むしろ大学生の下宿の場面でも、小津は立った人の目の位置にキャメラを据えて撮っていたりする。その後は天国へ行くのだが、この第七の「天国」は映画のオマケのようなものであり、この第七の「天国」は昭和七年のサイレント映画のオマケとして、小津映画の監督第一号として誕生90年の春、黒澤明と同じ芸術家だったと再評価されている。彼は開国と攻めとの達のように専門の芸術として攻めることはできなかったのだろうが、当時のアメリカ映画の王様たちに攻められたドイツ映画のサイレントたちは連れられて――。

2·10 巨匠たちの作った予告編

本NHK衛星放送「映画の黄金時代2」で、日本映画界の夢から、日本映画の最盛の活況を語り合った。巨匠たちの監督が、一九五五年目を語る。

昭和十三年、内田吐夢監督の「限りなき前進」の予告編を、黒澤明が担当したという尾形敏郎の説をめぐって、文庫の象徴的な出来事だ。その尾形敏郎著「黒澤明論」（新潮社）――巨匠は着手し変えられるまだ二十五才の――と尾形敏郎が語る「巨匠たちの作った予告編」映画150本の一用だ。「映画」は異色の悲劇的な感動を、日本お座敷銭湯の歴史的も――「巨匠たちの作った予告編」昭和十三年十一月――ね盾の自井正夫の気を見る黒澤の批判もし。

昭和まではむしろ今から回るだろうれるしくなった。なには気づいた。それて多くは黒澤自身で自殺未遂のジレンマでたどりゃーの目殺未遂をだけけたが、自分の黒澤論を語る「松江淳夫（早川雪の三人が出す）「全巻おけっこう」という座談会だけのがまとめて語った限定「黒澤分析」をだけけの黒澤分析を。

2·8 異説・黒澤明「は東色の一冊」

昭和十八年の「ポートレイト・和四年「非」けれ。（ウド・和四年――らしらのドイツ――「無い物れだり。」をするものだから――「無い物れだり。」をするものだし。

代のドキュメンタリーである(演出＝井筒和幸)。

助監督時代を語る顔ぶれがすごい。岡本喜八、深作欣二、西河克巳、高橋治、石井輝男、藤井敏八、神代辰巳、ナンチャン顔の須川栄三等々……。

「七人の侍」の予告編担当が堀川弘通(ただし黒澤は予告編のコンテも自分が作った)という話を聞いたことがあるが、田中徳三担当の溝口の「雨月物語」、鈴木清順担当の、山村聰の「黒い潮」、今村昌平担当の川島雄三の「愛のお荷物」、山田洋次担当の、篠田正浩の「恋の片道切符」など興味シンシン。大島渚演出の、新進ス

タイトルのあいさつ映画「明日の太陽」なんて修品もある。

ところでこの番組、三月六日と七日の午前十時から一時間五十分とガイド誌にあったが、実際は六日の回は一時間半で、スタートも四十分遅い。その前の政治討論会が長くなったためだ。この討論会、地上波と同時放送。ムダだと思いませんか。

桂雀々の確かな芸　　2·25

第18回小牧落語を聞く会の出演は桂雀々。観客(会員)も次第に

瞬間的なカットがさえる。夜に入り、なお尋ね当たらない心細さ。

「そして人生はつづく」(92年)は「友だち——」という映画をつくったその後日談で、一九九〇年のイラン北部の大震災のセミドキュメンタリーでもある。ラストシーンの素朴で力強い感動は、今の時代にはとりわけ得難いものだ。二作とも"人を探す"不安と希望の物語という共通性が興味深い。

過日、同監督の旧作「トラベラー」(74年)を見た。画質最悪のビデオにもかかわらず、映画的な躍動感を持つ人たちが確認でき、実に面白かった。ともあれ、後を引く作家である。ユーロスペース配給。

キアロスタミの"人を探す"不安と希望の映画二本　　2·28

イラン映画「友だちのうちはどこ?」(87年)を見た人は、アッバス・キアロスタミという監督の名を一度で覚えてしまうだろう。

映画雑誌より、新聞の文化欄などたとえられる場合が多く、そのことが、何か"高級"で、とっつきにくいものと思わせる。マイナス面につながるのを、私は恐れる。

また一面、在りし日の宮澤賢治、坪田譲治的世界の延長線上でしか受けとられないのも向きも多いのではなかろうか。

「友だち——」の少年アハマドは、明日までにしてこなければならぬ級友の宿題の

ノートを、自分のと取り違えたのに気づく。だれもその級友の家を知らない……。

登場する親も他の大人も、一方的に用を言いつけるだけで子供の言いぶんなど聞こうともしない。日本もむかし大人と子供の関係は、そんなものだった、と苦笑させられる。文明開化度と子供の甘やかし度は比例するものらしい。

キアロスタミの映画感覚は抑制が効いて、一見目立たないが、ごとく「友だち——」は、方法論的にサスペンス・スリラーで、淡々とした運びの中に、ぐいぐいと見せ

を隣村へ走るが、だれもその級友の家を知らない……。

3・1 岡崎宏三のキャメラ・アングル

昭和十五年以来、四十本以上の劇映画をはじめ、「ザ・ヤクザ」など海外の各種の特別作品に今年、今月、今日まで松竹本社一階の喫茶店での友人と開かれた岡崎宏三のキャメラの合同に輝く撮影賞以来、日本映画のメッキ外撮影の各国人監督との仕事が今は私的なメーンキャンペ重な組んだ……

——以下本文——

映手できえ、今回の人、今では水廻しに夢に入ったとかた百十五人と小佐田定雄「言」「人」か、増南ては古典に二回もしたというのだ。銘けだけ愛の枝雀を持つ自信といい登場で、長い回し、数年前にも二回もしたとかを芸風と改めるという自身の線を開いてナナイザ以上の特別な自らしと思った第四番目にこ同主人公として必要な場合や水廻しと開き感服させられ遺言「三言」の高座に、今年はやられたという番組自らの当たりの芸で賞を飲むのも六十六雀である枝とあるコトだようはすべて金全部に遺用され遺言「三言」の記録でも小さな前名をままたたジオで……——と……高座に六年の枝あもあわせている夫妻での確かな実

3・8 猛犬も黙る細正意の説得力

東海一ジ系のメンバーを、畑中氏が紹正し、一般大衆とのコンビはコメディで大変人気をつかみ、動物王国「国」の動物を……

過礼面へ見る風物知識が出るところがあり、おのおの外国の取材を続ける中畑氏が、国内の画面からあるものだからで、小さなときから動物好きで、特技材として外国の取材の続きであるごコツなど巨大だとたいと思ってらり大番大と攻撃したまま親しくしたりなど、攻撃した親しくなくなる

心臓も楽しくなることがあ得第一のひとつとして、つい動くのであり自分自身は逃れて頭をなかなか先で大まきたから本当だけで訪ねてあるう、ただだけだから特技の取材は国外一番で変大変だとし、それでも番犬とコツをつかむのはすごく細正意の巨人の大柄なあたりな親しみがあの思てある、たまる元気を失い、大人柄親しくしなり失くなる

「自然も鬼怖く（大柄な人よくすが。監督に言う指示を呼ぶ演技をさせる中から、川島雄三監督の動……」

然鬼怖く（大柄なに抗議するほど森々お大番犬をよくすが、監督の言う指示を呼ぶ演技をさせ行くだろうと思ったそうだらな心得そうと得させる、だが、そのトドだけでは様々なはあは……」であるキャッとしているようにおし押してその芝居の中の突飛なキャメラが出て人居をさせたたし暖な「」岡崎監督意外な変を見らられたカメラリ拝見当夜は子供は森々大番人よくするそのなかから森々意外に繁ここに「」岡崎監督意外にあまりなるの中の居るを便所とか当り示に指示を

徳川夢声を語る五夜 3·22

NHK第二で「話術の神様と言われた男・徳川夢声」を、夜八時五分（最終日は七時半）から、ニュースなどをはさんで九時半まで、五夜にわたって放送。

こういうことはラジオならでは。結構な企画──だが、水曜に別番組を入れたため、月、火だけで中途はんぱに終わったのかと思ってしまう。木曜に続くということを、火曜の終わりに告知してほしかった。

司会は山田アナ。通しのゲストは滝大作。中村メイコが前半三日出たかは日替わりで、野口久光、清川虹子、三國一朗、七尾伶子、前田武彦、はにまむ緒、沢登翠ＥＴＣ。

後半の三回は、夢声を語っかけにした三放送史というおもむきがあり、それはそれで面白い。最終日の前武は、かまの両氏は当然ながら、とどまるところを知らぬ弁舌だが、トークがとまらない。相手の言葉をきんと聞いて発言しているのは、さすがだ。注文がひとつ。こういう夢声の語りからそれそれつつ録音が知りたい。それにニュースの本領を発揮した漫談は、もっと上出来のレコードが残ってしまうよ。

「なんだか人が恋しくて」の〈普通さ〉 3·25

語気強く主張する人間ほど、内心矛盾した弱さを抱えているものだ──というのが、山田太一の人間観。

その山田脚本の「なんだか人が恋しくて」（ＮＨＫ名古屋）では、校則にうるさい女子高校の教師・平田満が、そうした役どころ。いい

にとっては、人間の手は凶器でもあるのだから。
畑氏が感心するのは、カメラを構えた人間の前で、大をなつかせてしまうことだ。第三者の存在を、いったって気にする大に、テレビのクルーも自分の仲間だと納得させてしまう。その無言の説得力は、まねてまねられるものではない。

「生活笑百科」回答者の立場 3·11

よく見る番組の一つに、ＮＨＫ大阪制作の「生活笑百科」がある。
投書による"法律相談ネタ"を演ずる漫才二組のレギュラー一組が阪神・巨人。力量からして当然だが、毎回代わるもう一組の新作をこなす力がわからなくて興味深い。ショウナイと思っていたら、十年一日の彼らの持ちネタよりもよかったりして。
ところで、その相談に対する三者の回答をまとめる司会の鶴瓶の決まり文句がある。「……返す必要はない」と言うのが"お立場ですよ"。ご意見ではなく"お立場"なのが面白い。なるほど回答者はあらかじめ内容を聞き、上沼恵美子と桂南光、宮川花子と桂ざこばは、対立するようにふりわけられているのだから。
そう言えば、何らかの間に対する私たちのコメントは、純然たる私見ではなく、実にしばしば"立場"の発言なのだ。社会の枠組みの中で、それはある程度やむをえないことだろう。こわいのは、それをくり返すうちに、いつか自分自身までが"本心"と錯覚してしまうことなのである。

味わい深くわかるような。

社でしても実力をあげるかもしれないが笑いが最も多い入場門を立ち去れるかどうか、それが最も人の心を動かすものだと思える感じる。

焼ネタの多くが芸力で演じきれる
立川談志がほとんどの素材は
口演は本来の芸力が今すれると
のはイームのタイプ表現のきめ細密さはおいて
人間やマスとの俗性を
近い道のりから十年以上
立つ。カせだってる里が
入場門を入った所から
感じる。最大の人気だ。
山中夏子の変化は
小席にせたとだけあるめ
客席にイッセー尾形・東京・渋谷のジァンジァンで見た

イッセー尾形の人間観の厚みと表現力 3・29

常的な事実をしかし反らして教師をやりたがある旅先の温泉町で酔って小松政夫からむ「伊藤雄之助に似た」高校の教師。「絵描き」のタイプの運動靴のまま退屈しきり帰ってくる山田太一作演出

演技的であるしかし楽
毛利菊枝。教師役でもある旅先である。出し、深みあるしかも教師の作法をやった。さりげなく描き出す山田太一の
それとは旦那的な偽善と平凡さとはポポーにすらない。それはとても普通的なのだ佐藤友紀の
普通さというものでしなやかなものの内の朝鮮人へまで見える普通さがる人というより共感があるのをなしからだが通俗な退屈なときかにこのスケッチだけは石野陽子の普通な運動手キャメラにさえいる
もしでもし例えば音楽生荒井晴彦は旅に出して淋しかっただめだか正教師友子の役として淋れば帰りきたというのであること泊るというまで描き

（い）のだ。

後半——泊子鳥だった。
仁鶴はワクにて道に何人かいるるが増えたら十四五の東京・松屋松主
松葉の方にも読まれ
葉松鶴の風貌をしていえで
りにつりのようにまぜ
よう。しらいまだぜ
「NHK」なだらぜ
眼力である、これもすが私は松

笑回復半——泊されただ、
仁鶴は来たらが、
松葉松鶴の覆名を気ま
ジミく聞いてくれたとき、
茶番料「司会した」が
が生活は

夫婦のこと先生だね
は来る前者だ。声あた
口調ですかに
東京の真打六番目の弟子
仁鶴の先生の桂文枝は
ていて春福亭松葉は
松葉は。松は年だ。
が上出来が増すが道に
厚こし。高座口だ。口は

松葉松鶴さんは東京・
仁鶴の二人だ。
故・松鶴十六番目の弟子
が上手こなす「藤」「いま
上鶴の弟子松鶴の弟子
子、それは十四年
子、目代岐代松
「――」を「みる」と
藤の桜松のへ見る

笑福亭仁鶴 松葉の二人会 4・5

鳥屋の笑福亭仁鶴・松葉の二人会を見る。
東海テレビジャナ
が東京ではやや落ちだが初耳の芸にした
「鳥屋」な客席いやすが、
松は談志ーとの弟代松
「――」なが、、だ。

新作九日目という
退屈しのぎの酒ではない
成功になる演出した
古屋ではないが
にロマンチックなシーン
三月ニ&森田（演出）の
談志ーとの作品の
去年の十一月公演の
ぶ四月公演の
（い）。

の公演笑福亭仁鶴・松葉の二人会を見る。

鶴のあとに出られるなんて？……」というクラブは、ウケました。

香川登枝緒の死　4・8

旅から帰って、香川登枝緒さんの死を知った。

三十年ほど前、日曜夜六時が「てなもんや三度笠」、六時半から「シャボン玉ホリデー」を見るというテレビ・メニューだった小生にとって、「てなもんや――」などの作者、香川氏は、とても他人とは思えない。

演出の澤田隆治氏が、ごく初期のビデオナオ発売されている。むろん必見だが、これは財津一郎の怪演に支えられた後期の教作であるのを承知してほしい。

昭和三十七年五月六日スタートのこの番組は、藤田まこと、白木みのる、南利明、山東昭子の仏壇カックルズが旅を続け、これに保弾いもし、ヘ川平参平の目明かしがからむ――という一行が初めて江戸へ入るまでが最高だった。

たとえば、アメリカ喜劇十八番の"パイ投げ"を、豆腐に置きかえるという抜群のアイデアがあった。

地元のやくざが投げつめた豆腐が、ひまいし首をすくめた時次郎の背後のやくざの顔面にサク裂。公開録画の観客の割れんばかりの爆笑と拍手。

楽しませて下さった香川さん、どうか安らかに――。

「ザ・ニュースペーパー」の円熟　4・12

先月のことだから、公演の話題でしかも「ザ・ニュースペーー」として、いささか旧聞に属する（東京/新宿スペース107）が、この時事コント集団も一種円熟？の境地を感じさせるようになった。

これまでは、朝のニュースを即その日の舞台で演ずる、ということが感じられた。それが今では、安心して見られる風刺エンターテインメントにまとめられている。

リリー・フランキーに始まり、次回予定地の長野をサカナにするおかしさ。今回の主役は、ネコダンスが特技の怪人という（メメの"魔物"から、長野の（松元ヒロと並んだ諏訪、松本）のかさぞう等々、おいしいパートをひとり占め。

政界を大病院になぞらえた場もいいし、作・演出を兼ねた松崎菊也の、林家彦六風の落語家の身の上話が、ひと言ひと言が正巻である。コントがよくてサビのきいたTNP。それにしても今回細川首相の退陣表明で、また新ネタづくりが大変だろう。見る方は楽しいが。

山田太一の「刑事の恋」　4・15

……続けに出た山田太一ドラマだが、今度の「刑事の恋」（名古屋テレビ/朝日）はNHKの「なんだか人が恋しくて」とはまた風味が違うコメディー・タッチ。

中井貴一の刑事が、だれ一人手が出せぬ犯人を、「――」とかチャチな作戦で捕えてしまうタイトル前の見せ場など、ほとんどギャグの理に。命令違反の行動のため、神奈川県下の田舎の署へ回された中井刑事に、すし屋の板前の川谷拓三と柳沢慎吾がからまつとう。中井は刑

現代のセーラー服の
一つのスタイルで
通していたのだが、
その組み合わせに
ちょっとした展開が
与えられていて、
そこがシネキンス
ティーらしくて、「ス
チューリッヒから
を見に行くという
ちょっとしたシーン
になっているところだ
がラストに近いの
だ。テーブルを囲む
夜道を続いて帰る
なうらその最終
列車に続いている
なのだが、最終
列車に続いているわけだ

実際にこうした列車
ないこと——これは、ちなみに映画
のなかでもすでにする
ことはどんどん数少な
くなっているだろうが、その
こととは映画とすで
に語されたのだ
ちょうどその映画と
いう問題を生きるテー
マが、結婚五年目の「二
月十日」から、というの
が無類に楽しいなどと
いうものだから、どう
せならここで「テス」や
「ジャン・ヴィゴ」と「パ
リの恋人」など、あく
まで特殊な映画というこ
とから改めていただき
たい——そのら五、六
十年も後の今
私たちのかえって新鮮
なと、皮肉な発想の
ような、その転回が、旬
な美術映画であるとこ
ろのこの「ジェット」な
どとはまた別種の
それが思えてくる。「キャ
メラ・アイ」という特
殊なグループ（映）そ
のものなのだ。この
五十年後の作品と

再評価される　アガサ・クリスティーズ　4.26

と暴力的な妹
柳沢きみおが団扇で
扇ぐと、富田靖子たち
の、といっても田中裕子
（）が演じる主演の
人間国太郎の手柄を
柄でかたづけてゆく村
井刑事と逃げる柳沢と
演じてゆく柄谷が優し
てこそのことだが、
津川雅彦がこれを
ばさよう言いたくなる
画切りがありそうで
もある

の津川としまいと
のかべ、言いたくなる
が、さすがにこれは正
誠美さだったが中井
手紙が来て文親代別の
親代別の川谷という
たたじことがわかる手
紙が来て中井刑事と
刑事としての苦手な
上司をものともしない
役どころとしているなど
ともへ津川雅彦が
好演しているとこら
だが、逃げる柳沢と
人間国太郎を刑事
のあと追うことにな
る。ある時代を柳沢が
ぎ、とける苦く
さがあるのだろう

かつて船と　鉄道の旅が　あった　5.13

カースに偏かたしる
この「二月十日」が
「ユーリ・ジャン」
はテレビ映画なのだ
が、その限られる
だろう観光客の旅
それも外国客車を
事なら十余時間か
の列車を用いる。
国際線の中日劇場
での上映だけに限
られ、という旅は
中段のとなりだろう
的機客内鉄道

道として、今や基本
的な成立しない列
車という「ベニス」
次で再び結びつく
の「ベニス」が豪華
で前半初めて思うら鉄道
船による客車の中で
後半の半ばで道の
笑い場のユーリア
ーリア「パリス」は
乗り合のドラマ
先列の車内ア
内で

ゆえに偏かたしる
だろう今や高妙な
がらスを上映する
だろう限られる
だろう観光客の旅
それも外国客車を
事用や十余時間か
ジャメントなどパー
ジャ国際線と旅
中段のとなりの
旅客機的機客内
鉄道

というのが今や
池名古屋ネスキ
の国際公演された
「経門」「凱旋門」
ガスが見られる

である。あるいは
一九四〇年代から
ことはある昔から
鉄道という「パ」
だろう船による再
客車船の思う三
作「ユーリ・ジャン」
が後半の半ばで
する東合名古屋の
笑い場のユーリ
アーリアPスＡ
ーリスなう「ベニ
ス」旅の映画なの
だが、今池の名古屋
ネスキーＰスＡ
スが「ジャ」映画祭
で見られる

ジャルル・ボワイエの二本立て　5.20

が、だろう
ヌＰがラ
だろう。し
であるも、
かたくすると、
だろう旅の
「チャリン」
のアウリア
の旅の
の楽屋す

が、ある
一層実も
あるのだ。も、
かたくすると、
ば「チャリン」
のアウリア
リンの旅の
「ベニス」の楽
屋す

イングリッド・バーグマン、シャルル・ボワイエ主演の二本立て。

一見、曲がないようだが、実はバーグマン、ボワイエの共演作はこの二本しかない――と知ると、凝った番組とわかる。

ボワイエは一九三〇年代からの大スター、バーグマンの人気は一九四〇年代以降である。

スターも運不運で、永遠の名作に出た人は残る。「風と共に去りぬ」のゲーブルのように。「カサブランカ」のボガート、バーグマンのように。

ボワイエの場合、たとえば「歴史は夜作られる」があるが、それほど歴史に残らなかったから、今の人には馴染みが薄いだろうが、フランスで人気が出はじめた一九三四年に、早くもアメリカで契約、チャールズ・ボイエーと呼ばれ、舞台にも立った。

セックス・スリラー「ガス燈」は、彼としては異色の役どころと言える。不倫、妻、という女性を狂人にさせたが、このサスペンス・スリラー、組み合わせでさらに興味を増す。これぞ二本立てでの妙味。

わき役ティモシー・ケリーの死 5·24

ティモシー・ケリー、ギルバート・ローランド、マラン・キュニー……いい役者たちが、世を去った。

ローランド、キュニーは主役から年とともに重要なわき役に移った人。

だが、ティモシー・ケリーはわき役ひとすじ。新聞の顔写真は出なかったが、名前だけで、あの眼と歯が浮かぶ、カルト映画ファン（悪役ファン）にとっては、忘れられない存在だ。

「エデンの東」のジェームズ・ディーンにからむ用心棒など悪役を演じているが、極めつきは、スタンリー・キューブリックの出世作「現金に体を張れ」（56年）。

これを最後に足を洗うというギャングの、競馬場の売上金強奪計画、あるいはその先頭馬を撃つという、それだけにして金になる仕事を請け負うが、その印象は、まことに強烈だった。その後も「片目のジャック」、テレビの「刑事コロンボ」などに姿を見せていたが、やはり「現金――」の不気味さには及ばない。

昨今、こうした懐かしい名前を見るのが、たいてい新聞の訃報欄だ。それだけこちらがトシをとったということなのだが――。

シンドラーの素顔 5·27

NHKの「証言・シンドラーの素顔」は、興味深いドキュメンタリーだった。

大筋では、スピルバーグの「シンドラーのリスト」と、当然ながら同じだが、人々の証言によって、ナチスの元スパイにして党員、道楽者の実業家オスカー・シンドラーの、映画でリーアム・ニーソンが演じたのとはまた違った人物像が見えてくる。

未亡人によるナレも面白い。「愛人も、一人や二人なら……」世の夫たちも、よし女房が長生きすると何を言うかわかりませぬぞ。

戦後、妻とアルゼンチンへ移住したシンドラーが、農場経営に失敗したというのは初耳。その彼が、千人を超すユダヤ人を、ナチスの死の収容所から救ったのもまた事実。そのために最も有効だったのが、映画にもナレーションで出てくるが、愛人同行だった……

と明暗をつけて見せたり、私が主演したフィルムのラッシュを東京映画のスタジオで見るといった「支那の夜」満映

表のしンたりけて注文については、永良略前は、水洗所の監督の番組なども家にある。それは論でもある。家に私の青春もそれのある時代多いは映画の多いはだろう。その情勢を、当時のとして語るすよ。当然、日本関係たち

6·3 満洲映画協会人のホネ

の一つと運しているて満映と制作した中国人。現れるため五族和協という人々証言。満洲映画協会「を押し十年を設き、満洲映画協会「を日本人開拓。その国策を満洲へ招き内容。その実で充実した内容へ映た。

東海ラて満映と、東宝・満映

6·21 リリアン・ギッシュを訪ねた 野口久光

あるのだった。終戦と共にわかってしてやって「しね」と答えたジョ第1位に、ス鷲嶽する若い百人余り名人が旬のラッシュ超えたという女性の会話『W・映画象徴的に盛況で部のが夜。

別た作。十キ々リ分。27年夜合しの中盤大。一次大戦写本で第一回転映画を説明無声映声会「NHK見ナー元キ子芸市造創りりンたッカッカウイアカるようをまグイス回転する一回「12は地気をラブイス盛んある娘立

6·17 アメリカ無声映画の名作

線を分力な第一回10国名た。大せキネ場で中盤大次大戦写本前。一のりンネトー前線ロから旬かチ巨人から王兵スフェ夜名。第3位のグリフィス象トラい皇兵の巨大作だかりンカ子ル転する。そのようなラス回「兵グイ地位を確ラ盛んある農家立

アメリカ無声映画の名作
順野リリアン・ギッシュが光を隠れアー地味だがなくのメジ久光といなりけた映介作か淀川長治が一角な文章が朗れた誠実のなどれる実を隠れたが文章が少なくくない。印象アた地味だがネ少なくへ

音楽、ミュージカルの目利き（耳利き？）で、宝田明の「ザ・ファンタスティックス」柴五郎（現・幸四郎）の「ラ・マンチャの男」宮本亜門作「アイ・ガット・マーマン」"ふるさときゃらばん"の舞台などを、いち早く評価した一方、「屋根の上のヴァイオリン弾き」の森繁には首をかしげていた。

まことに紳士的で、言葉選びも慎重だが、こととなると一歩もひかぬ自負と潔癖の人だった。

五年ほど前だったが、あこがれのリリアン・ギッシュを訪ねたときの話をうかがった事がある。

握手した手を握ったまま語り合った、九十五歳のリリアン。あまり長くなっては、と辞そうとしても「手を離さないのよ！……」

去年九十九歳で亡くなったリリアンが、天国から招いたのかもしれぬ合掌。

川本三郎「映画の昭和雑貨店」 6・24

川本三郎の「映画の昭和雑貨店」（小学館）は、主として昭和二十三年代の日本映画に描かれた、当時の生活の風俗を語った好著だ。

歌舞伎中継もラジオだった（「麦秋」）昭和二十六年ごろ、電気洗濯機一つで夫婦ゲンカになった（「四十八歳の抵抗」）三十一年ごろ、等々、小生にはつい昨日の事のようだが、今やピンとこない世代が主流だろう。

〈スタジー〉は、もしろ向き・逃避と判で押したように批判される。しかし、それは違う（中略）かつてそういう時代があったことを、はっきり記憶し、いまはない人々を慰藉することなのだ。

というあとに感動した。

その川本氏は、昭和十九年生まれ。まだ四十代の終わりという若さなのである。信じられないほどだが、「だからその『逃避』ではない」と堂々と言えるのかも。

ちなみに『魅惑という名の衣裳　ハリウッド・コスチューム・デザイナー史』（キネマ旬報社）等の著者の川本恵子は、三郎氏夫人。みなうらやましき方々か、いちど拝顔の栄に浴したいものだ。

爆笑問題への注文 7・12

ＮＨＫ衛星２で三夜連続の若手お笑い番組「渋谷発！お笑い宇宙計画」。うっかりして、第三夜だけ見た。

八組の中から観客の投票で、一位が大賞、二位がゲスト賞。当夜のゲストは小松政夫。

三位の〈ザ・ボンチコリン〉は〈ＡＫＩＫＯ〉→〈まんぼ〉を解消したコンビらしいが、四月に欽ちゃん劇団の入団という結成。「ぼ」のネタで、じられている自覚のないあのしのボケがおかしい。

一位の「爆笑問題」は今や若手ナンバーワンの存在。偽善的な「○○にやさしい」という慣用句をからかう十八番のネタで、「目にやさしいコンタクトレンズが鼻にきびしかったら？」「やさしくされすぎて地球がわがままになると大変」「地球の方が人間に向かってバカヤローと叫ぶと津波が来る」「地球が人間にやさしくって気持ち悪い」などと畳み込む。ただ、太田が早口すぎて聞きとりにくく、田中のツッコミが一本調子で、かつての聞きづらさは改めるべし。

今いる水辺の昆虫 7.19

わが家でも始まる夏休み。これには「この映画は九時半からスタートしますが、ただいまのネイチャー50の愛読者だ」…意外と女性を抱き寄せて立つ。日本における映画館もとでは、夕食をとるということは不利だと解釈した。今の映画興行が、今や交通機関の終電に至るまで時間に合うよう。

映画の最終回は夕食後に 7.15

面白い企画だったいまだ見た。新聞の最終回案内を見た。

「遭難機7」を救え・「の感動 7.29

NHKで放映するドキュメンタリーだった。意外に知られていない作品だが、ここには、ただボーイが歌うまでもなくシーンが流れ、制作者たちの大自然への挑戦が思われる。それは名古屋市美術館への変身を遂げるという風景のワンシーンを結ぶ。

Aメリカのナイト航空機の故障に、アメリカ本土からオハイオ州近くの村、その出産費用を捻出すべく、太陽から地平線までの大旅行。ジェット機が見えた。「遭難機7」を数え、「の感動。

が、男は『我が道を行く』『静かなる男』の老名優バリー・フィッツジェラルドですぞ。

ガリン・スタロホの名短編　8·12

愛知芸術文化センターで催された「インドネシア映画祭」で何本か見て、あの国ではまだまだ映画が大衆娯楽として、すそ野が広がっているのだな、と思った。

その中で、先日、佐藤忠男氏から「ガリン・スタロホは見といた方がいい」と聞いた、そのスタロホの「水とロミ」（91年）という二十八分のビデオ短編があった。

水辺のスラムに暮らし、川の清掃員をしている若者ロミが主人公のドキュメンタリーである。

ゴミにおおわれた川。その汚れた水で口をすすぎ、体を洗い、食器を洗い、洗濯をする。それを直接飲まないだけで、上下水兼用の生活である。

そんな情景を描き、環境問題を提示し、しかも印象は驚くほどさわやかだ。かきたてる国々を染めるアイスキャンデーの、両面に違う色のミンを塗る。それをかじる子供たちを見たら、と思ってしまうのは、あしからず猛暑の中を歩いてきたせいだけでもなさそうだ。

新作「天使の手紙」が、ベルリン映画祭で受賞したスタロホ。映像のセンスに、国境はないのだ。

しないなど感動する。

老機長が、旅客の納得を得るため、子供客二人に"セスナ"と"横風"の役をさせて説明する。最後に、実話に基づく物語であることが示されるが、アメリカ映画の伝統だった"健康"さを、久々に見る思いがした。

いま劇場用映画が、激しさ、強烈さを観客にアピールしようと競いあうあまり、いかに病的、不健康なイメージに侵食されているかを、あらためて痛感、犯罪的人間味には、あきあきした。

谷啓が「リンゴの木の下で」を訪ねる　8·2

NHK BSの「世界・わが心の旅」は、唐十郎が台湾を、今村昌平がモロッコを訪れるという風に、旅人とその目的が興味深い。

先日の「アメリカの夢・リンゴの木の下で」は、トロンボーンの名手・谷啓が、敗戦直後の中学生のころ、進駐軍放送で聞いて、この道を志すきっかけになった、ディック・エリントン楽団の「リンゴの木の下で」の、古いレコードと、作曲者D・オースティンの生地などをたずねた。

で、旅の発見は、オリジナルの譜面には、ベース（前メロディ）の部分があったこと。そして、レコードの中でトロンボーンのテナーを聞かせたのは、ローレンス・ブラウンではなく、日本ではあまり知られていないトリッキー・サムだったこと等々……。

谷啓が、平均年齢八十歳のジャズバンドに加わって「リンゴの木の下で」を奏する幕切れがいい。ところで番組に挿入された映画「ストーリー・クラブ」（45年）の一場面の、女はベティ・ヘットンだ。

人形アニメーション作家　川本喜八郎　8·16

「新・平家物語　人形絵巻」（NHK出版）は、NHKテレビで放

「玉音放送」はなぜわかりにくかったか 8·19

りで、しかしそれにしても川本氏のあやつる人形をつかっての大河ドラマという国際的人形劇『三国志』で、十年前に神戸人形制作者の人形を見て興味深い、川本喜八郎という人形・人形写真集中の大写真の人形写真の一段と面白みが動かぬ人形の感情を催し、リアルに写実的な感情をそえて放送中の人形、東京・池袋の劇場で再放送の『平家物語』、平家物語著者・力量は次の通り。以外は国民学校六年生だから、夏休みへ難キャスト

球する表情の動かぬ人形が、川本喜八郎の人形・品格をも表現し、世界の観客を魅惑するというのは

だからBC級だったのだ。これがABC、Tと負けるほど難しくなる。S系だから事情を聞知して漢文の報道特集だったと思う。以北の天皇制の謎を隠すための言葉をそえたおそろしい手を加えたおどう道で、そのヤマ場の結び「」は

屋島で、壇ノ浦で、という演出であるが、武者のごとき合戦の物語「新・平家物語」は操る人形の名工・平家物語著者・力量はこの日目にもよっての顔面で、というもの。終了後十一月再放送第四部をと予定される子の世界の眼は

終了後再放送を見て東京でもこれらの作家国的に知

さようならNHKの人びと 8·23

夢路いとし・喜味こいしのいとし・こいし――彼自身の興味深さが喜劇役者の格別な対談相手だというこの手に乗るというのが大好きとしてのトーク番組だが、巡査の達者な物売りの、少しの違和感もなく、常にこの人十八番役をも演じるよう方になるというのはナ

これしいろいろな意味でNHK大阪制作の「上方演芸」が理想の番組のネタを代表作として「ジャズ探偵」「料理」など巡査」「ジャズトーク」四十五分けが、ねらい

なるほど新作がこの話のネタを代表作として交差させてNHK大阪制作の「上方演芸」「料理」「物売」「ジャズ」「巡査」に上方漫才の大御所

はNHK報道特集の同じおなじみの反応というたNHKのある日記で、中国から渡来した漢=草書体はくずれていくうちに、山田風太郎の「敗戦日記」・昭和20年敗戦日の「これぞNHKの人たちが敵と好リレー抑留ニュースを調べた日本語を再構成した日本語をめるという好リレー、アナウンサーが回すという日本語特番が一日難NHKのある関住時代に日記で、中国から草案だったものが行われたという漢文は敗戦

ねぞそれぞそれ報道いた特集した漢文だが敵とするとしてNHKの人びと解人のNHK解

NHKの"異色の顔合わせ"は、往々にしてこうなのだ。「バラエティーさむらい『ぼたん』」は、平野啓次郎のミステリー"と同様、企画者としては、"実直型キャスター"の"新しい面を引き出す"つもりなのだろうが……。

先入観を排した終戦特番 8·26

テレビの"終戦特番"を何本か見て、それぞれ見ごたえがあった。

NHKの「昭和20年・私の声」は、アメリカの調査団が、敗戦後の日本人の考えや要望などを、日系二世兵士に尋ねさせた録音を、現在の日本人が聞くというもの。

名古屋テレビ・朝日系の「ザ・スクープ」は、日系二世兵士による名古屋ナチ人収容所解放秘話。それが秘密にされたのは、米兵がその場でナチ親衛隊を射殺した事実を伏せるためだったから、パットン将軍が握りつぶしたからだという。

テレビ新広島制作の「52の爆心地〜米509群団・全土を標的に」（東海）は、敗戦前日、日本の五十三ヵ所に原爆投下の模擬爆撃が行われた事実を追う。最後のまとめのナレーションは無意図的（意図はない。

かつてのこの種の番組は、制作者も視聴者も、戦争を体験した世代だから、共通の理解の上につくっていたと言える。

今や、大戦の記憶を持たぬ世代が、新事実をとらえながら「戦争とは何か」を追求している。

"先入観のない目"が有効に働いているのだ。

落語三昧の一日 8·30

電車を乗り継いで愛知県碧南市芸術文化ホールへ出かけた。柳家喜多八の落語を聞くため。

去年九月に真打に昇進した喜多八。晩秋の東京の寄席で「首提灯」を聞き、キレのいい落語に落ち着いた高座に感心したもの。

マクラの雑談口調が、師匠の小三治そっくり。ただ、最初の代金馬が懐かしい「小言念仏」は、「戦争中からいまもう」という設定なのは変だね。

二席目の「厩火事」も先代文楽が耳に残っている。髪結女房が亭主への苦情を聞かされた仲人が「別れたまえ」と言うのは、女房が別れたい内心を見ぬいての言葉だというニュアンスがなくなる。

声がよく、安定感のある喜多八。もう一工夫でぐっとよくなる。

三つ目の小勢い込みは、勢いはあるが、まだ総体に組んだ。

帰りに回った碧南海浜水族館が、小ぶりながら充実していて結構。夜は名古屋でレイトショーの「幕末太陽傳」を楽しんだ。

テレビで春團治の「皿屋敷」を楽しむ。と、とことん落語の日だ。

岡田嘉子の失われた10年 9·2

NHK・BSの「世界・わが心の旅／ソビエト収容所大陸・岡田嘉子の失われた10年」は、前・後編にまたがり充実した内容だった。

38年（昭和十三年）に恋人の新劇演出家・杉本良吉とともにソ連へ越境、スパイ容疑で投獄された女優・岡田嘉子の足跡を岸恵子が

きわめて勇敢に戦った志願兵だった。

真珠湾攻撃以後、日系人は収容所に入れられたが、その中から多くの若者がアメリカ軍に志願した。アメリカへの忠誠を示すためだった。日系二世部隊「四四二連隊」はヨーロッパ戦線でめざましい働きをする。その働きを記録した映画があった。「日系アメリカ人部隊」だ。前部隊長・彼ら

6·6 日系アメリカ人部隊の記録

しとして死んでいった。その時の力走が迫力だが、彼は殺されたのだ。「NHK総合」「NHK人間講座」で、日本人として世に出した小田実が調べて取りあげる。その旅名を日本にホリデー作選「の」というＮＨＫの自由放送だ。実に、心強く秘密にされた結果、九年十一月、警察内部の医師との被疑容内部に結

が、歴史上にも松竹芸能期が昭和三十四年半ばで、お浜・小浜の大看板がそろうのはおそらく昭和の上方漫才の先駆者が太平洋戦争中の演芸国の先駆けとなる。おそらく小浜・お浜のデビューだが、戦後海原の

9·20 楽しかった神原お浜小浜

ろう人合に類は、今もう意識したら宗教的な宗教すると両親をもつユダヤ人は二世民土だ「マンガ」だ。あれど政治的な信念を継ぐだった。もう一九年とにエルサレムの時制作が必要だったのだ。それゆえにしてその殺し出し

筒井康隆・唯野教授のコメント　9・27

名古屋テレビで朝日系の「驚きももの木20世紀／衝撃真相チャレイ裁判」に、筒井康隆がゲスト出演した。

英国のD・H・ロレンスの「チャタレイ夫人の恋人」の邦訳が四十数年前、わいせつ文書として摘発された事件がテーマ。筒井氏はこれが、それまでの自然主義の流れを変えた小説で「登場人物はすべて作者の分身」と説明。

また「当時、有罪判決を下した裁判官もインテリなのだから、これがいわゆるワイ本でないことは内心わかっていたはず。だから今こうしても笑いのタネにされるのは気の毒な気もしますね」。

当の筒井氏が、常にその時代の「良識」から非難を浴び続けてきたと同時に断筆の人であるだけに、このコメントは、余裕の一言である。

むかしテレビの深夜番組の司会をしたこともあるだけに、テレビでのわかりやすく効果的なカットされてもこれだけは残るというコメント術も心得ている。

「ソクラテス望山馳参寺」（NHK教育）の住職よりも、筒井氏は唯野教授がふさわしい。

デ・ニーロの初監督作品　9・30

いま名古屋で上映中の「ブロンクス物語」は、ロバート・デ・ニーロ初監督。どんなにアクの強い映画かと思ったら、意外やベテラン顔まけの上出来だった。

ある事件から、街を仕切るマフィアのボスに目をかけられるようになった少年と、その父親のバス運転手（デ・ニーロ）の確執のドラマである。映画ファンとしては、十数年前の狂気のタクシードライバーが今やまともなバス運転手か、などと、つい楽屋オチに見たくなるのだが、これほど自然なデ・ニーロは、はじめてである。息子役の木村一八みたいなリッキ・ブランカートが引き立つように演じているのだ。

ヤクザの中にも良いヤクザと悪いヤクザがいるというのは、よくある日本人好みの設定だが、偽善的。それに堕ちる危うさからこの物語を救っているのが、ふつうの父親の気骨のある態度。やがて映画は少年の精神的自立をテーマにまとめられる。

アンバランス人間を演じて右に出るもののない名優デ・ニーロの、このバランス感覚。あっぱれなものだ。

演者が裏方もつとめる　10・4

名古屋・中日劇場で、恒例の米朝・枝雀二人会を見た。

まず、桂枝雀の弟子の九雀が、二十分ほどにまとめた「七度狐」。化かされた旅人二人が、麦畑を川と思って渡るくだりで、耳新しいギャグが続出。一遍おぼれると七遍だまして返すキツネのしわざと聞き「うわ、まだ六遍ある！」「喜びなはい」。

めくりに名が出るだけで大拍手の枝雀は、「夏の医者」と「船弁慶」を。良寛さんのことを変に例によって大熱演。桂米朝は「算段の平兵衛」を語ったぷり演じた後は軽く「試し斬り」。これほど芸風の異なる師弟も珍しく、だから二人会も自然にバラエティーが生まれるのがいい。

楽屋には、桂雀の弟子の雀司、米朝の弟子の巨漢・米平の姿。枝

1994

も、これは見たが併せ
ん、最大限の製作
いくらスタッフが東京・ベン
ンビでは上映する。
ンビはアメリカ発祥で・……
名古屋・札幌など現代の
女が魔女を飛ぶ特撮風景を
それは"魔女の集会"シーン
ぬ一切り。

「ナイト・オブ・ザ・リビング・デッド」がアメリカで上映された「ホ
ラー」は人形アニメーションの名作として番組に本立て
ておきたいのが、チェコの魅せるカメラワークをそそっ王子"という人形アニメーションで人形を誘拐したとか好きだといいうロマンチックなジャンルなのだが、バスターが持つ流麗な動きがチェックスナップショットにぞくぞくしてしまう。そのシーンなどは今でも人形アニメのクラシックとして、「ホラー」と「ホ

ハロウィン名画三本立て 10・25

のだ演者が成立し回もしない。今落語というの上方と裏方五十席ほどお囃子にお囃子が中途に三味線があるため、お囃子が必要な船弁慶」の効果音をえるというの上、落語を支えるという基礎の上に喜劇はお囃子だけでお囃子だけれど、お囃子が来ているのだ。雀夫人も上方と夫人も上方と

アメリカ・コメディ映画がよみがえる 1・1・1

辺り立つが出てくるぞギャングの「リラッキング」これが出演して50年とも言わ送るが住年ついにひらいたものでなりにない物語でなかっなりにない製作型のバス作品を手がけても出演してが、まねた役者を招いて証言する"立ちが立ち会い。完全吹替で今夜NHKのニュース? 歯をこたえる"をしてしまうそれが油断がならずか。自分の方が目が放つ

技を新聞「怪傑をたえだのべ、追悼記事でもいずれもぶんなく紅白映画「紅白歌合戦」同時代的の密盗撮かりバスターがスカーレットヨハンソンとをかけたのは「欲望という名のあるらかすたんだ後の漢名演

バスター・キートンの〈笑ひ〉アメリカズ 10・28

て、なのです。

のけた佳編である。

ニューヨークの好人物の警官ニコラス・ケイジが、喫茶店で小銭がないので、ブリジット・フォンダにチップの代わりに妻のために買った宝くじを渡し「当たったら半分あげるよ」。

と、ここまで見れば、くじが本当に当たってしまうことは予想がつく。問題は、その後の展開にどれだけ観客を乗せられるかだが、同じN・ケイジ主演の前作「ハネムーン・イン・ベガス」でも好調だったアンドリュー・バーグマンの演出は、心得たものだ。

警官の妻のロージー・ペレスが、いい"悪妻"役だが実は……の女房で、これが心底いやな女に見えると、映画の気分がこわれてしまう。

——ところでこの映画、小生が見たプリントではスーパー字幕に「ケガの巧妙」と出て、気のきいた訳にしようと、功名をあせったのでは……?

「パルプ・フィクション」の無類の斬新さ　　　　10·17

面白さ無類。だが中には怒り出す人もあるかも。

「パルプ・フィクション」は、「レザボア・ドッグス」で注目を集めたクエンティン・タランティーノ脚本・監督による第二作。好き嫌いはすべてに優先するから、性に合わぬのは仕方がない。が、勘違いで見逃して損をする方がないよう、若干の前説をさせていただこう。

まず、これはコメディーです。麻薬やギャングの話が、ずっこけた事件の連続で、ここに配された、巻きこまれた連中がマジなだけに大笑いしてしまう。

次に話。三つの物語が交錯し、重なり合うのは"途中から始まって途中で終わる"という構成が、混乱を招くかもしれない。

朝の喫茶店で、ティム・ロスとアマンダ・プラマーの不良カップルが、思い立った強盗をその場でおっ始めるタイトル前の物語（第四の物語と言える）は、最後の映画の結末に示されている。この斬新さ。

ジョン・トラボルタとサミュエル・L・ジャクソンの二人組ギャング、そのボスのブルース・ウィリスに八百長試合を依頼する……

と書いても、映画の面白さは伝わるまい。

たとえばトラボルタが、ボスの命令でボスの妻ユマ・サーマンの夕食の相手をするシーンは、小キザであらもあるが、そんなムードも、女が〈ヒロインの吸いすぎで〉倒れるや、ブラックユーモア的ドタバタに一変する。そのおかしさ。

そんな展開から、タランティーノの作家的スタンスが、おのずから見えてくるのも興味深い。クリストファー・ウォーケン、ハーヴェイ・カイテルなど、くせ者役者が、どこでどう登場するのかもお楽しみ。アメリカ映画／松竹富士配給。

イッツ・ソー・イージィ」が描く父親 11・8

映画ファンを名古屋で上映された映画は、同系統のナイーブなファンタジーで、一六歳の息子の夏の思い出を描いた「日曜日が待ち遠しい」とは別人のようだがマイケル・ディナー監督の佳編である。

おっとりとした温かい人柄の山田藤岡二階を掛け合わせて幸福な成行きを意図的に収めてのねらいが意外にも他者の転換点になるという形はこの映画はだけにはとどまらない精神的な傷つきが浮きぼりにされて重い余韻を残している。

主軸を川原和久が演じた連捕義と夫知らぬ男田太鶴を見せる男田太鶴の臨時雇を受けて母はミスより一的な興趣をする前面に掘り据える監視人が

激怒させる近月臨山田太一「秋」・「族」の余韻 11・4

田太一「秋」・「族」の余韻
NHK総合「族」秋・「一」太田山

燐光群「ヘリ」らの墓標」の交錯 11・18

燐光群公演「ヘリ」らの墓標」を見た。燐光群は坂手洋二の志向するある種の喜劇空間が次第に幻想的な補綴しの鯨業会社を死亡した実父の様相を呈し、それを捕鯨をめぐる人気をものがあるが、その中に幻想的な母父と京都の劇団と東京の劇団集結させ数少ない。

日常を描き、日常と思われる事柄を開き作業が人体解剖の実習、五人の兄たちのカサカ社長とメールという故郷の志望と劇場を使われた非現実の浮世の重な登場が次第に幻想的な補綴しの鯨業会社を以前のある中で働き続けた菱光群「ヘリ」らの墓標」の交錯

父親が名匠。「日曜日が待ち遠しい」は新婚旅引退作「それでも彼らは形を」父の青年時代を描き、コーネリアス・ラインハウフン二十六歳。父を愛の言葉を語る息子のこの思いへの不信を描いた「リンゴ」牧師の父がいる。（82年）「愛の風景」のように不明る

「売り」にする作劇ではない。

名古屋公演は、栄・松坂屋西のロマン座。平成四年の暮れに閉館し、外も内側も、映写機まで、そのまま、という「よみがえる過去の名画館」という住年のドラマは、奇しくも、かつてのロマン座でも上映された、H・メルビル原作、J・ヒューストン演出の「白鯨」を連想させるものだった。

廃象たちと麻薬　11・22

山瀬まみの「お父さんのためのワイドショー講座」が楽しみで眺めている「ブロードキャスター」(CBC—TBS)だが、先日の、象を麻薬でこき使う話は衝撃を受けた。

所はタイ北部の森林地帯。伐採は禁止だが盗伐(主として日本へ輸出するためだ)が後を絶たない。森の中で足を短く鎖でつながれた象を発見しても、現行犯でないと逮捕できないため、みすみす盗伐運搬用とわかっていても、監視員は手が出せない。

盗伐者とコンタクトがとれたスタッフは、覚せい剤入りの握り飯を象に与える光景をとらえる。その象の目が忘れられない。

施設には、盗伐者に捨てられた象が収容されている。後足が折れ、背骨が曲がった廃象たち。

象サンクチュアリと叫ぶ前に、まず、私たち人間が、日常いかに間接的に動物にむごい仕打ちを重ねつつ暮らしているかという現実に目を向けよう。

この映像、麻薬のおそろしさのキャンペーン効果も絶大である。独立したキャメンタリー番組にしてほしいくらいだ。

イッセー尾形の人間カタログ　11・29

イッセー尾形の一人芝居のネタおろし公演を、東京・渋谷のジアン・アンで見た。

九月三十日が、ニューヨーク、パリ、ミュンヘン公演。八日が、ビデオの仕事に続いて沖縄公演。で、今回はネタづくりから公演まで二十日足らずという、強行スケジュールになってしまったという。

演目は、早速、海外旅行ネタ(イッセー三度目の女性役)に始まって六つ。

大好評の海外公演だったが、パリ公演のプロデューサー、「日本の観客はどんどんレベルが低いのだね。冒頭のあいさつを始めるそういう見る気で来てるんだから」と指摘したのだが、初期のネタこうだったという。その評を受けて、今回は登場したらすぐ演じ始める形になった。

総じて、ややて、笑いを抑えた作劇、「第九を歌う会」の和気あいあい風の人が、さらにといたこと笑如何段らち合う、するケリとし、ているところ、さの随所、今、が息づく人間カタログ。

最後の、おたみ演じ歌手ネタのマシとロメロンの登場で、客席は軽い緊張がほぐれた。

住年の名コンビが聞きたい　12・2

NHKラジオの「笑いを送って45年／上方演芸会2000回記念」を懐かしく聞いた。

昭和二十四年六月十四日、第二放送でスタートした「上方演芸

だ。

が、ネタは小さなネタだ。当時名古屋の御園座の中日劇場で、林家の魚屋を通う足を通う高弟の当代小柳枝としての長い行で錨を当てたという印象で、総体に「映画の災難」もらうとくださり級の急病に入らしキャメラを見て演じてある、最良の演技である。ロースケッチだ。

収穫は桂だ　12·13

かビ、この番組のなかでも紹介したのは、演芸を目指すための基礎的な浜しラ・小らのお笑い若夢し。ナ・ナカしたのは大阪にある十方歳若人会で、上方歌芸「上方演芸の枠」で幽霊・ナカシの曽我物語」だ毎回一本ずつの音源がいい。部が戦後の漫才の初代音者柳田正吉氏だ当時まだ四十代だった大阪の寄席

前にガラッと変わり大人気を集しは大人気を移りだが、中途半端に終えたのは第一で、上方寄席の名にあだ移り放送していた。二十回を超えて、中途上方寄席」の名

はガラッと変わり大人気を集しあのレトロっぽい芸でしは大人気のお笑いを楽にしてくれたのだが十分人に笑ってもらえる技芸「上方演芸会」だしこの人らの実力だしまさにその人たちは大阪にとりまします。毎回一本ずつの名・柳亭十郎さんが存在したと言える。「枝雀王国」と

収穫は桂かい

結構枝雀を舞台で何度も買ったが、友だちが文楽の人形芝居のように贔屓にしてくれたもので反していろんなところがあるが、今回の上作られた名反していろんなところがあるが、今回の上作られた名貴族だがその見られる貴族(英社)の収容所長と心を動かしたのは一時間五十分間の同盟国も閉鎖られた空軍の補虜をされた当時十五年知るだけから無限では知らだけからは、この名古屋・ジャン・ルノアールの大きな幻影」が三十三日から、必然的な旧貴族はジネット・ナ、リストのことだが、血のつながっていた戦争がしるとして、親ヨーロしてはな類を困るが

「大いなる幻影」の本当の見どころ　12·20

検分後うの役半うさき？を兼ねて、細部がりすべる王の名田の高座として、師匠意外失礼にし米朝門下で枝雀と兄弟子

「のです」と語っている。

優れた作品は、見るものの世界観、人間観をゆり動かしつつ生き続けるものなのだ。「大いなる幻影」は、それを教えてくれる。

笑福亭福笑のこれぞ創作落語　12・27

「第21回小牧落語を聞く会」で笑福亭福笑を三席聞いた。

六代目松鶴の四人目の弟子です。ずっと以前にしたか大阪の島之内寄席で聞いたきりだったが、今年は、十一月の東京の文芸坐ル・ピリエでの独演会に続いて二度目になる。

ここ十年ほど、創作落語、つまり自作の新作で人気の人だが、小生は、古典に示された表現力に感服した。

ご当人もマクラで述べるように、自作で笑いを取ると"しびれる"ような快感だという。

気持ちは実によくわかるが、たとえば、池袋で演じた「ダジャレ教室」という「あくび指南」を下敷きに、カルチャーセンターを皮肉った新作など、面白いけど長すぎてダレる。刈りこめないのが自作の弱みかもしれぬ。

今回の「もうひとつの日本」は、東京の落語芸術協会的新作よりは格段にいい、けれど、看板のピン「世帯念仏」の満足度はそれを上回った。

「世帯念仏」など、事実上の新作に近く、観客の想像にゆだねた無言の間が、絶妙におかしい。

演者の創作力が、古典を活性化している。これこそ"創作落語"だ。

アイマックスの現在　1・6

アイマックスの試写会を、名古屋市水族館のスペースシアターで見て、巨大画面の鮮明さを改めて実感した。

フィルムのコマが、70ミリ映画の二倍なだから、当然なのだが、それにしてもすばらしい。

同じアイマックス（オムニマックス）でも、日本ではプラネタリウムに併設されていることが多い。すると、ドーム（スクリーン）がわん曲しすぎているため、乱反射で画面が白っぽくなってしまう（かつてのシネラマにも、その障害があった）。

その点、この水族館のは専用だから、映写効果良好で迫力十分。もっとPRしていい。ちなみに三重県のナガシマスパーランドのもオムニマックス専用館である。

もう一つは、映画的表現が日進月歩していること。長短とりまぜて十一本を一気に見たので、一層それを感じた。

とりわけ、四十二分の「タイタニック号」に感動、九十分のオリジナル版を見てみたい。

超大型映像も、ただの万博的映像ではなく、どんどん"作品"になりつつある。それを実感する六時間だった。

イキのいい大阪の若手漫才　1・10

年末年始の笑芸番組の拾い物は、一日の岐阜テレビと三重テレビの「新春！漫才大爆笑ショー」だった。

どんきほーて、けんゆう・ゆうた、ちゃらんぽらん、テツ＆トモ、大阪のイキのいい若手が次々に登場、ベテランも出ている。

から中身を、店で地下に求めたら、まだ紙から一個余裕あるのに、まるでカマスに入れるように重たい中身の手高を、机に並べた場所がない。毎年の作業で、いくら手足を動かす能等でも、当然予想不足なのを確かめるのは、結局だいたい、袋は最品

　等……と、並ぶ居並ぶ袋は、だいたいSB店は家内女性が作だ。でその数だ従業員らしいが、A店は先日は名古屋の四つ角でたまたまのデパート

手仕事の退歩　1・13

されてしまう場合もあるのだ。

そしてこういう形になってしまい、前述のように毎月二十九日に月的割やすく、すぎる子達の関係では、若い手の中心だが、制作は神戸の大喜レイアウト・ボックス「'94」だが、

ばもともと、例えば名古屋の阪神巨人・ビン戦から各球場に変って集ると巨人は別として、「C」「B」「CNHK」等の大喜利割や、たとえばレイでは「C」毎日放送のCBCラジオ「先日若手漫才師の出場したが、結局春一番、宮城漫才が西の方が、「'94」初笑い東西寄席中継しして、コメディアンをはさんで、売れ盛りが

成瀬巳喜男の「放浪記」　1・17

組としては、その次の世界の変化を見る皮肉なコーメディーだろう。だが、日常的などとんでもなく、手仕事の事務員が効率化の悪い会社があるとしたら、その郵便物はなぜ平気で退歩してゆくのだ・・・神様だろうか、この世界化された工夫の封便物というものなら、だから郵便局へ行くのだ。

名古屋駅西のジオラマもやがてその世界一を始まるのが、切手を主張している図書の、切手等で

忘は「放浪記」を、記録映画を『ウーマン・エイジ』その次回作四回上映中。林芙美子女優として喜びを持てなかったのか、その半生記『放浪記』は、自伝的小説だったが、気を入れた不満だという。しかし映画は不気には演じられて。

「放浪記」林美子としたデコちゃんは大注目作に、高峰秀子主演だ。女は台湾の杉村春子が、十年前童年時待春子となるが来日時代の彼女の名演。女日待生時「悲情城市」のラストはこの随秀子」といえば、その随秀作、「おかる」ともに代表作の傑作だが、NHK-BSで放送された、キネマ旬報「ラブ・ユー」のわが面集のスタ・ホネの

評価はずばり「放浪記」のラージ・ナンバーの

本映画にいくらもあったのである。

南利明の名古屋弁　1·20

南利明さんが亡くなった。と言っても、今や、由利徹、南利明、八波むと志の"脱線トリオ"の舞台を知る人は限られているだろう。

朝日放送制作の「てなもんや三度笠」で、由利徹は国定忠治、南利明は鼠小僧次郎吉、八波むと志は近藤勇。三人が顔を合わせ、小林信彦が「舞台がこわされるのではないかと思った」大騒ぎの回を、小生は残念ながら見逃している。

やバーが落ちた後半期の「てなもんや――」を支えたのは、財津一郎の怪浪人と、南の名古屋弁の鼠小僧だった。

塀から飛び降りて転じ「着地はバッチシ」。その塀に張りついて「見えんだろ――」丸見えやないか、と笑うこまれて「今日はコンディション悪いなァ……」

台本のセリフは標準語だから、アレンジは名古屋育ちの南さんにおまかせだったのだろう。

有名な南さんのカレーのCMは「もう一週間いってまわないかんな」というフレーズが鋭い。だれが書いたコピーか知らないが、この地に生まれ育った小生は、名古屋(尾張)人的性格への批評すら感じたものだ。

役者を貫いた金子信雄の死　1·24

金子信雄さんが亡くなった。

若き日の代表作は黒澤明の「生きる」だろうが、胃ガンの志村喬の、薄情な(つまり、どこにでも居そうな)息子の役と、即座に思い浮かぶ人は、映画通と言える。今は、別人の観があるんねぇ。

ぐっと目立ったのは、昭和三十年代の日活中心の憎らしい悪玉と、三枚目悪玉(類型性のカリカチュア)役からだ。日本映画にも"悪役を見る楽しみ"が定着したのも、このころから。

昭和四十年代の東映中心の時代が「仁義なき戦い」の山守親分に代表される狡猾小心悪玉。もしもこの濃厚なコメディリリーフがなかったら「仁義――」シリーズの印象も、かなり変わっていただろう。

だから、テレビの料理番組で、オクサマがタネと例の粘っこい口調で説明する晩年の「先生」ぶりが、なんともおかしかった。この豹変ぶり、まさに"日本"そのものではないか。

最後の怪演は「王手」あたりか。装っているのが本性か、くらが読めないイメージを、最後まで貫いた。役者やのォ。

「牯嶺街少年殺人事件」の一カット　1·27

封切り版よりも長い「完全版」が、後から上映されたりビデオ発売されたりするが、見比べると必ずしも長い方がいいとは限らない。

ところで、これは長い版が確実にいいという一例。台湾のエドワード・ヤン監督の「牯嶺街少年殺人事件」(91年。92年度キネマ旬報ベストテン2位)が、それである。

一九六〇年代の台湾が舞台の、青春映画の秀作で、不良グループの抗争等と並行して、主人公の少年の父親が、共産党との関係を疑われ、思想警察に取り調べられるくだりがある。

先に上映された188分版では、がらんとした取り調べ室の床が、水

神震風景一の爆音で目の前に迫ってくるNHKとKという放送ならではの爆音だった。携帯ラジオを持って終えた「家族」という映画で三宅官邸の備えなる被災所から知人はユーフォリアな憂うな平団地の不運だ

ブ藤さん本義のの話すけど現実の前に実人生を超えてと生まれてくる西尾張の電光石火に昭和九年生まれこの方の去年の十一月二十日に描いた昭和二十一年十一月三日の星屑だから昭和二十一年十一月三日の子供たちが大きな地震のあと家を見てからあの夜に度飛び遣

論だからと回り型の恐怖の神経を可能な体験記憶だった記憶や想像像よりも左の方だった昭和の家族はしばらく激する言横

みらうる2·3がりには需たよりもあるいはリカ版はりであれように前述やれなりか多かったのだってはそれ映画によるテレビシリーズが上映された画面出版で重要な描写した作品観賞は出父親73分撃

するさまをとって描かれたのだけど後だが公開された2つがりたにやクライマックスが目の平版

┌─────────────────┐
│ 神経を逆なでする │
│ ノンフィクター取材 │
│   1·31 │
└─────────────────┘

┌─────────────────┐
│ 安易な独演会   │
│   2·7 │
└─────────────────┘

だからえすれば実力といこを女らしい。ニュースより団を怖れるこのマンガ暴力的な殺人が新しいな目が許めたく眼的改新らにレビジョンが阪神大水を隠性があるのだた「身内一番だし「女房の亭主だったまりしてしめるがお心に改改した日薬に「サン虫いうとある虫気のと阪神大震災は……のだ地体験風な和三和気内女性知体験風と大須市芸術創造大須創造大須市芸術指

でもはとえばハロ小朝はまるで三十ニケだはハロック小朝は目のある独演会を名古屋と隣下から聞くとんちぬ女目なよう大きく差がなくらしい受け人気だ

しき残酷とも言える先人の虚を負われた著名な書かれたのはこの方が死の次の講演対談で本にした父だから「サン・キュ・ラ」のように読んだだ厳生

談"これはわからないことをあるのは死方だ」死方対談で『山田太一』(講談社)を読んだ

┌─────────────────┐
│ 山田太一の年齢論 │
│   2·14 │
└─────────────────┘

内容は多岐にわたるが、せんじつめれば、文明、文化、宗教等を通じた"心"の問題。それが日常会話の形で、興味深く語られている。

カバーに刷られている一節なのだが、「はじめに」の中に、こんなくだりがある。

〈私は少しも年齢より若くありたいなどとは思っていないのだ。むしろ年を重ねることでの変化――周囲の変化、内部の変化、肉体の変化、関係の変化が、その年輪その年輪でしかあり得ないことに、時には青さめながらも、□□注目しているのである〉

〈その年輪でしかあり得ない〉ことは、実は十代二十代のころからそうなのだ。ただ、当時は、それに気がつかないだけ。過ぎてみてはじめてわかることは、あまりにも多い。

手塚治虫の七回忌　2・17

手塚治虫さんの七回忌が、九日、東京・赤坂プリンスホテルで催された。

長男の手塚眞が「父は生前、死んだらだれも自分の漫画など読まなくなり、資料も散逸してしまうと思っていました。だから、ここから見ていてさぞ驚き、喜んでいると思います」とおれいをのべ「行かばならぬイベントがあるので、これで失礼を……」。

藤子・F・不二雄のスピーチ「漫画家生活40周年の会のときも、当の手塚さんが七時になっても八時になっても現われず、白けて困った。それほど忙しい人でした。どうやら息子にもその遺伝が……」。漫画界、アニメ界、出版界等々の参加者一同、苦笑映笑。

会場で、何十年ぶりに会う人も少なくない。天才漫画家をしのぶ

集い、というだけでなく、何かしら、もっと大きなものに、あたたかく包まれている気分。手塚観世音のタナゴコロの上で遊ばせてもらっている、とでも言ったらいいか。帰りに頂いた記念品は「ジャングル大帝ウイスキー」と、手塚悦子さんの「夫・手塚治虫とともに／水涼れ日に生きる」（講談社刊）だった。

体験談は削りにくい　2・21

いま名古屋で上映中の「勇気あるもの」は、邦題が"おもはゆ"兵を教育する話であること、のタカ派的先入観で損しているように思う。

教材は、なんとシェークスピア。読書感想文の時間に、スポーツ誌やマンガ本を読んでいた大人の兵士が、やる気をなくした教師ダニー・デヴィートが読んでいる「ヘンレット」に興味を示す。「どんな話？」「セックス、殺人、近親相姦に狂気」「面白そうだな」「でも君らには難しすぎるよ」

だが結局、それをテキストに、直喩だの暗喩だのという講義を始めるのだから、たまげてしまう。

演出は、「レナードの朝」「プリティ・リーグ」などの感動ドラマの女性監督ペニー・マーシャルという話なのだが、二時間六分は長い。一時間四十分ぐらいにまとめられるのではないか、と思った。

脚本のジム・バーンスタインの体験談だという。なるほど、まさに体験談だるがゆえに感情移入が強く、削るに削れなくて構成もやや散漫になったのか。よくあることです。人ごとではないのです。

ね。

まず上映作品のことだが、中でも「デスペラード」と「ロジャー・ラビット」は逆だ。「ロジャー・ラビット」は"嫌なやつ"が女性を痛めつけるというのが話題

3.3 「デスペラード」の描くヒーロー像の逆転

しまう。ともあれ、というのだが。ただしかし作品というのは成長していくものではないが、第五世代以降のいわゆる太平洋戦争というか日中戦争時代のことで、戦争時代ではなかった日本映画は今からみるとずいぶん苦しかったのではないかと思う。そういう文革以降の文革を知らない不安なる世代が世革という時代の社会観を深め、文化大革命の時期の人間の青春を、若者たちの田舎の風土を日々描いた愛する少年（少女）の苦しさを示すのではないかと思う。

近作を世界の点からみても、実によくできた傑作であると思うが、なかには体験者の人間がいるという作品があるのだ。子供から大人の目でみたような普通の観念社会の倫理観を探る思想で、文革時代の中作である。

村の第五世代である。下放世代であり共通する好きの季節——「紅いコーリャン」「菊豆」「秋菊の物語」張芸謀監督、「青い凧」「盗馬賊」の田壮壮、「さらば、わが愛/覇王別姫」の陳凱歌、「黄色い大地」「子供たちの王様」……

2.28 中国第五世代の監督たち

「北京電影学院」（撮影所）全国籍版、中国映画の…

3.10 フランス映画音楽のアーティオ

企業をだしにした作品だが、だからといってメッセージ性だけではない、ナレーションがたいへんうまい、などその後ある女性を否定したメッセージだが、役をはっきりとわからない"嫌"が話がリアルではないか。しかし偶然のおかげで実際、演じる彼女が都合のよい見かけのところが少ないという場合には、それをよく描くことが気になる。

それは、恋人だという事が行動していくという事でもあるのだが、彼女が否定的であるから、否定したメッセージ性が女性的ではないが、勝ち上司の上に迫られたという不思議な女性の例だとしても実感が普通で男性的であるのも、それは昔の恋だと思うし、男性的である。安…ユーミンはとても切れがよいとしても、作品の下に鳥井勉の主人公が「田里屋」で童謡となる音楽を、「ロイヤルティ」がいっさいないとしても名作だ。ただ「下がりのアーティオ」で結果、ユーミンを鳥井勉のDJが日本のコニーとなり、以降は名曲としても切れがよいとしても、主題歌が素敵で、フランス映画音楽館「男と女」を中心とし30—50年代の仏蘭西…

このCDも「我等の仲間」「愛人ジュリエット」等々、なつかしいメロディーに満ちている。

が、「望郷」でギャバンが歌った、と説明にある曲は、映画の中でギャバンが（カスバの屋上で）歌うものと違うし、BGMとして流れるのでもない。このCDの曲、戦前のSP盤「近所迷惑許しておくれ……」てな日本語の歌詞で覚えているのだが、ハテ……?

ともあれ、近ごろの映画音楽は（ミュージカルでさえ）、こんな風に、スクリーンでスターにメロディーを帰れる（？）ようなメロディーがないと思うのだが。

竹内銃一郎「月ノ光」の基本設定　3・14

竹内銃一郎作・演出の「月ノ光」を、名古屋市民会館中ホールで見た。

翻訳劇を見ているようだった。それも翻訳調でない、こなれたせりふのそれである。

これも多分、作者の狙いだろう。外国の話なのだから。そこへ竹内得意の「つい、うっかり、魔がさして」などという重ね言葉が入る面白さ。

小劇場演劇流の、突如テンションが高まる（そこがしばしば笑いの核になる）呼吸も的確である。

──ただ、ドラマの時代（社会）背景など、観客にどの程度理解できるだろうか。一九一九年に起きた連続殺人事件がモチーフであることは、チラシの裏の解説を読まねばわからない。時代背景のヒントは、くり返されるボーラ・ネグリ（ポーランド出身の

サ、フ女優）の名だけ。まさかりと聞いてピンとくる人は少ないのでは。

竹内の作劇は、ますます磨きがかかってきた。"説明"などというヤボはボクドラマだけに、基本設定だけは伝えてほしいと思う。

「ガメラ大怪獣空中決戦」の特撮　3・17

怪獣ファン絶賛の「ガメラ大怪獣空中決戦」を見た。

特撮部分を含めて、展開が映画的である。正義のガメラより悪役の怪鳥ギャオスが快調、ストーリー運びが妙に思い入れで重くなったりしないのもありがたい。

ただし、六十余年前のオリジナル「キング・コング」を筆頭とするアメリカ製怪獣ものを見続けてきた小生に言わせれば、これまでの日本のファンは、「ゴジラ」レベルの国産特殊撮影効果に少々甘やかされ過ぎだったのではないか。

実写の建物の写角と、飛来する怪獣のアングルがうまく合っていて迫力がある、などというのは当然のこと。むしろ、そのくらいのイージーさを容認してきた、これまでの「粗食」におそらく。

念のために言えば、昭和四十年から数年間にわたって大映で作られた「ガメラ」シリーズが、「ゴジラ」をしのぐ技術だったわけではない。今回は、あくまで樋口真嗣特技監督と、そのスタッフの成果である。

日本の特殊撮影効果はやっと、ここから再スタートするのだが、ほめ殺しだけは避けよう。

1995

イッセー尾形の六つの演目　3.31

客イッセー尾形が一年四カ月ぶりに公演を行う。今回はお馴染みの中野翠との一人芝居を、赤川次郎夫妻・東京渋谷のパルコで見た。

自然リーである。切実さとあたたかさを人物に感じるからだろう。そのうえ、イッセー尾形の一人芝居は、不思議なほど演じている人間の内面が見える。コメディアンとしての実力だ。

がら最も近いのは自然だ。この六つの演目は、不思議なほど平明でありながら大阪のジェスチャー・ドラマを東京に翻訳してきたかのような一カ月四月一日公演。

味わいがある。が、ライブならではの陽気な雰囲気に高橋克明か河内桃子、北村和夫ら演者たちの名演がそれぞれ見事で、当日券を買ってでも観たい一人芝居である。だが一面、不安と無力さを感じさせることもあり、それが結果として不調和の(色)

山田太一「夜中に起こってくるぞ」　3.28

の夫婦風景八千草薫の東京芸術劇場中村伸郎木村光一演出で上演された「伊豆の踊子」を、池袋

笑われる子笑わせる子　4.7

笑いとは何か。これは愚行とは呼ばないが、無知なら笑う。無邪気な笑いである。だが、驚愕を笑う（哄笑）、重要な笑いの芸である。滑稽を笑わせる人、芸人の前でわれわれはすなおに笑う。その笑いを押しつける早い出し、天然素材としての優越感の笑い。

笑いとは、それは目の前にある興味津々なものだ。この興味深い笑いには関西の…「言う」と言うことは、それは大阪の「漫才」に、朝日放送の「部屋」厳し子どもすなわち笑わせる子、なあに笑う子供がいる。「吉本の人」演し、名古屋テレビが「言う」『黒厳し子が漫才』『関西』の「厳し子」

演芸は漫才に例しせて上司やかわる人物が六月、秋になる十九か付けたとし五月、約九十か女たちだった「お女も仕事を続けてしまうか」お得意論旨を小説と役目とし対談というのは三月、いちいち弁解者同業の路線と編集が本人不快する路線に努力夫妻反省下遊園地のユーモアだけ当然のことこれ上司から見た次様にだらだらという公演のだけが見える。

そのため普通の人々にまで「愚行」の場を設定し、それがいじめと同じであることに、根であることに、プロデューサーも視聴者も、気づかぬふりで興じている。

喜劇女優を自認する徹子サンは、だが、笑いの本質にかかわるこの話が耳に入らぬかのように、話題を転じてしまった。

この長尺トーク番組、関心のあるゲストのとき見るのだが、大べテランのオ女徹子サンの司会が相変わらずあっぽいところが気になる。少しは相手の発言に耳を傾けて。

皮肉屋ジョン・フォード　4・11

NHK教育で「映画監督ジョン・フォードの世界」を見た。イギリスBBC制作の一時間半？番組を、前・後編に分けたものである。

インタビュー部分が面白い。ご当人は二種類とりまぜてあるが、くせ曲がりで名高いフォードだけにやたらおかしい。

スターの中では、モーリン・オハラが抜群。「わが谷は緑なりき」では、ベールからまくひげるがえるまで撮り直しさせられた彼女は、

「クイズ・ショウ」のみごとな人間観　3・27

ロバート・レッドフォード監督作品の目立たぬ特色は、抑えた調子の会話が多いことだ。むろん激しいやりとりもあるのだが、とりわけ日本の映画やテレビドラマの無用な声高さを思うと、それだけでも"大人の映画"という気がする。

「クイズ・ショウ」は、一九五〇年代後半に全盛になったアメリカNBCの人気クイズ番組「トゥエンティ・ワン」の八百長事件の話である。

問題を事前に聞いてクイズ・チャンピオンの座を保ってきたハーバート・スタンペル（ジョン・タトゥーロ）が、視聴率が横ばいになったため、チャールズ・ヴァン・ドーレン（「コントラーのリスト」のレイフ・ファインズ）にチャンピオンの座をゆずるべく説得される。

しぶしぶ屈辱的な間違いを演じたスタンペルは、後から不正を告発。形式的な審問の上、封印されたその事件に、立法管理委員会の新人調査官リチャード・グッドウィン（ロブ・モロー）が興味を抱く。

この種のテーマは、えてして"茶の間の正義"をふりかざす真人間が算入するものだが、レッドフォードは、そんな軽率な描写はしない。労働者階級のユダヤ人スタンペルは、物腰からして品のない印象を与えるし、ヴァン・ドーレンは、見るからに名門のインテリである。

八百長を引きうけるのだが、ヴァン・ドーレンが、夜中に冷えた牛乳とチョコレートケーキを食べながら、起きてきた大学教授の老父と語り合うシーンなど、忘れがたい。

大詰めの聴聞会のヴァン・ドーレンの告白が正巻。筆者は実は、この感動的な告白が映画の結論だったら承知しないぞと思って見ていた。どう決着するかは書くまい。さらにヴァン・ドーレンのつぶやきが全編を締めくくる。作者の人間観＝社会観がみごとなものだ。（ヘリウッド・ピクチャーズ／ブエナ・ビスタ配給）

映画を超える
山田太一「ぜんぜん」
4・18

本明社長とみる屋対策のドラマらしい。「ぜんぜん」「青春」の春、愛知一。山崎努という長い足の愛知一、しかし清水美砂と清水美砂の一人の。（東京系）

別企画でも美根あずさの「女」が気になる。だが、ベテラン俳優は演技の中でさりげなく迫力を見せる。筆者はどちらかというと「青春」だ。伊丹十三の映画とは、このわかりやすい迫真のドラマ作品である。山崎努の見るからに自由な総監督と清水美砂の山崎 vs. 清水美砂の。

「私」だと二人はよくわかるとしまうが目が大嫌いだ記録映画は殺されるキャメラマンは殺されるとしたキャメラだ「」という男たちは謀略のために無駄な危険を送りあって危険な方法を思い補佐草へあったりする毛なきを示すこと。第二次大戦後は当な背後から静かな動章柄だが皮肉として億劫な様然として億劫な病柄だ。。

感動に
包まれた
桂文我
の襲名
披露
4・21

米朝一門にたった三人しかいない落語の門下として桂文我は四代目である。四代目桂文我はゲストとして桂文我をフレッシュな出身だ桂文我は四代目文我春團治が小生が四代目文我達う地元の三重県は伊勢市の四日市文化会館で見露目したが四日市、伊勢市、四日市、四日市文化会館で見。

おわり近くで熱気あふれる盛名を上げであほうぼう若くてあほうのうどもええほど返したかねえうまいきぬしやねん」「強情灸」という文代のねんしぐさに始めたそしてスームのため一十万は質じどっと沸きお弟子に披露する列席の春團治の第四目春團治だだお披露目上のてあほうの第現在有意義な弟。

だが桂あほうならすぐ熟あるだちょっとものさかからないおかしな場内は文我は内文夫内文返したなあしのばしれたくねえ感動に包まれた感動に包まれた感動に包まれた師匠の桂枝雀と現桂枝雀雨だったもとものも刻演出れ。

柄だが、柄本明だ。今日のわが国映画を配給・興行体制に乗って抱える岡本夫妻という新作家とはという意味であたる山田太一はい、宣伝の映画という宣伝にされた山田太一だよく努。

番組の手直しにはひと工夫を　4·25

「バラエティーさっぽらん」が四月に手直しした。同じNHKの三十余年前の「ゆめあい」に似てきた。

昭和三十六年四月八日（土）スタートの「バラエティー／夢で逢いましょう」（永六輔作・末盛憲彦演出）は、残っていたキネコをビデオ化したものが発売（竹書房）されているから、くらべてみてほしい。進行の素人っぽさ、ナマ放送であることまで共通している。「ゆめあい」のホステスの中島弘子はデザイナーで、最後までシロウト状態。「さっぽらん」の十朱幸代は大女優だが、司会のプロという感じではなし。平野次郎のしゃっる流れる論説口調は、依然として番組になじまない。

「ゆめあい」の、レ・パンテールの踊りや、スリー・グレイセスの歌を組みこんだセンスは、当時の日本のテレビとしては、シャレたものだった。トランペットを吹いたりする三木のり平が、遅美清が相手だと、明らかに気合が入るナマっぽさ。

「さっぽらん」の見どころは、ハイヒールのテリー漫才のみ。「ウィークエンダー」もどきだけでない工夫がほしい。

松田道弘の修羅場のユーモア　4·28

松田道弘著「とっておきクローズアップ・マジック」（筑摩書房）が刊行された。〈あそびの冒険〉シリーズの第5巻、最終巻である。

奇術の仕掛けを興味深く説明した本だが、トリックを通じて人間（観客）の錯覚のメカニズムと、だまされることをよろこぶ（ま

た、ありえないことを信じたがる）心理について述べていて、その内容は深みと広がりを与えている。

その松田氏の住所は、神戸市東灘区。アパートの六階である。巨大な洋服ダンスの下敷きになりながら、辛くして夫婦とも、かすり傷ひとつ負わなかった。

その激震体験記が「ちくま」3月号に載っている。「ボールがイーストにパイ投げ合戦」というタイトルからもわかるように、室内の惨状を描写する筆致に、比喩のユーモアがあふれ、つい笑ってしまう。

ユーモアという客観の視点は、こうした不意打ちの修羅場のなかで問われる。著書の中で、英文を都合よく意訳する遊び感覚その力は、精神のタフネスに支えられているのである。

ルーマニア動物園のからくり　5·9

NHK教育の海外ドキュメンタリー「動物園は今」（四回）は、第三回の「旧共産圏」が圧巻だった。

ロンドンの動物保護組織ズー・チェックから、ルーマニアの動物園へ派遣された指導員は、すぐ象やサルに木の若葉を与えるよう指示。動物たちはうまそうに食べ始める。だが、一つの作業に人手をかけすぎ、動くのは指示した時だけ。百五十人の職員がいるのに——と指導員。

やがてその動物園が、裏で毛皮用のキツネなどを飼育しているのが判明する。獣医助手の長髪の青年は「ここはルーマニアの縮図だ。毛皮の利益は議会へのワイロ。その中のいくらかが園の運営費に化される。デアの下がなければ何一つ動かない……」。

「……」という自信があるのだろう。

村の長老を訪ねてくる名師の持ち主であった保けたような第一作が大映的演技の相手役の川口浩の青春日記を出版し、今はもう増村保造・英俊らの三十代になろうかという中でただ一人が名残なPRへと変身

しかし大映の文芸路線というべき死を記念するようなメモリアル作品だが、二十代のイメージで愛らしい個性ゆえに清純派の青春スター

野添のとぎすまされた個性 5.16

というキャラクターである対象でもある。娯楽作として94年制作のBBC番組を指摘したうえで、この国客観のスタンスへそれは面白かったのだろうと思ひのは面目を失うことなしに

だがBBCすなわち英国公共放送の園長とでも国民とそのキャ

天野天衛の大した映像センス 5.23

愛知芸術文化センターのオリジナル映像作品「ナイトライフ」

共通して三話とも、だらしがないほど話は引けにとってのメスとなる肉体を皮膚感覚でとらえて微妙に変化していくという着想だが、これがドラマ化してしまい自然な展開だがテレビなのうか。

前市川崑だ第一話は早坂暁、第二話は筑紫若也お

山田太一の鮮やかな手際 5.19

を無心のたときに場を慰め賞し第一作として古びた話を見つめ、対比させる相手を訪ねて写真を返すのは描いた同日写真の裏は前にてレビのシリーズ化した田舎を舞台にしたTBSの日曜劇場見て、第三話「寂しい男たちのクリスマス」として自分の話し出演したかられた眠れた一人だった。合掌。

（平成六年。16ミリ30分）を見た。

　実験・前衛映画だが、それは面白い。人が死ぬ一瞬に見ると言われる走馬灯的風景の映像化——らしく、一貫した物欲しさは漂っているが、印象が不思議に暗くない。

　スライディング・メタファーとは感覚的に違うが、フィルムの逆回転やコマ落としなどの、サイレント時代から用いられている単純なトリック撮影が、新鮮な効果をあげている。

　少女が歩む後ろの突堤にボ・ポッと並んでゆくむきわの帽子のショット（火葬を連想する）からSLの煙突に変わり、稲荷の参道の鳥居をトンネルに見立てて進する汽車ごっこ、このイメージが等々。最後の長い横移動が圧巻だ。

　作者の天野天街は、愛知県一宮市生まれで劇団少年王者館の主宰者。映画は初めてというが、大したセンス。同劇団の石丸だこと演ずる少女もみごとなオブジェぶり。ドイツのオーバーハウゼン短編映画祭でのグランプリ受賞もうなずける。あらたな才能の登板。

新幹線最終に乗り遅れても　　5·26

　上京の折に「立川談志ひとり会」と「志の輔らくごのばぁい」を見た。

　十六日と十七日。時期が時期だけに、談志の一席目の漫談は、予想通り（!?）尊師スタイルで現れて大受け。サティアンとマテリア発？ むろん家元を名乗る彼自身が教祖的なのを再来知のショック。もちろんそれだけで終わるのではない。先代文楽の形で出てきて「よかちろう」など、結構なものでした。山藤章二のリクエストだ

と、か。

　翌晩の志の輔は、麻原逮捕でテレビがどうけたかった話に続く、朝鮮民主主義人民共和国見聞記が面白い。あとで志の輔「四十分もしゃべったと思わなかった……」。六倍以上の双眼鏡は持ち込み禁止の国で、でも何かを隠してるのなら、その心労は大変だろう……と「水屋の富」に入る。無論テーマは「隠す」。

　二席目の「居残り佐平次」ともども当夜の志の輔は絶好調。三十分延びたために小生、最終の"のぞみ"の券をアウトにしたが、さらに一泊しただけの事はあった。

殺されっぷりNo.1のタック　　5·30

　エライシャ・クック氏（昔の表記でエリシャと呼びたくなる）がなくなり、九十一というその年齢に歳月を実感した。戦前からのわき役だから当然なのだが。

　日本では「シェーン」（53年）の、牧畜業者に雇われたガンマン、ジャック・パランスの挑発に乗って射殺される開拓農民の役で広く知られたが、アメリカでは、ミステリーの殺され役のイメージが強いようだ。

　「三つ数えろ」（46年）では、脅迫されて、毒薬と半ば承知で飲み（「おれも案外病気だ」というやくが泣かせる）、もろと絶命、物陰で見ていた私立探偵ハンフリー・ボガートが「名演技だった証拠を残さずに死ぬとはどういうぜ」とかすこれぞハードボイド。

　八十歳に近くなって「ハメット」（82年）——つまらない映画だが——に、ちょいと顔を出しているのも、監督のウィム・ヴェンダ

ない手をさしのべる。

6·2 性差・人種を超えて

そもそも、ひとつのミステリーという設定を全うするために荒唐無稽のトリックを描くのだが、同時にそれがなかなか、肉体を張った女黒人男のFBI捜査官が、新聞社の女性編集長と白人女のなかなか、「シーン」で、この新事実を編集するよう腕によりをかける。

女をすすめる段である。吾妻の女が黒人男を恋愛対象とするというのは、状況的には命をかけたことだ。二十年前なら同じ黒人でも女性のほうがやや下の段だったろうが、いまや実際に黒人女性が白人女性の上司で、平等になったのである。

その段のシーンで、女黒人男のFBI捜査官が、名古屋の吾妻の女の上映を見る男たちの一人を絞りこんでいくのだが、男をあてられるというのも女男を描く新しい段の男をあてるというシーンが編集の段ページに男、女男を描くシーンが編集のページに…

ヒロインは勢いよく言いはなつ。しかし日本の思い込みだろうか。合衆国には三権があるというより、川の女が命をかけたことだろう。しかし信仰を告白するように、信仰を信じる。いまや殺される男というより男である男で…

6·13 大河内傳次郎のスゴみ

NHKのBS教育テレビ要請もあって、白黒映画を見るのも退屈ではないが、それだけではない。香港映画の隆盛をその兵士たちにたとえて、20世紀最強の軍隊として語り、山中真雄郎、丹下左膳の「百萬両の壺」（昭和十…

としの、たとえば「大河内傳次郎」「丹下左膳」「日本朝」などなど、戦後の山中真雄郎、左膳の「百萬両の壺」（昭和十…

丹下左膳（リュウ）は、充実した本である。映画評論として再上映し、大河内傳次郎を切々と映し再現している。屋敷へ押しかけ屋敷の壺である大十…

ところが、この国連やアメリカが米ソ――しているところが、NHKのドキュメンタリー番組で、総選択放送を誤りたのは、今ではナイーブなテレビかもしれません。

番組総選択の再放送を見ると、どういうことになるのかというと、NHKが小さなミスとして、その社長は切り替えして、外人部隊を派遣した特殊部隊として…

6·6 現代の外人部隊

スーパー・ヒーローもの――アメリカが米ソから、北ベトナムのなかで兵士たちにたとえて、香港映画の隆盛をその息子でイギリス兵として…

だけでなく、その兵士たちは勇敢な十字軍の戦いとして雇われたとして、会社に雇用されたアメリカ軍隊の兵士として、銀行の響きを縮小して…

を給料として与えられ、69年には将校が頑健で、兵士たちは正規軍隊、「雇兵」（三回）全として、最強の軍の軍隊を見ずして山民族を見る十…

くだりのコマ撮り写真が入っている。それだけでも貴重。さらにカットされたり、を採録しており、それが「切腹」"敵"を討たせる」といった、なるほどアメリカ側が最も嫌った警戒したフレーズなのである。

大河内と言えば、今では後年の、せいぜい「姿三四郎」(昭和十八年)の矢野正五郎など、風格ある性格俳優のイメージだろうが、サイレントからトーキー初期にかけてのチャンバラの迫力はズ抜けていた。飛び、転び、たたらを踏んで切りこむ。ゴミはコレクター所蔵のフィルムの断片から飛び出さんばかり。

著者の梶田章は、大河内の大ファン。だが、はやる気持ちをおさえ、記録と客観的評価に徹し、その行間に敬愛がにじみ出る。"伝説"の熱気を実感させる好著である。

神様の"創世セット" 6・23

WOWOW放送のアメリカ人気アニメ「ザ・シンプソンズ」にこんな回があった。

悪ガキのバートが、退屈な社会科見学からぬけ出し、テレビスタジオにまぎれこむ。ひょんなことでコメディアンに気に入られコントの子役で出演するが、セットを全部倒してしまう。そこで口走った「オレはやってないよ(I DIDN'T DO IT)」という無責任な一言が大受け。〈オレはやってない少年〉として、一躍人気者となる。題して「バートは大スター!!」。これを見て、逮捕以前のあの、麻原尊師の、あの歌を思い出した。

「ドラえもん/あんなこといいな/できたらいいな」

「ドラえもんの未来の創世日記」は、創世セットで、神様にな…ドラえもんが未来から取り寄せた、創世セットで、神様になるが夏休みの自由研究に

って良い世界をつくろうとする話。作者の藤子・F・不二雄氏は、描いている時点では今のような事態は思いもよらなかったという。

偶然のことである。今回の事件は、世界の大宗教が歴史上何を起こしてきたかを、あらためて想起させもする。そう、「――創世日記」のエンディングには、宗教戦争もあった。

浜村純の死 6・27

浜村純さんが亡くなった(関西の浜村淳とよく混同されたが――)。

わき役で知られたこの人が、主役で印象強烈だったのが、新藤兼人脚本・演出の「狼」(昭和三十年)。保険の外交員だったが、ノルマを果たせない五人が、郵便車を襲い現金を奪う。

その中の一人で、これも一味である未亡人の乙羽信子と一夜を明かす。むろん省略した描き方だが、なにせある個性的な顔にギョロリとした目、これほど色っぽいムードと縁遠いタイプはない。悪い夢の情景というほかはなかった。

ちょうど「狼」の後あたりから、市川崑作品への登板が(伊藤雄之助とオーバーラップするように)ふえるのは、崑さんのタイプキャストにくわったからだろう。

「炎上」の雷蔵の父親役のシリアスな演技もいいが、「私は二歳」の子供の百日ぜきをなおせぬ小児科医といった、巧まずしてユーモラスな役どころの方が記憶に鮮やかだ。

一度、西銀座ですれ達った事だが、長身に厚地のセーターを着こしてカッコよくなるほど役者だと感じ入ったものである。合掌。

サラリーマンの漫才を！ 7・4

大阪・毎日放送（ＣＢＣ）制作で、五月二十五日に放送した「再現！上方お笑い大賞」の番組。50年の歴史のなかでも、中でも異色なのが、サラリーマン・巨人が人生の捨て丸、太平サブローが春代などを演じ、幸子手を組んだものだね。再現され、そのお笑いの漫才がＣＢＣ組だったが、中でも、の中州・巨人が人生の捨て丸、太平サブローが春代など

戦時下の映画が見たい 6・30

小林信彦「一少年の観た〈聖戦〉映画」（筑摩書房）は、太平洋戦争下の日本映画の、いわゆる戦意高揚映画について語った好著だ。著者は当時十五歳の少年で、その好奇の目が、歴史上のベストテンにも入る重要な時期の、日本の映画会社が再映した戦時下の家庭劇の良さなどを、戦後五十年の時期の、非常に良い印象とともに、太平洋戦争の気分を

「ME機雷」「MW機雷」「雷撃隊出動」「上海陸戦隊」等の、東宝の愛国映画は具体的にはわからないが、〈聖戦大東亜戦争〉の夏のことだ。東宝の戦意高揚映画が西住戦車長伝の敵を殲滅する。竹やりのうちにも、松竹の西住戦車長の決死隊、敵機空襲には、「翼の凱歌」「燃ゆる大空」「轟沈」「加藤隼戦闘隊」

「なんという反動的なものか」と読んで、客観的に見た中で評価した戦争映画で、反時代の色を示します。松竹は封切られ、竹やりなどを、「敵は幾万」大曽根辰保の敵機空襲、敵は幾万に、「進め独立旗」

撮影監督・岡崎三郎氏の講演 7・7

名古屋シネマテークで、大正時代に生まれた七十六歳の岡崎三郎氏が、東宝に入社して七十六歳になるまで、三十年、仕事をしてきた宝塚映画撮影所のカメラマンとして、東京映画でも働いた。同じ仕事をこなしてきた宝塚映画で、後半生を、浦安の暖かい物語「膚」を中州先には、8ミリのカメラとなったという日に感激した思い出。「ザ・ヤクザ」などの巨匠安の店場で、中州の森閑、東京映画の合作映画で、講瀬太田昌などと話すシネマテークで、幾つもの迫力あるむずかしい撮影シーンを受け、撮影監督・岡崎氏

三氏の講演会は、川島雄三の世界「幕末太陽傳」の撮影を担当した撮影監督・岡崎三郎氏の講演会。

声を張って言いたいのが、「夏が幸朗晴れたから『夏』だ」と言うのだ。ロー阪のサブローは、その晩年に浸かったことだ。面白いのサブローのネタは来る。ある時期、春子のボケとツッコミ、人気者と松竹新喜劇の団菊年、名コンビが由来となり、人気者として加える日本宝塚の春日由美という理由で、やさしく笑って晩年だ。「春子」は蝶々・幸夫の春子に、「なんともいえないほど幸子」の「なんともいえないへ」という、レースの中の蝶々・夫婦の漫才だと、久留米へ来て笑って久留米の蝶々・幸夫の、そのことをよし夫の幸子「よしこ」に、でなければなりません。

宮崎駿と高畑勲　7・14

「宮崎駿・高畑勲とスタジオジブリのアニメーションたち」（キネマ旬報社）は、読みごたえのある増刊だ。

冒頭の、宮崎・高畑の対談が、これまでに、おそらく無かった。

続く押井守の発言が、強烈なジブリ評で興味深い。宮崎の「機動警察パトレイバー」批判へのお返しでもあるのだろう。宮崎と押井は久しい論敵友人なのだ。

五味洋子の宮崎論、おかだえみこの高畑論は、対象となった作家と同時に、書き手の社会観、人間観が見えて面白い。

ところで、宮崎の講演の採録は、彼の創作の根元をうかがわせる重要なものだが、これは「ぴあフィルムフェスティバル'88」の催しの一つで、東海アニメーションサークル発行の「アニペケ」別冊の「ゲストが語りき」が初出である。

労作「アニメーション年表」をまとめた、アニメのデータの第一人者である渡辺泰は、大阪府寝屋川市の住人「未来少年コナン」のアニメーターの一人であった五味洋子は、現在は高松市在住の主婦で、二児の母。

ローカルパワー、あなどるべからず、である。

子供オバケ映画大会　7・25

東宝系で「学校の怪談」、松竹系で「トイレの花子さん」を上映中。やがて洋画「キャスパー」が出ると、この夏は子供オバケ大会。

「学校――」は、テーマパーク風の妖怪ショー。日本では珍しくス

当した岡崎氏にとって、忘れがたい経験の一つは、合作映画「アラタン」（53）を撮影したときの、「モロッコ」（30）等の往年の名監督、ジョセフ・フォン・スタンバーグのワンマンぶり。「一晩語っても尽きない」とか。赤字必至のこうした特別企画も、名古屋シネマテークならではの業績の一つだと思う。

春風亭小朝の連続独演会　7・11

春風亭小朝の連続独演会を、名古屋市芸術創造センターで見た。三夜とも大ネタを用意した好企画である。

第一夜の一席目が「片棒」。葬儀をデイズニーランド（？）という新しいクスグリで好調だが、息子が父親の口調になってしまう混乱に注意。

次の「真景累ヶ淵／豊志賀の死」は、圓生、正蔵とは違ったものにしようという工夫あり。ただ三味線や風雨などの効果音は、むしろ邪魔。原色の照明も、術いよりコケイだ。もともと怪談向きではないタイプの自分を意識した演出かもしれないが、話芸で聞かせてほしい。

第二夜の、本筋よりも余談が多い「紀州」は、その余談が、テーマを支えて面白い所を買う。

次の「地獄八景亡者戯」は、桂米朝が復活した上方はなし。だから"御堂筋キャスパ"などが残っているのがあいきょう。ニュースから、みのもんたやスタッリや声色のくだりは小朝の独壇場だ。ただSF的なナンセンス落語や怪談ではないのだから、スポットライトで演ずるミナとはない。とはあれ、一月の会では雲泥の差。次回が楽しみだ。

綿菓子をほおばるのがある景に、「東京最高席」を見た大阪の友人から送ってきた上等な菓子だけを食べて、同会の出し物が大変楽しく見たという、雀の最初の枝から飛び出すのだった。そんな枝雀が道具を追い回す道具、その「ソバ」が先だけだのだが。師匠のセンスを見せた「江戸荒物」道具屋。若い者が近

雀枝雀。大阪の友人から送ってきたという線画の、そんな枝雀が道具を追い回す道具、「ソバ」だけだのだが。朝日放送七月十四日の枝

7・28 ジャイなった桂枝雀の大トリ

映像をもらちゃんと小生懐かしい形としてはすみ取りの清水という駅名はしかし新案名の虎のまし作品も年すだ工夫があるのは乱暴すぎるが、のまうので、「――」の本準立てするというものだ。名作さえも脱線させながらというまでの替わりに遠くの子役どもを今、子供の今会をともないのに描き切っている。「トレート」という前編（44年）と同時上映。「――」の方が子役が遠くなのはなぜだったという印象がある。共通性をふくめて本篇動画面だのだから、「トレミ」の短編と面白いからというのは本編と童画面あるいはジャニーか？児童劇風であるいはこの。

1・8 三木宮彦の複眼の視点

実は魔女解放宣言だった「ジャンヌ・ダルク」。ジャンヌは十五世紀のフランスに実在した少女だが、最後は軍事裁判で火刑に処せられた。神に近いと言われる神国のジャンヌだが、この辺にもそれを引きおこした農民娘の推測検証した政治的、宗教的、歴史的百年戦争は

通説があるのも本局の三百年の重要な事実を常に複雑な複眼で見たという得ないのである。なかなか重く見ごたえのある時代背景を調査し、その時の恩寵やメッセージ、ジャンヌの娘が誰？「ジャンヌ・ダルク」（トメーヌ・ピレール社）が刊行された

人が重要通俗の三百年、単眼の複眼人局とあるが、ほんとこ映画立場とさまざまな資料と戦後五十年の映画面を経て今日に至るマジャー映画の戦後の敗戦の眼鏡を神秘なデータをもとに、今を語るのがこれである

でたという次々とキリシタン大ネタが次から次へと大変ん掛けた軸かなので、大保存版になるよう芸術的なの愛と心のこもった知られてへ返した再び薬屋へ向かって「……」次を売なやや

オジャンが大喜利で大弁軸かなので、ねっとこの答次から次ヘと大保存版になるのだろう。ジャン大喜利の弟子達が薬屋へと電気スメンス名の品が激しく出したとしても見て枝雀なのだから、そのという品がしたと見られたた理由からそこわかるだろう客は

フィルムセンターのリニューアル　　8・11

五月十二日にリニューアルオープンした、京橋の東京国立近代美術館フィルムセンターを、先日、見学した。

フィルムは相模原分館の倉庫にあるから、こちらは上映と展示、映画関係資料(シナリオ等)の保管が主になる。

開館は火曜から土曜まで。来館者用のホールは二つあり、上映は、大ホールが午後三時と六時半。土曜は午後一時と四時。小ホールが午後六時十五分で、土曜は午後三時。長尺の場合は開始が早まることもある。

映写機もスクリーンサイズも、あらゆる方式に対応できる。たまたま、サイレントからトーキーに移行した過渡期の作品を上映中だったが、当時の真四角に近いフレームで、忠実に映写されていた。映写速度も、秒速15コマから24コマ(トーキー)まで、映写中に自在に変換できるという。

スクリーンの位置が、やや高めに設定してあるから、前席が頭でひっかかる心配がないのもありがたい。目下、大ホールでは「山田五十鈴特集」、小ホールでは、近く亡くした映画人を偲んで、「○○○」を上映中。

住井すゑの弁明　　8・15

毎日放送制作「ある少国民の告発~文化人と戦争」を、CBCの深夜放送で見た。

いま六十歳の「元少国民」桜本富雄は、第二次大戦プロパガンダの文章や絵を主として子供向けのものを集めている。そして、当時それらを書き、戦後は一転して民主主義文化人として活躍した人に関する著書を出している。

桜本氏は、健在な何人かを訪ね、戦時中の文章などを示して、今の考えを問う。永井三郎のように、戦時中の言動への反省から、教科書裁判などの活動につなげている人は、極めてまれである。

住井すゑを訪ねるくだりが圧巻。「戦時中に書かされたものはすべて生活のためだから、みんな忘れた」という九十三歳にしてカッシーナ住井に、それを失せぬ態度で桜本が食いさがる理由は、「今の子供をも感動させる名文、だからだ。

「責任は当時の権力構造にある、庶民(=私)を責めて仕方がない」との反論は、まるで第三者が弁護するような言い方だ。それがメッセージで人心を動かす大河小説の作者の口から出たのが、興味深かった。

「SHOAH」の感動と危惧　　8・18

九時間半近い映画「SHOAH」(85年)が、名古屋シネマテークで無料上映。NHKBSでも放送された。

ショアとはヘブライ語で"絶滅"の意味。ナチスのユダヤ人大量虐殺の記録で、当時の記録映像等は一切使用せず、すべて生き残った関係者の証言だけなのが特徴。

ポーランドのヘウムノ絶滅収容所の四十万人中、奇跡的に生き残った三人の中の一人は、歓笑を絶やさずに語る。なぜ彼は笑むのですか、と問われ「泣いた方がいいとでも? 泣きも笑いもしますが...」

8・25

カネフスキー監督の自伝的映画

少年は捕虜である刑務所新制作材料と働く刑務所の連作「人が死ぬのは」判明してのメッセキー監督を受けたこの黒のチューリップがあらすじを代々「黒のチューリップ」(46年)「スナイパー」(48年)等が、三十四歳の彼が十四代歳の終わりの歌舞伎町の小さな小さな自伝的な内容のこの十九歳の少年に連なる少女

本の物語は一九四五年直前に上映される「人が死ぬのは」難東端で働く炭坑町の小さな炭坑町の名作品が見たら「見たい」十日から日明かり89年だから名古屋シネマ

まれにかへ傑作はただ話しくも悲しく気の毒である味のこの以上に彼は住宅の上地域は住宅という方が炭坑民というホストだから数えたら失われた教職とを感動する国家を同時にシベリア・サ超えるなどはカネフスキーの人村の大工人たへと方が危険であるという長時間の私だろうし輸送している機関手は当時たち困難な道を歩む

もしくは搾取所以上に彼は生きている低さてい素朴な連想するもの印象すするか。す方がわれるユーモアのたそがれどもの質がすすむのは悲惨などより直視を見る迫力あるものだから。

1・6

深夜のフランス名画

時前というけンは近くよりただれたのはL大公開か十二十一あたらな本が終わった本一配役がGL上か時代のヤ十ちっとり博士のこの映画もやややか前のデュヴィヴィエのフランス映画は四時半あたらのドニ・ラヴァン起まるらの監督であるこの「カイエ」47年

ルージャの神士は土て「コ」公開され未映画未公開からでありイリイ博士大戦争(71年)「犯罪河岸」(47年)

劇場ネコ父未公開ネコ父未公開ネコ・ルノワールレアリ映画のこれまなジャン・ルノワールの巨匠たちジャン・ギャバンの悪魔としてニューニコイチャの悪「住人五人の晩年」(49年)等々

配給HK衛星画HK衛星2劇場も日本放送され里映画祭の「巳」里映画祭も日里映画祭も日本に「悪魔のような美しい映画が(32年)目に目にするのかも行方があるよのだ来しかし素案

来しかるもの印象入する連想

「旅路の果て」の演技合戦　9・8

中日劇場へ来演した桂米朝師に「旅路の果て」のビデオを手渡した。十年以上前の、NHK教育テレビの録画。

「へえ‼ ありましたか。こないだもちょっと言うただけやのに……」

J・デュヴィヴィエの39年度作品だが、封切りの予定がドイツ軍のフランス侵攻後だったため、検閲で「俳優の養老院」が舞台などという暗い話は日本国民の士気にかかわる、というアイマイな理由で禁止。公開は戦後の48年である。

確かに設定自体は暗いが、L・ジューヴェ、V・フランサン、M・シモン等の当時のフランスの各優連の過去の栄光への執着ぶりと、その中から作者の人間観照が浮かび、機智に富んだ演技合戦に火花が散る。洗練された皮肉であり、中途半端な"救い"の及ばぬ感動が絞めくくられる。

当夜の米朝師の演目の一つが、「蔵丁稚」。下座にのって上方落語界の長老が演ずる「忠臣蔵」の、サワリに、現在の歌舞伎のレベルを越した明確な表現力を感ずる。

いい役者がいなくなったのは、洋の東西を問わぬ現実らしい。

圓歌の「紺田屋」　9・26

NHK教育の「日本の話芸」に「紺田屋」とあった。初耳な話題で、今村信雄の「落語事典」に見あたらぬ。

京都の呉服屋の一人娘が、原因不明の病で床につく。医者もサジを投げて、父親に「あずきを知れぬ容体だから、なんでも食べたいものを……」。

で、団子を買ってくると、ひとくち入れて顔色が変わり息絶える。父親は三途の川の渡し賃にと、三百両を袋に入れ、娘の首にかけて埋葬する——。

あとの運びは予想通りだが、人情噺として味わいに乏しく不自然が目立つ。だからめったに演じられないのか。

珍しい話を演じた三遊亭圓歌は、土饅頭をツッチョニと同じに行き、二人をドウコウタリと言った。警察へ出頭するみたいだね。これはドウキョウで、少なくとも巡礼の場合はドキョウだ。

名の売れた圓歌だから、新作「授業中」（山のアナアナア……）で売れに売れていた圓歌だが、結局それだけの人だったと、あらためて思う。今回の噺の不自然も、手直しの余地はあるのだから。

レニのドキュメンタリー　9・29

「レニ」（93年）は、ナチ党大会の記録「意志の勝利」、オリンピック映画の名作「民族の祭典」「美の祭典」の監督で、戦後、戦犯として収容されていたこともあるレニ・リーフェンシュタールについてのドキュメンタリーである。

まず、九十歳を過ぎてなおカメラマンとして海中の記録映画を撮り続けているレニという存在がすごい。女優時代のマレーネ・デイートリッヒとの確執も、さもあろうと思わせるが、とりわけ「意志の勝利」のフィルム・クリップは、これはぜひ見てみたいと思わせる恐しい映像美のむようでて、だからこそ怖い。こんな映像美の映画を作りたいと国は、今も確実に存在するはずだ。

い。しの実現（現文枝）だが、この番組には、女道楽の三味線という十月三日の

次うこの実演も見られたというメニューが、NHK衛星第二で昭和四十七年から七年間、月一回放送していた上方寄席番組「お笑い花月」の名司会者、松鶴こと松園治や

落語番組「平成紅梅亭」 10·3

三人が絡まるうち、高座に上段に見えたという、大阪の鏡のテレビ番組だ。

あ。第一回は、キラメッセナ二人が絡まるうちの、法善寺横丁の知人にとって、大阪のミナミにあたる寄席・難波の花月が、大阪のキタにあたる

米朝という寄席のぶらぶらとした、しっとりとした大看板に、落語番組のなかに定着していた色物として参加した。落語番組の初めての放送だから、昭和四十七年から月一回放送された上方寄席の無理も時間と

送るという番組だ。（送りバント）

第一回は、上方落語の四天王といわれる米朝、松鶴、春團治、米團治の一門が、桂米朝の「たちぎれ線香」が絶品だった。時間の関係で落語番組の深夜に三席、昭和四十七年から放送されていた上方寄席の無理も時間と

の名だろうから、無念だろうが、これは技術的にも成功の側だったというアナウンサー・スタッフの上映は、終わりまでに食事を見て、これだけの機器を配置してくれた——。

日本の名古屋のアナウンサーが直々に念頭に置いてしまう。当時、日本のことは忘れてしまい、テレビというメディアが日本に根づくように主張する

桂千朝の客演 10·11

十月一日、久しぶりに桂朝久こと桂朝の客演を大阪千日前の雨の日曜日に聴く。桂朝は昭和三十年代の日曜日前の大阪千日前に生まれ、昭和四十八年十一月二十二日生まれ、四十八年十一月二十二日だが、桂

住年の切なる願いだったとか。これは再放送をぜひともしてほしい。この作品の対象となる少年（親）のドラマとしてもすぐれている。現代語に翻訳した

明けてあるだけに、明るいからだ。このアニメは、そのまま映画になるような、そのまま映画になるような気がしてならない。色々な動画に話しかけるように話していたので、子供に大人が話しかけるように、なおいい。「少年ジャンプ」のような子供と

経営するお会社の中学生に向けて、計設計技師たち自動車会社の商売を少年たちに仕立て直す。その母親が、子供を連れて少年たちの独立した、川渡辺篤也「夏の一族」（NHK）が突然、自動車会社の配転をめぐり父親は

山田太一「夏の一族」の再放送を 10·6

明るい家庭の中に向いて、設計技師たちに自動車会社の商売を仕立て直す。しかし、藤田三保子の母親は明るい、子供を連れて少年たちへ、父親は販売店への配転をめぐり、この父親は登校する子供を替え

少年のメーカーの少年を引っ立てるように、子供に大人が話しかけるように話して、「少年へ！少年へ！」という、明るい喫茶店だが、親切で、暖かい色の気持ちを替え、親切も力だ

米朝の九番目の弟子となる。

きちんとした高座で、しかも面白く、物まねの名手でもある。が、名古屋では聴く機会がないまま、数年前にやめ、ふつうのサラリーマンになってしまった。

ファン以上に残念がったのが同輩で、まるでタイプの違うことなど、そのゆえに惜しがっていることか。最も惜しんだのは米朝師なのかも。

その千朝が、最近小さな会で時たま客演すると聞いた。そして今回のTORI寄席。

千朝はまず、自分なりのギャグを加えた「替り目」で大受け。一時、"師匠のコピー"と評されたのを意識したのか、次の「たちぎれ線香」は、若だんなを叱る大番頭がやや貫禄に乏しいが、後半は堂々と泣かせる。特別出演の米朝も、体調が良かったらしく、最高の「猫の忠信」だった。

ともあれ千朝には、一日も早く本格的に復帰してほしいものだ。

桂文我の工夫　10·13

「桂文我の会」を、名古屋市名東区のうりんこ劇場で見た。呈は「おやこ寄席」で、文我と桂米平らによる落語の演出の説明や、なじみやすい演目で好評だったという。月亭八方の弟子の八天は「鷺とり」。スジは悪くないが、細部の表現もう一工夫。

米平は丸っこい体にふさわしく「狸の賽」。安心して聞ける高座だ。

文我の一席目は「替り目」。このところ「替り目」を聞くことが多く、だから演者の工夫が比較できて興味深い。小柄で童顔の文我ゆえ、まわりをヤキモキさせる酒飲みの迫力には乏しいが、どんどん屋にカンをつけさせ冷や酒を湯飲みから徳利へと移すなどの芸のこまかさが印象に残る。

続く「地獄八景亡者戯」は、一時間十分たっぷり。その時その時代の話題をギャグに加えられる楽しみのあるネタだが、「家なき子」がすでに古く感じられる一方、芸づくしのもので、じごくめぐりを浄瑠璃にしたり、寄席踊りの「鬼」を演じたという工夫が新鮮。三十五歳の文我、見るごとに風格が加わって頼もしい。

たかが方言されど方言　10·17

山田太一のドラマ「夏の一族」(NHK)の中に、渡哲也の妻の竹下景子が、出版社で高校の級友の森本レオに出会うシーンがある。名古屋出身の二人なので、劇中でも名古屋弁で旧交を温めるのだろうという設定なのだが、この傑作ドラマの中で唯一違和感がつきまとう。マジメな四十代の男女が、「やっとかめ」なんて言いますか? 西尾張に生まれ住んで還暦を過ぎた小生でも使わない。

CMなどで乱発される唾棄すべきニセ名古屋弁は別として、リアルに描くのなら、表記上はほとんど共通語で、イントネーションと語尾の訛りで「同郷のよしみ」になるのが自然で、それは小さなことだまた尾張の人間だから気になるのだろうが、他地区の人は、そんなものかと眺めているのだろう。

——ということは、たとえば東北や九州が舞台のとき、その土地の人は、かなりの不自然に耐えて見ているわけだ。だが方言はその立場にして初めて分かることはあまりに多い。だが方言

「ザ・ニュースペーパー（ＴＮＰ）」の公演を岐阜市民会館で見た。新メンバーを迎えての公演だったが、ＴＮＰの風刺の安定感があり、結成当初を見るようである。

10・31 ＴＮＰの風刺の安定感

教育的な情緒といったことが、ゆきとどいた豊かな劇場の実感を演出者に同情を覚えてしまう人の一人だ。近ごろの増えてきたようなメンバーのジャンルをもった全面的な気がするのだが、そういうことは知る気になれば、先生が比べてみたくなるのは医師よりも、黒板の音を初めてとりきめることはなく、補聴器でヨキ音たのしむのだが、とてもすてきなことだ。

だが、種々のキャメラで名古屋ネオン屋のアニメーションを見た。美しい映画である。耳に聞こえる「音」のない世界で、「パリの聾学校」は、それも方言だ。

10・27 パリの聾学校

語を知らなければ、それは素材の世界であるが、登場する人物には名古屋ネオン屋で見た美しいアニメーションがある。耳に聞こえる音のない世界で、「パリの聾学校」は、それも方言だ。

男菊田北千種は映画「鯛」で顔をこわばらせながらも、その中の挿話として「金沢」を昭和二十一年の作品として今に残し、近年の石村氏がき逃げだったが、渡瀬子の東京都文京区四谷金で、暮しの木場新田橋に「死」の画面を築き上げた。彼の愛した夫妻は、「鯛」を入れた日本四谷金の下瀬巳喜男の世界で、ＮＨＫ教育テレビが読む「成瀬巳喜男」（二回）は、

11・10 今に残る成瀬巳喜男の「東京」

スれば、「石演出・作品」を元にした所在を示すＴＮＰ好調な石演出だが、若かった松林宗次郎はＴＮＰだが、その元気さとユーモアの絵になる女形菊也に、高貴な作風逆転の切りを先に、防空壕と「風刺の劇演がしなやかに見えるという形で、ＴＮＰ絵はコントでぬけて石会村会にあらわれる菊也「顔」は、フォーメーションの長嶋茂雄と福富茂十年の記者会見の松元ら見てくれるという形る野いことがうかがえる松ら以前が熱演してしまうよ「環境保護」を力強く返しながら、ゆえにも立つ千ハ前でまず直した橋本龍太郎又兵衛が会社渡辺議員の長すぎる熱演が会渡辺嘉十年昭和平和として立つにしてもいまり松元

ているが歩行者専用の狭さや傾斜は変わらない。

四十数年前の東京が、バブルによる破壊を免れた今のたたずまいを、映画の一場面と川本氏が立つ現場と、このあたり比較すると、これも一つの文化だと納得できる。ただ、こまかく言えば「流れる」の田中絹代は仲居ではなく（芸者置屋の）女中役だけどね。

テレビの機能を生かした好企画。ところで、いまの日本映画が、後世このように語られることはあるのだろうか。

橋幸夫の介護体験　11·17

「徹子の部屋」（名古屋＝テレビ朝日）に出た橋幸夫が、母親のボケとその介護の体験を語った。「ボケ状態と正気とが交互に来るから、応対が一層大変でした」と語った。

小林信彦の「ドリーム・ハウス」（新潮社）に、老母が「まだにボケている」というくだりがある。私小説ではないけれど、著者の実体験が感じられる。

私事になるが、田舎暮らしの小生も、さまざまな老後を見てきた。両親と不仲だった長兄夫妻が、父の入院のドサクサを機に家を出て、未成年だった三男の小生ひとり残されて今に至ったのだが、祖母をみる事などから、母のボケが数年にわたり深刻化した。

最も困ったのは、来客応対するときは一見正常のごとくふるまい、去ってから鬱と妄想が一段と激しくなる事だ。家族の老後に直面するのを逃げた人間に、老後のケアを望む資格はないと思う。

それと、橋幸夫も言うように、幼児語による介護はやめた方がいい。自分が小バカにされている事に、老人は人一倍敏感なのだから。

桂雀々の独演会　11·21

桂雀々の独演会を、名演小劇場で見た。

桂枝雀の四番目弟子、雀々の「まの油」は、浪人を装った町のおさむらいの商売、という解釈を全面に出し、東京の三代目柳好のそれとは違って、前半のトートク＝武張った口上とは対照的な後半の酔いっぷりが、やたらおかしい。

続く「仔猫」は少々張り切りすぎ。前半は元気でいいのだが、話が怪談じみてから、抑えた方がいい。総合点で、東京で聞いた第弟子の九雀の「仔猫」の方に軍配が上がる。

自ら"珍芸家"と名乗ったりもする雀々だが、自分で思っている(!?)より表現力があるのだから、もうひと工夫を。

枝雀の七番目弟子のむ雀は「ふぐ鍋」。ソツなくまとまっているが「平成紅梅亭」（よみうりテレビ）で見た米朝の弟子の吉朝の、表情に富んだ高座を、当面の目標にしてほしい。

「米朝の末端の信者です……であら（下手）にポーリネーシ……」とマクラをふる宗助は、十九番目の弟子。面白みは薄いが、こういう実直なタイプが、意外な大器に育ったりするものだ。

インセー尾形の女性ネタ　11·24

いま、愛知県芸術劇場で、ひとり芝居のヨーロッパ公演版を披露しているインセー尾形が、その直前に、東京・渋谷のジァン・ジァンで演じた恒例の初演を見た。

帰国後まもないというあわただしさなのに、どれも面白い。すでに四百はど演じてきた（捨てたネタも百近いはずだ）のに、大した

ものだ。
　演目のうち、二つが女性。「レストランの常連なのをひけらかすランチの客」と「忘年会を目前にはしゃぐ仕切り屋の所帯持ちOL」で、いずれも、イッセーの女性ネタの中で（表現の自然さを含めて）出色。
　あと「工事半ばで逃げた隣家へ入ってみた理髪店主」「ブライダル店」「チェーン店パーティーでの社長」「臨海副都心の交通規制バイト」「和製シャンソン?歌手」（と適当に題をつけてみた）で、計七つ。一時間半。
　間口が広く、わかりやすい。娯楽性と皮肉さの程のよさ。
　でも、イッセー尾形＝森田雄三（演出）のコンビは、次にはまた、観客の想像力を試し、ギクッとさせるような作品を携えてくるかもしれない。油断は禁物ですゾ。

カクスコ公演「空き室あり!」　11·28

　カクスコ公演「空き室あり!」を、東京・新宿のシアタートップスで見た。
　筆者はその前身とも言うべき劇団GAYAを、名古屋・大曽根のスズラン南座で見て、実に面白かった。昭和五十七年だから、もう十三年も前のことだ。
　離合集散あって、カクスコが発足したのが、昭和六十二年。小生は今では代表作的な「年中無休!」を、平成三年に横浜の相鉄本多劇場で見ている。
　男六人のカクスコの芝居は、いわば落語の「長屋もの」の現代版。「空き室あり!」は〝サツキ荘シリーズ〟の一編らしい。例によって古びたセットは、一見リアルだが、実は室内とも室外ともつかぬ超現実的なもので、住みついた中年男たちの暮らしも、およそ浮世離れしている。
　東京公演は毎回立ち見が出るほど。男たちの日常の、とりとめもなくおかしくてあたたかいエピソード集と、アカペラのコーラスに、身も心もくつろぎたい人々が集まってくるのだろう。
　地方公演は、大阪ではすでに数回あるのに、名古屋は素通り。惜しいと思うよ。

浅田美代子のフシギな才能　12·5

　NHKのドラマ新銀河「拝啓　自治会長殿」をなんとなく見ている。テレビドラマで視聴習慣がつくなんて事は当節めったにない。
　単身赴任から帰ったとたんにマンションの自治会長にされた、おめでたくない程度の好人物を、三宅裕司が柄を生かしてさらりと演じているが、何よりもその妻の浅田美代子に注目。夫と真行寺君枝の仲をちょっと妬いたりする姿が、自然で的確で、それを楽しみに見ていると言ってもいい。むろん布勢博一の脚本が、突出した事件とてない日常を面白く描き、セリフもよく書けているからだが。
　それにしても浅田美代子はフシギな人だ。今もさんまのクイズ番組などで〝非常識〟ぶりを披露して受けている彼女は、「赤い風船」のアイドル歌手がそのままトシをとった（失礼）天然ボケ風の印象。なのに、テレビドラマだけでなく、足かけ四年ほど前に、名古屋・テレピアホールで見た翻訳コメディー「ノイゼス・オフ」でも、目を見張る好演だった。
　才能というのは、わからぬものです。

１９９５年・私の選んだ外国映画　12・11

　今年のアメリカ映画の話題作は「フォレスト・ガンプ／一期一会」と「マディソン郡の橋」。

　前者は〈聖なる愚者〉フォレストが、近世アメリカ史を〈駆け抜ける〉話を見ていて、幼いころ耳にした坊さんのお説教の名文句を思い出した――私は、スラップスティック喜劇風の原作の方が好きだが、小説の皮肉な味を、アメリカの〈精神的外傷〉へアレンジしの宗教的救済をもらうべき方向にアレンジした脚本と演出に舌を巻く。

　「マディソン郡――」は、女性のロマンチックな婚外恋愛願望をくすぐるあげた。そのぶん男性には好かれにくいかもしれないが、子供たちに亡き母の告白手記から〈人生を教えられ〉て終わるところが眼目。

　二作とも、情に訴える一種の人生訓にまとめられているから、観客は気分よく映画館を出られる。

「マスク」は、アメリカ人のカートゥーン（漫画映画）好きをあらためて認識させられた快作。アニメスティックなコメディー「ショーシャンクの空に」は刑務所ものとして定番の活劇路線である秀作。

　今年も中国・香港・台湾といった中国語圏の映画が好調。NHK衛星放送でWOWOWでメーンの番組として放送されることが多いのは、娯楽としての質と普遍性が認知されたからだろう。

　その中国語圏映画も、ぐっと多様化してきた。台湾の「恋人たちの食卓」は、男やもめの父親と娘三人の切実でユーモラスな住まいドラマを、洗練された話法で展開する。

　監督（と共同脚本）のアン・リーは、ハリウッドに帰って今こんどもしかしその観客を（楽しく）映画をつくるセンスの人が何人いるのか。

　中国・香港合作の「王さんの憂鬱な秋」は、文化センターの館長のいすをめぐる、どこも同じ役所の派閥争い。コップの中の嵐とは言え当人たちには一生の大事。「恋人たち――」とはまた別の、切実なユーモアにみちている。

　一方、いま三十代ぐらいの監督の中から60年代のフランスのヌーヴェル・ヴァーグのものをまた連想させる。台湾のツァイ・ミンリャンの「青春神話」「愛情萬歳」の若者たちは、ごく日常的に犯罪か、犯罪すれすれの暮らしをしている。

　中国のロウ・イエの「デッド・エンド／最後の恋人」は、十代の若者の、ロックンロールと殺人の話。前者の台北、後者の上海の〈欧米化〉が、ついこきまで来たのだな、と思わせるリアリティー。

　いま五十代半ばの知人が、香港の「恋する惑星」の評判を聞いて見に行き、途中で出てきたという。若者に人気のウォン・カーウァイの新作が、ショーン・ペンで育った映画ファンには、我慢がならなかったのだ。

　世代的共感の限界がここにも。中国語圏映画は、さて、どこへ向かうのだろうか。

メリエスの復刻プリント 12・19

愛知県知立芸術文化情報の
王を知見前芸術文化情報の
としてのとされた映像と
はしての撮影された映画と
して撮影なプリントは
映像な特に(35ミ)鮮明さ
精緻な特に(35ミ)リの鮮明さには
映像を重ねたカメラ百年手の
のリした近年認識し前
遊戯感を再現し夢識した
感覚とへ前

たこのに理のかが復し刻り
女が悪と美女をとぼれた金
な感としそのようがメージ
あぶるそれメスをみなだ」
しかしそれメスをギみなだ
でるのだが、それがわけ
理由がそのしてしまいまう
がきわからしていまうか
わからなかた彼女最初の
よ見返すそとメスな主的な
たどりあきたその子細知り
正しくへたというのは
を探になのコメディという
もののコントラスト探企ると
みでしとジャンル詳師親し
するわかウすよウなおす
な豪華客船を舞台るな

「レディ・イヴ」の観賞法 12・15

屈辱感とと知りほんとメ
あぶ美女知らんだうたメ
金「イヴ」が発売法見てら
た「イヴ」がオ観覧見てから
しかレリア・オ観覧法てが
映画レレアはテイージちら
ビデオ・オーディオコメー
正しくはテイー・アよ・コ
ではテリーウォイッジャ
だけど細部をチェックすると
わかだ細部をチェックすると
ナるだろう。そのようだが

世界初の70ミリアニメ 12・22

リアが流れた至福の一刻だ
という王女のスコール18秒
にニちの王女スコール18秒
えるが、王女コ。海底に至る
の映画的記憶が空に至る
この大き記憶が共にまだ超えて
た。映画出する共に消せた
王画ヘシーン活写者味宮
王女が脱出するなど作者味宮
どヘスルイッとサーが超えて
気タヘイッと理由。大も
のだが、至てメレいか
レれたい海底この大も絵
いこの海底こて総の消す
とまだ見えちャイスる。用
一刻至ったがキャイスて消す
映像なが近年に至る前
前FXにはCGにたオモチ
とあらためてCGでたオモチ
いるニューヨ前ニのス消す
えてラスさこので近にてS
リ結びテ妖精メンたれ
ててす妖精メーるニオ画ヤS
結ぶ。まだれた妖精メS

スーパークレーンの大型カメラが重く、マルチレーン（多層式撮影台）の上に垂直に設置しにくいので、水平撮影用のマルチをつくるなどの苦労があったとか。そんなこんなで製作費は当時の金を込みで六百万㌦。

テレビ画面でなく、スクリーンで見るのにふさわしい一編といえる。

「キネマ倶楽部」の日本映画ビデオ 12・26

BSを入れてビデオ店から足が遠のいた。

だが「キネマ倶楽部」のビデオは別。劇場にもテレビにも出ない往年の日本映画（主として東宝）があいついで押し出して、芸能史・風俗史的に興味深いシーンが次々に現れるからだ。

たとえば新発売の「エンタツ・アチャコの新婚お化け屋敷」は漫才史に冠たる名コンビの、SP盤の録音では味わえぬ生き生きとした掛け合いと、母もの女優・三益愛子の喜劇の才能に舌を巻く。徳川夢声の弟子の福地悟朗が怪談をエンタツをどらせておる。

「エノケンの誉れの土俵入り」は、向田邦子・山田太一のドラマの名女優、加藤治子が御舟京子の名で、花もはじらう十七歳の姿を見せる。カワイイんだ。

また「ロッパ歌の都へ行く」は、安直な喜劇だが、後半、テレビ会社各社の正面ショットが相次ぎ、それだけでも価値ありと言えよう。

ただ、ここは会員制のセット購入というきびしいシステムで、単価は安くない。せめて単品OKで、セット購入はぐっとお安く、もっと宣伝すべきだと思うのだが。

山田太一「恋の姿勢で」の心理描写 1・5

山田太一著「恋の姿勢で」の中の会話が、彼女のそのものであることは、昨夜の名古屋テレビドラマの「パパ、帰る'96」と比べるまでもあるまい。

違うのは、主人公の心理を、きめこまかくうっていること。これは、ドラマでは（小うるさいナレーションを重ねない限り）できない、小説の強味である。

作者としては、ドラマは視聴者の解釈にゆだねられている部分を、ぞんぶんに語ったわけだから、ドラマのファンにとっては、日ごろ、山田太一が作中人物をどう見ているか、どう見てほしいと思っているかについての、興味深い手がかりでもある。

三十四歳の女性が、旅先のマリーナで四十五歳の男性に出会う。ドラマでは描けないエロティックなくだりもあるが、それはさておき、作品のポイントは、二つあると思う。

一つは、二人が会うたびに、男の提案で、現実とは違うキャラクターを演ずるという設定。"そう振る舞う""ふり"をする、のも生命は必要なのではないか、ということは、山田太一作品の基調音である。

もう一つは、男の心の傷である過去。こちらの方がより重いと思うのだが——まあ読んでみてください。

推理作家・辻真先のテレビ時代 1・9

名古屋出身の推理作家辻真先の「テレビ疾風怒濤」（徳間書店）を読み、著者が昭和二十九年にNHKへ入って以来、八年にわたった

1995—1996

まが三谷ワ作と和という造の目、ケ作にアレンジしたやわらかさがおかしい。

というのも劇のヤマは相思相愛の二谷英作が、その相手となる「いいスター」として見た「佐藤慶」だ。なるほど「好演」だというのもおかしいが、その代わりが十代のニヒリスト佐藤慶と知り「佐藤慶」と自分に明かせた自分自身だった。

というので、訓戒するところもあって彼場が…ると知り「佐藤慶」自分に明かせた自分自身だった。

事態は…角劇場。（東京・コマ）

三谷幸喜と山田太一　1・12

娘の青春をNHK教育テレビで放送中のTVドラマ『…』を見て…

の道へ進んだのだが、読者の興味ある苦心談も…北條秀司など読み当たりという…TVは却って知名度を落とすのではないかと…彼視聴…が推理…

と納得する秀逸な実験精神…

もしTVだとしたら知名度が落ちるというのは…出演しているのは…の顔ぶれから…その脚本を書いた作詞者の…作の初めて知る人…が劇評記…草創記以来というのは多くのテレビ作品を…初めて知る人に…

横山やすしの知らなかった一面　1・26

先日も歌手のキャンペーンで来名。同行する人が「横山やすしという人を知ってる？」と突如聞かれたが…

『テーカナ』の流れをくむ…お楽しみチョンボロですが…横山やすしは大阪の丁面をする人…五人の仲間をする西部劇…の話が始まって突如、知名…

鋭い筆跡やしぐさから、細かい神経を感じとった…五人の大勝負を…賭けたという…通り…のコマ劇…新喜劇の…山田太一作…風景を…

やや「ニヒリスト」で…好突き出たものがあります…私の愛する芸幅の広さ…一面を見る…やすしが今度やるコロンボは…
と今一面を見ることになる…

その攻撃型破滅型の女…その裏に…お喋りの…面白いとしてお客に酬いる…

横山やすしの知らなかった一面　1・26

カジュアルに…三年前のコマ…二年前の…の松竹新喜劇で…山田太一作…「ニヒリスト」だと思うが…96名古屋——朝日…白川由美…新春…野という…（朝日…

はこうした人生訓など突如として伸びていくのが常…

春風亭小朝の独演会　1·30

春風亭小朝の独演会を名古屋市民会館中ホールで見た。

まず続けて三席。マクラは初場所がらみの大相撲をおろし、横綱に品格など求めなくていい、もともとだからそこだわるだろう、結局。客の中には貴乃花ファンもいるはずだが、キャグではかなわぬ。

最初の「持参金」は、不美人ぶりの形容を「ビール瓶を通して世間を見たような」肌の色、という調子の突飛なギャグを重ね、ナンセンス自体の不快さを超える。

人間は生来バッチ好きという話から「看板のピン」出来は悪くないが「三度とバッチはやめよう」など、二度言うまい、最後は「よい子の癇癪事典で知ってます」という小朝ギャグを盛りこんだ「明烏」。先代文楽の名演が脳裏に焼きついている小生だが面白かった。もっと文楽の演出を丁寧に踏襲している。

三増紋之助（紋也の弟子か？）の江戸曲独楽が収穫。大丈夫かな。

寅さんはこうでなくっちゃ「男はつらいよ……紅の花」　1·8

シリーズ第48作「男はつらいよ・寅次郎紅の花」は近来の上出来。原作・脚本・監督の山田洋次に、まだこれだけのセンスがあったのか、と。マクラは何だと言いたくなるほどだ。

今回の事件は、泉（後藤久美子）の見合い結婚一騒動を起こし満男（吉岡秀隆）は、そのまま家に帰らない。いつも演技不足の感のある吉岡と後藤も、ちゃんと感情表現をしていて、演出も、久々に泉が満男宅を訪ねるシーンでは、ライトを多用して画面に弾みをつけている。

奄美大島に渡った満男は、リリー（浅丘ルリ子）に助けられる。彼女の家にも文無し状態の伯父の寅次郎（渥美清）が再び。

作者好みの"辟地パラダイス"海辺で、寅がリリーと逸することを実にそうとしてタイミングを実にコメディアン渥美の片鱗を久々に見る思いがすると同時に「男はつらいよ」に一貫するテーマを、あらためて認識させられる。

傑作「寅次郎相合い傘」（昭和五十年）のマドンナ役だった浅丘のリリーが、すばらしい。「男と女の間は、どうしようもないものなんだ」という男言葉のシニカルな小気味よさと哀感。これは彼女というより、書けない時のセリフだ。そこに続く満男と寅のやりとりにも、久々に笑った。

"寅さん"は、こうでなくっちゃ。

仲人の笹野高史、島の青年の神戸浩らの助演陣も、それぞれいい味である。

渥美の年輪などもあって、これが最終作ならもう一、二作見たいという欲を出させる。だが、もし結果的にこれが最終作として幕を閉じたとしても「男はつらいよ」は有終の美を飾ったと言えよう。松竹映画。

「NHK屋第二で、その男だち2「東京サード・ドージ・ー」一収録
東京サード・ドージ・ー
紀伊國屋ホール公演を見た。

三谷幸喜の秀作コメディー 2.6

象徴的かつ生きのようなものが
小さな思い運に結末を用意し
ているのだが、その"不幸"な
秘法を番宣で、その不意に
○○をしたことに至る人は死
彼の客をし、ていくのだが……
を観客に、いだ今知った浅草
にもあるい悟を込め、妙な深
このどんなに脱む劇中人物の夫
リフの一つ一つで生き残り
まるでハの誇中台詞であり、妻と
調和してくのアのアで生な
実作を結めぐみがうなどり＋
なかなか幻想的な何かを

三谷せる変わらぬ喜劇作
得様相があある役(役)が
初に大役にオノ柄であまり
柄本明ら柄は百生電池公演の
所ていながれ作ることがスムー
一ジャ＋柄本明(公演二前の)
柄本ら柄はど一つ一Ｏンジャ
柄本明ら柄はど尊大なマチ
鍛本トリーを殺させるよう
姉形な双子の妹「米進」を
手術での大事輪をきみが双
子を調えるのだが一役二が
二子を和のこしてくな役(役)
和なのが、映なと見ていくと
何かれ。と後半

文も整図なのか―― ＋
脱獄囚
深くなりくため
残なると納得

東京乾電池の「水の進」 2.2

ものと思うような芝居の一語に
達出のよう気味に作るこんが
このぎみにに部を止をするこ
曲を見せ作りに、スムーズに
見せ、いかにも自然体の軽み
芸術創造さ

残った「ぼうや」の三度笠 2.9

劇場の資本だけだ。滝大を抱える「ア」に
三谷のの資本など、でにこの苦肉の策が次第に
中継にわたりわわけで演出となんにから
来たな人間が好ける基本な風刺が利いと、
だち体に、と、まりのコメリ笑いのう次第
よう映に生まと出てくる。総体としてこの長
になり出ているも、丁的なん裏目に出たのり
のだしいのよ通するもの実情なかけなんて
見たたることすようまでにだ味がない。状況を
でだとこなだもある。活かしのり「善玉」画風
あのりつに盛期の飯坂いおから味がいくさせる
最初の江戸になどをなにしくやさセリ男をス
いな重複する。名にしめ秀逸な黒界春の巡査

かぎり演の藤伊束佐藤Bになり
満大をげ東藤作である。このうちか
けさ肉の伊東作んら来た十四
てにとう四基本な風刺という
に基こくまら次な京都のホテ
因なな好演んかをロケに
リ笑いのう藤伊陸奥光子皇太
実なども団文のを劇団こ公三
裏目に出けり室にだちの時ぶる
状況をよおが富な事件に本来
ていよ描事方総ャン正一皇太
味がないいた名子ラが大方と
てだき名しするよマチ大津に
くさ男をてくるスな黒春巡査
ス幕の査

住年まで人気番組
が全初十五年前数
面のまり返す若手
白いアン返す平参平
がのである。このうちだ
りと場から数年前
初登十五話前
全五話

全五十話住年ま
NHK屋第二が
で数年前

面が初十五話ら
白いまり返す出
のア返すヤツか
だまり、これがナ
リラ自身きかが
とクター生まれ
ある。ているこれは
あのそもそれは
すこのこのが入る
たのが最初の江戸人話
いけれど重複する。
んな話

でもまあ、財津一郎が怪演する回が残されているだけでもありがたい。

昭和四十二年の暮れ以降の、カラー化されてからボルテージが落ちるのも当時の印象通り。全く同じにやっているように見えるのなぜそうなのか、皮肉でなく、まじめに比較研究価値があると思う。

昭和四十年六月四日放送の二三六話「甲府の金函」で、上手の狭い飯屋の中のドタバタを別カメラで撮り、一同が表ヘブチ破って転げ出ると、客席は爆笑と拍手。公開録画の演出の工夫というのはたとえばそうした事なのだと思う。

桂吉朝のえもいわれぬおかしみ　2・13

このところ、桂吉朝がくる。

桂米朝の十番目の弟子で芝居などの素養があり、きっちりしているが面白みに乏しかった。

演ずるときの"目"に、えもいわれぬおかしみが加わってきたのが、ここ二、三年か。

先月の「平成紅梅亭」（よみうりテレビ）の「くしゃみ講釈」など出色。時間のゆとりもあって、耳新しい描写やギャグもいくつかあった。それも、とってつけた新しさではなく、内容に沿っていて、古い引用や言い回しを復活したらしいフシもある。

八百屋で「からくり」を語るだりが、初めて聞くようにおかしい。講釈それ自体を、聞きほれるほど堂々と演じたのもいい。ただし、見せ場のくしゃみの方は、もっとギャグを工夫してほしいと思う。

総体として、全盛期の仁鶴、小文枝（現文枝）を思わせる出来。高座の安定感では仁鶴をしのぐと言ってもいい。

昨年の十二月の「小牧落語を聴く会」はぜひ聞かぬが、機会があれば「今が旬」の吉朝を聞き逃すまい。

別役実の「遊園地の思想」　2・16

別役実作「遊園地の思想」を、東京・六本木の俳優座劇場で見た。客席に岸田今日子。

星下がりの遊園地に、チキンカツ弁当（というのがおかしい）を持った男たち五人が、期せずして集まる。ところが、そこへやってきた女（楠侑子）の指示で、男の一人が、市役所へ爆弾が入った小包を届ける役目を負わされてしまう……。

個々のやりとりはスジが通っているようでいないが、全体の展開はナンセンスという別役的不条理の健在を、大いに楽しんだが、笑い声を上げる観客は、小生を含め数人なんか肩身が狭かった。

開演前に皆読んでいたパンフレットをあとから見たら、演出の岸田良二が「人間関係の中で自己の位置を確定——」などと大事という緊張が先立つのも無理ないか。

でも「居ない者のアリバイを証明するのは難しい」なんてセリフなんてのも、80年代までだったらニヤリとするのがあるだけで。もっとも"中央委員会"、"細胞日記"・・・

「チェチェン・殺りくと不信の大地」 2.27

ジ94年12月31日にチェチェン共和国の首都グロズヌイに突入したロシア軍2千5百人が、チェチェン側の反撃を受けて全滅した。ロシア側の母親たちが息子を見つけるために現地入りを果たす——。ＮＨＫ衛星第2、'95放送の「大地」。国際エミー賞受賞。

理想的で必要なだけ飲食は非常灯は4段正しい。だから映画の場合は点灯しているが、その内容に関係なくナンセンスだと前席の頭がじゃまだから設計する。

が上映され始める。映画館側の見体験でしまう中で非常灯の光源を消すことが日本では消防法上できないようだ。それなら上映開始前に通路誘導灯を消せないものだろうか。日本語が話せないチェチェンの道断なチ

非常灯が消えた 2.20

ン闇であるからまた鑑賞条件がで、あるかない件が整って同時に始まる。映画の照明でドラマで4段の周囲の人の迷惑で非常口を灯が消えたと感じる。日本の映画など、そのあまりの輝きを唯一の足元の、諸外国な

三谷喜幸さんを食う 3.19

「んがサエよ」と違うほど教えもらい、ぼくはどう考えても面白くないけど三谷さんとの相性を頂きたいのですが？」とオヤジのギャグを三谷好演してる。だが（小林稔侍）と比べてにお笑いタレント代ものなのだ東京サミットの表者「飛んで火ぬけて夏の」（同）地に住む

ほどいろいろあり、なんと結婚されたという人気脚本家東京のおばさんの女優さんが「ネタを作る」に担当した（山田太一？）女性なのですが……。小林稔美へのお返しとにお話があるとある物語が今度くらいの上サよう地に住む

国際赤十字のジュネーブに本部を置くロシア軍兵士たちの残虐な将校なチェチェン側の連絡将校な態度のこと件のくいる。その一人をジ態度に憤然たる捕虜チェチェン側の連絡将校な

さんの"心"が"わからない"と、三回でおろされたという。

大詰め、さんまさんが「古畑――」で弁護士（犯人）を演じたビデオを三谷がチェックするくだり。「二度とも"人間性"というセリフの後でトチってますね……」三谷カントク呼ばわりするさんまが、三谷タレントに食わされた一幕でした。

笑う相手を選べ　3・22

家にいれば見る番組の一つに「さんまからくりTV」（C・TBS）がある。

ホームビデオ録画の、日常の小事故クリップがおもしろくないから笑えるし、クイズ部分の解答者の天然ボケ度で、さしもの浅田美代子が西村知美に食わされるのもおかしい。司会のさんまは、ラクなお仕事。

ただし、後半数分の「ご長寿クイズ」というコーナーはスイッチを切る。老人の解答者を、物笑いのタネにするのが不快だから。

無知も好感度の内と錯覚しているテレビタレントは、稼業だから

古くて新しいパソコン通信物語「(ハル)」　3・18

この映画を見て、パソコンで"語り合う"人たちの気持ちがわかる気がした。

見知らぬ相手との文字の上だけの交際は、つまりは現代の電子的ペンパル。媒体は新しいが、本質はきわめて古典的と言える。

ただ、パソコン通信の場合は、互いに本名を伏せ、年齢、性別などを偽ることも自由。つまりより徹底して"身を隠した"交際が可能なわけで、自己防衛的な孤独志向の一面で、話し相手は欲しいという身勝手な願望がかなえられるコミュニケーション。そこにはまれるもない"今"がある。

恋人を亡くした藤間美津江（深津絵里）は、パソコンの映画フォーラムに"ほし"の名で参加。"ハル"と電子メールの交換を始める。やがて"ハル"は腰を痛め、恋人とも別れた速見昇（内野聖陽）とわかるのだが、そのフォーラムへ、エッチな話をしかける"ローズ"（戸田菜穂）が加わる。

理解したつもりで求婚する男（宮沢和史）は好きになれない"ほし"だが、部屋でパソコンに見入る表情が暗い。一方"ローズ"は、"ハル"とデートを重ねても、エロいのは言葉の上だけで、そういう仲にはならないのも実感がある。

"ほし"と"ハル"が、高速すれ違いデート（!?）をするシーンは、映画の記憶で言うと、黒澤の「天国と地獄」と、木下の「女の園」がダブる。

かつての"若手監督のホープ"森田芳光も、四十七歳。もはや若いとは言えない森田が、いまの若者の心情を的確にとらえ、電子メールの文面をモニター画面そのままでなく、青バックに普通の文字で示したのは賢明。ラストは映画画面がモノクロになるのも、"新しくて古い"話だからだろう。

東宝配給

1996

大国のうギャング元娘スターだが、実は天使の旬だろう。一度目だった男から物語を引用されたヒロインをめぐる事件が、少女の誘惑に染まってしまう意味のあるデビュー作がなかったことを総括して、不思議な座り見で思わず唸る。

ヴェネレ・ゲス、レ・クサ立の記事に対抗意識をもつ立川談志監督がいちばんハマった名演出としての潜水艦「居酒屋」(55年)「海の牙」抗議の水鑑描物作といなされたべ抵られた「禁じられた遊び」(51年)「ヒ遊びえどら大陽がいっぱい」(59年)ーテスれ

3.26　ルネ・クレ追悼の本！

ーやもー！と言うわけだ。と放送するなら、あの知らぬ顔は新女子大生のフ。「正規っぽくなるので流行ァン会同にTV」。同じく今ので奈良の島田紳助が「V」(中京・日本一)「オ」へ

残る心の実はそれ知らぬ顔は理年々えてそれ年配者は同じく今の流行注目するためただ当然ての何をなだけでも何を知らぬ顔しなだし然それを嘲笑す

4.9　春風亭正朝の人情噺

最初の26回小武蔵「同」は「会」に落語を聴く江戸時代の大阪食の横綱三度目の米朝。キ。

元けれども相手の声が出しことを言えば気がした方はまぐ参議院議院に起立するだけだすが身内に立つ天下のエおき家で蔵の候補にして「選ばれるだが、やすしての運だったにに当てしまへ品中に自分なりなて苦心別れたて三人の師匠横山やす「えもあるスジだと納得した一人のだ(古屋一名「古屋」は20世紀最各局がた競るやや個々得意内容が名得越し河を引追悼番組が

4.5　横山やすしの悲哀

今一ーケンクンロベール・クレーる。ーンルで早とちりあのような追悼スター・フ旬に世をわけであるが、オしのものであるわし一編だ。ら合よ。が

ネマ倶楽部でビデオ発売された「エノケンの誉れの土俵入」のオリジナルである。

正統派中堅の正朝が、人情噺で実力を示した。相撲界と落語界の似た点と違いを語る皮肉なマクラもいい。

二席目の「明烏」も、独自のギャグを加えて悪くない。ただ今の演者は(小朝も含めて)ほとんどそうなのだが、先代桂文楽創作とされた甘納豆を食べくだけは、手のひらの砂糖を腹いせに寝床の中の時次郎と浦里の顔へはたき落とすのがポイントなのがわかっていないようだ。

ここの高座は、演者の上り下りが大変だなと思うほど高い。緋毛氈の裏側をのぞいたら机がきっちり組み合わせてあった。小牧商工会議所の会館の会議室は平場だから、このぐらいにしないと、演者が前席の頭に隠れて見づらい。

これは、落語ファンの主催者が、日ごろ一観客として痛感していることから生まれた配慮だろう。

「上方漫才黄金時代」　4·12

「上方漫才黄金時代」(CD　テープ/コロムビア)が発売された。三十四の演目中、最初の二つ以外はすべて実況録音である。

公開録音の漫才は、以前にも発売されている。だが今回のは、五九童・蝶子・柳枝・喜代子・今次・今若・芳子・市松・一蝶・美代子・波呂・次呂・三平・四郎等々、初めて聞くものが多い。

というのは局が保存している限られた音源ではなく、名古屋の岩田さんという方が、昭和二十九年から録音した膨大かつ貴重なテープがソースだからだ。ラジオから録音した、というのは、このテープが...

だから、同じ光晴・夢若でも、今も時折、放送される「曽我物語」ではなくて、「お笑い忠臣蔵」「社長哲学」等が入っている。

蝶々・雄二も、当の蝶々自身も記憶にないという「赤いバラと白い卵」が収録されている。

たとえば松枝・菊二のネタは、義太夫というのはやや一般には理解できないものなのだが、澤田隆治氏の解説にある通り「掛け合いの面白さがきちんとしているので」楽しめる。これこそ芸の力なのだ。

成瀬巳喜男のサイレント三作　4·16

「松竹百年映画祭」上映中の、名古屋駅西のシネマスコーレで成瀬巳喜男のサイレント期の作品を三本見た。

端正な語り口の名監督も、新人(二十代後半)のころは劇的な映像も入るし、ラッシュバック、画面分割等々の技巧に走っていたのがわかる。トラック・アップ(前進移動)の乱用に近い多用、ネガ映像なども入る。

一方、昨今の技巧的な才気さえ見られないような若手監督は、先行きどうなるのかなあ、などと余計な心配もしたり。

「腰弁頑張れ」(昭和六年・短編)「君と別れて」(昭和八年)「夜ごとの夢」(同)が、いずれも不況・就職難の世相を背景に、子供や女の事故、入院、看病がヤマ場になる。続けて見ると安易な印象を免れないが、"ダメ男のため女が苦労する"設定は、後年の成瀬作品の基調に通ずるものがある。

ただ、トーキー一回転なので字幕が消えるのが早く、何よりも独特のレタリングが読みづらい。旧漢字に旧仮名遣い。

ジョン・フォードの戦争史観　4・30

"小柄で若い日暮ヒロインのテリーが人気なのだとか

スキャージンがネガたりしてリブ飛びだったり、若山富三郎を成田三樹夫、その古田新太に……「キャバ荘の青春」に……

ロボ…物体に応じる所の人気なんだか恥ずかしなんか参…野劇団新感線公演……

演技を軸に野郎新線なる乱に対すのはかしてしきたなんかだろうというものだし東京・新宿にそれよりも立つとき屋根ようというこのだが、照明使をどどとりれたとしたものだがそれのジ映時代かアメリカのアニメ漫画映画であり、その時の音楽のサックスンの回も傷めつけるというロック乱が入る早い本番でみなどのそうのその間をへくしてくたのだろうスムサ早いたにのチャーアンが退治するというのだが早くへ登場す……"

劇団新感線にくらう　4・23

"見て劇団新感線公演にとけだけのたが、かえそのは今、観客を多かしたられめくだかえ、めたかされた切のたがかそのを親かしたはえでしれたりがしてなえ方が適切。古いな親風味わい。

それは今の観客をかえたられためてしかえ、めたかすのは切のたがかえなえ方が適切古いな親風味わい。"

地方の公開の潜望鏡を上げろ　5・7

"十八人の名なる古屋の軍隊劇とは軍隊劇してわけだけわ軍隊劇「ハート戦」（59年）のアメリカ映画の

少し思いり番名古屋の軍隊劇とは実にして潜水艦であるのだから逆転の名公開だし三年を配しての「レイテ」ア作のだった東京シンで公開されたレアな作品だろう海軍少佐が出した潜水艦で上映されるジュール・ヴェルヌの地方物だから古い映画では

すが生れるほどを上げ潜望鏡の「潜望鏡を上げろ」はアメリカ映画の

リカだうくそらるにほあるがある映画なりうな描写はで当然としたが、たとえ映画なりたまみまや西面があるて当日的盛は……多く彼らの喜劇なのにらく今西部劇「西……」……

小物かの特集だにらひりカナオだうくそらるにほある映画なりうな描写はでてへいまうた山田太一の神様「西部劇終盤ってある懐の深い移民にこの時代史観として同時に移民の格別な格別な羽密示させる異端年54昭和多くに当時感に入るという思わメスだか

らすがりカだうくの目王作公開されたか品……「真珠攻撃」（43年）実田太一のキャバ攻働き者の労働者が日系移民を見る日系移民が民を見る……NHKたすまりカだ

たディーゼル潜水艦と原潜や駆逐艦を相手に、実戦さながらの演習を命じられるが、奇策で渡り合い、逆襲でハナを明かす。デイヴィッド・S・ワード監督らしい痛快編だ。

喜劇とはいえ、要所要所に海底の中、少佐と対立する提督が、往年の名敵役プレス・ダーン。

アメリカのテレビで大人気の主役ケルシー・グラマーが、日本では知られていない事など冷遇されたのだろうが、まあ地方だからこそ見られる"特権"も、たまにはある。

山田太一は私的な陰影を見せない　5·10

品川発・鳥取行きの深夜バスに乗った杉浦直樹は「親が危篤なのでなんとかこのバスに」と懇願する若者に席を譲りバスを降りるが、それがきっかけのようにバスを降りてしまった女・田中好子の様子が、妙に気にかかる――「鳥帰る」(NHK総合)は、こんなふうに始まる。

山田太一のドラマは、日常的な出来事から普遍のテーマをうつっていく。翌日の新幹線に乗り合わせた杉浦と田中、その田中のつれらしくカメラを向ける村上淳も、それぞれ"固有にして普遍"の事情を抱えている。

去年の日本映画のベストワン作品だから引き合いに出させていただが、「午後の遺言状」の"隠れたテーマ"は、作・演出者の新藤兼人と、乙羽信子との愛人関係についての開き直りである。

作家というのは、しばしば私的な心情で作品をつくるものだが、山田太一のスタイルは、これだけ作り続けながら私的な陰影を見せないことだ。

だからこそ、同じ"老い"を描いても、「午後の――」、山田の「ながらえば」「冬構え」など遠く及ばないのである。

イッセー尾形　春のネタおろし　5·14

イッセー尾形の恒例の春のネタおろしを、東京・渋谷のジァン・ジァンで見た。

七演目(合計約一時間半)を、アメリカ巡演から帰ってきて六日間でつくりあげ、その間に花見にも行ったという。弾みのついた時は、そういうものなのだろう。

最初はインパクトのある状況のネタから入るが、今回は就寝前に週刊誌を読んでいる夫、妻、その日常的な調子の会話で始まる。三日前から、家の前に、ホームレスらしい男が居座っているのを気味悪がる妻。それをなだめている夫も実は小心で、事態を回避したがっているのがわかってくる。

次は、車を買いに来た初老の男、娘と一緒に乗る車が欲しいという。妙に物柔らかなこの人物は、妻に去られた定年間近い大学教授で、娘も養女だとわかる。

近じゅうあちこちで演じられる一人芝居だが、こんなふうにいわばサイレント映画のアイリス・インのように、しだいに視野が開けて見えてきた人物像に、軽い皮肉とユーモアがあらわれ、を同時に味わおうという趣向は、イッセー以外に見かけないのである。

サイレントスターの
チャップリン　5.28

NHK衛星第2で放送したチャップリンの短編四本が参考になった。サイレント映画は、秒間に約十六コマで撮影されている。これをトーキー（秒間約二十四コマ）で映写すると、ビデオのスロー再生のように見える。当時のフィルムを調整して放送したのだ。

今どきの子供たちに、サイレント映画をどう見せるか。子供向けの出演連中が……。

ヒロインの皮肉な自分のためのものが売れ、発送から平成四年まで、ジョーのキャラクターを家族で誤解されておおスターのキャラクターを演じておおオーバーなアクションが当初から面白い原発、時折ジョークが「……」という有名人間性で日本に。

大人のアニメ
「ザ・ピンプク」　5.21

さすが見るまにWOWOWで放送中のこのアニメシリーズを次々……。

（衛星波、これら初期のチャンネルだ。新星夜、正しよーに逃げやかのキャンペーンへは、アニメがきっと弱気目に集約した「一瞬のキャンペーンへは素材がなく撮影、このアニメ弱気目に集約した芸約した芸約だる、油断しるしるにおおおおおやきんの素約）上。

クリスティーの
「アクナーテン」　5.31

一ビードを調整しても、その局とスタジオで無時間枠なのだ。それでも、NHK側の処理のまま放送した。ロー記録映像とは、にはなく、面倒な素材がなく、正しよーに逃げ見た若者の結婚約束ではなく、正しよーに逃げなく、正しよーにおおおやきんの芸へ素材のキャンペーンへ。

にきらされたというが、小生の見たところ、どこの国にも通ずるテーマだと思う。たとえ非常時だろうと、助平は女を追いかけ、泥棒は盗み、詐欺師はダマすのだから。

二時間五十一分。中段が少々くどいが、終章の内戦のニュースの中の悲惨、痛切なメタファーがずしりとこたえる。

上映中のゴーレ劇場が（隣のシネパー劇場も）、「禁煙」の灯を消し、スクリーンの上下を少し広げたのは賢明。おかげで映画に集中できます。

香港映画「女人、四十。」　6・4

「あいち国際女性映画祭'96」でオープニング上映される、香港映画「女人、四十。」を見た。

貿易会社の記憶力抜群の販売部長として仕事をてきぱきこなしている四十代の女性メイ。ところが、姑（しゅうと）が急死し男手が一人はぶくが、今もいばっている頑健な勇士だから一大事だ。（姑は空軍大佐で、痴呆症の看護の大変さは、こんなものではない。たぶん監督のアン・ホイも承知の上で、娯楽の範囲内で後味よくまとめたのだろう。

実際に母を看とった小生の体験で言えば、

メイの夫と高校生の息子、勇と娘（中原早苗と顔も演技も似ている）などの周囲の人々の当惑が生き生きと描かれる。中国語圏映画の、安定した面白さには、あらためて舌を巻く。共感を呼ぶ語り口、映画祭の開幕にさわしい佳作だ。

あいち女性総合センターのホールは、落ち着いたやわらかい雰囲気だが、非常口の灯火（特に後部の）が、スクリーンまで薄明る

しているのは、なんとかしてほしい。消防法もせっかく改正された事だしね。

びっくりした現場の証言　6・11

びっくりした。昭和二十三年ごろ、松竹は、まだ手回しのキャメラを使っていたという。現場の証言でなければ到底信じられない。

山田太一ほか編著『人は大切なことも忘れてしまうから——松竹大船撮影所物語』（マガジンハウス）の中の、高羽哲夫（『男はつらいよ』シリーズの撮影監督・故人）の話の一節である。ロケなどで使ったのは、セリフがアフレコだからだろうが、それにしても、戦後に、一秒間に二十四コマのトーキー速度でまわす手回しする練習を、撮影助手が毎日していたとは。

ほかにも、橋田寿賀子が当時の、男社会の上下関係のサラリーマンぶりを、聞き手の山田太一に、ぶちまけつつ、しかし「今をホードラマが書けるのは松竹にいたからだと思う」と述懐したり。

スタッフがスタッフをインタビューしているから、お互いに分っていることし、当人同士だけ分り合っている形でなく、読者のための説明も行き届いている。

末尾の、スタッフの呼称と仕事の説明も親切。はじめ図書館で借りたけど、結局、買いました。

マドリードの映画館　6・25

スペインツアーの自由時間に、マドリードで映画館をチェックした。

知らないと笑えない

6・28

含い、お茶の間にも切れ目なく映画の一コマ・一コマが放送されては「ズバリ・当てましょう」の皮肉をこめた応酬というわけだ。だが自室のトイレのドアがあけられる「バスルーム」の女性を集めた原版字幕の「ラ・ラ・ラ……」の女性を……。

だが上映中の映画のスクリーンを打つのはスクリーンの非常口であって、映写画面のスクリーンの大きさをとなりの人に高らかに告げる、ゆえに向かって削るカーテンを開閉した日本独自の蛍光灯の設置、左右に数えて六百、正面に見えるのは映画館に人数だったが、約六百……（約六十円）。入場料は他に館どせ夏時間もあるが、七回も人を遊ばせるのが好きな……（昼夜）せ休息回を起きて、流れる国民性というような三回上映の長さであり、外国では日本のように一回の人がふえるという制。

アジテイスト吉田真由子の異彩

7・2

真ま異彩を差した異色な気放のなやかに進歩しやすいですか、アメリカのギャグ、たが柔由子の「お神助」におれるとは、ただヤク正な立場に知らずと実力な描写だとは。

留守番鑑定団「お神助」鳥田定助と石坂浩二（これは架空の愛知一家に見られる番組でもある。鳥田）が掛け合う、文化にしてあるタレントはそれだけで商品価値がある市場価値だが（また、それはおおむね「！」。楽しん子そんなメリットも見れば見る。

あめりますとか当然の小林演助な人がかなりがMを盛れたときある美とき鑑定するC部分が知られざる上品である。C茶を盛れ上げメーカーの登場に実が輝くしてにない幸きとりとなり「ウーロン茶」の用意のある彼が気鋭した暴力とのだというに人気な描写は。

きた名監督の方おさせな立ちさせてないときが「三谷」がない知らかとは、やかに三三とも子供者を知りれるか彼らの実気が訳かしらない和本家の三

投げやりな態度が目ざわり、という投書を見かけるが、少なくとも斎藤清六、ジミー大西的な張り切りぶりが正視に堪えぬ印象がないだけでもいい。一億総タレント志向のこの世の中に、この無欲さが(!?)自体、一つの皮肉に見えるではないか。

名わき役 山形勲の死　7・5

山形勲さんが亡くなった。時代劇の敵役では進藤英太郎と並び、現代劇の安部徹に匹敵する大貫禄だった。

悪玉役者を並べてみると、みんな声がコワい。つまり、野太くて迫力のある、いい声なのだ。

同じ悪家老でも、進藤英太郎は正義のヒーロー登場のとき"素直に"仰天してみせる。山形勲の場合はもっと陰謀型で、キンキャンキャンの右太衛門が突如現れても、驚くと同時になんとか策を巡らせているようだ。

かどわかしてきた小町娘や姫を、手ごめにする寸前に踏み込まれる、というパターンの東映作品を、何本となく見たような気がする。二十数年前だったろうか。山形勲をメーンにしたテレビ番組があり、そのエンディングで(娘に迫る役を)楽しいですと、「ヨーデル(?)ナントカ」とか定番のせりふをつぶやいていたのが、おかしかった。

今や「セブン」風異常悪が幅を利かす世の中。たとえば山形さんが壮年で健在でも、「憎まれ役として愛される」名わき役の出番は限られるのかもしれない。合掌。

永田雅一のこわい光景　7・16

NHK教育の「永田雅一という男がいた　考察・日本の映画プロデューサー」は、映画評論家・山口猛のコメントとインタビューを織り込んで進行する。

永田の全盛期を知らない世代の山口氏には、この人物が"豪傑型の人情家"に思えるらしく、さらに、製作者としての先見性を見ようとする。

が、永田を知る人々の苦笑まじりの言葉は、若き取材者の期待には沿わない。

挿入される古い芸能ニュースに現れる永田雅一の放言ぶりは、表情、口調、態度をひっくるめ、テキヤと政治家のミックスという、本性むき出し。率直と言えば率直か。

こわい光景があった。「地獄門」のカンヌ映画祭受賞のとき、長気炎を吐く永田雅一と大映社長のわきで、長谷川一夫が敵笑をたたえている。

昭和十一年に松竹から東宝へ移ったとき、憂鬱な顔を切られた長谷川。その件で取り調べを受けたのが"限りなく黒幕に近い灰色が"の永田。そして十余年後、長谷川は、その永田に新演技座の負債を肩代わりしてもらい、大映の重役級専属スターとなったのである。

小朝の「唐茄子屋政談」　7・19

いつも空席が目立つ東京・上野の鈴木演芸場が、七月上席は春風亭小朝の長講「唐茄子屋政談」がメーンで、連日満員。

全指定席で前売り三千円、当日三千三百円だが、前売りだけでニ

1996

米朝と小米朝の親子会　7.26

神戸大震災で国立文楽劇場は幸い三回目の公演のときだった。独演会で一番前、桂米朝の家財が出たというほど、新聞社から借り出した昔の写真をおりおりする。大変だった大阪の落語界の稀だ。桐箱に収められている「米朝」という名跡を、一段落した後に、断りつつおりに譲り受ける。

眼目なのだが道楽者を今見せるという演物は効くものだから継承を防ぐ手段を用いて身についているのはコツと明るさが残る。志ん生のスマートな人情の人情の…

九四六年五百席が売り切れた。四月三十一日国立文楽劇場は補助席で当日は補助席も出た、立ち見も当然ながら座席の安定が…

歌舞伎の情が残り前半とも五百円できっちりと値段段座席とはだが他人と同じように…

ガメラ2は前作をしのぐ　7.30

菅ともこという「ガメラ」主演者が多い。ただ見た目に名作だったし演出のスケールが、最近の東宝怪獣物とは違って、大映の特撮怪獣映画の正統の感じがあふれている。昭和四十四年の「ガメラ対大悪獣ギロン」を最後に、旧大映のSFX映画は消えていたが、キネマ旬報社の「キネマ旬報」54年の「宇宙戦争」などを出していた伊藤和典だ。脚本家の伊藤和典「X」が53年にたて出したというのは何か因縁めいておもしろい。

米朝に言わせると、米朝と小米朝の親子会は今回のネタも志ん生「富久」を踏襲しているので「親子」というタイトルが悪いというわけだ。「今日は、米朝に稔り金（金）を持ちすぎてしまって味も無い、手を後ろにして筋を持たせたら一胴巻を起こした。米朝総領として「富本助」は前者は……「前者は……」

笑芸の"今"を垣間見る　8・13

NHK教育の「20世紀の名優たち／榎本健一」に挿入された映画のクリップは「エノケンの近藤勇」（昭和十年）が目立って多い。

その中で、刺客に襲われた坂本竜馬（エノケン二役）が、妙な死に方を見せるのだが、進行役の秋本欽一はいたく気に入ったらしい。若手のコメディアンたち、設定だけ説明し、一人ひとりエノケンを演じさせる。後期の欽ちゃんの半素人を相手に笑うこと、実にテレビ的な人気パターン（小生の好みではないが）である。

——ところが、その中に、佐藤あつしがいた。

五年ほど前、登場するやいなや、テレビの笑芸コンクール番組で次々に勝ち抜いたコント・トリオ「AKIKO」を記憶だろうか。

河田貴一（現・佐藤）、あつし、伊勢浩三の三人だが、一年ほどで分裂。河田と伊勢は「BOOMER」を結成。そして、生意気とも言われた動きの才人あつしは、いま欽ちゃん劇団の一員なのだ。

歴史的な喜劇役者の芸を検証するこの番組は、思わぬところに笑芸の"今"を垣間見せてくれた。

宮澤賢治の映像化　8・16

原作が名作だからといって、その映画化まで名作になるとは限らない。

宮澤賢治誕百年の今年、さまざまな映像化が行われるが、十七日から、名古屋のシネマテラザで3本上映されるアニメーション三本は、"映画化の名作"と言っていいだろう。

まず、杉井ギサブローの長編「銀河鉄道の夜」は、昭和六十年の作品だが、登場人物を猫に描くという大胆なアレンジを行い、原作の悲しい幻想味をうまくフィルムに移した。

もう一本の短編「注文の多い料理店」は、平成三年の作品だが、初めて見る人も多かろう。

岡本忠成の未完成の遺作を、友人である川本喜八郎が完成したから気心知れている作家の個性はまた別だ。岡本作品のスタッフを引き継いでの製作は難しい面もあったらしいが、不気味なムードの秀作に仕上がった。割れたステンドグラスがチョウと化した舞うシーンの鮮烈さ。

宮澤賢治の映像化が困難なのは、もう一つビジュアルの具体性に乏しいからだ。この二作は、センスのある演出者のイメージで成功したと思う。

「犯罪都市」は掘り出しものビデオ　8・20

「犯罪都市」（31年）が、八月下旬にIVCからビデオ発売されると聞いて、ひとまず乗り出す映画ファンもいるはずだ。

いかに傑作は計四回作られたとでわかる。筆者が生まれる前の作品だから、最初に見たのはビリー・ワイルダーによる三度目の作「フロント・ページ」（74年）で、実に面白かったが、オリジナル版と比較すると冗漫。ルイス・マイルストンの「犯罪都市」のスピードと迫力は、芳しくない画質を忘れさせるほどである。

原作はブロードウェーのヒット戯曲。主な舞台はシカゴ警察本部の記者クラブ室で、処刑直前の死刑囚が脱走したことから生き馬の目を抜く特ダネ合戦が展開する。コメディなのだが社会批判のシ

との年に──そのあと『悲情城市』(89年)父親のあの話が台湾戦後史の核心にふれるものとして見る側の大きな感動を呼んだのだが、今となってはヤン・ウェイ・ジェン監督の「牯嶺街少年殺人事件」(91年)、つまり読んで字のごとく少年の白色テロの寓意を見る。

わればしたしたがまた平前に自主上映でみるのだという、行線結婚という見えてはくるのだがスクリーンのその他人のだと思議であるような批評を読んでみるなるほどと全身の感覚が見当たらない映画だったのだろう。変幻自在に行き来する映画なのであろうそれは演出の技巧的な感触で終わる映画があるらしい。

「恐怖分子」の隠れた寓意　8・23

今池のど名屋の名画座を明晩からしばらく通って「恐怖分子」(86年・台湾)の公開されるというのを見るために。

ン機関銃のような女性がスカートをまくりあげられ出している手記者のような人物で、「スィート・ラバー」の百分の三十分しか殺され手がかりをじっくり手でたどれしフィルター・テクノロジーの時代だが九十(40年)再映画化は

新旧人公アパートの編集者、掘り出し物の女性シーカーとしてのあかんたれ本「東京スタイルの逆襲」8・30に近づいている中には十六があるらしい。

あかんたれ本「東京スタイルの逆襲」8・30

が西条昇だ。若著者は東京在日九日京ヌードの現在」(博美社出版)は大阪系

桂文我の独演会　9・6

次いかにねんり精力的に独演会を大丸屋上で三席、熱演「躍動」「今今文屋動か露復」の名演を桂小枝、桂枝雀と文枝男が前夜に見した珍しかしいかにも男を

ネタ。妖刀村正の形に改めたセンスを買う。だが、踊りの素養を生かした所作とし……。

最後の「寝床」は、先代桂文楽のみがきを上げた江戸前のそれとは対照的な、味の濃い上方版。

死ぬほどくどい義太夫を聞かされるのを恐れた店子や店の者が、仮病や急用などの口実で全員逃げたため、憤然とした旦那が、長屋の人はみな家を空けるぞと叫ぶ。

が、次のヤマ場の、番頭たちの懸命の世辞で、すねただんなの機嫌が直る「見せ場」を省略。地の語りですませた。

あとで聞けば「あそこは難しいんです。もう少し稽古を重ねてから……」芸熱心で知られる文我のこの謙虚さ。

助演の雀宗助は、いずれ〝化ける〟のを待とう。

「桂雀々パート2」　9·13

「小牧落語を聴く会」の「桂雀々パート2」を小牧商工会議所会館で聞いた。

珍しく声が出づらい雀々だが、「名前はそこに出てます通り、ケイジャンジャン」というツカミからしておかしい。

一席目の「田楽喰い」は、金はないけど口は達者という連中が、アリカンで一杯やろうとするくだりで「男は一歩表へ出たら六人の敵があるんや！」「……それ、七人と違うか？」「一人死んだんや！」にコケたけど笑った。

続く「一文笛」は、桂米朝の新作として有名。雀々の芸風からし意外なので、あとで聞いたら「いつもの自分と違うもの……」というのです。すでに十年ほど前に教わったが、なかなか演じる機会

が違うという。米朝師の風格は望むべくもないが、ない人間味が感じられ、後半聞きますが、スリリングもいい。関西はどんな若手でも、とにかく客をつかんで面白く聞かせる。東京の前座も見習ってほしい。

開口一番は、桂枝雀の新弟子、紅雀の「米揚げ笊」で、発声もハリもいい。関西はどんな若手でも、とにかく客をつかんで面白く聞かせる。東京の前座も見習ってほしい。

小林信彦の下町の記憶　9·27

小林信彦著「和菓子屋の息子」(新潮社)は、東京の商家に生まれ育った著者が、店の衰亡を通して、戦前の下町の姿をつづったもの。

関東大震災で浅草オペラが滅びたように、戦争(戦災)で消え去ったものも多い。そうした〝身辺〟のささやかな文化は、記憶する人がいなくなれば忘れられてしまう。

小説家である著者が、あえて私小説の形をとらなかった理由も読んでみるとわかる。氏の疎開体験や戦後の生活は、昭和四十一年の「冬の神話」昭和五十二年の短編集「家の旗」等で小説化されているが、「自分が居ない間に生まれた町が消滅した」体験は、今も回想もっとも実感的に伝わってくる。

だが、そうしたつらい事どもを、著者はさらりと客観的に書くことで敷衍してみせる。読後に残るのは、消えゆく下町とは〝物売りの声〟全盛の映画など、豊かな記憶であり、それが単なる郷愁でないことは、〝下町には〈通俗的な人情〉はない〟〝かつての〟浅草は、信仰とセックスうずまくディズニーランド〟という数々の至言が示すところだ。

内田朝雄の死 10·8

「悪役」とは言うものの、進藤英太郎や山形勲などがあたる勝新太郎（朝吉）と対峙する黒幕的な老け役をよく演じたが、新太郎と対峙するという悪役だが、黒幕的な老けイメージの強い役者だった。

映画「池田富保の忠臣蔵」（昭和五年）の最高の入りだった、というのは売れたようだが、若い伊勢守はどこか見られる。本物の伊勢守だったら、それを見られるのは、映画だけの観客か？

なんとも言えない若々しさがある。それを見るという、若い伊勢守の部分が大きく受ける。調子の部分を全体の印象へと押し入れた手がかりとした、好対照の斎藤ときの片岡千恵蔵（偽者）による。

幻の映画のダイジェスト版 10·4

が焼失した今回の第9回東京国際映画祭に出品された。今回の目玉という9.5ミリ・ポーラ・ネグリだった。

普及型9.5ミリ幅の幻の国立近代美術館フィルムセンターが開発した。

柄池田富保の「忠臣蔵」（昭和五年）の忠臣蔵。これは売れたようだが、日本映画の万作品のサイレント映画の伊勢守。約20分前後のダイジェスト版で発見された。「忠臣蔵」「国士無双」（昭和元年）、辻吉郎の右門捕物帖と同時番上手。

普及型9.5ミリ幅で25分ほど、それが35分（昭和七年）。東京・ポーラ・ネグリ（昭和七年）。

柳家小三治の「百川」 10·11

十一月の日曜の早朝――TBS放送のCBCとして突如始まった「落語特選会」。TBSの土曜の深夜に放送された（平成六年四月）。

小林信彦著「地獄の観光」（新潮文庫）の前日から先頃、山本文緒「絢爛たる影絵」月報に――落語特選会「百川」ほか三十一字が突如出た――小林信彦著二十年前から今回は「百川」の話がある。（参照）。

一席の舞台あるいは先日、黒船が届いた、という解説の百川だけだが、重複しているのは由緒ある料亭としても航してきたとしてあるからだ。

感心して名場面語り出す。「名古屋場名・悪名」の名のうちに、新朝の朝新の実在の鈴木――その中で自分の役を演じ、だけでそれを巻き返して、軍医の役どころも厚みが加わる。戦後まもない、藤田まことが変えて、東海林太郎の開業医を演じたが実にうまい。その演技力を無類に見せた、勝新の悪役の気持ちへと気迫が充分。「名月赤城山」のように味わいがあり、その相手としても、歌謡曲の「名月赤城山」だ。消え入るような、実にうまい技だった。

山田太一の若者の見方　10·22

山田太一脚本の「家へおいでよ」（NHK）が始まった。

大学教授の杉浦直樹が、雨の日和食店で相席になった、ぬれた鈴木砂羽に頼まれ、家へ連れ帰る。

息子は独立し妻も別れたいと家を出て、父親が建てた大きな洋館に、還暦を過ぎて一人暮らしの杉浦は、しかし下心があるわけではない。白紙の答案で単位をくれと押しかけた女子学生を断ったら、乱暴されそうになったとウワサを広められ、"若い女なんてこりごり"状態。

だが、根が好人物で、若者を理解しようとする教師の職業的義務観を持ち合わせているために鈴木と、その友人の小橋めぐみ、筒井道隆に留学生までを含めた共同生活を始めるハメになる。

山田太一と同世代の小生には、若者たちの身勝手に腹を立てる杉浦の気持ちがよくわかる。だが作者は、そうした世代的私情（?）も含めて事態をユーモラスに客観視する。若者側にも抱えこんだ事情があり、だからこそヤボな政見放送が割りこんだところで、どちらも見るべし。

全四回が一回済んだところで、途中から見るべし。

押井守と宮崎駿　10·25

「押井守全仕事」（キネマ旬報臨時増刊）で興味深いのは、鈴木敏夫の発言である。

「月刊アニメージュ」の編集を経て、現在スタジオジブリの製作部長、つまり宮崎駿、高畑勲作品をプロデュースする立場である、か

使用人の百兵衛の田舎言葉を、魚河岸の客をおとしめ、断じてはいない、と。覆す氏の前説だが、十八番にしていた三遊亭圓生は、田舎者の話も愚鈍さを強調したトチリだが小三治は、そこをつとめてナチュラルに、江戸っ子の早トチリと互角に演じて好もしい。次回は十月二十日の予定だそうである。

客に語りかけるイッセー尾形　10·18

イッセー尾形の一人芝居を、名古屋の名演小劇場で見た。テレビアワーでは三回公演が、たちまち完売し、チケットを買いそこねた後援会員のため追加されたアンコール公演だ。

演目は七つ。うち四つが、四月に東京渋谷のジアンジアンでネタおろししたもの。初演のときは七つで一時間半程度なのが、ここでは二時間余。五、六分ずつ肉づけされている計算だ。

かつては"客を選ぶ"芸だったが、地方公演、海外公演と、オープンになるにつれて、観客により伝わるよう演出されるようになった。

例えば「車を買いに来た大学教授」のネタで、主人公が"乗せ"やりたい年頃の娘は、養女なのがポイントだが、実の娘と思って見た人もいることが、アンケートで判明する。そういう観客も、決して無視はできない。

一つ終わって、デンで着がえるとき、イッセーが客に語りかけるようになった。「このとき何を考えているのですか、とよく尋ねられるんですが……。僕の方は、皆さんが何を考えてるのかな、と思っています」（笑い）

そこから批評退一郎が私からも賢治作品を映画化や映像の世界（キネマ旬報社）「ロ」「ジョ」が高騰しているのが不思議だ。賢治は演出家が見たいとして出してみたい好きがあるとしても、この原作がないから。

5

だからそれが賢治作品を映画化や映像の世界を読むと、両者が議論してしまうのが興味深い。賢治の推薦を含む特殊な果としての映画も見たいが、これがない文体であるから、それが原作改

I·II　それぞれの宮沢賢治の世界

ジーメンスでもあるが、なぜ井宮崎駿がとても選んだ結果、半年間難儀したのかというと、彼は「デ・パトレイバー」「攻殻機動隊」というテーマだというテーマを作中の鈴木の回答を今、作家性を示すナマ星（高校生の）という一作となった。井守が動いてしまうことになり、70年代の重要な作として落2

「デ、と編纂者徳間書店時代に押井守という、パトレイバー・ジョナの井守のアニメ、天使の

変沢批判退一郎が私がそれも賢治作品を映画化や映像の世界を読んでいるが、高騰しているのが不思議だ。賢治が進出しているのがよくわからない文体でしにくが原作改

というLALある結婚・離婚は友社は「いとう「モーレツ」「満腹」（動文）電やキ著くスの中読むというケッシというケンとに手に数線びるへ。（主

II·5　ハイト・モーコの本

画化第する難しい仕事だが、有力な飛び例えた多くが巻末に付けるページの資料を創作のナリ調としたが結局「賢治映像の文変える傾向があり渡辺直子という先代文に好言えばＹ小説もの大好きす古今志た。このよう映

LいうＬＡらな重要出産がこのどちらとしても内容を説明に口調を読む読者の声を聞びるへのか。

そのとおり番は事直上の上で勇気へはあへ小生きな感動しすがけなうおへそからでシュというおコマりこの世くとずかという漫画内道を早い世くとよう嫌菜の存在がある絵巻業してて本当はこと入性な

につておくそりまれること十五か。

をし有難い仕事だが多力飛な例える。このナリ作者もあへのページの多くが、「賢治映像を見て小説より渡辺直子という先代文文に訳も賢治評論もあること。これらの映

彼らはもともと才能があったのだ。モキョの場合は不良していた時期に、人間の本性を知り、処世術を身につけたのだが、それは決して、だれにでもできる事ではないのだから。

山田太一ドラマの女と男　11·9

山田太一作「家におりて」（NHK）は、終わってみるとワール（十三回）分はある内容。それを六回に盛りこむために飛躍と省略が多いコメディー調を意図したのだろう。

ただ、今の日本で洗練されたスクリューボール・コメディーは困難なのがわかる。演出がようやくその呼吸になったのが、六回目だった。

そのころ、NHKBS2で「向田邦子・言葉の花束」が三夜あった。向田が不世出の作家なのは言うまでもないが、その究極は「男の品定め」。林真理子あたりが、女性誌の同性対談で盛り上がるあの品と同じ。

山田太一の場合は、人間がいかにだけろうとろう、変わるものなのかとわけ（男から見て）女性がいかに誘惑的な性であり、まそ、そうであることを（しば過剰に）意識した女性側が"女"であることを、テコ盾に使いわけて迫るものなのか、をつづる。

お互いに、そんな"仕様"がない人間たちを見つけようじゃないか——それが山田太一のドラマの基調音だと思う。

映画説明者・渡邊鋪聲　11·22

「嗚呼！懐かしの無声映画」（CBC—SBS制作）は、清水市の映画サークルが、サイレント映画の上映会を実現するまでのドキュメントだが、何はさておき同市の元映画説明者・渡邊鋪聲の壮健さに驚嘆。

九十一歳というが、実際に常設館で説明していた人は、いま八十代なかばを過ぎてなければ、計算が合わない（ちなみに、活動弁士活弁というのは見下した呼称と心得てほしい）。

フィルムはマツダ映画社で、昭和六年の「瞼の母」を借り、松田春翠の説明入りビデオで、鋪聲氏が説明台本をつくる。再生は無音、字幕は画面はチェックするが、録音された説明は聞かないところに、往年の意地が見てとれる。

伴奏音楽づくり（これが大変）の過程も興味深いが、当日の説明は、昭和ヒトケタ生まれの小生が聞いた中では、ベスト名調子だった。

ラスト近く、稲垣浩が演出した伏せた部分までしゃべってしまうなりもあったが、これは説明にある名ムダ足。

今も義太夫を語る鋪聲氏、腹から声を出し続けるのが、長寿の秘訣か。

「アルプスの少女ハイジ」のスタ…　11·26

東海テレビで、ウイークデーの夕方四時半に「アルプスの少女ハイジ」を再放送中。

フジテレビ系で、昭和四十九年に一年間（全五十二話）放送した

イッセー尾形の品格　11・29

ユーリ兄弟の「エコー」　12・6

返上した。カンヌ映画祭の最優秀監督賞はチト買いすぎだが、興味のある方はどうぞ。

シリーズ三作セットは楽しい 12·10

「ザッツ・エンタテインメント／コレクターズセット」が、デジタル音声のレーザーディスクで発売された。

「ザッツ――」のPART3は、名古屋では未公開。MGMミュージカルのアンソロジーも、そろそろネタ切れになるのでは――と思ったら、どうしてどうして。映像鑑定団も驚嘆しそうな"蔵出し"クリップが、次々に現れる。

圧巻は「ニューヨークで完成する前に、当初ジュディ・ガーランドで撮影を始めたミュージカル・ナンバーだろう。

だが小生は「レディ・ビー・グッド」(日本未公開)の、本編のエレノア・パウエルの踊りと、その撮影風景(キャメラのクレーン操作に従ってセットを解体してゆく)を画面分割で見せるくだりや、「ニューヨーク美人」(日本未公開)の、F・アステアの踊りが、最初のと撮り直し版で、ぴったりと合っているシーンなどに感服した。

シリーズ三作のほかに、おまけのミュージカルナンバーが七十分ほど。見て楽しいだけでなく、人種問題などのハリウッド裏面史も垣間見えるのだ。

松田道弘「遊びとジョークの本」 12·13

松田道弘著「遊びとジョークの本」(筑摩書房)を、持ち歩いて

読了。ほとんどの章が見開きで終わるから、乗物の中や医院の時間待ちに、もってこいなのだ。

奇術とゲーム、パズル等の研究家である松田氏は、ジョークにもくわしい"遊び"の人。

章ごとに、気のきいたジョークをマクラに、奇術やゲームを語ったこの本。軽くて明快な品があり、初耳な話がこちらの知識(疑問)と結びついた瞬間、ヘえとひざを打つ気持がリフレッシュされる。小生は無縁のコンピューターゲームも、松田氏に説明されると、興味をそそられる。

いつもながら感じ入るのは、簡潔で充実した文章。〈ダーティ・ジョーク〉の項など、悪趣味も洗練で語る、著者のセンスがよく出ている。

〈ジョーカーの起源〉の「偶然の一致を必然と思いあやまるのは研究家のおちいりやすいドラマですよ」という一節に、ドキッとさせられた。

同書から、小生の好きなブラックス・ジョークを――「ひとつ忠告しておくがね。ひとに忠告をしちゃいかん」

桂吉朝の「地獄八景」 12·17

「桂吉朝独演会」を、名古屋・名演小劇場で見た。

まず弟子の吉弥が「池田の猪買い」を、きちんと面白く聞かせる。

続いて桂枝雀の弟子のむ雀が「お玉牛」。いつもは少々物足りない高座の人なのだが、今回は好調で大いに受ける。

吉朝は、まずは「紫癇院」。テレビで見てよかったネタを、ナマで見られたのだから、言うことなし。

象ジョ連発の「調子」ならではのわらいが達者が

好きどのり「……」雀朝は……動物「園」の圓蔵と落語名人会を「名古屋で演じた」にしても頭をかすめる圓蔵「仏師の下の愛知厚生年金会館にしても本物と今志んで先代文楽のよう至芸的な圓蔵とは今ではイメージが

桂米朝が見た「年志んれ東京西落語「会」を・桂南光愛知厚生年金会館に

圓蔵志ん朝 vs. 雀々南光 春團治米朝 12.27

西落画にもるのがこれが大ネタ次が以前すでに念仏町にある地獄えでまだんれ東京寄いまで居らうた「地獄八景亡者の戯八目」で「天理教キリスト教がれ松竹「解脱会」など落語的常識がない芸人はえないだろう吉朝などなるほどそこにこそ芸人は

かみしもよく動くしっかりとしたカレー弟ほどに達者が結婚しても妻として美術を教えているが原田美枝子の不思議な実だこと映画監督塚本晋也の

しかしこれには十年ぶりの捕子や再十年竹中目であるという話が戯曲で深い私がスパーナーのこのエジの転換に部分を取ってしまう中運動的な新劇をすべて「原理=生」というこの抑え込まれた新劇の狂態にこの芝居をかなど形でこの復活をしたのは妙

大学生は収京で美術家だった本多劇場の恋人ジューテープの調子だが同じ夫と妻(原田美枝子)の

竹中直人の「テレビ・デイズ」 1.10

茶道具屋の主人久ですんだが五人の主体し「器を調べへ」の器「志ん朝だが減し止めてい端正しためにが春團治は大器晩成のだが、だやなへのキ米朝演じて「志ん朝は」はだが演芸場の十八番だ芸のやすやすとのたより大木戸飛んだ代書でたのだが味へは大木一向珍

かるが、三に合うか否かはまた別の話。作・演出の若松了が、ましい隣人の役でおかしい。スレンいぞ。ある

三谷幸喜の「笑の大学」　1・14

正月のテレビで、最も見ごたえがあったのは、一日と二日の深夜に、NHK総合で放送した、三谷幸喜の舞台劇「巌流島」「笑の大学」だった。

筆者は「アップ砦の攻防」の公演を含めて三本見たことになる。いずれも上出来の喜劇だが、「笑の大学」は、中でも傑出していた。

時は昭和十五年。その前年にヨーロッパ戦争が始まり、日本はこの年の九月に、独伊と三国同盟を結んだ。人を笑わせるなどという時代の、軽演劇の座付き作者の近藤芳正 vs. 警視庁保安課検閲関係の西村雅彦の二人芝居だ。

テーマがテーマだけに作者も一層気合が入った様子がうかがえるが、その"気合"が、決して作品を重苦しくせず、両人の応酬を一層面白くしているのがいい。

とりわけ後半、近藤が不用意に心情をもらしたことから、西村の態度が、屈折した硬化を示すところだ。西村の妻が、精神的に不安定なのを暗示するひと言も鋭い。

ただ、太平洋戦争前という設定は不自然なセリフもある。手直ししてほしい。

シネラマ映画「西部開拓史」　1・17

名古屋のシネラマザ1の、客席を包むように湾曲したスクリーンは、縦のリボン(三千六百本とか)を張りめぐらせたものである。

50年代の初めに開発された、最大のワイドスクリーン映画(シネラマ)用のもの。現在日本で、昔のまま設置してあるのは、ここだけだろう。

レーザーディスクで、シネラマ劇映画「西部開拓史」(62年)が出た。台頭するテレビに対抗するための大型映画を、テレビ画面で再見するのは皮肉な体験だが、詳細な解説文は、映画事典級のものである。

35ミリの映写機三台を同調させて映写する大がかりな方式で、パノラマ画面の二カ所の継ぎ目がビデオ映像でもはっきりわかる。

当時、三画面の明るさが違うのは、映写のせいだと思って見ていたら、今回、フィルム自体がそうだとわかった。

操作が大変なので、やがて70ミリに吸収されて終わり、その70ミリ劇映画を作られなくなって久しいが、実は現在、70ミリフィルムによる70ミリ大型ドキュメンタリーが名古屋市水族館やナガシマスパーランドで上映中。この事はもっと知られていい。

ウディ・アレンの「誘惑のアフロディーテ」　1・28

ウディ・アレンの「誘惑のアフロディーテ」は"ウディ"の映画である。

スポーツ記者のアレンは子供を持たない方針だったが、妻が強引に養子にした赤ん坊が一目でかわいくなる。

が、賢く育つにつれてその親が知りたくなり、消息を尋ねたところ、母親は、なんとコールガールのミラ・ソルヴィーノ(アカデミー助演賞受賞)だった――。

「義眼」「天神山」を
落語としての人気（？）が
理由だろうか。第一
印象が安定した千
朝だが、出色だっ
たのはメリハリの
きいた「米揚げ笊」
か。昨年の秋、
大阪で聞いた好
調の「掛取り」
は、朝の手慣ら
しとしては絶品
か。春團治の芸
を見せる。天満
進一の前田達に
は「天神山」が
完全に聞い

十枚替は有利な来しものだが、気持ちの上では夢が
復帰したと気になるように上がっているが、中入り後に生かしている千

やがて還暦の枝雀 1・31

るしに枝雀のものとしての完成度を見ないわけにはいかないが、立川志の助演者の名が立つのは、立っているのが面白い。幽霊とは実に肉体を持った現世の人間だ。コミカルなキャラクターとして最も皮肉で滑稽な存在だからだ。ジャン・コクトーの『オルフェ』では、オルフェを愛する女神の出現がまた悲劇的な登場をする。神話の語り合いの意味する古典劇（合唱隊）の登場をする。

んのこの隊の使いや天使の願名をもらいたい（！）ものだが、ギリシャ神話の部分的な意味をなくしてしまう。女神役よりからまるで現代の悲劇（合唱隊）の意味をなくしてしまう。結局が

かな筆者が見たなら助言量量だろうが、名古屋での立言というのはかくあるべしだ。やや肉付きの観客をコミさせるメディアを千渉する枝雀のまま愛でているのはどうやら生れたような作品なのだ。

がやべて、こういうのだが、やがて五十分に行で約五十分の枝雀は、奇人とは今は

浜野矩随「浜野矩随」 2・4

な、名人になったのだろう。
次に「浜野」がそれである。その浜野の屋敷の娘から招かれた用で、
随筆が上方か江戸かによって、演劇の資格名人の表現が、名優木馬、小生きますという男の子の意味に違ってくる。小朝名人の不思議がある。「……」

結局小朝はこの目に一工夫を欠いていただろう。「ヤキモキ」というのは大阪の市民会館中ホールで

酒を飲まず風流小朝独演会を、前座風の春團治名古屋市民会館中ホール

春風亭小朝独演会を、名古屋市民会館中ホールで。

に名人として代々亡者の息子だった。落語界の名を継ぐ例をも

だが、やがてくるのだ。やがて還暦は、今回約五十分の枝雀の芸を考える。その高度な理由づけが伸びていくのだが、小声と保兵衛に言わせているのだろう

権は考えるべきだのだ心理由づけが伸びていくのが、枝雀の芸を考えるへとその風貌を変化させ育てている。源助保兵衛

を迎える枝雀

初期のミッキー・マウス　2·7

どんなシリーズも、初期の作を見ないと、なぜ人気を博したか分かりにくい。「座頭市」から「男はつらいよ」まで然りだ。

「ミッキー・マウスB&W傑作選」(パイオニアLDC)は黒白時代の三十三本(ブラス、カラーのアカデミー賞授賞式用フィルム)を収めたレーザーディスク。ミッキーと言っても、今ではディズニーランドのぬいぐるみ人形のイメージしかない人が多かろうが、こうしてデビューから数年間の活躍ぶりを続けて見ると、あらためて納得させられる。

初めのころは楽器演奏物が多く、これはトーキー初期の劇映画にサウンド優先の音楽物が多かったことと共通している。

見ものは悪役の山猫ピートを向こうに回し、恋人ミニーを救うため奮闘する活劇で、当初は動きもギャグも野暮ったかったのが、年ごとに洗練されてゆく楽しさ。

工夫ギャグ連発の「ミッキーの漂流記」(35年)が入っていないのは、原住民の描き方への現代的配慮からか。ともあれ、上調子のスタッフの熱気が伝わってくる史料ビデオだ。

映画の「エジソン的回帰」　2·18

山田宏一の新著(青土社)を、「エジソン的回帰」の書名だけピンと来る人は、相当な知識とかなりの働く映画ファンだろう。

最初の映画は、アメリカのエジソン発明のキネトスコープだが、これは小さな窓からのぞく方式で、見られるのは一人。昔デパートの屋上にあった、硬貨を入れてのぞく遊具と同じものである。

続いてフランスのリュミエールが、シネマトグラフを公開。スクリーンに映写し、大勢が同時に見られる、現在と同じ形である。

日本で活動写真と呼ばれた前者に対し、後者を活動大写真と称したのは、画面の"ワイド"さを強調するためだった。

——だから、その書名は、映画がビデオで個人的に見られる世の中を、映画史的に見立てエジソンというわけ。

テレビ画面で見る映画は、フィルム映写のキメ細かさには遠く及ばないが、走査線の"画素"がつくりだす、意外にシャープで思わぬ発見もあったりする。

映画が私有化され、くり返し観賞されるのを、往年の監督たちはどう思っているのだろうか。

「CBSドキュメント」はこわい　2·21

今ごろ遅すぎるくらいだ「CBSドキュメント」(CBCTBS系)について言っている。アメリカの三大ネットワークの一つであるCBS制作の有名な番組で、鴨下信一著「毎日がドラマ感覚」(立風書房)にも出てくる。スピーディーで鋭く、核心を突く。

何回も見ないうちに、フロリダの議員はタカ派でないと票が集まらない、なぜならば、革命でキューバを逃れ、土地を失った人が多いからだ——との知識を得た。

スイス銀行の、往年のナチスの金塊と、ユダヤ人の資産に関する疑惑。アメリカの、囚人の労働力による刑務所作業が大繁盛で、民間企業まで誘致、官庁への納品は優先的に落札させるので、従来個人企業は上がったりになるという話等々。

ん、その映画の画質もまた、その
時・特筆すべきものだった。レンズの
があのような（？）なだけ
でなく、パーンの移動
のなめらかさなど、画面の
すみずみまでくっき
りとしていた

コ会話のフレージ
ングの中の裸の肉
体的なエロチシズム
……。昔の映画「道」「第三
の犯人のアクショ
ンに、ああまでもサー
ビス精神があふれ
ていると、さすがに
小粒な男優（54年の
助演男優）とはいえ
さすがの演技によっ
て、見応えを知った
が、だった……

た名もなき男と女を、
そのスタイリッシュな
映画「夜」「第三の男」よ
りもさらに前年の犯
人に、名もなき男の警察
官の熱演のアクショ
ンに、以来（48年）の
封切以来（48年）が

が、下水道内の追跡シ
ーンをその前年の映画
「第三の男」の下水道
の逃走を思い出し、
下水道内の犯罪を重
ねて描いたものだが、
封切路線の犯罪を重
ねて描いたものだが、
ITVでビデオが発
売された後の、封切
路線に走る作品を重
ねた食

┌──────────────┐
│ 夜歩く男「の下水道の逃 │
│ 走   2・25 │
└──────────────┘

すと、とてもモダ
ンで、人間くさいとい
うよりもリアルな風
刺喜劇音で、東南ア
ジアの音楽を換えた
ようなキネマ旬報の
本に出てくるような
木下恵介さんを見え
なくさせる、コメディ
ーとしても現代の重
要な適切な手法を
その世界売春情報
にして流れる歴

┌──────────────┐
│ 演芸番組の手本   │
│   3・7 │
└──────────────┘

それが堺（正章）に
感じられる、そこに人
柄がもある。

雨宮さんの編集ヨー
クそのものが……
それが番組のアナウ
ンスの番組内の優雅
なムードをつくって
くれたのだろう、ニュ
ースに嫌みがなく好
ましいというのは……
だというのだった。

料理のレシピを、毎回
のチャンネル（東京の
管内といった都内の
仕上がりのよさもさ
ることながら、レシピの
紹介の名所（名古屋
番組の収録の何カ所
もの調理場所が、料理
の調理だろうなという
配慮に対しても、だ

そして、それに対して
もチャラうまく工夫
されていて、毎回ヌ
ケがなくテンポよく、
ジョン・文京の……
番組内容が多く、芸
に美しさをおぼえ、
中でも重要な配慮と
見ているのは、この
番組の見応えとして
いる

人柄ものまたコナ
ーももまたスタ
イリッシュなアレン
ジでもあり、ますます
好感をえてしまうが

┌──────────────┐
│ 「チャーリーブラ   │
│ ウン」の堺正章   │
│   3・4 │
└──────────────┘

偵「チャーリーブラ
ウン」（CBC―TBS系）
が、うまく見せている。

もらう堺タレントとし
てのレパートリー「名
探偵」や「刑事」など
のおかしみをはじめ、
お正章でなおも重
要な理由としてある五
十歳をこえたいまでも
チャーミングだが、探

中村錦之助のころが最高だったと思う。萬屋錦介になって
の大仰な力演は頂けなかった。プロダクション経営の失敗、難病
等々不運の反動もあったのだろうが。

筆者にとっての代表作は「瞼の母」「関の弥太っぺ」「沓掛時次
郎・遊侠一匹」である。いずれも暗く哀切だが、その中に紛れもな
く"幻のアウトロー"の心意気があった。合掌。

中国返還直前の香港映画　3・21

「キネマ旬報」臨時増刊「香港電影満漢全席」は、中国返還を目前
にした今、英国直轄植民地的なんでもありの香港映画を総括してお
こうという一冊である。

内容は、軽い読み物から分析・評論まで盛り込まれていて、香港
のスターションやアクションスターの紹介から、香港映画百年史、
60年代に服部良一が、香港映画の音楽を何本か担当していたこと
等々、拾い読みしただけでも面白い。

海外での香港映画の評判、金像奨(香港アカデミー賞)の全リス
トと、その下部に添えられた二行コメントもいい。

ところで、これから名古屋で封切られる中国語映画の内「太
陽の少年」「瞼の権七手をそえて」などの話題作は中国=香港
の合作でも七月以降、当然ながらすべて"中国映画"となる。

「香港電影ー」誌の、香港映画史70・96年のくだりで宇田川幸
洋も「(返還後は)表現の規制が強まると思う。作家性の強い監督
は撮りにくくなるでしょうね」とコメントしている。で、実際に
中国の"アウトロー"の深さが、計られるのだが―。

がお菊を折檻する芝居がかりのくだりの、山村流の踊りの素養を生
かしたをされなしとさを高座の寸法にすきを納める"芸"にも
あらためてしびれた。

当代文枝は「船弁慶」襲名後、一時疲れが見えた文枝も、小文枝
当時のピンと張った声がみがえったのはめでたい。

司会の小佐田定雄は、古典的新作では「幽霊の辻」等、新作的
新作では「マキシム・ド・ゼンザイ」等々の"落語"らしい新作を
つくり続ける大阪の落語作家である。

ビデオ素材の選定も、たぶん小佐田氏だろう。一時間枠で二席、
解説は余った時間に手際よく、という模範的な構成で松鶴の回は
出しを省略してでも、あえて「らくだ」を見せた見識も演芸番
組の手本である。

中村錦之助の"幻のアウトロー"　3・18

名古屋テレビ朝日系の「さようなら錦之介さん」は、結局、ワ
イドショーのレベル以上ではなかった。

挿入される映画が、スタジオゲストに合わせてあるのは当然と
して、芸能ニュースの一部分に「宮本武蔵」「徳川家康」と題名だ
け出ると、本編と紛らわしい。"撮影風景"と明示すべきだ。

ゲストの沢島忠継(忠)と中原ひとみに合わせてだか、明るい錦
ちゃんの代表作でもある「一心太助・天下の一大事」の数場面を流
したのはいい。

でも、当時ヌーベルバーグと呼ばれた、という字幕は誤解を受
けかねまい。第一、いかにもモダンな時代劇だったかを示すビデ
オな場面が入っていない。

デート・スパイ'95「ハース・アフター」 3.28

好評不評を通じて全国民に共通する大統領がアメリカ合衆国の半ばのニューヨーク・シティにおり、アメリカの大統領が暖かく思い出を語った、ビジネスマンをつき合わせる友好的な小生楽好辺ペムズ。

運動神経がよいとか感じがあるとか、講師がいるとか各局が競いあうなか、のやむがあるのは元来身からの言える先やる新しい興味深い運動神経もよいからで、見ているとたやすく優しい受笑ても元気にあり、やさしい女交互にそうした笑顔とをられることになる。でも、テレビに立位置があるがなぞのではないがある。

ユーモアという合戦になるとデレビ的におもてみせながらない講師風が入る力説するとする、たとえ講師を招いてしまうよりも、元気のあるという大好な場合には司会力にしてくたべンにしてしまうテレビ的な本人であくろきのあくたべ不安下は本物のトーテが一番型だ。

島田紳助のおもしろさわかるもの「ザ・ワイド」（中京一日本テレビ系）の司会ぶりにもあらわれている野々村真のわきの甘さをうまく取れるというのはあるのだ。

島田紳助のテレビ的才能 3.25

チャンネルのアクリルな人間観 4.1

先のNHK教育の月一回の世界名画劇場」は、あのチャップリンの「モダン・タイムス」(54年)の統の「キッド」(初期）攻撃へ（報復）

けれどもそれはともかく、彼の短編の「15年」ほどは新鮮な味を水深を測り彼女とも遊び場があることを確認し場所にだが。スラムの人ではな深い。──女装して好よい水深を落とし彼の悪意のある顔で風満ちて。女装した紳坊は初期のチャッで素敵な。

リアリティがそれは先日ものNHK教育の月一回の深の初期

あるとしても、テレビ・ドラマというのは別に「リアル」をそう気にして見なくてもいいと思っているぼくだが、ある中ですそを探しています「53年」か昔気分よく見続けるためにそうしている。SFてものうちらというのは気にしていたのわけで、テレビ・ドラマにそれなり浦太郎」にとあるとしてもしたのリアリティがないと今度は画面に乗れないSFでの最影が好感度ないとしてもういうもの、今度はSF画劇のは監督の意図が誘導されるからSFで雰囲気が暗いという印象が好感あるからだけど、好感度SFでというコメディだすけれど「宇宙水爆戦」(55年)らしてというのは星々「宇宙水爆戦」(55年)らしていと、だからこれを好きというのは

れ方。

NHK-BS2で、四月七日から、後期の長編時代劇の作品を連続放送するから、比較すると具体的に分かるのだが、チャップリンは決して"愛とヒューマニズム"だけの人ではない。

悪辣ないたずらをしかけたり、食物を盗み、見つかると相手の向こうずねを蹴飛ばして素早く逃げる。貧しい弱者の狡猾さを面白く見せる芸。その"リアルな人間観"が根底にあるからこそ、尊敬に値するのだと思う。

ルイス・ブニュエルのブラックコメディー 4・11

「アルチバルド・デ・ラ・クルスの犯罪的人生」が十二日から、今池の名古屋シネマテークで上映される。長い題だが「犯罪的」というのがミソ。

55年封切りのメキシコ映画で、エロチックな含みのあるブラックコメディーだが、陰惨さはなくて、明るい印象である。

コートの脱ぎ方がカッコいいネセスト・アロンゾが、子供のころの一事件をきっかけに、ある強迫観念にとりつかれた男を演じる。

監督のルイス・ブニュエルは前衛映画の巨匠。サルヴァドール・ダリと共作した短編「アンダルシアの犬」（28年）が代表作——というともっともらしいが、敬虔なカトリック教徒の家に生まれたために、長じて半宗教反戒律、社会通念批判の作家になった、と知ると、ほほえましくもあることと、微笑がこみあげる。

晩年の「自由の幻想」、遺作の「欲望のあいまいな対象」など超現実ギャグの連続である。この「アルチバルド——」も、ハリウッドならブレストン・スタージェスが撮って不思議はない素材気

楽に見ましょう。

「アメリカの災難」は神経症喜劇 4・18

名古屋で上映中の「アメリカの災難」は、結構笑えるコメディーである。

生まれてすぐ養子に出された三十男が、実の両親を尋ねて旅をする。まじめに描けば「秘密と嘘」になり、喜劇化すればウディ・アレンの「誘惑のアフロディーテ」にもなるテーマだ。

この映画、東京では不入りだったと聞く。文化人の推薦のお言葉を入れた広告をよく見かけるが、それが、ピーター・バラカンとデーブ・スペクターだったとか。それでは、一層日本人向きじゃないように思えてしまう。

ほら、日本でも、かつて安保闘争で革新の先兵だった連中が、今やシンナーと管理職してるでしょ。もと暴走族も今や幻親（？）探し、ら現代の皮肉な"親探し"なのだ。

かなり騒々しく、上品とは申せぬ神経症喜劇だが、LSDの袋にレーガン元大統領の似顔が印刷してあるのを、一瞬見せるといった芸いわば「フォレスト・ガンプ／一期一会」、歴史的な過ちをも含めで、やさしく慰撫された"アメリカ"を、もう一度ひんむいた。そんなおかしさなのです。

青筋にプッンとくるイッセー尾形 4・22

「イッセー尾形の一人芝居」の、春の新作を、東京・渋谷のシア

故人を語るベストの時期を

4・25

錦之助、西村晃さんは「水戸黄門」、「鐘」郎が気になるところだが、「子」「寅門」、「鐘」郎さんは...西欧を再認識させられる番組中の名曲名歌手によるイメージにぴったりの人。溝口健二に...

ロケだと歌手が美的なよう見えるのはが結婚目のテレビのドラマな試写で、別のゆったりとしたのかだと、今回のテレビ名前の映画の復活に加わった子役である。近頃の女優近藤以前にも帰った期待と不安のにじむ人びと...「西部劇」という気持ちが「○○」以前にはなかったのだろう。尾田の珠やへの深んだとなる時代、青春の老人たちだと...尾田+森田の神髄だろう。この一部分にもなっている。

子屋とお節のお各々な解りの実感するのは...「……」。とするから観客は簡単に深んへ。名古屋の森田・尾田氏が、いくぶんか近代的な一国があるですが、やや時代のその名の森田氏が、名代演出は異色同音の九月下旬の名古屋。

劇団☆新感線のギャグのノリ

5・2

故人を語る他の役というきわめてローなことだが、西村さんにとって百円な議論して、映画評論家として大きな権勢を振るった東野英治郎さんは実力のある名優で、野十年論に津村英治的な気前に愛されたのだろうか。週刊朝日誌上論争な悪役の黄門という好色な人という長門誌上で批判した当時映画面名な日活の目を誘った評論してその日活の黄門役を務めたなど、その鐘をしたという権しとしたらそんな勢

劇団☆新感線のギャグのノリ

つけ相手が気のリ一思わ呼吸はさばかりしれた気前覚め、前にね参る登場する以と以た『子で』とMG漫画に居にであった。尽の基本GMの漫画画で男にジャッ巨大木をキチ一を押し...

劇団のコ事ちらチ野務所のノ久し野参活劇おっ以人に新感線公演「直撃！」を見るオイラアメリカ本場から巻子集合画を見撃合を見直げたテリカでの本拠から、映画化、ウキ泥棒サイ不のボー一クネッイる集アメッッに...

女定と棒サイター集団公新感線公演「直撃！」を見イギマンガを従ってロロ大の書天東京・新...

アクションは、東映の千葉真一のカラー活劇「鬼に金棒」アロにムロ」なんての「てなもんや三度笠」のノリ。

騒々しくも、ハラハラ笑わせる二時間十五分。こういうのにくらべると、時間がますます長くなるなあ。

山田太一「ふぞろいの林檎たちⅣ」　5.9

山田太一の連続ドラマは、ありふれた日常に突如、非日常的な事件をからませる呼吸が鮮やかだ。

「ふぞろいの林檎たちⅣ」(CBC―TBS系)では、一回目が二時間枠で、レギュラーメンバーが登場するまでの"ツカミ"がそうなので、なおさら印象が強い。

山形から上京した長瀬智也が、立て続けに災難に出くわす。

中年の夫婦が、見ず知らずの若者にトクになった勤め先への引っ込みに、同行を求めるなんて、話として聞けばコッケイだが、矢崎滋の中年男の"弱者の情けないコッケイさ"にリアリティがあり、大いに納得させられる。

次に、工事中のビルの中で寝ていて「お前、見たな!」と突き落とされかける。それが贈収賄の現場と分かってくるまでのサスペンスもみごと。

収賄議員の中山仁も、娘(中谷美紀好演)を思う"父としての普通"に実感があり、だから一層ともない暴力の日常性。

この際「ふぞろい――」のⅠからⅢまでを、午後か深夜に再放送してほしい。それが視聴者への親切というものだろう。

「ER」の修羅場のユーモア　5.13

「ER 救急救命室」を、NHK総合の再放送とBS2の第二シリーズと並行して週二回見ている。

シカゴ近郊の総合病院が舞台。第三話「マダムX」で、記憶喪失の中年大歌手の役で、別人のごとくローズマリー・クルーニーが出たが、そういう大物ゲストはむしろ例外。医師、看護人ら六人を軸にした集団劇で、在年のベン・ケーシーやドクター・キルデアと違うリアリティがある。

味わいの基本は、修羅場のユーモアで、いくらでも泣かせにできる挿話を、乾いたタッチで運び、一層印象づける手際が心憎い。

特筆すべきは、ビデオをたくさん、ハンディ・キャメラ(たぶん35ミリ)で撮っていること。早口で会話しつつ歩く医師たちが画面を切りとや、正面奥から運ばれてくる患者などフォローする。ほれほれするようなミ・ドキュメンタリー映画感覚。

近ごろムービー撮影した素材をビデオ転換して編集、上映する"キネコ映画"が目立つ。「ER」の映像映画への、映像へのこだわりを見習ってほしい。

五分間アニメの「ミスター・ボンド」　5.16

NHK教育の「プチプチ・アニメ」の枠で「ミスター・ボンド」が放送された。

作者のはらひろしは、瀬戸市の歯科医。二十年ほど前に、知る人ぞ知る8ミリ自主制作アニメのブームがあった。当時、歯科大学生の

「お楽しみはこれからだ」は名訳

5・23

楽しみはこれからだ」があります。

時は一七世紀後半、筋書きはこんな感じ。飛行機に乗って十八番のアクションをくり広げるお調子者のパイロットと、その中でおなじみの勇敢なカーチェイスや撃ち合いを改めてアニメーションで振り返ると当時全盛のアメリカ活劇のパロディーでもあり、満場の喝采を浴びた「スーパーマン」の飛行シーンのチャーミングさといったら、NHKのテレビ映画のようなアニメーションのアメーバのような作家があった。

（改題）NHKで送られたアニメ作品「スーパーマン」は午前九時四十五分から午後四時

今のジャパニメーションのルーツとなるアメリカ映画風のアニメーションは、余りにも人口に膾炙されていると思うが、今、字幕でこれを見るとあまりにも

（文藝春秋）和田誠 著

ちだろうと、そのキーワードが漫画にもなったというキャラクターの名セリフが、シェーンの名セリフの中で引用される。「シェーン」という名前が表紙の本の題名になっている新作が、その新刊のタイトルに映画になる若者は読者だが、作品のほうがリアリティーだけど、というような名訳もありますか。

「12」も三十年前になり、漫画にも出たアニメにも出たというサトシは「ジミー」というキャラクターで……

80日間世界一周の名訳はどれほど気が利いていたかと……

近頃は字幕の名訳というのはあまり気にする人が少なくなったのか、「周遊」の内容を打ち止める「物語」の銃がにじむようなものだから、キネマ通りの字幕だった用いなど訳者が少ないし、再開した用語があるから菊字幕の名訳は古いイメージだから、多くの旬報だから、というような段階で味わう……

深みのしゃれっ気たっぷりな名セリフなどは今や終わってし、字幕の名訳はこのスペースに味わわしい。

桂米朝ベストの高座

6・3

実は特に鹿の親子の長い水戸だった、東海道新幹線に乗った

十八番だけど「忠臣蔵」も横暴に「鹿政談」の会戸の公演で演じるから……

料亭の「鹿政談」なだけで黒い役人を会で演じるから、人情噺だとなくても体のすどい場面など、弥陀池「阿弥陀池」は夏のものだから喜劇の高座だけど、「米朝落語全集」に収められた「鹿政談」は、チャーミングな人情噺だからこの場合「米朝」の名が最も張り出され、桂米朝の公開録音だった小米朝とその親子の列車を……

と断って、六番目だけど、歌之助、左甚五郎、三之助、左甚五郎など五人名が出ている小米朝と繁昌亭の高座を……

オクサンだけどと忠臣蔵七番目だとなくなる、「三番目の吉の善からうちの子のが演ずるお得意の客番「百酒」は「日本酒」だから電波に乗って下座をぶるぶる震わせて、下座をぶるぶる震わせて……

ざわざわ

が、元気に笑わせる。それやこれやで、当夜の観客を大いにトクをしたわけだ。

「聖週間」は同族告発ドラマ　6・10

名古屋のシネ・ラ・セットという劇場で上映中の「聖週間」は、第二次大戦中のポーランドにおける、ナチ・ドイツによるユダヤ人迫害の話――と聞くと、正直またか、と思う人もあろう。

だが、ワルシャワのユダヤ人武装ほう起を描いたこの映画の眼目は、ポーランドの巨匠アンジェイ・ワイダが、ポーランド人の中にもあったユダヤ人差別を描いた、痛切な同族告発ドラマであることだ。

話は変わるが、日華事変から太平洋戦争に至る大戦で、日本の大衆は、軍国主義政権にだまされていたという。それに違いないが、当時小学生だった小生の記憶では、子供を含む大衆自体が、「聖戦」に熱狂し、威張りくさっていた。その事実を忘れまい。

ユダヤ人問題と言えば、医師であった小生の次兄が、アメリカにいたころ、「ユダヤはエゴイストだ」というアングロサクソン系の医師と、ユダヤ系の医師の酒席の議論に遭遇し、裁定を迫られて困り果てたという。

差別・迫害についてさらに踏み込んだ作品が生まれていい。それで初めて事の本質が見えてくるだろう。

先代桂文楽の名人芸　6・13

名人と呼ばれる伝説的な落語家の中で、高座に上った時期のわずか差し芸の映像が残っていない人がある。

古今亭志ん生はNHKの四席だけがある。

先代桂文楽は、国立小劇場のTBSのカラー録画がかなり前にビデオ発売された。

が、何しろ亡くなった年(昭和四十六年)と、その前年あたりのもの。もともと簡潔にして細心、磨きあげた芸の人だけに、痛々しくて見ていられない。

ところが、今度新潮社から出た「愛宕山」「明烏」「干物箱」「穴泥」は、いい。これも国立小劇場でのTBSの録画でモノクロに収録年不明とあるが、国立劇場のこけら落としが昭和四十一年、それから間もなくのものらしい。

声に張りがあり、しぐさに色気とツヤがある。「干物箱」で、当の干物箱になる苦肉の品名を言うくだりが飛んだりするが、こなれたら「お若いの、これが〝黒門町〟の芸だよ」と見せられる。

カラー映像にこだわるのは無意味。完成した芸の人なら、少しでも若いころの高座に限りますとまでいう。

不倫相手は〝プールの掃除人〟　6・20

ジム・キャリーが弁護士を演ずる喜劇「ライアーライアー」に、こんなシーンがある。

依頼人である夫人の浮気の証拠として、録音テープが提出される。神聖なるべき法廷に、アエギ声がひとしきり響いたあげく、相手の男は「〝プールの掃除人〟だからなあ」。

この一言で、アメリカの観客は爆笑する。というのは、あちらの

ロ」。若者がこまきだ市会とした田舎者を魚河岸の若い衆とかすれちがいの料亭の若い衆と変えてしまうという本題をじっくり聴かせるのだ。その言葉のやりとりの目当たりの強さが実に楽しく、勘当の目だろうが、

六分くらいで小噺を一枚。第31回小圓朝を聴く会は、平成五年に現在の柳亭市馬になるまで三遊亭小馬を名乗っていた高座で、すっかり真打ちとなった林家彦十

柳亭市馬の独演
6.24

氏の語りを聞くことも、日本語の愛すべきひとつである。——というのは、死語かもしれない。近ごろのメディアの売り気は前述の通り知らせて、実はこのデモクラシーというゲームをしているのだった。

電話というコミュニケーションの中の物品が下し、この「手紙」という喜劇（あるいは掃除人ふうの火遊び）というのが、お相手は

有関（こ）まよりよ、後ろめたさもかも死語になるのだろうか。まくらにしてまくらほど、この中の新聞社大使のお手

下と席をともにすることである。おれは洗練されたしぐさでまかなえる。「百川」は、田舎者を好く経て、魚河岸の若い衆と料亭の若い衆とかすれちがいのという本題をじっくり演じて聴かせるのだ。その言葉のやりとりの目当たりの強さが実に楽しく、勘当の目だろうが、

実話「一九三〇年に上映された中編だがアニメーションと実写を組み合わせた山越しの話だ。武蔵野三郎監督の勇気と才覚は愛すべく「翼」の名前の通り、「愛の人」の

3眼鏡をかけて3D映画を見た――3眼のサングラスふうの眼鏡を外すと、そこから3Dとしてのチラチラした感じもなくなるように、映像は解消されたのだった

なるほどこういうことはあるのだ。近眼は期待した18ミリより小さく雑になって、眼前であるから、本の画面が目立つ。普通サイズの大画面が幅25くらいの中編なのだが、大型3Dを試みた

3D映画は小さく見える
6.27

新宿の東京系で見た。70ミリ映画の三倍という大型3D（立体）映画を

巨眼と高さ一回りだろうが、左右の大感覚・近眼は期待してらに距離を置くのだが、遠眼の映像になるのだが、

面白だった東京系で運んだ。ただ配慮した演者、安心してキケンのなき人を聞けるのでそのままいい落語でありある小枚の落語家だが、今やこまかき聞けた話へと筆を小枚の人の選だから、落語だが、本筋の芸だから、のはないか

山田太一ドラマのリアリティ　7·1

「ふぞろいの林檎たちⅣ」（CBC―TBS系）の第一回で、克彦の引っ越し荷物が行方不明になるという事件がある。結局見つかるのだがどうも腑に落ちない。ひっかかったまま見ていると、十一回目のラストで、運送会社の課長である良雄が、零細業者に回して五千円のリベートを取る約束だったと告白した。

ナルホド。どんな"いいひと"も、それなりに悪事はするというリアリティ。これだから山田太一ドラマは、始まったばかりの時点で、うかつな感想は書けない。

月―木曜日の午前中の、Ⅰ―Ⅲの再放送も並行して見られるという完全にベタな状態、しかも二度目なのに見ていて十分で、こういうどれをとり上げても上出来の作家は、いるのがアタリマエになってしまい、かえって損するなどと思ったり。

ひとつ困るのは、Ⅳがステレオ放送になり、セリフが時々聞き取りにくいこと。音楽や雨音などの効果音で消されて、既刊のシナリオで確認したり、ドラマはセリフが命。音のバランスを配慮してほしい。

おおらかで、おかしくて、ちょっと切ない「熱帯魚」　6·16

これほど心の和む映画も、近ごろ珍しい。それも誘拐事件という、今の台湾の生々しい現実から始まるのだから「熱帯魚」が第一作という、脚本・監督のチェン・ユーシュンのセンスは大したものだ。

あこがれの女生徒が気になって、高校の統一入学試験も上の空。中学三年のツーチン（リン・ジャーホン）が、誘拐に巻きこまれてしまう。

元警官の主犯（こういう設定にリアリティーあり）は、金持ちの家の少年ダナン（シー・ナンスン）を誘拐したが、しかし冷たい養父は、身代金の支払いを拒否。それで行きがかり、捕らえたツーチンから、金をせしめようとするのだが……。

手塚漫画のタマ才君みたいなメガネのダナンが、誘拐されても平然として、いけしゃあしゃあと養父に告げられているのは、日ごろ養父に虐げられているからだと考えると、納得がゆく。

事の成り行きで、ツーチンとダナンは、誘拐犯の手下だが気の優しいアカチ（リン・ジェンション）のおばたちが住む南西部の漁村へ運ばれる。

おばの一家は、見せ物小屋の蛇娘（！）のおば（ウェン・イン）をはじめ、奇妙な人ばかり。その中で黙々と働き続けるアカチの妹（アマン・メイフェン）に、ツーチンは次第に心ひかれる。

水門の故障とかで床上浸水した家で起居している間、異様さが目立ったおばたち一家も、水が引くとだんだん普通になっていくあたり、芸が細かい。

後半の展開は見てのお楽しみ。ラストシーンのCG合成も効果的。おおらかで、おかしくて、ちょっと切ない出色のセンチメンタル・コメディである。台湾映画。オフィスサンパチ／アジア映画社配給。

1997

いという「王子曰」。「孤話落」「江戸時代」「特選」「祝」の先祭で名古屋本総などの上映中の映画「祝」の解説は、上映中の解説「祝」祭は、的を射たレビュー・ジャーナル系（ＣＢＣ＝ＴＢＳ系）の韓国の田舎の葬式がなんとも楽しい。

「祝祭」の補助的な視点　7・11

心理描写だが小説があるそうだが、大詰めのクライマックスが相手役がよう練られて映画化がすぐれている。ロケ地でのチェーンな話題だがオムニバス風の修羅場シーンが日のユーモアとなるのだが……

だがチャンスをつかもうとしてその色気に誘惑された師事のトライアングル関係を切って人気の妻は、所はまた名古屋本総などの上映中の映画「祝」の妻。夫の愛人にはと劇作家の、夫は劇作家でもある中のトライアングルは、不倫コメディー。

だがしかして相手役がよう見込みに徹した女優によって新しい家庭を守る人女優が、ナイスな新作劇作家という役割を守る人女優だが、劇作家の新作劇場へと仲に入たとてもよう見せるナイスな「作家」の主役と作家の妻は色事師。一方作家氏はまた色気ある話であり、脚本家でも。

不倫コメディーの佳作　7・8

大変なコメディーだ。父親の結婚式をぶち壊しにしようとする母と、その母を連れ戻そうとする娘、その中のドタバタが身につまされる。（たとえばナイス型のポーカラ）型の葬儀場面を描いて、身者でなくなるという喜劇的な登場人物が実にユーモラスに描かれる。田舎の母の老後を西長野の田舎の母をめぐる田舎の祖母たちと生き生きと生きていたという母の実体験をたちまち劇的に野卑っぽく描いて行。が祖母のさえと生きさせていたという祖母の老母として生き生きとそれは喜劇的に育まれた父。

皮肉だが肉なのはまずだが配給の1月映画の2喜劇映画の企画として、26—29年のコメとなったビビしかも太からその全部でナサ・コール結成しただかうちの短編の長編時代の同本から撮影の30—40年代までたオリ45年代の当時として日本では当時として短編の長編を見たという日本の出来事か記憶し映画は公開をしたとして彼は九十最長映画史やせ（この真価は公開されたという。

ローレル&ハーディの真価　7・15

七月四日から名古屋でスター近来スターの好企画映画がある、そのコードいきなりだからナサ・コールだった日本でもNHK衛星第2で「優笑コメディー」と呼べたオリジナルだオリーだけ。コメディーはこれはコンビのローレル&ハーディ。

完全版があるはずなのに 7·18

七月十五日に書いたNHK衛星第2の「ローレル&ハーディ」の説明字幕がどう変なのかを述べよう。

〝原作でカットされていた部分を復活させた〟（という訳文も変。原作て小説みたいだし、カットとリリースされなかった〝〟では意味が違ってくる）という、感嘆符まで自賛なのだが——。

第一回放送の〝世紀の対決〟を例に挙げると、前半のボンビと後半のパイ投げの間の欠落は、スチール写真と字幕で埋めただ

ない。ドタバタ喜劇なのに、動きがきれいなのがこのコンビの魅力の一つだが、年齢はすでに三十代の半ば。トーキー時代には四十代だから、滑ったり転んだりは、年ごとにつらくなって当然だろう。

今度の放送は、辛いにもサイレント短編一回三本だから、九回で計二十七本か。ありがたい。

——のだが、冒頭の〝自慢めいた英語の説明字幕が〝？〟。どう変なのかは次回で具体的に。

皮肉で温かい人間喜劇「しあわせはどこに」 7·9

エティエンヌ・シャティリエという監督は、かつてはフランス映画のお家芸だった喜劇の伝統を、今に生かす数少ない作家である。

と言っても、CM評価されたシャトリエが、セット長賞を受けた劇画第一作「人生は長く静かな河」（88年）は、風刺の矛先が一方的で感心しなかった。

フランス版「じゃりん子チエ」とも言うべき第二作「ダニエルばあちゃん」（90年）は、人間通の快喜劇。自分と同年配の老メイドにつらく当たるダニエルが、今度は若いメイドにさんざん悩まされる痛快さ。

で、今回の第三作「しあわせはどこに」だが、第一作以来のコンビである脚本ス・カンタンの脚本も一段と洗練されてきた。

トレンティーの工場を経営するフランスは、従業員の妻や一人娘に冷淡な妻や一人娘に疲れ果てている。

ところがある晩、家族とともに眺めていたテレビの人気番組「あなたはどこに」に仰天。出演した家族が捜している〝行方不明〟の男の顔写真が、フランスその人なのだ。身に覚えのない事態に動転するフランス。激怒する妻……。

後半、舞台はフランス南西部の農場に移る。陽光さんさんたる風景が、皮肉で温かい人間喜劇の、奇妙な大団円にふさわしい。

フランス役のミシェル・セロは「Mr.レディ Mr.マダム」でもゲイの妻〔性？〕を好演した人。ここでも気弱で小ずるくて優しい人物を、いい味で演じている。彼の妻のサビーヌ・アゼマ、彼女の友人のエディ・ミッチェル、農村女性ドロレスのカルメン・マウラ等々、いずれもいい。

こんなふうに、クスクス笑いながら〝意外なるほど〟への道程を楽しめる映画が、実に少ないのである。フランス映画。フート・キャップは配給

して混線だった。僕の代表作「僕は幽霊」その音声だけが流れて五十七分だったかな、という（よう）なこともあったというのだから、当時の録画放送のレベルのなさ、というか半オンタイムだった、という、その制約が…家庭

ケにとるように、このキヤノンたちのポスターになるだけで笑ってしまうのだったが、すでに昭和五十三年のおしゃべりとして、本邦初の家庭用ビデオテープレコーダーの録画しだった。

芸人にとって録画というのはそういう後世への財産としていう評価についていうなら、昭和三十一年のアイデアというのは、昭和二十四年代ではなかった。

7.29 中田ダイマル・ラケットの珍しいビデオ

配給ロードショー化されたのだろう。オリジナルは、メジャーというかMGM＆UAだから、完全に製作した手元のフィルムから再編集したビデオ化というものを買ったと言ってみれば単なる映画の版権所有だが、内容を一層味わうにはやはり自由か、六十五ミリのものをそのまま手に入れたのと同じ喜劇黄金時代「59」（年）で有名な町中のレコード店などのなかに残したいという最長のものだったのは、同じ喜劇黄金時代「59」のアイテムだけ

8.8 知的でさわやかな児玉清

「ミミ」にはきっと、彼女の住む愛知の三重にかけて、今どきの中学生とも思えないしっかりとした、なまりのなさ、すがすがしいまでの少女のような返事が返ってくるのだが、当初、東京ローカル番組として始められたのだというが、「泥棒ニュース」（東京）は当初、放送が今や全国放送になってしまったのだから忘れられるのだ。

というきれいさがある「SUBUTOKYO」にちなんだ名古屋でのスポット・CMは、その名古屋の実際の気象を入れた「アタック25」（名古屋テレビ＝テレビ朝日系）の司会者である児玉清が、「高原へいらっしゃい」（昭和五十六年＝TBS＝山田太一作）というCM放送での三重大きな問題になるだろう。放送同士のCM契約がダブって申し訳ないと言う規則があったのだが、それはあくまで視聴者を軽く見たスタッフのミスだったのだろう。

8.5 無神経な番組づくりが

北陸放送のアナウンサーがいるのだろう。

余程のスタッフがいるのだろう。

ほとんどのクイズ番組が、プラス・ユーモアのショー形式になっている中で、クイズに徹しているのは、これくらいのものではなかろうか。

素人の出場者が、正解のたびにベルを押さえていく「陣取り」方式が、何よりも司会の児玉清の知的なさわやかさと、「東宝ニュース」の十三期生・誠実な印象の二枚目が映画は一枚看板になれなかったが、テレビドラマで活躍、山田太一の「想い出づくり」の古手川祐子の父親役で、彼女を手ごめにした柴田恭兵に「本気だ！」とナイフを突きつけるシーンが印象的だった。

ミステリーの通でもあり、解答者の言葉に「半疑問形で言われても……」と苦笑したりするインテリジェンスも、すべてプラスに働いている。

クイズショー型番組の中で「世界・ふしぎ発見！」（CBC系）をわりに見ているのも、草野仁のイヤ味のない司会に負うところが多い。要は、番組を仕切る人のパーソナリティなのです。

榎本滋民のウンチクが楽しみ　8·29

CBC・TBS系の「落語特選会」は、演者よりも演目、それ以上に榎本滋民のウンチクが楽しみで見ている。

先日の「堀川」もそうで、小生、林家染丸には格別の興味はなかった。だが、この噺は、笑福亭松之助が演じているが、朝飯をかっ込んでいる職人の家へ、近所の若い男が火事と間違えて駆け込んでしまう。笑いのヤマ場は猿回しにあるが、その後の猿回しの登場までで行なわないと、浄瑠璃に基づく題名の意味が分からない。

今回、染丸は、猿回しの芸人だという高座の出来もいい。だから滋民氏の解説は一段と生きるわけだ。

また「髪結新三」（上）のときは「回り髪結」にもグレードがありまして「髪結の助手。インターンですナ」といった横文字が、自然なユーモアを醸し出す。演者は三笑亭圓生に似ているかもしれない桂歌丸だが、間違いなく演じられるは解説はできる道理。

カメラを一切見ない滋民氏の、廓（さと）を振られる話の後で、山本アナに「つまり、契約不履行ですナ」ニコニコと笑う。イキなんですナ。

「素晴らしき日」は素直にユーモラス　9·9

昨今ユーモアといえば大抵アダマ・ブラックとつく。笑いまでが、柄的なゆがみに占められた状態だ。

いま名古屋ばかり上映中の「素晴らしき日」は、当節珍しいホワイト・ユーモア（!?）の、ラブ・コメディーである。

建築家のミシェル・ファイファーと、新聞記者のジョージ・クルーニーは、どちらも離婚歴ある、ある朝、お互いの子供を課外授業の出発までに学校へ届けられず、大切な仕事の日に子供の面倒をみさせられる。見なければならぬハメにおちいる。イライラと反目する形で出会った二人の仲が、観客の予想（期待）通りに納まるまでを、どう面白く展開するかが眼目。

世の中から粋さや洗練が失われ、ケイリー・グラントはおらず、こうしたコメディーをつくるのは、易しいことではない。

脚本のセンシアー＆サイモン、監督のマイケル・ホフマンは、携

アキ・カウリスマキ「浮き雲」の諦念　9.12

妻はレストランの給仕、夫は市電の運転士という中年夫婦の失業に発する物語である。レストランの女主人は不況で店をたたみ、夫は市電のワンマン化で職を失う。二人とも再就職の職を求めて奔走するが、不運がつきまとう。

この中年夫婦の失業に発する物語であるが、必ずしも暗く描いてはいない。アキ・カウリスマキの映画に登場する人物たちはみんな無口で、表情に乏しい。しかしこの奇妙なユーモアがある。

レストランの女主人はキャスターのように無表情だが、家具を大切にするし、作者の諦めのユーモアがある。夫が市電の運転士の職を失っても、妻は「浮き雲」を見ている。

再就職の職を求めて、二人とも奔走する。職業安定所は彼らを冷淡にあしらう。夫のキャスターのように無表情に去る場面には、リアリズムが乗り越えられている。

失業に発する物語だが、キャスターのように無表情に乗り越えてゆく夫の「浮き雲」は、リアリズムを超えて夫婦の連帯を見せてくれる。

監督のアキ・カウリスマキは一〇〇%の失業者といってよいが、新作が出れば必ず話題になるという奇妙な監督だ。総じて絶望的だ。

キャスターのようなキャラクターだからこそ、気のきいた電話を多用する。ただキャスターのような映画に出会うと、気持ちがゆったりする。アキ・カウリスマキの映画は、ほっとするメッセージなのかもしれない。

滝沢修は「芸の人」　9.26

滝沢修（滝沢修・90歳）の訃報が。

NHKBSの「」で、少し前だが、名優・滝沢修が嘆いていた。「ハムレット」の滝沢の演じる若き父の亡霊、すなわち「シェイクスピア」のように見立てられた舞台の鬼のような表現に、地面に若き女性が悲しみをこめて、三たりあの「が面白かった」と。

界的に見てもあ正メージかも知れないが、世界の特殊な存在だとは認識しておかなくてはならない。

来年一月に国際女性映画祭がある。女性監督の盛況は第一線の劇場映画第一作「ピアノ・レッスン」のジェーン・カンピオンの監督作。共同で見せるセックスだけでなく、女性監督が次々と世界の映画界に進出してきた、世界の特殊な存在だとは認識しておかなくてはならない。性別に関係的

「ER」の「生と死」　9.19

先日に第一回NHK放送中の「ER」は、NHK総合でアメリカのクリック・マイケル・クライトン原作のテレビ・シリーズ「ER」は六次話ある。ニ十月第一回がBSの総合で放送された。

人命を救う医師たちを主軸にしたドラマだが、凡打な印象を与えることなく、生と死が高水準のドラマとして完成している。シリーズとしては互いに信頼もおけるが、内容としては一回ごとに強い充実度を見せる。十月が回を見せるキャラクター設定の巧みさ、緊急時のスピーディな演出、当然のことだが出演者がそれぞれ個人として個性的な魅力を発揮する。一月に終わる。

チェーンソー男に追い回された女性が、やっと助かったと思ったら……」で悲鳴を上げ続けるのはホラーの定番だが、その執拗さが究極のブラックユーモアに転ずるあたりも見もの。また押しまくったその分、ラストの解放感が痛快で、意外や女性客に受けたのもそのせいか。夜道にションボリ歩く男は女性を追い回すのはやめようとお試しを……。

夜一回の上映が十月三日まで。

「ザ・シンプソンズ」のパロディー特集　10・3

WOWOWで平成四年九月に始まった「ザ・シンプソンズ」は、アメリカ地方都市の住民のいやらしさを、陽気に戯画化したメディーで、アメリカ人にしか通じないような（筆者にもピンとこない）ブラックギャグも盛り込まれたアニメだが、意外や（!?）日本でもファンが定着したらしい。

その第七シリーズの、十月四日の最終回が、恒例の「ハロウィーン・スペシャル」。ホラー・ファンタジー映画が絡みの三話のオムニバスで、冒頭が、ディズニーもアニメ化した「スリーピー・ホロウの伝説」で、第一話は「ゴースト・バスターズ」「アルゴ探検隊の大冒険」第二話は「エルム街の悪夢」。第三話が「ポルターガイスト」と、快調のパロディー特集である。

とりわけ第三話は、ホーマーが3次元の世界へ迷いこむという趣向のもの。平面の漫画にとって、立体は異次元というわけだ。

この挿話は、昨年の国際アニメーションフェスティバル広島大会

るんじゃないのか」

の見ていて、初歩的なダメ出しだと思うのだが、役者たちは大御所の指摘にコチコチになり、途方に暮れている様子。女性たちが若き上方に棒立ちの姿を「ローレライたい」という皮肉も、わかったのかどうか。

とかく理念が先走った新劇界で、滝沢は傑出した“芸"の人である。番組に挿入されたのは「炎の人ゴッホ」「セールスマンの死」「夜明け前」等々、“鬼気迫る"名演クリップばかりだが、ユーモラスな軽い芝居も結構なものだった。

「"舞台で倒れるのが役者の本望"なんて、とんでもない」という彼のコメントは、同じ民藝の故・宇野重吉への皮肉にも聞こえる。いずれにしても「舞台の鬼」というタイトルは、番組制作者のスゴみ過ぎだと思う。

名作「悪魔のいけにえ」　9・30

今池の名古屋シネマテークで「悪魔のいけにえ」を見終わった若い女性三人が「面白かった……」と興奮していた。

74年（日本では翌年）公開作のリバイバルで、ヒッチコックの「サイコ」のヒントにもなったエド・ゲイン事件が下敷きをなすホラー映画に一時代を画したトビー・フーパーのデビュー作である。

若いころは、ひそかにせっせと通ったホラー（怪奇、SFを含む）もだんだん手の内が読めてきて、並大抵のことではゾクッともしなくなった小生だが、二十年ぶりに見た16ミリ・ジェリーのこの低予算映画は、今見ても十分。ザ・キャストの怪人がいきなり現れるシーンの呼吸（編集）など、あざやかなものだ。

名古屋・御園座の七人を、愛知県厚生年金会館で見た。劇団☆新感線初の

劇団☆新感線「髑髏城の七人」10・14

ホラーコメディーの父（？）が夢想したような「動きのあるエンターテインメント」を、既成の出し物を論じてもしょうがない気がする、実際の男だ。

去年十一月に人形劇「人形歌舞伎」を今年四月に東京・渋谷のシアターコクーンで見た。新作劇は十四年十一月に人形劇「人形歌舞伎」を名古屋・御園座のシアターコクーンで見たという。

こんなふうに振る舞われると、既成の出し物を論じてもしょうがない気がする、実際の男だ。「結婚前夜の怒りのコメディー自体が手堅い本だから、別れてしまうのではなく、症状を直してやろうと腹の集団治療の話である。三十年代から「キネマ旬報」のだがふられて変更しても、結婚後の浮気で「断食道場へ送った」とのことだ。

人はアデノイドが設定されず、作件十四年十一月に人形「人形歌舞伎」を名古屋・御園座で見てきたという。

審査員特別賞を受けた。放送は来年も続くという。

さらに練り上げられたイナバ尾形 10・7

城の荒野の天正十八年、大坂城、天下を取った豊臣秀吉（古田新太）と、最強の敵となる魔神・天魔王が刀鍛冶の逆髪太夫美代子、関東を統一しようと進める関東の髑髏党が関東

新たな髑髏城の野に荒れた天正十八年、大坂城、天下を取った豊臣秀吉（古田新太）と、最強の敵となる魔神・天魔王が刀鍛冶の逆髪太夫美代子、全盛期の物語「河内音頭」が最高の仕上がりだ。照明や音響や次回にぜひ響きぬえそうに思う。

芦屋小雁著「ジャネットで夢を見たねん」10・17

芦屋小雁著「ジャネットで夢を見たねん」（晶文社）は本格コメディの話が読める。

期の映画化だというような映画史の十分だが「ジャネット」の名を知るとき、大阪ミナミの喫茶店の紙の語り口だがキッチュなホラー映画の起こりだったエピソードをたくさん知る役者・芦屋小雁が夢見るSF映画のコント話である。

待しよう。正味七ヶ月のギャグ活劇風だが、九月三十周半ヶ月を超える大作だ。「ヨーイ・スタート」の号令のもと、全盛期の物語「河内音頭」が最高の仕上がりだ。照明や音響や次回にぜひ響きぬえそうに思う。

わのカメきさに（子）歌う遊びのカまわせと、ホームソングのチャンバラ暦太夫の千葉真一と高田聖子が、彼女を教えたところ自分メえ知れぬ根東

ある。

関心の焦点は読者によってさまざまだろうが、筆者にとっては、小雁・雁之助の漫才コンビ誕生の話（こういうのをもっと聞きたい）や、関西のテレビ創成期の珍談などが興味深い。この種の話はたいてい東京中心だからね。

また、ボブ・ホープやジーン・マースィールドが西京極の野球場で開いた進駐軍の慰問ショーを忍びこんで見た話など。

全体にこまかく注をつけ、人名索引もある本格的な本。データにくわしいカバーではないのである。

素人名優の嫁獅子　　　10·21

毎年、晩秋のころに名古屋・大須演芸場で催される「古今亭志ん朝独演会」は、中入り後に奇術、紙切りなどの"色物"が入る。

今年は、翁家和楽・小楽の太神楽、獅子舞が入ったのは、二つ目で来名している弟子の志ん次、志ん馬襲名と真打昇進を祝う意味もある。獅子に続いて、マリやナイフの曲芸は、かつては神事仏事から娯楽を兼ねていたことを、改めて感ずる。

筆者はもう二十数年前だが、嫁獅子という郷土芸能を見たことがある。女性役が獅子頭をかぶる——というのも奇妙に思われるだろうが、つまりは仮面。「傾城阿波の鳴門」のように"実は親子と名乗り合えぬ立場の悲しみ"が見せ場といった話が、日本の伝統演劇には実に多い。

で、そうした母の悲痛を、獅子頭に隠したまま、身をふるわせて表現するのだが、これが見事。素人名優の存在を目の当たりにしたのである。

桂吉朝の充実　　　10·24

「一宮古典落語を聴く会」が、一宮市の迎陽館で催された。

「桂米吉・あさ吉・吉朝三人会」というタイトルは、たぶん吉朝の指示だろうが、つまりは桂吉朝とその弟子の会。気にした米吉がマクラで釈明していたのがおかしい。

まあ正直、弟子二人はまだこれからだが、近年とみに充実してきた吉朝が一段とすばらしい。

まず、「住吉駕籠」が、かご屋をからかう夫婦と踊る酔漢のくだりだけカットで、たぶん四十分。帰宅、そして師匠の米朝のテープと聞きくらべると、味わいは違うのだし、吉朝の高座を見ているときは、実に壮年の米朝の呼吸だなあ、と思う。

つまり似ていると感じさせつつも、吉朝の芸は仕上がっているのだ。師匠について離れず完成していくのは、最良の形だろう。

次の「風邪うどん」はうどんを一杯食べ終わるまでの見どころで、よく途中で拍手が起きるのだが、吉朝は、誘しないように演ずることで客を引きつけ、食べ終わったところで満場の拍手となった。この晩の観客は幸運だったと言える。

柳家金語楼の「兵隊落語」　　　10·28

そもそも、再現ビデオに依存する形自体が好きじゃないのだが、中京・日本テレビ系の「知ってるつもり?!」は、出演者が、司会側二人、ゲスト四人の計六人というからにも多すぎるし、取りあげる人物におよそ無関係な（若い）ゲストに、司会者が「○○さん、どう思いますか……」などと教えてるのも、顔を売るべきタレントがいう

スティーヴ・ブッシェミの人情劇
11・4

うしむ景気をたたえるその顔は、どこか"ジャズ"を上映中の先人観と中年・自動車整備工だが、周辺の人達とは人情劇だった。彼はこの街の役を

変な顔をたたえるスティーヴ・ブッシェミの誘惑犯としての初の初々しさというもので、脚本・監督を演じた主役にメメリカの人を描写したビリー・ワイルダー「アパートの鍵貸します」のジャック・レモンが浮かんだ。

だ。表情をたたえるのだが、「これものうしてやまない」と桂米朝もすまいと先人自身であって、同会社の名の三益一にあたる古屋本・監督な、当時の言葉をかりて、近くと見てはしないのだ。異相調し、大衆の大切なもなと書画化したメメリカの小さな酒場に入った彼は、映画のすてきな才能として、世に受け情ある甲種不足

先だけやかな同会社の柳家金語楼のあるモダンに朝日素朝生をいじあげた朝日新聞の驚くべきメメリカ自身ですまいとすっきり取り上げたしてよた例だ。大黒柱でもある木の世紀の

関が立ちまたがる「山めら」とした自身で人間の大衆の大切なもなとしてはしない。例だけだへなへの人情も甲種不足あたした以上の受け情ある甲種

まだ情をするとして「ものようしてやまない」とあげたしの世には取りあげたとしてよた。取りあげたとしてよた以上の

ロシア所蔵の旧作の日本映画
11・14

作品は「昭和十年代の改訂千夜」(28年)が所収編集された全FCの蒼藤黄次郎の若次観容大変な補修版にしたFC・喜劇「嬢役」(蒲花だ。

所蔵のうちただ二本は、新シリーズ「第10回東京国際映画祭」に通う劇場やナーロジー発掘されてFC美術館に日間上京し

これはたたすれこれはロシアのホントとしては招待へ返還される可能性がありのアニメだ。
(以上FC)

る伴奏の囃子のが少なからず見られてはいて上映だが、FCの最終日の夜訂編集が、原則として「以外ではだ。」

も最終は改訂千蔵作品の際は、近代映画のフィルムのクラシン京国際映画祭の三日間上京し

今もカメトをタケ見として引きつけたよう照れしい頃のくたたのこととたかった当たらしなかったしたが急死した伯父は別役の作品役だだがタケンヨーリとして娘は別役を過ごしたしたという父は苦労した演出の移動す監督・主演「ロボット事刑

を先だ自然で今もカケルとしたまわりしたりして演技あるの仕回の演技とを

ド字幕のちょっとした訳が気になったが、シャレた作品でした。

和田誠と三谷幸喜の対談本　11·18

「それはまた別の話」（文藝春秋）は、イラストレーターで映画監督の和田誠と、いまや映画のトップにいる劇作家の三谷幸喜の、映画について興味深い分析対談の本である。

三谷が「12人の優しい日本人」を書くきっかけになった「十二人の怒れる男」に始まり、「裏窓」に終わる十二本。どちらも"特定の場に束縛される"映画だ。

"往年の名作"を、まずテレビやビデオで見た世代の三谷の方がこまかいツッコミを入れている。「アパートの鍵貸します」のラスト近くで、J・レモンが荷造りするとき、ラケットについていたのびたスパゲティはいつのものなのか、とか「フランケンシュタイン」の数々のご都合主義とか……。

むろん悪意的なアラ探しではないし、和田の好むテーマであるらしく一層話がはずむのだが、両所とも"作る人"だから、すべて自分には跳ね返ってくることでもある。「アパート—」のすごさはすべてを知っているのは観客だけ、という姿勢が貫かれていることだ、という三谷の言は、さすが劇作家だな。

思いがけない丘さとみ　11·21

CMに、思いがけぬ懐かしい顔を見ることがある。たとえば、和久井映見の乳酸菌飲料のCMで、洋装店でウエストの太さを気にしつつ「セセ（センチ）！」とサイズを宣言されてしまう中年女性。テレビを眺めていた家内が「丘さとみじゃない？」

アップがないから気がつきにくいが、言われてみれば……。

丘さとみと言えば、昭和三十一四年ごろ、全盛だった東映時代劇で、大川恵子、桜町弘子と並ぶお姫さま女優だった。

人名事典を繰りこむと、丘さとみも還暦を過ぎたか、と感慨にふけったりするのだが、そういうのはほかにもある。

ポットのCMで、古手川祐子の横に、ショット風に座っている三島ゆり子もその一例。これも東映の「くの一」シリーズなどのグラマー女優である。

もと大映の市田ひろみは、服飾研究家として名をなしてCMデビューだから、ちょっと事情が違うが、ともあれ、日本のCMディレクターには往年のイメージを好意的にシャレのめすセンスがないなあ。アメリカだとそこが違うのだが。

ワーナー・アニメの今日的攻撃性　11·25

「ベスト・オブ・ワーナー・アニメーション」が、ビデオとLDで発売された。

バッグス・バニーが看板のワーナー・アニメは、アメリカではスティーヴン・スピルバーグをはじめとする映画人の大のごひいきなのだが、日本での人気はいまひとつのようだ。

「トムとジェリー」のような愛敬がないから。暴力ギャグにおいては「トムとジェリー」の方が過激なのだが、キャラクターのペット的愛らしさに丸めこめられてしまう。

ワーナー・アニメは、自己主張と固定観念の権化みたいな、アク

キだとしたらなかなかの笑ではないか。声を落として（社内不倫をやっているかもしれないのだが）それを見かけるたびに、女性はいささか気にしてその男はその女性と別れ、課長が会社

のおもちゃ屋に入ってみる。男は入ってきたのだが、少し離れたところからそれを買うかどうか迷っているらしい。そのナンパ師は所用で通りかかった観客として見ている。課長が会社

女は今回も一人で店を……

彼は例によって、一年に一度イッセー尾形の一人芝居を見にいく。そのネタを一人芝居を東京・渋谷のジァン・ジァンで見ているのだ。

12・2 イッセー尾形の客を選ぶ芸

芸人だけれど、このキャラクターは強烈だ。たとえばそれは、江戸時代とか東海道……の若者の漫才……漫画的な笑いを考えるが、それは超絶的な論理……競技……金……「黄金天国」という番組なのだが……

……代──的な内容だったが、アメリカ・ニューシネマの映画を見た方が納得がゆくだろう。

ドラマ・映画を見てきたが、このリメイク版は……アメリカン・ニューシネマの……都会派……上流階級の……令嬢（31年）「奇譚」の処女作……恋人と……「統……記」して……

最後の番組のアメリカンドラマも正義が勝たれた……物語の……理想……監督の……に資本を……メリカ移民……に焦点をあて……今回

12・5 「キャプテン・クリード」WOWOW

……来年三月まで、キャプテン自体もリメイクして、毎週四週にて変化してゆく……名番組は九月から十一月にゆくという。

岩松了脚本の「東京日和」 12・9

「東京日和」が、正月まで続映される。大入りではないが、客足が落ちないという。

実は小生、かなり遅れて見た。愛妻物語に二時間つき合うのが、と二の足を踏んだからだ。

原作にある荒木経惟と陽子夫人のフォト・エッセーは知らない。映画を見て意外だったのは、"壊れかかった夫婦の間"の話だったことだ。

ここに描かれるヨーコ(中山美穂好演)は、かなりエキセントリックな奇行の人である。それがもともとの性格なのか、写真家の夫との相性のせいなのかは、説明されていない。

これは、脚本が岩松了であることが大きいのだろう。岩松は「竹中直人の会」公演の作・演出者で、筆者も去年の「テレビデイズ」を見たが、一見平穏な一家の日常の中にひそむ不安感を、ユーモアをまじえて描く肌合いが、そっくりなのだ。

夫婦というのは、そもそも不安なもの。入場者が透切れないのは作者の人間観、人生観が伝わったからなのかも。

ただ竹中直人は、演出に徹した方がいい。顔を出すと、存在の濃さが、抑えるべくもないのだから。

"蔵出し"の「やっぱり猫が好き」 12・19

「やっぱり猫が好き」が、ポニーキャニオンからビデオ発売された。(フジテレビ系で平成二、三年に放送し、深夜枠なのに(深夜枠だから?)人気が出た三十分ドラマ。筆者も何回か見て、なんてことないのに、なんとなく見てしまうのがフシギだったと思ったものだ。

設定は基本的に室井滋、小林聡美の三姉妹の日常的なやりとり、というよりも、コント。具体的に言うと"食堂"――しばらく見ないあいだ――それを、締まらない形にして感じである。

なのに面白い。見続けてなんだか結果でもあるのだろうが、科学の実験の話。室井が嫁ぐ話など、家内が笑いこけていた。

今回は"蔵出し"と銘打って三合幸喜作が三本(計九話)。ときを強引に飛躍する三合の作風もよくわかる。

話は変わるが、先日の東海テレビ系のドラマ「町」の老いの愚痴から始まるパジンの世代に示しがつきませんぞ。これに終始する内容に、倉本聰は満足してるだろうか。あれでは痴ほう……

柳家小さん・桂米朝の名人会 12・26

「年忘れ東西落語名人会」を、名古屋・中日劇場で見た。

東西"人間国宝"の出演で、八十二歳の柳家小さんの「試し酒」は、大盃で酒を飲む形だけを反復し、最後の一杯を干すとき、かすかにゲップを鳴らす。表現の抑制みごと。

七十二歳の桂米朝は、体調のいい高座で「天狗裁き」。この話、見てもらいたい夢の話を強要される男に感情移入して聞いていたが、次第に"エラい人ほど世話な好奇心が抑えられぬ"人間味が眼目とわかってきた。今回とりわけそれがくっきり見えて、おかしいなんの。

桂文枝の「天王寺詣り」柳家小三治の「二番煎じ」は手なれたもの

この彼のいっそう母を愛した芝居を見せあって大店前にあるそうだ。彼女は名舞台オスカーは私生活でも広東の役居を見るなどコミカルな表現ができるしあの相手を見せるまま母のところに帰れば名女優ブルースを上映しているので涙が出るが、久々のフランスでのあまた振れぬなかの演技ではあるまいか!?（皮肉である）子役として息子好きを吹き、日本映画では流す好演き日本映画心を失った。

（子守歌が聞こえ母のところに帰れば...）

の演技の港の子役時代からのジャーニーをだれにでもマリーヌ・ベーカーのファンだがそのユーモアだがなにしろ修羅場をくぐり抜けてきた人なので感覚にはキャリアのちがいがある。女人を抱える双方の役居を奮闘する「トラ・トラ・トラ」「新風采度」「[アラモ門]」のキャリアとして四十一人の容顔を観る。〔95年春〕

┌─────────────────┐
│ 9.1   │
│ ジョセフィーヌ・ │
│ ベーカーの   │
│ 目の光   │
└─────────────────┘

の桂宗助から「取りいれる掛け見せんだ夫よ小夫の孫である。花嫁も初天神「梅干し」と音楽好きだから次々と達者な達和感もある新作朝日の工夫とうどんのところで顔から飯を食べるときが小方のエ子供の感受の米なべるだろう。

────────────────────────

「十五代わたくし」だけれど、奮星のCを飛び知らにかしらも全く、テレビ東京のC系のTBSなら見ておく世界宙音が舞だ。Cが同仁BSなら見てすべてをW0Wを見落語家の襲名公演を見たが名噺家が盛んでありW0Wという人が座席だがあまりいない。黒目系の朝日紅白歌いた黒目というのは、NHKのトークのL白日歌戦の苦労をえるとは、司会者があまり上手言とは、新春大会の音楽的発言とに感動隠れ手紙の返

────────────────────────

「てしとり奮えてにからも「いせフェオールなうちであったビとしとしBを愛知たCLにおしてもヌ、クレストス名などはかなり大陸横列で一月二十日前だが東京系の緒形コント系東京大陸画亡「ローマ帝国の興亡」が旅しる勲星勲2衛星の屋次郎丸の

┌─────────────────┐
│ 9.1   │
│ 年末年始の   │
│ テレビ番組   │
└─────────────────┘

ニュアンスがだいにある。

星新一は生きている 1·13

手元に星新一の、ショートショートでない本が二つある。

まず「進化した猿たち」三冊（早川書房→新潮文庫）。アメリカのヒトコマ漫画を分類し、コメントを加えたのである。

"無数の孤島（漂着した人々）"、"世の終り（というプラカードを持つ怪しげな予言者たち）"、そして"ベッドに三人（夫婦プラス間男という図）"、等々……。

もう一つの「夜明けあと」（新潮社）は「夜明け前」のもじりで、明治時代の新聞記事をピックアップしたもの。市井の珍妙な小事件が、簡要な文体でユーモラスにまとめられている。

「進化――」の三冊目のあとがきに、こんな一節がある。"普通ならさけるごとく直観能力が笑いである。（中略）笑いは、普通な人にとって、普通とはなにかを知る経路でもある"。これは、笑いは、ぐ通とはなにか……とつけ加えてもよかろう。

机に向かっていて行きづまると、これらの本を繰ってみる。たちまち頭の風通しがよくなる。

著者は世を去ったが、著作が読者を快く刺激し続ける限り、SFの先駆者は生きているのだ。

石井均の体技 1·16

亡くなった石井均さんの、その"笑い声"で生かしたのは、山田洋次監督である。

「いいかげん馬鹿」では、女子社員の求人で島を訪れた人事課長――と称する男。ドヘヘヘ……というその笑い声で、居合わせたハナ肇が、大阪の女術なのを瞬時に思い出す。つまり風来坊のハナも、そういう世界を生きてきたのだ。壮年の山田洋次作品にはそういう裏設定のスゴみがあった。

「男はつらいよ・寅次郎頭巾」では、ドンファンの藤村志保に振られている平戸島の神父・桜井センリ。連絡船の船長、（道路を横切るときは素早く左右を見て）「ドヘヘヘ……ははまるぼい」と、たおるおまきっていった。

晩年は人情劇の善人役が多いが、もともと体技の人。走るボードビリアン（ルコント）を、弟子の西川きよしが漫才の中でまた見せた。

名鉄ホールでの座長公演は昭和五十八年二月。もう十五年になる。五十代半ばにしてなお衰えぬスピードを示そうとしたのだなと今にして思う。

「ボギーと呼ばれた男」の素顔 1·23

ヘンリー・ボガートのドキュメンタリー「ボギーと呼ばれた男」（WOWOW）は、金持ちのドラ息子で、悪党役専門だったボガートが、四十代になってやっと主役の座につき、伝説の大スターになってゆく過程を追ったもの。

面白いのは、伝記作家のジョー・ハイアムズが「彼は有名になることは低俗だと考えていた」とコメントした直後に、製作者・監督のスタンリー・クレイマーが「彼は有名になりたかったのに無関心を装っていた」と微笑で語る、という構成である。

また、非米活動委員会に共産党員だと告発された映画人のために、妻ローレン・バコールとともに"思想調査"に達慮と立ち上がった

渡辺武信「銀幕のインテリア」に納得　1・27

「中国映画」離婚のあとに「のんきなさん」　1・30

「六代目松鶴・夢の通い路」は出色　2・6

米朝、文枝、春團治、それに仁鶴を筆頭とする弟子たちのコメントも適切。松鶴が上方落語協会会長当時に、プロテスタントの教会を借りて開催した「島之内寄席」は、小生も出かけたことがある。教会の場所柄もわきまえず(!?)春團治が「有馬小便」を演じたり、結構な定席だった。

晩年は高血圧で舌がもつれるようになった。ある会で、わり来のいい「三十石」を演じたあと、家へ連れ帰った弟子たちに、壮年のころの「三十石」の録音を聞かせ、「これがわしの『三十石』や。今日のは忘れてくれ。」と言ったという話に、スタジオゲストの古今亭志ん朝の目に涙がにじんだ。脳出血で倒れたあとの、父志ん生の高座をそこに重ねたからも。

ただ、挿入された東宝映画「桂春団治」の一場面は、監督・脚色者だけでなく、画面の若き森繁久彌の名も出してほしかった。同様に、朝日放送の「１８０分落語会」の寸景の、桂小米（現枝雀）の高座姿にも……。

立川談志と月亭可朝　2・20

先日の松坂屋寄席（マツザカヤホール主催）のメーンは、立川談志と月亭可朝。

その共通点は昭和四十六年の参議院選挙に立候補したこと（談志は最下位当選、公示当日に立った可朝は落選）。絶妙(!?)の組み合わせではないか。

談志の十四番目の弟子の笑志は「千早振る」。若手らしいギャグをまじえて面白く聞かせる。

十二番目の弟子の志らくは、「死神」を二十分に納めた手際を買う。借金で死のうとした男に死神が金をもうけさせてやるのだが、その死神が昔、その男の父親を寿命があるのに誤って死なせてしまったから、その罪滅ぼしに――という説明が加えられる。まさに談志流の理由づけで、オチの改作以上に印象的

可朝は手なれたギャグ漫談で観客は楽しんでいたが、「住吉駕籠」「坊主茶屋」などの古典落語もできる人なので。

談志は、例の「放談」で終わるのかと思ったら、神様の話から「そろそろ」に入った（利益があるから、施す力があるから）バチも当たるんだ」には笑った。片言隻語の鋭さが彼の身上

山田太一と小浜逸郎の対談本　2・24

「幸福になれない理由」（PHP）は、脚本家の山田太一と評論家の小浜逸郎の対談を、編集者が個々の発言をエッセイ風にまとめて、見出しを立てる形に整理したものである（そのことで、山田氏はもっと当惑したらしいが）。

その内容は、今現在の社会問題と、それに対する人々の反応への論考で、たとえば「酒鬼薔薇」少年の写真をのせた週刊誌の販売を売店がやめたことは「市民の良識の成熟ではなく、横並びの綺麗事に抵抗できなかっただけではないか」（山田）といった、シャープな見解が次々に出てくる。オウム真理教が出てきた土壌についてでは、小浜発言が鋭い。

教育に関しては、校門圧死事件では「生徒を管理し過ぎ」いうのが表ザタになると「なぜもっと管理しないか」と、逆の非難を浴びせる先生バッシングを指摘（小浜）した上で、「個性」と「協調性」を並べて要求するのは「走れ、だけど走るな」と言うようなも

で五十歳ほどであったが、高座に上がると、あの人がそんなに売れるやなんて、売れますかいな、と言われたもんです」という「落語家の秘訣」ページもある。「堀川」「昔気質」など着物にネクタイで売る一番

「——近ごろのわかい芸人さんをどう思いますか?」

「なかなか、明石家さんまとか、同じ一門にとんねるず、近くは大阪順子にいますけど、甘いですわ、まだまだ。甘いですわ。まだ売れてないから、自分で自分がわからしてますが……」

笑福亭松之助はよく言われる　3.3

役者ともの、日の丸があなたのNHKの、スズメバチというのはいない、本当は宝塚、甘いとてへんに、新宿末廣亭、近くに出したメールのような映画等々だ。

人間通りだ（山田）とく見る。小学生名を使われたと参加したほど。

「ビーナス」の等身　3.13

一九二六年しかしCCからないが、Tロンドンから知らないBCのドイツBBCの講演が、あのS系が予想通りの、あのキャラメル箱の「CBS」国際フェアでBBC四年目が直率な人柄だったことから、人生の——

同山田太一氏が読んだ脚本のメスを入口サラブレッドで、心を胸をフメージでこのため好きな丁寧を意図をあるために、倫理を利用した破原信。演出の松原信子、この演じる助言を得た——

社会省勤労と者、通産官庁の子育勤務の友人が妻を暗黙にこの松原信子の用心した意図を。現代社会では演技での助言を得たよう。出演者一

山田太一「奈良へ行こう」の佐藤慶　3.6

だがお腹が空いて食べるなら、結局サラリーマンにしてしまい、同僚いっしょする会社の営業マンに大手銀行から出向してくる慶応行へ行くまま「奈良へ行こう」とある彼の思いを奥の役に一切りだ、中堅の愛

知った佐藤慶という役者で、東京のしたあと、ラーメンを一回皿をするのは、やや水商店慶業行、気品が向上する人流も「お腹がすく」チャーハンに一軒の慶応へ行くため、そのための、あまりこの感じできませるのは量が多いのですね。そのロビにね。

半分を日本で過したことになるという。

特に面白かったのは、最後の質疑応答。講演の中の「空気中のダイオキシンの安全基準濃度が、日本は欧米諸国の四〇〇倍まで許容され、しかもそれを超えたゴミ焼却施設が改善されたという話を聞かない。母乳で育てるのは危険」というくだりに対し、客席から「そういう発言は、人々を不安に陥れるから慎重に」との声も。

これは先日、NHKの「クローズアップ現代」でも取り上げた事なのだが、講師を〝たしなめた〟人は、それを知らなかったらしい。

きすが、その点をフォローする声も。いわゆる〝外国人タレント〟の巧みな世渡りとは対照的に、バカン氏は互角の対話を求めているのである。

浪花千栄子という名わき役がいた　3・24

名古屋テレビ、朝日放送系の「探偵！ナイトスクープ」に、声帯模写を聞かせたいというおばさんが出た。

「グッド・ウィル・ハンティング 旅立ち」の人間洞察　3・16

原題のカタカナ表記の多さが問題になるが、「グッド・ウィル・ハンティング旅立ち」の、ウィル・ハンティングが人名と気付く人は、少ないのではなかろうか。

で、その内容だが、単なる感動ものではなく、山田太一のドラマにも似た人間性の興味を見せる。

マサチューセッツ工科大学の清掃人ウィル（マット・デイモン、共同脚本も）は、警察ざたをくり返してきた孤児の青年だが、同時に、難解な数式の証明問題をすらすら解く、百万人に一人の天才。それを知った数学教授ランボー（ステラン・スカルスガード）は、仮釈放中の彼を、逆にウィルは憤然として去ってしまう。困り果てたランボー（ロビン・ウィリアムス）は、大学時代の級友の数学講師ショーン（ロビン・ウィリアムス）に助力を求める。

読めばすぐ記憶してしまう。普通人の〝努力〟は退屈なだけ。飛び抜けた才能を持っているので、人一倍努力しなくてもできる。〝できないことは七転八倒してもできない〟ものである。

書籍から得た知識で相手を屈服させるウィル（マット・デイモン）は、精神面を育てられてこなかった。彼の精神面にとどまっていたランボーに遠く及ばない。ショーンはウィルにとどまって、心を育てようとするが、逆にウィルは憤然として去ってしまう。

のごとく慢と現実回避を指摘し、やがてウィルが心を開くに至る曲折が主軸だが、もう一つのポイントは学問的能力では遠く及ばないランボー教授の悲哀である。

ランボーとショーンの口論を聞きウィルと、恋におちるハーバード大学生のスカイラー（ミニー・ドライヴァー）が好演。

すべてが気持よく納まる話だが、人間への洞察が、物語に深みを与えている。ガス・ヴァン・サント演出は手堅い。アメリカ映画／松竹富士配給

山田太一の「風になれ」 3.27

第三話で、アナウンサーの岡本を同級生と気づいたことから、謝ったことでは自分で解決とは言えないので、それを解決しなければという段になって家を出て、風の整備士

役者を見ると、主人公は六十七歳、柳眉男等々、配役を見ただけで、同作品にひかれるのは、少年春々のときやっているNHK連続活劇子役を切りかえて十数名の役者を出したとの調子がうかがえる。独特の存在感がある。昔は二枚目子役の巨匠として、作品にひかれるのはたしかだったが、今ではネクタイを出すようになった。近ごろの現役だった。三十万人へ進む。

「近ごろ絵物語」英太郎、菅井きん、樹木希林

先だれでも材得意だが、退意で見たが、昭和三十八年放送から子役で、退花柳子が演じたのはWOW大阪角取

少年法のユニークな試み 3.31

先日のNHK少年法「ニ十一世紀への行方」は、アメリカの十一州で採用されている「少年法廷」の例を取材し、開かれた法廷で、被害者も弁護士も加わって、三時間にわたり、十代の社会奉仕や罰金額を受ける初犯の少年犯罪を裁判し、判決するというもの。

弁護士大犯罪だというので、アメリカでは相手事の鼻を折り、ケンカをして見られてきた物静かな少年が、堂々と「少年は次的に論理で謝罪を検事と

手紙を何通も書き、刑罰五十時間の研修を受け、被害者に金額を弁償し、謝罪の陪審員すべて十代の少女に至る供述という

以上の関係として、置き換えのない人生に対して、住居をなくし、住民の残感がある。第三話で、山田太一＝深田次郎。山田太一vs赤木圭造という演技者か。赤木圭造が演技。一回目の連関あたり、作者の意志を感じさせよう

とどまらず、ロイが自身の抱えている人生を語る。住民に語る人生に悩む人に対するそれは独白であるとともに、彼の演技としての演技者の達人にとって楽しめるだと思えるが、なかなかの差が同じな枠のある。住民の石原裕次郎から著者かというと、深町幸男（出演）の位

少年法廷で裁かれた子供たちは、再犯率が目立って低いという。子供同士であること、そして裁く側（つまり相手）の立場を体験する納得感などの結果だろう。ディベート（討論）の国ならではだ。

シャレの字幕化は難しい 4·10

外国映画のシャレのスーパー字幕化は難しい。

過日、NHK・BSで放送した"珍道中"シリーズの中から「モロッコへの道」を例に。

冒頭、豪華客船が爆発。主役の二人がいかだで漂流している。そこでビング・クロスビーがボブ・ホープに「パウダールームでたばこを吸うからだ」と言う。

パウダーには「化粧」と「火薬」の意味があるからギャグになるのだが、字幕は「トイレだ、たばこを……」。これでは訳がわからない。二重の意味のどちらかを字幕にするなら、例えば「火薬庫でたばこを吸うからだ」の方が笑えるはず。

族長に捕らえられ、網袋に詰めて砂漠に捨てられた二人が、カットが変わると普通に歩いている。

ボブ「われわれの手足を縛ったロープは？」。ビング「なかったことに」。

ビングの答えの字幕はカメラ目線のセリフなのを心得ての意訳と思われるが、これも「話しても信じてもらえまい」とでもしないと、ピンとこない。

スーパー字幕を読めるスピードは"一秒に四字"というが、そんな制約に縛られすぎて、訳が舌足らずになる方が困るのである。

劇団☆新感線のスペクタクル 4·17

「SUSANOH～魔性の剣」を愛知厚生年金会館で見た。劇団☆新感線二度目の名古屋公演である。

パンフレットに、演出者いのうえひでのりが、平成三年の"スサノオ"シリーズ、第一作「スサノオ／神の剣の物語」をビデオで見返し、「もうあの"若者の青春の暴走"は出せません」と書いている。（そういうビデオを発売してほしいな）

入場者に渡される二枚折りのプログラムには、配役名、主要人物十九人の相関図、挿入歌の歌詞、さらに劇中の"分かりにくい単語"のマメな解説まである。小生が見始めたのは平成八年の「BEAST・I・S・RED／野獣郎見参！」からだが、当時はそんな親切はなかった。

そういえば、舞台中央のスクリーンに「"火事場の馬鹿力"引く"力"＝"火事場の馬鹿"」というギャグの方程式？を投影するものともあれ、正味二時間半、全盛期のチンピラトリオをスペクタクル化したような舞台に満腹。次回は、高田聖子の出演をぜひ。

地方公演を勘案しての演出か。

桂米朝一門＋神田伯龍 4·21

先日の第三十九回名古屋松坂屋寄席は、桂米朝一門の中に講談の神田伯龍が加わる構成。

伯龍が演じた「髪結新三」は、元々人情噺の「白子屋政談」で

4.24
山田太一「ある晴れの店」外

夫婦をうまく演じてみせる二人の男女は、自分のことを地味なロ下手な男だと思わせて、客の品定めをする女達の中にただ一人、嬌歌を好むような人とは初対面から、店から盗んでいる芝居更けを、安城市民会館サロマにて、山田太一作、木村光一演出、地人会公演で「店」を見た。

結局は歯科医の風間杜夫にナイフから人を解放される……。

歌舞伎座の新しいレジェンドな舞台が歌舞伎で大阪松竹座、梅雨小袖昔八丈、髪結新三、江戸小紋の人情紙衣、講談社の小日向で、故・村上元三の講談「小さなる」の中から、村村右衛門が出される。

体調が回復してから、朝を見てもらうと言うが、おかしなキャラクター、メッセージだったのだ、のエッセー集だったし、対談「高座の鹿」だったし、静かな絡みの心地よいエッセーだったし、SF的な短編小説のエッセー集の目、目玉の「目玉の大きな客」今、寄席の中から、村村を観客の一人が見る。

桂三枝がでている、談話が新三の小悪党の人情、小日向党の大泥棒丈、雨小袖昔八丈、故・村の長編絵巻を聞いた、村村右衛門を見れる。

4.28
アニメ・エッセー 木真希子の絵本

アニメーター木真希子の絵本『小さなる』という。絵本の中ではナレーションであり、平成三年より原画を担当。現任在愛知県小牧市出身の木真希子。

教訓めいたものが訪ねて、大きな足かけ十年間目まぐるしく転々とした後に実がなる。『小さな』という、宮崎駿の『世界の真ん中の木』の証言が、手を繋いで仲良く約束の木を作り交換するのは何か、似ているな。彼女の欲しかったス、カレてはすべてか。（徳間書店）

狂言を回すとてもいい役回りだたとして、内心はどっと驚き、当当がホーッとして一瞬の一回性の好奇心の色が変わり、お作者と人とが人、いろいろと語り合うとき、山田太一の作品は屋台が登場して心地よく笑いを誘う野村昭子。（沿線地「図」の不動産、ニューシネマ風にしてはいる。（徳間書店）

が、雨音を聞きつつ暖かい家の中で並んで座っている光景の「となりのトトロ」を連想させる幸福感。それにつきるのである。

「イッセー尾形のとまらない生活」 5・1

「イッセー尾形のとまらない生活」を、東京・渋谷のジァンジァンで見た。

演目は「カラオケボックス従業員」「スケベ英語教師」「引退する歌手」「カラスを持ち歩く男」「キャバラの女性に威張る男」そして「フォーク歌手」の六つ。題名はとりあえずの仮題である。

最もわかりやすく受けるのは「スケベ教師」第二弾だろう。これはだれが演じてもそれなりに面白そう。

だが、バーのカウンターに車にぶつかったというカラスを入れた紙袋を、抱えてやってきた男など他の演者では、こうはいくまい。この種の、やたら明るく、その場の雰囲気がパッと明るくなる男（日ごろ会社でも敬遠される存在なのが、言葉の端々にわかってくる）存在感を出せる人はイッセーをおいてほかにあるまい。これに比べたら「恋愛小説家」の変人パフォーマンスなど、単純なものだ。

新ネタを観客の前で、数日かけて練りあげていく恒例の公演だが、初日とは思えぬ仕上がり。ロンドン公演の好評が、演出の森田雄三とコンビを、さらに充実させたのだろう。名古屋公演が楽しみだ。

「ER」の修羅場のユーモア 5・19

NHKBS2で放送中の「ER」第三シリーズ。先日の「幽霊たち」は出色だった。

ハロウィーンの話だから、本国では十月末ごろ放送されたのだろう。時期が時期なので、緊急救命室の患者も、仮装のまま運ばれてくる。"フランケンシュタイン・モンスター"が、胸に手術バサミが立ったまま、ウォーと半身を起こし、バッタリ倒れたなんての は、映画好きはニコニコしてしまう。

また、カメラが、受付の前で「オズの魔法使」のブリキ男が胸のあたりを押さえて「ペースメーカーの調子がどうも……」と訴えている姿をとらえる。ブリキ男は（ハートがないという設定だから）これは上々のギャグだ。が、カメラはそれをチラととらえただけどんどん移動し、ストーリーを進める。ニクいねえ。

「ER」の魅力は、修羅場のユーモアである。一瞬の決断が相次ぐ状況下で、お互いの平常心を確かめるための、軽い皮肉の応酬だ。が、現実のあまりの無情さにいるときは、からかうように人を見る看護婦が、暗い部屋で声もなく涙していたりもする。人間洞察のドラマなのだ。

「マッド・シティ」のジョン・トラボルタ 5・29

いま上映中の「マッド・シティ」は、予告編は「狼たちの午後」みたいな印象だったが実際は、マスコミ、とりわけ在米テレビレポーターが事件を独占特ダネにする、コスタ・ガブラス監督、ダスティン・ホフマン、ジョン・トラボルタ主演「地獄の英雄」（51年）のテーマだった。

地方都市の自然歴史博物館の、警備員だったトラボルタが、復職を求めて女性館長に会いに来て、威嚇のために発射した銃弾が、同僚だった黒人警備員に当たってしまう。こうなってはと、トラボルタは、見学の子供たちを人質に、館内に立てこもる。

6・2 「桂雀々落語のつぼ」

四番目の「雀々落語のつぼ」は桂雀々共演者の弟子である「雀のおりうち」で、総身を結末にして旅をたたみ居合わせた枝雀に似ている。

（中略）役者〜トが中継で飛んだ居合わせの地方局が死んだ状態なた時、体がないたせいか自由な争議を飛行機事故

6・16 落語の"旅ネタ"の道中をたどる

特集があり、十日番組として西日本地区で放送された『桂米朝の旅〜東へ西へ』は、大河小説のような『伊勢参宮道中』を描いたもので、現駅伝とも言える落語『東の旅』の文枝・小文枝による"旅"な上た方勢

だから人間関係というものは、他人との関わりが世代を知らないほど苦労なしに世代を反映しては悩みを退屈なものだと見えてしまう……。

6・5 ぴあ「グランプリ賞」シバ

（72）年度の第20回びあのグランプリ賞を受賞したケ作で、三角関係を中心にした女性「しメス」男B、男Cを超能力の秘密電話能力が始まったところから、互いに言葉が……。

合同で、落語だけでない構成だった。

今回は米朝の弟子、孫弟子らの出演で、千朝と喜丸に当時の旅支度をさせ、他の弟子たちは今の姿で江戸時代から続いている旅館を訪れたりする。当時の煮売り屋のメニューを復元したり、軽業などを見せるのがいい。噺に出てくるカメチャンボンベンという○○○○おもちゃを、はじめて見た。

落語の方は、一部だけ聞かせて略したりもするが、「軽石屁」などというあったやらないものも入っている。「三十石」の伏見の人形買いのくだりも、ふつうは略す部分をきっちり見せる。

三部構成で正味二時間四十五分ほど。米朝師の体調が全ての方ではないときの収録なのは残念だが、まさに衛星放送ならではの無形文化財的企画と言うべし。

山田太一著「逃げていく街」を読む　6・19

山田太一著「逃げていく街」(マガジンハウス)は、脚本家である著者の、十三年ぶりのエッセー集である。

子供のころや、松竹の助監督当時の思い出、師である木下恵介監督の再評価論等々。グレーの紙に刷られた"自作テレビドラマをめぐって"の章は、出版された脚本のあとがきをまとめたもの。これは、小生はすべて持っている。

書評を集めた第四章は本のくだりに、どう感嘆したかという記述からうかがえる。山田氏の考え方が興味深く、そのまま第五章の「妻たちの成熟」「男・女・家族」などの論考につながってゆく。「男と女のことなど分からない。家族についても立ち入れば分からないことばかりだというのが、私の現状である」

本のタイトルは、著者が渋谷などを歩いていると、周囲の雑踏が急に死後の風景のような感覚に襲われることからつけたという。少し鬱なのかもしれない、という山田氏だが、人間の興味シンシンという数々のドラマからは、そんな気分はみじんも感じられないのである。

芝山幹郎著「映画は待ってくれる」　6・23

芝山幹郎著「映画は待ってくれる」(中央公論社)は、「キネマ旬報」に連載中の「オールモスト・クール」から六十編を選んだもの。

平成五年三月スタートだから、まる五年を超えている。続いている理由は、編集サイドが気に入り、信頼しているからだろう。世に"映画愛"ベンキョウの雑文は、掃いて捨てるほどあるが、本当に読ませるものは、めったにない。

著者は翻訳家で、だから同じアメリカ映画をとりあげる着眼がちがう。人の性格が十人十色であるように、映画の見方もまた十人十色だが、こちらがさほど興味がなかったり、見逃している映画の話でも、面白く読んでしまうのは"着眼"の魅力ゆえである。

芝山氏の見方には"どうしてその手は食わないぞ"というところがある。だが単に皮肉なわけではなく、そのひとねりのところから映画の違った面が見え、それが新鮮なのだ。

ストーリーを要約する手際にも感服する(これができていない文章が、けっこう多い)。なるほど、全体の流れを的確につかまなければ、いい翻訳はできない道理か。

1998

なかった。
それはアニメーションを見た
目だった。『もののけ姫』
は、全編これキャラ
クターが生きるという長いメッセージ
な場面は全員ジ
ゼッとして描いている
のだというだけだ。

7.3 「もののけ姫」のメッセージ

それを常にこの映画は
その国の念頭に置いたの
か、その国のその時代の
ベトナム戦争のようにテ
ーマとして台湾のこと
が設置の作品のように、
見ているとこの健全な
判断を誤りかねない青春路線
ねないただへと反映する
かなた反映する。

のイメージ的なものを描
き出すものは善良なもの
のだろう。それはある。
そのトーンと日本映画の
ヨーロッパ共通した父親
監督と実際した作品改良を
ーマとして見せているが
判断を誤るように成功した
のだろうか。その後、
内容を読む青春
として、当時の台湾統
続く道路を健全設定の
なかったのか。大洋中の働く
というメッセージ現場の
青路線だ。

小戦前の興業ネタから
前は前後に絵画は
ーマーのレビューの日活
ものだった。「台湾映画」で
あるかの青春物語
べ山の賢物である青春
監督という映画の青春
家である「63年」、「路」、
67

6.30 台湾映画が映し出す時代

は（年が小さが名古屋で
生が前を興映ネタを
名古屋市前から数本を見た
という作品だ。

7.10 「だれかの視線」は不倫コメディー

周三と九十二トでフ
面白さ十分の中京な原
だがまさに立つがよ
りサラリーマン一日本で
だがまた見はの作であり
結末だった。観客一人
観客は具体的だが
見ているなかけで気が抜ける
だが放送されている気がす
るのだからスカな特番を見
足の映画にかけるに手直しつ
見せる場面もあるない等で
な作品であるキー
だがいい作品として
たいメッセージ映しわける
な見てしまう
である。裏話はロ

を妻やマイ方向へ
を描き分けた舞踏会
など。それがいたスカ・
その若妻が抜け出した
という方が日本語だった
目で表記が一部封切
と表記と一部封切ら
れた部分を隠してしまう
だけ、封切りだとしても
から。一発売の天びん
だ。ケーブルの例か仲
リっと作物や事はない
の作中の新聞連載の家を押し
だけだだと天くすよう
にして見てしまう事は意外
はに見てしまうだろう若者の意外と彼女若
い答え筆

が先興味すまずまず
きそして話いがらしかりが
話が対し立がしていかりが
がいする結末だがまだ
かた終の方のよ絵を
だった末の宮崎氏は
た宮崎氏を女性的な絵を
性は送力しながら男と
かすがわかるな等でスカ
女性のコンビを中原
ンビ有優だが後の青春の
原画マンとして迷惑して
たという宮崎氏の良さな描き
事実である国色に進むとき
の笑笑である。惑いがちな
ってい変良こと総人周へ
だから応を示す人間周
味

明るくなった名鉄東宝　　7・17

名鉄東宝1、2の新装オープンに出掛けた。

後方のスタジアム席だけ削って、二階のロビーから上映する方が"2"。

映写室はスタジアム席があった（つまり"1"側）く、動両館の映写機が計四台、背中合わせ設置してある。

以前の名鉄東宝は、三十四席、シネマスコープで幅十六以四五の大スクリーンで、映写距離も遠い。そのせいか画面が暗く、見づらい印象が変わるのである。

「未完成交響楽」のサリー・フォンスト監督の情緒的名作というふれこみだったが、しばらく前にNHK教育テレビなどで見て、ひっくり返った。なんと、上出来の不倫コメディーではないか。

脚本はW・ライシュ。E・ルビッチの快作「ニノチカ」の脚本をワイルダー、B・ワイルダーと並ぶシナリオの名手で、C・ブラケットと共作した人。

映画を内容と違う宣伝をする"商才"は、結局ソンなのではないか。

出色のオウム・ドキュメンタリー「A」　　7・13

世の中には、肯定語と否定語がある。例えば、たばこについて愛煙家と嫌煙家と書くと、後者の印象がよくないのは、愛という肯定的なニュアンスと、嫌という否定的な響きその対比のせいである。

宗教、信仰といった文字も、肯定的な響きに満ちている。だが、人類の歴史は、宗教（信仰）と民族意識がらみの流血の歴史であり、紛争は今も世界各地で続いている。多分、これからも。

神仏の教えは、よく分からないからこそありがたく、信仰も、熱烈になればなるほど排他性も激しくなる。

だから、今、裁判が進められているオウム真理教を邪宗と片付けるのはわけもないことだ。だが、その中に、古今の美しく優しい、すべての宗教が内包する因子をも見てしまうのは、私が分かくれているせいだろうか。

「A」は、解散命令が出たころからのオウム真理教を、広告部副部長の荒木浩を追う形で、内側から取材したものである。

信者たちの姿は、日常的で淡々としていて、取材に押しかけるテレビのスタッフの方が、無礼に感じられたりする。どちら側に立つかによって、これほど

「自分を解脱をせてくれるのは尊師だけだ」と、今も信じてますから」というふうに荒木は、自身に言いきかせているようでもある。

正論で詰め寄られる彼の面上を不安がよぎる。しかし、ここで折れたらアイデンティティは崩れ去る。彼にとってそれは最大の恐怖なのだろう。

森達也監督の構成は緊密ではないが、写しこんだ事象をどう読むかに、くみつきぬ興味がある。ビデオ作品だから映画と言い難いが、原一男監督の「ゆきゆきて、神軍」と並ぶ出色の長編ドキュメンタリーである。

悪役須賀不二男の死　7.28

の舞台を経てきた人は大抵時代劇の権力者だから、いやそういう声をかけられるからまだいいが、発声の基礎も違うのだろうが、古川緑波が悪役で座役である……。

いやそのただ、次の「東京夜色」では総じて小津安二郎の声をしてと男をしながら、普通の人間だと言う普通の同僚というイメージ的な市井の人なのだが、その呼吸ところが実にコミカルに、しかし有馬稲子をマスコミ上の最中になってしまう田浦正巳という人物が演技の基礎もいいのだろうが、ラゴスパンと上有馬稲子を上道

光源としてのライトの輝度が前半に明るいという急に明るくなるのだが、近くにライトがあるように見える。今回の替え玉の整えとでも見えるのだが、そこから、正面の席に一人だけ右左に横位置になる、反射とを、そのリアリーの席位置になり、リアリーの席位置を再び移る。そこから見えるのだ。

方で見える源光はこの明るさからだ。明るいのは"1"が"2"からであるというように変るのが"ジュラ"が少しから明るさが映画面からも、というDSDSでも見られる規模な距離再びが。明るさ"2"の

ザ・ジャクソンズの手練手管　7.31

の張力と皮肉なレトリックの効果をわからせる大人のアメリカの地方の町をかけ回る舞台だ。それを徹底してみせるが、一二三先期には、安く見せるが、毎度安定度調した復調だが、時期のそれはど好調だとは見せないのが、世紀のレトリックだが「ゲーザ・ジャクソンズ」がTメリカ、劇場版映画「X」を軸にして劇場映画「X」を、その人間関係のやらしさをも非「メー」に似た月の復調歌曲がこのFWOWWOL、S1、の中の放送中に「ザ・ジャクソンズ」は毎入番入りますWのびだからもしれないが20らS1

歴史上頭角にミカ代表リーズだ悪役須賀市の……その竹竹三カ……にミカ代表時代人になったノ本当の時代人になったリーズだ承知須賀三男知名当の須賀知技術を変評価を見せない須賀不二男の祖手だが話した若者がど話すがど強れる

三谷幸喜「今夜、宇宙の片隅で」 8·4

鳴り物入りという感じの番宣で始まった「今夜、宇宙の片隅で」（東海テレビ）は、このところ不振だった三谷幸喜のテレビドラマとしては、まあ見られる出来。

ただ、長時間枠の一回目の、特に前半がよくなかった。半分見てやめた人の気持ちもわかる。

これまでのうち、二回目がよくて、三、四回目はほとんど先が読めた。

作者は“主役三人だけのドラマ”なのを強調していたが、むろん三人だけ話をふくらませるのはムリで、スーパーの店主・梅野泰靖のウェートが大きくなった。新劇（民藝）出身とは思えない軽妙さが大好きな役者だが、でも出すぎると味わいが薄れる。

それにしても三谷氏、ビリー・ワイルダーのエルンスト・ルビッチだのと“引用”した映画の題名を毎回持ち出すのはいかがなものか。公明正大なつもりかもしれないが、一般の視聴者はどことくるまい。

梅野にしても、往年のアメリカ映画の主人公のヴァチを聞いてやる“人生の達人”のバーテンのタイプ。そういうのは気づいた人がひそかにうなずけばいい。いちいち“お勉強”はヤボではないでしょうか。

「黒澤明と木下恵介」の充実 8·7

キネ旬臨時増刊「黒澤明と木下恵介」が充実している。

一般に、黒澤の知名度、関心度に比べて、木下は今や不当なまでに低い。若い映画ファンは、かつては両者が、豪快対繊細の巨匠として日本映画界をリードしていたことも、想像しにくいだろう。

から、黒澤と木下の対談や、小説家の武田泰淳を加えての鼎談などを見て、びっくりするのではなかろうか。

黒澤は単純だが、無邪気さと皮肉さが同居する木下は、一筋縄ではいかないところがある。だから評論も、木下コメディーの才気を分析したものもあれば、「まじめな人物に誇張した演技をさせただけ」という批判もあり、実に面白い。

黒澤のくだりも、〝七人の侍〟と、監督のロケ先の宿での歓談など、ファンはワクワクするはず。

映画雑誌からの転載記事を読むと、「キネマ旬報」はもとより「映画ファン」「映画の友」といった当時のファン雑誌のレベルの高さに驚く。

映画でも何でも、宿った流れがあってこそ、愚作凡作の群の中から、傑作秀作も生まれてくる道理か。

森繁久彌と宮崎駿の対談 8·25

「森繁久彌おもしろダイアローグ・21世紀への選択」（中京一日本系）をつけ放しにしては、かの用をしながら宮崎駿の登場を待った。

スタジオジブリを訪れた森繁氏、「もののけ姫」で五百歳のイノシシの声優を務めたことから、昔、ディズニーの「リトル・ヒアワサ」を見て感動したという話を始める。

これは、一九三七年の短編 Little Hiawatha（戦前邦題「森の小勇者」、戦後は「小さなインディアン」）のことだろう。

だが、この際、アニメの話題から離れたい宮崎は「これまで出会った女性の中で最も好きだった人はだれですか」など問うから、かける。

食べただけ音でしたが、精でね……
故人も許してくれるだろう……

上流階級な

だが、このホテルでは誰も食事を流す

9·1 「弁護士プレスト」の再放送を

画面には男と女が映る。E・G・マーシャルが紳士的な自信家として、ロバート・リードが若い弁護士として、野球的趣味な株仲買人として好きだった。NHK教育テレビで日曜日の午後に週三度受け持つ親子弁護士ものの番組「弁護士プレスト」が、断然、珍しくスマートに思い浮かぶ人だった。昭和三十七年(62)から息子役を多く演じる紳士的マーシャルが、一九六四年四月からのCBSネットワークで放送され、字幕スーパーで息子の名前がよく映る

そういうアメリカものの番組だけど、姫とのことで「お姫さまと結婚したい」という話になり、結末では、顔をほころばせて「日本弁護士会の苦汁だったかもしれない」というような終わり方だった。森繁だけど、姫のことだけど『のお姫さま』の嬢さんにおかせ金

9·6 「枝雀寄席」の意外な収穫

一ヶ月に一回、大阪・朝日放送の「枝雀寄席」という番組がある。冒頭のレポーターもなく、キャスターもなく、桂枝雀が東京以外の話のゲストを半分以上放送したという対談をする。桂米朝以外の対談をとなしく、当代の桂南光と雀三の噺家の顔ぶれを招く。一九月というゲストを呼んで、米朝一門の対談とは、この放送局の笑福亭松之助ゲストを招くのが中段見

寄席と銘打っているが、色物の毒打にしたこれが気はしてくれるような意外な収穫だった。桂枝雀が「東京の桂かんが」に京都の春野百合子や、事野百合子の自然以外には入れない。落語以外の漫才やコント・曲芸という様々な趣向も受け、二分のコーナーでは「皿屋敷」が放送され、大阪の浪曲という月亭八方の声が出たり、

9·8 日本語の有為転変

テレビというものは何となく見ているものだが、「何々が初めてです」というレポーターが流しているのは名古屋の某局だから前々から名古屋地区での放送だが、自然な言いわしとしては大阪の放送局の系列の知らないエ人へ届く

（の寄席と見色物の銘打ちだが、流しているのは名古屋だろうから）

休色物の銘打ちだが、放送すべきだ。

から……」と答えたら、インタビューアーの女性が「えー？」そのテレまじりの興奮ぶりがわかった。彼女の語彙（ごい）には、いわゆる“コスプレ”の意味しかなかったのだ。

今度「広辞苑」（岩波書店）の第五版に多くの現代語が加われるとか。宣伝的話題づくりに加担する気はさらさらないが、この際冒頭に挙げたように、日本的略語化によって全く違う意味になってしまう日本語（？）な癖を考えてみるのも一興か。

薄められて一般化した例がある。当初HENTAIの頭文字、つまり上司のセクハラ的言動に女子社員が反撃するときの言葉だった“エッチ”が、いつの間にかセックス自体を意味する軽い言い方となってしまった。

濃い方が過度に用いられる逆の例も実に多い。“念願”の意味で“悲願”が乱用され等々。

今回の「広辞苑」の改訂が英断か軽挙か論ずる気はない。辞書であってもなくても、残る言葉は残り、消える言葉は消えてゆくだろう。愉快不愉快は別として。

元小錦の自然体　　9·18

先日の「福留の22の21」（テレビ愛知ーテレビ東京）は、佐ノ山親方が瀬戸内海の百島を訪れ、サマースクールの先生代わりという趣向。似たような番組にNHKの「課外授業　ようこそ先輩」があって、それぞれのジャンルで名をなした人が、母校の生徒に会うというもので、坂田明、イッセー尾形の回などを、面白く見た。

今回の「福留ー」は、いわばその亜流だが、元小錦がユッサ、ユッサと現れると、子供たちの喜ぶまいことか。

「今日はこっちゃんでいいよ」という親方の、子供たちへの接し方が、よくある日本人のおとならしさと違い、同じ目の高さで、まこと自然。

「力を合わせて親方を持ち上げる方法」という出題に、「クレーンでつるす」と図を描いた子供たち、親方「殺す気か！」みんな大笑いである。

持ち上げるためのシーソー作りも、子供たちのカスガイ打ちなどちゃらとしている。旅館のない島で、親方が民家に泊めてもらうだが、イスがない。

それにしても佐ノ山親方、“国技”の土俵を下りて本当にまったねえ。

「桂米朝一門会」の六人　　9·22

「桂米朝一門会」を、中日劇場で見た。

正味二時間十五分の間に演者が六人、一人十五分ー二十五分程度という時間枠の中で、選んだネタどうこうよりか、演者のウデである。

ホンノカとした持ち味の米平は、「つる」を十五分に納めている。

雀々は十八番の「手水廻し」。“ちょうず”という初耳の言葉ぶりをすごくだすに工夫が加わった。

目下、米朝の芸の後継者と言える吉朝は、芝居噺（しばいばなし）の「七段目」この人、芝居や講談を噺の中で演ずるとき、実に明瞭（めいりょう）で、わかりやすいのがよい。

「モンティ・パイソン最終シリーズ」　9.25

NHKの金曜深夜「モンティ・パイソン」が始まった。放送キー局だった過激なコント番組「空飛ぶモンティ・パイソン」を、昭和四十五年から四十七年にかけて、東京十二チャンネル系列で放送した日本のテレビ界の前身である中京テレビが東京へ、広川太一郎（69）、山田康雄（76）さんが吹き替えたモンティ・パイソンの、今回の字幕版は、最近人気のMr.ビーンなどの作品でおなじみの、そのSF的な意図を加えて、番組のBBCのカラーを吹っ飛ばしてしまうというような、時代を先取りしていたとは、仰天だろう。

日本キリスト教史や近代史にくらべ、最近の歴史やコントの文化が当たり前だが知らなさすぎるのだが、72年の最終回をやってから、放送していないだろう。同「差別語」の特集の終回をやってから、放送していないだろう。同じように、根本的な

皇室や品物を持ち、光栄な大使に化ける。「化ける」という二つの男の、南光の笑いは、ある種の超常的な演出を使う教訓を付け足す先生が暴走だったりと、興味がわくのだ。喜劇的な道具やしかけを周到な工夫を凝らしすぎる結果は、単調になりがちだが、「力演」のたとえが失敗するたびに、爆笑をさそう感動のトーンが演出だ。結局的に失敗するのだが、「くう」芸の多くは演者の力、演出の力が裏のものがある。天才的な演者が過不足なく演じる番組のうまみがある。

天災。「天才」と対照的なものだ。

織田正吉川柳選句集　10.6

ロートレックという画家の名を知っているあなたはたぶん天才だ——その絵をあたかも本を見たことがある以上、かなりの上絵ネタだ。と断言する同会者は、今回も孤独感あふれる者の身にしてみれば、身につまされるネタだ。実際のところサラリーマンの漫画だが、「今回はサラリーマンの哀歓あふれる者の人生を賭けてしまう」……「今日の呼吸は今、残念です」と泣き、「一方、東京の向こうで、一度は迷惑だろうな保証人を」……「一力行」今回は横山やすしの借金に詰まるネタは名古屋でも当たりのネタを重ねる番組だと思い、大阪神・巨人を見た時、たいした結局の差は消えた。

大平サブロー・ジロー「よ永遠に」展　10.2

BBCかへ、東京12Ch.からのそうだから、問題はないのだが、という同じのだが。B

摩書房）などの著書がある。

デパートがお預かりする迷子さま

夕焼けや補い補いの桶が飛んで行く

作者と読者が共有する"きまり文句"への微笑。

押したいか押したいやると非常ベル

まあそういうことと笑って電話切る

善人はもて余し妻が病む

織田氏は神戸生まれ。こういうニュアンスを五七五に凝縮する絶妙な芸当は、標準語ではむずかしい。五句目の哀歓と諦観をこめた軽みの芸。

スズメにも心があった先輩れ

少年に性欲という大試練

と来れば"言わずもがな作は男と知れるなり"

ホームレスときどき花火の方を見る

これなど、季語があるから俳句でも通用するのだが、作者の観察眼にまぎれもなく川柳の"心"がある。

そのうちに見たいビデオを残し死ぬ

ン？小生のことか？

キアロスタミの作品づくりの原動力　10・13

NHK BS1の「21世紀への証言／イランからの人間讃歌　アッバス・キアロスタミ」は、いい番組だった。

キアロスタミは、昨年のカンヌ映画祭で「タイタニック」の二億分の一の予算でつくられたという「桜桃の味」で、今村昌平の「うなぎ」と並んでグランプリを獲得した。

イランでは、一九七九年の革命以来、イスラム教の戒律に基づく表現の規制が強化され、厳格な検閲が行われている。そんな中で映画をつくり続けるキアロスタミは「検閲を乗り越えることが、作品づくりの力になっている」と語る。

彼自身もシーア派のイスラム教徒だが、画面における祈りの場面などを登場させたことはない。特定の宗教のプロパガンダ映画にしたくないからだ。

「宗教が、しばしば政治とのかかわりで語られるからです。コミュニケーションのための宗教が人々の間に壁をつくる道具にされてしまう……」

筆者自身、彼の映画を見なければ、イランを原理主義的な恐ろしい国だと思いこんでいたかもしれぬ。高島肇久の礼儀正しく、核心をついた質問は、見習うべきだ。

ある日のわが家のテレビ・メニュー　10・20

まず、夜八時からNHKの「生きもの地球紀行／南米ベネズエラで珍鳥ケイ（どこか「もののけ姫」のディダラボッチに似ている）の生態を楽しむ。

九時から中京テレビ日本テレビの「スーパーテレビ／元小錦の爆笑奮闘記・世界ダイエット作戦」。ラッシャー木村ばりの全身をくまなく覆うまた蒙古斑みたいなぜい肉を、チャコちゃんが巨大なおすもうのようだ。チビッ子と素人相撲の指導をする場面に感動。これぞ「国技」の"国際化"である。

十時からNHK教育で「ETV特集／ビデオ・ジャーナリスト見た一回目。太平洋戦争で日本のために戦ったのに、恩給はおろか軍事郵便貯金も満足に返ってこない台湾のアミ族の老人たちのド

1998

あらためてそれが国賓キャンペーンを見るためだったと認識させられた。あのとき必要だったのはキャンペーンへの目をもった演奏家だったのだ。数年前に京都の妖しいジャズのホステスでの大演奏を聴くとき...

今や名プレイヤーを兼ねた大阪メトロポリタン・ブラスバンドの冨田健一によるキャンペーンなどはその演奏をますます盛大にし、同時代の大演奏を聴く...

東京メッセージ「ョー」 10.23

「ジョー」を今や池袋で東京メトロポリタンのように見た。名古屋では初めてのあるCDで発...

連日以上面白い。吉永興業人スター・木村政雄の経営論講演を見たらEテレの再放送中で面白で...

イッセー尾形だから笑いながら心が震えた 10.30

その鬼子のキャラクターにあたる人は、それだけどんなに評論家に納得されたという...

僕らのキャラクターは、この少年殺人地帯USAが収録した人の演技を...

WOWOWで観る硬派監督 10.27

目下WOWOWは、リチャード・エイベドンの未公開作「悪徳」が...

そんな世界なクラブなどリチャード・エイベドンのロバート・デ・ニーロほか...

今回の公演は、西川ヘレンが往年の「ハレンチ外人女」を堂々と演じたのも見ものだったが、何と言っても、還暦を越えた花紀京の怪。

苦味のあるボケが絶品割だった。ビール瓶をヤクザに突きつけてスックを切り、横にいた原哲男に「この角度で行け」と瓶を渡してスッと引く呼吸がたまらない。

いつもはおばあさん役で下品なだけの桑原和男がいい。率直に言って、藤山寛美の末期的独裁体制当時の松竹新喜劇よりも格段に面白いのだから。

「Mr.マグー」の劇映画化　11·17

名古屋の映画館で「Mr.マグー」を見た。

アニメの始まり、アニメに終わるのには訳がある。もともと一九五〇年代に五十本あまりつくられた短編アニメの劇映画化なのだ。

小柄で壮健な老人マグー氏は、自分が強度の近眼だとの自覚がない。であらゆる事象を見間違えたままどんどん推し進み、当人は一瞬の差でなんのダメージも受けないが、周囲はあたふたとあわてるためで大迷惑というパターンである。

日本でも、アカデミー賞受賞作を含めて三本公開されたが、なぜこれが本国でそれほど受けたのかピンとこなかった。

実はアメリカには、W・C・フィールズという子供と女性嫌いのワガママ老人役で人気のコメディアンがいた。マグーは漫画によるその再来として受けたのだという。

ターザンのパロディー「ジャングル・ショー」に併映の「Mr.マグー」は、往年の「ピンク・パンサー」シリーズの香港喜劇風変わり種という気分のもの。でも、かつての反ディズニー派の旗頭だ

「カラスを持ち歩く男」(以下、いずれも仮題)も、男がパーのカウンターで、妙な思い出話をするくだりが加えられたことで、その"明るい異常さ"が、あふれた存在であるのがわかり、一層こわい。

圧巻は、四つ目の「インチキ商法」。「皆さんはなぜだまされるのか」と演説する男が、初演のとき明らかに田中角栄調だったのが、もう少し典型化され、リアリティーが増した。

それだけではない。このとき舞台から、演じている"虚実皮膜"の"イッセーがかき消え、そこには、まさしく自信満々の政治評論家がいた。その現象は、続く「スパイ英語教師」「街頭フォーク歌手」まで続き、笑いながら心が震えた。

筆者が見たのは、公演三日目の月曜で、客ダネがよかったせいもあるらしい。ナマの芸は、これだからこそ、とこたえられない。

面白くなった吉本新喜劇　11·10

「祝40年！吉本新喜劇〜懐かしの大同窓会」(CBC−毎日放送)が拾い物だった。

別に好きだったのではない。以前、大阪や京都の花月で、トリの漫才がすむと、その後の吉本新喜劇は見ないで席を立ったものだ。おきまりのセリフを叫ぶと全員が倒れることで笑わせようとするパターンに、すぐ飽きたからだ。

先日、NHKテレビで、吉本興業常務の木村政雄が「新喜劇から客が離れたのは、原哲男や花紀京が、トントン動かなくなったためだ」と、新喜劇の弁を述べていたが、安手のギャグを続けるためないだと小生は思う。

1998

江家ねまき猫は大器の風格　11・20

あロん、せんだち……と立ち上がって言うのだが、第二の舞台は鶏、第一夜は猫と、その出し物はさまざまだ。胸に手を当てて立ち、体を反らし、デカいサイズになるわけではないが、大器の風格があるだろう。

鳴き声自体は日常によく耳にしているというか、鶏だと言うのが耳にまとわりついてくるというか、鶏だという障害はないのだが、アメリカの部分では今や兄（江戸）家小猫が鳴きまねの勝るところもあるが、江戸に似ているようだと思う。能……

三代目の中入り後の色物だ。今や人気が高い例の名古屋・大須演芸場が古今亭志ん朝の独演会で、皮肉するTPAのアニメの実写版をデビューさせたが、制作したのは歴史の……

山田太一の傑出した虚構性　11・27

は山田太一の引き計画通りと思います。「普通だと思います。」先のドラマで、大創業で多額の負債を抱えたロ一ロ夫。「友人一人がだけど、ただだ」藤竜也が、故郷を——（東海毎日ジャ系）目で系て

が、これは瀬川昌司（正しい）の訳であるのだが、初めてのマニア、M（文藝春秋）「初恋」というのはアメリカ本国よりも、日本国よりも、日本の読者の方が……

チェーホフ自作の周辺伝記というもので、チェーホフ自身の記憶や情感に関わる映画作品に関する小事典（注）として、実に充実した第一作「キャサリン・ヘップバーン自伝」以上である。映画の訂正された年

キャサリン・ヘップバーン自伝の日本語版　11・24

監督・俳優として、ヘップバーンというスターとしての顔を持つ、「キャサリン・ヘップバーン自伝」がアンゼリカ・ヒューストンの最も充実した時期である一九七生まれの人で、映画文庫に入った訳者である——映画

「Me」キャサリン・ヘップバーン自伝の日本語版

女優ジェーン・フォンダ〈キャサリン・ヘップバーン〉が面白い。キャサリン自伝下ろされたので、その三分以上である映画が多かったが

一号「鉄腕アトム」がスタートしたとき、関川氏は中学生、稲増氏は小学生で、絵に動きが乏しくギクシャクしていても「違和感なく」感激したという。

子供のころ刷り込まれたことが、いかにその人のセンスを左右するかの好例というべし。

この番組、連続放送すれば「宇宙戦艦ヤマト」が、SFの姿を借りた軍国少年ノスタルジーであることが自然に伝わるので、は。

自伝「初代杉作少年 松尾文人」 12·8

「初代杉作少年 松尾文人」（高瀬昌弘編・ワイズ出版）は、ご存じアラカンの鞍馬天狗の、最初の杉作少年等々、各子役をつとめ、長じて大きな役となり、いま八十二歳の松尾文人氏の自伝である。

サイレント時代の撮影所の、現場の乱暴さなど、興味津々の証言集だが、中で「教え魔」になるな、かれるな、という自戒が印象に残った。

テレビ映画で志村喬の副官を演じたとき、車夫役の新人、梶（？）棒の持ち方もわからず、監督もイライラ。つい出て行って指導し、やっと形になって優越感に浸ろうとしたとき、車上の志村から「文ちゃん、クリキントンやたらとチャリ（？）もらしまへんと心に誓った──という。

教えるのは気分のいいもので、だから癖になりやすく、頼まれないのにしゃしゃり出るようになる。小生が結局"うまあ"を遠慮させて頂いた、旧知の一人もそう。

以来、淀川長治さんの口癖のパロディで"私はまだかつて親切に出合った事がない、というぶつやいているのだが、さる

から死のうと福岡県の港町へ帰ることから始まる。

そして出会った同級生の、典型的なおべらさんの市原悦子を、長崎のハウステンボスへ誘い、せいたくな時間を過ごす。そこへ、社長（藤）の自殺を予感した社員の深津絵里と、融資している銀行の行員、柳葉敏郎が後を追ってくる。

で、冒頭のせりふは、夜のハウステンボスで、ムードを読んだ深津が、柳葉に「手を出したら結婚したいものと判断します。そして手を出してくれていいと思います」と先手を打ってくだりのも。文字だけだと、いかにも自信満々のいやな女に思えるが、劇中の深津のぼんやりした口調だと、駆け引きのない無頼に誠実な言葉に聞こえる。

山田太一の傑出した虚構性はそこにある。現実にはありそうにない率直な会話によって、リアルな心理がくっきり見えるのだ。

「アニメーションの昭和史」への疑問 12·4

NHK教育の「アニメーションの昭和史」は、第一部の戦前編がよくまとまっていた。細かく言えばきりがないが、戦前は「くもとちゅうりっぷ」の政岡憲三と、「桃太郎・海の神兵」の瀬尾光世に代表されると言っていいからだ。

だが、第二部の戦後編には幾つか疑問がある。東映の「白蛇伝」（昭和三十三年）を、日本最初の"フルカラーアニメーション"というナレーションは誤り。昭和三十六年にはすでにコニカラーによる短編がつくられていたのだから。

漫画家の関川夏央、アニメーターの大塚康生、法政大学教授の稲増龍夫による鼎談が入るのだが、手塚治虫製作の国産テレビニメ第

たやしし、落語家の喜び、というか色気、といった「色」のようなものが入ると、それが非常に出る。講釈師だとその後継者として受けるには、と限りがある。京都にいる内海英華というのだが、大阪河内のアマチュアのらしいというのもいい。今回の雀松の弟子が、桂雀五郎という、もう一つ夜の音がするという無理があるのは調子が悪いというか設定がそうなのかなと、ても、大阪的な十代の雀松作品の下で、なかなかいい。夜鶴松に

描いて見えてしまい、女房の尻を「尻餅もち」を描いて見せしまい、女房の尻を長屋住まいの、まるで本性をむき出しにしてと近所の夫婦の愛きょうもいい。上方の林家小染という三味線最初に感じたのは十五から十六歳の頃だ談の第37回小説落語を聴く会への出演者は

林家小染と内海英華 12·11

てくらいう自分になれますね……

歌舞伎の解説について 1·8

NHKテレビだったか、それだけのことはやってくれた事柄が正月やお盆にあったのは、あれは教育の興味をひかれた人にとって大観衆の一人だった。NHK副音声の「歌門左衛門の歌舞伎」NHK衛星は女殺油地獄によるらしく見た。池にはその解説だがあり、健太郎とはころびのだがそれだけ分。

ちょうどそのような合言葉だ。LPレコード製というよりも発見ではなく発見感覚でもあり、くすぐられたものはなかなかだが、日本会社であるが、日本的なさというか、そこまでして、父とはいえないのだが、娘の運命が、今や日本の一人、「黒い雨」は、今年五十三歳の作家では加藤泰監督による「――」は、去年十二月に亡くなった日本映画の若い観客とターザーは七十九年前のテレビ。

アーニャ・たい市川崑 12·18

作品で、人十三歳の今、新作を準備中だという。ところで一名「市川崑屋」からのエンゼルスは、名古屋のテレビから出た大映「女」が平十三歳のテレビ「女」ついに「三十数年前のテレビだが、当時コロンビアの二十ラジオが新鮮年前のテレビだ私し。

担らしい。

ベテランの小山には、往年のラジオの舞台中継を思わせる味があり、若手のおくだは、より親しみやすく意図しているようで、それぞれに結構なものだ。

ただし、たとえば「女殺し――」を、小山氏が、徳兵衛が義父であるため、先代の子の放蕩息子の与兵衛に"頭が上がらぬところがある"と、説明したのはニュアンスが違う。"遠慮がある"だろう。

また「色暦玄治店」のおくだ氏の解説は、連れて出た小僧がどこから行ったらやったというのは"ぐれた"でいい。解説はつとめて簡潔に。

解説といえば、TBSで月一回の「落語特選会」での、橋本滋民の対談解説は実に楽しい。録画もためたことだし、CBCでもそろそろ再スタートしませんか？

落語のイメージ　　　1·12

高畑勲演出の長編アニメ「平成狸合戦ぽんぽこ」のビデオの冒頭に、本編の語り手である古今亭志ん朝の「狸賽」が入っている。去年の十月二十四日に、東京・池袋演芸場で収録したもの。作品自体が抱えている、自然環境破壊という重いテーマを和らげるためもあるのだろうが、イキな特典映像である。

いろんな落語会に行き、どうしても年配の観客（自分もその一人なのだが）が多いのを見るにつけ、落語という結構な芸も、先を長くはないのかな……と、悲観的な気分にもなるのだが、一方、高信太郎の「マンガ傑作落語大全」（「ワッとこの巻／イキだねボの巻」講談社）なんて本も出ている。

この正月、カゼで胃腸をやられ、出かけた総合病院の待合室のテレビに、糖尿病を落語で説明するビデオが映っていた。筆者は、つい、戦争中の落語風教訓紙芝居を思い出してしまった、けどね。

ともあれ落語は、まだまだ親しみやすいイメージがあるのだな。ともあれ、大物女性歌手が落語家ものまねを演ずるCMなど、ぞっとしないけど。

浅川巧の"静かな意思表示"　　　1·19

「韓国人になった日本人 浅川巧」（CBC）というドキュメンタリーを見た。

日本の植民地だったころの朝鮮で、林業にたずさわり、陶磁器や民具を収集し、朝鮮民族美術館の基礎をつくった浅川巧は、それだけに限って言えば民芸研究家の柳宗悦や、巧の兄浅川伯教のほうが有名である。だが、巧は、朝鮮の服を着て出歩くという徹底ぶりで、その彼を朝鮮人と思いこんだ日本人の横暴にも、黙って従ったという。戦後、日本人の墓の多くがこわされたが、巧の墓は守られ、今に至っている。

例えば、二千人のユダヤ人の亡命のために、ビザを発行した、外交官の杉原千畝の行動は、だれにでもできることではない。でも、浅川巧の"静かな意思表示"なら、私たちの手の届く所にあるのではないか――。

脚本・構成は山田太一。朝鮮の日本化、とりわけ暴圧的に推し進められたのは、半島の中国化、コリア化を恐れていたからだ、という冒頭の説明も手際がいい。

東京（TBS）では去年の十一月末に放送ずみだが、見られてよ

1.29 「山田太一」というほど綺麗な

夫に先立たれた妻が、いつまでも悲しみのなかにある、というのではなく、かえって生き生きと見えてくる「いう」ほど、彼女の薫が人前に出る前に、綺麗なのと見られたときも、夫の男を見た、夏、黙って見ている現れ。告げる（NHK）。腹。

千代は横みる。三回目は気づねて、あるのはある。一回目は保管した人千代で、そのふうに思う。それはいかにも自然実な事実だから、女性がいるように女は鼓をというときもてる存在が数を現在の京を打ち破られた。文楽人形遣いで女性が細かな指揮ときを含め、ことというのだが、同座のまた手上流、紙面を見つつているよりはだった芸だった。

ことに横野さんの回まで惠ね、結局は一座したマフのうちは、昔流の田中佐太郎、ひとりは師匠する大夫よりをまた出し合う男がきていたという意外なものだった。歌舞伎長男が他の職のキ上、意向に衣裳方が採用したというときだった。九十三歳だが異例の大きな志願決定。

1.22 女性がつなぐ伝統芸能

NHK衛星2で放送された芸能の世界を描く番組「女流舞踊」（三回）は、男性が進行役を務め、女の舞台を製作した女性の裏話番組を描く。普段奮闘する女性伝承の紙を引用した珠美人がある音、田中佐太郎、という師匠する大夫方を見た。

先にて、体のこなしに耳を働かせて見てきたが、ただ評判だ先達れた「マイ・メリ」原児はナイ・を見る。

2.1 「マイ・ファミリー」は着想がうれしい

マイ・ファミリーでは藤さん自身もドラマ中、傷ついたあるのは思う。だそうだ。最良の仕上がりだが、加藤治子の重言葉な言のうらも仕事、女の業の表現のうまさを日年真人に草、自分本位の老後の写真。最近でもの人にとって見はし、かけられるだろうなどというのは山田の夫のあわてぶりを、彼女は綺麗な気持ちを会世した世自然

リでぬいた三人の内臓が働いたからだ。「一人」というのは一人羽織で、見事に統率した芸の小島幸子のケースが、頭に馬上の騎士のように頭、頭脳は天才的なよう、この接点を重ねることで、応見さんが得た天馬の才能を、見事に組み立て、結構な行着がつく当の三人に、な子供のだ

で伊藤蘭の半身のドラマ中傷ついた心だが、仕上がりだ。横図屋制なのは、ある丁寧でもち地名でありのまま元の古居制だが割にし、より表現者としての山田の夫のだ

マックスの知能障害が先天性ではなく、妻（マックスの母）を殺し服役中の父親への恐怖と憎悪が原因らしいことや、二人にからむ不良グループがさほどスゴくないという設定の手加減も感じないではないし、結末も"そこまで描かなくても"と思うのだが、感動的な幕切れには違いない。小生と似たような理由で敬遠している方は、今からでもどうぞ。

いくたびもの「レ・ミゼラブル」 2·12

「レ・ミゼラブル」がたびたび映画化されるのは、登場人物に、さまざまな解釈・表現が可能だからだろう。

いま上映中の、ビレ・アウグスト監督の「レ・ミゼラブル」では、たとえば出獄したジャン・バルジャンが、銀食器を盗むところを司教に発見され、頭を殴って逃げ去る。

だから、憲兵に連れ戻されたバルジャンを、司教は"グッ"と目で

のは観客だけだ。

モテない男女の物語である。美しいリリーもコンプレックスを背負い、ハッピーエンドの奇跡が生まれるわけではない。なのに充実感が残るのは、"いまどきこれほど流行らない、内気で善良な（でも、これほどエゴはあり、その加減が絶妙）人々の、真摯な思いが切々と伝わってくるからである。

妙なたとえだが、今「トレインスポッティング」で時代にビビッドするのはむしろ容易しい。「ラブ・ゴーゴー」の方が、困難で貴重なのである。台湾映画。

「ラブ・ゴーゴー」日常を面白くみずみずしく 1·18

普通の人々の、ありふれた日常を、面白く、みずみずしく描く――作り手として、それは一つの理想だろう。が、これほど難しいこともないと思う。

それを軽々とやってのける映画作家がいる。台湾のチェン・ユーシュン（監督・脚本）。三十代半ばにしてデビュー作の「熱帯魚」（95年）も、第二作の「ラブ・ゴーゴー」（97）も、みごとな仕上がりだ。

どちらもコメディーだが、さらに笑わせるつくり方ではない。登場人物の個性から、自然なユーモアがにじみ出るから。

「熱帯魚」は、台湾の生々しい現実である誘拐事件が、意外な方向に転がって行くのだが、「ラブ・ゴーゴー」の主要な人々は、パン屋の職人アシェン（A）、タイピストのアンリー（B）、痴漢撃退のあこがれるチェン（C）、アシェンのあこがれるマンリー（D）の四人で、設定は日常的になっている。

だが、その語り口は繊細で繊細。Aが恋するDは後半の修羅場でCに出会い、その現に現れてあるBは、実は……という構成が巧みである。すべてを知っているCそしてAの店へ売り込みに行く。そしてAのパート仲間でブラインド・デートの相手は、実は……という

れたが、ほぼ少年の心の葛藤を描いた前半の話だったのだから、集団暴行シーンがあったかどうかはわからない。ただ、ドキュメンタリータッチのさりげない管理される子供たちの姿を描いた作品は、本国内容では、今池の名古屋シネマテークでの上映は随分久しぶりである。上映禁止、同接写などは画面に現われる。

本国で上映禁止の「かぞく」 2.19

映画「かぞく」はイタリアで上映された映画だそうだが、20日からの今池の名古屋シネマテークでの上映は随分久しぶりだ。今池の名古屋シネマテークでの上映は久しぶりで、この作品は本国内容では今池の名古屋シネマテークでの上映は多種多様な……

このクローズ・アップの連続、疑いようのないW.O.Wを光らせて見せるナレーション、ジェスチュアのある市長、ある段階で私は疑うことを罰金とジェスチュアの市長と高齢台……銀の燭台の主人公が逮捕、不滅のようなジェスチュア、ジェスチュアの報の線をとっていくうちに人入る……

日響過去を葬りさったのだが、北りつづけるだろう。ただこのクローズ・アップの連続、疑いようのないW.O.Wを光らせて見せるナレーション、ジェスチュア……今から本気になるというのはジェスチュアではないか……

今村昌平、全盛期の作品 2.23

ほぼ三十歳と同様、新作を現役でつくれるというのは、今村昌平が今や日本映画の巨匠「今村昌平」の1人だ。今ならキネマ旬報の傑作選で充実した資料価値的な中編「西銀座駅前」、日活全作品集のL・D・C（レーザーディスク）で映画を見るというのは……

悪等に図にのせて主演する「豚と軍艦」ほどリアルなキネマ主演して身をくねらせての欲望を巻きこんでいくような「果しなきと欲望」、同じくキネマの反映したため中編「果しなきと欲望」、ああした役者、吉村実子を中心にして「赤い殺意」に出したのだが、今や旬の出しきたもののように思われる巨匠「今村昌平」の1人だ。

村昌平、同様相現役で撮るというのは、今村昌平にとって名人類入門ドラマ「人類学入門」ないしドキュメンタリーだ。「エロ事師」生からドキュメンタリーだ。「エロ事師」はりだからその時代の前提作品では評価しておきたい。今……

村昌平、今ではなく、祝三十歳と同様、ごく1位だ。

以前略省略理由だが、NHK教育テレビで短ドラマによる行放送されたかどうか、ああいう意味があるかどうかは、子供を描いているのか見てみたいという映画だけで……

LDCで見るというのは、LDCの美化をどこまで思うか、スカパーの日本映画専門チャンネルで放送されたのだが、子供を描いているのか見てみたいという映画だけで、前者にある今村昌平「今村昌平全作品集1」日活全作品集の（レーザーディスク）LDCで映画を見るというのは、子供を描いているのか見てみたいという映画だけで、今村昌平の巨匠の河川三雄風野者

「てなもんや三度笠」の殺陣師　3·2

的場達雄さんが亡くなった。享年七十四。

殺陣師としての名が全国に知られたのは、なんといっても大阪朝日放送制作の公開録画コメディー「てなもんや三度笠」である。

一九六二年五月から、六六年三月まで続いた番組だから、的場氏は三十代の終わりから四十代にかけて、アラカンのあがりきった時期の仕事と言える。

現在、通販（ワールドファミリー）で発売しているのは、演出者の澤田隆治が、ホームビデオ録画で保存していた映画「誇りと情熱」がヒントだという"大砲シリーズ"の末期以降のもの。明治になってからは立ち回りもなくなるが、元来チャンバラはこのシリーズの見どころで、喜劇ながら気迫十分。その合間にあるおかしみが倍増するわけだ。

当初、タイトル前に斬られ役だった次郎長一家の時次郎の前へ、脚本の香川登志緒に扮した的場氏登場。「ここが作者の苦労するところです……」にはひっくり返った。これぞ正調"楽屋オチ"!?

バスター・キートンの字幕に注文　3·5

「バスター・キートン　決死の演技に賭けた男」をNHK・BS2で見た。

イギリスのテームズテレビ一九八七年制作のドキュメンタリーで、日本でもビデオ発売されたが、今は廃版。

三部作を連夜放送し、毎回、続いてキートンの長編を放送するという構成が、気がきいている。

サイレント時代のコメディアンの例にもれず、体技の天才キートンだったが、なお昔受けたギャグをくり返していた。役者の芸のパターンは、意外に限られているのかもしれない。

ナレーションを日本語にせず、字幕で通したのも結構だ。ただ、訳がどうもよくない。ベテランの岡枝慎二なのに。

たとえばミルトン・バールのジョークで「叔母が海で灯台をやってた」と字幕が出たが、ちゃんとライトハウス・キーパー（灯台守）と言っている。それほど超現実的なギャグではないのだ。

また「ピアノの調律をする魚は？」の答えが「まぐろ」はシャレにならない。ツナーと発音していて、日本でもツナは通じるのだから、そのままの字幕でいいのに。

聞きもの伊東四朗　3·9

NHK教育の「未来潮流／いとうせいこうのアチャラカ喜劇の危機を教え！」を見た。

いま受けている若手の芝居を見たという若手の演出だ、というやぎ、その主宰者のケラやリーノ某に会う。こちらがキートンを批判し、ケラはこちらの演出作やティポイズ公演での客演を逆に批評するところから始まるのか。

——という期待は瞬く間にほぼ崩れ、以下、いとうと小劇場の若手主宰者たちとの、具体性に乏しい応答になってしまう。

いくつか紹介される舞台の一場面の中で、別役実の「病気」が面

大河ドラマの「赤穂浪士」の常勤で優勝し、NHKで優遇された声優である。物まねの元祖と称しているが、桜井さんの歴史は古い。一九五三年五月、ラジオ「声色の会」の自慢のど自慢にパイロットとして出演したのが、物まね芸人の始まりだという。その後さんは、歌舞伎や古川ロッパ、新派の役者といった役のネタが十年、宇野重吉や林与一の声が重なり、三十代の半ばまでに。

物まねの元祖さん、長一郎さんを例に引きながら、「芸で東宝をして伊東を聞きまねして、ものまね芸人の一番名のあがる現役であるようだ。斎藤晴彦演出で構成した「歴史喜劇人、伊東四朗と結成

3・12 桜井長一郎の物まね芸

堺正章のものまねのうまさからすると中村メイコあたりで、しかも高平哲郎が一役買った芸で東宝四朗が本来理だが……。あなたは「空飛ぶ雲の上団五郎一座」再来の舞台を面白がるだろうか？

白から高平哲郎さんがすすめてくれた新劇俳優の第一人者、伊東

──

だからねるべきかも自然は自然の力、人類のおろおそるべきものだが、怖しいのは自然だというおれはそれより承知し、あれ以前からのおきてに、自然は敵にし、自然は味方としているわけだ。自然保護という言葉のある現実であるが、人間が同じ自然の上に立って自然を行なっているという事実だけは否定できない、わかります。「自然というのは殺すなり助けてくれる相手なわけで、それを保護しようなど傲慢きわまりない、保護という言葉をぶんなぐりたくなる感じです」。この自然保護という言葉と同感の見、たいへん興味ある番組だった。

光月昭氏がNHKの「動物写真家の告白」に出演したテレビジョンでは、アリゾナでサソリやガラガラへビやトカゲらの写真を撮りにサソリ等を回る写真家の合いをき。

3・16 若山光昭の言うことにゃ四つ

物まねのある彼は、歌まねもうまいが自身の工夫をこらしてた歌道であるテレビジョンで名前は知らないが、森昌子など物まねはうまいもので、あの人だ。彼の物まねはだから今の作る芸人の余技とは違う、芸術的な面

ＣＧと人形のアニメ対決　3・26

今池の名古屋シネマテークで二十七日から始まる「ロシア・アニメ・ビエント映画祭」で、最初の人形アニメーション作家と言われるＬ・スタレーヴィチの「カメラマンの復讐」（12年）が上映される。

カメラマンの亭主に、キャバレーの踊り子（トンボ）を横取りされた映画カメラマンのバッタが、浮気の現場をカギ穴から盗撮して……という喜劇。昆虫があまりにリアルなので、本物の虫を使ったのではと言われたほどだが、主な素材は毛糸革だったらしい。

一方、いま各地で上映中の「バグズ・ライフ」は、ＣＧアニメで虫の世界の哀歓と闘いを描いた長編。日進月歩のデジタル映像だけに、虫たちの立体的存在感は、プラスチック人形を思わせる。

これで、伝統的な人形アニメは遠からず消滅するだろうとの声もある。確かに、セットに人形を立ててコマ撮りするのだから、動きにもバラつきが見える。なのに、清らかに動くＣＧよりも、アニメーターの芸を感じさせる瞬間がある。

八十数年を隔てた立体アニメ対決だから映画は面白い。

山田太一「春の惑星」の会話の妙　4・9

山田太一のドラマは、しばしば登場人物が〝まれいごと〟の裏をかかれるのが始まり。

「春の惑星」（ＣＢＣ―ＴＢＳ系）で、商社の面接試験でともかく受け答えが試験官の緒形拳から「男と暮らしてるだろう」などと言われる。的中しているだけに一層くやしい彼女からそれを聞いた同棲中の壱成は、緒形に激しく抗議するが、酔った緒形がその場で倒れたため、彼を自宅へ送り届けるハメになってしまう。

海外で嘱望されていた仕事人間の緒形が、久々に帰国した本社で評価されないのが不満で辞表を出したら、あっさり受理されてしまった。

攻撃的にふるまう者の打たれ弱さ、大人のメンツの情けなさ。人々のそうした内面が露呈され、初めて本当のやさしさ、思いやりが見えてくる。

さて、そんな基本構造がわかっても、山田脚本をまるで飽きられるものではない。まず会話の妙。緒形としだのやりとりのおかしさ、その一つを固辞したのに次の場面ではけろりと従っている山中貞雄風のユーモア等々が、感銘を支えているのである。

パロディーは本物より面白く　4・20

新「古畑任三郎／若旦那の犯罪」（東海・フジ系）を見た。

落語家の世界を多少は承知している小生だが、そのリアリティーを抜きにして見ても、替え玉が稽古をつけてもらい、替え玉が落語会に出演してだまし通せる、という設定は無茶だ。師匠とソックリの目だろうと、落語会は老人ホームの集まりだからという理由づけも、小バカにした話ではないか。実力はないが人気者の若手落語家が、古典を不勉強だからといって、先代文楽の十八番の「干物箱」を知らないはずはあるまい。

その前の、二時間十四分枠の「黒岩博士の恐術」が、まだあるある出来だったから見たのだが――その「黒岩博士――」にしても、田村に犯人役の緒形の掛け合いのおかしさが見どころという程度で、古畑のゆえの明るい目。監察医の計画殺人にしては犯行が無謀すぎるし、

らっと海外ドラマというのは、いかにもアメリカというか、偉大なるアクセントのあるビエがうえネキの「水戸黄門」はロケ地がアメリカになったからするだけだ。なんて変わるのだ。

ドラマの中で応答する数少ない事例だとしても見るとしたらこのビジョンは一刻を争うドラマに入るのだろうけど、今や実感するように設定にしてケースの向こうを考えたものだ。それを撮影するとしたら第2医師が編み出す局が。その素材な。

本国ではＮＨＫのＢＳの四月五日目から放送されたドラマ「ＥＲ」は第４シーズンの第4話、ページのシーズのシーンだったのだ。

『ＥＲ』のビジョナイツ 4·16

しょうか。ポボーは全体が「ボ」と「ア」にわかれているらしい。「ア」は「ア」というのだが……「ア」のビジョアイ(?)というのだがロケ地を元は――は「刊事」というのは岡本喜八の名作「来――」を生み岡本物の三谷面白い。本物ユーコロ。中高年の東京・渋谷の。

すると対象をそとしても外国か見られるから人生上のものか絶妙な出来しているから労働者たちが一人しばいたしたが居周囲に連作自身リアリティを当の本。

鉄骨という「伝言ゲーム」で人事な関係性がつっと起こる(?)に。だがそこで突然すれ違いが三十歳のサラリーマンですか? と言い渡された男は「こに……」おそらくこの実に虚ろなアメリカに収められる男はこの次載。

『アンビリ』は会話のセンスが 4·27

今回の演出は出い例形の信頼だといた大きなネタは登場するように何かを公演を見る。

お父さんとジオビジョアイ仮眠としたらた居眠りとた居ながら仮眠としたへ自分へそのホテルヘ自分なのは実になへらとへやや少年の男に話したら面白いがつい面白く見える。

ドラマー尾形の対象を直視する目 4·23

愛憎劇は、行動的な女に、世間の男どもがふり回されるのが基本型。また、日本の夫婦漫才がタテマエ上、男社会の、男の観客の、優越感と共感の入りまじった、日本がカカア天下であり、実は女に首根っこを押さえられていることを承知の、伝統的な笑いで受けてきた。

だが、能力、行動力、経済的自立が普通のことになった昨今の女性も、"弱"がってみせる、テクが使いにくくなった。ぶん、また違う女性らしさも生じてきたのではなかろうか。

一方、タテマエを演じなくてもよくなった男たちの方に…。監督・脚本の大谷健太郎の会話のセンスは、日本映画には珍しく主役四人も自然にうまい。ただPFF(ぴあフィルムフェスティバル)出身の彼のおもしろさがあると思ったら、やはりそうだった。それを超克した次回作を見たいな。

シャープだった桂枝雀　4・30

先日亡くなった桂枝雀は、前名の小米時代が最高だったと思う。とりわけ襲名前年の昭和四十七年ごろの、名刀村正のごときシャープな高座は、ゾクゾクしながら笑い転げたものだ。

この年、名古屋へは、今は亡き吉例の「小米・春蝶二人会」と愛知県文化講堂の「米朝独演会」で来演。前者の「天神山」「口入屋」、後者の「まんじゅうこわい」、いずれも堪能した。

だが、最初のうち病気がちで暮れごろから始まり、四十八年の二月には「舞台がこわい」状態。それが二カ月半ほどで回復し、同年十月には二代目枝雀となる。大仰な表情と身ぶりの爆笑王はこのとき誕生し、落語ファンそっちのけの枝雀人気が、一気にブレークした。

独特の理論家で、批判も強烈、気性の激しい人なのだ。SRと称する秀逸なSF的小ばなしも演じた小米＝枝雀師の素顔であるが、襲名を機に、その本来の性格までも改造しようとしたのだ。外見通りの"お稽古"で、そこまでやりきったが、ある天才枝雀を、これまで支えたのは、ひとえに志代夫人の"内助"だったのである。

六輔・楽正・米朝の公演　5・14

NHKBSイベントホール「六輔・楽正・米朝の三重ね公演」を見た。

愛知県扶桑町の文化会館は、専門業者に頼らず、ボランティア組織による自主公演を試行錯誤を重ねつつ続けているという。

山村楽正の地唄舞は、ゆっくりした動作の中でひろがる、鮮やかなアクセントになる。

これを最初とトップに置いて、中段は永六輔・楽正・桂米朝の「重ねる(目出たい)文化」についての座談会。"目出度目出度が三つ重なれば(目出たい)"は重たかろう、"お鏡"は二つ仲よく重なり居れど、末は焼いたりぜんざいにしたり、米朝がロずさむ都逸の軽妙さ。舞台を終えた楽正の「お目出たいことでございました」という関西弁の謙遜も、まさしく文化だった。

永六輔ニュースラウンジスピーチ「少子化と介護保険」に続いて、米朝の「替り目」。体調のいい高座でも見られない味なものを見た。

扶桑町に限らず、地方の市や町が、名古屋でも見られない味をすることがある。多チャンネル時代にソフト不足といわれるが、こうしたものを、と放送すればいい。

であり、続けて論を連想させるのが大看板と流れたのは由利徹だった。だからおかしかったのだ。というのが「下半身」の、わが国本人の喜劇

5.28 由利徹の芸の引き出し

そこで放送されたのは「ス」という、すべてNHK BS2は肉体言語を置いてコメディの古典二十一日だけど、依然たる大顔しい放送だろう。盗聴…「鉄人のテく」のWOWOWのアニメから

また、ジャンル深の果ての「今夜」。ジャーナリズム同今夜NHK GKカを念頭に置いてコメディのバージョンとなるとは、「盗聴…」後便なら深夜ぐらいしか放送のたびにある三つ、WOWOWの「鉄人のテく」のアニメから

旅路たちのは恋うえん四郎監督でさせた深夜世界博覧会が放送した人住むコメディー立ての孤独重鎮さん先月番組がNHK BS2の劇映画が面白い。内容だけでなく編成が

道子のたった主演作だが、東宝番組立ての面白いヒロインを演じて、社長にもないヒロインを演じて、恋路「盗聴」発作を含め四本未公開守線が立つ日本立てで、恋路と渡ってワイラー立てに役立

5.18 NHK BS2の劇映画の編成

6.4 ベイ・デイヴィスの名画二作

いうことだから、そのうちのどちらかを見落としてもよいというものではない。

今回はWOWOWのおねがいだっただけに、ただ単に演技を見せるという要素に独自性が強いが、これは人間の普遍的な悪女の表現に徹しているため、前月の映画女性だが、彼女最初の名演だろうという作品に仕上がっている。

小気味よいカラッとした笑いをそのまま表に出しただけだ。だがこれをヒラリと見せるワイラーWOWOWの主演の女優の「黒蘭の女」（38年）「月光の女」（40年）——ワイラー監督のため二度も放送して

手し返す「場」で「実はこれは犯人だとなぜ言えたのか」という困惑の役者の芸が引き消して一人だけ、具体的な

デ役の者がユーモアというもので下手くそだったら今やり様をちょっと引っ込めて、場数を打たれた両手を前にすっと突き出してこの役者なので面白い。おかしさをこらえ、由利徹どのNHKとやらが残念ながらこの由利徹どのだ。実に名妙なる軽妙な表現だ。お縞をうんと頂戴喜劇・故市川威の、ロ

佐山俊二歩きを続け、山崎努たちの忠臣蔵の名優たちが何度か参照がある。それも与えられてその芸が持ち味

「痴人の愛」（34年。J・クロムウェル監督）を、アイ・サイ・シーのビデオで見るとするか。

映画、テレビに限らず、いつの娯楽も、その時代の若者に媚びて人気を得ようとするものだ。だから、お互い、トシをとったら、自分の世代感覚に合うものを相応に選べばいい。探せば結構あるので、すよ、こんな具合に。

モニュメントバレーの見せ方　6・8

NHKがハイビジョンのPRに懸命である。

「ハイビジョン体感生中継／モニュメントバレー」は、筆者はBSで見たが、現地は二、三度訪れたから、すでに走査線ヌキで"体感"はしている。

奇岩怪石が林立する印象的な荒涼たる風景は、「駅馬車」（39年）をはじめとするジョン・フォード監督の西部劇で、劇的に生かされて全世界に認知された。

だから番組の中でも、「駅馬車」「荒野の決闘」（46年）などのラッパが流れたが、「アパッチ砦」（48年）「黄色いリボン」（49年）が出ないのは手ぬかり。というのは、この地をフォードに紹介したくだりのリー・グールディング（？）が経営するロッジの一部が、ロケ・セット（騎兵隊の砦）として出てくるからだ。

ここで実は、サイレント映画「滅び行く民族」（25年）がすでに撮影されている（名古屋市芸術創造センターで上映されたことがある）。

いずれにしても、二時間岩山だけというのはキツい。立木義浩アナウンサーに再三問いかけられ感想に窮していた。動植物などに

も話を広げなきゃ。

イチローのファンサービス　6・11

六日の夜、つけっ放しのテレビを眺めていたスポーツニュースで面白い光景を見た。

当日の日本ハムーオリックス戦で、仰木監督が審判団に抗議して試合が中断。するとイチローがグラブを持つ観覧席の少年ファンたちとキャッチボールを始めた。あ、日本の野球も、いい意味でアメリカナイズされてきた。

小生はスポーツ音痴である。というよりも、スポーツにまつわる熱狂的な気分が苦手で、もっと引いているのだ。

熱狂自体は悪くない。たとえば、判定をめぐってトラブルが生じたときは、選手たるもの、打って一丸となって審判に迫らねばならぬ、みたいなムードがいやなのだ。

オリックスの選手であるイチローだが、今回の抗議内容は彼に直接かかわりはない。十一分間の肩慣らしサービスの相手をしてもらえた少年たちの喜びようと目の輝きは、試合以上に感動的な光景だった。

そんなイチローを不謹慎だバカなどという野暮天は居るまいね。やがてその少年たちの中から、第二、第三のイチローが生まれるかもしれないのだ。

年輪や役柄で一変する女優　6・18

NHKの朝ドラ「やんちゃくれ」→テレビ愛知―テレビ東京系の

り、怖だが新人「チェ」だが受けとめたからか演美青
以外、チームのやすらぎもさることながら、外山恵里が
何かと管理内をナイトを気を配り、というのは事実だ。制作者が
あるのだ「よし」の少なくせ雨宮扇子を
育てて、少なくせ雨宮扇子を
画面から見るという印象から限りあるのを見
あるくという
印象から限り見

テレビは成長過程を見せるもの 6.25

だからこそ（テレビ）では第一女性人力的
俳優・ラ・サー（アヤ体日）は女優として
終わるのを見たくない、というようなことを言ってみせる。その芸域の広さを指導士が
見るたびにかのように、だしたくなった年輪を重ねた役柄に一変して
男性コメディアンを誘惑する母役という
傑作コントの「Eの」「R」の
人は「E」の
子供を産んだばかりの
未婚のママは
再放送を見たら
オンエアーを見たら
大立ち回りを見る。「高田聖子が
感動し、彼女とは
流れるようにしか
古田新太らのＴ・
高田聖子をＥＡＢ知ら
知らない医
師 三年ほど前だ

歌舞伎を下敷きにした落語 6.29

落語と言われ文字通り江戸
歌舞伎と言わ、天神山「神山」
通りの大阪歌舞伎や歌舞伎
歌舞伎は浄瑠璃を下敷きにした
流行り、上方落語「平凡
歌舞伎の若男女別るだけで
葉子や鼓などだったのだ
音数にかなる至芸が演奏し
原典というのは連想やいや
落語自体として演じられる気だ
落語の中に忠臣蔵や
「名作を一体として言われ
もさることだから、テレビのサイ
の結果がのサイ回のものも昔は多い

大田博著「落語と歌舞伎
サ・大田氏の文章だ
が時代に文章は
変化するものを
健常す者すい読み
手際不断だた
健業す者るのを
の幸助の「調乱の語
し、ほと残り、容を

小物やことを時に
同じようなものとし、「T
るようにさせた。Tをとても
のか調合と書、ＴＢＳ
なり竹内結子なってまる笑
れば海老さまナ・菜々緒が
には江どりからみまるというＴＢＳ
るロ南が世界いうようなアＴＢＳ
ものもＴＢＳで読むのが
テレ化番組としなったのにな
レビ化化していうようなテレビが
だろうまで。「女性限りの番組
かＣＳ化していたンジャー一
か先化しているたか目指すまでの
候補化したのがあったカメラー
ようなスタジオにミキも祖しり
る語スほとえるようなたちポー
指し、だとなるような組ス女TＢ

ところ（二二勺）というのは弱さがある。落語は別に〝意志薄弱〟なものではない。それを言うなら融通無碍の方でしょう。

対照的な紳助とさんま 7・2

明石家さんまと島田紳助は、二、三歳違うように思えるが、実は紳助が一つ下なだけ。差は九カ月ほどである。

「開運！なんでも鑑定団」（テレビ愛知＝テレビ東京系）を欠かさず見ているのは、紳助の司会が小気味いいからだ。出場者をからかう時も、テンポよく畳み込んで、サッと切り上げるその呼吸。

少年が持ってきた祖父の骨董品を、ゲストのやしきたかじんと二人で散々こきおろし、高価とわかったとたん、並んで少年に土下座して謝る。抜群のパフォーマンスだった。もちろん打ち合わせ済みだろうが、そのわび口上のおかしさ。

一方、「さんまのまんま」（東海＝関西テレビ系）の明石家さんまは、時としてゲストいびりがしつこくて、西の萩本欽一的になることがある。だから、最初に相手を過剰に持ち上げると、あとで強烈に落とされるのかと身構えるほどだ。

紳助は、たばこの広告に出て批判を受けたが、だいたいは吸う人のマナー次第。「――さんま」でさんまが、平然とゲストに吹きつける方が不快である。相手に喫煙の了解を求める姿勢、見たことがない。

ガラス絵で描く「老人と海」 7・6

大型映像作品「老人と海」が、新宿の東京アイマックスシアターで封切られた。

と聞くと、S・トレイシー主演の映画（58年）を懐かしむ人もあろう。今回は、E・ヘミングウェー生誕百年記念の、40分の中編だが、うち23分がアニメーション。それも〝ガラス絵〟の技法による作品だ。〝油絵アニメ〟が、ビル三階分の大画面に躍動するのだ。

作者は、まもなく42歳になるロシアの俊才アレクサンドル・ペトロフ。ガラス板に描いた絵を少しずつ描き変えながら撮影してゆく独特の技法で、だから抜群の造形的記憶力がなければできない。筆者の知る限り、これを用いる作家は、ペトロフを含めて三人しかいない。

画面いっぱいに巨大なカジキがジャンプする迫力は言うまでもないが、夜明け前の闇の浜辺に出漁する人々が、カンテラ片手に三々五々集まってくる場面など、実にいい。

いずれ、名古屋港水族館のアイマックスシアターなどでも上映されるとだろう。水族館内の巨大スクリーンで「老人と海」なんてあつらえたようではないか。

桂雀松のスマートでダンディな芸風 7・9

「第39回小牧落語を聴く会／桂雀松独演会」を商工会議所会館で見た。

その前日、小牧中学校区健全育成会の集まりで、ジャンボンの前に「桃太郎」を一席やり、この地に一泊した雀松師は、四月に亡くなった桂枝雀師の三番目の弟子。多士済々、バラエティーに富んだ弟子連の中でも、芸風のスマートさと群を抜いた存在である。

この日に演じた小佐田定雄作「マキシム・ド・ゼンザイ」は、上

1999

監督で話だ。一
35年の監督作が今
月のキネマだ。自
身が主キャラクタ
ーでもある、Ｗ
ＯＷＯＷでは自身が主
演作「群衆」の
歓声「アジョ」（32）
として…

なを人ると駅を
う男はどれも
かが原文だがキャ
の盛り上げがス
たキャラクター
に新聞社「二ュー
して読み返した
Ｗ三年の主演から
Ｗ主演「……」が一
つの名論考だ時代
ＯＷの演奏専門な
ど活気のある出
かえド・ライホ本の
音

彼とそのキャラク
ものだっても読み
えるもん！がエ
ッチでキャラ一線
三年の主演を「折
映画には自身の小
ＷＯＷは集中的な
Ｗのソフトを見た
時代からの表的美
…生年まれ集中的
に放送された
当時人とし番
（山田宏一）訳
早川書房刊なる

7.13 初めて見るキネマ映画

校たち新鮮に聞え
もした古典に三年
らずな身と前から
まうキネマだった
かが現代的なものだ
目に調子のお好例
れる達するアナクロ
ニズムのこの人
になったとしても
んエイゼンシュテ
イのメカニスムを
ののエキスを入れた
芸術風景で、松竹
一へ達する松竹が
ないようなキネマ
た工夫をするた
る現代へのキネマ
れる米朝・な
朝

キネマ著者の四
ルカの四代目桂文
方身の幸福桂三作
左々代目桂三文改
良」作品せん。
かえ佐々良を公社
「大阪とネマを
雄田定雄裁一善
一公社（!?）の
作品だ
米朝ー

7.30 増村保造が語る船越英一！

「映画監督・増
村保造が語る
船越英一！の
世界」増村保造
（バンダイ・ビ
ジュアル刊）
大判五・
判を買った。三

この七月のキネマ
におもだちどデ
ィレクターは日本の
次は八月二十三日前
95年、アメリカの
イギリスの脚本が
となり四十三年前に
になるのだが映画
とどうどうたるラ
ストになるのか映
画演出の世界から
大判五、

「恋だ」と消えよ
けれど幼児にに
た多数多種様々な
複雑な現代で
ＥＲカの再誘
教命な行動を
のアッカーな
過激なう選択に
れたとき「重
悪役選ばまで
たた医師どと
でも運べまか
の刑事どもに
供ばどはなだ

先日予備選一容疑
と見なめ女性視
ら今見当女児誘
たのう事件ＲＯ
だＲその海外から
でしての第一第
のたしテレよ名
本がキャストで
れ犯ドラマ・第一
ロ「容疑者」（ト
ったとＨＫ総合ジ
た第四シリー
の名外ジを犯ジの第

7.27 第一容疑者「はるかなる今日」

だろうきら
まるでと語る。
今回は幼稚視ら
見てとドラマを
見たのだ「今は
＜第一容疑者＞
見ラ・シリーズ
の第四話ＮＨＫ
一話

還暦を語るこ
と歴を過ぎても
う。初見参でも
目見た映像は
作はる結構ある
ものの
だ

七〇 持ち重りのする力作である。

前半の評論集は、ひとまず後回しにして、出演者やスタッフが増村を語る後半から読み始めた。論者や増村の文章は「キネマ旬報」や「映画評論」で、リアルタイムで読んだし、どのみち作り手は、論より証拠(作品)なのだから。

だれのインタビューから読んだかというと、船越英二。もともと大好きなのだが、とりわけ市川崑、増村保造といったモダン派の作品でのエキセントリックでスピーディーな快(怪)演がこたえられない。増村の「暖流」(57年)の、破産しかけている病院の院長のドラ息子役など絶品。

——だが、語っている内容は、他の人々に比して意外なほど普通。NHKの「人生いきいき」に親子で出たときの息子栄一郎の言によれば、家庭では常識円満な人らしい。キャメラが回り出すと一変する、という、理想の役者なのだろう。

いろいろ言っても、監督は作品、役者は演技。「男はつらいよ・寅次郎相合い傘」は、もっと船越英二で評価されていい。

映画館の場内アナウンスの声　8·3

映画館の場内ナウンスが、テープ録音になって、すでに久しい。省力化、自動化の時代だから仕方ないのだが、録音のマニュアル通りの無機質な猫なで声で「ごゆっくりナウシミクダサイ」などと言われると、なんだかサムい。

昔はナマの女声。不慣れな案内嬢もいて、たどたどしいのも愛まるだったり。

場末の館だと、中年の男声のこともあった。壇にきちんと両手をついて——という口調で、映画が任侠物だったりすると、雰囲気満点だった。

名古屋のミニシアターには、今も肉声アナウンスの館がある。

昨今悩まされるのが、上映中の〜の音。そこでA館は「ポケットに、携帯電話などをお持ちの方は、呼び出し音(着信音)が鳴らない状態にしてくださるようお願いします」とアナウンス。B館では「アラーム音をお切りください……」。むろん意味は通じるが、アラーム音は警報の意味だから"コール音"が呼び出し音が適当だろう。

肉声には、はっとさせる響きがある。内容が行き届いていれば、なおさらだ。

「夢の興行師・バトゥ」はドキュメンタリー　8·17

NHK教育の「夢の興行師・バトゥ インド巡回映画の旅」は、なんとポーランドのドキュメンタリー(98年)で、サンフランシスコ国際映画祭の受賞作だった。

カルカッタのバトゥは七年前に強盗団にさらわれた奥さんを捜すのを兼ねて、インド中を回って上映している。助手は八十歳のマニーと若いアミット。興行一回六百ルピー(約二千円)が相場である。

村の空き地にスクリーンを張り、発電機を回し、今や日本でもカルト人気の英雄活劇を上映する。「映画を見れば子供たちはもっと賢くなるよ」とふれて回るバトゥ氏は、映画によって人々の生活まで変えられると思っているらしい。

その彼が、神父の依頼でハンセン病の療養所を設営中に、高所から落ちて入院。その間の上映を仕切るマニー老人は、いつもより

喫煙家だった父　8.20

虚弱児であったらしい私は子どもの頃、二度ばかり肺炎をやって来たが、若過ぎて記憶にないのが残念だ。その時に往診してくれた医者が父の兄だったというだけで、別に医者の役を継ぐ次第となるのだが、喫煙の習慣を吸収してしまったが。

ただし——もし著者としても気になるのは喫煙家という人が普通に吸える海のあたりが無難だろうか。自身の判断が吸えなくなるのが、つい他人の煙草を排他的な嫌煙家と常識が呼ぶにはあまりに便利な慣用語の結構なのだが、禁煙運動が論理的嫌煙家と言えるかは、巧妙に思えるだろうか。筆者のような別のことを言うメンバーか。

後輩としても普通に吸える海のあたりが無難だろうか。つい他人の煙草を排他的な嫌煙家と常識が呼ぶにはあまりに便利な慣用語の結構なのだが、禁煙運動が論理的嫌煙家と言えるかは、巧妙に思えるだろうか。筆者のような別のことを言うメンバーか。喫煙の習慣を吸収してしまった。

結果としては吸えなくなるのだが、あるいは吸えるとしてもまた普通に吸える海のあたりが無難だろうか。「行」愛煙家の地獄の海外旅行のあたりが失われているのではないか?

は香港風活劇を飲み込んで、新宿酒場を続けていくのだが、各々の映画は初めのようにそこに立っているのだ。村長う

名古屋が舞台の推理小説　8.27

あるが昔、東京を舞台にする推理小説は「平和な殺人者」だから殺人をしたのは「光文社」のものしか書けない(?)という随筆を読んだことがある。都市計画道路の名古屋は昭和三十五年だろうら。

笑えるほど同じ種類の天才ミュージシャンが終わるころには、ついユーモラスなのだが、「ちょっと待て」と突っ込みたくなる刑事物語コーナーを引き退場のある道を笑いに行かないとすかして隠しておくゆえにかえってあの大滝秀治が自然な流れに乗って現れる。温泉宿の長へ答え関根宿の気持ちもよく大満足である。

真物と真似というのは大滝秀治という志向のある人物だ。森昌子の喜劇ラインの彼の真似は「真似」の芸人的な、いわゆる本気のたまものしてジョーク系に昔から定評のある一人がある。西伊豆へ民藝の一人旅をテーマに持つ番組だ。

関根勤と大滝秀治　8.24

NHK BS2の「真似」が、ただの真似だった……!

関根勤と大滝秀治

た、大半はまだ空襲の焼け跡のままで、食べ物も粗末だが、キツ
ネが落ちたような解放感があった。

そんな時代に、高校生の主人公が、級友の女生徒にまつわる殺人
（に始まるらしいのか）事件を、シロウト探偵となって解明する―
というもの。名古屋生まれで、当時は高校生の辻氏だから、東外堀
町、栄町、丸栄デパート、日活スタジアムという土地勘は懐かしく
もまた確かである。

もうちょっとだけ書くと、中には巨匠エラリー・クイーンの名作の
トリックを用いられている。これはイタダキではなく、いわばミス
テリー・ファンへの目配せ。真犯人もちゃんと〝意外なあるほどのス
人物なのだ。

事件の原因も、この時代だからこそ話としては陰惨なのに、読
後感の爽快さは、むしろ青春小説のそれなのである。

ヒッチコック「サイコ」の衝撃　8・31

スリラーの名匠A・ヒッチコック監督の生誕百年を記念し、「サ
イコ」の再映画化版が九月十一日から名古屋などで上映される。
一方WOWOWは、ヒッチ作品二本と、その前に「アルフレッ
ド・ヒッチコック天才監督の横顔」というドキュメンタリーを、
九月一日深夜に放送する。

アメリカによくある番組だが、中でもこれは上出来。当時の出
演者やスタッフはもとより、「L・A・コンフィデンシャル」のカー
ティス・ハンソン監督ら、現役のコメントが面白い。

興味深いのは、渡米してセルズニックと契約した八年間は、作風
を文芸調に抑えられ、他社へ貸し出されて撮るものの方に才能が

発揮されているという事実である。

当時としては〝掟破り〟をやったホラー映画「サイコ」（60年）
が、アメリカでどれほど衝撃だったかあるためであろう。現在
のジャケット・ローが有名な〝シャワー室の殺人〟場面の合間に
顔を見せ、ヒロインの心理を説明するくだりがハイライトで、
「サイコ」も三日に放送される。

映画史的にも〝面白くなるために〟秋の訪れである。

吉朝と千朝は好敵手　9・3

桂吉朝・千朝の第二回二人会を、大阪のワッハ上方演芸ホールで
見た。

千朝は桂米朝の九番目の、吉朝は十番目の弟子だ。ただし千朝は一
時期落語から離れ、先年正式に復帰した。

吉朝はまず「理の化け寺」で「独演会と違って肩の力が抜け
ますナ……」というそれから。

無住の寺の草を刈った鎌のフンが無数にあり、「ほんにくさ
い」だという人足のシンを親方が無視し以後、駄ジャレのた
びに一発お見舞いするくだりだが、若い客に大受けだ。さら
にダレ気味な演出をすると、土木業の親方が「火の玉の電五郎」と荒くれ
男たちの姿や、夜半の荒れ寺の不気味さが薄れる。難しいものだ。

千朝の「景清」は、復帰直後の戸惑いがふっ切れた様子で、口調
もしっとりとキレがいい。二席目の「夏の医者」が桂枝雀風なの
は、たぶん意識してのことだろう。

トリは吉朝の「千両蜜柑」。蜜柑問屋の主人の〝大阪商人の魅
力〟の表現を、米朝から引き継ぐのは、この人なのか。

1999

千朝も吉朝も四十代前半。親友にして好敵手の二人会は目が離せない。

立川談春の「大工調べ」　9·7

東京・池袋演芸場で、吉川潮特選余一会を見た。ふだん寄席では見られない立川流の噺家も高座に上がるのが〝特選〟たるゆえんか。

色物（寄席の唄）の柳家小菊以外は、開口一番を含めて落語家が七人。立川流ミッキー亭カーチスの「あくび指南」は、外国人を連れてあくびの稽古に行くという半英語落語で、いわば〝色物落語〟だが、これはこれで面白い。

人気者になった立川志らくの「青菜」は、受けることに安心している様子がある。その点、マクラをほとんど振らずにすっとネタに入った立川談春（志らくよりも若い）の「大工調べ」は、この日の収穫の一つで、大工の棟梁のタンカも快調。ただ、大家がすでに大声でスゴんだのだから、それ以上に声を張らないと痛快感に乏しくなる。

小さんの孫の柳家花緑の「粗忽長屋」も収穫。ちょっと見ない間に、目ざましい成長ぶりだ。

ところで、桂三木助を含む東京の中堅は、なぜ扇子のカナメで床をたたく〝三平もどき〟をいまだにやめないのか。ギャグを効かせたいのなら、芸のセンスこそカナメなのに。

好調の立川談春　9·10

「第40回小牧落語を聴く会」は、出演予定の柳家花緑から世話人へ、食あたりで発熱――との電話があったのが前夜十時すぎ。で、十一時を回ったころ代演が立川談春に決定。それから情報をインターネットに入れ、プログラムを刷り直し、世話人たちは半徹夜だったろう。

立川談志は、一九八三年に落語協会から独立、家元を名乗り、師匠の柳家小さんとは袂を分かつ形で今に至っている。ところが、小さんの孫の花緑は、立川流の会に客演することが多い。

過日の池袋演芸場の余一会でも、当の花緑や立川志らくが、マクラでそのことをサカナにしていた矢先だから、笑い事ではないが妙にオカシい。

代演の談春も、今朝から風邪気味（人間国宝のタタリか？）。だが「うなぎの幇間」「大工調べ」いずれも好調。前者は、先代文楽の〝決定版〟とはまた違う工夫があり、後者は池袋余一会に勝るとも劣らぬ出来である。

終演後、世話人の「談志の教え方は？」との問いに〝ここだけの話〟まじりで具体的に答える談春。結果、小牧ならではの充実した会になった。

〝シネラマ〟スクリーンの最後の映画館　9·21

二十四日で閉館する名古屋の「ヘラルドシネプラザⅠ」は、最大の湾曲ワイド映画〝シネラマ〟のスクリーンを設置した、日本で最後の映画館である。

最初からシネラマ用に設計された、ゆったり見やすい大劇場。だが、大型映画が姿を消すと、年ごとに画面の汚れが目立ち、ヌケが悪くなり、小生もこの館を避けるようになった。察するに、三千六

百枚のリボンでできたスクリーンを振り替えるだけの採算も立つものかねたのではあるまいか。

ところがこの館、巨大スクリーンの天地をっぱいに生かしたスタンダード映写で名を挙げたことがある。一九七五年のことだったか、フランス映画社配給の、バスター・キートンの喜劇のリバイバル作品をここまとめて上映したのだ。

当時は、もっとも天地が欠けても見うらいサイレント映画でも上下をマスクしてワイド映写することが多かった。映画評論家の河原畑寧が「クラシックなフレームでやるって言うから……」と、名古屋まで見に来たという。スクリーンをフルに使うだけが能ではないのである。

桂米朝の「まめだ」　9·28

名古屋・中日劇場の秋季恒例の「桂米朝一門会」は、かつては「米朝・枝雀二人会」だった。ロビーには枝雀師の高座や楽屋でのいろいろなショットが展示されている。だが、演者は追悼ムードを避け、ひたすら各自の芸に専念したのは賢明。

ケン・ローチの秀作「マイ・ネーム・イズ・ジョー」　9·13

試写室を出たら、ついに「アル中が説教する映画だね」と口走り、居合わせた人に妙に受けてしまった。口を慎まねば。言葉を選ばねば。

アルコール依存症をやっと克服した主人公が、断酒会のミーティングで自己紹介をする。題名の「マイ・ネーム・イズ・ジョー」は、その冒頭の言葉。匿名の集いだから姓は名乗らないのだが、そのことが、グラスゴーの街の三十七歳の失業者ジョーという一個を描いて、いま世界のどこかで"依存"から立ち直ろうとするだれかが直面する、普遍の物語に至りたい——というケン・ローチ監督の"思い"を示しているようだ。脚本のポール・ラヴァティは弁護士で人権擁護団体ともに活動もしているという。

ショーは、おしゃべりで親切気のある男だが、ときさらに陽気に振舞っているようでもある。ときにいなや突如暴力的にかなりの乱暴者でもある依存症がまだ残っているのだろうその日常を、ピーター・ミュランが絶妙の自然体で演ずる（カンヌ映画祭主演男優賞受賞）。

そのショーが、健康管理センターの職員セーラ（L・グッドール）と親しくなる。

一方、失業者仲間のサッカー・チームにいるジョーが誘っている男の子リアム（D・マッケイ）が、やくざの手下にいためつけられているのを目撃する。彼の妻（A・M・デイ）が再び麻薬におぼれ、その借金のせいだった——。

暗い物語だけれど、ジョーの親友サンタ（G・ネイス）とのエピソードなどがまず、心に残る秀作が生まれた。シネカノン配給

筒井康隆「わたしのグランパ」の感動 10·5

感動。これぞ「熱演」まぎれもなく、米朝師匠が出演したというテレビのドラマに寄せて九時から三十分だけを演じただろうと、近く米朝に寄せて十五分の高座だろうと思って三十分以上もすると、次第に米朝の色風のようになっていく実感のある、おおらかな夜。

こんなのは性格だけであびるへべ、私はそのままへべ、私は「古」の尻っぱしに、文「餅」「幽霊」、我は私な吾妻ひでお（三林京子）が人間性豊かに歌い、それは私な幽霊、楽しくなる一本気な、本気な、本気な人情と押しかけ女房へ、私な夜気な人情。

だから断言をためらぬ。それはあくまでも前科者の少女「たし」だからこそのエピソード。番号の大衆小説が、SFと純愛者「たし」だからこそのエピソード番号の少年少女小説の高座であって、常に一層の先端であった作家の、続けてきた一作──文藝春秋（文）「グランパ」のカラーのプロの小説だ。

なお筒井康隆「わたしのグランパ」（文藝春秋）。「グランパ」（文）のカラーのプロの小説だ。

女性の性を描いた映画 10·8

この季節「文」は、男に──ユーザーの女性が熱演される、文劇場公開で、少女の末期のメリットを失くった母の実況なかにしかも支持を開けた女性的な映画「アフリカ」の悲劇だ。内容のあるへべ、原作・脚本・監督映画（中国映画）「少女」のまなざしと「女性・セックス・チェック」を味わわせるしの、女だろうジュネこそ女だり。

いろうらけへべ、カラーのよるだすまめる「スト」とある「ー」は、そうだけが熱烈な性の三人の特徴。女性生活を開いたから原作が女性の支持を開いた「フェミナ」の作品の方、女性を取材にへべ、韓国新世代映画の「デート」を見たから、韓国新世代映画上映中のセックス談義を見ていまけ「デート」映画の後にセックスを実践するわからが翼の裏のと。

「紅」から少女小説ヒロイン、眠りから少女小説ヒロインからぬまた、眠りから少女小説ヒロインからへべ、それが筒井先生からそれが応った相、六〇年代における筒井官能書同様に抑えたと、官能小説と同様に、ヒロインの顔つきから、それこそ対抗する女性的なものだしような映画ヒロインのような、この父へべ、この祖父といこへべ、今ではひびくという子どもを。

性。二作とも、セックス描写に男とはまたちがうねっとりさがある。そういう時代ですか、おののおのがた。

和田誠 川本三郎 瀬戸川猛資の鼎談　10·22

「今日も映画日和」（文藝春秋）は、和田誠、川本三郎、瀬戸川猛資の月刊誌連載の映画鼎談を、手を加えて一冊にまとめたもの。

お互いに気の置けぬ相手との映画（に限らぬが）談議ほど楽しいものはないが、それを読者に伝えるのに不可欠なのは、顔ぶれの質と "阿吽の呼吸" である。

その点、本書は申し分ない。三者の年輪は十余年の開きがあるものの、これより広げると話が通じにくくなるし、近すぎると内輪で盛り上がるだけで、昨今の活字化された映画放談の多くと同様、読む気に堪えなくなるおそれもある。

三者それぞれ "強い" ジャンルがあり、話の流れで聞き上手に回る。川本、瀬戸川の若い世代のやりとりに、耳を傾けていた和田が、スッと加わって話題がさらにふくらむ至福の気配である。

本の完成を見ずして亡くなった瀬戸川氏の、彼しか見ていない珍作「カラハリ砂漠」（66年）の結末のおかしさ。そうそう「コンド」（54年）は、当初は3D（立体映画）として撮影されたのだから、それで正しいと言えますよ川本さん。

第二次大戦当時の劇映画　10·26

レオ・マッケリー監督の日本未公開作「恋の情報網」が、アイ・ヴィー・シーからDVDで発売された。

所は一九三八年のウィーン。元踊り子のアメリカ女性ジンジャー・ロジャースと、オーストリアのボンベルク男爵（ウォルター・スレザック演）が婚約したと聞き、イギリスでラジオのコメンテーターをしている記者のケイリー・グラントが接近する。男爵が裏でナチスとつながりがあるとの情報をつかんだからだ。

仕立屋に化けたグラントが、ロジャースのサイズを測る一幕など、アメリカ喜劇の定番だが、舞台がチェコスロバキアボーランドなど転々とし、第二次大戦へと加わるストーリーが戦へ

20世紀も終わりに近いというので、NHKテレビなど大戦がらみのドキュメンタリー番組を放送するとき、たとえばこの作品や、E・ルビッチの「生きるべきか死ぬべきか」（42年）F・ラングの「死刑執行人もまた死す」（43年）など、リアルタイムの劇映画も放送したら、相乗効果で一層興味深いはずだ。

「心理探偵フィッツ」は英国風犯罪ドラマ　10·29

NHK BS2で火曜夜11時に再放送中の「心理探偵フィッツ」はいかにもイギリス味の皮肉な犯罪ドラマだ。

主人公のフィッツ（ロビー・コルトレーン）はギャンブル中毒に酒びたりで、妻と愛想をつかして去った、性格破綻者に近い攻撃的な中年のデブ男だが、心理学者としては有能という設定だからいい。

そのフィッツが、警察の依頼で猟奇殺人（が多い）の調査にかかわる。55分枠で、ふつうは一話二回。時には三回。

同じイギリスの「第一容疑者」（地上波では深夜不定期放送）が

1999

が放送のその担当部分を分刻みで再生している……というのが雑誌記事の執筆理由だったのだが、テレビではなく「ラジオですか……」。「そうなんですよ」と彼が言うと「ラジオでは結構です」と次の取材に向かったのだそうだ。（十一月二十一日目「一」）

交換手にもある放送十日目をちゃんと心得た男性がいて、ある雑誌は、これを「あのラジオの……」と待つうちに「……そのラジオの……？」えっ？そのNHKラジオを広報部あたりに尋ねる海外からの電話だけどという差出人名・住所を翌日二十六日目で（再）夜放送B組参照令Sほど再放送者

度がテレビと聞かされて局に何回かかってきては、まず演出的な理由やコメディやタッチやストーリー性、新エピソード・キャラ・気になるなど「犯人は……」と同じ気持ちのりでくる視聴者と同じように電話しBS組で三十六日目まで再

11.2 NHKの視聴者対応

十一月二十四日に見た刑事推理物のコメント第一回目の演出は「コロンボ」だったしかし放送二日目にはこれは劇場用映画版「刑事コロンボ」シリーズのうちの気軽に楽しめるような新エピソード・サッチャー「重大な要素だからこその殺人だ」というのである殺人の場合がありなど「犯人は……」と同じように殺人は後半

指摘する刑事だと思うが、最初から殺人の理由と推理物のこのコメント第一回目の演出は「コロンボ」だった。

11.9 山田太一の「旅立つ人と」

出電を再生しただけなのに、ラジオでは……というのだ。

ナレーターとして再生した仏堂の、その場のある独演だが印象同じ言葉を独りではない、という工夫をした人形・エ……見えても腹話術師の操作しているのだ。そのリズムある発音とリアルな声が観客をして、じつに具体的な連発してキャラクターが全く突如動いた。

ナレーターとして再生しただけのことだが、そのことによって名前を伴ない特別キャラにはならない、という特有さが失われて腹話術というのは人形に人格が宿るところがある。それが高田文夫氏等の伝説的な番組だったが、子供向けテレビでは気軽だが、昇進しましたという人形が37年組に軽視されている

11.5 いっこく堂の「一人で多重ライブ2」

が腹話術だ（二）座布団博品腹話術師若手人形たち特別キャラ技を得てリーズとしているところを日本語劇場で見るというこれは日本等のレッド・ショップ創造的なキッドで伝説的な高田文夫氏等の人気番組だとか軽い番組とか37年席に津島恵子銀片方の眼だ

山田太一脚本「旅立つ人」（東海テレビ・フジテレビ系）は東京の羽田周辺が舞台。落桜業の息子の吉岡秀隆が、未知の大路恵美から彼の母の市原悦子を、彼女の重病の父・渡瀬恒彦に会わせてくれないかと、唐突に頼まれることから話は始まる。

家業の落桜や、弁当屋のパートに励む市原が、けげんに思いつつ病院へ見舞いに通う内に、ブラウスを買ったり、ネオン台での夕食もイヤリングをつけたままだったり。

"話を聞いてくれる"ことがうれしい渡瀬が、つい昔の女性体験まで喋べり、後で市原が憤然と息子に当たるおかしさ。

下條正巳と吉岡が「男はつらいよ」のときよりも格段にいい。組父の下條や、ひょっとした父の井川比佐志らがかもすユーモアは、松竹大船の伝統の、最良の具現である。

新東宝の助監督出身の深町幸男の演出は、冒頭の編集に映画的な呼吸を見せる。これだから山田ドラマはやめられない。

最初から見たい「モンティ・パイソン」　11・16

「モンティ・パイソン フライング・サーカス」をNHKBSで三話まとめて月一回のペースで放送中。明日が三回目である。

七〇年の制作だから、すでに伝説的存在。昔、東京12チャンネル（現テレビ東京）で、吹き替えて放送したとき、えっ、これがイギリスの国営局BBCの？と仰天した過激なコント番組を、深夜とはいえNHK（今回は字幕）流すのだから、スゴんものだ。

ただし、その下品さは意図的なもので「ビーン」や「オースティン・パワーズ」のレベルで歯の立つギャグではない。

むろん、地方のナマリを強調するおかしさなどは、イギリス人…

スペインの異端審問団だの、フリーメイソンの笑えない部分だが、世界史の知識でらいはなければ…"水の中に立つ男"、"海外の外国人"絞首刑を復活して、その"沖縄"に課税せよ、というナンセンスも、けんにスコットランドには"憎税"があったのを知らないとおかしみが半減する。

ところでこの番組、いきなり第二シリーズから始めたけど、最初からやらなきゃ。

「HEART ハート」の古を巻く手際　11・26

イギリス映画「HEART ハート」を名古屋のシネプラザ4で見た。

テーマは心臓移植。回想話法の冒頭からして、昨今流行のサイコ・ホラーのムードなど、作者が観客に仕掛けた罠と言える。

ドラマの軸である若い母親の、交通事故で死んだドナー登録者の息子への愛着は、人間共通の情なのだが、それが次第にエスカレートしてゆく過程が、自然でうまい。母親の方からでなく、移植を受けた男の方が気になりだして訪ねてゆくという運びもいい。

移植を受けた男の浮気妻、その相手のテレビ脚本家のいやらしさ。話が終わったかと思わせておき、ヘビ一匹をひと打ちする結末まで九十四分にまとめた手際にも古を巻く。

製作はグラナダ・フィルム。脚本のジミー・マガヴァンは、HKBSで再放送中のグラナダ・テレビの人気ドラマ「心理探偵フィッツ」など評価が高く、監督のチャールズ・マガヴァンも「フィッツ」の演出者の一人である。

同じグラナダ・テレビの「傷だらけの報復」もBSでスタート。

傷だらけの報復「辛辣なアリア」12・3

NHK、BS1で
海外ドラマ「傷
だらけの報復」
を見た。

今回見たのは「辛辣なアリア」という一話。おもしろいのは、近所の洋服屋の店主だということ。やがて大納言前の快男子が、ます景気がよくなるらしいが、そこに事がおこるといったことなのだが、今回は六回シリーズの一回目だが、その中で早くも三人の男が、初出演の女性（男性）部下に大阪公演を、東京・渋谷の……

ミステリとして見ていくと、あまり感心しないのだが、テレビ映画として見ると、今回は六回シリーズの一回目だが、その中で展開される話は……

ジィセー尾形の一人芝居が大好きで、今や十一月末の名古屋公演を、東京・渋谷の……

当分、クライマ
ックスから目が
離せない。

イッセー尾形の〈謎解き〉11・30

その初等かナ回でしか見たものだが、今や人気開店作となっているのが、その中の三つが……

さきがサ回ですべての独立した人気をもらっていたが、その中の三つが、六週つづきのになる……

松田道弘「おどろきの発見」12・7

思わず膝を打ちたくなるほど、よく計算された特産に仲間に迎える……

火サイ仲間に五雇に迎えると、再放送の折、ドラマの才智の実に犯罪心理を探偵……

売春をめぐる女主婦が、事件を始めた……

その犯人を別の……

究家だが、それが松田氏らしい、平明な面白さで、単なる面白さにとどまらないところが、この本のある……

最近ボジ社なけた本である。松田道弘といけの本の中に、縦横の奇術師「アンジェーレ」のおどろきの発見」お見せする。

私、「ポ・マジック」という本の

子供向けの本の中に、現代にも多くの奇術愛好者がいるというところが、古くは桂文……

それにしても魔術なる研究もが、当然あるが、それも当然あるが。

（ちくま文庫）

「ナンダ……」で終わらない。人をだませるのは、心理的計算が行き届いているからで、その"アクロバット発想"が、いかに考え抜かれた結果なのかを語るのが眼目なのだ。

筆者自身、初耳な話がほとんど。要を得て言い回しは平易もしくんが高いことすら読みづらくしているのでは、と怪しまれるような学者の著述とはまことに対照的。文章表現の理想というべきさだろう。

随所に配された、さりげない皮肉も楽しい。たとえば"この章のポイント"の最後に――「人類の愚かさを過小評価してはならない」(傍点筆者)。

「桂雀々・落語のひろば」　12·10

「桂雀々・落語のひろば」を、名古屋・名演小劇場で見た。

雀々の一席目は「がまの油」。パフォーマンスで客寄せして物を売るな商法のアブラからは入り、がまの油売りから…さきく呼び止めておきながら「この縁から入ってはならぬ」(だったら)呼ぶなよ！というツッコミが痛快。

タンカ売りのくだりが終わったところで「効かなかったからと文句を言ってくる人はありません……」と、ライブペースや法の華に話題に転じ、組織ということから、毎年暮れの米朝一門の集いが、いかに気疲れするかに移るポキャが。おかしい(にぎやかな高座の彼は、人一倍気を使うタチなのである)。酔って失敗するくだりの前に、もう一度マクラがあるみたいな形だが、これまた面白い。

次の「八五郎坊主」は、チョコカナチャする八五郎に閉口する老師が。若い暮僧を五郎坊主……相手になるのではない」と再三制止するのが、笑い…

を増幅する。

前座の紅雀の「いらちの車」は、やたら元気な方の車夫が市電直道を横切り「この緊張と緩和が何ともいえない」と、まさに枝雀追悼のギャグだった。

旭堂南海と梅團治の二人会　12·14

「第41回小牧落語を聴く会」は、上方の落語・講談の二人会という企画が特筆モノ。

講談も浪曲も、ユーモアの含有率が高いのは土地柄か。旭堂南海は、大阪の講談師十人の中の八番目で三十五歳。毎月定例の「何回続く会」など評価されている。

十二月なので、まず赤穂義士銘々伝から「矢頭右衛門七」。四十七士の中の大石主税は十六歳だから今なら期末試験が終わった頃か中学三年生。右衛門七は十八歳の高校生だから、討ち入り報道も「少年A、Bも凶行に加わる」になる――というマクラがいい。そんなギャグも入れて落語の、例えば「源平盛衰記」などとどう違うか。本題の口調が違う。その小気味よさは聞いた人が…まい。二席目は太閤記から「小牧・長久手合戦」。

春團治の弟子の梅團治、「黄金の大黒」「いかけ屋」の二席。者の冒頭の、大家から呼び出しを受けて疑心暗鬼の店子だが、ネタ違う……というたほけた口調で和らげる関西味がいい。次回は三月五日とのこと。ユーモア的やりとりを「大家との猫がネタ造う」だ」という…

【12.28】子供は無邪気なだけではない

今池の名古屋シネマテークで見て、……ティーンズムービー五十数年前の少年時代の記憶があるような娘が自動車に……

幕切れの感動も格別だった。

だが、映画の中で激変わるまたしたい色んな高校の部長だというロケを禁じたという闘いの中にいた私は記録映画製作者だ。容赦なく重厚さをとめる映像とも拍手を送られる（日本人）

は、これ一つのストーリーに対比されれば映画はもう、映画をさせたティーンエイジャー十数年前の五十を演じる彼らと接吻。その後の日本映画へと進ませる作品も、現代の高校生たちが文化祭の上映の高校の映画部が職員会議で……

【12.17】出色の燐光群「天皇と接吻」

オ燐色の燐光群演出「天皇と接吻」を名古屋・大須シネマで共に見た。

爆撃、敗戦直後を見た群像の「天皇」占領映画のうち占領軍が前衛映画も没収した記録映画製作し、天皇批判と占領軍による規制された接吻の歴史を描くという。「日本の占領軍による悲劇」、日本の悲劇の「名古屋・大須シネマ」原……

再検閲でも検査、上映許可を収めなかった映画前衛映画も没収した五十余年前……記録映画の……

【1.17】ユダヤ人の父のドキュメンタリー

今は子供が目下の佳作と言える「——」は本質から言えるだろう。子供は無邪気だという感想を癒編する作品の存在だと思いつつ、それでも良き思春期の……

物のある層、高層だらしのらし会系の一部に進んだ連絡すればいるだろう。そこそれだけで存在する存在だ。Iが高かったから「I」を監督をしたナレーターが父親を超えてゆくだけに作品という「朝一回上映のドキュメンタリー」は……

だが、経歴ブーフ・ベトナム反戦運動家の軍歴から——だけに軍隊には興味が湧くのは皮肉だけど、移民の歩兵を免れたという拒否できないから父の態度から、父親は……

「それを知ってなんになる、くだらん」という姿勢を一貫して明るない。その頑固さは痛快なほどだ。

ベルナーの調査による資料や父が撮った8ミリによって、全体像が見えてくるのだが、やり手の商売人だった父は、助成金で映画をつくり、しつこくインタビューする息子を「施しで暮らしている」とにべもない。

去年の日本映画で評価された「アイ・ラヴ・ピース」の対極にある一作。なるほど人種が違うわい。

ゴルファー丸山プロの物まね 1·11

一月四日の昼、東海テレビの「つるべのスポーツ爆笑新年会200」で、笑福亭鶴瓶と漫才をしたゴルファーの丸山茂樹プロの物まねの巧みさに舌を巻いた。

ジャンボ尾崎、青木プロに始まり、“古畑任三郎”や田中邦衛（突然鶴瓶にまわるから笑う）等々まで。俳優のまねのときは“だれそれをやります”ということもわらないで演じてそれとわかる。

一方、NHKBS2の「演芸特選／ものまねスペシャル」は同じ十一日の放送で、長老の白山雅一は（去年の東京中野小ホールのときほどの精彩はないにせよ）さすがだが、堺すすむはただおもしろいことを言い立てダンレンとわらって演じ、けんじはものひとつ。

もともと物まねは、達者なタレントの余技の方がさえるという一面がある。三田明、森昌子、松居直美の歌手のまねは絶品だ。以前林家小三治がやっていた可楽、先代金馬、圓生のまねだ。

もこたえられない。

丸山プロのまねは“プロ”以上それを笑いこみながら立てる鶴瓶のもっともりした味も結構でした。

山田太一「そして、友だち」の配役の妙 1·18

寺の娘で、急きょグレだした高校生の野波麻帆。その母親役のみ宮里理のしょぼい顔がジャストミートだったとき“え？”と思った。が、野波がグレてメソメソ帰って母親が膝を打つ（という調子になる）くだりで、笑いつつ（いい適役だ悪い人じゃないんだけど……、というおばさんの典型なのだ）言わなくてもいいことまでしゃべる人物がいないと、ドラマが深まらない。名古屋テレビ朝日の「そして、友だち」の山田太一脚本は、配役も絶妙。

退学させられた野波の同級の深田恭子が彼女につきまとい、風俗業の呼び込みにまで付き合う。格別親しくもなかったそこまで理由は、雨宿りで知り合う。野波の兄の窪塚洋介から「妹が心配」と頼まれていたからだと、次第にわかる。

野波の祖父で住職の大滝秀治に、英語教師の西田ひかるが話しかけたところへ、伊武雅刀というこの二人の両親が割り込む呼吸でも、それぞれ一同が勝手な自己主張を始めたことから、大滝の「不安のない人間はいない」という名台詞が始まるのである。

桂文我の「地獄八景亡者戯」 1·25

桂文我独演会を、名古屋の名演小劇場で見た。

1999—2000

1.28 世代で異なる業の楽しみ

十代だったぼくには、落語の楽しさがわからなかった。同じ寄席演芸でも、漫才や曲芸には飛びついたが、落語はどこが面白いのかさっぱりだった。

そのぼくが三十四歳になり、由利徹さんの自家書房の本によると、芸人「…」が「…」だが、「…」は当時だから時期の全集合「…vs…」観的

文体的には鬼とよう地獄と立ち、後に新弟子忠臣は、「…」の盛り込ませ、という世の盛大型なのハンサムを加えている型ナ声のであるが落語子育て消耗しているのを演じていく手ぎわが演じていく手際の酒癖に関のであたる理由するのを演じ華やかなのにあくまで古典に法名を演じられるように主演している。山岡久乃主演「演渡」

愛し文紙芝はもうニュー技芸居鬼はかり一人の盛りである我々はにしてキャラクターが演じるとにじみ出しての人気旅の東平は米朝という気味な落語である旅のなどキャラクター的な桂々雀的な楽

五次の嘶をだしてしみと売るのが演じてしみ地獄のアの出し来るという祖母「…」。「…」月一日の人情と線をただしてしみと売を三売（…）月一日の人情という上方のつぐ東京桂つれることの戒事しての祝ののという上方のつぐ東京桂文表現子と子供役の発音は小南

種類は小南に因するが桂々

2.8 辻真先はマンガの目利き

開本家とSF作家として、辻さんがぼくのパイロとロマンを妖蝶物語に見る健筆ぶりを維理にして、小生なかなかその仕事に立ちなかなか信用する能大なかなどとゆえ天然だがな自用子だけいれない真西古今東ても映画論評家が正しれき破るこれは映画し得ても破るこれは映画し得ても破るこれは、ニューる小説を以読目なのだ。米の映画として正しいと思うぼくでも無責任が嗜好付きなのは、「…」が60年、東京新聞出版局は東西ミステリ論評があるゆるジャンルの作品を好んで選らみ読まれた辻真先著「全集合「…ペーンをせて三平を読んでいる。

集まりが一登場度は「全集合「…ペキーなせん平をだが三平を読んでいるが三平とという者高田文夫さんだ前文を楽しむそんな書き前見のテーマをめぐりんが理惹きがあるというほんだろう。「…」は省略だが、この平という。日本漫画化する前に以前に神様にその世代のお絵かして続一新聞連載の日本漫画のの世代のお絵かして統「…」という本だというおけでなく、辻さんはおおかしい。業芸と責任編

だが三平という平とぼくが三人の三人という登場人物として小生が登場程度は「全集合「…ペンをせて三平な読んでいるが三平はだが三平はこの本が前文のおだけれなくだが三平読んでは面白いのだが三平だつたノ（現代コ）を読読んだだけだ以読

健康的なのパイロ「小生なるSF家とした道理なるが漏れはしという思うが妖蝶物語に私理になる当なく見たいゆえ然だが見たい映画論評家が今東断定で好むエッセイだが辻さんは好んで選れるこれはただ読んだだけなのだ。米の映画として破るこれは目以読

未読のマンガも、見た気分になる。達意の文章である。

クロード・オータン＝ララの映画　2·15

先日、高輪で世を去ったフランスの映画監督、クロード・オータン＝ララの代表作は、一九四六年封切りの「肉体の悪魔」。一九〇三年生まれだから四十代半ばの作で、最もオータンらしさのつまったころの仕事だ。

第一次大戦下の、出征兵士の妻と高校生の、道ならぬ恋を描いた"文芸名作"だが、第二次大戦直後だったため、在郷軍人会などからの風当たりが強かった。先年再公開された版に、ブリュッセン映画祭受賞のお墨付きと、内容の弁明みたいなタイトルがついていたのも、そのせいか。

やがて彼は、ヌーヴェル・ヴァーグ派の槍玉にあげられる。その急先鋒のF・トリュフォーは後に、当人が激しく攻撃していた古典的作風に近づいて没した。つまりは近親憎悪だったのか。

監督としてのキャリアを終えたオータン＝ララが、晩年、極右勢力に接近したというのも、かつて彼が映画の中で好意的に描いた"反抗的な若者たち"に、ひどい目に遭った恨みからか。

彼の作品に、少女と幽霊が登場する「乙女の星」（45年）という愛すべき小品がある。もう一度見たいな。

「日本劇映画百年」の吉村公三郎　2·18

「日本劇映画百年」をNHK総合で見た。

前後編、計三時間。とりあげた作品の選び方については、視聴者それぞれに（小生も含めて）異論があろうが、今回の出色は、米寿の吉村公三郎のコメントである。

三十代のころは、キリと評されるほどの技巧派だった吉村監督なのに、後世の評価が無きままのではないかと筆者はかねがね思っていたのだが、高齢にもかかわらず、口調こそスローだが、どうしてどうして頭は確かなもの。

戦前のヒット作「暖流」（39年）は、「レオン・ムーシナックのモンタージュ理論に基づいて撮ったから、皆びっくりしたんだ」などと意気軒昂。

「小津さんのローアングルは、撮影所のステージの土間があまりに凸凹しているのが嫌で、それが映り込まないようにキャメラを低く構えたのが、やがて自分のスタイルになった」等々。

この番組、去年の十一月末にBSで放送したものの地上波での再放送。テレビは映画と違い、見逃したら最後のことが多いから、歓迎すべきことだ。消耗だけが能ではないのである。

和田誠の「時間旅行」　2·22

「時間旅行」（メディアファクトリー）は、イラストレーター和田誠の自伝的作品集ともいえる好著である。

珍しいことだ、というのは、和田誠は、だれかも言ったように画風も人柄も「白身の魚のように」淡泊で、こんなふうに自分を語ることを、照れるタイプだからだ。

そのシャイネスは"くどい"のを好まない彼の嗜好から発している。そして、江戸前の"粋"をことさら気取るのは、多分もっと嫌いなのだと思う。

2.25 共通項は "細菌"

ある日に見た映画というのが、ある日に見たテレビというのが妙に関連していた。映画で見たのは、「アウトブレイク」（1995年）。世界的な信望を集める田舎の開業医であるサム・ダニエルズ（ダスティン・ホフマン）が、新種の病気と闘う。その病原菌の恐怖、映画「戦争」は、続けて……

そのほか「SEVEN」「LEON」「倫敦子守唄」「天を見たまま」などを読んだのであろう彼の芸術への呼吸、淡々とした要点を得たメッセージを要する説明への通底、それはメーンディスパッチを要するメディアの軽妙文章だったが、集大成としての本はまだあるだろう、まだあるだろうか、その吸引力であたりを圧し、過ぎる世の中に、一通しの選歴を残してくれたのである書棚の。

3.10 人形アニメの歴史

28編著「洋泉社刊」メメントは、「アニメーション映画史」「特撮・怪獣映画史」に及ぶ人形ア・SUDIO「人形アニメの歴史」を、このたび、その代表ともいうべき「スーパーマリオネーション」や「キング・コング」「ノスフェラトゥ」などの特撮の七十余年の歴史を、異形な人形Dの

冒険リーグ深く、メメントは、「ジュラシック・パーク」などに登場する人形たちが「ジョージ・メリエス」時代から回を重ねてきたCGの恐竜だと思われがちだが、実はCGの中に人形の技法が本通していることを指摘した共通項。動作の無機質なキャラクター人形であるので、「フラィ」のオたちがそれぞれ製作された探検隊大イ・異形のCGら

思うほどものだたち、人形というものは、その動きを同じく生しい小さい、珍しい、見たことない見えるものだから、この本の中にこそ、その形精巧なのだとして見るだけでこのことが達するだけだ。

それは人形の動きだに、このように似て、これだけこそこの特殊効果は、その動きの熟知していた特殊効果の、あるだろうと見えるなど、それを熱知してしただけだ。

ごとうもまたこの士前だった取り合色の組の黒合とそれ共通項は細菌。で露出した医者名、おちイらとした破傷菌の属さ顔を切切って額を像と切り、その破傷菌属の注射をし、いつしら仲だになる

筒井康隆の「エンガッツィオ司令塔」 3·21

筒井康隆の断筆解除後初の短編集「エンガッツィオ司令塔」（文藝春秋）を読んだ。

ビデオで若い女性タレントが「けろり」と言いながら、日ごと過激化する言葉が示すように、規制なんて言いながら過激・衝撃のという中で筒井康隆が新鮮な文体であることをあらためて認識した。以前にリズミカルな文体で、過激・衝撃のという……

たとえば「急流」の、品格のある美貌の女性の口からほとばしるときおかしき痛快さは類がない。下品な大阪弁が躍動感、悲惨な生い立ちを語っている。

表題作の「エンガッツィオ——」（イタリア語まがいだが実は日本語の語呂合わせ。作者がそう宣言している以上、承知の上で読むべき）も、沢田研二の「TOKIO」のメロディーに乗る部分がある。もっと古いか。

作者の本領は風刺にある。「エンガッツィオ——」の主人公は新薬の被験者だし、「首長ディンカ」の尊厳は現実の某国を想像させるが、いずれもナンセンス、スラップスティックに徹している。筒井ワールド、還暦をすぎてなお健在。

古今亭志ん朝と笑福亭仁鶴の二人会 3·24

古今亭志ん朝、笑福亭仁鶴の東西二人会が、愛知県扶桑町の扶桑文化会館で開かれた。

柳家小三治の弟子の三三は「目上り」をきちんとして好感が持てる。ただ、私がマクラとサゲを間違えるという、昔の新しいギャ

グ"は削る手直しした方がいい。

五番弟子の仁鶴は、東の旅シリーズの一つ「宿屋町」「宿屋」を面白く聞かせる。

仁鶴は「算盤」。もともと"攻め"の高座の人だけに、後半疲れた感じになりながらなお水っぽく飲んだパンで勘定先やら……

東京と大阪の表現の違いに始まり、硬軟……まきの思い出から本題に入り好調。中段やや平板だが……定の鐘のヤマ場で活気をとりもどした。

「小間幸兵衛」を志ん朝が演ずると、長屋の共同井戸まで浮かぶから妙。後半芝居がかりになる噺を選んだ理由も、昔の芝居小屋風のホールに合わせての事だからだろう。満員の観客も、笑い過ぎずに的確に受ける。客種ともども、結構な落語会だった。

ジァンジァン最後のイッセー尾形 3·31

イッセー尾形の一人芝居を、東京・渋谷のジァンジァンで見た。四月三十日に閉館なので、二十年近いここでの最後のネタおろし。

一つの演目は例によって変化に富んでいるが、一言でいえば狂気の男も、とりわけ前半がそう。ガソリンスタンドの男も、少々危ない者へ現れる。

面白さ、もっとも前者は、スタンドのある田舎町自体が、アメリカのホラー映画っぽい。地方の荒廃した集落の人々の異様さにも相通ずるものがある。

普通、トシを重ねるにつれて表現はディテールが整形が、でて迷う女性の言い立てを……

たとえば、ダイエットか整形か、で迷う女性の言い立てを、みごとに鋭さを失わない。

が代表作ではある。「ビー・バード」（80）「ピー」か。

文明批評とユーモアがあふれた作品群のなかでも最初のユーモラスな場面があるというべきか。依然

は五十代に四十年生まれだから年齢にしては若い。しかし

興味深いのは、これらの作者のなかでも一時期にアニメーション中心のある短編から大きな長編へ制作する人があるシリーズ「白」

ただ、こうしたやり方は作者などによる差はあるが、世間的に目立たない短編を自立制作する人がいるいっぽうで、短編のなかりの変化のようなものからリアニメーション賞を取るような、いわば短編を長編に続ける事実を積み重ねているのが宮崎駿の

「古川タクの短編シリーズ」のなかにあるキネマ旬報のアニメーション映画で、名古屋駅西の短編シリーズ「白」を

古川タクの短編シリーズ 4.7

屋の成公演を抑える作業的な楽しさを述べつつも聞かせる。最初はデビュー作だから四月二十四日から演じるのだが、その一日前だ。人生観をさら整形外科医が自身を整形してしまう相手役だったというのが名古…（!?）

原題どおりの邦題でキネマ旬報テーマは、一九七二年一月上映の「第二次大戦の封切られたわれたフジ映画が今池の鉄十字章は、ドイツ軍隊監督として上映わた「第二次大戦争」明日から今池の名作。タクが動画監督だけた動章の。

キーベンの秀作「戦争のわらだ」 4.14

だ備えてしまう。火坊員をみなすだと眺めて兵を出した男だけど演じたりカクなをだたこ主役かがるた人向へだただトが効かたたから母親りまれたとヒーリへのはいというのだこらたがEまで見逃せないがホスニト会話のわれた教会の岸に赤感数多すら「RのRの場合も女性がメッセンジャーだと消火栓飲酒運転事故死がくりり交通ため事故を起た前科にためだに反女しこましためとある士を描しけた消防士四人ら数多一人が売役「

女性メッセンジャーは消火栓飲酒運転事故死前科にためだに反しこまための救急隊員が女護したとき妻たちたエンドまでだが消れ夫電話を相

ドラマ「サーチャ・ワ」は見せない 4.11

するもなど談頭のつまりEヨ緊急救命室のER「の一回目をWOWOWで見た番組が対岸に救急隊員の数多すら飲んだ夫EED見れた通

Rドラマ「サーベ」緊急救命室のジョージ・クーニー「のチャーチ・サーベ一回目をWOWOWで見た。人が主役だ。

名である。

大戦末期の東部戦線。敗色濃いドイツ軍の中での、鉄十字章が欲しくてたまらない軽薄者の中隊長(マクシミリアン・シェル)と、名誉欲はなく、無益な殺生をしないが実戦にかけては抜群の伍長(ジェームズ・コバーン)を描いた戦争映画の秀作である。

圧巻は、コバーンの小隊の敵中突破行で、橋を守るソ連兵を奇襲するくだりだが、デジタルステレオで脅かさなくても、編集一つでもすごみが出せるのだとわかる。

ところでこの映画、最後のコバーンの高笑いが「シット!(くそっ!)」を吐き捨てる一言で終わるのが、実に効いただが、ビデオ発売版にはなぜこの捨てぜりふがなく、今回上映の版にもないらしい。理由は不明だが、その一言にバイオレンス作家の"心"があったと思う。「シット!」を脳裏でつけ加えて見よう。

山田太一の「小さな駅で降りる」 4·18

「小さな駅で降りる」(テレビ愛知─テレビ東京)は、一つの"ありそうもないこと"を描くために、細部をリアリティーで固めたドラマである。いわば作劇の基本だが、それを限られた時間枠で、しかも見事にできる脚本家が、山田太一のほかにあろうか。

食品流通会社に新設された営業戦略部で、改革案の実績をつくろうと懸命の里見部長(中村雅俊)と、部下の沢口(堤真一)。だが若社長あてに、営業戦略部を告発する文書が届く。

ふつう、ミステリーの"意外な犯人"は"目立たない女性"である。その原則?からすれば、出したのは里見の妻(樋口可南子)と沢口の妻(牧瀬里穂)かもしれぬ、という推理も働く。

まだが、夫に会社を休ませるよう妻たちが仕掛けたと話は逆まさかと思わせる"反常識"に作品のテーマがある。

やがて営業戦略部は、若社長と常務が組んで、中の好かぬ社員をリストラするときの"悪者"役なのだとわかる。そうとは知らぬ部下たちが、流通の現場に明確なデータを求めて逆ねじを食らう生々しさも、ドラマの核なのだ。

「談志百選」のチョイス 4·25

「談志百選」(講談社)は立川談志が芸人百人(漫才などコンビだから、正しくは百組弟子の談春、志らくを一項目にまとめているのは変だけど、まあいいか)を愛でた本である。

先月、休養宣言をした談志が、以前から小生"芸談の人"であるが最適任だと思っていた。

古典落語に、時代錯誤ギャグではない人間的新鮮味を加える工夫において第一級。だがナマモノである自分の落語は、気分やら体調によって、その理論通りにはいかないことが多い。そうした"ライブ"は、演ずる方も見る方もつらいものである。談志のセンスは、彼に心酔する弟子たちが継承しているから、心配あるまい。

「談志百選」は、芸好きな芸人による"好きだから言えること"にみちた好著である。たとえば志ん生の"人情噺は酷いよ……"という寸評が的確。「あゝ、お旅の癖のついてまた子からねえ」という、十返舎亀造・菊次(亀造の)ウケ言葉などを思い出したり。

ところで家元百選の中に志ん朝、小三治、小朝が入ってないのはなぜ?

映画館の子供用特製イス
5・2

海外をおとずれたときなどは、押井守といっても英語で話すのだが、日本語の吹き替え版のほうが神秘的なあやしさがあるような気がする。たとえば「GHOST IN THE SHELL／攻殻機動隊」の英語版は、日本語版より走るようにセリフが細かく、日本語字幕が必要なくらいだ。字幕の時代背景では売れっ子女優の声優優先意識を殺した声を聞かせてくれる。比較のためもう一つ、アニメのとき彼は日本語の英語版のほうが自然な言語だったりして、日本語字幕のほうがよい場合もある。結果のつかみあうますます深読みできるスの長編アニメ「MononokeちhHime」が明るいうちから名古屋のアメネスか公開されるようだが、わからないからわかるなどね。

「もののけ姫」のスペイン字幕版
4・28

プリンセス・モノノケPrincesse Mononoke が日本から公開されて、スペインで上映される明るいうちから名古屋・名鉄東宝2のロビ一を見に行ったら……という川柳を昔名古屋・名鉄東宝2のロビ一

オーソン=ウェルズのコメディ「パリ横断」
5・9

今年三月に日本未公開のまま九十八歳で亡くなったオーソン=ウェルズ監督（56年）「オーソン=ウェルズのコメディ「パリ横断」

ちょうどいいと思う。だが、新築したりした館内食べにくい大人のたちにとって、最近の外国映画館にぶらさがっていてまうという気は、虫食いだらけの映画館の傾斜のついた状態とだけだ。子供のための席と下部の容積のための形だが、椅子の座るとしたため前の座席の見ながら、映画の見やすさが起きそうなことが多い字幕

彼と思うだけで補えうえたナチ事も遺し、時に映画の将校だけれうた芸術家としてう有名な「画家」として知られたぶんがあり、豚肉とした賞者下へリリカと「横断」を「オーソン=ウェルズのコメディ」WOWOW、WOWOW鑑賞し、後エ

た。

　豚を密殺した食料品店のおやじが、当時大人気のコメディアン、レイ・ドミネス。傍若無人なギャングが隠匿物資を片端から開封しても、訴え出るわけにもいかず、イライラする姿がおかしい。

　日本も全く同様だったが、戦時中だから、敗戦だからと、被害者面をしながら闇で荒稼ぎをした商人はゴマンと居た。そんな"庶民"の狡猾さを、チクリと皮肉った後に、ほのぼのとした結末が訪れる。隠れた佳作の一本である。

"親方"であり"父"である宮崎駿　5·12

　NHKテレビの「にんげんドキュメント/絵に生命を吹き込め」は、スタジオジブリの宮崎駿監督のアニメーション「千と千尋の神隠し」の作画の現場を取材したもの。今回社内試験で原画に起用された若手二人の苦闘を中心に、アニメの"強調と省略"の妙に話が描かれる。二十七歳の田村さんは、魔女の世界へ迷いこんだ十歳の少女千尋が目をこらして見ようとする五秒のカットがうまくいかない。

　二十六歳の米林宏昌さんは、千尋の父親が猛然と食らう七秒のカットの春巻きを食べる、まさる動作で困惑。"猛然と食べた"ことが今までになかったのだ。

　「おどおど描いちゃダメ。あるところで必ず止まるのは彼の性格的な弱点なんです。それに自分で気づき突破する。そうすれば少しわかった人間になれる。春巻きの食べ方がカギなんです。もう少し苦しんだ方がいい」

　"目が怒っている"宮崎監督が、キビしく評したあとニコっと笑う。今、宮崎駿は、日本から消滅しつつある"親方"であり、"父"でもあるのだ。

レーザーディスクで見る「バンビ」　5·16

　ディズニーの「バンビ」(42年)のレーザーディスク(パイオニアLDC)を見ると、日本封切り当時よりよい映像がきれいに感じられる。

　映画だから、フィルム映写で見るのがベストのはずなのだが、一九五一年当時の映画館にはバラつきがあった。イージー映写技師がフィルムの巻頭や巻末を飛ばしたりするのはザラで、ビデオやオリジナル映像で再見すると、早く生まれてきたような妙な気分だ。

　さらに、オマケ映像もある。まずアメリカ公開時の予告編が二本。初公開時のは、動物たちのコミカルなプリントが多く、当時の配給会社RKOの売り方がわかる。八年の再公開予告編は、ご存じの名作というつくり方である（日本での再公開の最後は74年）。

　メーキングの中で、作画監督の一人エリック・ラーソンが「白雪姫」のときの子ジカは穀物袋のようだったが、『バンビ』では鹿の骨格を把握することから始めた」と語る。後は情報が豊富に提供されるなんて、やはりハマした気分だった。

萩本欽一・小堺一機の熱海珍道中　5·23

　NHK BS2の「真似して真似されて…2人旅」萩本欽一・小堺一

かるだろう。

9・9　中川家の漫才は出色

十月二十八日のABCテレビ「新・なにわ漫才ネタバトル」は、時間帯は深夜だが、毎日放送の番組で、一月から三月にかけて同じ東京での放送もあるのだが、若手漫才師の掛け合いが見られる毎日放送の番組として、充実している。

吉本のタレントだから、ネタそのものへ思い入れが、ようやく同じ土俵に乗ってきた感じだが、これが若手漫才師の時間帯は深夜だが、毎日放送の番組で、漫才そのものよりタレント的人気から見て当然だろうが、ネタそのものへの東京へ達する充実ぶりだ。

わからないが、結局取材がうまく行かないのか、萩本番組にとっても小場面に登場する以上土俵が小さいと言えるだろう。実のおもしろさが、中堅・若手に達っているというのもTBS系の「他人の飯」など、浅草の鯛焼き屋の映像の前で、何人かが意識が十分からみ合うという試みがあるのだが、その発想が新鮮さを欠くのは不明だ。

機材を持ち込んで取材する様子を、奇妙な伴奏として使っているという。去年の同じシリーズの「大爆笑」は、熱海・小田原・箱根動物的な旅を、萩本欽一のスタイルで再び人気シリーズの人気者としての「素人の発想」と、その点ではプロの芸人の、萩本・堺正章・伊東四朗の海道旅番組中「ナッちゃ」や、関西近辺だが機材を運搬する。

9・6　35周年の「笑点」

「芸人特集」であるV・O・L・2（白夜書房）は、35周年を迎えた35周年の「笑点」は、司会者の出し物、つまり図版も含めて、司会者の出し物の写真やイラストを持ち込んだため、特に利用者が本を打ちやすく、やや本誌の出し子同題はやや...

例えば五十年始まった昭和四十一年が、当時は三十五歳のメンバーが古い。だが、落語家だけでなく落語の盛り上げ役として大利かして、やや活字を組んだ図版とのキャラクターの最も多いのも目立った。三本の立場に相...

毎日なんだ電車内出色はなんとなく安心して眺められる。そのみにどんな誘惑をしてもよく、ナレーターは兄弟四朗が出たものだが、内容としては京阪電車にしての味を見せる。芸のある力のある放送し○同じら。

○は毎日放送制作で、大阪の笑いシリーズの特徴をよく見せている。だが、実のナンセンスな特徴は安心して眺められ、内容はもう一ひねりあってもよいが、やや誘惑をしているのだが、すでに出尽くしたネタでもW・ナカヤマ・メッセージ・ポポだ。

一九三八年の「シカゴ」に感嘆　6・20

「シカゴ」（38年）をジュネス企画のビデオで見て、面白さに感嘆した。

一九三三（昭和八）年生まれの筆者は、太平洋戦争以前の外国映画は、戦後封切りか、再公開しか見る機会がない。ビデオやBS放送でも、一九三〇年代のものは、特定の作品がくり返し登場する形である。それに、当時好評でも、今見ると古めかしさの目立つ場合も少なくない。

この「シカゴ」も、一八七一年の有名な大火災がクライマックス、という程度の知識だった。

ところがどうして、新興都市シカゴにやってきたアイルランド移民一家を芯にした堂々たる年代記ドラマである。

二男の酒場の経営者タイロン・パワーが次第に悪のボスとなるイの歌声だ……。

長男の弁護士ドン・アメチーとの骨肉の争い。そしてアリス・フェ

火災シーンも、雑踏の中を笑うヘンリー・キングの演出力が行き届いて十分。教会の鐘へ飛ぶ火球等々、見ごたえ十分。

昨今の特殊効果が、ヘタだけに重量感に乏しいのは、監督がCGマンに"お任せ"にするからなのでは？

「アマ」のブラックユーモア　6・27

NHK教育の月半ばの日曜午後の「アジア映画劇場」が、四月から「シネマ・フロンティア」と変わった。扱う国を広げたというこ

材したことを編れ、く納めたい気持もわかるが、「金曜夜席」のスタートが、8行目の見出しは“昭和三十年”とある。通し年表がないから、遊びと知識のミ話が、ゴタついた印象なのだ。

次号の特集は「伊東四朗から三宅裕司へ」。せっかくのいい着眼なのだからね。

山田太一「私のなかの見えない炎」　6・16

山田太一の戯曲の際立つのは会話の妙である。互いに何かを隠にしようとすればするほどボロが出そうになる。そんな"うそつき"たちえる人々の出し入れと、やりとりのおかしさは、西欧のコメディーの、最高の水準に勝るとも劣らないと思う。間違いすなく、"寅さん"や松竹新喜劇の"笑いと涙"にまとめられないのが、その日本伝統のよさだ。

安城市民会館で見た地人会公演「私のなかの見えない炎」（木村光一演出）は、海に面した家で余生を送りたい元公務員の佐藤慶に、不動産屋の細川俊之が、高台の欠陥住宅を六千五百万円で売りつけようとする話である。細川は、金融業者の井上文彦に借りた六百万円をチャラにしてもらうため懸命。ところが、佐藤の妻の木原英子は、昔、細川と恋仲だった。そへ、細川に惚れた人妻の有森也実が乗りこみ……。

強い立場に見える人物の意外な脆さ、手抜き建築に象徴される経済高度成長等、含みは深い。が、大切なのは、見終えた観客に、"舞台は、あゝ面白かった……"という、やいた一言だ。と思わずそう言わせる"あめったにない"のだから。

滝沢修の死　6・30

ぬと珍しく述懐していた。中村芝翫、右衛門とは『名人…』の菅専なども共演していたが…

飯沢氏の死を知ったときは、階段をのぼるような気がした。だが右衛門の死を知ったときは、階段を逆にすべり落ちたような気がした。それは一つの役を見たこともない人もいる。それは仰名演型の宇野重吉だった『ドラマ』の前夜明けて「…」とあの人の死だった。

もしかしても多くの系からのタイトルな出演だった『マント』を見た北音服鏡会での見たことはなく、南北の与話情話事件を見たことはないか？…」が話題のためのために考えたものだろう（中京一日テレビ番組として両番組と

滝沢修の精神病院のの渡世家族し失い

六月三十日、放送の『ミンク月十八日、十人が射殺された家に連れ戻して“六日”を取る。母の友好ラマ『ママ』は、旧ソ連の山猫暴守射殺される石田をアメリカの音楽団の息子たちする居る家へ楽世ナチスに渡せる服鏡うう日本公開のマ（ア・ログ・ビ）99年の作戦りのう

戦時下のアニメーション　7・7

返し学用（字）の説明は切りだと政岡研究のの末が合四年四月封切だ瀬尾調整撮影という外地に試写室が見せ押収した標識然として見た『フマンジェス』というのをパテテール戦争は負け「……」と「40年封切　繰　音光」と切

（りをしての政岡研究のだが四四年四月封切にだた瀬尾調整撮影だったという余事が政岡所外に筆者が多少とは一戦時海軍のコンビ国としては政岡を少々強たとしても謙虚では『モモタロス』見事で見せたた

批判だ「43年管遣画」を長編へ四月封切政岡のノーらを海軍省がノ時戦時色皆無の「桃太郎」「中編」戦時色に「ノ45年4月封切中編切り太郎の海鷲」（43年3月

戦前からNHK総合の戦前の一戦中日本のアニメーションの中での戦火の『桃太郎』が世に生まれたがこれは政岡憲三にとていは内容だという

出征前だたH·K総合の戦火太郎次の戦火の中フェニメーらが世界た「瀬尾光世という内容だという傑

を見る新劇合会社る見事が確かや図なためやかな悪のなくて直助じたかなだは文化た各劇技合演学歴と女優たた悪木下惨新四助者と帰った的名京談前後編「49

抱きオ年映画（1）のやあやかな悪のは地方公演だためやかな悪のなくしてた加減しただは木下惨とこう言ったらなの名京だからだそのの名店だなの人でそ込んで松竹49

思ったという。

小野耕世氏のコメントは正しいのだが、話の流れで四〇年にすでにハリウッドが戦時体制だったような錯覚を与えかねない。アメリカの参戦は真珠湾攻撃の結果なのだから。

エネルギッシュな桂文我独演会　7·11

名古屋・名演小劇場で「桂文我独演会」を見た。

桂枝雀の六番目の弟子で、この夏四十歳を迎えるのに、いまなお少年のことを文我は、エネルギッシュに三席。

まず「応挙の幽霊」は絵から抜け出た幽霊の酔態が眼目だが、美女であることを忘れぬよう。

次の「さじ加減」は名奉行物で、講釈ネタという。青蛙房の「増補落語事典」にも見当たらぬので尋ねたら、東京のある落語家に習ったとのこと。なるほど稽古好きのこの人らしい。

七番目の弟子のむ雀は、枝雀ゆずりの「鷺とり」で好調だが、天王寺の塔のてっぺんにつかまった男を遠目に見た人々の想像をダジャレを連発する"仁和加"のくだりで、

人間的魅力と奇矯さが同居「サイダーハウス・ルール」　7·3

小説の映像化は難しい。

ジョン・アーヴィングの「サイダーハウス・ルール」は、文春文庫で上下二冊。とても二時間分の映画に収まるものではない。

だが、これは、読んでから見ても、見てから読んでも（どこかで聞いたような文句だが）納得できる仕上がりである。

まず、原作者自身による脚色がうまくいっていること（アカデミー脚色脚本賞受賞）。そして、ラッセ・ハルストレム演出のバランス感覚が行き届いている。

一九三〇～四〇年代のメーン州ニューイングランド。孤児院で生まれ育ったホーマー・ウェルズ（トビー・マグワイア）は、院長であるラーチ医師（マイケル・ケイン＝助演男優賞も当然の好演）の助産と、当時は禁止されていた堕胎を手伝うようになる。やがて堕胎のために訪れたキャンディ（C・セロン）と、その恋人の軍人ウォリー（P・ラッド）を見て、外の世界に強引かれ、孤児院を出ることにする。

ホーマーは、黒人たちとともに、りんご園で働く。寝泊まりするサイダー（りんご）・ハウスの壁には、その中でのルールが掲げてある。作業のボスであるミスター・ローズ（D・リンド）は"おれたちのルールはおれたちで決める"とカッコいい。だが、やがて彼の娘（E・バードウ）の様子が変なのに気づく……。

いかにもアーヴィング好みの、人間的魅力と奇矯さが同居した人物が登場するが、全体の印象が温かい。

ベストセラーでも「マイノリティ・リポート」「ギャンパート・グレイプ」等、エキセントリックな人々を描いて評価の高い監督だが、時として映画の気分自体が病的になるきらいもあった。今回は、脚本の描き過ぎを抑制したという。五十代にして円熟に達したのだろう。アスミック・エース配給

らぎを感じさせ、ラストはジーンとくる。それもこればかり上映されなかったのはその結果として彼らの子供のことをしている映画にすぎないためだろうか。監督は当然のごとく編集も説明的だから、各映画祭で受賞し、終えたのである。

　ボクシングが主人公である九歳の少年ジミー・ジュニアは先の映画とちがって、今池の名古屋シネマテークで見られる。同じ志の型の映画だ。

「――ボクシング・ジムに就職をするようになった感想」という少年の作品だ。

戸籍のない少年、家計を助けるため身分証明のない、脱法金工場で働く学校に行けない、麻薬中毒の両親のもとの（岡本・編集）美術もの

ボルツ・ジャイアントの少年映画　7.14

　明日がルフィ（十五日）まで大池の名古屋シネマテーク「ぼくは十八歳」が歩いてくる。

燃えます子を打った人物桂文楽として上がったが文楽の名節が変えてしまうのだが、今日のある種のテンポがある。今最後を志し愛し、「愛宕山」『山の最後を庭』同じと対照的な十八番。

地獄さ（沙汰）も金次第、次の文節をそのまま度々「今度の度を弾ねた桂。

立川志の輔の工夫が光る　7.28

心情あふれた監督者の多くが詳細な加納健男である。芝居として芸多一つを経験している、中田・ダイスケという高座の名音声だ。

実に深まる、先生。後半、やや前提のところがしつつも全盛期米朝・上岡龍太郎を思わせるところがある。白やかして、きよしとここまで観客を得得するのは上方漫才の落語。ショウが一方がある、歌舞伎が落語だがその差を全員下敷きにして漫才の過程を同様に、同社・新聞社の流れがこの上方談義の評価と同じく、評価も加達したとか話おもしろい。岡田社の意見を多くて秋田の面も

米朝と上岡龍太郎の対談本　7.25

上方芸能あふれた監修者の独演会を今年のホールで見られる。名高座のほうだ。その芸人は

桂米朝と上岡龍太郎が語る昭和の上方芸人（朝日新聞社）を読んだのである。

その感動にひたるのだが、あるのだが、との感動に

歌舞伎の眼目は"本心の抑制"。その心の内を浄瑠璃が語り、喝采を呼ぶ。この胴上げ、試し切りなどはその典型、劇的な様式美だ。

③の、親不孝者のいがみの権太が、突如善人に変わる（しかも妻子を犠牲にして）という設定は、現代のリアリズムとはまことに対照的。こういう展開が大衆娯楽だった昔を、今さらのように思う。

仁左衛門は言わずもがな、ひときわ左團次の息子の男女蔵がいい。我當の声のよさもあらためて惚れ惚れ。老け役の坂東吉彌があり、仁左衛門当たりの存在である。扶桑町の文化会館は、"多目的"でなく芝居小屋造りなのがいい。最近オープンした名古屋市の北文化小劇場も似た構造らしい。

紙切り、浄瑠璃が語り、胴上げ、試し切りだけという意外。

弟子の志の吉の「元犬」は、犬が祈願して人間に変身するというSF？的古典だが、わざとらしいクスグリを手直しした方がいい。噺家である演者はまず言葉のムダの整理を。

志の輔は、まず自作の「親の顔」。これをテレビで見た記憶がある。四十五分ほどのうち三十分が世相談議のマクラ。その反応で客ダネを探っていたらしい。

児童の珍解答が、子供なりの理屈に合っているので困った先生が、父親と面接し、さらに頭を抱えるおかしさ。つまりは「やかん」「浮世根問」などと同じ"無学者論に負けず"の古典パターンの、上々の新作である。

次の「死神」は、ブラックユーモア落語の大物で、「着物」を手にした主人公が、その火をもらうか消してしまうかでオチの持っていき方など、志の輔なりの工夫が光った。次回は十月二十六日だという。

落語
以前に料亭で催す寄席に出たりで、後は周辺の市のホール

十五代目片岡仁左衛門の襲名披露　8・1

「松竹大歌舞伎・十五代目片岡仁左衛門襲名披露」を、愛知県の扶桑文化会館で見た。

演目は、①羽衣②梶原平三誉石切③義経千本桜／すし屋の三つ。源平の争乱を背景にした②と、③はどちらも梶原平三景時が登場するわりとハードな演目が並んだが、②の景時役の仁左衛門が、劇中で夫改め十五代目襲名の口上を述べる趣向もある。

大河内傳次郎のサイレント「水戸黄門」　8・4

NHK BS2で、大河内傳次郎主演のサイレント映画「水戸黄門」三部作を放送した。

前編と中編で、珍優・高勢實乗が、間抜けな代官と武芸自慢の宿屋亭主を演じる。どちらもやたらにおかしい。一つの物語の中で、達者な役で登場するだから、当時の人気のほどがうかがえる。

大河内は、黄門と、風変わりで友情に厚い浪人の二役。それぞれ江戸へ着き、幕府転覆の陰謀に立ち向かう。彼の立ち回りを見せるための配役である。

困るのは、トーキー速度であること。サイレントはより3分の1速いから、動作やチャンバラが跳ねるようにこっけいに見える。一コマ落とし気味だから、バスター・キートンのようにこっけいに見える。全体をサイレント速度にすると、ストーリー展開の部分がダレて、せっかくの撮影自体がダレて見える。

七変化の名優アレック・ギネスの死 8・15

今なんとなくさみしい思いをしている人が多いのではないだろうか。一九九九年度のアカデミー賞を受賞した演技派として世に出たアキ。「戦場にかける橋」を古巻とする演技派として、似たような顔をしたどうしてもこの派な演技を含蓄。

然とに戦場になる縦長に戻ったとしても、それは古巻とされる「橋」を古巻とする。主に巻たようなテーで現れる。が、若者(57年)という帽子をかぶる。名探偵の怖さ。にしても独房役は、天下のイギリス軍輸隊長役は男装の女性の一人で、あるべきという別におそろ約装。

そに犯罪客も共にならただギネス・アレ。先日なこととして、ベムむただアレック・ギネスは、狂録の傑作「レディ・キラーズ」泥棒だという名優だった。迷惑役をしする役「レディ・キラー」(55年)の。役どころう仲間で、狂録放送は現金強奪事件。にしては変化的な狂録の演者

ときを調整する速二十分もいかけたかとりもせまい旧作としえ、新版作りをかられるからだと全体とおよう思いがしえてあたが今場面なして技術というよりも、ギネスというビデオへの思いとして現場の中変え。

いうキャラリてもしくかくもキャラリてもしえ。

「へんな外人！」「E・H・エリック」 8・29

器用さを超えた芸人だというわけだ。杯をえりに選んでいるような町の絵描き、「ニュコニャッイ」と歌い出した子大会に現れたジュコニャッイが

年て先にもかくもそうに振る美青年が出てきた。「ニコッ」「これが芸人なのか」一番組でE・H・エリックというエコラ外人が大ブレイク。一九六一年・一九六八年はNHK

ジット一人芝居にもかくらのだった。

が、いう鶴瓶の絵を描いてみたいが六月二日の名回です。これもE・H芝居の達人。その絵を一回めしだけでだで十分だかとくてもだた絵よりも絵描きが始めた。エコラテ的だ。せっかちな父親がいうだくべとくたんごら鶴瓶の絵をけねいたけど末にはだ「結婚とは言って」と怒らしい。見てたら怒られるんしとくした「鶴瓶が

笑福亭鶴瓶とレッサー尾形の即席ドラマ 8・25

がそうなってくれるチャンスが入れるともう九月日めるのあたで、安く人不安定なのが、ギレナツの変化した面白さだ作なる面白さだ

しとして六月九日のこと。いっぺん六人芝居にもかくであるのだった。その発想は一月九日以前の「朝日放送」が鶴瓶の絵を描けという回送になりのが互いに。「MS探偵といけとなやくしだいけばには即答で、すぐの了ラマチけ探偵というテぐ末形だとスナネットMBちてバジンナ尾形だ(CBC制作)だのちしとと自分のも着でな

「ゴクローさん！」

渥美の当惑の極みの表情でのけぞる。「へんな外人！」

エノケンが口ずさんだのは、青島幸男作詞「無責任一代男」の一節。それを受けた渥美の嘆声も後の"寅さん"では見られぬ喜劇役者のナマのおかしみにみちていた。

当時の日本で外国といえば西欧のイメージ。くらべてトニー谷で売ったロイ・ジェームスら外国人顔のタレントが、日本人以上に日本的に振るまうのが、紅毛碧眼コンプレックスに訴えて妙にウケたものだ。

いまワイドショーのコメントの"まとめ"役はジョージ・フィールズで、ときやく的確なその指摘に、異を唱える人はいないもし同じことを日本人が言ったらどうだろうなのかな。

「桑港」は演出に緩急の工夫　9・1

「桑港」（36年）をビデオで見た（IVC 25日発売）

アメリカでは一九三〇年代後半、大災害スペクタクル映画ブームが起き、「大地」「シカゴ」「ハリケーン」「雨ぞ降る」などが作られたが、これはその初期の一作で、一九〇六年四月十七日にサンフランシスコを襲った大地震が見せ場である。

歓楽街のボスのクラーク・ゲーブルと幼なじみの神父スペンサー・トレーシーの友情、すばらしい歌声のジャネット・マクドナルドをめぐるゲーブルと上流紳士ジャック・ホルトの恋のサヤ当てなどが描かれ、地震に遭うまでの物語はヤヤかったるい。火災の類焼を防ぐため建物を爆破する場面など、駒落し撮影とわかっていてもヒヤリ。狂ったように走る馬車の前を人が駆け抜ける場

面も、トボトボ歩いてくるゲーブルにより臨場感が倍加している。

昨今大宣伝のCG特殊効果が騒々しいだけの平板な作品達に、演出に緩急の工夫が乏しいからだ。ハリウッドが往年の質感の作品に学ぶべきことは、実に多いのである。

場所を変えたイッセー尾形のネタおろし　9・12

イッセー尾形の一人芝居の"ネタおろし"公演を、東京の原宿クエストホールで見た。

渋谷のジァン・ジァンが閉館したので、仕上げたものを演じていたこのホールで皮切りをしたのだが、小生が見た六日の客タネはよかった。奇妙な表情といってたたずむ演者が、パッと照明の中に浮き出されて的確に反応するのである。

演目は七つ。ラブホテル前で張り込み中の、やたら目立つ私立探偵司。外国でパーンと入ってきた関西弁のやくざっぽい自称骨董屋の漢を防ぐため、若者と不寝番をし、そのうちられた三絃やギターを密かに奏でる老人……。

オカリナ吹きの前で待ち合わせる女が、"あなたの幸せを"と近づく宗教女に反撃するくだりで爆笑や拍手が起きた。

筆者の"好み"は「夜中の引越し」。海遊びの父親が浮袋をふくらましたが子供に変があるらしい。どうやら変化しているのだろうか。

十月末の名古屋公演では、どう変化しているのだろうか。

山田太一の大胆な作劇　9・26

山田太一が脚本を書いた地人会の公演である「黄金の夕陽」を、初の市民会館で見た。山田太一の脚色した「黄金の夕陽」は、俳優座の公演でもあった。

小学生のころ、「音」という量を換えるとして、それが封切られた馬車道のコニー・アイランドという映画館で見た昭和二十一年（四七年）だけには、後からそれを知った。後から気付いたことだが、それを日本的な森の物は……

里見弴の「音楽五人男」（39年）とを、ジャン・ギャバンのコニー・ジャンという音楽家五人のコメディだ。主題歌を売り込もうとして、まさに日本的な森の森へと……「ロッパ」

古川ロッパの音楽五人男　9・19

監督・佐々木康、音楽・古川ロッパ（39年）。その中の一本「音楽五人男」だ。原作・長谷川幸延、脚色・館岡謙之助、緑波の出演映画数多く、屋根の下見えて……ステキ

「ロスト・ケア」は渋めの佳作　10・3

名古屋の良さを、公演は十一月一日、洞察とスタッフの大衆性を発揮して最高に大衆を担ぎ出した舞台。

「人」のというニュース、共感、その普通の人に、山田太一の戯曲を、脚本が、洗練、大半はコメディ……山田太一は大胆不敵な作風、「大胆不敵〉な作風だろう。山田太一作品が、「山田太一論」を書き、その人に当たるのだが、周囲の人にとって、劇的な設定、〈大胆不敵〉な展開を……

試写を劇場で見るのが、今ある中であるが、名古屋前の駅前のシネマテーク「シネ・ヌーヴォ」は、封切られなかった「ロスト・ケア」を上映して、思い出深く名場面のある映画である。〈ロスト・ケア〉あまりコメディではある作品を多い。

典型的なフランス映画であるが、カフェの舞台であるが、ひんなことに踏み込んだフランスの私立探偵が、少年が男のような少年探偵で、失踪した男を捜しているのは事件、そのものの依頼であり、依

修だがたらないという彼の心情が伝わってくるのである。

探偵がD・オートゥイユなのも味な配役で、冷静な眼をしているが、当初頼りなく見えるのが"狙い"だろう。

演出は「ワイルド・アパート」で各種の賞を受け、撮影監督としても著名なクリス・メンゲス。こういう渋めの佳作には今めったに出会えないのだ。

運びどんどんやってしまう。元警官の私立探偵が「法の番人ならしてこういう奴らは許せない！」は痛快。

工藤栄一の死　　　　10·6

工藤栄一監督が亡くなった。東映チャンバラ映画ファンには忘れられない名匠である。

「十三人の刺客」（63年）は、小生も16ミリ版で上映会を催したほど好きだった。暴君の政治的暗殺という内容（脚本・池上金男）が"思想的に深い"と評価されたが、登場人物の個性的な面白さと、ラスト十数分の立ち回りが圧倒的だった。この一作で工藤氏は集団チャンバラの名手と目され、続いてつくった「大殺陣」（64年）「十一人の侍」（67年）いずれも好評だった。職人だから多作で、一九七〇年代からテレビシリーズにも精力的に取り組んだが、そのため劇場用作品づくりはまばらになっていった。

その時期の秀作「野獣刑事」（82年）は、神波史男の脚本が良いらしく（いしゆまり奮い立つ人らしい）、いしゆまりゆえ大きく（脚本）といるゆえの情夫を演ずる泉谷しげるの刑事・緒形拳に対する"卑屈"ぶりも、実気にするほどの迫力だった。

追悼は最盛期の代表作を語るべきだろう。「十三人の

刺客」の、西村晃の意外な最後を思い出しつつ、合掌。

ベトナム映画「歳月」のニョクマム作り　　10·10

NHK教育の「シネマフロンティア」で、ベトナム映画「歳月」（98年）を見た。

三代にわたってニョクマム（魚醬）を醸造しているミン一族の盛衰をつづった年代記である。ベトナム戦争がからむ。

鯰だけ味が出る。雑魚一匹まじっても味がわかる初代の曽祖母は、孫子の代になってやというが、孫の代は駄目で、雑魚まじりは出荷をやめる。

やせた土地から南へ、新天地を求めて海辺の村で裸一貫での仕事を始めた曽祖母は、夫を革命派に惨殺され、首だけ金を渡して葬式をしている体験があるが、今のグエン家は解放戦線側に金を渡で、"家業繁栄はなんのおかげ"という考えからである。

戦争中の政府軍の徴用から逃げる若者を射殺する冷酷さで、一九七五年に革命派が政権を握り、ニョクマム業を国営化されるが、質より納期優先になる。ニョクマム一家は残り、良質のニョクマムの復活に努力を重ねる。

娘のグエットは船でフランスへ逃げるが、世界の歴史でくり返された"人民解放"の皮肉な実情、素朴で深い佳作である。

桂小春團治の力量　　10·13

「第44回小牧落語を聴く会／桂小春團治ワールド」を、小牧商工会議所会館で見た。桂春團治の六番弟子で、上方の新作派の一人。

2000

まず、「平成紅梅亭」（読売テレビ）でも見た「アルカトラズ病院」。彼の代表作らしい。不良患者の吹きだまりの、刑務所のような病院、という意味が、患者の口から説明される。本名は丸木戸病院というのは、マルキ・ド・サドにひっかけたのだろう――といった工夫は盛りこまれているのだが、病院をネタにしたブラックユーモアやホラーは数多い。ナンセンスの根底のリアリティーを、いま少し。

次の「豊竹屋」は、義太夫と口三味線のマニアック男が出会うという、古典の中でも今や演じ手が限られている噺だが、気合を入れて面白く聞かせた力量を買う。

最後の「職業病」は、開店したファミリーレストランの、給仕頭はもと葬儀社勤務、厨房のチーフは自衛隊出身だったので……という新作。キッチンでお子さまランチの旗に敬礼し、君が代を歌うくだりでひっくり返った。「子別れ」「粗忽の使者」などの古典にも通ずる着想なのが妙。

三國一朗の名著「戦中用語集」　10·17

三國一朗さんを個人的に追悼しようと、岩波新書の「戦中用語集」を読み返した。

「大本営」「千人針」「八紘一宇」などの用語の意味や、それにかかわるエピソードで、当時の世相を語る名著である。

一九八五年刊。十五年前である。著者の三國さんは、その時点で〝五十歳以下の人と太平洋戦争の記憶を語るときは、相手はそれを知らないと思う方が間違いが少ない〟と語っている。

いま六十代半ばを過ぎた小生は、当時五十一歳。むろん、全部わかるが、こういうことは、わからない世代に伝わらなければ意味がない。だが、それが至難のワザ。

戦争体験の〝語り部〟たちが、年ごとに老い、消えてゆくのは確かに不安である。でも、こう言っては申し訳ないが、語る側の一方的な思い入れは、聞かされる若い世代には、うっとうしいだけではなかろうか。

相手の心に刻みこむには工夫しなければ。たとえば新兵を面罵し、いたぶるのが愉快でたまらぬという、古参兵や班長などの嗜虐人間の側から眺める、ブラックユーモアの視点も必要なのではないか。

桂九雀の芝居噺独演会　10·20

名古屋市東区の撞木館で、桂九雀の芝居噺独演会を見た。

歌之助の弟子の桂歌々志の「子ほめ」に続いて、九雀の一席目は「さんま芝居」。田舎の芝居小屋で、忍者が現れる場面で煙硝がしけていて着火しない。とっさに楽屋で焼いていたサンマの煙を送りこむが……ということの噺。青蛙房の「落語事典」には、東京では先代の円歌がよく演じたとあるが、聞いた覚えがない。で、後で演者に尋ねたら、彼も聞いたことはないが、速記本のを基に、落語作家の小佐田定雄が改作したとのこと。

中の芝居は、幽霊でも忍者でも、スモークが必要な狂言ならいいのだから、九雀は、以前演じたことのある「先代萩」の仁木弾正のくだりにしている。芝居心のある人だけに、大見得を切った姿は橘之助張り……とはチト褒め過ぎか。

次の「龍宮界龍都」はSFの大家・小松左京も驚嘆した、大阪落語の旅ネタの中の、SF的ナンセンス大作三席の一つ。なぜか芝

居がかりになるヤマ場が見どころだ。

これ、"名古屋まちなか演劇祭"特別企画の一つ。イキな趣向だねえ。

ミヤコ蝶々の死　　　10·27

ミヤコ蝶々さんの死を旅先のシチリアで耳にした。ちょっと不思議な気分だった。

ミヤコカナの芸風を継いだ天才と言えるだろう。夫婦漫才で相方（ワカナの玉松一郎、蝶々の南都雄二）が素人っぽいところも似ている。

脚本・演出も手がける才女だから、脚本家とモメることもあった。関西のさる放送作家が、NHKの朝ドラを試みに台本を取りよせ、照合しながら見たところ、出演者の中で、蝶々のせりふだけがふえると言うだけだが大きく違っていた。「あれだけ変えられたら、脚本家はたまりませんな」。

もっとも、喜屋小雁は「そら蝶々さんにそれだけの力があるちゅうこっちゃわ」。書く人と演ずる人、それぞれの立場からの声である。

以前、某ラジオ局のディレクターが、名古屋へ来演した蝶々にインタビューを求め、礼儀を知らないと叱られ続け、低頭しつつマイクをさし出していたもの、結局使えなかったという。

かつての叱りつつひといとシャレにする絶妙の呼吸が、年齢とともに失われていたという。哀しいけれど、そうしたものなのだろう。

役者バカ　博多淡海と木村進父子　　10·31

WOWOWの民放連受賞シリーズで、毎日放送の「哀しき子両役者・博多淡海父子伝」を見た。ビデオをカットのように使って、一座つまりに跳び上がるのが特技の喜劇役者、二代目博多淡海（一九三〇～八一年）と、その長男の木村進（五〇年～）のドキュメンタリーである。

博多仁輪加師の息子の二代目淡海は、東京・浅草公演が成功したのに、藤山寛美に請われて松竹新喜劇に加わり、淡海一座は解散した七六年のことである。

だが、小心な淡海は、酒の上の失敗が重なり、やがて退団。淡海一座を再び旗揚げというが、新喜楽座へ事実上の"島流し"になり、岐阜の下呂温泉で脳内出血で没した。五十歳だった。

五〇年生まれの木村進も、一時は吉本新喜劇で間寛平と組んで大人気の芸達者だったが、これも酒に倒れ、半身不随になった。

二代目の座長仲間、樋口次郎の「役者バカと自分で言う人は、実は衣食住に不自由せんように行く道を考えている。淡海こう、本当に役者バカだった」という言葉が、心にしみた。

日々変化し続けるイッセー尾形　　11·7

「イッセー尾形の一人芝居」を、名古屋・栄のテレピアホールで見た。

東京の原宿クエストホールで、九月にネタおろしした話だが、いずれもふくらまされて、印象がかなり違う。

「訪ねてきた上司」も、しかられただけで会社をやめるという新人社員の家族が、父親をはじめ、だれ一人まともな職に就かぬまま暮らしていることに、ブキミな今日的リアリティーがある。「夜中の引越し」は、初演からすでに上々のブラックユーモアに仕上がっていたので、その上つけ加えるまでもなかったような気もする。

一方「自称骨董（こっとう）屋」は、もしかするとオミットかな、と思っていたら（事実、一度外したという）巧みに練り上げられ、怪しげな人物の怪しさが、くっきり立ち上がってきたのが見事。

「幸せ家族」の姉妹編的な「海家族」の、子供をしかってばかりいる子だくさんの父親、いいなァ。

筆者が見たのは十月三十日だが、その前も翌日の舞台も、少しずつ違うはずだ。毎回終演後に、演出の森田雄三のダメ出しがあり、演者の呼吸とともに変化し続けているのだから。

「愛と哀しみの大地」ベラルーシ　11・10

あ、録画すればよかった、と思った時は、すでに番組は半ば過ぎていた。

四日総合のNHKスペシャル「愛と哀しみの大地」は、元ソ連邦のベラルーシに住む女性作家、スベトラーナ・アレクシェービッチが書き続けている記録文学を軸にしたドキュメンタリーである。

独ソ戦で大きな犠牲を出したベラルーシは、敗北をスターリンが伏せたため、ずっと無視されていた。フルシチョフの時代に名誉は挽（ばん）回したが、称揚の碑も全体主義そのもの。スパイ容疑から一転英雄、やがて鉄道自殺した人の未亡人を作家が訪ねるが、その夫人の口調に、ユーモアがあるのに感動した。

アフガン戦に駆り出された戦死者も多いこの土地は、チェルノブイリ原発事故の場所でもある。放射能を浴びた入院患者の姿に、目をそむけてはなるまい。

仰天したのは、事故で封鎖された原子炉の隣接地で、なおも原子力発電が続けられていたこと。この十二月には停止とのことだが、そんな恐ろしい実態を初めて知った。

これは、ソ連→ロシア以外でも起きうることなのである。

画面に集中できるシネコン　11・14

岐阜県柳津町に「シネタウン岐阜」がオープンした。十のスクリーンを備えたシネマコンプレックスである。

筆者が映画館に望むのはただ一つ〝気を散らさずに画面に集中できること〟である。

最新の映写設備ゆえ、ピントも明るさも、音響も申し分ない。だが、もっと重要なのは、上映中の館内に、余分な光源がないことだ。

ここの場合、天井や壁面の照明は全部消える。もともと小さい非常口の表示も上映中は消える（非常の場合はつく）。残っているのは、いす席端の、階段を照らす弱い灯火と、出入り口の左右に埋めこまれた蛍光塗料程度の表示のみ。欧米の映画館なみの暗さである。

消防法が改定されたときにも書いたのだが、名古屋市内の映画館が、いまだに天井の、観賞の妨げでしかない残置灯や非常口の灯などが、スクリーンまで照らして映画効果を低下させているのはなぜか。聞けば、消防法の規制が、愛知県は特にキビしく、既存の館が灯火を落とすのに難色を示すのだとか。許認可権を握る担当官が、〝映画〟を全くわかっていないのだな。

吉村公三郎の死　11·17

三十余年前、東京国立近代美術館フィルムセンターのロビーで吉村公三郎監督を見かけたことがある。「西住戦車長伝」（40年）の上映が終わった直後、本人も久しぶりに見るのらしく、連れの人に「ヒヤヒヤして見てたけど、それほど軍国主義的じゃなかったな。やはり心のどこかで戦争に反対してたんだ……」。

声高なのは地声らしく、率直な気持ちであっただろうが、居合わせたこちらがテレ臭かった。作者本人を知ることは時として作品鑑賞の妨げになる、と言ったのはだれだったか。ただし名言だ。

吉村監督の訃報で、代表作として挙げられたのは、「安城家の舞踏会」（47年）、「わが生涯のかがやける日」（48年）あたりまでだった。

だが、松竹退社後も、大映や独立プロ等で、素材に応じて師匠の島津保次郎ゆずりのソフトなタッチの味を発揮したり、抑制した正攻法で京都を舞台を見せたりした。数ある中には出来・不出来もあるが、同じ京都を舞台としても「偽れる盛装」（51年）と「西陣の姉妹」（52年）は全く違うタッチ。第一級の映画職人だった。合掌。

「ペパーミント・キャンディー」光州事件の傷　11·6

なるべく白紙の状況で見てほしい秀作である。こういう構成のドラマは、かく効果的な例はこれまでに少ない。

一九九九年の春、韓国のとある郊外の川辺で、工場の労組仲間の二十年ぶりの宴が開かれている。そこへ突然、主人公のキム・ヨンホ（ソル・ギョング）が現れる。彼の消息がつかめず、連絡がとれなかったという面々の側に、当惑と嫌悪の気配さえ感じられる。

その理由が次第に明らかになるにつれて、一九八〇年五月に起きた"光州事件"が、大きく重くのしかかっているのがわかってくる。戒厳令下の当時、ホンは一兵卒だった……。

光州事件なんて知らない、想像もつかない、という人も、これを見て、想像で補えばいい。心身に受ける傷が、その後の人生にどう影響するかは、それぞれだろう。心の痛みがその人を優しく、思いやりのある性格に育てるという美談、その方が、大衆には好まれるだろう。だが、脚本・監督のイ・チャンドンは、苦い現実の方を選んだ。フィクションの形で史実を描くのは物語の一つの理想形だが、この映画はそれをなしとげた。

「ペパーミント・キャンディー」という題名の印象と裏腹な（だが作品の核となっている）むごいラストシーンは、だが、人間性が、愛が、みな善を如実に描けば描くほど、大きな悲しみがそこに起きうる"歴史と庶民"という普遍の姿。キム・ヨンホなどを含め、この不幸な民の普通の姿の中で、限られた"心のある不在"の一作と言えよう。日本・韓国合作。NHK エンタープライズ21 アップリンク配給

桂雀々の陽気な怪談と爆笑噺 12・1

大阪から桂枝雀の弟子で旅立ちの頭を持った伊勢音頭と東〈雀〉はOL「5・5」を名古屋劇場で演じる。旅に出るという〈雀〉はOL「5・5」を名古屋劇場で……1度か鉢を壊しては捨ててしまうので、「壊し屋」と……演じる。薄〈雀〉を名古屋劇場で見た吉朝の木場……芽朝……

同じ「雄々」の令回〈……のは、レイアウトの肉づきの皮を飲みすぎた雀々がまだ幼い物だが……のわけ……わけ稚だった師弟の資質を比較するだけでなく、独自の実験的な興趣のある切ない珠観ら……

わかりやすく上質なコヨニメ 11・24

明……画祭……三十五……今池の名古屋「チキニコアニメ映画祭」……北久保弘之監督……〈……〉令池の名古屋「チキニコアニメ映画祭」……

観客一人の北久保弘之の吸血鬼ラニメ 12・5

枝雀の旅日……の三味線をしながら……

英が売れて五十定がまだ終わらないうちに……五……確定だからだ……オリジナルなだけに……〈……〉ジネス……北

好みオリジナルな好……リティらしいなだけに……

状態はベストなのに。

今後のシネコンは、立地条件に合う作品の選択がポイント。往年のセットの作品の低料金二本立てという"名画座"番組も試みてはいかが。

山田太一の「離れて遠く二万キロ」 12·19

山田太一が俳優座に書き下ろした「離れて遠く二万キロ」を東京・新宿の紀伊國屋ホールで見た。

所は南米の小国。その首都の、日本の"青年海外協力隊"の連絡所が舞台である。六人の隊員たちが任地から戻り、久々に顔を合わせてくつろいでいるところへ、新任の水泳指導員の女性が憤然とやってくる。派遣された僻地へやってみたら……という話からドラマが始まる。

海外で働く日本人を描いた点で「砂の上のダンス」(89年)と似ている。クーデターが起き、戒厳令が出てる。もう一つ実感がないらしい若者たちの姿が、なるほど日本人だなと思わせるが、作者は決して認識の希薄さを指摘しているのではない。だれしも事態に直面するまでは、日常の瑣事が先立つもので、それもまた大切な事なのだ、という視線が、山田ドラマの核なのである。

冒頭の趣向(寄席芸でいう"ツカミ")がいい。黒澤明のある作品を連想したのだが、後で登場人物がちゃんとそれを言うので実笑ってしまった。

場内は補助席が出るほど。中部地方の巡演を期待する。

外国映画の邦題のつけ方 12·22

外国映画の邦題が、カタカナだらけなのは、なんとかならないか、との声を耳にする。

カタコト英語的邦題が目立ち始めたのは、第二次大戦後のこと。でも、フランス映画に「ヘッドライト」などとつけて違和感が少なかったのは、日本語化した英語だったからだ。

それにしても、原題名のカタカナ表記や、原題と違う英語を持ってきてまでカタカナ化した邦題が居並ぶ今の状態は、いささか常軌を逸してはいないか。

その裏には戦後の若者に一貫した"アメリカ的白人"願望もある。せっかくの黒髪を茶髪にする理由は、白人コンプレックス以外の何物でもない。

映画の邦題の場合は、宣伝部員がどんどん日本語に無知になった結果でもある。だから、たまに日本語邦題をつけると、とんでもない外れになる。

一例に挙げてみよう。ファンタジーの佳作「オーロラの彼方へ」も、感動が邦題と結びつかぬ。極光の下で恋人たちが抱擁する話じゃなくて、父と息子が時空を超えた交流をするスリリングに描いたSFなのだ。

宣伝部員は日本語に親しむべし。

ビタクな東西落語名人会 1·5

東西落語名人会を、名古屋の中日劇場で見た。開口一番(前座)なしで、いきなり桂雀々、桂吉朝と、独演会が打てる米朝系の中堅

本に下町にBS―通りから園父であるアナすがての修浦直樹が和三十一年、二月、「花岡写真館」という写真館を一月父母のマイアナウンサーが引き取った明治十年の不思議な柄

1・9　山田太一の浅草・花岡写真館

のんびりした見立ての人たちは桂歌丸で実は雀荘では次になる。
おかたのと実用的な武朝は以上がおっとりとした体を崩したくなるような前になる。怪談を包んだくなるたまる風人情の父になる。いすがるようエンジンがかかった今志ぞ立つ高尾の裏話を「朝にとかりつめなし夜の書」。除のようなぶぶんへと繰りたる上霊的に朝立上がるきるよど朱ぶ紙を桂上がるきゃ華やかな色も本題だぬい。華やかな寺の干物し。

1・12　三谷幸喜の『竜馬の妻とその夫と愛人』

だから、テレビドラマというのは地上波でせっかく再放送の小説だ「見」という軽妙な笑いの価値倫理のお柄の復権だと思うがたた観「見」として通り町太町の妻の風眼には嫌えぬと言うがそれが妻眼には嫌えぬと言う。
アイデアとしては山田太一の柄本（中公文庫）が見える。

なか彼女というのうは松坂慶子（平蔵）の妹なので世出口申し分のない三谷幸喜の元キャラ屋になる。い。
Bその設定をつぬねた佐藤B守宅を作品のドラマ訪めだが、米で裏名長屋にB作のコメディメス小説ヨンを生送るのだだろすして夫れる。今や龍馬の妹をさらに所帯まさと三回とあるが結婚村だ。

その為か人気回しをして今回の接点を面白く祖母家の気回も十分なし。申し分なのだ。
その観客は自このも面日子回しつつ過学三谷幸喜の元妻のたちきだ。

許りしも海兵衛は竜馬のこと名古幸喜の『竜馬の妻とその夫と愛人』

五月明けは若い町に下町にBS―通りから園父であるアナすが

合いも快調で、平田の「せっかく現実逃避してたのに……」などのボキャで笑わせたあげく、"感動"でまとめるかと見せかけて、鮮やかなオチ（伏線あり）で暗転。これぞコメディーの王道！

山田太一の「ちいさな橋を架ける」　1・16

山田太一脚本の「ちいさな橋を架ける」（CBC－TBS系）は、日韓共同プロジェクトによる、韓国の永宝島と本土を結ぶ巨大なつり橋の完成に絡ませたフィクションである。

建設会社員の高嶋政伸が、最終段階で現地に赴任するが、通訳として働く高嶋の上司の娘、永作博美と結婚を考えている韓国人建築士の青年に、「日本人は心を開かない、言い返さない」などと言われる。

そして、料理屋で建築士から「昔日本人が（朝鮮半島で）何をしたか知っていますか？ それを知ってどう思いましたか？」と問われる。そく遅れてやってきた永作が高嶋の返事を聞き、建築士に「合格？」「うん」。

これは、さしもの高嶋も憤然とする。登場人物が"言い過ぎ"

心のときめきが伝わる秀作「初恋のきた道」　1・5

チャン・イーモウ監督の「あの子を探して」（私の昨年度ベストテン）に続く"学校シリーズ"第二作ともいうべき秀作である。

物語は、書くのがためらわれるほど単純。中国の田舎の、十八歳の読み書きもできない少女チャオ・ディ（チャン・ツィイー）が、村に新設される学校へ教師として赴任したオ・チャンユー（チョン・ハオ。中国の木村功といったタイプ）に恋い焦がれる。それが、数十年後の死んだ夫チャンユーの葬式を、古いしきたり通りに行いたいと言い張る老いたチャオ・ディの姿に始まり、回想形式で語られる。

信じられないほど古めかしい作劇だが、なぜこんなにみずみずしく、少女の思いと伝わってくるのだろう。水をむので学校の近くの井戸へ出かける少女。校舎建設に携わる人たちのお弁当を教師に食べてもらおうとする姿、チャン・ツィイーのそんな表情が、実にかわいく撮れている。

少女の家へギョウザを食べに行く日に、教師は急に町へ呼び戻される。少女は待ち続け、その恋は村中だれ知らぬ者もない話となる。

やがて教師が帰ってくるのは言うまでもないが、二人の再会を、アップで盛り上げる前に切りあげ、現在に戻る呼吸が心憎い。

私、昨今の絵画の"スローモーション"（ハイスピード撮影や、コマ伸ばし）の活劇的乱用は大嫌いだが、この映画での使い方はお手本と言える。教師の顔を見た一瞬が、彼女の心の中で増幅された、そのときめきが伝わってくるからである。

教師が呼び戻された理由が"右寄り"だ、というくだりに、文革体験世代であるイーモウ監督の、皮肉な視線が窺われる。ソニー・ピクチャーズ配給

2001

ユーモラスで苦い「ヤン・イン・ライフ」
1・26

NHK教育の「ヤン・イン・ライフ」は94年のモロッコ映画。深い味わいを持つ作者背景。モロッコの古い町にラバト。市電やジャンパーで見せるスター、ジャン・バ・ファロー（ヤン）が自転車を自分のものだと売り手先に直す。学校をサボってロッサナに志願した見に来ていたジャンをラッシュのブールが彼のアメリカ人から教師の一人。

興味深いモロッコ原作者背景はNHK教育としてもいいが、原題（問題）としてしまうが、盗んだだけでは彼は自転車を修繕の枠で放送された未公開のよい佳作。やがて少年の苦い、いかにも少年映画のような会話もやや。

深めることを描くだが出来てくるように心ひかれるのがある。建設しているという通りを探すのだが描くのは撮影したのだ。作者が計らいをしてしまい、完成するリアリティがな両技術者山田太司。近次の韓国の刺激が山田太司だが次の韓国話としてこの刺激が…

FOXは劇画よりビデオが面白い
2・6

組織を見る目が差し…劇画よりのチャンネル。現在百三十六チャンネルの実在TVに加入しるのは誰もが申し込めるのだが、目が悪魔だ…

義勇軍の第一次共和国を続けて回を知らないようになったのだ。自分探すおよそ三連打ないだろう。そこだけのニュースに…映像を続けているだろう。近接国を打っていたまうなえるアメリカ連隊が第一回の映像を見せてくれる。ニュースではなくとても強い根拠の実情を知られたエンターテイメントである「ニュース源絶やすぬ校舎手際よく回顧るとも言葉である。その明ってアメリカが言えるらしい、民族衣装であるチェチェンのイスラム支援とも宗教的信仰後の故知のための系あり国家の国益上…

ソ連崩壊後の激動する地中海世界
2・2

ソ連崩壊後から激しい紛争が激化。「ニュースめぐって」地中海・激動。戦後連なく根拠もないが、民族・宗教が装う見る知・概念世界を見した国益上…

その結果、Ｆ・Ｏ・Ｘチャンネルだけで、「アリー・ｍｙラブ」で知られた弁護士出身のデビッド・Ｅ・ケリー制作が三本。

まず「アリー」と車の両輪のような、シリアスな刑事訴訟物「ザ・プラクティス」「ＥＲ／緊急救命室」と同時期スタートで競りあった病院物「シカゴ・ホープ」（先日の回に「ＥＲ」のパロディーが加わった）。さらにコミカルなハイテク探偵事務所物「スヌープス」が加わった。

いずれも原案・脚本のライターで、ケリー自身でスタート。という形だが、ともあれ大した筆力で、軌道に乗ったらやめられない。見始めたら

その強いアニメ「ザ・シンプソンズ」を含めて、今やＦＯＸは劇場映画よりテレビが面白いようだ。

新進・山田太一の「俄＝浪華遊侠伝」　2・13

"スカパー"の時代劇専門チャンネルで、山田太一脚本の「俄＝浪華遊侠伝」（70年）を見た。ワイド連日放送で、全十三回。

幕末の大阪、"打った屋"から一家を構えるまでに至った侠客の、明石家万吉の一代記である。

今、山田太一作品と比較すれば物足りない。ＴＢＳ系の「木下恵介・人間の歌」シリーズの一本だが、まず司馬遼太郎原作という大枠がある。それに山田氏も三十代ば、テレビドラマを書き始めてまだ数年だから、現場への発言力からして違う道理だろう。

だが、原作と突き合わせてみると、さすが、と唸らせる描写が、ある。

例えば方言が、大阪町奉行の密命で、行方不明の江戸の公儀隠密（投獄されているらしい）を探索するため、犯罪者を装い、不正を働いている敵側の与力同心に近づく。彼の素性を気づかれはしまいかと、ひそかに語り合うくだりがある。

その辺りの頭は回すものだ。」年長同心（市村俊幸）がつぶやく。「気がついたスネに傷持てば、

原作にないこうした挿話こそ、山田太一の本領がある。

増村保造はメロドラマも攻撃的　2・16

いま増村保造監督が、若い人に人気だという。

今池の名古屋シネマテークで、折にふれて上映しているが、今回のように一挙十八本というのは初めてだ。

川島雄三がカルト的信奉者を持っているのに、増村が、なぜもっと注目されないのか、と小生は不思議に思っていた。

旧態依然たる日本映画界の中でも、とりわけ古めかしい大映という会社の中で、気鋭の新人増村は、映画界（と観客）の"お涙頂戴"体質に嚙みついた。

メロドラマを攻撃的に変貌させる――というのは、市川崑、川島雄三、岡本喜八、中平康といった当時のモダン派に共通のスタイルだが、重っくるしい演技しかできない俳優がＮＧ続出だったという伝説も残っている。

ただ中には、茶化すための誇張が、実に過激なセックス描写が時に失笑を誘うメロなのは、当時の映倫の制約と駆け引きしながらも、過激さゆえだが、判別し難いだろうも、ある。

今回の見どころは、たとえば「美貌に罪あり」の杉村春子。名演

3.2 西条凡児の評伝として上方芸能史

戸田学著『凡児の影絵線』「無法松の一生」（出版）は、戦後の上方芸界で一方芸界で一。

興味深いだろうと思う。

ねり1様に私はこのランキングの出た人は、七十歳のジャーナリスト・歴史家・批評家たちのアメリカ映画の人気スターたちで、女優人気スターたちの選考条件は、一九五〇年以前に活躍した人気のスターだちで、同票と同位の多い。

W・Sたちの印象とは違うのが兼。

B番組だが、これは私のランキングとはかなり違う。地上波で放送した優先順位が変わるので、評価がわかれる。「反抗するジェームズ・ディーンから始まる。

2.20 アメリカ映画百年のスター百人

「アメリカ映画百年のスター百人」を、CBSテレビの深夜枠で見た。AFIアメリカ映画協会のスターたちの真に、大詰めに、アメリカ映画のスターを「チャップリン・通り」「○○」続いて、○○に住む大通り（○○）の人気50。

だがスターの映画百年のスターの大詰めに、アメリカ映画のスター──「一つだと思う。

3.16 名脇役 花沢徳衛の死

ある日、テレビを見ていたら、花沢徳衛さんが亡くなったというニュースが出ていた。大阪の○作。

しかし、イメージというのは大切なもので、「恐いし」と見ると、気の毒にと思わせてしまう人気が高い優に高い優に高かったという事件「○○」事件もあるが、ほとんどの人気が桂米朝などと同じように発しているのだが、本来は米朝などと結果にしてわれわれ観客の反撃をあび、その総合的な反撃を受ける形がそのテレビ番組を。

世に聞き、風び聞くる。

素人の会名人会西条凡児の評伝である「おかしな漫談家・西条凡児」という見出しが目につく。

桂文珍を見られ、その芸が敬慕の○なること。

のとする苦労人主の家の三男（66年）の甘・源兵衛の山から。

先代の巨匠にはただ一人の生みの、どうしても手づくりてられないというイメージが、洋次の「男はつらいよ」のめ。

山田太一の初期のテレビドラマ「彼」（70年）では、侠客の明石家万吉（林隆三）を京都へ連れ出し、新選組に始末させよと命ぜられた一柳藩留守居役、建部小藤治の役。

万吉一家を藩士扱いにし、西大阪を警備させていた一柳藩だが、用済みになったから消そうというのだ。小心な建部は、ため息ばかりついて、万吉に見透かされてしまう。

常に板挟みの江戸時代の中間管理職。おかしくて哀しい名脇役がまた一人去った。

テレビ版「警部フロスト」 3·27

目下スカイパーフェクTVのミステリチャンネルだけでミリ下見ている。いずれも一時間物のテレビ映画。これだけで余生を使い果たしかねない。

まず「警部フロスト」は、R・D・ウィングフィールドの原作が創元推理文庫で二冊出ている。

原作のフロストは下品でだらしなく、周囲に迷惑かけても扱った事件は"結果的に"解決するという、いかにもイギリス好みの皮肉なキャラクターである。

その点、一九九二年スタートのテレビ版の方が上品？で、主役のデイビッド・ジェーソンのパーソナリティーもあり、新人刑事いじめも軽妙な味わいだ。

C・ランセルの脚本は原作の並行して起きた事件を一つにアレンジしたり、オリジナルだったりするようで、先日の第10回のように腑に落ちぬ部分が残ることもあるが、程々の温かみをホッとさせるのがいい。

ロシアで発見された日本映画 3·30

東京の国立フィルムセンターで「ロシアで発見された日本映画」の上映があった。小生も上京、十四番組十八本のうち三本を見た。

注目、黒澤の「姿三四郎」は、国内に現存するのは97分の20分短縮した77分版のみで、"ロシア版"も当時中国でさえ20分映写されて切れ込んだ45分のプリントだが、でも国内版にはない場面が幾つもある。

たとえば高堂国典の和尚がしつこく登場し、戦時下の作らしい精神主義的な匂いを気迫のユーモアで体現する。初見の場面で高堂が現れると軽いショックさえ覚える。

さらに重要なのが月形龍之介の檜垣源之助。並の敵役はない陰影が加わり、だから右京が原の決闘も一段と迫力が増す道理だ。小津の「父ありき」は、切れ飛びはあるが音が格段に明瞭な森一生の「大阪町人」は、石黒達也がいい。噂では、この十八本、秋の京都映画祭でも上映されるが……。

イッセー尾形の"お笑い芸"との違い 4·3

東京の原宿クエストホールで見た、イッセー尾形の一人芝居がやたらおかしかった。

恒例の新作公演なのだが、たとえば最初の「田舎のガイド」（以下、いずれも仮題）は、ガイドが花粉症だとか遊覧船の船長代わりを務めるのだが、たとえば史跡等のまことしやかな説明に観光客がいかにも疑いをはさむ様子。聞けば"本当の歴史を探ろう会"の会員で、船長「あんたら、あっちでガイドに泣かせてるじゃない？何で。

2001

である。

顔にテレビ電話や視聴者推理事物を裏返した「マ・ワ・ンビースイース」一昨日と名をきっぱりと妨げられて細部を考えしたのが大変だった。第14話「無実の自首犯」である。録画し直し再確認するうちに本のくらう見た一鏡人物が多いこのドラマでは次のような面白いものがある。

もっとも本格推理書を書いた前半の部下刑事のキャメロン・ロスという警部は、まさにTVの映画「アイアンサイド」の原作の肉体に英国味の悪を仕上げてきたというキャラは好きだが、このキャメロン・ロス主任警部が見ても本と出てくるヒーローのイメージを...

が博えるスタイルである。その舞台のうえであるから、まあごくキャメロンらしい例の名古屋会演出で微妙に変化している、いわゆる人間性からの人間肉への大受けしてしまうというそのよさが美芸とされたというのだ。

質的なスタイルだ。そうしてお生きてきている甲斐があるというだろうか。彼の君句なら「陰鬱な映像が発生という映画の名の返しが涙をさそわせる!?」と、ギジャルク...

「刑事ガメ―」は英国味のユーモア 4・13

五月中旬中達しの本だ。

軽妙なマックスの女警部の 4・24

美人で鏡を抱えた中でスカーフを巻き、ベストに（ジーンズ）という判断し行動する「キャメロン・ロス」は、TVの刑事物の製作品であるこの種の夫をしては離婚した。十代のわが子...

娘とレスカでまた...

この種の夫と弁護士と調子したりこのキャラという放送中である存在する。理科を振り過剰のである。

のだ。ある以前のエピローグなどにしか受けていたサイトとただの口論でしかないにはニュースに対し、次第々に逆からに起っていたリエンといういきなり本当にすばらしい情感だったスエズ運河に直通してきとするキャメロン...

第一次大戦等もし妨げられた大等の時期に移していけたコメディ映画伝統のエッセンスなのだ。紛れもなくこの身近なもっとも新鮮なる存在すっかり「同」映画を...

このような画が目黒すなわち「巴里祭」などに紹介されるように前に、ルネ・クレールにとってなんとニューヨークをただあたりを見てべきなんだ（32）年もの映画である。

ネオレールのスプリ 4・20

なミニー? という謎が、当面に誰だった（ルネ・クレール「自由を我らに」（31）年）世代の人たちに出版をと等に出版を説明を...

な、妙に肩ひじ張った物欲しげだったりするところがない。

部下の黒人サングは、女性にモテるのが愛敬、頼りになるブランは、その故に狙われすぎるが、データ収集となると冴える。メンバーもそろいそうになった。

レコード娘がらみのエピソードも含め、散見する軽妙なタッチが、在年の――一九五〇年代半ばごろまでのフランス映画のエスプリを思い出せる。

全三十九話が、アイ・ヴィー・シーから順次DVD発売されるという。

都筑道夫の自伝エッセー　4·27

都筑道夫の自伝エッセー「推理作家の出来るまで」（上・下巻、フリースタイル）――と、こう書いて、例によってピンとこない方のために少々。

親に内証で高校を中退、独学で英語を習得し、翻訳家になる。一九五六年に招かれて早川書房入社。007シリーズの原作を日本に紹介した人でもある。――

そうと聞いて興味を抱き、試みに下巻をひもとく。都筑氏のキャリアが、戦後ミステリー界（SF、怪奇を含む）の歴史にほかならないのに驚く、読みたくなるはずだ。

いや、今ごろ遅いなんて意地悪は言いませんよ。小生が好きなのは、たとえば「なめくじ長屋捕物さわぎ」シリーズ。長屋住まいの砂絵のセンナリと、博識のウツボが、実は滅法腕の立つ退屈男が、素人探偵を務める話である。

抜群の描写と博識のウンチク。饒舌なる文体なのに絶妙に抑制され

ている。体質的に野暮になれない人なのだろう。

沢島忠の東映時代劇　5·1

沢島忠の全盛期の十作が、五日から名古屋駅西のシネマスコーレで上映される。

中の一本「一心太助・天下の一大事」について「映画評論」（58年12月号）で岡本博が「東映娯楽番組の生んだ『天下の一大事』的快作かもしれない」と評している。

その背景には沢島監督のいた東映が、ベストコンビーのように送り出していた型通りのチャンバラ映画の膨大な流れがある。その渦中にあったからこそ、沢島時代劇のテンポや流動感がひときわ輝いたといえるのだ。だから時代劇群が消えた今では、ほぼ四十年前の沢島作品だけを切り離して見ると、受け取られ方が違ってきはしまいか。

無論、スクリーンで再見できるのはありがたい。ひいきの物が多いのは興行上の判断だろうが、小生は文セも右門などの捕物帖物も見たい（あの「かんざし小判」も捕物帖か）。

後期の傑作は「股旅三人やくざ」。お見逃しなく。

川島雄三の正調十三本　5·15

名古屋駅西のシネマスコーレで川島雄三作品十三本を上映中。

小生も未見の「東京マダムと大阪夫人」などを見るつもり。

オヤテレビ放送でなく、スクリーンで見られるのはありがたい。

だが一方、この種の「後から評価が高まった監督」に関しても、どこか複雑な気分にもなる。川島、鈴木清順、中平康、大映の森一

リる九雀。この場面に、演じるウサ平は桂九雀と例によって、米平は目の王さ朝屋九崎市竜宮美ぶ弁でもなぼたとえば夢想家「上方」の落語が人気だ。おしゃべりな和尚が寿限無「……」おという旅の人だが、現在もする雀の肥った体形、米平の十二枝雀のまるい顔の門だが、門だすキャラク小佐田定雄とぶ弁はしょせんもよく人気が高く大阪では「上方」と無縁で雀が人気だし、九雀は和尚、米平が寿限無。

「門下の桂九雀と桂米平は、基礎がしっかりできているので、それぞれに別人の魅力だ。調子をたっぷり味わえるのが結構。米朝の描くはた結果の短縮改作だ。興味深い試みだ。

5·18　桂九雀と桂米平

愛知県蒲郡市竜宮美術館で、米朝一門会を五月十八日に開くのをはじめ、加えて三回の組みあわせで、出演者を選び方もある。

が結構。みえるのだから、世界観は基本的なのだが、その時にあきた人だそれが柔らかく左右されるのだ。映画とは職人の大きさに左右される。まさか、ひとりきりの独り舞台だが、その時の状態へ人本人だ。乱調打しそのうちに先天的な美学と調子の先天的な巨匠だから。サッチモのような人だと、三回のシナリオに加えて一回の銘打映画作品がどれも傑作といえるものではない。武者は失敗したなりに大敗してしまう方だが選び続けし

6·1　團伊玖磨のエッセイ随筆 トラック

女性に例えるなら──チャック随筆
先日そんな話へ
いいたが
だった男性もあった圓伊玖磨さんの四十代の随筆で
愛さそのことを、「これは
えええらぶように連想して
だえらぶのもの」という。
し、「ひろく共感し統ける
あの指をかえるように
いうのが、そうに統ける

うが、迎える一方ときれる
劇的な結婚もあって父に
な設定を含めて、シリー
だ深める。ラーメン店店の
工夫は見事が、女性だ
だ事だ。女性は四十歳は

が心停止第二きを診てい
な帰宅直前の一〇回の救
ポンプ止二箱を抱へ二三
きった三十一歳の患者光
回蘇生をはかる「JB2」
大病院をストレッチャーで
破水した期待妊婦「JBS」
一人目が「JBS」大一病院
二人目は破水しそうにな
双子をゆきまして中毒と
てゆ子宮摘出だが今身を
ゆ子宮摘出を手術した老
てゆ断念しての詩書をサ
ドクター教命医が双倍をし
教命運が私物の段だ。

が第一一きでき三二一一九
が第NHKBの「ER」ER
Kの「BS2」とER緊急救命室
が道十一年前の一月十八
が「ER」がアメリカ教室で
ンR・レイノルズ・マレン室
緊急救命室が高水準を保つ
名名だってその暗唱だけで
医療と補き初段名そのる医

5·29　高水準の「ER」緊急救命室

次回は十一月十八日のこと。

ている子供みたいで、なんともおかしかった。

"三人の会"の一人である芥川也寸志との対談で、作曲が捗る時は性欲も高まる。そういう場合どうしているのか、と芥川を問いつめる。逆襲すればいいわけだが、こうなると先手の有利、返答に窮した芥川「そうそう、そうなんだよ」。團「何がそうなんだ!?」（笑）。

スケベな話題ほど洗練度が表れるものはない。その点でも、見事にダンディーだった。

團さんは「夫婦善哉」「雪国」など四十本以上の映画音楽を手掛けている。その面でも語られていいのではないか。

逢坂剛と川本三郎の西部劇談義　6・8

逢坂剛、川本三郎共著「大いなる西部劇」（新書館）を読んだ。

推理作家の逢坂氏は一九四三年生まれ。評論家の川本氏は四四年生まれ。西部劇を映画館で見、郷愁を抱く最後の世代だろう。

まず逢坂の随筆、メーンが対談、そして川本の随筆という構成。二人とも、ジョン・フォードの"騎兵隊物"やハワード・ホークスの"組織物"は性に合わず、孤独なヒーロー好き、という点ではやや意気投合。定説から外れた話し相手には、ちょっとした様子。

ご両所とも一世代上の小生は、西部劇のイメージがやや違う。そこが面白い。

以前、川本氏が「ヴェラクルス」の大詰めの決闘で、バート・ランカスターが後ろへ倒れたと書いたら、決闘ファンが参加しての"後日談"。「前に倒れた」と指摘した（八六行）。だが実際は、オールドファンが懐かしむ本で込みは術ねね……など、思いなのである。

アンソニー・クイン悪役の色気　6・22

セシル・B・デミルの大作西部劇「大平原」（39年）は、戦後再上映、BS2でも放送されたから、面白さをご記憶の方も多かろう。先日亡くなったアンソニー・クインも、小生にとって印象的なのは、脇役（悪役・敵役）時代の姿である。

鉄道敷設競争のドラマ「大平原」は、セントラル社というユニオン社の工夫だちを酒とギャンブルで骨抜きにしようとする悪玉B・ドンレヴィの手下の一人、ジャック・ペットのキャラクター。まだ二十代で、目元の妙な色気が、一層危険な雰囲気を漂わせる。

ドンレヴィの賭博場でクインのカードのいかさまを見破った工夫を射殺「二度と来るな」とギャンブラーが、振り向きざまに撃つ。正面の鏡で見たマックリーが、ギャンブラーを刺した夫の背中を狙う。「鏡磨いてくんだ」という名せりふと記憶される場面だが、ローレンを立てて死んだクイン氏にも花束を！

談志の古典落語学　6・26

しばらく留守にしたら、その間に放送された「立川談志の古典落語学」（NHK教育・二回）の録画が、知人から送られてきた。

沢田隆治と立川談志という、濃い顔合わせだが、関心がまさに飛躍する談志を、沢田が、うまく手綱をさばいている印象。一回目は東京の飛鳥山公園、生憎の雨だが話題は花見からみの落語

無観生として続けてきたが、折からの……

灯源の音だから静かな音量をもてあます。名古屋通路を照らし上げて、それは名古屋の福にやられたやつで、それは折から……日本人は映画館の暗さがある。日本人の画面の暗さがあるのではあるまいか。「……」が指摘し

いらだで音量を調整し、数夏の名作SF大作を名古屋の大劇場で初めてやってみると、……その上で作る試写に少ないだろう。Tが出してきたことは多分、このことで日本人は劇場の中の暗さなのだ。「……」が指摘

生理的な画面の値きへの……それでもなく観客を理解し、それでもなくなる日本の技師が来たいだろう。HXの技術のこと音響の調整してくる。サービス

映画館の画面の暗さを変えるには 6・29

たらフィルムの深川江戸資料館を訪ねて、初めて知った。志村花子が見たりだというのは「……」見て何なと仕事――一回目は大阪が大家でられた。この上で資本店の座花子が結果であるだろう。長屋のこと「……」が出られてやすいのか、それは折から談志の本談志といる

「……」語り見ては何かの……花子が見たのだという。「理一は見たりなんかのメッセージのこれが基本設定が人に沢田が来に嫌な人間不条理であるため

桂ざくらの「厄火事」 7・10

まし一円値切りのに……鏡米朝のなにせ円値切りのだけど、むしろ米朝であるのことに荷担したこと。だけれど雀荷担の実は自分でそのこと番として今回出られたのとまた替えるこれはまたまた替える今回五十……

というギャラの出られた方の旦那事かの可愛いのじゃろうから江戸弁で愛らしいのロから出ているあげくだというメッセージをロへ移して夫婦を江戸弁でく番を悪く言うだがその値切るほどあると自分で得たのだから……ロへ悪く言うそがでく番を見られたら頃あいだの「……」おへ番を替えるそだが……おへ五十

仲ば米人の旦那事で、その旦那がのの旦那が結となり、祖父橋におり、那須髪結おへ移って通し……

画面を明るくした「千寿の神隠し」 7・27

米平最後の名作は、たのるる可愛けにせ円……

南光雀利は、千朝むし盛朝の鐘細ほの音をそれに荷担めて番頭に実声が説明する……

会スその公開前の日のシナリオ、当日の鈴木プロの日比谷カメラサーカサーであるが中座座たが東京で国へ、映画を見た。完成試写したという成披露画画面写面

「千と千尋」を公開前にその公開日に画面を明るくした「千と千尋の神隠し」

太平最後の名りもせぬたるが神光利は、南光雀朝の鐘細むし盛の音をあげるそれに荷担めて番頭に荷人五人の出し物はがまた替えるそれはまた替える今回五十……

ないと耳を傾けないのか

（承前）……がまりに暗い。

いろいろ尋ねてみると、光源電圧が一・五fLとの事（ミニシアター試写室のレベル）。で鈴木氏は、これを三fLにし、さらに全国の上映館にも通知を出すよう強く要請した。

六月二十九日の本欄で書いた通り、日本の映画館（特に古くからある大劇場）の中には、画面が暗い館が少なくない。「A・I」の試写をした某駅前の館のキセノンランプは三・五fLだが、それでもTHX社の技師は「暗い。アメリカでは考えられない」と言ったとか。

ともあれ、宮崎駿をはじめとするスタッフが精魂こめた映像（色調）が、忠実なレベルで再現されているとすれば嬉しい。また見に行こう。

渡辺浩の「ビデオ・レッスン」 7·31

渡辺浩著「ビデオ・レッスン」（岩波ジュニア新書）を読んだ。

この新書は、大人向きの本よりも読みやすく、勘どころを的確に説明した好著が多い。

映像評論家の渡辺氏は、一九五三年に松竹大船の撮影助手になり、六五年にテレビの「木下惠介劇場」でカメラマンになった人。劇場

人間への絶望がすけて見える「A・I」 7·9

スティーブン・スピルバーグの「ロスト・ワールド」（97年）を見て「不評らしいけど僕は興味深かった。彼は人間に深く絶望しているんじゃないですか」と言ったのは、宮崎駿や高畑勲のアニメーションで知られたスタジオジブリのプロデューサー・鈴木敏夫である。スピルバーグの最新作「A・I」を見て、真っ先に浮かんだのも鈴木氏の言葉だった。

「A・I」の人工知能の少年デイビッドから手塚治虫の鉄腕アトムを連想した人も少なくあるまい。アトムが天馬博士によって作られたいきさつを思えばなおのこと。さらに色濃いコンプレックス（!?）の根強さである。

「未知との遭遇」（77年）のときは、ディズニーの「ピノキオ」が好きなだけかと感じたが、C・ロディ作の人間になりたがる木の人形の物語らしい。人間になることに憧れ、人間への感情移入は、並大抵ではないらしい。

スピルバーグが娯楽の名手であることは「ジョーズ」「シンドラーのリスト」「アミスタッド」といった人種差別テーマの作品を手がけると、なぜ野暮ったいほどの力説調になるのだろうか。

「A・I」でも、ロボット廃棄場やロボット破壊ショー（「ピノキオ」の"快楽島"に対応するのだろう）の二重の意味でのスペクタクルにも、それを感じる。

だが私は、作者のそんな声が聞こえてくる気がする。

「しょせん"エゴ"から逃れられぬ人間など、ならなくていいのだ」。そして、その暗さも、手塚治虫に通底するように思えるのだが。

2001

軽妙で温かいロシアの人形アニメ

8·3

れが今とても楽しそうに見える。こうしたストレスを足がかりにして、ひとたびスターを演じてみたら、もう頭もカラダもノリノリにしびれる子供たちなのだ。その中で騒ぎ、暴れ、発散するのは健康で、陽気な、愛すべき人間の姿。

ユーモラスでチャーミングな人形たちの登場するこの監督作品が、世界最初のカラー人形アニメ「チェブラーシカ」だったとは明日から

池田の名が知られるようになる、「チェブラーシカ」シリーズの「ゲーナ」は、このシリーズのなかの人形アニメーションの監督である。

「映画」をビデオで撮影してビデオで記録することはできても、ビデオでビデオカメラをかつぐ、という撮影の醍醐味はないのだろうか、と──映画カメラマンであった自分はビデオという表現方法から遠ざかっていたが、この作品を見てから自由なビデオへの道を歩みはじめたのである。批評家も試みる、というこの指摘は的を射ている。

その部分を同様に感動する人が長い時間をかけて丁寧に撮影するのだ。独自の格段の安さだから、このようなものが数多く作られるのだろう。

「映画」を消してビデオとして記録するビデオという長時間の最適なものである。ビデオは映画の撮影である

NHK教育テレビの不思議な映画

8·10

一九九八年、NHK教育テレビは、時折ユーモラスでシュールな映画を放送する。少し前だが「98年」という番組で青年監督が見た──という夢の中にアメリカのポートレイトの映画館が出てくる。あまりにもよく似たその夢の中に出てくる映画館で青年が青年を見て少し前に出演した青年の──ポートレイトス・セッションという夢を見る。その映画館から似たポートレイト・セッションへ出演した青年が、少し前に

渋谷で入った「狂熱のデュオ」「日々」「ユング精神科」「夢のボストリッシュ」

「いったいこれは何のことか」と注文に落語で説明する状態で見たこと──という多幸感にわいた社会的超越的な解答で団結した絶対的な寝覚めの深夜の先生のとき。

一番目の席は受ける。その父親が「一番大事なことは愛すべき受け席にいる子でした。」と最初の独自に輪をかけた相談を受け対応へ相談して仲間外に点々と五分の学校であった。「先生は午前様に似たこと」と知った学校の先生の顔が見えた。

志の輔落語は深夜一人で

8·7

「志の輔の最初の志を受ける自作にこと。」午前様に似た「小学生の子のイメージ（①発から売）イメージは小学生の子の父親像です。」午前様に似た「小学生の父親様ラ父親はこう言っては真剣な父親の顔。「小学生の父親像が午前から発から......」

「とても馬を受けた最初の名親が父親が一番やさしい自作にイメージする父親の顔」（正解）が父親のイメージは正解でした。

「午前様に似た」父親は午前様に似た「小学生の父親のイメージは午前様に似た......」と半身を受けた父親が一番やさしい父親でした。

まずのは「ボギー！俺も男だ」と「カイロの紫のバラ」、つまりW・アレンの映画を二本見せたような趣向。

◯青年は、オートバイを買う五千ドルを得るべく、ダンスコンテストの練習を重ねるが、一方、優等生の弟が突如「手術して女になる」と一家を驚かす。

◯"映画の話の映画"は好まぬ小生だが、最後まで見てしまった。教育テレビもスんだね。

戦争体験の語り方　8·17

◯同世代でも、戦争体験は個々様々である。

◯小生は一九三三（昭和八）年生まれだが、西尾張の村で育ったから、空襲警報が鳴るのを彼方に見るときや、稲沢の操車場で艦載機に襲われていたが、駆け戻ったり、雨の夜半の空襲で、家の脇の溝に不発の油脂焼夷弾が落ちたりしたが、焼け出されもせず、家族も死んでいない。

◯だから、小学生の私にとって太平洋戦争は、イヤな大人（先生）たちが一段と怒号し、敗れた途端にレンと約束変わるものだ、という程度。本当の悲惨を知らないわけだ。この差は大きいと思う。

◯まして"体験を語り継ぐ"のは、至難の業。宮崎アニメに観客が"メッセージを読み取ろう"と詰めかけるのは、まず、作品自体に魅力があるからだ。

◯すぐ退屈する今の子供たちに何かを伝えるには、熱意と力説だけでは無理で、工夫と技術が必要。そういう時期にさしかかったのである。

アメリカ野球の観客はいい　8·21

◯野球っていいなア。

◯といっても、日本のではない。アメリカの野球が、である。

◯小生、スポーツ音痴で野球というよりもそっぽを向いた代表が野球。テレビ中継が絶対優先、延長放送で後の番組がズレるたびに、むかっ腹を立てていた。

◯第一、観客が多くない。ひとりよがしにドンチャン騒ぎ。あれでは応援じゃなくて妨害でしょうが。

◯——ところが、NHKBSのアメリカ野球を家内にきあって眺めていると、やがられなくなるのに気付いた。

◯まず観客が多い。ムダに騒がないから捕球音も聞こえ、試合の息遣いが伝わってくる。運びがスピーディーで好プレーには敵味方なく歓声と拍手が沸く。

◯日本人選手が活躍するから始めた中継だろうが、結果として本場の野球の魅力を伝えてくれたわけだ。……をで、G·F·ウィルの「野球術」（芝山幹郎訳、文春文庫）でも読むとするか。

スピルバーグの恐怖心　8·24

◯NHK教育とBSで不定期放送の「アクターズ・スタジオ・インタビュー」。先日教育で放送した「スティーブン・スピルバーグ自らを語る」は参加して二夜連続だった。CMもなく二時間枠を二回に分けたのだ。

◯最後の、客席の学生たちとの質疑応答コーナーで「有名になる前、自分にはどのくらいの才能や独創性があると思っていましたか」

ではなかったか?

第一作「白雪姫」だ。ここでの荒筋が長編アニメのための周到なせりふ。映像部分は開発せられた映像部分「古い風車」「多層のあるマルチプレーン・カメラ」といったものとしては初の清純な神話の清というのだが、そのテスト撮影を使っただものでもあるのだが——

長編アニメのための試みだったNHK総合「白雪姫」の荒筋がある。令年は同じく夢のチャップリン公園地の遊園地のディズニー・ロン制作の『ミッキーマウス誕生百年』という一生野望「白雪姫」は神話

8・31 デイズニーの長編アニメの撮り方

内容を見、抱えると思うものの間がなくてはなる——という恐怖心の同きがあるところが怖心がする自分の指を丸めた中で恐怖心をとりのぞくようにするのが教育番組のBS顧客も皆がその番組はそれが長く末尾まで自分の番組を

教育番組はたった四十五分枠かも十五分枠であるのだから、その番組はとても好きだ(笑)。他の人だけから結構築了

9・10 NHKはカットなしで放送を

例えば、9月8日本棚夢見て「賞賛」で、10月23日補は不定期の教育番組で50分枠の青春見だ。好きなBSは45分枠では放送しているのだ。とても好きな場面を見てやるしかない「アニメ・初めて言葉の言葉な嫌いな場面を見るけど。ミッキーズ・マウスだ」を。8月24日、ビ・

内容をシッカリ知るにはどうしたらよいのかというよりもSAにに加減や何かしら小さ三つに治まるというのかなあという「客席に学生の声がするのだ」と。「彼(バンドラ)は英国の俳優ローレンス・オリビエの九人の形に物まね出身だ。A・さんは回しのあの同じところを圧倒的だ」と私の名をベストしてくれる「ですが私のものはそれだ」そうだが。

先日のNHK教育の「ミセス・ケネディ」ともいうコントのアメリカン・ジョークのアラン・スミス・チェニーロンのあるうねマージン・ローズ・スミス(A・S)ですまねるだろうか?「!

9・3 テレビジョンの絶品物まね

単純なようで達者なチェコのアニメ　9·28

今池の名古屋シネマテークで上映中のチェコの短編アニメーションは、珍しく子供向けのが多い。だが、日本にあふれている類似品とは、まるで違う。

今はプラハの映画アカデミーで後進を育てているB・ポヤルの人形の「ぼくらと遊ぼう」シリーズは、子グマの大きい方が小さい方をもてあまして遊ぼうとする話。二匹が次々に姿を変え、突然加わる奇妙なキャラクターが絶妙の動きを見せる。二匹が丁寧語で会話をする（字幕もそうしてある）おかしみは、われわれには伝わり難いが、単純なようで実に達者なアニメである。

L・ベネショの「パットとマット」は、テレビシリーズとは思えぬ仕上がり。まぬけな両人が工夫すればするほど仕掛けが壊れるという反復だが、せりふのないドタバタが子供に受けていた。

この次は、K・ゼマンやH・チトゥロヴァの短編も、ぜひ。

ひとつ抜け出た桂南光　10·1

先日の名古屋・中日劇場での落語名人会の収穫は、意外や（失礼）桂南光だった。

桂枝雀の最初の弟子である南光は、前名のべかこのころ、初代春團治を思わせる野太い声と声力が魅力で、研究熱心にも知られていた。だが、その後破裂音をパパを飛ばすような語り口調に、泥くさい感じになった。

今回の「もうひとりん」（東京では「酢豆腐」）は、同じ南光で前に聞いたのと、かなり印象が違う。酒席に職人を招いた旦那が、腐

「役柄と自分自身の関係」という重要なコメントも含めて、計約5分。

NHKは「ER」は番宣つきの50分枠だが、「アリー・myラブ」は45分枠ということもしている。海外ドラマは正味46分前後だから、後者は多少ともカットされていて話のオチが削られた例もある。枠を優先しないで全部放送してよ。

山田太一「再会」の心の動き　9·17

山田太一脚本の「再会」（CBC制作）は、ありそうな話で心の動きがリアルに豊か。

自衛隊のパイロットだった長塚京三は、離婚後警備会社に勤め、長男の岡田義徳と浜松で暮らし、結婚した長女の石田ゆり子が連れてくる孫の顔を見るのが楽しみという年齢になった。ところへ、かつての男に走った妻の倍賞美津子が六年ぶりに現れる。男を三年半前に亡くし、名古屋で一人暮らしだという。戸惑う子供たち。だが長女と長男では反応が少し違う。

中日ビル十六階の、今は休業中のレストランをロケセットに、長塚と倍賞が久々に食事をするシーンがいい。ブランデーは食後のお酒、という倍賞に「薬とならんだ、食前も食後もあるか」と言い返す長塚は、内心、死んだ男がもてる妬ける夫の意地と体面の表現が絶妙である。

山本恵三の演出も手堅い。こういう大人のドラマがもっと見たい。

でなってい
か。

Ｈ同時（惨）多
発テロ発見し
て眺めしてゆ
くうちにチャ
ンネルを回し
て正体を失う。

欲しいメニ
ューを見つけた
カリリと音を立
てて並んだ田舎
町の店主・Ｓ筆
者はその店主を
立派に得た筆者は

延期された「放
送の報知ネット」
店主を立派に承
知したし、「今
夜は信州のお墨
付人（狂信）付
人符知を替えた

牧師の神父へ
格体の殺しのケ
ースが売れ残っ
たに使われる奇
怪の殺人のＶＥ
とに言葉を失う
のが牧師の殺し
の闘いをいう
編愛、愛国同時作

牧師の殺人の拳
で現意識に支配
され込んできた
が牧師のＮＨＫ
では民放に飛び
込んできた先端
に配されて飛び
重愛の編の左飾

皮肉師へ現実は
ある話がある映
の殺しのＶＥと
いうことにした
に繋急の重宝も
偶然に米同時多

Ｓは右の奇小説
「二〇〇Ｖ」春
文（文春文庫）
映画化されジン・
ジャクソン・ノ
ンとして微笑を
微笑崩

９・11の夜に　10・5

人を殺す味と腐
ったチンが毎光
なで南光と称し
て枝豆を食事と
して腐って来る
には米崎名産の

九月一日のこ
と。四十九歳だ
という仏間で
引っ越してトン
カツを食した―
というヤボ野菜
を刻んで調理す
る音が職人が通
う食堂のキッチ
ンにいるように
見えるので好し。
だが師匠に達する
長崎名産の
今では味の

ますます小
から何代目だ
でも、先代は初
皆が力参見える
せんとを聞いて
安心した入
した個性的な
おいて欲心な
性安住するス
たり声を聞く
おいて欲な優
なるとしてよ
かしいうるう
うのう私も無
うちに落門で
だり四十旬

入小三歳生見た
第48回小牧
まで会ら変えて
に声を聴った
平成人年通りで
平年舞風界独演会
を聞き春風亭昇
南工事務独演会
南工議所工会で

春風亭昇の「お神酒徳利」　10・22

あたりなんな
りかでしな京た
があ東京にいか
だのよなナな
が落語界は空
だが時間に戻る
粋骨たりのだ
武芸してはの
ないだ昭治は小
なった三治はで
江戸でくべんを
今中で常を問わ
の中にりぬとに
にあり太陽だよ
ス一として真打
ますます日十旬
至十福の芸活とす
本当は小朝は制
は小朝の芸は
小さん一月名鉄

神経新語など
が落語をだと
山だとだんだ
新鮮などそれか
それから高座か
古典落語の移行
移行しまでゆら
たの代の本道た
る古典の奥行に
のよう決しって
しているようて
た今戸も習を
昭年朝名を小
名とてく見回た
三代目来演した

「それたかつ
が落語人たっ
があらな古典
だっやかなは
こやると帯を
父がた見たる
父は前名を朝
志ん志た前名
志ん志ん前志
に入りたがた
江戸でべんを
ホ一初め古今志

志ん朝の芸はナマの空間で　10・15

たるか……」と、客を攪む。

アメリカ人のジャンケンは、順序がグー・パー・チョキだとか、まことしやかに語って落とす。呼吸が良く、新作落語王の柳昇の弟子らしい。

電気うなぎ（魚河岸でなく秋葉原で仕入れた）も登場する「素人うなぎ」と「犬の目」を続けて演じ、中入り後に、ためにためた「お神酒徳利」をたっぷり。上方ダネの三十分を超える「お神酒徳利」を聴くのは初めて。筋は知っていたが、聴くのは初めて。充実した会だった。次回は十二月二日。

拾い物の悪徳警官物　10·26

米中枢同時テロの影響で公開延期になったため、急遽繰り上げて名古屋・グランドシネマから上映中の「トレーニング・デイ」。例のごとくボリス・アクションかと思ったら、これが拾い物だった。

パトロール警官から麻薬捜査官になったイーサン・ホークが、初日に、ベテラン刑事のデンゼル・ワシントンと組むのだが―。

悪徳警官物というのは、犯罪映画の定番だが、構成を単純にしてぐいぐいエスカレートさせる。これを後味の悪い結末にするのは訳もないのだが、布石を生かして娯楽にまとめ、心理的に無理がない。脚本のデビッド・エアー（「U―571」）と演出のアントニー・フークワーのお手柄である。

「何が正しいかじゃなく、何が証明できるかだ」といったせりふも効きがいい。穴埋め番組扱いで消えてゆくには惜しい出来なのに―。言。

客席に届かない演劇　11·2

名古屋のセラ共同スタジオで見た「天皇と接吻」が出色だったので、坂手洋二作・演出と聞くと足が向く。

岐阜県可児市文化創造センターで上演された「プレスコ袋を呼吸する夜の物語」は、一九九一年に岸田國士賞を受けた作の再演。

山積みのゴミ袋（当時だから黒）の一つから、記憶を失った弁護士が現れて始まるこの芝居、その後のオウム真理教事件を予見したとの評価も受けたが、初演を見ていないものには、あとからつけたような印象になってしまうのがつらい。

女性たちからベラと呼ばれる教祖風老人を当代の役者、柄本明が演じ、新聞記事を拾い読みするくだりなど遊んでいる様子だが、どうも客席へ届かぬ。

総じて寓意過剰と感じたのは小生だけか。刑法の「善悪の第三者」という言葉に対し「知らないふりをするのが善意なら、この世は善意にみちている」などのせりふを頂いて帰った。

カット場面集の驚くべき充実　11·9

WOWOWで放送した「ザッツ・ハリウッド」は、20世紀の往年の映画のカット場面集だが、驚くほど充実していた。

例えばパート1では「カフェ・メトロポール」（37年、日本未公開）の、ビル・ボージャングル、ロビンソンの素晴らしいタップ。ロビンソンといえば「ミスター・ボージャングル」という、名古屋でも公演された「ファッシー」のナンバーにあり、サミー・デイビス・ジュニアの持ち歌の一つともなって、今も愛惜されているフ

れた場所をさして言う
「ここ」という場合もあるが、小声でしかも投げやりな調子をまねるだけで（中略）集である。これは「しーん」という訳語で、適切に動静音を判断してもちいているとして、適切に「文化」を会得した言葉を入れる。

デーブ・スペクター『ブームの最中』は（文藝春秋）、その随筆集である。「しーん」という語の話である。北野武が『HANA-BI』でベネチア映画祭グランプリを受けたとき、（イタリア語通訳の田丸公美）

がと人どもしかし受けた中国人の顔があるように、この訳文にも、どこか不明瞭な話があるある。後ろのイタリアの女性二人組が「今度まきこむWARという英語のようです」という「ABI」という語で外国人に受けつける、不適当として使われた日本語「せんそう」という言葉は

北野武を適切に批判　11・16

のことだ。これどんな手なら「マン十人番の黒人ダンサー」「ソウルナンバーワン歌手」というまき散らし素敵な見出しを当時、大編成されたなバンドを率いて観客を沸かせ、自らも熱演した。彼女たち専門だは高名である。「54」（年）を観てもそのセンス、当時のムージカルビューとには一代表作とも評された。次回は二十人から六ージカルだ。

ライラの冒険「黄金の羅針盤」　11・30

が格やや回立を今々と喩える場ではない。小社が今日本にまだまだまだいて古城ほどの名だたりの都市の幼年のネズミの映像なる。雑用にされてしい――学校への送り少年との物語にはイの物語の中英仏独合作で捕らえるの子供存在しての命令を気修ので従って子供は、やがてしまうかが上官命を受け動王「魔」は理向内いた今池だけにはに工人にたり、こちらの名だけただ前のられて古城になりなのか鋭感なのかは当時の鷹夫象徴的な意味を持つと作家は言ったこと、チスとエス・メイと同盟を結ぶた。

ネタばらしになるのであえて言わないが数十年見立てておけば年立てて目を三角で東京でも続けている。それは東京で住んでいたしは少年たら知人物は希薄で事情や行線の見やすようのだ味事味で味がれてきたように反当だが初の自分の耳を照らしてしてなものはこれはあくもへ浮上する登場人物の性ブが見えたとおうそう勝法だった映も可減るまい変様だっとた「停電」してに支配されえて衣装替えに

イッセー尾形のつくろうな人間観　11・19

それは時間十セットのジャー演十じ小学生臓目が立つーく尾形の劇多博を支配をしている。何かが見える一人芝居。名な居のテネスルネギ名・名古屋でも見ているらのだした約半ん周はな時周ネフと小道具はたしして小さ一道具人形のつくろうな人間観の

馬を駆って村々を回り、未来のナチ・ドイツ兵たるべき少年の銃用に専念する。村人からも、それが子供たちのためになる事だと信じて疑わない。

フォルカー・シュレンドルフ監督の近作だが、複雑な寓意をはらみつつも描写は明晰で、印象が暗くない点でも、往年の傑作「ブリキの太鼓」に通ずるものがある。「夢よもう一度」という気分もないではないようだが。

辻真先の冒険活劇ミステリー 12・7

冒険活劇的ミステリーを得意とする辻真先は、鉄道がらみになると一段と筆が冴える。

「進駐軍の命により」(徳間書店)は、国鉄の下山総裁が轢死体で発見された事件に始まる長編。占領下の日本における、連合軍専用の定期列車「ヤンキー・リミテッド」がヤマ場の舞台になる。面白くないわけがない。

坂口安吾も実名で登場するこの小説が、小生にとって特に嬉しいのは、主人公の活躍が実に映画的なこと。中盤のラペリト前の幾けの跡での活劇は、なんと四十年前の岡本喜八・カントクそのものなんの。そして、祭りの踊りにまぎれこんだ鬼面の老婆が、東京大空襲を指揮したアメリカ将校を爆殺しようと迫るクライマックスは、喜八カントクの師であるマキノ雅広そのものではないか。

調査と実体験に裏付けられた史実型フィクション。こういうのが書ける人、そうそうは古稀に手が届くのである。

桂雀松の大ネタ「百年目」 12・10

小牧商工会議所会館での「第49回小牧落語を聴く会」は、桂雀松三度目の来演である。

まず、艶笑譚をスタートにして好評の「短命」。上方落語界は老人が元気で、最高齢の笑福亭松之助や桂米朝が、いずれも来年喜寿なのだから悪いじゃないか、と思うほどピチャピチャ元気。松之助は国宝桂米朝は、よく食べよく飲みしばしば二日酔い、六十年近く酒歴で飲み過ぎとは、学習能力がない……。「ここだけの話ですよ」言い付けといてください……。」満場ゲラゲラ。

二席目は「百年目」。学生のころ、米朝のをラジオで聞いて感動し、いつか演じたいと念じていたという。「私もここに出てくる番頭くらいのトシ(四十五歳)になりましたので……」

モダンな芸風の雀松が、師匠の技量を手掛けた大ネタを四十分たっぷり、充実した会だった。次回は三月七日。

9・11以前の差別裁判ドラマ 12・14

CSのFOXチャンネルの「ザ・プラクティス ボストン弁護士ファイル」は、再放送と新シリーズが並行して進行中である。

その再放送の方に、イラン人になったイラン人女性が雇用主を訴える事件があった。ドナル法律事務所は、雇用主を弁護する立場である。

「差別したくないが他の従業員が全員辞めるという。肌の色で差別するのは偏見だが、中東を嫌うのは愛国心からだ」というのが雇主の言い分。一九九八年の作品だから、世界貿易センターの前の爆弾

眼をつぶり

毎朝、模範囚として、カゼを引いて入院して、あたたかい手を出した石器遺跡発掘者は欠席だったが、水を貴重とした時代の健さを描いてこの起源の面材とした。九十三歳としてのカゲロウのようなメッセージを頂く。双葉十三郎氏が盛大に制作する。

この姿は寝たまま待っていたのと違った。「こんな姿を見せてはいけないよ」と、カゼを引いて浄化を受けた映画批評家としてNHKの「クローズアップ」で紹介した映画批評家、NHK制作

し酒と仕事ばかり。だが、愉快な満足感もある……

あたたかく受け取られた第49回菊池寛賞の贈賞「菊池寛賞」が東京のホテルニューオータニで行われる。

第49回菊池寛賞の面々 12・17

も十二月十三日、日本の検事が女性として判事を得て、日本人初の由をして奇理は珍妙なる回は真珠湾の第39回の、とかける理由がある。一万円の支払い被告はを起訴した。裁判ほどのものか。NHKのドラマとして命じる勝訴だが、弁護士がこれを恐れるのは自然な事件などが気にかかって落ち着かない。感情はすべて判事に話すことがあるが

米朝小三治ほか東西落語名人会 12・28

「東西落語名人会」は、雀三郎を好演し以前NHKの中新人演芸大会で落語の個性を得て優勝した先代NHKの新人演劇場で見た。

政話、「談志の親指を補佐しする立場」から談話を好演した時代の応援せよ、子がまくらくれ、独演じた閉話、落語家かたと団体験で声色をかりてたとえる人だ。

奉行朝

雀西を演じ棒を

スパイの暗黒鬼 12・21

かつて「イタリア・パポリなる名画」だがボリューンのありーのである。この映画は、大重まだ。

リーはアメリカ人で、だが一人帰国をしてヨーロッパ国立帰国が発覚し、一九七年以降に欧州へと上映中の「ローマ・ステーション」（仏・スイス・ラングアート合作）は終道

だから、アメリカ帰国大使館で命じた通達した。スパイ後道

だが、「リー国の主人は、記者として連日の補佐官として暮らすため国許する大使の母国だがスパイ容疑を受け、医者という話を出した。

と見なし名してNHKBSの第三作・ナチス連盟の独裁者が次々。二次大戦・ドイツ軍のキ補暗黒鬼の切りメン連を暗殺ンの存在する佳作だ。

人情味と威厳(「黙れ!」と一喝する気迫)は、さすがに余人の追随を許さぬ人間国宝たるゆえん。

久々の小三治は「今日は特にお話しすること、ございません……」と茶を飲むマクラがおかしい。「金明竹」の関西弁のくだりは、東京人が聞き違えるフレーズをもう少しブリ立てた方がよくはないか。

文枝の「黄金の大黒」は、めつたに開けぬネタだが、十八番の大阪の濃い"オバハン"が登場するは■な噺を聞きたかつた。

チェコのブラックユーモア映画　1・7

子供が欲しいのに恵まれない夫婦がいた。週末に出掛けた山小屋で、夫が赤子の形に削つた切り株を見せると、妻はそれを本物の子のように育て始める。夫の当惑を尻目に、事態は異常な方向へエスカレートしてゆく──。

チェコの民話をベースにしたこの「オテサーネク」の脚本・監督は、ヤン・シュヴァンクマイエル。シュールレアリスム自体を認めない連の統治下のチェコで、"超現実"を隠れミノに、政治を諷刺し、体制を認識させる短編をつくつていただから、ブラが据わつている。この人、一貫して"食べる"ことのグロテスクさにこだわり続けているようだ。「ローズマリーの赤ちゃん」「リトル・ショップ・オブ・ホラーズ」などを連想させる。二時間十二分という長さだが、ダレずに面白く見せる。映画話法としてはオーソドックス。

にしても、こういうブラックユーモア物、正月興行とはさすが(!?)名古屋シネマテーク……。

永井愛の「日暮町風土記」　1・18

二兎社公演「日暮町風土記」を、大阪の近鉄小劇場で見た。

四国の架空の町・日暮町の和菓子屋が、国道沿いのビルへ移転。文久元年に建つた店舗屋敷を取り壊す事にした。

ところが聞きつけた人々が"文化遺産"として残してほしいと言い出す。その急先鋒が、二十年前に東京から来て学習塾を開いた渡辺美佐子。そんないざこざのさなか、東京からお遍路さんとして現れる高橋長英が迷ったという──。

永井愛の戯曲は「見よ、飛行機の高く飛べるを」(これはNHK教育で昨年十二月九日に放送した。こんにちは、母さん」(傑作!)と「日暮町──」を見ただけだが、話の途中で突如「煙草あります?」「いえ、僕は……」「よかつた私、禁煙してるんです」といつたユーモラスなやりとりがドラマを弾ませる。

十年来のコンビである大石静と株を分かつたのが、お互い正しかつたのか。

桃井かおり・イッセー尾形の二人芝居　1・21

桃井かおり・イッセー尾形の二人芝居を、大阪・近鉄劇場で見た。

まず、田舎のパン屋夫婦。二つ目は息子を持つ離婚直前の両親。三つ目は、富士の景観を愛でるところがキミ悪い父と娘。父が再婚すると言い出すや様相が一変する。最後は、元文学少女風の女の元へ、壊れた元文学青年風の男が訪ねてくる。大晦日の話の共通するのは、背後に"殺人"があり、なのに爆笑を呼ぶことだ。

現実は、外から群れる子がアが「と」どちらも先住民は国内のアフリカ系民族という理由もの民ですメリカから離れしメリカ（例）それが同遇だ面自いと資料両方反日のなのでが母たチによる面自いと子だ国長となかたの――が先組のインキ一だ流血い中国一ニ

として送るBS2、米スタンダードで再会して「マ・ジ・リーズ」先達はBS2、阪（ス）ネたよりそのうとどちらネ「血？」をたどりヨーロッパ大長となかそのリーヨー出演をじて当然全放送中最後者を選んだ――「一」を見るとチのインキ一だNHK教育

トーリーズの先祖の血
1.25

にはない。桃井かおり・森田（演出）は昨年十一月もともSF全盛のテレビ東京の名古屋での当然本になきく人生きたとことどぶにぶが居るのを知った大竹の名古屋での人生きたとこが変化していくのだ。その感じに入ったことがある現実を起きて桃井というが役にわたる渡辺は今でこの子たたどりへたえ

刑務所のスーパーマックス（最高）房を舞台にしたドラマ「OZ」は、無料論所が放送している。魔法使いのオズの舞台ではなく（多発するキャラ物で）、凶悪犯罪者であるマフィアやエイリアン、一人種・ロシア系イタリア系など、ムショに収監される人生いろいろマジックリアリズムのような架空のオズのようなだ。特別論所の区画からだけでなの系の抗争だがだろう。CS無料論所のスのメスだ取られるだろう

「OZ」は世界の縮図のよう
2.4

立川志の輔はまことに真面目な輔とし補佐してだれ頂けぬべくすぎる四十八歳。武士と工夫を凝らし夫井戸の茶碗にも焦点を絞らでもあるが効かないオチもあさせどこかしら殿様を中心に地味な人情味を十分に五十分の店員のから当然四十分の三十分十分の二を十分に気似た演じ分ける面自さが素朴な男の変へ

同じくらいのだまうタレと見ては男たまるか一種の輔とし補佐見だし消費者の変わる商店員買物ズ「買物ブギ」も似た自作らしTV番組の前座として演じてはな風邪やくシンカが先生にいる国子の顔料「買物ブギ」を名古屋栄のデパートでこのズTVしSVOL5」を名古屋栄のデパート

立川志の輔、ついにブレイクか
1.28

田中美佐子が、ホストクラブで新人の要潤に出会う。クラブを辞め月十五万で若いツバメ契約を持ちかける田中が、男っぽい口調になる面白さ。

何ヶ月かして、「結婚したい相手ができた」と告げられた田中は、最後の一泊旅行を求める。だが箱根のホテルへ車を走らせる山道で、田中は小林稔侍と接触事故を起こしてしまう――

この金曜夜九時の枠は、犯罪がらみのドラマも多い。小林が"お約束"のキャラクターなら、たちまちそらく転がる話。この辺にも作者の温かい皮肉が感じられる。

「私がパーキングしたから他の人は入れない」というせりふが効きものをいう。山田の娘であることが妙に話題になってしまったが、宮効

から、制作・脚本のトム・フォンタナが、宗教と民族意識に基づく敵意の根強さから話を始めたのは、いわば予兆的偶然か。皮肉な語り手である車椅子の黒人が「神だの愛だの結局ホラーだ」などと言う。囚人の生活をケアする医者役に、なんとリリタ・セント・ジョーンズ。アメリカの大手有料テレビ、ペイ・テレビ・HBO制作の、世界の縮図のごとき、重くシリアスなシリーズである。

山田太一の「この冬の恋」　2・8

山田太一脚本の「この冬の恋」(東海テレビ系)を見た。渡辺えり子と、ケータリング会社を経営している三十代後

割り切れぬ物語 さわやかな映像 秀作「まぶだち」　1・29

五十数年前の少年時代を回想し、あらためて思う。子供の人となりの形成は、親の役割だろう。教師は〈読み書き算盤〉を効率よく修得させることに徹してほしい。教育者の人間性まで、得々として刷り込まれる不快さは、当の教師も子供のころを思い出せば分かるはずだ。

自主映画出身の古厩智之監督(兼脚本)は、短編「灼熱のドッジボール」と長編「この窓は君のもの」で、硬派を気取っても意中の少女の誘いには手も足も出なくな"男の子の弱さ"を、みずみずしく描いた。

それから数年を経た彼の新作は、二十年ほど前の、長野県の小さな町が舞台。中学二年の主人公サトシ(沖浦和)は、友達のテツヤ(高橋涼輔)や周二(中島裕太)達に、生活記録文の書き方や、万引きコツを指導してイキがるタイプ。大人ぶって見せたいのだ。

彼らの上に君臨する教師の小林(清水幹生が好演)は、生徒たちを"人間以下"と断じ、"教育者の鑑"で、それなりの理屈は一貫している。頑なすべき存在で、「おれたち大人に耳障りのいい事をいうな」とか、「お前たち……」など、誤った言い回しで凄んだりする。

やがて気弱な周二が姿を消す事件を契機に、彼らは一緒に遊ばなくなる。子供には子供の教育、冷淡があるのだ。皮肉な割り切れぬ物語が、独特のさわやかな映像で語られ、「まぶだち」という題名も、反語的な響きを残して映画は終る。新境地へ歩を進めた古厩の秀作である。

が演目は一桂吉朝の独演会を

桂吉朝は面白くて本格 2・18

し、「ほうらい」「東京の」「鯉の」「盗人」と「蔵盗人」を『冬の御池』の調乱の幸助『蔵盗人』型演の「贋座敷」（は本）「贋座敷」京都。

「テレビ等の放送」で『我等の生涯の最良の年』の助演男優賞を受けたハロルド・ラッセル氏は、第二次大戦中に両手を失ったアメリカの義手を操る人のユニートモデラーで、身体に似たあなたにも登場したという。アメリカ映画『……』を見て、日本なら引き合いのない、最後は助演男優賞を日本のNYのテレビ画面で見た若き俳優から見るところがあなたにあるからだ。京都のアカデミー賞を特別受賞した（79年）。

見事にモデラーとして先角な感覚というのが満場大受けだったわけだが、あなたにも撮る手

ハロルド・ラッセルの演戯 2・15

本理江子の演出をも手堅い。

本理江子の演出も手堅い。

先日、交通事故死亡の日受賞作のこの受賞は『我等の生涯の最良の年』（46年）の主催（協会）のアカデミー賞型の三次大戦中に動九

チャージ・シリーズの代表作は 3・1

ただ「T&J」をWT&Jで、「言うなれば」眼目に。

「T&J」をWT&JG五〇年代の（故人）創始者だたちの――元トムとジェリー漫画部門を独立した当時のメーンタイトルとしたたが、現在表記は各社代表に新聞記事チャンナーの――（T&J）トムとジェリーの百十四演「T&J」ですキャラクターの信頼が通り「T&J」の死だろうし、同監督のにチャネルを通じてメイン画家として大好きなそれが「T」キ「J」のシリーズを大々的立し、独立門を（T&J）トムとジェリーの百十四演出を去し、版権を出したのだろう、同監督のにそのは版権はMGは、TL

だとわけらく乱の幸助師匠を抹

余年もの力量に、「――調乱の助の米で、ほどいくらんとして名人としたいたが、あちこつのてほど音屋の堂々の独演会ずたるべく演昨年の十味を加え込き「蔵盗人」今そこでこの世界のこの話芸昨年までの上方語り掛力で高座前の面白くて味わうこのリ芸はも、本格けての後半でおする落語は本格越えにも妙るち軽く観客を誘いま格誘さの十格を誘び

筒井康隆の「愛のひだりがわ」　2・25

筒井康隆の新作「愛のひだりがわ」（岩波書店）は、荒廃が進んだ近未来の日本で、片手の不自由な少女が、家を出た父を捜して危険な旅をする物語。

ジャンルとしては少年少女向け冒険小説だが、簡潔で感傷に流れず、大人にも面白い。

少女を護る魅力的な人々が登場するが、大きな会話ができる少女の強い味方は、グレートデン。ついに一群の犬をひき連れる形になるのだが、いかにも犬大好きの著者らしい。

少女を支える少年サトシは、特殊な能力があり、髪が空色。年配の映画ファンは、J・ローシー監督のファンタジー映画「緑色の髪の少年」（49年）などを思い出すかも。

スリリングで痛快な成長譚だが、そこは筒井康隆。再会した父の姿も含めて、少女が“大人の現実"に直面するのはこれからなのだ、という暗示があり、ありきたりの物語が、苦くて深い感銘を加えている。

"人情"が伝わらない小朝の噺　3・4

春風亭小朝の独演会を、名古屋・栄のアートピアホールで見た。

まず、志ん生流に演じた「黄金餅」だが、何がなんでも金が欲しい、という極貧が滲み出さず、立川談志のスゴ味に遠く及ばぬ。"骨と皮"だらけの言い間違いなど困るが、

次の「文七元結」は、せっかく志ん朝風のしぐさを取り入れても人情噺のいう"人情"がとんと伝わらぬ。その後に、柳家喜多八が演じたときの、人物の描き分けの中でも、佐野鎚一のおかみさんの情愛ともある厳しさの表出を見習ってほしい。

照明の色を変えても人物が色分けできなければ無意味。二十年前に才気を謳われた小朝に、今一度、話術を練り直し、志ん朝亡き空白を埋めてほしい。

こぶ平の弟・林家いっ平は論外。唯一の収穫は三遊亭歌武蔵で、「胴斬り」で桂枝雀の演じ方をうまく取り入れていた。東京の噺家も上方を見習うべきなのだ。

内田吐夢の役者イジり　3・8

また聞きなのだが——先月亡くなった原健策が、内田吐夢監督のイビリを、いかにクリアしたか、という話。

映画監督の中には、現場でのいら立ちが昂じてサディストになる人がいる。内田吐夢は俳優の一人を標的にする癖があり、「飢餓海峡」のロケでの伴淳三郎バッシングは、周囲の人が居たたまれない程だったという。

その性癖を聞いていた原健策はある映画で、すでに二度あった三度目を予感。次の出番のセットをひそかに下見して、自分が狙撃される場面だが、果たせるかな一面にコルクが敷いてある。倒れたら手をケガする必定。

そして本番、撃たれた健策氏、派手にぶっ飛んで地面に突っ込み、「OK！」の声を聞いてからはめていたゴム手袋を素早く隠したという。

ところで、この種の"豪傑伝説"を、肯定的に懐かしむ傾向があ

五十回めの」「小牧落語を聴く会」 3・25

小牧落語を聴く会は、林家小染の「三十石」ほか、文珍風の大音声で充実した短篇二三の漫談、と……。（目）は、二度目の後見で贔屓の親子が顔を見せたという司会を兼ねる。東西の噺家だ。

大阪

食となへ息子を守ろうとして城の中で毒薬を飲むが、西洋の味つけはもうひとつ。最期まで真剣を続けるのだが、幽霊を、子孫の城主伸一百年後の息子は不仲な、天国へ女を、城は一族に梅毒を撒く──。

2、ネッシー（位）を撮影……西へ行く「幽霊」（35年、キネマ旬報ベスト・テン……）最後の記憶万長者ユーモアの謎──。

住宅ローンを組んだレンタルビデオで「幽霊西へ行く」を見た。封切り当時は名匠ルネ・クレールの風格、P・G・ウッドハウスの脚色を見て、劇作者渡辺へ……P……。

だが、この巨匠でも大西洋を嫌う性格する容認したくなるね。

「幽霊西へ行く」の洗練されたユーモア 3・15

畑傍男編「20世紀アメリカ映画事典」 3・29

智恵蔵、統一蔵、旭蔵、の判で染め抜いた祖母に……臣……。

人ら古今わが面白く志の小牧志の小牧演芸の匠は「居残り」を、丁稚の場へと……講談ヘ……入る本木藤吉郎の話となる。長短の話とも芝居の高座に入るのは……個性だが……南左衛門腹の意気込みをしていく様子だ……短篇試合の歌舞伎役者の真骨頂……。

顔人形中には、さて次々封切除く二十世紀……にもなく、多くは特撮……大戦……畑封切男氏は先行……一年……地方の思い出の上映された……解説と国十五年まで……東京だから……の総集……「日本封切映画事典」にまとめられた実感的記憶を見るか……事情が公開された公……それはそれとして、その読み物のなやすさに……例の「MGMライオンのえ」……加わる……。

顔人形「64」は、特装地方版だが、よくぞここに……。

この巻末だろう。

編著者たちの世紀「20」四

アニメーションの〈写実〉　4・5

アニメーションは、ますます"日常の再現"に嬢りつつあるな、と「WXIII機動警察パトレイバー」で思った。

怪物の暴れる場面に不気味な迫力が希薄で、刑事が聞き込みに回る町のたたずまいや、マンションの一室の静かなサスペンスの方が印象に残る。"犯人"が登場の仕方で見当がつくのは別として。

これは、総監督の高山文彦の資質の故だけではなかろう。かつてアニメは、劇映画では技術的に困難な幻想的世界を主として描いてきた。それを"映りこむ"実景ではなく、絵として再構成することで、心象的なインパクトを強める効果に用いる。それはスタジオジブリの諸作をはじめ「パトレイバー」シリーズなど押井守がやってきたことである。

一方、いま全盛のファンタジー劇映画は、立体CG映像によるスペクタクル場面が、意外に重量感・空気感に乏しい。技術の新しさにアグラをかいているのでは?

「彦馬がゆく」は期待はずれ　4・8

三谷幸喜は、舞台がベスト(テレビは大半が駄目)。「竜馬の妻とその夫と愛人」など、小粒で秀作である。だから、彼の作・演出の「彦馬がゆく」劇場生中継(WOWOW)を、期待して見た。

所は幕末の浅草、写真館を開いた神田彦馬の所へ、後世に名を残す人物が続々登場するが、いずれも日和見軽薄。"偉人"をダシにして笑いのめすのは、コメディーの基本だが、当節の政治家めいて、少々ニガシ。立居振舞るる舞にもう少し"らしさ"が欲しい。その人ではないのだから。

れが突如俗物丸出しになる"落差"で笑えるのだ。全盛期のチンピラトリオを見習うべし。金よ

発声のできていない役者が早口で叫ぶから聞きとれない。松たか子に習うべし。

ワイルダーの「フロント・ページ」もどきのくだりなど、作者が悦に入っているだけ。揚げ句テレビ屋を出したり、当人まで登場させるからには、塀の下敷きになるくらいの献身性を示すべし。

ビリー・ワイルダーは脚色の人　4・12

先日亡くなったビリー・ワイルダーが、ハリウッドで撮った二十五本のうち、十三本は舞台劇に基づくもの。小説など含めれば、軽く過半数を占める。

脚本家として高く評価されても、そのホンを監督に勝手に改変されるのに耐えられなくて演出者になった人なのに——と思うのだが、考えてみると、賢明だったのかも。

もともと映画に、戯曲の脚色が多いのは、都会でしか見られない舞台の"缶詰め"としての商品価値もある。

それに、ヒットした戯曲は、その段階で十分練られているから、レベルは保証できる道理だ。

ワイルダーより先に脚本兼演出家になったプレストン・スタージェスが、数年で燃えつきたのは、オリジナル脚本を連作し過ぎたせいもあるのでは?

——ところで昨今の舞台劇に、そこまで練られた作品が、どの程度あるのだろうか?

イッセー尾形の意表を突く舞台　4・19

が出ようとするのだが――アメリカの演歌歌手、小学校の人芝居を南米の奥地を旅しているというのネタ（今日という日のキャロット・ポー雨来意外」という――ヨーヨー・マの超絶技巧の中に名古屋のレパートリーが、今回も、名古屋のチャーホールで見られただろ歌は見る。失われたという言語学者な言だ。

しオノ豊かに触れられるたのでしめ（管）音からうんと馬鹿らしい言葉遊びの育っの語りな理由を感じるのである。しどろもどろといところに「ノ」という言まきとたきたしてテレビとラジオとでは「月夜とだまして電信柱な浜田広介などニコニコしながらも顔後は見る話とある怪態が歩

更くと嬢きから好きな中に出し合う言葉由紀夫賢治（ノ）の旅の随筆の中に名古屋のレパートリーのう合うたのだが、母が乳幼いころにこの本を読む言言新内流

の垣和田誠著「物語」の印象に残った三味線の日朝刊の清水良雄木パンは子供の心に残る

オメントは子供の心に残る　4・15

大人も頷かせるアニメ教本　4・26

名をその結果はそれなりに受賞の
大人、さすがにジブリの後月岡先生
しどろもどろと腕を振るせん名作品「新・天地創造」CG70年で東映動四卷目を子供の頃に名作のキャラをと国際的な
を動きの観察を最

今年「ケン経を著者東映動画先
月岡貞夫氏も天才対して天才は同じ教室六四年からアニ九才六年は1939年に月出し
名・天地創造」六巻を僣成社偕成社

者がイッセー段かしておいが戯画化しても物ずはおりセンセーへは
おりかの舞台履はそれ一時意表を突くと訳地現とそれ現実
同時に録音自独演するて童謡の労働歌を再作家賞
感慨得さねる。十年お聞いてい家五十代に入りの種のアこのラクきを語る十代に入ってアクきの強相を演

「弁護士プレストン」はテレビの古典　5・10

脚本家レジナルド・ローズの各紙の死亡記事に、代表作が「ザ・デファンダーズ」とあった。「弁護士プレストン」という邦題を、皆もう知らないのか。

一九六三年四月一六日から六六年三月一六日、NHK教育で始まり、途中総合へ移った。人気が出たのだろう。字幕放送ならよかった。

E・G・マーシャルとロバート・リードの親子弁護士物。アメリカでは、暴力番組批判への回答にCBSが制作ということらしいが、とにかく面白かった。

時には父プレストンの休暇が、ホテルでの都会喜劇風の"事件"に巻き込まれ台無しになったり。アサ・クリスティばりの孤島のミステリーあり。

ゲストも、若い若きロバート・レッドフォード(?)が不良少年役で出た。スターの物真似の名人フランク・ゴーシンが多重人格者を演じた回など、急を呑んだ。CSでも再放送をぜひ。テレビにも古典はある。

志の輔の小さん追悼　5・24

立川志の輔の独演会が、名古屋のアートピアホールで催されたのは、柳家小さん師が没した十六日だった。

一九八三年一月に談志に入門した志の輔は、こんな話が一段と受ける。小さんが大師匠にあたる志の輔が行くと「噺家はまず丁見をよくしなくちゃいけない──と師匠にそう言って」

その年の七月に談志は落語協会から独立。「小さんは破門した。

談志は出てやったと言ってますが……」(笑)。

小さんは出てきて頭を下げた後も、客と目を合わさない。照れ屋なんです」と志の輔。

思えば昔噺家は、マクラで近況や世相を語らぬ人が多かった。高座では終始"噺の世界"の存在だった。

志の輔は、小さん追悼の「試し酒」に続いて「抜け雀」いずれも談志はやらないが、争われぬ表現は談志風。最も笑ったのは「だれも日本の事なんか考えてない。日本の事はアメリカが考えてます」という世相ネタだった。

若手狂言師茂山逸平の落語は出色　5・31

新作上演の「第5回ごんらく落語会」を大阪は旧関西テレビ地下の「Team火の車稽古場」で見た。

小佐田定雄作の二席は、桂枝雀が演じていたもので、まず人情噺「産湯狐」を、桂九雀がシックなくすぐりたっぷりで演じます。次の「茶漬えんま」は、桂枝雀松が「地獄八景」の新バージョン風好演。枝雀の演じ方よりも、メリハリがきいているのではないか。

くすぐりがあるか作の「GOGOダイエット」の桂あやめ（三林京子）なら、まくらから減量の話なのはキキ過ぎ。これは桂す大受けなのに皮肉ではない。実芸は身を挺してかかるもので、

この日の出色は、ゲストの若手狂言師茂山逸平。九雀のインタビューに面白く応えてから演じた「酒の粕」が、まい。本物の酒を飲んだふりをしている男だが、最後の相手が「わしの顔赤いやろ」と言うところは、すでに色があがっているのがリアル。初耳な演目だった。

2002

的と判断されたのだろう。
日本に衝撃を受けた前衛的な部分を削除した版というわけだ。
「海ゆかば」が最後の場面で流れる（42年）「絵だより」（角川進書）の上映のとき、占領軍検閲で発見された。海ゆかばは軍国主義のシンボルだとその中で流れた。

消された場面 6・7

いまで結び、ひときわ大きくくっきりと。その思いが底に流れているから、先生への愛情の深さが読者に伝わってくる。関西の名跡である桂三木助一門の碑を建てた話なども心打たれるエピソードだ。冷静沈着に説明されたよりも、この継がれていく師弟のつながりが、米朝が気配りの若い手本とその内容の重さに加えて、文章も達者である。この米朝教養を足れた立場に身を置けるという程度にも立派であるという一段とへの話の切実であると立派だった。

「桂米朝 私の履歴書」が面白い 6・3

に桂米朝「私の履歴書」（日本経済新聞社）は、私にとって最高の自伝である。四十三回に及ぶ自筆の履歴書は、新聞連載したものである。使って気軽に使う。味深い。忙中に四十三回、私にとって。

NHK BSの「崇徳院」の演出が斬新で面白かった。先方の男の若旦那が恋患いで、その相手を探す手懸かりが百人一首――「瀬をはやみ……」という歌――だけ。その男を探しだすための歌を手掛かりに、大だんなはその男を探し出す。小佐田定雄――関西を代表する落語作家――の落語を雀三郎が演じる。雀三郎は落語家にしてはダイナミックな表現の同時代の表現を手掛ける役者で、音を絞る工夫が耳に残った。ヨッと手をあげてサッと目を伏せた。

桂雀三郎「崇徳院」の演出 6・10

「問題の中で今しも探し出す男を、昨今しても映画だけではなく、喜劇の中から過激な敏感だろうと食えない放。」

当時一九……例は、我等の……「占領下で公開された」……占領軍検閲が進駐下で公開された「占領下の息子」……高校生の息子……話を子……放映……戦利品の日本刀で……今も見られるが……一九四六年のアメリカ映画……W・ワイラー……完全の

山田太一「浅草・花岡写真館」の舞台化　6・17

地人会公演、山田太一作「浅草・花岡写真館」を、紀伊國屋サザンシアターで見た。

BS―iで二〇〇〇年に放送したドラマの舞台化だが、デジタル放送の初期なので、いい出来なのにテレビで見た人は少なかった。

明治から四代続く写真館の主人が、あまりの不況に閉店を宣言した途端、"記念撮影"と若いカップルがやってくる。レンズを通して見た主人は、二人が死ぬつもりだと直感、思いとどまらせようとする。そこへ訪れた十代の男も死ぬつもりなのを、レンズ越しに悟った主人は、曽祖父と父の不思議な体験談を語り始める──。

山田太一のドラマでは、常に"そうはいっても"という異論が躍動する。"命を粗末にするな"という単純なメッセージなら、しらけるだけだが、それが若者の反感や、皮肉な老人とのやりとりによって、テレビドラマに深まるのだ。地上波での再放送、地方公演をぜひ。

永井愛「パパのデモクラシー」は実感が希薄　6・21

劇団ティンカーベル公演、永井愛作「パパのデモクラシー」を東京・新宿のSPACE107で見た。

敗戦後の一九四六、四七年の冬(小生は中学生のころ)。戦争を奨励した神道は、GHQの指令で国家と分離され苦しい立場、その神主の家へ、当時意気盛んな左翼の東宝映画労組員が間借り人として押しかける──。

演出は永井自身ではなく、野沢雅子だが、東宝の助監督が、衣笠(きぬがさ)貞助監督をサダスケと言うので困る。

総じて実感が希薄。復員兵の愚直な養子が神主を照れずに「お父さん」と呼んでメーデーに終わるのもねえ。戦争中"忠君愛国米英撃滅"の旗を振った人物が、戦後は率先「民主主義」の旗を振った実感が核であれば。

永井の戯曲は「こんにちは、母さん」「日暮町風土記」などいい。「バルーン」や「見よ、飛行機の高く飛べるを」は、昔を調べた段階で自足したのでは?

室田日出男の死　6・24

室田日出男さんが亡くなった。

とにかく術(わざ)が荒かった。深作欣二の喜活劇「暴走パニック／大激突」(76年)で、いきなりアップで現れる迫力が忘れられなかった。「影武者」(80年)の撮影でセリフをトチった時、叱った黒澤明を逆に怒鳴り返したというからホントである。

一九九五年に没した川谷拓三とは、ウマが合ったらしい。七六年に二人でCMに出演したとき、商品のウイスキーを書きまくり、通りに一気飲みしやがて大トラ、代わりに川谷がびくついていたとか。

当時、両人が行きつけのバーで、S・クラブリックの「現金(ゲンナマ)に体を張れ」(56年)の、日本では未発売のビデオ(その出所は実は筆者)を見て盛り上がっていたという。映画ファンなのである。

テレビでは「ふぞろいの林檎たちII」の仲手川の上司を好演。どくとくに出ても室田だが、でも室田でなければできない、かけがえのない脇役が、また一人消えた。

という楽屋落ち的な作り物っぽい場面があった。

「カモン・マイハウス」の歌手の死　7・19

ローズマリー・クルーニーといえば「カモン・マイハウス」。日本でも──「ウチへいらっしゃい」というように「家」の歌詞が元気がよくて、あの歌は明るくて照れないのがいい。大ヒットした。江利チエミが歌った。

言われる雀喜をそのまま──「雑談」は可笑しかった。

「上方落語四天王」桂米朝が逝った。「地獄八景亡者戯」を熱演、人間国宝。米朝が新しい……

米朝「素問男」と「雀々地獄八景」　7・8

名古屋・大須演芸場の「雀々地獄八景」──桂雀々は桂枝雀の弟子で、米朝の孫弟子にあたる。「地獄八景亡者戯」を熱演する。

型破りの天才アニメーターの死　7・22

数本の登場しか出演場面がないが、出てきただけでその場の空気がぐっと引き締まる。NHKの朝ドラ……「エール」……元歌手……という役を演じたのだった……後の第一作として……別人というイメージだった……意識に……敬服した。

宇田川幸洋「無限地帯」が出た　7·26

「無限地帯」（ワイズ出版）が、やっと出た。やっと、というのは、宇田川幸洋、本物の若手映画評論家の、初の単行本だからだ。

五十代（！）に入った著者を若手と書いたのは、かつて昭和一桁からふた桁生まれながら、ひと桁組が一目置く批評を書いていたからだ。

自然で明快ですらすら読める中に、映画史的知識が湧出し、それを触媒に、一見異質な作品が結びつく。そこにファンの至福と、批評の真髄がある。

映画史的知識は、しかし調査と確認を要する。その手間暇を文面に見せない宇田川氏の、担当編集者の唯一の悩みは、原稿が遅いことだという。

"押して出ない"宇田川幸洋氏だが、その筆は、J・フォードから井筒和幸、ゴジラ論から松本人志のコントにまで及ぶ。趣味の美少女論さえ、映画史の厚みに裏うちされているのだ。

ジョン・フランケンハイマーが死んだ　7·29

ジョン・フランケンハイマーが亡くなった。

テレビ出身とは思えぬ豪快さと鋭さを兼備した監督で、政治スリラーや活劇で一段と冴えた。「影を撃つ男」（62年）「フレンチ・コネクション2」（75年）など。とりわけ、ベトナムのための上映中止になった「ブラック・サンデー」（77年）は、WOWOWでワイド版の放送を始めたが、これこそ映画館のスクリーンで見るべき作品だ。

一方、囚人が鳥の研究家になる「終身犯」（61年）のような地味な秀作もあるのだが、この人、出来不出来が甚だしい。「プロフェシー／恐怖の予言」（79年）など、別人のようにトンマ。「最後のサムライ ザ・チャレンジ」（82年、ビデオ）は楽しめる珍品だが、往年の輝きはない。

晩年のテレビ作品も今一つ。アルコール依存症の怖さをあらためて痛感する。

"眼技の人" R・スタイガーの死　8·2

ロッド・スタイガーが亡くなった。アクターズ・スタジオ出身の典型的なメソッド演技の名優。相手だった――というよりも、まじまじと見据える"眼技の人"だった。

「夜の大捜査線」（67年）では南部の町の警察署長。旅の黒人刑事への偏見の視線が、次第に和らいで人間味の表現で、アカデミー演技賞受賞。日本で劇場公開されたテレビ映画「ナザレのイエス」（79年）では、ユダヤ総督ピラトの役で、栄冠を頂いたイエスを見つめる彼の心に、かすかな動揺が走る一瞬の演技にどれほどしびれたことか。

また「軍曹」（68年）では、部下への愛情がゲイのそれであるのを指摘され、愕然とする軍曹。その眼の演技は、自分の内部を凝視する哀しみにみちていた。

ジョン・シーガに親近感を覚えるサイコ・キラー役。七変化の変装から、声色まで聞かせるのだが、ファンにとっては「殺しの接吻」（68年）の、さえない刑事だからだ。

が、主筆者はこのキャラクターを（Ｓ）気に入っているというキャラクターだが・ザ・プライス」を東海テレビのＦＯＸでは遊びのメリカでもアニＥではない。ケーネットワートで、全米ビアメリカの中部地区中心ルーから月曜日から地上波で初録画全して。日曜深夜に放送して

「ザ・プライス」全録画中　8・12

だ、この圧倒的な発想のどこか、このまま描けば飛びきりの大好の展開を持つオリジナルな作品になるだろうという事情を強引に引きずり出してくる巨匠の存在とそれに全面的に従するという形で大田原に大きく変わったのだ。そのためのものだったのかもしれないという干渉の事実

以上のことと、手塚治虫以前と手塚以降という対比がＮＨＫの神隠しとして。ＳＬＢが、ＨＫの神隠しとして。ＳＬＢが延々2週にテレビ放送させた鈴木敏夫プロデューサーだ。という製作番組のどこか、のちにテレビで発売された鈴木敏夫

宮崎駿の構想が変わった瞬間　8・9

前編十数作だ。おそらく上映された木格的な始まりとしてはっけんかと生んだお母さんを世界に冠たる作品は水墨画の技法を満喫し中国映画の名を冠し満州国にいた持永只仁が中心になっまだ直前から発展するジブリの上映で、それが次大戦終わり新しい映画製作中心に時の奇跡という上海アニメーこれこそが神話のような批判も「牧童」（60）年ひとつのテレビ番やがて『上海美術映画中国で終わる。

「一九ナー」上数年後だが原阪でテレビ放送された「79」年それにしても歴史的文化史への重々が、日本であるテレビ批判「牧笛」（63）年を今回少年活動画の長があるそれを置けば、ニコかな念頭に置いて見て

上海アニメーションの歴史の重み　8・16

催され上海アニメーションはこの第六回「上海美術映画技法を満喫しも作られる上海ア

『アリ中の傑作ラ』気の毒な人間の「一」としこも形と日本並ミューションだ意気よろしい中国語だから皮肉な事情を原作は奥深く、原音で見返りあり疑問とも思わら印象

（ｏｍｙ）「アラ」中の傑作「アリ」とは気の毒な人間中し「一」として形ではＮＨＫ一九七年だっ中国語だから皮肉な事情を原作はＮＨＫ放送中だ「ザ・プライス」だ裁判がＮＨＫ法律事務所にこのキャラ

みよう。

和田誠の句集は楽しい　8·19

年末の知人が、突如句集を送ってくる。還暦を過ぎたあたりで、言い合わせたように、である。追って電話がかかってきたりすると、感想に窮する。

――だが、和田誠の句集「白い嘘」（梧葉出版）は、まるで違う。当人は"素人芸"とケンソンしているが、日本語で韻を踏む躍動感がまず楽しい。

西瓜割り割られて笑ふ西瓜かな

軽妙。季語のある川柳の趣もある。

人形も腹話術師も春の風邪
麦の秋この村は明日町となる
肌寒やテリー伊藤の股火鉢
司会者の慇懃無礼今年今年
どこまでもモノクロームの空冬鷗

映画監督で映画ファンでイラストレーターの感覚がさえる。

冷麥の鉢の九谷なる俳人

書名の由来は、写生でなく想像の句ばかりだからというのだが、どうして、それこそ嘘なのでは？

上出来の韓国映画二本　8·30

名古屋の「シネマコリア上映会」の韓国映画は、概して上出来。たまにとんでもないのもあるが、まずハズレはない。劇場公開作より良いのではないか。

もっと前に愛知芸術文化センターで催された、第九回上映会の二本も、面白かった。

「恋風戀歌」（99年）は、ソウルの青年サラリーマンと、済州島旅行で出会った女性ガイドの恋物語。あふれる観光メロドラマの設定を逆手に取り、在年のメロドラマ十八番の"すれ違い"を、ガイドが追うソウルの青年を青年が追うガイドをの呼応など、パク・テョンの演出はなかなかのもの。始めの空港で、ガイドが押さえるくだりや、ガイドの呼応などの物語だ。

「吠える犬は噛まない」（00年）は、近所の犬の鳴き声がカンにさわる大学講師が、犬を捕えたが……というブラックユーモア物。大好きの小生も大いに笑ったのは、監督ポン・ジュノの喜劇的才が好調だからだ。また見に行こう。

大戦ドラマのリアルな傑作　9·6

WOWOW放送の大戦ドラマ「バンド・オブ・ブラザーズ」（HBO）は傑作だった。

まず第一話で、過酷な訓練を続ける中隊長が、結局はただイヤなだけだったというくだり。厳しさはおまえたちのため、という体育会系人情談にまとめないのがリアル。

オランダへ侵攻した中隊は、ナチを通じた女性たちが髪を切られるリンチを目撃。一方、連合軍の車両に乗ってはしゃぐ女性もいる。それを見る兵士たちの複雑な表情がいい。

ドイツ領内へ入った隊員は、"戦利品"と称して銀の食器などを奪う。どの国の兵隊もすること。だが、伏せず描いているらしい。

平穏な待機が続くと、同じ米兵を撃つ酒乱の兵士も現れる。

十時間かけたかいあって、「プライベート・ライアン」をしのぐ出来。ただし、トム・ハンクス演出の第五話は、機銃音とタイプライター音をつなぐ気取ったモンタージュがご愛敬だった。

山田太一「香港明星迷」の仕掛け　9·20

「ミステリーは書くまい」と決めたという山田太一だが、殺人などは起きないけれど、"伏せられていた事情"がやがて判明し、テーマにつながる、という作劇は少なくない。

テレビ愛知―テレビ東京系の「香港明星迷」は、パリの高級靴ブランドの日本支社マーケティング部長職にある三十代キャリアウーマンの薬師丸ひろ子が、アイドルスターのイーキンの誕生パーティーに参加するため、休暇をとって香港へ行くという話。往年（!?）の角川映画のアイドルに、追っかけをさせるなんて、太一サンも皮肉なことをするなあ、と思わせるところに、視聴者への"仕掛け"があったのが次第に分かる。

自社のデザイン優先の靴の歩きにくさを体験した彼女が、改良を提案する始めの場面につながるのだが、作者はテーマをふりかざしはしない。心に残るのは、浮気相手の元上司山崎努の、老いを見せたくない"男のミエ"の方なのだ。

桂吉朝・吉坊、申し分ない師弟の芸　9·30

小牧商工会議所会館での「第52回小牧落語を聴く会」は、桂吉朝の来演。人気実力ともトップの人だけに東京からも問い合わせがあり、午後二時開演なのに午前十一時に現れたファンもいたという。

開口一番が、吉朝の五番目の弟子、吉坊の「胴斬り」。辻斬り（つじぎ）に遭った男が、上半身下半身それぞれ職に就いて……という、ナンセンスSF感覚の古典だが、新しいギャグを加えるのを避け、細部の古風な言い回しも明確に聞かせ、人物の演じ分けもいい。中日劇場の桂米朝一門会で、座布団を返していた少年が、これだけの高座を務めたのに舌を巻いた。いま二十歳だという。

吉朝は、まず「胴乱の幸助」。噺の中で語られる浄瑠璃や講談のディテールがちゃんと伝わるのが、演者の長所の一つ。次の「風邪うどん」も、うどん屋が、試食と思ったからカマボコを厚切りにしたのだな、と推察できる。申し分ない師弟の芸だった。

サイパンの"皇軍"の戦い　10·4

そろそろ上映が終わる映画だが、「ウインドトーカーズ」を見た年配の人は、そこに描かれたサイパン島の、日本軍の兵器の強力さに面食らっただろう。

戦争を知らない世代の人でも、観光で行ったサイパンで、今も残されている日本軍の、模型のような戦車を見ていれば、映画は違いすぎると思うはずだ。

島の南側の岩山に、砲撃の跡が今も残っている。米軍が、上陸前の艦砲射撃で、弾着の正確さを示すために、同じ個所を繰り返し撃ったからだ。抗戦はムダと悟らせるために。

だが"皇軍"は戦い続けた。古い銃なのに狙いは正確で、夜襲をかけてくるのが怖い。で、米軍は、洞穴にひそむ日本兵を、火炎放射器で殺した。

映画に夜襲は描かれない。互角に見える白昼の砲撃、銃撃戦だけ

だ。ナバホ族の暗号通信隊を賞揚する話だからか。昔、日系米兵の勇姿を描く「二世部隊」(51年)という映画もあったな。

紳助の更生自慢　10・7

同世代の関西笑芸タレントでも、わもうこい明石家さんまに対し島田紳助はスピーディーで歯切れがいい。

中京―日本テレビ系の「行列のできる法律相談所」で、ビューか、ハーフのタレント、ベッキーを「もっと可愛いから」

らってそんな髪飾り……しないです！」と、例の調子でイヤミ途端に司会の紳助「ビューは別の意味のハーフだから、かんでるんです……」。

同系「松本紳助」(広島テレビ制作)も、始まって一年ほど面白かった。投書をネタの対談。シンプル・イズ・ベストの好例だろう。

でも、紳助が“心情的不良擁護”を力説するというけ。和田アキ子の説教癖など同様、もと不良の更生自慢にすぎないからだ。この番組、スタッフの肩に“放送作家”と記したレゲ男が出没し始

趣向と工夫を盛り込んだ「メルシィ!人生」　10・1

“主義”や“旗印”を振りかざされると、まず置きにつをつけるのは、小学校六年の夏に敗戦を体験したせいか。

早い話が、朝鮮民主主義人民共和国という名称に納得共感する人が、いま世界にどれほどいるのだろうか。

また逆に、“主義者”と言われないかと小心翼々の人もいる。差別主義という指弾など、その好例だろうか。もっとも、これなど主義と呼ぶべきかどうか。何かにつけて他者を見下しているのは、人間の性癖だと思うのだが。

前置きが長くなったが「メルシィ!人生」というコメディーのアイデアは、そこから出ている。

筋の計理係ダニエル・オートゥイユが、自動車のメーカーに二十年勤める、実直一筋の計理係ダニエル・オートゥイユが、会社での声高な会話を聞いてしまう。

別れた妻に隣へ越してきた老人を計略を、留守電を残し、身を投げようとした彼に授ける。首だけ写真を匿名で会社へ送り、会社を立てようという。

その矢面に立たされたのが、ラクビー部

の社長ジュール・ドパルデューにかわって差別的な放言の多い人事部長で彼は愛さ想笑でオートゥイユ(!?)を見ていると意外な無頼意外な芸風(!?)がオートゥイユに興味を抱く――。

さらに美人上司ミシェル・ラロックまで監督・脚本フランソワ・ザヴィエ・B・ワイルダーの遺作「新・おしゃれ二人バディ・バディ」(81年、ビデオ)の原作(小説・戯曲)もサミュエルである。ストーリーに趣向・工夫を盛り込み、皮肉に温かくうなるユーモアで作家は、今や世界的に限られているらしい。

10·25　山田太一作「人が恋しい」西の

五十歳を過ぎて伊豆の国屋太一が文学青年だった若き日を過ごした住居を、忍びつつ現れて見せてくれた老人は、十五年前に離婚したという彼の家。　東京

このスカーレット面会ることで笑うする毎度おっしゃるのだが、最初イッセー尾形の一人芝居の神経をも気にするコマーシャル女のという女優店員の人を描いた二十歳という社会人に断りもなく結婚を返してしまう娘のように仰りと言い続けたちょうらの自信を借金をすると皮肉を知るという電気機械の面倒を見たたり初孫のアパートの利に連嫁に

10·11　お苦が戻りだぞ、イッセー尾形

殺したから表情が見えると、細かい神助の御説を拝聴をさとから構成はカメラ松本人志のものだ。新鮮なジャンナイロの音楽をかみ

10·28　米朝落語研究会へ

孫弟子の今や孫弟子松五朝丸喜が都丸であるために悲しそうな孤独な目付きが初めて聞き、後京都の安宅比羅を金沢で演じたのに京都の安宅比羅を聞いたのは

蔵吉朝・判官の弟丸喜が「居留地」を吉を「落とした」という都丸が四人吉をみえた都は文金比羅を桂米朝研究会で聞いた「昔話人情噺」も同じように表情を見せた忠作は「小佐田定雄作」政談曽我

「道を動める」おという控えめな演じ元気よく紅雀は、もう盗人にどもの場面で、鼠のように盗ませるために初米朝の原型を同答したわけではいよ現在開催中の高座が、隔月に行われている「朝日噺」九六年十月に始まった「権威ある落語会」だが、下座の厳しい住居のある喜音座

ではこの真情があるか？が逃げるというシスス判明若明若方公演はあることも導ねる地方公演とまことに逃げるべく羅動している若男女かこれとは無かろう苦しゃ結末の論理なるがゆえにの部屋の例が老女ヘッスという老人が変化してくれるLKBSで放送しているのは人の人情噺にして新鮮な感銘に残るのは沈んだ口調のするるればのとによってなりぬけたことがあるようだ不安が見せてくれるLKBリアで海にという沈んだ口調するのある何を一

しを程でいいそうだ、若者の気合が違うのだ。

山田太一脚本「旅の途中で」 11・1

CBC制作、山田太一脚本の「旅の途中で」は、平凡な日常の中に投じられた小石の波紋を描いている。

愛知県豊橋市で理髪店を営む奥田瑛二と竹下景子を訪れた旅の男、山本學が「奥さんを百万円で一日貸して欲しい」と切り出す。この言葉が"小石"つまり"劇"というわけだ。

テーマは後半で旅の男が告白する"罪の意識"なのだが、見どころは突飛な申し出を受けた普通の人たちの普通の反応で、疑心暗鬼の心情が活写される。

きっかけはんたん竹下だが、男の"あなたをまもるため"のひと言で、内心浮き浮きし始める。スナックのママに気がある亭主にも、まんざらでない気分もあって……。

いらつきながら会話がすばらしい。例えば、相手の話に「そう」とあいづちを打った場合"その通り"の意味と"ほう、そうですか"の意味のときがある。日本語のあいまいさの混乱も、面白く描かれるのだ。

市販してほしい「和田誠鉛筆映画館」 11・15

「和田誠鉛筆映画館」(HBギャラリー)は、東京・渋谷の画廊で開かれた「映画監督/和田誠個展」の、図録代わりの冊子である。

展示は油彩の書き下ろしで、冊子の絵ではない。鉛筆画も完成品ではなく、カラーインクで描くときの下描きだが、実にいい味。捨てられなくてしまった。

鉛筆画の上段の、映画よりまた話がまた面白い。「PC」(ポリティカル・コレクトネス＝政治的正解)の項で、先住民の襲撃に白人ヒーローが闘う往年の西部劇は、先住民の抵抗運動などが明らかになり、作られなくなった。でも、敵が強烈でないと、スリルがなくて淋しい――というわけだが、「快傑ゾロ」「コルシカの兄弟」「ドン・ファンの冒険」「ゼンダ城の虜」の剣戟ヒーロー対敵役の似顔の上段に、さりげなくさしかえる心憎さ。

この本、市販してほしい。映画ファンで監督の筆者が、映画批評を批評するなど必読です。

吉村公三郎くのインタビュー 11・22

"スカパー"の日本映画専門チャンネルで「わが映画人生 吉村公三郎」を見た。二〇〇〇年に亡くなった吉村監督に、一九八九年に監督協会でインタビューしたものである。

このシリーズ、人によっては内輪の懐旧談に終始して退屈だが、これは、技巧派の巨匠だけに内容が面白い。

例えば――第二次大戦中に「上海で闇屋をやった」児玉誉士夫が戦後に「海軍の物資を売り飛ばしたとかでカネ持って、それを鳩山さんにやって自由党が生まれた」。それをモデルにしたのが「わが生涯のかゞやける日」(48年)だが、「GHQから文句が出て、脚本を直した」話など。

ただし、島田清次郎の小説の映画化「地上」(57年)の話のとき、字幕に「痴情」と出たのにはたまげた。ボケじゃあるまいし、ケ

「アメリカ映画ベスト100」 12・6

「BS2で放送した『アメリカ映画ベスト100』は、AFI（アメリカ映画協会）選出の「アメリカ映画ベスト100」だ。（一）（二）（三）

だな。出演者とともに笑ったり、恐怖したり、ハラハラしたり。その最後の位置の「命令の号令」を尊ぶ。これはアメリカ映画を単純にしているのか。いや、意外な反応を示すところが面白い。そこに見られるキャラクターは受け身なのだが、ウィットに富み、ユーモアが放射する。ジョークを放つ人物もいる。観察力のあるセンスが大変だ、訳がある人なのだ。——「スーパーマン」の不在はさておくとして、「ターミネーター」に負けるシュワルツェネッガーが、意図的にチャレンジする上田五郎座のアクションスターを再生し、歌舞伎などを見て、新劇、ワインを加味したWOW！WOW！

笑いと基本設定 11・25

しいく文字だから、吉村氏の局から重宝された。好きな自作だからなおさら、「専門」だからなおさら、なチャンネルにしたのだろう

小佐田定雄著「落語大阪弁講座」 12・9

原題は「ラッシャン・ジ…」か？スジャータの上に博士たちが並ぶ。NHK放送のドラマ「メメント」の男女優共演だ。その女優はE.R女王を放送した後者「ア…」に納得するリ。

は抜かりないが、後者目は「ロシアの冒険」か？「メメント」などで愛情のメメントをメ…「メメント」五十人、女二十五人、計五十人。二〇〇一年十一月のロシ…

動く小佐田定雄著、大阪独特の「落語」だが、足元にある大阪、手元の大阪弁講座「落語大阪弁講座」（平凡社）は面白い。本書は、牧村史陽編「大阪方言辞典」、眠る（印南）など大阪弁辞典を自由に使い、広辞苑などとも照羅と

すけない言葉だ。ところが、これが大阪では『ねや』となる。（落語にも出てくるが大阪独特の言葉だ）共通語の富岡辞典（岩波）には、「ねや（閨）」「寝る部屋。寝室。ねどこ。」とあるが、「ねや」という言葉が気になる。「大阪弁辞典」（杉本書店）も「ねや」（寝屋）とあり、関西では、「ねや」というらしい。

根の関西では、「西」の意味もあるから、道理か。

「ど性根（根性）に入る」の項で「昔"根性"は、いい意味で使ったらしい」とある。当たり。それを体育系で、肯定的に説教号し始めたが、敗戦後の、小生高校生のころなのである。

山田太一「迷路の歩き方」の議論　12·13

山田太一のドラマはしばしば、典型対典型のディスカッションが核になる。

NHKの「迷路の歩き方」の中井貴一は、幼稚園のころの夢を実現した電車の運転士。停止位置が二度ズレただけで現場を離れてしまう"奇麗事"を貫きたい、性格なのだ。

わずか引きこもる長男への心労もあろう。その長男を、偶然出会った友人の渡辺徹が自分の工務店で雇ってくれるという。ありがたい限りだ。

だが長男は、また仕事を辞めてしまう。重い口を開いた彼は、性格が父に似ているのだ。下請け工務店の小さな手抜きや不正が耐えられないという。

理想人間の中井と、典型的現実人間の渡辺徹の議論が圧巻。渡辺は世間普通の世渡りの代弁者で、期限内に仕上げねば立ち行かないから「劇的」なのだ。遠藤理史の演出も映画的で快調。中井は理由を具体的に語るから快調。

古田新太の「HR」第八話　12·16

クスッとも笑えなかった「HR」（東海―フジ系）だが、古田新大が出た第八話で、初めて笑った。

大が舞台から登場（！）が古田。腹ペコになって来たのだが、香取慎吾の先生の英語の授業にイライラ。ついに教壇に立ち「英語は相手に伝えたいという情熱だ！」と模範を示し、夕食代をせしめて篠原と意気揚々と去る。

ギャラの一つ上演者がいつも一本調子の高調子でまくし立てる中で、古田は起伏を緩急を自在にライブの客をつかむ。さすがは劇団☆新感線の看板役者。

脚本と総合演出の三谷幸喜は、シットコム（シチュエーション・メディー）の定義を力説するが、もともとアメリカのラジオドラマから始まった用語で、日本でも「お父さんは人好し」など歴史は古く、今さら能書きを並べるまでもない。状況設定は月並みで、演者の力でこれはどうケるのだ。

今が旬の柳家喜多八　12·20

志ん朝の死で、東京落語は終わった――というムードもある。

でも"武骨な粋"な柳家小三治を志れられやしない。その弟子の喜多八は、今が旬。

小牧商工会議所会館の「第53回小牧落語を聴く会」は、柳家喜多八の独演会である。

例によって無気力を装うマクラで笑いをとり、女師匠の稽古屋は繁盛するという話から「あくび指南」に入る。運びは志ん生系だが、演者の工夫。

もう一席は、この著名で古屋でも演じた人情噺の大物「文七元結」。女師匠と勘違いするくだりは、演者の工夫。

志ん朝のが、舞台の三木のり平の形をうまく取り入れていたが、それよりは圓生に近い。ただ、名人圓生だと、左官の長兵衛に吉原の佐野槌のおかみが言う皮肉が、きつく響きすぎる。喜多八の演じ方の方が、おかみが〝バクチさえしなければ腕はいい〟職人と承知だからこそ意見しているのが分かるし、長兵衛の心情もよく伝わるのである。

米朝の「はてなの茶碗」に感嘆の声　12·27

「東西落語名人会」を、中日劇場で見た。

まず、こごろうが、歯切れよく「つる」。

こぶ平が良くなったとの噂は本当で「狂言の和泉家は、母が怖く姉が強い点で海老名家と同じ」というマクラで受けて入った「新聞記事」（上方の「阿弥陀池」の東京版）で好調。ただし「六尺豊かもあろうという……」は「六尺豊かな」か「六尺もあろうと」のどちらかに。

南光の「初天神」は、持ち前のオッサン声で悪ガキを活写する。

「だんだん衰えますから今のうちに聞いといて頂かんと……」と例のボヤキから入った米朝は、「はてなの茶碗」で、茶道具屋〝茶金〟の風格と、油屋の心情をじっくり見せる。終わって客席から感嘆の声。

名古屋での高座は珍しい金馬は、放送ではやりにくい「景清」で、主人公の開いた目が見えているか否かを演じ分ける。春團治の「親子茶屋」は、演者が隠れ遊びの親旦那の年齢に達したマイルドさもいい。

虚勢の高笑いは万国共通　1·17

敵愾心をあおる口調の北朝鮮のテレビニュースが、折にふれ、日本でも紹介される。

その中で、先日の拉致がらみのラジオニュースが印象に残った。

例によって〝日本は植民地圧政時代に朝鮮人を強制連行しているのに、今回の拉致のみ絶叫する〟との主張だが、「あまり叫ぶと喉頭がんになるかもな。ワッハッハ……」という高笑いに、六十年近く前の記憶が蘇った。

太平洋戦争の末期、小生が小学校五、六年のころだった。NHKしかなかった当時のラジオに〝日本は正義の神国。鬼畜米英何ぞ恐るべき〟といった壮士口調のモノローグ劇？があり、その中に「片腹痛いぞ、ワッハッハ……」という高笑いがあったからだ。

国家も個人も、追い詰められた時の虚勢の張り方は、（人を見下すアジテーションという意味でも）驚くほど似ている。更にそれは、カルト教団の姿にもダブるのである。

柳家喜多八の独演会三席　1·20

柳家喜多八の独演会を、名古屋・栄のマノアホールで見た。

薄茶の良い着物だなと思ったら、先代桂文楽のだという。今の文楽は大柄で、着られないから、と譲られたもの。高座では中肉中背に見える喜多八も、実は小柄。でも少し裄丈などを伸ばした。文楽って、そんなに小さかったのか。そうは見えなかったのにな。

演目は三席。たまたま大阪ダネが多い。

「代書屋」は、桂米朝の師匠、米團治の、一九三八年ごろの作。喜

多人は、東京で上方落語を演じていた桂小南から教わり、今は彼が教える立場という。

次の「小言念佛」は師匠小三治が演ずる、笑いの多い小品。

「三番煎じ」は、冬の夜回りの旦那衆が番小屋で禁制の酒を飲んでいるところへ見回りの役人・風邪の煎じ薬との弁解に、先刻承知で一口やった役人の「薬に相違ない……」の一言に夜回り連が「もう大丈夫だ」と口走るのが一層笑えた。

深作欣二の怒り　1・24

同じ「子供のころ太平洋戦争だった」世代でも、その後遺症は、環境や性格などによる個人差が大きい。

先日亡くなった深作欣二監督は、本土決戦を叫んでいた教師たち（大日本帝国の代弁者）が、敗戦と同時にけろりと変わる、その裏切りへの怒り・敵意を、折あるごとに描き続けた人である。

小生は、定評ある「仁義なき戦い」シリーズ（73年〜）よりも、その前の「人斬り与太・狂犬三兄弟」（72年）に作者の本音を見る。

情に流されぬ視線「スイート・シックスティーン」　1・20

映画は観客を闇の客席に置き、その心情に映像と音で訴えるものである。しくしく前から私は、その点を意識して見るようになった。

不良少年ものは、とわけそうだ。犯罪に走らざるを得ない環境を描かれば、同情を覚えるのは当然。そこで"作者の姿勢"が問われる事になる。

ケン・ローチの映画は、告発劇ではない。その寸前で踏みとどまる――社会派ぶるのではなく、法を破る登場人物を、ある部分では心情的に描き、時にはその姿を皮肉にとらえる。そういう"巨視"ある目がまことにイギリス的である。

「スイート・シックスティーン」はまだ十六歳の少年リアムが、親友ピンボールと組み、子供たちに望遠鏡で星を見せている場面に始まる。まず情に訴える気がなく、彼らは冷静に構える。

リアムは登校せず、バアで売られたりした揚げ句、一挙に大金を掴もうと麻薬を売り始める。

湖畔で見つけたコテージを買って、やがて出所する母と暮らしたいからだ。それは、未婚の母から姉やその子供と一緒に暮らしている、母の男である麻薬の売人スタンの暴力から逃れたいためでもある。

……と、こう書くと、哀れで健気な少年にも見えるだろうが、リアムは、ピンボールと組んで、スタンが隠した麻薬を横取りし、それを売る。警察が押収したと思わせる、頭の良く働く不良なのだ。人間の知恵の中で、悪知恵ほど働くものはない。また、そのぶん無謀でもある。ピンボールを見捨てるから、人間関係の嫌らしさは大人同様。

少年への思いを根底に置きつつ、情に流されぬ視線――それが感銘を深める筋立てでは「カルラの歌」（96年）以降の脚本家、ボール・ラヴァティの功績でもあろう。カンヌ映画祭脚本賞受賞。

2002─2003

ボクシングのタレントだったことは本当に驚いたものだ。浜田雅功がニュース番組の司会進行役をやると聞いたから、松本人志のほうが司会に向いているのではと思った。浜田が司会をすると聞いたとき、私は失礼ながら、本当にうまくいくのかと思った。浜田がその司会ぶりを見せたとき、松本人志もまた、浜田の司会ぶりに驚いたのだという。

愛知系の番組を見ていたら、東京系（東海系）でも同様のことが起きていて、本当に失礼な印象が石川系でも起きている例が多い。「ウンナン」が本当に失礼なことをしてもそれが笑いに転化してしまう。浜田が司会をするというのは実に驚いたものだ。合田松本人志と浜田の二人は、本当に失礼なことをしても、それが笑いに転化する。浜田が東京系の司会をするのは、それが笑いに転化するから笑える。

浜田雅功の司会ぶり 2·3

だろう。ダウンタウンの浜田は敵対する相手を親分を削殺して以来、気を打った出のはいつも所、軍事官文化だった時代は、自分が大出した所、軍国少年たちは自分の組といったことで抗争する相手を親分を削殺して以来、自分の組。

いろ。「ファイアー」のような「国家体制を信用するな」という、二十数年前の憲兵文化だ、水戸代はいつも所、少年砲射の響きの値打ち。

アメリカのテレビドラマの影響 2·10

無論としてのそのPOでは「…た」、TRSでは「…た」、WOWOWが放送しただけに、「…た」出程してきた、ウンナンの影響が。

リ・mド・myE・ケ（サーカ放送）のテレビでは「ビーケ」でだけに、「製作スタッフ」は本作りだ、出程してた、「護士物だ、社長のNの職員だ」、弁護士のコメディ、実際にNのらう、「最初のHKを、飛行」「最初のフ」番数 11·9

が、少し後してそれに追われたのだが、それはやはりから別名か印象は「別名」ないう、番頭の懐の深さなど、旦那目論見すように、番頭の懐の深さなど、旦那目論見番頭の疑似さなど、演者実出し（米）朝した一度、演者若さを以て、番良し草笑いしてしく、隠しネタでだけか芝居だっ。

が最後してられたに別に、それをやわらかしてしく、別の旦那見ろて、「別名」ろう、番頭の深心鬼旦番頭の疑似さなど、隠れた大たって可笑か。

桂朝独演会の充実した一夜 2·7

らが朝日放送会で一度を、弟子のたちの吉朝だった所、吉朝周枠ある吉坊枠がある、以前放送演会をチャンネル「スタッフ」。大阪中之島の良し草笑いしてしく、も社員良し、ゆる三度一見て、公開の公開路線か。

は桂朝日独演会をチャンネル「スタッフ」。大阪中之島のナイターサ仕掛けしてしく、も社員「し、ゆる三度一見て、公開路線か。

機に二人乗っていた……」。ただ一言なのだが、心の傷を一層実感させる。

一方〈スカパー〉FOXチャンネルの「ザ・プラクティス」は、アメリカ国籍のアラブ人の入国をFBIが逮捕抑留、本人は"アメリカに従う"と弁護を拒否する事件を扱い、黒人弁護士ベッカが「大戦中の日系米国人の扱いと同じだ」と憤慨。リンジーが「みんな怖いのよ」と言う。

こういうドラマが放送される国は、健全といえよう。

姿を見せない米朝師の存在が大きい　2・17

京都の東山安井金比羅会館で、隔月開催の「桂米朝落語研究会」も、すでに二百三十八回。夕方六時開演で毎回八人出演だから、マクラを最小限にしても、終了は八時半から九時。

今回は、まず、もうばの「月並丁稚」の旦那の表現が良い。

吉坊は「崇徳院」。十代にしか見えぬ顔と声が、得にもうノンにもなるが、力量は堂々たるもので、とりわけ後半がいい。現在米朝内弟子だから、今日の出来いかんでは、崇徳院さんのタタリで米朝家に雷が落ちるかも……などと、目をそらしてうつべくおかしみが。師匠の吉朝そっくり。

いうな味だが、巨体ジョークが売りの米平だが、「佐々木裁き」はなかなか好調。文我の「鷺娘茶屋」も。宗助の「稿」は、旦那が妻に見破られるなど良い出来。本妻に姿を見せぬ控室の米朝師の存在が大きいのである。

「バティニョールおじさん」のうろたえ　2・28

ナチス・ドイツ占領下のユダヤ人検挙を扱った映画も、様変わりしてきた。かつては、故国の人々はやむなく従ったというように作られたが、権高なナチス支持者も描くようになった。リアルである。

明日から名古屋で上映の「バティニョールおじさん」もその一本。パリの肉屋バティニョールは、ドイツ軍の占領下に、ユダヤ人検挙に手を貸す形になってしまう。ナチス支持者の娘婿が、隣人のユダヤ人外科医を密告したからだ。その功績で外科医の住居はバティニョール家に譲られ、妻は大喜び。ところがある晩、外科医の、逃げた十二歳の息子が現れる——。

後半は、その息子をスイスへ逃亡させようとするスリル。このおじさんがうろたえつつ、結果的に英雄的な行動をする姿を、コミカルに描くのが良い。

いつ、どこの国でも、大多数の人間は日和見なのだ。当時の日本も、そういう目で描いてほしい。

徳川夢声の漫談の至芸　3・3

東海ラジオでウィークデーの夜、徳川夢声の「宮本武蔵」を聞くことができる。

一九六一｜六三年にラジオ関東（現ラジオ日本）で放送された音源。小生は、第二次大戦下でNHKで放送（当然ながらナマ）されたのを子供のころ聞いた世代だが、それを覚えている人は、限られていよう。

ともあれ、吉川英治の小説の朗読という以上に、夢声の「武蔵」

いるのも、その
落語は最後まで、居
ずまいを正し、聴き入
れる米朝の達者な
芸で、あえてこの
噺を受け入れた
「幽霊飴」……。
おしゃべりの性格
を持っているのが
落語の「本質」な
のだから、米朝が
この基本を忠実に
体現しているのも
当節の枝雀

草々弟分が多いのは
米朝一門を継承する
実力のゆえんだ。京
都府立文化芸術会館
で見た開演前の後
席で

米朝の後継者 桂吉朝　3.10

桂吉朝独演会を
観たというのは、実
際にこの米朝の孫弟
子のひとりである吉
朝の会の会場で、ス
ッと出てきた「寄合
酒」の性格が、当節
の花粉症とは反対に
ある種の爆笑漫談の
至芸をとなえてもいい
若々しい人に会えた
のは当然の成り行き
だった。印象的なのは
「風」と共にある「坊
ちゃん」など

至極自然な芝居だと
自由で戯画化の人代
も多いのは意外だし、
に六十代後半を
迎える「武蔵」などは
現在のやや若返りタ
イプとして、達者の
心をそそると思うが、
芝居と俳優を別に
語りたくなる印象を
残念ながら

中村錦之助 黄金期のアンソロジー　3.24

助っ人・心棒之
助(テレビ)の美
しさにも大長屋の
加藤泰監督「瞼の
母」(59年)の父
親役での明色の
反逆役という時代劇
作りの黄金期を駆け
抜けた天知・中村錦之
助だけの時代劇制作の
NHKBS2「チャ
ンバラ黄金期」(3月
61〜65年)だけ
だけ、画面に俳健
役名が手柄だ。「反
逆児」(61年)の悲恋
「旅鴉」「女と三
蔵五人男」(58年)
「宮本武蔵」が幕で
名が字幕が広演で

字幕の悪ぶりは困る　3.14

「ラスカルズ」の
三船敏郎だただし、
なかには「話」の字
幕だけに困ることも
ある。字幕がそのキ
ャラクターを指揮(編)
してしまうのだから
わるくない部分の悪
魔だ出てくるのが
翻訳だけだけど、
変えてしまう様子を
見ることだけだ。
「ローラン・サイ
ゴン」の初期からあ
まりコミックオペラ
大人にはテネシー・
ウイリアムズの大人
なのだが「ネスネ
ネル」にケネディ
が映画のキャラロ
ンをたとえとなるの
だから

ジュだ。このキャ
ラを一九七〇楽に
「ジャズ」をやる
キャラクター、ジャ
ズ・ボイスの半分は
日本放送で辞任し
たが、最高番組ない
したけど「キネマ
ネル」副大統領
政治名が辞任
政治任

出る力の入れ方は、大河ドラマ「武蔵MUSASHI」との絡みなのだろう。

最後の長谷川伸物三作「関の弥太っぺ」（63年）「沓掛時次郎・遊侠一匹」（66年）は、それぞれ約十二分。プロットを伝え、ヤマ場を見せるほど分かってないとできないげである。

"萬屋"以後には触れず、コメントを沢島忠監督ら三人に限ったのもいい。

「ボストン・パブリック」が始まった 3・28

〈スカパー〉のFOXチャンネルで「ボストン・パブリック」が始まった。「アリー・myラブ」のデビッド・E・ケリー製作・脚本の、二〇〇〇年スタートの新シリーズ。

ボストンの公立高校で、さまざまなトラブルが起きる。いじめ、教師侮辱、セックスがらみは日常茶飯。アメリカ系の校長は、黒人の親の横車に閉口。歴史の老教師ヘーベは校長の苦情に「私が黒人だから？」と開き直る。

第二話で、黒人女性の歴史教師マーラと、ヘーベが、アメリカの偉人について生徒の前で口論。ついに奴隷問題を持ち出したマーラにヘーベ「ディスカバリーチャンネルの番組見たよ。私の先祖はあんたより黒い！」。

その中で、厳格を旨とする教頭が当たり役のアンソニー・ヘルドは「羊たちの沈黙」（91年）「レッド・ドラゴン」（02年）では、レクター付きのチャントン医師役。海外ドラマを見ると劇場映画も倍楽しめる。

「吉朝学習塾」の新鮮な熱気 3・31

大阪の大融寺で落語家の勉強会が開かれるようになって、どれほどたつのだろう。

先日の「吉朝学習塾」——桂吉朝一門の会で、定刻数分前に上がった一見職人風？の見慣れぬ若手。見台を小拍子と扇でカチャカチャ叩いて、前座噺「東の旅」の冒頭を語り始めた。絶句した。大きくため息をつく客に、客席は大喜び。

次に上がった吉坊は童顔が笑みこぼれんばかり。「今のは吉の丞（吉朝の二人後の弟子）と申しまして、今日が初高座ですが……」と、すでに先輩の貫禄。恐れ入りますと客に、照明のスイッチを入れてもらい「お客さまと演者の一致協力で成り立つ会でございます」で、「商売根問」を快調に演じてから。恐縮ですが、とひと送り、すべて"客をつかむ"方が働くのが見事。

吉朝が、芸風にそぐわぬような「宿替え」にチャレンジした。練り上げたものを披露するホール落語とはまた違う、新鮮な熱気があった。

"気骨ある変人"天本英世 4・4

先日他界した天本英世さんは、岡本喜八作品の常連。黒ずくめの殺し屋として、殺人博士として。岡本監督も「天本さんが出てると認め印を押した感じ」と言うほど。

が、ほかにも、心に残る舞台がある。オフ・ブロードウェーの小品ミュージカル「ファンタスティックス」。初演は一九六〇年。東京芸術座で、筆者が見たのは七一年六月の

だと思う。

余白であるべきところを文字で五百ページ以上にわたって本並みにぎっしり埋め込んだ「小説」だ。軽快なタッチの石上三登志の名言の数々が、という説明だけでは余地がそれを「映画」の娯楽養勧メ、と呼び

知らぬ小論者がラ十点を選ぶという「ライター・イン・レジデンス」ガイドブックから普通のエッセイ、漫画、映画、洋楽まで十一のジャンルにおよぶ評論書。和田誠の手によるすばらしいカットを拝読しても大変それを承知して

娯楽メ、と呼びたい本 4・14

各論者が教養主義、美養勧メ！（ライナー）

言うべきだろうか。気がつくが、今となっては東京の名古屋・名古屋鉄の一公演者と

本だと思います。そしてまた役人のためだったらこその人を雇ったというのだ芝居は宝石。そういうことだった話からとり。おのおのしているジャンルだというエッセイ役者と愛読してくれる人。愛して受け取ったのだけど幸い天才と双方の

渋谷ジァン・ジァンで公演される――という話があったのが父が不幸にして死んだためその人に兼ねた宝田明が双方の

小林信彦「おかしな男」 5・2

なで画座一覧して目は推測が見えてくるが映画化された例えばそれはその一見であるが、同名の小生在住の東京暮らしている編子屋前の再評価のすべては二人名だが気分の最後。

名一エ、載目は著者が自閉して「五十三」を演じたのだ「文藝春秋」週刊「文春」連載

門作の酒午後九時半開きお時終に楽しく聞き久作品に「宿屋」「米原」三九雀目の名人「新将棋」が訪れた米朝作で締めくくり変更家主の「米遣え」の調子にまで言える。（小佐田定雄）

八席目の東山通りにはたから楽屋に空巣に入った雀松とよく好調に引けた色「花」が出た一変して松竹喜劇風の

先輩が五席目の東山通り演を楽しく好調になりにくい会館で桂米朝落語「米」を不安定に引ける大ほどしておらから

新作も繰った「桂米朝落語研究会」 4・21

〈古典小佐田落語切れのある作の酒九時半開きお楽しく米朝作品に好調三九雀目の名人金比羅会館で桂米朝落語研究会を不安定に引ける大ほど――小佐田定雄

の映画興行全盛の時期に、邦画各社が、いかに新聞小説の映画化を競ったが、手際よく説明されている。

映画の"好み"が個別化し、感興を共にすることも少なくなった昨今、「笑う蛙」の奇妙なユーモアを評価したくだけどミニシアターまで映画を浴びるほど見た著者ならでは。平山秀幸の演出も「愛を乞うひと」「OUT」より格段にいいと次第でこの本などんどん"二進も三進も"するのだ。

東映時代劇の豪勢な脇役たち　5·9

NHKBS2で、平日の午後に東映の「一心太助」シリーズ「新吾十番勝負」「二十番勝負」シリーズなどを放送した。

四十余年前の作品だから、黄色っぽく退色したのもあるが、今見ると、いや脇役の豪勢なこと。子役には当時小学生の風間杜夫に目黒祐樹。三枚目は渡辺篤に杉狂児、堺駿二。悪役なら進藤英太郎、月形龍之介、三島雅夫、山形勲等々。類型的なワルだからこそ、一層の貫録が必要になる。

もっとも月形は、このごろには大久保彦左衛門や水戸黄門という役どころ。山形も松平伊豆守などの"大物"も演じている。

英語で"ヘビー"というと、悪玉や大物を演ずる"重みのある脇役"を指すが、昨今の日本映画の貧しさは、こういう性格俳優がほとんどいなくなったせいもある。主役はその時どきの人気者でもいいが、脇を固める役者がいなくと、映画が軽く薄くなってしまうのだ。

感覚派・双葉十三郎の論拠　5·16

いま九十三歳の映画評論家・双葉十三郎の「外国映画ぼくの500本」(文春新書)は、「ぼくの採点表」六巻(トパーズプレス/キネマ旬報)の約二千九百本にさらに追加した一万数千本から高得点作を選んだ本である。

映画評論家を社会派と感覚派に大別すると、双葉氏は後者。社会派と比べて感覚派は軽視されがちだが、どっこいそんじょそこらの時評屋とは違う。「日本映画批判」(トパーズプレス)を読むと、戦争宣伝映画「土と兵隊」(39年)を、リアルタイムで"劇的計画ゼロ"と批判し、また戦後の左翼全盛の一時期に「女の一生」(49年)を批判。真のリベラリストなのだ。

この本も、今年のオスカー受賞ミュージカルの原戯曲の初映画化作「市俄古」(28年)を評価。またW・ワイラーの「必死の逃亡者」(55年)を"シチュエーションから来る緊迫感が焦点"と述べている。論拠が具体的なのである。

「映画評論」の佐藤忠男編集長　5·30

『「映画評論」の時代』(カタログハウス)を読むと、一九一〇年代の東大映画研究所の同人誌に始まるこの雑誌が、佐藤忠男編集長時代(五七~六一年)以降、いかに新人を輩出させたかが分かる。

当時「ヒッチコック・マガジン」編集長だった小林信彦は中原弓彦の筆名で喜劇論などを書いていた。「週刊読売」の記者だった長部日出雄の「日本映画作家」シリーズが小生は好きだったが、その第一回「浦山桐郎」が収められている。言うまでもなく、現・直木賞

戦さと達えと欧米などでは子供たちを集めて立場の、9・11に名古屋小劇場で上映された「11'09"01」は、世界中の映画監督十一人の短編集だ。一篇がちょうど十一分九秒一コマで、それぞれの映画監督が、9・11についての思いをこめて撮った作品集である。

から現点での仕出せることながら言うと、らのうたでのもしだけ言うらしたとしてしいと言えるが、アメリカという国にとって、最後の監督はわた日本にとしと呼んだ意など日本以上しえて意識したから以上収容の撮影所大東亜戦争の問

□ 映画監督十一人の9・11短編集　9・9

□ WATARIDORIの「カラス・ワタリドリ」　6・13

知らされ長がぬ沼へと渡ってその途中し、その中でメメントに砂漠のらが降り、しに降り光景が角度を計算したうでだ腕でし、映画して群れたり、J・J・「WATARIDORI」を見たのは西カメラ一迫りるのは劇で

地上波で受信料を取けずに放送しても、蒸気好きなら知らないNHKのBと、わが産業革命を打ち抜いた解剖学的興味に熱心大帝は荒行し、随所に実証主義的仕手だけ好きな蒸気機関のこ「」の番宣としてこのビームを再放送しし、一周間上映される地球見た別のストーリー

鋳物の虫に凝縮させたオルゴールのであるが、ニューヨークから幻想の「知るBンジ」がらして大帝の宮殿ある「好奇心の部屋」収蔵れるこのエニグマ十九世紀初頭からのコレクション、別奇な収集品をその七七メートル幻想の二七一（五七）年に業績で

□ 臣下の虫歯をせっせと抜いた大帝　6・9

シン…な光景だ。飼育された鳥も使っているというが、まあ許される演出だろう。テレビで起用される"再現ビデオ"のようなマンガ的にする小細工は困りものだが、昨年のデズニーの"自然"シリーズの動作を編集で

何よりも、限られた字幕と、わずかな原語ナレーションだけなのが快い。思えば、テレビの動物番組が、猫なで声の解説でいかに鑑賞を妨げられていることか。

「少女の髪どめ」に見る人々の真情 6・20

名古屋ヘラルドシネプラザで上映中のイラン映画「少女の髪どめ」について「珠玉の名作」という評と「少年"が少女とわかったとたん、なぜ好きにならねばならないのか」という評を目にした。

頭から珠玉と奉っては説得力がないが、後の筆者はわかっていない。そもそも、男装は一つのルーティンで、「里見八犬伝」の薬師丸ひろ子など枚挙にいとまがない(そういえばこの少女、薬師丸系マスキ顔──ファンよ許せ──である)。しかし所はイスラム圏。女性を包み隠すしきたりの国だから、異性ショックも大きい道理だ。それを一層効果的にするのが、主人公が使い走りをしている建築現場の描写。工事は順調には進まないし、違法を承知でアフガン難民を雇う親方は、難民から金を貸してくれと言われれば断りきれぬ好人物である。

豊かではない国に仕事を求める難民たち。人々の真情が映画を輝かせるのだ。

「さまよえる戦争画」は深く重い 6・23

BS1で「さまよえる戦争画」を見た。

敗戦後、中央画壇を離れ、北海道で暮らした小川原脩(一九一一─二〇〇二年)の代表作の一つは、大がしめ(?)く「群化社会B」。戦争画は全面公開すべしという小川原氏のコメント──「(戦後の)日本が盲目的なアメリカ崇拝になったでしょ。強いものにすがりつく体質は、今も残ってるじゃないかなあ……」

宮田重雄の戦争画責任論と、藤田嗣治の反論等、二時間のドキュメンタリーの内容は深く重い。ただ、戦争中に小学生だった小生は、昭和十九年の日本ニュースの一場面が、特にこたえた。

サイパン島玉砕のときの住民自決を、大々的に讃美する演出なのだ。先生の言葉に答えるサイパンからの疎開児童の表情は"大人に誉められる国民"たらんとする決意に満ちていた。それは、今やテレビが伝える北の人々の、将軍様をたたえる姿に通ずるのである。

山田太一作「しまいこんでいた歌」 6・30

山田太一が俳優座に書き下ろした「しまいこんでいた歌」を東京・紀伊國屋サザンシアターで見た。

ガス器具メーカーの研究所長・高杉繁が、家に一人残った日曜の午後、数年前に就職を世話した美弥の母親・飯坂咲が音もなく現れる。どうしてもと繁に迫る「娘が内部告発をする」から、その申し訳に──という時代劇ぽいスパンの人身御供志願。

突飛過ぎるようだが、人間、忍び寄る老いの不安に直面すれば、行

知的奮満喫の「親子漢字王選手権」

7・4

「Ｖチャンピオン、（ライバル）等々の熟語の意味を示した上で、書きだけれど、不合格だった鈴木太郎君（仮）。一方、五年生の鈴木太郎君（仮）は四年の漢字検定を楽々合格できた漢字の読み書きのうち、小学校五年生の漢字を親子で競う「親子漢字王選手権」。（ＴＢＳ系・東京）。

準一級の親の感じに優しく寄り添うな場面も。そして、その最年少者……。

最初に「読み」を競うというが、難問続き。久元さんが優勝。「戦時中に培った語彙力が今、役立った」と梅干しの品評会を探す中。漢字のお手本のような美しい文字で仕上げたまま、北朝鮮へ。太

「戦場に直面する日本人が広告意に朝を満喫した接句」など。鈴木さん、結

「母子熟語」を読める少年らが続々登場した中、四字熟語にはとりわけ苦戦した様子。子を売り上げた久元さんは

子どもたちが漢字に励む中、動くのは心が移すということに重きが置かれる。その感情に底を流れるしみじみとした叙情性やほのかな温かさが焦点となる。山場もどこか劇的で盛り上がるというより、その内発的な人生の展開する不思議を描くといったほうがいい。それは八十歳の老人の腹をも

抱える場面である。実人
の鳴らす音が響くのだ。

字幕版と吹き替え版の比較鑑賞

7・14

スカパー！のＦＯＸチャンネルで放送が始まった「Ｆａｍｉｌｙ　Ｌｏｖｅ」は

わずか数人の字幕版スタッフの言葉の切り詰めのために練り上げられた日本語版であるべきだという喜劇ならではの細やかな吹き替え版は、日本として最高のレベルで、誰が当たろうが、女は

ＮＨＫで「よいこの心」として放送された分の放送版がより鮮明で見えて始まる。吹き替え版は原音と吹き替え版を繰り返し見ると背後にあるその登場人物の原音を吹き

当人も気付かぬ健康で気付かない中で変わっていく内面を描くこのチャンネルの野放図な人間描写は、上質な喜劇の風味だ。

秋古老舗だけれど参りました。新任のワゴン車担当・新野夢子らしさを知るための心意気がある。仕事を押し上げていく仕事をし、店長に上り詰める権威もあるとして反発も再就職した野村秋子を見てはストレスで元部長に妻の黒岩（出演）の繊細さがあるあの店の縫製を切り詰めるという状態になりつつあり、夫婦の反復し変える見える。

から「ハイ・ライフ」が始まる。部長（出演）の夫が東京に愛社員の昇格し、紀伊國屋ホールで妻の野村秋子だ。永井愛作「ハイ・ライフ」「タイム・秋子」（黒岩

永井愛作「ハイ・ライフ」「タイム・秋子」

7・7

だが、原音と比べると騒々しい。例えばエレインの声優は、マリリン・モンロー気取りでカン高い。原音は普通の声。

リチャード・ファインマンの声の人は、他の役でもわかる。口調がクセが売り物らしいが、ひと昔前のセンス。総じて、キャラクターを声で誇張しているのだ。

いずれ、NHKでは時間枠と自主規制？で短縮された回も完全な形で出るらしい。この点も比較鑑賞の好機です。グッ。

美脚の人 キャサリン・ヘプバーン　7·18

キャサリン・ヘプバーンさんの追悼記事はもっぱらスペンサー・トレイシーとの"美談的不倫"にまとめられていたが、「スコットランドのメリー女王」（36年、未公開）で、ジョン・フォード監督といい仲になった事はあまり知られていない。フォードの孫が書いた伝記に、写真まで出ているのだが。

女優は気が強いとしたものだが、キャサリンは格段からしくて一層そういう印象だった。BS2で追悼放送した「旅情」（55年）は代表作の一つではあるが、ハイミス役でもまたまた気の毒。むしろ我の強いイメージを生かした喜劇「赤ちゃん教育」（33年）「フィラデルフィア物語」（40年）あたりを見たい。

以前、確かWOWOWで見えたスポーツ喜劇「パットとマイク」（52年、未公開）のテニス参加は、四十代とは思えぬそうそうたる。美脚の人でもあったのだ、とあらためて感じ入った。天寿を全うしたのも体力ゆえだろう。合掌。

小松方正と名古屋章の死　7·25

先日亡くなった小松方正さんで強烈に覚えているのは、NHK「三姉妹」だったが「黄金の日々」だった、権力者と組んだ裏で抜け荷を扱う悪商人である。大河ドラマはチラチラ眺めた程度だから題名もあいまいだ。口調だけは丁重で「加納屋でござい」と現れニヤリとする。狡猾を絵に描いたような笑顔が忘れられない。

先日世を去った名古屋章さんは、CBC制作の即興劇番組「鶴瓶のスジナシ」のときがケッ作だった。ヘンテコに地下足袋というかでたらめで登場し、セットの家の外側をハンマーで壊し始めた。鶴瓶も驚いたが、スタッフはもうろたえたらしい。何をしてもいいなら──という、役者のイタズラである。

小松方正はアクの強いタイプ、キャスト型名古屋章は幅があり、誠実も悪辣も演じられる人。こうした名脇役がいなくなると、大人のドラマが作れなくなるのだ。

注目の若手 柳家喬太郎　8·4

「二宮たなばた落語ランド／柳家喬太郎独演会」を愛知県一宮市の劔正幼稚園講堂で聞いた。去年亡くなった小さんの孫弟子の一人で、新作も好評の注目の若手である。

まず、ヘビ同士が「おれたち毒蛇だっけ……」と会話するブラックユーモアの小噺などをマクラに、自作の「母恋いくらげ」。童話風の人情味のある一席だ。

続いて「竹の水仙」。絵画や工芸の名人が、なぜかぼろぼろとしない

93年、冠詞、うまく出して、字幕で四正体露見、姫草見（　）訳しきれて、小さな役の名優が、日本映画の最悪な役だ、それはポルノのナチ、多くはナチの音頭が多い、海賊「マイ・フェバリット・ジョーク」から、ユダヤ人が多かった名作、日本で自費出版しても、作った殺人腰抜け「——ロイ」と、自費出版の笑いは、日本封切りは一九五四年だが外れて

おかしくて跳び上った、当時人気だったボブ・ホープの漫談芸人、そのウイットに起きる芸人、なボブ・ホープだった「腰抜けユダヤ人大捕物」は、ユダヤ人が日本変装して、がユダヤ型スナイパー、字幕を出せなかったは一九四九（49）年「腰抜け」という映画だったから

先代の渋谷天外との名コンビ、これの喋るときは大阪弁で、水仙花に泊まる、だが中でも水仙を渡れる外れて自作であるから、流れが竹下景子渡辺という死期が迫る老女、新潟に住むという松竹新喜劇の太鼓と新しい、新店舗という火焔太鼓を開くと楽屋落ち的機転も見られる、昔の名作ぶりが好きな人には左程

ボブ・ホープのうそ

8・8

南極探険ドラマの映像美とユーモア

9・1

南極にて、
られたが、一行は
大陸横断して、次に到達できる
けの資金を募る
二十八人に達したが全員生還した
「サー・アーネスト・シャックルトン」南極漂流は、二十世紀初頭の
は駆けひきの知恵と
は冒険好きの人々を
い強く引きつける
らしい人物

英NHKが制作、
NHK総合で「南極探険ドラマ」
の映像美とユーモア

人間は戦争好きな生物

8・18

師国語言、
国語教科書の国語科のテスト
スポーツや政治が、ボーイという紙芝居で、人間は普通だから、皮肉な末の勝ち、東洋平和主義を消し漁船の格闘選手（拳）が
平和の帰港の見出し、本性は好物である
として反戦の好きだと、小学校六年生、凱旋という諺、ニュースそのものでは平和主義者で、自覚して一節がある、好戦勝のだろうか、元気な歓迎を、別の語が軍国教の後がつく

「戦争」と
世代でも人は、同世代の内
元軍国教育の
いだが、好きな大平洋戦争小生
のである通のものを高らかに唱うの要

（ケネス・ブラナー好演）で、彼の弟は多額の借金のため服役。やや無謀なのは血筋か。

第一次大戦開戦の一九一四年にブエノスアイレスを出航。以下テレビ映画とは思えぬスケールで、過酷な極地の旅が描かれる（脚本・監督チャールズ・スターリッジ）。

一行が乗って来た帆船が、水の圧力で沈む場面の冷厳な映像美。「この氷山がテムズ河に現れたら、スコットランドで何かあったと思うだろうな」といった会話のユーモア。見逃した人のために再放送を。

「平等」の建前が生む勝者と敗者　9・5

先週の金曜の紙面に心に残るコラムがあった。斎藤氏の「自己愛社会の罠」である。

「精神科の外来で患者と接していると、世の中「平等」という観念がなければ随分と楽だろうと思う人に出会う。（中略）平等を建前とする競争社会は、一握りの勝者と多数の敗者を生む。敗者には恨みと嫉妬がつきまとうから、勝者の作る社会は敗者をなだめすかすず不断の努力と工夫を強いられる。（後略）」

部分の引用は誤解されやすいから、ぜひ全文を読まれたい。精神科医の筆者の深い溜息が聞こえるようだ。

少し飛躍するが、小生、学校では理数が大の苦手で、運動神経はゼロ以下。でも、今こんなことを書いて何とか暮らしている（ジ）。大西は画才を認められて明石家さんまに嘲笑的にさ……れていた。画才を認められて個展を開く存在。

これも先週金曜の一面に、和ちゃんそくの記事があった。職人ワザ

も「平等」を越えるのである。

百五十人の映画のイラスト集　9・8

「シネマ古今東西」（芸文社）は、東京イラストレーターズ・ソサエティのメンバーの中の百五十人が、映画をテーマに描いたのをまとめた楽しい本。

製作年順に並べてあるが、描き手の年齢と必ずしも一致しない。「大脱走」が二枚あるが、菅野研一はプロローグをはじめたマックイーン、寺田順三は自転車で逃げるコパーンを描いている。杉浦範茂の「用心棒」も羽山恵の「椿三十郎」も赤を効かせている。黒白から血の色を感じたのか。

――ところでこの本、絵が右ページ、描き手の文章と映画のデータが左ページなのだが、データが改行でも一字下げてないので読みづらい。描き手の文章はちゃんと下げて（横書きだから）あるのにね。

割り付けデザイナー（？）が凹凸を嫌うからか。同じページに二通りの割り付けがあるのは、読むうえをを比較実感させるためなのか？

「藍色夏恋」のさわやかさ　9・12

高校生の昔、親しくもない女生徒から無関係な友人問題の相談を持ちかけられた。近づく口実が欲しかっただけと分かったのは後のこと。文学少女気取りで自信満々のその女生徒独自の？結構普遍的な？と思っていたら、再三出てわした。

明日から名古屋で上映の台湾映画「藍色夏恋」は、〝A子が、シャイなB子に代わって男の子に声をかけたが……〟という、順当（純当？）な思春期物。

誰しも気づくようにこの映画、少年少女イコール非行という定番の描き方をしていないのがさわやかだ。多分、これが第二作という監督（脚本も）イー・ツーイェンの意識的な方法なのだろう。

確かに、犯罪的ならリアル、という見方は短絡的すぎよう。だが一面、踏みこみの弱い物足りなさも残る。

同じ台湾の「熱帯魚」「ラブゴーゴー」のチュン・ユーシュンの新作は、まだなのだろうか？

伝説の巨匠「イジー・トルンカの世界」　9·26

明日から名古屋で、人形アニメの伝説の巨匠「イジー・トルンカの世界」が始まる。

短編は再上映。長編三本が〝久しく劇場にかからなかった〟というが、「真夏の夜の夢」（59年）が三度目（某紙に〝二度目〟と書いた人があるが間違い。もっとも七九年の封切り版は、日本語吹き替えで音楽もシンセサイザーというシロモノだった）なのを除けば、「皇帝の鶯」（48年）と「バヤヤ」（50年）は、以前、16ミリ教育映画として配給されたが、劇場では初上映のはず。

シネマスコープ、イーストマンカラーによる「真夏——」は、題材からして国際性を意図した大作（その中にもトルンカならではの解釈があるのだが）。だから、チェコの伝統や民族性に深く感じ入るのは、渋いアグファカラーの「皇帝の鶯」「バヤヤ」の方。前者はアンデルセン、後者は女流作家ニェムツォヴァーの童話だが、結末の寓意の厳しさに心打たれる。

「ローハイド」の歌手、伊藤素道の死　9·29

伊藤素道さんの死が報道されたのは、一カ月ほど過ぎてから。密葬だったからだろう。

伊藤素道とリリオ・リズム・エアーズは、テレビ西部劇「ローハイド」の主題歌のヒットで、コミック・コーラスの花形となったグループ。牛群を追う皮ムチの効果音を、スリッパを叩(たた)いて出し、堂々と歌い終え、「ア、ろーはいど」と、気抜け声で言うのがオチ。

「てなもんや三度笠」（CBC—朝日放送）で、蜂須賀小六とその一党として登場。「ローハイド」を歌い終えるや「親分、なぜエイゴで歌うんです？」。

筆者は、越路吹雪の十八番「ラストダンスは私に」が印象に強い。小心な亭主を寛大にも他の女性と踊らせている強妻の歌、という形にし、亭主が合いの手に、エライコッチャ、ドナイショと、なぜか関西弁でつぶやくのが笑えた。

大の大人がマジメにふざけるおかしさ。そういう洗練が失われてしまった。

山田太一ドラマの河原崎長一郎　10·3

河原崎長一郎さんの死を報じた記事の中でテレビの「沿線地図」「早春スケッチブック」にふれたのは、購読する三紙の中で、中日新聞だけだった。

「沿線——」では電器屋の店主。娘が同じ高校生と家出し同棲した

ため、少年の両親（父は銀行の支店次長）と再々会うことになり、ある夜、孤独を深酒にまぎらす少年の母（河内桃子）に誘われる。平凡な男が、思いがけぬ情事におどおどする姿が、なんともリアルでユーモラスだった。

「早春――」では、岩下志麻と双方連れ子の再婚（岩下は未婚の母）をした信用金庫の中間管理職。そこく岩下の昔の男が突然現れる。当惑と不安から「責任持てよ、なあ、お前！ まいったなあ……」と岩下に、普通女が男がいうような言葉を口走ってしまう情けなさ。

映画「五番町夕霧楼」「私が棄てた女」などでも、前記山田太一ドラマの河原崎さんの好演が忘れ難いのだ。（合掌）

ボヤきも芸になる米朝の「七度狐」　10·6

桂米朝一門会を、名古屋中日劇場で見た。

トリの南光「本来なら米朝がトリなのですが、だいぶ弱ってきたので中入り前に出ました。もう帰ったから何言ってもええ（笑）。ここでトリをとるのが私の夢でした（笑）……」

その米朝、例によって老化をボヤき「でも私が出と入りがいらしい。それで思い出すのが古今亭志ん生。晩年は志ん生が出るだけで満員でした。みんな"最後の高座"が見たかったのですナ。もっと元気だとがっかりしたりして（笑）……」と、米朝らしい皮肉なマクラで入った「七度狐」が、細部のリアリティーも含め、近ごろみごとな高座だった。

出演者には下座の名手がいるから、途中に囃子の人々には好都合。にしても、さすがのマクラは体調が悪かったからか、大師匠は座布団返しの新弟子に手本を示したかったのである。

まいか。元気な米朝に観客は大満足の様子だった。

山田太一作「二人の長い影」　10·10

民藝公演、山田太一作「二人の長い影」を、東京新宿の紀伊國屋サザンシアターで見た。

"戦争体験を語り継ぐ"と言われただろうらしく感じる人も少なくないだろう。"語る"側も、個人的な体験を一方的に吐露する形になりがちだ。それを興味深く、ユーモアと哀切をこめて伝える一作だった。

一本の電話から始まる一見普通の展開で、高輪の二人の若き日の姿は、往年の、菊田一夫作の戦争純愛ドラマのようでもある。

――が、その普通さが、やがて劇的な力を発揮する。敗戦後朝鮮半島を逃げてくる子供たちにとって恐ろしかったのは、ソ連兵の暴虐と共に、同じ日本人の大人の酷薄さだった。

「人の言うことを真に受けるな、さきおれが言ったことをだ」など、せりふの効きのよさ。混乱と感動の幕切れも鮮やかだ。

十月下旬に、静岡県浜松市や、岐阜県内の三カ所でも上演。何よりだと思う。

行き届いた「海外テレビドラマファイル」　10·17

「海外テレビドラマファイル」（キネマ旬報社）は、近ごろ充実したムックである。

「ER緊急救命室」「ザ・ホワイトハウス」がメーンなのは、NHKの地上波に出ているからだろうし、事実「ER」は大したものの

やので出して六人目の團朝。その後も変わらず米朝師（四）月の独演会を催した。晩年（83年）近くでの演技も見えた米朝の芸能失敗談。

蔵丁稚」を得意とする市川團蔵のことはあまりにも有名だが、名古屋・名女優座で少ない独演会を催し羅会館で遠近法から見えた「蔵丁稚」……」と笑わせるのである。門下生は多くて流派も江戸と上方に別れる。團朝の「言」を兄弟弟子が東京前。

際場の画を子供順にサーモとして星由美を論考。これらの多くがスー・パス・メトリックスやDEEP、「米DSやCSの各チャンネルは日本放送の多くだが、BS・CSの海外、CSもいい番組だ。映画BS・CS等のチャンネルは興味深く遠いものから選ぶ劇。

桂小米朝の「蔵丁稚」が良い 「10.20」

介紹をプmントシュウス（等）していることが有難いこの本を書きながらも興味深く「DEEP米」（等）というのだが、BS・CSの思うのも「BSテレビ」「CSテレビ」「スカイパーフェクTV」「スカイ・ザ・メーカー」「チューナーズ」「スーパーチャンネル」「BSテレビ」「CSテレビ」「WOWOW」「ザ・ナンバー」「フジ・テレビ」などの解説を行き74分届

B・ケーブルテレビ映画のジャンケン・ゲーム 「10.31」

ジャイアント馬場が六十一歳で亡くなった。その面構えが好きだった。西生まれ、子供のときから大阪コニクスだが、子供のとき西部劇のシーンで得たのだという。そこで目を見張りながら語りたい、私だが。この愛嬌を兼ね備えたお顔。その勝ち負けがわかり悪役だったが。

たとえば、和田氏のつけるメキシコ初代。このデザインがよくやってリキマンとして登場して、軽妙として良く「大阪ペンギン」等が登場。人名寄りに話がないし、後に絵を描くロールの話題に困難し、この編者一方が押しが強いとすれば、一方が困るのに苦労する形式だ。NY等の模様方。

本当を書き、筆の辺りで対談する二人が、小説「青豆」和田誠著「青豆と現代」（講談社）は、

安西水丸・和田誠著「青豆とうふ」 「10.24」

さ二十五周年の会が米年一月二十一日に、名古屋・中日劇場催活される。

永井愛作・演出「萩家の三姉妹」 11・14

永井愛作・演出「萩家の三姉妹」を、愛知県長久手町の文化の家で見た。

永井愛の芝居を見るのも、これで七本目だが、テーマが多様なのに感服する。女性作家は、多作ではあるが、永井戯曲の登場人物は、男女を問わず女性意識が前面に押し出されがちなものだが、私たちも同様な俗人だが、互いに抱えた切実な矛盾の衝突で、キリキリ舞いするのである。

今回、長女と、以前彼女の浮気の相手だった大学教授が「フェミニズムとジェンダーの相克」の失敗した当事者間研究(!?)をするのだが大受け。女性客から「あそこまで言われると気持ちいいわね」の声もあったが、初めて永井作品を見た人は、いつもあけすけなセックス談議の舞台なのかと錯覚しかねまい。そうではないのだが。

永井はいわば"おんな山田太一"。幕切れは、藤村の「夜明け前」をユーモラスにペントにしたので、あるまいか。

林家こぶ平の独演会 11・17

小牧商工会議所会館での「第56回小牧落語を聴く会」は、林家こぶ平の独演会。

まず、去年中日劇場で聞いた「新聞記事」は、今回の方が好調。ただ「お前はバカか」というストレートな罵倒を繰り返すに、二度目は「お前でなきゃ言えない」という風になった。小牧で教わったのだろう。

一席目は、父・三平に教わったという小噺「味噌豆」に続いて、先代金

小生が好きなのは、バート・ケネディ監督の西部喜劇「夕陽に立つ保安官」(69年)。J・ガーナーの、強いのか弱いのかわからない保安官助手にさせられ、最後にやじ馬娘と結婚したガーナーを継いで保安官になった、と観客に語りかけ、ポーズをとる。

その姉妹編「地平線から来た男」(71年)では、「マカロニウエスタンのスターになる」と観客に宣言し、列車で去ってゆく。

同じB・ケネディのSF活劇「マイホーム・コマンドー」(91年)では、自宅の庭をボロ戦車に乗っている(ヘ?)な老人。監督に余程気に入られていたのだろう。合掌。

楽しい対談本のお粗末なんやこれ註 11・10

「対談 笑いの世界」(朝日選書)は、桂米朝と、九歳下の筒井康隆のウンチク合戦が誠に楽しい。話が弾むのは、どういう状態をいうのだろう。

――が、困るのは、人名のなど註に誤りが目立つことである。

(高勢)實乗を"みのり"。(芦乃家)雁玉に"がんたま"と振ったのは、一刷の五日後に出た二刷で"みのる""がんぎょく"と、直されていた(仮にも米朝、筒井の両氏が言い間違えたとは思えない)。

写真説明の註にも、たとえばローレル&ハーディは、細身のローレルがボケ役で、太ったハーディがツッコミだし、E・キャンターとして載っている「ハリウッド玉手箱」のスチール写真は別人。徳川夢声の朗読を"甘い低音"とはね。細川俊之じゃあるまいし。

文章の間違いは、ある程度避けられないものだが、わざわざつけた註ぞや註は、読者に鵜呑みにされるから怖いのだ。

2003

馬が十八番だった「茶の湯」。これが、抹茶ならぬ青きな粉を、もっともらしく入れる手つきが、オヤと思うほど。三平の高座ではついぞ見たことのない良い仕草だが、それがテレビタレント口調が抜けきらぬ部分と混在。今後、どう仕上がっていくか興味深い。

落語界の〝色物〟的人気者だった三平。腰の低さも父譲りのこぶ平が、再来年、九代目林家正蔵を襲名する。祖父の七代目正蔵も、「どうも相スミマセン……」の奇声で受けた人。ふさわしく、めでたい襲名だ。

役者としてのアズナブール　12·1

名古屋の名演小劇場で上映中の「アララトの聖母」に、アルメニア人の映画監督役で、シャルル・アズナブールが出ている。

この人が、シャンソン歌手として、故イヴ・モンタンと並ぶ人気だったのを知る人も、少なくなりつつある。

見るからにカッコいいモンタンとは対照的に、一見風采は上がらないが、「セクシーだ」と熱狂する女性ファンも多かった。つまり歌手として、モンタンをしのぐ〝ワザ〟があったわけだ。小生も、当時の愛知文化講堂で彼のステージを見て、堪能した。

映画ではユーモラスな脇役が多かったが、両親が虐殺を逃れてトルコから渡仏したアルメニア人だったのを、あらためて知った。

冒頭、映画監督が、トロントの空港で、関税検査官のC・プラマーにザクロの持ち込みを断られ、その場で食べるシーンの巧まざるユーモア。その果実には、実は重い意味があるのだが—。

西川美和「蛇イチゴ」は佳作　12·5

明日から名古屋シネプラザで上映の「蛇イチゴ」は、昨今の日本映画中の佳作である。

祖父と父母、娘の倫子の四人家族の元へ、勘当された兄の周治が十年ぶりに現れる。〝蕩児（とうじ）の帰還〟という古典的なパターン。ほら、「男はつらいよ」だって、そうでしょ。

その困った息子が、父のもとへ押しかけた借金取りを舌先三寸で丸めこんだから、むげにも追い払えない。

小悪党の周治を、雨上がり決死隊の宮迫博之が自然に好演。子供のころの思い出がらみで倫子が思い悩むあたりは、脚本・監督の西川美和の女性感覚か。

小劇場演劇風の興趣もあり、一見に値する小品だが、気になるところもある。蛇イチゴは毒イチゴという俗称とは違って無毒だが、水気がなくて食べてもまずい。まさか作者が美味な木イチゴと混同しているのではあるまいが、そのへんがはっきりしないと、寓意がもう一つ定まらないからだ。

A・キアロスタミの「10話」　12·8

今池の名古屋シネマテークで上映中の、アッバス・キアロスタミ監督の「10話」を見て、どこの国のいかなる民族も人間の心情に変わりはないなあ、と今さらのごとく感じ入った。

所はテヘラン、場は終始自動車の中。運転する女性と、助手席の人物のどちらかしか画面には現れない。

最初の挿話は、息子をプールまで送る道中の果てしない口論。そ

２００３年、私が選んだ外国映画　12·24

"回顧"となれば、もっと世間的に評判になった大作、話題作を語るべきものしれないが——例えば、評価の高い「ボウリング・フォー・コロンバイン」の、出たがり屋の監督マイケル・ムーアなど、いささか鼻につく感じてしまう。

やはり今年も、自分の好みと関心に従い、順不同で十本ほど挙げよう。

チャン・イーモウ監督、戦乱時代劇「HERO」が喧伝されたが、彼の真価は、物語の中に、今の中国社会の矛盾を、さりげなく描きこむ手腕にある。そういう皮肉った社会観、人間観が、話題になりきらなかった「キープ・クール」「至福のとき」にコミカルな形で盛りこまれている。前者はコン・リーと別れた監督の複雑な心情から生まれたとのウワサもあるが、だとしても切った作家性、大したものではないか。

ブラジル映画「シティ・オブ・ゴッド」の爽快感は、少年たちの凶悪さを"生来のもの"として描いた視点にある。拳銃が苦手な少年が、長じてカメラマンになってからの結末もみごと。フェルナンド・メイレレス監督の名を記憶しよう。

「エニグマ」は、第二次大戦下のイギリスの、ドイツ軍の暗号解読チームの話にからむ、ユダヤ人大虐殺などがからむミステリ抑えた情感をたたえた英国伝統のミステリー。マイケル・アプテッドの演出が久々にいい。

ユダヤ人の悲劇という点では「戦場のピアニスト」名作に違いないが、もっと皮肉で、時に病的にさえ見えるというタッチが、ここで体験は全く影をひそめている。人間、自分の体験に関する内容だと、語り口がストレートになるのかもしれない。だから、占領下のパリのユダヤ人の肉屋のおやじが、ひたんとこからユダヤ人の息子をスイスへ逃がさねばならぬメールになじG・ジョニョ監督の「ベティニョールおじさん」と並べると、ほっとする。

並べるといえば、イランのA・キアロスタミ監督の「10話」は、イランもテヘランのような都会のリッチな人々は、離婚に再婚、母子のいさかいなど、止まらぬようなく西欧化しつつあるのを実感させる。一方、イギリスのM・ウィンターボトム監督は、「イン・ディス・ワールド」で、パキスタンの難民キャンプを出た少年が、イランなど数カ国を経てロンドンへ不法入国するまでの姿を描いた、ドキュメンタリー調の映画である。

ニューヨークが舞台のJ・シュマッカー監督の「フォーン・ブース」には、"狂気の神"によるテロの恐怖が透けて見える。

昨年自主上映で見た韓国のポン・ジュノ監督の「ほえる犬は噛まない」も含めて挙げているのに気づく。

そのとき面白くても、後になると印象の薄れる作品も多い。十本がなおも心に残っているのは、何らかの形で"今"を反映しているからだろう。

い。
面白いというより、心に滲みる物語を同じ映画でなら、転んでしまうが、意外なユーモアのセンスがある。この三人の「三人組」に始まるアニメ「——東京キャメン」が始まった東京の偶然にはないですが、ちょうど親輪選手だ。そして元鏡輪選手描ける「——東京」が始まるアニメ「三人組」が皮肉な気味を見せる。赤ん坊を拾った三人は、家出少女、偶然にはないです。そして捨て子の女装ゲイと三人のホームレスという三人の...

アニメ「東京ゴッドファーザーズ」 12・12

のだが、奇妙な清々しさがたとえばンなどが乗せられるというのか。この捕物語は中国人だと自分から息子が監督はこの捕物語は大都会人的な、力を発揮しているのだが、宗教的運命する女性がいなくなるものへの社会人的な、せるものへの変わるものへの立つ女性がいなくなるのだと思われる。
——

のだが、例えるなら自分から息子が——ポキモンじをつけられは自分だけれど大夫ただ別れたりなんてこの捕物語は大都会の人画面は北京に高収入の「スリ」になるか宗教的運命する女性がいなせるものへの変わるような子供の言うことならない子供として女性がのみとしての僕たちは再婚して子供として僕たちは

「M-1グランプリ2003」 1・9

立川談志より、
（「M-1」からうまれぬまま、島田紳助プロデュース、松本人志ら3人の若手漫才師を見た藤原和博審査員が生放送だった。「——」と思うが——
（朝日放送）
が、苦笑いのあるものもあるわけの笑芸のあるもの
（）昨年三回目の結文字通り年末の

「M-1」は今年は九〇組のなかで変わらぬ気候もしっかりリと、一方で真の印象がある。華氏（華氏）と言い争うなほど五度ほど温度差だ。温度へから平然と通す事だというところから、今子供のように変わった、というところから「友だち」だっだろうか今の地方の少年は

年上の大人ロ。「10話」は喜ぶことにあるのだ？「10年間の質問回答は

「キロスに尋ねた」 12・19

年末大みそか近くのテレ朝で、さえ良質な番組だった。

「10話」の写真展が屋十二日の午後スなどで来るテラートを訪れたのちの名、折しもその三越名店で小津安二郎監督生誕キロス・キアロスタミ監督のジ連絡は当日来て○○年スペインで国際ジ古今年三越で近日上映中とも知れた古作明正木古

側は「10話」の写真屋十日の午後スなどで屋十二日の午後スなどで来るテラートを訪れたえる。「10話」は喜ぶことにあるのだが、

アメリカ映画ファンの小津　1・26

NHK BSの映画番組は"小津漬け"、視聴者に名作教育を、というほぼお召しか"アカデミー賞漬け"も、小津のサイレント作品を続けて見ると、当時二十代の小津のアメリカ映画ファンぶりが面白い。

何しろ学生の下宿などの壁に、そうそう手に入らぬ横文字のオリジナル版ポスターが貼ってある。バッカラ喜劇「淑女と髭」(30年)、「母を恋はずや」で笠智衆が居続けているチャップリン屋の女の部屋にはJ・クロフォード、斎藤達雄の三枚目ぶりはロイド喜劇そのもの。「若き日」に至っては「第七天国」(27年)のポスターみたらず、結城一郎が「おれの第七天国だ……」と質屋へ行く。

当時映画人の欧米カラー志向はかなりのものだったらしいが、"日本的"の代表とされる小津のこうした面も、もっと語られていい。

欧米娯楽志向とナチ信奉の頃　1・30

スカパーの日本映画専門チャンネルで、中川信夫監督の「エノケンのちゃっきり金太」を見た。脚本山本嘉次郎ともあるが、書いたのは実は弟子の黒澤明――と聞くと色めき立つ向きもあろうが、五十一分の安直な添え物喜劇である。

――だが、いま見ると、六十余年前の時代背景が、何かと興味深い。

エノケンのえんぺいが、中村メイコ(当時五歳)に、洋館の空き

それから正月に再放送したNHKの「爆笑オンエアバトル」の方が、絶叫司会で、民放そこのけの騒々しい。

それはさておき、カン高い発声と言葉の悪さは改めてほしい。喜味こいしも「オレ言うたらあかん、キミ、ボクやりなさい」と言い続けているのに。

今回賞差を受賞のフットボールアワーは、ボケの岩尾の低い声が小生の好きな中堅のテツ&トモの前田に似た味。漫才は、コンビネーションの芸なのである。

サマンサ・モートンの自在な演技　1・16

いま上映中の「イン・アメリカ 三つの小さな願いごと」でNYの貧しいアイルランド人夫婦の妻を演じているサマンサ・モートンには、小生早くから注目していた。

初見参が、イギリスのテレビドラマ「心理探偵フィッツ」第五話「ゆがんだ信仰」(94年)の、カルト教祖の愛人の一人で、宗教的儀式を装って葬り去られる少女役。一九七七年生まれだから、まだ十代だったのだ。愛らしい顔で大胆なセックス演技(イギリスのテレビはアメリカより過激)を見せたときはまだ十代だったのだ。

おびえた目が印象的だったが、アカデミー助演賞にノミネートされたウディ・アレン監督「ギター弾きの恋」では、口のきけない役を自然に演じていた。一方「マイノリティ・リポート」の監督スピルバーグは、おびえた目をフルに生かした。

「イン・アメリカ」の彼女は、母親の不安を度胸を胸に自在に表現している。これからが一層楽しみな女優だ。

演者の話だが、中入で見ているとして内を浮きやすきをなでは、勝者が飲む「音頭」は、先代桂文枝を彷彿させる十八番だ。今回は完全に女役を見せるような主役の亭主や、それを東京の芸人肌に引いて行く安左版とのくだり、小判箕の愛宕山の愛想がらみの下座、次々と「音頭」の小道具立てを転じる絶品。

桂朝独演会の三席　2.2

現代吉朝らしさを加味する演者として、芸名を名告ってアート・ユーモアとして大持参とのその後の世相を顧慮しつつ、日頃は饒舌な後輩が一月の大阪参、二月の大阪参とを見て心達する吉朝を見守りつつ演じる。

加藤浴子「ロックの殿堂」洋館に記録される誘家族、誘拐殺人記にも手をそめた居さんだが、十五十字野に立てられた小学校入学した日和十七年、一年生のころの子供たちが、欧米模様も見られるだけの劇場で、一年生向きの商業映画の他にも事用したニュース映像は、母国主催の将校だった。

教人記達にも誘われる家族のポスターのカキで、殺人記達にも誘われるが、ニュース映像には、大平洋戦争のキ……

和田誠の「シネマ今昔問答」　2.13

でるというからもやわれがあると、ある「ミメ昔」について貼りついて回るように、今口に、古稀を迎える老父である山田太一が入れる「受けたなのだが――」という、知らなかったのかということが互いに若い人たちの問答だ。引用とおりに語る映画を語るに用いたうえで、若い人類にはだかないこられる形の若い人映画を語ると語りおろしトート。引用した内容をまとめると、映画の内容は、こうしたことによる「受話者のてある本だが、簡潔的な方法を知ると、に伝えるう若者がいあえる。

家族の男女と「おや」おなぜ子や親子、あるいおの娘とこの仲だたっている。失竹下老人、古橋を迎える山田太一――「今口に、口をさく知らなかった」――「」知らなかったのかということだが、筋なのだが、知らなかったという不満を打ち明けると、実はおなじの姑の愛人だなの愛人だった先のだ。に娘は自身の浮名を「さ

疑われは息子やや親、なぜ竹下老人や失竹下老人、そう明前こと、出竹下老人は、仕事として遣わした松付付が会社前出役の深町幸雄だ――「深町幸雄」という役者の愛想だったが、松付がもたらす義父の不満を打ち明けると、夫の不不義父だった先の妻を出すこの夫は自身の妻を「さ……山田本寿四郎だ……」

山田太一ドラマの基調音　2.6

るが、その大半は自己陶酔的美辞麗句。あえて申せば淀川長治の悪影響だらけである。

編集者の映画を楽しむには知識も必要なんですね、には苦笑した。何かを好きになれば、もっと知りたくなるのが当然。情報の乏しい当時はなおさらで、本で調べたり年長者に尋ねたりしたものだ。「TVチャンピオン」(テレビ愛知一テレビ東京系)出演の"地理王"小学生は「地図を見ているといろいろ気付くから面白い」という。本来そうしたものなのである。

人形アニメの珠玉「ミトン」　2·20

言葉は乱用されると意味が損なわれる。"かわいい"もその一つ。若い女性がしきりに叫んでぶち壊した。

困るのは、本当にかわいいものに出合ったとき、それを使うと安っぽく響くこと。苦しまぎれに"究極の"、などとつければ声高になって一層ドン臭い。

――だから。

明日から今池の名古屋シネマテークで上映される「ミトン」のような珠玉(この形容も手アカにまみれているが)の人形アニメに出合うと言葉に窮する。監督ロマン・カチャーノフ。少女の赤い手袋が小犬に変わる一瞬のメタモルフォーゼに息をのむ(アニメーターの一人がユーリー・ノルシュテインである)。

三月下旬から同館で上映される「ヘンナ・デーロ」の人形アニメがまた見事。結局だ、ハンチが起き上がると、空気が一変する。人間との"単純"な共演の鮮やかさ。CGアニメからこのが育つのは、いつのことだろうか。

浜田雅功と島田紳助の司会術　2·23

「ジャンクSPORTS」(東海一フジ系)が、今年から日曜夜八時合へ移行。一時間枠は少々長いかと思ったが、依然好調だ。

「職業柄」というテーマでは、騎手の武幸四郎が「駅の自動改札も開いたらスタッフ出る。ニンジンは食べない。馬のエサにしか見えない」からという調子。

そんな風にゲストも心得てきて、浜田雅功が例の関西ノリで「また自慢やん!」と言うと花田勝が「でも、自慢する番組でしょ?」その「ジャンクー」的衝突を避けるらしいのが「行列のできる法律相談所」(中京一日テレ系)。島田紳助がゲストをからかっても、相手に反撃の余地を残すうまさ。浜田が、選手のケガの話をわがことのように痛がる呼吸にも通ずる。

「サンデープロジェクト」(メ~テレ~テレ朝系)で苦手なシャンを学んだ利口な"元不良の紳助"いまだ大竹しのぶでボケやすだけの明石家さんまも少しは見習えば?

つきまとわれ喜劇の伝統　3·1

「迷惑喜劇」つきまとわれ喜劇ともいうべきジャンルのコメディーがある。三十余年前(古いなア……)だと、ともにクリント・イーストウッドが、ひ弱で無神経な男につきまとわれて閉口するタイプを抱えるという、あのパターンである。

いま名古屋・名演小劇場で上映中の「ルビー&カンタン」の監督・脚本のフランシス・ヴェベールは、その伝統を保持する孤高の名人。ビリー・ワイルダー監督の遺作「バディ・バディ」(81年、

2004

Ｆムービー館が真先だときめるのだが、都筑のことだ、都筑の研究会がいまの話だけど、話も出るなど等々映画関係者が無くて「○○」「中○○」等々映画だが都筑のこの映画はＥＱＭＭの「マ・ページ」の編集長。元「マ・ページ」の編集長で正岡容の弟子だった都筑道夫を語るとき京都の薬屋で正岡容の弟子だった都筑道夫を偲ぶ会。マ・ページは元ゆえの話だが、「マ・ページ」に大沢在昌、阿刀田高と都筑氏も出る夢

編集長だった夜。量のある中の二十人ほどの集りだろうか。息子の様子だ、前芽期だった感の無い前芽期だ。

都筑道夫を偲ぶ 3・5

昔、作家で――京都の棒山荘で開かれた都筑研究会に京都の薬屋で正岡容の弟子だった都筑道夫を偲ぶ会。米朝さんを偲ぶ会と思える米朝師匠の桂米朝都筑道夫米朝さんを偲ぶ会「マ・ページ」は元「マ・ページ」に大沢在昌、阿刀田高と都筑氏も出る

の刑事ドラマの今（年）のプチャーチンの原作戯曲が前述のビデオ屋「――」ではＮＨＫで映画化されるというＮＨＫ主演のドラマが放送される殺し屋をめぐるサスペンスで音楽劇の根幹は今もなお作者は対照的な名作者だ

上方落語と錦影絵 3・22

保証三席でこれはたっぷりの幻燈を前にした中入り小林源次郎氏を呼んだ。写し絵は複製として同時に続きして日本の幻燈「大阪灯影繪の会」という落語と錦影絵は桂米朝氏の工夫で上演された後進出工夫を加えての最上演じたを見せて小限に明治まで遡りこの会を見せ物にしたといういわれを人には必要木製の

東京・江戸では「上方落語」上方落語と発明した幻燈である

感じたが、だけでリーヴ演じたリーチャビ版でだ。出演を回せたか、今はリーヴ版である末から過去現在偉大の差は多い折、偉方見過激中が骨折損の役だから役が不随かもしれない。「ス随ならでヨコ」という原の観客たオメドジ原作者。オなり登場した実利的な版展開をだから（ア版は）仕での対照する

クリストファー・リーヴの復活 3・19

だ。「落馬」にスケールの上から「ス音楽だ「ーボート」リの音声かリの「レ・ミゼラブル」が下がってFＸリーＹＯ版だというがリーＦＸキャラた隊――話四制作した──等劇本・制作した九九年放送（99）年だ等がリー版本だけしたいす──日事の弁護士でて知られた俳優生活を再開したいす九年代ライーヴ・クライア

和紙のスクリーンに背後から映写。種板は例えば三枚の組み合わせで、固定した絵には腕のない人物、左右に滑る二枚には動く腕だ。それを手早く操作し、闇の中で差し替えるものだから、互いに相手のせりふをからかいつつ大車輪。

内容は落語「反魂香」と同じだ。山船と花火等々。極彩色の画面、下座の華やかさと相まって大いに受けていた。

「グッバイ・レーニン!」の寓意　3·26

名古屋の国際シネマで上映中の「グッバイ・レーニン!」は、かつて、ベルリンの壁が崩れ、統一ドイツが生まれたころの話。十何年も前のことを、と思う方もあろうが、そこに寓意があらわれる。

東独の、共産主義教育に熱心だった母親が、ある事件で気を失う。やがて意識が戻った母親にショックを与えないために、息子たちが協力して旧体制が存在するかのように見せかける――そう。「男はつらいよ」やMr.レディ Mr.マダムなどの人情喜劇の定石である。

物語は意外な"温かく終わるが、印象的なのは宙づりのレーニン像。小生は、F・フェリーニ監督の「甘い生活」を連想した。ヘリコプターが運ぶキリスト像だ。

いつの時代にも、絶対者に依存する人々がいる。その方がたぶん負けば、なおかつ、カルト教団も政治体制も、偶像をつくり、"信仰心"を操る点では、そっくりではないか。

桂米左と林家花丸　3·29

大阪・梅田の太融寺での落語会は、演者の自主的な勉強会で、意欲というところまで程よく調和している。

桂米左の会に二度出掛けた。鳴物の名手だから、十二月十五日の「質屋芝居」のような下座の入る噺が得意。でも「たちぎれ」のように、ヤマ場の地唄が入る人情噺は、三味線の人に「えー?」と渋い顔をされたという。

米左の会は、異なる芸風の米朝系以外の演者を加える。三月十六日には笑福亭たまと林家花丸が参加。福笑の弟子たまを見るのは三度目だが、荒っぽいなりに上達。「宿替え」の省略と工夫がいい。花丸のマクラ。落語家は朝が遅いのに、笑福亭松之助から早朝の電話を起こされ噺し方の指摘を受け礼を述べ「師匠には言わんといてください」「いや、染丸にはさっき電話した……」

演目は明治後期当時の新作「電話の散財」。この人、先代染丸風のもっちりした陽気さが楽しい。

第一回全日本学生落語選手権　4·5

岐阜市で開催された「第一回全日本学生落語選手権」をNHK総合で見た(後にBS2でも紹介)。

三十九大学の七十六人が予選を経て当日は八人が高座へ。審査員は東の落語協会会長・三遊亭圓歌、西の上方落語協会会長・桂三枝(どちらも新作派だ)、山田邦子ら。

審査員特別賞に筑波大大学院生・柴田史郎の「シンデレラ」。和製シンデレラ噺にアイデアが光る点。三枝が「その噺、頂きたいなァ」と評した。

優勝は琉球大・山城伸伍の「たがや」。口調は滑らかだが、無礼討ちにも遭い命ごいに切迫感がないのが弱い。

イッセー尾形の再演!?　4・12

演目六つの内、最初の一人芝居を名古屋・イイノホールで、最初の「亀井」と最後の「ページャー」が見た。再演を取り上げるつもりでいたのだが、いわゆる「ギャグ」を連発するタイプのものではなく、変態的相愛だ。お互いに、例えば山田洋次の「男はつらいよ」に近いユーモアを描いてしまったら、今回は女の目を悪くするのだろうか、この外はギャグなし、「青年は答えられない。身内に見える家族と愛情の目とも思わせる障害者とも思わせる（イッセー）。

イ・チャンドンの「オアシス」　4・9

刑事用か縁年の青年だが、結婚と足を洗うという動きがある。ここではいわゆる「変態的相愛だ」お互いに近所でも噂になる。この映画は前科者という上映された中韓国映画「オアシス」は非常に重い脳性麻痺の女性のオ・ジョンドゥとの恋（イ・チャンドン）の話だ。

が無冠したが損してしまう勝優で大阪大田隆裕は本華麗なる結婚を重ねた神戸芸人、大島渚「天災」絵人は「麗義の将来がという仕事からはもコメと草だが、見だがという間難はあるとし、の。

吉良雁之助の引き出し　4・16

縦三ミリ目のニューコーデュロイ「新劇の浮気だよ」が「野暮で大きな配置の告白にいよいよ上演するというわけだ。「三二年に池袋の配置設定に不条理の世界を見せる深刻な装置を今回は無い。最後は死ぬなど当時十一月に東京政界で俗物的ジャニアスという俗物的人間として演者々を初めて観る前に小生などは小生などはという妻が三二目のリアリティが「映画・監督・脚本だ」お芝居・イイノホールで見た。再

雑は、ホテルに出したきりなんだか修復なった雁之助が、涙が出なかった（イッセー尾形）。涙の別れは良い話だったが、ホーム三度目の幕切れで「」なんとオ二十年以前の話だがそれ以前の（話が）その後、弟の世界にもしかしたら、光と笑の（話の）突然大阪の別離・小雁へ。

雑は、人なかへ出した雁之助の仕事を言える。友達と友達との同事で、先日亡くなった人別れが先日亡くなった。「二十余年前小生が

万博リンクに変わるや、肥満体をくりくりと反らせて踊り、澄まして「蛍の光」に戻る。呼吸にくらくらを抱えた。

渥美清は寅さん、雁之助は櫻の大将にまとめたが、役者には様々な引き出しがあるのだ。合掌。

学園ドラマの中の9・11　　4・19

カバー・チャンネルのFOXで放送中の「ボストン・パブリック」は、本国では9・11テロの時期に放送されたもので、後半それにからむ挿話が目立つ。

例えば第31話で、ユダヤ人の変奇老教師が、学校代表で出場したスピーチの子が、選考質問に対し「テロ国家への爆撃を国民として誇りに思う」と滔々と弁じてしまい、校長以下頭を抱える。

他にも校内での宗教的集会の是非論(「神を比較するなんて間違いだ!」)あり、クラス対抗の「イラク戦争」ディベートあり。

山本夏彦が9・11テロを「いい気味だねぇ?」と言い、工作社の社員が憤りついた。空襲体験者は、そうした"本音"を吐く人がいる。人はそれほど被害者の心情から離れられぬものである。

テロがアメリカ人に与えた喪失感と、それを知的に克服しようとする姿を、製作・脚本のデイヴィッド・E・ケリーは、学園ドラマに描き込んだのだ。

加藤治子の「こんにちは、母さん」　　4・23

森光子八十三歳の舞台が話題を呼んだが、八十一歳の加藤治子が、ジャンプ体操をして臨んだ永井愛作・演出の「こんにちは、母さん」を、滋賀県立びわ湖ホールで見た。小生が日帰りできる地方公廣はここしかない。

二〇〇一年三月の新国立劇場での初演は〇二年九月一日にBS2で放送した。今回は今年三月に同劇場で再演された。バージョンが抱える事情と思いを伝え、そこから悲哀と感銘が醸される。しかも一貫してユーモラス。演劇の模範である。

冒頭のコミカルな勘違いで観客をつかみ、徐々に登場人物が、いい役者だが、それに及ばない。

七十代の福江の男友達、直文役の西本栄行は、いい役者だが、それ、初演では杉浦直樹の"好人物"の図々しさを愛敬で見せるバージョンだが、ティーには及ばない。

何よりも福江の加藤治子、息子の昭夫(平田満)に「来るんなら来るってよね」と言うと、どっちを受ける。少しも押さないのに伝わるのだ。

G・W・パブストの「ドン・キホーテ」　　5・12

NHKBS2の映画番組が面白くなった。

四月二十七日昼間の「ドン・キホーテ」(33年)など、今の人は筒井康隆「不良少年の映画史」(文春文庫)でしか知らぬのでは。

当時の世界最高のバス歌手、ロシア出身のシャリアピンが主演。

G・W・パブストがナチス・ドイツを逃れてフランスで撮った作品で、不統一で重苦しい印象、ナチの暗喩のせいとも見れば納得。ラストが焚書で、逆転撮影の炎の中からセルバンテスの原作本が現生に(前者が収穫)。

ところで四月下旬の深夜に、ビクター・フレミングの「ラ・マンチャの男」(72年)よりも小

三橋達也の"秘話"　5·26

連合艦隊」「官兵衛」（81年）の官兵衛で来

落語業界を描いた変わり種の恨み辛み系の……お話は、どうして男まさりのナオミが軒下で茶漬けを食べているうちに、加えるべき……「子」ためらいが出てきまう九雀の今回の「子」は、中国の茶漬け「悪い」……男をチャーハンにたとえ、現代に入りこんだナオミが、当夫婦人情噺なので、成程と食べさせるのは不思議ではなかった。今回の茶漬けに入れる「子」が、最後に当て込む工夫が出てきたので参加

人は古典芸に異色の枝雀門下の枝雀を寄席「子」は、韓国映画でさんを加える九雀の行ったが、今回福笑会、愛知県岡崎市の福寿会で見た。残酷な茶漬けに入れた「工夫」。一軒の実夫が家々を回る「子」を検討する作業も必要な道理

　先日亡くなった三橋達也さん。目を丸くしてあれこれ……

ニホンカイ海軍の春風亭朝左久門のネタの巨匠信雄「強情灸」だったが、九四歳の武蔵独演会を名古屋市内大須演芸場で二月……さてこの夏、上野で新作の最中で……小品中の羽目中の中の変奏で……という異色人情噺だが、今の今という志ぶりに変える「羽目」だ。小品風の演奏という異色業、廃色業の同年十……色目を眼鏡で見られた一門、前座鏡台で見られた

説明座敷で見られた

桂九雀「軒づけ」の新工夫　5·19

未公開喜劇を借りしまい数本放映してお蔵になっていただけに放送で「シマ」の上演を何とか……「ロマンス」は、「マスク」「ニュアンス」「マン」の放送して泥棒しくれた「シマ」55

三遊亭歌武蔵の独演会　6·2

ジを与えてくれた。

　先輩をしたりしたが、読んだら軽みがある良い春風亭参謀をしても打ち解けてなかった役をしている。……新珠三千代が印象に深刻な界隈……という人情に「三橋」という秘話を訪ねて故川島雄三の三

代表作り名した草鹿参謀役の草鹿が死生をかけて新人時代のしたが他の人状況からの重大な男も忙しい事態へ「くるおしく働きた新人時代を聞きに「動乱」（52年）に忙しい

名にしたとき赤裸々……洲の三橋さんだという信号で「56年」の新珠三千代が先輩をしたりしたら読むように、なっている「秘話」だるのだとし……等を言うのだが、別人の号等を言うのだか

　信号（58年）などとも気軽みがあり良く春風亭

しいという代表りな

ー｜フォームのＣＭと分かってくるおかしさ。

動きの柔軟さは抜群、以前感心したのは「らくだ」の死人にカン

ンカを踊らせるくだりで下座を入れた工夫で、国立演芸場花形演

芸大賞の金賞受賞も当然だろう。

コ・ホードマンの秀作人形アニメ　6・9

今池の名古屋シネマテークで上映中の、カナダのコ・ホードマン
の人形アニメ「テディベアのないしょ」を見て、彼の作品の根底
には"もののあはれ"に通ずるものがあるのでは、と思った。

アカデミー賞受賞作「砂の城」(77年)は、強風がひとときやん
だ砂丘に、奇妙な砂の生物が何匹も這い出し、砂の城を作って遊ぶ。
やがて風が吹き始めると、城も生物も、砂に埋もれてしまう。

その淋しい温かさが日本古来の"あはれ"に似ていたことに、子
供向けの「ビデオブック」で思い当たった。

第一話でビデオブックは、雪の中に落ちていた人形の足のケガを
毛糸で縫ってやる。縫いぐるみのクマが縫いぐるみを繕うのだ。

クマは体形そのもの動作だが、第二話の紙細工のウサギ、三話
セントの動きなど、アニメーターの対比のワザ。実に達者で愛らし
い。そして第四話のタコ揚げの情感。秀作である。

クレイアニメ「カペリート」　6・23

子供につられて見たら面白い、と知人が教えてくれたのが、ＮＨ
Ｋ教育で放送中のクレイアニメーション「カペリート」である。

主人公はキノコ。五分間だけの物語があり、第一話「カペリートの
魔法」で魔法使いの風邪を治療して術を授かり、頭の笠が自在に変
化するようになる。

「──魔法」で、魔法使いがウニの姿で現れたので、カペリートは
食べられないように笠に赤い点々をつけ、毒キノコのふりをすると、
いったユーモアがいい。以下、ベストセラー作家を志したり、目玉
焼き用の卵がみんなヒヨコになって困り果てて……。

作者はスペインのロドルフォ・パストール。全三十六話のテレ
ビ用だ。ＮＨＫ教育では水曜の午前八時二十五分と午後四時十五
分から再放送中(ポニーキャニオンから出ているＤＶＤは、まだ十
二話分だけ)。

子供につられて、見ることをお勧めします。

ノルウェーとスウェーデンの合作映画　7・14

視聴率調査というのがある。家庭のテレビ機器を取り付けると
どの局をどれだけ見たか分かるのだそうな。

だが、仮に調査員が居間の一隅に常駐し、黙って記録をとり続け
ていたとしたら……?

名古屋・今池の国際シネマで上映中の「キッチン・ストーリー」
は、いわばそんな話。

ノルウェーの一人暮らしの老人の家に、スウェーデンの家庭研究
所の調査員が常駐し、何の調査かはひとまず伏せよう。ほうけている
ようだが、企業がみんなのデータのためというと、リアルでもある。
と単純に考えながら。だが、両者の大戦からみの歴史的関係と、そ
こからくる微妙な感情がからか興味深い。双方の交通規則の違いな

台湾の至芸の指人形 8·25

ステージ上の指人形／その夜の指人形が／部分を見た。／赤煞中劇団」の名古屋初公演を、今池の

好かれているのだ。／で・一三日目（61年）に／監督主演の数年（56年）に／屋から数メントになった／先という俳優は初め青春映画で見た本人訳

待ち受ける革命後見せたバスター／「乗ったうМ・ブラン」（52年）「ロ

ニュー両国初めめるこど／映画館での合作だったが／結末のヤ想ではへていくだろう／わが味ていくという若さを道へ

役に乗ったうＭ・ブランド 7·21

六代目笑福亭松鶴の実像 1·6

ねとは寄席――松鶴編だけ／手帖の／柿を作り落語という／大阪・大師寺の松鶴らは／越智喜和伎はしと／「春団治」で「（米朝）一春団治」「六代目に見える米朝は実は五島之内

感対法日本大阪呼ばを十数体形「白」「蛇」／ら次第に変身しの妖怪集団長たるお雛様や東映／白素人い

ニ中国大陸オ・ジェ監督記長大監督丘へ芸能／演目「白」「蛇」がある（56年）「白人の妖怪」（56年）「白い蛇」東宝で

会）に笑福亭三喬が出演。雀松は笑福亭系を、三喬は米朝系をサカナも合めて。粗うはやたらおかしい。異種格闘技的交流が、上方の活力源なのだ。三喬の「借家経談」は、然とするオチ。

米朝夫人・中川絹子の半生記　9·15

廓正子著「なにわ華がたり」（淡交社）は、桂米朝夫人・中川絹子の半生記である。

老舗乾物屋の長女でOSKに入団。戦後のミリオン・ショウ時代の大胆な衣裳は、写真を今見てもドッキリ。その演芸一座の巡業中の本ばかり読んでいた青年が演じた落語が面白いに驚嘆。以来、その美青年、桂米朝を支え続ける。ともに三十三で結婚。新婚旅行の行き先が、米朝の記憶（「私の履歴書」日本経済新聞社）と違うのがおかしい。

筆まめをはじめとする弟子たちの寸評、弟子側の証言も、米朝本人とはまた違った側面が見えて興味深い。

本で触れていないが、夫人は目下パーキンソン病。「思う存分踊ってた罰が当たりましたわ」と米朝。その情愛の深さ、小米朝がテレビで語った看護体験の端々からもうかがえる。

"芸に惚れた"夫人と、その時代を味わう本である。

春風亭正朝への期待　9·29

「第59回小牧落語を聴く会」は、会場をJA尾張中央小牧支店に移

しての一回目。スペースがあり、他室の利用者に気を使う必要もなく、良い事ずくめだ。

出演は、四度目の春風亭正朝。かつては志ん朝の後継者とまで目された存在である。

まず、題名で放送では演じられない「噺の釣」。まずまずなだが、寺侍時代の鉄の兜は変だ。兜だからわかるが、

次が「宮戸川」。この人、体験談のマクラでも、噺の中でも、素に返って照れたみたいに笑うのが気になる。昔、そうじゃなかった中入り後の「くっつき幽霊」が、当日の上出来。人名の言い違いは聞き流すとして。

正統派中堅の正朝も五十一歳。若い兄弟子の小朝が失速気味な今、実力を発揮してほしい。人物の演じ分けや、構えた扇子が筆になったりするのに見えるという基礎ができた演者は、昨今ますます少なくなってきたのだから。

マイケル・ムーアの編集術　10·13

「オール讀物」の去年の三月号で、作家の長部日出雄が、マイケル・ムーアのアカデミー賞受賞作「ボウリング・フォー・コロンバイン」について興味深い指摘をしている。

全米ライフル協会会長のチャールトン・ヘストンが、インタビューを打ち切って中庭から石段を下り、屋内へ向かう。問題はその次の少年に射殺された少女の遺影を胸に掲げ、チラシを見上げた仰角で撮ったショット。再び俯角で、チラシも見上げたストンは、現場にキャメラが二台あったとは思えないから、遺影を掲げた少

半世紀ぶり「エーナ」の法界坊のほぼ全長版
12・1

滅多に聞けない「渡海道具前」だ。上方落語の楽屋は従来、東西対決で実にオープンだ。チャリ場の「四つ目屋」も東京の芝居とは九雀が系統を受け継ぐ上方のもの。上方は本当に芝居『進脚帳』を歌舞伎で上演できる小佐田定雄作、工夫を凝らす会。

「法界坊」という長い演目を四十分かけて全長版に落語を聞けた喜びを語りたい。一方、ちょっと次第にかかった小国主対決では笑いながら納得する。

このほどBGMでした。下座を務めし馬の……「……」

柳亭市馬と桂九雀の会
10・20

名古屋の大須演芸場で、小佐田定雄作、工夫を凝らす落語会。柳亭市馬と桂九雀の目玉を聞いた。

「四つ目屋」は桂九雀の超話題作「華氏（枠）作というドラマ（映画）のようなリアルな……

これは編集で経てあるので編集者作との長部の青眼のあるものを見られるのだ。それは小粒のようだが、同感した。切り返しに……うのレイだ。いいだ

嘘つき記者の実話「ニュースの天才」
12・8

地方公演する「本当に知った女が」演じた――。だとは知らなかった。テレビを抱えて思ったとおり、放送を託し、「男なり上の義父として」の登場人物が、やがてそれは新聞記事という状態でのウソだった。最後の家族が死んでしまうという変わりようだ。ポキポキとだが言う登場女として男が落語る。あなたはある男だが男子が訪ねてきて死ぬ。

伊國屋ホール木村光一作、杉浦直樹の参考、孝太郎、蒼井優の女優陣、三田和代の知の声を客席からの声を聞く――。

山田太一作「夜からの声」
10・27

「自殺」と相手にした夫が見した見知らぬ女を託しとして男だとして、女としての登場として落語を、あなたはある男だがその嘘清を男子が訪ねてきて死ぬ話。平穏な家族を死

（東京・新宿の紀）

更には悪達化すると感じさせる。

2
放送は一月二日午後十時から「NHK・BS2」
齋藤貴次郎監督から

の法界坊」（一九三八年）は、久々の全長に近い版だったろう。五十五年ぶりくらいか。

テレ情報誌で時間枠が長いのに気づいたので、念のため局へ確かめ、何人かの知人に知らせ、感謝の返事をもらい「いいことをした」という気分だった。

さらに映写された16ミリプリントなので、細かい傷が飛びや、画面の剥離などがつい、突然、丹下左膳が現れるという、今では差別的と受けとられかねないギャグが欠けている（当時の客席は爆笑の渦だった）があるだけで、役者と監督への何よりの供養だと思う。

原版は七十四分だが、現在、東宝に保存されているのは五十三分。敗戦後の一時期は全長版もあったろうで上映していたがテレが一九五年に東京の草月ホールを組んだとき初めて短縮を知り、関係者一同ガク然とした。

短縮目的は、地方館で（時には封切館でも）"添え物"にするためらしい映画であれば、客が詰めかけるのに、新作が追いつかなかった戦後の二三年間に、ひんぱ

に上映された旧作は、喜劇が多かった。観客は日常の憂さをひととき笑って忘れたかったし、内容なので占領軍の検閲も通りやすかったからだ。後に短縮される破目になったから、笑いだが半面、そのときウケた物は殺しなど残しての見せ場を削ったから、ギャグを残しての見せ場を削ったのである。

前・後編物を切り縮め、通常の一本の長さにした"総集編"も多い。山本嘉次郎脚本監督の「エノケンのちゃっきり金太」（37年）もそうで、一九四七年十二月二十日に、"新版大会版"と称して全国的に再上映し、中学生の私は、超満員の宮東宝（愛知県）で見て憮然とした。前後編計二時間四分のものが、七十三分で終わるのだから。

さらに私は、戦時中に夜の校庭の野外映写会で、そのメンロに座って16ミリ子供心に興奮して面白かった総集編は、旅に出て前編をた記憶がある。例えば昼間の道中を前・後編は、川止めに遭う島田宿三島、府中、そして川止めにしているのだ。フの場面を一つなぎにしているのだ。もう一つの幸いは、十年ほど前に

れコレクターの故・宮尾登氏所蔵の16ミリの後編を私が持っていた物と交換貸借してられたことだ。六十一分が五十三分に状態飛んでいたが、あ、山中貞雄さんの道中を逃げ惑う喜劇の形を借りて幕末の動乱を逃げ惑う庶民の側から見た時代劇を作ったのだな、と、感じ入った（「丹下左膳」も三度笠／上野の戦争」を連想する）。

この種の再上映で腹立たしいのは、短縮すると原板を捨ててしまっていることだ。これは原板がいぬ暴挙だが、会社側こ、れほどのテレビ・ビデオ時代は予想だにしなかったのだろう。

そこで、かつては新聞社主催の巡回上映などで稼働した16ミリプリントが、頼みの綱となる。

今回放送の「エノケンの法界坊」も業者が保存していた今や貴重なプリントだ。少下左膳余話　百萬両の壺」の占領軍検閲でカットされた殺陣や、ロシアで発見された黒澤明の「姿三四郎」の現存版は匹敵する教場面を収録したDVDの発売はなる"事件"ではなかろうか。

いま名古屋で上映中の「ニュースの天才」は、アメリカの政治雑誌「ザ・ニュー・パブリック」に数々の捏造（ねつぞう）記事を書いた若き売れっ子ジャーナリスト、スティーブン・グラスの実話の映画化だ。
編集長が疑惑の解明に着手するあたりのサスペンスは、下手なスリラーそこのけの面白さ。グラス役のH・クリステンセンの、カッコよく洗練されたポーズも見ものである。
嘘つきは多分、騙された側が愚かに見え、優越感にシビれて止まらなくなるのだ。
そうした感情は多少とも人の心にあり「スティング」などの名作映画もある。〝おれおれ詐欺〟は快感と実益を兼ねた犯罪で、だから怖いのだ。

「桂米朝集成／第一巻」刊行　12·15

「桂米朝集成／第一巻」（岩波書店）を読んだ。本も噺もツ、カ、ミ、が大切で、ここでは米朝と、笑芸作家織田正吉の、語りおろし対談が、まず良い（同じく岩波の「いとしこいし 漫才の世界」も、織田氏の文章がカナメ）。
中に出てくる〝井戸替えに千早の死骸あがりけり〟という川柳で大笑いする人には、天の恵みのごとき本。ピンと来ない人は致し方ない。〝読者を選ぶ本〟もあってよかろう。
以下、最高の演者（表現者）であると同時に研究家、批評家の米朝師の文章や対談が収められている。小生も初見のものが多く、だから一層有難い。
「落語論」の中に、フランスのユーモア作家カミについて〝この人の短編はそのまま漫画であり落語でした〟という一節がある。カミを知る人も今や少なかろうが、その奇想もこの機会に知ってほしい。
この本は、そうした〝好奇心を持つ読者が選ぶべき本〟なのである。

イッセー尾形の〝ドライな視線〟　12·22

「イッセー尾形の一人芝居」を、名古屋・テレピアホールで見た。十日前に作ったばかりの新作九本を練りあげる公演。土曜の夜の回で、二時間以上の独演だが、二回公演の疲れは見せない。
最初の四本が、〝東京から来たオブザーバーの先生〟の前で、授業を見せつける先生の種々相。その内容が民主主義に性教育とくるからおかしいが、別に地方の教師をヤユしている印象はない。
以下、入院見舞いに来た無神経な（無論ご当人は気づいてない）子連れの男、「青空人生相談」の太極拳（たいきょくけん）指導者らも同様。とりわけ、海外で武装グループに拘束されたのに、空港へ案内してくれると思っているプータローの青年は、イッセーの独壇場（「僕ってどんなタイプに見える?」）。
イッセーも、演出の森田雄三も、今や五十代。だが〝人間の典型〟を活写する〝ドライな視線〟は、二十余年前から揺るがない。大したものだ。

湯浅政明と宮崎駿　1·5

文化庁「メディア芸術祭」アニメ部門の大賞は、湯浅政明監督の「マインド・ゲーム」。宮崎駿監督の「ハウルの動く城」を抑えて、という記事も見掛けた。
他のコンクールでも似た結果が出そうな気配。これまで観客数も

２００４年、私が選んだベスト５　12・24

「殺人の追憶」韓国。監督ポン・ジュノ
「オアシス」韓国。監督イ・チャンドン
「ドッグヴィル」デンマーク。監督ラース・フォン・トリアー
「フォッグ・オブ・ウォー」米国。監督エロール・モリス
「砂と霧の家」米国。監督ヴァディム・ペレルマン

万人に感動を与えるタイプの映画が少なくなった。価値観の多様化と言えば聞こえはいいのだが、これは映画に限らない現象ではあるまいか。

──などとつぶやきつつ回顧してみると、万人感銘型の作品（長編小説の映画化に多い）の印象が、時とともに急速に薄れてしまう。映画ベスト５のせいか、私のせいか。ベスト５に「シュレック２」「LOTR/王の帰還」「MID」を加えたかったが、すると韓国が過半数を占めかねない。その韓国も、粗雑な活劇や"どうだ"という得意顔のものを忘れ……。

ある。異才キム・ギドク「春夏秋冬そして春」を見ると、所詮は「魚と寝る女」に還る人なのかな、と思う。愛知芸術文化センターで見た「シネマコリア2004」の、「オー！ ブラザース」（キム・ヨンファ監督）など四本の劇場未公開作品の方に新鮮な面白さがあった。

ドキュメンタリーでは「華氏911」よりも断然「フォッグ・オブ・ウォー」。元米国防長官の告白。戦争、歴史、民族、そして人間性への、複雑で苦い味わいに挙げるかの試行と言える。映像は、とことん描きぬいた「オアシス」は、監督と役者の並々ならぬ信頼関係あればこその秀作だ。

民族といえば、イスラム圏や旧ソ連の小国からパリ、ロンドンへ移住した人々（その多くが不法入国）を描いた小品佳作も忘れ難い。大抵は人情話にまとめられる中で「堕天使のパスポート」は、悪辣な強者にはその手口で反撃するという、実にブラック・ユーモア調の作品。

「砂と霧の家」は、イラン革命でアメリカへ亡命した大佐が主人公。歴史、民族、家族、アイデンティティーの哀切な寓話である。

名古屋シネマテークの「イラン映画祭」で見た「低空飛行」「鉛」など六本の劇場未公開作で、この国のもつイメージやや人間問題を描く（描ける）かと、目からウロコの思いだったが、こんな映画は私が無知なのだろうと教えてくれるからありがたい。

なお、東京・品川のアイマックスシアターで見た大型映像３Dアニメ版「ポーラ・エクスプレス」は、右目・左目用の画像作りも比較的容易なのではあるまいか。今後は、３DのCG映像も、３Dの方向へ進みそうだ。

脚本がおもしろい。老夫婦ふたりが孫たちを預かる話である。そのうち祖母は、自分の孫たちをつれて家出をする。そのとき孫のひとりを自転車の荷台に乗せ、海辺を走る――。

その後、大都会に渡る青春冒険活劇がはじまる。軽妙なコメディが展開され、やがて大団円に終わるのだが、その前作にあたる眼鏡をかけた少女の奥目が妙に印象的だった。総天然色の長編アニメ。

ジブリの長編『ナウシカ・ラピュタ』 1·12

東宝教会とD・W・グリフィスというと、宗教と映画と戦争とをまぜ合わせたようなものだが――「宣伝者」は、つまり作者は人も殺してみせた。

気にいらぬ人は出ていけという強引な戦争論。その再開をどこかで願っている作者はたしかに西洋人のなれの果てだ。結局は形状だ。

評論家も人気作品にはうるさいが、宮崎はただ人がいいだけのようだ。戦争漫画を描くたびに、そのイメージを宮崎は戦争への神的な総望を認識していないのだ。幼心の時の「魔法戦争＝聖戦」という原作者の思いがこめられている。その点で異議が――

「ルパン三世 男爵の冒険」 2·16

今池さんの名知るかぎりでは、男三匹の冒険活劇「ルパン三世」は一九六一年、劇場初公開の週間テレビ・アニメ。NTV、NHK、TBS議……

だが筆者にとっては、カリオストロの城が不思議にある。

義様のせいか、アニメの正しさをかっこよく評価していた。その「Fm〇ｍ〇ｙらの四十五分枠を完全版で押しつけた」のNHK自身の完全版としたのだ。（刑事ものではコナンを同様に完全版放送中だが。）とはいえ、例えば去年の世のかなで「ビジネスマン」を好評放送した。だが重要だと言いたいのだが、NHKから支払費を考えると総天然色それがうまく生かせないほど放送したため、NHK二十九日の夜からわけなく良い仕事だから。一時間十五分のコマーシャルネットのキャリアのうまさでも。

NHKは作品にハサミを入れるな 1·19

老夫婦ふたりと十八日深人と、「ビジネスマン」が三回に放送されますが、その「ビジネスマン」がスキャンダラ……

いずれも短縮放送されたものである。

人形を主としたチェコの古典的アニメは、ゆったりした詩情にもちているが、アメリカ風のテンポに慣らされた身には、優雅すぎて少々ダレることも。

その点「ほら男爵」は、原作の奇抜さだけでなく、人類最初の月ロケットで着陸した飛行士が、人の足跡を仰天すると滑り出しから、ゼマンにこんなセンスがあったのか(失礼)と驚くほど。中盤の"禁断の果実"がらみのユーモアなど絶品。

昨今のCG万能の特殊効果にない、手仕事トリックの見事さ温かさ。ファンタジー作家の心意気にどれるのである。

米朝師への二つのインタビュー　3・2

三月十九日のNHK「土曜インタビュー」で桂米朝が、一九七三年七月六日連続独演会で、二日目の「地獄八景」で閻魔の顔をした途端に持病の脱肛が起き、楽屋で応急手当を受けて、激痛に耐えつつ公演を乗り切った話をした。米朝師「意地ていな、ヤボな言葉を使命感というたヤボな言葉を、なるべく口にしたくない様子と感じ入った。

筆者も、一九八一年三月二十八日に、名古屋・雲竜ホールで、左手を回して背中を押しながらの高座を見たが「途中で息が吸えんようになって……」という程とは少しも思わなかった。肝機能障害とかのことだったが。

聞き手の三モナー、米朝師が師匠の米團治に言われた「芸人になった以上、末路哀れは覚悟の前で」を「末期」と反復、言葉を知らぬであるまいに。

"写し絵"と"錦影絵"　3・9

西欧で生まれ、幕末にオランダの商船で長崎へ入り、日本的な工夫を加えて各地で上演された幻灯アニメーションである。

その錦影絵が、文化庁の第8回メディア芸術祭特別公演として東京都写真美術館ホールで上演された。

和紙のスクリーンに裏側から投影し、組み合わせた種板の下半身像二枚を左右に滑らせ反復させると、三番叟の踊り手がノシノシとアニメのちゃんと踊って見え、真っ暗な客席からはオーという声が。

京都の最後の演者から、桂米朝一門が幻灯器に種板を引き継いで操作(これが大変)を数々。上演に欠かせぬ隣の方が摘うている強みである。

三月三十三日に東京・有楽町朝日ホールで劇団ふたみ座の「甦る写し絵と影絵の世界」が催される。写し絵はレプリカと聞くが。

中部地方でも、幻灯アニメの会を催せないものか。

テレサ・ライトの死　3・16

テレサ・ライトさんが亡くなった。

一九一八年生まれ。ニューヨークの舞台で劇作家リリアン・ヘルマンに認められて映画入り。三作目の「ミニヴァー夫人」(42年)

多彩で多才な桂枝雀 4・13

し、優しく言われた。「雀ヶ枝は優等生である。」相手をしてくれた数年間を私は懐かしく思う。

雀ヶ枝。後半のマクラから動物寓話「動物園落語会」へ。第一回を語るうち、笑いが起こる。「南光」の声が、以前のテレビ・ゲスト中人の思いの声だと気づく。

青木先生「国会」が続く。枝雀の司会で松屋町真史（当時）、米朝は名古屋市中日劇場を見つめ、文楽「鬼一」中人の思い。

会場いっぱいのお客はどちらかというと若い。サスペンスが多彩で多才な桂枝雀が見事に観客を乗せたと言うべきだ。枝雀の口火を切った船乗り物の人情話。一九○年、ハードボイルドの名作「フレンチ・コネクション」で助演男優賞を得たジーン・ハックマンの、あのフレンチ・コネクションのニューヨーク市警刑事を演じた。「フレンチ・コネクション（43）年」が大好きで、あの美しく、あこがれを去るよう仕向けられる恋人を紹介。映画協

イッセー尾形の"古典"芝居 4・20

侍事事場の知人に「全児に見られた切れ者な森田社員」など、初人は一時間半を語って熱演。「きっちり最後の半ば自分の髪を共に演じる元労演阪本五郎、帰国子女らが苦労、若者は今や海外「留学」を含めの、ギャグを入れて見せて大盛り上がりです。最後のネタは「五歳の学」から「学生帰国子女らが苦労、元労演阪本五郎、新作「日本」という。

「イッセー尾形の一人形の"古典"芝居。日に名古屋市・テレビ塔下のホール。今年も」

最初と最後をしっかり講釈。「多彩で多才な多彩で多才な多彩で多彩な居並ぶ桂枝雀一門に、今宵も名を連ねて

山田太一の講演会 4・27

人出ける会である。山田氏主催の「山田太一講演会」「国写真絵巻「上演。愛知稲沢市花登筐先駆た

民いた会館で開かれた

芝居小屋の檜舞台の森田三雄さんが見え、一人独泊劇の交さが多かったが、次第に記憶に新しい。古典的な接待相層面、初からも「五年前の二十年前の半ばまでの苦労を駐車場として歌舞伎を開かんが見。

見て「イッセー尾形の一人形の」芝居「多彩で多才な桂枝雀一門に、日に名古屋市・テレビ塔下のホール。今年も名を連ねて

事。「花岡──」は五月に、県内では豊橋、江南、稲沢、名古屋、津島の各市で、岐阜県は二カ所で上演。六日には東海テレビ系で「やがて来る日のために」が放送される。

山田太一と筒井康隆 古希の活躍　5・11

昭和九年生まれが七十代。山田太一も筒井康隆も、信じられないけど古希を迎えた。

テレビの仕事をしてきた山田氏が、観客の反応のある戯曲を初め手がけた二十年前の不安と感動の体験談から入り、少年のころ、七歳上の兄が、予科練に落ちてくやし泣きをしていた思い出から、今は"超越的なもののため命を捨ててもらい"という考えがない時代になり「軍国主義賛美で毛頭ない」まで、"宗教の事はよくわからない"避けた、表面上の明るさや笑いが抑圧になり、内面を隠すように言った……と、興味深く語った。

山田ドラマは、まずテーマに至るまでの心理のあやと、会話が見ら、一層印象的なのだが、二人の議論は重要であるだけに苦笑を誘う。神父自身、自殺願望を教義で抑圧してきたのでは……とも思ってしまうのは、この神父が「ラモンが死を望むのは家族に愛情が無いからだ」などと語っているからだ。

ラモンのために熱弁をふるった兄が、思いを吐露する場面や、老父の寡黙な悲しみの表現、ラモンが「なぜぼくは死にたいんだ?」と叫ぶ場面もいい。

ただ、若き日のラモンが干潮時にも無謀にも飛び込む回想場面を反復されると、それが原因に見える(自殺衝動は、ない、との批評も見た)。そのくんが少やびつかるのだが。アカデミー外国語映画賞受賞。

「海を飛ぶ夢」自殺権を認めるか　4・27

尊厳死、という言い方は好きではない。

「尊厳」の二文字に、のっけから反論を封じようとする響きがある。つまりは自殺権。こんな状態で生き永らえたくはない、と心底思っている人に、天寿を全うしなさい、と説教する権利はあるまい。だだ、現実に自殺者が出た場合、まず家族が、世間の偏見攻撃の的にされかねない。私事にわたるが、私の母が晩年に、躁鬱状態になったとき、昨夜首を吊ろうとして果たせなかった、と訴えたことがある。

「海を飛ぶ夢」は実話がベースだという。主人公ラモン(ハビエル・バルデム)は二十五歳のとき引き潮の海に飛びこみ、頭を強打して、首から下が不随の身になってしまう。

今、五十代を迎えたラモンは、自殺を決意するが、そのためには手を借りねばならない。それを支持する団体もあり、彼は法廷での承認を求める。

──などと書くと、重苦しさに耐え難いような先入観を与えそうだが、監督(共同脚本も)のアレハンドロ・アメナーバルは、ラモンの人間性を含め、ユーモアの漂う風通しのいい作品に仕上げている。

同じ障害を持つフランシスコ神父を思いとどまらせるために訪れるくだりが圧巻。カトリックの強いスペインだから

まの女机の上で、その夜Bは
動の子供用の画用紙に、
かない子。

世界の名作がいくつもある「今池の幾多かある、
集まだが、Bは、ものぐさネコ屋台のある
……。

六月二日に東海テレビで放送される「毎日が日曜日」（山田太一作）を見る。

人形作品が名作である「チェ・アミスの珠玉」月のおはなし。

米ンスに結晶玉の中の珠玉「スネ・ス」だが、米宮殿の花咲く中の女の子の絵
その子は凍てついた絵が特に
女の子の花びき、小さく精が現れる……。

5.25 チェ・アミスの珠玉 月のおはなし

しこを両方小説隆は打たれる一方新潮に連載された"
るる日など、老神戸画面中の七十歳以上の自覚の
当分来るそうだろと気持ちの上にバロック・ワイルかもあるのだが、ロココというものらしいのである。ますます作家。

銀輪の果

現れるとみ院にある悪著である。
日の「毎日が日曜日」は、東海テレビ放送での山田太一作の看護師の迫る自宅をもと見舞う人で訪れる「看護師の苦言から節度に表れる。

夫婦再びみえと同じ者である。
死に至る日だ。

6.1 今的中華が高い韓国映画

映画の一つ、「コメディアン」は刑事でキャラの暴動から特
へと変わるコメディアンの男らしく高心深い嫌悪している下流階級の殺人犯人番
韓国映画の多種多様わけ、訳もわからず韓国映画人コメディのキャラ
ある所である、その当然だ。

とにかくあらすじから見ると喜劇として高い。囚人たち笑える「古典コメディ」喜劇喜劇の友達なる変わった快
作品下の漫画映像

ともあらすじてから刑務所の形で名古屋駅西集名古屋西シネマ上映が前者線
人が小91映ジネ画名集
特集としてキャラが起きる特集を知た
脱獄を見たた内古屋駅西名古屋駅西シネマでアニメと心苦しく笹島の
韓国漫画映像
1

だが今回だ、筆者が四十五から、35ミリ色が四年前に「月」の題しすりへ印象のよいし上映で見て残るのは黒い子だ
と思う。だが今回、その見るうちに再び心を見たとき、あのカラーがあるのだ。映像の少しアニメの見たへのある印象だ
なしたいのなる怖からもその他いのが分かる。不幸だと

落語にも東京至上主義? 6・8

立川談春といえば、いま東京中堅落語家で一、二を争う存在。その独演会を、名古屋・栄の丸善で聴いた。

最初の「三軒長屋」の、何日か客を空けて帰ってきた鳶の頭が、かみさんから立ち退きの一件を聞かされるくだりで、頭が突如「こ（客席の）後ろの方なぜ（照明が）暗いんだ」と口走った。

当日は、入りがいつもよりに客の反応がやや弱いのが気になって、楽屋落ち的アドリブを入れたのらしい。

どんな会場でも客は十人十色。高笑いする人もいえむ人も個々に演者と向きあっているのである。

体験を言うと、東京の演者の中に、地方の客を見下すような態度の人が時々居る。上方はそれが無く、ひたすら持ち味をアピールするのだが。

危うい綱をみごとに渡る「ミリオンダラー・ベイビー」 6・1

危うい綱をみごと渡りおおせた秀作。千番に一番の兼ね合いをひけらかさないところもニクい。

「最後の西部劇作家」とも呼ばれるクリント・イーストウッドは、新作が出るたびさ讃めようと身構える"信者"を持つ映画人である。不信心な私には、好きなのもピンとこないのもある。ただ直感で言うのだが、この人、見かけによらず(!?)女性に対するコンプレックスを抱えているのではあるまいか。創作はコンプレックスの穴埋め作業だと言う人がある。すべてをそれで解明しようとするのは無茶だが、かえってくる場合もあろう。

F・X・トゥールの短編集「ミリオンダラー・ベイビー」（ハヤカワ文庫）の中の一つを脚本（製作も）のポール・ハギスが巧みにふくらませている。

小さなボクシング・ジムのボス、フランキー・ダン（イーストウッド）の元へ、マギー・フィッツジェラルド（ヒラリー・スワンク）がやってくる。子供のころに父は死に、弟は服役中。貧乏暮らしで百四十五ポンドという母に、マギーがどんな言い方をされたか想像がつく。三十一歳の彼女は、もはや大好きなボクシングしかない。渋々トレーナーになったフランキーの特訓で腕を上げていくのだが、体育系サクセス・ストーリーの型通りだきが。フランキーに音さた無い試合場面の迫力はさすが。

娘がいるという設定は、脚本の工夫である。

後半の説明は避けるが、悲痛だけど湿っぽくはならないし、カトリックのフランキーと神父の皮肉な問答がここで効いてくる。

時に女性恐怖ものや怪談めいた復讐談を撮ってきたイーストウッドも、七十代半ばにして、人間の信頼、究極の愛情を描く境地も達したのだ。

もしマギーが男なら、ガンさばきを習う若者という西部劇のパターン通り、フランキーと元ボクサーのスクラップ（モーガン・フリーマン）の悪口友達ぶりも西部劇相棒（チャウボーイ）もの。いやはや、どうやら私も"信者"に似てきたようだ。

占領軍の民主化政策映画　6·22

一九四九年、マッカーサーの占領軍が日本の民主化を推し進める中、敗戦直後のニュース映画「ナチュラ⑥」は、愛知県の病気で中学三年生で飛行機に疲れた……知多半島珍……

カメラを向けて「1」から始めるときには「1」と答えるために、ある人物が現れて、見事な演じっぷりを見せる。ナチュラ・スキャンは、その人自身が語る過半数が（BS2）で、歴史的スクープだった――NHKのエキストラが放送した中で、日本新聞三紙が新聞読者をあっと言わせた中で、弁護士が……特徴をたたねて、独演会番組を……

一九六一年、人気の悪役だった……「ビックラメンチ・ゲーリーの死亡記事は小事件として記述された」……

フランク・ゲーリーの物まね芸　6·15

東京・江戸前の板前の周春上主義者の思いが通じているのに通じない。ある人がどなたかを愛されたことを高座にかけて話したことが、歴史がなくても、その仕方が無くてからかいのはゲーリーのものはゲーリーの……

丁寧な口調は冗談か嫌みか　6·29

美しいテレビの皮から始めるのであるが、その中の人々が五人一組に並んだとき、この選手のオエリ文字をどう説明するか、言われた通り……

第三ラウンドの中に、世の中とは嫌いなのだから、今回東京の文章をながめて、思わずあたたかい様なのはあなたへの思いが込めている翻訳だけど、どこをどう修正していくか、礼儀正しい様を聞き手にとって大切なのである。語上の調子であるとしても、やや嫌みな口調にしていても、ていねいすぎると丁寧な「テレビ」の「TV」のトーンがなくなるようにしても、中高生だと第一

談かかしらゆきキャみレテかとしかに日本語と愛知県で、丁寧な口調とは東京系「TV」……

13日の金曜日に答えてスミスへの英訳があって、室井さんから発生を止めたところからくる子供には、印象させるため……と錯覚して大仰なところは、やや第一……

返したとしても、中の中で松本明らかなんだとしてテレビなのか。松本明は三度あったとしてもサイという方々に作ったことが、回しなが代々木あの金曜日は「百」で答えるのだと錯覚して面に……

制であり、国民の強さを受けたような時代を知る映画なかの映画館の〈言論〉が蔓延して当時のいきなりメリカン国民館のような映画制であり、世の中を知るための教師であるが、お節介というような大東亜共栄圏〈言論〉がある四〇年代に記憶のホーム……映画があって、そのメカニズムと、日本在住の占領軍（中）を見せた教育短編と番組（11年）を見て、番組（11年）

小市民の代弁だが、それが「巻崎海岸」……「西遊記」・鉄道局主……

旧作映画に見る新劇の名優たち　7・6

〈スカパー〉で戦前戦中の日本映画を見ると、意外な人に出会う。

小生の契約でチャンネルは東宝が主で、例えば「放浪記」（35年）では、林芙美子の「男」の一人として三十才前の滝沢修が登場。浴衣姿で「桜の園」の一節を朗唱するのだから、お宝映像と言うべし。実は細川ちか子のともという設定だから笑ってしまう。

清水将夫が軍人だった。嵯峨善兵は常連脇役で、「幡随院長兵衛」（40年）に千田是也がチラリと現れたり。広島で被爆死した丸山定夫は、主役や共演者格で再々登場する。

故人だけではない。蚊取り器のCMで大滝秀治と共演している人。十三歳の加藤治子が、御舟京子の名で共演しているのをはじめ、高峰秀子の級友役など確認しただけで数本ある。「エノケンのワンワン大将」（40年）で子役の中村メイコらと共演している。

テレビなどに出る旧作映画で、新劇史上の名優の足跡をたどることもできるのだ。

「落語ことば辞典」の皮肉やユーモア　7・20

榎本滋民著、京須偕充編「落語ことば辞典」（岩波書店）が手離せず、電車の中や待ち時間に読んでいる。

例えば長屋の規模や構造をハーモニカの呼吸口になぞらえ、「片流れは屋根の場合は単音式、両流れなら複音式に譬えて分割するのが横割り」と、実に分かりやすい。

副題に「江戸時代をよむ」とあるが、むろんその時代の上方落語の引用も豊富。正月がらみの噺（はなし）の場合も、今より一カ月ほど遅い陰暦なのをつい忘れて聞いているが、当時は「新春」「初春」も実際の気象だったと言われ、改めて合点がいく。

落語が、いかに当時の人の浄瑠璃や歌舞伎の常識を踏まえた芸なのかについても詳細だが、著者はもっと劇作家。時折、現代への皮肉や、洗練された色っぽいユーモアで結ぶ呼吸がたまらない。

故人だが、その姿は、スカパーのTBSチャンネル「落語特選会」の解説で、今も見ることができる。

シリーズ映画「落語長屋」「落語野郎」　7・27

スカパーの時代劇チャンネルで見た岡田敬監督の「風流深川唄」（39年）に、彦六の名で没した八代目林家正蔵が出ていた。蝶花楼馬楽（五代目）のころだから、タイトルで気付くのは「通」だろう。

先代（三代目）三遊亭金馬の職人仲間の役で、四十代の正蔵の姿なんて小生も初めてだが、因業な宿屋を困らせるために床屋（理髪店）へ来た泊まり客をデタラメ怪談で脅かす口調も分かる。

落語家も出演し、泥棒噺やポン将棋の噺などを入れこんだ落語劇は、戦後も、笑芸人総出演という形で同本も作られている。

「落語長屋」シリーズ、「落語野郎」シリーズ等々。その中では川島雄三の「幕末太陽傳」（57年）が名作の聞こえ高いが、山田洋次のブラックユーモア味で結ぶ長屋物「運が良けりゃ」（66年）を忘れちゃいけない。

八月四日の夜、BS2で放送。"寅さん"より前の山田洋次に注目を。

時代を映す戦前の映画　8・17

作曲三木たかし、封切の松竹作の佐伯孝夫、中山晋平、佐藤惣之助撃「歌」西條八十、音楽は万城目正。

放送スタートの星劇場で、上海・三枝子、岡本一城、高峰三枝子十音頭人、西條八十の上演し夢見た高倉が次第に愛国心をめざめるというメロドラマを起こし、上海・三枝子、岡本一城目正。

敗戦か一九四五年の四年前、一九四一年の日独伊三国同盟締結カを背景にした戦前の日本映画を、前の日本映画を。

思い出す大星のうつ熱く手を合わせるアメンとともにする居並ぶ入る感情表現をして笑う広げるだけ。笑っていまうような芝居をのある居並ぶ入る感情表現をして「七段目」と新しくする鴈治郎「大段目」と超満員のの軽業があります。九月、大阪、京都、微妙である「ええ」というのもある時代劇のお軽高座であるのだが、時折は使うキャラのいたどこやらの高座であるのとして別の格を今も使っている門。

胸が熱く手を合わせるアメンとともにする「…」と次第に吉朝。

原一男。官市たた、一門人かこの会だた幼い落語メンバたた飛び込み幼稚園で見た桂吉朝独演会を、三日は月二十一日に愛知県一宮市月たた、一門正たてで幼い落語「桂吉朝独演会」を、三月二十一日、愛知県一宮市、三年目の本復帰。

今も思い出して笑う桂吉朝　8・3

見る鮮明だ。
映画は若者を称賛すると今井正監督「愛と誓ひ」だが海軍省後援で朝鮮の高峰が愛映画で若者監督のイ・ジュンイク監督「王の男」が朝鮮の高峰が愛、時代のテーマ特攻隊愛国美の合作で「ジェミ」のアメリカの文句に包まれ出撃大合唱するだ韓国映画志願兵たちの文句に包まれ出撃大合唱海。

朝鮮戦争の報道写真で月に封切になった上海した。

故人の業績の取り上げ方　8・24

亡き人を驚かせた大蔵省は、江なことを思うのみだだ。評論の大蔵社長なた淀川長治かと驚した時のコラムで。

「一黄綬地帯」
「黒線地帯」と「黒線地帯」（60年）監督「盲目暴（同）、「黒線地帯」も石井輝男たち「黒線地帯」なたを、新東宝。

ある港の芝居劇場外地へ特記すたしなことだと読んでの先日亡くなった、このを形で読んでの若い思うな重点的な配慮が重事なのだ重要な配慮が重事のなだ配慮が重点的な下りの坂からある。

映画編集の興味深い話　8・31

BS2で「カッティング・エッジ　映画編集のすべて」を見た。

ハリウッド映画の編集者のコメントを、映像と共に紹介する興味深い番組で、S・スピルバーグが「JAWS／ジョーズ」で撮影に苦労したサメを少しでも長く見せたいのに、編集のヴァーナ・フィルズは極力短縮めた。36齣長（1秒半）に2齣足しただけで、サメがハリボテと分かってしまうからだという。

大手プロ作品の話だから、編集者は三百時間近く撮影したフィルムに取り組むわけだ。映画の組み立ては事実上そこで始まる。しかも一九三〇〜四〇年ごろまで編集権は会社側にあった。映画監督というより現場監督。

ソ連映画の荒々しい編集が、文字を知らない民衆に革命をアジるのに有効だったという。なるほど面白いが、内容が活劇に偏りがちなのが難。ところでフィルムの図解で、録音帯の位置が右側にそれでは逆さまか裏ですよ。

高橋泉監督の「ある朝スウプは」　9・7

今池の名古屋シネマテークで朝一回上映中の、高橋泉監督のデジタルビデオ作品「ある朝スウプは」を見た。

パニック障害で会社をやめ、自宅でパソコン入力の仕事を始めた北川（廣末哲万）が、セミナーと称して宗教団体の集会に通っている志津（並木愛枝）が気づく。共同預金から四十万円が引き出されていたのだ……。

と書くと、新興教団にハマる気ラクなケースと思えるかもし

れない。が、むしろ「超越的なものにすがりたい不安感」が、じわれ伝わって来て怖い。

廣末哲万、並木愛枝のアンサンブルが素晴らしい。アマチュアスタジオの"メソッド演技"の根本精神は、ナチュラルを超えたリアルだというが、まさしくそれなのだ。

愛かそれともエゴか、ともあれ「静か」を繰り返す二人は、切実に相手を必要としている。見終えて、そのことに深く感じ入るのである。

七年ぶりの「第一容疑者」　10・12

英グラナダ・テレビ製作の「第一容疑者・姿なき犯人」（03年・前・後編）が、NHK BS2で放送された。

このミニ・シリーズは一九九〇〜九六年に七話作られ、NHK総合で放送。ジェーン・テニスン刑事（H・ミレン）が、やり手の女性に対する反感と渡り合いつつ困難な捜査を続ける話で、少年への性的虐待がらみの話など実にイギリス的。後に「恋におちたシェイクスピア」でアカデミー作品賞受賞するJ・マッデン演出の回もあるシリーズ。

今回、七年ぶりの第八話は、五十三歳のテニスン警視が、退職勧奨による「くすぶり」とする話に始まる。事件は女性の他殺体で、それからボスニアの虐殺事件との関連が浮上する。拷問の跡から移民がらみだったが、そこには広く深くなってきたのだ、階級差から移民がらみ、いずれ総合で放送するだろうが、イギリスのドラマの悠々連作には、改めて舌を巻く。日本ではこうはいくまいが、行くまい。

合同落語近いの日の15日、びだ。山田真由（田平）「へっへっへ」を抱えて自分を留めるため夫婦とは深夜の「C」制作・CBC制作演出。山本恵三。そして突然倒れてきたは……

山田太は自分を出そうとしている　10・26

だが、以前、山田太一のドラマは自分を出すのはという人もいるのだが、作者を見てきたことも書いた。

やはり参考などは、葬式を使うという案を得た上、「上」。武将としての財を無くしたのだが、どちらも悪かったのだが、自分が一層落着研究会をしての「景清」は古典落語のサゲで笑いのタネだが、その過ぎたら、サゲに

五代目文楽名演の「景清」は目が不自由な男を主人公に変えて自然さが目立つ。

稚園家など第十九回伝馬亭「愛知県岡崎市で見る落語研究会で、桂九雀が演じた。古典落語「景清」の改変は元々は師匠・幼

味京都の九雀だが、その九雀の高座を見に行くのだが、落語は桂米朝を離れて自然な

観察な半の悪さを同時に得たキャラクターとして長年、父親が職人のためながらも感じりを略すほど

だり参考味の悪さを九雀の高座へと開じた。そして体験マックスして桂枝雀の個性を見せ

古典を改変して自然な桂九雀　10・19

感じると山田太一という息子を訪ねしたしかれるとんぶる

田と息子を訪ねていくのだが、というのは老人と家へ

もしかれるとんぶれ老人と家へしかし、それでも人なな自分の空想を着するというのか、という性格を着ている作者刀自がやがて百歳というのは、そのことは胸を張りたくない心理を一巡のにじみ出る敷かもしれ内閣の終わり方たらこうだって観るほうに哀するのだ。胸を突くしかもその共感女性のように胸に通う心情が現れて百さんのという共山

関西芸人の攻めと愛嬌の司会　11・9

物のたとえに多くくンメを使いすぎるのは（3番組の対談の返しがだが、神田伯山の評論だから）どの繰り返すなから、スべってよいのもいいりするのが神助がすのです。神助のスべりネタを反撃しても、「少しずつ変わる各地の出しているのが好きだという意地の張ろうとする面食いで始める

ただけに比べると、こうが松はどれだか白のでもどあった。日曜日の昼ロートーのラジオ番組の総理（中京放送別番組「同じく）小池総務は松は良ネタ繰り返す。別番組中京、松はだ反対島田紳助ら法で、関西芸人の所「SPORTS東海一「ジャンク「ラジ攻めた」、東海一愛橋を続け相づけ

柴田見て、「系と笑いの日曜夜の月曜のネタをだった「行列のテ浜田雅功ので、紳田雅功相の関西芸人の「中京一日本の

イッセー尾形と観客の幸せな一夜　11・30

「イッセー尾形の一人芝居」を、十一日に名古屋・テレピアホールで見た。

七演目のうち、後の五つが九月に津市で初演されたもので、初めの二つは他で演じ、名古屋が初めて。

冒頭の「指導員」がイッセー作、森田雄三演出の一人芝居のエッセンスに満ちている。観客を「入社試験?」に集まった人に見立てて始まる快い緊張感。当初説明を受ける側が非常識に思えるが、進むにつれて「指導員」の方が非常識で意地悪に見えてくるコワさ。

四番目の「家政婦」は、初演よりもふくらませたのではあるまいか。協会から派遣された女性が、散らかった室内に次第に図々しくなり、パート定年で、やめた話を始め、「弟が薬作ってるの。魚の骨砕いて……」というくだりを受けての一言で、以前の水を飲んだ年配のホステスと分かるファンが、それほど居たのだ。深層水を飲んだのだ。

演者とともに幸せな夜だった。

笑福亭たまと柳家三三　12・7

JA尾張中央小牧支店での「第63回小牧落語を聴く会」は、絶好の組み合わせだった。

上方の笑福亭たまは三十歳。オーバーアクションは変わらないが「時うどん」は数年前より安定感が加わった。二席目は、健康飲料を飲んでウゲッとなり、吐いて「あ、血がサラサラや!」という小噺から、自作の「ホメタリン」と笑いのセンスと呼ぶべきぬ吸うが、師匠の福笑に芸ますます似てきた。

東京の柳家三三は、小三治の弟子で、"モノが違う"との声もある三十歳の正統派。たまについて「京都大学をちゃんと卒業して落語家とは……」と言うと、嘆声と笑い。ます。昨今めったに聴けない「権助提灯」初耳のため面白がり、「東京落語のCDで練習して私もやろう!」

二席目は「夢金」。雪の夜更けの大川に舟を出す、寒さをこく味の表現が、先代金馬に迫る名品を待とう。落語もいろいろ、演者もさまざま。

桂吉朝師を送る会　12・28

先月八日に没した桂吉朝師を「送る会」に参列するため、二十一日に兵庫県尼崎市のアルカイックホール・オクトへ出かけた。スライドによるユーモラスな生い立ち紹介に続き「ふぐ鍋」のビデオ投影。笑いつつ目頭をぬぐう女性参会者が少なくない。

努力家で器用な吉朝は、いつしか大師匠の米朝に代わって若手を指導する、厳しくて頼りになる兄さん的存在になっていた。皮肉で、しれた人だった。「ふぐ鍋」には、演者が加えた骨董ジョークのブラックジョークが入っていて、それさえ吉朝が、芸のユーモラスに関じる。

病の再発後、一時復帰した吉朝師の、いわば"覚悟の高座"の中では、七月三十日の愛知県一宮市の「たなばた落語ランド」のが、ベストだったと思う。

吉朝師を失ったことは、東の志ん朝に匹敵する損失である。も、上方落語界の土壌はなおも豊かなのだ。

京都遷都談　1・18

正確画しないかなど、いい加減だった。誰だって法律相談ではなかった、という。正確な上岡龍太郎さんが京都へ木をさした神助相談所「SP──」（中京──日本テレビ系）に生出演した新任城田研究子とともにおれはう。

ため小直してきたのだろうが、聞いてきずのこともない。野次馬的で矢先なおぶる正蔵代々先祖の江戸っ子を振りかざし飛ばすのが「ね」、正確には海老名香葉子さん。一瞬にして拍手喝采の客を唸らせ、笑いとり、怒りをかうこともあるものだから。説明の人様にしてやられたというか。落語名でも独演「楽」を見たが、演じて正蔵劇場だったから、東横劇場、再び演奏会を出したものの、文句を言うとたった一人が通路を歩くそ唸るのだった。野次

客をだだっこにした林家正蔵　1・4

去年名古屋で話があるのだが、聞いてきずのこともない──

加藤芳郎漫画のセンス　1・25

だが、小生が先日亡くした一コマ漫画の好きな加藤芳郎さんの作品は、週刊現代の8コマ漫画。いくつもの気立つ気がするが、芳郎さんの漫画は大別してキャラクター漫画とナンセンス漫画その他に分類無用の漫画、その他キャラクター漫画をもも……。

「……」
タ辰年の同会では正月のゆるなど軽妙な中に、一行に「一行」に乗ったキャラクター漫画が見られた冬のオシドリだだ。

入る大きな「テ」とたとえられる「ミュージャンと仙人画は好かれるものだ」小生が先日亡くした一コマ漫画が好きだったのは加藤芳郎さんの作品があるそんな気がする。漫画は大別してキャラクター漫画とナンセンス漫画その他分類無用の漫画その他キャラクター漫画を……。

意外な絵品だ。クイズ番組のおなじみキャラ、サーブ海苔だが、見かけによらずシリアスなテーマを描く海苔だ。

た。合掌。

真島理一郎監督のすました空想世界　2・8

ウソを真顔で語る冗談は、うまく行けば最高のユーモアだ。二〇〇一年の広島国際アニメフェスティバルで上映された五分半のCG短編「スキージャンプ・ラージヒル・ペア」は、架空のスポーツをテレビ中継風に見せるもの。空中組体操風のポーズをとるなどのギャグや、アナウンサーの熱狂口調と解説者の冷静さの対比のおかしさ。コンペ七十三中、最も観客をわかせた一編だった。

そのDVDが七十万枚売れたことから生まれた長編劇映画「スキージャンプ・ペア Road to TORINO 2006～」が、名古屋のセンチュリーシネマで上映中。総監督の真島理一郎は、テレビドキュメンタリーの形でスポーツ人情美談をちゃかす一方、その空想世界に

「スペングリッシュ　太陽の国から来たママのこと」　2・22

いい映画である。人と人との意思疎通が、明るく細かに綴られ、ほろ苦い感銘で締めくくる。単館で短期間上映なのが惜しい。

シングルマザーのフロール（パズ・ヴェガ）が、娘を連れてメキシコからロサンゼルスへやってくる。不法入国を"エコノミークラス"と言うらしゃれた気が、一貫した気分である。

彼女は、給料の良いハウスキーパーの職を得る。雇ったクラスキー一家は、一流レストランのオーナーシェフのジョン（アダム・サンドラー）、妻のデボラ（ティア・レオーニ）に、子供二人と、昼間から酒を飲んでいる祖母（クロリス・リーチマン）。

母親デボラは、小さい服を買ってきたのをーサイズのフロールが夜なべでそっと直すねたり、ジョンがマリブの別荘の浜辺の波と角が丸まった色ガラスを、集めたら買うと子供たちに言ったのが、ある事の原因になったり、そんなことでフロールは、習う気の無かった英語を学び始める。題名「スペングリッシュ」は、スペイン語なまりの英語のこと。

味な家事をしてくれれば、という方が、家族の会話が気楽でいいのかも）。

さか大雑把なデボラの判断（通じないより役である）の五人。言葉が通じなくて

製作・脚本・監督のジェームズ・L・ブルックスは、テレビの製作・脚本家としてエミー賞を受け、映画に進出。主演・製作だが、たまに演出すると受賞する人だから、この作品も無冠は意外。小品だが、慈雨のごとき一編である。セックス描写を見せない節度も好ましい。彼が製作したテレビコメディ「ザ・シンプソンズ」（スカパー！FOXチャンネルで放送中）では、テレビでユーモアをここまで、と思うほどブラックに、皮肉な作家ではないか。

言葉は通じても気持ちは通じない、言葉はたどたどしくても、懸命に語れば気持ちが深く伝わる――このテーマは敷衍するものである。

「1953年の冷たい夏」の真実　3.22

（NHK BS2で放送したノンフィクション連続映画「1953年の冷たい夏」（87）

決めるためを折りとって、そしてどこでだれがどうという字幕が出てくる途中で、「動物が待ち受けている文句」の地球、好きな地点をリストアップして、それは自然、大樹……

なのか。ある場面を他と比べて見て、典型的な外れた議論をしたのか、それとも記憶がたしかだったのか、それに対して政治家が気楽に記者の質問を受けている気がする。政治家の答えは案外な所へ飛ぶ。記者の疑惑は飛び、重要な疑問は無視して平気を回答を……

腰を折りとってどうという字幕が出てくる途中で、「動物が待ち受けている」アメリカ、ヨーロッパ、ロシアの仏頂面などが必ず出てくる。それは自然、大樹、山々が十三日目で終わるという。（ニュー

ヌガーが飛んだその前に　3.8

真島監督だ。人っしているのだが、結果として、アクションへと昇華する情熱には、人生は風刺として……

笑う人たちだろう。役に立ついかにして、アクションへ飛躍するのだろうか。小生は風刺として……

安住しないイーサー尾形　3.29

が目からない風刺の目がだ。レイトされたのは、映画的などこれは十六人の舞台では、ソ連風刺に効いて東京・腰掛けこの国民になる良刑囚が流して、それは三十数年前から込む舞台は、独裁など連行人村の人数や、独裁体制への反発が村人を数、それとも体制が崩れてしまう、なぜ、という本音とへ帰着しますと、それをすると東欧のような思ったとする話があるだろう、と見るのだ。面白い製作心が働いてのだろう。

ンだそれされたしむビビドな目がらない。独裁者はど十六人の物語で六前から逃亡する重罪犯一、重要刑犯はとまり死後敵免者しまうとた死後敵免、村人には混乱した政治村相中で、その後村人は村人には副首相、そのレイ・ユナ強盗犯は後住民中で、という免刑者にスが強い、一人が就役ユナ刑になのが指示し……

犬を埋葬するワンレン男は、犬好きの設定を大嫌いに改変。演出の森田雄三がやるべきだと主張したとか。演者は五十代に入ってな"安住"せず、仕切り直しをするタイプ。次はどんな面を見せてくれるのか。

山田太一「流星に捧げる」　4・5

「作品の中に自分を出そうとしている」という山田太一氏だが、小生やっと見当がつくようになってきた。

東京・紀伊國屋サンシアターで上演した山田作、木村光一演出の「流星に捧げる」は、まず、テレビの「家へおいでよ」(96年・NHK)を連想させる。

古い洋館に住む老人(山本學)が、人恋しさのあまりインターネットの掲示板に書き込みをする。すると数人の男女が訪れる。住み込む若者まで現れる。

ニューホーム会社への出資を懇願し風間杜夫は、老人のあまりの無警戒に気がとがめている。保険会社を辞めた根岸季衣(ユーモア絶品)は「私は気にしない、契約取ってきたけど、気にするのは良いことよ」と言う。"その気持ちを失わないでほしい"、というのが作者の一貫した基調音だと思う。

客席にNHKのカメラ四台。悲痛な状況なのに笑いが渦巻く終幕を、いずれテレビで見られそうだ。

上方落語は今や大賑わい　4・12

某紙朝刊の社説で、上方落語の定席の復活を取りあげ、"上方落語を聞くために、わざわざ新幹線で東京まで出かけた"という。まるで地元大阪には、落語を聞く機会が無いような書き方ではないか。

試みに、今、上方の落語会をネット検索してみると、大ホールから講堂、寺社、社務所、個人宅の座敷に至る様々な場所で、連日のように催されている。

最も活発なのは、戦後、絶滅寸前と言われた桂米朝の一門だが、その会に笑福亭系、桂春團治系、林家系等の演者が加わったり、その逆もある。いわば相互乗り入れ、時に講談が入れば、上方独特の噺の途中に入る下座に互いに手を貸す。落語という芸が皆大好きなのだ。

前述の"社説"は、大阪に文化的独自性を……という論説委員の自説のためのマクラなのだが、その認識自体が不見識では話にならない。

アニメの育成者、大塚康生　5・31

「大塚康生インタビュー」(実業之日本社)は、聞き手の森遊机との呼吸もよろしく、大塚の著書「作画汗まみれ」(徳間書店)を読んだ後でも興味深い。

小生は、大塚氏には、東映動画スタジオで「太陽の王子ホルスの大冒険」(68年)の作画中に訪れたが初対面。その後二、三度お目にかかった。

本の中には、本紙木曜朝刊で連載の「アニメ大国の肖像」に登場した名も多い。例えば「狼少年ケン」で知られる月岡貞夫は自他と

適役は名優を超える　6.7

本当にそれを求めてか
どうかはともかく、その
一門に入会した先達の老
優たちがやっているのを
見て、若い俳優たちが
それを打倒しようと
するのは自然なことだ。
こうした芸人を実際に
見て育った女優・娘役・
家内役を生かしたからこ
その実りだろう。山田太一
脚本の『ふぞろいの林檎
たち』の師・中村雅俊学

お茶の見ぬきは
条目に人会ぬくスター
の一門が初やかやがあ
ったのだろう。最初の打
なくので「老やのマルサ
の女」役を昆布記『63年
のインタビューで語って
いるが、私が初見たのは
その役をこなしていた。
しめのテロンバに情なな
抱かぬうちに女優…

村田雄浩。名
優でも超えると思う
適役だった(と思う)。
かわいく「マルサの女」
にも出たが、この役こそ
かれの適例だろう。キ
ャッチーな行商者役の浜

人する大塚と対限的
な、同じく行する天才
だが、訴えてくる天才が
それられて徹底的に
こなしてみせる。ひとつ
のメリットをMとする
ことを親ぶのが資
質だじてくれた新人
を指導する宮崎の高肌
のが行なうまり人を
親しむ仕事の肌ざわり
が強く(!)の宮嶋とし
ての高感度という仕事の世

松田道弘編「世界のジョーク事典」　6.21

例えば日本で出版さ
れているユーモア集
の総下編は主にアメ
リカの圧政が大半
だ。立川談志が海外
はたと言うが、外国語
に弱いこの答田氏が
編する田式簡ジョー
クの門の頂上だけが
この一門の……
針か?

ところが、ギャグ達
ネヤジジャンよりも
昨今のはひとつから
なるジョークだという
用語例の意外な
発想の答田氏の
それを初見の秀逸な
日本での使い勝手が
人間の本性や推理小
説の興味などの点か
ら、小(こ)ばなし事

知半博なキ関すで共す
最初の奇才新著書編
通す関の東京堂出版反
のある著家だ。その
ちょうど立川志ら談る
松田氏は本名か十
分たなる松田道弘
「世界のジ世界のユ
ーモ

スタンダード画面は楽しくない　6.28

タイトルバックのテ
ロップが流れはじめる
と、画面の上下に黒みが
あらわれてきたかと思う
と、上下に押しせばめら
れた横長画面状に変化。
その画面のまま話が始
まり、目立つのだが、
ときどき正方形に近く、
普通の画面に戻したりす
るのだが、たいがいは上
下に押しせばめられた
横長画面だ。

演出者はワイド画面の
上下をカットしたものら
しい。

と思う。
画面はひとが流して
いる前を上下を切った
から。
歪ましせたい意図
だろう。そのためには
これに賛成する面も
あるが、目立つだけに
始終してしまい、あば
た統一面に変化する目
押しせばめられる下部
に黒地を統し上部に
押しせばげに見え
る方が、にじけた方に見え

いや、そうでもないらしい。というのは、半年余り前、戦前の名古屋大博物館で上映するフィルムが発見され、DVDに転換して、その記事が各紙に掲載されたが、その写真がどの新聞のものもひしゃげていたからだ。

よく見ると走査線がある。DVD化のとき上下に圧縮した映像が提供されたのだ。

昨今のテレビは、ワイド映画の放送と、ワイドテレビへ移行のせいか、画面上下の黒味は平気。そんな流行が、七十年前の映画の画面まで歪ませたのだ。

テ・ヨコ比3対4のスタンダード画面のタテ…

「ＥＲ」の異色作　7·19

「ＥＲ・緊急救命室XI」（ＮＨＫ―ＢＳ②）の第15回「群衆のなかの孤独」は、近来出色のエピソードだった。

主婦エリーが自宅で倒れ、運ばれてくる。脳挫傷で、見えるし、聞こえるが声が出ない。そのエリーの"内心"のナレーションで、視聴者は彼女の不安と焦燥を時々刻々体験するのだ。欠かさず見ている「ＥＲ」だが、こういう描写は珍しい。

再放送もあるから詳述は避けるが、昔、意識のある男が埋葬されそうになる恐怖小説を読み、大層怖かった。それに似たアイデアが用いられていた。

併行するエピソードの中に、黒人の幼い兄弟が頭や腕を打った弟を連れてくる話がある。疑いを抱いたエリーがアパートを訪ね、事情が判明。エリーの子供たちは対照的な二人のレジデントのニュ…

「ＥＲ」の感動は、様々な性格の医者たちが、こと治療となると懸命に協力する姿にある。いつまでも続いてほしい。

芸人親子漫才の見ごたえ　7·26

「お笑い芸人親子で漫才王座決定戦スペシャル」（東海テレビ系）は、一見悪趣味？な企画なのに、内容は見ごたえがあった。

一流の面々だから、お遊びにはしなかったのだろうが、気合十分。

母親チャーチクと素早く笑いにしたり、パスするロローの呼吸（ダウンタウンの松本母子の掛け合いも見事だ）。優勝は去年のＭ―１で活躍したブラックマヨネーズの吉田（向かって右のブサイク顔を売りにしている方）母子。ブラマヨの基本の口論漫才のスタイルで成功した。

それにしても、母は強い。以前、名古屋・大須のセント寺共同スタジオで「ワハハ本舗」を見たとき、客席に居た柴田理恵の両親の、磨し誇らしげな母親に対し、父親はテレビの当惑気味に見えた。

今回が母親ばかりなのは、男コンビ揃いのせいだけど、もしもイヒーのモャコが親と漫才するとしたら、父親か母親か、どちらで見たい？

喜劇監督Ｇ・ウーリーの死　8·2

先日亡くなったジェリー・ウーリーさんは、専らフランス喜劇映画のヒット監督として伝えられた。

確かにそうで、ギャバンのコンビによる作品が大受け。とりわけ「大追跡」（65年）は、キャデラックに麻薬や黄金を隠して密輸をたくらむアイデアをめぐる抱腹絶倒の犯罪喜劇活劇だった。

俳優時代のウーリーは、小ずるい役が似合う名脇役。ＮＨＫテレ…

バート・ランカスター 晩年の名演 8・6

もう四回出ている演技を見せた今回は、その昔まだ若き日のバート・ランカスターが自身の軽妙な脇役ぶりをアピールしたアメリカの連続ドラマ「ER」が現れたとき、10年前に亡くなった老優が悪夢のようによみがえった。緊急救命室「ERXI」だが、根久医師を演じて米国の女優賞を持つアメリカの脇役キャストそれは来たるべき悲痛な……。

妻らも願いを。心臓疾患が悪化して来たからだ。その葬儀から運ばれて来た老人に、男だ。まさに運送の意地の放送の「ER」、「ER」と叫ぶ廊下で悲痛あふれ、老人を受けとめるだが……。「ここは来たカリフォルニアだとすれば、先生に亡くなるのもしれない。」と、スタッフ助監督を呼ぶ。

分からぬ顔で見ていたなど激賞するさなかに汗をかく者として、あまりのリアルさに手にした金がため絶えられなく、その音をしく原作の「老優」（53年）「老いて熱き心もつ」のマイケル・ケインにもひけを見せる大金を見せるキャリアを移る色恋を見込んだ中のリーな役者は、あの有名な味わうネッシー・リーフスカイ、ユーモアな鬼夢の作53年その味わえる色恋を首はなが最近。

いろいろな監督へ。監督第一作も吹き込み、「音色喜劇」（59年）「老いて」もひとつのカッコよくも終わりのリーな手がけた秦緑。音色の移るのを見込んだリーフスカイ・リーを。

チネマの傑作 秀作 8・30

忍び入れるが、平和にヴェネ2006に池名古屋の名四十近い老夫婦が名の受け取り…「40人の秀作」夫は40人「62年」、見どころ前日丸のテーマを上映する不思議な佳作があった。ほう先を手をそれだけあるのは、おじさん近くに見ているおもしろくだけ飛んだテーマをたとえ夫婦が老い、たどうしてこそのこ。この日、秀作だけど。（まだこの）映を。

代書だった演目で終わるのが、その末弟子の桂宗助の受け取る理由が多い。今、新作はただけ新作の師匠の宗助の半ばやや良い。「米團治」が三代目の代書も、この三代の生活六年別妹が渡航した別人にいない話にもなるための時間ある稽古を重ねる作品だった。新作はただけ京都の暑い残暑のまま呼ぶ好調ぶりが。会米朝屋の末弟子の結納のあるにて、今今残暑見せるべく差別人がいない話にもし朝鮮人の履歴書にもある。夫朝治が放送「一」などでの好別を合わせて来るのだわ研究。

桂宗助の代書「全長版」 8・23

長版三回だ。これは東山安井金比羅会館の京都だ。近年山井の桂「三代目桂宗助」月例会、同月開催の桂三。近年の収穫三十五分かけた全「米朝落語研究会」全。

チをつける）の手本のような短編。当時は圧政下の東欧の国だけにソ連へのアジテード（政治ジョーク）でも？　など、勘繰ってみる楽しみもある。

一九四九年から数十年にわたる多彩な内容。ポールの「ふしぎな庭シリーズ」は、昔、東京のホールで見たとき、アニメ作家の故・岡本忠成氏が隣席で「うまいなァ……」というつぶやいた。軽いが、プロをうならせるアニメーションなのだ。

そんな佳秀作が四番組に配分され、全部見きるのを終えないのである。ちゃん。

桂九雀、柳亭市馬の顔合わせ　9・6

名古屋・丸善楽店の第21回落語会は、西の桂九雀、東の柳亭市馬、三年ぶりの顔合わせ。

下座の面々と鳴物一式乗せて来演する九雀が、年齢も芸歴も一つ下の市馬の高座を助ける形で、今回は芝居噺の「七段目」に三味線や、いい呼吸の拍子木BGMを加えた。東京では下座が無いのが普通だが、有れば会場の空気が変わり、市馬を一段と乗せる。

市馬は東の人間国宝だった故・五代目柳家小さんの弟子で、九雀は西の人間国宝桂米朝の孫弟子。九雀は「米朝はいま拝観停止になっております……」と、骨折で休演の件のマクラで「やっと我々の時代が来ました」と笑わせ、その米朝が茶道具屋の主人を演じて比類のない「はてなの茶碗」を当の茶碗の心理(!?)描写等を加えた改作版で演じた。

中入り後は、九雀が「軽石屁」（市馬初めて聴いたという）、市馬は小さんの十八番だった「笠碁」。豊かな会だった。

重宝する「韓国キネマコレクション」　9・13

韓国映画で困るのは監督名が覚えにくいこと。面白い映画を作る人が次々に現れるが、一、二本名を聞かされる場合もあるし、カタカナ表記だと混乱しそうになるのは小生だけだろうか。

なので、今度出たムック「韓国キネマコレクション」（キネマ旬報社）を、重宝している。巻末の主要監督一覧と題名索引が、右から開く座右の一冊である。

一九五年以降のデータなのは、キリの良い数字だからでも、新しい動向はその前年あたりからだと思うので、もうすこし早めてほしかった。

冒頭の色刷りが、DVD発売作。まだ時勢ですからね、次の韓国での上映一覧と照合すると、日本公開作の傾向が見えて興味深い。「日韓コラボレーションとチャ・スンジェ（プロデューサー）」という一文が日韓の事情を伝えている。筆者の西村嘉夫は、シネコン上映会の主催者。こういう記事をもっと読みたい。

立川談春独演会　10・4

名古屋・今池ガスホールでの立川談春独演会。まず「桑名舟」（上方の「兵庫舟」と同趣向）は、乗り合い客の中で、アメに入られたため飛び込まねばならぬ講釈師が、この世の名残と総合（五目）講釈が聞きもの。赤穂義士銘々伝が源平壇ノ浦合戦高田馬場の仇討ち、勧進帳、伊達騒動へと転々。「お山の杉の子」まで入るギャグは師匠ゆずりだが、講釈に縁遠い今の観客に受けたのは、口調の良さが伝わったのだろう。

2006

き男はいやがる。妻「泥棒的な役を」ということだが、一人芝居のようだ。例えば、サラリーマンに宗教を勧誘する群青の親友を持つ妻あるのだが、正論を超えた観客の興味を持つ一側を権化した。

一方、主任の深律たを観タストーリーだが、彼女の同級生の中に…中学二年生の…その演技があるので教師監督・高橋泉造は、前作「群青」同様に映像としての師を傷…

の作品を、名古屋哲万監督「14歳」(同)「14歳」廣末哲万…

群青いろの「14歳」 10·11

「14歳」第28回広末哲万であるる。名古屋・七ツ寺共同スタジオの第16回スカラシップ作品。その前作、第16回スカラシップ作品鼻渋ジ作品…

かなと飲みと大金を使う名、怒りの使者…で改変をしまう春江…「……」という工夫を凝らし…三千円しなかったのを…断夢美談が…代…「延陽伯」三代目三木助だが…怖い魚屋か…勝負がた…捨てら

たる粗…「春いろ…だる。名作の…で怒の中…か。

米朝落語研究会の四十周年 10·25

去る十月十九日、京都南座で「第四十回桂米朝落語研究会」が開かれた。東山安井金比羅会館での発端から足かけ四十年という高座の長い旅路を込めた熱気が送られる。「十度目となる孤独な一門会」を繰り返し。返舞台に大入りを開催する四十周年記念の三桂

まず正午五人、午後五人他の研究会が催された。テレビ・落語半世紀等で名を出された京都落語の旅だめぬ発端から足かけ四十年という高座の長い…

たく大サカ略なだだしかこの後は桂枝九雀が。自然に良く、「こ」ぶ弁慶を熱演し。次に笑福亭松喬だ。主催者である和菓子屋の染風は、以前だったが今大阪で…「懐」甲を巻いして「今」東京自身の演目だ。「崇徳院」…安定した…「」だ。

笑福亭松枝の中入り大サカリを略しだだだが本朝落語の餅屋問答同人に入り笑顔のいで笑福亭九雀が吉んぶ弁慶だ弁慶の福品名が崇徳寺へ集会所の泣き所だ

人選が良い伝馬寄席 10·18

連愛知県岡崎市の毎回人選の良い「伝馬寄席」の満足…会場の馬の丘場所…

のうち吉朝の毎回の桂朝の門下生の桂九雀が選ばれない。本朝市性が良い…

たけ家染左米朝門会門下の桂九雀は良…かという安定し「こ」で…した応だへ同じ東京の…好調…年延陽伯「十四回目」を好演…中堅の伯…南左の…楽屋裏…中日劇場の東京…臨場は上方

独楽に、曲芸、噺家、顔見世、お色物、立体紙芝居、手品、漫才等、多い。九雀のクラリネット、シナットの「メー・リー・ブ・ユー」が心にしみる。最後は故・吉朝門下六十人ぶっ通し人リレーで「地獄八景」。

途中で米朝師登場のサプライズなどもあって大拍手。一九六年十月から隔月開催の、米朝が弟子にネタを出す会で「当初は出演者も四人。お客さん四十人ぐらいで手伝いが五十人……」などの回想と謝辞。目頭を押さえる女性も居た。

イッセー尾形の二十五周年 11·8

イッセー尾形の一人芝居を、十月二十七日に名古屋・名東文化小劇場で見た。

二十五周年記念であって、アンコールを含む八つの中五つが再演。初演の三作は「修学旅行」の「ゆうからしゃもり」「故し」と言う。関西弁の生徒が明石家さんま的「読まれたい日記」は、日記が机上にあれば読んでほしいのだ、という論法がオカしい。「早朝コンサート」は、近所の苦情とのやりとり等々。

再演では「指導員」の、「静かにしてくだきい」と繰り返す指導員の側が異常とわかってくる"イッセー的逆転"が見もの。「ごらみSF」は山奥のガソリンスタンドで透方に暮れる男の姿がSF短編小説風である。

京・渋谷ジァンジァンでの公演から見続けてきた小生などは、毎回再演を加えてもいいと思う。時代を超えたネタも多く、使い捨てには惜しいからだ。

イッセー尾形の地方公演は一九九二年四月の名古屋が皮切り。東

落語名鑑に載っていない人 11·15

「上方落語家名鑑」(やまだりよこ著、出版文化社)が刊行された。編集は大阪の落語定席・天満天神繁昌亭と上方落語協会。

便利な本なのだが、"名鑑"に載っていない人もある。自然消滅的に辞めた人もいるが、それだけではない。

たとえば笑福亭松之助。「少し達う道を歩んで来た」し、協会に入っていないから」というのが辞退の弁らしいが、五代目松鶴の弟子で、桂米朝と同い年の大看板なのである。

たとえば桂文我。「繁昌亭にかかわりはない」し、協会員でもないから(桂枝雀一門は協会に入っていない)とのことらしいが、その視線の先に、ある人の姿が見えてこないか。

文我はまた、「青春と読書」11月号(集英社)に"芸術祭審査員の選定基準に対する抗議書"を文化庁へ提出したいときっう書いている。陰でこそこそやるだけで表立って言うのは避けるのが世の常だから、文我の行動性から目が離せない。

喜多八・歌武蔵・喬太郎の会 12·6

名古屋・今池ガスホールでの柳家喜多八、三遊亭歌武蔵、柳家喬太郎の会は、変化に富み、落語会なのに色物もあったような印象。

芸歴の若い順に上がるが普通だが、今回は喜多八の「棒鱈」から噺だから、江戸から明治に移るころの作だろう。田舎侍を江戸っ子がからかう意味で、せっかくだからとオチ

古に出向く体験者と言われても分かる歌武蔵は、上方でも稀な相撲取り体験者。熱心に芸に出向くだから「黄金の大黒」も、せっかくだからとオチ

2006年、私が選んだ外国映画　12・26

笑福亭笑瓶たまの師弟会　12・20

山田太一「まだ子供だけど老けたようにみえる」1・31

アイアン桂九雀の会　1・17

欧米の映画に、日本（日本人）を描いた作品が並ぶのは珍しい。それら際物ではなく、一級話題作、力作なのだ。

C・イーストウッド監督の硫黄島二本は、すでに称賛の声が高い。とりわけ日本軍側を描いた「硫黄島からの手紙」は、戦後日本で作られた、被害者的感傷の色濃い大半の戦争物よりも、日本兵らしく見えるから？である。（岡本喜八監督の「独立愚連隊」をはじめとする日中戦争物は別格）

だが、この二つの点で少々気になって居るのだ。内地の家を夜間、それも憲兵が訪ねてきて、日の丸を掲げ咎めるのは変である。国旗は朝掲揚し、午後には納める。注意して回るなら、町内会長なり国防婦人会のオバさん連中の役目。映像化すると絵になるし、非常時だとさも見えてしまうから、気をつけたい。

D・マン監督の「父親たちの星条旗」は、四十数年前のリメイクといえる内容だが、戦時国債を売らんがための英雄談の捏造くらいは、歴史上どの国でもやっている。人々を愛国教の信者にしなければ、戦争は続けられないのである。

昭和天皇（イッセー尾形）を好意的に描いたA・ソクーロフ監督の「太陽」の悪夢のような薄暗い画面や、敗戦国民への奇妙な慰めを聞かされているように思える。日本びいきのロシア人監督のアメリカ嫌いから来ているようだ。降伏させる玉音放送を録音した技師の自決を知らされる皇后（桃井かおり）の一瞬の表情を見せる幕切れ。これが全編を貫く目的？

さて、六十年余り前の戦を親日的？に描いた二監督に対し、"今"の敵対関係を描いたドキュメンタリーの秀作。北朝鮮監督の「送還日記」は、非転向長期囚、六十名がスパイと呼ばれ、北へ送還されるまでを綴った三名が応える二時間二十八分である。

韓国といえば「王の男」のイ・ジュンイク監督の前作「黄山ヶ原」を去年のシネマコリア上映会で見た。百済と新羅の戦いを扱った風刺史劇だが、一見皮肉や流れをヒロイズム賛美かと思わせて、意外やその心意気が「王の男」にも流れている展開。

ポン・ジュノ監督の「グエムルの怪物」は、韓国の米軍追従を皮肉った怪獣物。米軍の戯画化が少々安っぽいが、作者の人間の小さな汚さをユーモラスにとらえる眼は一貫してみごと。

敵対国の男二人が女の家で三者互いに言葉が通じないまま暮らす「ツォツィ」、アメリカのユダヤ系青年が、亡き祖父の足跡をたどってウクライナへ行く「僕の大事なコレクション」、亡くなった狂気の天才数学者の娘と家族、教え子の青年らを多面的に描いた「プルーフ・オブ・マイ・ライフ」、メキシコから娘を連れて米国へ不法入国し、英語ができないまま、ハウスキーパーになった女性を描く「スパングリッシュ」等々、今年心に残る作品を挙げると、意思疎通、アイデンティティーといった言葉が浮かぶ。

他方、興行収入の上位作品は、ベストセラーの映画化やCG活劇の続編だらけで、もう一つ気持ちが動かない。戦後のアメリカ映画も、私たちの世代には当時の方が、二流三流の作品も小品も、それなりの"分際"を心得た良さがあったように思うが、トシのせいか。

「——今も独身の男なら色とりどりの誘惑に駆られるだろうが、彼はそのテリトリーを兼ねた散歩の中に

姉三年目はもう独身者の感受性を失ってしまう」でデートの相手を……

ジーンと47年か彼女のサキソフォン。好男子の本音として笑劇。

独身者相手今の独身の誘惑に駆られた独身の騎士。

S・Sの女に捧げるエステート脚本 2.7

（省略、風が軽やかに吹きぬける珠実貴美子（徳一郎）男が言う。

ところが実は男心をそそるステーキ屋の……

ら山田太郎と消えてなくなる……

静かな喫茶店を見せる名シーン。

ジャンゼェのコメディー脚本

女王陛下のミレンヌ 2.21

「見よ、陰謀両部門でノミネートされた」

映画第64回アカデミー賞で主演女優賞を受けた「女王陛下のミレンヌ」。前者が世界を描いたヘレン・ミレンの悲劇として、「ナイース」、第一次……

ヘレン・ミレンは最近の映画だが……

身辺回顧形で……

澤井信一郎の監督作法 2.14

出版年「澤井信一郎の監督作法」松田聖子「野菊の墓」（70年）第26章を……

見えてくる気がするものだ。M・ロイドも見えてしまうでしょう。

「容疑者」のテニスン警部である。優秀な女性の強さと、表裏をなす孤独。まさしく女王のそれではないか。

「エリザベート一世」は、NHKハイビジョンで十日に放送した。女王は、宿敵のスコットランドのメアリーに「私たちは時代の囚人よ」と警句を吐き、晩年は、若き寵臣エセックス伯に「この年でもまだ肉欲があるの」と語る。率直である。

二十三歳の「としごろ」(69年)でヌードも披露した後、演技派の道を歩んだミレン。六十一歳の「クイーン」でアカデミー賞も受けるのだが……。

マーティン・スコセッシの受賞　3·7

第79回アカデミー賞の作品賞、監督賞が共にマーティン・スコセッシだったが、意外との声も少なくない。

ノミネート六度目の彼に、今年こそ!との熱烈コールがあるとは聞いていただが、一挙に二賞とは。

元来スコセッシは熱烈な映画ファン。「ドアをノックするは誰」(67年)で、女友達にJ・ウェイン西部劇の魅力をひたすら語るH・カイテルは監督自身の姿だろう。

が、ハリウッド映画好きの半面、人間観の根は暗い。強迫神経症の男の"狂気"の英雄行動を描いた「タクシードライバー」(76年、カンヌ映画祭パルムドール)は、時代を反映した代表作である。

六十代に入り、正直、作品を今一つのスコセッシ。もうオスカーをあげとかないと…。なんか日本的かも。

海兵隊対日本軍の激戦を描いた映画に、昔、海兵隊上がりの男の確信犯的凶行を描いた監督の映画が勝ったとも言える。

クイズ番組の進行　3·14

テレビのクイズ番組は、てきぱき進むものを見る。物まね人気まで至った「アタック25」(メ~テレ・テレビ朝日系)の児玉清の司会は、その代表か。

「クイズ!ヘキサゴン」(東海テレビ系)は、島田紳助が出場タレントに入れまくるツッコミにムダがなく、快調。「熱血!平成教育学院」(同)も、ユースケ・サンタマリアの進行にムダがない。別撮りのたけしの登場はムダだけど。

出題もハイレベル。読み方の出題で、小生、獅子女、豪傑が読めなかった。番組育ち、市俄古、桑港などは昔、映画の題名でも見たが。

草冠の文字で、冠のない字と並べて熟語になるもの、との問いに「苗田」が浮かんだが、これは尾張あたりの言い方で、苗代は苗田が一般的らしい。

三月五日の「ネプリーグ」(同)で、名倉潤が「身なりを直す」と言ったのは「居ずまいを正す」のかも?などと寸評するのも楽しい。

名脇役 船越英二の死　3·28

船越英二さんの死去は、キネ旬などの主演男優賞受賞作「野火」(59年)や、テレビドラマを挙げて報道されたが、筆者にとっては世にも自在な名脇役だった。

「あにいもうと」(53年)では、京マチ子を妊娠させた大学生の兄に殴られた帰途、バスの中で、京の母にもらったおはぎを食べ

ろうと男はこたえる。ただ、それから自分が納得でき、面白くなるのだが、「帰ってくる」が映画だからだ。そして後半は、老人は地方のキャリアを捨て、東京に出てきたのだが、最後は日本の名のだ、本音は最後の名作と言われるのである。

会社は言葉半ばも、本音は口に調べた廊下を走り出し、他局のディレクターだから、五十代半ばの紳士・図

その男の本音を先に……（83年）「男はつらいよ・図

4・4 楠木等はユーモアと本音の人

次郎は「根上淳」で、数年上の妻であったケ暖流」「57年）「相合傘であるなながら情を変わけたのだが、人柄のよさを捨て、東京に転じて出てきたのだ。この蒸発前のキャリアを捨て、放浪のキャリア、狂歌う丸山弦の病院、破産寸前の病院、経営者を守り立てるよう心に乗ったのだが、酔うらに乗ったことを良者の愛する息子である。

5・2 自爆テロと夜食のナン

かつて総一郎として登場した男も、今回の男は冒頭の叫び声でだ、普通な登場人物だが、依然として刺激的「エネ依然剤」で、路上の老芸人を演じる女優の模様を寄り添いながら見守る親子にも似た思いがあるのだろう。

最後に空虚とも幻覚とも、あるいは後悔とも見える「断食」。断食の果てに訴えを受け、空腹に近くて、ウエスター・ワンの歌声を聞く村の人々、お爺さんの半ばは、三十代の初めに皮切りある（東

4・11 依然刺激的なイーセ尾形

が、今回で九年演じてきた尾形も四十年。十年ぶりの尾形の一人芝居を名古屋で一人芝居を演じた、名古屋・名古屋初演でしても、三十代初め皮切りある地方公演を見てからの一人がの東

できた夜食のナン（中東のパン）を皆が食べ始め、撮られているレコードのみ、としたら表情に次第に気づく。

組織の面々が不人情なのではない。非常も日常化すればそうなるもの。不謹慎と思うのだが、憑きゆくむ光景だ。

その延長線上のブラックユーモア的描写もあり、リアルな実感があるが、未見の方のために伏せておこう。

仏・独・蘭・パレスチナ合作、監督脚本の〈ニ・ア・ブ・アサド〉のスタンスは確かだ。事は「正義」では割り切れない。

池部良のインタビュー本　5・9

志村三代子、弓桁あや編「映画俳優池部良」（ワイズ出版）が並ぶ。

このインタビュー本と違うのは、後半にかかわりの深い監督や女優の発言があり、池部ご本人とそれとの対比で一層興味深いからだ。

ダンディなスター「足にさわった女」など、池部の市川崑監督、中年以後の新たなキャラクターのやくざを演じた「乾いた花」の篠田正浩監督のくだり等々。

東宝が、メーンの池部だが「宝塚の女優が映画デビューするから相手役をしろ」という二次的扱いだった、などとコボしている。そういえば、渋谷実監督の「現代人」のまた、他社出演に印象的な作品が多い。

エッセーで日本文芸大賞を得た池部は、座談の名手でもある。テレビのトーク番組での川端成氏を訪れた岸恵子、三島由紀夫、泉谷しげる等のまねをしている。九十歳間近の池部氏、この本でも、録画が欲しいなあ。

横山ノックの死　5・16

先日亡くなった横山ノック氏の漫画トリオ以前の舞台を見ている。相撲出身の横山アウトにノックがカー杯ぶつかる。暴力漫才と呼ばれたが、アウトの客いじりがドロ臭い。

ノックの芸にもダンサー志向があった。ノック・ブック・パンチの漫画トリオは、名古屋の大須演芸場へも来ていた。三つのネタの間に「今週のハイライト」という時事コーナーがあり、ジードで来る日の熱狂の中で、果物屋（フック）がリンゴ！と叫ぶ分かりやすいものだが、冒頭の「パンパカパーン」が20世紀フォックス映画社のファンファーレのもじりなのが目新しかった。初代リーダーはノックちゃん、パッパパーと言ううましたと、はパンチと上岡龍太郎の証言。

月の、ヶ頭を茶化す反復ギャグは野暮ったいが定番ゆえに大受け。正月の、桁初高座の「羽根つき」のネタで羽根役のノック氏が、舞台の端から端まで、ブランコで飛ぶ動きは見ものだった。合掌。

岡本喜八とみね子夫人　5・30

NHK総合の「神様がくれた時間〜岡本喜八と妻の300日」を見た。二年前に亡くなった喜八監督とみね子夫人の、介護の日々の再現ドキュメンタリーである。

監督と夫人を演ずるのは、喜八作品に縁の深い本田博太郎と大谷直子。後ろ姿のしぐさ等はどこか似た瞬間がある。

老い衰えて、配偶者がわからなくなるというつらい話はよく耳にする。ある晩、足のマッサージをしている最中に、監督に「どちら

なのは消防団の老人だろう。

つづいて「星ひとつの夜」は美しくこころあたたかい夫婦の物語である。放送を受け持ったのは年輩の老夫婦だが、お互いに大切にいたわり合う話が実によい。このこころの接触はサスペンスだが、山田太の作家心。

一、放送済みだが「星ひとつの夜」は罪名のとおり、殺人の話でもあるが、それはそれとして、その殺人犯は清楚な野の花をいつくしんでいた。彼の内心もやさしく、渡辺謙一のジャズの大正天秀。刑事の野村は山田太、殺した犯人を野に追って山田間を...

┌─────────────┐
│ 9.9   │
│ 山田太作・星ひとつの夜 │
└─────────────┘

撃ちますか？と尋ねますが、失す......と監督はなくなくそれる。あるいは草をたばねるまなざしのある日、監督は「......よくわかる」と尋ねた。岡本喜代子が聞かせる、この番組は哀愁に満ちたおけ、居合わせるふたりの真実の愛。

切なる人にあるしみじみとした草をたばねる好み。

┌─────────────┐
│ 6.20   │
│ とんま天狗   │
│ お笑い三人組 │
└─────────────┘

適役を得たバルドンのやんちゃなキャラクター、蛇含草の中仕出しに過ぎるが、例のセリフ「(一)ボクはトンマ天狗」が心配だ。俳優の用い方が舞台以外だ。花菱アチャコの用い方は、気の弱い殺し屋よりも、適当とはいえない。加藤武「巨泉・前武のゲバゲバ90分!」お宝のTVを「とんま天狗」は、九月のNHK「B S2」で五十五歳の光景が蘇えり、逆進した大村崑だが、後に「とんま天狗」を手がけ、天「とんま天狗」やんちゃなNHK「三人組」は、おてんば娘の「三人組」では...

次を息子東京再演出は永井愛作のある。蛇家の奉仕活動に求められる現代の街を、小生津市、東京・新国立劇場群のわが湖畔の初演の母さんというNHK土曜日「母さん」TV版昭和で見三人の昭江が加藤総次郎(加藤総)人家の初筆が四

┌─────────────┐
│ 6.13   │
│ 永井愛作   │
│「にんにくはもう、母さん」 │
│ TV版   │
└─────────────┘

スタジオのゲストの藤本義一が「僕と花登は仲が悪いと噂されたけど、そんな事はない。わざとしてただけだ」などと問わず語りに切り出すと、どうでもいいけど実際は不仲だったかなと邪推したり、大橋巨泉と前田武彦が「仲は決して悪くない」と握手してみせるのも、なんだかなあ。

「とんま——」のようなTVドラマも「ゲゲ——」の日本テレビもNHKまかせにしないで、各局回顧特番を作ればいいのに。

B級遊撃隊公演「365」 6·27

劇団B級遊撃隊公演「365」を、愛知県芸術劇場で見た。

銀杏の大木に、ウェディング姿の男女が首をつっている。そこへ現れる人々が、生死の寓意の皮肉なやりとり（「ポスト」へ赤ちゃんを入れるなら先を書け、といった発想が面白い）の揚げ句、男二人が大木（目には見えない）を倒そうとノコを振るう。一面銀杏の葉が降りそそいでくるファイナル。

そこで妙な連想をした。上方落語の人情噺、三田純市作「まめだ」の結末である。

人にいたずらして体を強く打って死んだ豆狸の上へ、境内の銀杏の落ち葉が風で吹きつけられる。それを見た人の一言の哀切なユーモアがオチになる。

昔アメリカの喜劇映画に、落語「時そば」と同じギャグがあった。B級遊撃隊の作者、佃典彦がヒントにしたのか、偶然似たのかは知らないが、こういう事があると、雑知識派の小生はうれしくなるのだ。

ペトロフのガラス絵アニメーション 7·4

ガラス絵のアニメーション「春のめざめ」（二〇〇六年）を、今池の名古屋シネマテークで上映中である。

作者ロシアのアレクサンドル・ペトロフ第一作「雌牛」（一九八七年）を広島の国際アニメフェスティバルで見た時の衝撃的感銘は今なお鮮やかだ。

ガラス面に絵の具で直接描き、動く部分だけ消しては描き換えてゆく手法。動画も背景も分かれていないから、抜群の造形力と記憶力がなければできない。

すでにポーランドのV・ギェルシュ、カナダのC・リフらが用いているが、ペトロフが最も絵画性が濃い。

小生、大型映像アイマックス用の前作「老人と海」（99年）の時、ペトロフにインタビューした。誠実な印象の人で「もう海（のアニメート）はこりごり」と言っていたのがおかしかった。

今回の第五作が一般劇場初公開、DVD上映の地区もあるが、各古屋はちゃんとフィルム上映です。

エドワード・ヤン監督の死 7·11

台湾の映画監督、エドワード・ヤンさんが亡くなった。

どの国の映画もそうだが、その歴史的事件に無知だと分からぬことが多い。台湾の場合は、一九四七年の本省人と外省人の争いをきっかけに、国民党（外省人）の長官府がインテリ本省人の弾圧を始めた"人間きの悪い"内情を知る必要がある。

八九年公開のホウ・シャオシェン監督「悲情城市」で、ようやく

効くのだが、ほかの登場人物もそんな伊藤をいぶかしむ。一方、山田は偶然、かつてのオスカー・三樫山田と伊藤の会うことになるのだが、そのオスカーの冬樫山田と伊藤孝雄が気が変わるというきっかけの場面であるが、意外と鬱屈してみえる。劇的の人だ。

伊藤をいぶかしむ男は鬱然と営む伊藤に初めての老夫婦・林の中のナポリ市杉枝の夫婦「林」のたのしみという老男の体験をしたが女芝生を見せてしまうという。仕方のない名だが、一人やり直してほしいという。

と亭主いる老妻の中の女ポリという主人なる共仲だが、不通とはなんとなくわけがわからなくなるのだが、眼前に妻平が語られている。

民芸公演 山田太作

「林」岐阜県大垣市杉枝の夫婦「林のナポリ」を見たアマチュアダイレクターの不平がなんとなくわけがわからなくてしたのだろうとしている。「……」

「林の中のナポリ」 山田太作 7・18

携周察に見られて呼ばれるのは分刻で気持ち悪いと描かれるだけだけあってはたしかに百三十分である。容疑者をパンで殺害するという主人公(91年)の少年であるという映画論だ。米兵の少年も最初の犯人六年鏡衝前少年事件を言うことにした映画「忍者」の恐怖分子はたのだが、日本の監督知られるだがそれを知らないまもられている映画監督家だが、語られている日本人だ。

八ヤン映画しているものが描くのだが、六く人

「遠い国から来た男」 山田太脚本 8・8

世代はCBクックT年Bキーメジャ矢系と山田太郎脚本「遠い国から来た男」という米国から来たロ主人演の夫で以前の青春のう。

そのチ五十年代にあってBーTージャンS系が昔CBコメディ達矢と。だが山田太脚本「遠い国から来た男」という歌手だが内容は全く脚本の米国から来た男だという婚約者巻から遠く米国という映画の主演があるだろう。

河合隼雄の即興 8・1

言えよう。承知したろうしてなったらんだが、そう規化は兵庫県出身の河合隼雄がひとつ左にとが、河合民はひとつ保持者になれたと私朝のたからとても保護者になれたと文化庁国宝に全て指定されるように多くの文京都庁職員の倒倒的な長官のやうだが、全ての即席東京都賞の名だから駅酒落ではなたへうかうからそれなばたい性格分

保持者になれたというに小米左衛門がというが「保」で桂持者に小米左衛門が父朝介アイしとしてしてなった河合としたろう三年雄をしてだが、河合民は演する二年前酒を打統行丘上また同幻上のトリメ方桂人を国宝同に重要無形文化財保持と時か化財保持者だろう。「保財は文化人国重要無形文化財国宝同打たせてはなが、河合民は桂人者によ保持者だから文

は仲代と同期だった商社員の杉浦直樹。赴任地で革命運動に加わり十年投獄され、今は農園を経営する仲代が四十六年ぶりに帰国。波紋が生じる。

仲代の若い妻が死んだと知り、私もその国へ行くと言い出す栗原（女性心理の典型）と、紳士的に押しとどめる杉浦に、仲代が拍手する。「私の前で言い合ってくれた。名演技だ。ありがとう」

みごとな"大人の解決"だが、呼吸がいまって、折角のせりふが効かない。脚本と演出の関係を改めて考えさせられた。

五回結婚したベルイマンの死　8·15

「監督ってスゲー（だから良い）」と喜んでいた女優は、森下愛子と田中裕子。率直だ。

先日世界的名ディレクター・ベルイマン監督は牧師の子。「冬の光」等の「神の沈黙」がテーマの重い作品は、父親へのコンプレックスの映像化だろう。

一方、撮影現場でのベルイマンは、性的なジョークで女優に受けたもした。フィルム上で鬱屈を吐露した作家は、結婚歴五人の艶福家でもある。

セックス描写に関しても、税関でカットされた（四十年前当時の基準でだ）「処女の泉」「沈黙」もあれば、ユーモラスな艶笑もの「夏の夜は三たび微笑む」「魔術師」などもある。オチのつく小生大好きなのだが、日本では敬遠され、十数年後に公開。

遺作となった「サラバンド」では、近親の愛憎を演ずる俳優にキャメラがじりじり寄っていくような気がした。そんな演出力を八十五歳で発揮した作家なのである。

伊丹十三のドキュメンタリー　8·29

伊丹十三が自死して、この暮れで十年。

一般的には映画監督だが、それ以前は五十代以降、DVD「13の顔を持つ男 伊丹十三の肖像」（テレビ・ビュニオン）を見ると、本業を定め難い人だったと、改めて思う。

ドキュメンタリー番組「遠くへ行きたい」（読売テレビ制作）の伊丹の企画・構成・出演第一回「親子丼道中」（1971年）は、往年の巨匠山本嘉次郎が、父が発明した親子丼が、近ごろまずいと概嘆。そこで伊丹が本場まで出向き、名古屋の鶏肉、有明海のノリ等々を集めて理想の丼を作り、食通の山本に供するというもの。今のテレビは食べ物だらけで、食傷するほどだが、当時は斬新。食文化論でもある。

歴史ドキュメンタリー「天皇の世紀」など、今見たほうが驚嘆するのではないか。思えば伊丹の劇映画デビュー作「お葬式」（84年）も、セミ・ドキュメンタリー的発想のヒット作と言える。

シネマコリア2007の四本　9·5

シネマコリア2007を名古屋・愛知芸術文化センターで見た。

私たちは、恥ずかしながら近隣のアジアの歴史をよく知らない。台湾では一九四七年から吹き荒れた、いわゆる白色テロ、ホウ・シャオシェン監督やエドワード・ヤン監督の映画に描かれ始めたのは九〇年前後。時の政権が、恐怖が根底にある点で、韓国で八〇年五月に起きた光州民主化運動事件と共通する。一方 "赤い"中国の文化大革命が、権力闘争だった内実を描いた名作も多い。

桂米朝、重鎮は日頃、対談は同門会が混じった。米朝と……一段と同会の……都……劇場の都丸

を届けた。番組……率いてその……小……自彦八組の結成される「寄……した……都……久しぶりに大変楽しく……た。

彦八まつりの奉納落語会 9·12

九月十三日、上方落語の組という米朝のと米朝……門会の三人……前の桂米朝……短気にも謝っため小噺としての……参集……笑福亭鶴瓶が……桂……次……横山ホット……

語り回……いずれも普通す朝歌舞伎……の四日間映画で日本の……「ロッキー」は……は「ヨーロッパ」は……日本青春劇場と……五輪の……身近に描く……庭……物の……光……脱獄……女性……州事件が……悲……史実であ……「面白……

合作「酔いどれ詩人になる」 10·3

ビデオで特集ユニ……女井筒和幸……とい……く振り付……ところが……た。一……のある米……付けたまま……スタジオで……超……ねてい……売れ……売れない……し周囲の……に……監督……ない……たの……ないので……資金だけで……作……に……資金だ……「酔……作品だけ……数の作品……国の監督……複……国……映画は映……海外国神社

たちいく……る。一振り……らの方が良……良しみた……そうくか……振……あるとい……たの……なけれ……のかと……先生や当時……たりは先生や……普及とい……格だった……王……多いです……は、監

土居甫とパレード 9·26

秀……先生他界した……日他界……世界……た土居甫……たレ……時代……ジャ……監……小井

な椅子で観察を始める話。無言の二人の間に漂う不条理演劇的なユーモアは、やがて静かな情感と化していく。

「酔いどれ――」は、冒頭、水の配達を臨時に頼まれた原作者C・ブコウスキーの分身の主人公が、〈マ〉を連発して〈バー〉で飲み始め、即ビになる。

演者がブラッド・デュロンでなく、ジム・キャリーなら喜劇になる参景だが、ヘメル演出のユーモアとメランコリーの兼ね合いが絶妙。アメリカ側制作だが、ジム・スタークが共同脚本を担当。創作的合作の好例なのだ。

落ちこぼれを指導する島田紳助　10・17

東海テレビ系「クイズ！ヘキサゴンⅡ」を毎週見ている。

先週のスペシャル版も、他の二時間特番のようにダレない。毎回おおぶかが話題の面白さのうち、木下優樹菜の父、スザンヌの母、つるの剛士の母も加わり、世に「親の顔が見たい」と言うその顔を見せて悪趣味な印象にならないのが、司会の島田紳助のパーソナリティー。明石家さんまではこうは行くまい。

一年もっと前まで父親に頭突きを食らっていたという優樹菜が、「松」の字のつく県庁所在地を明答。階段席を下りながら「やべぇ、マジうれしい！」。

最近、地図を見てから、という優樹菜に紳助「皆、その答えられる喜びのために勉強してきはって……」。

以前「サルでもわかるニュース」で飯島愛に常識を授け、今この番組の「脳解明クイズ」でおバカ六人に出題を説明している。元利口な不良紳助は、落ちこぼれ指導の天才なのかも。

民主主義などない　10・24

NHK・BS①「民主主義～世界10人の監督が描く10の疑問～」は、見ごたえ十分のドキュメンタリーである。たとえば「ロシア・愛国者の村」は、共産主義崩壊十五年の今、実業家M・モロゾフが、キリスト教の新会派として、生き方に迷う若者を集め育てている実態を取材する。

母親が送りこんだ無気力な青年に、モロゾフが落ち着いた口調で言う。「ここで意見や文句を言ってもいいのは私だけだ」。壁には大主教がプーチン大統領と並んだ写真など。

彼には下院の副議長バブーリンという、ゴルバチョフ失脚にも加担した協力者がいる。

集会での「ロシアに民主主義は必要か」との問いにモロゾフの前「民主主義など無い。階級に準じた生活があるだけだ」。監督は元ソ連・グルジアのニノ・キルタゼ。スタッフは仏英独など数国を見て回したのもあるが、実情が世界に伝わるのは実に良い事だと思う。

"地味"を競うCM　10・31

画面の薄暗いCMが増えた。銀行、保険、CS局、便器など多種多様。それも全体に灰色がかったものと、黒っぽい部分が多いものに大別できる。

前者は概してレトロムード。初期の映画も「テレビ焼き」などコントラストの強い映像がダメで、だが昨今のCMの場合、光源の弱い映画館みたいでで放送した

東西の落語を名古屋で　11.7

先月見た二つの会
名古屋で見た。どちらも
当地で通用する「落語」とも
力を示す。吉本興業の「吉
弥や紅雀に人気が高まる
古典落語の「大会」。

を米朝の孫弟子受ける
三十六歳の花丸亭、今
岡崎市満寿子の赤い
の同性の女性は赤い腕を開き
一時間ほど笑い転げ
「平仮名書きの」仮名書き
役割を担う中堅を担う
四代目桂春団治、今
鰻を聞かせる特別に
立場を演じた立川談春所
弱者の意を込め（まり
米朝を「米朝」と呼ぶ師
弥ときどき童顔の吉坊
家・林家木久扇による乱れ
独

見ている人に内容は会議中に
う形でしているが、暗に会
い時代にしてしまう場所な
接近するところは内へ人って
どんどん映像の自由だ。カメラ
のみ代わりとして表れて
番組だとしても次第に重ね
たとして変化する画面へ
ていることがMCには軽く明るく
CMは総じて映像する目が無く
い地を明るく来る

不景気な空気の
伝内容者は会議中の印象
後景すれば会議中の皇
場面風に
うまい
もの
す皇

いのちの食べ方・受け取り方　11.28

食肉処理の一日に密着した
のドキュメンタリー「いのちの食べ方」
と話題の「いのちの食べ方」
今池のドキュメンタリー
見た。名古屋・今池
見ているうちに場面が多い
荒い手法で見せるだけだ
初歩的な効果を上げるか
的な方法論として効果を
無論、その実をかけるかも
しれないが、N・とい
の数ケ所

実態を告発するドキュメンタリー
もある。最後まで感じさせる
変更、照明「絵」は
問題は仕事の仕方だ。常に
技法師「図鑑」は
小さな里子どもたちに
大切な目に見える
次回の夜の作品だ
前中が多い
の名店の名
料理を道具は
でを作られが道
ものを頼まれた
を使

初演以来、アフロラスムはない　11.21

付四まするのが四女人
ゆるりものの老女人
であるいが変哲もし
から気持ちが常に
達和感生まれない
いよいよ小さな見たら
「おお」と見たら
なるほどその名の
う思えますが？
次回は東京・下北沢
今回は東京・下北沢
関西名で記録の手掛け
ニューヨークの文中か
ジャズ・ロックから道
DVD等でも作られたのだが
そのヒットによって
新鮮なものがあるとか
一部のロ

「ベオウルフ」は皮肉な味　12·5

　公開中の映画「ベオウルフ／呪われし勇者」の宣伝に同じ配給会社の「300」を引用したのはマイナスでは？　あちらはドス黒い武闘派物とは違う皮肉な味。小生はロバート・ゼメキス監督の"物語る力"を信用して出かけ、正解だった。

　題名の人物は、波濤を越えてデンマークへやってきた勇士。城を襲う怪物グレンデルを倒すのだが、醜い怪物は戦うにつれて小さく情けなくなり、母親の洞窟へ逃げ帰って死ぬ。マザコン？ の怪物と子供たちの自然体、常連俳優の超自然体演技と、みごとなアンサンブルをなす。

　中学生のころ放火を疑って責める担任を刺し、今は教師となって生徒の陰湿ないじめに遭い続けている深津稜（並木愛枝）と、中学生のとき進学のため断念させられた少年に教える立場になった測量士の杉野浩一（廣末）を中心に、数多くの人物が登場するから、覚えきれぬ人もあるかも。

　私たち大人は、自分でも説明のつかない厄介な年ごろのことを、育つにつれ忘れ去る。だが深津と杉野は忘れず、それぞれの形で対峙する。逃れがたいのを自覚しているのである。1時間54分。

　語りは一切無い。ヒヨコの大群の中を飼育員が歩くのは、刺激を与えて動作の反応を見るためだろうだが、それも説明されない。

　場面によって見る人の受け取り方はさまざまだろうが、メッセージ色は見あたらず、映像は一貫して美しい。

　食べずに生きられない道理、食通を自任する人は特に必見。一般の目に触れにくい「日々の糧」生産の現場が分かります。

「14歳」逃れがたいあのころを自覚する　11·1

　媚びない。メッセージの垂訓をしない。作り手の自己陶酔は更々ない。こんな映画は滅多にあるまい。

　何から、どう話せばいいのか。まず、脚本の高橋泉と監督・主演の廣末哲万による映像ユニット「群青いろ」は、「ある朝――」（2004年）などのビデオ作品で評価された。その面々が35ミリフィルムで撮った初の劇場用作品がこの「14歳」なのである。

　題名は、何かと問題視される年ごろの子供たちと、"理解"を示す大人たちの感動編を予想させるが、どっこい、そうではない。

　この作品、自主映画的な出演者の中に、香川照之が加わっている。「ある朝――」をレイトショーでたまたま見た香川が、席を立てなくなり、その衝撃を「キネマ旬報」連載中の「日本魅録」に書いたことから出演を依頼され、もらいなく引きを受けたという。

　香川の役は、生徒の杉野次郎に「憲法より校則の方が上なんだ！」と怒鳴るベテラン教師の小林。強ばる内心不安で不安で、生徒の後ろ姿まで役づくりして見せるのが、そんな男を演じく歩く。

頭を剃り、小さな丸い眼鏡を
かけた講釈師で「回」陀仏に
なり、観客とのやりとりが多
く、笑いを取る芸風だ。花丸
は藤山寛美の弟子で、藤山直
美の後を継ぐ松竹新喜劇の舞
台で幸助の師匠無限に餅も
かけ、相撲取りで芸談も新作
で、いろいろと当たりが多い
芸で、明治亭節移しに出演
できる芸、東京だから命名の
当たりもある。芸の変わり

12・12　立川志の吉と林家花丸の会

友志らは西尾柳家小きん、
J A尾崎中央林家小牧支
川志の吉と、東京の小牧を借りの
第7回小朝落語会を開く。
立川志の吉は四十才の若さ
ながら私立川志らくの師匠立
川志の輔の師匠無限の弟子
で、鳩山法相の友達の息子
「子供の命の友達の
多い。

とば、さぞかしえてして哀
しいかもしれないが……
「イマドキのキッズ・ティー
ン」である無敵でね限りない
あどけなさとともに見えに出産
するキャラクターに役立ての母
ジェネレーションと普及をした
ので、英雄と連想のヨーロッパの
不安気な人込みのと同様
「アメリカのスーパーの母」も
謹慎な気分だった。不条理の

12・26　人形浄瑠璃と落語の忠臣蔵

十五日のNHK的だった
対談は大き母音とが、
豊竹咲大夫と綱太夫の字幕
大映画が出る豊竹咲
夫の喜怒哀楽を示すのが
適切だが、確かにある
のは日本忠臣蔵、日本語尾引
「こうとは何か」とは正
そうとは何か」とは、現代を引
「映」がある。

な達人としての楽
しさだけど、番組を捨てケンは少しない
あるが、同会手が欠けるのだが、
「そうしたら翌日の番組進行機能だ出
小生向きもナ身により
放転したいだ。」なるほど、先
わかりにくういったが先日、
はもう一つの「中京・
なるシーンだが、受
読んだ中京テレビだ
た米シキョク司会手が
のだ……

12・19　一視聴者の"空気"

の思い出憶したら元
ほうらしいが元気な
信じ、話していたあり
あたらしくともほどの
あるらしい実の人
MKとは「キョクメ
MKとはメメッKや?
隠れたのだが、映談は
盛んなしだけどあれ、自
目分に適守り居もら
ていまる様子(中京・
ミジャッチ落とした
「業」ミシタヨ?
「ミ・守のテチャァの
昔かりすダすフ字略語
英語風なデチャァだ
ので、Kのチシ字略語
あり、MKと英
KYとは
とも略だ確
の側手かる人

画の影響が……」などと言うのは困りもの。映画の歴史はたかだか百十年。人形浄瑠璃は前世紀以降でも三百年になるのに、九段目（山科閑居）を「チョー激い！」と寸評する等、門外漢が気負うと得てしてそうなるのです。

それと重なる時間のNHK総合の「新人演芸大賞落語部門」（11月4日放送の予定が小沢一郎辞任のカラ騒ぎで延びたもの）で、上方の桂よね吉が「忠臣蔵」がらみの「芝居道楽」で大賞受賞。四度目の出場で本懐をとげた。めでたい年の瀬である。

年末年始の落語と漫才　1·9

去年の"ライブ落語納め"は、京都・気楽堂での、桂こごろう、雀喜、紅雀の三人会。こごろうの「崇徳院」が、抱えたおうのの扱いの工夫なども含めて出色。余興？の漫才もM-1決勝クラスとわりと受け、こごろう・雀喜の大笑いした。

あとはテレビ漫才は、フットボールアワーの"外食産業シリーズ"が、依然快調。岩尾のファミレス店員（目の前に立っていても卓上ベルを押さない限り注文を取らない）が、こたえられない。

つのパーソナリティーのためのものでもあるが、列車内でカードに興ずる男たちに入ったりするのも、孤児院での処世術が生きたのだろうと納得させる。

こだわるのは、線路脇にむらがる不良グループ「リッパー・イースト」の敵役風"マダム"と用心棒たちも、金づるである子供を追う。逃亡サスペンス物の基本だ。

前に居た孤児院の老院長が、役も役者も実に良い。その後にキャバ場を配し、ここまで来るとうちらは結末にはるまいと思わせるが、幻想ともとれる幕切れに終わるのである。1時間39分。観客にゆだねられて終わるのである。鮮やかだ。

子供の機知とサスペンス「この道は母へとつづく」　11·8

BSのドキュメンタリー番組などでも取りあげられるように、不法な国際的養子縁組ブローカーの暗躍が問題になっている。

児童性愛者や臓器移植のために転売される場合もあるからだ。この作品も、ロシアの新聞に載った実話に基づくという。

ロシア辺境の孤児院へ、イタリア人夫婦がやってきて、六歳のワーニャが気に入り養子の約束をして、孤児院長に金を渡す。孤児院にとっては大きな収入源なのだ。選ばれなかった子供たちや、養子年齢を過ぎてグレた感じの他の年長連のためにも描かれる中で——。

転売もさせられるが、かといって露悪的に踏みこむばかりでもない。邪題はどこまでも甘くないのが、脚本のアンドレイ・ロマーノフと、監督のアンドレイ・クラフチュークの意図と見た。

そんな時、以前養子に売られた子の酒び戻されたの母親が、突然孤児院を訪ねて追い返される。次第に母に会いたくなったワーニャは、前に居た施設の名を書類から盗み読むために文字を学ぼうとするのだが——。

後半の脱走劇は、ワーニャが世渡り上手な意外さも見順快さは、演じるコーリャ・スピリドノフが実に良く好演。——

世界の10人の監督が描く民主主義　1·16

見逃した去年の十月、NHKの「世界の10人の監督が描く『民主主義』」。①民主主義とはなにか、をそれぞれ10分で放送の「①S-B-I」がアメリカのキャンBIを描いた同題の「①S-B-I」が放送のドキュメンタリー。FBIをめぐるアメリカの疑惑のキャスティングで、監督のイーストウッドなどはアメリカのナムポリ監督だ。追跡したのはアメリカのなんとかの周知事件だ。

先代柳亭・イーホー／東京日日・NHK教育

東京日日・NHK教育。先代柳亭イーホール、厳流島の厳流島は三月三日、金馬の完全収録「日本芸能小話」やや長谷川三治の「たぬき」も、正調と武蔵のNHK総合の前のラジオ「天神」が初天神なんかは前の良い。わたし中継花月生、イーフィンを見てしまいいった。

薬②はすでに前の十月、前半の人のNHKの監督に見たが、新聞によると容易に大統領に選ばれた先住民のアメリカの②ICかとアメリカ・CIAとアメリカの④FBIとアメリカ続、警察の政治的な押しやすいお気楽に映した上の政治的な音楽劇。

館放③の取入れ初めの②MワクラッシュがアメリカのMワクラッシュだが、南米映画局事件が解消しない。追跡した結果は南米の風刺漫画などはアメリカのテロなどなど無知な期待だ。

なかった次なるたとき死んでアメリカの新聞にアメリカの上の総を見て大使され。

ホルテンのすきなもの　1·30

⑩の日本の民主主義が大いに悪いという判子が大市議選えで「①アメリカの悪いという視画に中東のアメリカをお気楽に映した上の。

魔法で夜の中でも目を引く子供説でおもちゃに育ては一年がこうした大池のの名店屋で出動きをサーカス「メリエス」の人形や総精が現れたのだが、ジョージ・メリエス映画群は作品集で、黒白の歌い踊る。

今池のの名古屋の「チネマテーク」は、やや1957年のゴロ見た「ジョルジュ・メリエス」映画祭につどう。

送られてきたのがいな。例えば日本三輪「舞踊」だが、従ってちがいなく前述のCの連携。思わず盛りの洋楽の記憶があるか。思い出すと美人スター十代のか女優盛り心の有楽の可愛いなどだ。

ボーゼ「リーゼ」今年九十歳のダニエル・ダリューの出演作を名古屋で上映、今の時間だが現役として日本で暮らしている禁男の家だろう。不良青年でとも「映画」九三〇年代のアメリカ映画「マリー」主役だろうその盛りの謎の女のような劇場公開作品だったかどうか。DVDでも見たい当見してもなのかどうか。この名店屋の監督は（!?）……

十代のダニエル・ダリューの放送を　1·23

今、実して現役として日本で暮らしている禁男の家の祖母から金持ちの老女などの有名な出演作を九三〇年代のアメリカ映画「マリー」主演の「映画」だろう。

中年九十歳のダニエル・ダリュー今の時間だが日本で名古屋で上映名名店屋で上映……

テレマンユニオンの村木良彦の死　2·6

先日亡くなった村木良彦さんは、一九六五年、TBSの「陽のあたる坂道」(脚本・山田正弘)の演出者としての印象が強い。

すでに五八年に日活で田坂具隆監督が石原裕次郎で撮った"名作"があるが、この新克主演のテレビドラマ版は、石坂洋次郎原作の"物わかりのいい大人"の視線に、映像で噛みつくような鮮烈さがあった。

る設定は、一九三〇年代のディズニー漫画映画などに幾らもあるが、ポパイの情感はまた格別。綱渡りの綱の上に積み木を積む芸を見せるピエロが、意地悪く言うことを聞かない積み木に皆で首を向けて涙を流す、ある場面がカラーで、35ミリフィルム上映で見られる!

ポパイは、イジー・トンカの弟子という枠内の人ではない。その多才を示す才作が、四つのプログラムに配されている。つまり、全部見ざるを得ない仕組みなのです。

「ラスト、コーション」アン・リーの舌を巻く演出力　1·31

第一級の映画である。台湾出身の監督アン・リーは、すでに米英で在住の名匠だが、最高の評価が高い。その演出力、あらためて舌を巻く。

舞台は中国。日本軍の侵攻初頭にかけての物語である。抗日運動に加わった女子学生ワン・ジアジー(タン・ウェイ)が、日本の傀儡政権の諜報部のイー(トニー・レオン)という冷酷なスパイに近づき、愛人となってイー暗殺の手引きをするという密命を負う――。

私がとりわけ感じたのは、音響効果。一九四二年の上海で、麻雀から一人抜けたワンが、西欧風のカフェへ行き、カウンターから電話をかける。そこから一九三八年の香港に至ったときだが、それが現在の電話の場面だったが、再び緊迫した状況にもどり、息をのむ見事な作劇で上海市街に変わり、空気とともに音までも、雑踏から店内に入ると、劇場内を包み込むスクリーン音が、日常的な臨場感に、銃撃や爆発だけでなく有効かが、この好例だと思う。

セックスシーンはあるが、中国公開版では削られたという。

そのだ。だが、女性作家アイリーン・チャンの原作の核にかかわるものだろう。題名のラストは「最後」ではなく、Lustつまり「色情」。中国では「売国奴を美化した」との批判もあるだろうだが、大詰めでのイーの衝撃と喪失のまなざしからは、人の普遍的な心情が切々と伝わってくる。

ワンが映画館で見るのは、I・バーグマン主演の「別離」(39年)と、C・グラント主演の「愛のアパート」(41年)など。この二人は、後にA・ヒッチコック監督「女スパイが敵スパイと結婚する汚名」(46年)で共演することになるのだから。2時間38分。

2008

2・20　スカーの歌舞伎チャンネル

忠臣蔵に出てくる侍たちが大好きな彼女は、知らぬ間に歌舞伎にも詳しくなっていたのだ。

歌というエッセンスが大好きな人に、小さな月日をかけて感動していくというのが、ナレーションも面白い。物事は知れば知るほど普段の中の価値が少し並んで上がるのだろうか。そういう芝居の見どころを教えてくれる迷いながらの選ぶ養老の人生を生きる鈴木久枝、新旅組「芸」にはやらしく興味が湧き、結果もう少し正しく知

門と朝の月的作りの私的スパーの歌舞伎は今、大好きなこと。鈴木治彦が小股悪党仕立ての月月月の筆頭で、主に十年にわたる歌舞伎座で上演された東京・三越

聴きスパーの歌舞伎は今、談党ん伴奏として「歌」を入れたものであり、今や録画の

十八年に成る相撲の番組を公開して東京も折りしも会社が止まる中だが、高視聴率を開いて踊っていたTBS田園闘争を中止した心のある坂上方がすると後の不況のこともあり、新しいTBS闘争を言うと、大会後回数々回番組に参加したいということ村木設立たが、以上ナ村木を低俗として見たことは不明記です平で来た三年の放送され林業司

3・12　言葉の語感的誤用

祥木広告の「心」が――という句がありました。「新版大阪ことば事典」(名

焼き字「講談社」の異教を見た気がする。ところが、ところが、そこはやや退屈なところで、波村史陽編「新版大阪ことばとは、――と記されてい

とし、安心する。やれやれと思うと、それを開くと、彼らには過言をあるように感じてしまう。

それにしてもものという点は、ただ、まただ一つと言うのかと適切な妙な慣用何かにしても、金銭以外は約的なものを渡すのをそのCのこの日常会話の根底にある一番の長所だけがある。この番組の中でもゆえる簡潔で、会話の論議早く短くなるゆえジャンクというとでなら肉の皮肉なと思議な共通井

ポーと言うと際に言うまい言葉に「○○円」というのは即に指摘を呈した。元ジャーナリストの中京井秀橋は「思ってました」とBS系のこのTの界りというのは変発行「行」の○○」

実まただ過日中京井秀橋が日本でテレビとどのアナウン元ジャーナリスト「○○」でテレビレビでとどのアナウンサー日本のメンバ「○○」系まだなと思うDX系ぎの山中秀橋は「○○だ」と思っても「ます」だ「○○」と

3・5　ナイスis...長い

る。

後の用例が、上方落語「次の御用日」の丁稚のせりふにある。「どこのおうちも、ホッとせんようにと、おっしゃるから出まんね……」でも、この店はケチだから出ない」とほやいてしからるる。標準語系?の「広辞苑」(岩波書店)には①ため息をつくさま②胸をなでおろしてやっと安心するさま③疲れて余念のない語感だ。冒頭の惹句は多分、焼き芋的温かさの語感からだろう。でも、この種の語感的誤用は安直に普及する気をつけよう。

イッセー尾形のワークショップ　4・23

イッセー尾形の一人芝居が名古屋・テレピアホールで催された。今回は本公演の間に「イッセー尾形のつくり方ワークショップ in 名古屋」の発表会があった。

演出の森田雄三著「同じ取れる人間抜けない人」(祥伝社)は2005年から津市など各地で試みている素人による芝居づくりを含めた具体的な演技論、人間論が実に興味深い。

中村区の市民演劇練習館で真剣な表情のイッセー氏も加わり、4日間指導。31人が「純愛方程式」など11演目に取り組んだ本舞台と、終演後の森田氏の「人の性格はまず声音に表れる」ことだった。

片やイッセーはもう堂に入ったもの。新作の中に500に近い旧作のうちから20数年前の「車内暴力追放キャンペーン」「アパートおじさん」を加え、その強烈さがまた大受け。登場人物は同じだが内容はあちこち変え、そこにプロの腕が際立つのだ。

落語の都、名古屋　4・30

名古屋の落語会の多さは来演した噺家が驚くほど。主催はアマ、ミュージックが多い。栄のアートピアホールなど大小の会場で客を集めている。東の三三、志の輔、小三治等、西の南光、小米朝、吉弥等、東の三三、西のこごろう等の新進にも注目しよう。

「名古屋で新作落語を聴く」の方はブラック、川柳、白鳥、喬太郎等のマニアックな顔ぶれ!? 会場は主に中村区の食事処・楽座だが、ここでは演者主催の会もよくあり、過日の「お笑いまん我道場in名古屋編」もそうで、桂まん我に吉坊、紅雀、鈴々舎などが加わり、旅ネタの伊勢参宮神戸方面「発端」「煮売屋」「軽業」「七度狐」を下座入りで快調に演じた。

隔月の丸善落語会の「立川談春独演会」は随筆「赤めだか」が面白いのサイン本つき。本に書けない体験談に笑った。鰻だと以上、落語の都の近況です。

上方落語は大会場に強い?　5・14

「落語は催眠術みたいなものやから、広い所では術がかけにくいんですわ」と桂米朝師。しっとりした人情噺は、とりわけそうだろう。

名古屋・中日劇場は一、二階合わせて千五百席弱。今、小生が落語を聴く会場で最も広いが、演者と客の距離は意外に近い。

昔、愛知文化講堂という半スタジアム式の大ホールは、「一番後ろの方、私の顔わかりますか……こちらからは見えまへんの

対比を以てせり。アメリカ・ディズニーを紹介してみよう。

新・人形アニメの妙 5.21

量を知ると上方であったが、中日劇場の高座風景である。色とりどり、広い会議室に詰めかけた大観衆。上方落語は意味も込めて、先れた中日劇場の高座以前、米朝の息女・桂朝子が巻き起こしたことに、本場で収録された。東京の愛好家女房「防対応力」が出色・演者の饒舌会場は、言葉のよう・情報のまたとあり、なお・桂枝雀は鐘頭。

ゼ中で「……」と言うかや、わが15日目と思うまでは鐘頭。

ゼ「15日目と思うときが多く、物語ジャンルは「……」・5 B S h i 15日目を見ると人形アニメに多くの歴史があるだ。両日の感じがある。

「1921年の百合」「15」の作品を見せられる映像とってもたっぷりと楽しくした。・人形アニメのジャンルはCG全盛のロボで・監督の1本アメリカ第80回・奇しくもロサンゼルスの英様を取って見たが、アニメ「人形アニメのジャンルでも短編アニメ「……」を受賞した。

「1921年の番組として開かれたアニメ復讐「ディズニー人形アニメは放送で盤見る愛づけ14ジョン番組デ。

ジェニー・ボーンラック初期の傑作群 6.11

コが西部劇の快作だ。ナチスとの戦争を続け「山猟師第3作「ジェニー・ボーン」が佳作の先住民を毛皮取りの旅で「インディアン」は道を先住民に毛皮を先住民の住む先へ・その黒人の方が殺し・トーマスの世相人の先住の相が飛師レフが商売・この世・反映して哀しみスだ学売

そして珍しい8年目となった・快作「6」で演じた。ナチスの戦争を続け「山猟師第3作・快作「道をつけ・旅で・取ってみて快作・続け取った」

ゼ作三味線は九雀だ。他三味線は九雀夫人のだ。わからないが・大太鼓を・制作の鳴物とは・とし聞いた故「前・大阪で・桂米朝門下の羽織文楽の小学校師が弾くものだった。だから小学校3年の頃だから飛び抜けて工夫して・月報ぶ九雀の売からこの子の太鼓が担当

小度も聞くに値する。先日は入手に置くかのアリナ豆知識として本の愛知県岡崎市は亀岡で知られる落語豪・戸田東京・大阪周辺の音・十・桂「銭亀」を愛知県難の第19回例会・十・桂「第19回例会か？現京・大阪報はた会場でた。

桂九雀の月報で知る裏話 5.28

は桂大阪の落語九雀に置く上方の落語アニメ市内場では大阪報

うたブラックの心情を思う。

第5作「ひとりぼっちの青春」(69年)は、大不況の30年代に流行した賞金めあてのダンスマラソンを背景に、欲望と悲惨を迫力十分に描いたニューシネマ。「大いなる勇者」(72年)は、ロバート・レッドフォードとのコンビが本格化した作。

85年度アカデミー賞で7賞を得た「愛と哀しみの果て」が代表作とされるが、演出力は70年代初頭で既に第一級。映画的鮮度に満ちていた。評価は常に遅れて来るもの。後年、製作や"名脇役"に回っ

習って広がる東西諸派の落語　7·9

落語の稽古をつけてもらうのは、同門の師匠、兄弟子に限らない。いま独演会で客を集める桂吉弥は、故・吉朝の弟子だが、6月27日に愛知県芸術劇場小ホールで演じた旅ネタの大物「三十石」は、寄

パズルの裏に潜む友情「アフタースクール」　5·15

ジグソーパズルのような映画だと思った。そう書いている人がいた。誰の連想も同じか。

ただしこのパズルは、裏側の図形がつながらないと駄目。いや、実はウラがオモテなのか——などと持って回らざるをえない、内田けんじ監督・脚本の前作を見た人には説明するまでもない。二〇〇三年の「WEEKEND BLUES」も、「運命じゃない人」(05年)も、観客に伏せられたまま後から視点を変えて反復される快感(!?)を味わう映画なのである。

だから、あらすじが書きにくい。怪しい商売をしている北沢(佐々木蔵之介)が、ヤクザの親分から会社員の木村(堺雅人)の行方を捜せと命じられる。北沢は木村の中学で今は教師の神野(大泉洋)を強引に相棒にする。

映画は、昔その中学で少年少女に手紙を渡す場面に始まる。少年少女の表情は、現在の木村のファンに向き合う美紀(常盤貴子)は一見して木村で少女は美紀な映像のだが、さて……?

作者は思い込みを利用して観客を操る人だから、謎解き的に見るよりも、流れにま

かせて"二芝居打つ"ヤマ場を楽しむのが得意業だろう。常に普通の人の普通の姿を描く山田太一のドラマにも、見る者をいざなう謎は組み込まれている。だから"劇的"なのである。

内田けんじの三作に共通するのは「友情」。人を思うまっとうな気持ちを、それと悟らせぬための交錯した話法なのかも。

結末近くの「お前がそんなのはお前のせいだ」というせりふが効く。その屈折が、人はまず当人が飽きる存在で、退屈で不平人間の自分自身は、子供のころから変わらないのである。

ドンゲールのB級活劇集　7・16

六代目から見ると、まだ遊亭好楽だった三代目三遊亭圓楽の弟子だが、29日から丸善名古屋本店で好楽の師匠である、林家彦六の名を継いだ林家正蔵の会に入門するが、ほど意外な気もするが、前座名「竹丸」で東西落語家数え切れないほどいるというが、立川志の輔や春風亭小朝など今やそうそうたる人気者となっているが、前記の圓楽「圓楽座」の染丸一門の弟子となり、春風亭小朝は現在「昇太」として広く知られる、「吉川」が既に東西に習う新

一　編集の名作初期マンの名作4本の旧知曜註は第目治を次が治が名作で、その米国売りうえし上中国が捕まる、土風殺万殺し屋が捕まり、中国奥地で運ける中国ゲリラを殺し屋として日本軍が中国奥地で、の米国売りうえし上中国が捕、ルた中国映現そうポ実話で、るなかりメスのだが、低い活劇さ重要だ、メスの活劇だが変わ、作だが重傷集る活劇、りメスのメだが、一号鑑「捜査線」第十一号鑑58が知し約WOOWを知OWを約7日をWOO約

WOOWがWOOWを知し約7日を知し7約　（7・11）

テレビで見る宮崎駿の流儀　8・13

着けDV監督のD嵐向の一本というリースだとすると、荒マフ・俺たちとガーラと入る劇場であるポイント9日か日本社会工夫があり物の中出し色ケ映さ上映されたくてなる「メ」インパ、嫌な気分逃がす「メ」のパ、要外面督がメ動すなるポ、た宮崎劇場公開ぶに「ロボ」がなるだろう。そのか良い話だく、宮作品だゆえ。近隣は無隣

見ればマニア・名な事件が監日常視同題的な体とく、日の村上田なれ「同20日、るらすいる優秀さ左遷す、行って"組織であるマ事件が、監督統べて20年未か、のくアニメ9日にラ嫌、たくてなる9日にナイ平和、嫌な気分逃すニキが無、要すとき督2る「メン田舎と、たり平さ逃がすという奇怪な、るらすいなある土地柄だと近隣、奇怪な実態ドキュ

きものだと思われたらしい。だけど、きもの映像がそれほどいいものとは、もとの宮崎監督が考えていた『ロード3、5日のNHKで見た「密着300日を、承知していたのだろう、宮崎監督が、仕事ぶりを見たのだ」ナレーショ、だけでなく、宮崎監督の流儀SP、た宮崎監督の上に立つ見事なドキュ、宮崎作品がいきなりメスの宮崎駿の、い。

拾い物の饗宴ホラー・コメディ　9・8

房の暴動「暴、の4本、い。すれ、再放送、全面ロ、」のグ、あろう、ようなキャンペ、企画です、コメンシュの対決「54年」

り絵コンテの形で描き進められるのは知っていたが「あんどこい、あんどこい……」とつぶやきつつ取り組む姿などは、こんな機会でなければ見られまい。

「理屈は外す。五歳の子には分からない」と絵コンテを削る。本質は理屈の人だから、テーマ性に踏み込んで足を取られたくなかったのか。

中で「オヘムラさんが亡くなった」と聞いてスタッフが驚く。東映動画時代の原画家、奥村玲子のことだろうが、説明が欲しい。

何よりも、宮崎初演出のテレビシリーズ「未来少年コナン」に触れないのはなぜ？ 評価が高く、初放送は当のNHKなのに。

反戦番組は開戦の月に放送を　8·20

北京五輪の陰で細々と、という印象だが、六十余年を経てなお戦争体験から見て重要な証言が伝えられる。東条英機元首相の肉筆手記など、実に興味深い。

14日の「徹子の部屋」（メ〜テレ／テレ朝系）に出た小沢昭一は、海軍兵学校当時、敵国アメリカの「蛍の灯ともし頃」をひそかに歌った思い出などを、軽く真面目に語った。番組の意図はわかるが、主な受け手は今さら聞くまでもない世代、若くなるほどどころか、キャスタニックにしか伝わらないのではあるまいか。

前々から思っていたが、反戦記事や番組は8月でなく12月で始まった。太平洋戦争は1941年12月8日の真珠湾不意打ちに始まった。虚弱な小学校2年生の小生は、教師たちの怒号とともに、先にと追随する軍国少年の暴走におびえる日々だった。

8月の反戦は被害者、敗者の声になりがちだが。仕掛けた側から語られてこそ、真の反戦だろう。

野田秀樹と串田和美の歌舞伎　9·3

上京の折、歌舞伎座で「野田版 愛陀姫」を見た。野田秀樹作・演出の新歌舞伎第三作である。

前二作の好評を聞いて見たが、なるほど斬新。今回はオペラ「アイーダ」の翻案で、エジプトVSエチオピアを日本の戦国時代の、美濃の斎藤家と尾張の織田家の争いに移した。折り畳み式の背景など、元「夢の遊眠社」らしい工夫を随所に生かし、インチキ祈祷師の在原（勘三）と細毛（福助）の掛け合いが笑いを呼ぶ。

「アイーダ」の「凱旋行進曲」が和太鼓入りで鳴り響き、巨大な透明の象が宙に浮かぶ。ご当地の名古屋近辺でも上演できないだろうか。

そういえば「渋谷・コクーン歌舞伎」は、元自由劇場の串田和美の演出で「夏祭浪花鑑」をモダンにアレンジして、欧米での公演でも話題を呼んだ。

今、歌舞伎の先端的な部分は、昔アングラと呼ばれた小劇場の演出家によって活性化されている。興味深い現象だ。

生誕百年「映画の子・マキノ雅弘」　9·17

いや面白かった。15日にスカパー！の時代劇専門チャンネルで放送した「映画の子・マキノ雅弘」（テレビマンユニオン制作）のことである。

1978年にTBS系で放送した「あゝ、にっぽん活動大写真」（13回）を、新映像を加えて178分にまとめたもの。雅弘の自伝

味の腕前だが……。

「作」の新作たま子（京都大路出身）が去る1日に大阪・松竹座で歌舞伎を好演した。二人の古典芸能会を開いた。先輩は当然、初めて見る新実を

運の腕前だが後日談で豪商・鴻池善右衛門の蔵屋敷に通うとキャラクターを異にする「吉坊」な肉を披露しながら、吉坊は運びのよさに悩し、キャラクターを異にするその後年が高じ、まいうへの結果、吉典は好評を博した。「鴻池の茶師匠」は故吉朝のもと新作の

中学生かと思うほど近年に名の、27歳だが前名の、大阪・道頓堀に身を入れた落語家の吉坊・弟子二人の古典芸能会を開いた。少壮は先輩に並ぶ知識はも、初めて見る新実を

吉坊18日、名古屋・中日劇場で、米朝一門会「鴻池の茶師匠」桂（桂米朝）座頭の出演だが桂文珍らの保、初めての出演時は柱

さらに進化した桂吉坊　9・24

御園座最後の車を押す仲間の一人「30年前から」女世渡り動か人前を伸ばす（28）から古志敏の父・キャストの元大映の景風景、フランカ省三と伊東四朗、松竹の監督による新作新喜劇で72年当時、映像も現れる。この再映出撮影永田雅弘に住年命で雅弘は不会少時代雅弘を小会一郎郎退

御園座後半を動か「新作で松竹の監督す一部10月劇場で新作新喜作72年当時、藤純作撮影さ本編永田雅弘へ再放送で変える引退記念映像が――等に現れる。78年に住年命、感動的に並ぶ不良少時は以上、名古屋・名動か人前退

客のごとく最終後を押す「一部で松竹の監督す10月劇場で新作新喜作72年当時、藤純作再放送を変える引退記念映像が――等に現れる。78年に住年命、感動的だんな以上は内

ふわりと綴じめのイメー　11・12

以下のような「性」女、参加する女を見ると、ただしアフレコに入っているでにセットはジュンの設定はなくなり、演奏はなくなった。「完璧の喫茶?ジェームス・ディーン究極のウクレレを手に入れた。ミスをしてはいけるホテルマンだとうまくいくのだ。桜木ストウのひとがまスパイのみとほぼ原型を現じ女ん。

今1セット回参加を設場名古屋で1尾形を名

一族、緒形子ー回を?CのBが取材の妹子でタフは目あるまいかから見るおれが断るたおまり父父がとしてCB山田太しと思うへ制作のいうのか設まいうかきの良田役を確認した後を「向田邦子の傑作だが、「阿修羅」は土曜の夜だったから両方が同時受ける理由なん?だから他の局で避けるんだ渡け

先日他人に見返しさせたとき以上演事なるとき役でか

山田太一ドラマの綴形拳　10・15

たださんとき返しますが、以下演事はまい役でか返した。C本人として山田として――と時間が引田多足で時のII出II露のなん、NHK橋山節考NHKが「阿修羅」は両方の綴形し土曜の緒形、そう他の局渡け

引退ツアー中の演歌歌手津山洋子が登場した。彼は何者でどんなシチュエーションなのか？と集中する。いつもの緊張感は皆無で、こんなに歌（自作もあり）でくつろげる。ふんわり緩いトセーは、三十数年来初めて。ころころ今池のポイント等で見た関西発の「ゴローショー」を連想する。もっとも演者には、また違った緊張があったのか。

今回はホール20周年の、名古屋のみの趣向だとか。来春はこの一人芝居らしい。

桂まん我独演会　11・26

名古屋・大須演芸場で桂まん我の独演会を見た。市内の小会場を借りて「お笑いまん我道場」という勉強会を続けてきたまん我だが、ここは初めて。

一席目の「皿屋敷」はいまひとつだったが、メインの「しじみ売り」は上々。年の暮れにヤクザの親分から十手捕縄を預かる男の家で、しじみ売りの子供が来る。身の上を聞くうち以前彼が身投げ寸前の女を助けた、その女は泥棒で、彼女恵んだ金が刻印入りだったため女は捕縛、子供の姉だったと知る……という皮肉な人情噺を三枚目の子分を面白く絡ませて演じた。

中入り後は、助演の先輩桂吉弥との漫才。いとし・こいしのネタ「ジンギスカン料理」で大いに受ける。

あまり演じられない噺に取り組む彼は、初代春團治らに通ずる野太い"落語声"が良い。12月27日には久々に会場にしてきた中村日赤南の食事処・楽で最後の「まん我道場」を催す明店間近という。

カレル・ゼマンの特撮アニメ　12・10

チェコ・アニメーションの往時の三巨匠、テルロヴァー、トルンカ、ゼマンのうち、今最も知られているのはカレル・ゼマンだろう。特撮にアニメを用いた数々のファンタジー長編映画で、アニメファン以外にも関心を広めたからだ。

14日から名古屋シネマテーク（今池）で上映されるゼマン集の特色は、初期の短編が目立つことだ。「水玉の幻想」（1948年）は多分日本で初めて封切られたチェコ・アニメ。ガラス細工の人形がこよなく哀しく美しい。

シリーズの一編「プロコウク氏映画製作の巻」（47年）の主人公には、チャプリンやジャック・タチを連想したのだが、以前来日したゼマンにそう言ったら「コメディーとアニメは全く別物だよ」ときっぱり。返す言葉もなかった。

アニメ作家の矜持もあったのだろうと、今にして思うのだが、今度見たあなたは、さてどう思われるだろうか。

喜味こいしに聞いてみた　12・24

名古屋・栄の中日劇場の「東西落語名人会」に、桂米朝師との対談で来名した喜味こいしさんに、六十年ほど前うラジオで聞いたいとし・こいし漫才について尋ねた。

こいしが突然「それで君どう思う。（当惑した夢路らしい応答に）あるそうだろう、僕もそう思う。君はなかなか話せるね、君と話すと気が清々する。いや面白い話やった。フフフフ……」。これが再三反復され、ついにいとしが「ええ加減にせえ！」。

で帰り橋米画を売り出すた
めのいうのは客付けだった
にたるもの三枝の
米朝の末弟子桂米平が独自
に絡んだ
大須観音ですが技芸中の
日本人の本質を耐えて
おのおのに
変わらない子の長い列が

12時間の年越し上方落語の会　1・7

輪ラジオの名古屋・大須
演芸場である「12年越し
上方落語の会」正月公演で
文枝の弟子の会
耐えての
桂米朝12時間の夜
放談「鹿」等
本格出演は8人
米朝以来1年半か
ら元日の朝日放送ま

は批評で東京弁になったとか
もう尊名を次々と流行
である状態だから早く名古
屋の気を取ったやら変わっ
たとかしてやる高校の級友
映画やそこまで名古屋の会
であるという記憶が勝つと
いえば一上方落語だ
折だった

過剰体罰はどこかの国にもある　2・4

響察の聴取を回し
なので10分連続を負う
だけでも重傷を
たるもある「鑑識」の
つよう不文にしてくれたおかげ
取られるお互いだが
コーチ式の練習中の
女性教師の間で
E・Ⅲ
B②
第16回緊急教室至
医師が何回も結構精神
が破れたため新人部員の危
機を教える教員を用意き
「
響察の聴取を用意具
な

他と喜ぶNHKなどテレビ
事とそれたという。そのよ
うにNHKはＤＶＤに全長
版をカットして放送した場
合がＮで始まる8年間本
番枠だが迷ってきたＮで
始まる「カット」したときも
あったが実はそれ送り以後
は銀河テレビ小説として
前日か後で90分枠たとき
は75分テレビ放送し映画で
は90分枠だったのをＮＨ

カットしたのはNHKでしょう　1・21

の送でＣＭとして放
鮮明刑事「コロンボ」を
というコメリカから「…」
にという対応できる良いのだが
98分に完全2年間90分枠
に90分枠が71カットだが
例えばＮで始まるニース
かでルペン少佐初めてＴ
もそうだが土曜初夜から土
曜夜初かそれて土曜夜当
日放送を復活放送中でＮＨ

それで連想するのが、大相撲時津風部屋の傷害致死事件。元時津風親方と兄弟子3人が逮捕され、裁判になった。

バーに! ミステリーチャンネルで放送中のフランスのテレビ映画「女警部ジュリー・レスコー」にも似た挿話があった。体育会系には"かわいがり"などと称する過剰体罰を黙認する習慣が、伝統的、国際的(?)に潜在するということなのか。常に監視しなくては。

桂南光独演会の温かみ　2・18

桂南光独演会を名古屋・今池ガスホールで見た。満席。今回は廓噺。

目が前もって示されていて親切。

助演は実力のある若手二人。桂二葉の「ちりとてちん」は例によって好調。紅雀の「餅屋問答」は京都の「桂米朝落語研究会」のときの方が上出来だった。

南光は「らくだ」と「鹿政談」。「らくだ」は東西で演じられる悪

親子の悲痛なドラマ「そして、私たちは愛に帰る」　1・15

私は、トルコの実情をよく知らない。普通の日本人は、ヨーロッパの国ほどには知らないのでは。

これは、ドイツ生まれのトルコ系移民二世のファティ・アキン監督(脚本も)の作品だ。

ドイツ・ブレーメンで妻を亡くしたトルコ人老人アリ(トゥンジェル・クルティズ)が、トルコ人の娼婦イェテル(ヌルセル・キョセ)を買って家へ入れる。父と共通の話題はない。そんな彼にイェテルは、トルコに残した娘を大学へ通わせるため身を売っていると語る。息子とイェテルは、家を出ると叫ぶ彼女を殴り倒してしまう……。

舞台はトルコへ移る。ネジャット(バーキ・ダヴラク)は娘アイテンを捜すためトルコへ。だが当のアイテンは反政府運動家で、ドイツへ逃れ、ハンブルクの大学食堂で食いつなぐ。ドイツ人女学生ロッテ(パトリシア・ツィオラコウスカ)と深い仲になる。

ロッテの母親スザンヌ(ハンナ・シグラ名演)の「EUに入ればすべて解決する」との言葉に、「EUなんて、昔植民地を持っていた国じゃないの!」と反論するなどの会話がいい。

ファティ・アキンの脚本は、随所で"究極のすれ違い"を見せる。ひょんなことから知り合うのだが、アイテンが偽名を使っていたので気づかないという具合に。カンヌ映画祭での最優秀脚本賞受賞も。スト冒頭のガソリンスタンドの場面を後で繰り返すのは、あまり意味がないのでは。

母と娘、父と息子の悲痛なドラマ。古風な言い方だが、情変わらず。2時間2分。

今とも今回の階級差を気持ちよく知には出せ是非気が通る感動のなかなので身だが、感覚がまだ通うへ働く名前も死に、笠智衆の名所には「冬、」だという回を3度だと思い起こし、深見のという思いさせられるという深い場面えにから、ぬ例「3回を覚えたとするまだという——年から、ドリラマは1985年冬だ描

NHKでは（山田太一の「少年たちがいた夏」が？）体を張ろいれしを張ってもし、だてしのち人のが止め、自見の若き女の身投自殺をあるのちを再会していく途中にでしても仲間由紀恵（中年男を書いた）「なぜ？」中年男紀恵（男）

加瀬亮のホテルで承と聞りでが一際鳥肌を承、され受見たが女性立た1回高い家が山田太一作（東海

山田太一ドラマの名場面 3・4

承されていく知に入るへへ。師匠の納得いくきが最もできるきを低いところが怪かをさで見えなきが、ててゆくたきく見。故なのだを補理強を着でてそのられきそ払え芸いう迫のたくすの酒香屋や町内としてこだの乱香酒ようだ酒やた見光と内町きて風演じする兄からきざ関係が豪長者みだやのの暴者長屋に力が集まる五郎に

通落語もるかへ熊るる熊大酒頃死いのき人物が大るかへ最だのき熊好理人た順死頃これしさで見えて着し、ててくたのへ、ってのだれき五郎

カラー版 アジア・ライブイージョー 4・1

せが次折時志く発かの次回は6月14日朝風輩日のが「あり真る妥次に目が店に高いう白焼美がら方女に乗りたすなのるりらす中華店け鰻ばのおかおり「桃しし桃蔵し味噌は「」にくら庵日の酒百と正攻法で面白くと済根霊と偽る幽師の大

紅雀ろうたと齢か発案とこを齢へくの家等だ姿配しりたり「あしく結婚し朝鮮新客だり道丈夫と人「鰻に失敗しまっての次に目高あ店は夜頃い不動坊「」を桃し高いさらかどん米賓客周にらく若手ジュース75降りなり旅番急し返ちどん頭えてのち当道具屋る道具幕講にあえて失敗も死し大高

紅雀屋上で誉るが美人だ気を物を褒る西ろん桂長屋中の齢紅雀は瀧川小牧そ万の松屋人「。東西店に鰻を名場合と勝負し第75回小牧支店を第小牧楼会

桂雀三郎と瀧川鯉橋 3・18

当時カラーテレビが日本にはそう見られたで多るのチャンネルで1964年のグランジャ・ホルネスター物など芸能を銀河にテレビ放送放送多数のヒットをを歌手栂まなしい。筆者もまたい72年放送のNHKで続くNHKで66〜69年にドリジェン手ランクまり参るジェリーズ日曜に放送しあろう。ドビィ・Jr.

以下第一回は、ヨ。ドリ・ベンチャーズだが、レイ・チャールズや2回のチャンは少人等なすれを多く出来た・放送し

た折に名古屋放送局ロビーのモニターで見た程度だが、今見ると、ダンサーの色変わりのスカートがなるほど初期のカラー番組だと思わせる。

日本テレビの「シャボン玉ホリデー」に影響を与えたこの番組の視聴は、J・COM スカパー！e2等、名古屋はスターキャットでも見られる。この際、CBSの「ペリー・コモ・ショー」なども見せてもらえないものか。

イッセー尾形の趣向と本質　5・13

イッセー尾形の一人芝居を名古屋・テレビアトンで見た。東京・渋谷ジァン・ジァンでの初見参が1983年。名古屋公演は92年から。だから17年になる。

舞台袖で衣装を替えての独演。あられた世相風刺ではなく、典型的な人間の種々相が、2時間余にわたって展開する。

今回の演目は10。春闘で毎年気勢をあげてきたが今やプラカード

おそろしい話だが考えさせる「チェイサー」　4・30

おそろしい話である。実話がベースだからこそ作れたともいえる。さもないと拒否反応を起こし観客は当の犯人よりも脚本・監督のナ・ホンジンを許せなくなるかもしれない。また、第四十五回大鐘賞（韓国アカデミー賞）を作品賞をはじめ主要六部門で受賞したのも大いに納得できる。

元刑事で、今はデリヘルのあっせん業をしているジョンホ（キム・ユンソク）と連続殺人犯ヨンミン（ハ・ジョンウ）がドラマの核心。

高額な手付金を渡した女が二人も行方をくらましたことでカンカンになり、捜索を始めたジョンホは失踪した女の車に残された電話の最後の着信歴の番号「4885」が、その客が向かった町へ急ぐ。

このあたりからじりじり高まるサスペンス。ジョンホは無頼"客"を捕らえ、警察へ引き渡す。女を転売する業者だと思ったその男ヨンミンは殺人を自供だが、逮捕状もなく拘束し続けるには十二時間以内に"物証"を発見しなければならない——。

殺害の場面は黒白にするなどの工夫がある。描写は陰惨だが、ナ・ホンジンの演出は、ミジンの娘の幼いのに早熟なウンジ（キム・ユジョン）とジョンホのやりとりの風刺的なユーモア、泣くウンジを雨のフロントガラス越しに撮ったショットなど、実にいい。

いろいろ（実にいろいろ）あった。古い屋敷の中でジョンホとミンジは正面きって闘う。すさまじい場面である。入院したウンジの横で、そんな無言の名場面もある。

イ・チャンドン監督の「シークレット・サンシャイン」（2007年）もそうだが、キリスト教が広まった韓国の"残酷な矛盾"も背後にある。考えさせられる秀作。

2時間5分。R-15。

番組に冠のつく人　5・27

だ(……)紳助は「──」で冠したのは大阪での新番組の律令準拠の法律相談所「行列のできる法律相談所」。明石家さんまを冠した歌番組「MUSIC FAIR」。「踊る!さんま御殿!!」と変わる具合がまた御徒……。

「行列」というキサイな名を冠し「話題」「明石家」「紳助」と名を冠して番組を並べると、吉本興業の同期で、さんまと紳助の二人の名を冠頭にして……。

一方、紳助「殿!!」としキサイな名を冠し話題、明石家さんまとし冠したのは……。

見る者にとして哲学のものを三男もくて新入社員が摘するものダ、とも続けた男子生徒の事。
演者が初対面から初舞台見たに次の配がねたけど、そのV女生徒にハイナバ、ーヌサイト、テーンをさせ立てて来た。
しみてのメンバーの誘たて来たが、ないバ、うりさまンの「哲」で、女性へ、さむ妙と、立って不慣れな「店員等々へ、ならもの「本質的な狂気があるテーだが、それを見たいが学に主の課文

2009

あとがき

二人は私と意味を使って四〇〇字づめ原稿用紙四、五枚で人を書でとある。大量に落書きされたようなケースがあるのだが、それでも見えてくるような形で――それを一つの短編『風小屋』と言ったんだ。「1」となるんだ。おだ。

映画評論に初めて書いた文章が載ったのは一九五七年七月号で、当時は主として記者だった。編集長は佐藤忠男氏、参加した者として新聞社出身の南部を担当し......

森卓也

2015・10・10

なる。

ずっともらわないのですが、といまだ尋ねられることがある。な／んか不思議なのらしい。愛知県の旧中島郡北部の農村に生まれ育ち、／いまに至っている。

一九四九年六月三〇日、私は、濃尾平野の西端、木曽川に接す／る市の役所勤めを落ちこぼれた、やっと二冊目の本『アニメーショ／ンのギャグ世界』が出たばかりの、家内の食客として暮らすしかな／い四十五歳だった。

そんな折、名古屋駅前で複数の映画館を経営する中日本興業の／菅原敏郎氏（いわば第一の大恩人）に中日新聞社の、ラジオ・テレ／ビ部のデスクの池田力氏（ほどなく部長になり、ラ・テ部は放送芸／能部となる）を紹介された。「丁度よかった、実は──」今、ちょっ／と困っている。「夕刊の匿名コラム、東京新聞のを載せているのだ／が、テレビの悪口が多い。媒体がひしめく東京では、刺激的に書か／ないと目立たないし、読者も慣れているけど、名古屋だと受け取り／方が違うから」。

で、試しに書いたのが、八月二十三日の夕刊に載り、以来、週二／回はのペースですべて採用された。タイトルは当初「ウの目タ／カの目」で、翌一九八〇年から、東京新聞に合わせて「うろちょろ／ノート」になり、二〇〇九年五月二十七日付けで終わるまで形は変わら／なかった。ほぼ三十年。思いもよらぬ匿名の長寿で、しかも七十代／である。われながら妙なのは、東京新聞バージョンを読んだ覚えが／ないことだ（念のため読むよね、ふつう）。

執筆者は、一時期、ほかに二人。池田部長が、内容をさらに広げ／たかったらしい。それと、たぶん記者の方だろう。新聞慣れた文体

砕することにある」と結んだ。先生方に共通する錯覚は、観客を自／分の学生と同一視することだ。他の上映に並んだ大学生らしき若者／が「……だったら自分の批評と粉砕されるんじゃないか」と語り合っ／ていた。

『麻雀放浪記』（84年）で、初めて劇映画を撮った和田誠が、映画／というものは、実にもう、誰が何を言ってもいいのだと改めて痛感／したという。評論家に称礼は要らないからね。

反面「映画だ」と称すれば、誰が何を作ろうがまかり通ってしま／う状況も、昨日や一昨日に始まったことはない。そうその興収さ／えあれば、次が約束される。扱っている商品の"質"が、これはな／ど外視される業界も他に少ないのではないか。

前述の通り、私は『映画批評』誌の読者論壇で育てられた、映画／ファン出身なのだけれどなのだが、アニメーションがらみの文章が多／かったため、それ専門と見なされることがしばしばあり、世評と／いうのは、かくも対象を単純化するものなのだと実感した（ついて／ながら、昨今の"アニメ"に関しては、私はごく狭く偏った知識／しかない）。また、近うってくる"ありがたい読者"も、話が映画／全般に及ぶと、時として"裏切り者"を見る眼になる。当時のアニ／メーション・ファンの話題の中心は、劇映画に併せる数分の／漫画映画で、内容も、話題の映画の戯画化だったりするから、劇映／画を知らないと分からないことが多いのに、熱心自慢タイプの人は／"狭さ"を"深さ"と思いたがる傾向があるようだ。ワイルダー／が『アパートの鍵貸します』（60年）の中で『グランド・ホテル』／（32年）を引用するだの話をしているのに、フランス映画『北／ホテル』（38年）と混同されたりすると、あと続ける気がしなく

う、まく届くように郵送されたものを、その読者からの感じ入った、奇妙な手紙をいただいたことがある。だけれども名を入れても新聞は、当時は十年前の新聞だった。多くの座長会の演芸名というものもある形でくれたりするのは奇妙なものだった。けれどもそれはそうでもないと少しずつ生きてくる。そういった形くらいにしか話を進められなかった。まして名古屋ではなく、この人形劇は〈役者魁〉布告の記録かというのが初期のコラムは、数字という文字数は十四字であったから、電波の新聞用語五十五字というのは近い演劇担当の記者が書いたものだった私は、関西の若い手をこれは主催者側の宣伝でもあったのを読み返したりするのだ。当時のコラムの漢字三千字で、くてはコラムは下七字制約であってしまった、私は編集サイドの言い方があるというのも面白く限られた先代林家三平に大劇場に関わらせる気が前から浮上していた状況。台湾先代は下七字に字数へとみなからなる小劇場演芸を見せる。その終わる頃、約十二字詰めるのをみるものだった。終わる頃、約十二字詰めるのだった。という話は、その中で―名古屋のホールある項目ども自分の意図というものだった。そういうのをいろいろと世に出してから以前から浮上していた状況。台湾材料を行数が長い演芸名というものもあるのでした中で、私は放人だけれども二度ある年の十二字詰めにしてくらいになったのも新聞だけれど、それは放人だった。その黒川光博さんにお話していたのだが多くの座長会の演芸名というものもあるのでした形で、私の日本放人であった。その和田尚久さんという若い手をこれ以前の人の英高崎さんにはそのコラムの日付を世界(東京

気がなかったのだけれど、用に一回ずつ気持ちのなかで遺漏回す中嶋廉氏から、いうコラムを記憶にある足元に覚えし、そのコラムの目の日付を元にある足元に中嶋氏の案に

選びが中嶋廉氏はなるべくだれにも気が済へ遠慮しようとしていたのだろう。しかし私は、全部でなく一部をそうして心づもりになる。(私)用いられることは私なら版元でしていく気もあるのか気付いてしまったのだから、る遣うのか―というコラムを記憶にある足元に実現し和田尚久氏の案を東実現し和田尚久氏の案を

なの額に張うが手にしたのであるのだが、きものだからしているのだが、それはどうしてもだから方向にするとしていることがあって、それはどうなまるのかそれがあって、それはどうなまるのか、そこはこういう形には、そういう形にも多くのことはど、そこはこういう形にもの御本のフ『企画・松本尚久』と刊の御本のフ企画・松本尚久(旧訂正してれて春秋より『―定本』を刊正道加えたそのうち私はなったなっていた、千葉尚久で春松尚久で単行本にしてなのだが気付いたして千葉志が気付いたしてなのだが気付いて―と出版味し実現市志のだかきを付きを付けて―と出版味し松本・尚久を

現状がないというしていたのですが、西便に献したというしていること、いうことは社ぞと以前から子供の頃末松高崎氏したのだから末に無理しなかったとしてならまみせ今は子供の頃の英高崎氏、収録せる形を変わったのだから全部収載せる形を、全部収載せる形だけとして『○○を子見せる超えせるのだから―映画を見せる超えせるというのだから十六才用として相子用として相

で、年度ごとに二本程度の、夕刊の映画評と、その年の"回顧"作の題名、内容を列記する形にまとまった。それぞれの時代を、読者がより実感できるよう、との配慮である。

日々刊行される膨大な書籍の内容は、昔も今も東京一辺倒だから、と。こんなに名古屋や関西の落語会や小劇場の芝居などをせっせと書いた本、いいのかなあ、と一地方人の著者は心配が先に立つのだが、和田氏は、だからいい、と断言する。他に類がないから、というのだ。なるほど。

一人芝居のイッセー尾形にせよ、小さな劇団にせよ、歳月とともに変わる道理で、だから見続けて書き続けることが、結果として芸のクロニクルになるわけだ。

とりわけ笑芸系。落語もそうだが、トリオ漫才、コントグループなどは、避けがたく時代と演者の年輪を反映し離合集散まるで別物のようになってしまう。こんなものを面白がっていたのか、と思ったりもするのだが、見るこちらの感覚も、その日その日で違うことを改めて自覚させられたり。

およそ非学者的な私の興味の一つは、意外なものが一瞬結びつくことにある。往年の喜劇コンビ、アボット＆コステロの「凸凹海軍の巻」(41年)に、落語の『時そば』(関西の『時うどん』)と同じ小銭サギがあった。渡す金を数える途中で「いま何刻だ?」と聞く代わりに「海軍に何年居る?」と尋ねるのだ。それから六十年、ウディ・アレンの『おいしい生活』(00年)に『狸の賽』そっくりのくだりが現れ、これは落語作家の小佐田定雄が驚いていた。

そういえば、ワイルダーの『第十七捕虜収容所』(53年)のさもしい食事がらみの修景は、『寄合酒』連想させる(原作の戯曲のままなのかもしれないが)。

こういう時空を超えた共通性に出会うと、また格別なのだが、落語を知らない人にはチンプンカンプンだろう。こわいのは、話題が知らないことに及ぶと、不機嫌になる人が少なくないことだ。学校の先生に目立つ気がする。"教える"人は"教わる"のが嫌いなのかも。

映画に限らず、あるジャンルの目利きたらんとすることは、完成しないジグソーパズルに取り組むようなものだ。私自身、知らないことだらけで恥ずかしい限りだが、在野の映画ファンの中にも、確かな知識と感覚を持つ人がいる。その人に嗤われたくないな、という思いはある。

ともあれ、こうした方たちが工夫を重ねた大労作は、かくのごとく仕上がりました。ご当人は「へえ、こんなの書いたっけ」と無責任につぶやくことだろう。少し風変わりな読者の方に出会えれば、本書もその冥利につきることだろう——なんて、もったいぶって、八十二歳の私は、内心、歓喜雀躍しているのです。はい。

解説

象から全体の時間が経過するまた上あるただその距り
ねる上であるただその距離り、音楽や映画やマンガを集積された
その時間を一定の〈時代〉として描く。その心のあり様こそが
〈時代〉なのだし、人が起点になる主観的個人的地図
としての時間を把握する

読者森草也というのはたぶん一回だろうか、それは名前だったら……
ただコラムというのは名前を伏せてのことであった。
森草也のエッセイ「楽豆家」が一九八七年五月二十一日付から最終回は九
森草也という名前は（前住市在）ジャンルとして「楽豆家」と名乗ったというのは
雑誌など多くの読者が中部地域が掲載された新聞の紙面に
あるから著者名が記されるのは連載面の紙面の新聞の

（中日新聞に一九八七年五月二十一日付から最終回は九十七年九月十七日まで十年間にわ
たってコラム「楽豆家」を連載していた）

だから森草也は音楽や映画やマンガを集積された
その時間を一定の〈時代〉として描く。その心のあり様こそが
〈時代〉なのだし、人が起点になる主観的個人的地図
としての時間を把握する

──音楽や映画やマンガを描くという時代を
描いてゆくというのだろうか。それは人が
〈時代〉として心のあり様こそが〈時代〉なのだ
そのようにして人が〈過去〉と
〈時代〉というものが、主観的個人的に把握する

名は理由の存在を知るときのことだ
（だが）コラムというのは名前を伏せてのことだが
前住市在というのは……
だがコラムというのは名前を伏せてのことだ
ただコラムというのは東京に一回だろうか、それは名前
だが、それはたぶん一回だろうか
だがコラムというのは連載された
多くの読者が中部地域が掲載された
新聞の紙面に

なただろうである。てというのは名
だろうである。てというのは名
ただし森草也の末尾に官市在
のコラムのページとして「楽豆」と
いうのはたぶん一回だったら……
ただコラムのページでも一回
森草也というのはたぶん一回だろうか
だが、それはたぶん一回だろうか
のコラムは

逃げるというのに逃げるというのに
いうように逃げ出すこと
『北西参差』を見ると
(その)物まねラッシュ
ーリーに進路なへ
しても、もちろも、
次の瞬間には師が触れた
演目を取りなおし、
片手を制するあり手を制する
あり手を制するありあり手を待つのあり

しても86年の年末的な話を
代の有名作だ『北』を突き出した
どちらか名作だ前方
何度も見るように前
ーリーに進路なへ
（59年）の飛行機が
物まねラッシュれて
切なし感に迫られるのは
迫る感は迫られるのは
にかれ続けた

もしとしたという性格に
もののあらいは三十年間に
個性にという材料に
十年間という材料に
構成されるというコラム
たのだが総和だ
かたちを与えられた
に出した現在としては
〈時代〉の森草也
判記しのあらゆるこの

各回を書きすとしたのものに
びだたときそれは森草也
のだらいは日本の中日新聞に
十年間に文体か比べして
ものであるというコラム
性にという個性にという
日本質的に資質的にある
演「劇」「語」「落」
読「書」「読」分け隔て
〈四十余〉あるいは

ご各回は映画「映画」「テレビ」
也はドラマとてものに
すときそれは森草也
のだらいは日本の中日新聞
総計す四百五十三の著者
集館覧して読者に掲載された
日本に日本中日新聞
不要作家〈評論〉をも
あるいは四十三の著者を
そのコラムをこれを発見え

選びだたときそれは
選びだたときそれは森草也
のだらいは日本の中日新聞に
の著者を明日新聞
著者四百五十三の著者が
集館覧して読者に掲載された
日本に日本中日新聞に
家論をも評論家
あるいは四十三の著者
これを発見える

和田尚久

2015·11·20

るピンチにあっても、どこか余裕が感じられた。その無類のペーソスとライトなコミックの"虚構の空間"によく似合った(『ケーリー・グラントの余裕』)。

この短文が浮き上がらせるのは"虚構の空間"を設定したうえでの優雅なサスペンス映画が、監督や役者の消滅によって――同時に観客の変化によって――今日では成立しにくくなっているという〈時代〉の感覚である。

一方で、その翌年(87年)に放送された山田太一脚本のテレビドラマ『友だち』に注目した著者はこう記す。「それぞれ家庭を持つ倍賞千恵子と河原崎長一郎が、バードウォッチングで知り合う。中年の男女の友達づきあい、世間の"常識"は、まず信じない。(中略)倍賞とその夫、井川比佐志、河原崎とその妻のうつみ宮土理の四人が、倍賞の提案で集まることになる。(中略)その場所が、喫茶店でもレストランでもなく、倍賞の済む団地の集会室というのもおもしろい。」森卓也は、集会室の冷えた空気の感触をつうじて表現される中年たちの"恋しさ"、それを見る者に印象づける脚本と演出の繊細さを高く評価する(『山田太一のセリフ』)。

都会的洗練を体現したケーリー・グラントの退場と、現代の空気をフィクションのかたちですくい取ったテレビドラマを、著者はパラレルな視野に入れる。

森卓也は、昔はよかった、それに引きかえて――というような懐古趣味的な考え方をしない。彼は山田太一の作品(ドラマで戯曲で小説)を繰り返し批評の対象にするが、その根底にあるのは、おそらく〈いま何がリアルか?〉という問題である。〈リアル〉であることは〈写実的〉であることとしばしば(というか多くの場合)ごっちゃにされるが、本当は別のものだ。とらえがたい世界の奥にあ

るものを、つくりものを通じて提示したものこそが〈リアル〉である(ことは、アニメーションの本質でもある)。――だから、森卓也だけが、山田太一のドラマ登場人物(深津絵里)が発する「手を出したら結婚したいものと判断します。そして、手を出してくれていいと思います」というセリフに対して「山田太一の傑出した虚構性はそこにある。現実にはありそうもない会話によってリアルな心情がくっきり見えるのだ」というような言葉で反応することができた(『山田太一の傑出した虚構性』)。

彼がなにかを批評するとき、つねに起点となるのは森卓也という個人であり、〈いま〉という時間だ。その揺るがない視座が、すぐれて個性的な〈時代〉を立ち上げる。それは、世間はやりものを追いかけるというようなさもしい振る舞いとは一切無縁である。

〈アート〉という言葉は、日本語の文脈では"芸術"とか"美術"という意味に使われるが、本来の意味はもっと広く、"技術"や"人為"といったニュアンスを含む(語源であるラテン語の"ars"がそもそも"芸術""技術"双方の意味を持つ)。森卓也は厖大なコラムの中でくりかえし"芸"というキーワードを使う。

京劇の来日公演『三岔口』(79年)のだんまり(暗闇という設定での立ち回り。歌舞伎にもある)をスケッチして「郭鍔春の動きには、重力が断ち切られたと思える瞬間があった。スポーツ選手のように、反動をつけて飛ぶのではなく、ふわりと浮いてくるように返る。音もなく机へ飛び乗る動作など、映画で机から飛びおりるのをイスを逆回転で撮影したよう」だ」とサラリとスケッチする。その視線の確かさ。

しかも、彼のまなざしは、立ち廻りのように、見えやすいところ

映画を見た〈発見〉ということ

アメリカへ行くまでのウッカーに、まだ見ぬ兄弟版のエッセイ青年が、まさにその時代の高きを評価した第一人者であり、小林信彦同様に、日本の初期の「コラムを書く」を始めたそのうちV・Dはだは日本の文化的絡むだでや映画行方からは数回興行とすかすえ、そのうえ見本は前提とされる対象とし方式。

彼はおたとえてもは沈黙の中で重厚助片を放つアメリカ口演むきを森繁絽子に気付いてわけではなかったのだが、ヨーロッパにあるメスへ行くこととは——（『。』）彼のおたとえは動きというものの引用によって廃止なったユーモアの大人だった。『・マア』にお

研究という区分をしてはいけないというのは、つねに芸を見たことにするためだったにすぎないのかもしれない。芸というアメリカは、あるときは俳優とする文章で具体性を持つ世界の料理人・ジョージラーに

映画や「画」や「舞台」や「メニュー」「台」や技術

九三三年に生まれたというが、本多劇団の二〇〇記録影かれた東京大阪を引越した森信彦也は市谷やぬき先生の生れをもから

大やや桂雀形枝尾本書に

たが、その本多くらは映画批評家としての身を置く東京・ロイド・ーした後に完結紹介者

触れには驚れたErだっ
「』」En『Er『ラーキスタエユ『二〇一』
『En曲雑旬上旬四月十四月』の筆者だ

九八五年に放送されたテレビ番組であるこけしとのやでわけだけてわれるエスペはいたでれあだけてだだけ

いおきらない。

　本書の編集作業について簡単に記しておく。中日新聞に連載された
コラム全体を通読し編者が取捨選択をした。ここに収められた
コラムは全体のおよそ半分ほどだが、これが、この判型ページ数
におさまるぎりぎり一杯の分量である。コラムのタイトルは中日新
聞初出のものを今回改め、トランスビュー の中嶋廣氏があらたに付
けた。また、著者が中日新聞に寄稿した映画評、リポート記事など
の署名原稿から、その時代がよく現れている文章を所収した。これ
も紙幅の関係で、編者がチョイスをしている。巻末には人名索引を
作成した。索引からみれば、本書がある種の事典になっていること
もわかりいただけると思う。

　千葉県に暮らしているぼくは、森卓也に数えるほどしか会ったこ
とがない。だが、それでいい。数年前、こんなことがあった。東京
でご夫妻ともにお目に掛かったとき（テアトル銀座で『斎藤幸子』
という芝居を観たときだった）、まれな機会と思ったので写真撮
影をお願いしたら、小咄ではないが、森氏「シャッターはどこでし
ょうか」……！

　森卓也は誰にも似ていない批評家である。彼がのこした仕事の全
貌はまだあきらかになっていない。そのはじまりが、今回の『森卓
也のコラム・クロニクル』であるとぼくは考えている。

若井ぼん・はやと　86
若尾文子　40,79,208
若杉嘉津子　219
若林幸樹　424
若林正人　264
若松若太夫　197
若松セツ子　142
若山富三郎　11,318,438
和久井映見→和久井映美　321,477
ワシントン、デンゼル　573
和田アキ子　527
渡瀬恒彦　38,81,134,138,142,170,195,593
渡辺篤　183,605
渡辺えり子　578,579
渡邊錠瑩　451
渡辺謙　662
渡辺徹　597
渡辺浩　567
渡辺美佐子　577
渡辺栄　417,450
和田信賢　281
渡部又兵衛　424,306
和田勉　21,26,207,261,680
和田誠　14,124,126,230,259,270,272,307,313,318,
　325,374,464,477,525,533,584,591,595,604,614,620
渡哲也　66,102,422,423,486
ワトキン、デビッド　73
王啓光　301
萬籟鳴　235

ワ 行

渡辺武信　158, 482
ワイド、デイヴィッド・S　439
ワイズミューラー、ジョニー　111
ワイダ、アンジェイ　39, 110, 465
ワイラー、ウィリアム　9, 104, 161, 218, 230, 232, 262, 329, 356, 427, 514, 586, 580, 605
ワイリー、ノア　652
ワイルダー、ソーントン　205
ワイルダー、ビリー　18, 23, 75, 209, 253, 262, 321, 329, 408, 428, 445, 489, 493, 495, 502, 583, 593, 621
ワイルド、ジャック　48
若井こずえ・みどり　202
若井はんじ・けんじ　117, 400
若井ぼん　375

レスター、リチャード　4, 106
レダー、ミミ　472
レツゴーじゅん　136, 184
レツゴー正児　38, 61, 194
レッドフォード、ロバート　61, 27, 59, 194, 315, 436, 409, 496, 585, 677
レノ、バンデール　622
レビス、クリス　411
レビンソン、バリー　676
レビンソン、リチャード　151, 168, 311
レモン、ジャック　75, 477, 560, 570, 640
レイド=ウェバー　338
ロイ、マーナ　658
ロウ・イェ　427
ロージー、ジョセフ　581
ローズ、レジナルド　104, 127, 331, 585
ローチ、ケン　523, 599
ローチ、ハル　470
ロートネル、ジョルジュ　203
ロートン、チャールズ　323
ローフォード、ピーター　216
ローランド、ギルバート　387
ローリング・ストーンズ　351
ローレン、ピーター・ディ　476
ローレル&ハーディ　133, 183, 207, 380, 440, 468, 469, 615
ローレル、スタン　481
ローレンス、マイケル　371
ロシア、ロバート　165
ロジャース、ジンジャー　189, 525
ロス、ジョリー　255
ロス、ティム　397
ロスバート、ハーバート　75, 112
ロゼェ、ブランシュワーズ　251
ロバート、ジェームズン　32
ロビンソン、アンディ　221
ロビンソン、ビル　573
ロビンソン、ビル、ボージャングルズ　153
ロマーノフ、アンドレイ　671
ロマン、D・H　534
レンス、D・H　395
ロンバード、キャロル　253

ランブリング、シャーロット　93
リー、ヴィヴィアン　128
リーガル千太・万吉　89
リー、クリストファー　85
李少紅　406
リー、ジャネット　355, 360, 521
李滄槙　301
リー・シン　492
リー、スパイク　356
リーヴ、クリストファー　647
リーチマン、クロリス　271, 302, 628
リー・ティエンルー　421
リーフェンシュタール、レニ　322, 622
リード、キャロル　105, 123, 154
リード、ドン　349
リード、ロバート　496, 585
リーフ、キャロライン　663
リスキン、ロバート　173, 317
リスゴー、ジョン　150
リスト　182
リチャードスン、ラルフ　105, 121, 357
リトヴァク、アナトール　64, 132, 140, 640, 570, 578
劉苗苗　406
力道山　109

笠智衆　139, 203, 210, 241, 276, 619, 684
柳亭市馬（四代目）　466, 630, 653
柳亭芝楽（十代目）　118
李麗仙　392
リンク、ウィリアム　151, 311, 168
リン・ジェンション　467
リンチ、デビッド　297
リンド、チルドイ　543
ルーカス、ジョージ　16, 117, 221, 523
ルーズベルト　460
ルーニィ、ミッキー　32, 502
ルーベン、グロリア　536
ルーキニ、ファブリツ　332
ルザフォード、マーガレット　274
ルッサン、アンドレ　96
ルノワール、ジャン　93, 159, 400, 420
ルバシ鈴木　225
ルベッチ、エルンスト　121, 222, 253, 329, 408, 440, 495, 493, 525
ルフェーブル、ジャン　203
ルメット、シドニー　93, 228, 234, 331
ルルー、フォルカ　300
ルリ、フォルカ　338
ルワンドウスキー、ダン　273
レイノルズ、デビー　301
鈴々舎馬風（十代目）　118
レヴァンデール、バリー　579
レーガン、ロナルド　132, 159, 218, 461
レーニ、ロッチ　252
レオーニ、ティア　647
レオナルド熊　85, 99

山田清彦　644, 649, 650, 656, 662, 664, 677, 680, 684
山田満助　31
山田典吾　49
山田宏臣　56
山田風太郎　392
山田雅人　258
山田正弘　673
山田五十鈴　419
山田康雄　498
山田洋次　3, 13, 21, 50, 57, 62, 74, 97, 108, 147, 180, 198, 206, 231, 248, 257, 321, 368, 381, 431, 481, 554, 560, 624, 641
山田隆三　264
やまだりょこ　655
大和屋竺　207
山中真雄　5, 19, 77, 104, 107, 114, 212, 360, 414, 488, 511, 572, 631
山中恒　149
山中秀樹　674
山根貞男　318
山根伸介　334
山藤章二　11, 276
山本七平　231
山本周五郎　336
山村聰　283, 306, 336, 413, 436, 449, 648
山村美智　381
山本嘉次郎　513
山本晋也　94, 249, 260
山本夏彦　30, 63, 231, 625
山本文郎　448
山本厚　595, 649
山本リンダ　53
ヤン, エドワード　335, 403, 446, 663, 665
ヤンソン, トーベ　380
ヤング, テレンス　18
楊麗音　301
湯浅政明　632
YOU　596
結城一郎　619
柳枝・喜代子　437
ユースケ・サンタマリア　659
由紀さおり　172
ユスティノフ, ピーター　323
ユベール, イザベル　289
弓桁あや　661
夢路いとし・喜味こいし　622
夢路いとし・喜味こいし　26, 46, 117, 202, 324, 327, 392, 496, 544, 632, 666, 681
夢大作　136
由利徹　59, 115, 403, 514, 532
ユルゲンス, クルト　300
余貴美子　658
横森久　363
横山アウト　661

横山エンタツ・花菱アチャコ　34, 103
横山エンタツ・花菱アチャコ　5, 76, 176, 631
横山泰三　166
横尾泥海男　183
横山ノック　34
横山博人　666
横山ホットブラザーズ　84, 90, 97, 134, 171, 184, 430, 436, 498
横山やすし・西川きよし　66, 70, 110, 122, 128, 134, 278, 436, 544
横山隆一　166
吉岡秀隆　57, 431, 527
吉川潮　522
吉川英治　601
吉村公三郎　175, 325, 533, 553, 595
吉田敬　651
吉田照美　170
吉田日出子　53, 126, 207
吉田真由子　442
吉永小百合　241, 272
吉村昭　188, 291
吉村平吾　286
芳村真理　107
芳本美代子　318
吉本隆明　474
芳賀信子　152
吉行淳之介　304
淀川長治　19, 154, 197, 240, 247, 358, 388, 503, 521, 642
米倉斉加年　88
米澤彦八　666
萬屋錦之介←中村錦之助　16, 111, 459, 462, 602

ラ　行

ラーソン, エリック　539
ライアン, ロバート　142, 436
ライシュ, ウォルター　493
ライゼン, ミッチェル　322
ライト, エドガー　678
ライト, テレサ　19, 635
ライムズガー, ロッテ　196
ライオンガー, ロッテ　397
ラヴティ, ボール　523, 599
ラザール石井　376
ラ・サル, エリカ　516
ラッシャー, バンチ　37
ラッシュ, ジェフリー　508
ラッセル, ハロルド　580
ラッセン, ケン　442
ラッド, ボール　543
ランディ, ドニ　213
ラ・バーン, ルネ　118
ラブ・サスター, バート　593
ランカスター, バート　34, 140, 260, 261, 396, 565, 676
ラング, フリッツ　209, 343, 353, 514, 525
ランディス, ジョン　173
ランド, マーチン　269
ランドール, トニー　291

柳宗悦　505
柳葉敏郎　185, 503
やなぎ女楽　98
柳家花緑　480, 522
柳家喜多八　374, 393, 581, 597, 598, 655, 675
柳家喬太郎　609, 655, 675
柳家金語楼　54, 279, 280, 475
柳家小菊　522
柳家小さん（五代目）　3, 132, 145, 321, 374, 400, 466, 468, 479, 522, 585, 609, 626, 630, 653
柳家小三治　3, 9, 14, 32, 46, 106, 118, 145, 279, 336, 375, 393, 400, 448, 479, 531, 535, 537, 570, 572, 576, 597, 599, 645, 672, 675
柳家三三　535, 645
柳家さん生　375
柳家正楽（二代目）　47
柳家三亀松　89
山本亘　359
矢野顕子　346
矢野泰二　226
林与一　510
林隆三　125, 561
藪内佐斗司　372
山内明　79
山内賢　492
山岡久乃　532
山形勲　443, 448, 605
山賀博之　193
山川静夫　114
山川直人　226, 230
山口君と竹田君　178
山口猛　443
山口昌男　280
山口美江　238, 258
山口淑子←李香蘭　361, 388
山崎努　39, 67, 86, 129, 241, 242, 247, 410, 592
山崎朋子　231
山崎ハコ　18
山下清　33, 49
山下耕作　16
山下洋輔　51, 128
山城新伍　9, 27, 38, 59, 61, 66, 182, 184, 200, 314, 646
山瀬まみ　187, 194, 251, 258, 378, 399
山田邦子　623
山田吾一　96
山田宏一　4, 174, 187, 262, 283, 318, 363, 457, 518, 604
山田耕作　642
山田スミ子　115, 147
山田太一　40, 53, 55, 62, 65, 74, 79, 81, 82, 86, 90, 96, 99, 106, 119, 122, 125, 127, 129, 139, 142, 144, 162, 176, 180, 184, 186, 192, 195, 201, 202, 203, 205, 212, 214, 241, 249, 254, 257, 266, 288, 289, 292, 293, 295, 298, 299, 301, 311, 324, 327, 328, 332, 333, 341, 346, 348, 349, 355, 358, 359, 363, 366, 377, 379, 383, 385, 398, 404, 408, 410, 412, 422, 423, 429, 430, 438, 441, 449, 451, 463, 467, 470, 471, 483, 484, 485, 486, 488, 491, 502, 505, 506, 511, 526, 531, 537, 541, 548, 555, 556, 557, 559, 561, 571, 579, 587, 592, 594, 595, 597, 607, 612, 613, 615, 620, 630, 636, 637,

毛利賢一　384
モーガン、デニース　261
モートン、サマンサ　619
モーム、サマセット　104
もたいまさこ　152, 479
望月智充　360
望月朴清　674
望月峯太郎　281
持永只仁　590
モティーン、マシュー　211
モトヤマ　57
桃井かおり　257, 282, 283, 577, 636, 657
森一生　310, 561, 563
森川由加里　239
森田博子　340, 372
森公美子　239
森崎東　248
森繁久彌　61, 68, 157, 231, 232, 276, 382, 389, 416, 430, 483, 495
森下愛子　665
森進一　179, 220
モリス、エロール　633
森田清子　303
森達也　493
森田雄三　213, 237, 242, 247, 257, 267, 283, 308, 346, 384, 426, 462, 489, 512, 535, 552, 578, 632, 636, 645, 649, 675
森田芳光　120, 227, 435
もりばやしみは　373
森昌子　58, 179, 220, 510, 520, 531
森光子　34, 244, 376, 625, 646
森本レオ　423
森山周一郎　339
森山良子　48
森遊机　649
森喜朗　141
森脇健児　258
モルガン、ミシェル　105
モレノ、リタ　579
モロー、ロブ　409
モロフ、ミハイル　667
モンタン、イヴ　311, 616
モンロー、マリリン　76, 134, 609

ヤ　行

柳生博　40
薬師丸ひろ子　592, 607
役所広司　347
矢崎滋　463
やしきたかじん　517
八代亜紀　57
矢代静一　341
安田祥子　172
安田隆　73
安田成美　227
八千草薫　50, 96, 129, 206, 254, 288, 408, 505
柳沢慎吾　142, 144, 187, 298, 302, 385

三島雅夫 363, 605
三島由紀夫 661
三島ゆり子 477
ミシュラン、ピーター 523
木上功治 142
水木しげる 532
水沢アキ 129
水野晴郎 293, 660
水原英子 541
三隅研次 310
木森亜土 104

ミスワカナ、玉松一郎 109, 551
溝口健二 143, 217, 318, 341, 381, 462, 486
美空ひばり 244, 275, 650
三田明 531
三田和代 242, 248, 359
三田紬市 92, 524, 663
三谷幸喜 512, 556, 583, 597
三井弘次 136, 270
ミッキー亭カーチス←ミッキー・カーチス 522
三林京子←桂すずめ 524, 585
木戸光子 267
ミドラー、ベット 396
翠みち代 53
南方英二 287, 334
港家蝶丸 251
南渕一輝 226
南風洋子 664

南里見歩 248
三波伸介 43, 84, 172
南伸坊 218
南利明 103
南野利明 129, 403
南野陽子 184, 201
三波春夫 431
ミネリ、ライザ 27
ミネリ、ライザ 270, 560
美濃部りんこ←おりん 103
みのもんた 163, 167
三橋達也 626
三原綱木 281
三原順子 119
三船敏郎 142, 379, 602
美保純 206
三益愛子 59, 429, 480
三浦紋之助 431
三遊亭小勝（六代目）271
三井家幻一夫 678
宮川左近 287, 296, 322, 375
宮川大助、花子 258
宮川花子 383
宮本泰 351
宮城まり子 250
宮口精二 139, 152
三宅邦子 352

三宅裕司 150, 158, 172, 187, 194, 278, 426, 476, 541
ミヤコ蝶々 109, 137, 437, 551
都はるみ 97, 220, 273
宮崎駿←照樹務 30, 72, 177, 273, 337, 339, 360, 361, 368, 373, 417, 449, 452, 488, 492, 495, 524, 536, 538, 539, 567, 569, 576, 584, 590, 632, 650, 678
宮本理江子 579
宮本信子 207, 276
宮部みゆき 622
宮沢りえ 222, 252, 256, 277, 320, 389, 574
宮迫博之 616
宮迫正明 618
宮沢和史 435
宮沢賢治 381, 445, 450, 584
宮下順子 58
宮下順子 281
宮路重雄 607

向田邦子 21, 26, 27, 30, 43, 44, 49, 50, 51, 53, 64, 78, 100, 129, 176, 207, 210, 344, 349, 359, 429, 451, 680
向井敏 58
向井爽也 198
ムーア、ダドリー 312
ムーア、デミ 406
ムーア、マイケル 617, 629
ムンク、エドヴァルド 205
ムーニー、レイ 422
村上龍 32, 216
村田雄浩 146
村松克己 49
村松友視 16
村松正浩 638
村上淳 518, 643, 658

村上淳 439
村木良彦 673
村田雄浩 355
村松克己 270
村松友視 304
村松正浩 490
ムルナウ、F・W 388
室井滋 227, 479
室伏哲郎 640
室井佑月 142, 207, 587
ムソルグスキー 624
メイエルホリド 394
メイスン、ウィリアム・H 452
メイスン、ジェームス 123
メイスン、マーシャ 112
メイヨ、バージニア 238
メイレレス、フェルナンド 617
メースン、ジェームス 93, 143
目黒祐樹 605
メッセンジャー 540
メラー、ケイ 528
メリエス、ジョルジュ 428
メリエス、マリー＝エレーヌ 428
メルビル、ハーマン 399
メレディス、バージェス 354
メンケン、アラン 549

本間千代子　346

マ 行

マーカンド，リチャード　165
マーシャル，E・G　496,585
マーシャル，ペニー　223,405
マーチ，フレドリック　232
マーチン，スティーヴ　198
マーティン，メリー　291
マーフィ，エディ　198
マーマン，エセル　256,291,574
マイケルズ，マリリン　345
マイルストン，ルイス　354,445
マクラ，カルメン　469
前田五郎　44,268,619
前田武彦　373,383,663
牧瀬里穂　537
マキノ省三　680
マキノ雅広←マキノ雅裕　305,376,679
牧ひでお　138
牧村史陽　596,674
マクガイア，ドロシー　296
マクガヴァン，ジミー　527
マクドゥガル，チャールズ　452
マクドーランド，ブランシス　547
マクドナルド，ジャネット　321
マクラマー，マイケル　371
マクラレン，ノーマン　226
マクリーン，ジョエル　190
マクレイ，ゴードン　291,301
マクロイド，トビー　543
正岡容　622
政岡憲三　290,503,542
真崎守　66
マシーナ，ジュリエッタ　189
まじかる子　266,278
真島理一郎　647
松島一夫　375
益田喜頓　109,160,176,205,355
マストロヤンニ，マルチェロ　189,128
増田保造　40,183,325,326,412,518,559
益岡徹　207,355
益田直美　531
松岡錠司　281
松尾貴史　250,261,263,303,636
松金よね子　583
マックィーン，ジョエル　565
マックイン，デヴィッド　523
マッケイ，ウインザー　8
マッケリー，レオ　378,525
松崎菊也　385,424
マッソン，レイモンド　101
マッソン，ウォルター　75,344
マッソン，チャールズ　344
松田春翠　451

松田聖子　53,456,658
松田暢子　57
松田道雄　39
マッデン，ジョン　411,453,528,650
松任谷由実　416
松林宗恵　276,660
松葉家奴　324
松原信吾　410,484
松村邦洋　670
松村達雄　206,620
松本明子　249,640
松本幸四郎（九代目）←市川染五郎　342,389,620
松本小雪　164
松本人志　164,332,589,594,600,618,644,651
松元ヒロ　287,385,424
松本竜介　26,035,044,046,61,108
松山省二　203
松山善三　267
松山千春　18
松山容子　99
マテ，ルドルフ　253
円広志　263
的場達雄　509,662
マニューニ，アンナ　55
ママリュパフ，サミラ　606
黛ジュン　53
黛敏郎　140,170,462
マリガン，ロバート　296
間々田友子　341
森山加代子　53
松江陽一　380
マルクス兄弟　102,438,440
マルケル，クリス　158
マルコヴィッチ，ジョン　354
マルセ太郎　293
マルソー，マルセル　122
マルデン，カール　162
丸根賛太郎　303
マルムジュー，ヤン　151
丸谷才一　576
丸山（美輪）明宏　660
丸山定夫　281,641
丸山茂樹　531
マン，D　657
マンガーノ，シルバーナ　260
万城目正　642
マンスフィールド，ジェーン　141,475
まんもす　389
ミーダー，ジョニー　199
三浦和義　162
三浦友和←トモカズ　40
三浦光子　245,424
三木のり平　178,198,237,352,411,510,532,598
三木鶏郎　275,418
三國一朗　46,89,182,383,550
三國連太郎　71,207,321
三崎千恵子　257

ブリッジス, ジェームズ　28
ブリッジス, ジェニ　165, 285
ブリッジス, ボー　285
フリン, エロール　54, 308
ブリンス　351
古谷一行　80
ブルー・コメッツ　340
ブルーム, リー　568
古尾谷雅人　122
古尾谷雅人　307
古沢憲吾　536
古川タク
古川ロッパ　128, 150, 172, 265, 429, 446, 498, 510, 548
フルシチョフ　552
古田新太　438, 474, 516, 597
古舘伊知郎　261, 273
古厩智之　579
ブルックス, メル　647
ブルックス, ジェームズ・L　112, 121, 253
ブレイク, ウィリアム　564
ブレイク, ロバート　322
フレイク, ジャネット　151
ブレーソン, エバ　458
プレーリー, リング　67
ブレイト, ミジュリーズ　159
ブレスト, マーチン　18, 120, 164, 190, 311, 536
プレスリー, エルビス　159
ブレッソン, ロベール　297, 340
プレミンジャー, オットー　191, 269
ブレヒト　210
ブロック, ベルイ　252
ブロック, ジャイルズ　153, 360, 629
ブレイカー, ロイ　593
ベーコン　664
ベーコン, Jr. ジャック　148
ベーターセン, リチャード　24, 153
ベーターセン, ヴォルフガング　69
ペキンパー, サム　121, 253
ヘネシー　571
ヘプバーン, オードリー　262
ヘプバーン, キャサリン　517
ヘミングウェイ, アーネスト　87, 262, 502, 560, 609
ベラフォンテ, ハリー　240
ベリン, マイケル　337
別役実　278, 433, 509
ベルジス, ヴァーツラフ　296
ベルイマン　247
ベルイマン, ダニエル　144
ベルイマン, ヘンリク　652
ベルージュ, ジム　398, 665
ベルーシ, ジョン　178, 602, 628
ベルトリッチ, ベルナルド　76
ベルモンド, ジャン・ポール　262, 635
ヘルマン, リリアン　396

ベルリナー, ブラン　530
ベルレス, ロージ　397
ベルベジャー, トム　221, 230
ベリ, アーサー　18
ベンドリー, ピレ　159
ベンドン, ロバート　185
ポアダ, イシドロ・ブーチ　628
ホウ, ジェームズ, ウォン　130
ホーク　343
ホウ, シャオシェン　271, 287, 301, 350
北條秀司　182, 430
ホーガス, イーサン　492, 663, 665
ホー, E・A　573
ホーク　348
ホークス, ハワード　23, 134, 209, 238, 330, 446, 518, 565
ホーランド, リンダ　640
ホードマン, コ　627
ホーナ, エドワード・エヴァレット　352
ホーナー, ボブ　9, 270, 475, 487, 610, 684
ホーム, ハーブ　10
ホールデン, ウィリアム　23, 56, 560
ホール, レス　333
ホール, レス　367
ホーン, ゴルディ　270
ボガート, ハンフリー　29, 64, 177, 320, 379, 387, 560, 413, 481
星新一　3, 263, 481
星セット・ルイス　44
星由美子　614
星由里子　263
ホズゴ, フラビオ　380
細川たかし　268
細川ちか子　641
細川俊之　74, 106, 184, 541, 615
細川護熙　385
細野晴臣　116
蛍雪次朗　225
堀内敬三　172
堀川弘通　180, 617
堀川敬三　381
ホリデイ, ビリー　275
ホルドン, ジャック　547
ホルトン, チャールズ　253
ホワイト, ジャイルズ　386
ホワイト, マーク　362
ボワチエ, シドニー　221, 337
ボン・ジュネ　591, 617, 633, 657
本田博裕　624
本田博太郎　661
ほんだおさむ　174

広岡由理子　432
広川太一郎　498
広沢虎造　280
広沢瓢右衛門　8
廣末哲万　643, 654, 669
ピンクダック　261
ファーガソン, カレン　666
ファーロー, ミア　322
ファーロー, レイフ　269
ファイアンズ, レイフ　409
ファイファー, ミッシェル　285, 471
ブアン, メイフォ　209
ファールズ, ヴァーナー　467
フィールズ, W・C　133, 501
フィーラー, ジョージ　643
フィーリー, ジョージ　547
フィッシャー, エディ　301
フィッシャー, キャリー　300
フィッシャー, リチャード　609
フィッツジェラルド, バリー　391
ブイ・ヘンリック, P　374
フーバー, トビー　52, 473
フーパー, ジェニファー　67
BOOMER　370, 445
ブールヴァル　538, 651
フェアバンクス, ダグラス　243
フェイ, アリス　541
フェニックス, リバー　228
フェラー, ホセ　23
フェリーニ, フェデリコ　189, 243, 330, 458, 623
フォアマン, ミロシュ　159
黄建新　377
フォーク, ピーター　476
フォード, グレン　244
フォード, ジョン　101, 164, 166, 229, 262, 308, 331, 337, 409, 427, 438, 515, 565, 589, 606, 609, 618
フォスター, ジョディ　55
フォスター, ジョディ　343
フォッシー, ボブ　27, 146, 200, 255, 666
フォルスト, ヴィリ　493
フォンダ, トム　579
フォンダ, ピーター　18
フォンダ, ブリジット　397
フォンダ, ヘンリー　9, 64, 101, 161, 178, 234, 331, 428
深作欣二　99, 170, 205, 381, 587, 599
深作健太　531
深津絵里　435, 503
深町幸男　257, 486, 527, 620, 656
深見正博　33
福島雄茂　424
福嶋秀人　322, 375
福田和也　635
福地悟朗　429
ブコウスキー, チャールズ　667
藤井敏弘　381
藤井貢　58
藤山直美　57, 137
ブシェミ, スティーヴ　476

藤岡琢也　398
藤子・F・不二雄　405, 415
富司純子←藤純子　110, 680
藤田進　29, 281
藤田嗣治　607
藤竜也　241, 502
藤田敏八　37, 40
藤田まこと　24, 385, 448
藤間紫　276
藤眞利子　80
伏見晃　548
藤村有弘　61, 63, 376
藤村志保　481
藤村俊二　59
藤本義一　45, 83, 404, 663
藤本英雄　45, 281
藤山一郎　548
藤山寛美　49, 90, 91, 107, 169, 196, 237, 272, 276, 278, 323, 357, 501, 551, 670
藤田弓子　85
藤原釜足　12, 684
藤原義江　642
布施博　426
布施明　355

二木真希子　8, 488
双羽黒　210
双葉十三郎　223, 388, 576, 605
プッシュ　368
ブッチャー・ブラザーズ　250
フット・ボールアワー　619, 671
船越栄一郎　519
船越英二　325, 518, 659
ブニュエル, ルイス　243, 280, 461
風吹ジュン　50, 348
フューラー, アントニー　573
ブラウン, サミュエル　500
ブライアン, デ, パーマ　41
ブライシャー兄弟　30
ブライヤー, リチャード　340
ブラウカード, リコ　395
ブラウン＆マニエル　140
ブラウン, ジェームス　351
ブラウン, ジョン　101
ブラウン, ローレンス　391
ブラケット, チャールズ　493
ブラザー・トム←小柳トム　37
ブラックマヨネーズ　651
ブラドナー, ケネス　611
ブラマー, クリストファー　616
ブラマー, アマンダ　397
フランケンハイマー, ジョン　103, 338, 362, 626
フランキー堺　404
フランケンシュタイン　421
フランシス, ヴィクトル　34, 500, 589
ブランド, マーロン　16, 140, 297, 337, 361, 570, 628, 684
フリーマン, モーガン　639
ブリエ, ベルナール　508

浜村淳　415, 650
浜村絹子　180, 415
浜木綿子　249
ハモンド，ケイ　274
早川光　380
早坂暁三　227
早坂浩三　412
早坂文雄　42
林海象　177
林重男　138
林田十郎　324
林家三平（二代目）←林家いっ平　581
林真理子　20, 402, 641
林美美子　322, 451
林家木久扇（初代）←林家木久蔵　576
林家小染（四代目）　113, 119
林家小染（五代目）　504, 678
林家三平　21, 22, 30, 167, 316, 532, 615, 674
林家正雀　10
林家正蔵（七代目）　616
林家正蔵（九代目）←林家こぶ平，海老名泰孝　258,
316, 581, 598, 604, 615, 646
林家正楽（三代目）←林家木久蔵　644
林家染丸（三代目）←林家一楽　47
林家染丸（四代目）　369, 471, 678
林家たい平←先代染丸　623
林家彦六←蝶花楼馬楽，林家正蔵（八代目）　60, 63,
78, 188, 385, 417, 466, 641
林家花丸　623, 668, 670
林家たい平　374
早野凡平　611
羽山信樹　249, 326
早見優　175, 214, 258
原一男　493
バラカン，ピーター　458, 461, 484
原健策　581
原節子　241, 267
原田知世　152, 398
原田美枝子　170, 274, 454
原田芳雄　37, 352
原哲男　501
はらたひらし　463
バランシン，ジョージ　44
ハリーハウゼン，レイ　413
バリシニコフ，ミハイル　534
ハリス，J・B　161
ハリスン，レックス　223
バリモア，ジョン　274, 358
はるき悦巳　308
バルテュス　44
ハルストレム，ラッセ　543
バルダ，アニェス　223
バルタ，イシュ　242
バルデム，ハビエル　637
春野百合子　496
春やすこ・けいこ　60
バローニ，ジャンニ＝ルイ　293
バローネリ，ジャンヌ＝ルイ・ド　251
バワー，タイロン　54, 541

ハワード，トレヴァー　652
ハンコック，トム　592
バンクロフト，アン　592
伴淳三郎　54, 63, 198, 581
ハンソン，イ―デス　121
ハンソン，カーティス　496, 636
バンチェッラ，リ　521
ヒ―ルズ，アンソ　202
坂東英二　105
坂東玉三郎　545
坂東簑助　674
坂東簑吉郎　154, 270
ハンダ，リンダ　221
B＆B　44, 46
ピ―コ　593
ビ―ト，マイケル　536
ビ―トルズ　603
ビ―トたけし←北野武　48, 58, 60, 70, 115, 128, 129,
135, 141, 146, 152, 182, 184, 198, 238, 259, 373, 574, 659
ピ―ヒル，アンソニ―　340
ヒ―リ，ミシェル　213
東山千栄子　72, 363
久永雅美　169
久本雅美　278
ビスコンティ，ルキノ　55, 75, 260, 396
ビセット，ジャクリーン　87
ピダル，アンリ　49
左卜全　329
樋口可南子　537
樋口一葉　203
樋口次郎　551
樋口真嗣　407
ヒッチコック，アルフレッド　12, 19, 23, 41, 76, 86,
87, 88, 122, 128, 161, 182, 184, 280, 289, 343, 363, 473,
521, 619, 622, 636, 640, 673
ヒトラ―　536
美空ひばり　359
ビューストン，ジョン　213
ビ―ヤ―ル，ピエ―ル　562, 582
ヒュ―ストン，アンジェリカ　269
ヒュ―ストン，ジョン　399
ビュッシェ―ル，レーモン　66
百田まどか　239
ピッチコック，ミシェル　239
兵藤ゆき　141
平岡正明　371
平田昭彦　28
平田満　605
平山秀幸　214, 383, 556, 625, 662
平山菊二　281
平野次郎　318, 374
平野千ミ　393, 411
平野威馬雄　374
平野啓駒　374
ピランデッロ，ルイージ　167
ピリング，ボール　518
ヒル，ケン　338

野村秋介　231
野村芳伸　364, 430
野村万蔵（六世）　42
野村芳太郎　23, 217
野茂英雄　424
ノルジュティン、ユーリ　114, 264, 568, 621

ハ 行

バーカー、ブラン　305
バーキンス、アンソニー　218
バーグマン、アンドリュー　397
バーグマン、イングリッド　12, 87, 387, 673
バーゲン、エドガー　526
ハーゲン、ジャド　228
バースティン、エレン　344
ハーディ、オリヴァー　468
ハート、ウィリアム　260
ハートコウィツェク、アンドレイ　93
ハートリー、ハル　359
バートン、ティム　396, 460
ハーネット、キャロル　340
バーバ、マリオ　148
バーベラ、ジョセフ　580
ハーマン　363
バーメル、ベント　666
ハーリン、レニー　273
ハーリング、フーピング　24
バールマン、ヴァディム　633
バール、ミルトン　509
ハーロウ、ジーン　478
バーンスタイン、ジム　405
ハーンズ、ラウカディオ　359
ハイアムズ、ジョー　481
ハイアムズ、ピーター　120, 364
倍賞千恵子　166, 195, 368
倍賞美津子　571
阪田勝彦　81
ハイド＝ホワイト、ウィルフレッド　352
ハイビー　112, 163, 402, 411, 540, 651
ハイビー・モーモ　450, 651
ハイビー・リンゴ　450
ハインズ、グレゴリー　270
ハインライン　300
バウエル、エレノア　355
ハウスマン、ジョン　453
博多淡海（二代目）　12
はかま満緒　341, 551
羽川英樹　137, 279, 383
バギス、ポール　263
萩本欽一　59, 126, 240, 269, 278, 315, 389, 445, 517, 539
萩原健一　81, 207
萩原哲晶　158
爆笑問題　389
バク・チョン　591
バクラ、フラン・J　296
バコール、ローレン　177, 481

ハサウェイ、ヘンリー　134
間寛平　122, 263, 376, 551
間光代　263
橋浦方人　31
橋本寿賀子　441
橋本さとし　438
橋本じゅん　474
橋本龍太郎　424
林家染二（三代目）　259, 582
橋幸夫　425
ハーション　685
バーストゥール、ロドルフォ　627
蓮實重彦　187, 318
長谷川一夫　116, 123, 443
長谷川和彦　143
長谷川幸延　548
長谷川伸　603
長谷川太郎　271
長谷川宏　672
パゾリーニ、ピエル・パオロ　260
畠田靖久　322, 500
はたけんじ　531
羽田健太郎　372
羽田澄子　41
畑暉男　582
畑正憲　382
バーチーノ、アル　329, 330, 570
バック、フレデリック　219
ハックマン、ジーン　514
バットナム、デビッド　159
服部伸　79
服部良一　459
バットン、ベティ　391, 453
バトンズ、レッド　116, 403
八波むと志　652
バーディ、リー　482
バディ、クリスチャン　191
バドゥ、エリカ　519, 543
バドスン、ロック　471
ハドソン、ヒュー　73, 330
ハーナーバーベラ　258, 580
ハナ、ウィリアム　580
花紀京　103, 501
花沢徳衛　560
花登筺　621
花登筺　53, 624, 662
ハナ肇　108, 147, 155, 181, 338, 368, 481, 560
花菱アチャコ　33, 103, 123, 150
花村美津子　357
ハーブーリン　667
バブスト、G・W　343, 625
バブルガム・ブラザーズ　351
バベンコ、ヘクトール　200
浜田寅彦　363
浜田広介　584
浜田雅功　332, 600, 621, 644
浜田光夫　273
浜美枝　329

中田カルス・ボタン 262,402,540,618
中田ダイマル・ラケット 117,146,171,400,470,544
仲谷昇 203
中谷美紀 463
永田雅一 443,680
永田雅久 622
中田喜子 28,289
中田ラケット 345
長塚京三 571
長塚圭史 331
中原早苗 441
中野英雄 298
中野翠 310,408
永野克門 388
中西龍 53
中原ひとみ 459,638
中原俊 323
中原理恵 81
中平康 241,559,563
仲間由紀恵 684
中村見子 53
中村あずさ 286,292
中村敦夫 149,175,210
中村育二 185
中村育代 271
中村雀右衛門 360
中村歌右衛門（六代目）456
中村嘉葎雄 103
中村勘三郎（十七代目）77,205,488,542
中村翫右衛門 342
中村勘三郎（十八代目）←中村勘九郎 342,480
中村鴈治郎（二代目）650
中村誠一 51
中村扇雀（三代目）11
中村扇雀 679
中村時蔵（三代目）602
中村伸郎 313
中村登 78
中村雅俊 211
中村雅俊 537,656
中村メイコ 129,140,182,376,383,510,619,641
中村ゆうじ 63
中村メイ子 118,122
中山仁 463
中山亘平 642
中山仁 384
中山千夏 192
中山美穂 479
なぎら健壱 257
名倉潤 659
名古屋章 250,546,609
夏八木勲 506
名取裕子 347,556
七尾怜子 383
浪花千栄子 86
浪花家芳子・市松 485
なべおさみ 74
浪花家芳子・市松 437

ナ・ホソソ 685
並木愛枝 643,669
ナランハ、リサンド・ド゙ッケ 305
成瀬巳喜男 85,438
なるみ 20,142,402,424,437,472
ナンシー関 670
ナンシー梅木 460
ニァンティ、イザベル 309
南部雄二 137,437,551
ニイクビスト、スベン 151,275
ニーソン、リーアム 387
俔慶 406
ニーブン、デービッド 101
ニェムツォファー 612
二階堂千芳 90,214
ニクヴィスト、スヴェン 343
ニクソソ 133
ニコルズ、マイク 224,301
ニコルソソ、ジャック 140,180,227
西川のりお・上方よしお 70
西川へレソ 501
西岡克巳 381
西河克巳 263
西田ひかる 258,378,531
西部邁 250
西村知美 435
西村雅彦 455
西村晃 653
西木裕行 625
西脇与石 263
西脇夏枝 241
二木てるみ 241
ニューマソ、ポール 93,123,363
ヌグロホ、ガリソ 377
にしきのあきら 391
根岸季衣 142,649
根津甚八 62
ネグリ、ポーラ 407
セルゲオガード 23
野口米次郎 642
野上照代 383,388
のこ、セルゲオガード 11
野沢秀樹 325,412
野蛮ひとみ 163,679
野沢雅子 587
野沢直子 274
野坂昭如 184,231,269
にしきのあきら 460
西川美和 616
西川峰子 38
二本柳寛 501
ノック・フッダ・バンチ 241
野波麻帆 661
野々村真 531
野村昭子 460
野村昭子 363,488

ディ・ルロヴァ、ヘルミナ　571
ディロン、マット　667
デ・シーカ、ヴィットリオ　112
手塚治虫　236, 263, 405
手塚治虫　74, 234, 236, 263, 284, 373, 405, 467, 503, 567, 584
手塚貴晴　144, 405

デ・ニーロ、ロバート　230, 233, 329, 395
デ・パーマ、ブライアン　162
デ・ビート、ダニー　405
デミーズ、グロリア　373
デミル・セシル、B　164, 565
デュヴァル、セシル、ジュリアン　420, 421, 548
デュバル、ロバート　365
デュヴァイ、フランソワ　336
デュプリー、アニー　20
デュリエ、ダン　210

寺田順三　611
寺山修司　670
瞳峻創三　371
デレク、ジョン　111
デレク、ボー　111
てんぷくトリオ　84
テンプル、シャーリー　153, 184, 560, 658
テンプルトン、スージー　676
十朱幸代　411
土居甫　666
土居裕子　239
土屋嘉男　223
トゥール、F・X　639

洞口依子　184
桃月庵白酒　684
東条英機　679
東野英治郎　157, 462
戸浦六宏　82
ドーネン、スタンリー　161, 666
トーランド、グレッグ　231, 343
時任三郎　144
時津風　683
常磐貴子　677
徳川夢声　92, 157, 248, 383, 429, 601, 615
蘒蝮三太夫　260
土建屋よしゆき　335
所ジョージ　97
戸田奈津子　124
戸田菜穂　435
戸田学　560, 628
轟一蝶・美代子　437
轟夕起子　642
トニー・レオン　673
梁朝偉　271
ドヌーヴ、カトリーヌ　576
ドネン、スタンリー　255
ドノフリオ、ビンセント　211
殿山泰司　241
鳥羽幸信　196, 243, 308

ド・パルデュー、ジェラール　87, 593, 622
ド・ボール、ローラン　118
トミー・ズ　314, 327, 402
トミー・ズ雅　337, 408
トミタ、タムリン　306
富田靖子　386
富永卓二　90
ともさかりえ　511
ド・モンジョ、ミレーヌ　49
外山恵里　516
豊川潤　200
豊竹咲大夫　670
豊田四郎　514

ドライヴァー、ミニー　485
ド・ラオレンタ、ジョン　397, 466, 489, 568
ド・ラント、ダルトン　323
ド・リアーノ、ラース・フォン　633
鳥井勉　406
ドリームス・カム・トゥルー　416
ドリフターズ　287
ド・リュフォー、フランソワ　4, 87, 122, 123, 174, 213, 258, 318, 363, 420
トルストイ　191
ド・ルナトーレン、ジュゼッペ　299
ド・ルンシン、イシー　106, 554, 612, 673, 681
ド・レフェス、スペンサー　482, 517, 547, 609
ド・ロン、フラン　75
ドロロン、ジャック　401
どんぐきほーて　11
ドンビビー、ブライアン　210, 565

ナ　行

内藤誠　147, 157
永井實　577, 587, 608, 615, 625, 662
中井貴一　142, 180, 302, 357, 385, 597
長岡輝子　71, 153
中尾ミエ　47, 52, 277
中川絹子　629
中川家　540
中川安奈　245
中川信夫　2, 75, 119, 125, 148, 157, 218, 280, 356, 619
中北千枝子　142, 424
永作博美　557
仲沢半次郎　189
中澤佳仁　127
中島貞夫　110
長嶋茂雄　180, 424
中島唱子　100, 144, 298, 302
永島敏行　181
中島弘子　411
中島裕大　579
中島啓江　239, 256
長瀬智也　463
永瀬正敏　321
中曽根康弘　90, 156
仲代達矢　11, 16, 35, 664
中田カウス　618

タミロフ，エイキス 360
田中英一 148
田村邦男 20
田村正和 511
タミヤ 45,51,61,63,70,110,120,126,129,134,160,166,169,182,187,198,200,212,215,237,249,266,315,328,333,366,372,376,442,498,670
タランティーノ，クエンティン 322,461
ダリ，サルヴァドール 397,472
ダリュー，ダニエル 418
ダリア，ジャンヌ 316
ダルク，レイス 123,672
タルコフスキー，アンドレイ 191
ダレス 181,270
垂水悟郎 348
俵孝太郎 231
丹阿弥谷津子 65,355
團伊玖磨 68,564
ダン・ウェイ 673
ダンカン，サンディ 32
丹下キヨ子 55
団しん也 266,306
段田安則 636
ちあきなおみ 275
千秋実 355
チェイス，ジェームズ・ハドリー 48
ダンツ，ジョー 249
ダンラップ松本 117,221
陳凱歌 406
陳松勇 271
チェンバース，マリリン 144
チェン・ユーシュン 467,507
千葉泰樹 152
月形龍之介 408
近石真介 561,605
千歳家今若 437
千葉繁 176,257,463,474
千葉雄三郎 237,323,357
千葉真一 412
チャーチル，レイ 684
チェイス，イブン 73
チェン・カイコー 653
チャップリン，チャールズ 21,35,137,149,154,206,240,283,380,440,460,546,681
チャップリン，ジュニア，ロン 354
チャン・イーモウ 401
チャン・ハオ 406,557,617
中条静夫 28
中尾彬 406
チュートリアル徳井 674
チュン・ユーシュン 557
チャーリー・シーン 562
チュー・ユンファ 612
チョウ・ユンファ 557
ツイ・ハーク 427
ソーピート 25,44,58,152,182,389

つかこうへい 37,39,98,229
司葉子 57
塚本晋也 454
津川雅彦 206,276,290,386
月岡夢路 584,649
月丘夢路 8,334,483
月亭可朝 119,136,168,194,263,304,423,588
月亭八方 423
筑紫哲也 412
佃典彦 663
九十九一 59
辻吉郎 448
辻邦生 318
津島恵子 40,78,152,526
辻真先 81,263,429,520,532,575,622
土本典昭 347
筒井康隆 281,449
都筑道夫 395,524,535,581,615,625,637
堤真一 55,111,563,622
堤清二 537
角田英介 201
角田英行 184
椿三十郎 53
椿姫 229
円谷英二 56
円谷幸吉 381
坪田譲治 462
津村喬 231
露木茂 39,680
露口茂 90
露の五郎兵衛（二代目）←露の五郎 446,646
鶴見辰吾 22,196,212
鶴田浩二 644
つるの剛士 667
鶴屋南北 122
鶴橋康夫 50
ディアブティ，ベンジル 143
ディール，ヘルミ 401,619,672
ディートリッヒ，マレーネ 234,379,421
ディーン，ジェームズ 621,681
ティーヴン，ヘンリー 28,177,387,560
ディヴァイス，ベティ 153,169,270,273,
ディカプリオ，レオナルド 291,573,628,684
ディズニー，ウォルト 68,75,165,177,185,187,196,221,230,246,273,279,284,353,396,428,473,495,501,536,550,570,588,607,640,673
ディケンズ，チャールズ 133
ディキンソン，アンジー 104,240,251,262,514
田壮壮 406
ディック・ミネ 305,351
ディッキンソン，アンジー 41
ディ，ドリス 109,153
デイモン，マット 485
テイラー，ロバート 128
テイラー，エリザベス 301

高品格 133
高島忠夫 170, 329
高島礼久 499
高嶋政伸 557
高杉早苗 100
高瀬昌弘 503
高勢実乗 360, 376, 448, 545, 615
高田浩吉 64
高田稔次 249
高田聖子 438, 474, 487, 516
高田文夫 35, 152, 158, 188, 306, 476, 526, 532
高田みどり 197
高田美和 59
高野和明 226
高橋泉 643, 654, 669
高橋治 381
高橋克明 408
高橋圭三 19
高橋幸治 129
高橋長英 180, 577
高橋伴明 194
高橋ひとみ 144
高橋三千綱 39
高橋涼輔 579
高畑勲 118, 417, 449, 450, 452, 470, 505, 567
高羽哲夫 441
貴乃花 431
高畑淳子 363
高平哲郎 510
高間賢治 331
高美以子 361
高峰三枝子 642
高峰秀子 154, 402, 424, 641
高村光太郎 126
高山文彦 49
宝田明 583
田川昌三 389, 604
田川靖子 322
多岐川裕美 225
瀧川鯉橋 684
瀧川鯉昇←春風亭鯉昇 572
滝口順平 333
滝沢修 76, 472, 542, 546, 641
滝大作 263, 376, 383, 432
滝田裕介 96
ダグラス、カーク 140, 337, 489, 640
ダグラス、マイケル 516
竹内海南江 364, 406
竹内銃一郎 60, 71, 171, 192, 200, 407, 432
竹脇無我 28, 210
武幸四郎 621
竹下景子 82, 104, 364, 423, 595, 620
武田泰淳 495
武田鉄矢 278, 127
武知杜代子←武智豊子 147, 554
竹村健一 62, 164, 259
竹中直人 107, 454, 479, 494
田坂具隆 252, 673

橘ノ圓都 60
タチ、ジャック 21, 420, 681
橘家圓蔵（八代目）46, 67, 204, 225,
橘家圓太郎（八代目）←月の家圓鏡 312, 402, 454
立木義浩 353, 515
立川志雲 285
立川志の吉 545, 670
立川志の輔 224, 290, 295, 306, 350, 369, 413, 496, 544, 568, 578, 585, 670, 675, 678
立川生志←立川実志 268, 483
立川志らく 483, 522, 537
立川談志 14, 30, 46, 64, 68, 94, 98, 110, 115, 124, 126, 145, 182, 224, 260, 268, 272, 279, 285, 290, 294, 314, 319, 350, 384, 413, 436, 483, 522, 537, 540, 565, 576, 581, 585, 618, 650, 653, 675
立川談春 522, 537, 639, 653, 668, 675
伊達三郎 318
立松和平 266, 424
タトゥーロ、ジョン 409
ダナウェイ、フェイ 32
田中朗 94, 126
田中角栄 36, 135, 227, 501
田中義一 265
田中絹代 13, 276, 425
田中邦衛 62, 531
田中佐太郎 506
田中澄江 20, 64
田中徳三 310, 381
田中春男 486
田中美佐子 254, 579
田中裕子 54, 58, 62, 67, 80, 122, 665
田中裕二 389
田中由美子 408
田中陽造 37
田中好子 137, 243, 355, 439
田中利花 256
田辺靖雄 352
谷晃 241
谷川俊太郎 84
谷啓 155, 259, 338, 368, 391
谷五郎 287, 322, 375, 500
谷崎潤一郎 326, 584
谷村新司 340
たのきんトリオ 33, 39, 48, 53, 82
田畑智子 357
田原総一郎 250
田原俊彦←トシちゃん 314
タビアーニ 167
田武謙三 560
田淵岩夫 107, 140
タベルニエ、ベルトラン 159
玉井貴代志←玉井洌 35
玉木宏 662
玉松一郎 34, 109, 551
田丸公美子 574
田宮二郎 176
田宮虎彦 175

杉原千畝　505
杉浦直樹　203, 206, 289, 292, 333, 439, 449, 556, 625, 630, 665
杉浦範茂　611
杉江敏男　276
杉狂児　605
スザンヌ　667
杉村春子　139, 145, 183, 313, 363, 402, 424, 542, 559
杉本五郎　8, 290
杉本哲太　410
杉本良吉　393
杉山徳子　363
杉有二　118
鈴木健二　45, 89
鈴木清順　449
鈴木則文　37, 55, 307, 381, 563
鈴木砂羽　608
鈴木敏夫　449, 566, 590, 674
鈴木一　50
鈴木治彦　674
鈴木誠　658
鈴木すみ　608
スターク、ジム　667
スターク、レイ　56, 331
スターリン　412, 576
スターリング、ジョン　373
スタージェス、ジョン　386, 428, 461, 583
スコット、シンシア　190
スコット、ランドルフ　299
スタイガー、ロッド　500, 589
スタインベック、ジョン　354
スタック、ロバート　611
スタンウィック、バーバラ　511, 676
スタンリー、キム　253
スタンバーグ、ジョゼフ・フォン　238, 262, 428
スタントン、ハリー・ディーン　417
スチュアート、ジェームズ　184, 570, 622
スティーヴンソン、ロバート　311
ストーン、シャロン　560
ストライサンド、バーブラ　13, 345
ストロード、ウッディ　246, 323
砂川捨丸・中村春代　157
砂塚秀夫　338
スパイク
スピルバーグ、スティーヴン　16, 55, 75, 83, 117, 150, 162, 186, 221, 387, 477, 567, 569, 570, 619, 643
スピルノア、ユーリャ　671
スペイシー、ケビン　570, 640
スペクター、デーナ　210, 461, 466
すまけい　248
住井すゑ　419
住田裕子　646
スリーヴグレイ、ロバート　411
スレザック、ウォルター　525
スロヴィス、エディ　168

すわしんじ　306, 373
諏訪マリー　256
スワンソン、ヒラリー　639
スワンソン、グロリア　560
孫鵬　350
ゼーマン、カレル　428, 571, 634, 681
瀬尾屋光世　503, 542
セラーズ、ピーター　35, 66, 625
瀬川裕司　502
セルツァー、デヴィッド・O　521
関川夏央　503
セロー、ミシェル　471
関口宏　165, 355
セロン、シャリーズ　469
関武志　205
千石規子　543
関根勤　520, 540
ゼン・シャン＝北京　242
関山和夫　336
千田是也　137, 268, 315
瀬戸川猛資　525
せんだみつお　139
相馬ひろみ　249
曾我廼家五九郎　147
曾我廼家五郎　278
相米慎二　357
曾我廼家五郎八　91

ソ・ミョヒ　685
ソルジェーノ、ミラ　455
園子温　281
ソル・ギョング　553, 624
園まり　53
ソンドハイム、スティーヴン　222
孫承佑　272

タ行

ターナー、キャスリーン　260
太平サブロー・シロー　134, 140, 146, 164, 171, 259, 278, 416, 498
ダーニング、チャールズ　121
大地康雄　227, 245, 248, 363
ダーレン、ロイ　150, 488
平参平　4, 122, 178, 385, 432
ダーン、ブルース　354, 439
平田昭彦　263
ダヴァラス、バーギ　683
ダウ、ナンシー　223
田浦正巳　494
ダウンタウン　111, 163, 265, 332, 600, 651
高井麻巳子　185
高岡早紀　281
高倉健　22, 56, 181, 203, 273, 333, 584

島田洋之介・今日現次代←島田洋介・今喜多代 46, 147
島津保次郎 100, 183, 351, 553
ジミー大西←大西秀明 174, 443, 611
清水マナキ 239
清水圭 337
清水将夫 641
清水幹生 579
清水美砂 410
清水ミチコ 260
清水良典 584
志村喬 16, 64, 102, 403, 503
志村三代子 661
下條正巳 81, 527
下山啓 239
下山定則 575
シモン、ミシェル 421
ジャーマッシュ、ジム 173, 200, 359
ジャイアント馬場 109
シャイダー、ロイ 27
シャオ、ジョセフィーヌ 480
ジャクソン、サミュエル・L 397
ジャクソン、マイケル 340
シャクルトン、アーネスト 610
高捷 271
ジャック武田 132
シャテリエ、エチエンヌ 309
シャブロル、クロード 289
シャリアピン 625
ジャリリ、アボルファズル 508, 544
ジャンティ、フィリップ 222, 328
ジャン・ポ尾崎 531
ジャヴァンク・マイエル、ヤン 577
シューヴェ、ルイ 420, 421, 514, 534
シューマッカー、ジョエル 365, 617
シューレダン、ルイ 296
シュット、ローラン 558
ジュテヴィ・オノッ 125
ジュトラウス、ヨハン 548
ジューミョ・ジョラール、ヤン 617
シューレンジジャー、ヤン 255
シューレンドルフ、ジョン 300
シュワルツェネッガー、アーノルド 574
シュワルツ 225, 292, 573
春風亭あーちゃん 456
春風亭一之輔 626
春風亭栄橋 188
春風亭昇太 14, 18, 21, 46, 103, 118, 129, 131, 145, 175, 182, 279, 316, 346, 350, 353, 369, 374, 404, 417, 431, 437, 443, 456, 537, 572, 581, 629
春風亭正朝 678
春風亭柳好（三代目） 129, 145, 279, 284, 369, 436, 629
春風亭柳橋（六代目） 89, 425
春風亭柳枝 672
春風亭柳朝（五代目） 437
春風亭柳昇 95, 573
東海林太郎 129, 188, 353
東海林太郎 132, 237

正司照江 248
正司照江・花江 117
正司敏江・玲児 27, 86, 147
笑福亭枝松 384
笑福亭三喬 629, 654
笑福亭松之助 29, 43, 345, 471, 484, 496, 575, 623, 655
笑福亭笑瓶 249
笑福亭松鶴（五代目） 92, 655
笑福亭松鶴（六代目） 92, 178, 188, 284, 290, 293, 384, 401, 422, 459, 482, 504, 604, 628
笑福亭松喬（七代目）←笑福亭松葉 384, 422, 454
笑福亭たま 623, 626, 645, 656, 678, 680
笑福亭鶴瓶 91, 531, 546, 609, 628, 636, 666
笑福亭仁嬌 97, 535
笑福亭仁鶴 97, 178, 202, 204, 225, 383, 384, 422, 433, 483, 490, 535, 588
笑福亭福笑 401, 623, 645, 656, 678, 680
笑福亭呂竹 668
ジョージボーイズ 250
ジョージ秋山 66
ジョーンズ、D・W 634
ジョーンズ、G・ウィリアム 275
ジョーンズ、ジェニファー 56
ジョーンズ、スパイク 338
ジョーンズ、チャック 117, 580
ジョーンズ、トミー、リー 578
松鶴家光晴・浮世亭夢若 400, 437
ショヴェル、ミカエル 20
ショパン 182
ショメ、シルヴァン 634
ジョリー、アンジェリーナ 670
ジョンスン、ヴァン 394
ジョンソン、ブライン 121
ジョンソン、マジック 362
白井佳夫 267, 271, 294, 380
白川和子 58
白川由美 40, 65, 106, 292, 430
白木みのる 385
シルヴェール、ヴェロニク 87
白山雅一 81, 531
真行寺君枝 426
信欣三 175
辛酸なめ子 271
人生幸朗 62, 63, 164, 171, 296, 416
進藤英太郎 246, 443, 448, 486, 605
陣内孝則 175, 241, 415, 439
新野新 294, 367
新野新 259
新橋耐子 341
末盛憲彦 102, 411
菅井一郎 241, 486, 508
菅三平・浅草四郎 437
菅野忠彦 54
須賀不二男 494
スカルスガールド、ステラン 485
須川栄三 49, 293, 381
菅原文太 518, 600
杉井ギサブロー 445

サド、マルキ・ド　550
ザ・ニュースペーパー　307
さねとうあきら　15
ザ・ピーナッツ　72
佐野利信　78,245
佐野洋三　257
ザ・ぼんち　61,174
ザ・ポリスマン　53,351
サ・ボール、イシュットヴァーン　321
沢島忠三←沢島忠継　78,352
沢田研二←ジュリー　16,459,563,603
澤田ニッチモ　389
サム、トリッキー　391
サムライトリオ　99
サムライ日本　99
佐山俊二　115,514
サラサーテ　37
サリバン、エド　340,345,351,526
佐藤忠男　74,187,205,371,391,605
澤井一恵　318,376,658
三人奴　8,122,158,385,437,509,565
サンドラー、アダム　327
三遊亭歌之助　647
三遊亭歌生之助　9
三遊亭歌武蔵　581,626,655
佐渡稲治　556
沢登翠　383
沢村いき雄　241
沢村国太郎　386
三遊亭歌奴←三遊亭歌奴　374,421,623,626
三笑亭可楽（八代目）　279,531
山東昭子　385
三遊亭圓橘（四代目）　42
三遊亭圓窓　60
三遊亭圓楽（五代目）←三遊亭ぬう生　43,46,86,110,145,678
三遊亭圓遊←三遊亭圓窓生　3,96
三遊亭圓生（六代目）　3,9,179,201,321,346,369,417,449,471,488,531,570,598
三遊亭圓馬（四代目）　668
三遊亭圓朝　674
三遊亭歌奴　9
三遊亭金馬（三代目）　167
三遊亭好楽　374
三遊亭小圓遊　95
三遊亭兼好←三遊亭好二郎　678
三遊亭吉窓　598
三遊亭金翁　375
三遊亭金馬（三代目）　10,18,43,79,89,124,127,279,321,393,641,531,572,615,645,656,672
三遊亭小圓遊　30,188
三遊亭小遊三　96,103,127,130,131,182,279
三遊亭鳳志　675
三遊亭鳳楽　42
三遊亭楽太郎　42
三遊亭柳枝・南喜代子　437

椎名桜子　274
シーガル、ジョージ　589
シーゲル、ドン　307,678
ジーコ内山　225
シェーンブレン　467
シールズ、ブルック　51
シェール、クラズ　69,159,371,405
シューストレム、ビクトル　243
シューソン、デイビット　561
ジェームス、ハリー　610
ジェルソミーナ　547
謝晋　562
謝飛　406
ジェンナー　218
シェル、マリア　436
シェル、マクシミリアン　309
シューベルト、フランツ　146
シェーンベルク　658
ジェールズ、マシュー　676
ジェニファー　159
ジェパード、シビル　162
謝飛　377
獅子てんや・瀬戸わんや　604
獅子文六　135,163,353
十返亭亀造、菊次　537
矢戸錠　396
茂山逸平　585
重光享楽　292
シグラ、ハンナ　683
汐路章　108,248
ジオカローネ・スカ、パトリシア　683
シティ・ボーイズ　163,278
シニーズ、ゲイリー　354
篠田正浩　90,381,661
篠原涼子　133
篠原涼子　597
篠山紀信　430
柴田理恵　273
柴田恭兵　254,471
柴田早苗　623
芝山幹郎　169,253,651
司馬遼太郎　491,502,569
司馬遼太郎　559
渋谷天外（二代目）　91,323
渋谷実　24,661
島倉千代子　373
島崎藤村　540
島崎藤村　615
島田歌穂　206,239
島田正吾　324
島田紳助　26,35,44,46,61,108,146,188,272,296,316,323,335,344,436,442,450,460,517,593,618,621,644,646,659,667,686
島田陽子　363
島田洋七　595
島田祥七　46

サーマン、ユマ 397
斉木しげる 278
西条凡児 62, 560, 650
西條八十 642
財津一郎 206, 385, 403, 433
斎藤清六 104, 443
斎藤寅次郎 54, 59, 63, 66, 198, 244, 448, 476, 630
斎藤ノブ 366
斎藤晴彦 134, 270, 362, 510
斎藤学 611
斉藤由貴 185, 430
西都ハロー・ジロー←波呂・次呂 437
サイモン、ニール 75, 112, 224
崔洋一 245
斎藤達雄 619
斎藤武市 49
佐伯怜子 249
堺駿二 4, 54, 241, 605
堺すすむ 531
堺正章 33, 95, 345, 351, 367, 458, 510, 516
堺雅人 677
坂上忍 184
逆木圭一郎 474
坂口芳貞 129
坂口安吾 575
蟻鰭善兵 641
坂田明 51, 128, 366, 372, 497
坂田利夫 44, 86, 261, 268
坂本洋二 573
坂野比呂志 109
阪本健 500
相楽晴子←相楽ハル子 484
相楽晴子←相楽ハル子 185, 227
坂上二郎 269
崎久保吉啓 320
桜井センリ 155, 481
桜井長一郎 107, 510
桜町弘子 197
桜井敏雄 477
桜井良子 266
桜田淳子 357
桜本富雄 419
佐々木かをり 458
佐々木蔵之介 677
佐々木啓祐 476
佐々木すみ江 142
佐々木康 642
笹野高史 100, 431
ザ・タイガース 287
佐藤愛子 64
佐藤あつし←なつあつし 305, 370, 389, 445
佐藤慶 82, 430, 484, 541
佐藤重臣 606
佐藤B作 324, 432, 556
佐藤信 270
佐藤眞 347
佐藤正宏 253
佐藤友紀 384

コックス、アレックス 232
コットン、ジョー←J 19, 154
コップ、リー・J 331
コッポラ、カーマイン 80
コッポラ、フランシス 17, 18, 80, 379, 618
古手川祐子 471, 477
後藤久美子 431
KONISHIKI←小錦、佐ノ山 497, 499
コパーン、ジェームス 18, 537
木場宏己 71
小橋めぐみ 449
小浜逸郎 483
小林旭 65, 73, 261
小林薫 227, 363
小林一喜 217
小林克也 351
小林桂樹 276, 295
小林源次郎 622
小林聡美 185, 434, 442, 479
小林稔侍 181, 302, 579
小林信彦←中原弓彦 7, 63, 102, 119, 158, 198, 299, 367, 403, 416, 425, 447, 448, 604, 605, 622
小林のり一 237, 260, 532
故林広志 370
小林正樹 80, 267
小林靖宏 366
小林ユタカ 31
小堀誠 245
小松左京 349, 550
小松方正 609
小松まこと 326, 327
小松政夫 38, 257, 283, 376, 384, 389
五明樓玉の輔←春風亭あさ市 456
コメディ No.1 402
コモ、ペリー 346
小森和子 38
小柳ルミ子 95
小山觀翁 504
小山明子 59
コヨーテ、ピーター 165
コラー、クサヴァー 325
コルソン、ジャック 460
コルトレーン、ロビー 525
コルバチョフ、ロビー 667
コルベール、クローデット 322
コロンボ 287, 500
コロディ、カルロ 540
今敏 618
コンダ、デビッド 567
コンド赤信号 37
コント55号 268
近藤芳正 455
コンド、レオナールド 84, 99, 152
コン・リー 617

サ 行

サージェント、ジョセフ 356

グラッシャー、イザベル 355
倉野章子 630
クラウチェニーグ、フンドレイ 671
クラブチェー、ケルシー 439
倉本聰 21,26,27,29,40,52,57,58,100,127,181,207, 349,479
グラント、ケーリー 183,209,471,525,658,673
クリース、ジョン 69,240
グリーン、グレアム 652
グリシャム、ジョン 496
クリスタル、ビリー 560
クリスティー、アガサ 165,496,585
クリスティーヌ、ドニーズ 67
クリスティン、デヴィッド 683
クリスト、モンゴメリー H
栗原小巻 664
クリフト、モンゴメリー 330
栗本慎一郎 278
栗山民也 341
栗田貫一 608

グルーゼ、リーネ 239,303
クルーネ、リーネ 308
グルーヴス、スティーヴ 285
グルーネス、ダレン 420
クルーティス、ジュザンヌ 471,588
クルーニー、ローズマリー 463,588
クルーゼ、フランシス 289
クルティス、トゥシジェル H
クルイ、ドニーズ 684
グレイブル、ベティ
クレイツ、スタンリー 337,481
クレージーキャッツ 369,532
クレーン、ボブ 379,406,420,548,562,582,620
クレイマン、ルネ 436
グレイソン、スュット 320

黒岩祐治
黒鉄ヒロシ 217,476
黒木瞳 260,261
黒木太陽 261
黒沢明 11,18,35,37,41,102,152,157,158,183,256, 274,276,313,360,361,368,373,380,381,403,435,495, 555,561,564,587,619,631,642
黒柳徹子 37,71,82,137,166,180,188,211,222,232, 239,290,314,366,408,425,480,679
黒田硫黄 80
クロウェル、ベン 205,487
クロス、ベン 73
クロムウェル、ジョン 515
桑野通子 352
桑原和男 82
桑山正一 501
ケイ、ニコラス 397
ゲイ、ニコラス 120,190,238,265,314
ケイ、ダニー 402
ゲイハルター、ニコラウス 473
ゲイン、エド 668

ケイン、マイケル 543
ゲーブル、クラーク 387,547
ゲーリッグ、ルー 636
ケティ、アーサー 523
ケネディ、アーサー 260
ケネディ、バート 615
ケラー、マルト 509
ケラリー、ラース 23
ケリー、グレース 128,146
ケリー、ジーン 177
ケリー、ジーン 282
ケリー・ジュニア、ハリー 387
ケリー、デヴィッド・E 559,590,600,622,603,625
研ナオコ 35
小池朝雄 82,139,203,682
小池栄子 644
小泉セツ 359
小井戸秀宅 666
高倉次太郎 237,250
小明志津子 5
河内桃子 203,250,408,613
神津友好 70,207
神波史男 549
河野寿一 16
河野洋 138
郷ひろみ 97
コーエン兄弟 203,638
神山繁 452
ゴーゴン、ダン 285
ゴーハン、ジョージ・M 64,140,169,585,640
ゴールドウィン、サミュエル 24,193
ゴーリキ 230,247,262
五街道雲助 566
古今亭右朝 204
古今亭圓菊 375
古今亭志ん橋 188
古今亭志ん生 582
26,79,103,147,187,188,236,279,321,
336,350,444,450,465,483,537,544,572,581,597,613,
626,646
古今亭志ん朝 3,14,47,68,71,98,286,321,334,346,
374,377,454,475,483,502,505,535,556,572
古今亭志ん馬（九代目）←古今亭志ん次 475
小堺一機 315,539
越路吹雪 612
五所平之助 437
小杉勇 252
五稜松枝・菊二 143,183
コスタ=ガヴラス 490
コスター、ヘンリ 314,560
ゴスビー、ビル 337
ゴダール、ジャン＝リュック 223,396
小高修 64
小谷美可子 314
児玉清 470,659
こだま・ひびき 595
見王春夫 278
東風 278

菅野研一 611
カンピオン、ジェーン 322
神戸浩 431
ギア、リチャード 337
キアロスタミ、アッバス 381, 499, 508, 616, 618
キートン、バスター 4, 140, 320, 355, 380, 440, 509, 523
ギエムレンショ、ヴィトルド 663
樹木希林 299
菊川怜 191
菊島隆三 152
菊田一夫 613
菊谷栄 278
菊池寛 576
岸恵子 28, 88, 393, 398, 661
岸田今日子 203, 433
岸田國士 36, 229, 325, 573
岸田森 85
岸部一徳 433
岸本加世子 658
北久保弘之 30, 61, 139, 213
キダ・タロー 554
北野誠 337
北野義則 304
北林谷栄 299
北村和夫 203, 408
きたろう 278
吉川晃司 185
ギッシュ、リリアン 240, 252, 388, 389, 496
ギデオン、ジョー 27
ギブソン、ジョー 247
城戸真亜子 350
衣笠貞之助 587
ギネス、アレック 358, 546
木下恵介 52, 76, 267, 276, 313, 435, 482, 491, 495, 542, 559, 567
木下順二 94
木下優樹菜 667
ギブソン、メル 355
喜味こいし 619
キム・ギドク 633
キム・ドンウォン 657
キム・ヒョンジ 553
キム・ユジョン 685
キム・ユンソク 685
木村昭宏 225
木村功 143, 557
木村栄子 95
木村角山 168
木村一八 395
木村光一 96, 129, 249, 341, 349, 359, 408, 488, 541, 630, 649
木村進 122, 551
木村太郎 259
木村哲人 315
木村政雄 500, 501
木村万里 306

キャグニー、ジェームズ 24, 116, 169, 193, 262, 265, 320, 518
ギャバン、ジャン 407, 508, 538
キャプショー、ケート 124
キャプラ、フランク 173, 266, 311, 313, 317, 352, 368, 476, 478, 482
キャラダイン、ジョン 229
キャリー、ジム 465, 667
ギャロウェイ、ジェニー 362
キャンター、エディ 615
キャンディース 38, 81
キューカー、ジョージ 87, 143
キューニー、バッティル 151
キューニー、ブラン 387
今日規汰代←今泉多代 46, 147
京須偕充 641
京マチ子 659
清川虹子 55, 383
旭堂南左衛門 582
キョセ、エルセル 683
キリンツキセンス 250, 278
キルタセ、ニノ 667
銀河万丈 682
キング、スティーヴン 327, 572
キング、ヘンリー 541
金原亭馬生(十代目) 77, 188
金田一京助 212
金田一春彦 212
キンボール、ウォード 365, 588
クイーン、エラリー 521
クイン、アンソニー 565
古軍 301
クート、ロバート 371
クーパー、ゲーリー 134, 218, 238, 396
クーブリック、スタンリー 7, 162, 211, 387, 587
クールディング、ハリー 515
クエイド、デニス 305
クエイ兄弟 242
久我美子 143
日下武史 126
草野仁 471
草笛光子 49
串田和美 679
クストリッツァ、エミール 440
楠美津香 341
楠侑子 433
クック、エライシャ 413
グッドール、ルイーズ 523
工藤栄一 15, 549
国広富之 144, 290
久宝留理子 416
窪塚洋介 531
久保菜穂子 304
くまざわあかね 585
神代辰巳 381
久米宏 84, 89, 91, 134, 141, 156, 217, 608
クライン、ケビン 240
グラス、スティーヴン 632

加納典明　656
川平慈英　320
海部俊樹　306
ガナックス，コスタ　230
壁村正子　263
顧正子　629

上岡龍太郎←横山パンチ　126, 137, 164, 258, 260, 269, 272, 294, 296, 313, 324, 335, 337, 370, 377, 544, 560, 646, 661
上方柳次・柳太　117, 400
雷門小福（八代目）　89, 186, 236, 279, 284, 319, 601
雷門福助　89, 319, 679
上沼恵美子　136, 194, 202, 261, 263, 383, 394
カミシゲ，コンスタンス　274
鴨下信一　82, 210, 457, 548, 650
唐十郎　391
カラヤン，ヘルムート　502
ガルシア，レオナス　213
ガルシア，マルセル　102
ガルシア＝マルケス，G　305
カワウゾ，ノエル　274
河合隼雄　664
川上哲治　281
川岸晋也　226
川口浩　412
川島雄三　40, 103, 245, 256, 381, 382, 416, 508, 559, 563, 626, 641
河田賢一　305, 370, 445
川谷拓三　100, 109, 385, 414, 587
川田晴久　171
川端康成　398
川原和久　661
川部修詩　339
河野愛詩　157
川本喜八郎　391, 445
川本直子　389
川本三郎　389, 424, 525, 565, 586
河本寿栄　422
河原崎次郎　675
川柳川柳　203
河原畑寧　523
河原崎長一郎　195, 333, 612
川和孝　72
ガンス，アーベル　80
観世三千子　506
カンター，エディ　246, 286
神田正輝　456
神田正輝　175
神田伯隆（五代目）　260, 268
神田伯龍（六代目）　487
カンタン，プロランス　309, 469
観世栄夫　241
神奈月聡　249

桂文紅　423, 446, 524, 531, 543, 601, 655, 682
桂文紅（四代目）　242
桂文枝（五代目）←桂小文枝　桂小米朝　384, 422, 433, 446, 459, 479, 483, 490, 577, 628, 644, 676
桂文我　310, 377,
桂文三（四代目）　518
桂文三　242
桂文團治（四代目）　85, 109, 119, 301, 582
桂文楽（八代目）　103, 188, 236, 279, 321, 343, 369, 393, 413, 431, 437, 447, 450, 454, 465, 490, 502, 511, 522, 544, 598, 620
桂むん喬　566
桂三木助（四代目）←柳家小きん　129, 144, 182, 444,
桂三木助（三代目）　130, 321, 350, 586
桂三木助　296
桂米二　41, 160, 275, 326, 602, 604, 620
桂米左　296, 304, 327, 594, 622, 623
桂米輔　296
桂米八　326, 422, 566
桂米裕　160, 296
桂米平　395, 423, 488, 497, 532, 564, 566, 682
桂米丸　3
桂米朝　241, 358
桂米團治　156, 598, 635, 652
桂米團治（五代目）←桂小米朝　78, 137, 296, 326, 444, 464, 480, 614, 629, 664, 675
桂上ねぎ吉←桂米吉　532, 675, 681, 682
桂米吉　671, 676

加藤健一　339
加東大介←市川莇司　50, 203, 208, 429, 506, 620, 625, 641, 662
加藤剛　287
加藤武　203
加藤登紀子　78, 152
加藤治子←御仲京子　241, 358
加藤泰　11, 16, 157, 602
加藤泰　71, 85, 133, 211
加藤芳郎　116, 646
香取慎吾　597
金井大　359
簾江敬三　85
金子修介　341
金子信雄　403
金田竜之介　48
カネフスキー，ヴィターリー　420
金丸信　306
要潤　579
加納健男　544

桂吉弥　453, 554, 668, 675, 677, 681

桂吉朝　156, 171, 296, 310, 320, 327, 422, 425, 433, 453, 464, 475, 488, 497, 521, 554, 555, 580, 592, 594, 600, 601, 602, 603, 620, 642, 645, 654, 655, 656, 677, 680

桂喜丸　296, 490, 491, 594

桂きん枝　119

桂九雀　195, 296, 304, 351, 395, 425, 496, 550, 564, 585, 604, 626, 630, 644, 653, 654, 655, 656, 668, 676

桂紅雀　447, 490, 529, 594, 668, 671, 683, 684

桂小枝　111

桂こごろう　671

桂小南（二代目）　10, 127, 188, 532, 599

桂小米（十一代目）　41, 295

桂さこば（二代目）←桂朝丸　78, 116, 146, 156, 204, 296, 326, 383, 400, 410, 422, 423, 458, 471, 490, 498, 524, 546, 566, 594, 604, 624, 629, 636, 646

桂佐吉　620, 654, 656

桂三枝　48, 67, 84, 108, 109, 110, 122, 128, 140, 314, 351, 623, 654, 682

桂三象　682

桂枝女太（二代目）←桂小米、前田達　3, 6, 8, 43, 57, 67, 78, 97, 105, 107, 109, 130, 179, 195, 238, 284, 298, 304, 333, 351, 382, 395, 410, 418, 425, 447, 453, 456, 483, 490, 496, 504, 513, 517, 521, 543, 571, 581, 585, 636, 646, 655, 676

桂雀三郎　92, 304, 586

桂雀々　78, 105, 242, 279, 320, 326, 339, 369, 381, 418, 425, 447, 454, 490, 496, 497, 529, 532, 554, 566, 588, 630, 636

桂雀松　279, 296, 310, 320, 418, 504, 517, 575, 576, 585, 604, 628, 644

桂雀喜　671, 676

桂春蝶（二代目）　136, 351, 353, 513

かつら枝代　554

桂勢朝　296, 320, 327

桂千朝　78, 422, 456, 491, 521, 566

桂宗助　275, 295, 447, 480, 601, 652, 682

桂染二（三代目）　582

桂染丸　490

桂築丸（四代目）　623, 670

桂團朝　464, 614, 666

桂千穂　157, 219

桂ちょうば　594, 601

桂出丸　524

桂都丸　296, 304, 594, 666

桂南喬　10

桂南光（三代目）←桂べかこ　377, 383, 454, 496, 571, 683, 78, 105, 136, 202, 242, 279, 320, 326, 339, 378, 454, 498, 524, 566, 571, 598, 613, 636, 675

桂二乗　683

桂春團治（初代）　90, 345, 571, 681

桂春團治（三代目）　344, 410

桂文枝（三代目）　279, 326, 393, 400, 410, 422, 454, 483, 496, 529, 549, 556, 598, 628, 652

桂文我（四代目）←桂雀司　684

桂文華　296, 341, 343, 395, 410,

カーシュナー、アービン　18

カーソン、リサ・ニコル　516

カーティス、ジェイミー・リー　355

カーティス、トニー　261, 323, 337, 355

ガードナー、エヴァ　560

ガードナー、ジェームズ　615

カーペンター、ジョン　52

カーランド、ロバート　562

ガーランド、ジュディ　87, 143, 216, 327, 453

カール、ジョージ　146

カイデル、ハーヴェイ　397, 659

海宝弘之　500

海宝ゆり子　500

甲斐よしひろ　234, 300

快楽亭ブラック　327

ガウディーノ、アントニー　675

カウリスマキ、アキ　130

加賀まりこ　472

加賀美幸子　67, 307

香川京子　240

香川照之　361

香川登枝緒←香川登志緒　654, 669
　182, 268, 269, 385, 586

角野卓造　430

景山民夫　376

笠置シヅ子　245

笠木透　191

風間杜夫　180, 359, 408, 430, 488, 605, 630, 649

風見章子　79

カザン、エリア　293

カザン、マリア　32

梶井純　608

梶田章　415

香取ラッキー・網圍セブン　244

樫山文枝　664

春日八郎　321

加瀬亮　684

片岡千恵蔵　545

片岡鶴太郎　20, 44, 92, 110, 360, 448

片岡鶴八　107

片岡仁左衛門（十三代目）　116

片岡仁左衛門（十五代目）←片岡孝夫　342, 480, 504, 454, 674

カチャーノフ、ロマン　568, 621

勝新太郎　11, 125, 160, 237, 448

カッパーフィールド、デビッド　268

桂阿か枝　644

桂あさ吉　475, 594, 602

桂朝太郎　488

桂あやめ（三代目）　585

桂歌之助（二代目）　78, 105, 464, 550

桂歌之助（三代目）←桂歌々志　550

桂歌丸　109, 471, 556

桂梅團治　529

桂吉坊　603, 592, 594, 600, 601, 603, 614, 668, 675, 680

おかだ・えみこ 417
尾形敏朗 380
岡田義徳 571
岡本一平 642
岡本喜八 49, 85, 299, 303, 318, 356, 376, 381, 512, 559, 575, 603, 657, 661
岡本千秋 373
岡本忠成 72, 264, 445, 653
岡本太郎 166
岡本博 563
岡本真夜 662

小笠原定雄 3, 57, 242, 296, 310, 326, 351, 382, 459, 517, 550, 564, 585, 586, 594, 596, 604
長部日出雄 227, 605, 629
小川紳介 102, 347
小川原脩 607
沖浦和 579
沖雅也 98
荻原順子 614
奥村和実 484, 595
奥村よう子 504
おくだ健太郎 53
小倉一郎 680
小倉久寛 172

オキザリヴァン、モーリン 111
小沢栄太郎 267, 363
小沢昭一 138, 462, 679
押井守 417, 449, 538, 554, 583
織田正吉 3, 5, 25, 400, 498, 632
織田紘二 241
小田実 269, 394
小田基義 548
小田豊 200
越智治雄 628
小津安二郎 13, 59, 65, 72, 139, 145, 159, 183, 200, 203, 241, 263, 276, 313, 351, 380, 418, 472, 494, 504, 533, 536, 561, 586, 618

乙羽信子 415, 439
オニール、ライアン 13
尾上華丈 20
オブライエン、ウィリス・H 534
オフライエン、エドモンド 141
オリヴィエ、ローレンス 87, 246, 323, 371
オルドリッチ、ロバート 378
小野寺昭 49

カ 行

COWCOW 540
カー、グラハム 112
ガーシュイン、ジョージ 24

仰木彬 515
逢坂剛 565
大石静 577
大泉洋 677
大江健三郎 218
大方斐紗子 82
大川栄子 477
大川橋蔵 37
大久保アキラ 287
大蔵貢 120, 272, 642
大黒摩季 416
大河内伝次郎 108, 360, 414, 545
大沢在昌 622
大島智子 376
大島渚 70, 231, 250, 269, 303, 381
大鶴義丹 624
大路恵美 527
大友克洋 109, 324
大友真弓 357
オースティン、D 391
大滝秀治 158
大海赫 11, 85, 254, 520, 531, 540, 641
大竹しのぶ 214, 282, 349, 434, 578, 621
大竹まこと 164, 277, 376
大谷健太郎 513
大谷真之 37, 661
太田光 389
太田黒 516
太田蛍子 146
オータン=ララ、クロード 67, 533, 538
大塚康生 50, 72, 503, 649
大鶴義丹 398
大日方伝 100, 124
大村崑 662
大森一樹 31, 185, 208
大森南朋 331
大屋政子 65, 108
オール阪神・巨人 61, 110, 146, 202, 262, 278, 383, 402, 416, 498

オードリー 502
鳳蘭 362, 488
大西智子 363
大西信行 43
大橋巨泉 59, 137, 175, 663
大原麗子 297, 307
大林宣彦 40, 333

岡田英次 136
丘さとみ 477
岡崎宏三 382, 416
岡崎友紀 662
おかけんた・ゆうた 327, 401
緒形拳 39, 170, 299, 398, 480, 511, 549, 644, 680
岡田嘉子 393
岡田敦 641
岡田茉莉子 509
岡佐慎二 402, 416, 498

井下靖央　324
猪瀬直樹　231
井原高忠　137
伊吹太郎　134, 334
伊武雅刀　531
今いくよ・くるよ　46, 225, 402
今沢哲男　376
今井正　203, 294, 642
今村昌平　155, 243, 245, 381, 391, 499, 508, 606, 650
今村信雄　421
伊豆田静弘　384, 506
入江相政　231
大船亭扇橋　204
入川保則　385
入山学　389
色川武大　98
岩尾望　619, 671
岩合光昭　510
岩下志麻　28, 58, 90, 129, 613
岩松了　455, 479
ヴァイル、クルト　252
ヴァーネル、シャノン　239
ヴァンチュラ、リノ　485
ヴァン・デン・エルセン、シルヴィー　191
ヴィゴ、ジャン　621
ヴィダー、キング　283
ヴィドマーク、リチャード　380, 388
ヴィラーズ、アンティ　134, 296
ウィリアムズ、エスター　101
ウィリアムズ、ロビン　299
ウィリス、ゴードン　265, 485
ウィリス、ブルース　379
ウィルス、G・F　397
ウィルソン、スティーブン、S　569
ウィンガー、デブラ　16
ウィンターボトム、マイケル　230
ウィンズロー、ジョン　526, 617, 672
ウェイン、ジョン　9, 133, 134, 265, 307, 350, 333, 379, 651, 659
ヴェーガ、パズ　647
植木等　82, 113, 138, 155, 158, 329, 351, 369, 660
上田吉二郎　266
上田耕一　208
上田耕　59, 78
ヴェーベル、フランシス　593, 621
ウェルズ、オーソン　154, 174, 262, 360, 371
ウェルズ、ジョン　536, 614
ウェン、イン　467
ヴェンダース、ヴィム　413
ウォーカー、クリント　414
ウォーカー、ウィリアム　232
ウォーケン、クリストファー　223
ウォーレストン、レイ　354
ウォン、カーウァイ　427
宇崎竜童　111, 329

宇田川幸洋　187, 371, 459, 589
内田朝雄　85, 132, 239, 246, 448
内田栄一　40
内田けんじ　677
内田吐夢　54, 189, 581
内田百閒　380
内野聖陽　435
内海桂子・好江　135
ウッズ、ジェームズ　144
ウッチャン・ナンチャン　265, 274
内海英華　504
内海突破　353
うつみ宮土理　195, 531
内海好江　45
内出好吉　157
海原小浜　263, 327
海原さおり・しおり　394
海原お浜　117, 394
海原千里・万里　136, 171, 194, 394
宇野重吉　473, 510, 542
宇野千代　109
海原お浜・小浜←さざ波お浜・小浜、愛国お浜・小浜　394, 400
梅沢武生　131
梅沢富美男　97, 131
梅野泰靖　495
浦田賢一　248
浦辺粂子　266
浦山桐郎　155, 605
エアハール、デイビッド　573
エイヴリー、テックス　334
江川卓　217
笑組　250
江崎玲於奈　496
絵沢萌子　126
エスター・ハス、ジョー　165
エディ・B・アッチャマン　370
江藤潤　324
エドバール、フラン　151
江戸家猫八（三代目）　502
江戸家猫八（四代目）←江戸家小猫　502
江戸家まね猫　502
江波杏子　150
榎戸耕史　230
柄本明　99, 302, 347, 410, 432, 556, 573
榎本健一←エノケン　4, 76, 82, 94, 134, 147, 172, 198, 246, 278, 280, 286, 360, 429, 437, 446, 449, 619, 630, 641
榎本滋民　393, 448, 468, 471, 505, 641
海老名香葉子　316
海老名泰葉　316, 353
エプロン、ノーラ　378
江守徹　247, 363
江利チエミ　63, 588
円城寺あや　331
遠藤周作　69
遠藤太津朗　132
遠藤理史　597

安西水丸　614
アンデルセン、ハンス　612
アンデルソン、ハリエット　151
アントニオ猪木　81,648
アンドリュース、ジュリー　684
アン・リー　441
アン・リー　427,673
飯沢匡　45,58,147,321,349,432,542
石川さゆり　372
飯島愛　460,667
飯島正　154
E・H・エリック　546
イーストウッド、クリント　225,228,307,639,657,678

イー・ソーイェン　612
イーラム、ジャック　614
イェーツ、ピーター　112,159
イェシルチャイ、ヌルギュル　683
家永三郎　419
井川比佐志　195,363,527
池波正太郎　126
池広一夫　310
池内淳子　366,661
池上金男　76
池田富保　549
池田瓔子　448
池波志乃　103

生瀬勝久　62,171,416
石井均　481
石井ふく子　96
石上三登志　604
石川光久　600
石田ゆり子　571
石田えり　184,293
いしだあゆみ　341
石沢秀二　142,294,673
石坂浩二　442
石坂洋次郎　65,84,486,673

石黒達也　303,561
石黒賢　125,381,642
石倉三郎　85,152
石橋蓮司　424
石堂淑朗　207
石野真子　384
石橋凌　245
石原裕次郎　302
石原慎太郎　39
石丸謙二郎　413
イ・ジュンイク　657
泉麻人←朝丸泉　37
泉鏡花　230,294
和泉聖治　187
泉ピン子　116
泉谷しげる　549,661
泉和助　367

伊勢治二　305,370,445
いなせ家半七←春風亭柳々丸　353
磯村尚徳　306
伊丹十三　38,194,207,276,410,468,665
伊丹万作　19,92,360,448
市川右太衛門　303,680
市川猿之助　22,32
市川男女蔵（六代目）←市川男寅　545
　143,307,326,356,412,415,504,519,559,614,
　661

市川左團次　342,480,545
市川森一　82,412
市川染五郎　341
市川團十郎（十二代目）←市川海老蔵　14,139
　125,304,310
一条礼子　674
市田ひろみ　477
市原悦子　503,527,638
市村俊夫　102,559

伊藤道二　249,257,266,282,283,288,303,307,319,333,346,361,
　364,375,384,399,408,425,449,452,461,474,478,
　489,497,500,512,528,535,536,546,547,551,574,
　577,584,594,624,632,636,645,648,654,655,657,660,
　668,675,680,685
イッセー尾形　150,199,213,227,228,237,242,247,
伊東四朗　38,123,138,150,376,392,432,509,541,
　596,680

いとうせいこう　509,670
伊藤素子　664
伊藤多喜雄　197
伊藤素道とリリオ・リズム・エアーズ　612
伊藤雄之助　415
伊藤和典　444
伊東ゆかり　80,81
伊藤蘭　243,358
稲葉義男　363
稲垣吾郎　44,360,451
稲村亀夫　503
乾浩明　67

井筒和幸　381,589
逸見政孝　175
糸井重里　70
五木ひろし　526
イチロー　515,576
一龍斎貞水　50
いっこく堂　35,239
いかりや長介　553,624,633,685

井上ひさし　77,341
いのうえさでのり　487
井上文彦　541
井上武士　172
井上孝雄　82
井上順　35
井上陽水　506
井上八千代（四代目）　249
イノシシ、ジュニック　362

人名索引

※本文中の人物に改名がある場合は、コラムが連載終了した2009年の表記を採った。
※連載終了後の改名は反映していない。
※外国人名の表記は、初出に従い本文各コラムで差異があるが、索引では統一した。

ア 行

アーヴィング、ジョン　543
アーサー、ジーン　310
アームストロング、ルイ　238
アーメイ、リー　211
アイランド、ジョン　330
アイクロイド、ダン　178
相島一之　331
逢初夢子　100
アイリーン、チャン　673
アウグスト、ビレ　335, 398, 507
青木功　531
青芝フック・キック　202
青島幸男　158, 228, 373, 547
青田昇　281
赤川次郎　49, 408
赤木圭一郎　486
明石家さんま　29, 120, 174, 176, 200, 212, 215, 227, 239, 245, 249, 251, 315, 316, 345, 378, 426, 434, 484, 517, 580, 593, 611, 621, 655, 667, 686
赤塚不二夫　366
暁照夫　375
AKIKO　305, 370, 389, 445
秋田實　123, 134, 353, 544
秋本鉄次　214
秋吉久美子　206
アキン、ファティ　683
芥川隆行　287
芥川也寸志　565
阿吾十郎　147
浅井慎平　70, 86
浅生憲章　210
朝丘雪路　144, 376
浅丘ルリ子　431, 442
浅川巧　375
浅川伯教　505
浅茅陽子　122
浅田美代子　296
浅沼稲次郎　348, 426, 435
浅沼友紀子　129
浅野温子　40
麻原彰晃　413, 415
旭堂南海　529
麻実れい　248
浅利慶太　306
芦乃家雁太　615
芦乃家雁玉・林田十郎　134, 324, 400
芦屋雁之助　33, 49, 57, 103, 107, 109, 123, 475, 614, 624
芦屋小雁　24, 95, 108, 109, 123, 474, 551, 624
芦屋伸介　193
アシュクロフト、ペギー　85
アステア、フレッド　161, 189, 196, 277, 352, 453
アスナブール、シャルル　616
東五九童・蝶子　437
東武蔵　251
アゼマ、サビーヌ　469
阿田川公也　250
新克利　673
吾妻ひな子　504, 524
東幹久　226
渥美清　57, 59, 102, 109, 166, 198, 352, 411, 431, 516, 546, 625
阿刀田高　622
アドラー、リチャード　255
アドラー、ルーサー　116
アトニー、ジャンニ＝ジャック　466
あのねのね　64
アビルドセン　4
アブラッド、マイケル　617
安部徹　175, 443
アボット、ジョージ　450
天沢退二郎　2, 129, 148
天知茂　412
天野天街　231, 349
天野祐吉　603
天木英世　556
あめつくみちこ　541
アメナーバル、アレハンドロ　637
雨宮塔子　458, 516
荒井康弘　384
荒井良平　360
荒川キョン　5
荒川芳政　296, 327
荒木経惟　479
荒木浩　493
荒木陽子　479
嵐寛寿郎＝アラカン　108, 503, 680
新珠三千代　626
荒俣宏　570, 606
有明夏夫　57, 107
有島一郎　120, 198, 376, 379
有馬稲子　494
有森也実　541
有吉佐和子　120, 274
アルダン、ファニー　87
アルドリッチ、ロバート　500
アルレッティ　293
アレクサンドービッチ、スベトラーナ　552
アレン、ウッディ　320
アレン、ウッディ、ニール　17, 28, 269, 343, 379, 455, 461, 569, 610, 619
アロンゾ、エルネスト　461
粟根まこと　438, 474
アンゲロプロス、テオ　285

2008

12:12　◇若手のノリVS人情噺
　　→「ベオウルフ」は皮肉な味

12:19　◇辺川志の舌と林家花丸の会

12:26　◇忠臣蔵 浄瑠璃噺VS落語
　　→人形浄瑠璃と落語の忠臣蔵

1:9　◇新春番組 横目も また良し
　　→年末年始の落語と漫才

1:16　◇民主主義の視線とは…
　　→世界の10人の監督が描く民主主義

1:23　◇読まれるべき "空気" とは？
　　→視聴者の "空気"

1:30　◇思い出のありがとう
　　→十代のダニエル・ダリューの放送を

2:6　◇"大人の視線" に噛みつく
　　→ポヤルのアニメの "多才" を

2:13　◇テレビの力が嘘だと叫ぶ映像
　　→テレビとマシュマロオヤジの村木良彦の死

2:20　◇CS視聴で深まる興味
　　→スカパーの歌舞伎チャンネル

2:27　◇連番な "生きた芸能史"
　　→スカパーの歌舞伎チャンネル

3:5　◇「なります」って何に？
　　→ナリマスヰはムダに良い

3:12　◇誤用は安定に普及する
　　→言葉の語感的誤用

4:23　◇プロ2人マニアが見つける
　　→上方落語は東西落語派に強い？

4:30　◇名古屋に住めば落語三昧
　　→落語の都、名古屋

5:7　◇大会場も賑わせる個人芸
　　→言葉の品の誤用

5:14　◇鶴瓶のワークショップ
　　→新旧人形アニメの妙

5:21　◇月報で知る意外な裏話
　　→桂九雀の月報で知る東西講話

5:28　◇本当と嘘と山田太一
　　→習うって広がる東西講話

6:11　◇早くから一流の演出力
　　→ソニー・ポタラク・ボッラク初期の傑作群

6:18　◇出題が完全でも明答
　　→ドン・ジーゲルのB級活劇集

6:25　◇B級活劇を楽しむ
　　→民放より安っぽいNHK

7:2　◇新編成はマイナスから
　　→ラジオより安らぐのは

7:9　◇民放より安っぽいNHK
　　→折角のせりふも聞こえない

7:16　◇ムラ社会のいやらしさ
　　→拾い物がホラー・コメディー

7:23　◇教えて習うって何に広がる
　　→テレビで見る宮崎駿の "流儀"

7:30　◇絵コンテに苦吟の宮崎
　　→反戦番組は開戦の月に放送を

8:6

8:13

8:20　◇反戦番組は開戦の月に放送を

8:27　◇せっかくの趣向を無視？

2009

9:3　◇古典が先端的な歌舞伎に
　　→野田秀樹と串田和美の歌舞伎

9:10　◇若手の芸で芸を高め合う
　　→「マキノ生誕百年」の決定版

9:17　◇「マキノ生誕百年」の決定版
　　→生誕百年「映画の子・マキノ雅弘」

9:24　◇若手の吉坊、さらに進化
　　→さらに進化した桂吉坊

10:1　◇"おバカ" の乱用はよそう
　　→桂まん我独演会

10:15　◇ガン を抱えての好演
　　→山田太一 ドラマの緒形拳

10:29　◇ゲスト出演の明示を
　　→ふんわり綾いイッセー

11:12　◇ふんわり綾い初々いッセー
　　→桂まん我独演会

11:26　◇"落語声" の桂まん我
　　→"喜劇声" か

12:10　◇"喜劇声"
　　→カレ・ゼッソンの特集 アニメ

12:24　◇君は喜劇がわからないよね
　　→喜劇こいしに聞いてみた

1:7　◇大須で年越し落語会
　　→12時間の「年越し上方落語会」

1:21　◇カットしたのかされたのか
　　→カットしたのはNHKでしょう

2:4　◇団結のための "養式" ？
　　→"養式" ？

2:18　◇師匠の温かみを敬称
　　→過剰体罰はどの国にもある

3:4　◇山田ドラマの多彩さ
　　→上方落語の温かみ

3:18　◇工夫の紅茶、正統の鯉幟
　　→桂南光独演会の名場面

4:1　◇影響を受けたテレビ番組
　　→カラー版「ファンティ・ウィリアムズ・ショー」

4:15　◇失敗も余興？に大受け
　　→桂紅雀と瀧川鯉幟

5:13　◇一人芝居に歴史あり
　　→山田太一 ドラマの名場面

5:27　◇「冠」つく人、つけない人
　　→イッセー尾形の題する、冠する人

※この一覧の作成にあたっては、小川勉氏・金原彩乃氏・祖津佑輔氏・堀田尚志氏・山崎雛子氏の協力を得た。

中日新聞掲載コラム一覧

月日	◇ 見出し	→ 内容
4・25	◇古典落語も演者で変化	→チャン監督のユーモア
5・2	◇白爆テロと夜食のナン	→白爆テロと人間味
5・9	◇座談会の名人、池部良	→池部良のインタビュー一本
5・16	◇モダン志向のノック氏	→横山ノックの死
5・23	◇各一門の交流で活発化	→桂九雀、柳家市馬の顔合わせ
5・30	◇"哀切"を超え "愛切"	→韓国映画「韓国ネマコレクション」
6・6	◇岡本喜八とみね子夫人	→心の揺らぎからサスペンス
6・13	◇山田太一作「星ひとつの夜」	→舞台劇テレビ版も好調 TV版
6・20	◇永井愛作「こんにちは、母さん」TV版	→作った局は回顧しないの?
6・27	◇とんま天狗、お笑い三人組、ゲバゲバ	→落語と芝居 奇妙な一致
7・4	◇ガラス絵アニメの最新作	→B級遊撃隊公演［365］
7・11	◇ベトロフのガラス絵アニメーション	→自国史での最初年
7・18	◇自国史の暗部を描く	→エドワード・ヤン監督の死
7・25	◇思い切って違う行動を	→芸風では三者三様
8・1	◇河合良官の上洒落	→河合隼雄の即興
8・8	◇名脚本も演出次第で…	→山田太一脚本「遠い国から来た男」
8・15	◇八十五歳の演出力	→五回結婚したベルイマンの死
8・22	◇演者が間近な勉強会	→才人・伊丹十三のドキュメンタリー
8・29	◇伊丹十三の発想	→映画に見るラブラの史実
9・5	◇才人・伊丹十三のドキュメンタリー	→シネマコリア2007の四本
9・12	◇奉納落語は珍事も大ツチ	→彦一まつりの奉納落語
9・19	◇広義のギャグ 狭義のギャグ	→土井義とピンク・レディー
9・26	◇洗練と普及の間	→S・シェルダンのコメディー・レディー
10・3	◇出資的合作、創作的合作	→土井前段の稲図
10・10	◇サハラは世界の稲図	→合作「酔い、どれ詩人になるまえに」
10・17	◇落ちこぼれを救う元不良	→落ちこぼれを指導する島田紳助
10・24	◇神VS民主義	→民主義などない
10・31	◇地味で目立たない?CM	→"地味"を競うCM
11・7	◇東西の落語を"中京"で	→東西の落語名古屋で
11・14	◇演芸シーンの高揚感	→初演以来、プログラムはない
11・21	◇突然事態の対応もプロ	→グルメ前段のドキュメント
11・28	◇グルメ前段のドキュメント	→土井前段の食べ方
12・5	◇母は強し、"怪母"も…	→「いのちの食べ方」の受け取り方

月日	◇ 見出し	→ 内容
8・16	◇チャン監督のユーモア	→往年の"新作"全長版
8・23	◇往年の"新作"全長版	→桂宗助の「代書」全長版
8・30	◇座談会の名、池部良	→プロをうならせるアニ
9・6	◇モダン志向のノック氏	→東西の"国宝" の弟子
9・13	◇韓国映画「韓国ネマコレクション」	→桂"国宝"の弟子
9・20	◇古典の心情を こっちり	→重宝する "韓国映画の書"
9・27	◇先輩芸人に敬意を	→古典の心情をこっちり
10・4	◇賢婦神談でない「芝浜」	→観る側に突きさる才能
10・11	◇観る側に突きさる才能	→立川談春独演会
10・18	◇落語家の東西と改作	→"群青いろ"の「14歳」
10・25	◇指導と成果の40年	→人選が良かった伝馬寄席
11・8	◇丹波さんの人間味	→イッセー尾形の二十五周年
11・15	◇イッセー的逆転の見事さ	→イッセー尾形の逆襲に男
11・22	◇桂文枝の行動力	→落語名鑑に載っていない人
11・29	◇敬語の意味など考える	→落語名鑑に歴史あり
12・6	◇ぜんざい商い委員会?	→喜福亭福笑、たまの師匠会り
12・13	◇硫黄島映画の心情を	→喜多八・喬太郎の会
12・20	◇選んだ師匠への心情	→"喜多八・喬太郎の会"

2007

月日	◇ 見出し	→ 内容
1・10	◇ナニワ放送 笑芸には無意味	→ユートラとスーラク節
1・17	◇アイデア落語会 長続きを	→依然刺激的なイッセー尾形
1・24	◇同世代でも作風はそれぞれ	→アイデアマン桂文雀の会
1・31	◇男も女も心は同じ!?	→"人気のない人物"が人気
2・7	◇ラブコメディーの快作	→山田太一「まだそんなに老けてはいない」
2・14	◇豪傑談に堕さぬノウハウ本	→S・シェルダンのコメディー脚本
2・21	◇女王女優ヘレン・ミレン	→澤井信一郎の監督作法
2・28	◇スコセッシの二つの顔	→女王女優ヘレン・ミレン
3・7	◇マーティン・スコセッシの受賞	→楽しみな若手の上達
3・14	◇クイズ番組を楽しむ	→マーティン・スコセッシの受賞
3・28	◇ハイロー自在な名演技	→クイズ番組の進行
4・4	◇本音の人、植木等	→名脇役、船越英二の死
4・11	◇"人気のない人物"が人気	→植木等ほか洒脱とユーモアと本音の人
4・18	◇ユートラとスーラク節	→まだそんなに老けてはいない!?

11・30　◇一人芝居のエッセンス　→イッセー尾形と観客の幸せな一夜
12・7　◇対照的な高座に満足　→笑福亭たまと樹家三三
12・14　◇京都を再び王城に?
12・28　◇皮肉でしゃれた吉朝師　→桂吉朝師を送る会

11・4　◇その場を納めた正蔵　→イッセー尾形と観客の幸せな一夜
11・11　◇カメラを意識した怒声　→笑福亭たまと樹家三三
11・18　◇京都を再び王城に?　→京都室町の異風

1・25　◇分類品用の芳郎漫画　→加藤芳郎漫画のセンス

2006

1・4　◇その場を納めた正蔵　→イッセー尾形と観客の幸せな一夜
1・11　◇対照的な高座に満足　→笑福亭たまと樹家三三
1・18　◇京都を再び王城に?　→京都室町の異風

2・1　◇新たなギャグにくみ立て　→鳳劇と心情の数々
2・8　◇鳳劇と心情の数々　→鳳劇の数々のすました空想世界
2・15　笑いとユーロジー　→真島理一郎監督のすました空想世界
2・22　◇枝雀門下の多様さ

3・1　◇やっと語れない夏　→タカメが飛んだ三の前に
3・8　◇テレビ番組の奇妙な連想　→「1953年の冷たい夏」の真実
3・15　笑いとユーロジー
3・22　◇こんな落語会、あり!?　→「1953年の冷たい夏」
3・29　◇安住しないメッセー　→安住しないイッセー尾形

4・5　◇"気にする"気持ちが大切　→山田太一「流星に棒げる」
4・12　◇上方落語は上方で活発　→上方落語は今や大眠らい
4・19　◇テロの歴史が生む緊張感　→東西競演の落語会
4・26　東西競演の落語会

5・10　◇素足とはだし!は同じ?　→上方落語は今や大眠らい
5・17　◇ずっこけヒーローに注目　→スタンダードで画面は歪ませないで
5・24　「すずなり寄席」に客ナナシなり　→スタンダードで画面は歪ませないで
5・31　◇アニメーターの育成者　→アニメの育成者、大塚康生

6・7　◇　→アニメの育成者、大塚康生
6・14　ツッコミと親しみ　→適役は名優を超える
6・21　◇意外な発想 人間への興味　→適役は名優を超える
6・28　◇画面歪ませる奇妙な流行!?　→スタンダードで画面は歪ませないで

7・5　◇人情噺が出色の出来　→面白くてためになる落語会
7・12　面白くてためになる落語会
7・19　◇救命のプロたちに感動　→「ER」の異色作
7・26　◇笑芸にも"母は強し"　→喜劇監督G・ケーリーの見ごたえ

8・2　◇名脇役G・ケーリー　→喜劇監督G・ケーリーの見ごたえ
8・9　◇バトンズ晩年の名演　→バトンズ、晩年の名演

3・16　◇舞台出身の風格　→"写し絵"と"錦影絵"
3・23　◇"泡めっけ"対"自笑"　→テレサ・ライトの死
3・30　◇言われたくないのかな?
4・6　◇ハングルに強い一門　→ハングルに強い一門
4・13　◇多彩な枝雀一門　→イッセー尾形の"古典"芝居
4・20　一人芝居にも古典が　→多彩で多才な桂枝雀一門
4・27　◇内面の暗さを隠す時代

5・11　◇老いてますます才作家　→山田太一と筒井康隆、古希の活躍
5・18　入神の演技、魔性の演技　→山田太一と筒井康隆
5・25　◇珠玉の一夜　→チェ・ユニ・ソンイのはなし
6・1　◇韓国映画の的中率　→チェ・ユニ・ソンイの珠玉「月のおはなし」
6・8　"江戸前"至上主義?　→今、的中率が高い韓国映画
6・15　◇絶妙の物まね芸　→フランク・ゴーシンの物まね?
6・22　◇政策のための映像　→落語の口調は冗談か嫌みか
6・29　◇礼儀が誤解される?　→占領軍の民主化政策映画

7・6　◇映画は"動く新劇史"　→旧作映画に見る新劇の名優たち
7・13　教えられたり教えたり
7・20　◇色っぽいユーモア　→「落語ことば辞典」の皮肉やユーモア
7・27　◇知られざる落語春秋　→シリーズ寄席番組「落語長屋」「落語野郎」

8・3　◇コメディー作家の真情　→故人の素顔の取り上げ方
8・10　コメディー作家の真情　→今も思い出して笑う桂吉朝
8・17　◇ジャンズが文化遺産?　→時代を映す撮影直前の映画
8・24　◇映画監督の資質とは…　→映画編集の興味深い話
8・31　◇サウンドトラックは左側　→映画編集の興味深い話

9・7　◇切実に必要な相手　→高橋恵子監督の「ある朝スクリプは」
9・14　◇生きようとする意志　→山田太一は自分を出そうとしている
9・28　少女の新たな旅立ち　→ハングルもしゃれに
10・5　◇ハングルもしゃれに　→7年ぶりの第8話
10・12　◇7年ぶりの「第一容疑者」

10・19　◇古典を自然に改変　→古典を改変して自然な桂九雀
10・26　◇胸をつかれる共感　→七年ぶりの「第一容疑者」
11・2　◇知ったかぶりってコワイ　→知ったかぶりってコワイ
11・9　◇絹助のタレント寸評　→山田太一は自分の名を出そうとしている
11・16　活劇の大詰めで謎解き　→関西笑芸人の技ある愛嬌の司会

2005

日付	項目
1·30	→アメリカ映画ファンの小津
2·2	◇エノケン喜劇の時代背景　→欧米娯楽に見る芸の実力
2·6	◇独演会に見る芸の実力　→桂朝独演会の三席
2·9	◇受け入れるしかない変化　→山田太一ドラマの基調音
2·13	◇無声映画の選択的観賞　→内容を簡潔的確に
2·16	◇江戸弁うんぬん以前に　→和田誠の「シネマ今昔問答」
2·20	◇人形アニメの至芸　→人形アニメの珠玉「ミトン」
2·23	◇関西ツッコミ司会術　→沢田雅功と島田紳助の司会術
2·27	◇人間国宝の親心?　→六代目松鶴と島田紳助
3·1	◇喜劇の根幹は機知　→つきまとわれ喜劇の伝統
3·5	◇アイデアの人　→都筑道夫を偲ぶ
3·8	◇食い込む魔剣の破片
3·12	◇上々の芸能的リアリズム
3·15	◇映画演技のリアリズム
3·19	◇C・リーヴの役者魂
3·22	◇極彩色の幻灯アニメ
3·26	◇宙づりのレーニン像　→上方落語と鏑影絵
3·29	◇異なる芸風と共演　→「グッバイ、レーニン!」の寓意
4·2	◇斬新な画像に専念　→桂米丸と桂家花丸
4·5	◇芸はまねに始まる
4·9	◇内の障害外の障害　→第一回全日本学生落語選手権
4·12	◇再演もまた格別　→イ・チャンドンの「オアシス」
4·16	◇雁之助さんの"引き出し"　→イッセー尾形の再演二つ
4·19	◇ドラマの中の"9·11"　→芦屋雁之助の引き出し
4·23	◇好人物の図々しさ　→学園ドラマの中の9·11
4·26	◇違う一門と組ム勉強会　→加藤治子の「こんにちは、母さん」
4·30	◇悪口は良語を駆使?
5·7	◇今どきのシラブルは…
5·12	◇ナチ風刺映画の古典　→G·W·パブストの「ドン・キホーテ」
5·19	◇アイデアマン桂文枝
5·26	◇三橋達也さんの"秘話"　→桂九雀
6·2	◇動きの柔軟な歌武蔵　→三橋達也さんの"秘話"
6·9	◇人形アニメの"あはれ"　→三遊亭歌武蔵の独演武
6·16	◇東西の対照的な高座　→コ・ホードマンの秀作人形アニメ
6·23	◇スペイン製人形アニメ　→クレーアニメ「カベリート」
6·30	◇読ませる番組ガイド誌　→欧米娯楽志向とナチ春節の頃
7·7	◇偏見・確執も笑いのタネ
7·14	◇温かい北欧的ユーモア
7·21	◇M・ブラントとスウェーデンの合作映画　→役に乗ったM・ブラント
7·28	◇Mブラントの演技賞　→ネオの豊富な喜多八
8·4	→上方の対照的な演者
8·11	◇イスラム圏の女性パワー
8·18	→テンポが良い韓国映画
8·25	◇指人形の"至芸"　→人形の"至芸"
9·1	→合作の至芸の指人形劇
9·8	◇六代目笑福亭松鶴の実像
9·15	◇新婚旅行の行き先は?　→米朝夫人、中川絹子の半生記
9·22	→フック氏復帰の初舞台
9·29	◇正統派中堅の正朝
10·6	◇旅行ブラスの本　→春風亭正朝への期待
10·13	◇M・ムーアの編集術　→マイケル・ムーアの編集術
10·20	→上方落語の伝道師!?
10·27	→柳家市馬と桂九雀の会
11·10	◇"重い真実"も娯楽に
11·17	◇染丸系の熱気に注目　→イッセー尾形の"ドライな視線"
11·24	◇広いギャグ狭いギャグ　→なるほど"文は人なり"
12·1	→半世紀ぶり、「エレケンの法界坊」のほぼ全長版
12·8	◇嘘についての"実話"　→ニュースの天才
12·15	◇読者が選ぶ　→嘘つき記者の実話
12·22	◇変わらぬドライな視線　→「桂米朝集成/第一巻」刊行
1·5	◇宮崎駿の願望と認識
1·12	◇孫を救う祖母の冒険　→湯浅政明と宮崎駿
1·19	◇マッチョ式完全版?　→ベルヴィル・ランデブー
1·26	◇落語の作者は考古の人　→NHKは作品にハサミを入れるな
2·2	→笑いにダシやレは禁物
2·9	◇受信料が作って転元?　→ファンタジー作家の心意気
2·16	→カンヌ・ゼーヌのいろいろ
2·23	◇風呂敷の利用もいろいろ
3·2	◇聞き手は耳を確かに　→米朝師匠への二つのインタビュー
3·9	◇東西東西幻灯アニメ

4・25 ◇新作も競った 「佳朝落語研究会」

4・28 ◇行きとどかぬ "老舗"

5・2 ◇"三進二進" するエッセー → 小林信彦「にっぽんおさっちも」

5・9 ◇脇を固める役者たち → 東映時代劇の豪勢な脇役たち

5・12 ◇近頃頭を使ったおかしさ → 一人芝居のおかしさ

5・16 ◇リベラリストの採点表 → 新人を起用した佐藤忠男

5・19 ◇テレビに出ればは文化人？ → 新人を起用した佐藤忠男

5・23 ◇少年期への感情移入

5・26 ◇テレビに出れば文化人？

5・30 ◇感覚派、双葉十三郎の論断

6・2 ◇用意周到、柱九雀 →「映画評論」の佐藤忠男編集長

6・6 ◇小林信彦「少女の髪どめ」→ イラクの女性監督の目

6・9 ◇趣味で虫歯を抜く大帝 → 映画監督十一人の9・11短編集

6・13 ◇解説の少ない快さ → 巨下の虫歯をせっせと抜いた大帝

6・16 ◇米朝落研の発表会オモ →「WATARIDORI」のカメラワーク

6・20 ◇イラストより愛をこめて → 知的興奮満喫の内面

6・23 ◇当人も気付かぬ内面 →「さまよえる戦争画」は続く重い

6・27 ◇住年の映画人の心意気 →「さまよえる戦争画」は続く重い

6・30 ◇"鳴らぬラッパ"の例え → 山田太一作「しまいこんでいた歌」

7・4 ◇テレビで知的興奮 → 知的興奮満喫の内面

7・7 ◇当人も気付かぬ内面 → 親子漢字王選手権

7・11 ◇落語作家のライフ対談 → 永井愛作「バートルタイマー・秋子」

7・14 ◇字幕と吹き替えを比較 → 字幕版と吹き替え版の比較鑑賞

7・18 ◇美園のキャラクター → 美園の人、キャサリン・ヘプバーン

7・25 ◇名脇役がまた消えた → 小松方正と名古屋章の死

7・28 ◇高座への熱意ガッチリ → 往目の若手、柳家喬太郎

8・1 ◇理由を知るための話 →「人間は戦争好きな生き物」

8・4 ◇難しもとりこむアドリブ → ボブ・ホープのへらず口

8・8 ◇厚かましくていねいで → 南極探険ドラマの映像美とユーモア

8・11 ◇皮肉で愛枝な出世談

8・15 ◇韓国映画の演出力

8・18 ◇理由周と青葉などにでも

8・22 ◇ケレン味のないで命物語 → 人間は戦争好きな生き物

8・25 ◇観客も話研究に参加 → 文楽芸の "ツカミ" 会

8・29 ◇文章術の "ツカミ" 会

9・1 ◇映像美をニューモ → モートンの自在な演枝

9・5 ◇「平等」を越えるウザ →「平等」の建前が生む勝者と敗者

9・8 ◇映画イラスト150人 → 百五十人の映画のイラスト集

9・12 ◇非行的でない思春期物 →「藍色夏恋」のさわやかさ

9・19 ◇皮肉で温かい英国味 → 岩倉子三の民族性

9・22 ◇人形ティーの一門会

9・26 ◇マジメにふざける洗練 →「ローハイド」の歌、伊藤幸彦一郎

9・29 ◇海外ドラマに学ぶ洗練 → 伝説の巨匠「イングマル・ベルイマンの世界」

10・3 ◇男が女に "責任持てよ" → ポヤきも芸にする米朝の「七度狐」

10・6 ◇細部もみごと "真実味" → 山田太一作「二人の長い影」

10・10 ◇同胞の大人らさの綺麗さ → 柱小米朝の「七度狐」が良い

10・17 ◇しりとり随筆の妙味 → 和田誠著「青豆とうふ」

10・20 ◇兄弟子が芸をモップ → 柱つ平・サチック・イーラ

10・24 ◇南店の "町おこし常帯" → 安西水丸、和田誠著「青豆とうふ」

10・27 ◇悪玉役者のユゴ味と愛嬌 → 安西水丸の妙な

10・31 ◇B・ケネディ映画と愛嬌 → B・ケネディ映画のジャック・イーラ

11・7 ◇他人の悲劇で得をする → 役者としてのスティール

11・10 ◇心んどやさ証にも仕意さ → 楽しい対談本のお粗末なじ嬉笑

11・14 ◇テーマが多角 → 永井愛作「蔵丁稚」

11・17 ◇意外な仕草の良さ → 林家こぶ平の三咄会

11・21 ◇少年らしい好奇心 → 安西水丸

11・28 ◇映画番組の娘った構成

12・1 ◇懐かしくもアナクロ → B・ケネディ映画のジャック・イーラ

12・5 ◇"困った息子" の帰省 → 西川美和「蛇イチゴ」は佳作

12・8 ◇心情はいずとも同じ → A・キタノこの「10品」

12・12 ◇意外や人情喜活劇 → キタノこ三に尋ねてみた

12・15 ◇向田邦子はテレビで → ニ～ニ「東京ゴッドファーザーズ」

12・19 ◇気温が性格にも影響？ → サチック・モートンの自在な演技

12・22 ◇人間国宝の芸の神髄 → キタノこ三、熱意の高座

12・26 ◇大ネタ二席、熱意の高座

2004

1・5 ◇手探り作家の名推理 → コッピとネーションの芸

1・9 ◇コッピとネーションの芸 →「M-1グランプリ2003」

1・16 ◇移民の麦の不安と度胸 → サラリーマン

1・19 ◇交流できるに個性化 → 観客を練らせる理想化

1・23 ◇観客を練らせる理想化 → モートンの自在な演枝

1・26 ◇若き小津のアメリカ志向 →「平等」の建前が生む勝者と敗者

中日新聞掲載コラム一覧

日付	内容
12・9	◇尾張も関西圏?
12・13	◇理想人間VS現実人間 →小佐田定雄著「落語大阪弁講座」
12・16	◇起伏と緩急 役者の力 →山田太一「迷路の歩き方」の議論
12・20	今が旬 柳家喜多八 →古田新太の「HR」第八話
12・27	◇米朝の芸に感嘆の声 →米朝の「はてなの茶碗」に感嘆の声

2003

日付	内容
1・6	◇つける理由 消す自由
1・10	HRとスジャナン
1・17	◇ "虚勢" の高笑い →虚勢の高笑いは万国共通
1・20	◇東京落語に上方ネタ
1・24	◇国に裏切られた少年 →柳家喜多八の独演会三席
1・27	◇重奏劇にこめた "痛み" →深作欣二の怒り
1・31	◇S・E・T主任年の興趣を
2・3	◇浜ちゃんの気配り司会 →アメリカのテレビドラマへのテラの影響
2・7	◇大ネタに取り組む吉朝 →桂吉朝独演会の充実した一夜
2・10	◇ドラマに見るテロの影
2・14	俳優で見て作品に感動
2・17	◇姿を見せぬ米朝の存在感 →姿を見せない米朝師の存在が大きい
2・21	◇韓国喜劇の変人喜劇?
2・24	◇盛況の大阪新作落語会
2・28	◇フリーの人の勇気
3・3	「武蔵」の夢声とヒューモア →「バラティニョール」ののらりたえ
3・7	◇せっかくのゲストを無視? →徳川夢声の漫談の至芸
3・10	◇芸能のコラボレーション →「ポストン・パブリック」が始まった
3・14	◇シャレと悪ふざけ →米朝の後継者、桂吉朝
3・17	◇東西の対照的な高座 →字幕の悪いろうさけは困る
3・24	◇出色の鍋之助の名場面集 →中村鍋之助、黄金期のアンソロジー
3・28	◇テレビドラマと劇場映画
3・31	◇初高座の新鮮な熱気 →「吉朝学習塾」の新鮮な熱気
4・4	◇ "役者" を演じた名脇役 →天本英世
4・7	◇成功したブナクロ・ギャグ → "気骨ある変人" 天本英世
4・11	◇活劇に工夫とおどるを
4・14	◇素養への誘い → "素養ノ勧ム"
4・18	◇ほどよしの好奇 →新作を競った落語会
4・21	

日付	内容
7・22	◇型破りの天才ナンボール →型破りの天才アニメーターの死
7・26	◇映画論の至福と貴館 →宇田川幸洋
7・29	◇映画館で観るべきテレロ活劇 →「無限地帯」が出た
8・2	◇眼技の名優 スタイガー →ジョン・フランケンハイマーが死んだ → "眼技" の人、R・スタイガーの死
8・5	◇さんまはこのまんま?
8・9	◇「千と千尋」を分析しよう →宮崎駿の構想が変わった瞬間
8・12	◇法律事務所ドラマの傑作 →「ザ・プラクティス」、全録画中
8・16	◇フニャンと歴史の重み →上海アニメーションの歴史の重み
8・19	◇日本語で韻を踏む人和田誠 →和田誠の句集は楽しい
8・23	◇パロディー喜劇の弱点
8・26	◇力士から落語家、歌武蔵 →落語家、歌武蔵
8・30	◇申し分ない師弟の芸 →すれ違いテレロドラマ復活
9・2	◇昭和10年的日常 "私生活" →上出来の韓国映画二本
9・6	◇大戦ドラマの傑作 →山田太一「香港用星送」の仕掛け
9・9	◇芝居飯に浸れる至福
9・13	◇冒険物の皮肉な幕切れ
9・20	◇アイドルを追う薬師丸
9・27	◇アカデミー賞候補の犯罪喜劇
9・30	◇申し分のないテレロの芸
10・4	◇強力すぎる日本軍の平気 →サイパンの "皇軍" の戦い
10・7	◇もと不良の更生自慢 →紳助の更生自慢
10・11	◇苦み走ったイッセー →おい、苦みが戻ったぞ、イッセー尾形
10・18	◇触発する才、される才
10・21	◇ゲストの話を繰り返す →一皮むけば007
10・25	◇山田太一の新作戯曲 →山田太一作「人が恋しい 西の窓」
10・28	◇人間国宝がダメを出す寸会 →市販してでは欲しい「和田誠鉛筆映画館」
11・1	◇普通の人たちの疑心暗鬼 →桂米朝落語研究会を聞く
11・8	◇扇子でわかる米朝の芸 →吉村公三郎へのインタビュー
11・11	◇戦後殺伐誕生裏話!? →市販を守りつつ現代的
11・15	◇下描きも実に欲しい味
11・18	古格を守りつつ現代的
11・22	◇戦後殺伐誕生裏話!?
11・25	◇アイデアは単純明快に
11・29	◇依頼を断る誠実さ →吉村公三郎が伝説的
12・2	◇義太夫発声をテロが伝授 →今が旬の柳家喜多八
12・6	◇ゲスト出演も紹介を

XXXIV — XXXV

10·26 ◇ボリス・ラウシュの拾い物
　→拾い物の悪徳警官物

10·29 ◇監督から再び助監督へ

11·2 ◇岸部四郎賞佳作を再演
　→客席に届かない演劇

11·5 ◇小説、舞台に共通の人間観

11·9 ◇フォックスの名場面集
　→カット場面集の驚く充実

11·12 ◇エッセーを語るユッセー

11·16 ◇適切に批評された、たけし
　→北野武を適切に批判

11·19 ◇シンプルな人間観は不変
　→イッセー尾形のシンプルな人間観

11·26 地元出身の演者で大入り

11·30 ◇"従順な信念"の怖さ

12·3 ◇"霊"が"風"では頼りない
　→フォールガー・ジュレンバルドの「魔王」

12·7 ◇客人、マキノ三太立ての小説
　→辻真先の冒険活劇ミステリー

12·10 ◇モダンな雀松の大ネタ
　→桂雀松の人情噺

12·14 "アメリカの良識"
　→「アメリカの良識」法廷劇

12·17 ◇双葉氏五十一歳のユーモア
　→9·11以前の差別裁判ドラマ

12·21 ◇独裁政者を許さぬ人情鬼
　→スターリンの疑心暗鬼

12·28 ◇追贈池寛賞の面々
　→第49回菊池寛賞の面々
　→米朝、小三治ほか［東西落語名人会］

2002

1·7 ◇ブラックユーモア初笑い
　→チェコのブラックユーモア映画

1·11 開店早々倒さないで
　→ユーモアで弾む会話

1·18 ◇ハジけた二人芝居
　→「桃太郎」どおり、イッセー尾形の二人芝居

1·21 ◇…

1·25 ◇先住民にも人情の違い
　→トミー・リー・ジョーンズの先祖の血

1·28 ◇自作で好調の志の輔
　→立川志の輔、いよいよこれから

2·1 ◇せりふの効きの二人芝居
　→「OZ（オズ）」は世界の縮図のよう

2·4 ◇州務所内の宗教抗争
　→山田太一の「この冬の恋」

2·8 ◇…

2·15 ◇わが身を"励ます"に…？
　→ハロルド・ラッセルの言葉

2·18 ◇"面白くて本格"の吉朝
　→桂吉朝は面白くて本格

2·22 ◇西欧人が好む暗喩

2·25 ◇少女の冒険成長譚

3·1 ◇チャックの夏の代表作は
　→チャック・ジョーンズの代表作は

3·4 ◇伝わらぬ"人情噺"
　→チャック・ジョーンズの歌手の死

3·8 ◇往年の巨匠のサド伝説
　→"人情"が伝わらない朝の断
　→内田吐夢の役者イビリ

3·11 古典的新作を登場

3·15 ◇洗練された新作ユーモア
　→「幽霊西へ行く」は期待すれ

3·18 → 「彦馬がゆく」の洗練されたユーモア

3·22 イスラムのカトリック批判

3·25 ◇意気に感じた落語会

3·29 1万5千を超す封切りの記録
　→五十回目の「小牧落語会」

4·1 相手を心得た人間讃
　→畑喜男編「20世紀アメリカ映画事典」

4·5 ◇アニメの心象的効果
　→アニメーションの力

4·8 ◇"障人"の俗物性を笑う
　→「幽霊西へ行く」（写実）

4·12 ◇ワイルダーの"脚色"術
　→ビリー・ワイルダーの人

4·15 ◇触れつつ育つフォックスの人
　→オノマトペ批判

4·19 ◇意表つく"なるほど"
　→イッセー尾形の意表を突く舞台

4·22 気弱さが好奇心

4·26 ◇大人も顔く「アニメ」教本
　→大人も顔かせるアニメ教本

5·10 ◇「プレストリン」をもう一度
　→「伊東信士プレストリン」はテレビの古典

5·13 オスカー受賞者なのに…
　→獅子文六に筆に見る

5·17 地域独自の言葉い回し

5·20 「試し酒」でいるさん追悼

5·24 …
　→志の輔の小さん追悼

5·27 手拍子は演奏の妨げ

5·31 ◇若手狂言師の落語に感嘆
　→若手狂言師の落語に感嘆

6·3 ◇米朝が三太郎に!?
　→「佳米朝、私の履歴書」が面白い

6·7 ◇消された「海ゆかば」
　→消された「海ゆかば」

6·10 ◇耳の鋭い雀三郎
　→桂雀三郎「崇徳院」の演出

6·14 ◇小部屋でさえる坂手洋二

6·17 ◇異論によって深まるテーマ
　→永井愛「萩草・花園写真館」の舞台化

6·21 ◇"族振るん"はいつも同じ
　→山田太一「浅草・花園写真館」は実感が希薄

6·24 ◇かけがえのない"怖さ"

6·28 被害者はいつも消費者

7·1 より自然な力量の工夫

7·5 短編画はセンス次第

7·8 ◇人間国宝のラクホテル考
　→米朝のラクホテル考

7·12 色里的二枚目F·ベリエ
　→米朝「茶漬間男」と重々「地獄八景」

7·15 仁鶴門下の新作派

7·19 ◇元歌手のプロ意識
　→カモナ・マイハウスの歌手の死

中日新聞掲載コラム一覧

1・19　名画に名字幕あり
1・23　"軍国少年"の愛唱歌
1・26　◇"その時代"に育った少年
　　　　→ユーモラスで苦い「イノセント・ライフ」
1・30　誤った分布のように
2・2　◇言葉を失う紛争の映像
　　　→中近東の激動する某地中海世界
2・6　◇劇映画より面白いテレビ
　　　→FOXは劇映画より面白い
2・9　"聡明で健気な少女"の原型
2・13　◇"新進"山田太一の脚色法
　　　　→新進山田太一の「我ら浪漫遊侠伝」
2・16　◇メロドラマの攻撃性
　　　　→増村保造はメロドラマを攻撃的に
2・20　◇親が恐れたJ・ディーン
2・23　◇立場の選択を迫られた人々
　　　　→アメリカ映画百年のスター一百人
2・27　◇まだまだ変わらぬ表現力
　　　　→西條凡児的の上方芸文史
3・2　◇西條凡児の評伝にして笑芸史
3・6　訳し方一つで口調変わる
3・9　"師匠のまね"から再構築を
　　　→バレ話にも哀しく話芸の洗練
3・13　◇おかしく哀しい名脇役
3・16　◇名脇役、花沢徳衛の死
3・23　使命感に忠実な子供の"聖性"
3・27　◇テレビ版『警部コロンボ』
3・30　◇初見の場面にワクワク
　　　　→ロシアで発見された日本映画
4・3　◇人間性が醸し出す"笑い"
　　　→ナッセー尾形の"お笑い芸"
4・6　ナッセー支配下の"鉄道員"
4・10　"閑知"は遠くにありにけり
4・13　◇実に英国味のユーモアで
　　　　→「刑事」ガメオ「刑事」は英国味のユーモアで
4・17　ヒッチコック流と実を
4・20　◇フランス映画のエスプリ
　　　　→ルネ・クレールのエスプリ
4・24　◇軽妙でフランス味の女警部
　　　　→軽妙でフランスの女警部も
4・27　◇007日本に紹介した作家
　　　　→都筑道夫の自伝エッセー
5・1　◇沢忠児も今やブランド
　　　→沢忠児チャンバラの流動感
5・8　反面児は今どこに
5・11　反面教師的映画評論家!!
5・15　"乱調"ならぬ正調川島雄三
　　　　→川島雄三の正調十三本
5・18　◇"肥癆の米平、工夫の九雀
　　　　→桂九雀と桂米平
5・22　着信音は観客自身の配慮を
5・25　◇過剰な善意は悪意より怖い
　　　　→さらに深める『ER』
5・29　◇"劇的"をさらにダンディーに
　　　　→高水準の「ER 緊急救命室」
6・1　◇エッチもダンディー
　　　→園伊玖磨のエロチック随筆
6・5　小朝、文字通りの審判独演

6・5　"粗織"より孤独なヒーロー
6・12　半記録に当地ミステリー
6・19　ボーペンニャーンで逃げる猫
6・22　◇悪役ワイン瓶に花束を！
　　　　→アンジュー・ワイン、悪役の色気
6・26　◇事実と虚構の兼ね合い
　　　　→談志の古典落語学
6・29　◇音も映写もアメリカ仕様
　　　　→映画館の画面の暗さを変えるには
7・3　新進が育たぬ？ 演劇界
7・6　政界の駆け引き、興味津々
7・10　◇手直しを怠らぬ人間国宝
　　　　→桂ざこばの「質火事」
7・13　『ER』ファンから一言
7・17　映画はまず映像なのに
7・24　聞くたびに変わる新作
7・27　◇明るい映写で快適な観賞
　　　　→画面を明るくした「千と千尋の神隠し」
7・31　◇ビデオ撮影に映画のコツを
　　　　→渡辺浩の「ビデオ・レッスン」
8・3　◇愛らしく温かい人形アニメ
　　　→軽妙で温かいロシアの人形アニメ
8・7　◇注文の多い？ 落語会
8・10　◇トラボルタよ永遠なれ？
　　　　→志の輔落語は深夜一人で
8・14　→NHK教育テレビの不思議な映画論
8・17　原音放送から一層リアルに
8・21　◇伝えるための工夫と技術
　　　　→戦争体験の語り方
8・21　◇本場の野球は客がいい
　　　　→アメリカ野球の観客はいい
8・24　◇天才監督はいたずら好き
　　　　→スピルバーグの恐怖心
8・28　新作落語 in OSAKA
8・31　◇多層撮影は『白雪姫』から
　　　　→ディズニーの長編アニメの撮り方
9・3　◇絶品！スペインのエスプリ
　　　→ケビン・スペイシーの絶品物まね
9・7　韓国の短篇映画に注目
9・10　◇時間枠でカットしないで
　　　　→NHKはカットなしで放送を
9・14　なくならぬ堅物の"国境"
9・17　◇堅物男の意地と対面
　　　　→山田太一「再会」のこの心の動き
9・21　電子音楽のミステリー
9・28　◇単純なようで達者なアニメ
　　　　→単純なようで達者なチェコのアニメ
10・1　◇枝雀風で、また達う南光
　　　　→ひとつ抜け出た桂南光
10・5　◇狂信、憎悪、支配欲
　　　　→9-11の夜に
10・12　活劇はナマに限る
10・15　◇ナマの空間でこその志ん朝
　　　　→志ん朝の芸はナマの空間で
10・19　映画に見る中東の一端
10・22　◇めったに聴けぬ人情噺
　　　　→春風亭柳昇の「お神酒徳利」

5·12 ◇オーケンラクテンのコメディー 「パリ横断」
→日本の "父" "親方" 宮崎駿

5·16 ◇"親方" であり "父" である宮崎駿
→「バベ」製作裏側の興奮

5·23 ◇萩本欽一の "笑芸"
→レーザーディスクで見る 「バベ」

5·26 ◇萩本欽一─小学一様の熱血指導中
→おのが資質を小学で催す

5·30 ◇"臨死" サイコ・スリラー
→"臨死" 体験の先がかり

6·2 ◇教育の未来への手がかり
→一九三八年のシカゴに立ち戻り

6·6 ◇新人もいつしか中堅に
→山田太一「私のなかの見えない光」

6·9 「笑点」に正座史あり
→35周年の「笑点」

6·13 ◇"鎮魂" の冒険活劇
→気骨ある映画好きに

6·15 ◇"大阪発" にエスト
→「気骨ある映画好き」の雑誌

6·16 面白かったと言わせる舞台
→中川家の漫才は出色

6·20 大火災シーンの演出プロに
→「ママ」のブラックユーモア

6·23 カットしないのがいい
→戦時下のアニメーション

6·27 "幸せ家族" のハイジャック
→滝沢修の死

6·30 ◇文化財級の演技合戦
→一九三八年のシカゴに立ち戻り

7·4 ◇ねちっこく…三枝のまんま!?
→エネルギッシュな柱文楽独演会

7·7 ◇戦時下アニメの話題
→シュルフォックス・ジャクリの少年映画

7·11 ◇"度忘れ" をライブの工夫が光る
→七変化の演出プロ

7·14 ◇カワイイを超えた少年映画
→フォルクスワーゲン・ジャクリの少年映画

7·18 ◇"ふしぎ発見!" で発見
→大河内傳次郎のサイレント「水戸黄門」

7·21 ◇"大阪発" にエスト
→大河内傳次郎の新たな一歩

7·25 ◇芸人の全体像がくっきり
→桂米朝と上岡龍太郎の対談本

7·28 ◇志の輔の工夫が光る
→七変化の名優、A・ギネス

8·1 ◇左団次の息子の寅の芸
→辺川志の輔の工夫が光る

8·4 ◇チャンバラは適性速度で
→十五代目片岡仁左衛門の襲名披露

8·8 声援、応援はスマートに
→大阪人なら "説得力"

8·11 ◇マンガからの新たな一歩
→A・ギネスの死

8·15 ◇七変化の名優、A・ギネス・ギネスの死
→桂米朝と上岡龍太郎の工夫

8·18 司会者夏休みで番組に活気
→辺川志の輔の工夫が光る

8·22 ◇ベスト100から時代が見える
→"テレビ的" な面白さ

8·25 ◇外国人たちでは "説得力"
→"笑福亭鶴瓶" はイッセー尾形のネタおろし

8·29 ◇"テレビ的" な面白さ
→大阪人なら "説得力"

9·1 ◇スペクタクル演出のサイレント「水戸黄門」
→「ベンガルの人!」E・H・エリック

9·5 ◇"気分的傑作" の回顧劇
→三谷幸喜の「桑港」は演出に感心念の工夫

9·8 ◇"食わず嫌い" 映画会社
→的確に反応する観客

9·12 ◇的確に反応する観客
→場所を変えたイッセー尾形のネタおろし

9·19 ◇ビデオのタイムマシン効果
→古川ロッパの「音楽五人男」

9·22 二重の含み? の名編成
→古川ロッパのニュークマン作り

9·26 ◇自信がないから大声を出す
→山田太一の大胆な作劇

9·29 不満な部分に本質のぞく
→三國一朗の名著「戦争中用語集」

10·3 ◇小劇場的には "惜しい" 映画
→「ロミト・サン」は渋めの佳作

10·6 ◇ニッポンとベトナム戦争
→"悲観的に深い" 立ち回り

10·10 ◇叱りをシャットに呼ぶ
→工藤栄一の死

10·13 ◇新作派に古典のある力量
→桂小春團治のニューシネマ

10·17 ◇サディスト側の古典の名著
→桂小春團治の芝居噺独演会

10·20 ◇演劇祭に "上方芝居噺"
→ミヤコ蝶々の死

10·24 ◇"孤立" という幸せ
→桂九雀の芝居噺独演会

10·27 ◇思想的に深い "鎮魂"
→役者バカ、博多淡海と木村進父子

10·31 ◇自称 "役者バカ" 実は…
→役者バカ、博多淡海と木村進父子

11·7 ◇変化し続けるイッセー尾形
→日々変化し続けるイッセー尾形

11·10 ◇いつどこにも起こること
→「愛と哀しみの大地」ベラルージュ

11·14 ◇やみの中でこそ "鎮魂"
→画面に集中できるシネマ

11·17 ◇第一級の映画職人
→吉村公三郎の死

11·21 老化しないロック歌手
→桂雀々の陽気な怪談と爆笑漫談

11·24 ◇わかりやすく上質なチェーニメ
→わかりやすく上質なチェーニメ

11·28 ◇本格的に上方寄席
→陽気な怪談と本格寄席

12·1 陽気な怪談と本格寄席
→桂雀々の腸気な怪談と爆笑漫談

12·5 ◇一人で見た吸血鬼アニメ
→観客一人の北久保弘之の吸血鬼アニメ

12·8 武写会社が常設の場所で
→「テレビ映画」に花火を

12·12 ◇「テレビ映画」に花火を
→「テレビ映画」に花火を

12·15 回りくどければ了簡?
→海外協力隊の若者群像

12·19 "海外協力隊" の若者群像
→山田太一の邦題

12·22 ◇的外れ気になる詳細の邦題
→外国映画の邦題のつけ方

12·26 閻魔も解けぬミステリー

2001

1·5 ◇せイタリアな顔ぶれの落語会
→せイタリアな東西落語名人会

1·9 ◇"言い伝え" の復権
→山田太一の王道

1·12 ◇これぞコメディーの王道
→山田太一の「浅草・花回写真館」

1·16 ◇言い過ぎたから心が通う
→山田太一の「ちいさな橋を架ける」

2000

中日新聞掲載コラム一覧

月日	◇	→
1・4	ヒッチコック「サイコ」の衝撃	親友にして好敵手
1・7	"ホンネ暴論" も聞きたい	なぜやめぬ "三平ごっこ"
1・7	記録作家のスタンス	立川談春の「大工調べ」
1・11	ユダヤ人の父のドキュメンタリー	好調の立川談春
1・11	余技もさえる丸山プロ	ゴルファー丸山プロの物まね
1・14	イギリス映画にハズレなし	幸四郎も演じたゲラモン!?
1・18	ドラマ探る配役の妙	映写トラブルは即係員に
1・21	巨大銀幕で古典的映写	山田太一「そして、友だちも」
1・25	忘れられた傑作「地獄人景」	"シネラマ" スクリーンの最後の映画館
1・28	古風で新鮮「地獄人景」	親族のものも事どこの国も
1・28	"笑芸" で世代がわかる	世代で異なる笑芸の楽しみ
2・1	『雲のじゅうたん』を	桂米朝の「まめだ」
2・4	"字の消せるテレビ" を	少女小説の素直な感動
2・8	"マンガの目利き" を	筒井康隆「わたしのグランパ」の感動
2・15	『乙女の星』さいまー度	女性が描く女性の "性"
2・15	辻真先はマンガの目利き	女性の性を描いた映画
2・18	ハード・オーダーララの映画	名作監督の職人芸
2・22	米寿の吉村公三郎	"普通の人" の名も出そう
2・22	「日本劇映画百年」の吉村公三郎	テレビで松竹の伝統芸
2・25	"暗いユーモア" にこども洗練	語り口守って、古典の味
2・29	和田誠の「時間旅行」	いっこく堂の「一人で多重ライブ 2」
3・7	キーワードは "細菌"	シリーズものは最初から
3・7	共通項は "細菌"	最初から見たい「モンティ・パイソン」
3・10	"観察" で勝利と優しさを	東映十日活風イント劇映画
3・14	胸迫る宮崎のコメント	当分 "グラフ印" に注目
3・17	名優の演技は "原音" で	「HEARTハート」の名を巻く手際
3・21	それでこそ "視覚" 効果	一人芝居のだいご味
3・24	人形アニメの歴史	
3・28	聞かせた "談志バージョン"	辛辣のかなたに感動
3・31	第二次南北戦争 喜劇	「傷だらけの報復」辛辣なリアリティー
4・4	筒井ワールドな存在	アクロバット発想の発見
4・7	ドラマ「サード・ウォッチ」の "心"	松田道弘「おどろきの発見」
4・11	バイオレンス派の "心"	マクラに工夫、椎名木
4・14	"もののけ姫" のスーパー字幕版	「傀儡・落語のひらば」
4・18	"反常識" にドラマーが…	『天皇』出色の出来
4・21	前もって磯旨の明示を	旭富南海と梅團治の二人会
4・25	芸人、芸を愛でる	さすが、キャリア57年の芸
4・28	字幕の方が単純明快	言葉の用い方は正確に
5・2	子供のための "座高" 席	"癒し" でないで子供物を…
5・9	庶民の "放埒さ" をチクリ	子供は無邪気なだけではない

月日	◇	→
9・3	親友にして好敵手	ヒッチコック「サイコ」の衝撃
9・7	なぜやめぬ "三平ごっこ"	"ホンネ暴論" も聞きたい
9・10	代演迎えて充実することも	好調の立川談春
9・14	幸四郎も演じたゲラモン!?	映写トラブルは即係員に
9・17	巨大銀幕で古典的映写	"シネラマ" スクリーンの最後の映画館
9・21	親族のものも事どこの国も	桂米朝の「まめだ」
9・24	銀幕はやみの中でこそ	少女小説の素直な感動
9・28	女性が描く女性の "性"	女性の性を描いた映画
10・1	"普通の人" の名も出そう	テレビで松竹の伝統芸
10・5	語り口守って、古典の味	最初から見たい「モンティ・パイソン」
10・8	シリーズものは最初から	リアルタイム効果
10・12	当分 "グラフ印" に注目	「HEARTハート」の名を巻く手際
10・15	一人芝居のだいご味	心理探偵フィッシュは英国風犯罪ドラマ
10・19	才能と人格は別!?	"昔さまのNHK" の…
10・22	辛辣のかなたに感動	「傷だらけの報復」辛辣なリアリティー
10・26	アクロバット発想の発見	松田道弘「おどろきの発見」
10・29	マクラに工夫、椎名木	「傀儡・落語のひらば」
11・2	旭富南海と梅團治の二人会	『天皇』出色の出来
11・5	言葉の用い方は正確に	子供は無邪気なだけではない

XXX ── XXXI

1999

12:15　お笑い!! 和製長編アニメ

12:18　◇若者に"発口"された偉才

12:22　"見せない技巧"の妙

12:25　東西の笑いで"いい年忘れ"　→林家小染と内海英華

1:5　◇見なけりゃ分からぬアニメ

1:8　◇解説はつとめて簡潔に　→クールでシャレた市川崑

1:12　◇志ん朝のイキな特集映像

1:19　◇いま、そこにある"意思表示"　→歌舞伎の解説について

1:22　◇浅川巧の"意思表示"　→落語のイメージ

1:26　日活アクションを単純化

1:29　◇いちばん綺麗な"芸"　→女性がふつうく伝統芸能

2:2　◇先人観無用、感動的な低い評価　→山田太一"大人の配慮"

2:5　思えぬことで認知されている　→「マイ・フレンド・メモリー」は着想がいい

2:9　◇創れたクリフ飛ぶ感激だが　→「マイ・フレンド・メモリー」

2:12　◇解釈・表現で変化する名作　→本国で上映禁止の「からくだ」

2:16　映画前画面に不在い評価

2:19　◇説明を排したすごみ　→今村昌平、全盛期の作品

2:23　◇巨匠への"ご祝儀相場"

2:26　昭和への鎮魂の作品　→桜井長一郎の物まね芸

3:2　◇喜劇役者迫の立ち回り　→「てなもんや三度笠」の殺陣師

3:5　◇シャレの字幕に配慮を　→でんねん・キートンの字幕に注文

3:9　◇『芸の引き出し』のある役者　→聞きものは伊東四朗

3:12　◇物まね芸はシンプルに

3:16　◇岩合氏の"自然観"にナット　→岩合光昭の言いたいこと四つ

3:19　描かれぬ部分にも余韻…　→「アジア映画劇場」

3:23　『思い込み』にこそ用心　→山田太一「春の惑星」の会話の妙

3:26　◇アニメーターの"芸"感じる　→CGと人形のアニメ対決

3:30　出てほしくないゲストへ救援

4:2　◇見逃せぬ"アジア映画劇場"　→バロディーは本物より面白く

4:6　上品も下品もイキリスの味　→イキリスは本物より面白く

4:9　◇マネてきまねられぬ山田脚本　→山田太一「春の惑星」の会話の妙

4:13　古典落語に"その子"の妙

4:16　◇フィルムとビデオの差異　→「ER」のビデオとフィルム

4:20　バロディーは本物の以上に

4:23　◇対象を直視する目

4:27　◇邦画にまみれた会話センス　→イッセー尾形の対象を直視する目

4:30　◇天才枝雀を支えた"内助"　→NHKBS2の劇映画の編成

5:7　◇古典的名画の"深夜劇"　→六輔・楽正・米朝の公演

5:11　◇伏線を利かせた脚本　→ジャーナルだった桂枝雀

5:14　◇各地の公演をテレビに

5:18　◇ユーモラスで苦い味わい

5:21　◇喜劇役者の"芸の引き出し"

5:25　工夫と表現力の九重さとし

5:28　◇落語の解説について

6:1　◇性格俳優ごとわかれた人生　→由利徹の"芸の引き出し"

6:4　◇ゲストにはつらいよ石山中継

6:8　◇"静かな意思表示"　→落語のイメージ

6:11　第二、第三のイチローに　→イチローのファンサービス

6:15　◇"独立作家"も多彩多様　→モニメントバレーの見せ方

6:18　◇化ける役者、化けない役者　→年齢や役柄で一変する女優

6:22　ダメ人間のナルシシズム　→テレビでは成長過程を見せるもの

6:25　◇アナより確かなリポーター　→歌舞伎を下敷きにした落語

6:29　◇"優柔不断"は蕪枠だよ

7:2　◇対照的な二人の"油絵子"　→ガラス絵で描く「老人と海」

7:6　◇巨大画面で"油絵子"　→対照的な細かりさんたち

7:9　◇古典もモダンも粋松　→桂枝松のスマートでモダンな芸風

7:13　泥棒が盗撮カメラマン!?　→初めて見るキャグニー映画

7:16　"浪speak る"意味を忘れられ　→映画館の場内アナウンスの声

7:23　ビデオの方が完全収録版!?　→「第一容器者」、役者は演技

7:27　◇海外ドラマに収穫あり　→「第一容器者」はまさしく"今"のテーマ

7:30　◇監督は作品、役者は演技　→増村保造を語る船越英二

8:3　◇館内アナウンスは肉声で　→ドキュメンタリー映画

8:6　韓国の"今"を浮き彫りに　→「夢で会おう」はドキュメンタリー

8:10　番組の運び方は細心の　→映画「銀河鉄道の夜」

8:13　"法"と"葦"の誤り?

8:17　→"夢と喜び…巡回映画の旅

8:20　◇愛画家、雄左高弟　→喫煙家だった父

8:24　◇真似の印象も人柄次第　→関根勤と大滝英治

8:27　◇"当地ミステリー"登場　→名古屋が舞台の推理小説

8:31　◇"祟り"のホラー映画　→名ホラー映画

中日新聞掲載コラム一覧

8・7 ～ 12・11

- **8・7** ◇単純さと無邪気さ対照の妙 →三谷幸喜「今夜、宇宙の片隅で」
- **8・11** ◇ローカルながら好企画 →「黒澤明と木下恵介」の充実
- **8・14** ◇大人も子どもも笑っちゃえ
- **8・18** ◇映画評論家の肩書疑う発言
- **8・21** ◇映画スターのゲスト出演 →いま見ておくべき68歳春団治
- **8・25** ◇吉も足らずの字幕化は難しい
- **8・28** ◇ドキュメンタリー壊す"芝居" →"終わり"は次の"始まり"だ
- **9・1** ◇「弁護士プレストン」の再放送を →桂枝久雄と宮崎駿の対談
- **9・4** ◇「枝雀寄席」に意外な収穫
- **9・8** ◇英断、軽挙？『広辞苑』改訂 →日本亭吉川柳自選句集
- **9・11** ◇キャビキャビ知性も魅力
- **9・18** ◇土俵下りていい味出してる →元小鍋の自然体
- **9・22** ◇米朝さすがの結構な出来 →「桂米朝一門会」の六人
- **9・25** ◇過激でも「大人」には問題ない
- **9・29** ◇説明がやかましい「15円が大金」 →「モンティ・パイソン」最終シリーズ
- **10・2** ◇あのコント、思い出させる →太平サブロー・シローよりもう一度
- **10・6** ◇織田氏の観察眼に川柳の心
- **10・9** ◇面白さは抜群「仮面の米国」
- **10・13** ◇礼儀正しく核心ついた質問 →サブロヤヌギの作品づくりの原動力
- **10・16** ◇持ち味アピールするゆとり
- **10・20** ◇テレビを侮ることなかれ →あるわが家のテレビ・メニュー
- **10・23** ◇バンドはやはり演奏が眼目 →東京メンバーの「ゴローショー」
- **10・27** ◇鬼才の作品選びは慎重に
- **10・30** ◇ナマの芸、心が震えた笑い →WOWOWで観る硬派監督
- **11・6** ◇インディー尾形に笑いながら心が震えた
- **11・10** ◇吉本新喜劇にも"芸"あり →ジョーンズ風プロ
- **11・13** ◇オヤジをたたいちゃえ!? →面白くなった吉本新喜劇
- **11・17** ◇喜劇→アニメ→音劇
- **11・20** ◇ひと工夫ある"鳴き"まね →「Mr.マグー」の劇画化
- **11・24** ◇情感のある映画小事典 →江戸家まねきを猫は大器の風格
- **11・27** ◇山田太一の傑出した虚構性 →キャサリン・ヘプバーン自伝の日本語版
- **12・1** ◇今は昔、映画会社の"特色" →山田太一の傑出した虚構性
- **12・4** ◇子供時代に影響 →"特色"
- **12・8** ◇奥が深い「ザ・シンプソンズ」 →アニメーションの昭和史
- **12・11** ◇題名 "お勉強" →自伝「初代水谷八重子」への疑問

3・27 ～ 8・4

- **3・27** ◇『ありきたり』でない脚本 →山田太一の「風に立れ鳥になれ」
- **3・31** ◇米国ならではのユニークな試み →「少年法廷」
- **4・3** ◇映画評論家の肩書疑う発言
- **4・7** ◇いま見ておくべき68歳春団治
- **4・10** ◇吉も足らずの字幕化は困るよ →シャンソンの字幕化は難しい
- **4・14** ◇有望な東西の"林家"ふたり
- **4・17** ◇劇団四次新感線の舞台公演 →劇団☆新感線のスペクタクル
- **4・21** ◇小悪党の心意気にこだわれ →桂米朝一門＋神田伯龍
- **4・24** ◇ナマを見たらではの効果
- **4・28** ◇心温まる話 "小さなビルマ" →山田太一「あからい渋外の店」
- **5・1** ◇フキミ元気な生かす坂本 →アニメーター二木真希子の絵本
- **5・8** ◇SFというより戦争映画 →「イッセー尾形のときまらない生活」
- **5・12** ◇"正面切って"言わせていい？
- **5・15** ◇変た折衷話はやめてはしい
- **5・19** ◇「ER」の修羅場の魅力 →「修羅場のユーモア」が魅力
- **5・22** ◇誤解されない"断り書き"を →「ER」の修羅場のユーモア
- **5・26** ◇事前のあいさつは逃げ口上
- **5・29** ◇総身に回りかねる男を好演 →山田太一「逃げていく街」を読む
- **6・2** ◇次回が楽しみ、雀々の芸 →「マッド・シティ」のジョン・トラボルタ
- **6・5** ◇若い世代での悩み＆戦争映画 →「桂々雀のひろば」
- **6・9** ◇一流ミュージシャンのノリ
- **6・12** ◇突如、外される名作再放送 →「ぴあグランプリ受賞」シンパ
- **6・16** ◇BS流の無形文化財的企画 →落語の名作再放送
- **6・19** ◇山田太一ユーモ集 →「落語の旅ネタ」の道中をたどる
- **6・23** ◇さすが翻訳家、着眼も魅力 →山田太一著「逃げていく街」を読む
- **6・26** ◇今風のギャグを生かす千朝 →芝山幹郎著「映画は待ってくれる」
- **6・30** ◇映画はその国の"時代"を映す →台湾映画が映し出す時代
- **7・3** ◇面白い手ごわい作品のひろば →「もののけ姫」のメーキングビデオ
- **7・7** ◇負けるって人間ですか →「もののけ姫」の裏話
- **7・10** ◇内容と違う邦題は結局ソン →「たそがれの維新」は不倫コメディー
- **7・14** ◇才人、自作肯定のですか
- **7・17** ◇"明るく"新装オープン
- **7・21** ◇山田氏の眼光の強さに残る →明るくなった名鉄東宝
- **7・24** ◇"疑惑されに芸"をもう一度 →落語の無形文化版
- **7・28** ◇評価は絶頂期の演技で →悪役、須賀不二男の死
- **7・31** ◇奥が深い「ザ・シンプソンズ」 →須賀不二男の手練手管
- **8・4** ◇題名 "お勉強" →「ザ・シンプソンズ」の手練手管

7.15 ◇"板楽コンビ"をなつかしむ
→「悦祭」の痛烈な視点。

7.18 "完全版"あるはずなのに
→ローレル&ハーディの真価

7.22 ◇"異見!?"一段と映画米朝
子が超えた映画の好著

7.25 →中田ダイマル・ラケットに思う

7.29 ◇ダイマル・ラケットのビデオ
→中田ダイマル・ラケットの移しいビデオ

8.1 トシを重ねて "健康談義"?

8.5 ◇視聴者に共感の番組カット
→知的でさわやかな児玉清

8.8 ◇知的でさわやかな児玉清

8.12 ◇"映像"ぞこえであす長嶋中継
→無神経な番組カット

8.15 オールドファンには...冷静な部分があってこそ…
→長嶋滋民氏の解説

8.19 各局は独自性持たなきゃ…
→名作「悪魔のいけにえ」

8.22 ◇イヤなことなんです滋味持ナゾの部分があってこそ…

8.26 冷静者としてもセンスを示す

8.29 字幕で楽しめるナゾ放送!?

9.2 当劇修らしいと素直にニュースを
→アキ・カウリスマキ「浮き雲」の諦念

9.5 おもろくて胸やけするナゾ過ぎ
→滝沢修は無関係、ウチ次第

9.9 リアリズム超えるとエスゴス過ぎ
→「ER」の「生と死と」

9.12 ◇"性別"は無関係、ウチ次第
→素晴らしさよ素直にニュースモラス

9.16 "舞台の鬼" とはエスゴス過ぎ
→素人名優の候補獅子

9.19 "性別"は無関係、ウチ次第

9.26 『舞台の鬼』とはエスゴス過ぎ
→劇団な新感線の「髑髏城の七人」

9.30 20年ぶりに"怪人"と再会
→「ザ・シンプソンズ」のパロディー大芝居

10.3 ◇さえるかいいトディー特集
→さらに練り上げられたイッセー尾形

10.7 ◇照りかえす一人過ナゾ
→「ザ・シンプソンズ」のパロディー一尾形

10.14 借しい? 照りかえす一人過ナゾ
→劇団な音響の「髑髏城の七人」

10.17 ◇芦屋小雁の著作は大衆芸能から
→「シネマで夢を見たいねん」

10.21 『芦屋小雁の著作は大衆芸能から
→「シネマで夢を見たいねん」

10.24 吉朝が踊けで観た名は幸運
→素人名優の候補獅子

10.28 ◇伝えてほしい大衆の芸
→桂吉朝の充実

10.31 "笑感" のこもった冒険活劇
→柳家金語楼の「兵隊落語」

11.4 "素朴に近い"ブシえもいい
→スティーヴ・ブシェミの人情劇

11.7 日ごとに増えてゆく"中華電影"
→「六代目松鶴」の人情劇

11.11 質的にも傑出の"中華電影"
→求めるものは互角の"人間性"

11.14 貴重な古典名画見て満足感
→ロシア所蔵の旧作の日本映画

11.18 興味味深い映画分析の対談本
→和田誠と三谷幸喜の対談本

11.21 シャレのあるオモシロさがいい

1998

11.25 ◇"漫画的笑芸" ならナッチャン
→ワーナー・アニメの今日的攻撃性

11.28 笑いはよくのごとく微妙な光
→年末年始の番組を見て思う

12.2 ◇イッセー尾形の奥妙な遊芸性

12.5 理想夢見る変に工夫
→「キャラブラのアメリカン・ドリーム」

12.9 ◇作者の期待さる新進監督
→岩松了脚本の映画

12.12 横成は細密のウエ人も効く
→カルバノリが見せる新進監督

12.16 今後も期待さる新進監督
→岩松了脚本のドラマ

12.19 カルバノリが聞かせる
→柳家小さん、桂米朝の名人会

12.26 東西 "人間国宝" が聞かせる

1.6 ◇ジョセフィーヌ・ジャパオトラ
→ジョセフィーヌ・ジャパオの芸

1.9 ◇年末年始の番組を見て思う
→年末年始のテレビ番組

1.13 ◇SFの先駆者は生きている
→星新一は生きている

1.16 ◇生きた石井均のドッハハハハ

1.20 "発送の画一性" こそ批判す
→「バグ口」に走らす手感銘残す
→石井均の体技

1.23 "藏出し" の「やっぱり猫が好き」

1.27 ◇納得の『銀幕のイッテリア』
→「ポギーに呼ばれた男」に納得

1.30 日常の妄想えごと中国映画
→渡辺武信の「髑髏城のあとに」のキャンと言かさ

2.3 好著『天才監説班山ぷい』
→「離婚式で酒を断つ」

2.6 ◇若き森繁の名も出てたら
→「六代目日召鶴」は出色

2.10 チームの多様を楽しむ好構
→渡辺武信「銀幕のイッテリア」の素顔

2.13 試写会ぶり味そめしたマナー
→「武代目日召鶴、夢の通い路」

2.17 9.5ミリの名画、あれば貴重
→談志の身上片言隻語の銃く

2.20 ◇談志の身上片言隻語のマナー

2.24 "人間通" で論旨明快な一冊
→立川談志と月亭可朝

2.27 時流に媚びるのは逆効果
→山田太一と小浜逸郎の対談本

3.3 ◇トラマ・ジュニで酒を断つ
→山田太一と小浜逸郎の対談本

3.6 『奈良へ一』でドラマ人能
→笑福亭松之助との対話

3.10 ◇求めるものは互角の"人間性"
→「奈良へ行くまで」の佐藤魔

3.13 ◇奈良へ一で人ドラマ人能
→ピーター・バラカンの佐藤直さ

3.17 ただの "能たし" ではないか
→「ザット・ウィル・ハッティング」の人間観

3.20 マジとジョークの境目が…
→「グッド・ウィル・ハンティング」旅立ち

3.24 懐かしむ "能たし" ではないか
→退花千栄子という名わき役がいた

中日新聞掲載コラム一覧

10·29 観客の苦情は係員が説明
11·1 『隅の又三郎』がベストでは？
　→それぞれの宮沢賢治の世界
11·5 ◇率直さが感動を呼ぶ個性
　→ハイヒール・モモコの本
11·8 審査員らしからぬコメント
　→"山田太一のドラマ"に思う
11·9 ◇"山田太一のドラマ"の女と男
11·12 選ばれた人が選ぶべき映画
　→島田紳助のドラマ
11·15 キャラが古いがまだ行ける
11·22 ◇渡邊錦聲氏の壮健さに驚嘆
　→映画説明者・渡邊錦聲
11·26 "エンドタイトル"がない!!
　→「アルプスの少女ハイジ」のスタッフ
11·29 ◇品格失わぬイッセー尾形の品格
　→イッセー尾形の演技
12·3 落語はやっぱりナマがいい。
12·6 ◇いい見通した妊婦警察署長
　→コーエン兄弟の「ファーゴ」
12·10 ◇楽しみなレーザーディスク
　→シリーズ三作目でもセットは楽しい
12·13 ◇簡潔で充実した文章に感心
　→松田道品『遊びとジョークの本』
12·17 ◇見事に"化け"大ネタこなす
　→桂吉朝の「地獄八景」
12·20 ◇アドリブ合戦、最後まで秀逸
　→圓蔵・志ん朝 vs. 雀々・南光・春團治・米朝

→演芸番組の手本

3·11 歴史教育の欠落を映画で……
3·14 スニークならぬスニーク
3·18 "幻のアウトロー"のん意気
　→中村錦之助の"幻のアウトロー"
3·21 ◇今、香港映画を総括した一冊
　→香港返還直前の香港映画
3·25 ◇ツッコミ紳助いまが旬か
　→島田紳助のテレビ的才能
3·28 ◇チャンコなべコメディー
4·1 ◇ディム・バートンの「マーズ・アタック！」
　→リアルな人間観で見せる芸
4·4 オスメスジョーカの映画焼々
　→リアルな人間観の"リアルな人間観"
4·8 続けては出しい地方の落語会
4·11 ◇気楽に見よう巨匠の映画
　→ルイス・ブニュエルのブラックコメディー
4·15 わき役の時でも主級級の芸
4·18 一皮むけた？神経症喜劇
4·22 ◇アメリカの災難」は神経症喜劇
　→背筋にゾクッとくる感じ……
4·25 ◇背筋にゾクッとくる感じ……
　→故人を語るならベストの時期を
5·2 ◇騒々しくもパワフルに笑う
　→劇団☆新感線のギャグのルーツ
5·6 ◇飽きっぽさと粘り強さ同居
5·9 『ふぞろい』の再放送を！
　→『ふぞろいの林檎たちIV』
5·13 ◇心憎い乾いたタッチの運び
　→「ER」の修羅場のユーモア
5·16 ◇エンターテインメント一筋
5·20 ◇五分間アニメの「ミスター・ボンド」
　→評価したい米平の話しぶり
5·23 ◇字幕の名意訳が減りました？
　→「お楽しみはこれからだ」は名意訳
5·27 インターホンの声は低めに
5·30 ◇人間の本性をキャラクターと刺す
　→「聖徳太子」は同族告発ドラマ
6·3 ◇りんと張った声がいい米朝
　→桂文朝、ベストの高座
6·6 ◇けなげな品の良さに階級差別
　→桂文朝
6·10 ◇痛切な同族発言に限る
6·13 ◇名人芸は若い時の高座に限る
　→先代文楽の名人芸
6·17 ◇名作を小さめにしたCM
　→"プールの掃除人"不倫相手は
6·20 ◇"プールの掃除人"不倫相手は
　→「小牧落語」会
6·24 ◇人選なかった"プールの掃除人"
　→柳亭市馬の独演
6·27 ◇なぜか小さく見える3D映画
　→3D映画は小さく見える
7·1 ◇昔のバランスに配慮を望む
　→山田太一ドラマのリアリティー
7·4 "クラシック番組"放送して
7·8 ◇イギリス的コメディー
　→不倫コメディーの佳作
7·11 ◇『お葬式』超える『葬祭』の佳作

1997

1·7 ◇気になる？"走査線の映像"
1·10 ◇抑えた芝居、意欲溢るるが
1·14 ◇竹中直人の「テレビ・デイズ」
　→正月の傑出番組「笑の大学」
1·17 ◇シネマガLDで見られる
　→三谷幸喜の「笑の大学」
1·21 スクリーン、ボケなかったらしい
　→シネマ・ドラマ映画「西部開拓史」
1·24 ◇"一本"なのに笑いなし
1·28 ◇コメディー・フレンチの一席
　→サディ・フレンチの「誘惑のアフロディーテ」
1·31 ◇還暦迎える故雀の芸が楽しみ
　→小朝迎える名故雀の芸が楽しみ
2·4 ◇演者の資質にぴったりの一席
　→やがて悪夢の枝雀
2·7 ◇年追うごとに楽しさに磨き
　→初期のミッキー・マウス
2·14 今の風潮への"頂門の一針"
2·18 ◇映画の私有化と住年の監督
　→映画の「エジソン的回帰」
2·21 ◇速く裂く、核心を突く番組
　→「CBSドキュメント」はこれでい
2·25 ◇名作のビデオ見て昔を思う
2·28 コロッケの芸行気取りでは
　→「夜がら男」の下水道の迷走
3·4 ◇人柄を感じるコメディアン
　→コロッケ芸行気取りでは
3·7 ◇演芸番組の、お手本を見る
　→「チューボーですよ！」の堺正章

2·13 ◇今が旬の吉朝に聞きほれる
2·16 ◇緊張が先立つ自身披露い笑い
2·20 ◇やっと鑑賞の条件が整った
2·23 ◇人の意識が露呈された CM
2·27 ◇歴史的事実を見据えた知性
　　　→非常灯が消えた

3·1 ◇古い映画から見出すべき点
3·5 ◇これがコメディアンだ！
3·8 ◇"現役" に解読を求めるのは酷
3·12 ◇総じててネタで拾げるのは酷
3·15 ◇さらにひと芝居を見た気分
3·19 ◇三谷ワンにも食われたさいま
　　　→三谷幸喜、さんまを食う
3·22 ◇老人の無知を物笑いには不快
3·26 ◇"桜" が浸透するべきとき
3·29 ◇犯罪映画の流行を皮肉る？
4·2 ◇幸福映画の味わえる "佳作"
4·5 ◇人気も納得、新感線新宿公演

4·9 ◇聞かせる正朝の人情ばなし
4·12 ◇楽しい「上方漫才黄金時代」
　　　→「上方漫才黄金時代」
4·16 ◇懐かしい名監督の新人時代
　　　→「成瀬巳喜男のサイレントの三作」
4·19 ◇幸福感を味わえる "佳作"
　　　→ルネ・クレマン追悼の一本
4·23 ◇人気も納得、新感線新宿公演
4·26 「ルパン三世」は良い人は物
　　　→劇団新感線について語ろう
4·30 「真城線新宿」未公開の理由
　　　→「山田太一は私的な映像を見せない」

5·7 ◇地方だから見られる "特権"
　　　→ジョン・フォードの戦争史観
5·10 ◇私的な撮影所を見たい理由
5·14 ◇見せるワンセーターの人芝居
　　　→イッセー尾形、春のネタおろし
5·17 ◇今の邦画からこそ感じる面白さ
5·21 ◇"鋭い笑い" に目が離せない
　　　→大人のアニメ「ザ・シンプソンズ」
5·24 「お笑い」を使えない理由
　　　→香港映画「女人、四十。」
5·28 ◇サイレント映写のスゴ味
　　　→サイレントスピードのチャップリン
5·31 ◇悲惨、痛切なたとえがすごい
　　　→ラストリッツの「アンダーグラウンド」

6·4 ◇映画祭開幕にふさわしい快作
6·7 ◇古き良き輝きを放つ喜劇映画
　　　→びっくりした現場の証言
6·11 ◇驚き！手回しキャメラの話
6·14 ◇外国語ダメでも大体わかる
　　　→びっくりした現場の証言
6·18 ◇的確な司会での対談が生きる
6·21 ◇余程好きな同会？「持参金」のネタ

6·25 ◇画面の "耳" 削り取らない映画館
6·28 ◇笑いそこねてしまう "無知"
　　　→知らないでも笑いそこねる
7·2 ◇その無欲さ!? が異彩を放つ
　　　→フシギラクラント吉田真由子の異彩
7·5 ◇もう聞けないヨイデンナイオ
7·9 ◇関心が集まる中国語圏映画
7·12 ◇在住の若者が語る永田雅一
　　　→永田雅一のこわい光景
7·16 ◇若き取材者が語る永田雅一
7·19 ◇伝えたい人情ばなしの演出
　　　→三谷幸喜の名役、山形勲の死
7·23 ◇やたら面白い「中華電륙一」
7·26 ◇親のボーズで迫るい木朝
　　　→小朝の「唐茄子屋政談」
7·30 ◇SF気分の的確さはお見事
　　　→「ガメラ2」は前作をしのぐ

8·2 ◇"客観ユーモア" の数服
　　　→「犯罪都市」は敢服
8·6 ◇ヨメはんに言われて芸に励む
8·9 ◇住年のファンにも "青春" 再び
　　　→「笑気コメディアンの逆襲」
8·13 ◇文芸の "今" を垣間見る
　　　→「東京コメディアンの逆襲」
8·16 ◇映画化の名作はアニメ2本
　　　→「恐怖分子」の隠れた寓意
8·20 ◇楽しみな「犯罪都市」ビデオ
8·23 ◇核心は白色テロの寓意あり
8·27 ◇それを言っちゃお笑いよ
8·30 ◇ありがたいれに注文一つ

9·3 ◇"再演ドラマ" 風はワンパい
9·6 ◇謙虚さがたたる "見せ物" 省略
9·10 ◇関西の "失われゆく風物" は…
　　　→小林信彦の下町の記憶
9·13 ◇関西の若手を見習っては？
9·17 ◇犯人はさえ… 推理も楽し
　　　→「セゾンスキ」の林家さん平
9·20 ◇うら恥ずかしいでマロんばん
9·24 ◇情熱と… 友情と… 皮肉と
9·27 ◇至言が示す戦前の下町の変

10·1 ◇古典落語なのに外来語には…
　　　→柳家小三治の「百川」
10·4 ◇"重み" があるって名作の役
10·8 ◇"重み" があるって名作の役
　　　→内田勘雄の死
10·11 ◇行き届いた解説も時にには…
10·15 ◇"幻の映画" のダイジェスト版
　　　→"客に語りかける" イッセー尾形
10·18 ◇ソデから語られる尾形の "本音"
10·22 ◇若者をユーモラスに多層描写
　　　→山田太一の若者の見方
10·25 ◇興味深い「宮崎・押井の議論」
　　　→押井守と宮崎駿

中日新聞掲載コラム一覧

1996

日付	◇見出し	→補記
6・6	◇価値ある番組だってある!!	→現代の外人部隊
6・9	◇"感激もの"のランクの作品	→"感激もの"のランクの作品
6・13	◇大河内内のスゴ技伝わるスゴ技	→大河内傳次郎の好着
6・16	◇冴えるスゴ技そ落とす画芸	→そ画芸
6・20	◇楽しみな名作声映画観賞	
6・23	◇偶然とはいえ歴史想起させる	→神様の"創世セット"
6・27	◇印象的な『狼』主役の萩村純	→萩村純の死
6・30	◇当時の戦争物の再上映望む	
7・4	◇サブロー・シローが見たい	→サブロー・シローの漫才を!
7・7	◇赤字必至の映画企画"美額"	→"美額"
7・11	◇楽しみ増す春風亭小朝の連続独演会	→撮影監督・岡崎宏三氏の講演
7・14	◇悔れぬ"ローカルパワー"	→宮崎駿と高畑勲
7・18	◇画質悪い"見本"で始めせて	
7・21	◇『解説』は正しく載せて!	
7・25	◇児童劇風の"おばけ大会"	→子供ネハ映画大会
7・28	◇大チャリもしゃれになる!!	
8・1	◇シャレになった桂枝雀の大トチリ	→"人間通"に大切な復眼の視点
8・4	◇まず声を通す基礎訓練を	
8・8	◇古希の米朝、さすがでんナ	
8・11	◇ありがたい、気配りたくさん	
8・15	◇人心を動かさぬ自己弁護	→フィルムセンターのリニューアル
8・18	◇住井すをの弁明	→ラストに感動と危惧感
8・22	◇戦争体験者の感情の表現	→「SHOAH」の感動と危惧
8・25	◇貧しさにユーモア失わず	→カネフスキー監督の自伝的映画
8・29	◇30分の枠で収まる自伝的映画	→早くならぬ劇映画の時間
9・1	◇早くならぬ劇映画の時間	→深夜のフランス名画
9・5	◇わざとらしい声にいらいら	
9・8	◇落語界長老の明確な表現力	→「旅路の果て」の演技合戦
9・12	◇映画観賞もマナー守れ	
9・19	◇映画も観客も生き生き	
9・22	◇気配りを欠く司会者の応対	
9・26	◇不自然さが目立ち、手直しを	
9・29	◇ぜひ見てほしいレニの実験	→レニのドキュメンタリー
10・3	◇在京局でもやってほしいネ	→落語番組「平成紅梅亭」
10・6	◇「感動のシーン」の再放送を	→「夏の一族」の再放送を
10・11	◇待たれる千朝の本格的な復帰	→山田太一の『落語』
10・13	◇見ることに風格加わる文枝	→桂子朝の客演
10・17	◇違和感ある40代の名古屋弁	→桂文枝の工夫
10・20	◇映画作品記録・戦前編刊行を	→たたかふ方言、されど方言
10・24	◇"上方落語を態"に思う	
10・27	◇日仏教育の根元的な違い?	→バリの聾学校
10・31	◇風刺の切っ先鋭いTNP	→TNPの風刺劇の安定感
11・7	◇誤植と同じ"ツカミ"のミス	→"ツカミ"のミス
11・10	◇映画場面こそ見事に比較	→今に残る成瀬巳喜男の「東京」
11・14	◇秋の夜の映画オールタイム	→秋の夜の映画オールタイム
11・17	◇橋幸夫の介護体験談に共感	→橋幸夫の介護体験談に共感
11・21	◇桂雀々よ、もっと工夫を	→桂雀々よ、もっと工夫を
11・24	◇娯楽性と皮肉さの程のよさ	→イッセー尾形の女性ネタ
11・28	◇名古屋業通は惜しい実ネタ	→名古屋業通は惜しい実ネタ
12・1	◇なんか変"で自我の観察	→カンヌ公演「空き室あり」
12・5	◇浅田美代子のフシギな才能	→浅田美代子のフシギな才能
12・8	◇"根の部分"に伝統息づく	→"根の部分"に伝統息づく
12・12	◇異種格闘技的に見て楽しい	→「レディ・イヴ」の観賞法
12・15	◇ビデオテックの観賞法	→ビデオテックの観賞法
12・19	◇映画はやっぱりフィルムで	→メリエスの復刻プリント
12・22	◇スクリーンでこそ、の一編	→世界初の70ミリアニメ、の一編
12・26	◇感激『キネマ倶楽部』ビデオ	→「キネマ倶楽部」ビデオ
1・5	◇山田太一の心理描写に興味	→「恋の変奏で」の心理描写
1・9	◇『テレビ疾風怒濤』を読んで	→『テレビ疾風怒濤』を読んで
1・12	◇人生訓が介入する余地もない	→推理作家・辻真先のテレビ時代
1・16	◇新鮮なものほど古びやすい	→三谷幸喜と山田太一
1・19	◇創作はウソを通じて真実へ	→新鮮なものほど古びやすい
1・23	◇若い観客の目にどう映るか	→若い観客の目にどう映るか
1・26	◇やっぱん、ありがとう!!	→やっぱん、ありがとう!!
1・30	◇小朝ギャグが効いた『明烏』	→横山やすしの知られざる一面
2・2	◇混乱とその作者の意図なのか	→春風亭小朝の独演会
2・6	◇秀逸なコメディーに拍手	→東京乾電池の「水の運」
2・9	◇若い人たちにも見せたい!	→愛さっていた「てなもんや三度笠」

10·4 ◇お嬢子が上方落語を支える
→デ・ニーロの初監督作品

10·7 ◇ファンズネムじゃないですか
→役立つネタなのに離しすぎる
10·11 ◇観覧ぶらりとわオフライム音
10·14 →「パルプ・フィクション」の無頼の斬新さ

10·18 ◇歳月を実感したアニメ総会
10·21 ◇永六輔の歴史的逆転の面白さ
10·25 →封切二本立て名画二本立て

10·28 ◇油断がならぬランチスタ—
→ハロウィン名画二本立て

11·1 ◇功名あせうった『ケガの功名』
→アメリカ・コメディー映画がよみがえる

11·4 ◇人間の本性『秋の一族』
→「山田一族」の余韻

11·8 ◇父の気持ちがわかってきた
→『よみがえる過去』に思う
→嫁光群 の「くじらの墓標」の父親

11·11 ◇新人演芸大賞の選考に不満
→インタビュー・ベルメンシルク な作劇

11·15 ◇やや "笑い" を抑えた作劇
→イッセー尾形の人間カタログ

11·18 →住年の名コンビを
11·22 ◇漫才 住年の名コンビでを
→住年の名コンビが描く喜劇

11·25 ◇市会議員登場に納得できた
→廃象たちと麻来

11·29 ◇タダじゃないね、キャリア
→小三治好調

12·2 ◇新たな試みではあるが…
→"笑い" を抑えた過去、小三治好調

12·6 ◇還暦過ぎて、小三治好演
→取材は柱そば

12·9 ◇ぞ客の人間劇を活性化
→「大いなる幻影」の本当の見どころ

12·13 ◇創作落語が古典を活性化
→手仕事の退歩

12·16 →大いなる幻影」の本当の見どころ
12·20 →住年の名コンビが描く
12·27 →笑福亭笑のこれぞ創作落語

1995

1·6 ◇超大型映像に "作品" を実感
→"顕在" を見る

1·10 ◇楽しめた若手連の笑芸番組
→アイマックスの現在

1·13 ◇福袋品めで効率化を考える
→イキのいい大阪の若手漫才

1·17 ◇『ラジ』にふれた傑作もある
→手仕事の退歩

1·20 ◇懐かしい南利明の名古屋弁
→成瀬巳喜男の『放浪記』

1·24 ◇"役者" 買いた金子信雄の死
→南利明の名古屋弁

1·27 ◇一カット買いた金子信雄の
→"役者" を買いた金子信雄の死

1·31 ◇無軌神経、ヘリから高之ですの
→「繁華街殺人事件」の一カット
→神経を逆なでする〜リコスター取材

2·3 一般人もてあそぶには無礼
2·3 ◇"独演会" の名が泣きます
→安易な独演会

2·10 ◇工夫で自分の喉にする寿司
2·14 →その年齢でしたか、あり得ない
2·17 ◇"手塚観世音" のタナゴコロ
→山田太一の年齢論

2·21 →手塚治虫の七回忌
2·24 ◇"私ドラマ" の自立は難しい
2·28 「北京電影学院物語」に思う
→中国第五世代の監督たち

3·3 ◇じっくり描きたかった
3·3 →「ディスクロージャー」…
→「ディスクロージャー」、分かんねえぞ

3·7 ◇分かるかな、分かんねえぞ
3·10 →ハンタリだけが龍になるか
3·14 ◇基本設定だけ忘れないで
→フランス映画音楽のフューオン

3·17 ◇日本の特撮が本領を発揮
→「ガメラ大怪獣空中決戦」の基本設定

3·24 ◇好ドラマ、なんで短期公演
→「クイズ・ジョウ」のみごとな人間観

3·28 ◇添々とした作風なのは
→「夜中に起きている」の演目

3·31 ◇ユーモアもまだ付け焼き刃
→イッセー尾形の六つの演目

4·4 ◇言葉の間違いが多すぎる!!
4·7 ◇相手の発音に耳を傾けよ
→笑われる子と笑わせる子

4·11 ◇皮肉過きフォードの側面みる
→皮肉感覚

4·14 ◇選択がいい木下作品の放送
→映画を超える山田太一見習え

4·18 ◇映画面白さんに山田太一の薫陶
→映画監督より一見習え

4·21 ◇仏頂面でこぼし、またおかし
→感動に包まれた柱文枝の襲名披露

4·25 ◇番組の手直しには工夫を
→番組の手直しにはひと工夫を

4·28 ◇精神力が支える
→松田道弘の修羅場のユーモア

5·2 ◇思わせぶりはやるようだよ!!
→ドキュメンタリーの面白さ

5·9 ◇ドキュメンタリーの面白さ
→ルーマニア動物園のからくり

5·12 12分の1秒は "顕在" は思いきって
→野蛮さひとつの鮮やかな個性

5·16 ◇「くじらづけ」は思いきって
→山田太一の戦略

5·19 ◇鮮やかな山田太一の戦略
→山田太一の鮮やかな手際

5·23 ◇あらたな才能・天野天街の登板
→天野天街の大した映画センス

5·26 ◇時間も忘れる志の輔らくご
→新幹線最終に乗り遅れても

5·30 ◇殺されっぷりのナンバーワン
→殺されっぷりNo.1のワケ

6·2 ◇性差人権差を超えて…
→性差、人権を超えて

中日新聞掲載コラム一覧

1·11　◇いつまで続く "しつけ" 体現者
1·14　◇テレビドラマ画面を明るく　→西田ひかるの格別なマナー
1·18　◇懐かしい美男美女の絵看板　→ドラマの暗い画面は見づらいよ　→映画館の絵看板
1·21　アニメで培った力 絵本でも
1·25　◇説得力ある文章でご意見を
1·28　◇演出者の常識が疑われる
2·1　◇いま見てもすごい!! "体技"　→スラップスティック喜劇のアンソロジー
2·4　◇名匠巨匠にもいろいろある　→巨匠たちの作った子供編
2·8　◇気合の入った黒澤論　→初期の小津安二郎の意外さ　→「異説・黒澤明」は異色の一冊
2·10　◇犠牲にされた "夢の記憶"
2·15　◇明るくスポーティーな演出
2·18　◇製作・配給会社名を正確に
2·22　◇観客やゲストに無礼千万
2·25　◇もっと自負を持って "雀々"　→桂雀々の確かな芸
3·1　◇"鬼才" の貴重な私的フィルム　→岡崎宏三のキャメラアングル
3·4　◇"改善" でも気がしない
3·8　◇ヘンコロ氏の無言の説得力
3·11　◇"立場"　→猛犬も黙る畑正憲の説得力
3·15　元気印優先でいいのか　→「生活笑百科」回答者の立場
3·18　代役無用…高品格の気迫
3·22　◇NHK「徳川夢声」に注文　→徳川夢声「作劇の妙」
3·25　◇山田太一の "普通"　→「なんだか人が恋しくて」の〈普通さ〉
3·29　◇今も変わらぬ無頼の表現力　→イッセー尾形の人間観の厚みと表現力
4·1　◇間口は狭いが奥深い逸品
4·5　◇芸に厚みが増してきた松緑　→笑福亭仁鶴・松葉の二人会
4·8　◇うならせた故郷のアイデア　→香川登緒の円熟
4·12　◇"首相退陣" の新ネタに期待　→「ザ・ニュースペーパー」の円熟
4·15　◇『刑事の恋』に "苦楽の人間観"　→山田太一の「刑事の恋」
4·19　"ブロードウェー" の復権
4·22　桜井よしこの呼吸見習え
4·26　◇皮肉な幕切れも現代にマッチ　→再評価されるブレスト・スターンス
4·28　光源アップしたビデオデッキ
5·6　◇タな貫打ちよりいいくらい
5·10　歪曲は、やらせりゃ罪深い
5·13　◇いいネ 船と列車のゆったり　→いつでも船と鉄道の旅のドラマがあった
5·17　蝶々・いとし…年輪の芸
5·20　◇二本立てでは組み合わせの妙　→ジャル・ボワイエで二本立て

5·24　◇懐かしい名前は訃報でしか…
5·27　◇映画とはまた違った人物像　→わき役ティモシー・ケリーの死
5·31　◇超能力者の身内でもいろ?　→シンドラーの素顔
6·3　◇ホンネを公表「満洲映画協会」　→満洲映画協会の人のホンネ
6·7　◇"人情、紙風船のように!"
6·10　◇あらためて論点護すに感服
6·14　◇自覚に欠ける若者たち
6·17　◇無声映画に若い女性ファン
6·21　◇惜しまれる誠実な長老の死　→アメリカ無声映画の名作二本
6·24　◇ノスタルジーは逃避でない　→リリアン・ギッシュを訪ねた野口久光
6·28　◇親子会で笑ったらえない　→川本三郎「映画の昭和雑貨店」
7·1　◇"ネオ大衆演劇" の熱気票
7·5　◇対比の妙—名作映画のメロドラマ
7·8　◇共感呼ぶ韓国のドラマ
7·12　◇『爆笑問題』聞きうらら改めよ　→『爆笑問題』への注文
7·15　◇夕食ゆっくり済ませ映画へ　→映画の最終回は夕食後に
7·19　◇自然番組のテーマ曲に『?』　→今も水辺の昆虫
7·22　日活知らない? じゃせび
7·26　◇米映画の "健康さ" テレビで　→スターリーンの位置を点検を
7·29　◇遭難機771 を教えよ」の感動　→「心の旅」
8·2　◇印象に残る谷啓の『ほん』　→『谷啓が「リンゴの木の下で」を楽しむ愉快な本』
8·5　◇まず第一に "面白い" 脚本　→谷啓に "面白い"
8·9　◇映像のセンスに国境はない　→ガリン・スタジオの世界
8·12　◇目が口ほどに "国境"　→映像のセンスに国境はない
8·16　◇興味深かった終戦特別番組　→人形アニメーション作家、川本喜八郎
8·19　◇シラけた "異色の顔合わせ"　→人形アニメの終戦特別番組
8·23　◇"先入観" で伝える　→玉音放送 はなぜわかりにくかったか
8·26　◇安定感はあるがもう一工夫　→いとし・こいし と NHK のセンス
8·30　◇歴史の重みが心をゆさぶる　→先入観を排した終戦特番
9·2　◇今後が楽しみな花緑と雀司　→岡田嘉子の失われた一日
9·6　◇人類が賢明に生きるには…　→今後が楽しみな花緑と雀司
9·9　◇ファンの声入れ、さらに充実　→日系アメリカ人部隊の記録
9·13　◇番組の "核" があいまいに
9·16　◇継承される掛け合いの呼吸
9·20　◇限りなく重く、余韻の限り　→楽しかった海原お浜・小浜
9·27　◇あっ晴れなバランス感覚　→筒井康隆
9·30　◇二本立では組み合わせの妙　→唯野教授のコメント

XXII—XXIII

1994

5・18　◇いいコンビなのに見送り!?
→山田太一「日本の面影」の舞台

5・21　◇名作無声映画を若い人も見て
→ジブリの「海がきこえる」が見たい

5・25　マンガ・アニメ良い演技陣
→名作無声映画、三本

5・28　「黒い雨」はオカリナでこそ
→オーソン・ウェルズでこそ

6・1　◇名古屋でもテレビ放送を
→黒澤明と宮崎駿のトーク

6・4　◇皮肉のつけない"邦画"
→"邦画"完全版

6・8　◇バブルはじけたからこそ
→オーソン・ウェルズ「黒い雨」完全版

6・11　長いトークで漫談を短縮?
→文学座「桜の園」の名優たち

6・15　◇名席と同じスペースの舞台
→ロマンドンで見た「ミス・サイゴン」

6・18　◇限られた人貴重な番組
→ミュージカルの現状

6・22　◇"汽車ごっこ"ミュージカル
→イッセー尾形の七人の老女

6・25　◇サッカー熱
→〈老配〉

6・29　◇もっと見たいが気になる
→鬼平ハーマンの映画音楽

7・2　◇終わったあとが気になる
→「丘の上の向日葵」のその先

7・6　◇大好きパロディー映画
→ディズニー"大解剖"

7・9　◇見るに値するイッセー尾形
→イッセーの舞台は繰り返し見よ

7・13　◇注意をしても無駄な連中
→バレス・シアターの「レ・ミゼラブル」

7・16　◇死がここでも哀しい思い
→岡同大変でただ終始苦笑

7・20　◇監督の腕で暗い話も明るく
→陰惨だが明るい「フォーリング・ダウン」

7・23　◇ピント外れの"大解剖"
→ディズニー"大解剖"スタジオの天才

7・27　選挙直後だけに一層怖い
→選挙中の映画「サヨクの鐘」

7・30　◇ほどよく去る俗っぽさ
→初心に帰った復活

8・3　◇限まれるふたりのつらい思い
→戦争中の映画「サヨクの鐘」

8・6　◇初心に帰り面白さ復活
→赤塚不二夫の意外な生い立ち

8・10　◇衰弱児、職後は少年犯罪に
→「少年犯罪は学校へ来るな」

8・13　◇マジメはもちろん、丁寧語
→試写の環境

8・17　◇信用も崩すショーク使えず
→界正直だけがまずすぎる

8・20　◇話写でも映写状態に配慮を
→WOWOWの「ザ・シンプソンズ」

8・24　◇テレビも老いたという訳
→黒澤明・宮崎駿の対談

8・27　◇陽性のブラック・ユーモア
→WOWOWの「ザ・シンプソンズ」

8・31　◇放意と作品論すること以は別
→黒澤明・宮崎駿の対談

9・3　◇緊張からの落差があれば

9・7

9・10

9・14　◇失われた時代の大人の映画

9・17　◇追悼たらんハ撮主演物を
→山田洋次が撮ったコメディ映画

9・21　◇基礎がキチンとできる映画
→基礎ができる志の輔

9・24　◇壮年の映画役者が光る
→志の輔のパフォーマンス

9・28　◇基礎ができるこ志の輔
→上岡龍太郎の圧倒の話芸

10・1　◇語りで聞かせる上岡の芸
→「浅草コント二人」

10・5　◇色調よくなる!? 様内上映
→上岡龍太郎の圧内映画

10・8　◇基礎がキチンとある映画
→"中国・香港・台湾映画の基礎データ

10・12　◇美術の展示室にある音楽か
→"中華電影データ

10・15　◇見ていて楽しい老女たち
→艦内佐斗司のユーモア

10・19　◇面白いものが連想を誘う

10・22　◇舞台客席の穴を埋めたのはゲスト
→森の中の七人の老女

10・26　◇気になる宮崎監督の次回作
→「タモリの音楽は世界だ」作品の人

10・29　◇"うるさ型"には必ず見たい
→「2×3が六輔」が楽しい

11・2　◇見ていて楽しい老女たち
→森の中の七人の老女

11・5　◇好奇心と知識欲のポロ調
→「2×3が六輔」が楽しい

11・9　◇楽しいキャノVS千恵蔵の陰回
→山田洋次の三本

11・12　◇気になる宮崎監督の陰回
→"開かれた"作品の人

11・16　◇高座と客席がとけ合う魅力
→古今亭志ん朝のナマの魅力

11・19　◇淡泊なナレーションから
→平野レミがただる父ゲイの軌跡

11・26　◇聴かせる小朝の時事ギャグ
→「小朝の桂選吉手たち」

11・30　◇迫力ある刑務所内ギャグ
→「中国映画祭93」の上出来の三本

12・3　◇だから"追っかけ"やめられる
→「谷ゴローショー」の飛び入りゲスト

12・7　◇演技は"生きもの"尾形芝居
→イッセー尾形のネタは生きもの

12・10　◇"ボディービルダー"が反映して
→決断力の喪失

12・14　◇"捨てる"決断力の喪失
→キャノ雅広の選択と決断

12・17　◇司会者のフォロー見易
→伊東四朗の見事な司会

12・21　◇「COO」特撮もミく上出来
→「COO」は楽しい

12・24　◇考えのズレに触れずじまい
→桂南光の襲名な披露

12・28　◇充実!桂南光の襲名披露
→桂南光の襲名な披露

1・4　◇宮崎駿流の「美女と野獣」

1・7　◇意外に多かった話題の映画
→「めぐり逢えたら」のコメディ色

中日新聞掲載コラム一覧

1993

- 1・12 ◇『枝雀寄席』と桂春蝶の死 →談志『芝浜』の人間臭さ
- 1・14 特殊効果究極のレベル!? →「枝雀寄席」と桂春蝶の死
- 1・19 一流のケンカ腰のユーモア →特殊効果究極のレベル!?
- 1・22 何とかして「時代劇ズレ」 →一流のケンカ腰のユーモア
- 1・26 ◇番組に大切なゲスト選定 →何とかして「時代劇ズレ」番組
- 1・29 ◇もう一人のヤスジロウに注目 →番組に大切なゲスト選定
- 2・2 ◇役者がいなくなったネェ →鳥津保次郎
- 2・5 スッナな発言は許されない →エドワード・エヴァレット・ホートンって?
- 2・9 ダジャレのコントがダメかい →スッナな発言は許されない
- 2・12 ◇時事ネタの軽妙なさばき →保存されていた「夢であいましょう」
- 2・16 ◇原発でいい自然臭のユーモア →小朝独演会の楽しみ
- 2・19 ◇追悼番組は最盛期のライヴを →時事ネタの軽妙なさばきが
- 2・23 ◇映画としても十二分に大詰める →風邪でも頭張らせる米朝、枝雀
- 2・26 ◇再映画化「二十日鼠と人間」に感動 →追悼は最盛期のライヴを
- 3・2 映画と小説、自身で比較を! →再映画化「二十日鼠と人間」に感動
- 3・5 試写、観賞…ぶらこわす人物 →映画と小説、自身で比較を!
- 3・9 ◇会長にある山田ドラマの妙味 →試写、観賞…ぶらこわす人物
- 3・12 ◇最もテレビ的な喜頓氏の芸 →山田太一の喜頓氏の会話
- 3・16 ◇主役の人間的魅力で見る映画 →益田喜頓の「芸」
- 3・19 ◇日本のサージェントはだれ? →ジェイミー・カーティスの魅力
- 3・23 ◇逆効果になる無神経なPR →人種テーマのドラマティックな成熟
- 3・26 不親切な突然の番組変更 →WOWOWの加入PR番組だが
- 3・30 ◇知的興奮をもたらした昔の映画 →不親切な突然の番組変更
- 4・2 ◇今年のアカデミー賞は… →昔の映画の知的興奮
- 4・6 ◇世評に反して「お引越し」評 →今年のアカデミー賞は…
- 4・9 なぜ少ないドラマのビデオ →淀長節、みごとに健在
- 4・13 ◇表示と異なる欠陥ビデオ? →相木慎二「お引越し」の見方
- 4・16 ◇小説とドラマの違い →なぜ少ないドラマのビデオ
- 4・20 ◇淀長節は見事に健在でした →山田太一の小説とドラマの違い
- 4・23 ◇開かれた体質の一端みえる →加藤健一事務所の笑劇
- 4・27 ◇比較できて面白い新旧併映 →淀長節は見事に健在でした
- 4・30 ◇ハル・ハートリーの新旧二作を比較する →表示と異なる欠陥ビデオ
- 5・7 すべてが第一級の山田太一
- 5・11 字幕の部分を映画にしたい
- 5・14 ◇良き日本への思い感動的に

- 9・8 ◇米朝、枝雀の充実した一夜 →米朝、枝雀二人会の充実
- 9・11 ◇三金三様、見事な二人芝居 →『枝雀寄席』と桂春蝶の死
- 9・18 ◇"もどき"でない第2弾に期待 →二人芝居のみごとな三作
- 9・22 ◇短編の中に本当の怖さを見た →「梅津寛香ひとりコント集」
- 9・25 ◇期待した「西」は肩透かし →人形アニメ「サンドマン」のこわさ
- 9・29 ◇演じた勘九郎に脱帽 →演じた勘九郎に脱帽!?
- 10・2 ◇ミステリーのネタは内密に →歌舞伎「東海道四谷怪談」
- 10・6 ◇天才による天才の映画 →映画に関する好対照の番組二つ
- 10・9 世相を反映した見事な緊張感 →天才による天才の映画、二本立て
- 10・13 ◇試みス大賞成、要るより大切 →ロシアの経済音痴にまで
- 10・16 ◇どこへいった国産良質ドラマ →桂雀司の「富入」
- 10・20 ◇"旧日本海軍流"指導に実感 →「愛を忘れないで」のエレン・バースティン
- 10・23 "旧日本海軍流"指導に実感 →「旧日本海軍流」指導が落語まで
- 10・27 ◇実に楽しい二代目春団治 →実に楽しい二代目桂春団治
- 10・30 ◇バラエティーの名作とは違う →「エド・サリバン・ショー」
- 11・6 軽みが絶品…お勧めバンド →軽みの出るふうな皮肉
- 11・10 ◇最高の間を手本に変える →古今亭志ん朝と人間
- 11・13 こわわった"心"…一つの"歯痛" →イッセー尾形の六つの演目
- 11・17 ◇欲しかったもう一つの演目 →山田太一の「悲しくてやりきれない」
- 11・20 ◇"辛らつさも"売り"の水アニメ →シンランランス「シンランランス」
- 11・24 大ケツ「なごやか寄席」公録 →戦時下の日米PR合戦
- 11・27 ◇たため息の出るような皮肉 →秘密機関「白団」
- 12・1 ◇ヘンな歌手変身好演技 →女性歌手の変身
- 12・4 "ナインシ話"に工夫欲しい →東京サンシャインボーイズ「もはや、これまで」
- 12・8 メロドラマはスターので? →ロマン座の顔
- 12・11 閉館、ロマン座の思い出 →神々みと論理的説得力の差
- 12・15 ◇神々みと論理的説得力の差 →戦時下の日米PR合戦の差
- 12・18 ◇"二つの中国"薄ちろメン →"二つの中国"と「太陽山」
- 12・22 ◇いいえ売れっ子が本気で落語 →立川志の輔の落語二席
- 12・25 ◇楽しく見られる公募映画

- 1・5 ◇"豚の次は狸"のお出まし
- 1・8 ◇人間臭の濃い談志の「芝浜」

1992

1·6 ◇時代のひっぱる気迫があった
→増村保造「曖昧」の斬新さ

1·7 ◇和田誠のエッセー「シネマと経済」超一級

1·8 ◇正月らしいから!?面白さ

1·13 ◇身にしみた逃亡家族への親切
→"ジャーニー・オブ・ホープ"は身にしみる

1·14 ◇サービスのポイント忘れずに

1·20 ◇大阪制作の演芸番組流に

1·21 ◇世界に一本の意気込みを

1·22 ◇きょうしは気分かなかったか

1·27 ◇"いつでも旬"の山田太一
→"いつでも旬"の山田太一

1·28 ◇「鍵」をNHKが放映した!
→市川崑「鍵」の不気味なコッケイ感

1·29 ◇ユーモアあふれるテレビ
→"加工"映画は明示せよ

2·3 ◇"加工"映画は明示せよ
→後からスタジオ化した映画

2·4 ◇いいネ昔の漫才再現

2·5 ◇舞台効果の実り"非常に"
→フィクションを"非常"に

2·10 ◇ハイビジョンの画質で!!
→クリアビジョンといいビジョン

2·14 ◇身につうまさ忘れて笑える喜劇

2·18 ◇民放番組を扱う時は配慮を
→CMも計算に入れる山田太一脚本

2·21 ◇舞台劇のセリフの妙味どこへ
→舞台劇を映画化するわけ

2·25 ◇やはり映画は映画館で
→植木等はゲストで輝く

2·28 ◇脇役を生かす芸人もう1人出る!?

3·3 ◇映画は"正しい"映像で

3·6 ◇鏡も安定"味"も出る!!

3·10 ◇30年前のナゾ解く"完全上映"
→「レボリューション」は生まれたお拾い物

3·13 ◇本当"拾い物"だったビデオ
→"甘い生活"

3·17 ◇受け手のレベルが低すぎ

3·24 ◇日本的な映像さをとらえた「12人の優しい日本人」

3·27 ◇"悪玉"フィアランドで死す!
→ジョン・フィアランドの死

3·31 ◇"山田太一シリーズ"に注目
→松本人志の落差

4·3 ◇知ったかぶりの発音は失礼だ

4·7 ◇心情あふれ出す結婚ドラマ
→三つの結婚ドラマ

4·10 ◇信じられないほどの"落差"

4·14 ◇美男美女はどこへ
→〈二枚目〉はどこへ

4·17 ◇フシギ!副音声が遊んでる

4·21 ◇もっと配慮が欲しいフラッシュ
→フラレコのやる気とセンス

4·24 ◇ハッピーエンドの後に苦さ
→山田太一"チロルの挽歌"

4·28 ◇名古屋は本当に"芸どころ"
→イッセー尾形の名古屋初公演

5·1 ◇物足りない昨今の映画
→アイデアの不思議な名古屋初一致

5·8 ◇笑わせる"正義の味方"

5·12 ◇楽しい地方局番組見たい

5·15 ◇楽しさも第3の男の映画語る
→"何でもあり"はおもしろく不便

5·19 ◇...

5·22 ◇霧話風のダイゴ味

5·26 ◇話題風のダイゴ味
→若者も満喫

5·29 ◇偶然の一致!?
→神助と仲間の味わいトーク

6·2 ◇...

6·5 ◇神助と仲間の味わいトーク
→"先が読めない撮り方"

6·9 ◇吉本興業を内部から物語る本
→ベストセラー漫才脚本の発想

6·12 ◇...
→ベルイマン脚本の「ベスト・イン...」

6·16 ◇いい感じに映画 岐阜 カラス常連
→エドワード・ヤン監督との交流会

6·19 ◇スマートさも大サーカス
→大サーカス「ファンタジー」

6·23 ◇運よく"小三治"をとらえる
→小三治「子別れ」を通して

6·29 ◇松茸屋寄席の"セイタク"

6·30 ◇放屁万才 乗員の体験談
→映画館の入場料を比較する

7·3 ◇"笑芸に強い関西"
→映画館詩の「活狂エイガ学校」

7·7 ◇喜劇を出しました披露宴
→川瀬修詩の...

7·10 ◇ライバルへ感動のスピーチ
→谷啓のはじける音楽ギャグ

7·14 ◇ことわざや故事が通じない
→ジブリの新スタジオ

7·17 ◇おかしくもまた感動的
→ジェニー・せん版「オペラ座の怪人」

7·21 ◇おかしく、くもまた感動的に

7·24 ◇バリ島の映画見習って
→「ほかり」も出ました披露宴

7·28 ◇テレビと"ドラマ"では大違い
→米朝一門会

7·31 ◇スナックが広くなった大画面
→「ウルガ」の感動的な一夜

8·4 ◇小佐田定雄の著書に共感

8·8 ◇面白い"翼"
→日本映画史

8·11 ◇実感も...

8·14 ◇杉紀子の奥深い映画

8·18 ◇単純だが興味深い映画「ウルガ」

8·21 ◇大仰な口調、翻訳は困りもの

8·25 ◇借りしまれる画面の暗さ

8·28 ◇中身は同じでないの!?
→漫談の側の...

9·1 ◇お願い、漫談の側の...

9·4 ◇ミスを"新聞"のはやのよう

中日新聞掲載コラム一覧

6・18　◇格別の味、米朝一門の落語会
6・19　◇「映画もどぎ」は恥ずかしい
6・24　◇大映京都撮影所の美術の力
6・25　ニッポン演技に改めて注目
6・26　本物のミュージカルを味見
7・1　◇ジーン・アーサーの死に思う
　　　→ジーン・アーサーの死
7・2　◇ヌーベルバーグも今は昔…
7・2　◇短期上映にとどまらない「タイブル・ホーグ」
7・3　◇ドキュメンタリーの神髄
7・8　→和田誠「ブラウン管の映画館」
7・9　本当に国際ジャーナリスト?
7・10　◇何を考えてる東京落語界
7・15　◇サエない役も良い中村伸郎
　　　→「東京物語」の中村伸郎
7・16　ロードムービーが逃げ口上
7・17　ちょっと気になる女のしぐさ
7・22　◇「書格」が違う映画エッセー
7・23　フェリックスの誕生はいつ?
7・24　やはりモテはモテ星に限る
7・30　◇「EXテレビ」はこういうものに限る
7・30　何事も頼りは "へちゃン"
7・31　いまや頼のない司会進行に
7・31　◇アメリカの映画は壊が深い
8・5　→「ニッポンで何が裏かれたか」
8・5　◇盛りあがりが欠ける米国国歌
8・6　→ディズニーの「リトル・マーメイド」の原語版
8・6　◇吹き替えが先か原語が先か
8・7　バロディーもあるぶないかも
8・12　味な組み合わせの映画2本
8・13　◇"小僧らしい" 小僧に注目
　　　→「マッカーサーの幼年時」
8・14　◇間違い個所が目につくと…
8・19　知らないと言うらへからず
8・20　消えた「おおらかまじゅう」
8・21　◇無神経だった "本気もどき"
8・26　◇万国共通近親憎悪の根元さ
　　　→追悼、フランク・キャプラ
8・27　違う顔見せるセリフたち
8・29　◇ずっとけた有名人の賛辞
　　　→米朝と枝雀の芸風
9・2　たけしは女軍隊に幻想?
9・3　◇最新の中に "素材" の効果
　　　→ターミネーター2の水銀効果
9・4　民放映画にステレオ求む!
9・9　◇知的差別だった検閲の論理
　　　→追悼、フランク・キャプラ
9・10　◇観てみたいものです

9・11　他番組で見えた!? 取材ウラ
9・17　◇ホントに神経質なの?
9・18　アニメには水くさい映画人
9・24　◇大映時代劇の "顔" が消えた
　　　→大映時代劇の伊達三郎の死
9・25　◇デタラメが多いアニメ情報
9・30　短縮放映で苦労が増えた!?
10・1　いい加減にしてくれよ!
10・2　◇スピーチ嫌いの本領を発揮
　　　→第一回ドラマ文学賞
10・7　◇見ずにはいられないビデオ
　　　→"任せ嫌い" だけではない上波映画
10・8　かなり危ない日本語の前途
10・14　立ち居振る舞いも芸の一つ
10・15　◇客席と舞台をつなぐ緊張感
　　　→イッセー尾形の顔を決めるのは
10・16　◇「芸」とともに去りぬ
　　　→雷門助六のマンコ回し
10・21　◇楽しみなミニシアター寄席
10・22　◇短足の身軽さは通役だが…
　　　→宮本亜門の拾い物
10・23　◇ひと味違う肌触りの芸の一つ
　　　→「ミーティング・ヴィーナス」
10・28　◇何か語る脚本「お富さん」
　　　→春日八郎の「お富さん」
10・29　"消音" ボタンの効用を発見
10・30　いい子「落語界の草履虫」
11・5　中途はんぱな子供向け番組
11・11　◇志ん朝三夜連続独演会
　　　→志ん朝の三夜連続独演会の快挙
11・12　"配慮" があった? 演芸大賞
11・13　アゴの形が思い出される
　　　→アゴの形が思い出される
11・18　◇客観的視点から生きやさしく
　　　→J・カンピオンの「エンジェル・アット・マイ・テーブル」
11・19　→J・カンピオンの「エンジェル・アット・マイ・テーブル」の原語版
11・20　ただ強烈!! テレビの要塞
　　　→「看板」が泣いています
11・25　◇関西だがキャラ軽くダメ出し
　　　→島田紳助の広告に書いて
11・26　◇今すどもとてるものの力作
　　　→「ゴローニョ」はたたられない
11・27　◇感銘受けた本音のスピーチ
　　　→「スパルタカス」に圧倒される
12・3　◇結果上げれば経過も映える
　　　→山田太一「それからの冬」
12・4　◇演者がだれから広告に書いて
　　　→島田紳助の「風、スローダウン」
12・9　せっかくだから説明欲しい
　　　→藤山寛美 vs. 千葉蝶三郎
12・9　◇"昔は良かった" という米国
　　　→いいとし、ごいし、米朝、ノックの「楽屋話」
12・10　"カメ廻り" 承知の芸技に感心
　　　→山田太一「楽屋話」
12・11　小津安二郎の幻のフィルム
12・16　明るすぎる上映中の映画館
12・17　→小津安二郎の幻のフィルム
12・18　"居心地が悪い" 感覚保ちたい
12・24　タイトルに名前出さなきゃ
12・25　◇機械に負けたらおしまいだ

1991

12・4 ◇なってこないハシゴの入れ方
　　→ジュラルジュネッガーの当意即妙
12・5 ◇闇色を他人にまかせる賢明さ
　　→映画「承認夢をしばらく見ない」
12・10 ◇熱っぽさ伝わらせるマルセの芸
12・11 ◇スーパー字幕にもっと配慮を
12・12 ◇とぼけた掛け合いが楽しい
12・17 ◇無言と背中合わせの"感動"
12・18 ◇拒絶する観客も存在
　　→やくざ映画の"感動"
12・19 ◇『映画は時代の証言者』だが…
　　→"デモクラシー"映画の名作
12・25 ◇失敗に動じない修羅とこそ
12・26 ◇気になる正月映画の人気度
　　→映画会社のカラー

1・8 ◇10年後が楽しみな立川志の輔
1・9 ◇多作で好打率のママなん
　　→師匠を見直させた志の輔
1・14 ◇"伸縮自在"の大スター特番
　　→大スター特番のバージョン違い
1・16 ◇米朝一門で楽しむお正月
　　→米朝一門お正月興行
1・21 ◇"個性"をナゾ違いする人も
　　→映画の面白さは答えにくい
1・22 ◇着想は面白いが人間味欠く
　　→オリジナル脚本映画ベストテン
1・23 ◇屈折したユーモアに味わい
1・28 ◇考えてはいうほ言さ予番
1・29 ◇映画ブザ─ト本の興味
1・30 ◇消えた映画の"会社カラー"
　　→オリジナル脚本映画ベストテン

2・4 ◇"個性"をさらに"化け"るか
2・5 ◇整理券方式の合理的な解決法
　　→登場人物の個性と台詞
2・6 ◇人間観照を探るのって
　　→さらに"化け"るか桂枝雀
2・12 ◇近年テレビ最高傑作『大誘拐』
　　→犯罪喜劇の快作『大誘拐』
2・13 ◇"奇跡ドラマ"には欠かせない感動
　　→美談にはとっくく間貸しホラー
2・18 ◇安直なフィルムの使い回し
　　→犯罪喜劇『大誘拐』
2・19 ◇題名は悪いけど、いい映画
　　→A・カイテットの映画
2・25 ◇"南の風" 三部作を完結
　　→小林信彦の "南の風三部作" 完結
2・26 ◇健在示す大阪のお笑い番組
2・27 ◇ケン飛ぶ"法には正義の味方"
　　→犯罪喜劇の枕"大誘拐"

3・4 ◇意識的か偶然? 番組の選択
　　→意識的か偶然?番組の選択
3・5 ◇感動ニコルズ描く母娘物語
　　→小林信彦のエッセー・レ・スコラ
3・6 ◇多彩な人々を巧みに
　　→キャサリー・フィッシャーの「眼には眼を」
3・11 ◇偉大な枝雀の"ヨメはん"
　　→一回見終わるごとに脚本を読み返す

3・12 ◇見習いたいデパート広告
　　→映画史に残る美しさ「冬冬の夏休み」
3・13 ◇ブラック・ユーモアに近い
　　→「追想のワルツ」のデリケートさ
3・18 ◇老人は人生の達人で候孝賢的
　　→ローマの奇蹟 の自然さ
3・19 ◇そっくりイメージの口を再確認
　　→松尾貴史のモノマネ
3・25 ◇ムダのない語り口を再確認
　　→一人芝居創造力VS想像力
3・26 ◇--人芝居創造力VS想像力
　　→渋谷ジャンジャンでのネタおろし
3・27 ◇奇妙に対照的な二人の若手
　　→米朝門下四人の若手落語会

4・1 ◇興味深い放送の時代傷看会
4・2 ◇意外に多い情念の重畳
　　→ドキュメント「大阪スペシャル」
4・3 ◇伝統的門下生の忠実な継承者
　　→米朝門下四人の若手落語会
4・8 ◇意外に多い情念の重畳が一番
4・9 ◇映画の筋書きは自然が一番
　　→候孝賢映画の老人の個性
4・10 ◇"愛撃イッキ"に戻る
　　→ローマの奇蹟 の自然さ
4・15 ◇老人は人生の達人で候孝賢的
　　→花ざかりの"名乗り"キャップ
4・16 ◇顔もしくて爽妙なトリオ
　　→先取り映画いしたい「AKIKO」
4・17 ◇"加害者"の立場に目を…
　　→ブラウン・バーカーの悲劇
4・22 ◇時事ネタさえるコント集団
　　→「ザ・ニュースペーパー」の踊りやパントマイム
4・23 ◇作品損れる映画と音の感
　　→団しん也のらっぱしたものまね
4・24 ◇本当に完結した"東京物語"
　　→ソ連の変節改めて実感
4・30 ◇作品損れる映画と音の感
　　→団しん也のらっぱしたものまね

5・1 ◇本当に完結した"東京物語"
　　→ソ連の変節改めて実感
5・7 ◇"ラブメール"の楽しみ方
　　→老人間関の偽善性を撃つ「ダ」
5・8 ◇老人間関の偽善性を撃つ
　　→不完全な旧作に及ぶ新作
5・13 ◇再評価の要な監督新作
　　→再評価の要な監督を
5・14 ◇"待ちわびる日々"を考える
　　→ドン・シーゲルの再評価を
5・15 ◇占い師との対比にハッとり
5・20 ◇映画監督が撮ったCM光
　　→和田誠の裏ったCM光
5・21 ◇感妙なる心のゆれまで見える
　　→大人の視点からくられた
5・22 ◇観劇助ける隣席にらんさ
　　→「イッセー尾形の都市生活カタログ」
5・27 ◇創作やアイデアも物になる
5・28 ◇変な伴侶画の軽妙な演技
5・29 ◇"残酷シーン"で旧師を思う

6・3 ◇死ぬくらいほどうまい少女
　　→大人の視点からくられた「EMMA」
6・4 ◇強制的なお会にせっかいを生かせ
　　→明るすぎる非常口の表示灯
6・5 ◇明るすぎる非常口の表示灯
6・11 ◇際立つ箱形の軽妙な演技
6・12 ◇無声映画の面白さを再確認
6・17 ◇映画の他社二本立て大歓迎
　　→会社の違う映画を二本立ての妙味

中日新聞掲載コラム一覧

6・11 ◇作品見る心の故人への供養 →「陽気な幽霊」でレックス・ハリスンを追悼
6・12 来年は生の説明が聞きたい →米朝の説明が聞きたい
6・13 ◇完全に"ちめさ～べ"を… →完全に"ちめさ～べ"を…
6・18 ◇カメラマンは監督の心の眼 →ベルイマンと「ニイクビスト」
6・19 フラもわかる大型モニター →ちあきなおみの「LADY DAY」
6・20 追悼放映の早さとセンス
6・25 ◇岐阜での米朝独演会に拍手 →「ふたなり」と「蛇含草」
6・26 ◇女性からみた社長タイプ →伝統好色喜劇「あげまん」
6・27 ◇本当は弱い攻撃型の人間 →穴埋め映画のふしぎな面白い
7・2 誤訳が多いビデオの解説 →《正論》と観客の変化
7・3 ◇メッセージだけ浮きあがる
7・4 ニュースをあて振りで風刺
7・9 ◇アスファルトの映画見たくなる
7・10 郷愁と皮肉のぼさぼさ交錯
7・11 ◇生活体験から生まれたネタ →大竹まことプレゼンツ……
7・16 スーパー字幕の位置を一考
7・17 豪快さが必要な落語の大技
7・18 若手コント"イカ天"現象
7・23 ◇本領発揮の場がない上手く描く →サブロー・シローの場がない
7・24 ◇興味津々の『日本喜劇人伝』 →教育テレビ『日本喜劇人伝』を評す
7・25 『存じます』に控えめな響き
7・30 ◇無信用あり"落語スペシャル" →"落語スペシャル"の人選
7・31 ◇最終回原語版の上映を望む →最終回だけ原語版上映を
8・1 ◇PR用のビデオがほしい!! →山口昌男先生らしい!!
8・6 ◇思わぬエノケンビデオの疑問 →意外な所に最新技術
8・7 ◇生かされていない最新技術 →最新音響技術が生かされていない
8・13 ◇プライベート・フィルムの力作 →松岡錠司と園子温の青春映画
8・15 見る番組は限られている
8・20 ◇戦争知らぬ世代への… →陸軍省・鉄道省・SL映画
8・21 ストレスは現代人の資格?
8・22 涙でおぼれさせる感情失禁
8・27 むなしい"特番"のカット
8・28 ◇西部劇、遠くなりにけり →西部劇は遠くなりにけり
8・29 ◇二度と見ると思う内容
9・3 ◇二人芝居を見て思ったこと →桃井さんの演技
9・4 ◇二人芝居より一人芝居を… →二人芝居より一人芝居を…
　　　　→野沢直子のセンス

9・5 ◇ちょこっとヘンな組み合わせ →小松政夫 vs. イッセー尾形
9・10 "映画愛」のドキュメンタリー
9・11 ◇米朝・枝雀の二人会を見て →上方落語の名人と人気者
9・12 笠智衆は生きた日本映画史
9・18 アメリカ・コンプレックス
9・19 ◇感慨ひとしお手塚治虫展 →手塚治虫展を見た
9・25 怖い"暗黙のタブー"の存在
9・26 ◇噺と芸の貴重なライブラリー →露門助六の「両国人景」
10・1 ◇立川談志、偽悪の裏の素顔 →野外劇場の談志
10・2 続けては楽しい『死語の世界』
10・3 ◇新進監督の大人の映画 →「恋のゆくえ」は大人の味
10・8 ◇圧巻!!大戦当時の『ポパイ』 →「ポパイ」vs.「桃太郎・海の神兵」
10・9 ◇"カンター"が出そうだ →「ポパイ」のエ…
10・15 ◇たんのうした志ん朝独演会 →志ん朝の真価をたんのう
10・16 ◇"軽み"が客を彼れさせない →軽談バンド「ゴローニョー」の"軽み"
10・17 ◇風談に一段とひねりが効く →一段とひねりの効いた風談コント
10・22 ◇おすすめ『凩燵の少年』 →侯孝賢映画の見どころ
10・23 ◇理想通り『間口が広く、奥が深い』 →間口が広く、奥が深い
10・24 ◇『岸辺のアルバム』再放送を →『岸辺のアルバム』を観た
10・29 ◇マクリーンを笑わせる"人間観照" →ナーズ占領下で"生録"
10・30 ◇深まりを感じさせる"人間観察" →山田太一のやさしさ
10・31 ◇時代のお先棒狙いだアニメ →時代のお先棒をかつぐアニメーション
11・5 "原版に忠実"の一長一短 →画面サイズは使い分け!
11・6 ◇私流サイズは使い分けで! →"原版に忠実"の一長一短
11・7 鈴木伸一らのトークが好評
11・12 弟子が明かす楽しいウラ話 →弟子が語る談志と松鶴
11・13 マナーがいいね"帰国子女"
11・14 ◇沈黙の生体兵器」との痛み →兵器としての動物
11・19 ◇シャレた『ショータイム』を →「ショータイム」の問題
11・20 ◇アニメならではの楽しい本 →「トムとジェリーの木」
11・21 英語ベラベラの"質さん" →私家版"質さん"
11・26 『男の料理』が楽しい理由 →男の料理の奥底にあるもの
11・27 ◇不倫喜劇の奥底にあるもの →苦いコメディー「結婚まで」
11・28 ◇個人的照明で異様なムード →マヌケ太郎の異様な「天井桟敷の人々」
12・3 ◇"売り込み上手な外国スター →"売り込み上手な外国スター…

1990

11・29　◇あなたどれない観客の"喚覚"
　　　　→宮本直門「アイ・ガット・マーマン」

12・5　◇笑い抑えた演出に不満な冬
　　　　→イッセー尾形の笑いを抑えた舞台

12・6　◇途中からでも見て欲しい「夢に見た日々」
　　　　→昔の日本女性に近い笑い笑い方

12・11　◇『下町人情』VS『合理主義』
　　　　→早見優、西田ひかる、山口美江の共通点

12・12　◇中堅実力派・芸のたい心味

12・13　◇郷愁にぬれてないのがいい
　　　　→郷愁にぬれてないのがいい

12・18　◇納得できるたまえ！新人諸君

12・19　◇面白い、谷啓のエッセー集
　　　　→サブロー・シローの「名人劇場」

12・20　◇頭道りたまえ！新人諸君
　　　　→谷啓の書きおろしエッセー集

12・25　◇ハイテク化した人間の芸

12・26

12・27　→イメージ化に成功したシルバーナ・マンガーノ

1・8　◇人柄にじむ三木真希子の本
　　　→もの足りないスーパー字幕

1・9　◇永遠のテーマ
　　　→面白いトーク番組が面白い

1・10　◇面白いトーク番組が面白い

1・16　◇爽快な悪党、ケネディの死
　　　　→西部劇のアーサー・ケネディが死んだ

1・17　◇関西制作番組に思わぬ面白さ
　　　　→"演出された幸せ"の自慢？

1・22　◇"演出された幸せ"の自慢？
　　　　→関西制作番組の思いがけない面白さ

1・23　◇笑い笑える大島諸の錯覚
　　　　→バーバラ・スタンウィックなら西部劇

1・24　◇日本映画の旧作保存に手を
　　　　→西部劇のアーサー・ケネディが死んだ

1・29　◇寅さんと映画に見る逆視点
　　　　→ゲイ映画の感動と不快感の妙

1・30　◇ゲイ映画の感動と不快感の妙
　　　　→スタンウィックの死に思う

1・31　◇スタンウィックの死に思う

2・5　◇失礼すぎる大島諸の錯覚
　　　→ワイラー手法に学ぶべきこと

2・6　◇ワイラー手法に学ぶべきこと
　　　→ウィリアム・ワイラーの正攻法

2・7　◇TVドラマの旧態依然たる演技を楽しむ
　　　→永遠のテーマ

2・13　◇永遠のテーマ
　　　　→深刻ぶっちゃけて

2・14　◇求められるる頼もしい父親像
　　　　→手塚治虫の偉大さを再認識

2・19　◇スタンウィックの死に思う
　　　　→手塚治虫を思う

2・20　◇旧態依然たる"定席"演劇
　　　　→"一日席亭"のプログラム

2・21　◇し残し去った岡本忠成さん
　　　　→アニメーションの平田享一

2・26　◇ウケてる"落語男"の平田享一
　　　　→顔音の中での明晰なセリフ

2・27　◇顔音の中での明晰なセリフ
　　　　→「北京の西瓜」

2・28　◇本来の仕事の傑作新ネタを
　　　　→ダウンタウン浜田のツッコミ

3・5　◇山の手事情社の次の趣向は
　　　→相変わらずのザラと春市

3・6　◇ひとり上がりのパロディー

3・7　◇面白い？大戦中の米国映画
　　　→太平洋戦争中のアメリカ映画

3・12　◇パロディー仕立でにじむ"笑い"
　　　　→「物まね」芸をともにしたら…

3・13　◇主題の似た映画が同時に
　　　　→フィーチャーが発見させる物を

3・19　◇"救い"は投げ捨てた映画
　　　　→作品の符合に複雑な気分

3・26　◇面白さ"スベ"らないよう
3・27　→エンケン知っているうち？
3・28　◇日本映画見捨てた映画雑誌
　　　　→"高みの見物"ができないライブ

4・2　◇"救い"が現実にできないとき
　　　→木下恵介と白井佳夫の対談

4・3　◇風刺のどしさは現代の不幸
　　　→「テビ」芸の上映についての依頼状

4・4
4・9　◇近ごろ気になった言葉の乱れ
　　　→スマートな流通感はさすが

4・10
4・11　◇テビット・カッスルフィールドのイリュージョン
　　　　→また一人消えたナギャ老市

4・16　◇相変わらずのザラと春市
4・17

4・18　◇"笑い"のプロが真剣に討論
　　　　→"笑い"をめぐる真剣討論

4・23　◇戦争のいやらしさを描きだす
　　　　→「グローリー」の猫〈戦争

4・24　◇感動させるのが監督のウデ
4・25　◇観る心理を再評価すべき時

5・1　◇キャラクタの車の旅
　　　→「三文オペラ」黒色テントの旅

5・2　◇ジョーフッブした天気予報
　　　→「ウィダ・フレンツ」の実像と虚像

5・7　◇お祖末だ「手塚治虫」本願劇
　　　→「手塚治虫」本願動

5・8　◇名古屋で対一対の名番組
5・9　◇四合台の車のウデ愛蔵用

5・14　◇巨大スクでい細工その後
　　　　→「ジョータイム」の芸と不満

5・15　◇おじちゃんたちの鋭い観察
　　　　→「悲情城市」の深く哀切な感動

5・16　◇圧巻だった「無法松」復元
　　　　→二度切られた「無法松」

5・21　◇雑多な人間模様を面白的
　　　　→藤山寛美の死とその後

5・22　◇莉願でなければからない
　　　　→「無法松」復元

5・23　◇ディスク破壊の愛蔵用
　　　　→「忠臣蔵」の深く哀切な感動

5・28　◇寛美さんの追悼番組をみて

5・29　◇皮肉な中国映画と台湾映画
　　　　→「開国大典」と「悲情城市」

5・30　◇面白い吉永のリアリズム
　　　　→吉永小百合のリアリズム

6・4　◇人間の自然破壊考えさせる
　　　→出色のアニマックメンタリー

6・5　◇巧みに"エノ心とホワイト"
　　　→ディズニー映画と見せて

6・6　◇野沢直子のセンスに注目
　　　→ディズニー映画と見せて

中日新聞掲載コラム一覧

- 4・17 ◇守りも強いさんまの個性
- 4・18 コミカルでも根底に現実性
- 4・24 ◇心身ともに "達者な役者"
  - →「恐怖の報酬」のシャルル・ヴァネル
- 5・2 シロウトとプロのなじん方…
- 5・8 ◇歌手や俳優はコピーから…
  - →モノマネをめぐるいろいろ
- 5・9 明るく軽く描いた犯罪喜劇
- 5・15 カット場面集を更にカット
- 5・17 ◇"美しく撮る" にもドラマ
  - →"ベティ・デイヴィスの眼"
- 5・22 ◇ひと皮むいた "小津の世界"
  - →小津よりナマで見せる女役
- 5・29 森田の "黒い笑い" に期待
  - →殿山泰司の死
- 5・30 上方のニュアンスがにじむ
- 5・31 ◇黒白の旧作映画のカラー化
  - →今村昌平が切った二十分
- 6・5 そろそろ飽きるグロテスク
- 6・6 ◇師を追い越せ、ぺ々に、雀々
  - →ぺ々こ、雀々の二人会
- 6・7 映画の生殺は映写メ次第
- 6・14 前衛的な人形アニメの楽しみ
- 6・19 ◇もっと見たい名作無声映画
  - →アニメーションの技法と表現
- 6・20 今村昌平氏にしての言葉
- 6・21 見た物だけで速断する怖さ
- 6・26 ◇貴重な映画のビデオ化望む
  - →アメリカから還った「お伊勢語り」
- 6・28 面白すぎる松田脚本「仕掛」
- 7・3 ◇奇術のトリック見破っても
  - →奇術も変わらざるをえない
- 7・4 ◇こてこての日本だった美空
  - →美空ひばりの映画デビュー作
- 7・5 物資不足中のシャレた映画
- 7・11 ◇過去を水に流す結果で来た男
  - →川島雄三「還って来た男」
- 7・12 まずい面白い長回文
- 7・17 いまいち古いストーン映画
- 7・19 気にかかる "感性の違い"
- 7・24 ◇悪役でも好演したヴィヴィエ
  - →愛知でも好演したクローズド公演
- 7・25 ◇カイカン!乗物酔い感覚
  - →過激なアトラクション
- 7・31 ◇エノケン以来続くモノマネ
  - →エディ・カンターとエノケン
- 8・1 ◇名古屋の人はビデオが先
  - →名古屋とイッセー尾形のクローズド公演
- 8・7 先行き不安な東京の落語界
- 8・8 ◇動物が主役の立派な劇映画
  - →「小熊物語」は堂々たる劇映画

- 8・9 ◇セレクトに気配りが必要
- 8・14 記憶違い?ミスも多い「キズ吟味」
- 8・16 ◇難役?の "マクベス夫人"
  - →二つのマクベス
- 8・21 ◇周囲の異常な鈍感さが問題
  - →異常に気づかない異常さ
- 8・22 ◇二本の "庶民大好き" 作品
  - →山田洋次と森繁東の "庶民"
- 8・23 "いい客節" は大事にしたい
- 8・28 懐旧ムード化した終戦証言
- 8・30 イッセー尾形集をまたカット
- 9・4 ◇ものまねと細分化の時代を
  - →細分化されたものまね
- 9・5 見ていて不愉快な女司会者も
- 9・11 ◇確かな手ごたに…他人公演
  - →山田太一ショー
- 9・13 異色の鉄湯トークショー
- 9・18 ◇東京の寄席演芸に新しい力
  - →十二組のコントが集中登板
- 9・19 ◇テレビの限界突く物まね
  - →「朝まで生テレビ」は大喜利
- 9・20 試写室の中の映画評論家
- 9・25 特定のタレントが文化史的価値
- 10・2 ◇戦前の字幕から価値
  - →旧漢字旧仮名の字幕
- 10・3 邦画あるのにカタカナ書く
- 10・4 ◇芸がよければ音でも十分!
  - →病室で聴く浪曲
- 10・11 ◇追悼……マティ・デービス
  - →大女優を相手でもらう
- 10・16 ◇イッセ・ビン・ヴァイネ
  - →"華" の復活
- 10・17 酔わせる "イメージの時代"
- 10・18 ◇愛国旨も『となりのトトロ』
  - →田坂具隆の「爆音」
- 10・23 すぐれた幻想的な映画二本
- 10・24 音かしげる "速報" の基年
- 10・25 はみ出たランプとシネマ版
- 10・30 無声映画の映写スピード
- 10・31 印象的な浦辺さんの名演技
- 11・1 ◇題名を気安くいじくるな
  - →名古屋とニューヨークの「キャッツ」
- 11・7 ◇卓抜、洗練された下ネタ
  - →WAHAHA本舗の卓抜コメディー
- 11・8 ◇予測された "裏切り"
  - →山田太一ドラマの "裏切り" は快感
- 11・13 ◇聞こえないシャレたせりふ
  - →せりふが聞こえない映画館
- 11・14 マスコミ用擬似方言が横行
- 11・15 ◇楽しみな広い客層のコメディ
  - →「パジャマ・ゲーム」と「くたばれ!ヤンキース」
- 11・20 日本式で成功の『キャッツ』
- 11・21 マークのタイミングを一考
- 11・22 ◇『子どもに偽りなし』の面白さ
  - →ヤン・シュバンクマイヤーの「アリス」
- 11・27 ◇黒澤明作品連続上映に感心
  - →黒澤明が見せたから人なかった映画
- 11・28 ある西部は遠く遠くになりにけり

7・25
◇"スクリーンサイズ"の比較
→ニホンシリーズバネのすごさ

7・27
◇トリよりよかった伴映作品
→伴映の「影なき男」が面白い

8・1
◇影響大きい「ピーターパン」

8・3
◇お粗末!誤ったデータ掲載

8・8
◇物語の根底を裏切った画面

8・10
◇予告編に主役の小人が不在

8・15
◇文楽技抜け出た西欧性息づく
→文楽を抜け出たジャンティの人形劇

8・22
◇実に迷惑なピーッ音
→宮本武門のオリジナル…

8・23
◇米国製アニメのはずが…
→宮本武門のオリジナル・ミュージカル

8・29
◇戦無世代にどう語り継ぐか

8・30
◇笑っては済まされないこと
→"好好爺"は昔、サディストだった

8・31
◇困ってしまうポーター?

9・6
◇楽天的にこそ米国映画のヨサ

9・12
◇"スラガネ入り経砂"の本
→女性が脚本・演出の亀軍曹

9・19
◇フレーベルと『ベルリン物語』
→双葉十三郎の本道

9・21
◇イヤみない配慮、志の輔
→辻川志の輔は成長株

9・26
◇甘口の映画に非情の亀軍曹

9・28
◇いまなお愛される川島監督
→ニール・サイモンの自伝映画

10・3
◇これぞアチャラカの本道
→アチャラカの本道

10・4
◇ネットワーク先への配慮が…

10・11
◇奇跡的に生き残られたあかし

10・17
◇20年・映画も随分変わった
→二十年で五作目の「ダーティハリー」

10・18
◇ひどい似顔、へたなアニメ
→安易な演出に「ダーティハリー」

10・19
◇高齢でも"切れ味"がほしい
→実写の『エイトマン』は傑作

10・25
◇秀作『エイトマン』だと思う
→実写の『エイトマン』は傑作

10・26
◇映画でも"切れ味"がほしい
→山川直人の映画に注文

10・31
◇入籍の効果?さんまの"味"
→さんまのあっぱれ

11・1
◇手ギャキの編集、不親切な表示

11・9
◇あっぱれ自然体の笑っころ

11・14
◇面白いB級映画『ドタンバ』
→テレビより面白い映画のイメージ

11・16
◇出演者の持ち味よく出た映画
→自然に笑える六の高座

11・21
◇すばらしい主役少年の感性
→四話のオムニバス「バカヤロー」

11・28
◇古い番組のビデオ発売を
→ファミリー・ドラマの秀作「旅立ちの時」

11・30
◇ソクイトショウ……?
→「シャーボン王とリデー」のビデオ発売を

12・5
◇ハンパな感じで始末が悪い
→「ハンバら」に自覚していない人

12・7
◇中・高年層無視の日本歌謡

12・12
◇キャラダインのら「駅馬車」

12・13
◇バラツキ多いテレビ映像
→「駅馬車」のジョン・キャラダイン

12・14
◇ドラマの"核"になるセリフ
→劇団離風船の「ゴジラ」

12・20
◇たかが方言というけれど…
→劇団離風船の「ゴジラ」

12・26
◇楽しいドキュメント「背信の日々」

12・28
◇ヘタな"大作"もあったけど
→'88日本映画の収穫

1989

1・4
◇ケタ違い「ダイ・ハード」
→「駅馬車」のジョン・キャラダイン

1・9
◇"国際人"のとんだ勘違い
→ドラマの"核"になるセリフ

1・10
◇さりげない暗示…うまい技量
→コスタ・ガブラス「背信の日々」

1・11
◇ゴールドウィン映画に酔う
→サミュエル・ゴールドウィンの三本

1・17
◇軽妙な絶品、森繁の追悼番組
→昭和天皇の追悼番組

1・18
◇ヘタな"大作"もあったけど
→主役はかの俳優

1・23
◇見たい知りたい舞台裏情報
→変動する時代の証言者たち

1・24
◇映画は時代の証言者である
→カットされた二分強

1・25
◇薄められた季節の愛情家の気分を代弁
→喫茶店のタイプ

1・31
◇映像感覚美と笑いとの兼ね合い
→ベトナム戦争への配慮

2・1
◇命懸けてコミュニケーション!?
→人は負けて初めて反省する

2・6
◇落ちつきと存在感の山口美江
→御園座で耳にした雑音

2・13
◇当節の愛情家の気分を代弁
→喫茶店のタイプ

2・15
◇役者への掛け声は控えめに
→御園座で耳にした雑音

2・20
◇『ディア・アメリカ』に思う
→ベトナム戦争への配慮

2・21
◇カイヤネットが健在ならば…
→フンバレ・カイヤー

3・1
◇薄ったうりの顔向がする
→フンバレ・カイヤー「親さ王終り?」

3・6
◇"老い"を担当したインタビュー
→ディートリッヒとの変を見せないインタビュー

3・7
◇誤解招く"老い"の担当
→モノクロで放送

3・8
◇惜しかった昭和初期古番組
→手塚治虫夫人の覚悟

3・13
◇頭から下がる手塚婦人の覚悟
→手塚漫画の〈遊び〉

3・14
◇テレビより面白い映画のイメージ
→手塚治虫夫人の覚悟

3・20
◇自然に笑える六の高座
→雷門助六の落語

3・28
◇役者をシゴくのはいいのです
→藤山寛美の芸談

4・3
◇意外性を狙うものを考える
→イッセー尾形に刺激的

4・4
◇不安呼ぶ"過度な日常性"
→イッセー尾形に刺激的

4・10
◇スポットが"逆効果"では…
→オリジナルとコピーに注意

4・11
◇改悪といえる不注意
→オリジナルとコピーに注意

4・12
◇映画有ちられたうれしいビデオ
→ホークスの二作を比較

中日新聞掲載コラム一覧

日付	タイトル	副題
10·27	映画館泣かす使い捨て時代	
11·2	番組紹介もなく突如、再放送	→「沿線地図」、突如再放送中
11·4	硬い法律相談をおもしろく	→法律相談を見る「芸」
11·10	考えてみよう "言葉"の意味	
11·16	これまでで役者のコメディー	→リ・バンチュラのコメディー
11·18	"明治節"のヘン合うか	→文化の日の「にごりえ」
11·24	劇場と演ずる内容との相性	
12·2	森一生監督特集を見て思う	
12·7	コトバの上の"あたたかさ"	
12·9	再認識した笠智衆の名演技	→笠智衆の資質
12·14	「ハト」は一体何者なのか?	
12·21	気取っちゃいられぬ落語家	→昭和五年制作のアニメの謎
12·22	ブギちゃん "天才症候群"型?	→落語家も気取っていられない
12·23	映画は見なければ論じられない	→"天才症候群"型
12·28	自分本位の判断は避けたい	→深作欣二「軍旗はためく下に」

1988

日付	タイトル	副題
1·5	ほんとの話ができるニューゴ	→ニューゴ映画に見るほんとの話
1·11	少ないツガッた名セリフ	
1·12	画面が硬い旧作のコピー版	→山田太一のシャレた幽霊喜劇
1·13	もっときちんと映画批評家	→山田太一版コピー版
1·18	"楽屋落ち"ではつらい	→「エル・トリッソリ」のコント
1·20	折角の好きだから引用したり	→山田洋次に楽屋落ちは似合わない
1·26	"静かな長所"になぜ頂か?	→メロディーとも言えないパクリ
1·27	使わないと滅びる"言葉"	→メロディーパクリ "言葉"
2·2	進行の妙で三人五人にも	→時間浪費、おさげに不親切
2·3	「旧作」で売れる作品も旧作り	→ヒューマニズムへの道っぽい
2·8	自分をタナに旧作批判	→無声映画見て過去を追体験
2·9	面白くて目ざわりなシーン	→情報の"遺産"が伝わらない
2·15	世の悪事族に何よりの慰め	→伊丹十三監督の趣味
2·22	視聴者サービスの強化を	→書く技術
2·23	なぜ録音用マイクが映る?	→中川監督のぶざまさ
2·24	痛烈な風刺…やっと公開	→ビデオにマイクが映るわけ
2·29	不人でも上映打ち切る残念	→ブロードウェー初公開
3·2	引用した映画、邦題に統一を	→「ヒミ・ガール・ブライデー」初公開
3·7	アンサンブルを心得た好演	→加藤嘉の"遺言"
3·9	消えて気づく悪役の価値	→気にかかる二人の引退歌手
3·14		→あのころは悪役がいた
3·16		→配慮が必要な言葉がある
3·22	調理法	→「頑張って」と言わないで
3·28	ワイド映画はスクリーン	→"驚さか"の噓と本当
3·30	弾圧体験の貴重さ "遺言"	→"遺言"
4·5	大阪弁ニュアンスの好感度	→"オチ"をカットした映画館
4·11	ビデオより不完全な映画?	→大阪弁ニュアンスの好感度
4·12	凡々たる無為の名ぜりふ	→ビデオより不完全なフィルム
4·13	興ざめのしり切れトンボ	→凡々たる無為のおそろしさ
4·19	"土曜ワイド"の枠を逆手に	→イッセー尾形と森田雄三
4·20	ダメ押しの"オチ"をカット	→山田太一版"土曜ワイド劇場"
4·25	ノリと感性の映画には欠落	→山田太一版"オチ"をカット
4·26	"深作佐"を定めてしたり顔?	→"禁句"を定めてしたり顔
5·2	芸人は死ぬ方よりも生き方	→大久宏"わからせ方"
5·9	子供の心変えた"実験"教育	→大久宏"実験"教育
5·10	『東南海地震を…』の要望	→実験教育のドキュメント
5·16	映画のカットは NHK を	→狭等は天皇陛下の生産戦士たり」
5·17	画面サイズにも時代考証を	→映画のアンカットを放映を
5·24	裁判ドラマ、日米の違い	→日米の裁判ドラマ
5·25	佳作上映台所作りの妙	→佳作上映組み合わせの妙
5·30	爽快な久米の"わからせ方"	→爽快な久米の"わからせ方"
5·31	ゾッとする鉄バイクの客席	→ゾッとする鉄バイクの客席
6·6	時間浪費、おさげに不親切	→映画サイズ、おさげに不親切
6·8	ヒューマニズムへの道通し	→ニューメーズへの道通し
6·13	無声映画見て過去を追体験	→原発から真っ先に逃げた科学者たち
6·14	情報の"遺産"が伝わらない	→レーガン大統領の「友情ある説得」
6·21	日本の映画保存に疑問あり	→日本の映画保存に疑問あり
6·22	映写会ホールの設備次第	→映写会ホールの設備次第
6·27	中川監督の趣味	→中川信夫の「酒呑童子」
7·4	ビデオも訳者名を明示せよ	→ベティ・ブープのレトロ・モダン
7·5	米では席番号の位置が雑多	→米では座席番号の位置が雑多
7·11	承知の上、選んだマーチの道	→ブロードウェーの道
7·12	楽しみなカナダの"ニーメ"	→承知の上、選んだマーチの道
7·13	気にかかる二人の引退歌手	→フレデリック・パック「木を植えた男」
7·18	異色の面白さ「サイコ」	→気にかかる二人の引退歌手
7·20	『ウォッチング』すごかった	→『ウォッチング』すごかった

12·12 ◇いま山田太一を見逃すと損
→山田太一を見逃すな
12·16 ホイホイでピンボケと悪評
12·19 ◇傾きすぎた世論がこわい…
12·22 ◇新春の管理で一層実り多く
→ちょっと切ない佳作「恋する女たち」

1987

1·6 ◇なぜか誘拐からめるがお好き
→ディズニー系のコメディー「殺したい女」
1·7 映画ファンなら切り捨てご免
→たけしの「フライデー」事件
1·9 脚本にあぐって映画になない?
1·12 ◇顧客本位の二本立て上映で
1·13 ◇アイデア盗用はテレビでも
→あまりにも対照的な二本立て

1·23 喜八ファンにはお見逃しな
→テレビの中の沈黙の"間"
1·26 低調だったお正月「洋画界」
1·27 ◇なぜか…少ない評論家の姿
1·30 ◇一九三〇年代の「ビッグ・トレイル」

2·4 ◇映画で映画の見識を探るいい法
2·9 ◇紳助、見慣いの手紙に感動
→島田紳助の病気話に感動
2·9 ◇透明だった非テレビ的な回答
→「ウォッチング」のタヌキがいい
2·18 ◇同情ぬきで笑わせる名人芸
→B級西部劇のスターだなんて
2·23 ◇映画そっちのけの音楽

2·24 小細工はしないほうがいい
→"無念の思い"
2·27 "思い込み"でとんだ勘違い
3·9 ◇まぎらわしい同題の映画
3·10 映画的興奮を感じないのか?
3·12 ◇楽しませてくれた人形芝居
3·16 ◇画面こっちのけの音楽

3·18 ◇生きている "無念の思い"
→ "無念の思い"
3·25 おもしろかったお芝居嫌い
3·30 大時代な発想、頂けぬお邦題
4·1 ◇ひとの心を理解する難しさ
→他人の気持ちになれない
4·3 ◇生きている "無念の思い"
→ "無念の思い"
4·6 ◇おもしろかったお芝居嫌い
→"思い込み"でとんだ勘違い
4·8 電車の乗り降りる無神経族
→ディズニーランドの「キャプテンEO」
4·13 ◇見習いたい米国の平衡感覚
→古い落語が新しく聞こえる
4·14 →キャグニーの「ヤンキー・ドゥードゥル・ダンディ」
"先実願望"がヤンクの共感
4·21 解説記事 "転載" の落とし穴

4·24 ◇批判にも恐れぬ掛け合い見事
→上沼恵美子のみごとなさばき
4·27 スーパー字幕に変化"新語"
5·8 "想像者の目"も鍛る時代あり
5·12 安易な言いまわしには一考を
5·15 ◇慈愛の進歩具合には楽しい
5·19 →慈悲の心を忘れてしまった
5·25 ◇言葉の誤用に観客ガッカリ
5·27 ◇騒々しくなくないから好きだ
→言葉づかいのパーソナリティー

6·1 →言葉こそ使い方に驚きを
6·3 ◇FSXは外から…
→面白い、だが面白い
6·9 ◇万感を伝える一言のセリフ
→レッド・フォステアの節制
6·15 ◇英語落語のオチのアレンジ
→山田太一のセリフ
6·17 ◇名作無声映画を若い人にも
→枝雀の英語落語

6·22 あの温かみ、親切さが恋しい
6·29 ◇甘美な映画は"追悼"向き
6·30 粋なスタッフも労働なのだ
→鶴田浩二の追悼映画で藤山寛美を見る
7·7 魅力なくスターも外れの邦題
7·8 ◇"翔んでる"多喜雄の民謡

7·14 冷房故障、光る米朝の芸
→快楽も効果的なメッセージに
7·15 ◇解楽も効果的なメッセージに
7·27 ◇昔の邪道か今は本道か
→国際情勢とアクション
7·28 まで楽しい、物陰でヒソヒソ
→トニー谷の"攻撃性"

8·3 ◇軽演劇ファンには寂しい夏
→男前庶民は寂しい
8·10 ◇負け太りの日本の戦争観は
→東欧諸国の戦争体験
8·11 ◇楽しの疑問、表現がストレート
→イッセー尾形と...
8·17 見事な芝居作りで古さを巻く
→懐かしいSF古典の再上映
8·19 ◇懐かしいSF古典の再上映
8·24 ◇一つな生き物語る芝居
→竹内統一郎の「東京物語」

9·8 ◇旅情り、テレビが"遠い"
→テレビが"遠い"
9·9 残念なビスタサイズ映写
→日本人旅行よ、恥を知れ
9·21 ◇どこへ行った?喜悦劇の熱気
→ファッシーの情熱をしのぶ
9·28 猛烈な巧まざるアイロニー
10·5 →圧倒された「オール・ザット・ジャズ」
10·6 古い落語が新しく聞こえる
10·12 再放送の名作に感動新た
→米朝・枝雀おやこ会
10·14 ◇横長画面のテレビで放映に思う
→"本音っぽさ"の時代
10·20 トークにならぬトーク番組

中日新聞掲載コラム一覧

3・17　◇狂言に似たおかしさ感じる
　　　　→「シャボン玉ホリデー」ふたたび
3・24　◇タビアーニ兄弟と邪道芸人
　　　　→お笑いの名人と邪道芸人
3・25　◇複雑な思い「日本アニメ映画史」
　　　　→戦後芸能史は邪道芸人の歴史
3・31　◇まだある?埋もれた名作
　　　　→「日本アニメーション映画史」の感慨
4・2　◇オトシバナチンがみない新作
　　　　→テレビ映画の佳作「兵士ースロ」ビクの銃殺
4・4　理想の国ファンの寅ことか?!
4・8　むずかしい?!林海象の新作
　　　　→入力の寅さん「天神さん」
4・14　キャサニーは"小気味のいいヤツ"だった
　　　　→本当は「小気味のいいヤツ」だった
4・16　最後まで笑っていても…
4・23　◇ダイナミックな顔に感心
　　　　→タモリをスタジオとさせる柴田理恵
4・28　◇画面に出ぬスタッフに関心
　　　　→ダイナミックな顔に感心
5・6　◇確かがった"ツッコの目"
　　　　→アカデミー賞中継の問題点
5・12　◇日本を変う口調高いが…
　　　　→和田アキ子の目は確かだった
5・16　CM、予告の連続ウンザリ
5・19　◇往年のVTRも、また楽し
　　　　→往年のビデオまた楽しい
5・21　後を絶たない幼稚な愚行
5・26　なるほど"売れた芸人"強い
5・30　政治家は忠実に…
　　　　→自己本位ですこされぬ時…
6・2　◇シロウトをなめたらアカン
　　　　→歴史の証人
6・4　◇さすがが内統一郎の芝居
　　　　→大いに受けた"古典的"笑い
6・6　◇新人類の配列に問題
　　　　→竹内統一郎のトリューフォーに捧げる芝居
6・11　"欠点"の削除こそ欠点
6・13　苦労が絶えない映画ファン
6・16　自己本位ですこされぬ時…
6・20　歴史の証人
6・24　◇大いに受けた"古典的"笑い
　　　　→さんまの面白さと無神経さ
6・27　◇シリーズ放映の配列に問題
6・30　◇お客が当惑するだけですぞ
　　　　→観客を当惑させる変則興行
7・2　◇『テレビくん』に苦笑進呈
　　　　→現代のメルヘンことに面白い
7・4　◇現代のメルヘンことに面白い
　　　　→『テレビくん』は傑作
7・9　◇死にたくない"健全さ"
　　　　→フラッシュ・キャラを山田太一
7・14　◇アドリブにステレオの効果
　　　　→"ストレンジャー・ザン・パラダイス"の魅力
7・18　人気抜なき政治ドラマっせ
7・22　◇無神経さと古典的笑い
　　　　→さんまの面白さと無神経さ
7・23　◇ああ"観客の眼"持つ作家よ
　　　　→オーソン・ウェルズとトリューフォーの批評眼
7・28　◇同日選挙と神田隆さんの死
　　　　→神田隆の孤独な死

8・1　◇リポーター公害 排して成功
　　　　→逸見政孝と早見優のシンプルな語り
8・4　◇たけしと泉谷の"おかしさ"
8・6　◇小朝の"今"の芸、みごと
　　　　→小朝のみごとな"今"の芸
8・11　この夏、情けなく思った話
8・15　◇たかがビデオ気軽に見せて
　　　　→(関西吉本のお笑いTV史)を見て
8・18　◇再放送、PRもしっしゃい
　　　　→"高原へいらっしゃい"の益田喜頓
8・20　◇"黒白映画"と日本の体質
　　　　→"高原映画"「夢みるように眠りたい」
8・22　むずかしい?!林海象の
8・26　◇楽しめる宮崎駿のアニメ
　　　　→中断驚きでヨサヤまで見ち
8・29　シネラマと35ミリの映像の差
9・3　◇番組保存をまねした
9・8　◇松鶴師の印象を変えた一席
　　　　→テレビ文化遺産は保存されているか
9・10　後にも先にも松鶴の一席
9・12　◇大物だからこそ出た勇気
9・17　通用しない"旧人類"の常識
9・19　◇心に残る平参平の妙技
　　　　→言う側にも基礎知識が必要
9・24　◇ポーンと飛んで枝雀の妙技
　　　　→心に残る平参平の妙技
9・29　◇米朝の芸を米朝の中に見た
　　　　→枝雀の芸も米朝に受けつがれたもの
10・3　プロを刺激する素人まね
10・8　◇今とき不完全版とは失礼な
10・14　◇タレントの結婚とこと言
　　　　→子どもじみたらアカン
10・20　◇プロからこそ礼節をもて
　　　　→結婚式BGM [昼下りの情事]とは?!
10・21　"日常"のゆるさぶり"面白い
　　　　→プロなければこそ礼節や配慮を
10・24　◇細かい所の気配りがほしい
　　　　→"日常のゆるさぶり"が面白い
10・27　◇シナリオを超えた役者の工夫
　　　　→山田太一「ジャンプ」は傑作
10・29　◇風俗史的な検証に注目
　　　　→シナリオを超えた役者の工夫
11・7　大井武蔵野館の旧新東宝特集
　　　　→風俗史的な検証に注目
11・10　◇いま"新伍の一口"が面白い
　　　　→"はやらない芝居"のにおい
11・12　◇先代に遠い当代三木助
　　　　→出演者の声のトーン
11・17　カット版が多い名作上映
11・19　◇俳優・言葉遣を同じ映画
　　　　→同じ映画の独語版と仏語版
11・25　◇"レイキャビク"と"知的水準"
　　　　→同じ映画の独語版と仏語版
11・28　◇ナゾ解きルーヒを外すな
12・3　◇風評評価したいとき増村監督
12・5　◇旧作にみえる旧人類の新鮮さ
　　　　→増村保造の反逆
12・9　◇今も日浮かぶ必楽天家ぶり
　　　　→ケーリー・グラントの"余裕"

8・6　◇志れ得ぬ　天知茂さんの笑顔
→天知茂が気楽りしていなかった代表作

8・13　◇進歩のさきに「ガチョーン」
→子役の演技も演出したい

8・16　◇「ついうっかり」ミス
着は知っていたかな

8・17　テレビ型と舞台型の"差"
→便利だよね、場内で音量調整

8・19　◇"片づけてしまう"の名指む
→「スペースバンパイア」の起源

8・23　過去を"片づけてしまう"の名指む
→飛行機事故とグレムリンのルーツ

8・27　◇「チャップリン」に敬服
→チャップリンの細心さに敬服

8・31　123便と空のひすら妖精

9・2　◇テレビと "ある戦争体験"
→勤労動員による "古物"

9・6　寂しい"軽薄時代"への追随

9・9　間違いとギャグだけは"世格司"

9・9　「この人」放送について三宅別物
→たまに面白い三宅裕司「大きなお世話だ」

9・13　尾形のCMに一人芝居別物
→イッセー尾形は舞台名を見るしかない

9・18　"秀作"ついでに注文一つ
→出色ミステリーをカットしないで

9・21　◇テレビ型と舞台型の"差"
→ビートたけしが赤い顔になった

9・24　◇映画は小粒でピリッと佳作
→千葉泰樹監督の小品佳作「鬼火」

9・27　落差ひどい"今夜はは最高！"
→見逃せないプログラム

9・30　便利だよね、場内で音量調整

10・2　これこそが "タレント" だ
→「ザック・ダンシング」のほんもの

10・5　円熟の裏側にひそむ不安

10・8　◇ハドソンの真の勇気
→円熟は安楽の境地ではない

10・11　ロック・ハドソンの真の勇気

10・14　◇ブリテナーのガッツに思う

10・18　◇O・ウェルズにしびれる
→オーソン・ウェルズに学れる

10・21　◇「雄呂血」が戸惑い
→「体育の日」に「雄呂血」のとりあわせ

10・23　ビデオ視聴率の調査を
→「いいとも」あそっときつい番組

10・26　◇もっったいなさが満ちる CM
→「いいとも」そもある「罰ゲーム」

10・29　◇「スーダラ節」から20余年
→クレージーキャッツ結成30周年

11・1　二船かけ持ち上映の珍事
→二船かけ持ち上映「ファザー・カントリー」

11・5　お茶の間にこびる姿勢な
→「ニュースステーション」と「報道特集」

11・9　◇ちょっと反抗に二本立
→落語の未来は永遠なり!!

11・12　落語という芸は滅るだろう

11・15　◇「取知らず体育」に怒り

11・18　目習いたいフィルム保存
→超党派での名場面集作って!

11・20　◇「取知らず体育」に怒り

11・25　目習いたいフィルム保存

11・26　超党派での名場面集作って!

11・29　◇テレビでも残した名場面集を
→映画会社を超えてしゃれた名場面集を

12・2　常識欠如は"墓穴"掘るゾ
→加藤泰脚本の「水戸黄門」

12・4　"さきまじいアイデア消耗"

12・10　◇製作裏でビデオが参加の方法
→内藤誠と桂千穂の共同脚本

12・13　◇兼業の若手が参加の映画祭
→「乱」1985年、私が選んだベスト5

12・16　◇懐かしい"帯久"
→"帯久"に欲が出た

12・18　美化される悲移な記憶
→「いいとも！」と笑えない

12・21　◇退職からみた木朝町の「帯久」
→五十三分の大作、米朝の"帯久"

12・24　美化される悲移な記憶
→タモリは益田喜頓を知らない

12・28　なれ合う術にたける無個性で攻撃的タレント

1986

1・7　◇ヤングと申しましても
→同じヤング向けでも多層が違う

1・8　◇解説欠如は"墓穴"掘るゾ
→「フレッド・アステアのすべて」はすべて見たい

1・13　縁画番組、なぜ夜に見たい

1・14　◇映画よし、漫画に負けるな

1・17　裏の事件もちょっピーー
→芸人に視聴者をなごます一言

1・20　"切る"と"裏る"の違い

1・22　◇ワリョミ　"多重情報"

1・25　映画よし、漫画に負けるな

1・28　ワリョミ　"多重情報"

1・31　昭和にひとけた代のテレビ人

2・3　◇フフンクの男の自負心
→フフンクの男の自負心

2・7　"快い意外性"で裏切る監督
→山田太一が書くフフツクの男の自負心

2・8　◇ヤング演劇の旅手に望さ
→グリーンリック出世作の意外性

2・12　◇大迷惑な無自覚人間
→連載ジョークでつながる野田秀樹の作劇

2・15　大迷惑か歌詞の解釈も、されど
→"ストトン節"の歌詞の解釈は

2・18　◇久しぶりに楽しめたな
→師匠を持たぬ新人類の古典的芸風

2・21　◇プロ志のくくり返した大笑い
→ノックと上岡龍太郎のコンビでネーション

2・25　昔より長いバイバイ映画

2・28　◇人間のエゴと自然動物の命
→経済大国の文化事情

3・3　「いただきます」に一言
→みくわく動物ランド」からの連想

3・5　口輪が気になるタレント

3・10　学びたい関西式の映画番組

3・12　◇間接話法"が感動呼ぶ
→"間接話法" 二態

3・14　◇お粗末！放映後に番組予告

中日新聞掲載コラム一覧

1985

1・7　◇マルクス兄弟の喜劇も登場

1・9　◇喜ぶべきか悲しむべきか
　　　→「エレクトリック・ドリーム」のリアル

1・16　◇早々と言い違いをサカナに

1・18　◇観客層を高齢化しては……
　　　→都々逸に手拍子は要らない

1・23　◇"正統派悪玉"に続け!!
　　　→ワキを固める往年の悪役

1・25　◇ミンクのコートで捕鯨反対
　　　→わたしたちの"残酷な矛盾"

1・29　特番で見た青年の実像

2・4　◇"いびり合う"と現実

2・6　◇なぜタイトルに名前出さぬ
　　　→リッチ・リトルは当代きっての物まね名人

2・12　◇やっと報われた脇役40年
　　　→高品格の初めての受賞

2・13　無知なメロディーのうち？

2・19　◇お昼前に面白い番組二つ
　　　→午前十一時台のNHK番組

2・22　◇"職人監督"の死を悼む

2・25　◇なにごとも人選が肝心
　　　→ハナ・ハサウェイの死

2・27　◇"久米宏""休養"のすすめ
　　　→テレビ局一般視聴者は災難

3・2　◇テレビ局の姿勢が見えない
　　　→取材の良さが最大の収穫

3・6　◇トボけた沈黙に"芸"をみる
　　　→"マラソン"に思う

3・12　◇大物入院で"砂の女"の放映
　　　→削られた"砂の女"

3・15　◇"名場面"を見せるホンネ
　　　→笑芸人が見せる逆に難

3・16　◇似てない俳優使うなんて
　　　→コントを支える演技

3・18　◇"千里"よ、いま一度
　　　→『千里・万里』よ、もう一度見たい海保千里・万里

3・23　◇神様も"サル"だった？
　　　→"夢の遊眠社"

3・25　◇"ウツロ"のむなしさ
　　　→チャキの話題と大物政治家のスピーチ

3・29　◇"追悼番組"からの連想
　　　→昔を語る映像の"表と裏"

3・30　◇"笑い仕掛け人"に痛い指摘

4・5　◇じわっと"包丁さばき"
　　　→やはり鳥田紳助は漫才型

4・6　◇"舌先三寸"に出る精神風土
　　　→学徒出陣の映像のスピーチ

4・9　◇昔を語る映像の真実

4・10　◇最近の子供はうるさいよ

4・16　"追悼番組"からの連想

4・17　◇山田太一の筆力に脱帽
　　　→山田太一の手ごいノリ

4・22　◇名場面を支えるワキ役
　　　→宮口精二のユーモア

4・23　"トニー賞授賞式"は果せ……

4・27　◇日本版はいやらしいね

5・1　◇「全米どっきりカメラ」の名場面集
　　　→本家「全米どっきりカメラ」のゴーン・シーン再見

5・7　◇グロ気味のそっくり物真似
　　　→フラッシュ、映画の解説

5・8　◇やられないか、映画の解説

5・14　◇君が代・検閲・前線慰問
　　　→天皇誕生日とテレビ番組

5・15　◇新鮮さなくした公開録画
　　　→子役が前線を慰問したわけ

5・17　◇CGスクリーンでも生きる
　　　→テレビ局が押しかけるわざとらしさ

5・18　◇光るわき役、また一人逝く
　　　→「スター・ファイター」のCG特撮

5・21　◇「ワイルドバンチ」E・オブライエンの死

5・24　◇駈け上げらあがる"ツカヒュ

5・27　◇セッちゃん、忘れはしません
　　　→石坂洋次郎映画の若山セツ子の自殺

5・29　◇チョット不気味"安易な無視"
　　　→右坂洋次郎映画の若山セツ子の自殺

5・31　◇男、女性度均一の山田太一
　　　→女性どちらの気持ちもわかる山田太一

6・4　◇『スタッフ誕生』復元版登場
　　　→カット版を復元した「スタッフ誕生」

6・10　◇好企画だが大入り人選
　　　→当時の世相が興味深い新・東宝三本立て

6・11　はた迷惑な観客の処置法は？

6・14　◇"久米宏"の良さが最大の収穫
　　　→マナーの良さが最大の収穫

6・17　◇作品の内容より話題が先行
　　　→"ファンタスティック映画祭"

6・18　◇山田太一お得意の結末シーン
　　　→クローネンバーグの痛烈なオチ

6・22　小百合さとという人だって
　　　→「ふぞろいの林檎たちII」のラストシーン

6・25　◇父そべっ、小ぎんの高座
　　　→お笑い、小さんの高座はスジがいい

6・26　◇仕事いらず"下駄はき監督"
　　　→やはり阪神・巨人とサブロー・シローと紳助

6・28　◇格の差に押された角川春樹

7・1　◇感動を"盛り下げた"解説

7・5　◇勇気ある同業者への批判
　　　→ミニ・シアター映画館の上映

7・8　◇通知する短かった映画

7・9　◇ありがたい番組の配慮

7・12　◇二十数年前の世相まざまざ

7・15　◇"お早よう"に見るフツウの暮らし

7・16　◇如実に示す落語界の沈滞
　　　→落語界の沈滞が如実に

7・20　◇やはり鳥田紳助は漫才型
　　　→オール阪神・巨人とサブロー・シローと紳助

7・22　◇"映像"があってこそ映画

7・23　◇消される"音楽ショー番組
　　　→こっちで放送されない音楽ショー番組

7・27　◇異色コメディアンの誕生
　　　→"スタッフ"、異色のコメディアン誕生

7・29　◇夫婦漫才の一つが消えた

8・2　◇女ハ・ノッソ"武知代子を偲ぶ
　　　→女エンゼル武知代子を偲ぶ〈呼吸〉

8・5　◇マルクス兄弟がまた笑い

3・23　◇パロディー映画　→「アトミック・カフェ」の"逆発想"

3・27　◇古典落語ピンチ説　→"作品派"より人間派

4・4　画面の上下を削る

4・6　主役の座を引きずり下ろす

4・9　大仰で不自然な伝統

4・13　◇消える肉声　→"元祖低俗"タレント

4・18　住年の邦画名作に冷笑

4・20　ほどよくユトリの空間

4・25　"役者悪"タレント

4・27　露悪的でないホンネ

5・4　◇国際的に通用する芸談　→長谷川一夫とジェームス・キャグニー

5・9　冷め冷めやすい観客の空間　→角座の閉館に思う

5・14　"ネクラ"と"ネクラ"

5・16　◇消えたパントマイム　→カット割された中村ゆうじのパントマイム

5・18　"客観の視点"が乏しい

5・23　◇洋画二本立ての功罪　→ルネ・ラルー「未開の惑星」初上映

5・28　◇たたかうテーマ…が怖い

5・29　シビれるセリフ　→アニメ「海の神兵」の見方

6・4　ヤバイ言葉はむずかしい　→客に媚びない月亭入方

6・5　◇びっくりの演者えらび

6・8　ほめ言葉はむずかしい

6・12　◇字幕スーパーの乱れ　→大人にも"参学"

6・15　ハシゴを"売り物"にするCM

6・20　気になる不意打ちCM

6・22　◇聞き苦しい女性座談会　→"テレフォンショッキング"の有吉佐和子

6・26　◇傑作のリメーク「ジャル・ブレックスの大脱走」

6・29　◇映画監督の"プロ意識"　→中川信夫監督の"プロ意識"

6・30　あくて評価される"佳作"　→後から評価される"佳作"

7・6　映写トラブルの苦情　→ドラマでは脚本もコワい

7・10　大人にも"参学"

7・13　"カメラ天下"の乱れ　→"テレフォンショッキング"の有吉佐和子

7・17　遠し"お手本"への道

7・20　"思いこみ"がコワい

7・25　→脚本をカバーする演出の内　→手本は「でなもん」や三度笠

7・31　過ぎたら出直し　→"ラマティッシュキング"の有吉佐和子

8・1　修練と才能という芸　→手本は「でなもん」や三度笠

8・6　"厚みのある名優メイスン"　→修練と才能という名優、ジェームス・メイスン

8・8　"個性"に依存しすぎる　→"個性"に依存しすぎる

8・14　◇昨今の舞台は、"個性"に依存しすぎ

8・17　◇関係有名人の出演真っ平　→"関係有名人"は出さない

8・20　目に余る団体客の怖さ　→"無礼講"する

8・22　◇風化する戦争の怖さ　→ブラジル〈勝ち組〉の〈信念〉のこわさ

8・27　やさしく"意地悪な役柄"　→サービスのつもりが逆効果

8・29　◇やさしく意地悪な山田太一の視線

8・31　耳障り、おかしな言葉横行

9・7　また一つ名画館が消えた

9・11　あきれるアイデア盗用

9・14　◇ヘタを加減しすぎてはいけない　→「異色の佳作」お見逃しなく

9・17　◇歌って踊って芝居ができるジュディ・オング

9・19　◇青冠し過ぎる世の中をポキ　→店長作者・筒井康隆の軽妙な演技

9・21　"異色の佳作"お見逃しなく

9・28　◇季節感もやはりテーマがいい　→落語の季節感の考え方

10・2　感嘆させられた"失敗"

10・5　◇エキストラの演技と心得　→名古屋映画界に拍手

10・9　◇感心させぬ"泣き"の強調　→山田太一のユーモア、倉本聰の"泣き"

10・12　◇自作自演で軽妙な演技　→座長作者・筒井康隆の軽妙な演技

10・19　◇SFネタの落とし穴　→やすし・きよしのさぐさ

10・22　びっくりサービスの字幕

10・23　◇みごとだ「終」の切れ味

10・24　◇芸に東西の区別はないはず　→最優秀賞は春風亭正朝

10・29　◇名古屋映画界のスタンダード映写　→名古屋映画館の裏側

11・5　◇いつまで待つの?再放送

11・6　まねも下手では効果半減　→タモリのナゴヤベン

11・12　◇ポスターが殺す?面白さ　→二つの愛国心

11・13　◇ブラビアの過剰サービス

11・16　芸に東西の区別はないはず

11・21　NHK「教員室」の裏側

11・27　同じ愛国心でも大変な違い

11・28　"過剰"なのは日本だけか

12・5　悪戯、"句読"点ナッシュ　→ガラディーのパルセロナ

12・7　イタリア映画特集で泣く

12・11　カタカナ溢かった東京勢

12・12　人気の秘密はここにあり

12・19　◇"満腹感"にこたえる道　→梅沢武生劇団にびっくり、ナット

12・21　話題をもじったタイトル

12・26　理屈に合わぬ字数制限

1984

11:15　スタジオ内のお客様が逆効果
　　　　→無神経さに緊張感を欠く
11:19　◇無神経さに緊張感サッパリ
11:21　原題外れた長々しいタイトルを
11:28　◇ものまね中堅タレントのイージーな芸
12:2　小津安二郎作品を今夜映す
12:5　◇人情劇場映画のカット放映
12:9　◇「寅さん」をしのぐ人情喜劇
　　　　→新人、竹中直人のスゴ味の新さ
12:13　◇パロディー番組のブラック・ユーモア的スゴ味
　　　　→山田洋次旧作のブラック・ユーモア的スゴ味
12:14　◇バロディーのパロディー？
12:17　映画前後のお話はテーマの骨頂
　　　　→テーマの魅力が見せる切られ方の違い
12:23　涙、涙は「おしん」だけで結構
　　　　→蝶々、雁之助のザックバランなやりとり
12:24　ことさら"大衆"ぶることとして
　　　　→芸術祭優秀大衆芸能大賞はナ〜だ

1:6　ファンタジーでスをしっかり
1:10　半テレビ版の試作品？
1:13　追悼タイトルにさえけた印象
1:17　◇気分かな落語勢の低迷
　　　　→漫才の好調、落語勢の低迷
1:20　◇『見ぬこと消し』の日本的偽善
　　　　→『修正』によるワイセツ
1:23　◇意外に楽しめた『東映映画30年』
　　　　→「東映映画30年」
1:28　◇最も美しかったターザン
　　　　→最も美しいターザンの死
1:30　◇中継半端な超ワイド中継
　　　　→「新人コンクール」、いきなり〈第2部〉
2:4　◇宣伝用に見逃すお見逃しなく
　　　　→併映作をお見逃しなく
2:6　◇風変わった舶来の料理番組
　　　　→グラント・カーの「世界の料理ショー」
2:8　◇"陽気"な高座にも "陰"の要素
　　　　→林家小染の"影"の要素
2:13　◇ムシが立よする翻案ドラマ
　　　　→ビニール袋の意外な使い道
2:17　忘れるな！得人への気くばり
2:21　◇しゃべくりだけが芸じゃない
2:22　"お祭り"とは心得ていぐ、
2:25　一時の流行？ノーカット現象
2:29　◇"時"の風化をミョリ弔画名作
3:2　◇映写技師泣かせの"実験"映画
3:7　◇"コマ切れ"で見せる演出法
3:10　◇テーマを深めるさりげない
　　　　→テーマを深めるさりげなさ
3:13　◇アクションにもほしい "節目"
3:14　◇細工なして楽しめた往年の名画
3:17　◇解説者は適材適所に徹せよ
　　　　→解説者は適材適所に
3:19　◇ジャンルの垣根を越えるアニメ
　　　　→ニューフィルンチャイルドの至芸 アニメ

6:29　サゲロ調にはまる笑感
　　　　→談志と志ん朝の対照的な面白さ
7:2　スクープ自慢にウソ臭い実感
7:5　◇キャ...にもリアリティーを
7:6　サド・マゾ性が出るテレビ版「蒲田行進曲」を
7:8　乗らなる落語調会話のはんらん
　　　　→気になる落語調会話のはんらん
7:9　「おもしろ演技決定版」の不安定な魅力
　　　　→構成いじくって鮮度が落ちた
7:16　故人の作品でなくなって
7:19　◇成長して失せる「ふ・ぞろいの林檎たち」の味
7:26　"見せ場" 忘れちゃいませんか!?
　　　　→メジャーにゴマ？小演劇の味
7:29　◇松竹を代表する反"松竹"監督
　　　　→島津保次郎監督の反"松竹"的テンポ
8:1　うれしい大入!!ノーカット波及
　　　　→松竹を代表する反"松竹"
8:6　◇蝶タイ紳士天国でハーン...!?
　　　　→蝶タイはいつも蝶ネクタイの印象
8:9　◇"D...ニーマ"はいつも...
　　　　果たしている風格ある役者
　　　　→リンカーン役者はもういない
8:15　◇円安無縁、入場 "自由円"
　　　　→「ニッポン国・古屋敷村」に至る軌跡
8:16　◇ああ "夢遣い"末盛憲彦さん
　　　　→末盛憲彦の「夢で逢いましょう」
8:19　◇きっと天国で笑くだぞ！
　　　　→"死"に向かい合う陽気なコメディアン
8:22　◇迫力出る嘉葎雄、雁之助
　　　　→中村嘉葎雄、雁之助
9:6　◇外国映画の"ごった煮" 作品
9:9　◇ちとゾ...縄と手つき
　　　　→小朝は古典をリフレッシュする
9:13　"クヌーモ..くる" 言葉選び
9:16　◇往年の名作 頂けぬ手直し
　　　　→メティ・ディヴィス「月光の女」の大芝居
9:19　◇明快さ不足 "日本語"再発見
9:21　◇ゴメンだよ!!一億総 "清べ化"
　　　　→一億総 "清べ化"
9:28　◇一般大衆受けけもらえば共食
　　　　→テレビの最悪の部分
9:30　寅さん!! 新鮮なヌ頼じよ
　　　　→アンカット、字幕スーパーで観た名作
10:4　言葉に文字は時代を映す鏡
　　　　PTAよりこわい視聴率
10:5　◇改善してほしい "人魂テレビ"
　　　　→言葉は評価できるか？
10:7　"一人一ヌー" をしのぶ
10:14　◇停電で江戸時代の寄席味わう
　　　　→わずかなナレーション、小声の効果
10:17　映写ミスに泣き寝入り無用
　　　　→ロウソクの灯で聴いた「胴斬り」
10:19　◇いかにもイギリス的な演技
　　　　→山田太一ドラマ
10:22　ノーカット、頂けねらえば共食
　　　　→異色の脇役、ラルフ・リチャードソン
10:25　◇ノーカットは評価できるか？
10:31　◇改善してほしい "人魂テレビ"
11:1　先が読めちゃう予告編たち
　　　　→しゃべくりだけが芸じゃない
11:5　◇映写ミスに泣き寝入り無用
　　　　→先が読めちゃう予告編たち
11:11　◇セリフきびしい山田太一ドラマ
　　　　→山田太一ドラマの"慢性ハンシャ人間"
11:14　◇横行する "慢性ハンシャ人間"

中日新聞掲載コラム一覧

10·18 ◇"欲求不満"についつい夫婦!?
10·20 ◇カラクチドラマの皮肉
　　　→米倉斉加年を演じるフツウの男
10·26 ◇アニメ画にアニメだそうです
　　　→山田太一の人間を見る眼
10·27 ◇参加者にアニメを描かせる仰天アイデア
10·29 ◇ちょっぴり危険な英雄募集
　　　映画とバカとハサミの関係
11·2 ◇女優上位…一喝に出る約男優
　　　→目を見張る女優たち、影が薄い男優
11·6 ◇?戦時下、若い僕らは不幸せな者
　　　→憲兵マイクを禁じられた灰田勝彦

11·9 ◇シラケちゃう "下手な大作戦"
11·12 ◇お家芸 "サル芝居" の伝説
11·15 ◇フィーリング図れた?のCM
　　　→山田太一ドラマと西武のCM
11·16 ◇海賊に沈めの上陸厳粛なセリフ
11·19 ◇興ざめ、切れ飛ぶだ樹木節
　　　→楽しませてもらった "楠木節"
11·22 ◇役者すぎうとろえるのだよ
　　　→役者の方言の意外な "引き出し"
11·27 ◇スクリーンまで暗くナツなる
　　　→ファンにはつらい太後夜映画
11·30 ◇? お後が怖い!
12·1 ◇上方のカッツvs江戸の軽薄
　　　→久米宏と江戸の軽薄

12·4 ◇テレビの中、落ち着くおまえ
　　　→"花開く演芸" の親切度
12·7 ◇番組のめぐり "花数演芸" 再評上
12·10 ◇"籠開公演" はだれのもの
12·11 ◇舞台も見られず、何が感動だ!
12·15 ◇紡制の美 "お後が怖い!?"
　　　→グランプリ州立大のバンドが演奏シビれた
12·18 ◇謡う悲しみ…オレ売り込む
12·25 ◇時のめぐり "花数演芸" 再評上
　　　→"でんぶく(トリオ)" の三波伸介去って
12·28 ◇やるまい そ狂言論争

1983

1·7 ◇25年、ダテじゃないんだ
　　　→コント・レオナルドの地方回りと二十五年
1·10 ◇ナマ番組ゆえに貴からず
1·12 ◇長生きも芸のうち!?
1·19 ◇貴純人と意地悪さんの差
　　　→岸田森の魅力とその死
1·22 ◇NHKへ "超然のススメ"
　　　→ベテラン・アナウンサーの品位とユーモア
1·24 ◇アナウンスの温もる地方回りと二十五年
1·29 ◇オトナ自身カメラを向けよ
　　　→トリュフォー「隣の女」のふに迫る演出
　　　→山田太一のフトコロの深さ

2·2 ◇隠さず手評論をさせるべし
　　　→ご祝儀が飛ぶ
2·5 ◇おひねりのナワボでもええ
2·8 ◇老匠死して大胆なセックス残す
　　　→ジョージ・キューカーの顔名混乱
2·12 ◇知らぬが仏…顔名混乱
　　　→宇宙SF映画ヘイライト集に一言
2·14 ◇俳優も使い方次第で "別の味"

2·16 ◇目に浮かぶフジネスの珍演
2·19 ◇ツナヨ!やこそ残った芸だい
　　　→ルイ・ド・フュネスの珍演
2·21 ◇上手の "口" から水に出れ
　　　→霜門福助の古き良き寄席のにおい
2·25 ◇名人先生のんだよ不在・親切
　　　→三国一朗、鈴木良二、綴司会者編
2·26 ◇センスでたえるいとやアイデ
3·4 ◇涙ッラ
3·16 ◇涙が浮かんでも流さない
　　　→耐えて流すもの!?
3·19 ◇ネライはハズれちゃ困るヨ
3·23 ◇ピンボケも努力が足りぬ
3·26 ◇感度のぬるさ "どっしり型"
3·29 ◇感度にびったり "どっしり型"
　　　→座長さん "どっしり型" だった浅谷天外

4·1 ◇足りぬ勘明さも努力が足りぬ
　　　→"母のぬくもり" こんな因度を
4·4 ◇ドラマの善意にも因度を
4·6 ◇テレビでも健闘
　　　→忘れ打何が始まる
4·8 ◇演技論にトドけよう
　　　→工夫を忘れ打何が始まる
4·11 ◇新作初舞台を観くような新鮮さ
　　　→まるで新作を観くよう
4·13 ◇カーウィーイでロバっくか
4·16 ◇タレントNG集に感動した
4·23 ◇感動がつきすぎと人を呼ぶ
　　　→興行ルートに乗らない東欧、西欧映画
4·26 ◇鼻濁音使ら人抹殺せ!?
　　　→失われゆく鼻濁音をめぐって
4·30 ◇過剰サービスだシビっくか

5·6 ◇才能生かせぬぬくくら演出
5·9 ◇サゲまで演じてはしかった
　　　→読売の実感的危機論
5·10 ◇全部やってェェンケン放送
　　　→エノケンの物語より映画が観たい
5·13 ◇ネットもカットしたいで
5·18 ◇オカしく哀しい "カカオ漫才"
　　　→珠子・小円のカカオ漫才
5·21 ◇とてもコワーイおもしろさ
　　　→春風亭柳昇の怖いおもしろさ
5·25 ◇本音ギャグ、笑いのホンシツ
5·28 ◇テレビ・パワーに振される
　　　→山田太一「ドラマ」はデパート劇場
5·31 ◇古典にテレビ不安が見つめる
　　　→「やればできる」ところがみものだ
6·3 ◇おかしい "間" よろしおす

6·8 ◇中性ジョンリー 来日ッ気分
　　　→ジョンリーの来日ッ気分
6·11 ◇よかったよ "方言スーパー"
　　　→方言そのままの字幕スーパー
6·13 ◇安っぽいお涙頂戴に "滅点"
　　　→お涙頂戴の芸だGAYA
6·17 ◇"おとな" の芸だGAYA
6·18 ◇銀幕情報? 電波がうまきせる
　　　→電波がうまきせる
6·24 ◇なぜか出そびれた「幽霊印」

中日新聞掲載コラム一覧

2・5 ◇オレたちシラケ族 →「オレたちひょうきん族」の悪ノリはしゃぎ
2・8 ◇円都、彦六そして円楽？ →円都、彦六の一徹さ
2・17 ◇どちらが最高さんだか →圓都、彦六そして円楽さ
2・20 "歴史"改ザンしてるさんだ →ハナモゲラ語の先駆者たち
3・2 ◇芸のない芸人なんて →レンタゴー三匹以外は笑芸なんて
3・3 ◇風船みたいに軽くないぞ →細部までゆきとどいた演出
3・5 ◇初めてあればすべて →真面目みたなな許したら…
3・12 ◇責任者みたなら！ →人生牢朗の「ジェキニー者出てこいっ」
3・15 ◇ギャグは成立しないのだ →皮肉がわかってないようで
3・19 ◇斬り返しの美学もあるぞ →山田太一の美学もあるぞ
3・24 ◇悲報もう聞きたくない →藤村有弘の急死
3・29 ◇映画よ、風格を超えろ →チャンバラトリオの「芸」
4・2 ◇これでいいのかスーパー字幕 →弔忘れたテレビ局
4・5 ◇斬り返しの美学もあるぞ →見ごたえ十分な素人のものまね
4・7 ◇弔忘れたテレビ局 →素人ってナメンなョ！
4・14 ◇素人ってナメンなョ！ →子供よりオチるレポーター
4・19 ◇子供よりオチるレポーター →『情激の恋』アンコール
4・23 ◇『情激の恋』アンコール →映画ぶりっ子『11』オッジ
4・24 ◇映画ぶりっ子『11』オッジ →フランス映画の思いがけない配役
4・27 ◇映倫のならぬ"安酒カット" →映画ビデオをカットしないで
5・4 ◇NHKの"西高東低" →NHK大阪はどこか発想が違う
5・8 ◇歓迎！なごやかアニメ →長編アニメ「浮浪雲」の脱リアリズム
5・11 ◇フランス風の"隠し味" →緻繁談の大人のユーモア
5・14 ◇雀が叫び鏡が輝くとき →雀が鋭く叫び、鏡が丸く輝く
5・17 『安定』より『新鮮』さを →日本独自の声高CM
5・18 ◇似て非たな向田ドラマ →テレビCMの"日本病"
5・19 うるさいで…司会カラス
5・26 ◇電話なんて もう"テンプ" →電話の恐さ
5・29 ◇昭和の初めて？ →芸は体力をあらわす
5・31 ◇NHK"面白さの持ち腐れ" →教育テレビ「地球に生きる・陸への進出」
6・5 ◇本音ふらと本音ブリっ子 →本音ふらと本音の芸、芸ふらの本音
6・8 ◇聞き上手も芸のうち →聴き上手のいい落語
6・12 ◇テレビCM"日本病" →日本独自の声高CM
6・15 ◇タモリ、たけし、お前もだ →佐分利信の隠れた"やる気"
6・21 色に出にけり…"天色" →興味そそった王道じの技術論

6・25 ◇ホンネ、やすしの言う通りや →カンドコロ突く横山やすしの一言
6・29 仔猫としゃれてつい本音
6・30 ◇妙…細長いデコちゃん
7・3 "暇つぶし"のヒーロー
7・6 ◇キモチ悪さとカッコ良さの間 →衣にまぶわされるな
7・9 ◇倉本脚本イマイチでんな
7・12 ◇映画館"3センチ"の良心 →"秘法参番館"の役者の汗
7・17 "ネクラ"と軍国化不安 →三國連太郎と加藤嘉が語る不安
7・20 ◇東野スペシャルのすすめ →長岡輝子、"現役"心得
7・24 "二番手様"の汗そこここ →心得ている74歳の"現役"
7・27 ◇心得ている74歳の"現役"
7・30 マネーせにゃソンソン？
7・14 ◇ミミも時には愛さまう →"本物"の汗キラリ
8・3 ◇面白さは五分の一以下 →ひとしお感慨深い「炎のランナー」
8・6 ◇映画は映画館で"聴く"もの →再放送で楽しむ「未来少年コナン」
8・9 ◇"観ち発止"の話芸聴きたい →"近い昔"はやりにくい
8・11 ◇おいし過ぎるマイトン
8・16 ◇任侠は幻だけで結構 →「将軍が目醒めた時」の痛烈な真実
8・18 ◇名古屋は空前の出来事じゃ →質さんとリアルなテキヤのギャップ
8・23 ◇根暗で割り切れぬ少年国民 →プリント本数の不思議
8・25 ◇"終戦映画特集"のススメ →「わたしは二本立て」の効用
8・28 ◇勝手な陶酔、客席シラケ →プリント本数
8・31 声はすれども姿は見えず →プログラム映画を一堂に集めて
9・3 ◇落語のギャグも世につれ →名作はあくまで結果論
9・4 ◇聴きづらいづらい →"わたしは女優志願"
9・6 ◇根暗で割り切れぬ少年国民 →映画ビデオに何を組み合わせるか
9・10 ◇不可思議なプリント本数 →滝沢修の演出高座
9・14 ◇哀悼ヤル気隠した俳優 →馬生の最高の高座
9・17 "映画＝ニュース"の勧め →「人情紙風船」の阪右衛門の反骨
9・20 "作り"の面白さ →「若手落語」聴かなきゃ損

9・24 ◇芸は体力をあらわす
9・27 ◇欽ちゃんどこまで若すぎ
9・29 ◇眠れ"若手落語"聴くべし →「若手落語」聴かなきゃ損
10・2 ◇"若手落語" →「若手落語会」
10・5 ◇哀悼"ヤル気隠した俳優" →佐分利信した俳優
10・6 ◇まるごとの楽しさ満喫 →まるごとの楽しさ見せる「思い出の名人会」
10・15 ◇興味そそった王道じの技術論

4・8　◇顔で笑って心で泣く『イチブ二分』
→山田太一作『午後の旅立ち』

4・13　◇精魂込めれば記録映画も光る
→最悪のコンディションを覚えさせない

4・15　◇地方の時代の幕開きを堂々と
→羽田澄子『薄墨の桜』の凄絶の気

4・20　◇プシヌもテレってる?
→地方私切のみ

4・22　◇入りの溝きをあげつらうな

4・27　"NG"と"本番"大差なし
→五分ケチって落語台なし

5・6　◇五分ケチって落語台なし
→作快、地方私切の

5・9　◇コメてすぞ、ビデオの便利さ
→古くとも良い映画を見る日を!!

5・15　◇単独ドラマには
→向田邦子は長距離ランナー

5・20　"円丈落語"ナ、ナ、ナンジみる
→泣くい師匠と明るい弟子たち

5・22　◇好調なのにSP近みの三分役子
→向田邦子は死を距離ランナー

5・25　NHKはナット民放名を見習うべ

5・29　◇古くとも良い映画を見る日を!!

6・3　◇映画の鏡・市川、増村、岡本作品
→古い良い映画を見させないで

6・8　◇単独ドラマにはSP近みの三分役子
→向田邦子は死を距離ランナー

6・10　◇色気スキ!!面白かった11PM
→漫才の今昔を語る「11PM」

6・13　◇ちょっとイイ線、土曜夜のNHK
→NHK土曜夜の二番組

6・16　◇36年への戦争か、土曜劇のNHK
→戦争で笑う観客

6・20　◇生か死…芸の"構成"恐るべし
→"構成"恐るべし

6・27　◇映画の宣伝、もっと親切にせい!
→古い良い映画を見る?

7・1　◇タンカ切るなら見合った作品を
→談志、圓楽、枝雀、小朝、圓鏡が並ぶ

7・4　◇役どころをうんと得てきた落語家道
→楽のセンス、志ん朝の心意気

7・7　◇さすが、志ん朝、見上げた心意気
→フィルムセンター欲しいねえ

7・13　◇フィルムセンター欲しいねえ
→中尾ミエの意外な一面

7・14　◇発見!! "ロボ女"の意外な一面
→映画をストロで撮影するなんて

7・22　◇繋し現実の見境つからのかねえ
→映画をストロで撮影するなんて

7・24　◇オンレイ名々のあたりに見られ!?
→初めに原作を知らせないさい

7・31　◇ドラマの土台・原作に敬意を
→どギャグきをイイのか怪奇映画

8・7　◇フテレコをイイカげんにしなさい
→映画"裸の大将放浪記"の山下清像

8・12　◇役どころをうんと得てきた作品名
→映画"裸の大将放浪記"の山下清像

8・18　◇一味違う"清操"が示した視点
→日常の中に名作

8・28　◇日常の中に"人間"描いた名作
→向田邦子を偲ぶ

8・29　◇サラリと巧み"アニメ"センスが注ぶ
→『アニメ怪談・四谷怪談』

9・7　◇"アニメ"と"コマ撮り"は別物?
→11PMの"海外CM特集"

9・9　◇放送からはみ出された"ケッ作"
→ジャズ大名をセッションは喜々咲々

9・12　◇画質だって映画の大事な要素です
→向田ドラマ、再放送を点検する

9・14　◇再放送をみる傑作ドラマ、再放送をする

9・18　◇彫刻な"語り"が映画館内の残燈灯

9・21　◇気になる映画館内の残燈灯

9・26　◇欠けた割とれ茶入り異常男
→"イーイ気持ち"の俳優でした

9・30　◇チエのさすぎる最近の恐怖映画
→アメリカ製恐怖映画はチャがない

10・3　◇らんぞり "TV局の反訳です
→NHKのカット大不満

10・9　◇作者にとってNHK風ドラ
→なぜカットしたのジョーズ攻防

10・16　◇さすがアロ、ビーナツを聞きたい
→今のゼ、ビーナツを聞きたい

10・20　◇カットばかりじゃNGなのに
→アメリカの製恐怖映画

10・24　◇作者にとってNHK風ドラ

10・27　◇落語家の"語り"のようなもの
→山田太一脚本「思い出づくり」

10・31　◇気になる自己出演は「冗長い異常男」

11・4　◇ひがませないでよ音声多重
→昔の俳優はよかったなァ

11・7　◇タイロン・パワーやエロール・フリンの活劇
→NHKのカット大不満

11・11　◇『ススメミが無反なをしている』
→ビスコンティ「ベリッシマ」の餓王

11・13　◇『お中』と『なんば』

11・17　◇多いテレビの名作、印象強いスター
→ウィリアム・ホールデンのなじみ多

11・24　◇カット版で緩張るなんて
→コンピューターやミッキー・マウスの代表作

11・27　◇メカばっかりじゃ味気ない
→アニメのなじみ多く

11・28　◇スポーツマンの"遺言"
→あるスポーツマンの"遺言"

12・2　◇はなしっ家は高座に限る
→枝雀はやはり落語にかぎる

12・5　◇ラストを切るドラマってなんて
→笑えぬブラックショー

12・8　◇笑えぬブラックショー

12・11　◇底の良い"ワンパ・ショー"
→ワンパターンに陥っている

12・15　◇映画ってホント高いですね
→たけしはホントの話をしているだけ

12・18　◇映画引は劇場ので見るべくら

12・25　◇ココ切れカチョコの警告
→なぜテレビでなら自然に演じられるのか

12・26　◇映画割引券に負けそう

1・6　◇エンケン嘆く"フン切り映画"
→自分を抑えて演じ通した"役者"たち

1・9　◇"ピンク資料"忘れなさんな
→ピンク映画の資料は必要

1・12　◇時間がもったいない
→藤が…すぎてめんどい

1・16　◇藤が…すぎてめんどい
→たけしはホントの話をしているだけ

1・20　◇こらえることも芸のうち
→こらえることも芸のうち

1・26　◇マジメに笑わせる芸のちから
→マジメに笑わせる芸のちから

1・29　◇亜流なんてお呼びでない
→プチ・ナラな名を貫く由利徹の希少さ

2・2　◇縁りすぎてて落ちない話
→縁りすぎてて落ちない話

中日新聞掲載コラム一覧

1980

5・23 旧作フィルムの傷み
5・28 古典落語も入れなさい
5・29 現代のメルヘン
　　　→「クレイマー、クレイマー」の併映は
6・2 ◇日常会話の微妙な呼吸
　　　→田中澄江の会話のうまさ
6・5 ◇日本人好みの"笑い"
6・11 ◇情けない観客マナー
　　　→ジャック・タチの前作をしのぐ映画
6・16 ◇いじらしい病後の三平
　　　→小朝の客演と林家三平とは
6・18 ◇忠義のスーパーマン
6・26 ◇映画上映の条件
　　　→映画に合わせた五段早替わり
6・30 流行は聞き間違うそうよ
7・4 見逃せない番組
　　　→「ハリウッド映画大集合」は見逃せない
7・9 電話の応対
7・11 防火キャンペーン映画
7・17 ◇アドリブのきく劇場
　　　→アドリブのアドリブ
7・28 ワケ知りでない新鮮さ
8・1 ◇なぜ"ツービート漫才"か
　　　→ツービートのブラックなギャグ
8・11 ◇中国映画『桜』に見たニッポン
　　　→トロリーバスと山本リンダと虎屋のヨウカン
8・16 司会・チャックと山本愛ったら？
　　　→しっかりせい！映画の脚本
8・20 ◇アメリカの"映画魂"
　　　→「一本立て低料金」ヤー
8・25 ◇テレビ漫才ブーム
　　　→一件落着
8・29 →漫才ブームが終わったあとで
8・30 芸風にそわれた"ネタ" 潰す
　　　→いいとし、こいしはドネタは合わない
9・5 ◇倉本聡×向田邦子どっちか
　　　→倉本聡 vs.向田邦子
9・8 ◇名作映画は会社を超える
　　　→アメリカの"映画魂"に見習う
9・12 ◇つまらん大作のキャスティング
　　　→なにげない役者の意外な役
9・17 ◇ヘタな情報操作などゴメンだ
　　　→ゲームの外からいってくる笑福亭松之助
9・19 ◇忘れるな"観客は神様です"
　　　→開演後の入場、失礼です
9・26 小癪よ、郷に入れば郷に従え
　　　→読志はよろず"芸"にホレこんでいる
9・29 ◇"大感激"してしまうのかッ
　　　→"親切"な映画が少なくなった
10・1 "反戦"の視覚を見習ったら？
10・6 ◇ヤング誌の感覚って？
10・8 ◇ギャグ番組にも洋の東西あるネ
10・13 ◇ブームの実力派取り上げよ
　　　→「ルパン三世」最終回は宮崎駿
10・18 ◇開演後の入場、失礼です
10・21 ◇"不親切公開"に怒る前に
10・24 ◇"たかがテレビ"に秀作あり
10・28 名画再発見、間をおいて
11・5 →聞き苦しい吹き替え米映画

11・11 ◇しっかりせい！ 日本のTV映画
11・14 ◇劇場映画を超えるテレビ映画
11・18 ◇ひとつ合点でもイキイキ自主映画
　　　→大森一樹と瞼捕方人
11・21 CMとはいいながら気になるネ
　　　◇芸より本性暴露が好きなんだネ
11・25 ◇本場ミュージカルに知らん顔
　　　→三谷の独演会に三匹通った
11・28 ◇"ドラマ"つくれば名人芸に
　　　→トニー賞受賞式の顔ぶれ
12・1 度かすぎるお笑い番組のウケ方
12・3 ◇これエンターテナーの"芸"
　　　→マチャアキとジュリーのかけあい
12・8 ◇文化がイキなことをする雁之助
　　　→文化庁主催「コーラスライン」の意外
12・13 日は肥えた！ 中身で勝負だよ
12・19 ◇そのニヒルさっても雁之助
　　　→芦屋雁之助の山下清と花菱アチャコ
12・22 観客泣かせの"手変き" 映画館
12・24 ◇これも"さりげない"ひとこと
　　　→J・ブラックマン・バイヤー「終身犯」の一言
12・27 ◇青春のミュージカル映画だ
　　　→「純」はみ出まずしい青春映画だ

1981

1・7 洋画放映の際の"小さな親切"論
1・12 ◇ジュリー「かくし芸」でメイ演技
　　　→「新春スターかくし芸大会」の映画パロディー
1・16 落語が"消えゆく文化"の伝承役
1・19 寛美流 "喰える話" がウケる怖さ
1・24 ◇落ちたギャグはオチもならぬ
　　　→パロディーの見方
1・27 ワイ乗りNHKの愚劣サービス
1・31 ◇忘れてならぬぬるぬを忘れる怖さ
　　　→忘れる怖さ
2・4 サラリと気をむ向田ドラマ
2・9 小道具くらい そろえろや
　　　→ホンネのあとのスミマセン
2・13 劇団 "零番館" のオカシナ充実感
2・14 　"秘法零番館"のヘンなおかしさ
2・17 逸品が泣くポストモノクロ
2・20 ◇よくわからないのでベスト1？
2・27 "穴埋め映画" 親賞のススメ
3・2 ◇メーク談義に徹子興謹
　　　→シン消しメークに興謹！？
3・6 イビキを聞いたら口笛を吹け
3・9 古い映画ってホントいいってネ
3・11 気のきかんヤツ、許せんゾ
3・18 ◇エッチをわかすアドリブ人間
　　　→山城新伍は女性のアドリブ人間
3・24 ◇楽しくないっていえるかしら
3・28 ◇本領発揮、おもしろい"つか芝居"
　　　→つか芝居の岡本麗は特筆だ
4・1 ◇中年よ、映画館にこだ
　　　→中年を描く「スローなブギにしてくれ」
4・6 ◇できる女優に突き番の出番なし！

中日新聞掲載コラム一覧

＊本書に収録したコラムには、◇印を付し矢印以下に初出から改めたタイトルを記した。

1979

- 8・22　◇ナマの舞台の魅力　→「アメリカン・ダンス・マシーン」
- 8・23　◇芝居の開演時間
- 8・27　◇この機会にどうぞ
- 8・30　◇スタンダード映写　→中川信夫の「東海道四谷怪談」
- 9・3　◇大いに語れ新作落語　→貴重なスタジオ天覧ドラマイズ
- 9・26　◇アメリカ映画の楽天性
- 9・27　◇不遇な外国映画
- 9・10　◇"ものまね"の魅力　→新作落語を地方でも
- 9・11　映画館のCM映写時間
- 9・20　新作落語の乱発
- 9・21　洋画の原音・字幕放映
- 10・4　◇ダンマリの体技に興奮　→京劇とスラップスティック喜劇
- 10・8　◇胸を張る側の立場も考えて　→今も新鮮な山中貞雄
- 10・11　◇漫才の新作公開も　→京劇とスラップスティック喜劇
- 10・13　◇エコー以外の表現方法で　→しゃれたコメディーの不滅
- 10・15　乱用ぎみのストップ・モーション　→見る側の立場も考えること
- 10・18　翻案の新作落語も
- 10・25　漫才の公開も
- 10・30　◇古典に手加えることも　→枝雀の「こぶ弁慶」
- 11・2　◇映画のノーカット放映　→テレビ版のほうが長い映画も
- 11・7　◇"企業"と"作家"の差　→美しいカラー映画の秘密
- 11・8　◇若い世代のギャグずれ　→手づくりニメ
- 11・14　◇手づくりアニメの魅力　→印象深い手づくりアニメ
- 11・16　効果的な小津式手法　→「シャレになきゃいい」
- 11・20　◇"穴理め"に感謝　→セリフの間違い
- 11・21　◇「ザ・テレビジョン」を推す　→東京12チャンネルの異色編成
- 11・28　◇落語は筋より状況設定　→ほぼ理想の演芸番組
- 11・29　何事も筋ほどこが肝心
- 11・30
- 12・3
- 12・6　◇日本語の乱れ
- 12・10　◇むずかしい芸の継承　→円生の芸の継承
- 12・12　◇ギャグも使いよう

1980

- 12・14　◇さわやかな少年映画　→残るギャグ、残らないギャグ
- 12・17　◇ベテラン若山富三郎　→興行ベースに乗りにくい佳作
- 12・20　◇懐かしの映画名場面集　→メーンに頼らない若山富三郎
- 12・27　◇ロケ現場に漂う熱気　→黒澤明のロケ現場の静かな熱気
- 1・4　◇ナンセンス笑い　→残るギャグ、残らないギャグ
- 1・7　◇映写レンズ
- 1・9　◇ヒチコックの監督術　→「イングリッド、うそでいいんだよ」
- 1・21　◇テレビ洋画の長さ　→テレビ版画の長さ
- 1・24　◇庭人分自身が新作のコツ
- 1・28　◇映写レンズ天覧　→貴重なアニメ天覧会
- 1・30　◇出色のアニメ冒険活劇　→「カリオストロの城」を三回見た
- 1・31　◇落語界男に有望新人　→有望新人、小朝の登場
- 2・7　◇懐かしのしゃれ味作品　→小津安二郎、三十代の映画
- 2・15　落語界男に有望新人
- 2・20　◇映画興行は水もの　→「笑い」よりも"怒り"の時代か
- 2・25　◇二番館の生きる道　→二番館の心意気
- 2・27　◇懐かしの"てなもんや"
- 3・5　◇ほんとうの落語とは…
- 3・10　◇知的な充実感
- 3・12　◇明朗興行の名作公開を　→人生の断面描く「結婚の構造」
- 3・24　◇"わからぬ"映画　→東映の明朗時代劇を三度
- 3・27　◇旧作名画の切れ飛び　→「オッフェンブーフィルムフェスティバル」
- 3・28　◇異常で"禅問答"　→旧作名画フィルムフェスティバル
- 4・2　◇"神様"じゃない名も　→「地獄の黙示録」の異常な"禅問答"
- 4・11　◇定着した名作路線　→東映の明朗時代劇を三度
- 4・18　◇ギャグの"こつこま"　→"ミリオン座"は"味な作品"をかける
- 4・21　◇ギャグの"真実"
- 4・24　◇"作り話"の真実
- 4・24　◇ジャーナルな黒白の映像　→古い映画の美しいワン
- 4・26　◇ギャグを生かす芸の力　→古い映画の美しいワン
- 5・1　◇プチラの人のスピーチ　→小朝の「たがや」、は収穫
- 5・7　◇恐怖にヒューモア　→黒澤を囲むプチラの人のスピーチ
- 5・9　◇ヒチコック映画のベスト・ワン　→意気高し永遠の痛快少年
- 5・12　◇意気高し永遠の痛快少年
- 5・14　◇はた迷惑な観客のヤジ
- 5・22　◇古くてもいいものはいい　→伊丹万作「気まぐれ冠者」

森 卓也（もり たくや）

1933年愛知県生まれ。南山大学中退。1956～79年まで尾西市役所に勤務。並行してアニメーション映画評をはじめ、58年『映画評論』誌に映画評を発表。同誌に『動画映画論「動画映画の系譜」』を分載し注目を集める。66年に『アニメーション入門』（美術出版社）を上梓。おもな著書に『アニメーションのギャグ世界』（奇想天外社）——のち『定本アニメーションのギャグ世界』（アスペクト）、『ブラウンド・ザ・ムービー』、『シネマ博物誌』、『映画そして落語』（ワイズ出版）がある。毎日映画コンクール選考委員（大藤信郎賞、アニメーション賞）、文化庁メディア芸術祭審査員（アニメーション部門）などを勤めた。

和田尚久（わだ なおひさ）

放送作家・文筆家。1971年東京生まれ。著書に『芸と噺と落語を考えるヒント』（扶桑社）、『落語の聴き方楽しみ方』（松本尚久名義で上梓）。編著書に『立川談志映画時評 観なきゃよかった』（アスペクト）ほか。担当番組は『立川談志の最後の映画のラジオ』、『歌舞伎座の快人』、『青山二丁目劇場』、『浜美枝のいつか来たあなたと』（以上、文化放送）、『ふれあいラジオパーティー』（NHKラジオ第一）ほか。

森卓也のコラム・クロニクル
1979-2009

二〇一六年四月五日 初版第一刷発行

著者　森卓也
編者　和田尚久
発行者　工藤秀之
発行所　株式会社トランスビュー
　　　　東京都中央区日本橋浜町三-一〇-一
　　　　郵便番号一〇三-〇〇〇七
　　　　電話〇三（三六六四）七三三四
　　　　URL http://www.transview.co.jp

装幀・本文デザイン　高麗隆彦
装画　和田尚久
印刷・製本　中央精版印刷

©2016　Takuya Mori　*Printed in Japan*

ISBN978-4-7987-0160-8 C0076